Buch-Updates

Registrieren Sie dieses Buch auf unserer Verlagswebsite. Sie erhalten damit Buch-Updates und weitere, exklusive Informationen zum Thema.

Galileo BUCHUPDATE

Und so geht's
> Einfach www.galileocomputing.de aufrufen
<<< Auf das Logo **Buch-Updates** klicken
> Unten genannten **Zugangscode** eingeben

Ihr persönlicher Zugang zu den Buch-Updates: 145456041505

Arnold Willemer

UNIX
Das umfassende Handbuch

Liebe Leserin, lieber Leser,

die Grundsätze der UNIX-Philosophie sind von verblüffender Einfachheit: Der Benutzer soll wissen, was er tut. UNIX-Programme hindern den Anwender nicht daran, etwas zu tun, sondern versetzen ihn in die Lage, die Leistungsfähigkeit seines Betriebssystems vollständig auszunutzen. Das, was zunächst komplex erscheint, erweist sich schnell als der eigentliche Vorteil.

Arnold Willemer gibt Ihnen in seinem umfassenden Handbuch alle Werkzeuge an die Hand, damit auch Sie das Potenzial von UNIX und seinen Linux-Derivaten voll ausschöpfen können. Schnell werden Sie sich festlesen, hier ein wenig stöbern, dort direkt etwas ausprobieren wollen. Auf jeder Seite gewinnen Sie neue Erkenntnisse. Angefangen bei Ihren ersten Schritten bis zur Programmierung von Shellskripten: Bei allen UNIX-Fragen zur Systemadministration, zu Netzwerken und zur Programmierung wird Ihnen dieses Buch ein zuverlässiger Begleiter sein.

Dieses Buch wurde mit großer Sorgfalt geschrieben, begutachtet, lektoriert und produziert. Sollte dennoch etwas nicht so funktionieren, wie Sie es erwarten, dann scheuen Sie sich nicht, sich mit mir in Verbindung zu setzen. Ihre freundlichen Anregungen und Fragen sind jederzeit willkommen.

Und nun viel Spaß bei der Lektüre

Ihr Stephan Mattescheck
Lektorat Galileo Computing

stephan.mattescheck@galileo-press.de
www.galileocomputing.de
Galileo Press · Rheinwerkallee 4 · 53227 Bonn

Auf einen Blick

TEIL I: Konzepte
1 Konzepte 31

TEIL II: Anwendung
2 Bedienung eines UNIX-Systems.. 51
3 Prozesse 147
4 Umgebungsvariablen... 157
5 Die Shell 161
6 Ausgaben auf dem Drucker 177
7 Mit UNIX produktiv werden... 187

TEIL III: Administration
8 Der Administrator 213
9 Starten und Stoppen 241
10 Benutzerverwaltung 257
11 Hardware 277
12 Datensicherung... 331
13 Installationen 355
14 Weitere Peripherie und Hardware 377
15 Tuning... 407
16 Informationen sammeln 419
17 Die Dateien des Betriebssystems 447

TEIL IV: Netzwerk
18 Netzwerk 455
19 Netzinformationen sammeln 523
20 Grundlegende TCP/IP-Dienste 533
21 Internetanschluss 559

TEIL V: UNIX als Server
22 Netzwerkdateisysteme 581
23 Datenbanken 615
24 E-Mail... 631
25 Newsgroups 663
26 Webserver... 681

TEIL VI: Das X Window System
27 Das X Window System 711

TEIL VII: Programmierung
28 Programmierung von Shellskripten 771
29 Perl 793
30 Python 833
31 Programmierwerkzeuge 865
32 UNIX-Systemaufrufe 905

TEIL Anhang
A Die Entstehung und Entwicklung von UNIX 985
B Glossar 995
C Literatur.. 1007

Der Name Galileo Press geht auf den italienischen Mathematiker und Philosophen Galileo Galilei (1564–1642) zurück. Er gilt als Gründungsfigur der neuzeitlichen Wissenschaft und wurde berühmt als Verfechter des modernen, heliozentrischen Weltbilds. Legendär ist sein Ausspruch *Eppur se muove* (Und sie bewegt sich doch). Das Emblem von Galileo Press ist der Jupiter, umkreist von den vier Galileischen Monden. Galilei entdeckte die nach ihm benannten Monde 1610.

Gerne stehen wir Ihnen mit Rat und Tat zur Seite:
stephan.mattescheck@galileo-press.de bei Fragen und Anmerkungen zum Inhalt des Buches
service@galileo-press.de für versandkostenfreie Bestellungen und Reklamationen
stefan.krumbiegel@galileo-press.de für Rezensions- und Schulungsexemplare

Lektorat Stephan Mattescheck
Gutachten Georg A. Wilm
Korrektorat Roswitha Leferink
Herstellung Steffi Ehrentraut
Satz Arnold Willemer
Einbandgestaltung Barbara Thoben, Köln
Druck und Bindung Bercker Graphischer Betrieb, Kevelaer

Dieses Buch wurde gesetzt aus der Linotype Syntax Serif (9,25/13,25 pt) in LaTeX.
Gedruckt wurde es auf chlorfrei gebleichtem Offsetpapier.

Bibliografische Information der Deutschen Bibliothek
Die Deutsche Bibliothek verzeichnet diese Publikation in der Deutschen Nationalbibliografie; detaillierte bibliografische Daten sind im Internet über http://dnb.ddb.de abrufbar.

ISBN 978-3-8362-1071-3

© Galileo Press, Bonn 2008
1. Auflage 2008

Das vorliegende Werk ist in all seinen Teilen urheberrechtlich geschützt. Alle Rechte vorbehalten, insbesondere das Recht der Übersetzung, des Vortrags, der Reproduktion, der Vervielfältigung auf fotomechanischem oder anderen Wegen und der Speicherung in elektronischen Medien. Ungeachtet der Sorgfalt, die auf die Erstellung von Text, Abbildungen und Programmen verwendet wurde, können weder Verlag noch Autor, Herausgeber oder Übersetzer für mögliche Fehler und deren Folgen eine juristische Verantwortung oder irgendeine Haftung übernehmen. Die in diesem Werk wiedergegebenen Gebrauchsnamen, Handelsnamen, Warenbezeichnungen usw. können auch ohne besondere Kennzeichnung Marken sein und als solche den gesetzlichen Bestimmungen unterliegen.

Inhalt

Vorwort 23

TEIL I: KONZEPTE

1 Konzepte 31

1.1	Dateien		32
	1.1.1	Dateitypen	32
	1.1.2	Dateinamen	33
1.2	Datenstrom		34
1.3	Verzeichnisse		35
	1.3.1	Umgang mit Verzeichnissen	35
	1.3.2	Der UNIX-Verzeichnisbaum	36
	1.3.3	Was ist wo?	36
	1.3.4	Einbinden von Speichermedien	39
	1.3.5	Ein Blick unter die Haube: i-nodes	42
1.4	Schichten und Shells		43
1.5	Das offene System		44
1.6	Mehrbenutzersystem		45
	1.6.1	Eigentumsrechte von Dateien und Verzeichnissen	46
	1.6.2	Der Administrator	47
1.7	Konsequenz: Sicherheit und Wartbarkeit		48

TEIL II: ANWENDUNG

2 Bedienung eines UNIX-Systems 51

2.1	Anmelden: Personenkontrolle		51
2.2	Fragen Sie Dr. UNIX		53
	2.2.1	Referenzhandbuch man	53
	2.2.2	info	56
	2.2.3	Howto	58
	2.2.4	Internet	58
2.3	So sage ich es meinem UNIX		60
2.4	Operationen mit Dateien		61
	2.4.1	Eine kleine Beispielsitzung	62
	2.4.2	Dateien auflisten: ls	64
	2.4.3	Dateien kopieren: cp	70

	2.4.4	Dateien verschieben oder umbenennen: mv	71
	2.4.5	Dateien löschen: rm	72
2.5	Verzeichnisbefehle		73
	2.5.1	Navigation	73
	2.5.2	Verzeichnis anlegen: mkdir	75
	2.5.3	Verzeichnis löschen: rmdir	76
2.6	Dateieigenschaften		76
	2.6.1	Eigentümer wechseln: chown	77
	2.6.2	Gruppenwechsel: chgrp	77
	2.6.3	Berechtigungen: chmod	78
	2.6.4	Neuer Zeitstempel: touch	83
	2.6.5	Links: Zwei Namen, eine Datei	84
	2.6.6	Besondere Dateien	89
	2.6.7	Der Dateityp: file	89
2.7	Zugriff auf mehrere Objekte		90
	2.7.1	Wildcards: *, ? und die eckigen Klammern	90
	2.7.2	Sonderzeichen als Parameter	91
2.8	Editoren		92
	2.8.1	vi	92
	2.8.2	emacs	102
2.9	Suche nach der richtigen Datei		106
	2.9.1	Suchen und Agieren im Verzeichnisbaum: find	107
	2.9.2	Suchen und Agieren im Verzeichnisbaum: locate	113
	2.9.3	Programmsuche: which und whereis	114
2.10	UNIX-Kommandos verknüpfen		115
	2.10.1	Ein- und Ausgabe als Datenstrom	115
	2.10.2	Umleitung	116
	2.10.3	Piping	118
	2.10.4	Quoting: Verschachtelte Befehle	119
2.11	Praktische Helfer		119
	2.11.1	Ausgabe einer Datei: cat	120
	2.11.2	Seitenweise: more	120
	2.11.3	Durchsuchungsbefehl: grep	121
	2.11.4	Wenn ich auf das Ende sehe: tail	123
	2.11.5	Anfangsbetrachtungen: head	123
	2.11.6	Ausschnitt: cut	124
	2.11.7	Teilen: split	124
	2.11.8	Zeilen umbrechen: fold	125
	2.11.9	Zeichenumcodierung: tr	125
	2.11.10	Unterschiede zwischen Textdateien: diff	127

		2.11.11	Dateien aufs Byte geschaut	128
		2.11.12	Wortzähler: wc	129
		2.11.13	sort	129
		2.11.14	sed	130
		2.11.15	awk	134
	2.12	Reguläre Ausdrücke		138
	2.13	Pack deine Sachen und geh		141
		2.13.1	Verschnüren: tar	141
		2.13.2	Zusammenpressen: compress und gzip	144
		2.13.3	Kombination aus Packen und Pressen	145

3   Prozesse   147

	3.1	Parallele Prozesse starten	147
	3.2	Prozesse im Gänsemarsch	149
	3.3	Prioritäten: nice	150
	3.4	Prozessliste anzeigen: ps	151
	3.5	Stoppen eines Prozesses: kill	153
	3.6	Programmabbruch	154

4   Umgebungsvariablen   157

5   Die Shell   161

	5.1	Bourne-Shell (sh) und POSIX		161
	5.2	Korn-Shell (ksh)		162
	5.3	C-Shell (csh)		165
	5.4	Bourne-Again-Shell (bash)		168
	5.5	Arbeiten mit der Shell		172
		5.5.1	Die for-Schleife	172
		5.5.2	alias	175
		5.5.3	Startupdateien der Shell	175
		5.5.4	Shell aus der Shell starten	176

6   Ausgaben auf dem Drucker   177

	6.1	BSD-Unix: lpr, lpq und lprm		177
		6.1.1	Start des Druckauftrags	177
		6.1.2	Druckkontrolle	178
	6.2	AT&T: lp, lpstat und cancel		179

6.3	Die neue Generation: LPRng und CUPS	180
6.4	Druck formatieren: pr und a2ps	180
6.5	Zeitversetztes Arbeiten	181
6.6	Die aktuelle Zeit	182
6.7	Regelmäßige Arbeiten: crontab	183
6.8	Zeitversetzter Job: at	185

7 Mit UNIX produktiv werden ... 187

7.1	Büroanwendungen		187
	7.1.1	OpenOffice.org	188
	7.1.2	Andere Office-Pakete	190
7.2	Das Satzsystem TeX		190
7.3	Bildbearbeitung: GIMP		196
7.4	Musik		196
	7.4.1	Musik aufnehmen	197
	7.4.2	MP3	198
7.5	Ogg Vorbis		200
7.6	CDs und DVDs		201
	7.6.1	Hintergrund	201
	7.6.2	Audio-CDs abspielen	202
	7.6.3	Audio-CDs auslesen	202
	7.6.4	Daten-CDs einbinden	203
	7.6.5	CDs brennen mit K3b	203
	7.6.6	Audio-CDs von der Konsole brennen	206
7.7	Video		206
	7.7.1	Bewegte Scheiben	208
	7.7.2	Abspielprogramme	209
	7.7.3	UNIX im Satellitenreceiver	209

TEIL III: ADMINISTRATION

8 Der Administrator ... 213

8.1	Sonderrechte		213
8.2	Die Arbeitsumgebung des Administrators		215
	8.2.1	Minimalsystem	215
	8.2.2	Vorsätzliche Behinderung	216
8.3	Administrationstools		217
	8.3.1	Sinn und Unsinn der Admintools	218
	8.3.2	Start über X11	218

	8.3.3	Webmin: Administration per Browser	221
	8.3.4	Herstellerspezifische Administrationstools	228

9 Starten und Stoppen ... 241

9.1	Start des Systems		241
	9.1.1	Bootprompt	242
	9.1.2	Bootkonfiguration: lilo	243
	9.1.3	Der Bootmanager GRUB	244
	9.1.4	Bootprobleme	245
	9.1.5	Durchlaufen der Runlevel (System V)	246
	9.1.6	BSD: /etc/rc	249
	9.1.7	System V: init.d	250
	9.1.8	Konfigurationsdateien	253
9.2	Herunterfahren: shutdown		254
	9.2.1	Alles bereit zum Untergang?	255
	9.2.2	Wechsel in den Single-User-Modus	256

10 Benutzerverwaltung ... 257

10.1	Die Benutzerdatei /etc/passwd	257
10.2	Aufbau der /etc/passwd	259
10.3	Verborgene Passwörter: shadow	262
10.4	Benutzerpflege automatisieren	264
10.5	Benutzer-Konfigurationsdateien	265
10.6	Verzeichnisprototyp: /etc/skel	267
10.7	Gruppenverwaltung	268
10.8	Benutzerüberwachung	269
	10.8.1 Accounting	269
	10.8.2 who und finger	270
10.9	Kurzfristiger Benutzerwechsel: su	271
10.10	Administrationsaufgaben starten: sudo	272
10.11	Pseudobenutzer zum Shutdown	275

11 Hardware ... 277

11.1	Hardwarezugriff unter UNIX: /dev		277
	11.1.1	Aufgaben eines Treibers	277
	11.1.2	Gerätedateien	278
	11.1.3	Umgang mit Gerätedateien	280

	11.1.4	Gerätenamen	281
11.2	Festplatten		282
	11.2.1	SCSI-Festplatten	282
	11.2.2	IDE-Festplatten	283
	11.2.3	SATA-Festplatten	284
	11.2.4	Inbetriebnahme	285
	11.2.5	RAID-Systeme	286
	11.2.6	Partitionieren	290
	11.2.7	Dateisystem erstellen	292
	11.2.8	Swapping	293
	11.2.9	Einbinden eines Dateisystems: mount	295
	11.2.10	Konsistenz der Dateisysteme	301
	11.2.11	Journal-Dateisysteme	302
	11.2.12	Belegungslisten: df und du	303
	11.2.13	Zuteilung des Festplattenplatzes: quota	305
	11.2.14	Maximalwerte	307
11.3	Diskettenlaufwerke		309
	11.3.1	Formatieren und Beschreiben	309
	11.3.2	mount und eject	309
	11.3.3	tar und sync	310
	11.3.4	MS-DOS-Disketten	310
11.4	CD-ROMs		311
11.5	CD-Brenner		312
	11.5.1	Datensicherung	313
	11.5.2	RW-Medien	316
	11.5.3	Multisession	316
	11.5.4	IDE-Brenner	317
	11.5.5	Daten-DVDs brennen	319
11.6	USB		320
	11.6.1	Den USB-Port beobachten	320
	11.6.2	USB-Sticks und USB-Laufwerke	322
11.7	Notebooks		323
	11.7.1	Touchpad und Maus	324
	11.7.2	PCMCIA	324
	11.7.3	Ruhezustand	325
	11.7.4	Problematische Peripherie	326
	11.7.5	ACPI	327
	11.7.6	APM: Advanced Power Management	328
	11.7.7	Strom sparen	329

12 Datensicherung ... 331

- 12.1 Vorüberlegungen ... 331
- 12.2 Das Bandlaufwerk ... 334
- 12.3 Dateisystem sichern: dump ... 335
- 12.4 tar (tape archiver) ... 339
- 12.5 cpio ... 343
- 12.6 Medien kopieren: dd ... 346
- 12.7 Das Sicherungstool AMANDA ... 347
- 12.8 Kommerzielle Datensicherungen ... 350
- 12.9 Beispiel für eine Sicherung auf CD-RW ... 350
- 12.10 Archivierung ... 353

13 Installationen ... 355

- 13.1 Software installieren ... 355
  - 13.1.1 make als Installationswerkzeug ... 356
  - 13.1.2 Solaris Packages ... 357
  - 13.1.3 HP-UX: SD-UX ... 358
  - 13.1.4 Red Hat Package Manager ... 359
  - 13.1.5 Debian Pakete APT ... 360
- 13.2 Betriebssystem installieren ... 361
  - 13.2.1 Linux-Installation von CD ... 363
  - 13.2.2 Installation von FreeBSD ... 366
  - 13.2.3 Installation von Red Hat Linux über das Netzwerk ... 368
  - 13.2.4 Installation von Solaris/86 ... 370
  - 13.2.5 Neuinstallation HP-UX ... 372
- 13.3 Nationale Besonderheiten ... 374
  - 13.3.1 Umgebungsvariablen LANG und LC_TYPE ... 374
  - 13.3.2 Tastaturbelegung ... 375

14 Weitere Peripherie und Hardware ... 377

- 14.1 Druckeradministration ... 377
  - 14.1.1 Übersicht ... 378
  - 14.1.2 BSD-Unix: lpd, lpr, lpq und lprm ... 378
  - 14.1.3 Linux-PC als Druckserver ... 382
  - 14.1.4 System V: lpsched, lp, lpstat und cancel ... 385
  - 14.1.5 LPRng ... 389
  - 14.1.6 CUPS – Common UNIX Printing System ... 390

- 14.2 Terminals 395
  - 14.2.1 Konfiguration der Terminals 396
  - 14.2.2 Die Terminalvariable TERM 398
  - 14.2.3 termcap 398
  - 14.2.4 terminfo 399
  - 14.2.5 Wenn das Terminal durcheinander ist 400
- 14.3 Anschluss eines Modems 401
- 14.4 Scannen 402
  - 14.4.1 xsane als Fotokopierer 402
  - 14.4.2 Schrifterkennung (OCR) 402
- 14.5 Anschluss eines PDAs oder Mobiltelefons 403

15 Tuning 407

- 15.1 Optimierung des Dateisystems 407
  - 15.1.1 Überfüllung der Dateisysteme vermeiden 407
  - 15.1.2 Defragmentierung 408
  - 15.1.3 Blockgröße 409
  - 15.1.4 Verteilung auf mehrere Festplatten 409
  - 15.1.5 Ein eigenes Dateisystem für /tmp 410
  - 15.1.6 Übervolle Verzeichnisse entsorgen 410
- 15.2 Ressourcen kennen 411
- 15.3 Wissen, wo der Schuh drückt 413

16 Informationen sammeln 419

- 16.1 Versionsinformationen: uname 419
- 16.2 Der syslog-Dämon und die messages-Datei 420
- 16.3 syslog-Dämon der neuen Generation syslog-ng 423
- 16.4 Umgang mit großen Protokolldateien 429
  - 16.4.1 Protokolldateien beobachten 429
  - 16.4.2 Dateien stutzen und rotieren 430
  - 16.4.3 Automatisches Rotieren: logrotate 432
- 16.5 Briefe aus dem Nirwana 433
- 16.6 Bootzeitpunkt und Systemlast: uptime 433
- 16.7 Prozessbeobachter 434
- 16.8 Nicht immer mit Tötungsabsicht: kill 439
- 16.9 Offene Dateien 441
- 16.10 Das Verzeichnis /proc 443
- 16.11 Programmzusammenbrüche (Coredump) 444
- 16.12 Systemabsturz (Kernel-Panic) 445

17 Die Dateien des Betriebssystems ... 447

- 17.1 Der Kernel ... 447
- 17.2 Module ... 449
- 17.3 Dynamische Bibliotheken ... 451

TEIL IV: NETZWERK

18 Netzwerk ... 455

- 18.1 Client-Server-Architekturen ... 456
  - 18.1.1 Ethernet als Verkabelungsbeispiel ... 456
  - 18.1.2 Die Pseudoschnittstelle loopback ... 457
  - 18.1.3 Pakete in Paketen ... 458
- 18.2 TCP/IP, der Standard ... 458
  - 18.2.1 Die IP-Adresse ... 458
  - 18.2.2 Das Prüftool ping ... 467
- 18.3 Routing: Verbindung mehrerer Netzwerke ... 469
  - 18.3.1 Gateways ... 469
  - 18.3.2 Statische Festlegung einer Route ... 470
  - 18.3.3 Statisches Routing: Ein Beispiel ... 472
  - 18.3.4 Subnetze ... 477
  - 18.3.5 Dynamisches Routen ... 480
  - 18.3.6 CIDR – Classless Inter-Domain Routing ... 481
- 18.4 Ohne Kabel: WLAN ... 482
  - 18.4.1 Access Point ... 482
  - 18.4.2 Grundinformationen ... 483
  - 18.4.3 Sicherheitsaspekte ... 483
  - 18.4.4 Softwaresteuerung des WLAN-Adapters ... 485
  - 18.4.5 Treiber für WLAN-Adapter ... 486
  - 18.4.6 Funkgesteuerte Peripherie: Bluetooth ... 487
- 18.5 Namensauflösung ... 489
  - 18.5.1 Der Host- und Domainname ... 490
  - 18.5.2 Die Datei /etc/hosts ... 491
  - 18.5.3 Die Datei /etc/services ... 492
  - 18.5.4 Netzgruppen: /etc/netgroup ... 494
  - 18.5.5 Domain Name Service: DNS ... 495
  - 18.5.6 Network Information Service: NIS ... 505
  - 18.5.7 Portable Verzeichnisse LDAP ... 509
- 18.6 Dynamische IP-Adressen (DHCP) ... 514
  - 18.6.1 DHCP-Clients ... 515

	18.6.2 DHCP-Server	516
18.7	Next Generation IPv6	518

19 Netzinformationen sammeln — 523

19.1	ICMP und ping	523
19.2	Verbindung zwischen Prozessen: netstat	525
19.3	Anzeigen der Netzwerkadapter	526
19.4	Anzeigen der Routingtabelle	527
19.5	Routen verfolgen: traceroute	528
19.6	tcpdump	528
19.7	Wireshark	529
19.8	iftop	530
19.9	HP-UX: lanadmin	532

20 Grundlegende TCP/IP-Dienste — 533

20.1	Super-Server inetd und xinetd	533
20.2	File Transfer Protocol (FTP)	536
	20.2.1 Der Client	537
	20.2.2 Konfiguration des FTP-Servers	542
20.3	Anonymer FTP-Server	543
20.4	TFTP, schnell und vertrauensvoll	544
20.5	Terminaldienst (telnet)	544
	20.5.1 telnet-Client	544
	20.5.2 Ausloggen bei laufendem Prozess	547
	20.5.3 telnet-Dämon	548
20.6	Die r-Kommandos	548
20.7	Wenn Sicherheit vorgeht: ssh und scp	553

21 Internetanschluss — 559

21.1	Zugang zum Internet	559
21.2	Firewall und Masquerading	564
	21.2.1 Funktionsweise einer Firewall	565
	21.2.2 Masquerading	570
21.3	Proxy	571
21.4	Einbrucherkennung: Intrusion Detection System	575
21.5	Gefahren und Sicherheit	576

TEIL V: UNIX ALS SERVER

22 Netzwerkdateisysteme ... 581

- 22.1 NFS – Network File System ... 581
  - 22.1.1 Automatisches Mounten ... 587
  - 22.1.2 Beispiel: Dynamisches Benutzerverzeichnis ... 588
- 22.2 SAMBA: UNIX im Windows-Netz ... 590
- 22.3 Novell-Zugriffe ... 608
- 22.4 Mac im Netz: netatalk ... 610
- 22.5 Festplatte im Netz ... 611
- 22.6 Zeitabgleich ... 612

23 Datenbanken ... 615

- 23.1 SQL-Spickzettel ... 615
  - 23.1.1 Data Definition Language (DDL) ... 616
  - 23.1.2 Data Manipulation Language (DML) ... 618
- 23.2 MySQL ... 620
  - 23.2.1 Installation ... 620
  - 23.2.2 Benutzerverwaltung ... 621
  - 23.2.3 Administrationstools ... 622
  - 23.2.4 Anlegen von Datenbanken ... 623
  - 23.2.5 Datensicherung ... 623
  - 23.2.6 Start und Stopp ... 624
- 23.3 PostgreSQL ... 624
  - 23.3.1 Installation ... 625
  - 23.3.2 Benutzer anlegen ... 626
  - 23.3.3 Anlegen von Datenbanken ... 627
  - 23.3.4 Datensicherung ... 627
  - 23.3.5 Start und Herunterfahren ... 628

24 E-Mail ... 631

- 24.1 E-Mails lesen ... 631
  - 24.1.1 Lokale Mail lesen ... 631
  - 24.1.2 Mail von einem Mailserver lesen ... 632
  - 24.1.3 Verschlüsseln und Signieren ... 635
- 24.2 Format einer E-Mail ... 640
- 24.3 UNIX und Mail ... 642
- 24.4 SMTP (Simple Mail Transport Protocol) ... 642

24.5	SMTP mit Autorisierung	643
24.6	Mailqueue	645
24.7	Verteilen der Post: sendmail -q	645
24.8	Weiterleiten der Post: aliases und forward	646
24.9	POP3	647
24.9.1	Kommunikation laut RFC 1939	648
24.9.2	Eine kleine Beispielsitzung	650
24.10	IMAP	651
24.11	Post sammeln: fetchmail	653
24.12	Mail-Server und Domain	654
24.13	Erstes Beispiel: Interne Firmenmail	655
24.14	Zweites Beispiel: Anbindung an das Internet	656
24.15	Postfix, die Alternative zu sendmail	658

25 Newsgroups — 663

25.1	News lesen	664
25.1.1	Grundsätzliches Vorgehen	664
25.1.2	Der Offline-Reader Pan	666
25.1.3	Der Online-Reader KNode	667
25.1.4	Mozilla Thunderbird als Newsreader	667
25.2	Installation eines Newsservers	669
25.3	Beispiel: Newsserver zur Projektverwaltung	671
25.4	Gruppen anlegen	672
25.5	Verbindung nach außen	673
25.6	Newsgroups saugen	675
25.7	NNTP-Protokollbeschreibung	677

26 Webserver — 681

26.1	Hypertext und HTML	681
26.2	Clients	686
26.3	Start des Apache-Servers	687
26.4	Die Konfigurationsdatei httpd.conf	687
26.5	Privatadministration per .htaccess	690
26.6	Kommunikation per HTTP	693
26.7	Virtuelles Hosting	696
26.8	CGI: Der Server schlägt zurück	697
26.9	Programmierte Websites mit PHP	700
26.10	Aktive Websites in Java: Tomcat	701
26.10.1	Installation	703

	26.10.2	Entwicklungsumgebung	704
26.11		Der Client hilft mit: JavaScript	705

TEIL VI: DAS X WINDOW SYSTEM

27 Das X Window System … 711

27.1		Grafische Oberfläche unter UNIX	711
27.2		Ein Überblick über die Architektur	713
	27.2.1	Der X-Server	716
	27.2.2	Der X-Client und seine Bibliotheken	717
	27.2.3	Der Fenstermanager	720
27.3		X Window starten	721
	27.3.1	Nacktstart mit xinit	722
	27.3.2	Regulärer Start von X: startx	723
	27.3.3	Grafisches Einloggen: Display Manager xdm	723
27.4		Umgang mit dem X Window System	725
	27.4.1	Bedienungselemente des Athena Widget Set	725
	27.4.2	Der Aufruf von X-Programmen	729
	27.4.3	Cut and Paste	730
	27.4.4	Das Terminalfenster xterm	731
	27.4.5	Weitere praktische Helfer	734
27.5		Konfigurieren	734
	27.5.1	Farbbeschreibung	734
	27.5.2	Schriften	735
	27.5.3	Bitmaps	738
	27.5.4	Ressourcen	738
	27.5.5	Konfiguration des Fenstermanagers	741
	27.5.6	Fokus und Z-Anordnung	742
27.6		Desktops	743
	27.6.1	CDE	743
	27.6.2	KDE	747
	27.6.3	GNOME	752
	27.6.4	Der Wettstreit der freien Desktops	754
	27.6.5	Mac OS X	755
27.7		Das X Window System im Netz	756
	27.7.1	X-Programme über das Netz starten	757
	27.7.2	X-Zugang verriegelt	759
	27.7.3	X-Anwendung per ssh starten	760
	27.7.4	Authorisierter Fernstart (xauth)	761
	27.7.5	X-Server-Software in Betrieb nehmen	762

	27.7.6	Grafisches Einloggen über das Netz	763
	27.7.7	Thin Client	767

TEIL VII: PROGRAMMIERUNG

28 Programmierung von Shellskripten — 771

28.1	Erstellen und Starten eines Shellskripts		772
28.2	Variablen		772
	28.2.1	Zugriff auf die Parameter	773
	28.2.2	Prozessnummern	774
	28.2.3	Weitere Standardvariablen	774
	28.2.4	Zuweisungen	775
28.3	Ablaufsteuerung		777
	28.3.1	Die Unterscheidung: if	777
	28.3.2	Bedingungen	778
	28.3.3	Rückgabewert von Programmen	780
	28.3.4	Die Fallunterscheidung: case	781
	28.3.5	Die while-Schleife	782
	28.3.6	Die for-Schleife	784
	28.3.7	Funktionen	786
28.4	Gruppieren von Anweisungen		787
28.5	Ein- und Ausgaben aus dem Skript		789
28.6	Start und Umgebung von Skripten		790

29 Perl — 793

29.1	Interpreter und Skript		793
29.2	Variablen		794
	29.2.1	Skalare	794
	29.2.2	Variablennamen	796
	29.2.3	Operationen auf Skalare	797
	29.2.4	Arrays	799
	29.2.5	Hash	801
	29.2.6	Reguläre Ausdrücke	802
29.3	Interaktiv		803
	29.3.1	Ein- und Ausgabe	803
	29.3.2	Aufrufparameter	804
	29.3.3	Umgebungsvariablen	805
29.4	Ablaufsteuerung		805
	29.4.1	Bedingungen	805

	29.4.2	if	806
	29.4.3	for	808
	29.4.4	foreach	810
	29.4.5	Sonstige Schleifen: while und until	811
	29.4.6	Funktionen	814
29.5	Dateien		815
	29.5.1	Schreiben und Lesen	815
	29.5.2	Umgang mit Dateien	817
29.6	Perl und UNIX		818
	29.6.1	Aufruf von UNIX-Programmen	818
	29.6.2	UNIX-Systemprogrammierung	818
29.7	Grafische Oberfläche: Tk		819
	29.7.1	Widgets und Ressourcen	820
	29.7.2	Kontrollelemente	821
	29.7.3	Widget-Anordnung	828
29.8	Zugriff auf die Datenbank		831
29.9	Informationsquellen		832

30 Python — 833

30.1	Interpreter und Skript		833
30.2	Ein- und Ausgabe und Variablen		833
30.3	Ein Fehler ist ein Ausnahmefall		834
30.4	Umgang mit Zahlen		835
	30.4.1	Rechnen	835
	30.4.2	Formatierte Ausgabe von Zahlen	836
30.5	Umgang mit Zeichenketten		838
	30.5.1	Aneinanderhängen	838
	30.5.2	String-Bibliothek	839
	30.5.3	Konvertierung	840
30.6	Verzweigung		841
30.7	Bedingungen		842
30.8	Schleifen		843
	30.8.1	for	843
	30.8.2	while	844
30.9	Funktionen		845
30.10	Erweiterte Datentypen		846
	30.10.1	Sequenzen	847
	30.10.2	Listen	847
	30.10.3	Tupel	848
	30.10.4	Dictionaries	849

	30.10.5 Klassen	850
	30.10.6 Referenzen und Kopien	851
30.11	Dateien lesen und schreiben	852
30.12	Datenbankzugriffe	854
30.13	Netzwerkzugriffe	857
	30.13.1 Auslesen einer Website	857
	30.13.2 Zugriff auf einen POP3-Server	857
30.14	Tk, die grafische Oberfläche	858

31 Programmierwerkzeuge — 865

31.1	C-Compiler	865
31.2	make	868
31.3	Debugger	873
	31.3.1 dbx	874
	31.3.2 adb (System V)	875
	31.3.3 gdb GNU debug	876
31.4	Java	878
	31.4.1 Portierbarkeit	878
	31.4.2 Java-Entwicklung	879
	31.4.3 jdb – der Java-Debugger	880
	31.4.4 Applikation zusammenpacken: jar	881
31.5	Integrierte Entwicklungsumgebungen	881
31.6	Versionsverwaltung	884
	31.6.1 SCCS (Source Code Control System)	885
	31.6.2 RCS (Revision Control System)	886
	31.6.3 CVS (Concurrent Versions System)	887
	31.6.4 UNIX als CVS-Server	890
	31.6.5 Versionsverwaltung Subversion	893
31.7	Analysewerkzeuge	900
	31.7.1 Systemaufrufe verfolgen: strace und ltrace	900
	31.7.2 Speicherlecks und -überläufe	901
31.8	Diverse Programmierhelfer	902
	31.8.1 Kurzbetrachtung: lex und yacc	902
	31.8.2 Verteilte Übersetzung: icecream	903

32 UNIX-Systemaufrufe — 905

32.1	Die Funktion main	905
	32.1.1 Aufrufparameter	906
	32.1.2 Zugriff auf die Umgebungsvariablen	907

32.2	Fehlerbehandlung: errno	908
32.3	Dateizugriffe	909
	32.3.1 Öffnen, Lesen und Schreiben	909
	32.3.2 Positionieren: lseek	912
	32.3.3 Dateihandle duplizieren: dup	913
	32.3.4 Datei-Eigenschaften ermitteln	914
	32.3.5 Datei-Eigenschaften ändern	916
	32.3.6 Sperren	917
	32.3.7 Link erzeugen: link, symlink	924
	32.3.8 Löschen: unlink	924
	32.3.9 Umbenennen: rename	925
	32.3.10 Temporäre Dateien	925
32.4	Verzeichnisse	926
	32.4.1 Auslesen: opendir, readdir, closedir	926
	32.4.2 Ermitteln des Arbeitsverzeichnisses	927
	32.4.3 Wechseln: chdir	927
	32.4.4 Anlegen und Löschen: mkdir, rmdir	928
32.5	Prozesse	928
	32.5.1 Multiprocessing contra Multithreading	929
	32.5.2 Vervielfältigen von Prozessen: fork	930
	32.5.3 exec und system	931
	32.5.4 Synchronisation: wait	932
	32.5.5 Prozessumgebung	933
	32.5.6 Gemeinsamer Speicher: Shared Memory	935
	32.5.7 Synchronisation mit Semaphoren	940
	32.5.8 Message Queues	943
	32.5.9 Leichtgewichtsprozesse: Threads	948
32.6	Signale	951
	32.6.1 Signale senden: kill	953
	32.6.2 Auf Signale warten: pause	953
	32.6.3 Timeout setzen: alarm	953
	32.6.4 Zombies vereiteln	954
32.7	Pipe	954
	32.7.1 Prozesskommunikation per Pipe	954
	32.7.2 Named Pipe oder FIFO	955
	32.7.3 Drucken unter UNIX	955
32.8	Fehlerbehandlung mit syslog	956
32.9	Zeitfunktionen	958
32.10	Benutzer und Gruppen	959
	32.10.1 Die Passwortdatei als Struktur	959
	32.10.2 Auslesen der Passwortdatei	960

32.10.3 Gruppen 961
32.11 Grundlagen der Dämonisierung 963
32.12 Client-Server-Socketprogrammierung 963
    32.12.1 Kommunikationsendpunkt: socket und close 965
    32.12.2 Serveraufrufe: bind, listen und accept 966
    32.12.3 Clientaufruf: connect 967
    32.12.4 Datenaustausch: send und recv 967
    32.12.5 Namensauflösung 968
    32.12.6 Zahlendreher: ntoh und hton 969
    32.12.7 Rahmenprogramm eines Client-Server-Paars 970
    32.12.8 Mehrere Sockets parallel abfragen 974
    32.12.9 IPv6 aus Programmierersicht 975
    32.12.10 Client-Server aus Sicht der Performance 976
32.13 Verschlüsseln mit crypt 976
32.14 Reguläre Ausdrücke 978
32.15 Weitere Programmierschnittstellen 980
32.16 Systemkonformität 980
    32.16.1 Polling 980
    32.16.2 Rechte beachten 981

Anhang 983

A   Die Entstehung und Entwicklung von UNIX 985
    A.1   AT&T 985
    A.2   UNIX an der Uni 986
    A.3   UNIX wird kommerziell 987
    A.4   Die Rache der Enterbten 988
    A.5   Mac OS X 991
    A.6   UNIX wird verkauft 992
B   Glossar 995
C   Literatur 1007

Index 1011

Vorwort

UNIX ist inzwischen überall. Während es zu meinen Studententagen noch ein Privileg war, an einer UNIX-Maschine arbeiten zu dürfen, befindet sich heute selbst auf meinem Fernseh-Satelliten-Receiver das System Neutrino, das auf Linux und damit auf UNIX basiert. Linux? Ja, Linux! Linux war zunächst ein Spielzeug elitärer Informatikstudenten. Inzwischen finden sich die Bestandteile von Linux auch auf den großen Maschinen. Solaris unterstützt seit Version 9 mit lxrun die Möglichkeit, Linux-Applikationen direkt ohne Neukompilieren zu starten. Durch seine schnelle Entwicklung zeigt Linux vielfach heute schon das, was morgen auf den großen Systemen Standard sein wird. UNIX verdankt seine derzeitige Popularität vor allem Linux, und selbst denjenigen, die sich noch mit Wehmut an die Tage der Exklusivität ihres Expertentums zurückerinnern, ist inzwischen klar, dass UNIX ohne Linux heute vielleicht nur noch eine Fußnote der EDV-Geschichte wäre. Da Linux in einem wesentlich schnelleren Tempo entwickelt wird, kann man unter Linux bereits vorab sehen, was in den anderen UNIX-Varianten später einmal Standard sein wird.

Ein Buch über UNIX sollte das enthalten, was die verschiedenen UNIX-Versionen verbindet. Es muss auf jeden Fall die Konzepte beschreiben. Daraus ergibt sich die Beschreibung, wie Sie mit UNIX Ihre Probleme lösen können. Dieses Buch ist aber nicht die Sammlung der Handbücher aller UNIX-Derivate. Der Schwerpunkt liegt auf den Gemeinsamkeiten der Systeme. Das Buch soll das Verständnis für die Zusammenhänge aufzeigen. Dabei darf aber die praxisnahe Beschreibung der Vorgehensweise nicht unter den Tisch fallen, und es beschreibt durchaus auch Spezialitäten einzelner UNIX-Systeme.

Vom Allgemeinen zum Speziellen

Das Buch beschreibt den Umgang mit UNIX. In einem Buch über Solaris habe ich die Aussage gelesen, dass UNIX grundsätzlich über die Konsole gesteuert wird. Der Kommandointerpreter eines UNIX-Systems ist nicht zu vergleichen mit dem kümmerlichen COMMAND.COM,[1] der eine einzige Reklame für grafische Oberflächen war. Die Leistungsfähigkeit der Shell[2] bis hin zu ihrer Programmierung muss Bestandteil eines Buchs über UNIX sein. »Die Shell ist schnell«, schrieb mir ein Leser[3], und er

Anwendung, Administration, Programmierung

---

1 COMMAND.COM ist der Kommandointerpreter von MS-DOS, der auch unter Windows zur Verfügung steht.
2 Was eine Shell ist, finden Sie im Glossar auf Seite 1002.
3 Mario Schröder von der Webseite http://www.linux4us.de

hat recht. Von der Shell über eine Skriptsprache wie Perl oder Python ist man schnell bei der UNIX-Programmierung gelandet. Auch wenn Programmierer wohl inzwischen die Exoten unter den Computerbenutzern sind, ist auch ein Blick auf die Programmierschnittstellen hilfreich, um UNIX wirklich zu verstehen. Sie zeichnen sich durch Klarheit und Kompaktheit aus. So ergibt sich das Prozessmodell von UNIX durch dessen Programmierschnittstellen fork, exec und wait.

Administration Die Administration wird unter UNIX scharf von der Anwendung getrennt. Anwendungen werden niemals als Administrator ausgeführt, und systemrelevante Ressourcen darf nur der Administrator verändern. Bei großen Mehrplatzsystemen wird ein professioneller Administrator zur Verfügung stehen. Wer UNIX auf einem Linux-Notebook oder einem Macintosh betreibt, muss sich wohl selbst mit den Grundlagen der Administration auseinandersetzen.

Die klassischen Administrationstätigkeiten wie Benutzerverwaltung und Datensicherung werden hier genauso erläutert wie grundlegende Ansätze zur Analyse von Systemproblemen. Die verschiedenen Drucksysteme unter UNIX kommen zur Sprache. Sie finden Informationen zur Behandlung von Hardwaregeräten wie CD-Brennern oder USB-Sticks.

Netzwerk Da UNIX und Netzwerk kaum zu trennen ist, finden Sie hier auch eine umfassende Darstellung des TCP/IP und der grundlegenden Werkzeuge. Sie finden eine Beschreibung, wie Sie die wichtigsten Server einrichten.

Server Ein eigener Teil befasst sich mit den Grundlagen zur Administration der wichtigsten Server. UNIX-Maschinen sind oft die Heimat für Datenbanken, Websites und Mailsysteme. Es wird auch beschrieben, wie eine UNIX-Maschine als Windows-Datei-Server eingerichtet werden kann.

Grafische Oberfläche Inzwischen sind grafische Oberflächen auf UNIX-Systemen weit verbreitet. Nur bei den Zentralservern finden sich noch Geräte, die nur über ein Terminal bedient werden. Dieses Buch setzt voraus, dass Sie sich in einer grafischen Oberfläche zurechtfinden, und beschreibt nicht jeden Mausklick. Interessanter ist es, was mit der grafischen Oberfläche alles angestellt werden kann, wie man aus einem Linux-Rechner ein grafisches Terminal macht und wie alles konfiguriert wird.

Vorgänger Dieses Buch erscheint zwar in der ersten Auflage, basiert aber auf dem bisher im gleichen Verlag erschienenen Buch »Wie werde ich UNIX-Guru?«.

Was ist UNIX? UNIX ist ein feines Betriebssystem. Vor allem ist es ein offenes System. Das bedeutet, dass man alles über UNIX erfahren kann, wenn man es will. Aber man muss sich etwas damit befassen. Denn Dilettantismus fliegt einem zu, Wissen nicht. Aber entgegen allen Klischees über UNIX ist es eigentlich kein wirklich kompliziertes System. Ich halte MS Windows für wesentlich komplizierter. Aber das wird Bill Gates wahrscheinlich anders sehen. UNIX ist sicher, stabil und leistungsfähig, und darum ist es sinnvoll, sich damit zu befassen.

Auch Apple ist mit Mac OS X zu einem wichtigen Mitspieler in der UNIX-Arena geworden. Das bislang proprietäre Betriebssystem basiert nun auf FreeBSD. Zu dem Darwin genannten Kernel, den es als Open Source gibt, kommen eine eigene grafische Benutzeroberfläche namens Aqua sowie entsprechende Programmierschnittstellen (Carbon und Cocoa) hinzu, auf die dieses Buch allerdings nicht näher eingehen wird. Wenn Sie also etwas über den neuen Kernel von Mac OS X erfahren wollen, sind Sie hier richtig. Norbert M. Doerner, der als Autor des Programms CDFinder auf dem Macintosh bekannt ist, hat beim Korrekturlesen immer wieder darauf hingewiesen, welche Eigenheiten das Mac OS X hat, und natürlich sind seine Anmerkungen in dieses Buch eingeflossen.

Mac OS X und UNIX

Zur besseren Lesbarkeit wurden folgende Schriftkonventionen eingeführt: `Aufrufe` und `Kommandos` werden in nichtproportionaler Schrift gesetzt. **Dateien** und **Verzeichnisse** erscheinen in fetter Schrift. Funktionsaufrufe wie `open()` sind grundsätzlich mit Klammern dargestellt. KONSTANTEN und UMGEBUNGSVARIABLEN sind unter UNIX meist in Großbuchstaben gesetzt. Da dies bereits leicht aus dem Schriftbild heraussticht, habe ich es dabei belassen.

Schreibweisen

Dieses Symbol am Rand soll darauf hinweisen, dass hier ein Beispielszenario aufgezeigt wird, das im Text weiterverfolgt wird. Da viele Beispiele im Buch verwendet werden, sind nicht alle so auffällig gekennzeichnet, sondern nur solche, die etwas ausführlicher behandelt werden.

[zB]

Dieses Symbol soll auf Stolperfallen hinweisen. Hier schleichen sich entweder leicht Fehler ein, oder es geht um Dinge, die zu einem Datenverlust oder zum Verlust der Systemsicherheit führen können.

[!]

Bei diversen Beispielen werden Bildschirmausschnitte dargestellt. Dabei zeigt der Prompt immer den Rechnernamen und ein Größerzeichen für einen normalen Anwender bzw. ein Hashzeichen (#) für den Administrator root.

Konsolenprompt

Hier stehen sie untereinander:

```
gaston >
silver #
```

Dabei sind die Rechnernamen bei mir etwas bunt. Mein Linux-Arbeitsplatz heißt gaston, dann gibt es noch simba und silver (Linux), powermac (Mac OS), hpsrv (HP-UX), note (FreeBSD), sol (Solaris), sparc (SunOS), aix (AIX) und andere.

Herzlichen Dank Wenn man ein Buch schreibt, arbeitet man nicht im luftleeren Raum. Da gibt es Leute, die mich unterstützt haben, und das war sehr nett. Meine Frau Andrea und meine Söhne haben mir einen Freiraum gewährt, in dem ich arbeiten konnte. Dankenswerterweise wurde ich mit Nahrungsmitteln versorgt, sodass ich bei Abschluss der Arbeiten sogar noch mehr wiege als vorher. Da ich eher ein Nachtarbeiter bin, hat meine Frau unter den Büchern besonders zu leiden. Ich hänge den ganzen Abend bis in die Nacht am Computer, und sie verteidigt meinen Schlaf in den Morgenstunden, damit ich nicht den ganzen Tag aussehe wie ein ausgewrungener Waschlappen. Stephan Mattescheck hat mich als Lektor betreut, mir ständig Bücher zugeschickt, Fragen gestellt und auch manche beantwortet. Er hat sich als Partner angeboten, wenn ich mir unsicher wurde. Herr G. A. Wilm hat das Buch fachlich durchgesehen und viele Verbesserungsvorschläge und Diskussionsbeiträge eingebracht. Daniel Lauer hat mich beim Layout und bei meinen Problemen mit den Untiefen von LaTeX unterstützt, und Iris Warkus hat mir einige Geheimnisse aus dem Bereich der Grafik verraten. Steffi Ehrentraut ist für das gute Aussehen des Buchs verantwortlich. Frau Friederike Daenecke formte aus meinen Verbrechen gegen die deutsche Sprache druck- und lesbare Sätze. Frau Roswitha Leferink korrigierte die neueste Auflage. Die Firma Tacoss hat mich mit Unterlagen unterstützt, mir freien Zugang zu ihrem Maschinenpark gewährt und mir eine HP-UX-Maschine zur Verfügung gestellt. Insbesondere Claus Erichsen und Leif Hansen seien hier genannt. Sehr viel Arbeit haben sich diejenigen gemacht, die dieses Buch zur Korrektur gelesen und viele Anregungen eingebracht haben. Zu ihnen zählt Ralf Lenz mit seinen Erfahrungen, die er bei diversen Internet-Providern als Programmierer, Projektleiter und Netzwerkexperte gesammelt hat. Norbert M. Doerner hat seine Administrationserfahrungen aus dem Umfeld von Solaris und seine Kenntnisse als Entwickler auf dem Macintosh eingebracht. Er hat auch die Informationen dieses Buchs darauf geprüft, ob sie für Mac OS X gelten, und Hinweise auf Unterschiede gegeben. Jörg Osarek von der Firma Oracle hat mit seinen UNIX- und Linux-Kenntnissen aus der Perspektive des professionellen EDV-Einsatzes wichtige Aspekte einbringen können und trotz engem Terminkalender noch Zeit für dieses Buch gefunden. Stephan Engelmann hat mit seiner Erfahrung als Webadministrator und Netzwerkpraktiker wichtige Fragen gestellt und gute Hinweise gegeben. Bei der zweiten Auflage hat mir Stephan Engelmann Material zur Verfügung gestellt. Mark Mitzkus hat insbesondere das Kapitel zur Administration auf Verständlichkeit abgeklopft und einige hilfreiche Hinweise gegeben. Mark Lothrop hat kritische Anmerkungen gemacht und Peter Schultz hat mir kurzfristig bei Sachfragen zur Seite gestanden. Prof. Dr. Mario Dal Cin möchte ich für die Heranführung an die systemnahe Betrachtung von Betriebssystemen und Netzwerken danken. Joachim Lutz hat mich bei den ersten Schritten zu UNIX begleitet.

So hoffe ich nun, dass dieses Buch zu einem praktischen Nachschlagewerk am Computer wird und Sie nie im Regen stehen lässt.

Arnold Willemer
Norgaardholz

TEIL I
Konzepte

UNIX ist ein benutzerfreundliches System. Es ist nur manchmal etwas eigen in der Auswahl seiner Freunde.

1 Konzepte

Der kleine Spruch über die Freunde von UNIX charakterisiert UNIX vielleicht besonders. Es ist tatsächlich benutzerfreundlich und nicht so schwer zu lernen, wie von mancher Seite behauptet wird. Aber man muss schon etwas mehr tun, als mit der Maus wahllos auf Bildchen zu klicken. Man lernt UNIX nicht durch Trial and Error (also Versuch und Irrtum), sondern dadurch, dass man die angebotenen Hilfen nutzt, um zu verstehen, was geschieht.

UNIX gilt als kompliziert. Dieses Klischee wird von Leuten verbreitet, die glauben, MS Windows sei simpel. Ein modernes Betriebssystem mit Multitasking, Netzwerkanschluss und grafischer Oberfläche ist komplex. Wer den Zugriff auf alle Details erhält, wie das bei UNIX der Fall ist, der mag zu Anfang über die vielen Informationen erschrecken. Aber man muss nicht alles wissen, um mit UNIX produktiv umgehen zu können. Dennoch ist es gut zu wissen, dass man alles wissen könnte.
Komplex, aber nicht kompliziert

UNIX ist ein extrem altes Betriebssystem, aber immer noch so lebendig, dass es immer wieder gegenüber wesentlich jüngeren Betriebssystemen bevorzugt wird und viele Altersgenossen längst hinter sich gelassen hat. Der Hauptgrund ist die Verwendung möglichst einfacher, klarer Lösungen. Im Laufe der Jahre musste den ursprünglich sehr simplen Mechanismen noch das eine oder andere Feature angehängt werden. Und das hat manchmal nicht ganz in das alte, klare Konzept gepasst. Aber die Ideen von einst waren offenbar so überzeugend, dass sie auch nach all den Jahren in ihren Grundzügen gelten.
Klar und einfach

Sie werden feststellen, dass UNIX Ihnen an vielen Stellen erstaunliche Freiheiten lässt. Wie im wirklichen Leben schließen sich Freiheit und Sicherheit in den meisten Fällen gegenseitig aus. Und so hört die Freiheit auch unter UNIX da auf, wo die Sicherheit des Systems oder anderer Anwender gefährdet ist. Im Gegensatz zum wirklichen Leben können Sie aber ein UNIX-System zwischen paranoid und liberal in mehreren Abstufungen umstellen.
Freiheit und Sicherheit

1.1 Dateien

Alle Betriebssysteme verwenden Dateien um Daten unter einem Dateinamen zusammenzufassen. Sie werden feststellen, dass der Dateibegriff unter UNIX wesentlich umfassender und universeller ist als in anderen Betriebssytemen.

1.1.1 Dateitypen

Programme und Daten Dateien unterscheiden sich nach Programmdateien und Datendateien. Programmdateien enthalten Befehle, die ausführbar sind, und Datendateien werden meist von Programmdateien gelesen und geschrieben, um Informationen zu verarbeiten.

Programme Viele Betriebssysteme machen die Ausführbarkeit von Programmen am Dateinamen fest. Bekannt sind die Dateinamensendungen **.EXE** oder **.COM**. UNIX verwendet zwei Mechanismen, um eine Datei als Programm zu kennzeichnen. Zunächst wird der Dateieigenschaft eine Kennzeichnung für die Ausführbarkeit zugefügt. Ist eine UNIX-Datei ausführbar, greift ein zweiter Mechanismus, der prüft, ob es sich um ein echtes Programm handelt, das der Prozessor der Maschine interpretiert, und ob es für diese Maschine erzeugt wurde. Dazu wird eine sogenannte »magische Nummer« in der Datei hinterlegt, die diese anhand der im System hinterlegten Informationen als ausführbar kennzeichnet (siehe Seite 90). Handelt es sich um eine Textdatei, nimmt UNIX an, dass es ein Skript ist, das von einem der verfügbaren Interpreter ausgeführt werden kann. Das System liest dazu die erste Zeile. Darin hinterlegt der Programmierer, welcher Interpreter für dieses Skript zuständig ist.

Besondere Dateien UNIX verwendet die Datei als allgemeine Schnittstelle auch für die Kommunikation und den Zugriff auf die Hardware. So werden beispielsweise bei der Kommunikation über Sockets (siehe Seite 963) oder über Pipes (siehe Seite 954) die gleichen Mechanismen verwendet wie beim Lesen und Schreiben einer Datei. Auch der Zugriff auf serielle Schnittstellen und sogar der direkte Zugriff auf ganze Festplatten kann, soweit das Programm dazu befugt ist, genauso erfolgen wie bei einer Datei. Zu diesem Zweck stehen spezielle Gerätedateien zur Verfügung, die im Verzeichnis **/dev** gesammelt werden. Der Vorteil dieses Vorgehens liegt darin, dass viele Programme, die für normale Dateien verwendet werden, auch im Zusammenhang mit der Kommunikation oder beim Zugriff auf die Hardware funktionieren. Es müssen keine speziellen Programme für die

gleiche Funktion geschrieben werden. Der Anwender muss nicht den
Gebrauch unterschiedlicher Programme lernen.

1.1.2 Dateinamen

Die Dateinamen unter UNIX haben nur geringe Einschränkungen. Je nach UNIX-Variante und Dateisystem ist es mit gewissem Einfallsreichtum durchaus möglich, beinahe beliebige Dateinamen zu erzeugen. Allerdings sind nicht alle Dateinamen sinnvoll. Einige Sonderzeichen können zu massiven Irritationen führen. Aus diesem Grund kann es vorkommen, dass bestimmte Werkzeuge von vornherein das Erzeugen von Dateinamen unterbinden. Die folgenden Zeichen sollten Sie in Dateinamen besser nicht verwenden.

Zulässige Namen

- **Schrägstrich**
  Der Schrägstrich dient unter UNIX als Verzeichnistrenner.

- **Doppelpunkt**
  Der Doppelpunkt wird im Netzwerk dazu verwendet, einen fremden Rechner anzusprechen. Auch werden Verzeichnislisten gern durch Ausrufezeichen getrennt.

- **Minuszeichen am Namensanfang**
  Das Minuszeichen wird von den Kommandozeilenprogrammen als Zeichen für eine Option verwendet. Diesen Programmen wird es also schwerfallen, eine solche Datei zu bearbeiten, weil sie den Dateinamen nicht erkennen und für eine Option halten.

- **Stern und Fragezeichen**
  Beide Zeichen werden von der Kommandozeile aus als Jokerzeichen verwendet. Es ist zwar möglich, durch Anführungszeichen diese Zeichen in ihrer Sonderfunktion »auszublenden«, es wird aber in jedem Fall eine gewisse Verwirrung auftreten.

- **Internationale Sonderzeichen**
  Im deutschen Sprachraum ist die Versuchung des Anwenders groß, Dateinamen auch aus Umlauten zu bilden. Wie deutsche Umlaute kodiert werden, ist eigentlich ein alter Hut. So gibt es schon seit langer Zeit den Standard ISO 8859-1. Inzwischen gibt es darüber hinaus den Standard UTF-8, der zum UNICODE hinführt.[1] Wenn nicht sicher ist, welcher Standard auf dem System verwendet wird, das die Dateien,

---

[1] Der Grund für diesen neuen Standard liegt darin, dass es so möglich sein soll, auch asiatische Sonderzeichen in Texten abzulegen und mit den Sonderzeichen anderer Nationen zu mischen.

vielleicht auch in weiter Zukunft, lesen soll, erspart es viel Kummer, wenn Sie die Umlaute in Dateinamen vermeiden.

Der Punkt am Namensanfang

Eine besondere Rolle spielen Dateien und Verzeichnisse, deren Name mit einem Punkt beginnt. Diese finden sich oft im Benutzerverzeichnis[2]. Sie sind dazu gedacht, private Einstellungen der Standardprogramme zu ändern. Sie müssen also vorhanden und verfügbar sein, enthalten aber keine klassischen Anwenderdaten. Also stören sie im Überblick nur und werden von einigen Programmen standardmäßig ausgeblendet.

1.2 Datenstrom

UNIX betrachtet Daten als einen Strom, der eine Quelle und ein Ziel hat. Diese Quelle kann beispielsweise die Tastatur oder eine Datei sein. Als Ziel können Sie sich eine andere Datei, einen Bildschirm oder einen Drucker vorstellen. Dieses Konzept ist von den meisten anderen Betriebssystemen übernommen worden, sodass es heutzutage als selbstverständlich empfunden wird.

Alternativkonzept

Es ist aber nicht überall vorzufinden. Ein klassischer Großrechner betrachtet seine Daten als Pakete. Das Terminal bekommt seine Informationen dort nicht zeichenweise, sondern der Großrechner schickt eine Maske mit Daten in einem Block. Der Benutzer füllt die Maske mit Daten und sendet alles zusammen durch eine besondere Transfer-Taste an den Computer. Ein ähnliches Konzept findet sich bei den Formularen der Websites wieder. Datenblöcke sind in vielen Situationen effizienter als Datenströme. Festplatten sind in Blöcke unterteilt, und auch Netzwerke arbeiten mit Paketen. Die heute üblichen Ethernet-Netzwerke übertragen etwa 1500 Byte pro Paket. In dem Paket befinden sich Zusatzinformationen wie Empfänger, Absender und Prüfsumme. Würde für jeden Buchstaben ein eigenes Paket versandt, würde das Netzwerk nicht optimal genutzt. Jede Datenbank betrachtet seine Daten blockweise. Wenn von diesen Medien Daten gelesen werden, ist es wahrscheinlich, dass nicht nur ein Zeichen benötigt wird, sondern die Nachbarzeichen als Nächstes angefordert werden. Darum werden ganze Blöcke übertragen und natürlich läuft das auch unter UNIX so. Gegenüber dem Anwender wird auch in diesen Fällen das Modell des Datenstroms durchgehalten. Und letztlich

---

2 Das ist das Verzeichnis, in dem der Anwender seine Daten ablegen kann. Es liegt im Verzeichnis /home und wird in der englischen Literatur home directory genannt.

führt dieses durchgängige Konzept dazu, dass bei UNIX alles ineinander greift.

1.3 Verzeichnisse

Um die Flut der Dateien übersichtlich zu gestalten, werden sie in Verzeichnissen organisiert. Verzeichnisse sind sehr spezielle Dateien, die aber keine Nutzerdaten enthalten, sondern quasi als Behälter für Dateien dienen. Für den Umgang mit Verzeichnissen gibt es spezielle Verzeichnisbefehle. Auch Verzeichnisse besitzen einen Namen, der unter UNIX ebenso frei gewählt werden kann wie der einer Datei.

Im Gegensatz zu anderen Betriebssystemen ordnet UNIX seine Daten nicht nach physikalischen Medien wie Festplatten oder Disketten, sondern nach Verzeichnissen, die alle ein gemeinsames Wurzelverzeichnis haben. Dieses Verzeichnis wird Wurzelverzeichnis genannt, weil es kein Vorgängerverzeichnis gibt. Alle Festplatten und sonstige Medien werden in diesen einen Verzeichnisbaum integriert.

1.3.1 Umgang mit Verzeichnissen

UNIX verwendet als Verzeichnistrenner den Schrägstrich (engl. Slash). Dieser ist nicht mit dem unter MS-DOS aufgekommenen Backslash zu verwechseln. Alle Dateien und Verzeichnisse, die im Wurzelverzeichnis liegen, können eindeutig angesprochen werden, indem ihnen ein Schrägstrich vorangestellt wird. Liegt innerhalb eines Verzeichnisses ein weiteres Verzeichnis oder eine Datei, werden sie ebenfalls durch einen Schrägstrich getrennt.

Verzeichnistrenner

Jeder Prozess[3] besitzt ein aktuelles Arbeitsverzeichnis. Öffnet der Prozess eine Datei, wird diese im Arbeitsverzeichnis gesucht. Das aktuelle Arbeitsverzeichnis kann mit entsprechenden Befehlen gewechselt werden.

Arbeitsverzeichnis

Eine Datei oder ein Verzeichnis hat immer einen absoluten Pfad, der mit einem Schrägstrich beginnt und demzufolge vom Wurzelverzeichnis aus benannt wird. Beginnt ein Dateiname nicht mit einem Schrägstrich, basiert der Pfad auf dem aktuellen Verzeichnis. Man spricht auch von relativen Pfadnamen.

Absoluter und relativer Pfad

Der Administrator weist jedem Anwender ein Benutzerverzeichnis zu. Nach der Anmeldung ist dieses Benutzerverzeichnis das aktuelle Arbeits-

Benutzerverzeichnis

---
3 Ein Prozess ist ein Programm, das gerade abläuft.

verzeichnis. Der Anwender kann dort seine Dateien und Verzeichnisse ablegen. Es befindet sich auf heutigen Maschinen normalerweise unterhalb des Verzeichnisses **/home**. Daher wird es in der englischsprachigen Literatur »home directory« genannt.

1.3.2 Der UNIX-Verzeichnisbaum

UNIX ordnet alle Dateien in einem einzigen Verzeichnisbaum an. Dabei haben bestimmte Verzeichnisse bestimmte Aufgaben. Im Gegensatz zu anderen Systemen wird ein Programm nicht in ein einzelnes Verzeichnis installiert, in dem sich dann Programmdatei, Konfigurationsdaten und Anwendungsdaten mischen. Unter UNIX befinden sich die Konfigurationsdateien aller Programme im gleichen Verzeichnis, und die Daten sind von den sich nicht ändernden Programmdateien getrennt.

Der Baum der Abbildung 1.1 zeigt einen Ausschnitt einer für UNIX typischen Verzeichnisstruktur.

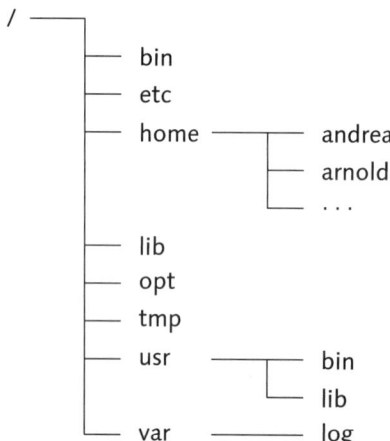

Abbildung 1.1 Verzeichnisbaum

1.3.3 Was ist wo?

Diese Verzeichnisstrukturen haben sich über viele Jahre entwickelt und sind inzwischen durch den FHS (File Hierarchy Standard) vorgegeben. Einer der Grundgedanken ist die Unterscheidung der Verzeichnisse nach Aufgaben. Dabei werden die Dateien zunächst grob in »shareable files« (gemeinsam nutzbare, statische Dateien) und »unshareable files« (lokale, variable Dateien) unterschieden.

/etc

Dies war auf den älteren Systemen das Arbeitsverzeichnis des Systemadministrators. Hier lagen alle Konfigurationsdateien des Systems und die Programme, die nur root[4] verwenden durfte. Im Laufe der Zeit wurde es in **/etc** etwas eng, so dass die Administrationswerkzeuge nach **/sbin** ausgelagert wurden.

Konfiguration

In **/etc** befinden sich immer noch die Konfigurationsdateien und die Startskripte von UNIX.

/bin und /lib

Im Verzeichnis **/bin** befinden sich die Programme, die als minimale Ausstattung erforderlich sind, um das System zu administrieren. Dieses Verzeichnis sollte auf der Bootpartition liegen. Ebenfalls dort wird das Verzeichnis **/lib** als Ort für die dynamischen Bibliotheken der Programme aus **/bin** benötigt. Dynamische Bibliotheken sind Dateien mit Programmteilen, die von mehreren Programmen benötigt und so vom System zur Verfügung gestellt werden, sobald sie gebraucht werden.

Basisbefehle und Bibliotheken

/tmp

Das Verzeichnis **/tmp** ist für temporäre Dateien gedacht. Es ist für jeden Benutzer schreib- und lesbar und immer an dieser Stelle zu finden. Man sollte dieses Verzeichnis tatsächlich nur für temporäre Dateien verwenden, da einige Maschinen in regelmäßigen Abständen dieses Verzeichnis per `crontab` (siehe Seite 181) löschen.

Temporäre Dateien

/usr

Hier befinden sich die normalen Anwendungsprogramme (**/usr/bin**) und deren Bibliotheken (**/usr/lib**). In **/usr/include** befinden sich die Headerdateien für die Schnittstellen zum System. Headerdateien werden von Programmierern benötigt, um Zugriffe auf die Systemaufrufe zu bekommen. Unter **/usr/man** sind die Manpages abgelegt. **/usr/X11** enthält die Programme für die grafische Oberfläche.

Standardinstallationen

Auf älteren Systemen sind hier auch die Verzeichnisse zu finden, die heute unter **/var** liegen. Bei einigen Systemen findet man aus Kompatibilitätsgründen noch symbolische Links auf Verzeichnisse in **/var**. Diese Umschichtung verfolgt das Ziel, dass im Verzeichnis **/usr** nicht geschrieben und gelöscht werden soll. Der Hauptgrund besteht darin, dass auf das Verzeichnis **/usr** oft zugegriffen wird. Wenn es durch Schreiben und

---

[4] root ist der Name des Administrators einer UNIX-Maschine.

Löschen fragmentiert wird, leidet der Durchsatz der Maschine. In der ständig aktuellen Diskussion über Viren wäre auch zu überlegen, das Verzeichnis komplett schreibzuschützen. Auf den ersten Blick scheint dies zu einem großen Sicherheitsgewinn zu führen. Tatsächlich müsste aber der Schreibschutz bei jeder Installation eines neuen Programms aufgehoben werden. Damit könnte ein Virus mit Administratorrechten in diesem Moment Dateien verändern. Ein Virus ohne Administratorrechte hätte auch in der jetzigen Situation keine Chance, da der normale Anwender auch jetzt schon keinerlei schreibende Zugriffsrechte auf das Verzeichnis hat.

/var

Protokolle und Spooling

Hier liegen die Dateien, die vom System oder den Anwendungsprogrammen verändert werden: Protokolle und Spooling. In älteren Systemen finden sich diese Dateien noch im Verzeichnis **/usr**.

Das Verzeichnis **/var/log** enthält Fehlerprotokolle. Die wichtigste Datei ist **/var/log/messages**. Üblicherweise legt der Fehlerdämon `syslogd` hier seine Meldungen ab.[5]

Unter **/var/spool** finden sich die Verzeichnisse für das Spooling. Druckaufträge, Mails und Arbeitsaufträge (`cron` bzw. `at`, siehe Seite 181) werden hier abgelegt.

/home bzw. /users

Benutzerverzeichnis

An das Verzeichnis **/home** werden bei den meisten UNIX-Systemen die Verzeichnisse der Benutzer angehängt. Unter Mac OS X heißt dieses Verzeichnis **/users**. Für jeden Benutzer wird ein eigenes Verzeichnis angelegt, und der normale Anwender hat mit seinen Dateien in den anderen Verzeichnissen normalerweise nichts verloren. Anfangs wurden die Benutzerverzeichnisse unter **/usr** abgelegt. Als dieses Verzeichnis überquoll, verwendete man kurzzeitig **/user**. Da beide Verzeichnisse sprachlich schwer zu unterscheiden waren, ging man schließlich zum Namen **/home** über. Festgelegt wird der Ort von Benutzerverzeichnissen durch die Datei **/etc/passwd** (siehe Seite 257).

/opt

Programmpakete

Inzwischen werden auch größere Programmpakete nicht mehr unter **/usr**, sondern unter **/opt** abgelegt. Hier finden Sie Office-Pakete, Java-Programmierumgebungen oder auch die Desktops.

---

5 Der Ort dieser Datei ist durch die Einträge in der Datei **/etc/syslog.conf** konfigurierbar (siehe Seite 420).

/proc

Auf manchen UNIX-Systemen finden Sie das Pseudoverzeichnis **/proc**. Dieses Verzeichnis dient als Schnittstelle zum Betriebssystem. Die Systeminformationen sind als Dateien und Verzeichnisse abgebildet und ermöglichen so einen relativ einfachen Zugriff.

1.3.4 Einbinden von Speichermedien

In einem Computersystem finden Sie immer eine oder mehrere Festplatten und typischerweise mehrere Wechselmedien wie Disketten, CDs und USB-Memory-Sticks. Einige Betriebssysteme bezeichnen die Laufwerke mit Buchstaben oder Namen, und die Daten werden durch Angabe ihrer physischen Position gefunden. Diese Methode wird schnell zum Fluch, wenn eine neue Festplatte gekauft wird und die Laufwerksbuchstaben dadurch gehörig durcheinander kommen.

Ein Speichermedium für Dateien muss unter UNIX irgendwo im Verzeichnisbaum eingebunden sein. So könnte beispielsweise das Verzeichnis **/home** auf einer eigenen Festplatte abgelegt werden. Stellt sich heraus, dass der Benutzer emil immer mehr Speicher benötigt, könnte eine weitere Festplatte an der Stelle **/home/emil** eingehängt werden. Die Abbildung 1.2 veranschaulicht die Situation:

Medien im Verzeichnisbaum

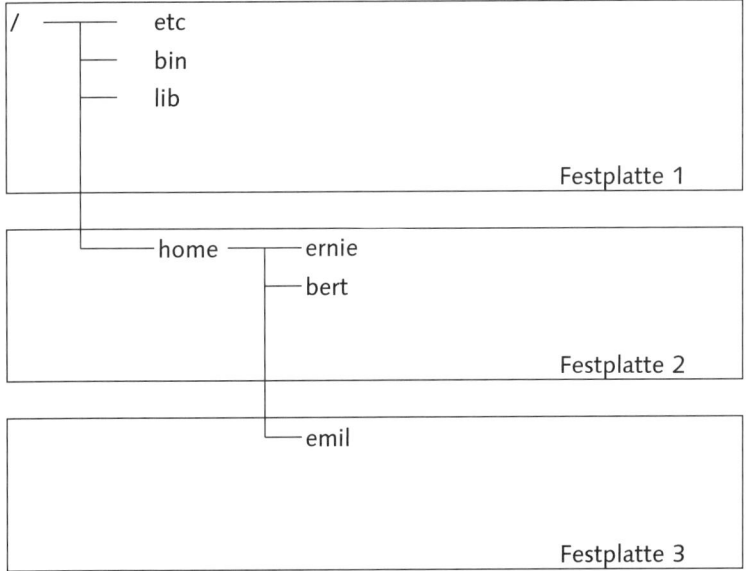

Abbildung 1.2 Festplatteneinbindung in den UNIX-Verzeichnisbaum

1 | Konzepte

Platz teilen Ein Problem entsteht, wenn Sie den Platz der neuen Festplatte nicht nur einem Anwender, sondern neben emil auch fritz zukommen lassen wollen. Vielleicht möchten Sie sogar noch das Verzeichnis **/tmp** darauf ablegen, um so die Wurzelplatte etwas freier zu bekommen. In solchen Fällen ist es sinnvoll, die Festplatte unter Pseudoverzeichnissen in den Verzeichnisbaum zu hängen, aber über einen symbolischen Link die Zuordnung zu den Plätzen zu realisieren, die von dem neuen Platz profitieren sollen. Ein symbolischer Link ist eine Art Verweis auf eine andere Stelle im Verzeichnisbaum (siehe Seite 87).

Symbolisch verlinken Für die neue Festplatte wird ein Verzeichnis **/hd01** angelegt. Der Name ist eigentlich weitgehend egal, da er für die Anwender nicht in Erscheinung tritt. Darunter werden die Namen der Verzeichnisse angelegt, die in Zukunft auf dieser Festplatte liegen sollen. Im Beispiel werden die Namen der Originalverzeichnisse übernommen. Das ist zwar nicht zwingend, aber durchaus praktisch. Anschließend können die Inhalte der bisherigen Verzeichnisse an die neue Stelle kopiert werden. Danach wird ein symbolischer Link so gelegt, dass von der Originalstelle auf die neue Position verwiesen wird. Die Abbildung 1.3 zeigt dieses Vorgehen.

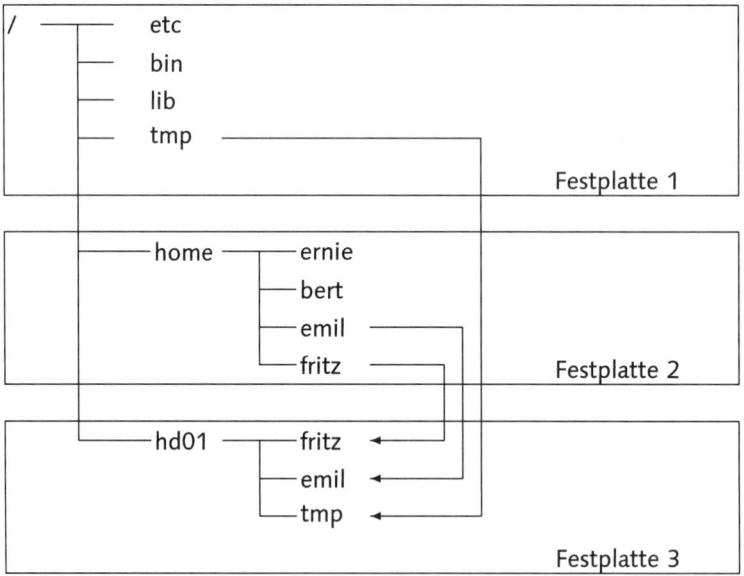

Abbildung 1.3 Festplatteneinbindung mit Link-Unterstützung

In welche Verzeichnisse die Festplatten eingehängt werden, ist frei konfigurierbar. Je nachdem, ob der Computer ein Arbeitsplatzrechner oder ein Zentralserver ist, kann es unterschiedliche Zusammenstellungen geben. So könnten beispielsweise die Arbeitsverzeichnisse der Benutzer auf

Wechselplatten abgelegt sein. Es kann auch sein, dass zentrale Informationen gar nicht auf den lokalen Rechnern liegen, sondern nur über das Netzwerk eingebunden werden. Welches Medium auch immer zu welchem Zweck verwendet wird, es kann nur benutzt werden, wenn es in den Verzeichnisbaum eingebunden wird. Der Befehl mount integriert ein Medium in den Verzeichnisbaum (siehe Seite 295). Um diese Einbindung auch nach dem nächsten Reboot zu erhalten, werden die Zuordnungen zwischen Medien und Verzeichnissen in der Konfigurationstabelle **fstab** (siehe Seite 296) eingetragen.

Mit dem Befehl mount wird ein Medium in den Verzeichnisbaum eingebunden. Das war ursprünglich dem Administrator vorbehalten. Als Parameter wird angegeben, welches Medium an welcher Stelle im Verzeichnisbaum eingebunden wird.

mount

Mit dem Befehl umount wird eine solche Einbindung wieder gelöst. Das Aushängen eines Mediums ist aber nur dann möglich, wenn kein Prozess mehr damit arbeitet. Unter den grafischen Oberflächen wird dies durch Menübefehle an die Mediensymbole erreicht. Bei Mac OS X und bei Solaris werden eingelegte CDs automatisch eingebunden.

umount

Wie der Verzeichnisbaum auf die Festplatten verteilt wird, muss nicht beim Booten jedes Mal neu angegeben werden. Stattdessen kann der Administrator in einer Textdatei (in den meisten Fällen heißt diese **/etc/fstab**) festlegen, welche Medien an welcher Stelle im Verzeichnisbaum eingebunden werden sollen. Sie können also jede Zeile dieser Datei als Parameterliste des mount-Befehls verstehen, der beim Booten ausgeführt wird. Diese einfache Tabelle macht es aber leicht möglich, eine neue Festplatte einzubinden, wenn der Platz an einer bestimmten Stelle im Verzeichnisbaum knapp wird. Die Anwender und die Programme merken davon nichts, außer natürlich, dass nun genügend freier Platz ist.

/etc/fstab

Traditionell wurde zum kurzfristigen Einbinden von Medien das Verzeichnis **/mnt** verwendet. Seinerzeit war die Anzahl der Wechselmedien überschaubar. So konnte neben einer Diskette höchstens noch ein Wechselplattenlaufwerk vorhanden sein.

/mnt

Heutzutage ist fast jede Maschine mit CD- oder DVD-Laufwerken ausgestattet. Meist kann man mit diesen auch brennen. Diskettenlaufwerke kommen zwar langsam aus der Mode, aber dafür gibt es inzwischen USB-Speichersticks und transportable Festplatten, die schnell angeschlossen werden können. Das Verzeichnis **/media** ist nach FHS optional vorhanden. Es wird verwendet, um für jedes denkbare Wechselmedium ein eigenes Verzeichnis aufzunehmen.

/media

1.3.5 Ein Blick unter die Haube: i-nodes

i-nodes enthalten die Informationen über eine Datei

In der UNIX-Literatur und auch in den Manpages wird häufiger der Begriff i-node genannt. Der i-node ist ein Indexeintrag in der Dateisystemstrukur für eine Datei. Darin befinden sich Informationen, die eindeutig mit der Datei verbunden sind. Dazu gehört der Besitzer der Datei, der durch die Benutzer-ID (UID) bezeichnet wird. Die Gruppe wird durch die Group-ID hinterlegt. Die Zugriffsrechte der Datei werden hier genauso vermerkt, wie der Typ der Datei. Dabei beschreibt der Typ, ob es sich um eine einfache Datei, ein Verzeichnis, eine Gerätedatei, ein Link oder eine Pipe handelt. Die Größe der Datei steht hier und in wievielen Verzeichnissen ein Verweis auf diesen i-node existieren.

Zeitstempel

Der i-node enthält die Zeiten des letzten Zugriffs (access time, atime), der letzten Dateiänderung (modification time, mtime) und der letzten Änderung des i-nodes (change time, ctime). Im i-node befindet sich schließlich der Verweis auf die tatsächlichen Datenblöcke der Datei. Die i-nodes sind durchnummeriert, und diese Nummer ist auf dem Dateisystem eindeutig.

Im Verzeichnis steht nur die i-node-Nummer

Da nun die meisten Informationen über die Datei im i-node stehen, braucht man sie nicht in das Verzeichnis zu schreiben. Tatsächlich enthält der Verzeichniseintrag einer Datei auch nur wenige Informationen, in erster Linie den Dateinamen und die Nummer des i-nodes, in dem dann alle weiteren Informationen über die Datei stehen.

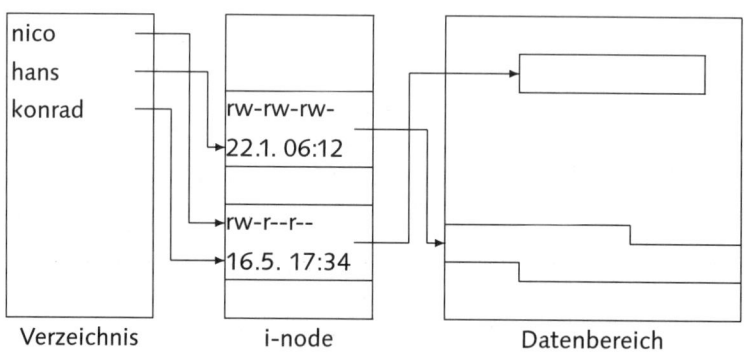

Abbildung 1.4 Verzeichnis, i-node und Datenbereich

Vorteile

Diese Vorgehensweise hat den Vorteil, dass Verzeichniseinträge relativ klein sind und im Verhältnis zu anderen Systemen erstaunlich flott verwaltet werden können. Auch die Möglichkeit, mit Links zu arbeiten (siehe Seite 84), so dass zwei verschiedene Verzeichniseinträge auf dieselbe Datei zeigen, ist mithilfe des i-nodes leicht implementierbar. Aufgrund dieser Architektur wird aber auch deutlich, dass es zwar mehrere Namen für dieselbe Datei gibt, aber dennoch nur einen Besitzer, da alle Verweise auf denselben i-node zeigen.

1.4 Schichten und Shells

Die Bestandteile von UNIX unterscheiden sich nach dem sogenannten Kernel. Dieser Kern des Systems enthält nur die Bestandteile, die das System benötigt, um zu starten. In früheren Versionen waren auch die Gerätetreiber Bestandteil dieses Kerns. Inzwischen sind diese als nachladbare Module herausgenommen worden. Auf diese Weise wird verhindert, dass exotische Gerätetreiber auf jedem System installiert sein müssen.

Kernel

Auch diverse Parameter, wie beispielsweise die maximale Anzahl der gleichzeitig laufenden Prozesse oder der Speicher, der zum Puffern der Festplatten verwendet wird, wurden vor einigen Jahren noch im Kernel selbst festgehalten. Um solche Parameter zu ändern, wurde der Kernel neu generiert. In Zeiten, in denen jeder Computerbenutzer, zumindest aber jeder Administrator auch Programmierer war, stellte das keine große Hürde dar. Inzwischen werden solche Parameter längst nicht mehr an den Kernel gebunden und werden meist sogar dynamisch zur Laufzeit automatisch angepasst. Nur in besonderen Situationen wird der Kernel noch vom Administrator selbst gebildet. In solchen Fällen werden nur die Teile zum Kernel gebunden, die wirklich erforderlich sind. Das führt zunächst zu einem sehr kleinen, effizienten Kernel. Es ist so möglich, dass nur zuverlässige Treiber verwendet werden oder dass besondere Sicherheitsregeln im Kernel verankert werden, die Angriffe erschweren.

Kernelparameter

Sehr früh gab es dagegen bei UNIX die Trennung von Anwendung und System. UNIX definierte eine Programmierschnittstelle, die den Anwendungsprogrammen die Fähigkeiten des Kernels zur Verfügung stellte. Ein direkter Zugriff auf die Ressourcen wurde unterbunden. Diese Trennung wird von heutigen Prozessoren vollständig unterstützt. Ein normales Programm läuft im Benutzermodus. Systemressourcen lassen sich allerdings nur im Kernelmodus erreichen. Damit ein Anwendungsprogramm diese Ressourcen nutzen kann, muss er über die Programmierschnittstelle das System aufrufen. Bei diesem Aufruf wird eine Exception oder ein Software-Interrupt ausgelöst, der die CPU in den Kernel-Modus versetzt. In diesem werden nun die Betriebssystemprogramme abgearbeitet. Am Ende der Routine wird der Kernel-Modus wieder verlassen und das aufrufende Programm läuft weiter im Benutzermodus.

Trennung von System und Anwendung

Das Betriebssystem enthielt keine Benutzersteuerung. Auch die Kommandozeile, die unter UNIX als Shell bezeichnet wird, hat keine Sonderrechte, sondern stellt dem Anwender nur die UNIX-Schnittstelle als Interpreter zur Verfügung. Die Shell ist also nicht Systembestandteil, sondern beliebig austauschbar. Das geht sogar so weit, dass jeder Benutzer eine eigene Shell verwenden kann. Das erklärt, warum es für UNIX eine Vielzahl von Shells gibt. Viele dieser Shells eröffneten besondere Möglichkeiten für bestimmte Zielgruppen. In der letzten Zeit scheint der Trend aber dahin zu gehen, die verschiedenen Entwicklungen wieder zu einer mächtigen Shell zusammenzuführen. Insbesondere die im Zusammenhang mit Linux entstandene bash findet sich inzwischen auf beinahe allen UNIX-Maschinen.

Grafische Oberfläche

Selbst die grafische Oberfläche ist unter einem UNIX-System nichts anderes als ein fettes Anwendungsprogramm. Eine UNIX-Maschine ist grundsätzlich immer ohne grafische Oberfläche lauffähig. Für einen Server, der sein Dasein im EDV-Raum fristet, stellt eine grafische Oberfläche nur überflüssiger Ballast dar. Man braucht eine Grafikkarte, einen grafischen Monitor und eine Maus. Die Grafik benötigt mehr Kapazität, wenn man sie per Telefonleitung ansprechen möchte, und mehr Speicher.

Auch Grafik modular

Aber auch dann, wenn man unter UNIX eine grafische Oberfläche installiert, besteht diese aus auswechselbaren Modulen. Die Grundbasis ist das X Window System, dessen Funktion durch einen X-Server realisiert wird, der auch per Netzwerk von einem anderen Rechner genutzt werden kann. Dieses System stellt aber nur die Grundfunktionen dar. Die grafischen Desktops bauen auf dem X Window System auf. Da gibt es das Athena Widget Set aus uralten Zeiten, das Motif, das darauf aufbauende CDE und in neuerer Zeit die Entwicklungen aus dem Linux-Umfeld KDE und GNOME. Aber selbst das X Window System ist nicht unersetzlich. Die Firma Apple hat für ihren Macintosh mit Mac OS X ein neues Betriebssystem eingesetzt, das ein komplettes UNIX ist. Allerdings hatte das X Window System wohl den Leuten bei Apple nicht gefallen, so dass sie ihre eigene Oberfläche auf die UNIX-Basis stellten.

1.5 Das offene System

Eine wichtige Eigenschaft von UNIX ist seine Offenheit. UNIX ist nach seiner Entstehung lange Zeit an der Berkeley-Universität weiterentwickelt worden. Der Sourcecode stand Studenten zur Verfügung, damit sie lernen, wie ein Betriebssystem funktioniert. Vieles wurde an UNIX demonstriert, und was UNIX nicht konnte, das brachte man ihm bei. Vor allem aber wurde dafür gesorgt, dass es keine Geheimnisse gab. Jeder Prozess ist zunächst einmal sichtbar, und man kann ihm auf die Finger klopfen. Alle Konfigurationsdateien sind reine Textdateien oder leicht in solche zu verwandeln. Diese Konfigurationen kann man leicht sichern, ausdrucken oder durchsuchen. Eine derartige Umgebung ist aber auch sicherer, weil es schwerer ist, etwas zu verstecken.

Fast alle wichtigen Konfigurationen erfolgen unter UNIX in Textdateien, die mit einem gängigen Texteditor bearbeitet werden können. Solche Dateien lassen sich einfach sichern, ausdrucken und kontrollieren.

Textdateien zur Konfiguration

Alle laufenden Prozesse sind von jedermann einzusehen. Die Prozessliste kann auf Fremdprogramme leicht überprüft werden. Verdächtigen Prozessen kann der Administrator auf die Finger sehen: Welche Dateien hat der Prozess geöffnet, welche Netzwerkverbindungen sind geöffnet. Schnell ist auch ermittelt, wie der Prozess gestartet wurde. Da die Startdateien alle mit einem Texteditor bearbeitet werden können, lässt sich der Schädling auch schnell entfernen.

Prozessliste

Natürlich ist auch UNIX nicht unverwundbar. Die heutigen Rootkit-Techniken können eingesetzt werden, um die Anzeigewerkzeuge und Systembibliotheken auszutauschen. Die erweiterten Attribute der Dateisysteme machen es möglich, Dateien zu verbergen. Hat der Angreifer erst einmal Administratorrechte oder kann er sein Programm als Treiber installieren lassen, ist jeder Angriff denkbar. Bei einem offenen System ist die Tarnung allerdings deutlich aufwändiger.

Rootkit-Techniken

1.6 Mehrbenutzersystem

UNIX war immer ein Mehrbenutzersystem. Daraus erwachsen zwei Ziele: Fairness und Sicherheit.

Fairness bedeutet, dass jeder Anwender gleich behandelt wird. Dazu muss die Rechenzeit gerecht verteilt werden, und der Umschaltprozess muss effizient arbeiten.

Fairness

Natürlich muss ein Mehrbenutzersystem mehrere Benutzer verwalten können. Das heißt, jeder Benutzer kann sich anmelden, hat sein Passwort, seine Umgebung und seine Ressourcen. Unter UNIX heißt das: Jede Datei hat einen Besitzer, und jeder Prozess wird einem Eigentümer zugeordnet.

Benutzerverwaltung

Datenschutz Eine der wichtigsten Aufgaben eines Mehrbenutzersystems ist der Schutz der Daten eines Benutzers. Er muss seine Daten vor dem Zugriff anderer Benutzer schützen können. Andererseits muss die Zusammenarbeit mehrerer Benutzer problemlos möglich sein. Diese Eigenheit wurde nicht nachträglich hinzugefügt, sondern war und ist bei jeder Weiterentwicklung des Systems bereits im Hinterkopf der Programmierer vorhanden.

Systemsicherheit Ein Mehrbenutzersystem muss auch den Angriffen boshafter Anwender standhalten. Ein übel gesinnter Benutzer darf die Stabilität der Maschine nicht verletzen können. Dies hat zur Folge, dass die Programme, die von mehreren Anwendern eingesetzt werden, nur durch den Administrator installiert, ersetzt oder verändert werden dürfen. Dieser Schutz hilft heute bei der Absicherung des Systems gegen schädliche Software wie Viren, Würmer oder Trojaner.

Abgrenzung Ein Mehrbenutzersystem besitzt Mechanismen, damit der Systembenutzer nicht unbedingt auch Administratorrechte haben muss. Die Aufgaben werden klar abgegrenzt, und die Rechte können so vergeben werden, dass nur bestimmte Aufgaben abgegeben werden können.

Verschlüsselung In einem Mehrbenutzersystem muss es möglich sein, Informationen vor anderen Benutzern zu verbergen. Aus diesem Grund bietet UNIX bereits in seiner Standardbibliothek die Funktion `crypt()` an, mit der jeder Programmierer Passwörter oder andere schützenswerte Dinge leicht verschlüsseln kann, ohne dafür extra einen eigenen Algorithmus zu erfinden, der in der Praxis dann vermutlich auch eher unzuverlässig ist (siehe dazu ab Seite 976).

1.6.1 Eigentumsrechte von Dateien und Verzeichnissen

In einer Multiuser-Umgebung ist es wichtig, dass die Daten des einzelnen Anwenders vor der Neugier der übrigen Anwender geschützt werden können. Dazu ist es erforderlich, dass Dateien einen Besitzer haben. Ferner gibt es Zugriffsrechte auf Dateien. UNIX unterscheidet zwischen Schreib-, Lese- und Ausführungsrechten. Ein Programmierer kann also ein Programm erstellen, das von aller Welt ausgeführt wird, aber nicht veränderbar und vielleicht nicht einmal lesbar ist.

Zielgruppen Um einem Team die Arbeit zu erleichtern, kennt UNIX das Konzept einer Gruppe. Damit gibt es drei Kategorien von Benutzern: den Eigentümer, die Gruppe und alle anderen. Für jede dieser drei Berechtigten kann jedes der drei Rechte separat gesetzt werden. Ein Programmierer kann ein Programm entwickeln, das er selbst lesen, schreiben und ausführen kann. Die Gruppe aller Programmierer soll das Programm vielleicht lesen und ausführen können. Aber die Kollegen sollen bitte nicht an seinem Code herumbasteln. Der Rest der Anwender, unter UNIX gern »die Welt« genannt, soll das Programm ausführen und staunen, aber nicht hinter die Kulissen sehen dürfen.

Die gleichen Rechte und Gruppen können nicht nur Dateien, sondern auch Verzeichnissen zugeordnet werden. Dabei bedeutet das Leserecht, dass der Rechteinhaber den Inhalt des Verzeichnisses auslesen darf. Hat er keinen Schreibzugriff auf das Verzeichnis, so darf er eine Datei weder löschen noch anlegen oder umbenennen. Zum leichteren Verständnis hilft es, sich klarzumachen, dass ein Verzeichnis eine spezielle Datei ist, in der eine Liste der Dateinamen steht.[6] Wenn die Liste der Dateien schreibgeschützt ist, lassen sich keine Dateien hinzufügen oder entfernen. Und auch das Verändern der Dateinamen ist dann logischerweise verboten. Das Ausführungsrecht für ein Verzeichnis erlaubt es, in dieses Verzeichnis zu wechseln.

Verzeichnisse

1.6.2 Der Administrator

Neben den normalen Anwendern eines Systems gibt es den Systemadministrator, der unter UNIX traditionell den Benutzernamen root hat. Anders als die normalen Anwender hat root freien Zugriff auf alle Ressourcen der Maschine. Er darf sich über Dateirechte hinwegsetzen, legt Benutzer an oder sperrt sie aus. Aus diesem Grund wird er auch Superuser genannt. Für alle Systemkonfigurationen muss er angesprochen werden. Aus Sicherheitsgründen hat der normale Anwender eingeschränkte Rechte, die verhindern sollen, dass er einen anderen Benutzer oder das System schädigen oder ausspähen kann.

root

Der User root wird niemals zur normalen Arbeit eingesetzt. Auch der Administrator hat neben dem root-Zugang normalerweise ein gewöhnliches Benutzerkennwort, das er für seine tägliche Arbeit einsetzt. Er wird sich nur dann als root anmelden, wenn er eine Aufgabe zu erledigen hat, die ohne diese Rechte nicht zu lösen ist. Wer also als root Texte erstellt, Programme schreibt oder sonstige Anwendungstätigkeit erledigt, gibt sich sofort als UNIX-Anfänger zu erkennen.

Arbeiten als user

---

6 In den ersten UNIX-Varianten wurde ein Verzeichnis sogar als gewöhnliche Datendatei realisiert.

1.7 Konsequenz: Sicherheit und Wartbarkeit

In einem Multiusersystem ist Sicherheit immer eine entscheidende Frage. Es muss gewährleistet sein, dass ein Student nicht die Daten mit den Prüfungsergebnissen seines Professors verändert. Zu der Zeit als UNIX geschaffen wurde, war es nicht denkbar, dass eine Universität für die Professoren und die Studenten getrennte Rechner hatte, geschweige denn, dass jeder Professor seinen eigenen Rechner besaß.

In der Welt der Personal Computer und Spielerechner ist die Ausgangssituation eine andere. Jeder, der den Rechner benutzt, genießt das persönliche Vertrauen des Besitzers. Die Entwicklungsziele sind durch den Markt der Anwender bestimmt. Diese beklagen zwar die Unsicherheit der Systeme, aber an der Kasse entscheidet nur, was der neue Computer mehr leistet als der alte. Die Konsequenz ist, dass die Hersteller der Systeme weder in die Sicherheit noch in die Bedienbarkeit investieren. Die Systeme bleiben unsicher und schwer bedienbar, werden aber mit immer neuen Features überhäuft, die das System komplexer machen.

Sicherheit vor Viren

Erst durch die Verbreitung von Viren und Dialern und deren offensichtlich schädlichen Wirkung beginnt ein Umdenken in Sicherheitsfragen. Derzeit existieren fast nur Viren für Microsoft Windows. Dadurch sind die Benutzer anderer Systeme weitgehend sicher. Die Windows-Anwender begründen diese Unsicherheit damit, dass ein Virus natürlich nur effizient arbeiten kann, wenn das Angriffsziel weit verbreitet ist. Dies als einzigen Grund anzuführen, wäre allerdings etwas zu einfach.

Die meisten Viren nutzen die Möglichkeiten, die ein mit allen Bequemlichkeiten ausgestattetes Einzelplatzsystem bietet. Dort finden sie oft ungesicherte Netzwerkzugänge. Sie haben vollen Zugriff auf die Systemressourcen und können sich dort einnisten und sind sicher, nicht so schnell entdeckt zu werden. Des weiteren gibt es für ihre Aktivität keinerlei Beschränkungen. Der eroberte Computer gehört vollständig ihnen.

An dieser Stelle ist ein Multiusersystem ein bedeutend unangenehmerer Wirt. Die Anwender sind gegeneinander geschützt. Das heißt, dass der Virus, den ein Anwender einfängt, an die Daten eines anderen Benutzers nicht herankommt. Der Anwender hat keine Zugriffsmöglichkeiten auf systemrelevante Ressourcen. Da Multiusersysteme prinzipiell in der Lage sein müssen, die Leistungen gegenüber den Anwendern abzurechnen, sind weitgehende Protokollmöglichkeiten vorhanden, die das Aufstöbern eines Virus einfach machen.

TEIL II
Anwendung

Dieses Kapitel zeigt, wie man sich unter UNIX auf der Konsole bewegt, und die wichtigsten Grundkommandos vermitteln. Auf der Konsole arbeitet UNIX mit sehr kleinen Programmen, die wie Legosteine zusammengesetzt werden können. Lassen Sie sich davon faszinieren, welche Leistung man mit ein paar Tastendrücken entfachen kann. Denn was man mag, das lernt man schnell.

2   Bedienung eines UNIX-Systems

In Zeiten der grafischen Oberflächen muss man nicht zwingend mit der textorientierten Oberfläche arbeiten, auch unter UNIX nicht. Aber gerade unter UNIX wäre es ein Verlust, sie nicht zu kennen. Die Kommandozeile eröffnet Möglichkeiten zur Kombination der sehr leistungsfähigen UNIX-Werkzeuge, die in dieser Form auf grafischen Oberflächen nicht zu realisieren ist. Viele UNIX-Anwender haben, auch wenn sie die grafische Oberfläche nutzen, noch ein oder mehrere Fenster mit einer Kommandozeileneingabe geöffnet. Das zeigt, wie extrem leistungsfähig sie ist.

Leistungsfähig

Aber ein Textbildschirm hat noch andere Vorteile. Typischerweise verwendet ein Terminal 25 Zeilen mit 80 Zeichen pro Zeile. Das sind also 2000 Byte, die für die Darstellung eines kompletten Bildschirms benötigt werden. Dadurch sind solche Sitzungen selbst über die langsamste Telefonleitung in vertretbarer Geschwindigkeit noch brauchbar. Gerade im Bereich der Fernwartung kann das sehr nützlich sein.

Fernwartung

2.1   Anmelden: Personenkontrolle

Die erste Kontaktaufnahme mit einer UNIX-Maschine erfolgte traditionell über ein Terminal durch die Anmeldung am System, den sogenannten Login. Wenn Sie sich nicht über eine grafische Oberfläche, sondern über ein Terminal (siehe Seite 1003) anmelden, drücken Sie am besten einmal die **Return**-Taste. Dadurch baut das Terminal, sofern es anmeldebereit ist, eine neue Aufforderung zum Anmelden auf.

Sofern das Terminal angeschlossen ist und nicht noch eine alte Sitzung läuft, meldet es sich nach dem Drücken der **Return**-Taste mit der Frage nach dem Benutzernamen. Auf den meisten Systemen wird Ihnen der Ad-

Benutzername

ministrator eine Kombination aus Vor- und Nachnamen als Benutzernamen zuweisen. UNIX unterscheidet zwischen Groß- und Kleinschreibung. Darum verwendet der typische UNIX-Anwender ungern Großbuchstaben, und so können Sie damit rechnen, dass auch der Benutzernamen meist kleingeschrieben ist.

Passwort

Nach dem **Return** verlangt das System das Passwort, das beim Eintippen nicht sichtbar ist. Wenn man sich vertippt hat, erscheint der Anmeldebildschirm erneut, ansonsten grüßt das System und meldet, wie viele erfolglose Anmeldeversuche seit dem letzten Login erfolgt sind. Dies ist eine wichtige Kontrolle, ob jemand vielleicht illegal versucht hat, in das System einzubrechen. In solch einem Fall sollten Sie den Administrator informieren. Vor allem sollten Sie sofort Ihr Passwort ändern.

Passwort ändern

Wenn Sie eine neue Kennung an einem System bekommen haben, sollten Sie das Passwort gleich nach dem ersten Einloggen ändern. Dazu geben Sie auf dem Terminal einfach den Befehl `passwd` ein und schließen die Zeile mit der **Return**-Taste ab. Die meisten Systeme fragen nach dem bisherigen Passwort. Auf diese Weise wird verhindert, dass jemand eine kurze Abwesenheit nutzt, um schnell Ihr Passwort zu ändern. Anschließend müssen Sie zweimal Ihr neues Passwort eingeben. Ihre Eingabe werden Sie nicht sehen können. Das verhindert, dass jemand Ihr Passwort vom Bildschirm abliest. Bedenken Sie aber, dass es bei langsamem Tippen und einfachen Passwörtern durchaus einfach ist, das Passwort von der Tastatur abzulesen.

Netzwerkpasswort

Sollte Ihr Passwort zentral in einem UNIX-Netzwerk verwaltet werden, kann der Befehl zum Ändern des Passwortes `yppasswd` lauten. In diesem Fall wird Ihnen der Administrator aber vermutlich schon einen Tipp gegeben haben.

Ein gutes Passwort

Bei der Wahl des Passwortes sollten Sie alles vermeiden, was man leicht mit Ihnen verbindet. Die Namen von Verwandten sind ebenso unbrauchbar wie Ihr Autokennzeichen oder Ihr Sportverein. Auch Begriffe, die man in einem Lexikon findet, sollten Sie meiden. Eine einfache Methode, ein Passwort sicher zu machen, ist eine Ziffer irgendwo einzufügen. Auch die Verwendung von wild gemischter Groß- und Kleinschreibung steigert den Wert. Aber wählen Sie es so, dass Sie es sich merken können. Wenn Sie das Passwort auf einem Zettel in der Schublade aufbewahren müssen, weil es so kompliziert ist, dann ist es wertlos. Es gibt ein einfaches Verfahren, ein Passwort zu erzeugen, das aus scheinbar sinnlosen Buchstabenkolonnen besteht und dennoch leicht zu merken ist. Dazu bildet man einen Satz und verwendet die Anfangsbuchstaben als Passwort. Beispielsweise würde der Satz »Wie werde ich UNIX-Guru?« das Kennwort WwiUG ergeben.

Nach der Arbeit mit UNIX meldet man sich wieder ab. Man sollte sich zur Regel machen, niemals ein angemeldetes Terminal allein zu lassen. Die Abmeldung kann durch Drücken von **ctrl+D**[1] oder den Befehl `exit` oder `logout` erfolgen. Der Befehl `exit` und die Tastenkombination **ctrl+D** führen beide zum Verlassen der aktuellen Shell. Sofern keine weitere Shell geöffnet wurde, führt das wie der Aufruf `logout` zum Abmelden.

Abmelden am Terminal

2.2 Fragen Sie Dr. UNIX

Unter UNIX bekommt man die Informationen zum System mitgeliefert. Die erste Informationsquelle sind die sogenannten Manpages. Sie heißen nach dem Kommando `man` (unter der grafischen Oberfläche auch `xman`) und den Seiten (engl. pages), die dieser Befehl anzeigt. Darüber hinaus gibt es auf vielen Systemen `info`, ein hierarchisches Tool. Hier kann man sich durch Menüs hangeln, bis die gesuchte Information gefunden ist. Das Linux Documentation Project (LDP) entwickelte Beschreibungen, die problemorientiert waren. Beispielsweise behandelt eine Dokumentation, wie sich der Rechner über ISDN mit dem Internet verbindet. Diese problemorientierten Dokumente nennen sich »Howto« und sind natürlich auch für jede andere UNIX-Plattform interessant.

Verschiedene Quellen

2.2.1 Referenzhandbuch man

Die Bezeichnung des Befehls `man` leitet sich von manual (engl. Handbuch) her. Hinter dem Kommando `man` wird ein Leerzeichen und dann der Befehl oder die Datei eingegeben, über die man Informationen braucht. Bestätigt wird mit der **Return**-Taste, und es erscheinen klar strukturierte Informationsseiten, die meistens sehr üppig sind. Zugegebenermaßen sind sie nicht für Anfänger geschrieben worden, sondern sollen eine klare Definition der beschriebenen Kommandos und Dateien liefern. Ein guter Einstieg in die Benutzung von `man` ist die Manpage von `man`. Sie wird mit `man man` aufgerufen. Mit der **Leertaste** lässt sich seitenweise weiterblättern, und mit **Q** kommt man wieder zur Kommandozeile zurück. Viele Systeme erlauben, mit der Taste **b** (backwards) seitenweise zurückzublät-

---

1 ctrl meint die Control-Taste, die auf deutschen Tastaturen meist mit Strg (Steuerung) beschriftet ist. Die Control-Taste wird gedrückt gehalten, während kurz eine andere Taste gedrückt wird.

tern. Wenn Ihr System das Programm `less` statt des Programms `more` verwendet, funktionieren auch die Cursortasten.

Sonderzeichen in Hilfetexten

Bei der Beschreibung der Befehle findet man in den Manpages Sonderzeichen, die die Art der Parametergestaltung beschreiben sollen. Auf den ersten Blick sehen sie recht verwirrend aus. Sie geben an, welche Parameter optional sind, und zeigen Alternativen auf. Im Einzelnen gibt es:

Zeichen	Bedeutung
[optional]	»optional« kann, muss aber nicht angegeben werden.
{ dies | das }	Hier muss entweder »dies« oder »das« stehen.
<variable>	Hier steht eine zu benennende Variable, also nicht das Wort variable.

Tabelle 2.1 Metazeichen in man

Als Beispiel für eine Manpage ist hier der Anfang der Manpage des Befehls man selbst zu sehen. Sie rufen diese Seite mit dem Kommando man man auf.

```
man(1)                    Manual Hilfsprogramme                    man(1)



NAME
       man - Programm zum Einsehen der Online-Manuale

SYNTAX
       man  [-acdhwutZV]   [-m  System[,...]]  [-L locale]  [-p
       Zeichenkette] [-M Pfad] [-P Pager] [-r Prompt] [-T Format]
       [-S Liste] [-e Erweiterung] [[Abschnitt] Seite ...] ...
       man  -l [-tZ] [-p Zeichenkette] [-P Pager] [-r Prompt] [-T
       Format] Datei ...
       man -k Schlüsselwort ...
       man -f Seite ...

BESCHREIBUNG
       man ist der  Manualbrowser  des  Systems.  Jedes Argument
       Seite  ist  normalerweise  der  Name eines Programmes oder
       einer Funktion. Gefunden und angezeigt wird die Manual
       seite, die  auf  alle  Argumente paßt. Wenn ein Abschnitt
       angegeben wird, sucht man nur in diesem Abschnitt der Man
       ualseiten.  Ohne  Angabe  eine explizite Angabe werden alle
       verfügbaren Abschnitte in einer vorher definierten Reihen
       folge  durchsucht.  Wenn die Seite in mehreren Abschnitten
lines 1-25
```

Die Manpages sind in Abschnitte oder Sektionen unterteilt, die durchnummeriert sind.

Unterteilung

1. Einfache Kommandos der Anwendungsebene
2. Systemaufrufe für Programmierer
3. Bibliotheksaufrufe für Programmierer
4. Spezialdateien für den Zugriff auf Hardware in **/dev**
5. Dateiformate und -strukturen, beispielsweise **printcap**
6. Spiele
7. Makropakete und Konventionen. Hier findet sich beispielsweise eine Beschreibung von X oder die Definition der verschiedenen Zeichensätze.
8. Systemadministrationsbefehle (in der Regel nur für root)

Wenn ein Schlüsselwort in mehreren Sektionen auftaucht, wird die Seite angezeigt, die die niedrigere Sektionsnummer hat. Wollen Sie eine Manpage einer bestimmten Sektion lesen, geben Sie die Nummer der Sektion vor dem Suchbegriff an. Beispielsweise taucht der Begriff »passwd« zweimal in den Manpages auf. In Sektion 1 wird der Befehl passwd erläutert, und in Sektion 5 wird die Struktur der Datei **passwd** beschrieben. Wenn Sie in Sektion 5 lesen wollen, geben Sie folgenden Befehl an:

```
gaston> man 5 passwd
```

Unter Solaris müssen Sie vor der Sektionsbezeichnung noch die Option -s angeben.

```
sol> man -s 5 socket
```

Auf einigen Systemen lässt sich mit der Umgebungsvariablen MANSECT die Reihenfolge der Sektionen selbst festlegen. Dabei werden die Sektionen durch Doppelpunkte getrennt angegeben.[2] Beispielsweise 3:2:1:4 ...

Mit der Option -k wird eine Liste aller Kommandos oder Dateien aufgeführt, die zu dem angegebenen Schlüsselwort passen. Beispielsweise zeigt man -k sockets einige Seiten zum Thema Socketprogrammierung an.

Nach Themen suchen

---

[2] vgl. Johnson, Troan: Anwendungen entwickeln unter Linux. Addison-Wesley, 1998. Seite 75.

Gibt es jedoch keine Manpage oder will man nur einen kurzen Hinweis zur Art des Aufrufs, kann man das Kommando selbst mit der Option `-?` oder `--help` (bei Wörtern als Option braucht man zwei Bindestriche) aufrufen.

2.2.2 info

Unter einigen UNIX-Systemen (AIX, Linux) gibt es das Programm `info`, mit dem man sich durch einen Baum von Tutorien hangeln kann. Die Seiten sehen ähnlich karg aus wie die Manpages. Das sollte aber nicht stören, schließlich suchen Sie nach Informationen und nicht nach hübschen Ansichten.

Wie bei `man` wird der Befehl `info` mit dem Thema als Parameter aufgerufen. Es erscheint eine Seite, die mit einer Kopfzeile beginnt. Darin steht, welche Datei aufgerufen wurde, welcher Knoten (Node) gerade betrachtet wird und welche Verbindungen der Knoten zu Nachbarseiten hat, die nach vorn, nach hinten oder oben gerichtet sein können.

Natürlich besitzt das Programm `info` auch Informationen über sich selbst. Man ruft diese über `info info` auf.

```
File: info.info,  Node: Top,  Next: Getting Started,  Up: (dir)

Info: An Introduction
*********************

   The GNU Project distributes most of its on-line manuals in the "Info
format", which you read using an "Info reader".  You are probably using
an Info reader to read this now.

   If you are new to the Info reader and want to learn how to use it,
type the command `h' now.  It brings you to a programmed instruction
sequence.

   To read about expert-level Info commands, type `n' twice.  This
brings you to `Info for Experts', skipping over the `Getting Started'
chapter.

* Menu:

* Getting Started::             Getting started using an Info reader.
* Expert Info::                 Info commands for experts.
* Creating an Info File::       How to make your own Info file.
--zz-Info: (info.info.gz)Top, 24 Zeilen --Top----------------------
```

Raus hier! Man fühlt sich in einem Programm gleich viel wohler, wenn man weiß, wie man wieder hinauskommt. `info` wird durch Drücken der Taste **q** verlassen.

Mit der **Leertaste** können Sie wie bei den Manpages seitenweise weiterblättern. Mit der **Backspace**-Taste (die Linkspfeiltaste über der **Return**-Taste) oder der Delete-Taste können Sie auf der Seite wieder zurückblättern. Heutige Tastaturen haben meist Tasten zum Seitenblättern, und diese werden auch in vielen Fällen unterstützt. Sie finden die Beschreibung dazu, indem Sie im Programm info die Taste **h** drücken.

Blättern

Der besondere Unterschied zu den Manpages sind die Verbindungen zu anderen Seiten. Vergleichbar mit den Links im Web können Sie den Verbindungen zu anderen Seiten folgen. Eine Verknüpfung erkennen Sie am Stern in der ersten Stelle und an einem zweifachen Doppelpunkt. Zwischen beidem steht der Name des Zielknotens. Die jeweils nächste Verknüpfung der Seite erreichen Sie mit der **Tabulator**-Taste. Um der Verknüpfung zu folgen, drücken Sie die **Return**-Taste.

Verknüpfungen

Taste	Bedeutung
q	Verlassen von info
h	Kurzhilfe für das Blättern im Text
TAB	Springt zur nächsten Verknüpfung dieser Seite
b	Springt an den Anfang dieser Seite
Return	Folgt der Verknüpfung unter dem Cursor
u	Springt zum hierarchisch höher stehenden Knoten
n	Springt zum thematisch nächsten Knoten
p	Springt zum thematisch vorigen Knoten

Tabelle 2.2 Steuerung des Programms info

In der Kopfzeile jeder Seite wird der Name des aktuellen Knotens genannt. Darüber hinaus wird der Knoten, der hierarchisch über dem aktuellen steht, mit »Up« bezeichnet. Sie erreichen diesen durch Drücken der Taste **u**. In vielen Fällen ist das der Knoten, über dessen Verknüpfung Sie auf diese Seite gekommen sind. Der nächste Knoten auf gleicher Ebene wird mit »Next« bezeichnet und über die Taste **n** erreicht. Die vorige Seite erreichen Sie mit **p**. Sie wird als »Previous« bezeichnet.

Vor und zurück

Durch die Sequenz * Menu: wird ein Menü eingeleitet. Die darauf folgenden Verknüpfungen können natürlich mit der **Tabulator**-Taste erreicht werden. Darüber hinaus können Sie **m** eingeben und anschließend den Namen eines Menüpunkts angeben. Es reichen dazu die ersten Buchstaben, sofern sie im Menü eindeutig sind. Besonders interessant sind diese Menüpunkte, da man sie beim Aufruf des Info-Systems angeben kann.

Menüs

Der Aufruf

```
info gcc C++ Vol
```

führt zu dem Knoten, der durch die Menüeinträge »C++ Extensions – Volatiles« erreicht wird.

info auf dem Desktop
Wenn Sie den Desktop KDE verwenden, können Sie mit Hilfe des Dateimanagers und Browsers Konqueror auch die Info-Dateien lesen. Dazu geben Sie in der Adresszeile beispielsweise für die Info-Datei von gcc »info:/gcc« ein. Noch besser ist das grafische Tool `tkinfo`. Dieses ermöglicht auch das Suchen in den Info-Dateien.[3]

2.2.3 Howto

Wer Zugriff auf die sogenannten Linux-Howtos hat, sollte sie nutzen. Da Linux auch ein UNIX ist, stellen diese auch für andere UNIX-Systeme ausgiebige Hilfen dar. Man findet die Howtos und andere Dokumente auf einem Linux-System unter den Verzeichnissen **/usr/doc** oder unter **/usr/share/doc**.

UNIX-Benutzer, die kein Linux verwenden, finden die Linux-Howtos im Internet unter den folgenden Adressen:

- http://www.tldp.org
- http://www.linuxdoc.org

2.2.4 Internet

Im Internet gibt es eine unglaubliche Menge an Informationen, Programmen und Treibern.

Webseiten
Die Universitäten stellen sehr viele Informationen ins Internet. Das beginnt mit den Hilfestellungen der Rechenzentren für Studenten, wie sie sich in das Universitätsnetz einklinken, und reicht bis zu Tutorien für UNIX, die als vorlesungsbegleitendes Material erstellt werden. Der folgende Link verweist auf eine Einführung in UNIX:

- http://www.netzmafia.de/skripten/unix

Aber auch viele Linux-Anwender stellen ihre Erfahrungen mit bestimmter Hardware dar. Besonders bei Notebooks sind solche Informationen

---

3 vgl. Krienke, Rainer: UNIX/Linux für Einsteiger. Hanser, München Wien, 3. Aufl. 2003, S. 102.

vor großer Wichtigkeit, weil deren Hardware-Komponenten nicht einfach austauschbar sind.

- http://www.tuxmobil.de

UNIX-Systeme basieren meist auf Standards, die durch verschiedene Konsortien definiert werden. Diese Standards finden sich natürlich im Internet. Sie lesen sich oft etwas trocken und sind meist auf Englisch. Aber dafür finden sich dort verbindliche Aussagen. Allerdings sind viele der Dokumente kostenpflichtig.

- http://www.pathname.com/fhs

- http://www.unix.org/unix03.html

Um im Web nach bestimmten Themen zu suchen, bieten sich Suchmaschinen wie **www.google.de** oder **www.yahoo.de** an. Ein sehr guter Einstieg in breiter angelegte Themen gelingt oft durch Wikipedia. Die Übersichtsartikel sind sehr kompetent und ermöglichen eine schnelle Verzweigung in die gesuchten Themen. Am Ende der Artikeln finden Sie regelmäßig Weblinks, die die Themen vertiefen.

http://www.wikipedia.de

Eine wichtige Quelle können die Newsgroups sein. In den letzten Jahren ist deren Popularität stark zu Gunsten der Webforen zurückgegangen. Leider ist auch die Besetzung der Gruppen extrem unterschiedlich. Man kann da auf wirkliche Experten treffen, sollte aber auch nicht überrascht sein, wenn in der einen oder anderen Gruppe nur noch Leute antworten, die sich auf Kosten des Fragestellers profilieren wollen. Bevor Sie in einer Newsgroup Fragen stellen, sollten Sie die nahe liegenden Quellen wie die Manpages bereits gelesen haben. Sie sollten in einer Suchmaschine gesucht haben und vielleicht prüfen, ob die Newsgroup eine FAQ erstellt hat, die Ihre Frage bereits beantwortet. FAQ bedeutet Frequently Asked Questions und ist eine Sammlung von Fragen und Antworten, die sich häufiger wiederholen.

Anfrage an Newsgroups

Vor allem für den Netzwerkbereich finden Sie die relevanten Standards in den RFCs (Request For Comments). Diese Standards können Sie im Internet nachlesen.

RFC

http://www.ietf.org/rfc

In vielen Linux-Distributionen bekommen Sie die RFC-Dokumente mitgeliefert. Der Vorteil dieser Variante ist, dass Sie die Dokumente mit den normalen UNIX-Werkzeugen nach Stichwörtern durchsuchen können.

2.3 So sage ich es meinem UNIX

UNIX-Kommandos werden eingetippt und mit der **Return**-Taste abgeschlossen. Die Eingaben gehen an ein Programm, die sogenannte Shell. Die Shell übernimmt die Interpretation der Befehle und ruft zur Ausführung das Betriebssystem oder die angesprochenen Programme auf.

Leerzeichen ist Trennzeichen

Ein Befehl besteht zuerst aus dem Befehlsnamen. Dieser bezeichnet meist ein Programm. Es folgen ein oder mehrere Leerzeichen, um die Parameter vom Befehlsnamen zu trennen. Auch die Parameter werden voneinander durch Leerzeichen getrennt. Parameter unterteilen sich in Optionen und Argumente.

Optionen

Optionen sind an einem Minuszeichen zu erkennen. Sie bewirken eine Veränderung der Programmausführung. Werden mehrere Optionen mitgegeben, können diese direkt hintereinander geschrieben werden, und nur ein Minuszeichen muss am Anfang vergeben werden. Statt -l -a kann es also auch -la heißen. Neuere Programme verwenden gern Wörter als Optionen. Zur Unterscheidung von kombinierten Optionen haben sie meistens zwei Bindestriche[4]. Schließlich haben die meisten Befehle Argumente. Dies sind die Objekte, auf denen die Befehle ausgeführt werden sollen, meist Dateien oder Verzeichnisse. Je nach Art des Befehls kann es gar keine oder beliebig viele Argumente geben.

Fehlermeldungen

UNIX-Programme sind oft schweigsam. Wenn das Programm keine besonderen Ausgaben hat und kein Fehler aufgetreten ist, erscheint oft keine Meldung, sondern nur der Prompt.[5] Bei einem Fehler gibt es allerdings eine Fehlermeldung. Diese kommt vom aufgerufenen Programm, oder die Shell meldet sich, wenn sie den Befehl bzw. das Programm nicht kennt oder die Struktur des Befehls ihr nicht behagt.

Fehlermeldung der Shell

So könnte nach Eingabe von abcdefg als Kommando eine Meldung wie die folgende erscheinen:

```
sh: abcdefg: not found.
```

Da UNIX kein Programm namens abcdefg finden konnte, meldet der Kommandointerpreter sh den Fehler. sh ist die Standard-Shell. Sie kann bei Ihnen vielleicht anders heißen.

---

4 Eine Ausnahme bildet beispielsweise find, das Optionswörter, aber nur einen Bindestrich verwendet.
5 Als Prompt bezeichnet man das, was in Ruhestellung links neben Ihrer Eingabemarke steht.

Kommt ein korrekt aufgerufenes Programm mit der Eingabe nicht zurecht, meldet es sich. Zum Beispiel erscheint nach der Eingabe `grep o p` folgende Meldung:

```
> grep o p
sh: grep: 0652-033 cannot open p.
>
```

Vor der Fehlermeldung sieht man sehr schön die Aufrufhierarchie. `sh` rief `grep` auf, und `grep` meldet den Fehler. Das Programm `grep` gibt es also, und es wurde auch gestartet. `grep` hatte mit o keine Probleme, aber p wollte es wohl öffnen, konnte es aber nicht finden oder hatte nicht das Recht, die Datei zu öffnen.

Übrigens brauchen Sie nicht zu erschrecken. Die meisten UNIX-Umgebungen haben inzwischen auch deutsche Meldungen.

2.4 Operationen mit Dateien

Eine Datei ist eine DATenEInheit, salopp ausgedrückt ein Rudel Daten in einem Sack. Das können Texte, Programme oder Datenbanken sein. Eine Datei hat immer einen Namen. UNIX unterscheidet sehr genau zwischen Groß- und Kleinschreibung, auch bei Dateinamen. Die Dateien **montag** und **Montag** können nebeneinander im gleichen Verzeichnis stehen und sind zwei voneinander völlig unabhängige Dateien. Mac OS X behandelt aus Kompatibilitätsgründen zum alten System Klein- und Großbuchstaben gleich. Dieser Effekt tritt ebenfalls auf, wenn man es mit an sich UNIX-fremden Systemen zu tun hat, die sich so verhalten. Dies betrifft beispielsweise SAMBA (siehe Seite 590) oder Medien, die unter MS Windows erzeugt worden sind.

Groß- und Kleinschreibung von Dateien

Der Name einer UNIX-Datei hat im Gegensatz zu MS-DOS oder VMS oft keine durch einen Punkt abgetrennte Endung, die den Inhalt einer Datei beschreibt. Insbesondere haben ausführbare Dateien spezielle Endungen wie .EXE, .COM oder .BAT. Das kennt UNIX nicht. Ausführbare Dateien haben unter UNIX in den meisten Fällen keine spezielle Endung. Sie brauchen sie nicht, weil die Frage der Ausführbarkeit nicht über den Dateinamen festgelegt wird. Dagegen gibt es sie durchaus bei C-Programmquelltexten mit .c, Objekten mit .o oder HTML-Dokumenten mit .html.

Wer mit UNIX arbeitet, wird feststellen, dass dort fast alles kleingeschrieben wird. In Kombination mit der Kürze der Kommandos kann man

Kleinschreibung ist praktisch

schnell zu dem Schluss kommen, dass UNIX-Benutzer faul sind. Auf jeden Fall ist es der UNIX-Anwender gewohnt, mit wenigen Tastenanschlägen maximale Leistung zu erzielen.

2.4.1 Eine kleine Beispielsitzung

Anhand einer kleinen Beispielsitzung sollen die ersten Befehle von UNIX erklärt werden. Am deutlichsten wird es, wenn Sie alles direkt ausprobieren. Dazu melden Sie sich zunächst einmal an. Als Erstes soll ein Verzeichnis angelegt werden, in dem man nach Herzenslust experimentieren kann.

```
mkdir spielwiese
cd spielwiese
```

Verzeichnis anlegen

Der Befehl `mkdir` (mkdir steht für make directory) erzeugt das Verzeichnis **spielwiese**. Mit `cd` (cd steht für change directory) wechselt man hinein. Ein Verzeichnis ist wie ein Ordner, in dem mehrere Dateien aufbewahrt werden. Bei manchen Systemen sehen Sie sogar den Namen **spielwiese** links neben Ihrem Cursor stehen. Als Erstes brauchen Sie eine Datei zum Spielen. Dazu kopieren Sie mit dem ersten Befehl eine Datei namens **passwd** aus dem Systemverzeichnis **/etc** hierher:

```
cp /etc/passwd .
cp passwd anton
cp anton paula
```

Der / ist der Verzeichnistrenner

Verzeichnisnamen werden durch einen normalen Schrägstrich (/, der über der 7, auch *Slash* genannt) und nicht durch den umgekehrten Schrägstrich (\, genannt *Backslash*) getrennt, wie das unter MS Windows oder MS-DOS üblich ist. Im ersten Befehl kopieren Sie aus dem Verzeichnis **/etc** die Datei **passwd** in das aktuelle Verzeichnis. Das aktuelle Verzeichnis wird mit einem Punkt bezeichnet. Jetzt steht im aktuellen Verzeichnis eine Datei **passwd**. Der zweite `cp`-Befehl kopiert die Datei **passwd** und gibt ihr den Namen **anton**. Da kein Schrägstrich im Argument vorkommt, bewegt sich alles im aktuellen Verzeichnis **spielwiese**. Zuletzt wird **anton** nach **paula** kopiert. Jetzt liegen drei Dateien im Verzeichnis. Das können Sie sich ansehen, indem Sie den Befehl `ls` (ls steht für list) verwenden:

```
ls
ls -l
ls -l paula
```

Anzeigen der Dateien

Nach dem ersten Befehl haben Sie eine Liste von drei Namen nebeneinander (passwd anton paula). Das sind die Dateien, die Sie oben kopiert hatten. ls zeigt Dateinamen an. Kombiniert mit der Option -l zeigt ls wieder Dateinamen an, aber diesmal in der Langform. Unter UNIX ist es (wie bereits erwähnt) üblich, Befehle mit Optionen zu steuern. Diese Optionen bestehen aus einem Bindestrich und einem Buchstaben oder aus zwei Bindestrichen und einem Wort. Die Langform zeigt unter anderem das Datum der Entstehung und die Größe der Datei in Bytes. Im letzten Befehl wird nach der Option ein Dateiname angegeben. Der Befehl heißt: Zeige die Langform des Dateinamens der Datei **paula**.

Im nächsten Befehl spielen wir ein wenig mit den Argumenten. Im ersten Befehl wird aufgelistet, welche beiden Dateien in Langform angezeigt werden sollen. Im zweiten Befehl wird ein Stern eingesetzt, der als Platzhalter für beliebig viele Zeichen verwendet wird:

```
ls -l passwd paula
ls -l p*
```

p* bedeutet: Zeige alle Dateien, die mit p anfangen. Das sind in diesem Fall **passwd** und **paula**. Der Stern bedeutet also: Setze an dieser Stelle beliebige Zeichen ein. Mit p*d sieht man die Datei **passwd**, da **passwd** mit p anfängt und mit d aufhört. p*d* findet ebenfalls die Datei **passwd**, da der Name mit p anfängt und ein d enthält, wenn auch an der letzten Stelle. Danach folgen beliebig viele Zeichen, in diesem Fall keine.

* als Platzhalter

Nicht der Befehl ls interpretiert den Stern, sondern die Kommandozeile, die Shell. Dies ist deswegen wichtig, weil so garantiert ist, dass alle Befehle den Stern gleich interpretieren, weil sie ihn eben nicht selbst interpretieren, sondern die Shell dies tut. Sie liefert an das Programm eine Liste aller Dateien, die auf die Maske passen. Die Shell sucht beispielsweise bei p* alle Dateien, die mit p beginnen, und listet sie auf. Das Programm ls bekommt als Argument von der Shell **passwd paula** geliefert. Noch ein paar Befehle:

Die Shell verteilt die Sterne

```
mv paula erna
rm anton
ls
```

paula wurde nun in **erna** umbenannt. Der Befehl lautet mv für move (engl. bewegen). Man kann mit diesem Befehl also Dateien auch in andere Verzeichnisse schieben. **anton** ist nun verschwunden. rm, kurz für remove (engl. entfernen), hat diese Datei entsorgt. Zuletzt soll wieder aufgeräumt werden. Die folgenden Befehle löschen alle Dateien, wechseln wieder in das Verzeichnis zurück, aus dem Sie kamen, und entfernen das Übungsverzeichnis:

Umbenennen und Löschen

```
rm *
cd ..
rmdir spielwiese
```

Im ersten Befehl wird `rm *` von der Shell zu `rm erna passwd` expandiert. Der »waagerechte« Doppelpunkt (..) hinter `cd` bezeichnet das übergeordnete Verzeichnis. Man spricht auch vom Elternverzeichnis. Sie verlassen also Ihre **spielwiese** und stehen nun dort, wo Sie angefangen hatten. `rmdir` löscht leere Verzeichnisse. Da Sie mit dem `rm` vorher aufgeräumt haben, ist **spielwiese** leer und wird entsprechend auch gelöscht. Ein Verzeichnis kann nicht mit `rm` gelöscht werden,[6] sondern nur mit dem Befehl `rmdir`.

2.4.2 Dateien auflisten: ls

Der einfachste Befehl lautet `ls`. Wie viele UNIX-Befehle ist er auffallend kurz. `ls` ist die Abkürzung für das bereits sehr kurze Wort list. Der Befehl `ls` zeigt an der aktuellen Stelle die Liste der Namen der vorhandenen Dateien und Verzeichnisse.

> **Der Befehl ls**
>
> ls [<Optionen>] [<Dateien>]

Keine Multitalente In der Standardform zeigt er wirklich nur die Namen und keine weiteren Informationen, weder über die Dateien, noch über die Festplatte, auf der sich die Dateien befinden. Das ist sehr typisch für UNIX-Befehle. Sie erledigen oft nur eine Aufgabe. Wollen Sie mehr Informationen, müssen Sie Optionen einsetzen oder das Kommando mit anderen Kommandos mischen. Von MS-DOS kennen Sie es vielleicht, dass der vergleichbare Befehl `DIR` den Namen der Festplatte, das aktuelle Verzeichnis, die Liste der Dateien und Verzeichnisse, die Anzahl der gefundenen Dateien, die Größe des Speichers, den diese Dateien einnehmen, und zu guter Letzt, wie viel Platz auf der Festplatte frei ist. Ältere Versionen von MS-DOS gaben sogar noch an, wieviel Hauptspeicher zur Verfügung steht. Aber eigentlich sind das alles Antworten auf Fragen, die Sie nie gestellt haben. Wenn Sie wirklich wissen wollen, wieviel Platz auf der Festplatte ist, dann verwenden Sie unter UNIX den Befehl `df`. Immerhin kostet die Bestimmung des Festplattenplatzes durchaus Ressourcen. Dadurch, dass jeder

---

[6] Abgesehen von dem Spezialfall eines rekursiven Löschens mit der Option -r, die später behandelt wird.

Befehl nur die geforderte Aufgabe erledigt, sind die Ausgaben eindeutig und können von weiteren Programmen weiterverarbeitet werden.

Optionen

Direkt nach dem Befehl werden die Optionen angegeben. Optionen beeinflussen die Art, wie ein Befehl ausgeführt wird. Im Fall des Befehls ls geben sie an, welche Informationen der Dateien angezeigt werden und in welcher Reihenfolge sie sortiert werden.

Die Optionen beginnen mit einem Minuszeichen. Es folgt ein Buchstabe. Die folgende Übersicht zeigt die meistverbreiteten Optionen für den Befehl ls.

Option	Bedeutung
-a	Auch Dateien anzeigen, die mit einem Punkt beginnen
-c	In Verbindung mit -t: Sortiere nach letzter Änderung
-d	Verzeichnisse und nicht deren Inhalt zeigen
-f	Liste in der physischen Reihenfolge, keine Sortierung
-i	Zeigt den i-node der Datei
-l	Langform der Anzeige
-t	Sortiert nach letzter Änderung. Neueste Dateien kommen zuerst.
-r	Dreht die Sortierreihenfolge um
-R	Zeigt alle Unterverzeichnisse
-x	Zeigt die Dateinamen mehrspaltig, zeilenweise sortiert
-C	Zeigt die Dateinamen mehrspaltig, spaltenweise sortiert

Tabelle 2.3 Optionen von ls

Die Langform: ls -l

Die Langform mit -l zeigt alle Informationen zu den Dateien, die man sich nur wünschen kann. Von rechts nach links steht der Dateiname, es folgen der Zeitpunkt der Erstellung und die Größe der Datei. Das erste Zeichen der Zeile zeigt ein d für Verzeichnisse und ein Minuszeichen für eine normale Datei. Die anderen Informationen werden in den späteren Kapiteln noch ausführlich erläutert. Hier sehen Sie ein Beispiel für die Ausgabe von ls -l:

```
-rwx------   1 arnold   users    13654 Jan 17 04:41 a.out
drwxr-x---   2 arnold   users     4096 Mär  6 23:35 awk
-rwxr-xr-x   1 arnold   users    13856 Feb  8 10:48 copy
-rw-r--r--   1 arnold   users      175 Feb  8 10:48 copy.c
drwxr-xr-x   2 arnold   users     4096 Jan 13 12:37 dir
-rw-rw-r--   1 arnold   users       98 Apr 13 13:55 doppel.c
```

```
-rwxr-xr-x   1 arnold   users    13516 Feb  8 21:25 env
-rw-r--r--   1 arnold   users      165 Feb  8 21:25 env.c
drwx------   2 arnold   users     4096 Feb 21 14:13 ipc
drwxr-xr-x   2 arnold   users     4096 Feb 13 13:51 make
-rwxr-xr-x   1 arnold   users    13489 Apr 11 21:34 moin
-rw-r--r--   1 arnold   users       60 Apr 13 13:55 moin.c
```

Listing 2.1 Ausgabe des Befehls ls -l

Dateityp
: Der Dateityp (siehe Seite 89) wird durch das erste Zeichen der Zeile angezeigt. Dabei steht ein Bindestrich für eine normale Datei, ein d für Verzeichnisse, ein l für einen symbolischen Link.

Achtung! Vorgriff!
: Diese Angabe ist auf allen UNIX-Systemen verlässlich. Um also nur die Verzeichnisse anzusehen, suchen Sie alle Zeilen, die mit einem »d« beginnen. Dazu brauchen Sie allerdings noch den Befehl grep zum Filtern (siehe Seite 121) und die Formulierung für »erstes Zeichen der Zeile«, die durch die regulären Ausdrücke möglich ist (siehe Seite 138). Um die Ausgabe von ls -l an den Filter weiterzuleiten, müssen Sie noch die Pipe (siehe Seite 118) einsetzen. Der Befehl lautet dann:

```
ls -l | grep ^d
```

Dateirechte
: Die Berechtigung (siehe Seite 78) ist in den nächsten neun Zeichen angezeigt und besteht aus r für read (engl. lesen), w für write (engl. schreiben) und x für execute (engl. ausführen). Die ersten drei Zeichen (rwx) bezeichnen die Rechte für den Eigentümer. Die nächsten drei Zeichen geben die Rechte an, die Mitglieder der Gruppe auf die Datei haben, der die Datei als Gruppenbesitzer gehört. Die letzten drei Zeichen der Rechte geben an, welche Rechte jeder Anwender hat.

  Im Beispiel hat die Datei **copy** die Rechtegruppe rwxr-xr-x. Das bedeutet, dass der Besitzer die Datei lesen, schreiben und ausführen darf. Die Gruppe users darf nur lesen und ausführen. Die gleiche Rechtelage gilt für alle anderen Benutzer des Systems. Man spricht in diesem Fall etwas großspurig von der »Welt«.

Links
: Durch ein oder mehrere Zeichen abgetrennt erscheint in der zweiten Spalte eine Zahl. Das ist die Anzahl der Verzeichniseinträge, die auf diese Datei verweisen. Man spricht von Links (siehe Seite 84). UNIX-Dateisysteme können für eine Datei mehrere Verzeichniseinträge anlegen, die auch verschieden heißen können. Die Datei belegt nur einmal Speicher. Die Datei wird erst gelöscht, wenn der letzte Link entfernt wird.

In der dritten Spalte wird der Besitzer der Datei genannt. Mit dem Befehl `chown` (siehe Seite 77) können Sie den Eigentümer einer Datei ändern. In der vierten Spalte wird die Gruppe angegeben, der die Datei zugeordnet ist. Die Gruppenzugehörigkeit einer Datei ändern Sie mit dem Befehl `chgrp` (siehe Seite 77). Eine Datei erhält bei ihrer Erzeugung die Gruppenkennung, der Standardgruppe, zu der der Besitzer gehört.

Eigentümer und Gruppe

In der nächsten Spalte steht die Größe der Datei in Byte.

Größe

Jede Datei hat ein Datum und eine Uhrzeit. Diese wird aktualisiert, wenn die Datei verändert wird. In der Anzeige kann dieses Datum je nach System unterschiedlich dargestellt werden. Bei manchen Systemen erscheint nur die Uhrzeit, wenn die Datei am gleichen Tag angelegt wurde. In anderen Fällen wird immer Datum und Uhrzeit vollständig angezeigt, egal wie alt die Datei ist. Durch die Unterschiede in der Darstellung ist ab dieser Angabe nicht zu garantieren, in welcher Spalte sich die Informationen befinden.

Letzte Änderung

Zu guter Letzt erscheint der Dateiname.

Dateiname

Verzeichnisse anzeigen: ls -d

Wird als Parameter der Name eines Verzeichnisses eingegeben, zeigt `ls` den kompletten Inhalt des angegebenen Verzeichnisses und nicht das Verzeichnis selbst. Das kann leicht irritierend sein, wenn man nur nähere Informationen zu einem Verzeichnis haben wollte. Mit der Option `-d` (d wie directory) lässt sich dieser Effekt unterbinden. Dann wird nur das Verzeichnis angezeigt und nicht hineingeschaut.

Beispielsweise legen Sie ein Verzeichnis **spielwiese** an und lassen es sich hinterher mit `ls spielwiese` anzeigen, um zu sehen, ob es noch vorhanden ist. Sie sehen – nichts. Der Grund ist, dass `ls` das Verzeichnis **spielwiese** nicht selbst anzeigt, sondern seinen Inhalt. Da dieser bisher leer ist, wird die leere Liste angezeigt. Es sieht also so aus, als wäre **spielwiese** verschwunden. Mit `ls -ld spielwiese` kann man sie wiederum sichtbar machen.

Versteckte Dateien anzeigen: ls -a

Die Option `-a` zeigt auch Dateien an, die mit einem Punkt beginnen. Unter UNIX werden Dateien, die zur Konfiguration verwendet werden, gern so benannt, dass das erste Zeichen ein Punkt ist. So stören sie nicht, wenn man eigentlich nur die Arbeitsdateien betrachten will. Auch ein versehentliches Löschen wird unwahrscheinlicher, weil der Befehl `rm *`

Dateien mit Punkt

diese Dateien nicht erfasst. Will man -l und -a kombinieren, kann man ls -a -l oder einfacher ls -al angeben.

Löschverhalten Auch der Befehl rm zum Löschen von Dateien hält sich an diese Konvention und würde Dateien, deren Name mit einem Punkt beginnt, nur dann löschen, wenn sie explizit angegeben werden.

Zeitlich sortieren: ls -t

Mit der Option -t wird statt nach dem Alphabet nach der Zeit sortiert. Dabei erscheint zuerst die neueste Datei.

Bei vollen Verzeichnissen rutschen die neuesten Dateien oft oben aus der Anzeige heraus. Um dies zu verhindern, können Sie zusätzlich die Option -r verwenden. Dadurch wird die Reihenfolge umgekehrt. Da in solchen Fällen meist auch die Größe oder andere Details interessant sind, ist die Verwendung des Befehls ls -lrt eine häufige Variante. Dabei ist -lrt eine angenehme Abkürzung für -l -r -t.

Rekursive Auflistung: ls -R

Die Option -R zeigt eine Liste aller Unterverzeichnisse mit ihren Unterverzeichnissen und den darin enthaltenen Dateien. Für die Aufgabe, in einem größeren Dateibaum nach Dateien zu suchen, eignet sich allerdings das Programm find meist besser (siehe Seite 107).

Option	Wirkung
-l	Zeigt alle Informationen über die Datei an
-a	Zeigt auch die Dateien, die mit einem Punkt beginnen
-d	Zeigt das Verzeichnis und nicht dessen Inhalt
-t	Sortiert nach letzter Änderung. Neueste Dateien kommen zuerst
-r	Dreht die Sortierreihenfolge um
-R	Zeigt alle Unterverzeichnisse

Tabelle 2.4 Einige Optionen zu ls

Optionen mit zwei Minuszeichen

Die GNU-Variante von ls kennt auch Optionen mit zwei Minuszeichen, die dann als ganzes Wort eingesetzt werden.

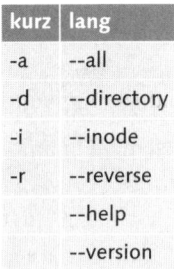

kurz	lang
-a	--all
-d	--directory
-i	--inode
-r	--reverse
	--help
	--version

Tabelle 2.5 Lange Optionen

Für die letzten beiden Optionen gibt es kein Gegenstück mit nur einem Minuszeichen.

Argument

Nach den Optionen können die Dateinamen genannt werden, die angezeigt werden sollen. Gibt es keine Argumente, werden alle Dateien angezeigt.

Um mehrere ähnliche Dateien zusammenzufassen, können die Platzhalter * und Fragezeichen verwendet werden. Dabei stellt der Stern einen Platzhalter für mehrere Zeichen dar. Wird dem Befehl weder Dateiname noch Maske übergeben, sind alle Dateien des Verzeichnisses gemeint. Das Fragezeichen steht als Platzhalter für exakt ein Zeichen. Weitere Informationen über diese Platzhalter, die man auch »Wildcards« nennt, finden Sie ab Seite 90.

Sonderformen von ls

Besonders die Kombination `ls -l` wird so oft verwendet, dass viele UNIX-Systeme den Buchstaben `l` oder auch `ll` als Ersatz dafür anbieten. Ein solches Kürzel wird über den Befehl `alias` gebildet.

Viele UNIX-Systeme bieten den Anwendern einen Alias für `ls` an, bei dem bereits bestimmte Optionen beigefügt sind. So zeigt der `ls` vieler Linux-Systeme die Dateien in verschiedenen Farben an. Durch den Aufruf von `alias ls` können Sie sich anzeigen lassen, in welche Richtung `ls` auf Ihrem System verändert wurde.

Mit Zusätzen

`ls` hat erheblich mehr Optionen. Dabei sind einige systemabhängig. Wenn Sie mehr darüber erfahren wollen, brauchen Sie nur `man ls` einzugeben.

2.4.3 Dateien kopieren: cp

Der Befehl cp kopiert eine oder mehrere Dateien an ein Ziel. Wird nur eine Datei kopiert, kann das Ziel ein Dateiname sein. Dann wird von der Quelldatei eine Kopie angefertigt und diese unter dem Zielnamen abgespeichert. Werden dagegen mehrere Dateien kopiert, muss das Ziel ein Verzeichnis sein, da ja nicht alle Quelldateien den gleichen Namen bekommen können. Die Kopien finden sich nach der Ausführung unter ihrem bisherigen Namen im angegebenen Zielverzeichnis. Soll das Ziel das aktuelle Verzeichnis sein, muss der Punkt dafür angegeben werden.

Der Befehl cp: Kopieren

cp [<Optionen>] <Quelldateien> <Ziel>

Mehrere Dateien kopieren Um mehrere Dateien zu erfassen, kann man sie aufzählen oder durch einen Stern auswählen. Wichtig ist, dass der zuletzt angegebene Name von cp immer als Ziel interpretiert wird. Ein Verzeichnis als Quelle wird von cp einfach übergangen.

cp erstellt neue Dateien

-p cp erzeugt beim Kopieren immer eine neue Datei. Darum hat eine Dateikopie auch immer den Zeitpunkt des Kopierens als Änderungsdatum, und nicht das Datum der Datei, von der sie kopiert wird. Auch der Eigentümer der neu entstandenen Datei ist immer der Anwender, der den Befehl aufgerufen hat. Dieses Verhalten kann mit der Option -p unterbunden werden, die aber nicht in allen UNIX-Versionen vorhanden ist.

Rekursive Kopie

-r Auch die Möglichkeit, mit der Option -r komplette Verzeichnisbäume zu kopieren, ist nicht auf allen Systemen verfügbar. Einige ältere Versionen von cp haben Probleme beim rekursiven Kopieren symbolischer Links. Darum wird das Kopieren kompletter Verzeichnisbäume unter Beibehaltung aller Eigenschaften auf älteren Systemen normalerweise mit dem Kommando tar realisiert, das an anderer Stelle betrachtet wird (siehe Seite 143).

Überschreiben

Ist am Ziel eine Datei gleichen Namens, wird diese einfach überschrieben. Um bedauerliche Verluste zu vermeiden, können Sie die Option -i (interactive) verwenden. Das führt dazu, dass Sie im Falle einer Kollision gefragt werden.

Besonders fatal ist ein Überschreiben, wenn die aktuelle Version einer Datei durch eine veraltete ersetzt wurde. Sollen Dateien nur dann ersetzt werden, wenn sie älter als das neue Exemplar sind, können Sie die Option `-u` verwenden.

Update

Die Optionen des Kopierbefehls sind nicht auf jedem System vorhanden. Aber auch die hier vorgestellten finden Sie nicht auf jedem UNIX. Welche Möglichkeiten `cp` auf Ihrem System bietet, erfahren Sie wieder mit `man cp`.

2.4.4 Dateien verschieben oder umbenennen: mv

Der Befehl `mv` hat eigentlich zwei Funktionen. Wie die Abkürzung mv für move impliziert, können Sie eine Datei verschieben, also in ein anderes Verzeichnis bringen. Die Datei ist dann an der Ausgangsposition nicht mehr vorhanden. Das ist auch mit mehreren Dateien gleichzeitig möglich. Das letzte Argument ist dann immer das Zielverzeichnis.

> **Der Befehl mv: Verschieben und Umbenennen**
>
> mv [<*Optionen*>] <*Quelldateien*> <*Zielverzeichnis*>
> mv [<*Optionen*>] <*Quelldatei*> <*Zieldatei*>

Sie können mit dem Befehl `mv` aber auch einer Datei einen neuen Namen geben. Sobald das Ziel nicht ein bereits existierendes Verzeichnis ist, wird `mv` davon ausgehen, dass Sie die Datei oder das Verzeichnis umbenennen wollen. Da eine Namensgebung sehr individuell ist, können Sie nur eine Datei gleichzeitig umbenennen.

Umbenennen

Oft werden Sie feststellen, dass das Verschieben selbst großer Dateien erstaunlich schnell erledigt ist. Das liegt daran, dass der Befehl `mv` die Dateien selbst gar nicht anfasst, sondern nur die Datei-Einträge in andere Verzeichnisse verschiebt. Eine Ausnahme gibt es nur, wenn der Ursprung und das Ziel auf verschiedenen Dateisystemen liegen, beispielsweise auf verschiedenen Festplatten. Dann kann `mv` nicht einfach Einträge verschieben, sondern kopiert zunächst die Dateien. Anschließend wird das Original gelöscht, und zu guter Letzt werden die Eigenschaften der Originale übernommen.

Schnelles Verschieben

Da die Datei selbst beim Befehl `mv` nicht verändert wird, bleiben auch das Datum, der Eigentümer und die Rechte der Datei unverändert.

Eigenschaften bleiben

2.4.5 Dateien löschen: rm

Der Befehl rm (engl. *remove*) löscht die als Argument angegebenen Dateien.

> **Der Befehl rm: Dateien löschen**
>
> rm [<*Optionen*>] <*Dateien*>

Um genau zu sein, löscht der Befehl rm zunächt einmal Verzeichniseinträge. Er prüft dabei, ob dieser Verzeichniseintrag der einzige ist, der auf die Datei verweist, oder ob es einen weiteren Link gibt (siehe Seite 84). Gibt es keinen weiteren Verweis auf die Datei, werden die Daten auch beseitigt.[7] Im Gegensatz zu den bekannten grafischen Oberflächen gibt es bei dem Befehl keinen Papierkorb, in dem gelöschte Dateien bis zur endgültigen Entsorgung zwischengespeichert werden. Eine versehentlich gelöschte Datei ist unwiderruflich verschwunden.

Mehrere Dateien löschen — Der Befehl rm erlaubt beliebig viele Dateien als Argument. Um mehrere Dateien mit einem Schlag zu löschen, kann eine Dateimaske (siehe Seite 90) verwendet werden.

rm -i löscht nur nach Rückfrage — Da das Löschen unwiderruflich geschieht, ist es ganz gut, dass es die Option -i gibt. Wird diese Option gesetzt, fragt rm bei jeder einzelnen Datei nach, ob sie wirklich entfernt werden soll.

-r: rekursiv löschen — Will man einen kompletten Verzeichnisbaum löschen, verwendet man die Option -r. Damit geht rm rekursiv den gesamten Baum durch und entfernt alle enthaltenen Dateien und Verzeichnisse.

Urban Legend — Schon seit Jahrzehnten wird die Geschichte erzählt, dass jemand eine Datei erzeugt habe, die den Namen * oder gar -r * trägt und damit den Systemadministrator dazu gebracht habe, durch den Befehl rm -r * den kompletten Verzeichnisast zu schreddern. Die Geschichte ist in soweit vorstellbar, dass es mit Hilfe der Anführungszeichen möglich ist, eine Datei zu erzeugen, deren Name nur aus einem Stern besteht. Die Erzeugung eines Dateinamens mit einem Minuszeichen ist mit Konsolenbefehlen schon schwieriger, aber sowohl mit den heute üblichen grafischen Oberflächen als auch für jeden Programmierer kein Problem. Es ist aber davon auszugehen, dass jeder UNIX-Benutzer und schon gar jeder Administrator bei einem solchen Dateinamen stutzt und wohl kaum den gewünschten Befehl eingeben wird. Es ist eher anzunehmen, dass er zur Bildung des

---

[7] Dieses Verhalten ist der Grund, warum der Systemaufruf auf dem dieser Befehl basiert, unlink und nicht remove heißt (siehe Seite 924)

Löscharguments einen der Wege einschlägt, den bereits der Erzeuger beschritten hat.

2.5 Verzeichnisbefehle

Eine UNIX-Maschine verteilt ihre Dateien in einen Verzeichnisbaum. Es gibt spezielle Befehle, um Verzeichnisse anzulegen, darin zu navigieren und sie wieder zu löschen. Lediglich das Umbenennen oder Bewegen funktioniert genau wie bei Dateien mit dem Befehl mv (siehe Seite 71).

2.5.1 Navigation

Ein Anwender befindet sich immer an einer Position im Verzeichnisbaum. Dieses aktuelle Verzeichnis wird als Arbeitsverzeichnis bezeichnet. Dieses Arbeitsverzeichnis zeigt der Befehl pwd. Die Abkürzung steht für »print working directory«.

Anzeigen: pwd

Der Befehl pwd: Aktuelles Verzeichnis anzeigen

pwd

Der Befehl cd wechselt die Position im Verzeichnisbaum. Das Argument des Befehls bezeichnet das Verzeichnis, in das der Anwender wechseln will. Wird cd ohne weitere Angabe aufgerufen, erfolgt ein Wechsel in das Benutzerverzeichnis[8].

Wechseln: cd

Der Befehl cd: Wechseln des Verzeichnisses

cd [<Zielverzeichnis>]

Der Schrägstrich ist der Verzeichnistrenner, aber auch die Bezeichnung für den Ursprung, die Wurzel aller Verzeichnisse. Mit cd / wechseln Sie in das Wurzelverzeichnis des Verzeichnisbaums. Jede Datei eines UNIX-Systems ist vom Wurzelverzeichnis aus zu erreichen. Eine vollständige Dateibezeichnung beschreibt die Position der Datei von der Wurzel aus. Beispielsweise hieß die erste Version des Textes dieses Buches inklusive Pfad:

/home/arnold/my/texte/unixbuch.sdw

---

[8] Unter MS-DOS wird mit cd ohne Argument das aktuelle Verzeichnis angezeigt. Unter UNIX gibt es dazu den Befehl pwd.

Befindet man sich allerdings im Verzeichnis **/home/arnold**, kann man dieselbe Position auch kürzer bezeichnen, nämlich mit:

my/texte/unixbuch.sdw

Absolute Pfadnamen beginnen mit /

Fehlt also am Anfang eines Verzeichnispfads der Schrägstrich, ist die Pfadbezeichnung relativ zum aktuellen Arbeitsverzeichnis. Steht dagegen ein / am Anfang, ist die Bezeichnung absolut, egal in welchem Verzeichnis man sich soeben befindet.

Der Punkt bezeichnet das aktuelle Arbeitsverzeichnis, in dem man sich derzeit aufhält. Zwei Punkte hintereinander bezeichnen das im Verzeichnisbaum oberhalb liegende Verzeichnis. Ist das aktuelle Verzeichnis wie oben **/home/arnold**, bezeichnet .. das Verzeichnis **/home**.

~ bezeichnet das Benutzerverzeichnis

Ein weiteres wichtiges Verzeichnis ist das Benutzerverzeichnis. Das ist das Verzeichnis, in dem man sich direkt nach dem Einloggen befindet. Gibt man cd ohne Parameter an, wechselt man dort hin. Will man das Benutzerverzeichnis in einem Befehl angeben, wird die Tilde ~ verwendet.[9] Ist also **/home/arnold** das Benutzerverzeichnis, kann man die Beispieldatei von oben auch so bezeichnen:

~/my/texte/unixbuch.sdw

Umgebungsvariablen

Die Umgebungsvariable[10] HOME enthält den absoluten Pfadnamen des Benutzerverzeichnisses. In der Variablen PWD führt das System den absoluten Pfad des aktuellen Arbeitsverzeichnisses. Durch Voranstellen eines Dollarzeichens kann die Variable jederzeit ausgelesen werden.

```
onyx> echo $PWD
/home/arnold/my/texte/tex
onyx> echo $HOME
/home/arnold
onyx>
```

Der Befehl echo zeigt sein Argument an.

---

9 Streng genommen ist die Umsetzung der Tilde auf das Benutzerverzeichnis ein Service der Shell.

10 Umgebungsvariablen sind Speicher für Texte, die über Ihren Namen aufgerufen werden. Der Umgang wird ab Seite 157 beschrieben.

2.5.2 Verzeichnis anlegen: mkdir

Dateien werden in Verzeichnissen geordnet und gruppiert. Der Befehl `mkdir` (make directory) erzeugt Verzeichnisse. Als Argument werden die Namen angegeben, die die Ordner haben sollen.[11]

> **Der Befehl mkdir: Anlegen von Verzeichnissen**
>
> mkdir <*Zielverzeichnisse*>

Im folgenden Beispiel werden mit einem Befehl fünf Verzeichnisse angelegt. Der Anwender befindet sich im Verzeichnis **/home/arnold/test**. Nache dem Befehl `mkdir` liegen in diesem Verzeichnis vier Verzeichnisse. Die Verzeichnissee **emil** und **mark** sind mit einem vollständigen Pfadnamen angegeben worden. Alle anderen Verzeichnisse sind im aktuellen Verzeichnis entstanden.

[zB]

```
onyx> pwd
/home/arnold/test
onyx> mkdir anton karl ludwig /home/arnold/test/emil /tmp/mark
onyx> ls
anton   emil   karl   ludwig
onyx>
```

Bei einem vollständigen Verzeichnispfad müssen alle Verzeichnisse auf dem Weg bis zu dem neu angelegten existieren. Ansonsten liefert `mkdir` eine Fehlermeldung. Im folgenden Beispiel soll das Verzeichnis **lotte** erzeugt werden, obwohl es das Verzeichnis **anke** noch nicht gibt. Die Option -p bewirkt, dass alle Verzeichnisse auf dem Weg zum neuen Verzeichnis angelegt werden, sofern sie noch nicht existierten.

```
onyx> mkdir anke/lotte
mkdir: kann Verzeichnis »anke/lotte« nicht anlegen:
Datei oder Verzeichnis nicht gefunden
onyx> mkdir -p anke/lotte
onyx> ls
anke   anton   emil   karl   ludwig
onyx> ls anke
lotte
onyx>
```

---

11 Die Abkürzung md für mkdir gibt es unter UNIX nicht. Wer sie vermisst, kann sie aber als alias (siehe Seite 175) definieren.

2.5.3 Verzeichnis löschen: rmdir

rmdir löscht leere Verzeichnisse

Der Behl `rmdir` (remove directory) lässt Verzeichnisse wieder verschwinden. Als Argument werden die zu löschenden Verzeichnisse angegeben. Ohne Argument ist der Befehl sinnlos und zeigt lediglich eine Fehlermeldung an.

> **Der Befehl rmdir: Leere Verzeichnisse löschen**
>
> rmdir <Zielverzeichnisse>

Nur leere Verzeichnisse

Mit dem Befehl `rmdir` können Sie nur leere Verzeichnisse löschen und auch nur solche, die derzeit nicht verwendet werden. Damit ist gemeint, dass kein anderer Prozess oder Benutzer das Verzeichnis als aktuelles Arbeitsverzeichnis verwenden darf. Sie können ja nicht einfach jemand anderem das Verzeichnis unter den Füßen wegziehen. Leider ist es nicht immer ganz leicht herauszufinden, wer mit welchem Prozess dort gerade arbeitet. Hier helfen die Befehle `fuser` und `ps` (siehe Seite 442) und auch `lsof` (siehe Seite 442).

2.6 Dateieigenschaften

Der Begriff »Datei« ist unter UNIX sehr allgemein. Eigentlich ist fast alles als Datei ansprechbar – seien es Gerätedateien (special files), die den Kontakt zur Peripherie herstellen, oder Verzeichnisse, die auch nur eine Sonderform von Dateien sind. In älteren UNIX-Versionen wurden Verzeichnisse sogar wie Textdateien geöffnet, um die Dateinamen auszulesen, die in einem Verzeichnis abgelegt waren. Selbst Kommunikationsmechanismen wie Sockets oder Pipes können als Datei angelegt sein.

Zugriffsrechte

Alle diese Arten von Dateien müssen auf einem UNIX-System gegen unberechtigten Zugriff geschützt und für Teamarbeit zugänglich gemacht werden. Durch die Kombination sehr einfacher und übersichtlicher Eigenschaften erlaubt es UNIX, die Berechtigungen anderer Benutzer zu regeln. Bei Sicherheitsfragen ist es wichtig, dass sie leicht vermittelbar und leicht durchschaubar sind. Jeder kennt den Effekt, wenn ein Rechner zu komplizierte Passwörter verlangt: Die Anwender werden die Passwörter aufschreiben und damit das Sicherheitssystem aushebeln. Es gibt das Recht, die Datei zu lesen, sie zu verändern und auszuführen. Jedes dieser Rechte kann separat für den Eigentümer, die Gruppe und alle restlichen Benutzer gesetzt oder entzogen werden. Der Eigentümer der Datei darf den Besitzer und die besitzende Gruppe festlegen. Mit diesen überschaubaren Mitteln kann jeder Benutzer nach kurzer Einweisung umgehen und weiß, ob seine Daten gegen fremden Zugriff sicher sind oder nicht.

2.6.1 Eigentümer wechseln: chown

Der Befehl `chown` weist einer Datei einen neuen Besitzer zu. Das erste Argument ist die Benutzerkennung des zukünftigen Besitzers. Das zweite Argument nennt die Dateien, die den Eigentümer wechseln sollen.

Der Befehl chown: Datei-Besitzer ändern
chown [<Optionen<] <Benutzer> <Dateien>

Jede Datei hat in ihrem Dateieintrag die Information, welchem Benutzer sie gehört. Um genau zu sein, wird die User-ID des Benutzers abgelegt, wie sie in der **/etc/passwd** des lokalen Rechners hinterlegt ist. Damit in einem lokalen Netzwerk die Eigentümerbezeichnungen konsistent sind, ist es wichtig, dass Benutzer auf jeder Maschine, auf der sie angemeldet sind, die gleiche User-ID haben.

Jede Datei kennt ihr Herrchen

Eine neue Datei erhält immer die User-ID des Anwenders, der sie erzeugt. Dies gilt beispielsweise auch, wenn eine Datei kopiert wird. Aus Sicht des Systems wird beim Kopieren eine neue Datei angelegt, die den Inhalt der alten Datei hat. Bei `mv` liegt der Fall anders, weil hier nur der Verzeichniseintrag an eine andere Stelle bewegt wird.

Um einer Datei oder einem Verzeichnis einen neuen Besitzer zuzuordnen, gibt es den Befehl `chown` (change owner). Der erste Parameter ist der neue Benutzername. Es folgen die Dateien, die dem Benutzer zugeordnet werden sollen. Zur Änderung des Eigentümers sind nur der bisherige Eigentümer und der Systemadministrator root berechtigt.

chown

2.6.2 Gruppenwechsel: chgrp

Der Befehl `chgrp` weist Dateien einer neuen Gruppe zu. Das erste Argument ist die Gruppenkennung des zukünftigen Besitzers. Das zweite Argument nennt die Dateien, die die Gruppe wechseln sollen.

Der Befehl chgrp: Datei-Besitzergruppe ändern
chgrp <Optionen> <Gruppe> <Dateien>

Um eine gemeinsame Arbeit an Dateien zu ermöglichen, ohne die Datei gleich für alle Welt freizugeben, gibt es unter UNIX Gruppen. So könnte es bei einem Universitätsrechner eine Gruppe für Professoren geben, um die Noten der Studenten in einer zentralen Datei zu verwalten. Wenn die Professoren diese Datei für alle Benutzer zur Änderung freigeben würden, würde sich der Notendurchschnitt und die Studiendauer des Lehrinstituts sicher erheblich verbessern. Da dies aber andere Ursachen hätte als den Fleiß der Studenten, würde man davon bald wieder abkommen. Ein UNIX-System ermöglicht es, dass der Administrator eine Gruppe **profs** anlegt und alle Professoren zu Mitgliedern macht. Die Datei könnte dann Schreib- und Leserechte für die Professoren haben und je nach Offenheit des Instituts Leserecht für alle anderen.

Standardgruppe Zunächst ist jeder angemeldete Benutzer einer Standardgruppe zugeordnet. Welche Gruppe das ist, steht in der Passwortdatei **/etc/passwd**. Alle Dateien, die der Benutzer erzeugt, gehören dieser Gruppe an. Darüber hinaus kann der Benutzer auch weiteren Gruppen angehören. Die Datei **/etc/group** enthält alle Gruppen auf dem System. Der Administrator kann jederzeit weitere Gruppen anlegen. Hinter jedem Gruppennamen stehen die Benutzer, die der Gruppe angehören. So kann ein Benutzer auch mehreren Gruppen angehören.

chgrp Wenn ein Benutzer eine Datei erzeugt, gehört sie automatisch zur Standardgruppe des Benutzers. Er kann die Gruppenzugehörigkeit der Datei mit dem Befehl `chgrp` auf jede Gruppe ändern, der er angehört.

2.6.3 Berechtigungen: chmod

Der Befehl `chmod` weist Dateien Lese-, Schreib- und Ausführungsrechte zu. Die Rechte können als Oktalzahl kodiert oder über Optionen angegeben werden.

Der Befehl chmod: Dateiberechtigungen ändern

chmod *<Rechtekodierung> <Dateien>*
chmod *<Optionen> <Dateien>*

---

chmod Jede Datei hat Informationen darüber, ob sie gelesen, geschrieben oder ausgeführt werden darf. Diese Rechte existieren jeweils für den Eigentümer, die Gruppe und alle restlichen Benutzer. Durch den Befehl `ls -l` kann man die Rechte von Dateien als eine Gruppe von neun Buchstaben oder Minuszeichen sehen.

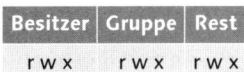

Die Buchstaben bedeuten bei Dateien:

Recht	Bedeutung für Dateien
x	Die Datei ist ausführbar, enthält also ein Programm oder ein Skript.
r	Die Datei darf gelesen werden.
w	Die Datei darf geändert werden.

Tabelle 2.6 Die Rechte für Dateien

Die Ausgabe eines ls -l zeigt die Rechte ab dem zweiten Zeichen in der oben genannten Reihenfolge für den Benutzer, die Gruppe und den Rest der Welt.

```
-rwx------   1 arnold   users    13654 Jan 17 04:41 a.out
drwxr-x---   2 arnold   users     4096 Mär  6 23:35 awk
-rwxr-xr-x   1 arnold   users    13856 Feb  8 10:48 copy
-rw-r--r--   1 arnold   users      175 Feb  8 10:48 copy.c
drwxr-xr-x   2 arnold   users     4096 Jan 13 12:37 dir
-rw-rw-r--   1 arnold   users       98 Apr 13 13:55 doppel.c
-rwxr-xr-x   1 arnold   users    13516 Feb  8 21:25 env
-rw-r--r--   1 arnold   users      165 Feb  8 21:25 env.c
drwx------   2 arnold   users     4096 Feb 21 14:13 ipc
drwxr-xr-x   2 arnold   users     4096 Feb 13 13:51 make
-rwxr-xr-x   1 arnold   users    13489 Apr 11 21:34 moin
-rw-r--r--   1 arnold   users       60 Apr 13 13:55 moin.c
```

Ein paar Dateien sollen nachfolgend herausgegriffen werden. Die Datei **a.out** erlaubt dem Besitzer, aber sonst niemandem, sie zu schreiben, zu lesen und auszuführen. Diese Rechte sind sehr passend für ein Programm, das noch in der Entwicklung ist. Der Programmierer muss es überschreiben können, da er neue Versionen erzeugen möchte. Er muss es auch ausführen können, sonst kann er das Programm nicht testen. Da das Programm nicht fertig ist und vielleicht bei seiner Ausführung Unvorhergesehenes passiert, schließt der Besitzer das Ausführungsrecht für alle anderen aus. Da das Leserecht unterbunden ist, kann es auch nicht von einem Fremden kopiert werden.

a.out

Dagegen darf die Datei **copy** zusätzlich sowohl von der Gruppe users als auch vom Rest der Welt gelesen und gestartet, aber nicht geändert werden. Das Programm scheint also so weit fertig zu sein, dass es der Programmierer jedermann zum Ausführen und zum Kopieren zur Verfügung stellt.

copy

copy Die Datei **copy.c** dagegen ist ein Quelltext mit ganz typischen Rechten für Datendateien. Der Besitzer darf sie lesen und schreiben, alle anderen dürfen sie nur lesen.

Die Rechte werden als Oktalzahlen[12] dargestellt. Das heißt, dass jeweils eine rwx-Gruppe auf eine Ziffer abgebildet wird. So ergibt sich:

r	w	x	Kennzahl	Bedeutung
0	0	0	0	Keine Rechte
0	0	1	1	Ausführen, aber weder lesen noch schreiben
0	1	0	2	Nur Schreibrecht
0	1	1	3	Schreib- und Ausführungsrecht, nicht lesen
1	0	0	4	Nur Leserecht
1	0	1	5	Lese- und Ausführungsrecht
1	1	0	6	Lese- und Schreibrecht, kein Ausführungsrecht
1	1	1	7	Lese-, Schreib- und Ausführungsrecht

Tabelle 2.7 Oktalkodierung der Dateizugriffsrechte

Eine Besonderheit ergibt sich für Verzeichnisse. Hier bedeutet das *Fehlen(!)* einer Berechtigung Folgendes:

Recht	Bedeutung für Verzeichnisse
x	In dieses Verzeichnis darf nicht gewechselt werden.
r	Die Dateinamen des Verzeichnisses können nicht gelesen werden.
w	Es darf keine Datei gelöscht, umbenannt oder hinzugefügt werden.

Tabelle 2.8 Die Rechte für Verzeichnisse

Auf den ersten Blick erscheinen die Unterschiede zwischen den Datei- und den Verzeichnisrechten kompliziert. Wenn Sie sich ein Verzeichnis aber als eine Datei betrachten, in der die Dateinamen abgelegt sind, ist der Zusammenhang mit den Schreib- und Leserechten logisch. Wenn Sie das Verzeichnis nicht lesen können, lassen sich auch die Dateinamen nicht anzeigen. Darf das Verzeichnis nicht geschrieben werden, können Sie auch keine Einträge hinzufügen, löschen oder umbenennen.

Die Rechte von Dateien oder Verzeichnissen können mit dem Kommando chmod (change mode) verändert werden.

---

12 Oktalzahlen sind eine Sonderform der dualen Zahlendarstellung, in der 3 Bits eine Ziffer ergeben. Mit 3 Bits lassen sich die Zahlen von 0 bis 7 darstellen.

Beispiel:

```
chmod 754 meinskript
```

Mit diesem Befehl erhält die Datei **meinskript** die Rechte rwxr-xr--. Das bedeutet, dass der Eigentümer die Datei lesen, schreiben und ausführen darf. Die Mitglieder der besitzenden Gruppe dürfen die Datei einsehen und starten, der Rest der Welt darf die Datei nur lesen.

Auftritt unter fremder Lizenz: User-ID-Bit

Bei Programmen kann bei chmod vor die drei Ziffern eine 4 gestellt werden. Das bewirkt, dass das Programm[13] unter der Benutzerkennung des Eigentümers ausgeführt wird, egal, wer das Programm gestartet hat. Man spricht von Set-User-ID-Bit oder von SUID. Dieses wird verwendet, wenn auf bestimmte Daten nur mit dem entsprechenden Programm zugegriffen werden soll. Die Zugriffsrechte der Daten können auf 600 gesetzt werden, so dass nur der Eigner sie verändern darf. Ein Programm, das das User-ID-Bit gesetzt hat, darf niemals für Fremde beschreibbar sein.[14] Ein Beispiel für das Setzen des User-ID-Bits wäre:

Ausführen unter der ID des Besitzers

```
chmod 4755 myprog
```

Die Datei **myprog** würde durch den Befehl ls -l folgendermaßen angezeigt werden:

```
-rwsr-xr-x   1 arnold    users         0 Dez  7 00:10 myprog
```

Statt des x steht also ein s bei den Benutzerrechten.

Buchstaben statt Zahlen

Wem das Rechnen in Dualzahlen gar nicht liegt, der hat auch die Möglichkeit, chmod mit Buchstaben zu steuern. In Form einer Zuweisung wird auf der linken Seite des Operators die Zielgruppe genannt. Auf der rechten Seite stehen die Rechte. Als Zielgruppe gibt es den Eigentümer (u für user), die Gruppe (g) und alle übrigen (o für others). Mit einem a (a für alle) oder durch Weglassen der Zielgruppe lassen sich alle Zielgruppen auf einmal ansprechen.

---

13 Das funktioniert nicht bei Skripten, da diese von dem jeweiligen Interpreter »gelesen« werden und nicht selbst zur Ausführung kommen.
14 Herauszufinden, warum das so ist, ist eine Übungsaufgabe für den interessierten Leser.

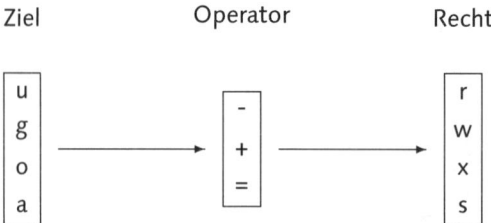

Abbildung 2.1 Bildungsregel für chmod-Optionen

Das Verändern eines Rechts wird durch einen Ausdruck herbeigeführt, der sich aus den in der Grafik gezeigten drei Balken zusammensetzt. Das Gleichheitszeichen bewirkt ein Setzen, das Minuszeichen ein Entziehen und das Pluszeichen das Hinzufügen eines Rechts. Dass die Rechte mit r, w und x vergeben werden, ist wenig überraschend. Das s ist das User-ID-Bit. Beispiele für die Ausdrücke, die statt der Oktalzahl bei chmod verwendet werden können, finden Sie in der folgenden Tabelle:

Term	Bedeutung
a=r	Alle Anwender dürfen nur lesen.
u+w	Der Besitzer erhält zusätzlich das Schreibrecht.
o-r	Der »Welt« wird das Leserecht entzogen.
go=rx	Die Gruppe und die »Welt« erhalten das Lese- und das Ausführungsrecht.

Tabelle 2.9 Beispiele für chmod-Optionen

Der Nachteil der Buchstabenschreibweise ist, dass manche Kombinationen mit zwei Befehlen gegeben werden müssen. Soll eine Datei so gesetzt werden, dass der Besitzer lesen und schreiben, alle anderen aber nur lesen dürfen, dann ist es natürlich kürzer, 644 als zuerst a=r und im zweiten Schritt u+w zu schreiben. Dafür ist es mit Ziffern recht umständlich, alle Ausführungsrechte der Dateien im aktuellen Verzeichnis zu entziehen und dabei die anderen Rechte nicht zu verändern.

Maske für die Rechte neuer Dateien: umask

umask filtert Rechte

Mit dem Befehl umask legen Sie fest, welche Rechte beim Anlegen von Dateien nicht gesetzt werden dürfen. Normalerweise gibt ein Programm beim Anlegen einer Datei an, welche Rechte die Datei haben soll. Diese Anforderung wird durch den Wert von umask gefiltert. Im Allgemeinen ist dieser Wert 022 und muss nur in seltenen Fällen geändert werden. Der Wert 022 bedeutet, dass beim Erstellen von Dateien für die Gruppe und für den Rest kein Schreibrecht angelegt wird.

> **Der Befehl umask: Standardrechte neuer Dateien festlegen**
>
> umask <*Rechtekodierung*>

Angenommen Sie wollen eine Datei anlegen. Wenn Sie nichts angeben, wird zunächst die Datei Schreib- und Leserecht für alle bekommen. Das entspricht 4 für Lesen und 2 für Schreiben. Zusammen ergibt das 6. Da diese 6 für den Anwender, die Gruppe und für die Welt gilt, ergibt sich 666. Wenn umask auf 022 steht, wird 022 von 666 wieder abgezogen. Daraus ergibt sich 644. Eine neu angelegte Datei hat also Schreib- und Leserecht für den Besitzer und nur Leserecht für die Gruppe und die Welt. [zB]

Der Befehl umask ohne Parameter zeigt den geltenden Wert. Wird ein Parameter angegeben, wird die Maske entsprechend geändert.

umask 002

Mit diesem Befehl wird jede Datei die Rechte 666-002, also 664, bekommen. Damit entziehen Sie neu erzeugten Dateien das Schreibrecht für den Rest der Welt. Der Besitzer und die Gruppe behalten aber das Schreib- und Leserecht.

Wollen Sie dagegen grundsätzlich eine restriktivere Behandlung der Dateirechte einrichten, könnten Sie der Gruppe nur Leserecht einräumen und verhindern, dass der Rest der Welt die Datei lesen oder schreiben kann. Eine passende umask wäre 026. Wird dieser Wert von 666 abgezogen, ergibt sich das Standardrecht 640, das genau dem Gewünschten entspricht.

2.6.4 Neuer Zeitstempel: touch

Der Befehl touch (dt. *berühren*) aktualisiert die Zugriffszeit und die Modifikationszeit einer Datei auf den jetzigen Zeitpunkt. Wenn die Datei bereits existierte, ist der Effekt derselbe, als wäre sie neu, aber unverändert geschrieben worden.

> **Der Befehl touch: Dateien erzeugen oder Zeitstempel setzen**
>
> touch <*Dateien*>

```
gaston> ls -l moin.c
-rw-r--r--   1 arnold    users           60 Apr 13 13:55 moin.c
gaston> touch moin.c
gaston> ls -l moin.c
```

```
-rw-r--r--    1 arnold    users          60 Jun 29 10:13 moin.c
gaston> date
Sam Jun 29 10:13:17 CEST 2002
gaston>
```

Dateien anlegen

Gab es die angegebene Datei bis jetzt noch nicht, wird sie angelegt. Sie ist dann leer, hat also eine Größe von 0 Byte. Die Möglichkeit, Dateien anzulegen, ist beispielsweise für Protokolldateien wichtig. Die meisten Programme, die in solche Dateien schreiben, sind nicht in der Lage, die Datei auch zu erzeugen.

2.6.5 Links: Zwei Namen, eine Datei

Eine Besonderheit im UNIX-Dateisystem ist die Möglichkeit, der eigentlichen Datei mehrere Verzeichniseinträge zuzuordnen. Man spricht hier von »Links« (dt. *Verbindungen*). Links bieten die Möglichkeit, eine Datei unter verschiedenen Namen auftreten zu lassen oder eine Datei auf einen anderen Datenträger zu legen als den, auf dem der Zugriff erfolgt. So ist es auch möglich, dass eine Datei an einer ganz anderen Stelle gespeichert ist, als an der ihr Zugriff benötigt wird.

Es wird zwischen zwei Arten von Links unterschieden. Die eine ist der harte Link, der durch einen weiteren Verzeichniseintrag im Dateisystem realisiert wird. Die andere ist der symbolische Link, der einen Verweis auf die Originaldatei darstellt.

Der harte Link

Eine Datei besteht einerseits aus den Daten, die irgendwo auf einem Datenträger abgelegt sind. Um auf diese Daten zugreifen zu können, bedarf es eines Namens und anderer Dateiattribute, die sich in einem Verzeichnis finden. Bei vielen Betriebssystemen gibt es für jede Datei nur einen Verzeichniseintrag. Unter UNIX gibt es für jede Datei genau einen i-node (siehe Seite 42). Der Dateiname wird allerdings im Verzeichniseintrag gespeichert und kann es beliebig viele Verzeichniseinträge in verschiedenen Verzeichnissen geben, die alle auf den gleichen i-node verweisen.

Ein solcher Verzeichniseintrag wird Link genannt. Eine Datei hat also mindestens einen Link. Es können aber auch beliebig viele sein. Das Löschen einer Datei ist unter UNIX also eigentlich zunächst einmal nur das Löschen eines Links. Erst wenn der letzte Link gelöscht wird, werden tatsächlich die Daten vom Datenträger entfernt.

Da Verzeichniseinträge immer auf den i-node zeigen und i-nodes nur für das eigene Dateisystem eindeutig sind, können harte Links nicht auf Dateien eines anderen Datenträgers zeigen. Es ist also nicht möglich, einen harten Link über mehrere Festplatten oder auch nur über mehrere Partitionen einer Festplatte anzulegen. Genauso wenig kann ein harter Link in einem Festplattenverzeichnis auf eine CD verweisen. Für beide Fälle müssen Sie einen symbolischen Link einsetzen.

Nur innerhalb des Dateisystems

Der Befehl, um einen weiteren harten Link für eine existierende Datei zu erzeugen, lautet:

Der Befehl ln: Harten Link erzeugen

ln <*Originaldatei*> <*NeuerName*>

In diesem Fall wird dem Link bei seiner Erzeugung ein neuer Name gegeben. Ähnlich wie beim Kopieren, können Sie als Ziel auch ein Verzeichnis angeben. In diesem Fall wird ein Link mit gleichem Namen in einem Verzeichnis abgelegt.

Der Befehl ln: Harten Link erzeugen

ln <*Originaldatei*> <*AnderesVerzeichnis*>

Die Reihenfolge der Parameter entspricht der von `cp`. Zuerst wird die bereits existierende Quelle genannt und dann das zu erzeugende Zielobjekt.

Wenn eine Datei namens **hugo** existiert, bewirkt der Befehl

[zB]

```
ln hugo erna
```

dass hinterher scheinbar zwei Dateien existieren: **hugo** und **erna**. Es ist aber keine Kopie entstanden, sondern beide Einträge zeigen auf die gleiche Datei. Sie können dies leicht überprüfen, indem Sie in der einen Datei eine Änderung durchführen und in der anderen nachsehen. Sie werden die Änderung auch in ihr vorfinden.

Sie erkennen, dass für eine Datei ein oder mehrere Links existieren, wenn Sie den Dateieintrag mit `ls -l` ansehen. Im Normalfall finden Sie eine 1 zwischen den Dateirechten und dem Besitzer. Das ist die Anzahl der Links, die auf den Dateiinhalt zeigen. Das folgende Beispiel zeigt unsere Dateien **hugo** und **erna**. Als Beispiel für eine normale Datei ist auch **emil** aufgeführt.

2 | Bedienung eines UNIX-Systems

```
gaston> ls -l hugo erna emil
-rw-r--r-- 1 arnold    users         18 Jul 20 01:51 emil
-rw-r--r-- 2 arnold    users         18 Jul 20 01:51 erna
-rw-r--r-- 2 arnold    users         18 Jul 20 01:51 hugo
gaston>
```

An der 2 lässt sich erkennen, dass zwei Einträge auf diese Datei zeigen. Es ist auch egal, welche Datei zuerst gelöscht wird. Der Dateiinhalt verschwindet erst, wenn der letzte Link gelöscht wird.

Noch deutlicher wird es, wenn Sie den Befehl ls -li verwenden. Die Option -i zeigt in der ersten Spalte die Nummer des i-nodes an. Daran können Sie erkennen, dass es sich tatsächlich um die gleiche Datei handelt, auf die die beiden Verzeichniseinträge verweisen.

```
gaston> ls -li hugo erna emil
1649933 -rw-r--r-- 1 arnold    users         18 Jul 20 01:51 emil
1649955 -rw-r--r-- 2 arnold    users         18 Jul 20 01:51 erna
1649955 -rw-r--r-- 2 arnold    users         18 Jul 20 01:51 hugo
gaston>
```

Mit dem Parameter -f kann ein bestehender gleicher Dateiname überschrieben werden. Beispiel:

```
gaston> ln -f hugo emil
gaston> ls -l hugo erna emil
-rw-r--r-- 3 arnold    users         18 Jul 20 01:51 emil
-rw-r--r-- 3 arnold    users         18 Jul 20 01:51 erna
-rw-r--r-- 3 arnold    users         18 Jul 20 01:51 hugo
gaston>
```

Per Link steuern Der Link bietet auch die Möglichkeit, dass ein und dasselbe Programm unterschiedliche Aktionen durchführt, je nachdem, wie es heißt. Dieser Effekt wird beispielsweise bei compress und uncompress benutzt (siehe Seite 144). Beide Namen zeigen auf die gleiche Datei. Da ein UNIX-Programm beim Aufruf außer den Parametern auch den Namen erfährt, unter dem es aufgerufen wurde (siehe Seite 905), kann compress feststellen, ob es unter dem Namen uncompress aufgerufen worden ist, und setzt dann einfach selbst die Option -d.

Ferner ist es möglich, einen Datenbestand von mehreren Benutzern aktuell halten zu lassen, indem jeder Anwender einen Link auf die gleiche Datei hält. Beispielsweise können die **.rhosts**-Dateien, die den Zugriff von fremden Rechnern erlauben (siehe Seite 549), auf diese Weise durch eine einzige Datei realisiert werden.

Der symbolische Link

Neben dem harten Link gibt es noch den symbolischen Link. Der symbolische Link ist nichts anderes als ein textueller Verweis auf einen anderen Dateinamen. Dadurch ist es leicht möglich, auf Dateien eines anderen Dateisystems zu verweisen. Es ist nicht einmal erforderlich, dass die Zieldatei auf demselben Datenträger liegt. Der symbolische Link ist auch nicht auf Dateien beschränkt: Er kann auch auf ein Verzeichnis zeigen.

Verweis über Dateisysteme

Der Befehl ln: Symbolischen Link erzeugen
ln -s *<Originaldatei> <NeuerName>*

Im Gegensatz zu dem harten Link wird ein symbolischer Link nicht vom Dateisystem überwacht. UNIX prüft also nicht, ob die Datei, auf die der Link zeigt, auch wirklich existiert. UNIX achtet auch nicht darauf, ob jemand eine Datei oder ein Verzeichnis entfernt, auf die bzw. das ein symbolischer Link zeigt. Es gibt damit auch einen Unterschied zwischen Originaldatei und Verweis, den es bei harten Links nicht gibt.

Unterschiede

Der folgende Aufruf legt im aktuellen Verzeichnis einen symbolischen Link auf die zentrale **printcap**-Datei an.

[zB]

```
onyx> ln -s /etc/printcap myPrintCap
```

Der symbolische Link **myPrintCap** im aktuellen Verzeichnis zeigt nun auf die Datei **/etc/printcap**. Sie können leicht erkennen, was hinter dem symbolischen Link steckt, wenn Sie ls -l eingeben.[15]

Textlicher Verweis

```
onyx> ls -l myPrintCap
lrwxrwxrwx 1 arnold users 13 12:58 myPrintCap -> /etc/printcap
onyx>
```

Zunächst sehen Sie, dass an der ersten Stelle ein kleines l steht. Des Weiteren können Sie hinter dem Namen des Links sehen, auf welche Datei der Link zeigt.

Den symbolischen Link kann man sich vereinfacht als eine Datei vorstellen, die den Ort einer anderen Datei beinhaltet. Damit wird klar, dass der Link auf jede Stelle des UNIX-Verzeichnisbaums zeigen kann, ganz gleich auf welchem Medium es sich befindet. Es ist aber auch einleuchtend, dass die Originaldatei nichts vom Link »weiß« und darum entfernt werden kann, obwohl noch ein Link existiert.

---

15 Aus drucktechnischen Gründen wurde die Anzeige um das Datum gekürzt.

Freien Plattenplatz nutzen

Der symbolische Link ist ideal, wenn ein Computer um eine neue Festplatte erweitert wird. Der hinzugewonnene Platz kann sofort genutzt werden, auch wenn die neue Festplatte an einem weit entfernten Verzeichnis in den Pfadbaum eingebunden ist. Die alte Datei wird auf die neue Festplatte verschoben. An ihren alten Platz kommt ein symbolischer Link, der auf den Ort verweist, an dem die Datei nun liegt. Das Verschwinden der Datei bleibt für (fast) alle Programme unsichtbar.

Versionsverwaltung

Der symbolische Link wird auch gern eingesetzt, wenn man die Version einer Software dokumentieren will. Beispielsweise wird das Paket »wollmilchsau« zurzeit in der deutschen Version 1.4 ausgeliefert. Dann installiert man es im Verzeichnis **/opt/wollmilchsau.v.1.4.german**. Um allerdings auf die Software zuzugreifen, erstellt man einen symbolischen Link:

```
ln -s /opt/wollmilchsau.v.1.4.german /opt/wollmilchsau
```

Später lässt sich erkennen, dass die deutsche Version 1.4 installiert wurde. Man kann sogar die Version 1.5 installieren, ohne die Version 1.4 endgültig löschen zu müssen. Mit einem einfachen ls -l ist zu erkennen, welche Version aktiv ist.

[!] Symbolische Links speichern quasi die textuelle Beschreibung der Quelle. Anders ausgedrückt, merken sie sich den Pfadnamen so, wie er beim Anlegen des Links angegeben wurde. Es wird beim Anlegen nicht überprüft, ob der Link wirklich funktioniert. Entsprechend verschwindet der Link auch nicht, wenn das Ziel verschwindet, auf das er verweist. Es ergeben sich darüber hinaus Stolperfallen, wenn nicht ein absoluter, sondern ein relativer Pfad als Ziel eines symbolischen Links angegeben wird. Zur Erinnerung: Ein absoluter Pfad beginnt mit einem Schrägstrich und ist von der Wurzel an definiert. Ein relativer Pfad hat keinen Schrägstrich am Anfang und bezieht sich auf das aktuelle Arbeitsverzeichnis. Im folgenden Beispiel liegt der zu erzeugende Link in einem Unterverzeichnis, in diesem Fall in **savedir/my20020105**. Da aber das Quellverzeichnis relativ zur aktuellen Position steht, wird auch der relative Pfad abgelegt. Aus Sicht des symbolischen Links liegt aber das Verzeichnis **my** nicht in **../my**, sondern in **../../my**. Es gibt keine Fehlermeldung beim Erzeugen des Links, aber die erste Benutzung wird scheitern.

```
ln -s ../my  savedir/my20020105
```

2.6.6 Besondere Dateien

Mit den Verzeichnissen und den Links sind bereits zwei Arten besonderer Dateien vorgestellt worden. Bei einem `ls -l` kann man am ersten Buchstaben links ein Verzeichnis an einem d für directory erkennen. Einen symbolischen Link erkennt man an einem l. Es gibt noch weitere besondere Dateien.

```
lrwxrwxrwx   1 root    root        5 Mär 17  2001 X11 -> X11R6
drwxr-xr-x   9 root    root     4096 Jan  5 19:34 X11R6
```

Es gibt sogenannte special files, also spezielle Dateien, die einen Zugriff auf Peripheriegeräte ermöglichen. Man findet sie im Verzeichnis **/dev**. Sie tragen ein kleines c oder b als Kennzeichen (siehe Seite 277). Man kann diese Direktzugriffe auf die Peripherie mit den normalen Dateizugriffen durchführen, sollte dies im Normalfall aber vermeiden.[16] Im Allgemeinen gibt es Programme, die den Zugriff steuern. So wird der Zugriff auf den Drucker (**/dev/lp0**) üblicherweise über das Programm `lp` oder `lpr` geregelt. Das verhindert, dass verschiedene Benutzer sich gegenseitig die Ausdrucke durcheinanderbringen.

special files zeigen auf die Peripherie

Dateien mit einem s sind sogenannte Sockets, und Dateien mit einem p sind named pipes. Beide dienen zur Kommunikation zwischen Programmen. Diese Spezies sollte man im Normalfall in Ruhe lassen. Die Programme, die Sockets und Pipes benutzen, könnten erheblich durcheinandergeraten, wenn sie plötzlich fehlen oder manipuliert würden.

Sockets und Pipes

2.6.7 Der Dateityp: file

Der Befehl `file` zeigt den Typ einer Datei an.

Der Befehl file: Dateityp ermitteln

file [<Optionen>] <Datei>

Nach Aufruf von `file` können folgende Typen (siehe Tabelle 2.10) angezeigt werden.

---

[16] Da nicht jeder Anwender das Talent hat, sich in Zurückhaltung zu üben, stärkt ihn UNIX in Momenten der Schwäche durch eine entsprechende Rechtevergabe.

Bezeichnung	Inhalt
executable oder object	Übersetzte Programme
ascii text	Normaler Text, den man sich im Editor ansehen kann
directory	Verzeichnis
commands text	Shellskripte oder Ähnliches
symbolic link	Symbolischer Link mit Zielangabe
alias	Namensgebung der Shell (siehe Seite 175)

Tabelle 2.10 Dateitypen

Kennungen von Dateitypen

Daneben gibt es noch einige Standardtypen, die `file` erkennen kann, wie beispielsweise Bibliotheken. Die Informationen über den Typ bekommt `file` aus der Datei **/etc/magic** bzw. aus **/var/share/misc/magic** bei FreeBSD. In dieser Datei stehen Kennzahlen und Positionen, um bestimmte Dateigruppen eindeutig zu identifizieren.

2.7 Zugriff auf mehrere Objekte

Die Shell löst Wildcards auf

Sollen mehrere Dateien als Argumente für einen UNIX-Befehl verwendet werden, lassen sie sich meist einfach aufzählen. Die meisten Kommandozeilenprogramme sind unter UNIX so geschrieben, dass sie beliebig viele Dateien als Argumente akzeptieren. Um die Aufzählung zu vereinfachen, kann man mit Hilfe einer Maske mehrere Dateien zusammenfassen. Die Shell sucht die auf die Maske passenden Dateien zusammen und übergibt sie dem aufgerufenen Programm als Liste.

2.7.1 Wildcards: *, ? und die eckigen Klammern

Stern

Um Dateien mit ähnlichen Namen zu ermitteln, wird meist der Stern als Platzhalter verwendet. Dieser steht als Ersatz für beliebig viele Zeichen. An der Stelle des Sterns kann auch gar kein Zeichen stehen. Die folgende Liste zeigt einige Beispiele:

- `ls prog*` – alle Dateien, die mit prog anfangen.
- `ls *mein` – alle Dateien, die mit mein aufhören.
- `ls OS*.c` – alle Dateien, die mit OS anfangen und mit .c aufhören.
- `ls *dat*` – alle Dateien, die dat im Namen enthalten.

Fragezeichen

Soll eine genaue Anzahl von Zeichen freigehalten werden, benutzt man das Fragezeichen. Es steht für genau ein Zeichen. `M??s` steht also für

Maus, Mais oder Muks. Murks würde nicht passen, da die drei Buchstaben zwischen M und s nicht auf die zwei Fragezeichen passen. Auch eine Kombination aus Fragezeichen und Sternen macht Sinn. Wenn man beispielsweise alle Dateien und Verzeichnisse, die mit einem Punkt beginnen, löschen möchte,[17] sollte man lieber nicht `rm -r .*` eingeben. Da der Stern auch die leere Zeichenkette symbolisiert, würden damit das aktuelle und das Elternverzeichnis ausgeräumt. Das Elternverzeichnis ist das davor liegende Verzeichnis und wird mit .. angesprochen. Besser ist da der Gedanke, mit `rm -r .??*` zu arbeiten. Damit werden dann weder . noch .. getroffen, da beide nicht aus drei Zeichen bestehen. Allerdings würde auch die Datei .ab erhalten bleiben.

Neben diesen bekannten Wildcards gibt es noch die Möglichkeit, mit den rechteckigen Klammern gewisse Alternativen für ein Zeichen zu verwenden. Beispielsweise bedeutet `[Mm]akefile`, dass die Datei **makefile** oder **Makefile** heißen kann. Die Datei `[A-Z][0-9]?*` muss mit einem Großbuchstaben beginnen, darauf muss eine Ziffer folgen, und sie muss mindestens aus drei Zeichen bestehen.

Eckige Klammern

2.7.2 Sonderzeichen als Parameter

Will man ein Zeichen an ein Programm geben, das von der Shell interpretiert wird, muss es vor ihr geschützt werden. Dies kann bei einzelnen Zeichen durch Voranstellen eines Backslash (\) erfolgen. Die deutsche Übersetzung von Backslash hieße »rückwärtiger Schrägstrich«. * steht für einen Stern, \? für ein Fragezeichen im Namen. Man sollte, um Missverständnisse zu vermeiden, jedoch diese Zeichen in Dateinamen besser nicht benutzen.

Alternativ kann das Argument auch in Anführungszeichen (") oder Hochkommata (') gesetzt werden. In diesem Fall interpretiert die Shell nicht die Sonderzeichen, sondern reicht sie direkt an das aufgerufene Programm weiter.[18]

---

17 Es ist übrigens keine gute Idee, diese Dateien aus dem Benutzerverzeichnis zu löschen. Sollten Sie es gerade getan haben, vergessen Sie, wo Sie das gelesen haben.
18 Der Unterschied zwischen beiden ist, dass Variablen in Anführungszeichen noch aufgelöst werden, in Hochkommata nicht (siehe Seite 780).

2.8 Editoren

Da unter UNIX fast alle Konfigurationen über Textdateien laufen, ist ein guter Editor ein wichtiges Werkzeug. Unter UNIX gibt es einmal vi, einen textorientierten Editor, der normalerweise auf jeder Maschine installiert ist. Der zweite bekannte Editor ist emacs, der durch seine Programmierbarkeit erweiterbar und extrem leistungsfähig ist. emacs ist sehr weit verbreitet, aber nicht auf jeder Maschine standardmäßig installiert.

Arbeiten auch ohne Funktionstasten

In Zeiten der grafischen Oberflächen wirkt die Bedienung auf manchen Einsteiger etwas archaisch. vi und emacs existieren aber nicht nur aus Gewohnheit auf UNIX-Systemen, sondern weil sie gerade durch ihr ungewöhnliches Konzept ungewöhnlich leistungsfähig sind. Zugegebenermaßen erschließen sich die Fähigkeiten dieser Werkzeuge nicht auf Anhieb. Allein die Tatsache jedoch, dass vi und emacs auch dann funktionieren, wenn die Terminalemulation die Funktionstasten nicht interpretieren kann, macht diese Programme wertvoll für Administratoren, die manchmal auf bizarren Wegen in eine Not leidende Maschine eindringen.

Wer seine UNIX-Maschine nur von einer grafischen Oberfläche wie dem X Window System aus bedient, findet im Normalfall auch jede Menge Editoren, die sich vielleicht intuitiver bedienen lassen. Das fängt mit xedit an, der jeder X-Installation beiliegt. vi und emacs sind allerdings extrem leistungsfähige Editoren, insofern lohnt sich auf lange Sicht die Einarbeitung.

2.8.1 vi

Der Editor vi ist sehr verbreitet. Man findet ihn nicht nur auf jeder UNIX-Maschine, sondern auch auf diversen anderen Plattformen. Neben oder statt des originalen vi werkelt oft ein Klon, der nicht selten einige Erweiterungen erfahren hat. Die bekanntesten Vertreter sind elvis und vim. Wenn Sie auf Ihrer Maschine vim installiert haben, finden Sie durch Aufruf des Befehls vimtutor eine Einführung in vi.

Die drei Modi von vi

vi hat ein originelles Konzept, dessen Vorteile nicht auf Anhieb erkennbar sind. Es gibt drei Modi, in denen sich das Programm befinden kann: den Kommandomodus, den Eingabemodus und den Befehlszeilenmodus.

Kommandomodus

Nach dem Start von vi befinden Sie sich im Kommandomodus. Hier können Sie im Text positionieren, suchen und Kommandos zur Textveränderung eingeben. Durch solche Kommandos gelangen Sie in den Eingabemodus.

Der Eingabemodus ist recht simpel. Sie können Text eingeben und mit der Korrekturtaste (Backspace) die letzten Vertipper innerhalb der aktuellen Zeile korrigieren. Alle anderen Korrekturen und Maßnahmen müssen Sie vom Kommandomodus aus erledigen, in den Sie mit der Taste **ESC**[19] wieder zurückkehren.

Eingabemodus

Vom Kommandomodus aus erreichen Sie durch Eingabe des Doppelpunkts den Befehlszeilenmodus. Der Cursor geht in die unterste Zeile und erwartet einen durch **Return** abgeschlossenen Befehl. Diese Befehle entsprechen übrigens zum Teil denen von sed (siehe Seite 130). Sie betreffen in erster Linie den Text als Ganzes, beispielsweise das Sichern und Wechseln von Texten.

Befehlszeilenmodus

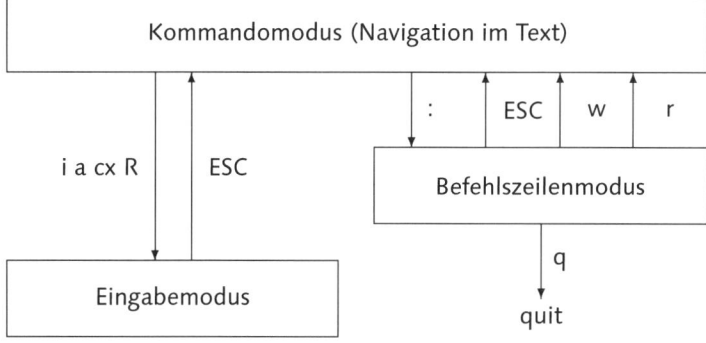

Abbildung 2.2 Die Modi von vi

Abbildung 2.2 zeigt die Modi von vi im Überblick. Nachdem Sie vi gestartet haben, befinden Sie sich im Kommandomodus, in dem Sie durch den Text navigieren. Die Cursorpositionierung, das Blättern und das Suchen finden hier statt. Mit Kommandos wie **i** (insert), **a** (append), **c**x[20] (change) und **R** (replace) gelangen Sie an der aktuellen Position in den Eingabemodus. Dort geben Sie Text ein. Ist die Eingabe abgeschlossen, kehren Sie mit **ESC** wieder in den Kommandomodus zurück, um zur nächsten Stelle zu navigieren. Vom Kommandomodus gelangen Sie mit dem Doppelpunkt in den Befehlszeilenmodus. Hier werden unter anderem die Befehle zum Verlassen, zum Sichern und Hinzuladen eingegeben.

---

19 Es lässt sich darüber streiten, ob diese Taste als Abschluss der Eingabe eine glückliche Wahl war. Inzwischen verwenden fast alle Programme die **ESC**-Taste, wenn sie Eingaben verwerfen wollen. Unter vi jedenfalls wird damit die Eingabe bestätigt und der Modus verlassen.

20 Das *x* steht hier für ein Zeichen, das den Bereich bestimmt, auf den die Änderung wirken soll.

Verlassen

Das Wichtigste zuerst: Sie kommen aus vi heraus, indem Sie zunächst ggf. den Editiermodus verlassen. Das erreichen Sie durch **ESC**. Falls einmal **ESC** zu viel gedrückt wurde, gibt vi ein akustisches Signal von sich.

:q   Dann wechseln Sie mit dem Doppelpunkt in den Befehlszeilenmodus. Der Cursor geht in die letzte Zeile. Als Befehl geben Sie ein einfaches, kleines q (quit) ein und bestätigen mit der **Return**-Taste. Sollte vi nörgeln, dass Änderungen noch nicht gesichert sind, können Sie dies mit :q! ignorieren oder mit :wq (write quit) die Änderungen vor dem Verlassen sichern.

Befehl	Wirkung
ESC :q	Verlassen von vi
ESC :q!	Verlassen von vi und Verwerfen aller Änderungen
ESC :wq	Verlassen von vi und vorheriges Sichern unter dem bisherigen Namen

Tabelle 2.11 Wie man vi verlässt

Starten von vi

Die Arbeitsdatei beim Start nennen

Wollen Sie eine Datei erstellen, geben Sie vi, gefolgt von dem Namen der neuen Datei, an. Sie landen in einem Bildschirm, auf dem alle Zeilen mit einer Tilde beginnen. Am Ende des Bildschirms stehen der Name der Datei und die Position. Das Tildezeichen zeigt an, dass das Ende des Textes erreicht ist. Um etwas einzugeben, tippen Sie ein kleines **i** (insert). Sie sehen an der Statuszeile, dass vi in den Einfügemodus gewechselt ist. Sie können nun einige Zeilen Text eingeben. Tippfehler sollten Sie zunächst ignorieren. Ist der Text eingegeben, erreichen Sie mit **ESC** wieder den Kommandomodus. Nun sollten Sie den Text sichern, indem Sie mit einem Doppelpunkt in den Befehlszeilenmodus wechseln. Geben Sie w (write) ein, und der Text wird gesichert. Als Dateiname wird derjenige verwendet, den Sie beim Start von vi angegeben haben. Verlassen Sie vi wieder mit :q.

Grundlegende Navigation

Sie können die Datei weiter bearbeiten, indem Sie vi wieder mit dem Dateinamen starten. Nun sehen Sie den Text im Überblick und befinden sich wieder im Kommandomodus. Zunächst bewegen Sie sich an die Stelle, an der Sie etwas ändern wollen. Mit **+** und **-** können Sie sich zeilenweise nach oben und nach unten bewegen. Mit der **Leertaste** und **Backspace** können Sie nach links und rechts in der Zeile über den Text fahren. Auf vielen Systemen arbeiten auch die Cursortasten. Haben Sie die Zielstelle erreicht, können Sie wieder mit **i** neuen Text hinzufügen oder mit dem kleinen **x** (wie extract oder wie eine kleine Schere) einzelne

Zeichen unter dem Cursor löschen. Zwei Zeilen lassen sich mit einem großen **J** (join) zusammenfügen. Mit diesen Kommandos kommt man bereits sicher durch vi, auch wenn das noch nicht sehr komfortabel ist.

Bewegungen durch den Text im Kommandomodus

Auf den meisten Systemen funktionieren die Standardtasten für die Cursorbewegungen. Das wird den meisten Anwendern am einfachsten erscheinen. Leider funktioniert das im Allgemeinen nur auf dem lokalen Rechner. Sobald man mit Hilfe des Netzes auf fernen Rechnern arbeitet (siehe zum Thema telnet, Seite 544), hat man es mit Terminalemulationen zu tun, bei denen oft die Funktionstasten nicht mehr funktionieren. In solchen Fällen arbeiten aber immer noch die normalen Tasten und die **ctrl**-Kombinationen. Insofern ist es hilfreich, dass vi auch mit diesen Tasten bedient werden kann.

Bereich	zurück	vor
Ein Zeichen	**h** oder **Backspace**	**Leertaste**
Ein Wort	**b**	**w**
Zeilenanfang/-ende	^	**$**
An die n-te Spaltenposition		*n*|
Zeile	-	**+**
Seite	**ctrl+F**	**ctrl+B**
Zur Zeile n	*n***G**	
Textanfang/-ende	**1G**	**G**

Tabelle 2.12 Cursorbewegungen in vi

Suchen im Text

vi sucht mit dem Schrägstrich **/**. Daraufhin geht der Cursor in die unterste Zeile. Hier gibt man den Suchbegriff ein und bestätigt mit **Return**. Um das nächste Auftreten des gleichen Begriffs zu suchen, gibt man ein kleines **n** ein. Ein großes **N** springt zum vorangegangenen Erscheinen des Begriffs. Will man von vornherein rückwärts suchen, verwendet man das Fragezeichen **?** statt des Schrägstrichs als Befehl. Auch hier arbeiten **n** und **N**, allerdings jetzt in der anderen Richtung.

Suchen: /

Editieren

Um den Text zu bearbeiten, wird man zunächst Text einfügen. Dazu gibt es folgende Kommandos:

Taste	Wirkung
i	Einfügen (engl. *insert*) an der Cursorstelle
I	Einfügen vor dem ersten Wort der Zeile
a	Hinter der Cursorstelle einfügen (engl. *append*)
A	An das Ende der Zeile anhängen

Tabelle 2.13 Kommandos zum Wechsel in den Editiermodus

Die Eingaben werden durch **ESC** bestätigt. Man kann, anstatt Text einzufügen, auch existierenden Text ersetzen. Dabei dient das **c** als Zeichen für Change. Es folgt ein Zeichen, das angibt, was ersetzt werden soll. Hier heißt **w** Wort, **$** bis Zeilenende, **l** ein Zeichen, und die Verdoppelung des **c** steht für die ganze Zeile. Auf dem Bildschirm wird der ersetzte Ausschnitt durch ein Dollarzeichen begrenzt.

Tasten	Wirkungsbereich
cw	Wort
c$	Bis zum Ende der Zeile
cc	Aktuelle Zeile
cl	Zeichen
r	Zeichen wird durch genau ein Zeichen ersetzt
R	Geht in den Überschreibmodus bis zum **ESC**

Tabelle 2.14 Ändern

Der Unterschied zwischen **cl** und **r** besteht darin, dass nach dem Kommando **cl** beliebig lange Texte eingegeben werden, die das Zeichen unter dem Cursor ersetzen. Das Ende der Ersetzung wird wie immer mit der **ESC**-Taste abgeschlossen. Das Kommando **r** ersetzt dagegen das Zeichen unter dem Cursor durch das Zeichen, das als Nächstes eingegeben wird. Ein Abschluss durch die **ESC**-Taste ist nicht erforderlich.

Löschen und Kopieren

Das Kommando zum Löschen von Textteilen beginnt mit **d** (für engl. delete). Wie beim Ändern wird die Reichweite des Löschens durch den zweiten Buchstaben bestimmt. Dabei gilt **w** für ein Wort, **$** bis zum Ende der Zeile, und die Verdoppelung des Kommandobuchstabens betrifft die komplette Zeile. Für den Buchstaben wird das **l** verwendet, aber auch hier gibt es einen speziellen Buchstaben.

Tasten	Wirkungsbereich
dw	Wort
d$	Bis Ende der Zeile
dd	Aktuelle Zeile
dl oder x	Zeichen

Tabelle 2.15 Löschkommandos unter vi

Durch Verwendung der Suchfunktion lässt sich das Ziel angeben, bis zu dem gelöscht werden soll. Der Löschbereich beginnt an der aktuellen Cursorposition. Das Ende wird mithilfe des Schrägstrichs angegeben. Beispiel: **d**/abc plus **Return**-Taste löscht alles zwischen hier und dem nächsten Auftreten der Zeichenkette abc.

Löschen bis Suchkriterium

Die gelöschten Textbereiche werden in einem Puffer zwischengelagert. Dieser Text kann jederzeit an jeder Stelle mit **p** oder **P** wieder aus dem Puffer geholt werden. Dabei fügt **p** hinter und **P** an der aktuellen Cursorposition ein. Der Puffer lässt sich allerdings auch füllen, ohne das Original zu löschen. Hierzu wird lediglich das Kommando **y** (yank) statt **d** verwendet.

Der Puffer

Tasten	Wirkungsbereich
yw	Wort
y$	Bis zum Ende der Zeile
yy	Aktuelle Zeile

Tabelle 2.16 Zwischenspeichern

Zeilenvorschub löschen
Um zwei Zeilen aneinander zu hängen, also den Zeilenvorschub der oberen Zeile zu löschen, geht man in die obere Zeile und gibt ein großes **J** (join) ein. Die beiden Zeilen werden vereinigt, und dazwischen steht ein Leerzeichen.

J vereinigt Zeilen

Geklammerte Bereiche
Für Programmierer besonders interessant ist der Umgang mit Klammern. Man positioniert den Cursor auf einer Klammer, und vi springt durch das %-Zeichen zur korrespondierenden Klammer. Dabei werden runde, eckige und geschweifte Klammern akzeptiert. Das Prozentzeichen lässt sich auch als Bereichsangabe anderer Befehle verwenden. Die Tastenkombination **d%** löscht den Bereich von der aktuellen Klammer unter dem Cursor bis zur korrespondierenden Klammer.

% als Bereich zwischen Klammern

Einrücken

Besonders interessant ist das Einrücken in Verbindung mit Klammerungen für C-Programmierer. Der Cursor wird auf eine geschweifte Klammer gestellt und durch das Kommando **>%** wird der komplette Block um acht Leerzeichen eingerückt.[21]

Tasten	Wirkung
%	Springt von dieser Klammer zur korrespondierenden Klammer
d%	Löscht alles zwischen dieser und der korrespondierenden Klammer
c%	Ersetzt alles zwischen dieser und der korrespondierenden Klammer
y%	Schiebt alles zwischen den Klammern in den Puffer
<% bzw. >%	Ein- bzw. Ausrücken des eingeklammerten Bereichs

Tabelle 2.17 Klammern

Mehrfachausführung

Soll ein Kommando mehrfach ausgeführt werden, wird dem Kommando die Häufigkeit vorangestellt. Beispiele:

Kommando	Wirkung
4dw	Löscht die nächsten vier Wörter.
5cw	Ersetzt die nächsten fünf Wörter durch die Eingabe bis zum **ESC**.
77i - **ESC**	Erzeugt 77 Bindestriche.
3cl	Ersetzt die nächsten drei Zeichen durch die Eingabe.
12yy	Kopiert die nächsten zwölf Zeilen in den Kopierpuffer.

Tabelle 2.18 Beispiele für Mehrfachausführung

Mach's nochmal, vi!

Kommandos wiederholen

Ein besonderes Feature von vi ist der Punkt .. In der Kommandoebene eingegeben, wiederholt er das letzte Kommando an der aktuellen Cursorposition. Auch vor dem Punkt kann man die Häufigkeit angeben. Hat man nach 10dd noch 10. getippt, werden 100 Zeilen gelöscht.

Schiefgelaufen

Wenn Sie versehentlich einen Teil Ihres Textes gelöscht haben oder ein anderer Vorgang schief gegangen ist, können Sie es mit dem Befehl **u** (undo) ungeschehen machen. Befinden Sie sich in einem unbekannten

---

21 Um genau zu sein, ist die Anzahl der Leerzeichen von der Variablen shiftwidth abhängig, die durch den Befehl set verändert werden kann, wie Sie im Verlauf des Abschnitts sehen werden.

Modus, erreichen Sie mit **ESC** die Kommandoebene, von der aus das **u** eingegeben werden muss.

Stellen Sie fest, dass nicht der letzte, sondern der vorletzte Befehl den Schaden verursacht hat, der 100 Seiten Manuskript mit der Schredderfunktion bearbeitete, können Sie zwei Dinge tun. Das erste ist, **u** ein weiteres Mal zu drücken und hoffen, eine der neueren Implementationen von vi zu benutzen, die ein Undo in mehreren Stufen erlauben. Es kann aber auch sein, dass statt der mehrstufigen Änderung nur ein Redo erfolgt ist. Dann sollten Sie aufstehen, tief durchatmen und überlegen, in welchem Zustand sich die Datei auf der Festplatte befindet und dann den vi mit :q! verlassen, um die letzte Version zu verwenden, oder das Thema Zwischenspeichern noch einmal intensiv durchdenken.

Undo nicht unbedingt mehrstufig

Ein versierter vi-Benutzer würde an dieser Stelle allerdings den aktuellen Text nicht mit :q! verwerfen, sondern ihn unter einem anderen Namen sichern. Dazu wird :w, gefolgt von einem Leerzeichen und dem neuen Dateinamen, aufgerufen. Also sichert der Befehl :w datei den Text unter dem Namen **datei**. Anschließend lässt sich mit dem Kommando diff (siehe Seite 127) ermitteln, welche Unterschiede zwischen der Datei **datei** und dem letzten Stand bestehen.

Sollte stattdessen die verwendete Version ein mehrstufiges Undo beherrschen, stellt sich die Frage, wie man ein Undo zu viel wieder rückgängig machen kann. Hier empfiehlt sich ein Experiment mit **ctrl+R**.

Wichtige Befehle des Befehlszeilenmodus

Der Befehlszeilenmodus wird mit dem Doppelpunkt aktiviert. Die Kommandos q zum Verlassen und w zum Sichern wurden bereits vorgestellt. Auch dass man dem Kommando w als Parameter noch einen Dateinamen mitgeben kann, um den Text unter diesem Namen zu speichern, wurde bereits erwähnt. Als Gegenstück zu w gibt es r (read), um Texte in den aktuellen Text hineinzulesen. Auch hier wird der Dateiname als Parameter angegeben. Der angegebene Text erscheint danach an der aktuellen Cursorposition.

Sichern und Laden

Mit dem Ausrufezeichen wird die restliche Befehlszeile an eine Shell weitergeleitet. Sie können so aus dem Editor einen Compiler starten oder andere Systemkommandos geben. Probieren Sie einmal :!ls aus!

Shellaufruf

Befehl	Wirkung
:n	Lädt die nächste Datei, falls vi mit mehreren Dateien gestartet wurde.
:r *Datei*	Lädt die *Datei* an der Cursorposition hinzu.
:d	Löscht die aktuelle Zeile.
:! *Kommando*	Startet eine Shell, um das Kommando abzusetzen.

Tabelle 2.19 Wichtige Befehle

Befehle beginnen mit dem Zeilenbereich

Für viele Kommandos der Befehlszeile kann ein Bereich von Zeilen vorangestellt werden, auf den sie sich auswirken sollen. So bewirkt das Voranstellen einer 8 vor w datei, dass Zeile 8 unter dem Namen **datei** gespeichert wird. Einen Bereich von Zeilen gibt man durch die erste Zeilennummer, gefolgt von einem Komma und der Zahl der letzten Zeile, an. 12,15 bezeichnet also die Zeilen zwischen 12 und 15. Für bestimmte Zeilen gibt es besondere Symbole. Die aktuelle Zeile, in der sich der Cursor befindet, wird durch einen Punkt bezeichnet. Das Dollarzeichen bezeichnet die letzte Zeile. Innerhalb der Bereichsangabe darf kein Leerzeichen stehen.

Angabe	Bereich
25	Die Zeile 25
5,25	Der Bereich von Zeile 5 bis 25
.,25	Der Bereich von der aktuellen Zeile bis Zeile 25
25,$	Von Zeile 25 bis Dateiende
.,$	Von der aktuellen Zeile bis zum Dateiende

Tabelle 2.20 Bereichsangaben

Ersetzen

Um eine Zeichenfolge durch eine andere zu ersetzen, muss man zunächst mit einem Doppelpunkt in den Befehlszeilenmodus wechseln. Der folgende Befehl bewirkt das Ersetzen der Zeichenkette »suchmuster« durch die Zeichenkette »ersetze« im gesamten Text:[22]

```
:1,$ s/suchmuster/ersetze/g
```

Dieser Befehl sollte zunächst am Leerzeichen in zwei Teile zerlegt werden. Der Bereich, in dem der Befehl wirkt, wird gleich zu Anfang der Zeile angegeben. Steht dort nichts, wird nur die aktuelle Zeile herangezogen.

---

22 Dies ist mein Lieblingsbefehl. Nennen Sie diese Folge von Buchstaben auf die Frage nach dem Ersetzungsbefehl von vi mit der Anmerkung »ist doch eigentlich naheliegend, oder?« Man wird Ihren Namen nur noch mit Ehrfurcht aussprechen.

In diesem Fall ist 1,$ der Bereich von der ersten bis zur letzten Zeile. Das Dollarzeichen ist bei vi immer ein Symbol für das Ende.

Dann folgt der Befehl s für suchen (engl. *search*). Das Suchmuster und die Ersetzung müssen voneinander und von den Kommandos vorher und nachher abgetrennt werden. Dazu wird meist der Schrägstrich verwendet. Es könnte auch jedes andere Zeichen sein, das im Suchmuster nicht vorkommt. Am Ende kommt das g (global), damit die Ersetzung nicht beim ersten Mal stehen bleibt.

Das Suchmuster ist übrigens ein regulärer Ausdruck, so wie er auch von grep verwendet wird (siehe Seite 138).

Settings

Um Optionen ein- oder abzuschalten, geht man zunächst mit dem Doppelpunkt in den Befehlszeilenmodus und gibt dort set, gefolgt von der Option, an. Man kann vi durch viele Optionen konfigurieren. Die verschiedenen Implementationen bieten unterschiedliche Möglichkeiten. Um eine Übersicht zu erhalten, geben Sie set all an und blättern mit der **Leertaste** durch die Seiten. Mit **ESC** gelangen Sie in den Kommandomodus zurück.

Einschalten	Ausschalten	Wirkung
set all		Zeigt die aktuellen Settings an
set list	set nolist	Zeigt Sonderzeichen an
set sw *n*		(shiftwidth) setzt Einrücklevel auf *n* Stellen
set ai	set noai	(autoinsert) Automatisches Einrücken
set nu	set nonu	(number) Zeilennummern anzeigen
set smd	set nosmd	(showmode) Zeigt den Textmodus an
set sm	set nosm	(showmatch) Anzeige der Gegenklammer bei Eingabe

Tabelle 2.21 Schalter

Ist eine Zeile länger als die Bildschirmbreite, dann zeigt vi den Rest in der nächsten Zeile an. Dieses Verhalten kann in manchen Fällen sehr lästig sein. Durch nowrap lässt sich dieses Verhalten abschalten, mit wrap wieder einschalten. Bei der Texteingabe wird erst bei **Return** eine neue Zeile erzeugt. Dieses können Sie durch Änderung der Variablen wm (wrapmargin) ändern. Gibt man eine Zahl ungleich 0 an, wird die entsprechende Anzahl Zeichen vor dem Erreichen des rechten Rands umbrochen. Dabei nimmt vi den Umbruch immer wortweise vor. Er nimmt also das angefangene Wort mit in die neue Zeile und fügt davor ein Zeilenumbruchzeichen (new line) ein.

Steuerung des Zeilenumbruchs

2.8.2 emacs

Da emacs unter der GPL (Gnu Public License) steht, gibt es vermutlich auf beinahe jeder Plattform eine Implementation. Der Autor Richard Stallman gilt als der Vater der Free-Software-Bewegung.

emacs existiert als Textversion oder als xemacs für das X Window System. Wenn Sie emacs aus der grafischen Oberfläche heraus von der Konsole aus starten, wird automatisch xemacs gestartet. Sie können dies mit der Option `-nw` verhindern.

emacs ist extrem erweiterbar. Das Informationssystem `info`, das bereits erwähnt wurde (siehe Seite 56), basiert auf emacs. Für emacs gibt es diverse Anpassungen für das Syntax-Highlighting, also für die farbige Hervorhebung der Elemente verschiedener Programmiersprachen.

Tastenschreibweise — Zur Schreibweise der Kommandos: Statt **ctrl+X** oder **Strg+X** steht in der emacs-Dokumentation `C-x`. Als weitere wichtige Taste wird die Metataste gebraucht. Sie wird oft mit einer Raute gekennzeichnet, oder es wird die Alt-Taste bei PCs verwendet. Die Metataste wird mit `M` abgekürzt, **meta+K** schreibt man also in der emacs-Dokumentation `M-k`. Auch wenn es in der Dokumentation von emacs durchgehend in der genannten Form notiert wird, wird Richard Stallman mir sicher vergeben, wenn ich bei der Schreibweise **ctrl** und **meta** bleibe, um eine einheitliche Schreibweise in allen Kapiteln zu bewahren.

Verlassen

ctrl+X ctrl+C — Das Wichtigste zuerst: Man kommt aus dem Emacs durch die Kombination **ctrl+X ctrl+C** (exit cancel) wieder heraus.

Tutorial aufrufen

Nach der Tastenkombination **ctrl+H t** startet ein sehr gelungenes Tutorial. Mit diesem kann man sich gut in den emacs einarbeiten.

Bewegungen im Text

Die Bewegungen im Text erfolgen durch Kontrollzeichen. Meistens funktionieren auch die Cursortasten. Da diese aber leicht bei Sitzungen per telnet oder Ähnlichem versagen, ist es gut zu wissen, wie man sich mit diesen Kommandos bewegt.

Bereich	zurück	vor
Ein Zeichen	ctrl+B	ctrl+F
Ein Wort	meta+B	meta+F
Zeilenanfang/-ende	ctrl+A	ctrl+E
Satz	meta+A	meta+E
Eine Zeile	ctrl+P	ctrl+N
Eine Seite	ctrl+V	meta+V
Textanfang/-ende	meta+<	meta+>

Tabelle 2.22 Cursorbewegung

Mausunterstützung

xemacs unterstützt auch die Maus. Sie können damit im Text positionieren, markieren und kopieren. Wie unter UNIX üblich, wird der Text durch Überstreichen markiert. Das Drücken der mittleren Maustaste führt dazu, dass der markierte Text an die Mausposition kopiert wird.

Löschen und Wiedereinfügen

In der Regel wird die **Entf**-Taste und die **Backspace**-Taste Ihrer Tastatur erwartungsgemäß funktionieren. Wenn Ihr Terminal nicht ideal angepasst ist, was beispielsweise bei Sitzungen über das Netzwerk zwischen verschiedenartigen UNIX-Derivaten durchaus passieren kann, stehen Ihnen noch die Kommandos aus Tabelle 2.23 zur Verfügung.

Taste	Wirkung
ctrl+D	Löscht das nächste Zeichen
meta+D	Löscht das nächste Wort
ctrl+K	Löscht bis zum Ende der Zeile
meta+K	Löscht bis zum Ende des Satzes
meta+M	Löscht den nächsten Absatz
meta+Z *Zeichen*	Löscht alles bis zum nächsten Auftreten von *Zeichen*
ctrl+Y	Fügt den Löschpuffer an der aktuellen Cursorposition ein

Tabelle 2.23 Löschen

Der Löschpuffer von emacs, der durch **ctrl+Y** an der aktuellen Cursorposition eingefügt wird, füllt sich durch die vorangegangene Löschoperation. Wird ein Löschkommando immer wieder unmittelbar hintereinander gegeben, so wird der gelöschte Bereich zum bisherigen Löschpuffer hinzugefügt.

Löschpuffer

Markierung

Mit der Tastenkombination **ctrl+Leertaste** wird ein Markierungspunkt gesetzt. Anschließend bewegen Sie den Cursor an eine andere Position. Durch Drücken der Tastenkombination **ctrl+W** wird der Text zwischen dem Markierungspunkt und der aktuellen Cursorposition gelöscht. Durch zweimaliges **ctrl+X** wechselt der Cursor zum Markierungspunkt und der Markierungspunkt zur letzten Cursorposition. Diese Kombination ist sehr praktisch, um zu prüfen, wo der Markierungspunkt steckt, da er ja unsichtbar ist. Eine Wiederholung des zweimaligen **ctrl+X** stellt die Ausgangssituation wieder her.

Registerspeicher

Sie können neben dem Löschpuffer weitere Speicher verwenden, die Sie dann mit je einem Buchstaben belegen können. Diese Speicher werden Register genannt. Als Ausgangspunkt dient wieder der Markierungspunkt, den Sie mit der Tastenkombination **ctrl+Leerzeichen** festlegen. Dann bewegen Sie den Cursor zum Ende des Bereichs und geben das Kommando **ctrl+X r s** und anschließend das Zeichen, mit dem Sie das Register später wieder erreichen wollen. Damit ist der aktuell markierte Text in das Register kopiert worden. Sie können den Inhalt des Registers an beliebiger Stelle mit **ctrl+X r i** und dem Zeichen des Registers einfügen.

Tauschen

Vertauschen Sie auch so gern zwei Buchstaben? Für diesen Fall bietet emacs mit **ctrl+T** die Möglichkeit, Buchstaben zu tauschen. Mit **meta+T** werden zwei Wörter vertauscht. Steht der Cursor am Wortanfang, wird das Wort mit dem vorhergehenden getauscht. Steht der Cursor irgendwo sonst im Wort, tauscht es emacs mit dem nachfolgenden Wort. Mit der Kombination **ctrl+X ctrl+T** werden zwei Zeilen getauscht.

Mehrfachausführung

ctrl+U Zahl Befehl

Soll ein Kommando mehrfach ausgeführt werden, stellt man die Häufigkeit voran. Damit emacs merkt, dass es sich um eine Wiederholung und nicht etwa um eine Zahleneingabe handelt, wird der Zahl wiederum ein **ctrl+U** vorangestellt. Beispiele:

Tastenkombination	Wirkung
ctrl+U 4 meta-D	Löscht die nächsten vier Wörter
ctrl+U 77 -	Erzeugt 77 Bindestriche

Tabelle 2.24 Beispiele für die Mehrfachausführung

Suchen im Text

emacs verwendet das inkrementelle Suchen. Man gibt **ctrl+S** für das Suchen und dann den Suchbegriff Zeichen für Zeichen ein. Dabei positioniert emacs immer auf das nächste Vorkommen des bisher eingegebenen Wortes. Durch die **Return**-Taste wird die Suche beendet. Mit nochmaligem **ctrl+S** wird das nächste Vorkommen der gleichen Zeichenfolge angesprungen.

ctrl+S für inkrementelles Suchen

Mit **ctrl+R** statt **ctrl+S** wird die Suche rückwärts gestartet.

ctrl+R für Rückwärtssuche

emacs unterstützt die Suche nach regulären Ausdrücken. Sie starten die Suche mit der Tastenkombination **ctrl+meta+S** für die Vorwärtssuche und **ctrl+meta+R** für die Rückwärtssuche. Nun geben Sie den Ausdruck, nach dem Sie suchen, an. Dabei können Sie reguläre Ausdrücke verwenden, wie sie auf Seite 138 beschrieben werden.

Reguläre Ausdrücke

Suchen und Ersetzen

Mit der Tastenkombination **meta+%** wird das Suchen und Ersetzen eingeleitet. Zunächst wird die gesuchte Zeichenkette eingegeben. Dann wird der Ersetzungsbegriff abgefragt. Anschließend markiert emacs jedes Auftreten und fragt, ob der Begriff ersetzt werden soll.

Einfache Variante

Soll nach einem regulären Ausdruck gesucht werden, lautet das Kommando **meta+X**, gefolgt von dem Kommando `query-replace-r`. Es wird der gesuchte Ausdruck eingegeben. Dabei können reguläre Ausdrücke (siehe Seite 138) verwendet werden. Es folgt der Ersetzungsausdruck. In diesem kann \& als Platzhalter für den gesamten gefundenen Begriff verwendet werden. Wurde im Suchbegriff die Gruppierung \(und \) ein oder mehrfach verwendet, kann mit einem Backslash und einer Ziffer die jeweilige Gruppe eingefügt werden.

Regulärer Ausdruck

Während der Ersetzung bleibt emacs bei jedem Fund stehen und fragt, ob diese Passage ersetzt werden soll. Sie haben folgende Möglichkeiten:

Nachfrage

Tastenkombination	Wirkung
Leertaste oder **Y**	Ersetzen und nächste Passage suchen
Backspace oder **N**	Nicht ersetzen, aber nächstes Vorkommen suchen
ESC	Nicht ersetzen. Weitere Suche abbrechen
!	Nicht weiter fragen, alle weiteren Vorkommen ersetzen
ctrl+R	Die Suche unterbrechen, um andere Dinge zu tun
ctrl+meta+R	Die unterbrochene Suche wieder aufnehmen

Tabelle 2.25 Antwort auf Ersetzungsvorschlag

Schiefgelaufen

Wenn mal etwas schief gegangen ist: Ein versehentliches Löschen und andere ungewollte Vorgänge lässt sich mit **ctrl+X u** oder noch einfacher mit **ctrl+_** ungeschehen machen. Soll eine sanfte Unterbrechung eines Vorgangs von emacs bewirkt werden oder wurden versehentlich bei der Mehrfachausführung zu hohe Werte angegeben, lässt sich emacs mit **ctrl+G** wieder in den Normalzustand bringen.

Befindet sich emacs in einem rekursiven Editierlevel, können Sie durch dreimaliges Drücken von **ESC** wieder in den Normalzustand gelangen.

Kommandoeingabe

emacs wird mit den Kontrolltasten bedient, kann aber auch über Kommandos gesteuert werden. Ein Kommando wird mit **meta+X** gestartet. Danach kann das Kommando per Tastatur eingegeben und mit der **Return**-Taste abgeschickt werden.

Innerhalb der Eingabezeile können Sie die früheren Kommandos mit der **Pfeil-Oben**-Taste wieder zurückholen. Mit Hilfe der **Tabulator**-Taste können Sie Kommandos vervollständigen.

Fenster

emacs kann den gleichen Text in mehreren Fenstern anzeigen. Mit Hilfe von **ctrl+X 2** wird der Bildschirm vertikal, durch **ctrl+X 3** horizontal geteilt. Alle Fenster werden durch **ctrl+X 1** auf eines reduziert.

2.9 Suche nach der richtigen Datei

Verzeichnisse bieten die Möglichkeiten, Dateien strukturiert abzulegen. Aber nicht jeder ist in der Lage, eine Ordungsstrategie perfekt durchzuhalten, und so stellt sich leicht die Frage, ob das gesuchte Familienfoto aus dem Jahre 2001 nun im Verzeichnis **familie/urlaub/fotos** oder in dem Verzeichnis **bilder/urlaub/2001** liegt. Konsequenz ist bei historisch gewachsenen Verzeichnisstrukturen nicht immer zu erwarten.

Unter UNIX können Sie Programme kombinieren. Und so kann das Ergebnis einer Suche zur Basis einer Datensicherung sein. Aus diesem Grund ist es hilfreich, dass UNIX eine solche Vielzahl von Möglichkeiten bietet, nach bestimmten Daten zu filtern.

2.9.1 Suchen und Agieren im Verzeichnisbaum: find

Mit dem Kommando find ist es möglich, einen Verzeichnisbaum rekursiv[23] nach Dateien zu durchsuchen und diese auszugeben oder Aktionen auf den gefundenen Dateien auszuführen. find ist also ein sehr mächtiger Befehl. Wenn Sie nur eine Datei suchen, reicht die vereinfachte Syntax:

Suche einer Datei

> **Der Befehl find: Suchen einer Datei nach ihrem Namen**
>
> find *<Pfadname>* -name *<Dateimaske>* -print

Der Pfadname gibt an, ab welcher Stelle die rekursive Suche beginnt. Die Dateimaske beschreibt die gesuchte Datei. Es können die normalen Wildcards verwendet werden, um mehrere Dateien anzusprechen.[24] Für die Option -name ist die Groß- und Kleinschreibung signifikant. Soll sie ignoriert werden, verwenden Sie die Option -iname.

Die Option -print ist immer wahr. Sie bewirkt, dass das Ergebnis der Suche angezeigt wird. Bei einigen find-Versionen muss -print nicht explizit angegeben werden, wenn keine weitere Option verwendet wird.

Der Befehl find verwendet Optionen, die mit einem Minuszeichen beginnen, aber nicht aus einem Buchstaben bestehen, sondern aus einem ganzen Wort. Das ist in der UNIX-Welt etwas ungewöhnlich.[25] Die GNU-Werkzeuge verwenden oft auch Optionen mit ganzen Wörtern, unterscheiden diese aber von den normalen Optionen dadurch, dass sie zwei Minuszeichen verwenden.

Originelle Optionen

Übersicht über die Optionen

Der Befehl find wird im UNIX-Bereich oft zur Erzeugung von Dateilisten eingesetzt, die beispielsweise für die Datensicherung verwendet werden. Um die gewünschten Dateien besser auswählen zu können, kennt find eine große Anzahl von Optionen, die in der Tabelle 2.26 zunächst in der Übersicht vorgestellt werden.

---

[23] Rekursiv heißt »selbstaufrufend« und ist eine besondere Programmiertechnik. Da das Durchlaufen von Bäumen durch rekursive Programme am einfachsten zu realisieren ist, nennt man Bäume »rekursive Strukturen« und das Durchlaufen der kompletten Äste eines Baums »rekursiv«. Vgl. Wirth, Niklaus: Algorithmen und Datenstrukturen mit Modula-2. 4. Aufl. Stuttgart, Teubner, 1986. S. 174ff.
[24] Bei Verwendung von Wildcards empfiehlt es sich, die Dateimaske in Anführungszeichen zu setzen. Passen die Wildcards auf Namen im aktuellen Verzeichnis, könnten sie durch den Kommandointerpreter vorzeitig aufgelöst werden.
[25] Es zeigt auch an, dass die Programmierer nicht die Standardschnittstelle von UNIX nutzen, die die Interpretation der Optionen unterstützt.

Option	Wirkung
-name *Dateimaske*	Sucht nach Dateinamen
-iname *Dateimaske*	wie -name, ignoriert Groß- und Kleinschreibung
-print	Zeigt die Datei an
-exec *Befehl* {} \;	Führt den Befehl aus
-ls	Zeigt Informationen
-type *Typzeichen*	Sucht Dateien dieses Typs
-perm *Oktalzahl*	Sucht nach Dateiberechtigungen
-group *Gruppenname*	Sucht nach Dateien einer Gruppe
-gid *Gruppennummer*	Sucht nach Dateien einer Gruppen-ID

Tabelle 2.26 find-Optionen

Ausführung von Kommandos: -exec

Kommandos auf gesuchte Dateien

Neben der flexiblen Suche ist die interessanteste Fähigkeit von `find` die Ausführung eines Kommandos in Verbindung mit jeder der gefundenen Dateien.

> **Der Befehl find: Führt Befehle aus**
>
> find <*Pfadname*> -exec <*Befehl*> {} \;

Die zuständige Option heißt `-exec`. Dahinter wird ein Befehl gesetzt, der mit einem Semikolon abgeschlossen wird. Das Semikolon muss durch einen Backslash gegen die Interpretation durch die Shell geschützt werden. Die Shell würde das Semikolon sonst als Trennzeichen zwischen zwei Befehlen interpretieren, die nacheinander ausgeführt werden. Vergisst man den Backslash, wird die Shell das Semikolon selbst interpretieren und nicht an `find` weiterreichen. Der Bezug auf die gefundene Datei wird im Befehl durch ein Paar geschweifte Klammern repräsentiert.

```
-exec rm {} \;
```

Um beispielsweise alle Dateien namens **core** in den Benutzerverzeichnissen zu löschen, lautet der Befehl:

```
find /home -name core -exec rm {} \;
```

Der erste Parameter gibt an, wo die Suche beginnen soll. `-name` fordert, dass ein Dateiname, der unter dem Verzeichnis **/home** gefunden wird, der Dateimaske entspricht. Nur dann wird die Datei von `find` weiterbearbeitet. Man kann es auch so ausdrücken, dass die Optionen einen Wahrheitswert zurückliefern müssen, der wahr ist, wenn die weiteren

Optionen bearbeitet werden sollen. Die Maske zu -name ist einfach **core**. Nur Dateien mit dem Namen **core** werden also weiterbearbeitet. Zwischen der Option -exec und dem \; steht der Befehl, der auf die gefundenen Dateien angewendet wird. Der gefundene Dateiname mit seinem Pfad wird dort eingesetzt, wo sich im Befehl das geschweifte Klammernpaar befindet. Wenn find eine Datei namens **core** im Verzeichnis **/home/arnold** findet, wird der folgende Befehl generiert und per -exec ausgeführt:

rm /home/arnold/core

Informationen: -ls

Das Prädikat -ls ist immer wahr. Darum kann es problemlos mit anderen Optionen kombiniert werden. Es bewirkt, dass neben dem Pfadnamen noch ein wenig Statistik angezeigt wird.

Der Befehl find: Zeigt weitere Informationen
find <*Pfadname*> -ls

Die Informationen beinhaltet die folgenden Angaben:

- i-node-Nummer der Datei (siehe Seite 42)
- Größe in Kilobyte (1024 Bytes)
- Dateityp und Berechtigung wie von ls -l bekannt
- Anzahl der »harten« Links
- Benutzer
- Gruppe
- Größe in Bytes
- Änderungszeitpunkt
- Dateiname

Dateityp: -type

Mit der Option -type wird der Dateityp erfragt.

Der Befehl find: Sucht nach dem Dateityp
find <*Pfadname*> -type *Zeichen*

Das Zeichen hinter der Option kann folgende Werte haben:

Zeichen	Bedeutung
f	Dateien
d	Verzeichnisse
l	Symbolische Links
b c	Peripheriedateien
p s	Kommunikationsendpunkte (named pipe und socket)

Tabelle 2.27 Dateitypen

Sie können sogar die Suche auf bestimmte Dateisysteme beschränken. Die Option dazu lautet -fstype *type*. Der Typ ist je nach UNIX-System unterschiedlich. Beispielsweise kann durch -fstype nfs die Suche auf Netzwerkdateisysteme beschränkt werden.

Berechtigungen: -perm

Das Prädikat -perm erfragt die Berechtigung, die in oktaler Darstellung angegeben wird. Zur Codierung siehe den Abschnitt »Berechtigungen« auf Seite 78.

Der Befehl find: Erfragt die Berechtigung
find *<Pfadname>* -perm *Oktalzahl*

Das folgende Beispiel zeigt, wie alle Dateien unterhalb des aktuellen Verzeichnisses angezeigt werden, die ein Schreib- und Leserecht für den Benutzer und keine Zugriffsrechte für alle anderen zulassen.

```
find . -perm 0600 -print
```

Es lässt sich festlegen, dass mindestens die angegebenen Rechte vorhanden sein müssen. Dazu muss der Zahl ein Minuszeichen vorangehen.

- -perm *Modus*
  Sucht alle Dateien, die die angegebenen Rechte gesetzt haben.

- -perm *-Modus*
  Sucht alle Dateien, die die angegebenen Rechte nicht gesetzt haben.

- -perm */Modus*
  Sucht alle Dateien, die die angegebenen Rechte nicht gesetzt haben.

- -perm *+Modus*
  Sucht alle Dateien, die die angegebenen Rechte nicht gesetzt haben.

Besitzfragen: -user, -uid -group und -gid

Es können Dateien nach ihrem Eigentümer gesucht werden. Dabei kann sowohl der Benutzer als auch die Gruppe selektiert werden.

- -user *Benutzerkennung*
  Sucht Dateien über den Namen des Besitzers

- -uid *Benutzer-ID*
  Sucht Dateien über den Benutzernummer des Besitzers

- -gid *Gruppennummer*
  Sucht alle Dateien, die zur Gruppe mit der angegebenen Gruppennummer gehören.

- -group *Gruppenname*
  Sucht alle Dateien, die zur Gruppe mit dem angegebenen Gruppenname gehören.

Zeitabhängige Selektion

Für die Datensicherung ist es sehr interessant, Dateien nach den Zeiten ihrer letzten Veränderung auszuwählen.

- -mmin *Minuten*
  Sucht alle Dateien, deren letzte Änderung höchstens so viele Minuten alt ist, wie angegeben.

- -mtime *Tage*
  Sucht alle Dateien, die höchstens so viele Tage alt sind, wie angegeben.

- -newer *Dateiname*
  Sucht alle Dateien, deren letzte Änderung neuer als die der angegebenen Datei ist.

Soll nach dem letzten lesenden Zugriff (access) gesucht werden, werden -amin, -atime und -anewer verwendet. Außerdem kann auch nach der letzten Änderung des Status der Datei gesucht werden. Dazu werden -cmin, -ctime und -cnewer eingesetzt.

Dateigrößen: -empty und -size

Auch nach der Größe der Datei kann die Suche eingeschränkt werden. Die Option `-empty` ermöglicht eine Suche nach leeren Dateien.

Mit der Option `-size` kann nach bestimmten Größen gefahndet werden.

> **Der Befehl find: Sucht nach der Dateigröße**
>
> find <*Pfadname*> -size *Größe*[cwbkMG]

Die Größeneinheiten bedeuten im Einzelnen:

- b – Angabe in Blöcken zu 512 Byte.
- c – Angabe in Byte.
- w – Angabe in 2-Byte-Wörtern.
- k – Angabe in Kilobyte.
- M – Angabe in Megabyte.
- G – Angabe in Gigabyte.

Verknüpfungen von Optionen

Logische Verknüpfung der Optionen

Die Optionen von find sind kombinierbar. So lässt sich beispielsweise nach Dateien suchen, die **.rhosts** heißen und nicht die Berechtigung 600 haben. Dazu werden die Aussagen logisch miteinander verknüpft. Nach den Gesetzen der Logik bedeutet UND, dass beide Aussagen zutreffen müssen, und ODER, dass mindestens eine der Aussagen zutreffen muss. Derartige Konstruktionen werden vor allem im Bereich der Shellprogrammierung benötigt. Mit Hilfe der folgenden Operatoren können logische Ausdrücke kombiniert werden:

- ( )
  Eine Gruppe von logischen Ausdrücken und Operatoren in Klammern. Klammern sind besondere Zeichen für die Shell. Deshalb muss ihnen ein Backslash vorangestellt werden.

- !
  Die Negation eines logischen Ausdrucks. Das Ausrufezeichen (!) repräsentiert den NICHT-Operator.

- -a
  Die UND-Verknüpfung von logischen Ausdrücken. Werden mehrere logische Ausdrücke hintereinander geschrieben, wird dies implizit als UND interpretiert. Man kann auch explizit den Operator -a verwenden.

- -o
  Die ODER-Verknüpfung von logischen Ausdrücken wird durch den Operator -o erreicht.

Hier sehen Sie zunächst den Befehl, der das obige Beispiel aufgreift und alle Dateien namens **.rhosts** in den Benutzerverzeichnissen löscht, die nicht die Berechtigung 600 haben:

```
find /home -name .rhosts -a ! -perm 0600 -exec rm {} \;
```

Das folgende Beispiel sucht ab dem aktuellen Verzeichnis alle Dateien, die auf **.log** oder **.aux** enden:

```
find .   -name \*.log -o -name \*.aux
```

Vor dem Stern muss ein Backslash stehen, damit sie an `find` durchgereicht und nicht bereits durch die Shell interpretiert werden.

2.9.2 Suchen und Agieren im Verzeichnisbaum: locate

Der Befehl `locate` sucht wie `find` eine Datei, durchläuft allerdings nicht den Verzeichnisbaum, sondern die Aufzeichnungen in der Datei **locatedb**, die vom Befehl `updatedb` gepflegt wird.

> **Der Befehl locate: Suchen einer Datei nach ihrem Namen**
>
> locate <Dateinamensteil>

Falls Sie immer wieder große Verzeichnisbäume nach Dateien durchsuchen müssen, werden Sie den Befehl `find` als sehr langsam empfinden. Für den Fall, dass die gesuchten Dateien sich nicht kurzfristig ändern, bietet sich mit dem Befehl `locate` eine Alternative. Dieser Befehl sucht in einer Datenbank, in der die Dateinamen eines Rechners von Zeit zu Zeit aktualisiert werden. Das geht natürlich deutlich schneller als das Durchsuchen ganzer Verzeichnishierarchien. — *Dateisuche statt Verzeichnisinspektion*

Diese Datenbank findet sich in **/var/lib/locatedb** und muss vor dem ersten Aufruf von `locate` angelegt werden. — *locatedb*

Der Befehl `updatedb` füllt die Datei **locatedb** und muss mindestens einmal vor dem Aufruf von `locate` aufgerufen werden. `updatedb` muss als root ausgeführt werden, da der normale Anwender keinen Zugriff auf das Verzeichnis **/var** hat. — *Aktualisieren der Datenbank*

Da `locate` nur im Inhalt der **locatedb** sucht, werden Dateien nicht gefunden, die seit dem letzten Lauf von `updatedb` angelegt wurden. Ferner werden Dateien noch gefunden, auch wenn sie seit dem letzten Aufruf von `updatedb` gelöscht wurden. — *Nicht hochaktuell*

Wer allerdings nach Dateien sucht, die sich nicht ständig ändern, kann mit Hilfe des Befehls `locate` wesentlich schneller nach Dateien suchen, als das mit dem Befehl `find` möglich ist. Prinzipiell wird der Aufwand der Komplettsuche zeitlich entzerrt. Normalerweise wird der Befehl `updatedb` in der crontab (siehe Seite 181) des Administrators irgendwann in der Nacht ausgeführt.

2.9.3 Programmsuche: which und whereis

Die beiden Befehle `which` und `whereis` sind auf die Suche nach Programmen spezialisiert. Der Unterschied zwischen den Strategien unterscheidet sich allerdings geringfügig.

> **Der Befehl which: Suchen nach einem Programm**
>
> which <Befehl>

Pfadbestimmung Der Befehl `which` ermittelt, wo sich das Programm befindet, dass als Argument angegeben wird. Wenn Sie einen Befehl eingeben, durchsucht UNIX bestimmte Pfade nach dem passenden Programm. Diese Pfade stehen in der Umgebungsvariablen PATH und sind durch Doppelpunkte voneinander getrennt (siehe Seite 159). Das erste Programm im Pfad, das dem Namen entspricht, wird ausgeführt. Das Programm `which` zeigt an, wo das aufgerufene Programm tatsächlich liegt bzw. welches Programm ausgeführt wird, wenn mehrere Programme gleichen Namens im Suchpfad liegen. Im folgenden Beispiel wird der Pfad des Skripts cddasi angezeigt. Dazu muss allerdings das Verzeichnis **/home/arnold/bin** in der Variablen PATH aufgeführt sein.

```
gaston> which cddasi
/home/arnold/bin/cddasi
```

> **Der Befehl whereis: Suchen nach einem Programm**
>
> whereis <Befehl>

Standardorte Ein naher Verwandter dieses Befehls ist `whereis`. Er wird genauso aufgerufen wie `which` und liefert auch den Pfad eines Programms. Allerdings folgt `whereis` nicht der Variablen PATH, sondern durchsucht die typischen Pfade, in denen ein UNIX-Kommando stehen kann. Aus diesem Grund würde `whereis` das Skript cddasi nicht finden. Dafür findet der Befehl den Pfad von Administrationsprogrammen, die gar nicht im Pfad des normalen Benutzers stehen. Darüber hinaus findet whereis auch die Orte für die Manpages und sogar Quelltextdateien für Systemprogrammierer. Im folgenden Beispiel zeigt whereis sowohl den Pfad des Befehls ifconfig[26] als auch dessen Manpage, obwohl dieser Befehl nur im Pfad des Superusers root liegt und bei Aufruf durch normale Benutzer nicht gefunden würde.

```
gaston> whereis ifconfig
ifconfig: /sbin/ifconfig /usr/share/man/man8/ifconfig.8.gz
```

Der Befehl which ifconfig meldet tatsächlich keinen Pfad. Und auch der Aufruf von ifconfig erzeugt eine Fehlermeldung. Dagegen führt der Aufruf mit dem Pfad auch für den normalen Benutzer zu einem Ergebnis. Tatsächlich ist der Befehl für den Normalbenutzer sogar recht hilfreich, wenn es darum geht, festzustellen, ob der eigene Computer korrekt ins Netzwerk eingebunden ist.

```
gaston> /sbin/ifconfig
ath0   Protokoll:Ethernet   Hardware Adresse 00:19:7D:4C:FD:0B
       inet Adresse:192.168.109.101  Bcast:192.168.109.255
...
```

2.10 UNIX-Kommandos verknüpfen

UNIX-Kommandos wirken manchmal etwas spartanisch. Die Ausgaben der Kommandos beschränken sich auf die jeweiligen Aufgaben. Während ls wirklich nur die Dateinamen anzeigt, zeigt der analoge Befehl dir unter MS-DOS gleich noch den Namen der Festplatte, die Anzahl der Dateien und den noch freien Platz auf der Festplatte an. Der Grund liegt nicht in erster Linie in der Faulheit der UNIX-Programmierer, sondern darin, dass es zur UNIX-Philosophie gehört, Programme zu kombinieren, um die gewünschten Informationen zu erhalten. Die Daten, die ein Befehl erzeugt, sollten so gestaltet sein, dass sie von einem anderen Programm weiterverarbeitet werden können.

Jedes Programm erledigt genau seine Aufgabe

2.10.1 Ein- und Ausgabe als Datenstrom

Die Tastatureingabe und die Bildschirmausgabe werden unter UNIX jeweils als Datei aufgefasst. Die Standardeingabe heißt **stdin** und die Aus-

Ein- und Ausgabe sind Dateien

---

[26] Der Befehl ifconfig zeigt und ändert die Netzwerkschnittstellen des Systems (siehe Seite 463).

gabe **stdout**. Um von der Tastatur ein Dateiende simulieren zu können, wird die Tastenkombination **ctrl+D** am Anfang der Zeile verwendet.

ctrl+D ist die Dateiendekennung

ctrl+D ist bereits vom Abmelden her bekannt. Tatsächlich erwartet die Shell aus der Standardeingabedatei ihre Befehle und beendet sich, wenn diese Datei beendet wird. Dieses Verhalten lässt sich natürlich dazu nutzen, mehrere Shellbefehle in eine Datei zu schreiben und sie am Stück ausführen zu lassen. Dazu ruft man die Shell mit dem Kommando sh und dieser Datei als Parameter auf. Die Zusammenstellung mehrerer Befehle ist bereits ein einfaches Programm. Abläufe, die immer gleich sind, kann man so leicht automatisieren. Mit solchen Programmen wird sich das Kapitel über die Shellprogrammierung (siehe Seite 771) befassen.

stderr: Kanal für Fehlermeldungen

Wie in den folgenden Abschnitten zu sehen ist, kann man das **stdout** des einen Programms und das **stdin** eines anderen Programms miteinander koppeln. Das zweite Programm verarbeitet also die Ausgaben des ersten Programms als seine Eingabe. Da Fehlermeldungen in diesem Datenstrom wenig hilfreich sind, gibt es neben **stdout** noch einen separaten Ausgabekanal für die Fehlermeldungen namens **stderr**. Normalerweise zeigt auch dieser auf das Terminal. Auf diese Weise kann man beliebig viele Programme aneinander hängen, ohne sich allzu große Sorgen darüber machen zu müssen, was passiert, wenn eine Komponente einen Fehler erzeugt. Die Fehlermeldung erscheint dennoch auf der Konsole, während im Datenstrom nur gültige und verarbeitbare Daten fließen.

2.10.2 Umleitung

Wenn Sie < meinedatei an einen Befehl anhängen, wird der Inhalt der Datei **meinedatei** als Eingabe verwandt. Die Datei **meinedatei** wird also für das Programm zum **stdin**. Durch Anhängen von > meinedatei wird die Ausgabe auf die Datei **meinedatei** umgeleitet. Also wird die Datei **meinedatei** für das Programm zum **stdout**. Beides ist kombinierbar. Beispielsweise bedeutet

```
sort <eingabedatei  >ausgabedatei
```

dass die Datei **eingabedatei** als Eingabe für den Sortierbefehl verwendet wird und dass die Ergebnisse in der Datei **ausgabedatei** abgelegt werden.

```
cat >testdatei
```

Editor für Notsituationen

Mit diesem Kommando kann man auch dann Textdateien erzeugen, wenn kein Editor verfügbar ist. Hier werden zwei Effekte ausgenutzt. Der erste ist die Umleitung der Ausgabe. Die Ausgabe von cat wird nicht am Bildschirm angezeigt, sondern in eine Datei geschrieben. Es wird also die

Datei **testdatei** erzeugt. Der zweite Effekt ist, dass keine Eingabedatei für cat angegeben wird. Dementsprechend greift cat auf die Standardeingabe, nämlich die von der Tastatur zu. Es wird also so lange von der Tastatur eingelesen, bis diese Eingabeeinheit am Ende der Datei ist. Das Ende der Datei wird bei der Tastatur mit **ctrl+D** erzeugt. Dateien auf diese Weise zu erzeugen, ist natürlich hochgradig unbequem, da es kaum Korrekturmöglichkeiten gibt.

Beim Umleiten einer Ausgabe wird die Zieldatei zunächst geleert. Diesen Effekt kann man nutzen, wenn eine Protokolldatei zu groß wird. Da solche Dateien von anderen Prozessen beschrieben werden, kann man sie nicht einfach löschen. Auch wenn man die Datei unter diesem Namen wieder erzeugt, ist es nicht dieselbe Datei, die der Hintergrundprozess bearbeitet hatte. Mit dem Größerzeichen und dem Dateinamen wird die Datei sofort auf 0 Byte zurückgesetzt. Dabei ist die Datei nicht gelöscht worden. Es ist exakt die Datei, auf die der Hintergrundprozess Zugriff hatte.

Datei stutzen

```
> /var/log/messages
```

Nicht immer soll der Inhalt der Datei gelöscht werden, in die man die Ausgabe umleitet. Verwendet man statt eines Größerzeichens zwei, so wird die Ausgabe an die existierende Datei angehängt.

Ausgabe anhängen: >>

Um **stderr** umzuleiten, wird eine 2 vor das Größerzeichen geschrieben. Dies ist beispielsweise wichtig, wenn die Fehlermeldungen eines Compilers in einer Datei aufgefangen werden sollen.[27]

stderr umleiten: 2>

```
cc mistprogramm.c 2>fehlerliste
```

Um **stdout** und **stderr** in die gleiche Datei umzuleiten, gibt es je nach verwendeter Shell zwei Umleitungsoperatoren. Auf die verschiedenen Shells gehe ich ab Seite 161 ein. Bei der Korn-Shell wird an das Größerzeichen ein & mit einer 1 angehängt. Bei der C-Shell wird nur das & vor das Größerzeichen gestellt. Soll der Compiler des obigen Beispiels Fehlermeldungen und Ausgaben in dieselbe Datei umleiten, lauten die alternativen Befehle:

```
cc mistprogramm.c 2>&1 fehlerliste
cc mistprogramm.c &> fehlerliste
```

Manchmal kann man mit den Ausgaben der Programme überhaupt nichts anfangen. Für solche Zwecke bietet UNIX ein Datengrab oder einen Müll-

/dev/null ist der Müllschlucker

---

27 Das funktioniert nicht in der C-Shell.

eimer, der **/dev/null** heißt. Alle Daten, die auf diese Pseudodatei umgeleitet werden, verschwinden auf Nimmerwiedersehen.

2.10.3 Piping

Seitenweises Blättern

Durch den senkrechten Strich | wird eine Pipe aufgebaut, die die Ausgabe des links stehenden Kommandos in die Eingabe des rechts stehenden Kommandos umleitet. Programme, die im Datenstrom einer Pipe verwendet werden, nennt man Filter. Ein ganz typischer Filter ist das Programm more. Um längere Verzeichnisse seitenweise anzusehen, wird eine Pipe zwischen ls -l und more verwendet:

ls -l | more

Bedienung des more

Nach jeder Bildschirmseite erscheint die Meldung »more«. Mit der **Leertaste** kann eine Seite weitergeblättert werden. Die **Return**-Taste bewirkt ein zeilenweises Blättern. Zum Beenden der Ausgabe wird q eingegeben.

Bindestrich als Dateiname

Einige Programme geben ihre Ergebnisse nicht auf **stdout** aus, sondern benutzen immer eine Ausgabedatei. Dazu gehört beispielsweise das Datensicherungsprogramm tar (siehe Seite 339). tar schreibt normalerweise auf das Standardgerät zur Datensicherung. Auf Servern ist dies meist die Bandstation. Allerdings lässt sich tar mit der Option -f dazu bringen, in eine Datei zu schreiben. In bestimmten Situationen soll das Programm aber in eine Pipe schreiben. Damit in solchen Fällen in eine Pipe hineingeschrieben werden kann, verlangen die Programme einen Dateinamen für die Pipe. An dieser Stelle wird ein Bindestrich als Synonym für stdin und stdout verwendet. Diese Konstruktion ist beim Kopieren von Verzeichnisbäumen mit tar (siehe Seite 143) und beim Brennen von Verzeichnissen auf CD (siehe Seite 315) zu sehen.

Datenabzweigung: tee

Die Zwischenergebnisse, die durch eine Pipe laufen, sind manchmal zu anderen Zwecken nützlich. In diesem Fall können Sie das Kommando tee, gefolgt von einem Dateinamen, in die Pipe einfügen. Dann wird der aktuelle Datenstrom in diese Datei kopiert, während trotzdem die nächste Anwendung in der Pipe den Datenstrom unverändert weiterverarbeiten kann. Beispiel:

ls | tee out | wc

In der Datei **out** befinden sich nach der Ausführung des Befehls die Dateinamen des aktuellen Verzeichnisses, während die Ausgabe des Befehls die

Anzahl der Dateien darstellt. Das Programm `tee` bildet also das T-Stück im Datenstrom und zweigt Daten in die angegebene Datei ab.

2.10.4 Quoting: Verschachtelte Befehle

Die Argumente eines Befehls können durch andere Prozesse erzeugt werden. Um dies zu erreichen, wird statt des Arguments ein Befehl in rückwärtige Hochkommata (backquotes) gesetzt.[28] Auf amerikanischen Tastaturen liegt diese Taste rechts neben dem Apostroph. Auf einer deutschen Tastatur befindet sie sich rechts neben dem ß in Kombination mit der Hochstelltaste. Das Ergebnis dieses Befehls wird dem eigentlichen Befehl als Argument übergeben. Beispiel:

Befehl im Befehl

```
ls -l `cat filelist`
```

In diesem Fall wird der Inhalt der Datei **filelist** mit `cat` ausgegeben und so als Argumentliste dem `ls` übergeben.

Man könnte die Datei **filelist** als Liste der Dateien zu einem Programmierprojekt benutzen. Um diese zu übersetzen, könnte der Befehl

```
cc -o projekt `cat filelist`
```

abgesetzt werden. Eine Sicherung der Quelltexte könnte dann per

```
cp `cat filelist` /usr/projekt/backup
```

erfolgen. Leider sind die Backquotes im Ausdruck kaum von einem Apostroph zu unterscheiden. Beide haben aber unter UNIX eine unterschiedliche Bedeutung. Als Alternativschreibweise bietet beispielsweise die bash an, den in Backquotes stehenden Ausdruck einzuklammern und ein Dollarzeichen voranzustellen. Damit sind die beiden unten stehenden Ausdrücke gleichbedeutend:

Alternativschreibweise

```
ls -l `cat filelist`
ls -l $(cat filelist)
```

2.11 Praktische Helfer

UNIX liefert eine Menge Werkzeuge, um mit Textdateien umzugehen. Es lassen sich fast beliebige Informationen aus Textdateien mit Bordmitteln gewinnen und in beinahe unbegrenzter Form wieder zusammensetzen.

---

28 Von manchen UNIX-Anwendern wird dieses Zeichen auch »Rückwärtsdüdel« genannt. Leider kann ich für die korrekte Schreibweise nicht garantieren.

Viele Werkzeuge für Textdateien

UNIX arbeitet sehr intensiv mit Textdateien, gerade im Bereich der Konfiguration und Administration. Diese an sich einfache Methode ermöglicht das leichte Auffinden von Fehlern. Sie hat aber auch ungeheure Vorteile, wenn es darum geht, eine Installation zu dokumentieren, zu sichern und zu prüfen. Textdateien lassen sich leicht ausdrucken oder kopieren. Manipulationen am System sind schnell erkannt und können daher leicht beseitigt werden.

2.11.1 Ausgabe einer Datei: cat

Der Befehl cat zeigt den Inhalt von Dateien auf dem Bildschirm an, die ihm als Argumente angegeben werden.

Der Befehl cat: Dateiinhalte ausgeben

cat <Dateien>

cat ist die Abkürzung für concatenate, also »aneinanderhängen«. Durch eine Umleitung der Ausgaben (siehe Seite 116) kann aus mehreren Dateien eine zusammenhängende Datei gemacht werden. Dies wird auf dem Bildschirm sichtbar, wenn man mehrere Dateien hinter dem Befehl cat angibt. Der folgende Befehl zeigt zweimal den Inhalt der Datei **hugo** und einmal den der Datei **erna** direkt hintereinander an.

```
cat hugo hugo erna
```

2.11.2 Seitenweise: more

Das Programm more zeigt eine Datei an und fügt Eingabeanforderungen so ein, dass die Datei bildweise auf dem Terminal zu sehen ist.

Der Befehl more: Seitenweise anzeigen

more <Dateien>

Das Programm more wird verwendet, um eine Datei anzuzeigen, deren Inhalt größer als der Bildschirm ist. Statt der Datei kann das Programm auch in den Datenstrom einer Pipe gehängt werden.

Mit der **Leertaste** lässt sich seitenweise, mit der **Return**-Taste zeilenweise weiterblättern. Mit q wird die Ansicht vorzeitig verlassen.

Auf manchen Systemen wird das Programm less eingesetzt. Der Name stammt aus der Wortspielerei »less is more than more«. Mit less kann man beispielsweise mit dem Buchstaben b auch rückwärts blättern. Auf vielen Systemen funktionieren sogar die Cursortasten, um sich innerhalb des Textes zu bewegen.

less entspricht more

Neben der einfachen Blätterfunktion ist es auch möglich, Textstellen zu suchen. Wie beim vi wird der Schrägstrich verwendet. Der Cursor geht hier wie dort in die unterste Zeile und erwartet einen Suchbegriff. Allerdings verarbeitet more keine regulären Ausdrücke (siehe Seite 138). Die nächste Fundstelle erreicht man wie bei vi mit einem n.

Suche nach Stichwörtern

2.11.3 Durchsuchungsbefehl: grep

Der Befehl grep dient dazu, aus einer oder mehreren Dateien eine bestimmte Zeichenkette herauszusuchen und anzuzeigen. Der Befehl zeigt alle Zeilen an, in denen die gesuchte Zeichenkette vorkommt. Werden mehrere Dateien durchsucht, steht der Suchzeile voran, in welcher Datei sie gefunden wurde.

Der Befehl grep: Suchen nach Inhalten
grep [*<Optionen>*] *<Zeichenkette>* *<Dateien>*

Beispielsweise lässt sich in einem Projekt in C ermitteln, welche Module eine bestimmte Funktion (als Beispiel printf) verwenden. Zu diesem Zweck gibt man Folgendes ein:

```
grep  printf  *.c
```

Befindet sich in der gesuchten Zeichenkette ein Leerzeichen, muss der Suchbegriff in Anführungszeichen oder Hochkommata gesetzt werden. Andernfalls betrachtet das Programm nur den ersten Teil als Suchmuster und den zweiten Begriff als Dateiname.

Leerzeichen

```
grep  "Arnold Willemer"  *.adr
```

Wollen Sie auch die Zeilen finden, in denen »Arnold« und »Willemer« vorkommen, kombinieren Sie einfach zwei grep-Aufrufe durch eine Pipe.

Kombination

```
grep  Willemer  *.adr | grep Arnold
```

Gebräuchliche Optionen

-v — Sollten Sie jetzt aber gern alle anderen Willemers aller Adressverzeichnisse haben wollen, geben Sie dem zweiten `grep` die Option `-v` mit. Diese bedeutet, dass alle Zeilen gesucht werden, die *nicht* das gesuchte Wort enthalten.

```
grep Willemer *.adr | grep -v Arnold
```

-c zählt nur — Mit der Option `-c` (c wie *count*; dt. *zählen*) werden die Zeilen nicht ausgegeben, sondern es wird nur ermittelt, wie oft das Suchmuster in den Dateien vorkommt. Mit dem folgenden Befehl würden Sie also feststellen, wie viele Mal der Name Willemer in den Adressbüchern steht.

```
grep -c Willemer *.adr
```

-h unterdrückt die Dateianzeige — Mit der Option `-h` (h wie hide; engl. verstecken) wird die Anzeige der Dateinamen unterdrückt. Das ist wichtig, wenn die ausgefilterten Ausgaben von anderen Programmen weiterverarbeitet werden sollen.

-l zeigt nur die Dateinamen — Sie können es aber auch umdrehen. Mit der Option `-l` erhalten Sie eine Liste, in welchen Dateien ein bestimmtes Suchmuster vorkommt. Das ist sehr praktisch, wenn Sie als Programmierer alle Dateien editieren müssen, in denen eine bestimmte Funktion aufgerufen wird. Sie suchen den Begriff mit `grep -l` und geben das Ergebnis an `vi` als Parameter weiter. Im folgenden Beispiel wird nach der Funktion RufMichAuf gesucht.

```
vi `grep -l RufMichAuf *.cpp`
```

-i ignoriert groß und klein — In manchen Programmiersprachen wie beispielsweise BASIC sind Groß- und Kleinschreibung nicht signifikant. Das bedeutet, dass »RufMichAuf« auch durch »RUFMICHAUF« oder »rufmichauf« aufgerufen werden kann. Mit der Option `-i` kann die Beachtung von Groß- und Kleinschreibung aufgehoben werden. Die Suche nach einer hose findet dann auch Hose, HOSE und hose. Um RufMichAuf auch in BASIC zu finden, würde sich der Aufruf oben in folgender Form ändern.

```
vi `grep -l -i RufMichAuf *.bas`
```

-w erfasst nur Wörter — Die Option `-w` legt fest, dass das Suchmuster ein vollständiges Wort darstellt. Wörter werden durch Leerräume und Sonderzeichen begrenzt.

Reguläre Ausdrücke

Statt den einfachen Suchmustern, die wir oben verwendet haben, kann auch ein regulärer Ausdruck (siehe Seite 138) verwendet werden. Da beispielsweise der Stern auch gern von der Kommandozeile interpretiert wird, empfielt es sich, reguläre Ausdrücke in Hochkommata zu schreiben.

Rückgabewerte

Wie alle UNIX-Programme gibt auch `grep` Werte an den Aufrufer zurück. Rückgabewert 0 bedeutet, dass das Muster in den angegebenen Dateien gefunden wurde. Gibt `grep` 1 zurück, heißt das, dass das Muster nicht auftrat. Die Rückgabe von 2 signalisiert, dass `grep` keine Dateien fand, in denen er hätte suchen können.

2.11.4 Wenn ich auf das Ende sehe: tail

Mit dem Kommando `tail` kann können Sie sich die letzten Zeilen einer Datei anzeigen lassen. Als Argument geben Sie die auszugebende Datei an. Wie viel angezeigt werden soll, können Sie durch ein Minus, gefolgt von der Zahl der Zeilen, bestimmen. Standard sind 10 Zeilen.

> **Der Befehl tail: Zeigt die letzten Zeilen einer Datei**
>
> tail [<Optionen>] <Dateien>

Ein wichtiges Einsatzgebiet von `tail` ist das Beobachten sich verändernder Dateien, wie beispielsweise Logfiles. Dazu dient die Option -f. Will man die messages-Datei beobachten, gibt man beispielsweise

tail -f verfolgt Dateiveränderungen

```
tail -f /var/log/messages
```

ein. Alle Daten, die in diese Datei fließen, erscheinen nun auch auf dem Terminal. Durch die Delete-Taste oder **ctrl+C** (je nachdem, was auf dem lokalen System als Unterbrechungstaste definiert ist) kann der tail-Befehl wieder gestoppt werden.

Mit der Option `-c` wird die als Argument angegebene Anzahl nicht als Zeilen, sondern als Anzahl von Bytes interpretiert. So können Sie auch in Binärdaten nur den hinteren Teil verwenden. Beispielsweise kann das hilfreich sein, wenn Sie bei einer Videodatei die ersten Sekunden abschneiden müssen, die durch Aufnahmestörung so deformiert wurde, dass das Videoprogramm die Datei nicht bearbeiten kann.

Nicht nur Texte

2.11.5 Anfangsbetrachtungen: head

Analog zu `tail` gibt es auch ein Programm `head`, das die ersten Zeilen einer Datei anzeigt. Seine praktische Bedeutung ist aber geringer, weil es sehr viel häufiger vorkommt, dass man die letzten Einträge einer Protokolldatei sehen will als die ersten.

head

> **Der Befehl head: Zeigt die ersten Zeilen einer Datei**
>
> head [<Optionen>] <Dateien>

Binärdateien
Wie beim Befehl `tail` gibt es die Option `-c`. Damit können die ersten Bytes einer Datei behalten und das Ende abgeschnitten werden.

2.11.6 Ausschnitt: cut

cut
Der Befehl `cut` schneidet einen angegebenen Teil aus einer Datei heraus.

> **Der Befehl cut: Schneidet Bereich aus einer Datei**
>
> cut {-b|-c|-f} [<Optionen>] <Dateien>

2.11.7 Teilen: split

Mit dem Befehl `split` wird eine große Datei in kleinere Dateien aufgeteilt. Standardmäßig wird die Datei in Dateien zu je tausend Zeilen zerlegt. Wird keine Datei als Argument angegeben, wird die Standardeingabe verwendet.

> **Der Befehl split: Teilt eine Datei**
>
> split [<Optionen>] [<Datei> [<Präfix>]]

Ausgabedateien
Mit dem Argument *Präfix* kann festgelegt werden, mit welchem Namen die Ausgabedateien beginnen sollen. Automatisch wird diesem Präfix bei der ersten Datei die Endung »aa« angehängt. Die zweite Datei erhält »ab« und so weiter. Wird kein Präfix angegeben, wird diese mit »x« vorbelegt. Die Ausgabedateien heißen dann **xaa**, **xab**, **xac**, **xad** und so weiter.

Zeilenzahl
Die Option `-l` ermöglicht die Angabe, wie viele Zeilen jede Teildatei enthalten soll.

```
split -l 100 meinText.tex
```

Textzeilenlänge
Um zu verhindern, dass einzelne Textzeilen zu lang werden, können Sie mit der Option `-C` angeben, wie viele Bytes maximal in jeder Zeile stehen sollen.

Binärdateien
Neben Textdaeien können auch Binärdateien geteilt werden. Dazu muss mit der Option `-b` die Anzahl der Bytes angegeben werden, nach denen die Datei geteilt werden soll.

Sollten Ihnen die zwei Zeichen am Ende nicht passen, können Sie mit Hilfe der Option `-a` eine andere Zahl verwenden.

Die zerteilten Dateien können leicht mit dem Befehl `cat` wieder zusammengesetzt werden.

```
cat x?? > grosseDatei
```

Ob die Reihenfolge der so selektierten Dateien stimmt, sollten Sie vielleicht zunächst mit dem Befehl `echo x*` überprüfen. Das Zusammenfügen mit dem Befehl `cat` funktioniert auch bei Binärdateien.

2.11.8 Zeilen umbrechen: fold

`fold` bricht Zeilen ab einer bestimmten Zeilenlänge um. Wird keine Datei als Argument angegeben, wird die Standardeingabe umgebrochen.

Der Befehl fold: Bricht Zeilen um

fold [*<Optionen>*] [*<Dateien>*]

Normalerweise bricht `fold` nach 80 Zeichen um. Mit der Option `-w` können Sie die Umbruchposition frei ändern.

2.11.9 Zeichenumcodierung: tr

Der Befehl `tr` wandelt Zeichen aus der Standardeingabe um und gibt den veränderten Text auf der Standardausgabe wieder.

Der Befehl tr: Zeichenumcodierung

tr [*<Optionen>*] *<Zeichenkette1>* [*<Zeichenkette2>*]

Die Zeichenketten werden aus aufeinanderfolgenden Zeichen gebildet. Jedes Zeichen der Datei, das in der ersten Zeichenkette auftaucht, wird durch das Zeichen der zweiten Zeichenkette ersetzt, das an der gleichen Stelle erscheint.

Bei der Umcodierung sind die gängigen Buchstaben und Ziffern in der Regel nicht so interessant wie die Sonderzeichen. Wie die Sonderzeichen im Befehl notiert werden, entnehmen Sie der Tabelle 2.28.

Zeichen	Bedeutung
\NNN	Zeichen in oktaler Darstellung
\\	Backslash
\a	hörbarer Glockenton
\b	Backspace
\f	Formularvorschub
\n	neue Zeile
\r	Carriage Return
\t	horizontaler Tabulator
\v	vertikaler Tabulator
d-k	alle Zeichen von d bis k
[:alnum:]	alle Buchstaben und Ziffern
[:alpha:]	alle Buchstaben
[:blank:]	alle horizontalen Zwischenräume (Leerzeichen, Tabulatoren)
[:cntrl:]	alle Kontrollzeichen
[:digit:]	alle Ziffern
[:graph:]	alle druckbaren Zeichen außer Leerzeichen
[:lower:]	alle Kleinbuchstaben
[:print:]	alle druckbaren Zeichen inklusive Leerzeichen
[:punct:]	alle Punktuationszeichen
[:space:]	alle horizontalen oder vertikalen Zwischenräume
[:upper:]	alle Großbuchstaben
[:xdigit:]	alle hexadezimalen Ziffern

Tabelle 2.28 Sonderzeichen für tr

Das folgende Beispiel wandelt alle Kleinbuchstaben der Datei **input** in Großbuchstaben um. Das Ergebnis steht in der Datei **output**.

```
tr '[:lower:]' '[:upper:]' <input >output
```

ROT13   Das folgende Beispiel stellt eine ROT13-Konvertierung per UNIX-Shell dar. ROT13 wird in manchen Newsgroups verwendet, um Lösungen oder Pointen zu verschlüsseln. Dabei wird jeder Buchstabe um 13 Positionen im Alphabet verschoben.

```
gaston> tr 'A-M N-Z a-m n-z' 'N-Z A-M n-z a-m'
Dies ist eigentlich Unfug
Qvrf vfg rvtragyvpu Hasht
```

Da das Alphabet 26 Buchstaben hat, führt eine zweite Anwendung des Verfahrens zur Entschlüsselung.

```
gaston> tr 'A-M N-Z a-m n-z' 'N-Z A-M n-z a-m'
Qvrf vfg rvtragyvpu Hasht
Dies ist eigentlich Unfug
```

Der folgende Befehl wandelt alle Dateinamen in Kleinbuchstaben um. Das ist sehr nützlich, wenn man Dateien aus dem MS-DOS-Umfeld erhält.

```
for i in *; do mv $i `echo $i | tr A-Z a-z` done
```

Die for-Schleife durchläuft alle Dateinamen des Verzeichnisses. Der mv-Befehl wandelt den Namen jeder einzelnen Datei in Kleinbuchstaben um (zu for siehe ab Seite 784).

Folgende Website beschäftigt sich sehr intensiv mit dem tr-Befehl und bringt einige Beispiele:

▶ http://www.softpanorama.org/Tools/tr.shtml

2.11.10 Unterschiede zwischen Textdateien: diff

Das Programm diff zeigt die Unterschiede zwischen zwei Textdateien an, die als Parameter übergeben werden. Der Rückgabewert ist 0, wenn zwischen den beiden Dateien keine Unterschiede bestehen.

Der Befehl diff: Zeigt Unterschiede zwischen Dateien an
diff [<Optionen>] [<Dateien>]

Im folgenden Beispiel werden die Dateien **moin.c** und **doppel.c** verglichen:

```
gaston> diff moin.c doppel.c
0a1
> /* (C) 2002 Arnold Willemer */
2c3
< main()
---
> main(int argc, char **argv)
5d5
<     return 0;
gaston>
```

Um den Unterschied würdigen zu können, sehen Sie hier den Text von **moin.c**:

```
main()
{
    puts("Moin, Torfmoorholm!");
    return 0;
}
```

Und hier folgt die Datei **doppel.c**, die an drei Stellen verändert wurde. In der ersten Zeile wurde ein Kommentar, der Funktion `main()` wurden Parameter hinzugefügt. Dafür wurde die Zeile mit return entfernt.

```
/* (C) 2002 Arnold Willemer */

main(int argc, char **argv)
{
    puts("Moin, Torfmoorholm!");
}
```

Interpretation der Ausgabe

Die Zeilen, die mit einem Größerzeichen beginnen, werden zur Datei **moin.c** hinzugefügt, die Zeilen mit dem Kleinerzeichen werden entfernt. Die Meldungen dazwischen geben die Zeilennummern und die Aktion an. So bedeutet a, dass die Zeile 1 aus **doppel.c** hinter die Zeile 0 von **moin.c** gehängt werden soll. Der Buchstabe c ist eine Ersetzungsanweisung, und d steht für das Löschen.

2.11.11 Dateien aufs Byte geschaut

Sie werden es kaum glauben, aber es gibt unter UNIX auch Dateien, die keine reinen Textdateien sind. Mit dem Befehl od können Sie auch solche Dateien betrachten.

> **Der Befehl od: Binärdateien anzeigen**
>
> od [<Optionen>] [<Dateien>]

od zeigt binäre Dateien

Das Programm od zeigt die Datei, die ihm als Parameter übergeben wird, byteweise in Oktaldarstellung an. Als Optionen können die Inhalte mit -x hexadezimal und mit -c als ASCII angezeigt werden.

```
gaston> head progr.tex | od
0000000 063534 045560 070141 072151 066145 050173 067562 071147
0000020 066541 064555 071145 067165 020147 067566 020156 064123
0000040 066145 071554 071153 070151 062564 076556 005012 061134
0000060 063545 067151 063573 040560 066156 071545 071145 005175
0000100 071120 063557 060562 066555 062551 062562 020156 071551
0000120 020164 064544 020145 067550 062550 045440 067165 072163
```

Dasselbe noch einmal in hexadezimaler Schreibweise:

```
gaston> head progr.tex | od -x
0000000 675c 4b70 7061 7469 6c65 507b 6f72 7267
0000020 6d61 696d 7265 6e75 2067 6f76 206e 6853
0000040 6c65 736c 726b 7069 6574 7d6e 0a0a 625c
0000060 6765 6e69 677b 4170 6c6e 7365 7265 0a7d
0000100 7250 676f 6172 6d6d 6569 6572 206e 7369
0000120 2074 6964 2065 6f68 6568 4b20 6e75 7473
```

Und weil es so schön ist, noch einmal als ASCII-Text:

```
gaston> head progr.tex | od -c
0000000   \   g   p   K   a   p   i   t   e   l   {   P   r   o   g   r
0000020   a   m   m   i   e   r   u   n   g       v   o   n       S   h
0000040   e   l   l   s   k   r   i   p   t   e   n   }  \n  \n   \   b
0000060   e   g   i   n   {   g   p   A   n   l   e   s   e   r   }  \n
0000100   P   r   o   g   r   a   m   m   i   e   r   e   n       i   s
0000120   t       d   i   e       h   o   h   e       K   u   n   s   t
```

2.11.12 Wortzähler: wc

Dieses Programm mit dem eingängigen Namen (wc steht allerdings eigentlich für wordcount) zählt die Wörter in einer Datei. Wer nicht weiß, welchen Nutzen es ihm bringen soll, wenn er die Anzahl der Wörter in seinem C-Programm ermitteln kann, wird vielleicht eher eine Anwendung finden, wenn er weiß, dass das Programm mit der Option -l auch Zeilen und mit der Option -c Buchstaben zählt.

Auch Zeilen und Zeichen zählen

Der Befehl wc: Zähle Zeichen, Wörter oder Zeilen einer Datei
wc [<Optionen>] <Dateien>

2.11.13 sort

Mit dem Befehl sort wird eine Datei sortiert auf dem Bildschirm ausgegeben. Wenn Sie keinen weiteren Parameter angeben, sortiert sort die Datei Zeile für Zeile nach ihren Anfängen in alphabetischer Reihenfolge. Besonders interessant ist dieses Programm natürlich dadurch, dass die Ausgabe wieder in eine Datei umgeleitet und weiterverarbeitet werden kann.

Der Befehl sort: Sortieren
sort [<Optionen>] <Dateien>

Die wichtigsten Optionen sind -r für das Umkehren der Reihenfolge, -f für das Ignorieren der Klein- und Großschreibung und -n für die numerische Sortierung von Zahlen.

2.11.14 sed

sed wird in Pipes eingesetzt

sed ist das Kürzel für stream editor. Man könnte das mit »Datenstromtextverarbeitung« übersetzen. Sie finden sed sehr häufig in Shellskripten (siehe Seite 771), wenn Textdateien ausgewertet oder bearbeitet werden sollen.

Der Befehl sed: Stream Editor
sed [<Optionen>] <Dateien>

Ein- und Ausgabe

sed verarbeitet immer die Standardeingabe und gibt die Ergebnisse auf der Standardausgabe aus. Es ist also ideal für den Einsatz als Filter in einer Pipe. Wenn Sie eine Datei mit Hilfe von sed auswerten wollen, wenden Sie zunächst den Befehl cat an und leiten das Ergebnis in eine Pipe. Auf der rechten Seite der Pipe steht dann sed mit seinen Optionen. Wenn die Ausgabe wieder in eine Datei gelangen soll, leiten Sie das Ergebnis mit dem Größerzeichen um.

Befehlsgewalt

In einer Pipe wird fast immer die Option -e angegeben. Sie bewirkt, dass der nächste Parameter als Befehl auf den Datenstrom angewendet wird. Damit der Befehl auch Leerzeichen enthalten kann und dennoch nicht als zwei Parameter interpretiert wird, schließt man ihn in Anführungszeichen oder Hochkommata ein. Das folgende Kommando liest den Inhalt der Datei **telefon** aus und entfernt die Zeilen 5-10, bevor das Ergebnis in die Datei **anrufen** geschrieben wird:

```
gaston $ cat telefon | sed -e "5,10 d" > anrufen
```

Offensichtlich beherrscht sed Kommandos, wie Sie sie vom Editor vi im Kommandomodus, also nach Eingabe des Doppelpunkts kennen. Man könnte auch argumentieren, dass vi die Kommandos von sed beherrscht, wenn man dort mit dem Doppelpunkt in den Befehlszeilenmodus wechselt.

Arbeitsbereich

Bei jedem Befehl wird zunächst der Bereich genannt, auf den das Kommando wirkt. Normalerweise wird die erste und letzte Zeile des Bereichs, getrennt durch ein Komma, angegeben. Steht dort nur eine Zahl, dann wird nur diese eine Zeile bearbeitet. Als Zeichen für die letzte Zeile wird das Dollarzeichen verwendet. Statt der Zeilennummern kann aber auch ein regulärer Ausdruck zwischen zwei Schrägstrichen als Adressbereich verwendet werden. Dann werden alle Zeilen bearbeitet, in denen der reguläre Ausdruck enthalten ist.

```
gaston $ cat meintext.tex | sed -e "/^%/ d"
```

Hier werden alle Zeilen gelöscht, die mit einem Prozentzeichen beginnen. Der Arbeitsbereich wird durch einen Schrägstrich eingeleitet, `sed` wird also jede Zeile daraufhin überprüfen, ob sie den folgenden regulären Ausdruck enthält. Dieser beginnt mit einem Dach, also dem Zeichen für den Anfang einer Zeile. Das folgende Zeichen, das Prozentzeichen, muss also das erste Zeichen der Zeile sein. Durch ein Leerzeichen abgesetzt, ist d der Befehl zum Löschen der Zeile. In einer TeX-Datei wird das Prozentzeichen als Einleitung eines Kommentars verwendet. Hier würden also alle Zeilen aus der Datei **meintext.tex** entfernt, in denen nur Kommentare stehen.

Der Angabe des Arbeitsbereichs folgt das eigentliche Kommando. In den bisherigen Beispielen wurde das Kommando d (delete) für Löschen verwendet. Das Kommando c (change) ersetzt die aktuelle Zeile durch den Text, der auf das c folgt. Sehr häufig wird auch das Kommando s (substitute) für Ersetzen verwendet. Während c die im Adressbereich angegebenen Zeilen komplett durch die Restzeile des Kommandos tauscht, werden bei s einzelne Phrasen ausgetauscht, so wie Sie es vom vi-Editor her kennen. Beispielsweise kann man in einem Text jedes Auftreten von »cool« durch »erhebend« ersetzen:

Kommandos

```
cat kids.text | sed -e "1,$ s/cool/erhebend/" > alten.tauglich
```

Da das Kommando wie bei vi mit regulären Ausdrücken und Puffern umgehen kann, sind auch wesentlich komplexere Umwandlungen möglich. Ein typisches Beispiel ist die Umwandlung eines LaTeX-Dokuments in HTML. Dabei müssen Sie eingeklammerte Texte erkennen und die Klammern austauschen. Schauen Sie zunächst einmal folgende Codierung einer Überschrift in den beiden Beschreibungssprachen an:

Sprache	Überschrift
LaTeX:	\section{Titel des Abschnitts}
HTML:	<H1>Titel des Abschnitts</H1>

Tabelle 2.29 Überschriften in LaTeX und in HTML

Um den Inhalt der geschweiften Klammern mit den Tags <H1> und </H1> zu umgeben, muss `sed` diesen zwischenspeichern. Dazu verwendet es die Pufferbefehle der regulären Ausdrücke. Der Anfang dessen, was in den Puffer geschoben werden soll, wird mit \(markiert. Das Ende erhält die Markierung \). Dazwischen darf ein beliebiger Text stehen. Der Platzhalter für ein beliebiges Zeichen ist der Punkt. Das Zeichen, dass es

Puffer sichern

beliebig viele davon geben kann, ist der Stern. Der Pufferinhalt wird also mit der Kombination \(.*\) dargestellt. Um den Pufferinhalt zu identifizieren, wird nach der Zeichenkette \\section{ gesucht. Der doppelte Backslash ist erforderlich, weil ein Backslash ein Sonderzeichen in regulären Ausdrücken darstellt. Danach folgt die Überschrift, die durch den Puffer beschrieben wird. Den Abschluss bildet eine geschweifte Klammer. Der vollständige Ausdruck lautet also:

```
\\section{\(.*\)}
```

Puffer hervorholen Um auf den Pufferinhalt zuzugreifen, wird ein Backslash mit der Puffernummer verwendet. Da hier nur ein Puffer eingesetzt wird, hat er die Nummer 1. Im Ersetzungsausdruck wird die Stelle, an der der Titel eingefügt werden soll, durch \1 markiert. Der Ersetzungsausdruck lautet also:

```
<H1>\1<\/H1>
```

Der Backslash vor dem Schrägstrich von /H1 sorgt dafür, dass der Ersetzungsbefehl nicht das Ende-Tag </H1> mit dem Ende der Ersetzung verwechselt, das ja durch einen Schrägstrich markiert wird. Nun müssen Sie nur noch die Teile zusammensetzen und erhalten einen Befehl wie den folgenden:

```
cat text.tex | \
sed -e "1,$ s/\\section{\(.*\)}/<H1>\1<\/H1>/" > text.htm
```

Der Backslash am Ende der ersten Zeile besagt nur, dass die Befehlszeile noch nicht beendet ist und in der Folgezeile fortgesetzt wird.

sed-Skriptdateien

Wird statt der Option -e die Option -f verwendet, liest sed seine Kommandos aus einer Datei. Der Name der Datei wird an die Option angehängt. Zunächst können Sie in solche Dateien natürlich die gleichen Kommandos schreiben, die Sie bei der Verwendung mit -e nutzen.

Ersetzungen Um eine Umsetzung eines LaTeX-Dokuments nach HTML durchzuführen, werden Sie eine ganze Reihe von Ersetzungsregeln brauchen, die Sie in einem solchen Skript ablegen können. Der folgende Ausschnitt könnte aus einer solchen Skriptdatei stammen, die wir **latex2html.sed** nennen wollen:

```
s/\"o/\&ouml;/
s/\\section{\(.*\)}/<H1>\1<\/H1>/
s/\\subsection{\(.*\)}/<H2>\1<\/H2>/
```

In der ersten Zeile wird der Buchstabe ö in LaTeX-Darstellung in die HTML-Dastellung gebracht. Die zweite Zeile ist die Umsetzung der Abschnittsüberschriften, und die dritte Zeile formt die Unterabschnitte um. Um das Skript auszuführen, müssen Sie folgenden Befehl verwenden:

```
cat text.tex | sed -f latex2html.sed > text.htm
```

Auffallend ist das Fehlen des Zeilenbereichs. In diesem Fall durchläuft jede Zeile des Datenstroms das Skript komplett, bevor die nächste Zeile ausgeführt wird. Damit ergeben sich weitere Möglichkeiten. Das Skript kann abfragen, ob der s-Befehl in der aktuellen Zeile eine Ersetzung durchgeführt hat. Der Befehl t springt an eine andere Stelle im Skript, wenn das vorherige Suchmuster gefunden wurde. Eine Ansprungadresse (auch Label genannt) beginnt mit einem Doppelpunkt und endet mit einem Namen. Das folgende Skript sucht nach der Zeichenkette *Willemer*. Ist eine solche Zeichenkette in der aktuellen Zeile vorhanden, wird zum Label :EsGibtWillemers gesprungen. Danach wird die Zeile durch den Befehl w an die Datei **Willemers** angehängt. Ansonsten wird die aktuelle Zeile in die Datei **KeineWillemers** eingetragen. Der Befehl b springt dann zum Label :ende. Der abschließende Befehl d verhindert nur, dass die Zeile in den Ausgabestrom gegeben wird.

Zeilenweise

```
s/Willemer/Willemer/
t EsGibtWillemers
w KeineWillemers
b ende
:EsGibtWillemers
w Willemers
:ende
d
```

Tabelle 2.30 zeigt sed-Befehle, die meist in Skripten angewandt werden.

Kommando	Wirkung
b *<Adresse>*	Springt zum Label *Adresse*
t *<Adresse>*	Springt bei erfolgreicher Ersetzung zum Label *Adresse*
w *<Datei>*	Schreibt die aktuelle Zeile in die Datei *Datei*
r *<Datei>*	Liest die Datei *Datei* ein, und gib sie aus
=	Gibt die aktuelle Zeilennummer aus
i *<Text>*	Gibt den Text *Text* aus

Tabelle 2.30 sed-Kommandos für Skripte

http://sed.sourceforge.net/grabbag enthält einige interessante Beispiele für sed-Skripte.

2.11.15 awk

awk kann Texte auswerten

Das Programm awk ist ein Werkzeug zur Auswertung von Textdateien, die wie Datenbanktabellen behandelt werden. Der Name des Programms setzt sich aus den Anfangsbuchstaben der Nachnamen seiner prominenten Entwickler Aho, Weinberger und Kernighan zusammen. Das Programm awk ist in der Lage, aus einer Datei Spalten und Zeilen auszuwählen und darüber Auswertungen durchzuführen. Im Grunde ist es ein grep, das um die Fähigkeit erweitert wurde, auf Texte innerhalb der gefundenen Zeilen zuzugreifen, sie in Variablen aufzunehmen und zu verarbeiten. awk besitzt darüber hinaus eine kleine Programmiersprache, so dass auch Fallunterscheidungen oder Ähnliches leicht zu realisieren sind.

Wie das aber bei flexiblen und leistungsstarken Programmen so ist, fühlt man sich auch leicht von der Komplexität der Möglichkeiten erschlagen. Dennoch lohnt sich ein Blick auf dieses Programm, da es bestimmte Probleme mit erstaunlich wenig Aufwand lösen kann.

Spalten durch Leerzeichen und Tabulatoren trennen

awk betrachtet wie gesagt eine Textdatei als Datenbanktabelle aus Zeilen und Spalten. Die Zeilen sind durch den Zeilentrenner bestimmt, der unter UNIX übrigens mit dem Linefeed codiert wird (ASCII-Zeichen 10). Zwei Spalten werden aus der Sicht von awk und auch anderer UNIX-Werkzeuge durch ein oder mehrere Leerzeichen oder Tabulatorzeichen getrennt.

Suchen wie mit sed

awk kann wie grep anhand eines Suchbegriffs Zeilen aus einer Datei heraussuchen. Dazu wird der Suchbegriff in Schrägstriche eingeschlossen, was wiederum an sed erinnert. In geschweiften Klammern können Spalten ausgegeben werden. Der gesamte Befehl wird wiederum in Hochkommata eingeklammert, damit die Shell nicht daran herumwerkelt. Beispiel:

```
awk '/Willemer/ {print $3}' telefon
```

Dieser Befehl gibt für alle Zeilen der Datei **telefon**, in denen die Zeichenfolge Willemer steht, die dritte Spalte aus. Die Datei **telefon** ist eine einfache Textdatei, in der Name, Vorname und Telefonnummer in jeder Zeile stehen. Im Folgenden sehen Sie einen kurzen Ausschnitt:

```
Müller Anton 0987-6543
Schmidt Erwin 01234-5678
Willemer Arnold 04632-110
```

Das Hochkomma

Im Allgemeinen bestehen die Argumente von awk aus mehr als einem Wort. Da die Shell dem Programm die durch Leerzeichen getrennten Eingaben einzeln übergibt, wird ein Argument, das aus mehreren Wörtern besteht, in Anführungszeichen oder in Hochkommata eingeschlossen. Diese sind auch hilfreich, wenn das Kommando über mehrere Zeilen geht, da die Shell den Befehl erst als abgeschlossen betrachtet, wenn das zweite Hochkomma erscheint. Man verwendet übrigens bei awk das Hochkomma statt des Anführungszeichens, da die Shell in Anführungszeichen auch Umgebungsvariablen auswertet. Das wird durch Hochkommata ausgeschlossen.

Selektion: Auswahl von Zeilen

Das Kommando zur Selektion wird gegeben, indem der Suchbegriff in Schrägstriche gesetzt wird. Unter einer Selektion versteht man die Auswahl der Zeilen einer Tabelle.

Suchbegriff zwischen / selektiert Zeilen

```
awk /Willemer/ telefon
```

Alle Zeilen mit der Zeichenfolge Willemer in der Datei **telefon** werden ausgegeben. Wird kein Suchbegriff angegeben, werden alle Zeilen angezeigt. Im Suchbegriff können reguläre Ausdrücke verwendet werden (siehe Seite 138).

Würde die Datei **telefon** alle Telefonnummern enthalten, würde nach der Ausführung des Befehls meine gesamte Verwandtschaft einträchtig beisammen stehen, wie das im Leben vielleicht nicht der Fall wäre. Sind Computer nicht etwas Wunderbares?

Projektion: Auswahl von Spalten

Zur Projektion muss die Spalte angegeben werden und ein Kommando, was mit ihr geschehen soll. Als Spaltentrenner gilt jede beliebige Kombination von Tabulatorzeichen oder Leerzeichen. Das einfachste Kommando ist die Ausgabe durch print. Die Spalte wird durch ihre Nummer und ein vorgestelltes Dollarzeichen bezeichnet. Die Zählung beginnt bei 1, da $0 die gesamte Zeile bezeichnet. Aktionen werden immer in geschweifte Klammern gesetzt. Die dritte Spalte einer Datei wird also folgendermaßen ausgegeben:

Geschweifte Klammern

```
awk '{print $3}'
```

Es ist möglich, mehrere Befehle in einer geschweiften Klammer zu setzen. Dabei sind die Kommandos jeweils durch ein Semikolon zu trennen.

Kombination von Kommandos

Die Kombination beider Optionen ist möglich:

```
awk '/Willemer/ {print $3}' telefon
```

Das bereits bekannte Beispiel selektiert also nach der Zeichenfolge Willemer und führt in allen Zeilen, auf die die Selektion zutrifft, den Inhalt der geschweiften Klammer aus. Dieser besagt, dass die dritte Spalte ausgegeben werden soll.

Variablen

Innerhalb des awk-Kommandos können Variablen verwendet werden. Sie können beispielsweise zur Bildung von Summen eingesetzt werden. Eine Deklaration der Variablen ist bei awk nicht erforderlich.

Im Gegensatz zu den Umgebungsvariablen der Shell wird den Variablen von awk kein Dollarzeichen zur Auswertung vorangestellt. Im folgenden Beispiel ist anzahl eine Variable, die dort zum Zählen der Tage verwendet wird.

Start-, Standard- und Endanweisungen

Man kann drei Typen von Anweisungen unterscheiden. Die Standardanweisung wurde bereits vorgestellt. Dieser Typ wird auf jede selektierte Zeile angewendet. Daneben gibt es noch die Startanweisung, die genau einmal vor der ersten Verarbeitung ausgeführt wird und der das Schlüsselwort BEGIN vorangestellt wird. Die Endanweisung wird durch das Schlüsselwort END eingeleitet. Hier ein Beispiel:

```
gaston> awk 'BEGIN{print"Wir zählen Tage!"; anzahl=0}
     {print $1;anzahl++}
     END{print "Das waren " anzahl " Tage"}' tage
Wir zählen Tage!
montag
dienstag
mittwoch
donnerstag
freitag
samstag
sonntag
Das waren 7 Tage
gaston>
```

Die Datei **tage** enthält in der ersten Spalte die Wochentage. Bei BEGIN wird die lokale Variable anzahl auf null gesetzt. Das ist allerdings an sich nicht nötig, da Variablen bei awk standardmäßig mit null vorbesetzt sind. In der Standardanweisung wird nicht nur die erste Spalte ausgegeben, sondern parallel dazu die Variable `anzahl` um eins erhöht. Die END-Anweisung wird benutzt, um die Anzahl der Tage auszugeben.

Ein weiteres Beispiel soll die Summe aller Dateilängen mit der Endung **gnt** bilden. In diesem Fall wird `awk` an eine Pipe gehängt. Man gibt in der ersten Zeile das Kommando, um ein Verzeichnis in seiner Langform anzusehen. Das Ergebnis wird `awk` per Pipe zugeschoben. In der Standardanweisung von `awk` wird eine Variable um den Wert in der fünften Spalte erhöht. Die Endanweisung gibt diese Variable aus:

```
ls -l *.gnt | awk '{sum+=$5}END{print sum}'
```

Die Suche nach **gnt** kann natürlich auch von `awk` übernommen werden. Dann heißt der Befehl:

```
ls -l | awk '/gnt/ {sum+=$5} END{print sum}'
```

Der Unterschied besteht darin, dass in diesem Fall Zeilen, in denen irgendwo **gnt** (beispielsweise im Gruppennamen) vorkommt, auch mitgerechnet werden.

Ausführung von Programmdateien

Sie können für `awk` komplexe Programme erzeugen. Damit Sie diese nicht jedes Mal neu eingegeben werden müssen, können Sie die auszuführenden Aktionen in Dateien schreiben. Der Dateinamen wird beim Aufruf von `awk` mit der Option `-f` als Parameter übergeben.

```
awk -f awkprg
```

In diesem Beispiel stehen in der Datei **awkprg** die Befehle, die durch `awk` abgearbeitet werden sollen.

Funktion	Wirkung
print	Anzeigen
printf	Entspricht der C-Funktion printf
sprintf	Für die Speicherung von Ausgaben in einer Variablen
length(s)	Ermittelt die Länge einer Zeichenkette
substr(s, anf, anz)	Teilstringbildung
index(s, t)	Gibt die Stelle an, an der in s die Zeichenkette t beginnt
sqrt(n)	Wurzel
log(n)	Natürlicher Logarithmus
exp(n)	e^n, e=2,71828
int(n)	Ganzzahliger Anteil

Tabelle 2.31 awk-Funktionen

2.12 Reguläre Ausdrücke

Für den Suchbegriff kann in vielen UNIX-Programmen wie grep, sed, awk oder vi ein regulärer Ausdruck verwendet werden. Zunächst einmal ist ein regulärer Ausdruck nichts anderes als ein Suchbegriff, und man kann ganz naiv den Begriff verwenden, den man sucht. Wenn Sie also das Wort »Maus« suchen, können Sie auch »Maus« als regulären Ausdruck angeben. Reguläre Ausdrücke können komplexe Suchmuster beschreiben. Dann sehen diese Ausdrücke auf den ersten Blick allerdings auch ziemlich erschreckend aus. Es lohnt sich aber, diese Beschreibungssprache zu lernen, da UNIX den Programmierern eine Bibliothek anbietet, in der die Suche nach regulären Ausdrücken unterstützt wird. Es ist so für den Programmierer leichter, die regulären Ausdrücke zu verwenden, als selbst eine Suche mit Platzhaltern zu basteln.

Anders als Wildcards

Zunächst werden einfache Platzhalter verwendet. Bei den Dateimasken der Shell, den sogenannten Wildcards, gibt es solche Platzhalter auch. Die regulären Ausdrücke haben allerdings nichts mit den Wildcards zu tun, die die Shell verwendet. Dort hat der Stern beispielsweise eine andere Bedeutung als hier. Das einfachste Sonderzeichen ist der Punkt. Er steht stellvertretend für genau ein beliebiges Zeichen. Die Suche nach M..s findet die Wörter Maus, Moos und Muks, aber nicht Murks, da hier zwischen M und s drei Zeichen stehen. Der Punkt ist also in der Wirkung mit dem Fragezeichen bei den Wildcards vergleichbar.

Multiplikatoren

Der Stern und das Pluszeichen sind Multiplikatoren und beziehen sich immer auf das Zeichen links. Das Pluszeichen besagt, dass das Zeichen einmal oder mehrfach auftreten kann. Beim Stern ist es auch denkbar, dass das Zeichen gar nicht erscheint. Die Suche nach abc* findet also abc, abcc, abccccc, aber auch ab. Wirklich interessant werden die Multiplikatoren in Verbindung mit dem Punkt. So findet M.*s Maus und Moos, aber eben auch Murks und Meeresfrüchte.

Anfang und Ende

Hier werden Sie vielleicht stutzen, denn Meeresfrüchte enden doch gar nicht auf s. Das ist richtig, aber im regulären Ausdruck wurde ja auch gar nicht erwähnt, dass das Wort hinter s enden soll. Das müsste explizit mit einem \> angegeben werden. Das Gegenstück lautet \< und bedeutet Wortanfang. So wie nach dem Wortanfang und -ende gesucht werden kann, so gibt es auch das ^ für den Zeilenanfang und das $ für das Zeilenende. Eine wichtige Anwendung ist, die Verzeichnisse anzeigen zu lassen. Unter UNIX unterscheiden sich Dateien von Verzeichnissen an dem kleinen d am Zeilenanfang bei Aufruf von ls -l. Dementsprechend würde folgende Befehlskombination nur die Verzeichnisse anzeigen:

```
gaston> ls -l | grep ^d
drwxr-xr-x   3 arnold   users        4096 Jun 25 20:57 pic
drwxr-xr-x   2 arnold   users        4096 Jun 28 20:55 unprog
gaston>
```

`grep` sucht in der Standardeingabe ein d, das direkt dem Zeilenanfang folgt, oder anders ausgedrückt, das am Anfang der Zeile steht. Ohne das Dach würden alle Zeilen erscheinen, in denen ein d vorkommt. Da der Benutzer arnold heißt, wären das wohl alle Dateien des Verzeichnisses.

Die eckigen Klammern haben bei den regulären Ausdrücken die gleiche Bedeutung wie bei den Wildcards. Sie stehen für ein Zeichen, das durch den Inhalt der Klammern beschrieben wird. Hier ist es möglich, die Zeichen einfach aufzuzählen oder aber den Bindestrich zu nutzen, um Bereiche anzugeben. Typisch sind hier die Zahlen, geschrieben als 0-9, oder die Kleinbuchstaben als a-z. Das folgende Beispiel beschreibt ein Wort, das mit einem Großbuchstaben beginnt, dem beliebig viele Großbuchstaben oder Zahlen folgen.

Rechteckige Klammern

```
\<[A-Z][A-Z0-9]*\>
```

Bisher wurde nach Mustern gesucht, die existieren. Es gibt Situationen, da werden alle Zeichenfolgen gesucht, in denen ein bestimmtes Zeichen nicht vorkommt. Wenn Sie beispielsweise in einem TEX-Dokument über die Programmiersprache PASCAL nach der Zeichenkette »begin« suchen, werden Sie in erster Linie die Folge \begin finden, die TEX sehr intensiv verwendet. Sie würden also einen regulären Ausdruck verwenden wollen, der besagt, dass Sie alle »begin« suchen, die nicht durch einen Backslash eingeleitet werden. Dazu wird zunächst die eckige Klammer verwendet, die auch benutzt wird, um eine Menge von Zeichen zu beschreiben, die an einer Position auftreten kann. Steht als erstes Zeichen ein ^, so bedeutet das, dass die angeführten Zeichen nicht vorkommen sollen. Danach führt man den Backslash an, der wiederum verdoppelt werden muss, damit er nicht als Kommando missinterpretiert wird:

Alle Zeichen, außer ...

```
[^\\]begin
```

Vielfältige Möglichkeiten werden in vi dadurch gewonnen, wenn als Suchwort ein regulären Ausdruck verwendet wird. Ganz besondere Möglichkeiten tun sich auf, wenn Markierungen innerhalb eines Ausdrucks gesetzt und diese beim Ersetzen verwendet werden können. Ein praktisches Beispiel findet sich beim Umsetzen von TEX-Dokumenten nach HTML. In der ersten Zeile sehen Sie eine Überschrift in TEX und darunter eine in HTML:

Ersetzen im vi

```
\section{Dies ist ein spannendes Kapitel}
<H1>Dies ist ein spannendes Kapitel</H1>
```

Um alle Vorkommen von section in entsprechende <H1> umzuwandeln, wird ein regulärer Ausdruck verwendet. Zunächst wird das Muster beschrieben, das eine section erkennt.

```
\\section{.*}
```

Der doppelte Backslash muss sein, damit er nicht fälschlich als Kommando interpretiert wird. In den geschweiften Klammern steht schlicht Punkt und Stern, also der Ausdruck für eine beliebige Zeichenfolge. Das ist unsere Überschrift, die wir gern übernehmen wollen. Also wird davor und dahinter eine Markierung gesetzt.

```
\\section{\(.*\)}
```

Nun wird das Ganze in den Ersetzungsbefehl von vi eingesetzt. Der komplette Aufruf lautet also:

```
:1,$ s/\\section{\(.*\)}/<H1>\1<\/H1>/g
```

Der letzte Backslash der Zeile muss sein, sonst interpretiert vi den Schrägstrich des </H1> als Befehl für das Ende des Ersetzungsbereichs. Die Zeichenfolge \1 in der Ersetzung liefert den in der Markierung gemerkten Wert und befördert die Überschrift in die gewünschte, neue Umklammerung.

Machen Sie sich klar, dass Sie sich mit diesem zugegeben etwas kryptischen Befehl vielleicht stundenlange Arbeit ersparen, wenn Sie in einem langen Dokument die Überschriften austauschen müssen. Und denken Sie darüber nach, ob Sie so etwas mit einem normalen Editor ohne reguläre Ausdrücke auch könnten.

Dass so viele Programme mit regulären Ausdrücken umgehen können, liegt daran, dass UNIX dem Programmierer die Suche nach regulären Ausdrücken aus einer Bibliothek anbietet (siehe Seite 978).

Die Tabelle 2.32 zeigt Sie eine Übersicht über die regulären Ausdrücke. Sie können diese überall da einsetzen, wo die Dokumentation eine »regular expression« nennt.

Ausdruck	Bedeutung
. (Punkt)	Steht für ein einzelnes beliebiges Zeichen
[afg]	Das Zeichen a, f oder g muss an dieser Stelle erscheinen
[0-9]	Eine Ziffer muss an dieser Stelle stehen
*	Das vorangehende Zeichen kommt beliebig oft vor
+	Das vorangehende Zeichen kommt mindestens einmal vor
^	Zeilenanfang
$	Zeilenende
\<	Wortanfang
\>	Wortende
\	Das folgende Zeichen wird nicht als Metazeichen interpretiert
\(\)	Markierung eines Bereichs
\1 \2 ...	Referenz auf die erste und zweite Markierung

Tabelle 2.32 Reguläre Ausdrücke (regular expressions)

2.13 Pack deine Sachen und geh ...

Wenn man ein Rudel Dateien, das vielleicht auch noch in einem größeren Verzeichnis untergebracht ist, transportieren möchte, dann hat man zwei Probleme. Erstens sollte das Paket handlich sein und zweitens möglichst klein. Dafür gibt es unter UNIX je eine Lösung: tar und compress. Und natürlich lassen sich auch beide kombinieren.

2.13.1 Verschnüren: tar

Das Programm tar (tape archiver) kommt aus dem Bereich der Datensicherung. Aber es ist ungeheuer praktisch im Umgang mit Dateien. Mit tar lassen sich Dateien zusammenpacken, auspacken und Pakete ansehen. Gesteuert wird die Funktion durch die erste Option: c (create) zum Erzeugen, x (extract) zum Auspacken und t zum Ansehen. Genau eine von diesen Optionen braucht tar, damit klar ist, was zu tun ist.

Pflichtoption c, x oder t

Archiv mit tar anlegen

tar -cf[*<WeitereOptionen>*] *<Archivdatei>* *<Dateien>*

Da die Daten in eine Datei gepackt werden sollen, braucht man die Option f (file) für Datei. Denn dadurch arbeitet tar nicht auf dem Standardbandlaufwerk, sondern auf der angegebenen Datei. An dieser Stelle

Dateien in ein Archiv packen

wird deutlich, dass tar ursprünglich für Magnetbänder entwickelt wurde. Und zu guter Letzt ist die Option v (verbose) hilfreich. Dann erzählt tar, welche Dateien bearbeitet werden.

```
tar -cvf ../meins.tar .
```

Dieser Befehl erzeugt (c) eine Datei (f) namens **../meins.tar** und zeigt (v), welche Dateien er einpackt. In die Archivdatei kommen das aktuelle Verzeichnis (.) und alle Unterverzeichnisse hinein. Dass die Unterverzeichnisse mitkommen, ist bei tar Standard und muss nicht angegeben werden. Dass die Datei **meins.tar** im Verzeichnis vor dem aktuellen Verzeichnis liegt (..), hat seinen praktischen Grund darin, dass tar so nicht in Versuchung kommt, das gerade erzeugte Archiv selbst ins Archiv aufzunehmen. Das Problem lässt sich auch dadurch umgehen, dass man sein Paket im Verzeichnis **/tmp** packt. Dass die Datei die Endung **tar** hat, ist nicht zwingend, vereinfacht den Umgang mit der Datei aber ungemein.

Archiv mit tar auspacken

```
tar -xf[<WeitereOptionen>] <Archivdatei>
```

Archiv wieder auspacken

Nun sei die Datei per E-Mail oder Diskette oder wie auch immer auf den Zielrechner gelangt. Zum Auspacken hat man sie zunächst in das Verzeichnis **/tmp** gelegt. Um die Dateien auszupacken, wechselt man per cd in das Zielverzeichnis und weist dort tar an, das Archiv zu entpacken.

```
tar -xvpf /tmp/meins.tar
```

Absolute Pfadnamen

Beim Packen und Auspacken ist sehr genau darauf zu achten, ob die Pfadnamen der gesicherten Dateien absolut sind, also mit einem Schrägstrich beginnen. In diesem Fall hilft die Option -A, dieses Verhalten abzustellen. Sicherheitshalber sollte man die Manpage zurate ziehen, denn einige Systeme verwenden -A zum Anhängen an existierende Archive.

Dateieigenschaften

Die Option p bewirkt, dass die Dateien die gleichen Rechte wie vor dem Einpacken haben. Wenn root den Befehl tar benutzt, wird die Option standardmäßig eingeschaltet. Jeder andere Benutzer muss sie explizit nennen.

Archiv mit tar ansehen

```
tar -tf[<WeitereOptionen>] <Archivdatei>
```

Wenn Sie nur nachsehen möchten, welche Dateien in einem Archiv enthalten sind, verwenden Sie die Option -t. Das Archiv wird nicht verändert und die Dateien werden auch nicht ausgepackt. Sie sehen lediglich den Inhalt.

Komprimieren mit tar

tar kann beim Packen auch gleich eine Komprimierung durchführen. Dazu verwendet tar traditionell das Programm compress (siehe Seite 144), das auf jedem UNIX-System zu finden ist. Dazu wird auf einigen Systemen die Option -z verwendet. Einige Systeme verwenden in diesem Fall allerdings gzip. Um explizit mit compress zu komprimieren, wird dort die Option -Z verwendet.

-Z: compress

Wirkungsvoller ist das Open-Source-Programm gzip, das unter Linux längst die Rolle von compress als Standard-Komprimierer übernommen hat. Da gzip inzwischen auf nahezu jeder Plattform zu finden ist, spricht auch auf anderen Systemen nichts gegen eine Verwendung. Um gzip statt compress zu verwenden, wählen Sie die Option -z.

-z: gzip

Dateien, die mit tar -z gepackt wurden, erhalten nach Konvention die Endung **tgz**. Diese Dateien können auch nacheinander erst mit gzip dekomprimiert und anschließend mit tar -x entpackt werden.

tgz

Auch der Komprimierer bzip2 wird von tar unterstützt. Mit der Option -j kann dieses Komprimierprogramm verwendet werden. Solche Archive tragen meist die Endung **tbz** oder **tbz2**.

-j: bzip2

Verzeichnisbaumkopie mit tar

Eine völlig andere Anwendung ist das rekursive Kopieren mit tar. Hier werden die zu kopierenden Daten in eine Pipe geschoben (tar c) und von dort an anderer Stelle wieder ausgepackt. Diese Vorgehensweise hat zwei Vorteile: Einerseits lassen sich so leicht ganze Verzeichnisbäume kopieren, und andererseits bleiben alle Dateiattribute erhalten.

```
cd /home/ernst
tar cf - . | ( cd /home/august ; tar xfp - )
```

Der Befehl kopiert unter Beibehaltung aller Dateiattribute alle Dateien unterhalb des Verzeichnisses **/home/ernst** in das Zielverzeichnis **/home/august**. Solche Befehlskombinationen sind auf den ersten Blick etwas erschreckend. Aber hier wird die besondere Stärke von UNIX ausgenutzt, Programme miteinander zu kombinieren. Zunächst wechselt der Befehl cd in das Startverzeichnis **/home/ernst**. Das ist wichtig, weil so den Dateien in der Archivdatei kein Pfadname vorangestellt wird. Der tar-Befehl links von der Pipe (|) weist dann keine Überraschung auf. Durch die Kombination f - wird statt eines Speichermediums oder einer Datei in die Standardausgabe **stdout** und damit in die Pipe geschrieben. Rechts von der Pipe wird also ein auspackender tar-Befehl stehen. Der lässt sich dort auch leicht identifizieren. Er steht in einer Klammer mit dem Befehl cd, der zunächst in das Zielverzeichnis **/home/august** wechselt. Nur so gelangen die Daten überhaupt an einen anderen Ort. Dort holt tar auf der rechten Seite die Daten aus der Pipe und legt sie dort ab, wo er steht. Das p gewährleistet auch für normale Anwender, dass alle Rechte der Dateien so bleiben, wie sie vor dem Kopieren waren.

2.13.2 Zusammenpressen: compress und gzip

compress war auf jeder UNIX-Maschine verfügbar

Bis vor nicht allzu langer Zeit fanden Sie auf jeder UNIX-Maschine das Tool compress und sein Gegenstück uncompress. compress komprimiert die als Argument genannten Dateien und kennzeichnet sie, indem es ein großes .Z an den Namen hängt. Durch die Komprimierung können Textdateien leicht auf ein Drittel ihrer Größe schrumpfen. Die Originaldateien werden nach erfolgreichem Komprimieren gelöscht. Die gepackte Datei kann mit compress -d oder mit dem Befehl uncompress wieder entpackt werden.

---

compress: Dateien komprimieren

compress [<Optionen>] <Dateien>

Patent

Das Verfahren, das compess verwendet, unterliegt in den USA einem Patent[29]. Dadurch können alle Programmierer, die dieses Verfahren zur Komprimierung verwenden, lizenzpflichtig werden. Das GNU-Projekt reagierte auf seine eigene Weise, indem es ein eigenes Komprimierungsverfahren entwickelte. Dieses ist leistungsfähiger und unterliegt keinem Patent. Unter Linux hat sich inzwischen gzip als Standard-Komprimierer etabliert, so dass Sie dort compress inzwischen gar nicht mehr finden. Mit compress gepackte Dateien lassen sich mit gunzip problemlos entpacken. Da auch für ältere Maschinen gzip kostenlos zur Verfügung steht, gibt es eigentlich keinen Grund mehr, compress zu verwenden.

---

29 Zum Thema Patente siehe auch Seite 1000.

> **gzip: Dateien komprimieren**
>
> gzip [<Optionen>] <Dateien>

Inzwischen verfügt fast jede Maschine über gzip und gunzip. gzip (sprich: GNU zip) arbeitet wie compress dateienweise, hat aber einen etwas besseren Komprimierungsalgorithmus. gunzip kann auch von compress erzeugte Dateien entpacken. Umgekehrt funktioniert das aber nicht. Eine mit gzip gepackte Datei erkennt man an der Endung .gz. Ergänzt wird gzip durch weitere praktische Tools. zless arbeitet wie more (siehe Seite 120), allerdings auf einer gepackten Datei. Sehr hilfreich ist auch zgrep, mit dem man mehrere gepackte Dateien nach Stichwörtern durchsuchen kann, ohne sie einzeln auspacken zu müssen. Diese Befehle sind besonders beim Arbeiten mit den Howtos[30] hilfreich, die standardmäßig als gz-Dateien vorliegen.

GNU zip enthält viele Tools

2.13.3 Kombination aus Packen und Pressen

Natürlich lassen sich unter UNIX tar und compress leicht kombinieren, indem man sie durch eine Pipe verbindet. In diesem Fall geht es allerdings einfacher. Da diese Anwendung so häufig vorkommt, wurde in die neueren Implementationen von tar eine Option z eingebaut, die das Packen automatisch einbindet. Je nach Version wird compress oder gzip als Komprimierer eingesetzt. Beispiel:

tar cvzf ../archiv.tgz .

Bevor man also Daten mit einem anderen System tauscht, sollte man prüfen, ob die Dateien auch kompatibel sind. Wird als Komprimierer gzip verwendet, wird normalerweise die Endung tgz verwendet.

> **zip: Dateien packen und komprimieren**
>
> zip [<Optionen>] <ZipDatei> <Dateien>

Einige Maschinen besitzen auch zip und unzip, die kompatibel zu den ZIP-Tools unter MS-DOS oder MS Windows sind. Das bedeutet, dass sie die typischen ZIP-Dateien, die man im Internet findet, aus- und einpacken können. Im Unterschied zum oben genannten gzip enthalten diese Werkzeuge auch einen Mechanismus, um mehrere Dateien zu einer Datei zusammenfassen zu können. Da tar auf den oben genannten Systemen

ZIP-Tools

---

[30] http://www.tldp.org bzw. http://www.linuxdoc.org

fast unbekannt ist, verwendet man dort jedes Mal ZIP-Dateien, wenn mehrere Dateien zu einer zusammengefasst werden sollen.

```
zip projekt.zip *.c *.h
```

Mit diesem Kommando werden alle Dateien des Verzeichnisses mit den Endungen .c und .h in der Datei **projekt.zip** zusammengefasst und komprimiert. Wenn die Datei vorher noch nicht existiert hat, wird sie neu angelegt.

```
unzip projekt.zip
```

Alle in der Datei **projekt.zip** zusammengefassten Dateien werden im aktuellen Verzeichnis ausgepackt. Da ZIP-Dateien nicht aus dem UNIX-Umfeld stammen, sind sie nicht in der Lage, alle Attribute einer Datei zu sichern.

Da man unter UNIX auf Dämonen trifft und es den Befehl »kill« gibt, ist es nicht verwunderlich, dass auch Prozesse stattfinden.

3 Prozesse

Ein Prozess ist ein Programm, das in den Hauptspeicher geladen wurde und dort gestartet wurde. Er hat vollen Zugriff auf seinen Speicher, der vom Betriebssystem gegen den Zugriff anderer Prozesse geschützt wird. Der Prozess wird von Zeit zu Zeit von der CPU ausgeführt. Der Prozess kann Ressourcen wie beispielsweise Dateien belegen und ist im System durch eine eindeutige Nummer, die Prozess-ID kurz PID, identifizierbar. Zu seiner Laufzeit wird kein anderer Prozess die gleiche PID zugeteilt bekommen.

3.1 Parallele Prozesse starten

Unter UNIX können Sie ganz leicht mehrere Prozesse von einer Terminalsitzung aus starten. Sobald Sie einem Kommando das Zeichen & anhängen, wartet die Shell nicht auf das Ende des Programms, sondern lässt es im Hintergrund arbeiten. Sie können so mehrere Programme nacheinander in den Hintergrund stellen. &

Um die verschiedenen im Hintergrund liegenden Programme wieder ansprechen zu können, brauchen Sie die Prozess-ID. Das ist eine Nummer, die das System jedem laufenden Prozess zuteilt und ihn zu seiner Laufzeit eindeutig identifiziert. Diese PID wird nach dem Start in den Hintergrund per & auf der Konsole angezeigt. PID

Neben der PID führen die modernen Shells für jeden in den Hintergrund gestellten Prozess eine Job-Nummer. Diese Nummern sind für den Anwender etwas übersichtlicher, weil sie immer wieder von vorn gezählt werden. Mit dieser Nummer können die Prozesse von der Shell aus angesprochen werden. Von den gängigen Shells führt nur die Bourne-Shell keine Job-Nummern. Job-Nummer

Im Beispiel unten wird das Programm xman im Hintergrund gestartet. In der eckigen Klammer wird angezeigt, dass es bereits das zweite Programm ist, das so gestartet wurde. Der neue Prozess erhält die Prozess-ID 3717. Wird das Hintergrundprogramm irgendwann beendet, erscheint auch darüber eine Meldung auf der Konsole. Wieder wird die Jobnummer angezeigt, und es wird mit »Done« (engl. getan) angezeigt, dass das Programm xman fertig ist.

```
gaston> xman &
[2] 3717
gaston>
...
gaston>
[2]+  Done                    xman
gaston>
```

Prozessbeobachter Sie können Ihre Hintergrundprozesse betrachten, indem Sie den Befehl jobs verwenden. Sie erhalten eine Übersicht über die Prozesse, die Sie in den Hintergrund gestellt haben, die aber noch nicht abgelaufen sind.

```
gaston> jobs
[1]-  Running                 xman &
[2]+  Running                 xedit &
gaston>
```

Sie können sehen, dass hier die Programme xman und xedit in den Hintergrund gestellt worden sind.

Es ist übrigens kein Zufall, dass beide Programme unter X laufen, also die grafische Oberfläche verwenden. Normalerweise wird man alle grafischen Programme von der Shell aus in den Hintergrund stellen. Während die Shell auf die normalen Kommandos warten wird, um ihr Ergebnis weiterzuverarbeiten, laufen die grafischen Programme in direkter Interaktion mit dem Benutzer, ohne die Shell zu benutzen. Da ist es am besten, Sie stellen diese Programme gleich in den Hintergrund.

ps Leider wird der Befehl jobs von der Bourne-Shell nicht unterstützt. Aber auch Benutzer dieser Shell können auf den Befehl ps zurückgreifen. Dieser Befehl zeigt die Prozesse des Systems an. Wird er ohne Optionen aufgerufen, zeigt er die Liste der von dieser Shell gestarteten Prozesse. Dieselbe Situation wie oben sieht bei ps so aus:

```
gaston> ps
  PID TTY          TIME CMD
 4354 pts/1    00:00:00 bash
 4620 pts/1    00:00:00 xman
 4624 pts/1    00:00:00 xedit
 4628 pts/1    00:00:00 ps
gaston>
```

Im Gegensatz zu jobs zeigt der Befehl ps die Prozess-ID an. Unter TTY zeigt er die Konsole an, von der der Prozess gestartet ist. Im Beispiel ist das eine virtuelle Konsole einer grafischen Oberfläche. Unter TIME steht nicht die reale Zeit, sondern die Zeit, die die CPU beansprucht wurde. Diese Zeit ist bei den meisten Programmen nicht besonders hoch. In der letzten Spalte steht der Programmname des Prozesses. Sie sehen auch, dass ps zwei Prozesse mehr anzeigt als jobs. Das ist zunächst die Shell, aus der die Hintergrundprozesse gestartet wurden. Hier ist es die bash, und schließlich zeigt er sich selbst an, denn auch das Programm ps läuft als eigener Prozess.

Wenn Sie eine Shell verwenden, die jobs kennt, werden Sie auch informiert, wenn die Programme enden. Wurde das Programm xedit zwischendurch beendet, wird das nächste Mal, wenn Sie einen Befehl von der Shell absetzen, eine Meldung abgegeben, dass der Prozess im Hntergrund beendet wurde.

```
gaston>
[2]+  Done                    xedit
gaston>
```

Wenn Sie mehrere Konsolenprogramme im Hintergrund starten, werden Sie feststellen, dass beide Programme ihre Ausgabe direkt auf den Bildschirm schreiben, von dem sie gestartet wurden. Da man im Allgemeinen Prozesse im Hintergrund nicht am Bildschirm beobachten will, sollte man die Ausgabe in eine Datei umleiten (siehe Seite 116). Falls die in den Hintergrund gestellte Anwendung für eine Umleitung der Ausgabe nicht geeignet ist oder Interaktionen mit dem Benutzer erwartet, empfielt sich die Verwendung des Befehls screen (siehe Seite 547).

Terminalausgaben

3.2 Prozesse im Gänsemarsch

Sollen mehrere Befehle hintereinander in einer Kommandozeile angegeben werden, verwendet man als Trennzeichen das Semikolon. Das folgende Beispiel ruft zuerst den Befehl make auf und nach dessen Beendigung den Befehl date.

Zwei Prozesse nacheinander

```
gaston> make; date
```

Der Befehl make (siehe Seite 868) wird vor allem von Programmierern verwendet, um komplexere Abläufe zu starten. Diese können manchmal recht lange dauern, und so kann auf die oben beschriebene Weise nach Abschluss der Arbeiten mit Hilfe des Befehls date angezeigt werden, wann der Durchlauf beendet wurde. date zeigt neben dem Datum auch die aktuelle Uhrzeit an.

Voneinander abhängige Prozesse Sollen zwei Programme nacheinander ausgeführt werden, geschieht dies normalerweise, weil ein Programm auf den Ergebnissen eines anderen aufbaut. In solchen Fällen ist es aber sinnlos, das zweite Programm auszuführen, wenn bereits das erste scheiterte. Auch hierfür gibt es eine Lösung. Programme unter UNIX geben ihren Erfolgsstatus an die Shell in Form einer Fehlernummer zurück. Ist diese 0, ist alles in Ordnung. Durch ein doppeltes kaufmännisches Und, also &&, wird das zweite Programm nur gestartet, wenn das erste Programm 0 zurückgab:

```
programm1 && programm2
```

Auch das Gegenteil ist möglich: Durch die Verwendung zweier senkrechter Striche wird programm2 nur ausgeführt, wenn programm1 scheiterte:

```
programm1 || programm2
```

Klammern starten eine eigene Subshell In Klammern eingeschlossene Kommandos werden in einer eigenen Subshell gestartet. Auf diese Weise lassen sich Kommandos bündeln. Da die Shell die Rückmeldung der zuletzt gestarteten Programme an den Aufrufer weiterleitet, kann man auch in den logischen Abfolgen klammern.

Tabelle 3.1 zeigt, wie mehrere Programme gestartet werden können.

Syntax	Ausführung
prog1 ; prog2	Erst prog1, dann prog2 ausführen
prog1 && prog2	prog2 nur bei Erfolg von prog1 ausführen
prog1 || prog2	prog2 nur bei Misserfolg von prog1 ausführen

Tabelle 3.1 Start mehrerer Programme

3.3 Prioritäten: nice

Ein in den Hintergrund gestellter Prozess verbraucht natürlich auch Ressourcen. Schlecht, wenn der Hintergrundprozess dem Rechner alle Leistung abverlangt, wenn diese im Vordergrund gebraucht wird. Freundliche Menschen sind nett zueinander und lassen die Hintergrundprozesse mit niedriger Priorität laufen. Dazu stellen Sie den Befehl nice vor ihr Kommando.

nice: Startet den Prozess mit verminderter Priorität

nice [-][<Nettigkeitsgrad>] <Kommando>

Der Befehl nice kann einen Prozess auf eine niedrigere Priorität setzen, damit andere Prozesse in ihrer Ausführung nicht so stark gestört werden. Spötter behaupten, es sei der unter UNIX am seltensten benutzte Befehl. Dabei ist die Benutzung extrem einfach: Man schreibt einfach das Wort nice vor das Kommando. Man kann den Grad seiner Nettigkeit sogar beziffern; sie kann maximal bei 19 liegen. Je höher der Wert, desto netter ist der Anwender, weil er die Priorität seines Prozesses zugunsten anderer Prozesse senkt. Gibt man seine Freundlichkeit nicht explizit an, ist sie 10. Nur root darf seine Nettigkeit in negativen Zahlen ausdrücken und darf dabei bis –20 gehen. Einige Systeme vermeiden die negativen Zahlen, indem sie den Wertebereich von 0 bis 39 festlegen.

Priorität reduzieren

nice muss immer beim Kommandostart angegeben werden. Was aber, wenn Sie nach dem Start feststellen müssen, dass ein Kollege sich beschwert, welcher Idiot denn da den ganzen Betrieb mit diesem Prozess blockiert. Wenn der Kollege größer und stärker ist als Sie, werden Sie sofort in den Manpages nachblättern, wie Sie den Prozess im Nachhinein netter gestalten können. Und dann werden Sie feststellen, dass der Befehl renice genau das Gewünschte tut.

Nachträglich nett sein: renice

renice: Korrigiert die Priorität des laufenden Prozesses
renice [{-|+}][<Nettigkeitsgrad>] <PID>

Auch hier darf nur root boshaft sein und negativ nett werden. Und selbstverständlich darf niemand die Prozesse des Kollegen in seiner Priorität herabsetzen.

Manche Shell verfügt über einen eigenen Befehl nice.

3.4 Prozessliste anzeigen: ps

Der Befehl ps zeigt eine Prozessliste. Ohne Parameter zeigt er nur die eigenen Prozesse der aktuellen Sitzung. Das sind im Allgemeinen die Shell und ps selbst. Wurden in der Sitzung Prozesse in den Hintergrund gestellt, die noch laufen, erscheinen diese auch.

Auch die Prozessabhängigkeiten bilden einen Baum

ps: Zeigt die Prozessliste
ps [-][<Optionen>]

3 | Prozesse

Fremde Prozesse
Neben den eigenen Prozessen können Sie auch die Prozesse anderer Benutzer sehen. Mit der Option -e werden die Prozesse anderer Benutzer angezeigt. In Kombination mit der Option -f können Sie weitere Details der Prozesse sehen.

Unterschiedliche Optionen
Die Parameter des Befehls ps unterscheiden sich leider zwischen einigen UNIX-Systemen. Die Optionen, die von System-V festgelegt wurden, sind inzwischen als POSIX-Standard festgelegt. Aber einige Systeme verwenden weiterhin die Optionen, wie sie in BSD-Systemen üblich waren. Linux versucht einen interessanten Kompromiss. Werden die Optionen mit einem Minuszeichen eingeleitet, werden sie als POSIX-konforme Optionen interpretiert. Man kann aber weiterhin die BSD-Optionen verwenden, indem man das Minuszeichen weglässt.

BSD-Optionen
Wollen Sie bei BSD-Systemen auch die Prozesse der anderen Benutzer sehen, verwenden Sie am besten die Kombination ps -aux.

PID
Jeder Prozess hat eine eigene Prozess-ID, die PID. Sie bezeichnet zu jedem Zeitpunkt eindeutig einen Prozess. Jeder Prozess trägt auch die Information, des Elternprozesses, die PPID (Parent Process ID) genannt wird. Der Ursprungsprozess ist der init-Prozess und hat immer die PID 1.

Wenn Sie für ps den Parameter -l verwenden, erhalten Sie die Langdarstellung mit vielen Details. Sie können erkennen, dass der Vater von ps die Shell ist.

```
gaston> ps -l
UID    PID  PPID  PRI  NI ADDR  SZ WCHAN   TTY         TIME CMD
501   1292  1291   69   0    - 711 wait4   pts/0   00:00:00 bash
501   3578  1292   69   0    - 931 do_sel  pts/0   00:00:03 vi
501   3598  3597   70   0    - 712 wait4   pts/2   00:00:00 bash
501   3634  3598   69   0    -1984 do_pol  pts/2   00:00:02 ggv
501   3658  3634   69   0    -2770 do_sel  pts/2   00:00:03 gs
501   3807  3598   77   0    - 749 -       pts/2   00:00:00 ps
gaston>
```

In der Prozessliste ist zweimal die Shell bash zu erkennen, einmal mit der PID 1292, das andere Mal mit der PID 3598. Die erste Sitzung ist der Vater eines vi. Die zweite Sitzung ist einmal der Vater von ggv, der selbst wieder Vater von gs ist, und außerdem der Vater von ps. Daraus lässt sich schließen, dass ggv vor dem Aufruf von ps im Hintergrund gestartet wurde.

Es lassen sich noch sehr viel mehr Details erkennen, wie die CPU-Zeit, die der Prozess bereits verbraucht hat, das Kommando, das ausgeführt wurde, von welchem Terminal der Prozess gestartet wurde, und einige Dinge mehr.

Jeder Anwender kann alle Prozesse sehen und auch, mit welchen Parametern sie aufgerufen wurden. Darum sollten Sie unter UNIX niemals ein Passwort oder etwas Geheimes als Kommando absetzen. Mit Hilfe des Befehls ps kann jeder andere Benutzer der Maschine den vollständigen Befehl lesen.

Achtung!

Sie sehen also, dass man auf einem UNIX-System jede Aktivität beobachten kann. In diesem Fall scheint die Offenheit des Systems lästig zu sein. Auf der anderen Seite ist genau dadurch ein Fehlverhalten des Systems sowie ein Amok laufender Prozess leicht identifizierbar.

Mit der Option -u wie User wird zusätzlich auch noch der Eigentümer des jeweiligen Prozesses angezeigt.

Die Option -w (w wie wrap) umbricht die einzelnen Zeilen der Prozessliste am Zeilenende. Das normale Verhalten von ps ist es, die Ausgabe am rechten Bildschirmrand abzuschneiden. So verliert man aber leicht die Informationen, die über den rechten Rand hinausragen.

Im Zusammenhang des Administrationsteils wird der Befehl ps noch einmal etwas ausführlicher beschrieben (siehe Seite 435).

3.5 Stoppen eines Prozesses: kill

Haben Sie einen Prozess in den Hintergrund gestellt, möchten ihn aber doch wieder vorzeitig stoppen, können Sie dies mit dem Kommando kill erreichen. Als Parameter geben Sie die Prozess-ID des Prozesses an, der beendet werden soll.

---

kill: Sendet dem Prozess ein Signal

kill [-<Signalnummer>] <ProzessID>

Man darf nur eigene Prozesse abschießen. Lediglich der Administrator ist berechtigt, auch fremde Prozesse zu terminieren. Die meisten UNIX-Programme sind so geschrieben, dass sie ihre Daten sichern und einen regulären Abgang durchführen, wenn sie ein Signal von einem normalen kill empfangen.

Lizenz zum Töten

Sollte ein kill also nicht sofort Erfolg zeigen, kann das damit zusammenhängen, dass der Prozess noch mit den Terminierungstätigkeiten beschäftigt ist. Ein zweiter `kill`-Befehl ist da selten hilfreich. Nach etwa fünf Sekunden sollte ein angeschossener Prozess aber dann enden. So viel Zeit gibt ihnen der Shutdown auch, bevor er weitergeht. Hartnäckige Prozesse schießt man mit einem `kill -9` ab.

Mehr zum Thema `kill` und Signale finden Sie ab Seite 439 im Zusammenhang mit den Administratortätigkeiten.

3.6 Programmabbruch

<small>Programmende durch ctrl+C</small>

Ein gestarteter Prozess kann meist mit der Tastenkombination **ctrl+C** abgebrochen werden. Auf älteren Systemen wurde dazu die Delete-Taste betätigt. Der im Vordergrund laufende Prozess erhält dadurch das Terminierungssignal SIGINT und beendet sich regulär.

<small>Programmunterbrechung durch ctrl+Z</small>

Es gibt bei vielen UNIX-Systemen die Möglichkeit, einen Prozess auch kurzfristig anzuhalten. Allerdings muss auch die Shell dies unterstützen. Dazu verwenden Sie **ctrl+Z** und erzeugen damit das Signal SIGTSTP. Es erscheint die Meldung, dass der Prozess gestoppt worden ist:

```
[1]+  Stopped (user)            xemacs libash.htm
```

In der rechteckigen Klammer steht die Jobnummer aus Sicht der Shell, in diesem Fall eine 1. Diese Nummer darf nicht mit der PID verwechselt werden. Auf diese Nummer beziehen sich die Kommandos `fg`, `bg` und `kill`, wenn ein Prozentzeichen vorangestellt wird. Mit dem Befehl `jobs` wird die Liste der Jobs angezeigt. Man kann den Job im Vordergrund fortsetzen, indem man

```
fg %1
```

eingibt. Damit wurde die Situation vor **ctrl+Z** wiederhergestellt. Das kann sinnvoll sein, wenn man kurz das Terminal für andere Zwecke benötigt. Um den gestoppten Job im Hintergrund weiterlaufen zu lassen, gibt man den Befehl `bg` ein:

```
bg %1
```

Das empfiehlt sich vor allem dann, wenn man einen Prozess aus Versehen ohne & gestartet hat und er nun die Konsole blockiert. Man sollte aber vorsichtig sein, die frei gewordene Konsole zum Ausloggen zu verwenden, da das `bg`-Kommando nicht nachträglich das `nohup`-Kommando setzt (siehe Seite 547).

Letztendlich kann man den zunächst gestoppten Job auch terminieren:

```
kill %1
```

Insbesondere bei `kill` ist es wichtig, das %-Zeichen vor der Zahl nicht zu vergessen, da diese die Jobnummer und nicht die PID bezeichnet. Das Verfahren funktioniert nicht bei allen UNIX-Varianten, da das Signal SIGSTP benötigt wird, das nicht in jedem UNIX verfügbar ist. Auch die Shell muss mitspielen. Die Korn-Shell und die bash von Linux und Solaris neuerer Varianten unterstützen es.

Umgebungsvariablen werden in der Literatur auch oft Environment-Variablen genannt.

4 Umgebungsvariablen

UNIX stellt systemweite Variablen zur Verfügung, die Umgebungsvariablen (engl. *environment variables*) genannt werden. Jeder Prozess erhält beim Start von seinem Elternprozess alle definierten Umgebungsvariablen. Jeder Prozess kann den Inhalt der Variablen ändern oder neue hinzufügen. Startet der Prozess weitere Prozesse, wird er die Umgebungsvariablen vererben.

Die Shell bietet eine einfache Möglichkeit, Variablen zu setzen und abzufragen. Diese Variablen sind zunächst einmal Shell-Variablen. Sie werden nicht an nachfolgende Prozesse weitergegeben. In Shellskripten werden sie zum Festhalten von Ergebnissen verwendet. Aber nur die Variablen, die mit dem Kommando export (siehe Seite 163) bzw. bei der C-Shell setenv (siehe Seite 167) explizit in die Umgebungsvariablen gestellt werden, werden auch an die nachfolgenden Prozesse weitergeleitet.

Shell-Variablen

Eine Variable wird definiert, indem ihr ein Inhalt zugewiesen wird. Entsprechend wird sie wieder entfernt, wenn man ihr einen leeren Inhalt zuweist:[1]

Variablendefinition

```
gaston> HUGO="schau an"
gaston>
```

Es darf kein Leerzeichen zwischen dem Variablennamen, dem Gleichheitszeichen und dem Zuweisungsobjekt auftauchen. Die Variable HUGO wird angelegt, und ihr Wert ist ab diesem Augenblick die Zeichenkette »schau an«. Um den Inhalt einer Variablen auszulesen, stellt man ein Dollarzeichen voran:

```
gaston> echo $HUGO
schau an
gaston>
```

---

[1] Im Folgenden wird die Syntax der Bourne-Shell und ihrer kompatiblen Nachfolger verwendet. Die C-Shell hat eine etwas andere Syntax.

4 | Umgebungsvariablen

Variablen in Großbuchstaben

Der echo-Befehl führt zur Ausgabe der Wörter »schau an«. Die einschließenden Anführungszeichen werden nicht in der Variablen gespeichert. Übrigens müssen Variablennamen nicht zwingend in Großbuchstaben gesetzt sein. Da die vom System vorgegebenen Variablennamen groß sind, halten sich auch die meisten Anwender an diese Vorgabe. Der Übersichtlichkeit wegen sollte man nicht ohne zwingenden Grund eine andere Konvention einführen.

Variablenliste

Sie können sich eine Liste der Umgebungsvariablen mit Hilfe des Befehls set anzeigen lassen. Dabei werden Sie feststellen, dass UNIX ausgiebigen Gebrauch von den Umgebungsvariablen macht. Damit Sie überhaupt eine Chance haben, etwas zu finden, sollten Sie die Ausgabe durch more schicken oder am besten gleich mit Hilfe des Befehls grep nach den gesuchten Variablen filtern.

```
gaston> set | grep LANG
INOLANG=de_de
LANG=de_DE@euro
gaston>
```

LANG

Hier wurde nach den Language-Variablen gesucht, also den Variablen, die einstellen, in welcher Sprache UNIX mit Ihnen kommuniziert. Durch Umschalten der Sprache gibt beispielsweise der Befehl date Datum und Uhrzeit in unterschiedlichen Sprachen und Formaten wieder.

```
gaston> date
Mo 21. Mai 21:49:25 CEST 2007
gaston> export LANG=da_DK
gaston> date
man maj 21 21:51:38 CEST 2007
gaston> export LANG=en_US
gaston> date
Mon May 21 21:52:07 CEST 2007
gaston>
```

Wenn Sie in der Anmelde-Shell beispielsweise durch einen Eintrag in der Datei **.profile** die Umgebungsvariable LANG auf Dänisch umstellen, wird der Anwender das Gefühl haben, dass er einen dänischen Computer vor sich hat, obwohl alle anderen deutsche Meldungen haben. Das hängt damit zusammen, dass alle Prozesse Nachfahren der Anmelde-Shell sind und deren Umgebung erben.

Die Tabelle 4.1 zeigt einige vorbelegte Variablen.

Variable	Bedeutung
HOME	Benutzerverzeichnis des Benutzers
PATH	Verzeichnisse, die nach Programmen durchsucht werden
PS1 PS2	Promptzeichen
IFS	Alle Zeichen, die wie ein Leerzeichen wirken sollen
PWD	Die Variable hält immer den Wert, den pwd liefert
LANG	Umschalten der Landessprache

Tabelle 4.1 Vorbelegte Umgebungsvariablen

Die Variable PATH enthält die Pfade, auf denen auf dieser Maschine die ausführbaren Programme zu finden sind. Die einzelnen Pfade sind durch einen Doppelpunkt voneinander getrennt. Die Variable muss nur selten geändert werden, da normalerweise die Startdateien für Programme an immer die gleichen Stellen installiert werden. Eine besondere Rolle spielt der Punkt in der Liste der Verzeichnisse. Nur wenn der Punkt in der Liste auftaucht, wird auch das aktuelle Verzeichnis durchsucht. Und nur dann werden Programme aus dem aktuellen Verzeichnis auch gestartet, ohne einen Pfad anzugeben. In sicherheitskritischen Umgebungen wird der Punkt in der Variablen PATH nicht angelegt, um es Trojanischen Pferden[2] schwerer zu machen. In solch einem Fall muss das Programm im aktuellen Arbeitsverzeichnis mit dem Namen **prog** durch ./prog aufgerufen werden. Die Reihenfolge der Verzeichnisse in der Variablen PATH ist ebenfalls von Interesse, da in dieser Reihenfolge die Verzeichnisse daraufhin durchsucht werden, ob das aufgerufene Programm dort zu finden ist. Wird eines gefunden, wird es gestartet und die Suche abgebrochen. Wenn ein Punkt in der Variable PATH aufgeführt wird, steht es immer an letzter Stelle.

PATH

PS1 ist der Prompt, also die Zeichenkette, die im Normalfall links neben dem Cursor steht. Standardmäßig steht dort für den normalen Anwender ein Dollarzeichen ($) und für den Administrator ein Hashzeichen (#). Inzwischen ist es aber Mode geworden, dort alle möglichen Informationen abzulegen. Dadurch füllt auf manchem System der Prompt zwei Drittel der Zeile. Andererseits ist es sicher nicht verkehrt, wenn man darüber informiert wird, wer man eigentlich ist und wo man sich befindet. So bekommt man auf meiner Maschine auf den Befehl echo $PS1 die Antwort:

PS1 bestimmt den Prompt

---

2 Ein Trojanisches Pferd ist ein Programm, das unter dem Namen eines anderen Programms auf den Rechner geschmuggelt wird. Meist steckt die Absicht dahinter, Programme unter fremden Rechten ausführen zu lassen oder Passwörter auszuspionieren.

4 | Umgebungsvariablen

```
\u@\h:\w >
```

Die Fähigkeit, den Anwender (\u), den lokalen Rechner (\h) und das aktuelle Verzeichnis (\w) im Prompt anzuzeigen, ist allerdings spezifisch von der Shell abhängig. Auf meinem Rechner sieht der Prompt neben dem Cursor so aus:

```
arnold@gaston:~/my/texte/tex/buch >
```

PS2 Die Variable PS2 bestimmt den Sekundärprompt. Er wird erzeugt, wenn das angefangene Kommando nach dem Return noch nicht beendet ist. Dies merkt die Shell bei Anführungszeichen oder Klammern, die gesetzt wurden, aber deren Gegenstück nicht eingegeben wurde. PS2 ist normalerweise ein einfaches Größerzeichen und wird auch selten verändert. Ein Beispiel finden Sie auf Seite 174.

»Das ist meine Mupfel!«
Der Pinguin Ping in »Urmel aus dem Eis«

5   Die Shell

Die Shell ist der Kommandointerpreter des UNIX-Systems. Da die Shell letztlich eine Anwendung ist, lässt sie sich leicht austauschen. Je nach persönlichem Geschmack kann sich jeder Anwender seine eigene Shell zuordnen lassen. Welche Shell nach dem Einloggen gestartet wird, steht in der Datei **/etc/passwd** (siehe Seite 257). Eine Shell, die auf diese Weise gestartet wird, bezeichnet man als interaktive Login-Shell. Da eine Login-Shell immer interaktiv ist, wird sie oft einfach als Login-Shell bezeichnet. Sie können eine Shell aber auch direkt aus einer anderen Shell oder durch das Starten einer Terminalemulation der grafischen Oberfläche starten. Eine solche Shell ist keine Login-Shell, aber dennoch eine interaktive Shell. Es gibt auch nichtinteraktive Shells. Diese dienen als reiner Kommandointerpreter zur Ausführung eines Shellskripts. Mit dem Ende des Skripts endet auch die Shell.

Die folgenden Abschnitte stellen die verschiedenen Shell-Typen vor. Die »Ur-Shell« von UNIX heißt Bourne-Shell nach ihrem Programmierer. Im Laufe der Jahre wünschten sich die UNIX-Benutzer etwas mehr Komfort. Und so entstanden mit der C-Shell, der Korn-Shell und vielen anderen modernere Shells. Die bash (Bourne Again Shell) nahm die wichtigsten Ideen auf und entwickelte sich in den letzten Jahren zu der weit verbreitetsten Shell.

Verschiedene Shells

Die Shell unter UNIX ist wesentlich mehr als nur die Startkonsole für Programme.

Leistung

5.1   Bourne-Shell (sh) und POSIX

Die Bourne-Shell war die erste Shell und wurde mit sh aufgerufen. Der POSIX-Standard fordert nach POSIX.2, dass jedes konforme Betriebssystem durch den Aufruf von sh eine POSIX-konforme Shell startet. Da POSIX ein Mindeststandard ist, findet man manchmal Shells, die weit über diesen Standard hinausgehen. Auch wenn die Bourne-Shell aufgrund ihrer Konkurrenten fast nur noch historische Bedeutung hat, ist es aus Portabilitätsgründen sinnvoll, Shellskripte (siehe Seite 771) für diese Shell zu schreiben, wenn sie auf unterschiedlichen UNIX-Rechnern laufen sollen. Immerhin ist die `sh` nach POSIX immer verfügbar. Es ist aber nicht notwendig, diese Shell auch als Anwendershell zu benutzen.

Kompatibel — Im Vergleich zu den heute gebräuchlichen Shells sind die Möglichkeiten der Bourne-Shell ein wenig eingeschränkt. Insbesondere ihren Komfort beim Editieren der Kommandos ließe sich mit dem Begriff »archaisch« umschreiben. So ist ein Zurückholen der letzten Kommandos nicht möglich. Trotz dieser offenkundigen Mankos sollte nicht verkannt werden, dass diese erste Shell eine eigene Skriptsprache besitzt und die für UNIX typische Wildcard-Auflösung beherrscht. Zur Zeit der Entstehung der Bourne-Shell war es durchaus üblich, Computer mit Lochkarten zu steuern, die man auf einer entsprechend umgebauten Schreibmaschine stanzten.

5.2 Korn-Shell (ksh)

Die Korn-Shell ist eine Weiterentwicklung der Bourne-Shell mit höherem Komfort. So kennt sie Aliase und die Jobverwaltung mit den Befehlen `jobs`, `bg` und `fg`.

Beim Start werden die Dateien **/etc/profile** und die Datei **.profile** aus dem Benutzerverzeichnis gestartet.

Namensauflösungen — Beginnt ein Verzeichnis mit einer Tilde ~, wird sie durch den Pfad des Benutzerverzeichnisses ersetzt. **~/test** wird die Shell zu **/home/arnold/test** auflösen, wenn das Benutzerverzeichnis **/home/arnold** ist.

Wenn Sie die **ESC**-Taste zweimal drücken, versucht die Korn-Shell, den Datei- oder Pfadnamen des angefangenen Worts anhand der erreichbaren Datei- bzw. Verzeichnisnamen zu vervollständigen.

Umleitung der Ausgabe — Das Größerzeichen leitet die Standardausgabe (**stdout**) auf eine Datei um. Die Umleitung der Standardfehlerausgabe (**stderr**) erfolgt, indem eine 2 vor das Größerzeichen gesetzt wird. Sollen **stdout** und **stderr** in die gleiche Datei umgeleitet werden, wird `2>&1` verwendet.

5.2 Korn-Shell (ksh)

Befehl	Wirkung
cc haus.c > out	Umleitung der Standardausgabe, Fehler am Terminal
cc haus.c 2> out	Umleitung der Fehler, Standardausgabe am Terminal
cc haus.c 2>&1 out	Umleitung der Ausgabe und der Fehler nach out

Tabelle 5.1 Umleitungen

Besonderheiten bei Variablen

Der Befehl `export` dient dazu, Variablen an Nachfolgeprogramme weiterzugeben. Variablen werden für die aktuelle Shell definiert. Wird ein Programm von der Shell aus gestartet, werden die Variablen nicht weitergegeben. Das kann besonders lästig sein, wenn die Variablen eigentlich das Verhalten des gestarteten Programms ändern sollen. Damit die Variable und ihre Inhalte an alle Kindprozesse weitergegeben werden, muss die Variable exportiert werden. Als Beispiel dient ein Programm, das über die Variable DATA den Pfad und Dateinamen seiner Daten übermittelt bekommt.

export

```
gaston> DATA=/home/arnold/my/database
gaston> export DATA
gaston> auswertung
```

Die Korn-Shell kann mathematische Ausdrücke berechnen und in Variablen ablegen. Dazu stellt man den Befehl `let` einer Variablenzuweisung voran. Als Operanden können +, -, *, / und % (als Modulo) verwendet werden. Auch Klammern werden korrekt interpretiert. Es darf allerdings kein Leerzeichen in dem Ausdruck stehen. Besonders praktisch ist die Fähigkeit, mit verschiedenen Zahlensystemen zu arbeiten. Dazu wird einer Zahl die Basis, gefolgt von einem Hashzeichen (#), vorangestellt. Die Dualzahl 2#11 entspricht einer dezimalen 3, und um die Hexadezimalzahl 1a darzustellen, wird 16#1a oder 16#1A verwendet. Beispiel:

let lässt rechnen

```
gaston> let wert=45+5
gaston> echo $wert
50
gaston> wert=45+5
gaston> echo $wert
45+5
gaston> let wert=16%5
gaston> echo $wert
1
gaston> let wert=(1+3)*2
gaston> echo $wert
8
gaston> let wert=16#1a
```

```
gaston> echo $wert
26
gaston>
```

Im Beispiel ist zu sehen, dass ohne die Verwendung von `let` die Variable den Ausdruck als Text übernimmt. Die Korn-Shell kennt auch Modulorechnung und Klammern. In den letzten beiden Beispielen wird die Umrechnung von hexadezimalen Werten demonstriert.

History

History mit fc

Die Korn-Shell merkt sich standardmäßig die letzten 128 Kommandos in der Datei **.sh_history** des Benutzerverzeichnisses. Die Bearbeitung der Kommandos erfolgt mit dem Befehl `fc`. Ohne weitere Parameter aufzurufen, startet `fc` den Systemeditor (meist vi). Darin findet sich das zuletzt eingegebene Kommando. Im Editor kann man das Kommando verändern und speichern. Dadurch wird die geänderte Version ausgeführt.

Wird als Argument von `fc` eine Zeichenkette angegeben, wird der letzte Befehl in den Editor geladen, der mit dieser Zeichenkette beginnt. Mit der Option `-e` kann ein Kommando direkt verändert werden, ohne den Editor zu belästigen. Wieder kann mit dem Argument nach der letzten Zeile gesucht werden, die mit dieser Zeichenkette beginnt. Mit einer Zuweisung kann ein Teilstring dieses Kommandos ersetzt werden. In der Praxis sieht das so aus:

```
gaston> let wert=16#1A
gaston> echo $wert
26
gaston> fc -e -
echo $wert
26
gaston> fc -e - 1A=22 let
let wert=16#22
gaston>
```

Im letzten `fc` wird das letzte Kommando gesucht, das mit »let« beginnt, und innerhalb des Kommandos wird die Zeichenkette 1A durch 22 ersetzt. Mit Erleichterung werden Sie zur Kenntnis nehmen, dass Sie, anstatt mit `fc` zu arbeiten, die Editierkommandos von vi auf die Kommandoebene holen können. Dazu geben Sie den folgenden Befehl ein:

```
set -o vi
```

Kommandos editieren wie in vi

Danach schalten Sie mit der **ESC**-Taste in den Editiermodus um. Sie können nun mit + und - die vergangenen Zeilen wieder heranziehen, bis

Sie zu dem Befehl gelangen, den Sie ausführen möchten. Sie können mit dem Schrägstrich in den bisherigen Kommandos suchen. Haben Sie den gewünschten Befehl gefunden, können Sie ihn noch modifizieren. Innerhalb der Zeile können Sie mit **i** einfügen und mit **d** löschen. Das Bewegen innerhalb der Zeile funktioniert mit der **Leertaste** und **Backspace**, aber auch wortweise mit **w** und **b**. Wer mit `vi` umgehen kann, wird sich wohlfühlen.

```
set -o emacs
```

Die Benutzer von emacs werden sich schon gedacht haben, dass man auch dessen Kommandos zur Bearbeitung der History verwenden kann.

Kommandos editieren wie in emacs

Taste	Funktion
ctrl+P	Zeilenweises Rückwärtsblättern der Kommandos
ctrl+N	Zeilenweises Vorwärtsblättern der Kommandos
ctrl+B	Mit dem Cursor nach links
ctrl+F	Mit dem Cursor nach rechts
ctrl+A	An den Anfang der Zeile
ctrl+E	An das Ende der Zeile
ctrl+D	Löscht das Zeichen unter dem Cursor
ctrl+K	Löscht bis an das Ende der Zeile
ctrl+R	Inkrementelles Suchen

Tabelle 5.2 emacs-Kommandotasten

5.3 C-Shell (csh)

Die C-Shell ist vor allem für Programmierer entwickelt worden. Ihre Skriptsprache unterscheidet sich erheblich von anderen Shells und ähnelt der Sprache C. Die Leistungsfähigkeit der Skriptsprache ist heutzutage nicht mehr so relevant, da man Perl oder Tcl/Tk heranzieht, wenn man eine leistungsstärkere Skriptsprache als die der Shell benötigt. Unabhängig davon hat die C-Shell immer noch ihre Freunde. Insbesondere die modernere Variante `tcsh`, die einige Fähigkeiten der `bash` (siehe Seite 168) besitzt, ist durchaus verbreitet. So findet sie sich auch auf Mac OS X als Standard-Shell.

Die Startdatei der C-Shell heißt **.cshrc**. Statt der Datei **.profile** wird bei einer Login-Shell die Datei **.login** gestartet. Neu gegenüber der Bourne-Shell ist, dass es auch eine Datei gibt, die beim Ausloggen gestartet wird. Sie heißt **.logout**.

Startdatei .chsrc

5 | Die Shell

Eingabeprompt Der Prompt der C-Shell ist traditionell ein Prozentzeichen. Die C-Shell zählt die Eingaben mit. Diese Zahl wird neben dem Prozentzeichen angezeigt. Die Anzeige des Prompts kann durch die Umgebungsvariable prompt[1] gesteuert werden. Diese enthält also normalerweise:

```
set prompt="%\!:"
```

Sie können auf die Befehlsnummern Bezug nehmen, indem Sie diesen ein Ausrufezeichen voranstellen. Die letzten Befehle können Sie mit dem Befehl history anzeigen lassen. Wieviele Befehle die C-Shell notiert, wird durch die Variable history festgelegt.

History

Die C-Shell verwendet das Ausrufezeichen als Historyzeichen. Daneben werden auf den neueren Systemen normalerweise die Cursortasten unterstützt.

Zeichen	Wirkung
!!	Ruft die letzte Zeile noch einmal auf
!5	Ruft die fünftletzte Zeile noch einmal auf
!abc	Ruft die letzte Zeile auf, die mit abc beginnt
!?abc	Ruft die letzte Zeile auf, die abc enthält
!$	Verwendet das Argument der letzten Zeile an dieser Stelle

Tabelle 5.3 C-Shell-History

Teile des letzten Kommandos können ersetzt werden. Betrachten Sie dazu folgendes Beispiel:

```
hpsrv 2: lx hel*
lx: Command not found.
hpsrv 3: ^lx^ls
ls hel*
hello.cpp
hpsrv 4:
```

Das fehlerhafte lx wird durch das korrekte ls ausgetauscht. Nach Return wird der korrigierte Befehl gestartet. Im folgenden Beispiel wird noch einmal der Befehl geholt, der mit ls beginnt. Im Anschluss wird das Argument des letzten Kommandos im neuen Kommando wieder verwendet:

---

1 Die Variable prompt entspricht der Variable PS1 bei der Bourne-Shell.

```
hpsrv 4: !ls
ls hel*
hello.cpp
hpsrv 5: echo !$
echo hel*
hello.cpp
hpsrv 6:
```

Statt der Umgebungsvariablen PS1 für den Prompt verwendet die C-Shell die Variable prompt, die mit set gesetzt wird: **Promptgestaltung**

```
set prompt="%\!:"
```

Dieser Befehl führt dazu, dass vor jedem Kommando eine Nummer steht, auf die man sich in der History beziehen kann.

Wenn Sie **ESC** drücken, versucht die C-Shell, den angefangenen Dateinamen anhand der im Verzeichnis existierenden Dateinamen automatisch zu vervollständigen.

Die C-Shell unterscheidet zwischen Shellvariablen und Umgebungsvariablen. Umgebungsvariablen werden mit dem Befehl setenv gesetzt und mit printenv angezeigt. Umgebungsvariablen werden an alle Prozesse weitergegeben, die von der Shell aufgerufen werden. **Umgebungsvariablen**

> **Setzen einer Umgebungsvariablen**
>
> setenv <VARIABLE> <wert>

Dagegen werden die lokalen Shellvariablen mit set gesetzt und durch Voranstellen eines Dollarzeichens ausgelesen. Dabei wird nur dann auf die Umgebungsvariable zurückgegriffen, wenn es keine Shellvariable gibt. So können Umgebungsvariablen und Shellvariablen sogar unabhängig voneinander existieren, wie im folgenden Beispiel zu sehen: **Shellvariablen**

```
gaston> setenv huhu 3
gaston> echo $huhu
3
gaston> set huhu=5
gaston> echo $huhu
5
gaston> printenv huhu
3
gaston> ps
```

Beim Umleiten des Fehlerausgabekanals (**stderr**) in eine Datei muss bei der C-Shell auch der normale Ausgabekanal (**stdout**) in diese Datei um- **Umleitung** geleitet werden. Das Zeichen für die gemeinsame Umleitung ist eine Kombination aus Größerzeichen und kaufmännischem Und (>&).

```
cc -o moin moin.c >& outerr
```

Dieser Mechanismus gilt ebenso bei einer Pipe. Wird dem senkrechten Strich ein & angehängt, geht auch **stderr** durch die Pipe. Anders ausgedrückt geht die **stderr** bei der C-Shell entweder auf den Bildschirm oder folgt **stdout** durch Angabe des kaufmännischen Und (&) hinter dem Umleitungszeichen.

5.4 Bourne-Again-Shell (bash)

bash ist die Abkürzung für *bourne again shell*. In ihrer Kommandostruktur setzt sie, wie ihr Name schon andeutet, auf der alten Bourne-Shell auf, fügt ihr aber diverse Fähigkeiten hinzu, die sie von den anderen Shells wie beispielsweise der Korn-Shell (ksh) oder der C-Shell (csh) gelernt hat. Auf diese Weise kommen auch Benutzer der anderen Shells mit der bash schnell zurecht. Immerhin spricht sie ihre Sprache.

bash ist Standard unter Linux — Die bash ist die Standard-Shell der Linux-Systeme. Unter Linux gibt es keine sh mehr. Der Standardeintrag **/bin/sh** ist ein Link auf die bash. Da die bash eine Obermenge der sh ist, ist eine separate Bourne-Shell auch nicht erforderlich.

Verbreitung — Da die bash als Quelltext zur Verfügung steht, ist es leicht, sie auch auf andere UNIX-Plattformen zu übertragen. Da sie sehr leistungsfähig ist, und sie auch den Freunden von csh und ksh ein Ersatz ist, findet sie immer mehr Anhänger. Inzwischen ist sie, zumindest als Alternative zur jeweiligen Standard-Shell, fast auf jeder UNIX-Maschine verfügbar.

History

In der Datei **.bash_history** im Benutzerverzeichnis jedes Benutzers speichert die bash die letzten 1000 eingegebenen Befehle. Die Datei speichert sie im Klartext. Zur Wahrung der Intimsphäre ist diese Datei für jeden, außer dem Benutzer, nicht lesbar.

Alte Kamellen aufwärmen — Die Datei **.bash_history** dient nicht etwa dem Schmökern in alten Zeiten und Befehlen, sondern speichert die Befehle, um sie auf Anwenderwunsch wieder hervorzuzaubern. Das geschieht, sobald die Cursortaste mit dem Pfeil nach oben gedrückt wird. Bei jedem Tastendruck geht es eine Zeile weiter zurück in der Geschichte der Befehlseingaben. Die Pfeiltaste nach unten geht wieder in Richtung Zukunft.

Funktionstasten

Sind die alten Befehle erst hervorgekramt, lassen sie sie nach Herzenslust verändern. Natürlich funktionieren auch die Cursortasten nach links und rechts. Eingegebene Buchstaben werden an der Cursorposition eingefügt. Mit der **Entf**-Taste kann das Zeichen unter dem Cursor gelöscht werden, und mit der **Backspace**-Taste wird das Zeichen links vom Cursor entfernt.

Standardbelegung

Aber es gibt noch mehr Steuerungsmöglichkeiten. Sie werden feststellen, dass Sie viele der Tastenkombinationen vom Editor emacs (siehe Seite 102) her kennen.

Die Tastenkombination **ctrl+A** bewegt den Cursor an den Anfang der Zeile, genau wie es die Taste **Pos1** auch bewirkt. Allerdings haben nicht alle Tastaturen diese Taste. Wenn der Anfang mit **ctrl+A** erreicht wird, überrascht es nicht, dass die Tastenkombination **ctrl+E** den Cursor ans Ende der Zeile bringt. Das Löschen des Zeichens unter dem Cursor funktioniert, wie bereits gesagt, mit der **Entf**-Taste. Existiert diese nicht, klappt es auch mit **ctrl+D**. Den Rest der Zeile löschen Sie mit der Tastenkombination **ctrl+K**.

Bewegung

Ein besonderes Feature ist die Befehlsvervollständigung durch die **Tabulator**-Taste. Wenn Sie die ersten Buchstaben eines Befehls eingeben und dann die **Tabulator**-Taste drücken, wird der Befehlsname soweit vervollständigt, wie er eindeutig bestimmbar ist. Es stockt an der Stelle, an der es mehrere Möglichkeiten gibt. Mit einem weiteren Druck auf die **Tabulator**-Taste lernen Sie auch die Kandidaten kennen, die infrage kommen.

Vervollständigung

Was mit dem Befehl funktioniert, geht auch bei den Dateinamen, die als Argument des Befehls verwendet werden. Sie geben die ersten Buchstaben ein, drücken die **Tabulator**-Taste, und die bash sucht aus den im aktuellen Verzeichnis vorliegenden Dateien diejenige aus, die passt. In den neueren Versionen geht es sogar so weit, dass die bash prüft, welche der Dateien zu dem Befehl passt. So sucht die bash nach dem Befehl cd nur Verzeichnisse heraus. Haben Sie kpdf eingegeben, werden Ihnen nur die PDF-Dateien aus dem Verzeichnis angeboten.

Argumentationshilfe

Auch bei Umgebungsvariablen funktioniert es. Geben Sie echo ein Leerzeichen, ein Dollarzeichen und ein paar Buchstaben ein, vervollständigt die bash in gewohnter Art das Argument um alle denkbaren Umgebungsvariablen.

Umgebungsvariablen

Die inkrementelle Suche funktioniert wie bei emacs (siehe Seite 105). Bei jedem Tastendruck wird in der History nach einem passenden Befehl gesucht. Dabei schlägt bash immer den nächsten passenden Befehl vor.

Auf der Suche

```
gaston>
(reverse-i-search)`gr': ps -ef | grep kppp
```

Sie sehen im Beispiel, wie der Anwender »gr« eingegeben hat. Sie müssen also nicht mit dem Anfang der Zeile beim Suchen anfangen. Im Gegenteil, Sie sind schneller am Ziel, wenn Sie eine markante Zeichenfolge aus der Mitte wählen. Falls die angegebene Zeile es nicht ist, können Sie vor dem Weitertippen auch noch einmal **ctrl+R** eingeben. Dadurch wird der nächstältere Befehl gesucht, der »gr« enthält, herausgesucht.

Hütchenspiel — Mit der Tastenkombination **ctrl+T** tauschen Sie das unter dem Cursor stehende Zeichen mit dem links daneben stehenden. Dabei wird der Cursor um ein Zeichen weiter nach rechts versetzt.

Meta-Möglichkeiten — Wenn Sie auch noch die Meta-Taste verwenden, die auf PC-Tastaturen mit Alt bezeichnet ist, erreichen Sie noch ein paar Möglichkeiten. So wird **meta+D** das aktuelle Wort ab der Cursorposition löschen. Mit **meta+T** tauschen Sie das aktuelle Wort mit dem linken Nachbarn.

Taste	Funktion
ctrl+A	An den Anfang der Zeile
ctrl+E	An das Ende der Zeile
ctrl+D	Löscht das Zeichen unter dem Cursor
ctrl+K	Löscht bis an das Ende der Zeile
ctrl+L	Löscht den Bildschirm, aber nicht die Eingabezeile
ctrl+R	Inkrementelles Suchen
ctrl+T	Tauscht das Zeichen mit dem linken Nachbarn

Tabelle 5.4 Funktionstasten in bash

vi-Kommandos

Sollten Ihnen die Kommandos von vi lieber sein, können Sie wie bei der Korn-Shell mit `set -o vi` dessen Tastenkombinationen aktivieren. In diesem Fall gelten natürlich andere Kommandos:

Taste	Funktion
^	An den Anfang der Zeile
$	An das Ende der Zeile
x	Löscht das Zeichen unter dem Cursor
d$	Löscht bis an das Ende der Zeile
/	Inkrementelles Suchen

Tabelle 5.5 Funktionstasten der bash im vi-Modus

C-Shell-History

Auch Freunde der C-Shell finden ihre History-Funktionen mit dem Ausrufezeichen implementiert. Die Kommandos und Mechanismen finden Sie auf Seite 166.

Best of ...

Wie schon erwähnt, wurde in der bash alles implementiert, was in anderen Shells entwickelt wurde. Das beginnt bei der Korn-Shell mit dem Befehl `fc` und reicht bis zur Auswertung arithmetischer Ausdrücke durch `let`, und die Liebhaber der C-Shell finden ihre Ausrufezeichen wieder. Und natürlich finden die Liebhaber der Bourne-Shell alles so vor, wie sie es gewohnt sind.

Ablauf der Startdateien

Eine Login-Shell führt vor allen anderen Dateien immer **/etc/profile** aus. Diese Datei kann nur der Administrator verändern. Er setzt darin die Grundeinstellung, die jeder Anwender des Systems haben sollte. Da zählen vor allem die Umgebungsvariablen und die Werte für `ulimit`.

Global: /etc/profile

Danach führt bash, wenn sie als Login-Shell gestartet wurde, folgende Dateien aus:

Im Benutzerverzeichnis

- **.bash_profile**: Wenn sie existiert, wird sie ausgeführt.
- Wenn die Datei nicht existiert, wird die Datei **.bash_login** ausgeführt.
- Existiert auch diese Datei nicht, wird die Datei **.profile** abgearbeitet.

Bei Einsatz der bash als Nicht-Login-Shell ist die Situation sehr viel einfacher: Wenn die Datei .bashrc existiert, wird sie ausgeführt.

Beim Abmelden wird die Datei **.bash_logout** ausgeführt, sofern sie vorhanden ist.

Diese Abläufe erfolgen nur nach dem Einloggen. Wenn Sie eine normale Konsole in einer grafischen Oberfläche starten, wird beispielsweise die Datei **.profile** gar nicht ausgeführt. Damit also Änderungen darin gültig werden, muss man sich noch einmal aus- und einloggen. Alternativ können Sie innerhalb einer Shell den Befehl `su` mit einem Minuszeichen, gefolgt von einem Leerzeichen und dem Benutzernamen, aufrufen.

```
gaston> su - arnold
Passwort:
Hier ist die .profile
gaston>
```

Die Ausgabe von »Hier ist die .profile« habe ich zum Test in die Datei eingebaut, um zu sehen, ob sie gestartet wird.

Bei jedem Shell-Start Die Datei **.bashrc** des Benutzerverzeichnisses wird dagegen jedesmal ausgeführt, wenn eine neue Konsole gestartet wird. Auch in diese Datei habe ich eine Kontrollausgabe gesetzt. Nach dem Start habe ich dann obigen su-Befehl gegeben und dann noch einmal die bash von Hand aufgerufen.

```
Hier ist die .bashrc
gaston> su - arnold
Passwort:
Hier ist die .bashrc
Hier ist die .profile
gaston> bash
Hier ist die .bashrc
gaston>
```

Datei **.bashrc** wird die Datei **.alias** gestartet, in der die Alias-Definitionen gesammelt werden.

5.5 Arbeiten mit der Shell

Nachdem die Kandidaten und ihre Besonderheiten vorgestellt wurden, werden hier noch ein paar wichtige Gemeinsamkeiten gezeigt. Auch einige Dinge, die in den vorigen Kapiteln gezeigt wurden, werden von der Shell durchgeführt. Dazu gehört beispielsweise auch die Auflösung der Wildcards. Insgesamt verhalten sich die verschiedenen Shells trotz aller Unterschiede in den wirklich wichtigen Dingen weitgehend gleich.

5.5.1 Die for-Schleife

Der Befehl for ermöglicht es, Befehle auf mehrere Dateien anzuwenden. Viele Befehle unterstützen dies durch Auflistung mehrerer Dateien. So können Sie mit dem Befehl mv mehrere Dateien in ein Verzeichnis schieben. Schwieriger wird es aber, wenn mehrere Dateien umbenannt werden sollen. Beispielsweise möchten Sie alle Dateien mit der Endung m2p mit einer Endung mpg versehen, weil nur diese Endung von einem grafischen Programm erkannt wird. Das ist mit einem einzelnen mv nicht möglich, weil Sie für jede Datei einen anderen Zielnamen angeben müssen. Hier hilft der Befehl for.

```
gaston> for dateiname in *.m2p
> do
>     mv $dateiname $dateiname.mpg
> done
gaston>
```

In der ersten Zeile folgt dem Schlüsselwort for ein beliebig gewählter Variablenname. Über diesem Namen wird innerhalb der Schleife auf die gefundenen Dateien zugegriffen. Hier heißt die Variable **dateiname**. Ein typischer UNIX-Anwender verwendet kürzere Namen. Er selbst würde es mit der geringeren Wahrscheinlichkeit für Tippfehler begründen. Ein Außenstehender wird es der Faulheit der UNIX-Anwender zuschieben. Nach dem Schlüsselwort in folgt die Dateimaske aller Dateien, die verarbeitet werden sollen. Hier sind es alle Dateien, die auf .m2p enden. Nun wird dieser Teil des Befehls abgeschlossen, indem Sie die **Return**-Taste drücken. Es erscheinen die in der Variablen PS2 hinterlegten Zeichen als zweiter Prompt (siehe Seite 160). Hier geben Sie das Schlüsselwort do an und schließen auch diese Zeile. In den folgenden Zeilen können Sie beliebig viele Befehle eingeben, die für jede einzelne Datei angewendet werden. Mit dem Befehl done schließen Sie die Liste der Befehle ab und starten die Verarbeitung. Hier liegt nur eine Befehlszeile vor. Es ist der mv-Befehl. Als erstes Argument erhält er den in **dateiname** abgelegten Namen. In der ersten Runde ist das der erste Dateiname des Verzeichnisses, der auf .m2p endet. Das zweite Argument ist wieder der Inhalt von **dateiname**, allerdings wird direkt .mpg angehängt. Eine Datei namens Unsinn.m2p heißt danach also Unsinn.m2p.mpg. Werfen Sie einen Blick auf den Inhalt des Verzeichnisses.

```
gaston> ls *.mpg
BenHur.m2p.mpg      Columbo.m2p.mpg     DerZinker.m2p.mpg
Winnetou.m2p.mpg    Winnetou2.m2p.mpg   Winnetou3.m2p.mpg
gaston>
```

Nun wird Ihnen die Endung .m2p.mpg vermutlich auch nicht besonders gefallen. Um das Ergebnis etwas gefälliger zu machen, können Sie den Befehl basename aus der UNIX-Trickkiste holen. Damit kann der Dateiname von seiner Extension befreit werden. Der folgende Befehl benennt alle Dateien mit der Endung .m2p in Dateien mit der Endung .mpg um.

Finetuning mit basename

```
gaston> for i in *.m2p
> do
> mv $i $(basename $i .m2p).mpg
> done
```

5 | Die Shell

Neu ist an dieser Stelle nur die Einfügung um den Befehl `basename`. Das zweite Argument ist in das Konstrukt `$(...)` eingeschlossen. Diese Klammer entspricht einem Paar rückwärtiger Hochkommata, wie sie auf Seite 119 beschrieben wurden. Sie bedeutet, dass die Standardausgabe des eingeschlossenen Befehls als Kommandoteil verwendet wird.

Der Befehl `basename` schneidet von einem Dateinamen alle Pfadanteile ab und entfernt am Ende eine Extension, wenn diese als zweites Argument angegeben ist. Durch den hier angegebenen Befehl würde eine Datei namens **Unsinn.m2p** die Ausgabe »Unsinn« erzeugen. Daran wird .mpg angehängt und das Ganze als zweites Argument für den Befehl `mv` verwendet.

Einzeilige Darstellung

Wenn Sie den Befehl in der History der Befehlseingaben beispielsweise durch die Cursor-Oben-Taste zurückholen, werden Sie folgende Darstellung finden:

```
gaston> for i in *.m2p; do mv $i $(basename $i .m2p).mpg; done
```

Im Kapitel über die Programmierung von Shellskripten (siehe Seite 771) werden Sie auch auf den `for`-Befehl stoßen. Die folgende Schleife zeigt, wie größere Abläufe in eine solche Schleife eingebettet werden. Als Beispiel wird hier das fiktive Programm `verwurste` gestartet, das eine Datei als Argument erwartet und seine Arbeit auf der Standardausgabe anzeigt. Dieses Verhalten ist für UNIX-Programme durchaus typisch. Sie können die Ausgabe nicht direkt in die Datei schreiben, die Sie als Eingabe verwenden. Also wird hier eine kleine Hilfsdatei verwendet, die eine Namenserweiterung .neu erhält. Dann wird die Eingabedatei gelöscht und schließlich durch die bearbeitete Datei ersetzt.

```
gaston> for i in *.mett
> do
> verwurste $i >$i.neu
> rm $i
> mv $i.neu $i
> echo $i
> done
gaston>
```

Im Beispiel nimmt die Variable i alle Dateinamen des aktuellen Verzeichnisses nacheinander an, deren Maske auf *.mett passt. Das Programm `verwurste` wird für jede dieser Dateien nacheinander gestartet. Dann wird das Original gelöscht, und schließlich erhält die neu entstandene Datei den Originalnamen. Weitere Informationen zu `for` finden Sie auf Seite 784.

5.5.2 alias

Außer der ersten Bourne-Shell kennen alle Shells den Befehl `alias`. Man kann damit ein neues Kommando, ein sogenanntes Alias, für komplexere Befehle geben. Eine der einfacheren Umsetzungen ist `ll` für das oft benötigte `ls -l`. Dazu wird Folgendes definiert:

```
alias ll 'ls -l'
```

Nun wird jedes Mal, wenn `ll` als Befehl an der Konsole eingetippt wird, diese Zeichenkette durch `ls -l` ersetzt. Bei vielen Systemen findet man bereits einen solchen alias auf `ll` oder `l` vorinstalliert. Es ist durchaus möglich, `ll` auch Parameter anzuhängen.

Um einen Alias wieder aufzuheben, wird der Befehl `unalias` verwendet.

Weil mit `alias` viele neue Befehle definiert werden können, möchten Sie manchmal auch wissen, was der Befehl, den Sie gerade ausführen, wirklich bedeuten:

```
gaston> type ll
ll is aliased to `ls -l'
```

Handelt es sich bei dem Befehl nicht um einen Alias, wird der Pfad der Programmdatei angezeigt. Mit dem Befehl `file` (siehe Seite 89) können Sie dann weiter feststellen, ob es sich um ein Skript oder ein kompiliertes Programm handelt.

5.5.3 Startupdateien der Shell

Für diverse Voreinstellungen ist es sehr praktisch, dass die Shell beim Start zunächst einige Dateien ausführt. Welche Dateien ausgeführt werden, hängt von der verwendeten Shell ab und wird ausführlich bei der Beschreibung der Shells dargestellt. Nach dem Einloggen werden zunächst die Befehle abgearbeitet, die in der Datei **/etc/profile** stehen, sofern die Shell keine C-Shell ist. Da diese Datei vom Systemadministrator verändert werden kann, werden zunächst also seine Anweisung von allen Benutzern ausgeführt. Da diese Datei von der Bourne-, der Korn-Shell und der bash ausgeführt wird, sollten in dieser Datei keine Shell-spezifischen Befehle stehen. Für die C-Shell heißt diese Datei **csh.cshrc**. Diese zentrale Datei gilt für alle Benutzer und sorgt für eine gleiche Startumgebung (siehe Seite 265).

Mit Hilfe dieser Dateien werden Standardvariablen wie PATH vorbesetzt. Hier werden aber auch Begrenzungen eingerichtet – typischerweise mit

Grenzen setzen

dem Befehl `ulimit` (siehe Seite 265). Diese Begrenzungen kann man als Anwender mit `ulimit -a` ansehen.

5.5.4 Shell aus der Shell starten

Die Shell verhält sich wie jedes andere UNIX-Programm und so können Sie sie auch direkt aus der Shell aufrufen. Diese Idee hört sich zunächst unsinnig an. Aber sie kann durchaus praktisch sein. Wenn Sie eine neue Shell aufrufen, bleibt die alte Shell in ihrem jetzigen Zustand stehen. Sie friert sozusagen ein.

Nun können Sie in der neuen Shell mit `cd` das Verzeichnis wechseln, Umgebungsvariablen ändern oder ein paar alias-Einstellungen verstellen. Das alles wird verschwinden, sobald Sie mit dem Befehl `exit` ihre neue Shell wieder verlassen und in ihre alte Shell zurückkehren.

Der Haken an der Geschichte ist, dass man leicht vergessen kann, dass da noch eine alte Shell unter der aktuellen liegt. Wenn diese alte Sitzung ihr Arbeitsverzeichnis auf einer externen Festplatte hat, kann es leicht passieren, dass man die externe Festplatte abmelden will, es aber nicht geht, weil die Festplatte noch in Gebrauch ist. Der Blick auf alle Sitzungen scheint zu zeigen, dass das nicht stimmt. Das Problem ist, dass man die alte Sitzung nicht direkt sehen kann.

»Wer schreibt, der bleibt.«
(Kaufmannsspruch)

6 Ausgaben auf dem Drucker

In diesem Abschnitt wird das Drucken aus Anwendersicht betrachtet. Unter dem Aspekt der Installation und Konfiguration wird das Thema Drucken noch einmal im Administrationskapitel behandelt (siehe Seite 377).

Es gibt zwei Drucksysteme unter UNIX. Dies ist historisch durch die Aufteilung zwischen BSD-UNIX aus dem universitären Bereich und dem AT&T-UNIX entstanden. Welches System auf Ihrem eigenen Rechner installiert ist, erkennen Sie am Aufruf. Funktionieren die Aufrufe lpr, lpq und lprm, handelt es sich offensichtlich um ein BSD-System.

6.1 BSD-Unix: lpr, lpq und lprm

Das BSD-Drucksystem ist inzwischen recht weit verbreitet, da es Netzwerkdrucker unterstützt. Dieser Standard ist bereits in andere Betriebssysteme als UNIX übernommen worden, sodass er sich zu einem Quasistandard für TCP/IP-Drucker entwickelt hat. Dass Mac OS X das BSD-System verwendet, verwundert nicht, immerhin basiert es auf FreeBSD. Aber auch Linux, das sich in vielen Dingen an System V hält, verwendet primär das BSD-System.

6.1.1 Start des Druckauftrags

Der Server des Druckdienstes heißt lpd. Um als Anwender Dateien in das Spoolverzeichnis des lpd zu schreiben, wird das Frontendprogramm lpr verwendet. Will man eine Datei auf den Standarddrucker ausgeben, reicht der Befehl lpr.

Dateien drucken

lpr [-P *<Drucker>*] *<Dateien>*

PRINTER lpr wird die Datei an lpd senden und ihm mitteilen, welches der Standarddrucker ist. Die Information, welcher Drucker der Standarddrucker ist, entnimmt lpr der Umgebungsvariablen PRINTER. Daraufhin wird lpd den Druckauftrag zum Spoolen einstellen und nach und nach auf dem Drucker ausgeben.

Drucken aus der Pipe
Typischer ist es jedoch, dass die Druckdatei als solche gar nicht existiert, sondern der Text vor dem Druck aufbereitet oder erst erzeugt wird. Dann wird der Druck an den lpr per Pipe übermittelt. Beispielsweise wird eine Textdatei meist vor dem Druck etwas geschönt und nach PostScript konvertiert. Standardmäßig geht UNIX davon aus, dass Drucker PostScript beherrschen.

```
pr -h "/etc/printcap vom 3.3.2001" /etc/printcap | lpr
```

Im Beispiel wird die Druckerkonfigurationsdatei mit einer Titelzeile ausgedruckt. Das Kommando pr (siehe Seite 180) formatiert ASCII-Dateien vor. Das Ergebnis geht auf **stdout** und von dort über eine Pipe an lpr, der den Druckauftrag erteilt. Man könnte auch auf diese Weise eine aktuelle Prozessliste ausgeben:

```
ps -alx | pr -h "ps um 14:13" | lpr
```

Die Prozessliste wird mit ps erzeugt, mit pr formatiert und wandert dann zum Drucker.

Umgang mit mehreren Druckern
Häufig stehen aber nicht nur ein einziger, sondern mehrere Drucker zur Verfügung, und so wird in einem Parameter für den Befehl lpr angegeben, welcher der Drucker verwendet werden soll. Angenommen, wir hätten noch einen Farblaserdrucker, der sinnigerweise farblaser getauft wurde. Der Aufruf lautet unter Linux oder Solaris[1]:

```
a2ps meinedatei | lpr -Pfarblaser
```

Der Name des Druckers wird in der Datei **/etc/printcap** (siehe Seite 378) definiert. Diese enthält auch die Information, ob der Drucker direkt an dieser Maschine angeschlossen oder über das Netz erreichbar ist.

6.1.2 Druckkontrolle

Leider geht nicht immer alles mit dem Ausdruck glatt. Und wenn das Papier nicht aus dem Drucker kommt, möchten Sie sicher auch wissen, ob der Auftrag noch im System ist oder schon im Drucker. Und im Zwei-

---

[1] Unter SCO heißt die Option -d statt -P. Bei Fremdsystemen wie MS Windows oder OS/2 muss noch zusätzlich der Servername mit -S angegeben werden.

felsfall ist es auch ganz gut, wenn man mal den Ausdruck des Hamburger Telefonbuchs, den man aus Versehen gestartet hat, auch wieder abbrechen kann.

Druckjobs anzeigen

lpq [-P <Drucker>]

Mit dem Befehl lpq lassen sich die laufenden Druckjobs anzeigen. Benutzt man einen anderen als den Standarddrucker, wird der gleiche Parameter -P wie beim lpr verwendet, um die Druckwarteschlange zu betrachten. Alle eingestellten Druckaufträge bekommen eine Nummer. Diese Nummer ist wichtig, wenn man einen Druckauftrag wieder entfernen will.

Druckstatus: lpq

Druckauftrag löschen

lprm [-P <Drucker>] <Druckauftragsnummer>

Mit lprm und besagter Nummer lässt sich ein eingestellter Druckauftrag wieder aus der Warteschlange entfernen. Das funktioniert eventuell nicht mehr, wenn der Druckdämon den Auftrag bereits bearbeitet.

Stornieren: lprm

6.2 AT&T: lp, lpstat und cancel

Beispielsweise verwenden AIX und SCO von Haus aus das AT&T-Drucksystem. Mit dem Kommando lp werden auf AT&T-Systemen Druckaufträge abgesetzt. Um einen anderen als den Standarddrucker anzusprechen, wird die Option -d, gefolgt vom Druckernamen, verwendet.

lp -d

Druck starten

lp [-d <Drucker>] <Dateien>

Der Befehl lpstat gibt eine Liste über den Status der verschiedenen Drucker aus.

Ausgabe von lpstat

Druckstatus erfragen

lpstat [-d <Drucker>]

```
Queue Dev    Status  Job Files          User       PP %  Blks Cp Rnk
----- -----  ------  --- -------------  --------   -- -- ---- -- ---
lp0   lp0    RUNNING 918 STDIN.14846    willemer    5 43   10  1   1
             QUEUED  919 STDIN.14593    willemer          3  1   2
             QUEUED  920 maskexpj       wagener           2  1   3
             QUEUED  921 STDIN.14596    willemer          2  1   4
             QUEUED  922 STDIN.21790    willemer          1  1   5
             QUEUED  923 lunget         wagener           3  1   6
bsh   bshde  READY
```

cancel storniert Druckaufträge Um einen Text aus der Warteschlange zu entfernen, wird der Befehl `cancel` verwendet.

> **Druck löschen**
>
> cancel [-d *<Drucker>*] *<Druckauftagsnummer>*

Es ist natürlich nur möglich, eigene Druckaufträge wieder zu entfernen. Fremde Aufträge kann nur der jeweilige Besitzer oder der Systemverwalter beseitigen.

6.3 Die neue Generation: LPRng und CUPS

Die guten alten Drucksysteme von UNIX stammen aus einer Zeit, in der Drucker in erster Linie Listen und Auswertungen druckten. Inzwischen sind aber ganz neue Generationen von Druckern und vor allem auch von Druckaufgaben entstanden. Um den Anforderungen an diese zu genügen, wurde zunächst LPRng und dann CUPS entwickelt. Die gute Nachricht ist, dass LPRng die Befehle des BSD-Drucksystems versteht und somit aus Sicht der Konsole nichts Neues gelernt werden muss. CUPS imitiert auf der Konsole sogar beide Systeme. Sie können also `lpstat` und `lpq` verwenden.

6.4 Druck formatieren: pr und a2ps

Das Programm `pr` formatiert Textdateien seitenweise.

> **Formatierung für den Ausdruck**
>
> pr [*<Optionen>*] *<Dateien>*

Dies ist vor allem als Vorbereitung für den Ausdruck von einfachen Textdateien hilfreich. Bei der Ausgabe werden das Datum, der Name der Datei und eine Seitennummerierung als Kopfzeile angelegt. Der Befehl hat folgende Optionen:

Option	Wirkung
-t	Keine Kopf- und Fußzeilen
-*Zahl*	Erzeugt einen Ausdruck mit *Zahl* Spalten
-h *text*	Als Kopfzeile wird *text* verwandt

Tabelle 6.1 Optionen von pr

Ein typischer Aufruf lautet:

```
pr -h "(C) Arnold Willemer" meintext | lpr
```

Um reine Textdateien auszugeben, gibt es auf vielen Systemen das Programm a2ps. Der Name bedeutet »ASCII to PostScript«.

a2ps

ASCII to PostScript
a2ps *<Dateien>*

Dabei wird der Text zweispaltig mit Überschrift und Seitennummer formatiert und dann auch gleich über den Standarddrucker ausgegeben. Das Programm a2ps erhalten Sie unter:

▶ http://www.inf.enst.fr/~demaille/a2ps

6.5 Zeitversetztes Arbeiten

UNIX bietet die Möglichkeit, Befehle zeitversetzt auszuführen. Für regelmäßig wiederkehrende Arbeiten gibt es die crontab. Soll ein Job genau einmal ausgeführt werden, verwendet man das Kommando at.

Da zum Ausführungszeitpunkt die aufrufende Shell mit großer Wahrscheinlichkeit nicht vorhanden ist, werden die Ausgaben der zeitversetzt gestarteten Prozesse dem Aufrufer per Mail zugestellt.

Ausgaben in die Mail

In modernen Systemen ist die lokale UNIX-Mail oft gar nicht mehr in Betrieb. Dann kann es allerdings auch keine Rückmeldungen über den Erfolg der zeitversetzt gestarteten Arbeiten geben.

6.6 Die aktuelle Zeit

Bevor man aber Aufträge in die Nacht verlegt, sollte man kontrollieren, welche Uhrzeit der Computer derzeit zu haben glaubt. Dabei hilft der Befehl date, der auch die Uhrzeit liefert.

Datum anzeigen
date

```
gaston > date
Don Jan  3 20:34:44 CET 2002
```

Vom Administrator kann der Befehl auch verwendet werden, um die Uhrzeit zu setzen. Dabei wird direkt hinter dem Befehl das neue Datum in direkter Ziffernfolge ohne Sonderzeichen gesetzt.

Datum setzen
date <Zeitpunkt>

```
gaston # date  010320442002
Don Jan  3 20:44:00 CET 2002
```

Die acht Ziffern werden nach dem Muster MMDDhhmm angegeben, also mit je zwei Stellen für Monat, Tag, Stunde und Minute. Das Jahr kann mit zwei oder vier Stellen angehängt werden.

Das Zeitformat ist änderbar — Nützlich ist die Möglichkeit, die Ausgabe von date zu formatieren. Dazu wird hinter einem Pluszeichen eine Zeichenkette (meist in Anführungszeichen) mit einem Formatmuster angegeben.

Datum formatiert anzeigen
date +<Formatmuster>

Das Datum in deutscher Schreibweise wird mit dem folgenden Befehl erzeugt:

```
gaston > date +"%d.%m.%Y"
03.01.2002
```

Kürzel	Bedeutung
%H	Stunden (00-23)
%M	Minuten (00-59)
%S	Sekunden (00-59)
%d	Tag im Monat (00-31)
%m	Monat (00-12)
%y	Zweistelliges Jahr (00-99)
%Y	Die vollständige Jahreszahl

Tabelle 6.2 Formatzeichen von date

Der besondere Nutzen der Formatierung wird deutlich, wenn Sie Protokolldateien Namen geben wollen, die mit ihrer Entstehung zu tun haben, wie man es in Skripten oder crontabs braucht. Der Dateiname im folgenden Beispiel würde am 3. Januar **proto03** heißen:

```
proto`date +%d`
```

Auf einem PC unter Linux wird die Uhrzeit durch eine Hardware-Uhr gehalten, die batteriegespeist auch beim Ausschalten des Geräts weiterläuft. Durch den Aufruf von date wird diese Uhr allerdings nicht gesetzt. Um die Systemuhrzeit auf diesen Chip zu übernehmen, ruft der Administrator den folgenden Befehl auf:

Hardware-Uhr

```
hwclock --systohc
```

6.7 Regelmäßige Arbeiten: crontab

Jeder Anwender kann sich eine **crontab** erstellen, die das automatische Ausführen wiederkehrender Arbeiten zu festgelegten Zeiten definiert. Das Systemprogramm cron arbeitet diese Tabelle ab und startet die darin aufgeführten Programme. Die **crontab** wird in einer Datei im Verzeichnis **/var/spool/cron** abgelegt. Da dieses Verzeichnis aber nur von Administratoren genutzt werden darf, wird die **crontab** mit dem Kommando crontab gepflegt. Im ersten Schritt sollten Sie prüfen, ob Sie vielleicht bereits eine eingerichtete **crontab** besitzen. Dies können Sie recht einfach feststellen:

crontab auslesen
crontab -l

crontab verändern Geben Sie `crontab` ohne Parameter ein, wartet das Programm, bis Sie die **crontab** von der Tastatur direkt eingetippt haben. Sie beenden die Eingabe mit **ctrl+D**.

> **crontab ändern**
> crontab

Es ist allerdings wesentlich entspannender, wenn auch nicht so imposant, wenn man einen Editor verwendet und die **crontab** zunächst in eine Datei sichert. Anschließend lässt sich durch Umleitung der Datei in die Eingabe von `crontab` bequem die Tabelle definieren. Um eine **crontab** zu aktualisieren, leitet man üblicherweise die bisherige **crontab** in eine Datei um, passt sie mit einem Editor an und schiebt sie dann als Eingabedatei in die `crontab`. Da die Datei anschließend nicht mehr gebraucht wird, kann man sie löschen.

```
crontab -l > meincrontab
vi meincrontab
crontab < meincrontab
rm meincrontab
```

Die **crontab** ist eine Textdatei, in der zunächst in mehreren Spalten das Wiederholungsintervall festgelegt wird. In der letzten Spalte wird das zu startende Kommando eingetragen. Das Beispiel hat der besseren Lesbarkeit halber zu Anfang zwei Kommentarzeilen. Diese müssen nicht in der **crontab** stehen.

```
# Minute Stunde Tag(Monat) Monat  Tag(Woche)  Kommando
# (0-59) (0-23) (1-31)     (1-12) (1-7; 1=Mo)
  0      4      *          *      *           program1
  0      9      1,15       *      *           program2
  0      2      *          *      1,2,3,4,5   program3
```

Listing 6.1 Beispiel einer crontab

Die ersten fünf Spalten beschreiben den Startzeitpunkt und die sechste das auszuführende Kommando. Ein Stern bedeutet, dass die Ausführung stattfindet, egal welchen Wert die Kategorie hat. Eine von Kommata getrennte Zahlenkolonne gibt mehrere Zeiten an. Aus dem Beispiel ergibt sich:

- `program1` wird um 4:00 Uhr an jedem Tag gestartet.
- `program2` wird um 9:00 Uhr am 1. und 15. jeden Monats gestartet.
- `program3` wird um 2:00 Uhr an jedem Montag, Dienstag, Mittwoch, Donnerstag und Freitag gestartet.

Beim Kommando `crontab` kann mit der Option `-u` der Benutzer angegeben werden, dessen **crontab** bearbeitet werden soll. Dabei ist das Verändern fremder **crontab**s natürlich das Privileg des Superusers.

6.8 Zeitversetzter Job: at

Der Befehl `at` führt ein Kommando zu einem festgelegten Zeitpunkt einmal aus. Als Parameter wird die Uhrzeit angegeben. Anschließend werden die Kommandos zeilenweise eingegeben und durch **ctrl+D** beendet.

Zeitversetzt arbeiten

at <Zeitpunkt>

```
# at 16:00
at>ping comeback
at> ^D
#
```

Um 16:00 wird ein `ping` an den Rechner comeback abgesetzt. Um eine Liste aller abgesetzten `at`-Befehle anzusehen, gibt es den Befehl `atq`. In dieser Liste stehen auch Nummern, über die die Befehle wieder mit `atrm` zu löschen sind.

Zeitjobs verwalten

Sollte im Beispiel 16.00 Uhr bereits überschritten sein, wird der `ping` erst am nächsten Tag um diese Zeit ausgeführt. Man kann auch das Datum der Ausführung festlegen. Dieses hat das Format DD.MM oder DD.MM.YY, dabei kann das Jahr auch vierstellig sein. Sehr praktisch ist es auch, dass sich eine Zeitdifferenz angeben lässt. Das Beispiel wird eine Minute nach dem Start des Kommandos beginnen.

```
at now + 1 minute
```

UNIX ist kein Selbstzweck. In diesem Kapitel wird auf einige typische Anwendungen für UNIX-Systeme eingegangen.

7 Mit UNIX produktiv werden

In vielen Fällen werden UNIX-Maschinen als Zentralsysteme für firmenspezifische Anwendungen verwendet. Nicht selten sind diese Programme Individual-Software, die von der eigenen EDV-Abteilung geschrieben wurde. In den letzten Jahren hat die Ideologie des Out-Sourcings dazu geführt, dass viele Firmen Programmierer entlassen haben und hofften, dass die Programmierer billiger werden, wenn sie erst in einer eigenen Firma arbeiten und die Möglichkeit haben, die Software an mehrere Firmen zu verkaufen.

Durch das Erscheinen von Linux hat sich eine weitere Entwicklung ergeben. Zunächst war Linux eine prima Spielwiese für Informatikstudenten, die endlich ihr eigenes UNIX-System ausprobieren konnten. Dann stellte sich heraus, dass die Linux-Systeme wunderbar als Serversysteme verwendet werden können, und inzwischen zeigt es sich, dass es mehr und mehr Leute gibt, die auf sichere Arbeitsplatzsysteme Wert legen.

Auf den Arbeitsplätzen wird natürlich die gleiche Art von Software eingesetzt, wie auf einem MS-Windows-Rechner oder einem Macintosh. Die Namen der Programme sind oft anders. Und einige Anwendungen sind auf anderen Systemen völlig unbekannt.

7.1 Büroanwendungen

Der wohl populärste Anwendungsbereich ist die Textverarbeitung. Auch Menschen, die nichts mit Computern zu tun haben wollten, waren schnell von den Vorteilen des Computers gegenüber der Schreibmaschine zu überzeugen. Auf Platz zwei gehört sicher die Tabellenkalkulation. Wer eine Tabellenkalkulation bedienen kann, dem fällt es leicht, seine Steuererklärungen, Hausnebenkostenabrechnungen oder Gewinnbeteiligungen auszurechnen, ohne sich dazu tagelang mit Taschenrechner, Bleistift und einem Haufen Papier zurückzuziehen. Man braucht eigentlich nur noch einen Bierdeckel, um seine Ergebnisse zu notieren. Was sonst noch zu einem Office-Paket gehört, ist meist stark davon abhängig, welche Komponenten der Anbieter gern verkaufen möchte.

7.1.1 OpenOffice.org

StarOffice · OpenOffice.org hat seine Wurzeln in dem Programm StarOffice. StarOffice wurde von der Firma Star Division entwickelt und auf mehreren Plattformen verbreitet. Das Produkt wurde später von der Firma Sun aufgekauft und kostenlos vertrieben. Inzwischen wurde es unter dem Namen OpenOffice.org als Open-Source-Paket freigegeben. Nach wie vor vertreibt Sun StarOffice. Es unterscheidet sich von OpenOffice.org durch lizenzpflichtige Zusätze wie Wörterbücher und andere Kleinigkeiten.

Umfang · Mit OpenOffice.org existiert eine umfangreiche Office-Suite. Sie besteht aus Textverarbeitung, Tabellenkalkulation, Datenbank, einem Zeichenprogramm, einem Präsentationsprogramm und einigen anderen Programmen. Die Leistungsfähigkeit ist beachtlich, so dass ein Umstieg vom den Markt dominierenden Microsoft-Office auch für fortgeschrittene Anwender keine erkennbaren Nachteile bringt. Im Gegenteil, es gibt einige Funktionalitäten, die es bei Microsoft nicht gibt.

Kompatible Dateien · OpenOffice.org macht den Umstieg einfach, weil es kompatible Dateien zum allgegenwärtigen Microsoft-Office lesen und erzeugen kann. So können Sie Ihre alten Dokumente weiter verwenden und auch Dateien zur Weiterbearbeitung an Leute senden, die den Umstieg noch nicht geschafft haben.[1]

Textverarbeitung · Die Textverarbeitung von OpenOffice.org enthält alle Fähigkeiten einer ausgewachsenen Office-Software. Formatvorlagen, Serienbriefe, Visitenkartendruck, Rahmen, Tabellen und Grafikeinbindungen beherrscht es genauso wie Index- und Inhaltsverzeichniserstellung. Thesaurus, Rechtschreibhilfe und Autokorrektur sind selbstverständliche Bestandteile. Grafikeinbindung und die Integration von Tabellenkalkulationen sind vorhanden. Besonders beachtlich ist der Umgang mit Dateiformaten. So liest und schreibt die Textverarbeitung natürlich ihr eigenes Format, aber auch problemlos diverse von MS-Word erzeugte Formate. Hinzu kommt die Möglichkeit, den Text als HTML-[2] oder PDF-Dateien zu speichern, die OpfenOffice.org bzw. StarOffice schon vor MS-Word beherrschten.

---

1 Der Autor hat seit Jahren weder Word noch Excel und kann dennoch alle Office-Dokumente weiterbearbeiten, die von außen an ihn herangetragen werden.
2 HTML ist die Sprache der Websites.

Im Bereich der Tabellenkalkulationen hat sich die Bedienung vereinheitlicht. So bedient sich die Tabellenkalkulation sehr ähnlich wie ihre Konkurrenten. Natürlich beherrscht sie den Umgang mit den Standardformeln, und auch Statistiker werden ihre benötigten Formeln hier finden. Wenn-Dann-Verknüpfungen sind genauso vorhanden wie die Möglichkeiten, Diagramme zu erstellen, selbstverständlich auch in dreidimensionaler Darstellung. OpenOffice.org-Calc ist natürlich auch in der Lage, die Zeilen als Datentabelle zu verarbeiten und zu sortieren oder nach Begriffen auszufiltern. Auch die Tabellenkalkulation zeigt ihre Stärke im Umgang mit Fremdformaten. Sie liest und schreibt Excel-Dateien genauso wie die von Banken gern verwendeten CSV-Dateien oder dBase-Datentabellen.
Tabellenkalkulation

Auch die den Overhead-Projektor abgelösten Präsentationen können von OpenOffice.org gelesen und erzeugt werden. Ob man dieses Lieblingsspielzeug aller Marketing-Abteilungen nun mag oder nicht. Mit OpenOffice.org kann man auf jeden Fall mitspielen.
Präsentation

Hinter dem einfachen Namen »Zeichnung« verbirgt sich ein Gestaltungsprogramm, mit dem es leicht möglich ist, Flyer oder andere Dokumente zu erzeugen, die aus Grafiken, Fotos, Texten und grafischen Objekten zusammengesetzt sind. Es können damit elektronische Schaltpläne, Flussdiagramme und Geburtstagskarten erstellt werden.
Zeichnung

Die Programmierer des OpenOffice-Projekts haben darüber hinaus ein offenes Dateiformat definiert, das allen anderen Office-Programmierern zur Verfügung steht. Jede originäre Datei des OpenOffice.org ist eigentlich eine ZIP-Datei. Sie können die Datei entsprechend umbenennen und mit einem ZIP-Programm öffnen und finden darin wiederum mehrere Dateien, aus der das Dokument zusammengesetzt wurde. Beispielsweise könnten Sie die Grafik, die in einem Textdokument verwendet wird, direkt aus der Datei herausholen und weiterverarbeiten, selbst dann, wenn Sie gar kein OpenOffice.org besitzen. Da diese Dateistruktur jedem Programm offensteht und damit ein Umstieg selbst dann garantiert ist, wenn die Herstellerfirma des Office-Produkts längst nicht mehr existiert, haben einige US-Bundesstaaten bereits per Erlass beschlossen, dass ihre Behörden dieses Format verwenden sollen.
Offene Dateistruktur

OpenOffice.org finden Sie auf allen Linux-Systemen und auf einigen anderen UNIX-Derivaten. Darüber hinaus gibt es eine sehr stabile Version unter MS Windows. Auf diesem Weg können Sie Ihren Umstieg von Windows auf Linux zunächst einmal mit dem Office-Programm beginnen und schrittweise umstellen.
Plattformübergreifend

7.1.2 Andere Office-Pakete

Mit der Entwicklung der Desktops KDE und GNOME für Linux entstanden weitere Office-Pakete. Im Gegensatz zu OpenOffice.org sind sie zwar nicht so umfangreich und leistungsfähig, könnten sich auf Grund der direkten Einbindung aber als schlanke Alternative erweisen. Hinzu kommt, dass in manchen dieser Programme überraschende Fähigkeiten stecken.

7.2 Das Satzsystem TeX

Eine völlig andere Art der Textverarbeitung bietet das Satzsystem TeX und dessen Erweiterung LaTeX. Bei den anderen Textverarbeitungen übernimmt der Autor auch immer Satzarbeiten. So muss er beispielsweise festlegen, in welcher Schrift eine Überschrift gesetzt wird und welchen Abstand sie zu dem eigentlichen Text haben muss.

Unter LaTeX hingegen gibt man mit einem speziellen Auszeichnungsbefehl nur an, dass der Text in der Klammer eine Überschrift ist. Größe, Abstand, Nummerierung und die Übernahme in das Inhaltsverzeichnis wird daraufhin vom System nach allen Regeln der Satzkunst festgelegt. Da diese Regeln eingehalten werden, wirken die Ergebnisse, als habe man sie beim professionellen Setzer in Auftrag gegeben.

Satz mathematischer Formeln

Donald Knuth schrieb das Programmpaket TeX und stellte es zur freien Benutzung zur Verfügung. Ursprünglich war es entwickelt worden, um mathematische Ausdrücke ohne großen Aufwand druckreif zu setzen.

Dann wurde es von Leslie Lamport um LaTeX dahingehend erweitert, dass ein Anwender ohne genauere Kenntnisse des Satzgewerbes perfekt aussehende Dokumente erzeugen kann. Da das Programm hervorragende Ergebnisse produziert, hat es sich im Bereich der Publikationen vor allem im wissenschaftlichen Umfeld seit Jahrzehnten durchgesetzt.

Syntax

Dokumentrahmen

Der Text wird durch die Befehle \begin{document} und \end{document} eingerahmt. Sie sehen schon, dass der Backslash (\) einen TeX-Befehl einleitet. begin und end umgeben einen Bereich. Die Art des Bereichs wird in geschweiften Klammern dahinter angegeben. Die geschweiften Klammern werden auch verwendet, um einen Bereich zusammenzufassen. Das Prozentzeichen dient als Kommentarzeichen. Der Rest der Zeile wird von TeX ignoriert.

Vor dem `\begin{document}` werden allgemeine Festlegungen durchgeführt, wie beispielsweise das Papierformat, die Sprache und verwendete Pakete.

```
% Hier werden die Definitionen vorgenommen
\documentclass[oneside,a4paper]{article} % Artikel auf DIN A4
\usepackage{ngerman}    % Neue deutsche Rechtschreibung
\usepackage[latin1]{inputenc} % Akzeptiert UNIX-Umlaute

\begin{document}
% Hier geben Sie Ihren Text ein
\end{document}
```

Das Kommando `documentclass` beschreibt das Dokument. Ein Buch hat beispielsweise Kapitel. Der hier verwendete Artikel hat als höchste Gliederung Abschnitte. Das Papier hat die Größe DIN A4 und wird einseitig bedruckt.

documentclass

Es können Pakete eingebunden werden, um Fähigkeiten zu ergänzen. Im Beispiel oben wird beispielsweise das Paket für deutsche Texte hinzugebunden (ngerman), wobei das n für die neue deutsche Rechtschreibung steht.

usepackage

Den eigentlichen Text schreiben Sie, ohne sich über Ausrichtungen Gedanken zu machen. Eine Leerzeile zwischen Text wird als Absatz interpretiert. Darüber hinaus werden Leerzeichen und Zeilenumbrüche ignoriert. TeX wird den Text selbst so ausrichten, dass ein möglichst gleichmäßiges Schriftbild entsteht. Erst wenn etwas den normalen Textfluss unterbricht, müssen wieder Befehle gegeben werden.

Es gibt mehrere Stufen der Überschriften: Kapitel (chapter), Abschnitte (section) und Unterabschnitte (subsection). Ein Kapitel gibt es nur bei einem Buch, aber nicht bei einem Artikel. Eine Abschnittsüberschrift wird folgendermaßen eingegeben:

Überschriften

```
\section{Warum das Prisi papelt und das Knaku dullt}
```

LaTeX wird die richtige Schriftgröße wählen, den Abstand zum Folgetext festlegen und die Überschrift für die Gliederung vormerken. Das Inhaltsverzeichnis wird durch den Befehl \tableofcontents an beliebiger Stelle in den Text eingefügt. Dieser Befehl muss also zwischen `\begin{document}` und `\end{document}` stehen.

Auch bei Auflistungen muss der normale Textfluss unterbrochen werden. Mit `begin{itemize}` und `end{itemize}` wird die Auflistung eingegrenzt. Jeder Punkt der Auflistung wird mit dem Befehl `\item` eingeleitet. Dort

Auflistungen

wird dann ein mittiger Punkt gesetzt, und der nachfolgende Text wird links ein wenig eingerückt. Auflistungsbereiche können ineinander verschachtelt werden.

Das folgende kleine Listing gibt einen Eindruck von einem LaTeX-Dokument. Da hier die Auswirkungen der Stilelemente vorgeführt werden sollen, ist das Verhältnis zwischen Text und Befehlen etwas zugunsten der Befehle verschoben.

```
\documentclass[oneside,a4paper]{article}
\usepackage{ngerman}
\usepackage[latin1]{inputenc}

\title{Freiwillig Denken}
\author{Arnold Willemer}
\date{12.3.2004}

\begin{document}
\maketitle
\tableofcontents

\section{Fragestellung}

\subsection{Denken hat Seltenheitswert}

Auch wenn   es sich noch nicht in allen Bevölkerungsschichten
herumgesprochen hat, ist Denken eine Beschäftigung, die weder
schwere Verletzungen noch Schmerzen hervorruft.

Es stellt sich die Frage, warum es so wenige tun, wenn doch keine
    negativen Folgen zu erwarten sind.

\subsection{Denker sind einsam}

Trifft ein Denker auf einen Nichtdenker, hat das vor allem für
den Denker negative Auswirkungen.

\begin{itemize}
\item Wer oft denkt, bemerkt sehr schnell, dass der Gegenüber
        dies nicht tut. Das führt zu Ärger, weil der Denker sich
        nicht verständlich machen kann, sofern er nicht bei Adam
        und Eva anfängt.
\item Bemerkt der nicht denkende Mensch, dass ihm der
        Gegenüber im Denken überlegen ist, empfindet er dies als
        schmerzlich. Statt aber mit dem
        Denken zu beginnen, schiebt er die Schuld auf den Denker.
\item Treffen sich zwei Nichtdenker, ist alles in Butter.
        Sie denken nicht, also sind sie nicht, also tun sie sich
        nicht weh.
\end{itemize}

\section{Schluss}

Es steht zu vermuten, dass das Denken aus der Mode kommt, weil
der Denker es leid ist, für andere mitzudenken. Es hat auch eine
```

```
ganz andere gesellschaftliche Akzeptanz, wenn man seine Kraft
darauf verwendet, hübsch auszusehen, anstatt sich durch Denken
auch noch Falten zuzulegen.

\end{document}
```

Listing 7.1 Listing des Denkens

Der Text muss im nächsten Schritt in eine DVI-Datei überführt werden. Diese Datei kann dann mit entsprechenden Programmen auf Druckern oder auf dem Bildschirm angezeigt werden. Mit den Hilfsprogrammen `dvips` oder `dvipdf` können aus den DVI-Dateien auch PostScript- oder PDF-Dateien erzeugt werden.

```
simba> latex denken
This is TeX, Version 3.14159 (Web2C 7.4.5)
(./denken.tex
LaTeX2e <2001/06/01>
Babel <v3.7h> and hyphenation patterns for american, french, german,
ngerman, nohyphenation, loaded.
(/usr/share/texmf/tex/latex/base/article.cls
Document Class: article 2001/04/21 v1.4e Standard LaTeX document class
(/usr/share/texmf/tex/latex/base/size10.clo))
(/usr/share/texmf/tex/generic/german/ngerman.sty v2.5e 1998-07-08)
(/usr/share/texmf/tex/latex/base/inputenc.sty
(/usr/share/texmf/tex/latex/base/latin1.def)) (./denken.aux) (./denken.toc)
(/usr/share/texmf/tex/latex/base/omscmr.fd) [1] (./denken.aux) )
Output written on denken.dvi (1 page, 3112 bytes).
Transcript written on denken.log.
simba>
```

Das Ergebnis dieses Laufes ist die Datei **denken.dvi**. Sie kann mit den Programmen `xdvi` oder `kdvi` angezeigt werden. Von dort kann sie auch gedruckt werden. Um einen Eindruck von dem Ergebnis zu bekommen, ist es in Abbildung 7.1 verkleinert abgebildet.

Neben der klassischen Möglichkeit, den Quelltext mit einem normalen Editor wie vi oder emacs zu schreiben, gibt es inzwischen grafische Editoren wie Lyx, der wie ein WYSIWYG-Editor arbeitet, aber Quelltexte von LaTeX erzeugt. Dennoch ist es sinnvoll, den Befehlssatz von LaTeX zu kennen. Daher werden Sie über kurz oder lang an der Anschaffung eines Buches nicht vorbei kommen. Sie finden ein paar Anregungen im Literaturverzeichnis. Eine »Kurzanleitung« von über 100 Seiten finden Sie unter dem Dateinamen **lshort.dvi** in den meisten TeX-Paketen. Diese ist allerdings leider in Englisch.

Freiwillig Denken

Arnold Willemer

12.3.2004

Inhaltsverzeichnis

1 Fragestellung 1
   1.1 Denken hat Seltenheitswert 1
   1.2 Denker sind einsam 1

2 Schluss 1

1 Fragestellung

1.1 Denken hat Seltenheitswert

Auch wenn es sich noch nicht in allen Bevölkerungsschichten herumgesprochen hat, ist Denken eine Beschäftigung, die weder schwere Verletzungen noch Schmerzen hervorruft.

Es stellt sich die Frage, warum es so wenige tun, wenn doch keine negativen Folgen zu erwarten sind.

1.2 Denker sind einsam

Trifft ein Denker auf einen Nichtdenker, hat das vor allem für den Denker negative Auswirkungen.

- Wer oft denkt, bemerkt sehr schnell, dass der Gegenüber dies nicht tut. Das führt zu Ärger, weil der Denker sich nicht verständlich machen kann, sofern er nicht bei Adam und Eva anfängt.

- Bemerkt der nicht denkende Mensch, dass ihm der Gegenüber im Denken überlegen ist, empfindet er dies als schmerzlich. Statt aber mit dem Denken zu beginnen, schiebt er die Schuld auf den Denker.

- Treffen sich zwei Nichtdenker, ist alles in Butter. Sie denken nicht, also sind sie nicht, also tun sie sich nicht weh.

2 Schluss

Es steht zu vermuten, dass das Denken aus der Mode kommt, weil der Denker es leid ist, für andere mitzudenken. Es hat auch eine ganz andere gesellschaftliche Akzeptanz, wenn man seine Kraft darauf verwendet, hübsch auszusehen, anstatt sich durch Denken auch noch Falten zuzulegen.

1

Abbildung 7.1 Durch LaTeX erzeugtes Dokument

Obwohl auch Autoren es gern bequem haben, gibt es seit Jahrzehnten eine eingeschworene Gruppe von Anwendern, die ihre Texte lieber mit kryptischen Befehlen würzen, als sich den Freuden der grafischen Textsysteme hinzugeben. Diese Menschen haben weder einen Hang zum Masochismus noch leiden sie unter ideologischen Verblendungen, sondern sehen folgende Vorteile:

Vorteile

- **Portabilität**
  Ein großer Vorteil ist die Portierbarkeit der Dokumente. Da die Eingabetexte aus reinem ASCII-Text bestehen, gibt es keine Probleme mit der Bearbeitung oder Generierung durch andere Anwendungsprogramme. Da TeX auf beinahe jeder Betriebssystemplattform verfügbar ist, ist es egal, auf welcher Maschine der Text erfasst wird.

- **Konvertierbarkeit**
  Zu LaTeX werden einige Werkzeuge mitgeliefert, die es ermöglichen, LaTeX-Dokumente nach HTML, info, PostScript oder PDF umzuwandeln.

- **Nutzbarkeit durch Anwendungen**
  Da der Quelltext reiner ASCII-Text ist, können Anwendungsprogramme LaTeX verwenden, um Serienbriefe zu generieren, ohne dass sie gleich die Datenstruktur einer Anwendung nachahmen müssen. Programmierer, die nicht nur einfach Listen auf einem Nadeldrucker erzeugen wollen, sondern Dokumente, die edel aussehen, haben damit ein ideales Ausgabemedium.

- **Satzkunst**
  Mit TeX gesetzte Dokumente sehen einfach sauber gesetzt aus, da TeX das Setzens selbst übernimmt und damit verhindert, dass Dilettanten, mit ihrer Textverarbeitung bewaffnet, Verbrechen an der Jahrhunderte alten Kunst des Setzen begehen.

- **Absturzsicherheit**
  Donald Knuth hat nach Abschluss seiner Arbeiten an TeX die Quelltexte veröffentlicht und eine Prämie für jeden Fehler ausgelobt.[3] Er wollte damit demonstrieren, dass es durchaus möglich ist, fehlerfreie Software zu schreiben.

Wenn Sie auf die erste Seite vor dem Inhaltsverzeichnis dieses Buches sehen, werden Sie feststellen, dass ich nicht nur als Autor dort aufgeführt

---

3 Würde Bill Gates diesem Beispiel nacheifern, wären seine Ersparnisse vermutlich längst aufgebraucht.

werde, sondern auch als Setzer. Das hat damit zu tun, dass ich LaTeX zum Schreiben des Buches verwende.

7.3 Bildbearbeitung: GIMP

Ein überaus leistungsfähiges Bildbearbeitungsprogramm, das überdies zur freien Software gehört, heißt GIMP. Mit GIMP können Sie wie bei einem Malprogramm im Bild malen. Sie können Fotos aufhellen oder kontrastreicher machen. Fischaugeneffekte können beseitigt werden. Da GIMP mit mehreren Ebenen arbeiten kann, sind auch Mischungen von Bildern möglich.

Logos Im Hauptfenster finden Sie unter »Xtns – Script-Fu – Logos« eine Liste diverser Stile für die Schriftzuggestaltung. Hier können Sie aus Schriftzügen Logos gestalten. Durch das Ändern der Parameter ist eine unglaubliche Vielfalt möglich.

Grafikformate GIMP kann das Bild beim Sichern in diversen Formaten ablegen. Mit dem Format TIFF können Bilder ohne Qualitätsverlust gesichert werden, die auf allen Plattformen weiterbearbeitet werden können. Es gibt aber auch komprimierende Formate, die die Bilddateien schrumpfen lassen. Dabei eignet sich GIF besonders für klare Farben, JPEG für Fotos. Ein neues Format namens PNG setzt sich langsam durch. Es unterliegt keinen Patenten wie GIF und eignet sich sowohl für Fotos als auch für Comics. PS (PostScript) wird benötigt, wenn die Bilder in LaTeX-Dokumente eingebunden werden sollen.

Diese kurzen Betrachtungen werden den Fähigkeiten von GIMP nicht gerecht. Für weitere Informationen verweise ich auf die Literatur.[4]

7.4 Musik

Multimedia Auch wenn UNIX oft nur mit den Servern im EDV-Raum in Verbindung gebracht wird, wird es schon lange im Multimediabereich eingesetzt. In diesem Bereich waren beispielsweise Systeme von Silicon Graphics sogar Vorreiter. Auch heute noch werden UNIX-Workstations bei der Entwicklung von Spielfilmen eingesetzt. So kann ein UNIX-System selbstverständlich auch mit Musik umgehen.

---

4 Dutt, Christoph/Freiburg, Joachim: GIMP, C&L, Böblingen, 2000.
Gäbler, Rene: GIMP. Franzis', Poing, 2001.

7.4.1 Musik aufnehmen

Das Digitalisieren von Musik ist mit jedem PC möglich, sofern er eine Soundkarte besitzt, die über einen Line-In in Stereo verfügt. Der Mikrofoneingang ist dazu nicht so sehr geeignet, weil er oft nur einen Kanal hat, also mono ist, und zweitens auch eine höhere Empfindlichkeit, so dass Aufnahmen leicht übersteuern.

Line-In

Wenn Sie also beispielsweise Kassettenaufnahmen Ihrer Jugendzeit zur Erbauung der Enkelkinder digital sichern wollen, benötigen Sie zunächst einen Kassettenrecorder und ein Adapterkabel zwischen Cynch und Stereoklinke von 3,5 mm. Dann verbinden Sie den PLAY-Ausgang des Recorders mit Line-In am Computer. Besitzen Sie die Langspielplatte »A Hard Day's Night« von den Beatles und wollen endlich diese Titel in Stereo auf CD haben,[5] schließen Sie den Computer an den RECORD-Ausgang einer Stereoanlage an. Sie können den Plattenspieler nicht direkt an den Computer anschließen, weil die Magnettonabnehmer einen speziellen Entzerrer-Vorverstärker benötigen, der im Phono-Eingang der alten Stereoanlagen eingebaut war. Inzwischen gibt es von einigen Elektronikanbietern für eben diesen Zweck Plattenspieler mit integriertem Entzerrer-Vorverstärker, da die heutigen Stereoanlagen längst keinen Phono-Eingang mehr haben.

Verkabelung

Nun muss der Mischer gestartet werden. Bei KDE ist dies KMix oder bei GNOME der Lautstärkeregler. Wichtig ist, dass Sie den Aufnahmeregler für Line-In verändern können. Oft ist das Mikrofon auf Aufnahme geschaltet. Dann bekommen Sie kein Eingangssignal.

Mischen

Das Programm KRecord hat einen sehr praktischen Anzeiger für den Input-Level. Den können Sie mit Hilfe des Mixers einpegeln. Achten Sie darauf, dass er nicht zu leise ist, sonst erhalten Sie nur eine Rauschgemischbrühe. Anders als bei einem Kassettenrecorder darf aber der Eingang keinesfalls übersteuert werden. Während ein Magnetband darauf noch tolerant reagiert, ist bei einer Digitalaufnahme das Signal abgeschnitten und klingt klirrend. Über den Menüpunkt »Datei – Neuer Speicher Puffer« kann Hauptspeicher als Puffer verwendet werden. Bei längeren Aufnahmen sollten Sie lieber eine Datei als Puffer verwenden. Nun wird der rote Button für Aufnahme geklickt und das Kassettenband gestartet.

Achtung, Aufnahme!

Danach haben Sie Ihre Aufnahme im WAV-Format. Damit können Sie direkt Audio-CDs brennen oder die Titel zu MP3-Dateien konvertieren.

---

5 Aus irgendeinem unerfindlichen Grund wurden die ersten vier Platten der Beatles, die in Vinyl in Stereo vorlagen, auf CD nur in Mono auf den Markt gebracht.

7 | Mit UNIX produktiv werden

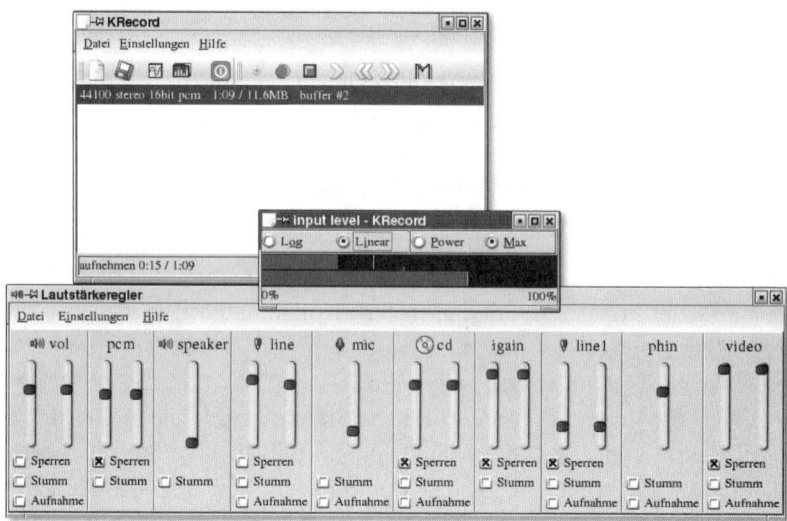

Abbildung 7.2 KRecord und der GNOME-Lautstärkeregler

Kommandozeile
Auch direkt vom Terminal können Aufnahmen gestartet werden. Dazu gibt es das Programm record. Die folgende Zeile erzeugt aus dem Eingang eine WAV-Datei:

```
silver> record -o headache.wav
```

Die weiteren Optionen finden sich in der Manpage. Die Kommandozeilenversion hat den Vorteil, dass sie weniger Ressourcen beansprucht und beispielsweise keine grafische Oberfläche braucht. Auf diese Weise können Aussetzer vermieden werden, wenn zu unglücklichen Zeiten die Maus wackelt. Außerdem können auch sehr leistungsschwache Rechner zu Aufnahmen verwendet werden. Und zu guter Letzt ist ein Kommandozeilen-Programm immer leicht in ein Skript zu integrieren.

7.4.2 MP3

Audiodateien sind sehr groß. Es werden einfach die ankommenden analogen Werte digitalisiert und gespeichert. Durch die bekannten Verfahren lassen sie sich zwar komprimieren, allerdings sind die Gewinne gering. Mit MP3 wurde ein Verfahren entwickelt, dass die Unfähigkeit des menschlichen Ohrs ausnutzt. Klänge, die das menschliche Ohr nicht hören kann, werden reduziert. Damit entsteht zwar eine verlustbehaftete Komprimierung, es gehen also Informationen verloren, die nicht rekonstruierbar sind. Das Ergebnis ist allerdings kaum vom Original zu unterscheiden, insbesondere wenn man die Musik unterwegs im Auto oder im Zug hört.

Allerdings ist die entstandene Datei nur ein Zehntel so groß. Auf eine CD passen nun weit über zehn Stunden Musik. Die aufkommenden Flash-Speicher, die ihre Daten ohne Stromversorgung halten können, waren bereits in der Lage, eine komplette CD aufzunehmen. Da sie keine erschütterungsempfindliche Mechanik hatten und dazu noch extrem klein waren, lösten sie schnell die tragbaren Kassettenrecorder ab.

Das zum Großteil durch Steuermittel finanzierte Fraunhofer Institut hat die Forschungen betrieben, die zur Entwicklung von MP3 geführt haben. Es wurde aber ein Patent angemeldet, das beinahe alle Techniken der Komprimierung von Audiodateien abdeckt. Seit Herbst 1998 fordert das Institut von allen Entwicklern und Vertreibern von MP3-fähiger Software Lizenzgebühren. Das hat dazu geführt, dass viele Linux-Distributionen keine MP3-Software mehr beilegen.

Patentfrage

Will man MP3-Dateien zum Brennen konventioneller Audio-CDs verwenden, müssen zunächst WAV- oder AU-Dateien generiert werden. Das kann das Programm `mpg123`:

MP3-Dateien auspacken

```
mpg123 -w output.wav input.mp3
```

Mit diesen WAV-Dateien können Sie dann eine normale CD für die Verwendung in gewöhnlichen CD-Spielern herstellen. Natürlich wird die Qualität nicht so gut sein wie eine normale CD, da MP3 ja nun Kompromisse hinsichtlich des Klangs eingeht. Sofern Sie aber nicht gerade über ein außergewöhnliches Gehör verfügen, werden Sie den Unterschied nicht bemerken.

Zum Erzeugen von MP3-Dateien gibt es mehrere Tools. Eines der wichtigsten Projekte war `lame`. Alternativ kann beispielsweise `notlame` verwendet werden, das die gleichen Aufrufparameter verwendet. Es entstand, nachdem die Arbeiten an `lame` auf Grund der Lizenzforderungen des Fraunhofer Instituts eingestellt wurden.

Generieren von MP3-Dateien

```
notlame --tt "Is That All" --ta "Headache" in.wav out.mp3
```

Dieser Aufruf erzeugt aus der Datei **input.wav** die komprimierte Datei **output.mp3**. Dabei werden im Beispiel mit den Optionen Informationen über den Titel in der Datei abgelegt. MP3-Dateien können neben den Musikdaten auch Kurzinformationen über den Künstler, den Titel und weitere Informationen aufnehmen. Mit der Option `--tt` wird der Titel des Songs mit »Is That All« gespeichert. Die Option `--ta` notiert als Künstler die Rockband Headache.

Zu `notlame` gibt es zwar keine Manpage, aber mit der Option `--help` erhalten Sie recht ausgiebige Informationen. Näheres finden Sie im Internet unter der folgenden Adresse:

- http://www.sulaco.org/mp3

7.5 Ogg Vorbis

Nachdem das Fraunhofer Institut im Herbst 1998 damit drohte, dass das Verteilen oder Verkaufen von MP3-Software lizenzpflichtig sein würde, reagierte die Open-Source-Gemeinschaft mit der Entwicklung von Vorbis, einem völlig freien Audiodecoder, der 2001 vorgestellt wurde.[6]

- http://www.patinfo.ffii.org/mp3.de.html

Einsatz Die Kompression bei gleicher Klangqualität soll etwa doppelt so hoch sein wie bei MP3. Allerdings hat inzwischen MP3 einen recht großen Marktanteil. Besonders problematisch ist, dass viele portable MP3-Spieler Vorbis nicht unterstützen. Wenn Sie allerdings Geräte verwenden, die Vorbis beherrschen, haben Sie einerseits den Vorteil der besseren Klangqualität bei gleichem Speicherbedarf und andererseits unterstützen Sie freie Formate.

Kodieren Sie können mit dem Befehl `oggenc` eine Datei im WAV-Format in eine Vorbis-Datei konvertieren.

```
oggenc -t "Is That All" -a "Headache" music01.wav
```

Dekodieren Mit dem Befehl `oggdec` können Sie bei Bedarf aus der Ogg-Vorbis-Datei wieder eine WAV-Datei erzeugen, um diese auf eine normale CD zu brennen oder zu einer MP3-Datei zu konvertieren.[7]

Abspielen Zum Abspielen gibt es das Programm `ogg123`. Aber auch alle grafischen Audioplayer unter UNIX unterstützen das Format. Mit dem folgenden Befehl spielen Sie alle Dateien mit der Endung **ogg** des aktuellen Verzeichnisses in zufälliger Reihenfolge ab.

```
ogg123 -z *.ogg
```

---

[6] Die Hauptverärgerung liegt wohl darin begründet, dass das Fraunhofer Institut zu 40 % aus Steuergeldern finanziert wird, und dass nicht etwa die aufwändigen Forschungen geschützt wurden, sondern das Patent jegliche Komprimierung umfasst.

[7] Da beim Generieren der Vorbis-Datei gewisse Verluste auftreten, bleiben diese beim Dekodieren natürlich erhalten.

7.6 CDs und DVDs

Heutzutage finden Sie an fast jedem Computer ein CD-Laufwerk, während die Disketten unauffällig seltener werden und verschwinden. Neben der Unzuverlässigkeit der Disketten ist die beschränkte Kapazität ein Grund für den Verlust an Relevanz, die von allen Besitzern von USB-Sticks nicht bedauert wird.

7.6.1 Hintergrund

CDs begannen ihren Siegeszug als Träger digitalisierter Musik und lösten die Vinylschallplatten ab. Da eine CD digitale Daten speichert, eignet sie sich natürlich auch als Datenträger für Computerdaten und -programme.

Zunächst besteht die CD aus einem Datenträger, der eine große Anzahl Bits enthält. Wenn man alles, was auf der CD steht, als einen großen Datenblock abzieht, entsteht ein sogenanntes Image. Auf dieser Ebene unterscheiden sich Audio- und Daten-CDs noch nicht. Erst die Struktur dieses Images bestimmt, ob es sich um eine Audio-CD oder eine Daten-CD handelt. Ein solches Image kann mit dem Befehl dd (siehe Seite 346) von der CD gezogen werden.

```
dd if=/dev/cdrom of=cdrom.img
```

Das Image, das in der Datei **cdrom.img** vorliegt, kann nun mit Hilfe des Programms cdrecord wieder auf einen CD-Rohling gebrannt werden. Dieses Verfahren funktioniert mit allen CDs. Alle Brennprogramme gehen beim Kopieren von CDs auf diese Weise vor. Sie ziehen eine Kopie des Images auf der Festplatte und brennen es anschließend auf den Rohling.[8] Dazu gibt es das Programm cdrecord. Details zu den Parametern von cdrecord finden Sie ab Seite 313. Der folgende Befehl brennt das eben mit dem Befehl dd abgezogene Image, sofern der Brenner das erste Device ist.

```
cdrecord -dev 1,0,0 cdrom.img
```

Bei Daten-CDs werden die Daten in einem Dateisystem abgelegt. Damit die CDs auf allen denkbaren Umgebungen lesbar sind, einigte man sich auf den Standard ISO 9660 als dem kleinsten gemeinsamen Nenner. Das war zu jener Zeit eindeutig MS-DOS, das nur mit Dateinamen umgehen konnte, die aus acht Buchstaben bestanden, einem Punkt und einer drei

Image

---

[8] Bei zwei Laufwerken kann das Programm natürlich auch das Image ohne Umweg über die Festplatte direkt von der Original-CD auf den Rohling brennen.

Zeichen langen Erweiterung. Um auch UNIX-konforme Dateien ablegen zu können, gibt es eine Erweiterung namens Rockridge.

mkisofs

Wenn Sie also Daten auf eine CD brennen wollen, müssen Sie zunächst ein Image erzeugen, das der ISO 9660 mit Rockridge-Erweiterung entspricht. Dabei hilft Ihnen das Programm mkisofs. Wenn Sie ein Verzeichnis mit den Daten angelegt haben, die Sie auf CD bannen wollen, geben Sie den folgenden Befehl:

```
mkisofs -R -J -o ../image.iso .
```

Der Parameter -R besagt, dass das Rockridge-Format verwendet werden soll. Die Option -J verwendet zusätzlich die Juliet-Erweiterung. Diese dient dazu, dass auch Windows-Anwender die CD lesen können.

7.6.2 Audio-CDs abspielen

Sofern Sie nicht auf eine der neuen Un-CDs[9] mit Kopierschutz hereingefallen sind, können Sie Ihre Musik-CDs auch am Computer hören. Sämtliche grafischen Oberflächen enthalten ein Programm, mit dem Sie Ihre CDs abspielen können. Die Bedienung ähnelt im Allgemeinen der eines normalen Hifi-CD-Geräts.

7.6.3 Audio-CDs auslesen

Auslesen von Audio-CDs

Benötigen Sie einen Titel von einer bereits gebrannten CD als WAV-Datei, können Sie ihn mit cdparanoia herunterlesen. Da cdparanoia direkt auf das Device **/dev/cdrom** zugreift, muss hier ein Link auf das CD-Laufwerk liegen. Selbstverständlich muss man auch Leserechte auf das Device haben.

```
cdparanoia 5 mysong.wav
```

Damit wird Track 5 von der CD gelesen und als Datei **mysong.wav** gespeichert. Mit dem Parameter -B liest cdparanoia alle Tracks der CD aus und gibt den einzelnen Dateien fortlaufende Namen. Allerdings funktioniert bei den kopiergeschützten CDs der Zugriff auf das Inhaltsverzeichnis oft nicht, so dass man die Dateien einzeln herunterziehen muss.

▶ http://www.xiph.org/paranoia/

---

9 Die Zeitschrift c't nennt die kopiergeschützten CDs so, weil sie sich nicht an den ISO-Standard für Audio-CDs halten.

7.6.4 Daten-CDs einbinden

Ein Wechseldatenträger muss vor seiner Benutzung in das System eingebunden werden, damit Sie auf die Daten zugreifen können. Bei den heute gebräuchlichen grafischen Oberflächen geschieht dies allerdings automatisch (siehe Seite 587). Sollte es auf Ihrem System keinen solchen Automatismus geben, können Sie in klassischer Weise die CD mit dem Befehl mount (siehe Seite 295) einbinden.

Eingebunden

Wie bei allen Medien können Sie die einmal eingebundene CD nicht einfach wieder herausnehmen. Sie müssen zunächst die Einbindung aufheben oder die CD durch das System auswerfen lassen. Beides kann bei grafischen Oberflächen durch ein Kontextmenü (siehe Seite 999) des CD-Objekts erreicht werden. Für die Konsole gibt es die Befehle umount für das Aufheben der Einbindung oder eject für das Auswerfen der CD.

Freigeben und Auswerfen

Diese Regelung mag etwas umständlich anmuten, vermeidet aber den unter MS-Windows-Benutzern leidlich bekannten Bluescreen[10], der meldet, dass eine Anwendung die CD nicht mehr findet. UNIX verhindert die Auflösung der Einbindung so lange, wie noch eine Anwendung auf die CD zugreift.

Der Vorteil dieser Regelung ist, dass das System sicher weiß, dass ein Medium eingebunden ist und kann die Zugriffe auf das Medium im Hauptspeicher puffern und dadurch eine nicht unerhebliche Beschleunigung der Zugriffe erreichen.

Caching

Der Nachteil ist, dass es für den Anwender manchmal nicht sofort ersichtlich ist, ob die CD noch eingebunden ist. So reicht es schon aus, dass eine Shell-Sitzung per cd ein Verzeichnis der CD als Arbeitsverzeichnis gewählt hat, damit UNIX einen Auswurf verhindert. Wird dann eine neue Shell beispielsweise mit den Befehlen sh oder su darüber gelegt, ist es oft nicht mehr klar, ob die CD aus Sicht des Systems noch gebraucht wird. Mit der Zeit gewinnt man ein Gefühl dafür, ob man auf einer Sitzung eine CD sperrt, so dass sie nicht ausgeworfen werden kann.

In Gebrauch?

7.6.5 CDs brennen mit K3b

In Zeiten, in denen manche Computer gar kein Diskettenlaufwerk mehr besitzen, muss auch ein Anfänger mit einem CD-Brenner umgehen kön-

---

10 MS Windows zeigt einen komplett blauen Bildschirm, wenn ein Zustand eingetreten ist, mit dem das Betriebssystem ohne Hilfe des Anwenders nicht zurechtkommt. Ob es mit Hilfe des Anwenders weiterkommt, sei dahingestellt.

nen, um seine Daten zu sichern und mit anderen Computerbenutzern auszutauschen. Auch Anfänger finden sich mit K3b schnell zurecht.

Abbildung 7.3 K3b im Datenmodus

Daten sichern
Sie legen zunächst ein neues Datenprojekt an. Das erreichen Sie über den Menüpunkt »Datei – Neues Projekt« oder über das Symbol ganz links in der Toolbar. Falls Sie einen DVD-Brenner haben, geben Sie dabei auch an, ob Sie auf eine DVD oder eine CD brennen wollen. Die untere Hälfte des Fensters zeigt nun die Daten, die gebrannt werden sollen. In der oberen Hälfte finden Sie die Dateien auf Ihrer Maschine. Sie können Dateien oder Verzeichnisse anwählen und in das neue Projekt hinüberziehen. Dort baut sich dann ein Verzeichnisbaum auf, wie er später auf dem Medium zu finden sein wird. Im unteren Bereich sehen Sie einen Schiebebalken, der anzeigt, wie viel Platz die Datensicherung einnehmen wird. Mit dem Button »Brennen« unten rechts starten Sie die Sicherung.

Audio-CDs
Sie können auch selbst Audio-CDs brennen. Dazu müssen die Stücke als WAV-Dateien auf der Festplatte vorliegen. Sie kommen zu WAV-Dateien entweder durch Aufnahmen (siehe Seite 197) oder durch Umwandeln

von MP3-Dateien (siehe Seite 199). Sie können mit dem Programm cdparanoia (siehe Seite 202) auch Audiotitel von CDs auslesen. Wieder stellen Sie das Audio-CD-Projekt aus den Dateien zusammen, die Sie auf der Festplatte finden und verwenden den Button »Brennen« rechts unten, um die CD zu erzeugen.

Ein Sonderfall ist das Kopieren einer existierenden CD. Dazu finden Sie in der Toolbox zweimal das Symbol einer doppelten CD. Das erste Symbol steht für das Kopieren der CD. Dabei erkennt K3b, ob es sich um eine Audio- oder eine Daten-CD handelt. Das zweite Symbol steht für das Klonen einer CD. Hier wird ein Abbild der CD gebrannt. Dadurch kann K3b auch Fremdformate kopieren.

CD-Kopie

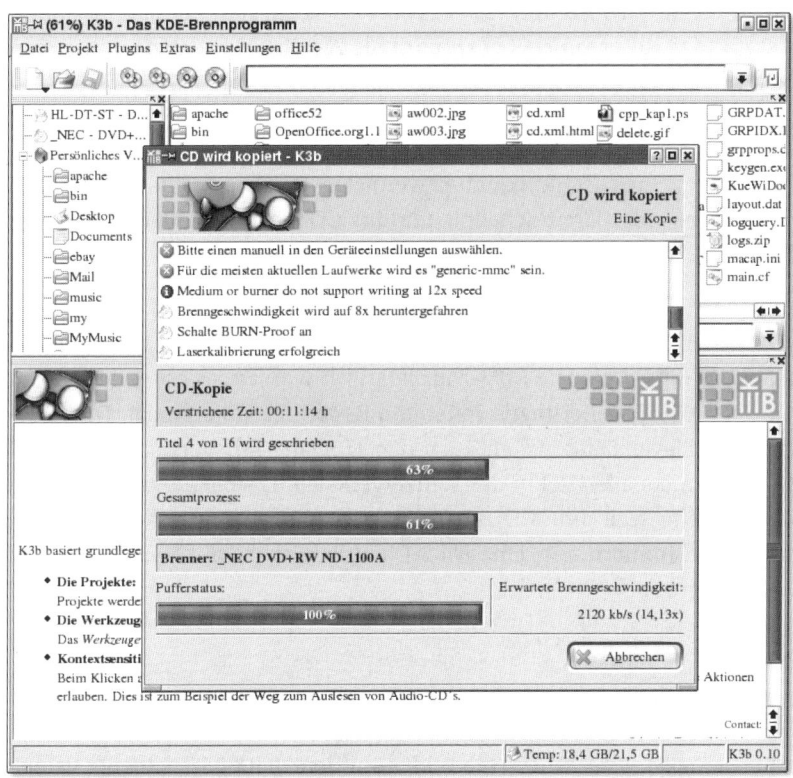

Abbildung 7.4 CDs kopieren mit K3b

Nach der neuesten Version des Urheberrechts ist es verboten, Software zu vertreiben, die einen Kopierschutz aushebelt. Gleichzeitig werden mehr und mehr Audio-CDs mit Kopierschutz verkauft. Diese CDs dürfen Sie auch für den Eigenbedarf nicht kopieren und auch keine MP3-Dateien davon generieren.

Kopierschutz

In manchen Fällen geht der Kopierschutz so weit, dass die CD nicht einmal im Autoradio abspielbar ist. Solche CDs entsprechen allerdings nicht mehr der Norm ISO 9660 und dürfen auch nicht mit einem entsprechenden Symbol versehen sein. Nach deutschem Recht muss der Hinweis auf den Kopierschutz gut sichtbar sein.[11]

7.6.6 Audio-CDs von der Konsole brennen

Eine Audio-CD wird aus mehreren Tracks erstellt, die jeweils aus einer Musikdatei gespeist werden. Dabei gibt es zwei gängige Formate. Das eine sind die WAV-Dateien, deren Format von Microsoft definiert wurde, und das andere sind die AU-Dateien, die aus dem Hause Sun stammen. Haben Sie Ihre Musik in diesen Formaten vorliegen, können Sie damit und mit der Hilfe von cdrecord normale Audio-CDs herstellen, die man auch in der heimischen Stereoanlage abspielen kann.

```
cdrecord -dev 0,3,0 -speed=2 -pad -audio *.wav
```

Die Option -pad ist notwendig, wenn Sie Direktaufnahmen von Musikkassetten oder alten Schallplatten auf CD sichern wollen. Die Länge der Stücke passt selten genau auf die Blocklänge von CDs. Die anderen Parameter von cdrecord sind ab Seite 313 erläutert.

MP3-CDs CDs für MP3-Player werden nach ISO-9660 gebrannt, also wie gewöhnliche CDs für Daten. Die MP3-Musikdateien werden als normale Dateien abgelegt. Die Erweiterungen Joliet und Rockridge stören nicht. Die neueren MP3-Player beherrschen auch den Umgang mit Verzeichnissen, sodass man nicht alle Titel in das Wurzelverzeichnis stellen muss. Das kann wichtig sein, weil eine CD mit MP3 weit über 100 Musiktitel aufnehmen kann. Immerhin ist eine MP3-Datei im Schnitt nur zwischen 2 und 5 MByte groß.

7.7 Video

Natürlich gibt es auch bewegte Bilder auf den UNIX-Maschinen. Die ersten Animationen wurden auf UNIX-Maschinen entwickelt. Und heute ist es durchaus nicht problematisch, auf einem Linux-System Filme auf

---

11 Wenn Sie als Verbraucher mit dieser Einschränkung Ihrer Rechte nicht einverstanden sind, bleibt Ihnen nichts anderes übrig, als auf den Kauf zu verzichten. Allerdings interpretiert die Musikindustrie alle Verkaufseinbußen als Folge der ständig zunehmenden Raubkopien.

DVD anzusehen oder Fernsehaufnahmen zu machen. Allerdings ist die Entwicklung hier noch stark in Bewegung.

Das Problem bei Videos ist, dass ein Film so viele Bilder hat, dass eine normale Festplatte völlig überfordert wäre, wenn sie die Bilderflut unkomprimiert in Echtzeit speichern sollte. Aus diesem Grund werden Videos fast immer komprimiert. Will also ein Programm eine Videodatei darstellen, muss es ermitteln, auf welche Weise es komprimiert wurde. Diese Information ist in der Datei enthalten. Um die Datei abzuspielen, muss das Programm den passenden Decoder laden. Diese Decoder können oft auch kodieren, so dass sich aus der Kombination Coder und Decoder das Kunstwort Codec gebildet hat.

Codec

Gängige Komprimierungsverfahren sind MPEG-1, MPEG-2, DivX und Quicktime. MPEG-1 ist frei verfügbar und wird beispielsweise bei Video-CDs eingesetzt. MPEG-2 begegnet Ihnen bei den gängigen DVDs und beim digitalen Fernsehen. DVB-T oder digitales Satellitenfernsehen verbreiten ihr Programm als Datenstrom im MPEG-2 Format. Diese Datenstromdateien haben meist die Endung **ts** oder **m2t**. DivX ist eine MPEG-4-Implementation und damit jünger. Es kann bei hoher Bildschärfe gute Kompressionen erreichen. Allerdings ist es mehr im Computerbereich zu Hause und findet nur langsam seinen Weg in die DVD-Player. Quicktime ist von Apple entwickelt worden und hat seinen Platz meist im Bereich Computer, manchmal auch bei Kameras.

Gängige Codecs

Die komprimierten Datenströme werden in Container-Dateiformaten abgelegt. So kann eine Datei mit der Endung **mgp** sowohl MPEG-1 als auch MPEG-2 enthalten. Quicktime und DivX werden in Dateien abgelegt, deren Endung **avi** lautet.

Um das Abspielen von DVDs nicht allzu sehr zu erleichtern, verwenden kommerzielle DVDs einen Kopierschutz, der sich CSS nennt. Um solche DVDs abzuspielen, muss die entsprechende Bibliothek (libcss) vorliegen. Das ist bei selbst aufgenommenen DVDs nicht erforderlich. Aus patentrechtlichen Gründen ist die Weitergabe der libcss beschränkt, so dass Sie als ehrlicher Kunde einer Original-DVD im Nachteil sind, weil Sie diese nicht einfach mit dem Betriebssystem von der DVD abspielen können, sondern die Bibliothek aus dem Internet herunterladen müssen.

CSS

Das MPEG-2-Komprimierungsverfahren bereitet dabei ein kleines Problem. Auf diesem Verfahren liegt ein Patent, so dass der entsprechende Codec nicht frei mit den Linux-Distributionen verteilt werden darf. Wer also MPEG-2 benötigt, muss sich den Codec aus dem Internet herunterladen. Dann steht er allerdings allen Programmen zur Verfügung.

Patentprobleme

Es entsteht der Eindruck, das sei bei MS Windows einfacher. Dieser Schein trügt allerdings. Weil nicht jeder Windows-Benutzer MPEG-2 braucht, liefert es Microsoft nicht mit. Wenn Sie allerdings ein Tool zum Abspielen, Schneiden oder Brennen von DVDs kaufen, liegt im Normalfall der Codec bei.

7.7.1 Bewegte Scheiben

Es gibt mehrere Arten, einen Film auf eine optische Scheibe zu bekommen. Die bekannteste Variante ist die Video-DVD.

Video-CD
Die etwas einfachere Variante ist die Video-CD. Diese verwenden das MPEG-1-Kodierungsverfahren und haben eine Auflösung von 352x288 Punkten. Auf eine CD passen etwa 70 Minuten. Ein normaler Spielfilm muss also auf zwei CDs aufgeteilt werden. Der MPEG-1 Codec ist frei verfügbar, so dass diese Filme problemlos mit den Standarddistributionen anzusehen sind. Das Bild wirkt auf dem Computer-Monitor etwas verwaschen. Wenn Sie sich eine Video-CD auf dem DVD-Player mit Ihrem Fernseher ansehen, werden Sie feststellen, dass die Qualität bereits deutlich über der Ihrer VHS-Videokassetten liegt.

Super Video-CD
Wenn ein Spielfilm sowieso auf zwei CDs aufgeteilt werden muss, kann man man den übrigen Speicherplatz auch zur Steigerung der Bildqualität verwenden. Die Super-Video-CD hat eine Auflösung von 480x576 und verwendet MPEG-2, das auch bei DVDs üblich ist. Die Qualität kann über die Bitrate parametrisiert werden. So können bis zu 50 Minuten auf eine CD gepresst werden. Bei optimaler Qualität passen auf eine CD allerdings nur 25 Minuten.

DVD
Die DVD verwendet wie die SVCD zur Komprimierung MPEG-2. Die Auflösung ist mit 720x576 allerdings höher. Da eine DVD wesentlich mehr Platz bietet als eine CD, kann auch die Bitrate höher angesetzt werden. Eine DVD fasst je nach Bitrate zwischen einer und drei Stunden.

Medium	Auflösung	Codec
VCD	352x288	MPEG-1
SVCD	480x576	MPEG-2
DVD	720x576	MPEG-2

Tabelle 7.1 Video auf Silberscheiben

Im Gegensatz zu MP3-CDs, bei denen die Titel alle einfach auf den Datenträger gebrannt werden, ist bei allen drei Videostandards eine Ordnerstruktur zu berücksichtigen. Die Dateien müssen ein bestimmtes Format aufweisen und festgelegte Namen tragen. Das Brennen einer Video-CD oder -DVD sollte also durch ein passendes Werkzeug geschehen.

7.7.2 Abspielprogramme

Die Open-Source-Bewegung hat auch im Bereich eine Fülle von Programmen zur Verfügung gestellt. Das Programm VLC war ursprünglich für die Darstellung von Video-Streams gedacht. Damit können Videos betrachtet werden, die über das Internet transportiert werden. VLC kann in die meisten Internet-Browser integriert werden. VLC ist aber auch in der Lage, Video-CDs und DVDs abzuspielen. <!-- VLC -->

Ein weiteres Universal-Werkzeug stammt aus dem Umfeld des KDE-Desktops. Das Programm `kaffeine` kann nicht nur DVDs und Videos zeigen. Es ist darüber hinaus auch in der Lage, Fernsehsendungen anzuzeigen, sofern der Rechner mit einer funktionsfähigen Empfangs-Hardware ausgestattet ist. <!-- kaffeine -->

7.7.3 UNIX im Satellitenreceiver

Inzwischen ist UNIX wirklich überall angekommen. Selbst für den digitalen Satelliten-Receiver dbox2, den Premiere seinen Kunden verkaufte, gibt es ein UNIX-Betriebssystem. Was macht die dbox so interessant? Um neue Software-Versionen schneller aufspielen zu können, hatte der Hersteller seinerzeit eine Ethernet-Schnittstelle eingebaut. Mit einem passenden System müsste es möglich sein, die Videodaten, die bei einem digitalen System als MPEG-2-Datenstrom übertragen werden, über die Schnittstelle an einen anderen Computer weiterzustreamen und sie dort aufzunehmen.

Um auf die dbox das System zu bekommen, muss der Receiver in den Debug-Modus gebracht werden. Dafür gibt es diverse Kniffe, die im Internet für die drei unterschiedlichen Modelle detailliert beschrieben werden. Anschließend ist der Flash-Speicher beschreibbar. Das neue System wird per serieller Leitung und Netzwerkschnittstelle übertragen und beim nächsten Reboot, meldet sich Neutrino oder Enigma, je nachdem, welche der beiden Linux-Abarten installiert wurden. <!-- Debug-Modus -->

Sie können sich per telnet in die dbox einloggen. Es ist ein putziges Gefühl, das erste Mal per telnet in den eigenen Receiver zu wechseln, wenn man mit UNIX angefangen hat, als eine UNIX-Maschine den Gegenwert eines Mittelklassewagens besaß. <!-- telnet-Session -->

```
Trying 192.168.109.123...
Connected to dbox2.
Escape character is '^]'.


Willkomen auf Ihrer d-box 2 - Kernel 2.4.33.3-dbox2 (06:07:00). - JtG - Edition
dbox login: root
Password:


BusyBox v1.2.1 (2006.10.19-08:52+0000) Built-in shell (ash)
Enter 'help' for a list of built-in commands.

~ > free
                total         used         free       shared      buffers
   Mem:         30860        30128          732            0        1644
  Swap:             0            0            0
 Total:         30860        30128          732
~ > uptime
 06:07:12 up  9:45, load average: 0.31, 0.35, 0.36
~ > df
Filesystem           1k-blocks      Used Available Use% Mounted on
/dev/root                 5824      5824         0 100% /
/dev/mtdblock/3           1408       676       732  48% /var
tmpfs                    15428         8     15420   0% /tmp
~ >
```

Server-Ausstattung — Die Software ist in der Lage, das Videosignal auf die Netzwerkschnittstelle umzuleiten. Ferner gibt es einen kleinen Webserver, über den die Box programmiert werden kann. Auch ein ftp-Server läuft auf dem Gerät, um Daten einfach hin und her schieben zu können.

IDE-Erweiterung — Die Begeisterung für die kleine Kiste geht so weit, dass inzwischen jemand ein IDE-Interface gebaut hat. Das Problem war, dass die Ethernet-Schnittstelle mit ihren 10 MBit/s inzwischen etwas zu langsam wurde für die immer größeren Bandbreiten, mit denen die Sender übertragen.

So ist aus der alten dbox ein digitaler Festplatten-Satelliten-Receiver geworden, der dank UNIX per Webbrowser konfigurierbar ist und dessen Aufnahmen entweder per FTP über die Ethernet-Schnittstelle heruntergeladen werden können oder die Festplatte einfach in einen Linux-Rechner zur Weiterverarbeitung eingebaut wird.

TEIL III
Administration

Der Administrator einer UNIX-Maschine ist nicht die Nummer 1, sondern hat die Benutzernummer 0. Er hat die unbeschränkte Macht, alles zu reparieren, aber auch alles zu zerstören.

8 Der Administrator

Traditionsgemäß hat der Superuser den Namen root. Auch wenn dieser Name geändert werden kann, sollten Sie ihn der Einfachheit halber beibehalten. Seine Macht leitet sich nicht vom Namen her, sondern er wird daran erkannt, dass seine Benutzerkennung 0 ist.

8.1 Sonderrechte

Im Zusammenhang mit den Befehlen chmod (siehe Seite 78) und chown wurden die Dateirechte von UNIX bereits ausführlich dargestellt. Jede Datei hat einen Besitzer und dieser kann die Rechte einstellen, die andere Benutzer an dieser Datei haben sollen. Das betrifft insbesondere das Lese-, Schreib- und Ausführungsrecht. Der Superuser ist berechtigt, sich über die Dateirechte hinwegzusetzen. Kein Anwender kann seine Dateien vor dem Administrator verbergen. Der Administrator darf die Dateien aller Anwender verändern oder löschen. Er darf Dateien anderen Besitzern zuordnen und auch die Rechte fremder Dateien verändern.

Viele Verzeichnisse eines UNIX-Systems können nur vom Administrator verändert werden. Darin befinden sich teilweise Konfigurationsdateien, spezielle Dateien, die den Zugriff auf Hardware erlauben oder die Programme, die für alle Anwender gemeinsam installiert sind. Es gibt normalerweise sogar nur zwei ausgewiesene Bereiche, auf die der Anwender lesend und schreibend frei zugreifen kann. Der eine ist sein Benutzerverzeichnis. Der andere Bereich ist das Verzeichnis **/tmp**. — Dateirechte

Programme, die dem Superuser gehören, können durchaus von normalen Anwendern ausgeführt werden, ohne dass diese besondere Rechte erlangen. Da das Programm unter der Identität des Aufrufers läuft, hat es auch dessen Rechte. Mit Hilfe des Set-User-Id-Bits können Programme mit den Rechten des Superusers laufen, auch wenn sie von einem normalen Anwender gestartet wurden. Nur bei der Ausführung des Programms hat — Rechteweitergabe er die Administratorrechte. Auf diese Weise kann die Ressource für den normalen Anwender gesperrt bleiben, und es wird eine bestimmte Tätigkeit für die Anwender freigegeben. Die mögliche Tätigkeit beschreibt das Programm.

SetUID-Bit — Beispielsweise könnte auf den Modemanschluss über das Programm zugegriffen werden, das den Zugang zum Internet regelt. Dazu wird das Modem nur für root les- und schreibbar und das Programm wird mit dem SetUID versehen. Nun kann jeder Anwender ins Internet. Die Verwendung des Modems als Fax kann gesperrt bleiben.

Gruppenrechte — Da allerdings jedes Programm mit Administratorrechten ein Risiko darstellt, wird das SetUID nur sehr ungern eingesetzt. Hinzu kommt, dass die Sonderrechte immer allen Anwendern eingeräumt werden. Gerade bei dem Beispiel des Modemzugangs wird sich der Administrator in der Praxis wünschen, dass er Anwender vom Internetbetrieb ausnehmen kann. Darum wird üblicherweise eine besondere Gruppe eingerichtet. Beispielsweise könnte dies die Gruppe dialout sein. Das Modem-Device wird nun der Gruppe dialout zugeordnet und diese erhält Lese- und Schreibrecht. Das Internetprogramm erhält nun kein SetUID-Bit. Dafür wird jeder berechtigte Anwender der Gruppe dialout hinzugefügt. Genauere Informationen zum Umgang mit Gruppen finden Sie ab Seite 268.

sudo — Eine weitere Möglichkeit, Administratorrechte selektiv weiterzugeben, bietet der Befehl sudo. Er gestattet es, dass nur bestimmte Befehle von bestimmten Benutzern ausgeführt werden dürfen. Diese müssen sich authentifizieren, und der Vorgang wird protokolliert. Der Befehl sudo wird ab Seite 272 erläutert.

Software-Installation — Programme für die Allgemeinheit installiert ebenfalls der Administrator. Die Programmdateien werden an Stellen abgelegt, an denen sie der Anwender nicht mehr ändern kann. Benutzerbezogene Konfigurationen werden nicht beim Programm abgelegt, sondern im Benutzerverzeichnis jedes Anwenders gesichert. Da diese Aufteilung in Administrator- und Anwenderbereich unter UNIX von Anfang an besteht, ist jede Software darauf eingestellt.

Passwörter ändern — Wenn ein Benutzer sein Passwort ändern will, muss er das bisher geltende Passwort zur Kontrolle eingeben. Damit wird verhindert, dass ein Fremder an einem kurzzeitig verlassenen Terminal das Passwort ändern kann. Wenn also ein Passwort verloren geht, kann nur der Administrator ein neues Passwort setzen.

Der Administrator braucht kein Passwort, wenn er mit dem Befehl su
(siehe Seite 271) eine andere Identität annimmt.

Weil seine Macht ein großes Risiko darstellt, wird der Systemadministrator neben root ein gewöhnliches Benutzerkonto für seine normalen Tätigkeiten haben und sich nur dann als root einloggen, wenn die Macht des Superusers wirklich benötigt wird.

Macht als Risiko

8.2 Die Arbeitsumgebung des Administrators

Die Arbeitsumgebung des Administrators ist durch seine besondere Rolle gekennzeichnet. Er ist das besondere Ziel von Angriffen, weil jeder gern einmal unbegrenzte Macht über die Maschine haben möchte. Da er alles darf, können seine Fehler schweren Schaden anrichten. Aus diesem Grund hat der Administrator weniger Automatismen und Bequemlichkeiten als ein normaler Anwender.

Eine weitere Besonderheit ist, dass er auch noch arbeiten können muss, wenn die Maschine nicht mehr ganz in Ordnung ist, weil beispielsweise eine Festplatte ausgefallen ist.

8.2.1 Minimalsystem

Eine normale UNIX-Maschine hat ihre Daten auf mehrere Festplatten verteilt. Jede dieser Festplatten kann ausfallen. Darum verteilt man die Dateien so, dass ein Rumpfsystem auf einer Partition[1] vorhanden ist. So kann das System auch bei Ausfall mehrerer Partitionen noch booten, und dem Administrator stehen noch alle Mittel zur Verfügung, eine Reparatur oder eine Notsicherung der anderen Festplatten durchzuführen. Zu einem solchen Minimalsystem zählen der Kern des Systems, die Startskripte, die Shell, ein Editor und die wichtigsten Werkzeuge, um Festplatten reparieren zu können und eine Notsicherung durchzuführen. Die Anmeldung als root muss mit dieser Minimalumgebung möglich sein. In einer solchen Notpartition befinden sich die Verzeichnisse **/bin**, **/lib**, **/etc**, **/sbin** und – sofern vorhanden – **/boot**.

Bootsystem

Unter Linux gibt es sogar Projekte, ein von Diskette bootfähiges System zu erstellen, das genügend Werkzeuge an Bord hat, um ein vollständiges System zu starten. Mit solchen Werkzeugen kann man in der Not eine Linux-Maschine wieder lauffähig machen. Solch ein System lässt sich

Notsysteme

---

1 Eine Partition ist ein Teil einer Festplatte.

aber auch zur Netzwerküberwachung oder als Router oder Druckserver einsetzen. Da diese Systeme ohne Festplatte und CD auskommen, können sie auch in Umgebungen eingesetzt werden, in denen der Betrieb eines Computers sonst eher schwierig ist. Eine solche Distribution finden Sie beispielsweise auf der Webseite http://www.toms.net/rb.

Knoppix Inzwischen werden Disketten teurer als CD-Rohlinge, und in einigen Computern sind gar keine Diskettenlaufwerke mehr vorhanden. So ist es nahe liegend, dass es inzwischen Notsysteme auf CDs gibt. Das bekannteste Projekt ist Knoppix, das auf einer Debian-Distribution basiert, die so angepasst ist, dass sie sich automatisch an die Hardware anpasst. Knoppix läuft auch völlig ohne Festplattenplatz und kann so auch verwendet werden, um Linux ohne Veränderung am eigenen PC auszutesten.

8.2.2 Vorsätzliche Behinderung

Mit kleinen Kniffen lässt sich der Tatendrang des Administrators ein wenig ausbremsen. So wird durch die PATH-Variable erreicht, dass nur Programme aus den sicheren Pfaden verwendet werden und durch Rückfragen beim Löschen im Ernstfall nicht so viel Schaden entsteht.

PATH ohne Punkt Die Umgebungsvariable PATH sollte für root keinen Punkt enthalten. Das Fehlen des Punkts hat zur Folge, dass root keine Programme des aktuellen Verzeichnisses direkt aufrufen kann. Warum das kritisch sein kann, zeigt das folgende Beispiel: Ein boshafter Anwender mit dem Account hugo möchte gern die Datei **/home/udo/geheim** lesen, die aber für ihn nicht zugänglich ist. Um sie dennoch zu sehen, legt hugo ein kleines Skript namens **iv** in das Verzeichnis **/tmp**, das für jeden Zugriff frei ist. Er hatte nämlich beobachtet, dass der Administrator den Editor vi bevorzugt und oft »iv« statt »vi« eingibt. Ins Verzeichnis **/tmp** legt er auch eine Textdatei mit dubiosem Namen, damit der Administrator hineinschaut. Er hofft darauf, dass sich der Administrator sich dabei vertippt und iv statt vi eingibt. In dem Skript steht Folgendes:

```
cp /home/udo/geheim /home/hugo/nichtgeheim
vi $@
rm iv
```

Listing 8.1 Ein einfaches Trojanisches Pferd

Das Skript wird mit den Rechten dessen ausgeführt, der es ausführt. Die erste Zeile kopiert die Datei von udo in das Benutzerverzeichnis von hugo. Die zweite Datei ruft den Editor vi auf, so dass der Administrator seinen Irrtum nicht bemerkt, und die dritte Zeile löscht das verräterische Skript, um die Spuren zu verwischen.

Will der Administrator einmal dennoch ein Programm aus dem aktuellen Verzeichnis starten, muss er den Pfad voranstellen. Dazu reicht es aus, Punkt und Schrägstrich zu verwenden. Dadurch weiß der Administrator, was er tut, und man kann ihm so keinen Trojaner unterschieben. Der folgende Aufruf startet das Skript oder das Programm namens **machwas** im aktuellen Verzeichnis:

```
gaston # ./machwas
```

Auf einigen Systemen erhält der Benutzer root beim Aufruf von rm automatisch die Option -i aufgedrückt. Das heißt, dass root jede Datei, die er löscht, bestätigen muss. Wer einmal schlechte Erfahrungen mit versehentlichem Löschen gemacht hat, wird sich diese Rückfrage gern selbst einrichten. Es geht ganz leicht mit einem alias:

Beim Löschen nachfragen

```
alias rm='rm -i'
```

Sie können den Alias mit dem Befehl unalias rm wieder auflösen, wenn Sie doch einmal größere Mengen von Daten löschen müssen, die Sie nicht einzeln bestätigen möchten.

8.3 Administrationstools

Auf beinahe jeder UNIX-Plattform gibt es ein anderes Administrationstool. Leider hat sich hier kein Standard herausgebildet. Das hängt natürlich auch damit zusammen, dass diese Tools auch Hardwarekonfigurationen mitverwalten. Immerhin sind sie oft ähnlich in der Handhabung. Menügesteuert hangelt man sich zur anstehenden Aufgabe und bekommt dann eine Seite mit einer Eingabemaske präsentiert, die alle Parameter der zu erledigenden Aufgabe abfragt. Anschließend ruft das Tool die Standardwerkzeuge auf oder nimmt die entsprechenden Einträge in den Systemdateien vor.

Im Allgemeinen werden diese Werkzeuge verwendet, um Softwarepakete nachzuinstallieren, Benutzer zu verwalten, den Kernel anzupassen und grundlegende Dinge einzustellen, wie beispielsweise die IP-Adresse (siehe Seite 458). Die meisten dieser Arbeiten können auch ohne das Administrationstool durchgeführt werden, wie in den folgenden Abschnitten zu sehen ist.

8.3.1 Sinn und Unsinn der Admintools

Die oft grafischen Administrationstools sind nicht unumstritten. Ursprünglich wurde die Konfiguration von UNIX in Textdateien durchgeführt, die sich im Verzeichnis **/etc** befinden. Dabei sind die Strukturen der Konfigurationsdateien durchaus unterschiedlich. Die Konfiguration eines UNIX-Systems kann in der Regel mit einem Editor als Werkzeug durchgeführt werden. Die Konfigurationsdateien können, da sie reine Textdateien sind, mit den leistungsfähigen UNIX-Werkzeugen durchsucht und bearbeitet werden.

Nachteile — Ein Programm, das solche Konfigurationsdateien automatisch verändert, ist immer etwas problematisch. Was geschieht, wenn der Administrator mit dem Texteditor einen Eintrag macht, den das Programm nicht korrekt interpretieren kann? Wenn eine Klammer fehlt oder eine Option verwendet wird, die das Tool noch nicht kennt. Bisher musste nur das Programm, dem die Konfigurationsdatei gehört, mit den menschlichen Editierfehlern zurechtkommen. Allerdings wurden die Konfigurationen auch immer nur gelesen. Das Tool dagegen liest die Einträge, interpretiert diese und schreibt sie wieder in die Datei. Dabei ist es durchaus schon vorgekommen, dass ein Tool eine Konfigurationsdatei zerlegt hat.

Vorteile — Administrationstools sind aber nicht nur böse. Der Vorteil der Tools ist, dass die Änderungen systemgemäß vorgenommen werden und dass auch die Abhängigkeiten von Einstellungen überwacht werden. Nicht immer weiß jeder Administrator, welche Schritte beim Anlegen eines neuen Benutzers auf einem ihm fremden System erforderlich sind.

Konsistent bleiben — Grundsätzlich ist es empfehlenswert, die Konfigurationsdateien zu kennen, die das Administrationstool ändert. Es ist auch nicht verkehrt, zu prüfen, ob deren Zustand noch einwandfrei ist. Dateien, die man in der Regel mit dem Tool ändert, sollte man möglichst nicht mit dem Editor ändern und umgekehrt.

8.3.2 Start über X11

Da einem Administrator heutzutage fast immer ein UNIX-Rechner mit grafischer Oberfläche zur Verfügung steht, werden viele Administrationstools in einer grafischen Umgebung gestartet. Da das unter UNIX verwendete Grafiksystem X11 auch über ein Netzwerk von einem anderen Rechner aus gesteuert werden kann, kann ein einfacher Linux-Rechner als grafisches Terminal verwendet werden.[2] So ist beispielsweise

---

2 Zur Netzwerkfähigkeit des X Window System siehe Seite 756.

das `admintool` von Solaris ohne grafische Oberfläche gar nicht lauffähig. Viele UNIX-Systeme sind jedoch nicht mit einer eigenen Grafik-Hardware ausgestattet, weil sie lediglich als Server-Maschinen eingesetzt werden. Einige der Tools können beides: Sie laufen auf einem gewöhnlichen Terminal, nutzen aber die grafische Oberfläche, falls sie zur Verfügung steht. Da die grafische Oberfläche von UNIX netzwerkfähig ist, benötigt der zu administrierende Server keine eigene Grafik-Hardware, wie das folgende Beispiel mit dem `sam` von HP-UX zeigt.

`sam` arbeitet als Konsolentool, das allerdings eine gute Terminalemulation braucht, um bedienbar zu bleiben, da `sam` die Sondertasten ausgiebig benutzt. Wenn man kein Original-HP-Terminal besitzt oder gar auf eine Terminalemulation angewiesen ist, wird die Bedienung von `sam` schwierig. Zum Glück kann `sam` aber auch als X-Anwendung gestartet werden. Das Programm erkennt anhand der Variablen DISPLAY, ob ein X-Server zur Verfügung steht. Damit lässt sich die Administration auch von einer fremden Maschine aus durchführen (siehe Seite 757).

sam

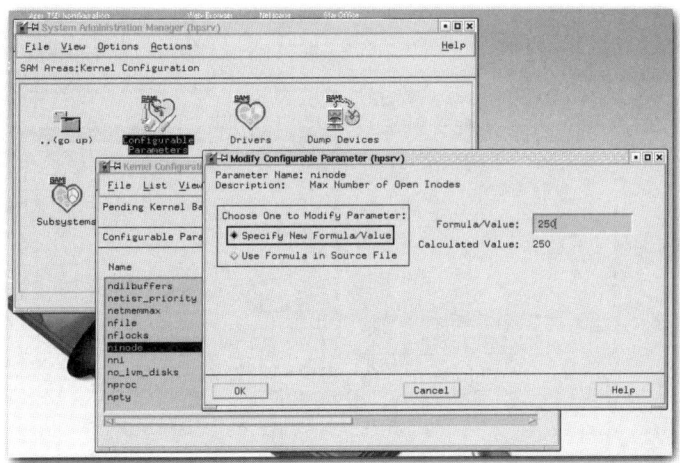

Abbildung 8.1 SAM unter dem X Window System

Um dies zu ermöglichen, müssen ein paar einfache Handgriffe erledigt werden, die erst später im Kapitel über das X Window System näher erläutert werden. Das Programm `sam` läuft auf der HP-UX-Maschine namens `hpsrv`. Diese Maschine besitzt keine eigene Grafikkarte. Stattdessen stellt der Linux-Rechner `gaston` seine Grafik sowie Maus und Tastatur zur Verfügung. Der erste Schritt ist, dass `gaston` seine X11-Ressourcen freigibt. Das erreichen Sie mit dem Befehl `xhost` (siehe Seite 757).

```
gaston> xhost +hpsrv
```

Im nächsten Schritt loggen Sie sich auf hpsrv ein. Das kann an einem gewöhnlichen Textterminal geschehen oder per Netzwerk mit den Befehlen telnet oder ssh. Durch Setzen und Exportieren der Umgebungsvariablen DISPLAY wird erreicht, dass das Programm sam die grafische Oberfläche benutzt. Darüber hinaus wird ihm in dieser Variable mitgeteilt, auf welchem Computer die grafische Oberfläche gesteuert wird:

```
hpsrv# DISPLAY=gaston:0
hpsrv# export DISPLAY
hpsrv# sam &
```

Daraufhin erscheint das Programm sam auf dem Bildschirm des Computers gaston. Da es aber auf dem Rechner hpsrv gestartet wurde, wird natürlich auch dieser Rechner mit sam administriert.

xhost gegen xauth Es kann sein, dass Ihr System eine Freigabe per xhost nicht zulässt. Dann verwendet es vermutlich xauth. Eine Beschreibung, wie die Rechte in diesem Fall freizugeben sind, finden Sie ab Seite 761.

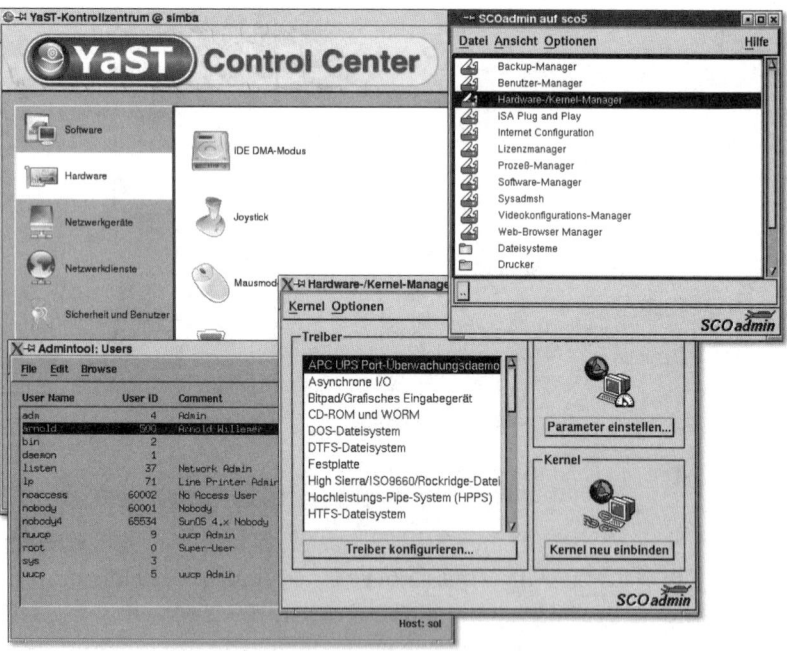

Abbildung 8.2 YaST, scoadmin und admintool unter X11

sam ist nicht das einzige Programm, das über das X Window System auf einem anderen Arbeitsplatz gestartet werden kann. So sind in der

Abbildung 8.2 das Tool YaST von SUSE Linux, der `scoadmin` und das `admintool` nebeneinander auf dem gleichen X11-Bildschirm zu sehen.

8.3.3 Webmin: Administration per Browser

Ein Administratorwerkzeug hat die Eigenheit, viele Bereiche der Administration zu behandeln. Das gilt insbesondere für Webmin, das sehr viele Möglichkeiten bietet. Die einzelnen Themen hier in aller Breite zu behandeln würde zu einer doppelten Behandlung vieler Themen führen. So wird hier kurz darauf hingewiesen, was der einzelne Punkt bedeutet und ansonsten auf eine andere Stelle im Buch verwiesen, wo das Thema ausgiebig behandelt wird.

Webmin ist ein Administrationstool, das mit einem Browser bedient wird. Es kann lokal, aber auch über das Netzwerk gestartet werden. Die unterstützten Plattformen lesen sich wie das »Who is who« der UNIX-Systeme. Die Tatsache, dass bei Linux auch die verschiedenen Distributionen explizit auswählbar sind, zeigt schon, dass Webmin auch die Details der Systeme kennt, für die es entwickelt wurde.

In allen Sätteln zu Hause

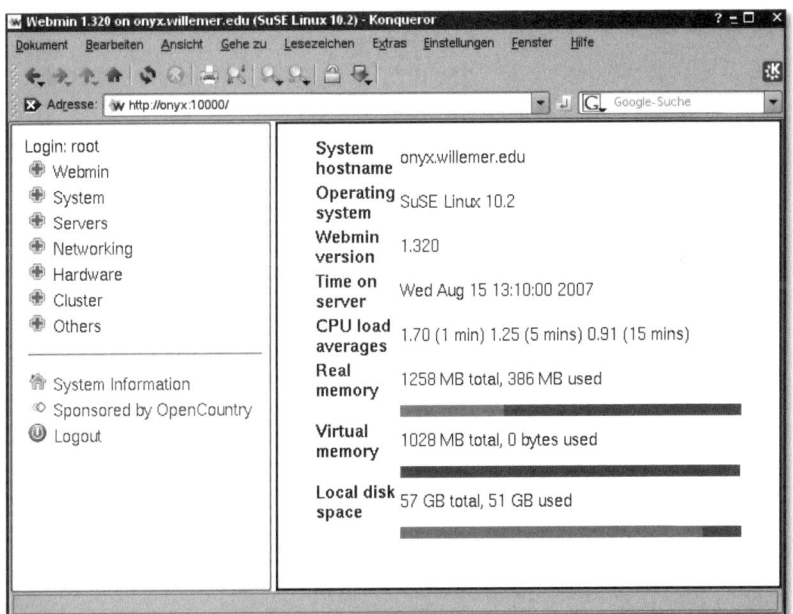

Abbildung 8.3 Systeminformation von Webmin

Auf dem zu administrierenden Rechner muss ein Webmin-Dämon laufen, der über den Port 10000 angesprochen wird. Er kommuniziert über

Port 10000

das HTTP-Protokoll, so dass ein handelsüblicher Webbrowser verwendet werden kann. In dem Browser öffnen Sie http://onyx:10000, falls der Zielrechner onyx heißt. Sie werden dann aufgefordert, Benutzerkennung und Passwort des Administrators einzugeben. Danach erhalten Sie eine Übersicht über das System.

Der Rechnername, Betriebssystem und die Webmin-Version werden angezeigt. Sie erhalten darüber hinaus gleich einen Überblick über die Belastung der CPU, die Ausnutzung des Speichers und die Belegung der Festplatte.

Konfiguration

Webmin lässt sich weitgehend konfigurieren, und auch dies geschieht konsequenterweise über das Webinterface. Es kann eingestellt werden, welcher Port verwendet werden soll, welche Personen berechtigt sind und welche Rechner den Zugriff auf Webmin bekommen sollen. Genau diese Punkte sollten Sie als Erstes konfigurieren, sofern Sie nicht möchten, dass sich alle Firmenangehörigen am fröhlichen Passwortraten beteiligen.

System

Der Bereich System betrifft in erster Linie die lokale Administration. Die einzelnen Arbeitsmenüs lauten:

- Ein- und Ausschalten des Systems: Sie können per Webmin, also auch über das Netzwerk von einem anderen Rechner aus, den Rechner ausschalten oder neu starten. Darüber hinaus können auch die Startup-Dateien beim Booten verwaltet werden. Siehe Seite 241.

- Benutzer und Gruppen: Ein Punkt, der in keinem Administrationstool fehlt, ist die Möglichkeit, die Benutzer zu verwalten. Webmin kann nicht nur die typischen Informationen erfassen, die für die Dateien **/etc/passwd**, **/etc/shadow** und **/etc/group** benötigt werden. Sie können auch auswählen, ob die Arbeitsumgebung des Benutzers gleich mit angelegt werden soll. Siehe Seite 257.

- Die Übersicht über die Dateisysteme, die als lokale Partitionen oder über das Netzwerk eingehängt sind. Im Kern verwalten Sie mit dieser Seite die Datei **/etc/fstab**. Siehe Seite 296.

- Disk Quotas: Als Administrator können Sie den Festplattenbedarf der Anwender deckeln. Dazu gibt es Quotas, die ab Seite 305 ausführlicher beschrieben werden.

- Datensicherung der Dateisysteme: Hier kann die Datensicherung eines Dateisystems gestartet werden. Siehe Seite 335.

- MIME Dateityp-Zuordnung: Die verschiedenen Dateitypen werden über ihre Dateinamensendungen bestimmten Programmen zugewiesen.

- Zeitversetzte Jobs und die Verwaltung der crontab: Sie können Aufträge abstellen, die später abgearbeitet werden. Siehe Seite 181.

- Softwarepakete: Damit können Softwarepakete nachinstalliert und installierte Pakete entfernt werden. Siehe Seite 355.

- Prozessverwaltung: Sie können eine Übersicht über die laufenden Prozesse bekommen und sogar einzelne Prozesse beenden. Siehe Seite 434.

- Der Fehlermeldungsdienst von UNIX namens `syslog` kann auch von hier verwaltet werden. Siehe Seite 420

- Dateirotation für Protokolldateien: Gerade die Fehlermeldungen sammeln sich im laufenden Betrieb. Damit sie nicht zu groß werden, müssen sie ausgetauscht werden. Das muss so erledigt werden, dass die protokollierenden Prozesse nicht abstürzen und auch keine Meldung verloren geht. Siehe Seite 429.

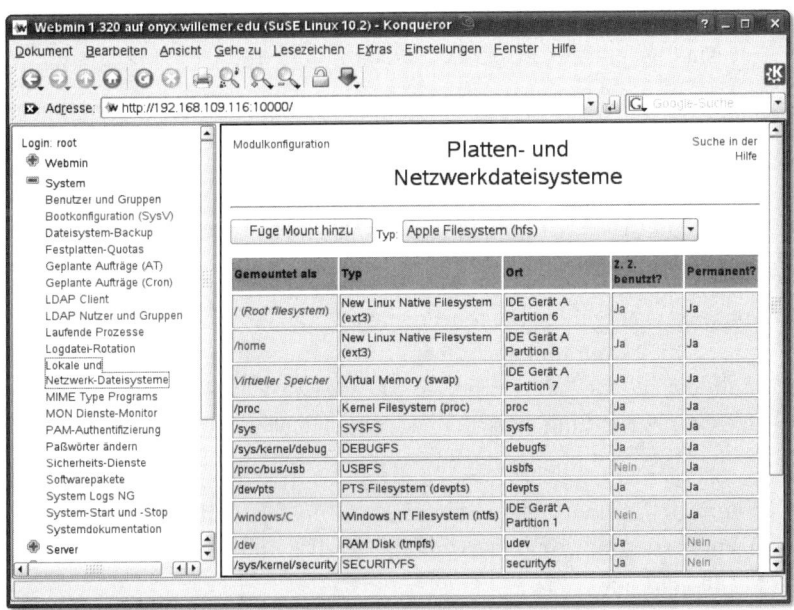

Abbildung 8.4 Anzeige der Dateisysteme

Abbildung 8.4 zeigt exemplarisch die Verwaltung der Dateisysteme. Sie erhalten dabei einen Überblick über die eingehängten Systeme. In der Kommandozeile würden Sie dazu den Befehl mount verwenden. Sie können weitere Systeme einhängen. Durch Anklicken der eingehängten Dateisysteme erhalten Sie weitere Informationen und Einstellmöglichkeiten.

Server

Webmin verwaltet auch die Server der Maschine. Dabei sind nicht nur die für UNIX typischen Systemserver aufgeführt, sondern auch Anwendungsserver.

- BIND DNS-Server: Die Namensauflösung findet im Internet über den Domain Name Service statt. Siehe Seite 495.
- DHCP: Dieser Dienst dient dazu, anderen Teilnehmern des Netzes eine IP-Adresse zuzuordnen und Informationen über die Netzdienste zu übermitteln. Siehe Seite 514.
- POP3 und IMAP: Diese E-Mail-Abholdienste werden konfiguriert. Allerdings nicht der verbreitete Cyrus-Server, sondern der von Dovecot. Über den Cyrus-Server und die Dienste IMAP und POP3 finden Sie mehr ab Seite 647 und Seite 651.
- Als Mailingsystem werden Postfix, Sendmail und QMail unterstützt.
- Fetchmail: Mit Fetchmail können fremde POP3-Konten abgesucht werden und in das lokale Mailsystem eingespeist werden. Siehe Seite 653.
- Mit Benutzer-E-Mail können Sie auf das lokale Mailsystem zugreifen und die Mails der UNIX-Benutzer lesen.
- SpamAssassin gehört zu den Versuchen der verzweifelten E-Mail-Benutzer, die Kommunikationsform zurückzugewinnen und den Werbemüll loszuwerden. Das Problem ist, wie so oft im Leben, die eindeutige Unterscheidung zwischen Gut und Böse.
- Webserver Apache: Die Konfiguration des Apache-Servers ist sehr umfangreich. Vom virtuellen Server, über Zugänge und Module kann die Administrierung von hier erfolgen. Details zum Apache-Server finden Sie ab Seite 681.
- Die Datenbanken MySQL (siehe Seite 620) und PostgreSQL (siehe Seite 624) können ebenfalls per Webmin verwaltet werden. Sie können Datenbanken und Tabellen anlegen und pflegen. Die Verwaltung der Benutzer ist genauso möglich wie der Start der Datensicherung.

- Proxy-Server dienen dazu, als Stellvertreter für Rechner ohne einen Internetzugang Anfragen ans Internet weiterzuleiten. Siehe Seite 571.
- Hier kann ein FTP-Server eingerichtet und administriert werden. Siehe Seite 536.
- Mit Samba kann sich ein UNIX-Server dumm stellen und an einem Windows-Netz teilnehmen. Siehe Seite 590.
- Jabber ist ein Chat-Service, Majordomo sind Mailing-Listen. Wer solche Server hat, kann sie hier verwalten.

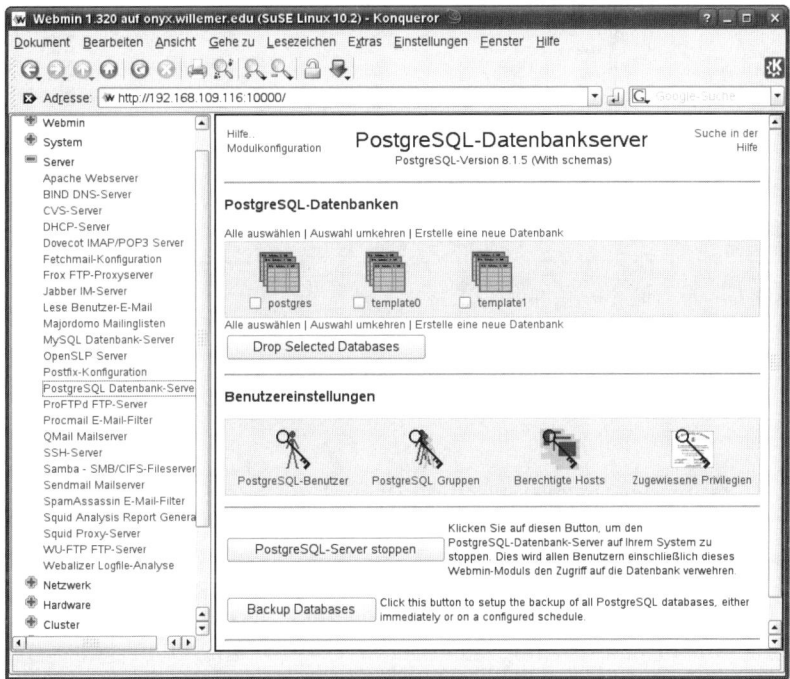

Abbildung 8.5 Serveradministration am Beispiel PostgreSQL

Netzwerk

Auch die Administration des Netzwerks wird auf großer Breite unterstützt. Selbstverständlich lassen sich IP-Adresse, Routen und Gateway einstellen. Aber auch die Firewall, NIS, NFS und der Zugang zum Internet per PPP können hier konfiguriert und überwacht werden.

8 | Der Administrator

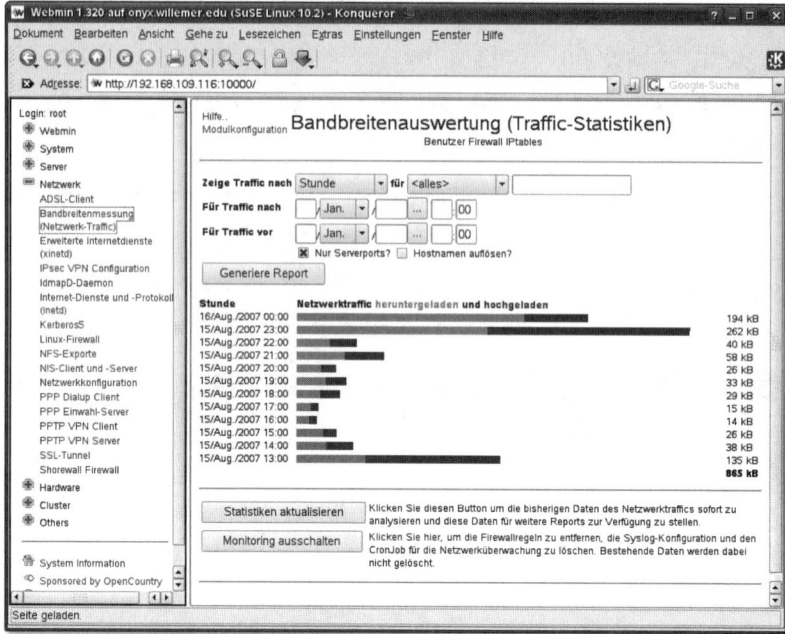

Abbildung 8.6 Netzwerkadministration

- Grundkonfiguration der Netzwerkumgebung. Hier können Grundeinstellungen wie IP-Adresse, Routen und Gateway eingestellt werden. Siehe Seite 458.

- Messung des Netzwerk-Traffics. Damit kann festgestellt werden, mit welchen Rechnern im Netz in welchem Zeitraum korrespondiert wurde.

- Konfiguration der Netzdienste. Hier werden Netzwerkdienste verwaltet, die nicht als ständig laufender Serverprozess im Hintergrund stehen, sondern nur von Zeit zu Zeit gebraucht werden. Für diesen Zweck stellt UNIX einen stellvertretenden Server zur Verfügung. In der klassischen Form heißt dieser `inetd` (siehe Seite 535), in der neueren Version `xinetd` (siehe Seite 535).

- Es werden diverse Aspekte eines Internetanschlusses eingestellt: Da gibt es die Konfiguration des DSL-Clients, die Einrichtung von PPP für Server und Client.

- Die Konfiguration der Firewall wird ermöglicht. Das Thema Firewall wird ab Seite 564 behandelt.

- Die NFS-Exporte (Network Filesystem) würde mancher zwar eher unter Servern suchen, diese finden sich aber hier. Siehe Seite 581.

- NIS (Network Information Service) kann hier sowohl für den Client als auch für den Server konfiguriert werden.

- Die Themen SSL-Tunnel und VPN Client und Server werden auch an dieser Stelle behandelt.

Hardware

Im Bereich Hardware findet sich die Druckeradministration, CD-Brenner und Festplattenkonfiguration.

- CD-Brenner

- Die Druckerverwaltung arbeitet mit dem CUPS-Druckersystem einwandfrei zusammen. Sie können neue Drucker anlegen und alte entfernen. Die Druckaufträge jedes einzelnen Druckers können verwaltet werden. Siehe Seite 390.

- Die Systemzeit kann eingestellt werden.

- Sie können die Festplatte partitionieren (siehe Seite 290), ein Software-RAID einrichten (siehe Seite 286) und ein logisches Volume verwalten, also eine virtuelle Partition, die sich über mehrere physische Partitionen erstreckt.

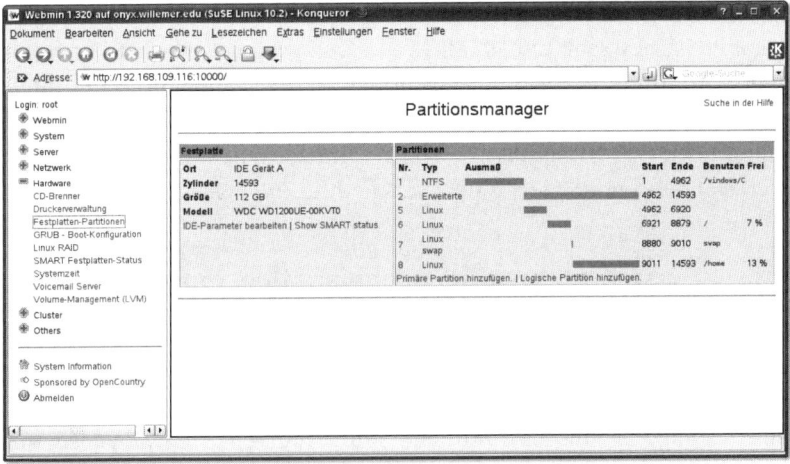

Abbildung 8.7 Hardware

Selbst die Cluster-Konfiguration ist mit Webmin möglich. Außerdem befinden sich noch wertvolle Hilfsmittel unter dem Stichpunkt »Others«.

Anderes

- Mit Hilfe von Java-Applets werden Telnet-Sitzungen emuliert. Auf die gleiche Art und Weise wird ein Dateimanager realisiert.
- Eine PHP-Konfiguration und die Verwaltung von Perl-Modulen ist auch möglich.
- Eine Statusübersicht zeigt die wichtigsten Server an.
- Dateien können per Up- und Download mit dem Zielrechner ausgetauscht werden.

Abbildung 8.8 Weitere Möglichkeiten

Webmin ist ein sehr umfangreiches, leistungsfähiges Tool. Es eröffnet dem Administrator die Möglichkeit der Fernwartung für sehr unterschiedliche Systeme. Webmin kann in der täglichen Arbeit des Administrators Fehler und überflüssige Wege vermeiden helfen. Informationen über Webmin finden Sie auf der Website http://www.webmin.com.

8.3.4 Herstellerspezifische Administrationstools

Jeder UNIX-Hersteller hat sein eigenes Administrationstool, mit der die Arbeit des Administrators einfacher werden soll. Einige Funktionen wie beispielsweise die Lizenznummernverwaltung sind naturgemäß sehr systemabhängig. Gerade Lizenzen sind kaum anders zu verwalten als mit dem Originalwerkzeug.

Die Administrationstools des Herstellers haben natürlich den Vorteil, dass sie systemkonform sind. Die Vorgänge laufen so ab, wie sie sich der

Hersteller gedacht hat. Wenn das Werkzeug optimal arbeitet, wird nichts vergessen und nichts kollidiert mit anderen administrativen Vorgängen.

Auf der anderen Seite ist UNIX nicht mit einem solchen Tool entstanden und die administrativen Schritte sind nicht mit dem Blick auf ein Superwerkzeug entstanden, das die komplette Administration steuert. Statt dessen waren alle administrativen Handlungen mit speziellen Programmen und voneinander unabhängigen Konfigurationsdateien entworfen worden. Erst im Nachhinein versuchten die Hersteller ein großes Administrationswerkzeug darüber zu stülpen. Insbesondere dann, wenn in Konfigurationsdateien sowohl mit dem Werkzeug als auch mit dem Editor gearbeitet wird, kann es zu Konflikten und zu Inkonsistenzen führen.

Der Umfang der Aufgaben, die die mitgelieferten Administrationstools leisten, ist je nach Anbieter sehr unterschiedlich. In diesem Kapitel werden einige Tools kurz vorgestellt und ihr Leistungsumfang abgeklopft. Zunächst sehen Sie eine Tabelle der Kandidaten.

UNIX-Version	Name des Administrationstools
AIX	smit smitty
HP-UX	sam
Solaris	admintool bzw. Solaris Management Console (SMC)
SCO	scoadmin (SCO 5) bzw. sysadmsh (SCO 3)
SUSE-Linux	YaST
Red Hat Linux	linuxconfig
FreeBSD	/stand/sysinstall
Mac OS X	System Preferences

Tabelle 8.1 Administrationstools auf verschiedenen Systemen

Naturgemäß werden hier viele Begriffe genannt, die erst im weiteren Verlauf des Kapitels erläutert und geklärt werden. Bitte schlagen Sie im Inhaltsverzeichnis oder im Stichwortverzeichnis nach, wenn Sie an einem Thema besonders interessiert sind.

Solaris: admintool

Ab Solaris Version 9 wird der Administrator darauf hingewiesen, dass er statt `admintool` die Solaris Management Console verwenden soll. Das Programm `admintool` verwaltet folgende Aufgaben:

Altbau

- **Benutzer und Gruppen**
  Diese Seite befasst sich mit dem Anlegen und Pflegen von Benutzern und Gruppen.

- **Liste der Hostnamen und deren IP-Adresse**
  Hier wird die Datei **/etc/hosts** gepflegt.

- **Drucker**
  Es können sowohl lokale Drucker angelegt als auch Verbindungen zu Netzwerkdruckern definiert werden.

- **Serielle Leitungen**
  Sie können angeben, ob die Leitung mit einem Terminal oder einem Modem versehen ist, welche Baudraten verwendet werden und ob der Zugang von außen zu Wartungszwecken erreichbar sein soll.

- **Software Pakete**
  Hier wird Software nachinstalliert.

Solaris Management Console

Die Solaris Management Console ist netzwerkfähig und basiert auf so genannten Toolboxen. Damit ist es möglich, SMC zu erweitern. Da SMC sowieso auf einer Client-Server-Architektur basiert, ist es kein Problem, auch fremde Rechner zu administrieren.

Die Einstellmöglichkeiten sind baumförmig angeordnet:

- **System Status**
  Hier können die Protokolldateien eingesehen, die Prozesse verwaltet und die Leistungsdaten überwacht werden.

- **System Configuration**
  Hier werden die Computer und Netzwerke aufgelistet und die installierten Patches[3] angezeigt. Darüber hinaus befindet sich hier auch die Benutzerverwaltung.

- **Services**
  Unter Services befindet sich die Verwaltung der zeitversetzten Jobs.

---

3 Patches sind Fehlerkorrekturen des Betriebssystems, die der Hersteller von Zeit zu Zeit herausgibt.

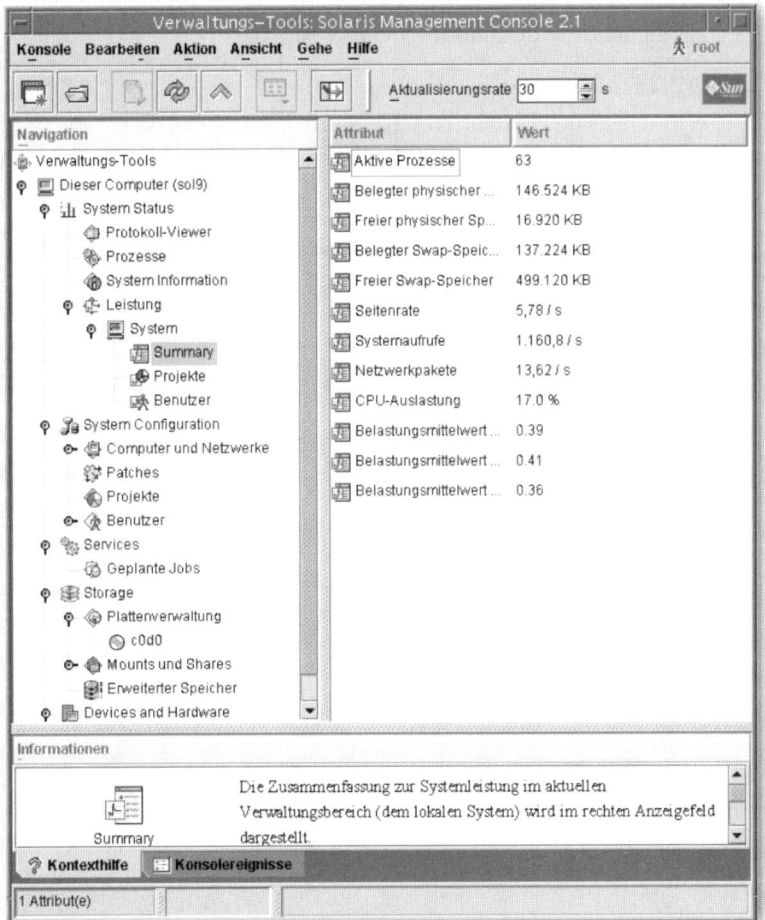

Abbildung 8.9 Solaris Management Console

▶ **Storage**
Hier finden Sie die Festplattenverwaltung.

▶ **Mounts**
zeigt an, welche Dateisysteme an welchen Orten in den Verzeichnisbaum eingebunden sind.

▶ **Share**
ermöglicht die Freigabe von NFS-Verzeichnissen und zeigt, welche Verzeichnisse die Maschine selbst eingebunden hat.

▶ **Usage**
zeigt die Belegung der Dateisysteme.

- **Disks**
  ermöglicht die Einbindung neuer Festplatten.

- **Enhanced Storage**
  ermöglicht das Einrichten virtueller Volumes und damit auch Software-RAID-Systeme (zu RAID siehe Seite 286).

- **Devices and Hardware**
  Derzeit werden hier nur die seriellen Schnittstellen verwaltet.

HP-UX: sam

sam erscheint als ein Fenster mit je einem Symbol für jede Aufgabenstellung. Durch einen Doppelklick auf das Symbol erscheint entweder ein Unterverzeichnis mit weiteren Symbolen oder ein Fenster mit der Liste der zu bearbeitenden Objekte. Das Fenster besitzt ein Menü zur Navigation und zur Änderung der Sichtweise. Das wichtigste Menü ist das letzte.

Unter »Actions« werden die Aktionsmöglichkeiten wie beispielsweise das Anlegen eines Benutzerkontos aufgezählt. Der Inhalt des »Action«-Menüs richtet sich immer nach dem Thema, mit dem sich das Fenster befasst.

Die folgende Aufzählung führt in groben Zügen auf, welche Einstellungen über sam vorgenommen werden können:

- **Accounts für Users and Groups**
  Hier können Benutzerkonten verwaltet und Gruppen angelegt werden.

- **Auditing and Security**
  Hier können Ereignisse festgelegt werden, die die Sicherheit gefährden.

- **Backup and Recovery**
  Hier wird die Datensicherung für das System im Dialog oder auch automatisch zu wiederkehrenden Zeiten festgelegt.

- **Clusters**
  Hier werden NFS-Cluster angelegt.

- **Disks and File Systems**
  Unter »Disk Devices« können die physikalischen Festplatten bearbeitet werden. Die Dateisysteme können unter »File Systems« auf die Verzeichnisstruktur abgebildet werden. Unter »Swap« kann der virtuelle Speicher eingestellt werden. Und schließlich finden Sie hier die

Werkzeuge zur Bearbeitung der Logical Volumes, also Dateisysteme, die aus mehreren Partitionen zusammengesetzt werden.

- **Kernel Configuration**
  An dieser Stelle können Kernel-Parameter, Treiber und kernelnahe Subsysteme eingestellt werden.

- **Networking and Communications**
  Hier können die Netzwerkkarten eingerichtet, die IP-Adresse eingestellt und diverse Server eingerichtet werden (BIND, NIS, NFS).

- **Peripheral Devices**
  Terminals, Festplatten und Drucker sind die wichtigsten Geräte, die hier verwaltet werden können. Festplatten und Drucker erreichen Sie aber auch auf anderen Wegen. Darüber hinaus finden Sie eine Liste der eingebauten Laufwerke und Karten.

- **Printers and Plotters**
  Hier können Drucker eingerichtet und die Druckaufträge verwaltet werden.

- **Process Management**
  Hier finden Sie die Prozessliste, aber auch Statistiken zur Performance. Auch die crontab wird hier eingerichtet.

- **Routine Tasks**
  Zu den Routineaufgaben zählt `sam` die Datensicherung, die Suche nach unbenutzten Dateien, das Stutzen von Protokolldateien und das Herunterfahren des Systems.

- **Run SAM on Remote Systems**
  `sam` kann nicht nur das DISPLAY eines fremden Rechners verwenden. Es ist auch möglich, andere HP-UX-Maschinen aus der Ferne zu warten.

- **Software Management**
  Hier lässt sich Software nachinstallieren und deinstallieren.

- **Time**
  Sie können die Systemzeit einstellen oder einen NTP-Server festlegen.

AIX: smit

Das Administrationstool von AIX heißt `smit`. Auch `smit` arbeitet sowohl auf der Konsole als auch auf einer X11-Umgebung und kann somit auch von einem anderen Desktop aus bedient werden. Die reine Konsolenversion heißt `smitty`. Das Hauptmenü zeigt bereits einen Überblick über die Möglichkeiten.

Command Hinter den hier offenkundigen Punkten liegt eine tiefe Hierarchie, die eine sehr weitreichende Administration allein mit diesem Werkzeug ermöglicht. `smit` zeigt immer wieder die Systembefehle an, die es für jeden Schritt verwendet. Dadurch lernt man die wichtigsten Systembefehle der Maschine kennen und weiß definitiv, was im Hintergrund passiert.

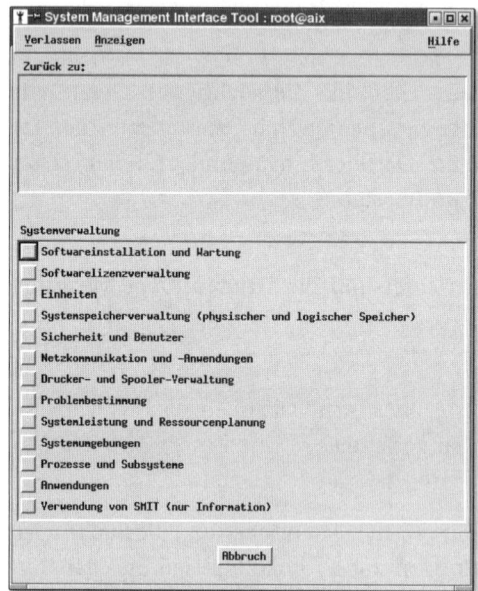

Abbildung 8.10 AIX-Administrationstool smit

Bei Verwendung der Konsolenvariante lässt sich auch ohne eine exakt passende Terminalemulation gut zurechtkommen. Die benötigten Cursortasten für oben und unten können durch die Tasten **ctrl+P** und **ctrl+N** ersetzt werden. Statt der am unteren Bildschirm angezeigten Funktionstasten können ESC-Sequenzen verwendet werden. Statt **F4** funktioniert auch **ESC** gefolgt von **4**.

▶ **Softwareinstallation und Wartung**
In diesem Bereich geht es um die Verwaltung der Softwarepakete. Eine Installation auf diesem Weg sichert natürlich die Abhängigkeit der Software untereinander, und eine saubere Deinstallation ist auch möglich.

▶ **Softwarelizenzverwaltung**
Dieser Bereich ist natürlich immer systemabhängig.

- **Einheiten**
  Hier wird die Hardware-Ausstattung verwaltet. Es finden sich Drucker und Terminals, Konsole, Festplatte, Festplatten-Array, CD-ROM-Laufwerk, Disketten- und Bandlaufwerk, SCSI-Adapter und andere Geräte. Diese Bereiche sollten in jedem Fall über `smit` erledigt werden.

  Hier wird auch der Grafikbildschirm und die grafische Eingabeeinheit eingestellt. Es stand bei meiner Maschine die Grafikauflösung auf 1280 x 1024 Punkten. Leider passte das nicht zu meinem Monitor. In solchen Problemfällen muss über die Konsole, über Netzwerk oder ein serielles Terminal dieser Wert eingestellt werden, bevor man den Grafikbildschirm in Betrieb nehmen kann. Im `smit` findet sich unter dem Stichwort »Grafikbildschirm« die folgende Auswahl:

  - alle verfügbaren Grafikadapter auflisten
  - Anzeigengröße auswählen
  - Bildschirmtyp auswählen
  - Stromverbrauchssteuerung für Bildschirm
  - Bildschirmauflösung und Bildwiederholfrequenz auswählen

- **Systemspeicherverwaltung (physischer und logischer Speicher)**
  Unter diesem Punkt finden sich der Logical Volume Manager, die Einrichtung der Dateisysteme und der Manager für die Datensicherung.

- **Sicherheit und Benutzer**
  Hier befindet sich die klassische Benutzer- und Gruppenverwaltung. Dabei sind die Möglichkeiten sehr umfangreich. Es werden neben den klassischen Angaben auch Grenzen für maximale CPU-Zeit und Festplattenverbrauch erfasst.

- **Kommunikationsanwendungen und -dienste**
  Hier finden sich die TCP/IP- und NFS-Einstellungen.

- **Druck-Spooling**
  Hier wird festgelegt, welches Drucksystem eingesetzt wird. Die Verwaltung der Drucker und der Druckwarteschlangen kann von hier erfolgen.

- **Fehlerbestimmung**
  Hier wird einerseits das Fehlerprotokoll verwaltet. Es ist ein System-Dump möglich. Außerdem finden sich Diagnoseprogramme für Hardware und die Softwareinstallation.

▶ **Zeitplanung für Leistung und Ressourcen**
Hier befinden sich diverse Statistikprogramme über die Ressourcenauslastung und die Job-Verwaltung.

▶ **Systemumgebungen**
Hier können Aufgaben, wie das Starten des Systems, die Konsolenzuordnung, Datum und Uhrzeit ändern und viele andere Dinge verwaltet werden.

▶ **Prozesse und Subsysteme**
Hier werden die Prozesse, die Serverprozesse verwaltet.

▶ **Anwendungen**
Hier werden Anwendungen verwaltet, die einer größeren Administration bedürfen. Es kann durchaus sein, dass Sie an dieser Stelle keinen Eintrag finden.

▶ **Cluster System Management**
Wie der Name schon sagt, findet hier die Cluster-Verwaltung statt.

▶ **Verwendung von SMIT**
Das ist die Online-Hilfe zu `smit`. Sie finden ein Dokument, das Ihnen die Benutzung von `smit` erläutert.

Zusätzlich haben Sie bei jedem Schritt die Möglichkeit, über **F1** oder **ESC** gefolgt von **1** eine Hilfeseite anzufordern. Insofern ist `smit` ein wohldokumentiertes System, um Systemverwaltung zu lernen.

SUSE Linux: YaST

Die Firma SUSE war anfänglich eine kleine Firma unter vielen, die Mitte der 90er-Jahre Linux-Distributionen erstellte. Das Hauptproblem der ersten Linux-Distributionen war, dass sie fast nur von UNIX-Experten installiert werden konnten.

Die Firma SUSE entwickelte YaST (»Yet another Setup Tool«, was so viel wie »noch ein weiteres Installationstool« heißt) so, dass auch Anfänger Linux installieren konnten. Im ersten Schritt kontrollierte YaST die Abhängigkeiten und Unverträglichkeit der verschiedenen Pakete. Dann begann es die Hardware zu analysieren und zu erkennen sowie die passenden Treiber zu installieren. Heute kann YaST nach wenigen Rückfragen eine Windows-Partition verkürzen und darauf ein fertig konfiguriertes Linux installieren.

YaST zur Konfiguration

Neben den reinen Installationsfähigkeiten wurde YaST auch zum Administrationstool ausgebaut. Zur Sicherung der Konsistenz der vielen Pakete durchläuft YaST zum Abschluss einige Konfigurationsläufe. Dazu verwendet es Konfigurationsdateien, die im Verzeichnis **/etc/rc.d** liegen. Aus den Informationen dieser Datei werden dann die Systemdateien generiert. Man findet daher in den Kommentaren dieser Dateien oft den Hinweis, man möge sie nicht direkt verändern, sondern die YaST-Konfigurationsdateien verwenden.

In manchen Fällen geht der Konfigurationsautomatismus so weit, dass auch Einstellungen des Administrators wieder zurückgesetzt werden. So enthält beispielsweise die Datei **/etc/permissions** die Rechte, die bestimmte Programme nach Ansicht der Firma SUSE haben sollten. Auch wenn der Administrator beispielsweise beim Programm `pppd` ein Set-User-ID-Bit gesetzt hat, wird dies wieder zurückgesetzt, weil SUSE argumentiert, dass jedes Set-User-ID-Bit ein potenzielles Risiko darstellt. Solche Eigenmächtigkeiten werden aber von einigen Administratoren nicht sonderlich geschätzt, so dass SUSE oft auch im Kreuzfeuer der Kritik steht.

permissions

- **Software**
  Der Kern dieser Abteilung ist die Installation oder Deinstallation der Softwarepakete. Daneben können hier auch das Installationsmedium eingestellt und Online-Updates gestartet werden.

- **Hardware**
  Hier können Peripheriegeräte eingerichtet werden. Am häufigsten wird wohl die Druckerinstallation benötigt. Aber auch Scanner, Soundkarte und TV-Karte werden erkannt und eingerichtet.

- **Netzwerkgeräte**
  Natürlich findet sich hier die Netzwerkkarte und die Einstellung der IP-Adresse. Aber auch ISDN-Karten und Modems werden hier eingerichtet. Mehr in den Bereich der Telefonie gehen die Einrichtung einer Fax-Software und eines Software-Anrufbeantworters.

- **Netzwerkdienste**
  Von hier aus können eine große Anzahl von Netzwerkdiensten konfiguriert werden. Dazu gehören: DNS, HTTP (apache), NFS, Mailsystem, NIS, SAMBA und andere. Für den Anfänger bietet sich dadurch oft die Möglichkeit, auf die Schnelle einen Dienst einrichten zu lassen und anschließend die erzeugten Konfigurationsdateien zu studieren.

- **Sicherheit und Benutzer**
  Zunächst kann der Administrator hier neue Benutzer und Gruppen einstellen. Daneben findet sich hier auch die Möglichkeit, eine Firewall und das Masquerading einzustellen.

- **System**
  - Partitionieren
  - Bootkonfiguration
  - Bootdiskette anlegen
  - Logical Volume Manager (Software RAID und anderes)
  - Zeitzone
- **Sonstiges**
  Anzeigen der Protokolldateien

SCO: scoadmin

Das Programm `scoadmin` verbindet einige andere Administrationstools unter einer gemeinsamen Oberfläche. Hier lassen sich viele Aufgaben erledigen, für die der Administrator zuständig ist. Das Tool besteht eigentlich aus mehreren kleineren Programmen, die aber optisch das gleiche Erscheinungsbild haben. Es startet je nach Aufrufumgebung als Terminal-Anwendung oder mit einer grafischen Oberfläche.

- **Backupmanager**
  SCOadmin unterstützt das Erstellen von Backups und verwendet dazu das Programm `cpio`. Es können inkrementelle Backups erstellt und Inhaltsverzeichnisse auf Band geschrieben werden. Dazu protokolliert das Tool auch die bisher durchgeführten Sicherungen.

- **Benutzermanager**
  Die Benutzerverwaltung legt nicht nur die Einträge in der Benutzerdatei **/etc/passwd** an, sondern erstellt auch das Verzeichnis und sorgt dafür, dass das Benutzerverzeichnis und die dazugehörigen Konfigurationsdateien angelegt werden.

- **Hardware/Kernelmanager**
  Hier findet der Administrator alle im System installierten Treiber. Mit diesen können bereits die meisten gängigen Geräte betrieben werden. Treiber für andere Geräte, die nicht in dieser Liste sind, müssen zunächst über den Softwaremanager eingespielt werden. Über die Liste wird das SCO-typische Kommando `mkdev` aufgerufen. Damit werden die Treiber konfiguriert. Dazu gehören allerdings nicht nur reine Hardware, sondern auch Dienst-Software, wie beispielsweise SAMBA oder der BSD-Druckdämon. Ebenfalls an dieser Stelle können die Kernel-Parameter eingestellt werden. Dazu gehören Puffergrößen, Tabellen-

limits oder andere Parameter. Nach Veränderungen an den Treibern oder den Parametern wird automatisch ein neuer Kernel gebunden.

▶ **Lizenzmanager**
Dies ist wohl der Teil des Betriebssystems, den SCO am liebsten auf alle anderen UNIX-Systeme portieren würde. Ich werde hier besser nicht weiter ausholen, schließlich beschäftigt SCO derzeit wohl mehr Anwälte als Programmierer.

▶ **Prozessmanager**
Hier wird die Prozessliste dargestellt. Einzelnen Prozessen können Signale übermittelt werden, oder ihre Priorität kann verändert werden. Diese Aufgaben werden sonst durch die Programme `ps`, `kill` und `nice` erledigt.

▶ **Softwaremanager**
Zunächst erscheint eine Liste aller installierter Software. Die Software kann deinstalliert werden. Natürlich kann hier auch neue Software installiert werden. Wenn neue Software auf ein SCO-System gespielt wird, sollte dies möglichst über den Softwaremanager geschehen, da dieser verifizieren kann, ob die Installation erfolgreich war, und später auch eine Deinstallation durchführen kann.

▶ **Videokonfigurationsmanager**
Über dieses Tool wird der X-Server, also der Treiber für die Grafikkarte, eingerichtet. SCO unterstützt zwar eine Vielzahl von Grafikkarten, kann sie aber nicht unbedingt automatisch erkennen. Insofern sollten Sie vor einer Installation von SCO sehr genau wissen, welche Grafikkarte in Ihrem System eingebaut ist.

▶ **Dateisysteme**
Hier verbirgt sich der »Dateimanager für Disketten«, mit dem Sie Notfalldisketten erstellen können, und der Dateimanager. Damit können Dateisysteme in den Verzeichnisbaum eingebunden, repariert und geprüft werden. Der Belegungszustand wird nach allerlei Kriterien dargestellt. Hier lassen sich Verzeichnisse über das Netzwerk per NFS (siehe Seite 581) freigeben. Diese Verwaltung kann sogar über das Netzwerk erfolgen, sofern das Gegenstück auch SCOadmin installiert hat.

▶ **Drucker**
Durch den Aufruf erreichen Sie mehrere andere Tools. Zunächst sehen Sie den Druckauftragsmanager, der die aktuell gestarteten Druckaufträge anzeigt. Über den Druckermanager können Sie an den lokalen

Schnittstellen lokale Drucker verwalten und einrichten. Aber auch UNIX-kompatible Netzwerkdrucker lassen sich hier einrichten.

▶ **Netzwerke**
Hier ist vor allem die Netzwerkkonfiguration wichtig. Damit lässt sich leicht die IP-Adresse und der Name des Rechners einstellen.

Darüber hinaus ist die Unterstützung der Netzwerkkonfiguration sehr üppig. Hier kann die Internetverbindung durch den »PPP Connection Wizard« mit wenigen Handgriffen eingerichtet werden. DHCP, SNMP und UUCP lassen sich durch Dialogboxen einstellen. Sogar NetWare kann hier eingerichtet werden.

▶ **System**
Hinter »System« finden Sie einige Funktionen, wie die Verwaltung der cron-Tabelle, das Herunterfahren des Systems und die Betrachtung der Logdateien.

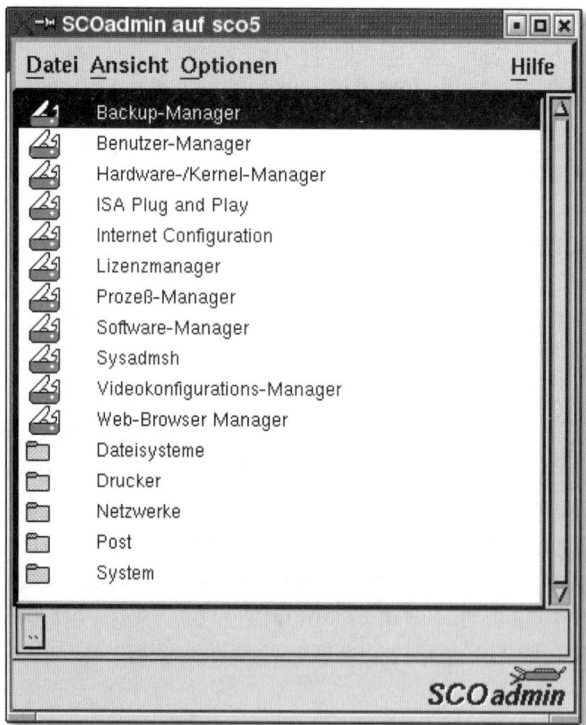

Abbildung 8.11 SCOadmin

»Auf und nieder, immer wieder« scheint das Lieblingslied der
Windows-Benutzer zu sein. UNIX-Systeme rebootet man selten.

9 Starten und Stoppen

Der klassische UNIX-Server läuft Tag und Nacht, sieben Tage die Woche. Manche Server werden nur bei Hardware-Austausch einmal heruntergefahren. Beim Start eines UNIX-Systems werden viele Serverprozesse und automatische Prozesse gestartet. Beim Herunterfahren werden sie kontrolliert gestoppt. Alle diese Vorgänge werden protokolliert. Für den Administrator sind diese Meldungen hochinteressant. Für den Anwender verwirrend bis erschreckend. So werden diese Meldungen bei Arbeitsplatzrechnern gern mal unter einer Grafik verborgen.

Das minutenlange Anstarren einer Grafik ist recht langweilig. Insofern ist es ein Glück, dass in den meisten Fällen das Wegschalten der Grafik möglich ist, um die Systemmeldungen zu sehen. Wenn Sie sich mit UNIX näher beschäftigen wollen, empfielt es sich, diese Meldungen immer wieder zu betrachten. Im Fehlerfall wissen Sie dann, wie es richtig laufen müsste und welche Prozesse noch nicht gestartet wurden.

9.1 Start des Systems

Der Start einer UNIX-Maschine ist normalerweise einem durchschnittlich intelligenten Menschen binnen Sekunden erklärt: Man drückt auf den Hauptschalter und wartet auf die Aufforderung zum Einloggen. Sofern die Maschine nicht einen Festplattendefekt oder Ähnliches feststellt, führt diese Methode zum Erfolg, sofern man nur lange genug wartet.

Zwischen dem Start und dem Login machen einige Maschinen an zwei markanten Punkten eine kurze Rast. Die erste Position ist der Bootprompt. Hier besteht die Möglichkeit, der Maschine Bootparameter mitzugeben oder das Medium zu nennen, von dem gebootet werden soll. In den meisten Fällen wird der Bootvorgang nach einigen Sekunden von selbst fortgesetzt. In einigen Fällen können Sie die Wartezeit verkürzen, indem Sie Return oder das Wort boot, gefolgt von Return, eingeben.

Haltestelle Bootprompt

Single-User-Modus — Der zweite Halt erfolgt im Single-User-Modus. Hier wird entweder nach dem root-Kennwort gefragt oder Sie befinden sich direkt in der root-Shell. Geht es hier nicht von selbst weiter, reicht ein Ausloggen durch **ctrl+D**, `exit` oder `logout`. Der Single-User-Modus hat bei der Wartung einer UNIX-Maschine besondere Bedeutung. Hier kann beispielsweise die Konsistenz eingebundener Festplatten geprüft und gegebenenfalls wieder hergestellt werden. Sollte der Start der Maschine trotz eines Ausloggens nicht weitergehen, lesen Sie die Meldungen sehr genau und suchen Sie nach den Problemursachen.

Bootmeldungen — Eine bootende UNIX-Maschine erschlägt den Benutzer mit Meldungen. Die Hardware wird aufgelistet und initialisiert, und die verschiedenen Betriebssystembestandteile melden, dass sie vorhanden und einsatzbereit sind. Während diese Meldungen am Anfang verwirrend wirken, bekommt man bei häufigerer Beobachtung ein Gefühl dafür, welche Systembestandteile wann starten und welche Zusammenhänge existieren. Wenn es dann einmal ein Fehlverhalten gibt, ist dies leicht zu erkennen und vielleicht sogar möglich, die Ursache des Problems analysieren.

9.1.1 Bootprompt

Der Bootvorgang einer Maschine beginnt damit, dass im ROM ein kleines Programm aktiv wird, das die Maschine anweist, den ersten Block der Festplatte zu laden und auszuführen. In diesem ersten Block steht ein etwas umfangreicheres Programm, das bereits in der Lage ist, ein UNIX-Dateisystem zu lesen und damit den eigentlichen Betriebssystemkern in den Speicher zu laden und durchzustarten.

Moderne Computer sind weitgehend konfigurierbar. Eine Maschine soll von der Festplatte, von der CD-ROM, aus dem Netz oder sogar vom Bandlaufwerk booten. Diese Information wird in einem RAM abgelegt, das durch einen Akku oder eine Batterie gesichert wird. Bei älteren Sun-Workstations nennen sich die entsprechenden Bausteine NVRAM. Sie enthalten den Speicher inklusive der Batterie. Wenn die Batterie leer ist, vergessen die Maschinen alles, bis hin zu ihrer Ethernet- und Rechnernummer. Sie wissen auch nicht mehr, von welchem Medium sie booten sollen. Stellen Sie Probleme beim Booten fest, sollten Sie Aufzeichnungen über alle Informationen haben, die bei einem Ausfall der Batterie wichtig sind. Für Informationen zu diesem Thema gibt es eine FAQ[1]:

▶ http://www.squirrel.com/squirrel/sun-nvram-hostid.faq.html

---

1 Frequently Asked Questions

9.1.2 Bootkonfiguration: lilo

Während eine reine UNIX-Maschine darauf ausgelegt ist, einen UNIX-Kernel zu booten, muss auf einem PC ein Bootmanager eingerichtet werden, der nach dem Start des BIOS[2] vom Master Boot Record einer Festplatte geladen wird und von dort den Kernel aus dem Dateisystem des UNIX startet. Außerdem müssen diese Bootprogramme auch so flexibel sein, andere Betriebssysteme auf dem Rechner zu starten oder sich von anderen Bootmanagern starten zu lassen. Eines der ausgereiftesten Programme dieser Art ist sicher das Programm lilo (linux loader) für Linux. lilo wird durch die Datei **/etc/lilo.conf** gesteuert:

LILO als Bootmanager

```
image = /boot/vmlinuz.suse
  root = /dev/hda5
  label = Linux


other = /dev/hda1
  label = windows
  table = /dev/hda
```

In der Datei werden die einzelnen Partitionen (siehe Seite 290) aufgezählt, die durch LILO gestartet werden sollen. Der Eintrag für eine Linux-Partition wird durch das Schlüsselwort image eingeleitet und zeigt auf den Pfad des Kernels. Andere Betriebssysteme, wie hier MS Windows, werden durch das Schlüsselwort other eingeleitet. Mehrfachnennungen sind möglich. Der Name, unter dem das gewählte Betriebssystem startet, steht hinter dem Schlüsselwort label. Auch Bootparameter, die zum Starten von Linux bei bestimmter Hardware benötigt werden, lassen sich hier hinterlegen.

lilo.conf

Nach der Erstellung der **lilo.conf** wird einmal der Befehl lilo aufgerufen, um die Einträge zu übernehmen. Dabei wird eine Liste der Optionen angezeigt. Die mit einem Stern versehene Partition wird dabei automatisch gestartet.

LILO lässt sich von MS-DOS oder MS Windows aus durch den Aufruf von FDISK /MBR wieder entfernen. Die neueren Versionen von Windows kennen diesen Befehl nicht mehr. Hier hilft das Programm FIXMBR oder das Programm FIXBOOT.

Für den PC gibt es diverse andere Bootmanager. Aber selbst wenn ein solcher eingesetzt wird, wird LILO gebraucht. LILO wird dann auf der

Andere Bootmanager

---

[2] Das ist das Boot-ROM eines PCs.

Bootpartition selbst installiert, um dem Bootmanager vorzutäuschen, dass sich Linux genau wie MS Windows oder MS-DOS verhält.

9.1.3 Der Bootmanager GRUB

Einige Linux-Distributionen verwenden GRUB statt LILO. So ist auch SUSE mit der Version 8.1 auf diesen Bootmanager umgestiegen. Leider ist GRUB längst nicht so einfach zu handhaben wie LILO.

In dem Verzeichnis **/boot/grub** werden Image-Dateien abgelegt, die mit dem Programm geliefert werden. Für PCs sind dies die Dateien **stage1**, **stage2** und je nach Dateisystem eventuell auch **_stage1_5**. Sie befinden sich im Verzeichnis **/usr/share/grub/i386-pc**.

Neben den Boot-Images befindet sich im Verzeichnis **/boot/grub** eine Liste aller bootfähigen Laufwerke namens **device.map** und eine Menüdatei namens **menu.lst**. Die Datei **device.map** ist sehr kurz und enthält nur die Bezeichnungen für die Laufwerke, wie sie in der Menüdatei verwendet werden:

```
(fd0)    /dev/fd0
(hd0)    /dev/hda
```

Die folgende Menüdatei **menu.lst** ermöglicht das Booten einer Linux-Partition auf **/dev/hda2** und einer Windows-Partition auf der ersten startbaren Partition auf **/dev/hda**:

```
gfxmenu (hd0,1)/boot/message
color white/blue black/light-gray
default 0
timeout 8

title linux
    kernel (hd0,1)/boot/vmlinuz root=/dev/hda2   vga=791
    initrd (hd0,1)/boot/initrd

title windows
    root (hd0,0)
    makeactive
    chainloader +1
```

default
: Der Eintrag `default` gibt an, welche der Partitionen beim Booten vorgegeben wird. Die oben verwendete 0 führt dazu, dass die Partition **/dev/hda2** mit dem Namen **linux** vorgeschlagen wird. Soll stattdessen die Windows-Partition vorgeschlagen werden, muss hinter `default` eine 1 stehen.

Mit dem Parameter `timeout` wird eingestellt, wie viele Sekunden der Bootprozess auf ein Eingreifen des Anwenders wartet, bevor er die unter `default` angegebene Partition bootet. Hier sind es acht Sekunden. Sobald der Benutzer eine Cursortaste betätigt, wartet der Bootmanager darauf, dass der Anwender seine Auswahl mit Return bestätigt.

timeout

Zu den allgemeinen Einstellungen kann auch der Parameter `gfxmenu` gehören. Als Argument wird ihm der Ort einer Datei genannt, die er für die grafische Gestaltung des Menüs heranzieht.

Hinter dem Schlüsselwort `title` wird die Bezeichnung aufgeführt, die für das jeweilige Betriebssystem im Bootmenü stehen soll. Im Beispiel sind das »linux« und »windows«. Unter jedem Titel sind die Informationen zusammengefasst, die GRUB braucht, um das Betriebssystem zu booten. Für Linux wird die Information angegeben, wo sich der Kernel befindet. Hinter dem Schlüsselwort `kernel` wird in Klammern die Partition mit dem Kernel genannt. Dabei bedeutet `hd`, dass von der Festplatte gebootet wird. Die Zahl vor dem Komma bezeichnet die Festplattennummer und die Zahl nach dem Komma die Partitionsnummer. Im Beispiel oben wird also die erste Partition auf der zweiten Festplatte gestartet. Das Beispiel unten bootet die sechste Partition auf der ersten Festplatte:

title

```
title Linux
    kernel (hd0,5)/boot/vmlinuz
```

Mit dem Befehl `grub-install` wird der vorbereitete Bootsektor auf die Festplatte geschrieben. Als Parameter wird das Device der Bootplatte angegeben.

Installieren

```
grub-install /dev/hda
```

Eine ausführliche Beschreibung zu GRUB finden Sie über das mit dem Programmpaket ausgelieferte Texinfo-System. Sie rufen es durch den Befehl `info grub` auf.

info grub

9.1.4 Bootprobleme

Alle Linux-Distributionen, aber auch FreeBSD, bieten an, eine Bootdiskette zu erstellen. Das sollten Sie dies wahrnehmen. Mit Hilfe dieser Diskette können Sie auch dann Ihr System noch starten, wenn die gesamte Bootkonfiguration scheitert. Voraussetzung ist natürlich, dass Ihr Computer noch zu jenen Rechnern gehört, die ein Diskettenlaufwerk besitzen. Falls es trotzdem nicht gelingt, sollten Sie im BIOS prüfen, ob das Diskettenlaufwerk in der Bootreihenfolge vor der Festplatte steht.

Bootdisketten

Boot-CDs In Zeiten, in denen man Disketten sammelt, um den Enkelkindern zu zeigen, mit welch lustigen Dingen der Opa in seiner Jugend gespielt hat, erledigt sich das Thema Bootdiskette auf natürliche Art und Weise. Einen Linux-Rechner mit Bootproblemen müssen Sie dennoch nicht gleich aufgeben. Mit Hilfe einer Knoppix-CD oder der Distributions-CD ist es leicht möglich, den Rechner zu booten und die Systemplatte mit dem Befehl mount anzusprechen. Danach kann beispielsweise der MBR (Master Boot Record) neu geschrieben oder die fehlerhafte Konfiguration in **/etc/fstab** repariert werden.

Sicherheitsproblem Der aufmerksame Leser wird vielleicht darauf hinweisen, dass auf diese Weise auch schnell das Passwort von root geändert werden kann und ein großes Sicherheitsloch entsteht. Das ist richtig! Letztlich ist ein System, dem der Angreifer mit dem Schraubenzieher in der Hand gegenübersteht, immer angreifbar. Er kann die Festplatte herausholen und als zweite Festplatte in seinen privaten Rechner einbauen. Das ist auch der Grund, warum zentrale Server hinter verschlossenen Türen stehen.

9.1.5 Durchlaufen der Runlevel (System V)

Der Bootprozess durchläuft mehrere Runlevel. Diese Runlevel sind Status, in denen sich das System befindet. Nach dem Einschalten wird der Bootprozess zunächst den Single-User-Modus mit dem Runlevel 1 oder S erreichen. Wie der Name schon sagt, kann hier nur ein Benutzer gleichzeitig das System benutzen. Danach geht es ohne weiteres Zutun in den Multiuser-Modus mit Runlevel 2 über. Je nach System wird der Multiuser-Modus mit Netzwerk und der Grafikmodus unterschieden. Im letzteren meldet sich der Anwender in einem grafischen Dialog an und wechselt in eine grafische Oberfläche.

Ziel-Runlevel Die Datei **/etc/inittab** steuert den Bootvorgang der Maschine und legt auch deren Default-Runlevel fest. Das ist der Runlevel, den die Maschine nach dem Einschalten anstreben soll. Er wird mit initdefault gekennzeichnet. Der folgende Eintrag stammt aus einer Solaris-Maschine, die in den grafischen Modus bootet:

```
is:3:initdefault:
```

Bei einem reinen Server, der kein grafisches Terminal besitzt, würde hier typischerweise 2 stehen.[3]

---

3 Bei Linux-Systemen würde es eine 3 sein.

Der Administrator kann die Maschine durch den Befehl `init` in einen anderen Runlevel bringen. Der Ziel-Runlevel wird als Parameter übergeben. Soll also die Maschine in den Single-User-Modus gebracht werden, gibt der Administrator das Kommando:

Runlevel-Wechsel

```
sol # init S
```

Es versteht sich von selbst, dass nur der Administrator dieses Kommando geben kann.

Der allererste Prozess beim Booten der Maschine ist der Kernel (siehe Seite 447). Als Kernel bezeichnet man das zentrale Betriebssystem selbst. Der Kernel findet sich an wohlbekannter Stelle im Verzeichnisbaum.[4] Er hat die Prozessnummer 0. Da das Betriebssystem schlecht gleichzeitig ein Prozess sein kann, startet es als Erstes den Prozess `init`, der entsprechend die Prozessnummer 1 erhält. Damit ist `init` der Urahn aller Prozesse. Dieser Prozess liest bei System V die Datei **/etc/inittab** und bei BSD-Systemen die rc-Dateien. Die Datei **inittab** enthält typischerweise die Informationen über das Durchlaufen der Runlevel.

init

Solaris	Linux	Zustand
0	0	Maschine steht (halt)
S	1	Single-User
1	2	Multiuser ohne Netzwerk
2	3	Multiuser mit Netzwerk
3	5	Multiuser mit Netzwerk und grafischem Login
6	6	Reboot

Tabelle 9.1 Die UNIX-Runlevel

In Tabelle 9.1 finden Sie die Runlevel. Leider sind sie nicht ganz einheitlich. Auf manchen Systemen ist die Nummerierung etwas anders.

So ist der Single-User-Modus beispielsweise bei Linux 1. Entsprechend verschiebt sich der Multiuser-Betrieb auf 2 und der Netzwerkstart auf 3. Der grafische Login ist der Runlevel 5.

Auch bei anderen Systemen wird der Single-User-Modus mit init 1 erreicht. Bei einigen dieser Systeme gibt es dafür keinen Multiuser-Betrieb ohne Netzwerk. Konkrete Informationen für Ihr System finden Sie auf der Manpage von init.

---

4 Zu Anfang lag der Kernel im Wurzelverzeichnis unter dem Namen **unix**, auf einigen Systemen hieß er auch **vmunix**. Inzwischen liegt er meist im Verzeichnis **/boot**.

| Single-User | Im Single-User-Modus läuft nur die Konsole. Das ist entweder das Terminal, das über die erste serielle Schnittstelle angeschlossen ist, oder der im Gerät integrierte Arbeitsplatz. In diesem Zustand kann sich nur eine Person anmelden. Im Hintergrund läuft bereits der Swap-Dienst. Dadurch besteht bei Speicherknappheit die Möglichkeit, belegten Speicher auf die Festplatte auszulagern (siehe Seite 293). Auch die wichtigsten Geräte können in diesem Modus bereits angesprochen werden. Wie schon gesagt wurde, kann sich in diesem Modus nur ein Benutzer anmelden. Es sind noch nicht alle Terminals aktiv, sondern nur die Konsole. Auch das Netzwerk ist nicht ansprechbar. Da keine weiteren Benutzer stören können, ist dies der ideale Zustand, um Wartungsarbeiten durchzuführen, insbesondere wenn es darum geht, Festplatten zu prüfen.

Einige Dateisysteme wie ext2 und ext3 bieten die Möglichkeit, Dateien gegen Veränderung zu schützen, sofern das System sich nicht im Single-User-Modus befinden. Damit sind Angriffe aus dem Netz wirkungsvoll abgewehrt.

Multiuser ohne Netzwerk
Hier erfolgt das Starten der `getty`-Prozesse, die die Terminals bedienen (siehe Seite 395). Wenn dieser Level erreicht wird, können sich also Benutzer an den Terminals anmelden. Nicht jede UNIX-Version unterstützt diesen Zustand. Normalerweise wird mit dem Multiuser-Modus auch gleich das Netzwerk mit gestartet.

Multiuser mit Netzwerk
Neben der Möglichkeit des Einloggens per Terminal werden TCP/IP und alle zugehörigen Dienste gestartet. Dies ist der typische Runlevel für eine Servermaschine.

Die grafische Oberfläche ist in diesem Zustand nicht gestartet, es gibt also keinen grafischen Login. Man kann aber, sofern die Voraussetzungen bestehen, jederzeit mit dem Befehl `startx` eine grafische Oberfläche in Betrieb nehmen.

Grafischer Login
Hier wird der grafische Login erreicht. Ein Benutzer arbeitet also von vornherein unter einer grafischen Oberfläche. Workstations arbeiten normalerweise in diesem Runlevel. Natürlich ist es auch möglich, sich parallel über ein Terminal anzumelden oder das Gerät als Server zu verwenden.

Reboot
Mit `init 6` kann UNIX zum Reboot aufgefordert werden. Dabei werden alle laufenden Prozesse zur Beendigung aufgefordert. Sauber geschriebene UNIX-Programme fangen diese Information ab, sichern die aktuellen Daten und beenden sich. Sollte es nach einigen Sekunden immer noch Prozesse geben, kann man davon ausgehen, dass sie hängen. Sie werden dann abgeschossen.

Obwohl der Runlevel 0 (halt) die niedrigste Nummer hat, ist er der letzte, der erreicht wird. Die Maschine befindet sich im heruntergefahrenen Zustand, alle Prozesse sind beendet. Man kann den Computer ausschalten oder neu starten. Dieser Modus wird mit `init 0` oder mit dem Befehl `shutdown` erreicht. Letzterer sollte vor allem im Multiuser-Umfeld vorgezogen werden. Denn dann werden alle anderen Benutzer vor dem Herunterfahren des Systems gewarnt.

Halt

9.1.6 BSD: /etc/rc

BSD sieht für das Starten der Maschine nur eine Startdatei vor. Diese Datei heißt **/etc/rc** und ist ein ausführbares Shellskript. Allerdings wäre sie extrem unübersichtlich, wenn dort alle Startprozesse gestartet würden. Darum startet die Datei noch weitere Startdateien, die sich ebenfalls im Verzeichnis **/etc** befinden und mit **rc.** beginnen.

Schlüsseldatei /etc/rc

Bevor die einzelnen rc-Skripte gestartet werden, werden vor allem drei Dateien ausgeführt, deren Aufgabe es ist, Umgebungsvariablen zu setzen, die später von den eigentlichen Startskripten für die Steuerung verwendet werden. Da diese Dateien nur Variablen besetzen, sind sie relativ übersichtlich. Änderungen der Bootumgebung werden typischerweise dort vollzogen. Anstatt also die Startbefehle für einen Dämon in den Startskripten zu löschen oder auszukommentieren, wird der Administrator so vorgehen, dass er in der Konfigurationsdatei eine Variable auf NO oder FALSE setzt, die beim Start abgefragt wird, ob der Dämon überhaupt gestartet werden soll. Die wichtigen Konfigurationsdateien lauten:

Konfigurationsdateien

- /etc/defaults/rc.conf
- /etc/rc.conf
- /etc/rc.conf.local

Die eigentlichen Shellskripte befinden sich normalerweise im Verzeichnis **/etc** und beginnen mit **rc.**. Die Namen beschreiben, welche Aufgaben sie erledigen. So wird das Skript **rc.network** die Prozesse für den Netzwerkbetrieb starten, **rc.firewall** die Firewall in Betrieb nehmen und **rc.serial** sich um die seriellen Schnittstellen kümmern. Wann die einzelnen Skripte aufgerufen werden, besagt nicht der Name der Datei, sondern der Aufruf in **/etc/rc**. Dabei wird **/etc/rc** in den meisten Fällen **rc.network** aufrufen, das seinerseits **rc.firewall** aufruft.

9.1.7 System V: init.d

Von inittab zu init.d

In der Datei **/etc/inittab** wird beschrieben, wie der Bootprozess abläuft. Dort findet sich zunächst der Eintrag für initdefault, der angibt, welchen Runlevel das System beim Booten erreichen soll. Anschließend folgt eine Aufstellung der Verzeichnisse, in denen sich die Startskripte der jeweiligen Runlevel befinden. Je nach System befinden sie sich im Verzeichnis **/etc/init.d** (beispielsweise Linux) oder im Verzeichnis **/sbin/init.d** (beispielsweise Solaris).

Startskript

Diese Skripte sind Shellskripte[5] die mit einem normalen Editor bearbeitet werden können. Jedes dieser Skripte startet einen Dämon oder einen Prozess, der im Bootprozess wichtig ist. Aus diesem Grund können diese Skripte auch für das Stoppen oder Starten eines Dienstes verwendet werden. Alle Skripte erwarten als Argument das Wort »start« oder »stop«. Sie verstehen auch den Befehl »restart«, was meist den Server stoppt und wieder startet. In manchen Fällen aber auch nur dem Prozess signalisiert, er soll einen logischen Restart durchführen.

Da die Startskripte ausführbare Textdateien sind, ist es möglich, hier mit Hilfe des Kommandos grep nach dem Start von bestimmten Prozessen zu suchen. Mit dem folgenden Kommando könnten Sie also feststellen, in welchem Skript das Programm smbd gestartet wird:

```
gaston:/etc/init.d # grep smbd *
smb:SMBD_BIN="smbd"
smb:PID_FILE="/var/run/samba/smbd.pid"
smb:SAM_STATE_FILE="/var/run/samba/samsmbd.state"
gaston:/etc/init.d #
```

Runlevel-Verzeichnisse enthalten Links

Die Ablaufreihenfolge der Skripte wird durch Verzeichnisse erreicht, in denen symbolische Links auf die Skripte abgelegt wird. Zunächst wird für jeden Runlevel ein eigenes Verzeichnis in **/etc/init.d** angelegt. Der Name eines solchen Verzeichnisses lautet **rcX.d**. Dabei steht X für den jeweiligen Runlevel. **rc2.d** steht also für das Verzeichnis des Runlevel 2. In jedem der Runlevel-Verzeichnisse befinden sich ausschließlich symbolische Links auf die eben betrachteten Startskripte. Soll ein Skript beim Übergang in den jeweiligen Runlevel gestartet werden, beginnt der Name des symbolischen Links mit S. Es folgt eine zweistellige Zahl, deren Wert nur für die Reihenfolge relevant ist, in der die Skripte nacheinander ausgeführt werden sollen. Der Rest des Namens entspricht dem Skript, das der symbolische Link startet. Das Skript wird als ersten Parameter das Wort »start« bekommen. Beginnt der Name des symbolischen Links mit

---

5 Zum Thema Programmierung von Shellskripten siehe Seite 771.

einem K, wird das zugehörige Skript beim Herunterfahren der Maschine ausgeführt. Das Skript erhält als Parameter das Wort »stop«. So heißen die Links in **rc2.d** für **apache**, den Webserver **S20apache** und **K20apache**. Der erste Link wird beim Eintreten in den Runlevel 2 und der andere beim Verlassen des Runlevels aufgerufen. Die Nummer 20 bezeichnet die Reihenfolge. S19 wird vor **S20apache** aufgerufen. Muss also der neue Dienst vor dem Webserver starten, sollte S19 als Präfix verwendet werden. Braucht der neue Server allerdings die Anwesenheit von Apache, sollte der Name des Links mit S21 oder höher beginnen.

Wenn Sie ein Programm geschrieben haben, das immer beim Start der Maschine hochgefahren werden soll und beim Herunterfahren beendet werden soll, müssen Sie zunächst ein Skript für das Verzeichnis **/etc/init.d** schreiben und dann symbolische Links so setzen, dass das Skript im richtigen Moment gestartet oder gestoppt wird. Das Skript legen Sie im Verzeichnis **init.d** ab. Es muss die Parameter »start« und »stop« verarbeiten. Darum besteht es aus einer großen case-Anweisung über dem ersten Parameter. Das Wort »esac« ist der Abschluss der case-Anweisung. Im folgenden Beispiel soll der Dienst unfug gestartet werden. Der Dienst unfug wird durch das Programm unfugd gestartet. Als Startskript erstellen Sie eine Datei namens **unfug** und stellen sie in das Verzeichnis **/sbin/init.d**:

Aussehen eines Startskripts

```
#! /bin/sh
test -f /usr/bin/unfugd || exit 0
case "$1" in
    start)
        echo "Starte Unfug-Daemon"
        /usr/bin/unfugd
        ;;
    stop)
        echo "Stoppe Unfug-Daemon"
        kill `cat /var/run/unfugd.pid`
        ;;
    restart)
        echo "Restart Unfug"
        kill `cat /var/run/unfugd.pid`
        /usr/bin/unfugd
        ;;
    *)
        echo "usage: $0 start | stop | restart"
        exit 1
        ;;
esac
```

Existiert unfugd? In der ersten Zeile wird festgelegt, dass dieses Skript von der einfachen Bourne-Shell gestartet wird. Die zweite Zeile testet, ob es das Programm unfugd im Verzeichnis **/usr/bin** überhaupt gibt. Ist das nicht der Fall, endet das Skript hier mit der Fehlernummer 0.[6] Es ist ja kein wirklicher Fehler aufgetreten. Es gibt nur einfach nichts zum Starten. Die case-Anweisung untersucht die Variable $1, die für den ersten Parameter steht, und verzweigt auf start und stop. Der Fall restart wird nicht durch das Starten oder Herunterfahren der Maschine ausgelöst, sondern oft eingebaut, damit der Administrator nach Änderung der Konfigurationsdateien eine zuverlässige Methode vorfindet, den Dienst neu zu starten. Schließlich steht der Stern für alle anderen möglichen Werte und fängt damit Fehlbedienungen ab.

Start und Stopp des Dämons Bei start erscheint eine kurze Meldung, und dann wird das Programm unfugd gestartet. Dämonen haben die Eigenart, von selbst in den Hintergrund zu gehen. Darum ist an dieser Stelle ein & nicht erforderlich. unfugd schreibt seine Prozess-ID in die Datei **/var/run/unfugd.pid**. Das macht es beim Herunterfahren einfacher, den Prozess wieder zu beenden. Bei stop wird nämlich genau dort das Argument für den Befehl kill ausgelesen. Bei restart wird unfugd erst beendet und dann neu gestartet. Bei vielen Dämonen hätte auch kill -SIGHUP ausgereicht. restart wird nicht zum Booten oder Herunterfahren gebraucht, ist aber sehr praktisch, wenn man den Dämon konfigurieren will. Der Stern sorgt einfach nur dafür, dass falls jemand das Skript falsch aufruft, auch einen entsprechenden Hinweis bekommt.

Vorsicht! Bootprobleme möglich! Startskripte sollten sehr sorgfältig erstellt werden. Dabei ist es noch nicht dramatisch, wenn ein Fehler zu einem Abbruch führt. Falls aber ein Startskript hängen bleibt oder in einer Endlosschleife verharrt, bleibt der Rechner beim Booten stehen. In einer solchen Situation brauchen Sie eine Möglichkeit, den Computer von einem anderen Bootmedium zu starten. Anschließend binden Sie die Festplatte per mount (siehe Seite 295) ein und können dann das Skript löschen oder sogar bearbeiten.

Ausführliche Informationen über das Schreiben von Shellskripte und die verwendeten Anweisungen folgen später (siehe Seite 771). Wollen Sie ein Skript beim Systemstart hochfahren, sollten Sie zunächst überlegen, in welchem Runlevel es gestartet werden soll, zu welchem Zeitpunkt es in Bezug zu den anderen Skripten des gleichen Runlevels gestartet werden muss.

---

6 Zur Bedeutung der beiden senkrechten Striche siehe Seite 150.

Nachdem nun das Skript unfug in **init.d** liegt, müssen Sie es noch mit chmod 755 ausführbar machen. Zuletzt wird es an passender Stelle mit einem rcX.d-Verzeichnis verlinkt. Der Unfug soll erst nach dem apache starten und vor diesem herunterfahren. Also verwendet man das Verzeichnis **rc2.d** und erzeugt einen symbolischen Link mit S21 und einen mit K19:

Setzen der Links

```
cd rc2.d
ln -s ../unfug S21unfug
ln -s ../unfug K19unfug
```

Der symbolische Link hat den Vorteil, dass er beim Auflisten leichter als Link erkannt wird als ein harter Link. Außerdem lässt sich sofort erkennen, wo er hinzeigt.

Die Ausgabemeldungen des letzten Bootprozesses werden normalerweise in einer eigenen Datei protokolliert. Unter HP-UX ist das **/etc/rc.log**, unter Linux **/var/log/boot.msg**.

9.1.8 Konfigurationsdateien

Während ein Systemadministrator in früheren Jahren die rc-Skripte an die Gegebenheiten seines Systems anpasste, wird heute oft mit sehr allgemeinen rc-Skripte gearbeitet, die ihre Informationen aus Konfigurationsdateien beziehen.

Unter BSD finden Sie die Konfigurationsdaten in den bereits erwähnten Dateien **rc.config** im Verzeichnis **/etc/default** und **/etc**.

BSD

HP-UX legt diese Konfigurationsdateien im Verzeichnis **/etc/rc.config.d** ab. Hier befinden sich dann viele kleine Dateien, die manchmal nur eine Information enthalten, die in den rc-Skripten direkt verwendet wird.

HP-UX

Die SUSE-Distribution verwendet eine Datei namens **/etc/rc.config**, über die Umgebungsvariablen verändert werden, die von den rc-Skripten gelesen werden. Diese Datei wird vom Administrationstool YaST gepflegt, kann aber auch mit einem normalen Editor bearbeitet werden. Damit von Hand eingetragene Änderungen sofort übernommen werden, muss anschließend SuSEconfig aufgerufen werden. Bei Änderungen durch YaST erledigt das Tool diese Aufgabe automatisch.

SUSE und rc.config

Ab Version 8.0 hat SUSE die bisher in der Datei **rc.config** gesammelten Konfigurationen im Verzeichnis **/etc/sysconfig** auf mehrere Dateien und Unterverzeichnisse verteilt. Vergleichbar legt auch Red Hat Linux seine Konfigurationen ab.

SUSE ab 8.0
Red Hat

Häufig manipulieren die Administrationstools der Hersteller die Standardkonfigurationsdateien aus den Werten ihrer Dateien. So kann es vorkommen, dass Änderungen des Administrators nach dem nächsten Lauf des Administrationstools oder nach dem nächsten Reboot plötzlich nicht mehr vorhanden sind. In solchen Fällen sollten Sie prüfen, ob diese Einstellungen auch durch das Administrationstool möglich sind. In den meisten Fällen steht in den Dateien ein Kommentar, wenn sie durch einen Automatismus überschrieben werden.[7]

9.2 Herunterfahren: shutdown

Der Befehl zum Herunterfahren einer UNIX-Maschine heißt shutdown. Leider unterscheiden sich die Optionen dieses Befehls geringfügig zwischen BSD und System V.

BSD und Linux Bei BSD-Systemen und auch bei Linux hat der Befehl shutdown zwei Parameter. Der erste ist eine Zeitangabe, die in jedem Fall angegeben werden muss. Der zweite Parameter ist optional und wird als Nachricht an alle Terminals gesendet. Die Zeitangabe kann einmal als 24-stündige Uhrzeit im Format hh:mm angegeben werden. Man kann die Zeit bis zum Shutdown in Minuten angeben. Dieser Zahl ist ein Pluszeichen zur Unterscheidung voranzustellen. Statt +0 lässt sich auch das Wort now verwenden.

System V System V verlangt zwei Optionen bei der Ausführung des Befehls. Hinter der Option -g (*grace*: engl. Gnade) wird die Zeit in Sekunden angegeben, bevor das Herunterfahren beginnt. Die Option -i gibt an, welcher Runlevel angesteuert wird. Auch hier kann als Letztes eine Nachricht angegeben werden, die an die Benutzer versendet wird. Wird die Option -y mit angegeben, fragt shutdown vor dem Herunterfahren nicht noch einmal nach.[8]

Bei beiden Systemen steht die Option -r für reboot und die Option -h für Halt, also Herunterfahren. Letztlich halten sich aber durchaus nicht alle Systeme genau an die oben beschriebene Syntax. So unterscheiden sich die Befehle zum sofortigen Herunterfahren für einen Computer mit Solaris 8 (sol) und einem Rechner mit HP-UX 10 (hpsrv) durchaus:

---

7 Erfahrene Administratoren neigen dazu, über solche Vorgänge zu schimpfen, vergessen aber dabei, dass Derartiges auch schon passiert, wenn beispielsweise der DHCP-Client die Datei /etc/resolv.conf überschreibt.
8 Zu den Unterschieden zwischen BSD und System V siehe auch: Rainer Schöpf: Shutdown. http://www.uni-mainz.de/˜schoepf/sysadm/sysadm_8.html

```
sol# shutdown -y -g0 -i0
hpsrv# shutdown -h -y 0
```

Wenn Sie die Aufrufparameter Ihrer Maschine kennenlernen wollen, sehen Sie bitte in die Manpage, oder rufen Sie `shutdown` mit der Option `-?` auf. Alternativ verwenden einige Systeme die Befehle `halt` und `reboot`. Überall funktioniert auch `init 0`.

Allen diesen Möglichkeiten ist gemeinsam, dass der Administrator root das Herunterfahren veranlassen muss. Das ist durchaus sinnvoll, da ein Produktionsserver nicht einfach von jedem heruntergefahren werden darf. Anders ist die Lage bei Workstations. Da kommt es häufiger vor, dass der Anwender auch seine Maschine herunterfahren muss. Hier lässt sich mit `sudo` (siehe Seite 272) arbeiten oder einen Login einrichten, der zum Herunterfahren der Maschine dient (siehe Seite 275). Eine sehr elegante Variante findet sich unter Linux. Hier kann in der Datei **/etc/shutdown.allow** hinterlegt werden, welche Benutzer berechtigt sind, `shutdown` aufzurufen. Sie müssen dann allerdings beim Aufruf zusätzlich die Option `-a` angeben.

root-Rechte erforderlich

Es gibt nur wenige Gründe dafür, einen UNIX-Server herunterzufahren. Normalerweise geschieht dies ausschließlich bei der Installation von Hardware, die sich nicht im laufenden Betrieb wechseln lässt. Aufgrund einer Konfigurationsänderung ist ein Neustart der Maschine im Normalfall nicht erforderlich. Es gibt Fälle, in denen ein Reboot schnell und verlässlich testet, ob vorgenommene Änderungen das System auch nach dem nächsten Booten noch korrekt arbeiten lassen.

Notwendigkeit

9.2.1 Alles bereit zum Untergang?

Wenn ein UNIX-Server heruntergefahren wird, ist das keine Privatangelegenheit des Systemadministrators. Das Herunterfahren sollte nur erfolgen, wenn niemand mehr an der Maschine arbeitet. Ein einfacher Befehl `finger` oder `who` (siehe Seite 270) gibt Auskunft darüber, ob alle Benutzer von den Terminals abgemeldet sind. Auch Anmeldungen über virtuelle Terminals können so erkannt werden. Virtuelle Terminals sind Netzwerkverbindungen, die den Charakter von Terminalsitzungen haben. Man unterscheidet sie von normalen Terminalsitzungen dadurch, dass die Benutzer sich mit **/dev/pty**- statt mit **/dev/tty**-Devices angemeldet haben.

Terminalanmeldungen kontrollieren

Schwieriger wird es, wenn auf der Maschine echte Client-Server-Applikationen laufen. Hier helfen Befehle wie `lsof` (siehe Seite 442), der die offenen Dateien anzeigt, oder `netstat` (siehe Seite 525), der Netzwerk-

Netzwerkverbindungen kontrollieren

verbindungen anzeigt. Naturgemäß werden diese Befehle im Kapitel über Netzwerke ausführlicher behandelt.

9.2.2 Wechsel in den Single-User-Modus

Der Single-User-Modus hat für die Wartung einer UNIX-Maschine eine besondere Bewandtnis. Verwendet man den Single-User-Modus, kann man sicher sein, dass kein weiterer Benutzer auf der Maschine arbeitet. Da auch die Netzwerkverbindungen in diesem Zustand nicht aktiv sind, können die Festplatten auch nicht auf dem Umweg über die Netzdienste von Anwendern verwendet werden. Man kann also in aller Ruhe Festplatten testen oder sonstige Arbeiten durchführen, die die Störung durch fremde Benutzer nicht vertragen. Das Herunterfahren in den Single-User-Modus ist aus Sicht der Benutzer allerdings nichts anderes als ein normales Herunterfahren. Entsprechend muss auch hier darauf geachtet werden, dass man nicht die Prozesse von anderen Benutzern unterbricht. Der Wechsel selbst erfolgt einfach durch Aufruf von:

```
init 1
```

Man kehrt in den bisherigen Modus zurück, indem man die Shell mit **ctrl+D** schließt oder den Befehl `init 2` bzw. `init 3` verwendet.

Die Kunst des Personalmanagements ist es, den Angestellten so gekonnt über den Tisch zu ziehen, dass er die Reibungshitze für Nestwärme hält.

10 Benutzerverwaltung

Die Benutzerverwaltung gehört zu den Routinetätigkeiten des Administrators. Für jeden Benutzer wird eine Kennung, ein Passwort und ein Bereich auf der Festplatte angelegt, in dem er arbeiten kann. Es sind Aspekte der Einbruchsicherheit zu berücksichtigen, und hin und wieder müssen den Benutzern auch Grenzen gesetzt werden.

10.1 Die Benutzerdatei /etc/passwd

Informationen über die Anwender werden in der Datei **/etc/passwd** gehalten. Hier steht für jeden Benutzer, wo das Benutzerverzeichnis liegt, welche Shell gestartet wird, und hier werden die User-ID und die Group-ID gespeichert. Traditionell enthält die Datei **/etc/passwd** auch das verschlüsselte Passwort. Daher hat sie ihren Namen.

Die Datei **/etc/passwd** ist für jeden Benutzer des Systems lesbar. Dies ist auch dann nicht unbedingt leichtsinnig, wenn man weiß, dass der Algorithmus zur Verschlüsselung des Passworts öffentlich zugänglich ist. Sie können sich die Verschlüsselung eines Passworts ansehen, indem Sie einen einfachen Perl-Aufruf ausführen:

```
perl -e "print crypt('Mein2Passwd','aw');"
```

Das erzeugte Passwort lautet: aw7JrjDPWvzqE. Sie erkennen die beiden Zeichen »aw« am Anfang des Passworts wieder, die beim Aufruf der Funktion crypt() an zweiter Stelle stehen. Diese beiden Zeichen können beliebige Buchstaben und Ziffern sein. Dadurch ist es möglich, das gleiche Passwort auf verschiedene Weisen zu verschlüsseln. Die Funktion crypt() gehört zum POSIX-Standard und kann damit auf jedem UNIX-System von fast jeder Programmiersprache aus aufgerufen werden. Durch den freien Zugriff auf die Funktion crypt() ist es jedem UNIX-Programm leicht möglich, Passwörter zu verschlüsseln und damit zu vermeiden, dass

crypt

unverschlüsselte Passwörter in Dateien stehen oder über Netzwerkleitungen übertragen werden.

Falltür

Nun ließe sich vermuten, dass ein Verfahren zur Verschlüsselung von Passwörtern kaum sicher sein kann, wenn dessen Quellcode für jeden zur Verfügung steht. Tatsächlich ist es trotz der Öffentlichkeit des Quellcodes von `crypt()` nicht möglich, aus dem verschlüsselten Passwort das Passwort im Klartext zu generieren. Der Grund dafür ist ein sogenannter Falltür-Algorithmus. Das bedeutet, dass sich aus dem Passwort im Klartext zwar leicht die Verschlüsselung ermitteln lässt, der umgekehrte Weg aber nicht möglich ist. Es ist also wie bei einer Falltür: Es ist leicht, durch die Falltür nach unten zu kommen. Von unten kann man aber nicht mehr zur Ausgangsposition zurück. Ein anschauliches Beispiel für einen Falltür-Algorithmus ist die Modulo-Rechnung. Sie ermittelt den Rest einer ganzzahligen Division. So ergibt 25 geteilt durch 7 immer den Rest 4. Aus der Kenntnis der 4 und des Algorithmus können Sie aber immer noch nicht schließen, ob eine 25 oder eine 18 als Ausgangswert verwendet wurde.

Angriff per Lexikon

Wie so oft sitzt aber das Sicherheitsproblem vor dem Computer, und Sie können mit den Passwörtern Auto, Bier und Sonne in erstaunlich viele Systeme einbrechen. Diese Sorte Passwörter können leicht geknackt werden, indem der Angreifer ein Programm schreibt, das eine Lexikondatei und ein Namensregister durchgeht und von jedem Eintrag ein Passwort generiert. Ist das verschlüsselte Wort in der Passwortdatei vorhanden, kennt der Angreifer das Passwort. Aus diesem Grund soll ein Passwort weder ein normaler Begriff aus dem Lexikon noch ein Name sein.

Um solche Attacken zu erschweren, stehen in den heutigen UNIX-Systemen die Passwörter nicht mehr in der Datei **/etc/passwd**, die nach wie vor öffentlich lesbar ist, sondern werden in der Datei **/etc/shadow** oder an anderen Orten abgelegt, die für den normalen Anwender nicht lesbar sind. Sollte Ihr System nicht **/etc/shadow** verwenden, finden Sie mit dem Befehl »man passwd« Informationen darüber, in welcher Datei die Passwörter stehen.

Pseudo-Benutzer

In der Benutzerdatei **/etc/passwd** finden Sie nicht nur Anwender aus Fleisch und Blut, sondern auch Benutzer, die für interne Zwecke verwendet werden. So ist auf vielen Systemen ein Benutzer mail oder lp eingetragen. Dabei steht mail für die Postverteilung und lp für die Druckerverwaltung. Diese Dienste müssen nicht unbedingt von root durchgeführt werden. Der normale Schutz vor Angreifern, den jeder Benutzer genießt, reicht für diese Zwecke völlig aus. Da diese Benutzer aber nur für Hintergrundprozesse verwendet werden, ist es nicht wünschenswert, dass sich jemand unter diesen Namen anmelden kann. Das ist aber leicht zu verhindern, wie ein Blick auf die Struktur der Passwortdatei zeigt.

10.2 Aufbau der /etc/passwd

In den älteren UNIX-Systemen manipulierte man für einen Benutzereintrag direkt die Datei **/etc/passwd**. Dieser Weg steht prinzipiell auch heute noch offen, sofern die Passwörter nicht zentral im Netz unter NIS (siehe Seite 505) verwaltet werden.

Die Datei **/etc/passwd** zeigt, wie der Benutzer eines UNIX-Systems definiert ist. Ein Eintrag in der **/etc/passwd** hat folgenden Aufbau:

Struktur einer Zeile der Datei /etc/password
Name:Passwort:User-ID:Group-ID:Kommentar:Verzeichnis:Shell

Hier folgt ein Beispiel für eine **/etc/passwd** Datei:

```
root:x:0:0:root:/root:/bin/bash
bin:x:1:1:bin:/bin:/bin/bash
daemon:x:2:2:daemon:/sbin:/bin/bash
lp:x:4:7:lp daemon:/var/spool/lpd:/bin/bash
ftp:x:40:2:ftp account:/usr/local/ftp:/bin/bash
named:x:44:44:Nameserver Daemon:/var/named:/bin/bash
nobody:x:65534:65534:nobody:/var/lib/nobody:/bin/bash
arnold:x:501:100:Arnold Willemer:/home/arnold:/bin/bash
andrea:x:502:100::/home/andrea:/bin/bash
```

Die Einträge bedeuten im Einzelnen:

- **Name**
  Der Benutzername wird beispielsweise zur Anmeldung am System verwendet. Unter diesem Namen wird der Benutzer bei Rechtezuordnungen angesprochen. Häufig wird dazu der Nachname, der Vorname oder eine Mischung aus beidem verwendet. Der Benutzername ist alles andere als geheim und sollte leicht der wirklichen Person zuzuordnen sein. Bei einigen Systemen ist er auf acht Buchstaben begrenzt.

- **Passwort**
  In Systemen ohne Shadow-Datei steht hier das verschlüsselte Passwort.

Beim Anlegen eines neuen Benutzers wird dieser Eintrag freigelassen. Ein leerer Eintrag erlaubt den Zugang ohne Passwort. Gleich anschließend sollte der neue Benutzer den Eintrag durch den Aufruf des Befehls `passwd` füllen.

Soll der Benutzer für interne Zwecke angelegt werden, ist es durchaus möglich, dass man vermeiden will, dass sich jemand unter dieser Kennung anmeldet. Das wird erreicht, indem man einen Stern oder ein X als Passwort einsetzt. Der Verschlüsselungsalgorithmus kann nämlich niemals einen einstelligen Eintrag an dieser Stelle erzeugen. Damit gibt es kein Passwort, das hierzu passt.

Ein kleines x an dieser Stelle in allen Einträgen deutet darauf hin, dass das System eine Shadow-Datei für die Passwörter verwendet.

- **User-ID**
  Jeder Benutzer hat seine eigene Nummer. Normale Benutzer werden auf einigen Systemen ab 50, ab 100 oder neuerdings ab 500 angelegt. Die kleineren Nummern sind teilweise für Systemdienste festgelegt, so ist das Administrationskennwort root mit der User-ID 0 verbunden. Der Eigentümer von Dateien wird in den i-nodes (siehe Seite 42) mit der User-ID gekennzeichnet.

- **Group-ID**
  Jeder Benutzer gehört zu mindestens einer Gruppe. Die Hauptgruppe, zu der der Benutzer gehört, wird hier eingetragen. Diese Gruppe wird jeder Datei zugeordnet, die der Benutzer später erzeugt. Allerdings kann er die Datei mit dem Befehl `chgrp` jederzeit einer anderen Gruppe zuordnen. Der Benutzer kann in der Datei **/etc/group** auch in weiteren Gruppen angemeldet werden. Die Gruppen werden ab Seite 268 ausführlich behandelt.

- **Kommentar**
  Hier wird im Klartext eingetragen, wer der Benutzer ist. Der Eintrag hat informativen Charakter.

- **Verzeichnis**
  Das Benutzerverzeichnis des Anwenders. Hier hat der Benutzer seinen Arbeitsbereich, und hier wird er auch landen, sobald er sich eingeloggt hat. Auch Einstellungen wie die .profile-Datei sind hier zu finden. Der neue Benutzer muss in das Verzeichnis wechseln und es lesen können. Das Verzeichnis muss also mindestens die Rechte x und r haben und dem Benutzer gehören. In den meisten Fällen werden die Benutzer es schätzen, wenn sie in ihrem Bereich auch schreiben können.

Unter den meisten Systemen wird als Pfad **/home** verwendet. Darin wird der Benutzername als Verzeichnisname benutzt. Für den Anwender arnold wird also das Verzeichnis **/home/arnold** erzeugt. Bei Solaris funktioniert dies nicht. Hier wird das Verzeichnis **/export/home/arnold** erzeugt. Der Automounter (siehe Seite 587) wird dieses Verzeichnis automatisch in **/home/arnold** übersetzen.

- **Shell**
  Hier wird normalerweise die Shell eingetragen, die für den Benutzer beim Einloggen gestartet wird. Je nach Geschmack kann neben der klassischen Bourne-Shell (sh) auch die Korn-Shell (ksh), die C-Shell (csh) oder die Bourne-Again-Shell (bash) eingesetzt werden. Lediglich für den root sollte eine Shell gewählt werden, die auch dann zur Verfügung steht, wenn nur die Bootpartition ansprechbar ist. Die Shell ist mit vollem Pfadnamen einzutragen.

  Für Benutzer, die sich nicht einloggen sollen, wird gern statt einer Shell ein Programm namens false eingesetzt. false endet sofort und gibt einen Fehler zurück. Damit wird der Login wieder aktiviert.

Um neue Benutzer direkt in die **/etc/passwd**-Datei einzutragen, kopiert man am einfachsten einen bisherigen Eintrag, korrigiert die benutzerbezogenen Daten, insbesondere den Benutzernamen, und erstellt ein neues Benutzerverzeichnis. Zum Beispiel:

```
meier::237:106::/home/meier:/bin/sh
```

Für den Benutzer wird ein Verzeichnis eingerichtet. In unserem Beispiel:

```
mkdir /home/meier
```

Das Benutzerverzeichnis muss nicht zwingend unterhalb des Verzeichnisses **/home** angelegt werden. Prinzipiell können Sie jedes Benutzerverzeichnis an jeder beliebigen Stelle des Verzeichnisbaums anlegen. Zum Benutzerverzeichnis wird es ausschließlich durch den Eintrag in die Datei **/etc/passwd**. Allerdings hat sich das Anlegen des Benutzerverzeichnisses in **/home** als sinnvoll erwiesen.

Gegebenenfalls wird der Benutzer in die Gruppendatei **/etc/group** aufgenommen (siehe Seite 268). Im folgenden Beispiel soll meier Mitglied in den Gruppen project_a und post werden:

```
projekt_a::106:petersen,meier
post::107:schulz,mueller,meier
```

Das Benutzerverzeichnis des neuen Anwenders wird mit dessen Zugriffsrechten versehen.

Zum Beispiel:

```
gaston# chown meier /home/meier
gaston# chgrp projekt_a  /home/meier
```

Das Benutzerverzeichnis **/home/meier** gehört nun auch dem Benutzer meier. Der Gruppeneigentümer ist projekt_a. Allgemein verwendet man als Gruppe diejenige, die in der Datei **/etc/passwd** als Standardgruppe des Benutzers eingetragen ist. Mit dem Befehl passwd wird schließlich das Passwort gesetzt:

```
passwd meier
```

Wenn allerdings Schattenpasswörter in der Datei **/etc/shadow** verwendet werden, muss vor dem ersten Aufruf von passwd noch ein Eintrag für meier in dieser Datei angelegt werden. Ansonsten setzt der Befehl passwd das verschlüsselte Passwort doch wieder in die Datei **/etc/passwd**.

10.3 Verborgene Passwörter: shadow

Die Datei **/etc/passwd** enthält heute normalerweise keine verschlüsselten Passwörter mehr. Diese werden im System in einer zweiten Datei namens **/etc/shadow** abgelegt, die nur noch von root lesbar ist. Der Grund für diese Maßnahme ist, dass viele Anwender Passwörter verwenden, die leicht zu knacken sind. Das ist vor allem dann der Fall, wenn das Passwort Wörtern entspricht, die man in einem Lexikon findet oder die aus gängigen Vornamen bestehen.

Angriff auf /etc/passwd Ein beliebter Angriff auf eine Maschine erfolgte dadurch, dass man die für jeden lesbare Datei **/etc/passwd** kopierte. Anschließend ließ man ein kleines Programm über ein Wörterbuch laufen, das jedes Wort verschlüsselt und die Verschlüsselung mit der Zeichenfolge in der **/etc/passwd** vergleicht. Ein solches Programm zu schreiben, ist nicht weiter schwierig, da das Verfahren, mit dem UNIX seine Passwörter verschlüsselt, öffentlich bekannt ist.

So, wie man einen Benutzer in der **/etc/passwd** von Hand eintragen kann, ist das auch in der **/etc/shadow** möglich. Am einfachsten ist es auch hier, einen existierenden Eintrag zu kopieren und an den neuen Benutzer anzupassen. Wie in der **passwd**-Datei werden auch hier die Einträge durch Doppelpunkte voneinander getrennt. Dabei stehen folgende Einträge hintereinander:

Struktur einer Zeile der Datei /etc/shadow
Name:Passwort:Zuletzt:Erstmalig:Wechselfrist:Warnfrist:Ablauf:Sperrung

- die Benutzerkennung, die auch in der **/etc/passwd**-Datei in der ersten Spalte steht
- das Passwort in verschlüsselter Darstellung
- der Tag der letzten Änderung des Passworts. Das Datum wird als Zahl der seit dem 1.1.1970 vergangenen Tage[1] codiert
- die Anzahl der Tage, nach denen das Passwort erstmals geändert werden darf
- die Anzahl der Tage, nach denen das Passwort geändert werden muss
- die Anzahl der Tage, die der Benutzer vor dem Ablauf des Passworts gewarnt wird
- eine Frist in Tagen, die angibt, wann das Passwort endgültig abgelaufen ist
- das Datum, an dem der Zugang geschlossen wurde, und zwar in Tagen seit dem 1.1.1970
- reserviertes Feld

Beispiel eines Eintrags:

```
arnold::11545:0:99999:7:0::
```

Durch die **/etc/shadow**-Datei wurde neben der Sicherung der verschlüsselten Passwörter auch die Möglichkeit gewonnen, Passwörter ablaufen zu lassen. Wenn Sie diese Option einsetzen möchten, denken Sie daran, dass ein häufiger Wechsel kontraproduktiv sein kann. Sobald die Anwender den Überblick verlieren, werden sie die Passwörter aufschreiben, anstatt sie sich zu merken, oder sie lassen sich Kreationen wie januar1, februar2 und so fort einfallen.

Passwörter zeitlich begrenzen

---

[1] Im Gegensatz zur sonst bei UNIX üblichen Codierung eines Zeitpunkts als die Anzahl der Sekunden seit dem 1.1.1970 wird hier tatsächlich die Anzahl der Tage verwendet.

10.4 Benutzerpflege automatisieren

Bei den meisten Systemen existiert ein Dienstprogramm namens `useradd`. Manchmal heißt es auch `adduser`. Damit lässt sich ein Benutzer anlegen. Das Programm prüft die Verträglichkeit des Eintrags und setzt sinnvolle Vorgaben, damit man nicht so viel tippen muss. Im folgenden Beispiel wird ein Benutzer mit der Kennung testperson angelegt:

```
gaston# useradd testperson
gaston# cat /etc/passwd
root:x:0:0:root:/root:/bin/bash
bin:x:1:1:bin:/bin:/bin/bash
...
nobody:x:65534:65534:nobody:/var/lib/nobody:/bin/bash
willemer:x:500:100:Arnold Willemer:/home/willemer:/bin/bash
arnold:x:501:100:Arnold Willemer:/home/arnold:/bin/bash
andrea:x:502:100::/home/andrea:/bin/bash
testperson:x:503:100::/home/testperson:/bin/bash
gaston# ls /home
.  ..  andrea   arnold   cvsroot   t345-1.33   willemer
gaston# mkdir /home/testperson
gaston# chown testperson /home/testperson
```

Durch `useradd` wird der Eintrag in der **/etc/passwd** generiert. Das zeigt die Ausgabe der Datei. Das Kommentarfeld und das Passwort werden freigelassen. Das Benutzerverzeichnis wird zwar in der Datei **/etc/passwd** benannt, muss aber erst noch angelegt werden. Solche Tools sind durchaus praktisch, man sollte aber genau wissen, wo diese ihre Grenzen haben und wann man von Hand nacharbeiten muss. Analog gibt es auch kleine Programme, die eine Änderung oder das Austragen des Benutzers durchführen.

Mit allen Administrationstools lassen sich auch Benutzer verwalten. Im Allgemeinen leisten sie mehr als die oben genannten Skripte.

Probleme beim Anlegen des Verzeichnisses — Wenn Sie plötzlich Probleme haben, im Verzeichnis **/home** einen Benutzer anzulegen, und dies auch nicht durch das Administrationstool möglich ist, kann es sein, dass ein Automount-Dämon (siehe Seite 587) das Verzeichnis **/home** verwaltet. Dann ist zu prüfen, ob die Benutzerverzeichnisse per Automount verwaltet werden. In diesem Fall müssen Sie die Verzeichnisse dort anlegen, wo der Automount-Dämon sie erwartet (siehe Seite 587).

10.5 Benutzer-Konfigurationsdateien

Die Datei **/etc/profile** wird beim Einloggen jedes Benutzers gestartet, der nicht die C-Shell verwendet. Hier können Umgebungsvariablen gesetzt und Programme eingetragen werden, die von jedem Anwender nach dem Einloggen ausgeführt werden sollen. Die Datei **/etc/profile** wird vom Administrator gepflegt. Normale Benutzer haben darauf keinen Zugriff. Bei Benutzern, die die C-Shell verwenden, wird die Datei **/etc/profile** nicht ausgeführt. Stattdessen heißt die entsprechende Datei **/etc/csh.cshrc**. Die Unterscheidung ist insofern sinnvoll, als die C-Shell eine andere Syntax für das Setzen von Variablen hat. In diesen beiden Dateien können Einstellungen vorgenommen werden, die für alle Benutzer gelten sollen.

Nachdem die Datei **/etc/profile** ausgeführt wurde, wird die lokale Datei **.profile** ausgeführt. Diese liegt im Benutzerverzeichnis und kann von ihm frei verändert werden. Hier kann jeder Anwender seine eigenen Umgebungen definieren oder Programme starten lassen. Arbeitet der Anwender mit der C-Shell, wird die Datei **.cshrc** abgearbeitet.

Lokale Dateien

Während die Datei **.profile** beim Einloggen gestartet wird, werden die sogenannten rc-Dateien der Shells immer dann ausgeführt, wenn eine neue Shell gestartet wird. Bei der bash (Bourne Again Shell) heißt die zentrale Startdatei **/etc/bash.bashrc**, während die lokale Datei im Benutzerverzeichnis unter dem Namen **.bashrc** zu finden ist. Beide Dateien werden nacheinander ausgeführt, sobald eine neue Shell gestartet wird. Es reicht also aus, das Kommando `bash` einzugeben. Dagegen wird die Datei **.profile** nur ausgeführt, wenn sich der Anwender einloggt. Um das auszuprobieren, können Sie eine Zeile mit einem `echo`-Befehl in die beiden Dateien schreiben und beobachten, wann die Meldungen erscheinen.

Shell-Startdateien

Die folgenden Einstellungen und Befehle werden fast immer im Zusammenhang mit Startup-Dateien eingesetzt.

ulimit

Mit dem Befehl `ulimit` können den Anwendern Beschränkungen auferlegt werden, die die Größen von einigen Ressourcen betreffen. Der Befehl würde sich typischerweise in der Datei **/etc/profile** finden. Die Optionen von `ulimit` sind in Tabelle 10.1 aufgeführt.

Option	Wirkung
-a	Anzeige aller aktuellen Limits
-c	Maximale Größe eines Coredumps
-d	Maximale Größe des Datensegments eines Prozesses
-f	Maximale Größe einer Datei
-n	Maximale Anzahl offener Dateien (nicht bei allen Systemen)
-s	Maximale Größe des Stacks eines Prozesses
-t	Maximale CPU-Zeit in Sekunden
-v	Maximale Größe des virtuellen Speichers

Tabelle 10.1 Optionen von ulimit

Die durch `ulimit` vorgegebenen Grenzen können natürlich vom Anwender wieder zurückgesetzt werden. Durch diesen Befehl gibt der Administrator aber schon einmal eine Grundpolitik vor.

ulimit vs. quota

Die Größe einer Datei zu beschränken, um den Festplattenplatz zu limitieren, dürfte nicht der richtige Weg sein, da viele kleine Dateien genauso viel Platz einnehmen können wie eine große. Ein solches Problem löst man besser mit Quotas (siehe Seite 305). Einen Sammler von Musik- oder Filmdateien kann aber die Beschränkung der Größe daran erinnern, dass eine solche Sammeltätigkeit nicht im Interesse der Firma ist.

Informieren!

Die hier festgelegten Einschränkungen sollten allgemein bekannt gemacht werden. Im Allgemeinen wird das Überschreiten der Limits zu einem Programmabbruch führen, und die Ursache könnte gegebenenfalls schwer zu ermitteln sein.

umask

Der Befehl `umask` findet sich fast immer in mindestens einer der Startdateien. Damit wird voreingestellt, welche Rechte neu angelegte Dateien haben sollen. Nicht jeder Anwender denkt daran, dass eine neu angelegte Datei vor Veränderungen durch boshafte Mitbenutzer geschützt sein sollte.

umask verhindert zu großzügige Rechte

Der Befehl `umask` setzt eine Maske auf diejenigen Rechte, die bei der Erzeugung einer Datei nicht gesetzt werden. Ein typischer Wert ist 022. Das bedeutet, dass die Gruppe und die Welt keine Schreibrechte auf die Dateien und Verzeichnisse haben. Jemand, der Sorge hat, ausgespäht zu werden, könnte 026 als Parameter für umask verwenden. Dann sind seine Dateien für die Gruppe noch lesbar, für die Welt aber weder les- noch schreibbar. Letztlich kann der Anwender natürlich die Rechte nach ihrer Erzeugung mit dem Befehl `chmod` beliebig setzen. Allerdings weiß er dann auch, was er tut. Der Befehl `umask` dient also in erster Linie dazu, den Anfänger davor zu schützen, dass er versehentlich Dateien anlegt, die dann von aller Welt verändert werden können.

Umgebungsvariablen

Die Vorbelegung von Umgebungsvariablen, die für alle Benutzer der Maschine gelten sollen, kann ebenfalls in **/etc/profile** erfolgen.

Eine der wichtigsten ist die Variable PATH, die beschreibt, wo die startbaren Programme zu finden sind. Einige Anwender legen sich gern eigene Skripte oder selbst geschriebene Programme in ein eigenes Verzeichnis. Um diese Befehle ohne explizite Pfadangaben verwenden zu können, würde man die lokale Datei **.profile** durch den folgenden Befehl ergänzen:

PATH

```
export PATH=$PATH:~/bin
```

Andere Einstellungen, wie der Standardprinter oder Einstellungen zur grafischen Umgebung können hier systemweit vorgegeben werden. Aber auch Variablen, die als Schalter für Anwendungssoftware dienen, können hier definiert werden.

10.6 Verzeichnisprototyp: /etc/skel

Das Benutzerverzeichnis eines neuen Anwenders ist normalerweise nicht völlig leer, sondern enthält diverse rc-Dateien und Konfigurationsdateien. Viele dieser Dateien beginnen mit einem Punkt, damit der Benutzer sie nicht versehentlich durch `rm *` löschen kann. Sie sind auch für `ls` unsichtbar, sofern nicht die Option `-a` verwendet wird.

Damit sie nicht für jeden Benutzer mühselig neu erstellt werden müssen, gibt es unter **/etc** oder **/usr/share** ein Verzeichnis namens **skel**, dessen Inhalt man einfach in das neu angelegte Verzeichnis kopieren kann. So würde das Anlegen eines neuen Benutzerverzeichnisses durch folgende Befehle erfolgen:

Verzeichnis skel

```
gaston# mkdir /home/meier
gaston# chown meier /home/meier
gaston# chgrp projekt_a  /home/meier
gaston# cp /etc/skel/.??* /home/meier
gaston# cd /home/meier
gaston# chmod 644 .??*
gaston# chown meier .??*
gaston# chgrp projekt_a .??*
```

Maske gegen .. — Der Grund für die Maske .??* ist, dass verhindert werden muss, dass das Verzeichnis .. ebenfalls dem Benutzer meier zugeordnet wird. Die beiden Fragezeichen gewährleisten, dass nach dem Punkt noch mindestens zwei Zeichen folgen. Das trifft für die Dateien in **/etc/skel** normalerweise zu. Alternativ könnte auch .[a-zA-Z]* als Maske verwendet werden. Diese Maske gewährleistet, dass nach dem Punkt ein Buchstabe folgt.

10.7 Gruppenverwaltung

Eine Gruppe ist eine Ansammlung von Benutzern. Durch die Gruppe ergibt sich die Möglichkeit, die Berechtigungen von Dateien so zu wählen, dass ein Team gemeinsam auf Ressourcen zugreifen kann, ohne dass die Daten gleich allen Benutzern öffentlich angeboten werden.

/etc/group definiert Gruppen — Die Verfahrensweise ist simpel. Die Gruppen werden in der Datei **group** im Verzeichnis **/etc** verwaltet. Hinter dem Gruppennamen stehen die Benutzerkennungen der Mitglieder der Gruppe. Eine Datei, die nur für die Gruppe gedacht ist, wird durch den Befehl chgrp zum Eigentum der Gruppe. Mit dem Befehl chmod werden die Zugriffsrechte der Gruppe gesetzt.

Struktur einer Zeile der Datei /etc/group
Gruppenname:Passwort:Gruppen-ID:Kommaseparierte Liste der Mitglieder

Jeder Benutzer gehört zu einer Standardgruppe, die in der **passwd**-Datei festgelegt wird. Das bedeutet, dass Dateien, die er erzeugt, automatisch dieser Gruppe zugeordnet werden. Der Benutzer kann aber in beliebig vielen anderen Gruppen eingetragen sein. Dazu wird der Administrator root in der Datei **/etc/group** seinen Namen an die Liste der Mitglieder der jeweiligen Gruppe hängen:

```
dialout:x:16:root,arnold,andrea
prog:x:101:arnold,ralf
```

Zur Gruppe dialout gehören root, arnold und andrea, zur Gruppe prog arnold und ralf. An der dritten Stelle steht die eindeutige Nummer der Gruppe. Die Definition eigener Gruppen sollte bei 101 beginnen. Bis hierher reichen die Gemeinsamkeiten der Systeme, die immerhin durchaus eine klar geregelte Gruppenbildung ermöglichen.

Gruppenpasswort — Wie in der Datei **/etc/passwd** ist in der zweiten Spalte der **group**-Datei Platz für ein Passwort. Einige Systeme verfügen dennoch über keinen

Befehl, um dieses Passwort zu setzen. Dieses Passwort ist normalerweise auch gar nicht erforderlich, solange der Administrator root den Zugang zu den Gruppen regelt. Einige Systeme erlauben aber ein Passwort. Zur Verwaltung wird unter Linux beispielsweise der Befehl gpasswd verwendet. Der Befehl gpasswd ermöglicht es root mit der Option -A, einen Gruppenadministrator für jede Gruppe festzulegen, der dann ebenfalls mit dem Befehl gpasswd Mitglieder hinzufügen oder austragen kann. Dadurch kann der Gruppenchef die Gruppe verwalten, ohne dass er Administratorrechte bekommt. Alternativ dazu wird für die Verwaltung der Gruppenpasswörter der normale Befehl passwd mit der Option -g verwendet.

Einige Systeme verfügen über den Befehl newgrp. Damit kann ein Anwender für den Rest der Sitzung die Gruppe wechseln. Die Syntax des Befehls ähnelt dem Kommando su (siehe Seite 271). Sofern der Benutzer in der Zielgruppe eingetragen ist, wird die reale Gruppe gewechselt. Danach werden also alle von ihm angelegten Dateien automatisch der neuen Gruppe gehören. Fall er nicht zur Gruppe gehört, diese aber ein Passwort besitzt, wird er danach gefragt. Andernfalls ist ein Wechsel nicht möglich. Leider reagieren nicht alle Systeme gleich. Bei einigen Systemen wird trotz des Eintrags in einer anderen Gruppe nach dem Passwort gefragt, bei anderen ist ein Passwort gar nicht vorgesehen.

Gruppe wechseln

10.8 Benutzerüberwachung

Das Überwachen von Benutzern hat einen schlechten Beigeschmack. Normalerweise befasst sich ein Administrator nicht sehr gern damit. Allerdings ist es wichtig zu wissen, welche Möglichkeiten existieren, wenn ein Benutzer das in ihn gesetzte Vertrauen missbraucht.

10.8.1 Accounting

Accounting bedeutet die Berechnung der Kosten, die ein Benutzer auf dem System verursacht. In Zeiten, da eine UNIX-Maschine ein Vermögen kostete, lohnte es sich durchaus, den hoch bezahlten Administrator berechnen zu lassen, welchen Kostenanteil welcher Benutzer verursachte. Heute ist der Kostenaspekt so weit zurückgegangen, dass ein Accounting fast nicht mehr durchgeführt wird. In einer Hinsicht ist es aber immer noch interessant: Da dabei alle Aktivitäten der Benutzer protokolliert werden, sind Informationen zur Hand, wenn auf der Maschine Unregelmäßigkeiten vorkommen.

Aufzeichnungen

10 | Benutzerverwaltung

accton startet und stoppt Accounting

Das Programm `accton` kontrolliert das Accounting. Wird ihm eine Datei als Argument mitgegeben, startet das Accounting und protokolliert in diese Datei. Als Datei wird **acct** oder **pacct** im Verzeichnis **/var/adm/** verwendet. Die Datei muss beim Aufruf existieren. In der Datei werden die Anzahl der Programmaufrufe, die verbrauchte CPU-Zeit, die I/O-Operationen und die Speicherbenutzung für jeden Anwender protokolliert. Das Accounting wird durch den Aufruf von `accton` ohne Parameter abgeschaltet.

/var/adm/wtmp

Um die Verbindungszeiten zu protokollieren, gibt es die Datei **wtmp** im Verzeichnis **/var/adm**. Sie wird von `init` und `login` gefüllt und kann recht schnell recht groß werden. Darum ist es sinnvoll, von Zeit zu Zeit zu kontrollieren, ob die Datei nicht gestutzt werden sollte (siehe Seite 429). Werden die Verbindungsdaten nicht benötigt, lassen sie sich einfach löschen. Existiert die Datei nicht, wird sie auch nicht von `init` oder `login` gefüllt. Zum Auswerten der Datei zum Zwecke des Accounting dient das Programm `ac`. Mit der Option `-u` wertet das Programm nach dem Benutzer, mit der Option `-d` nach dem Datum aus.

10.8.2 who und finger

Übersicht über aktuelle Aktivitäten

`who` zeigt an, welche Benutzer an welchen Terminals angemeldet sind. `finger` zeigt alle angemeldeten Benutzer. Für jeden wird angezeigt, seit wann er angemeldet ist und unter »Idle« seit wann keine Aktivität mehr feststellbar ist. Auf manchen Systemen gibt es den Befehl `whodo`. Damit lässt sich sehen, welches Programm welcher Benutzer aktuell gestartet hat.

```
gaston > who
arnold    pts/0         May 13 08:21
arnold    pts/3         May 13 09:39
arnold    pts/4         May 13 09:53
gaston > finger
Login     Name                    Tty       Idle    Login Time    Where
arnold    Arnold Willemer         pts/0     1:52    Thu 08:21
arnold    Arnold Willemer         *pts/3    7       Thu 09:39
arnold    Arnold Willemer         *pts/4    -       Thu 09:53
gaston >
```

/var/run/utmp

`finger` und `who` werten die Datei **utmp** aus, die sich normalerweise in **/var/run** oder in **/var/log** befindet. Hier sollen sich alle für das Einloggen zuständigen Programme eintragen. Allerdings gibt es da Unterschiede in der Interpretation. So nimmt xterm[2] einen Eintrag vor, konsole, die xterm-Variante von KDE, nimmt dagegen keinen Eintrag vor. Die KDE-Entwickler begründen dies damit, dass es sich bei einer xterm-Sitzung nicht um einen weiteren Benutzer des Systems handelte.

10.9 Kurzfristiger Benutzerwechsel: su

Obwohl der Befehl su (set user) oft als Abkürzung für »superuser« bezeichnet wird, dient er dazu, während der aktuellen Terminalsitzung die eigene Identität gegen eine beliebige andere zu tauschen. Wenn Sie su ohne Parameter aufrufen, werden Sie nach dem Administratorpasswort gefragt und mutieren zum Benutzer root. Der Wechsel zu root wird normalerweise protokolliert.

su wechselt die Benutzeridentität

Administratoren melden sich übrigens selten als root am Terminal an. Sie verwenden so weit möglich einen gewöhnlichen Account. Erst wenn sie die Macht des Superusers brauchen, loggen sie sich per su ein, erledigen die anstehende Aufgabe und loggen sich sofort wieder aus.

Beim einfachen Aufruf von su werden die **profile**-Skripte nicht durchlaufen und das Arbeitsverzeichnis wird nicht gewechselt. Als Ergebnis hat man zwar root-Rechte, aber die Umgebungsvariablen für die Werkzeuge von root sind nicht gesetzt. Insbesondere stimmt die Variable PATH nicht, sodass die Programme im Verzeichnis **sbin** beispielsweise nicht gefunden werden. Will man sich vollständig als root anmelden, verwendet man su -. Dann wird ein regulärer Login vollzogen.

su - bewirkt ein komplettes Login

Man kann bei su auch einen anderen Benutzernamen als Parameter angeben und wechselt dann seine Identität. Normale Benutzer müssen dann natürlich das Passwort des Zielbenutzers angeben. Nur root muss das nicht. Auf diese Weise ist es möglich, Benutzer anzulegen, die kein Passwort besitzen. Diese können sich zwar nicht am Terminal anmelden, aber root kann mit su deren Identität annehmen, da er kein Passwort braucht. Ein Beispiel ist der Benutzer news, der für die Administration des Newsgroupservers (siehe Seite 663) gebraucht wird. Dieser Benutzer kann einen Stern als Passwort bekommen. Auf diese Weise kann sich niemand über diesen Account von außen anmelden. Die Newsgroup wird normalerweise sowieso vom Systemadministrator gepflegt. Er kann sich leicht per su news anmelden, ohne dass ein Passwort existiert.

Benutzer ohne Anmeldemöglichkeit

---

2 Das Programm xterm erzeugt unter der grafischen Oberfläche X11 ein virtuelles Terminal. Im Gegensatz zu realen Terminals ist es nicht ungewöhnlich, dass ein Benutzer mehrere xterm-Fenster gestartet hat.

Befehl	Wirkung
su	root-Login ohne Umgebungswechsel
su -	root-Login inklusive Umgebungswechsel
su - <username>	Login als anderer Benutzer

Tabelle 10.2 Varianten des Aufrufs von su

10.10 Administrationsaufgaben starten: sudo

Es gibt diverse Aufgaben, für die man die Berechtigung von root benötigt, die aber durchaus auch in die Hände einzelner Benutzer gelegt werden können. Dennoch möchte der Administrator diesen Benutzern nicht gleich das Passwort von root verraten. Diese Lücke schließt das Programm sudo. Damit ist es möglich, Programmaufrufe festzulegen, die bestimmte Benutzer unter root-Rechten ausführen dürfen.

Damit ein solcher Programmaufruf privilegiert abläuft, stellt der Aufrufer der Zeile einfach das Kommando sudo voran. Das System fragt mit einem Passwort nach, ob der berechtigte Benutzer wirklich am Terminal sitzt. Das nun geforderte Passwort ist also nicht das des Superusers root, sondern das des Anwenders, der gerade eingeloggt ist. Stimmt die Berechtigung, wird die Zeile anschließend so ausgeführt, als hätte sie der Administrator ausgeführt. Jede Benutzung von sudo wird exakt protokolliert.

/etc/sudoers wird mit visudo editiert

Vor dem Aufruf von sudo muss festgelegt werden, wer welche Befehle mit root-Rechten ausführen darf. Die Konfigurationsdatei **/etc/sudoers** enthält die Information, welche Benutzer den Befehl sudo verwenden dürfen. Sie wird nicht direkt, sondern von root mit dem Programm visudo editiert. Diese Variante von vi sorgt dafür, dass nicht mehrere Benutzer die Datei **sudoers** gleichzeitig bearbeiten. Die Datei **sudoers** wird in mehrere Gruppen eingeteilt. Zu Anfang können Alias-Spezifikationen vorgenommen werden. Diese haben den Zweck, kompliziertere Rechte einfacher zu beschreiben.

Als Benutzerprivilegien ist von vornherein eingetragen, dass root auf allen Rechnern alles darf. Das dritte ALL besagt, dass er unter allen Benutzernamen agieren darf. Diese Zeile findet sich in jeder **sudoers**-Datei.

Als Beispiel ist hinzugekommen, dass der Benutzer arnold seine Datensicherung auf gaston mit dem Skript cddasi ausführen darf. Dies könnte beispielsweise erforderlich sein, weil arnold sonst keinen Zugriff auf den CD-Brenner bekommt.

```
# Host alias specification

# User alias specification

# Cmnd alias specification

# User privilege specification
root    ALL=(ALL) ALL
arnold  gaston = /home/arnold/bin/cddasi
```
Listing 10.1 Die Datei sudoers

Da das Skript `cddasi` per `cdrecord` (siehe Seite 313) auf den CD-Brenner zugreift, braucht es die root-Rechte. Sie könnten das Problem auch lösen, indem Sie die Rechte der Gerätedatei des Brenners mit `chmod` so einstellen, dass der Brenner allen Anwendern oder einer bestimmten Gruppe von Anwendern freigegeben wird. Damit ist das Gerät zu jeder Verwendung freigegeben.

Sie könnten auch den in den Manpages von `cdrecord` vorgeschlagenen Weg gehen und für den Befehl `cdrecord` das SUID-Bit (siehe Seite 81) setzen:

```
chmod 4755 cdrecord
```

Damit würde immerhin erreicht, dass der Zugriff auf den Brenner nur mit Hilfe der Anwendung `cdrecord` möglich ist. Der Zugriff auf das Programm `cdrecord` ist nun für jeden Anwender frei. Die Freigabe per `sudo` ermöglicht aber sogar die Einschränkung auf das Skript `cddasi`. Der Anwender darf mit dem Brenner also ausschließlich seine Datensicherung durchführen. Er kann beispielsweise keine Audio-CDs brennen. Des Weiteren können Sie mit `sudo` dieses Recht einzelnen aufgeführten Anwendern gewähren. Und zu guter Letzt wird die Verwendung des Befehls auch noch protokolliert.

Alternative User-ID-Bit

Will der Benutzer arnold das Skript `cddasi` ausführen, gibt er das Kommando mit vorangestelltem `sudo` ein:

```
arnold@gaston> sudo /home/arnold/bin/cddasi
```

`sudo` fragt nun nach einem Passwort. Es wird aber nicht das Passwort von root verlangt, sondern das des angemeldeten Benutzers, also hier das von arnold. Damit wird vermieden, dass ein Fremder die nicht geschlossene Konsole bei kurzfristiger Abwesenheit für privilegierte Aufgaben nutzen kann. Tatsächlich können Sie auch das Passwort von `root` eingeben. Das ist vor allem für den Administrator nützlich, der aus seinem normalen

Account heraus eine Administrationstätigkeit ausführen möchte, die nur eine Zeile umfasst.

Protokoll in der syslog-Datei

In der Protokolldatei des syslog-Dämons (meist **/var/log/messages**, siehe Seite 420) wird protokolliert, dass der Benutzer arnold das Skript als root ausgeführt hat. Hier sind zwei Protokolleinträge dargestellt. Der erste wurde ohne Berechtigung durchgeführt. Im zweiten wurde der Eintrag in der Datei **sudoers** eingetragen:[3]

```
Mar  9 05:45:30 gaston sudo:    arnold : command not allowed ;
        TTY=pts/5 ; PWD=/home/arnold ; USER=root ;
        COMMAND=/home/arnold/bin/cddasi
Mar  9 05:46:18 gaston sudo:    arnold : TTY=pts/5 ;
        PWD=/home/arnold ; USER=root ; COMMAND=bin/cddasi
```

Makros

Wie oben schon erwähnt wurde, kann man in der Datei **sudoers** auch mit Makros arbeiten. Dabei können mehrere Benutzer, Maschinen und Kommandomakros gebildet und zur Rechtevergabe verwendet werden:

```
User_Alias   DEPUTIES = wim, wum, wendelin
Host_Alias   SERVERS = gaston, asterix, silver
Cmnd_Alias   HALT = /usr/sbin/halt, /usr/sbin/fasthalt
DEPUTIES SERVERS = HALT
```

Hier können alle Benutzer, die unter DEPUTIES aufgeführt sind, alle Server herunterfahren.

sudoers im Netzwerk

Vielleicht ist es irritierend, dass in der Datei auch die root-Rechte fremder Rechner festgelegt werden. Es ist natürlich nicht möglich, auf einem Rechner festzulegen, welche Rechte ein Anwender auf einem anderen Rechner bekommt. Jeder Rechner kann seine root-Rechte nur selbst vergeben. Der Grund, dass hier auch Hostnamen genannt werden, besteht darin, dass die Datei **sudoers** per NIS (siehe Seite 505) verteilt werden kann und dann jeder Rechner anhand des Rechnernamens nur den Teil übernimmt, der für ihn gedacht ist.

Liste der Kommandos

Durch den Aufruf von `sudo -l` kann ein Benutzer sehen, welche Kommandos er unter `sudo` ausführen kann.

Das Programm `sudo` hat noch vielfältige Optionen. So kann für einzelne Kommandos oder Gruppen die Passworteingabe abgeschaltet werden. Es kann konfiguriert werden, dass das Protokoll per Mail versendet wird. Diese Informationen findet man in den umfangreichen Manpages von `sudo` und **sudoers**.

---

3 Aus satztechnischen Gründen wurden die Zeilen umbrochen.

10.11 Pseudobenutzer zum Shutdown

Bei einer Workstation, also einem Einzelplatzrechner, kann es wichtig sein, dass auch nicht privilegierte Anwender die Maschine herunterfahren können. Der Vorgang sollte dann so einfach wie möglich sein, denn je umständlicher das Herunterfahren ist, desto eher besteht die Neigung, die Maschine einfach abzuschalten.

Eine elegante Lösung ist es, einen Benutzer anzulegen, dessen einzige Aufgabe das Herunterfahren ist. Dieser Pseudobenutzer kann beispielsweise shutdown heißen, und damit es sich jeder merken kann, bekommt er auch das Passwort shutdown. Will nun ein Workstation-Benutzer seine Maschine herunterfahren, meldet er sich einfach ab und als Benutzer shutdown neu an, und die Maschine fährt herunter.

Der Benutzer shutdown

Nachdem der Benutzer shutdown angelegt worden ist, wird in die Datei **.profile** im Benutzerverzeichnis ganz zu Anfang eine Zeile geschrieben:

```
sudo shutdown -h 0
```

Damit wird direkt nach dem Anmelden der Befehl shutdown aufgerufen. Da dies nur dem Administrator root erlaubt ist, wird sudo verwendet. Nun muss der Benutzer shutdown noch einen Eintrag in die Datei **/etc/sudoers** bekommen, der es ihm erlaubt, den besagten shutdown auszuführen:

sudo shutdown

```
shutdown    localhost=NOPASSWD:/sbin/shutdown -h 0
```

Das Attribut NOPASSWD ist wichtig, da die Ausführung von **.profile** nicht interaktiv ist. Damit wird für das folgende Kommando kein Passwort abgefragt.

Alternativ lässt sich für den Benutzer shutdown in der Datei **/etc/passwd** als Shell das Programm shutdown eintragen. Dazu muss der komplette Pfad von shutdown angegeben werden, der durch das Kommando which leicht ermittelt wird. Beim Anmelden als Benutzer shutdown wird die Shell gestartet, die in diesem Fall das Kommando zum Herunterfahren des Rechners ist. Einen kleinen Haken gibt es noch: Da shutdown immer noch ein privilegiertes Kommando ist, muss auch der Benutzer shutdown ein privilegierter Benutzer sein. Man erreicht dies am einfachsten, indem man als User-ID wie bei root eine 0 einträgt.

Alternative

```
shutdown:clShgL2tYojh.:0:0:::/tmp:/sbin/shutdown
```

Hardware ist alles das, was man vom Tisch treten kann.

11 Hardware

Die Hardware-Umgebung eines UNIX-Systems zerfällt in zwei Extreme. Auf der einen Seite sind die großen Systemhersteller, die Hardware und Betriebssystem liefern. Hier kommt alles aus einer Hand. Die obersten Kriterien heißen Zuverlässigkeit und Performance. Das andere Extrem ergibt sich durch die Portierung von UNIX auf die PCs. Hier wechseln ständig die verwendeten Bauteile und der oberste Maßstab ist der Preis. Die Hardware wird danach gebaut, ob sie unter einem Windows-System laufen.

11.1 Hardwarezugriff unter UNIX: /dev

UNIX wurde von vornherein als portables Betriebssystem angelegt. Das bedeutet, dass man UNIX auf die unterschiedlichsten Hardwareumgebungen übertragen kann. Dazu ist es notwendig, die Hardwareabhängigkeiten auf einzelne Module zu beschränken, die zum Betriebssystem hin eine immer gleiche Schnittstelle bieten, also eine Abstraktion der speziellen Hardware liefern. Programme, die zwischen der konkreten Hardware und dem Betriebssystem vermitteln, werden Treiber genannt.

11.1.1 Aufgaben eines Treibers

Hardware wird in den meisten Fällen durch Controllerbausteine gesteuert. Diese Controller besitzen Register, die von dem Treiber mit Werten gefüllt werden, um Aktionen auszulösen, oder die ausgelesen werden, um den Zustand der dahinter befindlichen Hardware zu ermitteln. Die Registerzugriffe steuern also die Hardware und sind vom speziellen Controllerbaustein abhängig. Die Aufgabe, ein Paket ins Netzwerk zu senden, bedeutet, dass die Adresse, an der der zu sendende Speicherinhalt liegt, in ein Register gestellt wird. In ein weiteres Register wird dann die Nummer geschrieben, die den Sendebefehl auslöst. Unterschiedliche Hardware benötigt unterschiedliche Parameter. Beim Schreiben des Speicherinhalts auf die Festplatte muss der Hardware zusätzlich mitgeteilt werden, an

Steuerung des Controllers

11 | Hardware

welche Stelle der Festplatte der Speicherinhalt geschrieben werden soll. Natürlich unterscheidet sich auch das Protokoll des Controllers für Netzwerkadapter von dem eines Festplattencontrollers. Diese Details verbirgt der Treiber vor dem Betriebssystem.

Interrupt Die Kommandoübermittlung an den Controller stellt den einen Teil der Aufgabe eines Treibers dar. Die andere Aufgabe ist die Verarbeitung von Interrupts. Soll beispielsweise ein Block von einer Festplatte gelesen werden, vergeht eine gewisse Zeit, bis der Inhalt im Speicher angekommen ist. Diese Zeit wird UNIX dazu verwenden, andere Prozesse abzuarbeiten. Da der Prozess, der den Speicherblock von der Festplatte lesen will, erst weiterarbeiten kann, wenn die Leseanforderung bearbeitet worden ist, wird er in eine Warteschlange gestellt. Zu irgendeinem Zeitpunkt ist dann der Controller mit dem Lesen des Festplattenblocks fertig und die Daten können abgeholt werden. Daraufhin sendet der Controller einen Interrupt (engl. für Unterbrechung) an das Betriebssystem. Der Treiber hat beim ersten Start seine Interrupt-Behandlungsroutine zur Bearbeitung des Interrupts eingetragen, sodass jetzt beim Eintreffen des Interrupts die entsprechende Treiberfunktion aktiviert wird. Diese liest die Registerinhalte des Controllers und stellt fest, ob der Zugriff Erfolg hatte. Anschließend befreit die Interruptfunktion des Treibers den Prozess aus der Warteschlange, übergibt ihm Speicher und gegebenenfalls eine Fehlernummer und beendet sich wieder. Der anfordernde Prozess ist nun wieder lauffähig und kann die Ergebnisse weiterverarbeiten.

11.1.2 Gerätedateien

Die für den Benutzer sichtbare Schnittstelle des Treibers ist die Gerätedatei, die im Verzeichnis **/dev** liegt. Dabei handelt es sich keineswegs um eine gewöhnliche Datei. Man kann Gerätedateien sowohl lesen als auch schreiben. Die Lese- und Schreibkommandos gehen dann als solche an den zuständigen Treiber. Er wird die Daten an »sein« Gerät weiterleiten und die entsprechende Registeransteuerung durchführen. Einem Anwender werden diese Schnittstellen normalerweise nicht zugänglich gemacht, weil beispielsweise der Festplattentreiber nur Blöcke von und zur Festplatte transportieren kann, aber keine Ahnung von Dateien oder Verzeichnissen hat. Der naive Zugriff auf diese Schnittstelle könnte also die Struktur der Festplatte völlig durcheinanderbringen.

ioctl Neben dem Schreiben und Lesen ist es auch nötig, das Gerät in spezifischer Art zu steuern. Dies wird über den Systemaufruf `ioctl()` erreicht. Damit können Programme unter UNIX den Treiber direkt ansprechen.

Um mit dem Treiber zu korrespondieren, muss der Befehlssatz des Treibers den aufrufenden Teilen des Betriebssystems natürlich bekannt sein. Die Funktion bleibt sowohl vor dem Anwender und meist sogar vor dem Anwendungsprogrammierer verborgen.

Die Gerätedatei enthält nur wenige Informationen. Zuerst enthält sie die Information, welcher Treiber für sie zuständig ist. Die Treiber des Systems sind durchnummeriert. Die jeweilige Nummer wird in der Gerätedatei als major number abgelegt. Gerätedateien, die die gleiche major number haben, interagieren mit dem Betriebssystem also über den gleichen Treiber. Entsprechend handelt es sich dabei um ähnliche Geräte. Es ist keineswegs zwingend, dass eine unterschiedliche major number auch ein anderes Gerät bezeichnet. So verwenden viele UNIX-Systeme für jede serielle Schnittstelle mehrere Gerätenummern. Der Unterschied besteht nicht im Gerät, sondern im Treiber. Mit dem einen Treiber wird über die serielle Schnittstelle auf ein Terminal zugegriffen, mit dem anderen Treiber wird die Kommunikation mit einem Modem realisiert, und ein weiterer Treiber könnte beispielsweise Messgeräte steuern, die einen seriellen Anschluss haben.

major number

Da ein Treiber natürlich mehrere Geräte gleicher Bauart bedienen kann, wird eine weitere Kennung benötigt, um diese voneinander zu unterscheiden. Zu diesem Zweck enthält die Gerätedatei noch eine weitere Nummer, die sogenannte minor number. Bei einem Zugriff auf die Gerätedatei wird diese Nummer an den Treiber weitergegeben. So ist es für den Treiber erkennbar, welche Festplatte oder welches Terminal angesprochen werden soll.

minor number

Eine Information über den Gerätecharakter wird vom Treiber nicht verborgen, sondern in der Gerätedatei mitgeliefert. Sie gibt an, ob es sich um ein Gerät mit einem blockweisen oder einem zeichenweisen Zugriff handelt. So ist ein Terminal zeichenorientiert, eine Festplattenpartition oder eine Diskette blockorientiert. Der Hauptunterschied besteht darin, dass ein blockorientiertes Gerät einen Puffer hat, der erst einmal aufgefüllt werden muss. Dann wird der Datenblock als Ganzes an den Treiber geschickt. Blöcke haben beim Datentransfer ein besseres Verhältnis zwischen Nutzdaten und Protokolldaten und sind dadurch viel schneller. Zeichenorientierte Geräte liefern und bekommen ihre Daten byteweise und reagieren darum zeitnah, weil nicht gewartet werden muss, bis ein Block voll ist.

block und character

Für manche Geräte existieren beide Arten von Einträgen. Diese Möglichkeit wird eingesetzt, um einerseits einen schnellen Blocktransfer zu ge-

gewährleisten, andererseits aber einen zeitnahen Zugriff auf die Steuerung des Geräts zu ermöglichen.

Virtuelle Geräte Nicht alle Einträge im Verzeichnis **/dev** sind tatsächlich mit einer Hardware verbunden. Beispielsweise bezeichnen **pty** virtuelle Konsolen, die durch das Starten des Programms `xterm` entstehen.

Mülleimer Eine besondere Variante eines virtuellen Geräts ist **/dev/null**. Dieses Gerät ist auch dem normalen Anwender zugänglich. Sie können Daten in die Datei **/dev/null** schreiben. Anstatt aber damit die Festplatte zu füllen, verschwinden diese Daten. Wenn Sie ein Programm in einem Skript verwenden, dessen Ausgaben aber nicht auf dem Bildschirm erscheinen sollen, leiten Sie diese einfach mit dem Größerzeichen auf **/dev/null** um.

11.1.3 Umgang mit Gerätedateien

Anzeige Die Informationen der Gerätetreiber lassen sich durch den Aufruf von `ls -l` anzeigen. Die Liste, die hier erscheint, unterscheidet sich von normalen Dateien. Die Dateigröße wird nicht angezeigt, da Gerätedateien nur einen Verweis auf den Treiber darstellen. Dafür werden die major und die minor number angezeigt. An der ersten Stelle jeder Zeile erscheint ein c oder ein b, je nachdem, ob es ein zeichen- (character device) oder ein blockorientiertes (block device) Gerät ist.

In der folgenden Aufstellung sind ein paar Gerätedateien eines Linux-Systems aufgelistet:

```
crw-rw----   1 root     tty       4,   1 Jul 11 08:38 tty1
crw-rw----   1 root     tty       4,   2 Jul 11 08:38 tty2
crw-rw----   1 root     uucp      5,  65 Sep 24  2001 cua1
crw-rw----   1 root     uucp      5,  66 Sep 24  2001 cua2
brw-rw----   1 root     disk      3,   0 Feb  4 10:43 hda
brw-rw----   1 root     disk      3,   1 Sep 24  2001 hda1
brw-rw----   1 root     disk      3,   2 Jul 10 01:25 hda2
brw-rw----   1 root     disk      8,   0 Sep 24  2001 sda
brw-rw----   1 root     disk      8,   1 Sep 24  2001 sda1
brw-rw----   1 root     disk      8,   2 Sep 24  2001 sda2
brw-------   1 arnold   users     2,   0 Mär 27 12:52 fd0
```

Die ersten vier Geräte sprechen alle seriellen Schnittstellen an. Die major number der tty-Geräte ist 4. Obwohl die cua-Geräte ebenfalls die seriellen Schnittstellen ansprechen, haben sie die major number 5, werden also von einem anderen Treiber bedient. Alle vier sind erwartungsgemäß zeichenorientierte Geräte. Darunter befinden sich Festplatten und Partitionen. Dabei handelt es sich bei hda um die gesamte IDE-Festplatte und bei hda1 und hda2 um Partitionen. Beides wird vom gleichen Treiber bearbeitet, denn sie haben alle die major number 3. Darunter ist mit sda eine SCSI-Festplatte aufgeführt. Auf Treiberebene unterscheiden sich SCSI-Festplatten erheblich von IDE-Festplatten. Also haben sie auch einen anderen Treiber und eine andere major number.

Das Gerät **fd0** ist eine Diskette. Sie ist ebenfalls blockorientiert wie die Festplatten. Interessant an diesem Eintrag ist, dass dieses Gerät dem Benutzer arnold zugeordnet ist, während die anderen Geräte dem Benutzer root zugeordnet sind. Das heißt, dass arnold mit der Diskette nach Belieben umgehen kann. Bei den anderen Geräten verhält es sich so, dass neben dem Eigentümer root auch die Gruppe das Schreib- und das Leserecht hat. Dadurch kann man einem Benutzer den Zugriff ermöglichen, indem man ihn zum Mitglied in der entsprechenden Gruppe macht.

Da eine Gerätedatei keine übliche Datei ist, lässt sie sich auch nicht mit den normalen Mechanismen für Dateien erzeugen. Zu diesem Zweck gibt es den Befehl mknod, der als Parameter alle Informationen benötigt, die eine Gerätedatei ausmachen, also Name, Typ, major und minor number:

mknod

```
mknod /dev/tty1 c 4 1
```

Dieser Aufruf erzeugt die Gerätedatei tty1 als zeichenorientiertes Gerät mit dem Treiber mit der major number 4. Das Gerät hat die minor number 1. Das Anlegen einer Gerätedatei ist ein eher seltener Vorgang. Er ist nur dann erforderlich, wenn ein Gerät mit einem speziellen Treiber geliefert wird, der ins System eingebunden werden muss. Aber selbst in solchen Fällen wird vermutlich ein Installationsskript diese Aufgabe übernehmen.

Interessanter ist da der Aspekt der Datensicherung. Soll oder muss bei einer Datensicherung auch das Verzeichnis **/dev** gesichert werden, muss das Sicherungstool in der Lage sein, Gerätedateien zu erkennen, zu sichern und später auch per mknod wieder herzustellen.

11.1.4 Gerätenamen

Die Namensgebung erscheint anfänglich etwas willkürlich. Aber gewisse Dinge sind über die Systeme hinweg zumindest ähnlich. So erreicht man die Diskette meist mit **/dev/fd0** oder **/dev/fd**. Den Standarddrucker erreicht man bei fast allen Systemen über **/dev/lp**. Einträge wie **modem**, **mouse**, **cdrom**, **diskette** oder **tape** sind selbsterklärend und meist symbolische Links. Wenn sie nicht bereits bei der Installation angelegt worden sind, ist es durchaus sinnvoll, solche Links auf die Standardgeräte zu setzen, um sich nicht ständig kryptische Namen merken zu müssen.

Namensgebung

Die SCSI-Festplattenlaufwerke werden meist mit **sd** gekennzeichnet. Auf der SUN SPARCstation wird die erste SCSI-Festplatte am Bus mit **sd0**, die zweite mit **sd1** bezeichnet. Die Partitionen werden dann mit Kleinbuchstaben angesprochen; **sd0a** ist also die erste Partition auf der ersten Festplatte. Der Aufbau ist durchaus logisch, aber nicht systemübergreifend. Unter Linux heißt die entsprechende Partition **sda1**; **sda0** gibt es nicht.

11.2 Festplatten

Festplatten sind heute in jedem Computer vorhanden. Sie bestehen aus kreisförmigen Metallscheiben, auf die eine magnetische Schicht aufgetragen ist, die die Daten aufnimmt. Da die Magnetisierung erhalten bleibt, wenn der Strom abgeschaltet wird, ist der Speicher permanent. Er bleibt erhalten, bis er wieder geändert wird.

Festplattengeometrie

Heutige Festplatten bestehen aus mehreren übereinander angeordneten Scheiben. Für jede Oberfläche gibt es einen eigenen Schreib- und Lesekopf (engl. *head*). Die Köpfe sind durch ein Gestänge miteinander verbunden, das durch einen Schrittmotor vom Rand der Festplatte bis zur Mitte positioniert werden kann. Die Anzahl der Schritte ergibt Spuren (engl. *tracks*), die man auch Zylinder nennt. Jede dieser Spuren wird in Sektoren aufgeteilt. Einen Sektor kann man sich wie ein Stück einer Torte vorstellen. Die Position eines Speicherblocks auf einer Festplatte wird also durch den Kopf, den Zylinder und den Sektor eindeutig beschrieben. Die Anzahl der Köpfe, Zylinder und Sektoren bestimmt die Kapazität. Diese Informationen bezeichnet man auch als die Geometrie einer Festplatte.

11.2.1 SCSI-Festplatten

Verbergen die Geometrie

Festplatten werden durch einen Controller mit dem Computer verbunden. Dabei kann ein Controller mehrere Festplatten ansteuern. Im UNIX-Bereich sind SCSI-Festplatten etabliert. Die Festplatten haben aus Sicht des Controllers keine Geometrie, sondern einfach eine linear aufsteigende Anzahl von Blöcken. Die Umrechnung der einzelnen Blöcke auf die Köpfe, Zylinder und Sektoren übernimmt die Festplatte selbstständig und entlastet damit den Computer.

SCSI-ID

Ein SCSI-Controller ist mit einem 8-Bit-Bus und über drei Adressleitungen mit seinen angeschlossenen Einheiten verbunden. Mit drei Adressleitungen lassen sich acht Einheiten adressieren, von denen eine der Controller ist. Die Festplatten erhalten ihre SCSI-Nummer normalerweise durch das Umstecken von Jumpern. Jedes Gerät am Bus muss eine andere Nummer besitzen.

Wie bei allen schnellen Bussen muss auch der SCSI-Strang an den beiden Enden terminiert werden. Traditionell wurde dies durch Aufstecken eines Widerstandsarrays auf die letzten SCSI-Einheiten erreicht. Sicherer ist die Verwendung aktiver Terminatoren. Befindet sich der Controller am Ende des SCSI-Strangs, muss auch er terminiert werden. Bei modernen Controllern ist dies oft durch Controllerbefehle möglich. *Terminieren*

Inzwischen hat sich SCSI zu Wide-SCSI weiterentwickelt. Neben dem höheren Takt ist auch eine Verdoppelung des Datenbus auf 16 Bit erfolgt. Auch eine Adressleitung ist hinzugekommen, sodass auch doppelt so viele Geräte an einem Bus angeschlossen werden können. Aus Kompatibilitätsgründen kann der Bus aufgesplittet werden, um Geräte alter Norm zu bedienen. Dabei muss jeder der Teilstränge terminiert werden. Da die Leistung bei dieser Konstellation nachlässt, empfiehlt es sich, mit zwei Controllern zu arbeiten. *Wide-SCSI*

11.2.2 IDE-Festplatten

Als PCs erstmalig mit Festplatten ausgestattet wurden, verwaltete das damalige Standardbetriebssystem MS-DOS seine Festplatten noch anhand ihrer Geometrie. Der allererste PC, der IBM 5150, konnte nur 10 MByte große Festplatten einer bestimmten Geometrie bedienen. Der erste Fortschritt war, dass die Geometrie der Festplatte konfigurierbar war und sich so jede beliebige Festplatte an den PC anschließen ließ. Inzwischen sind die modernen Festplatten und Controller in der Lage, die Information über die Geometrie beim Systemstart auszutauschen, sodass sie nicht mehr von Hand eingetragen werden muss. *Ansteuerung per Geometrie*

Auch an den PC können mit Hilfe eines zusätzlichen Adapters SCSI-Festplatten angeschlossen werden. Da die Betriebssysteme für den PC erwarten, direkt mit den Köpfen, Zylindern und Sektoren zu arbeiten, täuscht der SCSI-Controller dem PC die Geometrie der angeschlossenen Festplatten vor. Er rechnet die Koordinaten in Blocknummern um, die er an die Festplatten sendet, die diese Nummer dann wieder in ihre eigene Geometrie umrechnen. Trotz dieses Umstands sind SCSI-Festplatten extrem leistungsstark, aber leider auch teuer. *Konsequenzen für SCSI*

Inzwischen sind IDE-Festplatten nicht nur auf dem PC Standard, sondern auch auf dem Macintosh üblich. An einen IDE-Controller lassen sich zwei *Maximalzahl*

Festplatten anschließen. Dabei ist die eine als Master und die zweite als Slave zu konfigurieren. Im Normalfall hat ein PC zwei IDE-Controller. Damit lassen sich maximal vier Festplatten anschließen. Da aber auch CD-ROM-Laufwerke an diesen Controller angeschlossen werden, sind drei Festplatten als Maximum eher realistisch.

CPU-Belastung IDE-Festplatten haben sich in Handhabung und Geschwindigkeit den SCSI-Laufwerken in den letzten Jahren angenähert. Allerdings belasten IDE-Laufwerke die CPU intensiver als SCSI. In einem Multitaskingsystem ist dies durchaus relevant.

hdparm Mit dem Programm hdparm können Sie auf Linux-Systemen das Laufzeitverhalten überprüfen und anpassen. Manche Distributionen haben aus Kompatibilitätsgründen das DMA abgeschaltet. Die meisten IDE-Festplatten arbeiten aber völlig problemlos mit DMA. Mit der Option -d kann der DMA-Zustand erfragt werden. -d0 schaltet den DMA-Betrieb ab, und -d1 schaltet ihn ein. Als drittes Argument wird die Festplatte angegeben.

```
gaston # hdparm -d1 /dev/hda

/dev/hda:
 setting using_dma to 1 (on)
 using_dma    = 1 (on)
gaston #
```

Mit der Option -T wird die Lesegeschwindigkeit der Festplattenpuffer gemessen und mit -t die Lesegeschwindigkeit der gepufferten Festplatten. Diese Werte geben einen Anhaltspunkt für die I/O-Leistung:

```
gaston # hdparm -Tt /dev/hda

/dev/hda:
 Timing buffer-cache reads: 1052 MB in 2.00 sec = 526.00 MB/sec
 Timing buffered disk reads: 128 MB in 3.03 sec =  42.24 MB/sec
gaston #
```

11.2.3 SATA-Festplatten

Seriell statt Parallel Im PC-Bereich lösen derzeit die Serial-ATA-Festplatten die bisherigen IDE-Festplatten ab. Der Hauptunterschied zwischen IDE und S-ATA besteht darin, dass bei IDE die Daten 16-Bit-weise parallel übertragen wurden und bei S-ATA seriell. Nun sollte man erwarten, dass S-ATA also deutlich langsamer als IDE ist. Das ist allerdings nicht der Fall. Der Grund ist, dass bei Parallelbetrieb die Geschwindigkeit der Übertragung begrenzt ist, weil sich sonst die parallelen Datenleitungen gegenseitig stören.

Ein weiterer Vorteil der seriellen Festplatten besteht darin, dass sie im laufenden Betrieb angeschlossen und wieder abgenommen werden können. Für die Hauptplatte ist dies sicher eher theoretischer Natur.

Hotplug

Unter Linux werden S-ATA-Festplatten als SCSI-Festplatten behandelt. Das bedeutet, dass die erste S-ATA-Festplatte in einem Linux-System **/dev/sda** heißt. Wie immer bei der Umstellung auf neuere Hardware hat es auch bei den S-ATA-Festplatten anfänglich ein paar Probleme bei der Unterstützung durch Linux gegeben.

S-ATA wie SCSI

11.2.4 Inbetriebnahme

Bei einer Neuinstallation des Betriebssystems werden Sie durch das Installationstool geführt, das die einzelnen Schritte in logischer Folge abfragt und manchmal sogar Vorschläge macht. Die Installationstools sind meist auch über die Administrationstools zu erreichen, sodass Sie auf die gleiche Art und Weise auch später zusätzliche Festplatten vorbereiten können.

Eine Festplatte ist nach dem Kauf normalerweise leer und vorformatiert. Diese sogenannte Lowlevel-Formatierung wurde früher vom Administrator selbst vorgenommen, bevor partitioniert wurde. Inzwischen gibt es keinen Grund mehr, dies selbst zu übernehmen. Der erste Schritt ist also die Partitionierung. Das bedeutet die Aufteilung der Festplatte in Abschnitte, die noch keine logische innere Struktur haben. Auf Festplatten, die für den Einsatz unter MS Windows vorbereitet sind, ist häufig bereits eine Partition eingerichtet, die die gesamte Festplatte umfasst. UNIX-Systeme arbeiten mit mehreren Partitionen. Man braucht mindestens eine Swap-Partition und eine Datenpartition.

Partitionen

Um Daten auf der Festplatte ablegen zu können, müssen Strukturen vorhanden sein, die die Dateien und Verzeichnisse aufnehmen können. Diese Struktur wird in einer Partition erzeugt, sodass jede Partition genau ein Dateisystem aufnehmen kann. Unglücklicherweise wird von MS-DOS und auch MS Windows dieser Vorgang ebenfalls Formatierung genannt. Die Formatierung unter MS-DOS entspricht also nicht der Lowlevel-Formatierung der Festplatte, sondern der Erzeugung eines Dateisystems. Es gibt viele verschiedene Dateisysteme, die sogar parallel auf einem Rechner laufen können. So kann Linux eine Datenplatte von MS Windows zur Ablage von Daten verwenden, natürlich mit den Einschränkungen, dass das Dateisystem von MS Windows Groß- und Kleinschreibung nicht unterscheidet und nicht mit allen Dateiattributen umgehen kann.

Dateisysteme

11 | Hardware

Gerätedateien Wie schon erwähnt wurde, gibt es für jede Partition eine eigene Gerätedatei im Verzeichnis **/dev**. Einige Systeme wie beispielsweise Linux verwenden diese Gerätedatei auch für den Zugriff auf das darin liegende Dateisystem. Andere, wie Solaris und FreeBSD, verwenden zwei Gerätedateien, eine für das Dateisystem und eine für die Partition. Dabei erkennt man die Partition an dem zusätzlichen r (für raw device) im Gerätenamen.

Einbinden Da UNIX alle Dateien in einem einzigen Verzeichnisbaum verwaltet, muss ein Dateisystem an einer bestimmten Stelle in den Verzeichnisbaum eingebunden werden. Dazu wird der Befehl mount verwendet. Das Ausklinken des Dateisystems erfolgt mit dem Befehl umount. Diese Einbindung bleibt erhalten, solange das System nicht neu gestartet wird. Um Dateisysteme dauerhaft einzubinden, müssen sie in einer Dateisystemtabelle eingetragen werden, die man unter **/etc/fstab** findet.

Wechselmedien Auch Wechselmedien müssen in den Verzeichnisbaum eingebunden und explizit wieder freigegeben werden. Dieser für Benutzer von MS Windows unerklärliche Umstand resultiert daraus, dass so auch Wechselmedien mit Festplattenpuffern beschleunigt werden können. Um eine Behandlung der Wechselmedien benutzerfreundlicher zu gestalten, lässt sich Automount verwenden (siehe Seite 587). Bei Mac OS X ist dies bereits vorinstalliert.

11.2.5 RAID-Systeme

RAID-Systeme basieren auf Überlegungen der Autoren Patterson, Gibson und Katz, die sie 1987 in einem Artikel »A Case for Redundant Arrays of Inexpensive Disks (RAID)« veröffentlichten.

RAID-Systeme fassen mehrere Festplatten zu einer logischen Festplatte zusammen, ohne dass die laufenden Programme dies bemerken. Das Ziel des beschriebenen Systems war es, durch Redundanzen eine höhere Ausfallsicherheit der Festplatteneinheit zu erreichen. Dabei wurden verschiedene Level, beginnend bei 1, vorgestellt. Später wurde der Level 0 hinzugefügt, obwohl er nichts mit Redundanz zu tun hat. Heute sind hauptsächlich die RAID-Level 0, 1, 5 und schließlich 10 implementiert.

Sicherung gegen Festplattencrash RAID ist eine Technologie, die für Hochverfügbarkeitsrechner unerlässlich ist. Damit verliert ein Festplattencrash seinen Schrecken. Diese Systeme sind kein Rundumschutz, sondern verhindern nur den sofortigen Systemstillstand aufgrund der meisten physikalischen Festplattendefekte. Ausfälle durch Anwenderfehler, Programmfehler oder Systemfehler aus anderen Quellen verhindern sie nicht. RAID macht also die Datensicherung keineswegs überflüssig.

RAID 0: Striping

Dieses Verfahren macht aus mehreren physikalischen Festplatten eine virtuelle. Der offenkundige Vorteil ist, dass man sich nicht um die Verteilung der Verzeichnisse auf die verschiedenen Festplatten kümmern muss. Dadurch kann es nicht passieren, dass eine Festplatte vollgeschrieben wird, während die anderen noch massenhaft Platz haben. Hinzu kommt, dass es im Extremfall sogar möglich ist, Dateien auf Festplatten zu speichern, die größer sind als jede einzelne der beteiligten Festplatten.

Mehrere Platten werden zu einer zusammengefasst

Auf der anderen Seite steigert das Striping den Durchsatz. Striping bedeutet, dass die Blöcke abwechselnd auf den Festplatten verteilt sind. Da erwartet wird, dass in vielen Fällen die Dateien sequenziell geschrieben und gelesen werden, wird immer im Wechsel auf die verschiedenen Laufwerke zugegriffen. Im Schnitt wird eine optimale Verteilung der Belastung auf alle Festplatten erreicht. Dadurch können Parallelisierungsvorteile genutzt werden, die beim sequenziellen Schreiben auf eine einzige Festplatte nicht erreicht werden können.

RAID 0 hat keinerlei Redundanz, und so ist im Falle des Versagens einer Festplatte auch der Bereich der anderen Festplatten betroffen, da die Daten ja nicht auf separaten Dateisystemen liegen.

RAID 1: Mirroring

RAID 1 verwendet mindestens zwei Festplatten, auf die quasi alle Daten doppelt geschrieben werden. Fällt eine Festplatte aus, springt die überlebende Festplatte ein. Die Performance einer solchen Festplatte ist beim Schreiben geringer als bei normalen Laufwerken, aber auch nicht etwa halb so hoch, da der Controller eine Parallelverarbeitung beim Schreiben erzielen kann. Beim Lesen sollte es keinen Performanceverlust geben.

Alle Daten werden doppelt gehalten

Als entscheidender Nachteil dieses Verfahrens gilt der hohe Preis pro MByte Speicherkapazität, da das Doppelte an Festplatten gebraucht wird.

RAID 5

Bei RAID 5 werden mehrere Festplatten (drei bis fünf) so zusammengefasst, dass der Ausfall einer Festplatte den Betrieb nicht unterbricht. Das funktioniert auf der Basis von Prüfsummen, die so auf die Festplatten verteilt werden, dass bei einem Ausfall einer Festplatte die verbleibenden Festplatten die Informationen der ausgefallenen errechnen können.

Ausfallsicherheit

Dabei geht durch die redundante Speicherung bei drei Festplatten ein Drittel und bei fünf Festplatten ein Fünftel von dem Speicherplatz verloren, den die verwendeten Festplatten in der Summe bieten würden. Der geringe Performanceverlust, der durch das redundante Verteilen der Daten entsteht, wird durch die parallelen Busse mehr als ausgeglichen.

RAID 10

Striping und Mirroring

RAID 10 ist kein eigenständiger RAID-Level, sondern eigentlich nur die Kombination von RAID 0 mit RAID 1. Es werden also zwei mal zwei Festplatten per Striping verbunden. Dann werden die Festplattenpaare als Spiegelplatten verwendet. Man könnte RAID 10 als beschleunigte Spiegelung ansprechen, denn RAID 10 nutzt die Beschleunigung von RAID 0 und die Redundanz von RAID 1. Im Gegensatz zu RAID 5 ist ein solcher Verbund also schneller, hat aber immer noch den Speicherverlust von 50 % durch das Spiegeln.

Hardware-RAID

Wie eine normale Platte

Zunächst wurde RAID auf Controllerebene, also in Hardware, realisiert. An einen Controller werden mehrere Festplatten angeschlossen, die gemeinsam das RAID-System darstellen. Aus Sicht des Betriebssystems ist nicht zu erkennen, dass es sich um mehrere Festplatten handelt, sondern es betrachtet den Verbund wie eine Festplatte.

Extern oder Controller

Es gibt zwei Arten, ein RAID-System zu installieren. Die erste Variante ist, einen RAID-Controller zu verwenden, an den mehrere Festplatten angeschlossen werden. In den meisten Fällen werden das SCSI-Festplatten sein. Die andere Variante ist, dass man ein externes RAID-System verwendet, das intern einen RAID-Controller besitzt, nach außen aber einfach wie eine gewöhnliche SCSI-Festplatte angeschlossen wird. Die zweite Variante ist natürlich etwas einfacher in der Handhabung. Die erste Lösung kann daraus Vorteile ziehen, dass sie die Durchsatzvorteile der parallelen Festplattenabfragen direkt über den schnellen Systembus nutzt und die Daten nicht mehr über einen SCSI-Bus quetschen muss.

Hotplugging

Hardware-RAID besitzt fast immer auch die Möglichkeit des Hotplugging. Das bedeutet, dass im laufenden Betrieb die Festplatten gewechselt werden können. Ausgefallene Festplatten werden meist durch akustische Signale oder Lichtsignale gemeldet und können herausgezogen werden. Eine Ersatzplatte, die man als kluger Administrator natürlich vorrätig im Schrank liegen hat, kann eingeschoben werden und wird vom Controller wieder ins System eingebunden. Sobald der Controller den Datenbestand der Festplatte wieder aus den verbliebenen Festplatten rekonstruiert hat, ist das System erneut gegen einen Festplattencrash gesichert.

Software-RAID

Unter Linux wurde RAID auf der Basis des Betriebssystems entwickelt. Es basiert nicht mehr auf ganzen Festplatten, sondern auf Partitionen. Damit das Striping effektiv ist, müssen die verwendeten Partitionen ähnlich groß sein. Sowohl für das Striping als auch für die Redundanz ist es wichtig, dass die verwendeten Partitionen auf verschiedenen physikalischen Festplattenlaufwerken liegen. Das diesbezügliche HOWTO wird noch deutlicher und sagt, dass es »so gut wie immer unsinnig ist, innerhalb eines RAID-Verbundes mehrere Partitionen auf dieselbe Festplatte zu legen«.[1]

Da die Grundlage eines solchen RAID-Verbundes Partitionen sind, ist es irrelevant, ob sie auf IDE- oder SCSI-Festplatten liegen. Auch ein Mischbetrieb ist möglich. Allerdings weist das Software-RAID-HOWTO darauf hin, dass IDE-Festplatten auch dann nicht effizient parallel zueinander laufen, wenn sie an verschiedenen Controllern laufen. Performancegewinne wären darum vor allem bei SCSI-Festplatten zu erwarten.

Überblick über die Einrichtung unter Linux

Hier soll stichwortartig ausgeführt werden, wie man ein Software-RAID installiert. Dazu muss der Linux-Kernel das Software-RAID unterstützen. In den aktuellen Distributionen ist das normalerweise gewährleistet. Als Beispiel soll ein RAID 0 auf zwei SCSI-Festplatten installiert werden.

Damit das RAID automatisch beim nächsten Boot aktiviert wird, müssen die Partitionen einen speziellen Typ erhalten, den man mit dem Partitionierungstool `fdisk` setzen kann. Dazu wird `fdisk` für jede Festplatte gestartet, die eine Partition enthält, die in das RAID eingebunden werden soll. Mit dem Befehl `t` wird der Typ der Partition verändert. Hier muss für die Partition `fd` eingetragen werden. Das ist die Identifikation für »Linux raid auto«. — Partitionstyp

Anschließend muss in der Konfigurationsdatei **/etc/raidtab** definiert werden, wie das neue RAID auszusehen hat: — /etc/raidtab

---

[1] Linux Software-RAID HOWTO. v0.2.11-2, 5. April 2000. Kap. 3.1. Hardware, letzter Absatz.

```
raiddev /dev/md0
        raid-level              0
        nr-raid-disks           2
        persistent-superblock   1
        chunk-size              4

        device                  /dev/sda1
        raid-disk               0
        device                  /dev/sdb1
        raid-disk               1
```

Der Eintrag persistent-superblock erreicht, dass das RAID beim Booten automatisch gestartet werden kann. Die chunk-size legt für das Striping fest, wie groß der Datenblock ist, der auf einer Partition gehalten wird. Im Beispiel werden bei einer größeren Datei die ersten 4 KByte auf **sda1**, die nächsten 4 KByte auf **sdb1** geschrieben und so fort. Die Bedeutung der anderen Parameter dürfte offensichtlich sein. Nachdem die Datei **raidtab** erstellt ist, kann das RAID mit dem Befehl mkraid gestartet werden:

```
mkraid /dev/md0
```

Anschließend kann das RAID wie eine normale Partition über die Gerätedatei **/dev/md0** angesprochen und ein Dateisystem auf ihm erstellt werden.

11.2.6 Partitionieren

Um eine neue Festplatte einsetzen zu können, muss sie zunächst partitioniert werden. Das bedeutet, sie wird in mehrere logische Einheiten untergliedert. Jedes System hat sein eigenes Programm zur Partitionierung einer Festplatte. Im Allgemeinen findet sich über das jeweilige Systemadministrationstool ein Weg zu dem Programm, das die Partitionierung übernimmt. Man kann sie allerdings auch direkt aufrufen. Unter Linux heißt das Partitionierungstool beispielsweise fdisk oder parted, unter SCO divvy und unter Mac OS X DiskUtility. Nach der Partitionierung der Festplatte wird jede Partition über einen Eintrag im Verzeichnis **/dev** referenziert.

Größe der Partitionen

Eine regelmäßig gestellte Frage bezieht sich auf die Größe der Partitionen. Die Antworten werden dabei immer sehr schwammig bleiben. Das liegt daran, dass diese davon abhängen, welches UNIX verwendet wird, ob die Maschine als Workstation oder als Server eingesetzt wird, welche Software installiert werden soll, wie viele Benutzer daran arbeiten und inwieweit diese ihre persönlichen Daten auf der Maschine speichern. Für die Einteilung der Partitionen kann man einige der in Kapitel 15, *Tuning* (siehe Seite 407), genannten Aspekte berücksichtigen. Es ist gut, wenn die Partitionen nicht größer als das Sicherungsmedium sind.

Wenn Sie Ihre erste Linux-Installation durchführen, reicht es, wenn Sie eine kleine Swap-Partition anlegen und den Rest komplett als eine Partition verwenden. Eine weitere Aufteilung hat zwei Vorteile. Sie können Partitionen, die oft beschrieben werden von denen trennen, die sich nicht verändern. Dadurch werden vor allem die Lesezugriffe schneller. Der andere Aspekt ist der, dass Partitionen das Wachstum eindämmen. So kann es nicht passieren, dass temporäre Dateien oder Logdateien durch ihr Wachstum den Platz für wichtige Daten blockieren. Im nächsten Schritt werden Sie bei einem Privatrechner vermutlich das Verzeichnis **/home** auf eine eigene Partition zu legen, die einen Großteil der Festplatte ausmacht. Bei Serversystemen könnte statt dessen das Verzeichnis **/srv** den größten Teil der Festplatte einnehmen. Falls der Server ausgiebige Logdateien anlegt, könnte auch das Verzeichnis **/var** eine eigene Partition bekommen, um deren Wachstum zu beschränken. Um eine Maschine sicherer booten zu können, kann es sinnvoll sein, eine Bootpartition anzulegen. Diese bleibt in der Regel unverändert, so dass sie auch bei einem heftigen Crash ein Hochfahren der Maschine ermöglicht.

Aufteilen der Partitionen

UNIX-Systeme verwenden eine Partition für das Swappen, also das Auslagern von Hauptspeicherbereichen (siehe Seite 293). Die Verwendung einer Partition ist wesentlich effizienter als eine Swap-Datei, da sie nicht der Fragmentierung des Dateisystems unterliegt. Sie muss allerdings bereits bei der Einteilung der Festplatte berücksichtigt werden und kann nicht dynamisch wachsen oder schrumpfen.

Partitionen zum Swapping

Auf PCs ist die Partitionierung komplizierter als auf einem klassischen UNIX-System, da auf einer Festplatte mehrere Betriebssysteme liegen können. Hinzu kommt die Problematik, dass es unterschiedliche Arten von Partitionen gibt. An sich sind nur vier sogenannte primäre Partitionen pro Festplatte möglich. Soll auch ein Betriebssystem von Microsoft installiert werden, muss dieses die erste Partition zum Starten bekommen. Werden mehr als vier Partitionen gebraucht, wird eine erweiterte Partition angelegt, in der sich beliebig viele logische Partitionen anlegen lassen. Wichtig zum Starten eines Betriebssystems ist der Master Boot Record (MBR), der sich auf der äußeren Spur einer Festplatte befindet.

Partitionieren auf dem PC

Zur Veranschaulichung, wie eine solche Partitionierung auf der Festplatte aussieht, sehen Sie in Abbildung 11.1 das Schema einer PC-Festplatte, die für die Installation von Linux vorbereitet wird.

[ZB]

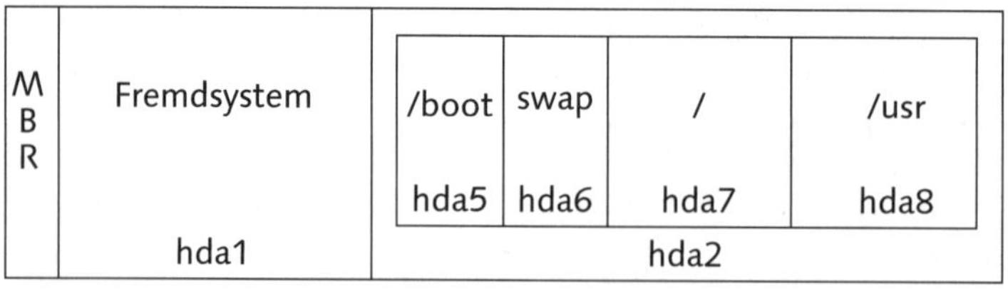

MBR	Fremdsystem	/boot	swap	/	/usr
		hda5	hda6	hda7	hda8
	hda1	hda2			

Abbildung 11.1 Partitionen auf einer Linux-Festplatte

Die erste Spur enthält den Master Boot Record (MBR). Dann ist auf dieser Festplatte eine weitere Partition beispielsweise für MS Windows (**hda1**) vorgesehen. Die Partition **hda2** ist eine erweiterte Partition, die mehrere logische Partitionen enthält. In den logischen Partitionen können später die Dateisysteme eingerichtet werden.

11.2.7 Dateisystem erstellen

Während eine Partitionierung eine Aufteilung der Festplatte ist, ist ein Dateisystem die Rahmenstruktur, in der Verzeichnisse und Dateien abgelegt werden können. Jeder UNIX-Hersteller hat im Laufe der Zeit eigene Dateisysteme entwickelt, die die Geschwindigkeit erhöhen, den Platzverbrauch minimieren und die Sicherheit perfektionieren sollen. Die Entwicklung in diesem Bereich ist noch in vollem Gange, und so muss man damit leben, dass sich die einzelnen Dateisysteme unterscheiden.

mkfs erzeugt ein Dateisystem

Nachdem die Festplatte partitioniert wurde, wird mit dem Befehl `mkfs` oder `newfs` (Solaris, FreeBSD, Mac OS X) ein Dateisystem auf jeder Partition erstellt, das Daten aufnehmen soll. Als Parameter wird das Device erwartet, über das die Partition angesprochen werden kann. Diese Information kann durch das Partitionierungstool ermittelt werden:

```
mkfs /dev/hda3
```

Damit wird ein Dateisystem auf der Partition **/dev/hda3** erzeugt.

Gerätedateien

Sowohl Solaris als auch Mac OS X besitzen zwei Gerätedateien je Partition. Die eine wird als *raw device* bezeichnet und zeigt auf die Partition. Sie ist an einem r im Namen zu erkennen. Unter Solaris werden die Partitionen im Verzeichnis **/dev/rdsk** gesammelt. Diese Gerätedateien werden für die Befehle verwendet, die eine Partition als Parameter verwenden, wie `fsck`, `newfs` und andere. Die anderen Gerätedateien beziehen sich auf die Dateisysteme. Unter Solaris befinden sie sich im Verzeichnis **/dev/dsk**. Sie werden als Parameter für Befehle verwendet, die Dateisysteme bearbeiten, wie beispielsweise `mount`. Andere Systeme wie auch Linux kennen diese Unterscheidung nicht. Die Befehle verwenden immer die Gerätedateien der Partitionen und »wissen« selbst, ob die Partition oder das in ihr befindliche Dateisystem gemeint ist.

`mkfs` erzeugt das Standarddateisystem. Soll ein anderes als dieses verwendet werden, wird per Option die Kennung für das Dateisystem angegeben. Soll beispielsweise unter Linux ein MINIX-Dateisystem erzeugt werden, bekäme `mkfs` die Option `-t minix`. Letztlich ruft das Programm dann das auf dieses Dateisystem spezialisierte Tool auf, in diesem Fall `mkfs.minix`.
Unterschiedliche Dateisysteme

In alten Versionen von `mkfs` musste man noch angeben, wie viele Blöcke das Dateisystem haben sollte und wie groß die Blöcke sein sollten. Heutige Versionen von `mkfs` errechnen die Anzahl der Blöcke aus der Größe der Partition selbst. Auch die Blockgröße ist vorgegeben. Früher war das ein gewisser Tuningparameter. Je größer die Blöcke sind, desto schneller wird der Zugriff auf große Dateien. Allerdings wird bei vielen kleinen Dateien auch der Platzverbrauch erheblich ansteigen. Die Blockgröße spielt bei heutigen Dateisystemen keine entscheidende Rolle mehr, da die Systeme mehrere kleine Dateien in einen Block schreiben können.
Parameter von mkfs

11.2.8 Swapping

Neben den Datenpartitionen verwendet UNIX eine Partition zum Swappen. Unter Swapping versteht man das Ein- und Auslagern von Prozessen aus dem Hauptspeicher auf die Festplatte. UNIX lagert Prozesse, die längere Zeit nicht aktiv geworden sind, aus, wenn es im Hauptspeicher eng wird. Dadurch ist es möglich, dass mehr Prozesse gestartet sind, als in den Hauptspeicher passen.

Nun ist das Auslagern auf Festplatte und das Zurückholen in den Hauptspeicher ein recht zeitaufwändiges Verfahren, da die Festplatte einen sehr viel langsameren Zugriff hat als der Hauptspeicher. Tatsächlich belastet das Swappen das System beim ersten Auftreten von Speicherengpässen erheblich. Je länger das System allerdings läuft, desto ruhiger wird es, weil mit der Zeit diejenigen Hintergrundprozesse ausgelagert werden, die selten zum Einsatz kommen. Solche Hintergrundprozesse, die nur auf ein bestimmtes Ereignis warten, um aktiv zu werden, und die restliche Zeit schlafen, gibt es in einem UNIX-System in großer Zahl. Insofern ist es auch nicht beunruhigend, wenn der Swap-Bereich belegt ist.

Kritisch wird es erst dann, wenn Bewegung ins Spiel kommt, wenn also das System häufig auslagern muss. Dann sollte man den Hauptspeicher erweitern, weil das ständige Auslagern auf Festplatte die Maschine belas-
Thrashing

tet. Wenn der Speicher derart überlastet ist, dass die Maschine ständig die Prozesse ein- und auslagert und sonst fast nicht mehr arbeitet, spricht man vom Thrashing.

Heutiges Swappen ist Paging

An sich ist die Bezeichnung Swappen nicht mehr ganz korrekt, da es eigentlich das Auslagern ganzer Prozesse bezeichnet. Heutige Systeme arbeiten längst mit Pagingverfahren. Das bedeutet, dass das Auslagern nicht mehr auf Prozessebene stattfindet, sondern dass Speicherseiten fester Größe ausgelagert werden. Man kann sich das so vorstellen, dass der Hauptspeicher in Kacheln gleicher Größe aufgeteilt ist und das System kontrolliert, welche Kachel wie oft benutzt wird. Auf diese Weise können Prozesse teils im RAM und teils auf der Festplatte liegen. Das Paging ist aufwändiger, aber auch wesentlich effizienter als das Swapping. Man spricht auch von virtuellem Speicher, da der Prozess nicht merkt, dass sich sein Speicher zum Teil eigentlich auf der Festplatte befindet.

mkswap

Nachdem die Partition für das Swappen festgelegt ist, muss beispielsweise bei Linux analog zum Anlegen eines Dateisystems auch die Swap-Partition initialisiert werden. Dazu dient der Befehl `mkswap`. Als Parameter benötigt er die Gerätedatei der Partition.

swapon startet das Swappen

Das Swappen wird beim Systemstart in einem rc-Skript gestartet. Der Befehl zum Aktivieren lautet `swapon`. Dabei wird es normalerweise mit der Option `-a` gestartet. Das führt dazu, dass in der **/etc/fstab** nach den Swap-Devices geschaut wird und diese aktiviert werden.

Größe der Swap-Partition

Über die Größe der Swap-Partition gibt es unterschiedliche Aussagen. Die Faustregel, den Hauptspeicher noch einmal als Swap zu nehmen, stammt wohl daher, dass das System im Falle einer Kernel-Panic, also eines Totalzusammenbruchs des Betriebssystems, einen Speicherabzug in die Swap-Partition schreibt. Abgesehen von dieser Überlegung ist die Regel wenig sinnvoll, da die Summe aus Swap-Partition und RAM den virtuellen Speicher ausmacht. Wenn also das RAM bereits knapp ist, sollte der Swap-Bereich großzügig sein. Ist jede Menge RAM im System, kann man vielleicht sogar ganz ohne Swap-Partition auskommen und nur als Sicherheit noch eine Swap-Datei anlegen. Die Summe aus RAM und Swap-Bereich sollte auch im schlimmsten Fall noch ausreichend sein.

Swap-Partitionen sind schneller als Dateien

Fast jedes UNIX verwendet eine Swap-Partition und keine Swap-Datei. Der Vorteil liegt in der Geschwindigkeit. Der Zugriff auf die Swap-Partition erfolgt wesentlich schneller als der Zugriff über das Dateisystem. Der Nachteil ist, dass zum Installationszeitpunkt festgelegt werden muss, welche Größe der Swap-Bereich benötigen wird.

Swap-Dateien

Einige UNIX-Systeme können auch mit Swap-Dateien arbeiten. Dies kann eine schnelle Lösung sein, wenn der Swap-Bereich zu eng wird und eine erneute Partitionierung vermieden werden soll. Es ist aber vor allem eine dynamische Lösung, die kurzfristige, extreme Spitzen abfängt. Installiert man auf einem System zusätzlich zur Swap-Partition eine Swap-Datei, wird es auch dann keinen Programmabbruch wegen fehlenden Speichers geben, wenn plötzlich mehr Prozesse gestartet werden, als je voraussehbar war.

dynamisch

Unter HP-UX kann eine Swap-Datei am einfachsten über das Administrationstool `sam` (siehe Seite 219) eingerichtet werden. Dabei entsteht folgender Eintrag in der **/etc/fstab** (siehe dazu Seite 296):

Beispiel HP-UX

```
/dev/vg00/lvol8 /users hfs rw,suid 0 2
/dev/vg00/lvol8 /users swapfs min=3.840,lim=12800,pri=2 0 2
```

In der oberen Zeile ist zu sehen, dass das Festplattendevice **lvol8** ein normales hfs-Dateisystem[2] ist. Es wird auch tatsächlich für Benutzerdaten verwendet. Daneben liegt aber auch im Verzeichnis **/users** das so genannte Dateisystempaging. Betrachtet man den Inhalt von **/users**, findet sich dort ein Verzeichnis namens **paging**, in dem mehrere Dateien liegen, die zum Swappen verwendet werden. Die Parameter geben übrigens an, dass mindestens 3.840 Blöcke[3] verwendet werden sollen. Das Limit (`lim=`) beträgt 12.800 Blöcke. Alle installierten Swap-Bereiche bekommen eine Priorität. Bei der Anforderung von virtuellem Speicher wird mit der geringsten Priorität begonnen. Da auf diesem System auch eine Swap-Partition mit der Priorität 1 ist, wird zuerst diese ausgeschöpft, bevor auf die Datei zugegriffen wird.

11.2.9 Einbinden eines Dateisystems: mount

Nachdem ein Dateisystem erzeugt wurde, muss es in den Verzeichnisbaum eingehängt werden, damit es genutzt werden kann. Der Aufruf zum Einhängen eines Dateisystems lautet `mount`, der zum Freigeben `umount`.

Bei einem neuen System sollte vor der Installation klar sein, welches Dateisystem an welche Stelle im Verzeichnisbaum eingehängt werden soll. Bei der Installation wird dies oft automatisch vom Installationsprogramm unterstützt. Soll beispielsweise eine eigene Partition das Verzeichnis **/usr** aufnehmen, wird das Verzeichnis **/usr** angelegt und das Dateisys-

---

2 hfs heißt das Standarddateisystem von HP-UX.
3 Ein Block ist hier 512 Byte groß.

tem **/dev/sda2** an dieser Stelle mit einem `mount` in den Verzeichnisbaum eingehängt. Intern werden also quasi folgende Befehle ausgeführt:

```
mkdir /usr
mount /dev/sda2 /usr
```

Wird dagegen nachträglich eine Festplatte als Speichererweiterung eingebaut, wird man sie unter einem Dummy-Verzeichnis in den Verzeichnisbaum einhängen und die Zugriffe über einen symbolischen Link realisieren. Manchmal werden Festplatten über die Verzeichnisse **/u**, **/u1** oder **/v** eingehängt. Etwas ordentlicher ist es, wenn man innerhalb eines Verzeichnisses **/mount** oder **/drives** Verzeichnisse für das Einhängen der Festplatten einrichtet. Durch einen symbolischen Link lässt sich anschließend jedes beliebige Verzeichnis auf die Festplatte verlegen. Zum Beispiel:

```
mkdir /mount/hda3
mount /dev/hda3 /mount/hda3
ln -s /mount/hda3 /home/tacoss
```

/mnt
Das Verzeichnis **/mnt** eignet sich dazu weniger, da es traditionell gern verwendet wird, um kurzfristig Dateisysteme einzuhängen.

Umkopieren
Nachdem die neue Festplatte eingehängt worden ist, muss man normalerweise einige Verzeichnisbäume auf die neue Festplatte bringen, um auf den vollen Dateisystemen wieder Luft zu bekommen. Beim Umschichten der Dateien und Verzeichnisse ist es wichtig, dass nicht nur alle Daten transportiert werden, sondern auch, dass alle Dateirechte erhalten bleiben. Um das zu gewährleisten, sollte die Verzeichniskopie per `tar` (siehe Seite 143) erfolgen, damit die Eigenschaften der Dateien erhalten bleiben.

cp
In modernen Systemen kennt der Befehl `cp` auch die Option `-R` zum Kopieren kompletter Verzeichnisse und die Option `-p` zum Erhalt der Dateieigenschaften. Falls symbolische Links in dem Verzeichnis existieren, muss kontrolliert werden, ob `cp` mit diesen auch richtig umgeht.

Symbolischer Link
Schließlich wird ein symbolischer Link anstelle des ursprünglichen Verzeichnisorts erzeugt, der auf die neue Position auf der neuen Festplatte zeigt. Danach ist für die normalen Anwendungsprogramme kein Unterschied zu vorher zu erkennen, außer, dass nun wieder Platz zum Arbeiten ist.

Dateisysteme und die /etc/fstab
Damit das System beim nächsten Booten die Festplatte wieder an der richtigen Stelle einhängt, wird ein Eintrag in der Datei **/etc/fstab** für die Festplatte eingerichtet. Die Zeile für das obige Beispiel sieht unter Linux so aus:

```
/dev/hda3      /mount/hda3      ext2    defaults 1 1
```

Die Datei **/etc/fstab** enthält alle Dateisysteme, die beim Booten bereits eingebunden werden. Eine typische **fstab** sieht so aus:

```
/dev/hda3       swap     swap   defaults 0 2
/dev/hda2       /boot    ext2   defaults 1 2
/dev/hda5       /        ext2   defaults 1 1
/dev/cdrom      /cdrom   auto   ro,noauto,user,exec 0 0
/dev/fd0        /floppy  auto   noauto,user 0 0
```

In der ersten Spalte stehen die Partitionen. Die zweite Spalte bezeichnet den Ort, an dem die Partition ihren Platz im Verzeichnisbaum findet. Die dritte Spalte bezeichnet den Typ des Dateisystems. ext2 ist beispielsweise das Standarddateisystem von Linux. Die vierte Spalte enthält Optionen, die kommasepariert aufgeführt werden, aber aus nahe liegenden Gründen kein Leerzeichen enthalten dürfen. Diese Optionen entsprechen denen des Befehls mount. ro bezeichnet schreibgeschützte Systeme, wie beim CD-ROM-Laufwerk zu erwarten. user bedeutet, dass der Anwender das Dateisystem mounten darf und anschließend auch Zugriffsrechte auf dieses Dateisystem hat. noauto verhindert, dass die CD-ROM bereits beim Booten in das Dateisystem eingehängt wird. Die Zahl in der fünften Spalte ist 1, wenn das Dateisystem bei einem dump (siehe Seite 335) berücksichtigt werden soll. Die Zahl in der sechsten Spalte wird von fsck verwendet, um festzustellen, in welcher Reihenfolge die Dateisysteme beim Booten geprüft werden müssen. Steht dort eine 0, braucht das System nicht geprüft zu werden.

Die Spalten der fstab-Datei

Fremdpartitionen

Insbesondere unter Linux wird gern die Möglichkeit genutzt, auf die Windows-Partitionen des gleichen Rechners zuzugreifen. Das hat den besonderen Charme, dass Sie die Daten, die Sie unter Linux bearbeiten, auch unter Windows nutzen können. Sofern also das System einen Treiber für die Windows-Partitionen besitzt, muss eigentlich nur ein entsprechender Eintrag in die Datei **/etc/fstab** geschrieben werden:

```
/dev/hda6      /windows/C    vfat     noauto  0 0
```

Normalerweise darf nur der Administrator root ein Dateisystem per mount einbinden. Das ist bei UNIX-Dateisystemen kein Problem. Windows-Partitionen der klassischen Bauweise (FAT32) kennen leider keine Besitzer einer Datei. Entsprechend gehören die Dateien alle dem Benutzer root. Da die Dateien standardmäßig nur das Schreibrecht für den Besitzer zugeordnet bekommen, darf außer dem Administrator kein Be-

Rechthaberei

nutzer irgendwelche Änderungen an den Dateien vornehmen. Um dies zu umgehen, kann festgelegt werden, dass der Anwender diese Partition einbinden darf. Dazu gibt es den Parameter `user`:

```
/dev/hda6      /windows/C    vfat        noauto,user    0 0
```

Nun ist es jedem Anwender erlaubt, die Partition **/dev/hda6** einzuhängen, allerdings ausschließlich im Verzeichnis **/windows/C**. Bei einer Linux-Workstation kann nun der angemeldete Benutzer »seine« Windows-Partition einhängen und auch schreiben. Schwierig wird es erst, wenn zwei Anwender gleichzeitig mit der Partition arbeiten wollen oder wenn ein Benutzer vergessen hat, vor dem Abmelden seine Windows-Partition wieder auszukoppeln.

Der bequemste Weg besteht darin, das Laufwerk zum Bootzeitpunkt einzuhängen und allen zugänglich zu machen. Also wird der Parameter `noauto` wieder weggelassen. Nun tritt aber wieder das Problem auf, dass dann ja nur root die Dateien ändern darf.

Gleiches Recht für alle Soll auf der eingebundenen Windows-Partition nicht nur der Benutzer, der die Festplatte eingehängt hat, das Recht zum Schreiben haben, kann der Parameter `umask` verwendet werden. Dieser verändert, vergleichbar mit dem Befehl umask, (siehe Seite 82) die Rechte der Dateien:[4]

```
/dev/hda6      /windows/C    vfat        umask=000
```

Um allen Benutzern das Ein- und Aushängen des Laufwerks zu erlauben, wird der Parameter `users` verwendet. Sie können die Anzahl der Benutzer über die Gruppe einschränken. In der Zeile unten werden die Rechte auf die Benutzer der Gruppe users beschränkt. Andere dürfen die Festplatte weder ein- noch aushängen und haben auch kein Schreibrecht.

```
/dev/hda6      /windows/C    vfat        users,gid=users,umask=002   0 0
```

Keine Rechteänderung Dennoch bleibt eine geringe Einschränkung: Die FAT-Dateisysteme können keine Informationen über den Benutzer aufnehmen. Darum wird angenommen, dass derjenige der Eigentümer aller Dateien ist, der den `mount`-Befehl gegeben hat. Das ist in diesem Fall root. Entsprechend darf auch nur root die Eigenschaften der Dateien ändern. Den Konsolenbenutzer wird diese Besonderheit selten stören. Beim Kopieren von Dateien über die grafische Oberfläche versucht aber beispielsweise der Konqueror von KDE, die Rechte der Dateien denen der Quelle anzupassen, und generiert jedes Mal eine hässliche Fehlermeldung.

---

4 vgl. c't 04/2004 Hotline: Daten für Linux und Windows. S.189-190.

Die FAT-Partitionen waren zur Verwendung unter Windows gedacht und haben demzufolge in einer UNIX-Umgebung gewisse Einschränkungen: — Einschränkungen

- Bei den Namen der Dateien ist unter Windows die Groß- und Kleinschreibung irrelevant. Unter UNIX unterscheiden sich die Dateien mit den Namen **grossklein** und **GrossKlein** voneinander und können so nebeneinander im gleichen Verzeichnis auftreten.

- Unter UNIX sind weniger Sonderzeichen verboten als unter Windows. Dateien, deren Namen einen Doppelpunkt enthalten, können beispielsweise nicht auf einer FAT-Partition angelegt werden.

- Unter Windows dürfen Dateien nicht den Namen von Einheiten wie COM2 oder LPT1 tragen.

- Windows-Dateien kennen drei Eigenschaften: schreibgeschützt, verborgen und archiviert. Dass eine Datei ausführbar ist, wird durch die Dateinamensendung bestimmt.

- Windows-Dateien haben keinen Besitzer. Ein Gruppenkonzept liegt ebenfalls nicht vor. Entsprechend werden die Benutzer- und die Gruppenkennung beim Einbinden auf den Aufrufer gesetzt. Der Befehl `chown` funktioniert nicht.

Seit dem Erscheinen von Windows NT gibt es von Microsoft das Dateisystem NTFS. Microsoft überschlägt sich nicht gerade in der Unterstützung der Linux-Programmierer, die von Linux aus auf das neue Dateisystem zugreifen wollen. Trotzdem war es relativ schnell möglich, von Linux aus eine NTFS-Partition zu lesen. Allerdings mit dem Schreiben wollte es nicht recht klappen. Es gab da zwei Ansätze. Der eine bettete den Original-Windows-Treiber ein. Voraussetzung dafür ist natürlich, dass man eine Originallizenz von Windows besitzt. Eine andere Gruppe von Programmierern hatte es durch Probieren geschafft, ohne Zuhilfenahme von Microsoft Software auf NTFS-Partitionen zu schreiben. Mit dem Service-Pack-2 von Windows XP funktionierte es allerdings plötzlich nicht mehr. Die sicherste Methode, einen schnellen Datenaustausch zwischen den Systemen zu gewährleisten, ist entweder eine FAT-Partition zum Datenaustausch anzulegen oder vor der Installation von Windows die Partition als FAT-Partition zu kennzeichnen. Das drückt nicht nur ein wenig die Performance von Windows, sondern gräbt Windows auch die erst durch NTFS erworbene Besitzer- und Rechtestruktur ab. Für Anwender, die ihre Windows-Partition nur für die wenigen Programme brauchen, die sie unter Linux nicht bekommen, ist dieser Weg aber durchaus attraktiv. — NTFS

Kompatibilitätseinschränkungen

Allein durch die unterschiedlichen Namen der Dateisysteme ist die Datei **fstab** nicht zwischen den UNIX-Systemen portabel. Da die Partitionseinteilung aber auch sehr individuell für jeden Computer ist, muss sie auch nicht zwischen den Systemen austauschbar sein. Immerhin sind die Varianten so konsistent, dass man sich auch unter einem fremden UNIX-Derivat sofort darin zurechtfindet.

Um den Spezialisten für die einzelnen Systeme ein gewisses Spezialwissen zu garantieren, haben die Hersteller für die gleiche Datei verschiedene Namen in Umlauf gebracht. Einige Beispiele finden Sie in der Tabelle 11.1.

System	Name der Datei
HP-UX	/etc/fstab
Linux, FreeBSD	/etc/fstab
Solaris	/etc/vfstab
AIX	/etc/filesystems
SCO	/etc/default/filesys

Tabelle 11.1 Namensvarianten für fstab

Dateisystem aushängen: umount

Ein Dateisystem, das in den Verzeichnisbaum eingehängt worden ist, muss vor dem physikalischen Entfernen des Mediums wieder ausgehängt werden. Der Befehl dazu lautet umount[5]. Wechselmedien kann man erst entnehmen, wenn sie ausgehängt worden sind. Auch wenn ein Dateisystem per fsck geprüft werden soll, muss es erst ausgehängt werden.

Belegter Ast

Ein Dateisystem kann nur dann aus dem Verzeichnisbaum genommen werden, wenn es von niemandem mehr benutzt wird. Schlägt der Befehl umount fehl, gibt es noch Benutzer, die das Dateisystem verwenden. Wenn Sie den Befehl fuser auf das Wurzelverzeichnis des Dateisystems anwenden, ist schnell ermittelt, welche Prozess-ID die Festplatte in Beschlag nimmt.

Bestimmte Systemverzeichnisse sind natürlich immer in Gebrauch, wie etwa das Verzeichnis **/var**, das von beinahe jedem Hintergrundprozess verwendet wird. Solche Verzeichnisse kann man nur im Single-User-Modus aushängen.

---

5 Beim Befehl umount darf kein n hinter dem u stehen.

11.2.10 Konsistenz der Dateisysteme

Ein Dateisystem liefert normalerweise zuverlässig seine Daten. Wenn aber plötzlich durch einen Stromausfall eine Aktion früher als erwartet abbricht, dann kann es sein, dass die Verwaltungstabellen eine falsche Vorstellung davon haben, wo sich die Daten wirklich befinden. Diese Situationen werden schlimmer, wenn mit einem solchen inkonsistenten System weitergearbeitet wird. Neue Dateien werden vielleicht in Bereiche geschrieben, in denen alte Dateien noch ihre Daten stehen hatten, nur weil die Bereiche versehentlich freigegeben waren.

UNIX achtet von sich aus auf die Konsistenz seiner Dateisysteme. Bei jedem Booten wird geprüft, ob das System beim letzten Mal korrekt heruntergefahren wurde. War dies nicht der Fall, erfolgt zwingend eine Prüfung des Dateisystems. Aber selbst, wenn alles in Ordnung ist, wird nach einer gewissen Zahl von Startvorgängen eine Zwangsprüfung durchgeführt.

Werden bei dieser Prüfung erhebliche Mängel festgestellt, stoppt der Bootprozess mit einer Fehlermeldung. Darin wird die Gerätebezeichnung des gerügten Dateisystems genannt. Ferner erhält der Administrator einen Eingabeprompt und damit die Gelegenheit, die Festplatte zu renovieren. Zu diesem Zeitpunkt befindet sich das System im Single-User-Modus. Wenn Sie nicht gerade besondere Kenntnisse über den internen Aufbau des Dateisystems besitzen, können Sie lediglich `fsck` für das Dateisystem noch einmal starten. Da dieser Lauf im Dialog stattfindet, kann das System nun fragen, was es beispielsweise mit defekten Datenblöcken machen soll. Ihnen wird nichts anderes übrig bleiben, als die Vorschläge von `fsck` zu akzeptieren. Sie können sich immerhin die gemeldeten Fehler notieren und gewinnen damit einen Eindruck, wie groß die Schäden sind und ob doch vielleicht eine Datenrücksicherung erforderlich ist.

Meldungen beim Booten

Um auf einem Linux-System die dritte Partition zu prüfen und eventuell zu reparieren, verwenden Sie den folgenden Befehl:

```
fsck /dev/hda3
```

Datenblöcke, auf die durch die Reparatur oder durch den Schaden nicht mehr zugegriffen werden kann, werden in das Verzeichnis **lost+found** geschoben, das auf jeder Partition direkt unter ihrem Wurzelverzeichnis vorhanden ist. Auch Verzeichnisse, die sich nicht mehr zur Wurzel zurückverfolgen lassen, finden sich hier.

lost+found

Besteht Anlass zu der Vermutung, dass ein Dateisystem nicht konsistent ist, lässt sich `fsck` auch im laufenden Betrieb starten. Allerdings sollte das bei einem mit `umount` abgehängten Dateisystem durchgeführt werden, da vermieden werden muss, dass andere Benutzer parallel darauf zugreifen. Ist ein Dateisystem betroffen, das sich nicht im laufenden Betrieb aushängen lässt, muss man in den Single-User-Modus wechseln (siehe Seite 256) und von dort `fsck` starten.

11.2.11 Journal-Dateisysteme

Die meisten Systeme bieten inzwischen Journaling[6] auf den Dateisystemen an. Das bedeutet, dass Dateisystemänderungen in Protokolldateien abgelegt werden. Sie werden sukzessive auf das Dateiystem übertragen, bis wieder ein konsistenter Zustand hergestellt ist. Erst dann wird der Eintrag aus der Protokolldatei wieder gelöscht. Dadurch ist es auch im Falle eines Absturzes oder Stromausfalls möglich, binnen weniger Sekunden wieder einen sicheren Dateisystemzustand herzustellen. Da nicht das komplette Dateisystem überprüft werden muss, kann `fsck` schnell ein einwandfreies System wiederherstellen.

Garantierte Konsistenz — Die Wirkungsweise eines Journal-Dateisystems garantiert eine Konsistenz der Dateisystemstruktur, sofern keine Fehler in der Software vorliegen. Allerdings garantiert es keine Unverwundbarkeit Ihrer Daten. Kann der letzte Zustand vor einem Absturz nicht mehr hergestellt werden, weil er sonst eine Inkonsistenz des Dateisystems herbeiführen würde, wird ein älterer Stand verwendet. Es können also durchaus Daten verloren gehen.

Solaris — Solaris ab Version 7 bietet optional die Möglichkeit, das eigene Dateisystem UFS mit einem Journaling-Mechanismus zu versehen. Dazu muss dem Befehl `mount` oder dem Eintrag in der Datei **/etc/vfstab** lediglich die Option `-o logging` mitgegeben werden.[7]

HP-UX — HP-UX kann ab Version 10.20 das Dateisystem VXFS, also das Veritas Dateisystem, verwenden, das auch Journaling zur Verfügung stellt. Ein solches Dateisystem wird mit dem Befehl `newfs -F vxfs` angelegt.[8]

---

6 Die englische Originalbezeichnung für Journal-Dateisysteme lautet *journaling filesystem*.
7 vgl. Nemeth, Evi/Snyder, Garth/Seebass, Scott/Hein, Trent R.: UNIX Systemverwaltung. Markt+Technik – Prentice Hall, 2001. S. 206.
8 vgl. Nemeth, Evi/Snyder, Garth/Seebass, Scott/Hein, Trent R.: UNIX Systemverwaltung. Markt+Technik – Prentice Hall, 2001. S. 210.

SGI hat sein Journal-Dateisystem XFS inzwischen als Open Source zur Verfügung gestellt, so dass es auch unter Linux einsetzbar ist. Dort stehen auch das Reiser-Dateisystem oder ext3 zur Verfügung.

SGI und Linux

Die Verwendung von Journal-Dateisystemen hat keinen spürbaren Verlust der Performance zur Folge. Durch die redundante Datenhaltung geht in geringem Umfang Festplattenspeicher verloren.[9]

Einige der Dateisysteme sind noch recht neu. Da das Dateisystem eine zentrale Rolle bei der Betriebssicherheit eines Rechners spielt, sollte man sehr genau die Fehlerhinweise in der Dokumentation und auch die Hinweise der Hersteller beachten, bevor man seine Daten einem neuen Dateisystem anvertraut. So gab es eine durchaus engagiert geführte Debatte über die Einsetzbarkeit des Reiser-Dateisystems.[10]

Sensible Software

Auch Journaling-Dateisysteme werden beim Booten geprüft. Allerdings erfolgt die Prüfung sehr viel schneller als bei bisherigen Dateisystemen. Da die Konsistenz grundsätzlich gewährleistet ist, entfällt beim Reiser-Dateisystem die Überprüfung der Dateisystemkonsistenz nach einer bestimmten Anzahl von Bootvorgängen. Sollte dann doch einmal das Dateisystem durcheinandergeraten, wird das System mit dem Befehl `init s` oder `init 1` in den Single-User-Modus gefahren. Danach wird das betroffene System abgekoppelt und explizit mit dem Befehl `fsck` geprüft.

Defekt im Dateisystem

```
gaston # init s
...
gaston # umount /dev/hda7
gaston # fsck /dev/hda7
```

Bei Aufruf von `fsck` des Reiser-Dateisystems ohne weitere Optionen wird zunächst nur ein Check durchgeführt. Sollte das Dateisystem nicht einwandfrei sein, wird auch gemeldet, mit welcher Option `fsck` aufgerufen werden soll. Der Reparaturbefehl, der den internen Baum wiederherstellen soll, lautet dann beispielsweise:

```
gaston # fsck.reiserfs --rebuild-tree /dev/hda7
```

11.2.12 Belegungslisten: df und du

Der Befehl `df` (disk free) zeigt eine Liste aller Dateisysteme mit deren Platzverbrauch und ihrem Füllgrad in Prozent. Der Befehl ist auch nützlich, um zu sehen, welche Dateisysteme wo eingehängt sind. Man kann

df zeigt die Plattenbelegung

---

9 vgl. Milz, Harald: Crashfest – SGI XFS auf SUSE 7.1.. Linux-Magazin 07/2001, S. 86–89.
10 vgl. http://www.dignatz.de/linux-xp222

auch einzelne Dateisysteme ansehen, indem das Dateisystem als Parameter angegeben wird.

```
gaston> df
Dateisystem     1k-Blöcke    Benutzt  Verfügbar  Ben%  montiert auf
/dev/hda5        7889920     4150752   3338348   56%   /
/dev/hda2         225517        3578    210292    2%   /boot
/dev/hda7        6324896     3177260   2826340   53%   /home
gaston>
```

Ältere Systeme liefern diese Angaben in 512-Byte-Blöcken statt in Kilobyte. Oft stellt dann das Flag -k auf Kilobyte-Anzeige um. Auch der Füllgrad in Prozent wird nicht von allen Systemen angezeigt. Durch die Option -v erscheint eine vollständige Auflistung.

du zeigt die Größe eines Verzeichnisses

Der Befehl du (disk used) zeigt die belegten Blöcke der als Argument angegebenen Dateien bzw. Verzeichnisse. Auch hier zeigen ältere Systeme manchmal die Größen in 512-Byte-Blöcken an. In den Manpages ist das dokumentiert. Im folgenden Beispiel wurde du im Verzeichnis **/var/log** durchgeführt.

```
gaston# du
40         ./news/OLD
176        ./news
428        ./httpd
4          ./uucp
116        ./cups
4          ./vbox
172        ./samba
17728      .
gaston#
```

Da du alle Verzeichnisse rekursiv durchläuft, erscheint eine recht lange Liste. Durch die Option -s werden nur die angeforderten Verzeichnisse aufgelistet. Dennoch muss natürlich der Verzeichnisbaum komplett durchlaufen und aufsummiert werden, was eine gewisse Belastung der Maschine darstellen kann. Wer schon immer eine Liste mit der Platzverteilung auf dem Produktionsserver haben wollte, sollte also seine Neugier nicht unbedingt um 11 Uhr vormittags befriedigen, sondern die Anfrage als at-Job (siehe Seite 185) in die Nacht verlegen.

```
gaston# du -s
17728      .
gaston#
```

Durch die Option -h zeigt du die Zahlen in einer Form an, die leichter zu lesen ist, indem die Ausgabe Maßeinheiten wie K, M und G verwendet.

11.2.13 Zuteilung des Festplattenplatzes: quota

Quota dienen dazu, jedem Anwender und jeder Gruppe einen bestimmten Festplattenspeicher zuzuteilen, der nicht überschritten werden darf. So lässt sich verhindern, dass eine Aushilfskraft Musikdateien aus dem Internet sammelt und die Finanzbuchhaltung zum Absturz bringt, weil für sie kein Platz mehr auf der Festplatte ist. Unabhängig von solchen Szenarien gibt es bei gesetzten Quota den psychologischen Effekt, dass die Benutzer merken, dass Festplattenspeicher endlich ist. In den meisten Fällen werden sie einmal ihre Daten durchsortieren und überholte Daten löschen, bevor sie beim Administrator um weiteren Speicher bitten. Das wiederum entlastet auch die Datensicherung.

Mit drei Parametern wird eine Quotagrenze bestimmt: Softlimit, Hardlimit und Gnadenfrist (grace period). Das Softlimit darf zwar überschritten werden, aber nur für eine gewisse Zeit, die als Gnadenfrist bezeichnet wird. Das Hardlimit ist die Grenze, die der Benutzer nicht überschreiten darf. Alle drei Parameter gibt es zweimal, jeweils für die Anzahl der Blöcke und die Anzahl der Dateien.[11]

Limits

Zur Installation muss der Kernel die Fähigkeit haben, mit Quota umzugehen. Das kann eventuell einen Kernel-Build erforderlich machen.

In der Datei **/etc/fstab** wird hinterlegt, welche Dateisysteme durch Quota überwacht werden:

/etc/fstab

```
/dev/hda3    /mount/hda3    ext2    defaults,usrquota 1 1
```

In das Wurzelverzeichnis des Dateisystems müssen zwei Dateien gelegt werden: **quota.user** und **quota.group**. Im folgenden Beispiel ist das Wurzelverzeichnis **/mount/hda3**. Die Datei **quota.group** muss auch dann angelegt werden, wenn, wie in diesem Beispiel, gar keine Quota für Gruppen angelegt werden.

quota.user und quota.group

```
touch /mount/hda3/quota.user
touch /mount/hda3/quota.group
chmod 600 /mount/hda3/quota.user
chmod 600 /mount/hda3/quota.group
mount /dev/hda3 /mount/hda3 -o remount
```

Der Befehl touch legt eine leere Datei an, wenn noch keine Datei vorhanden ist. Anschließend werden die Rechte der Dateien auf 600 gesetzt. Das ist zwingend, damit nur root diese Dateien lesen und schreiben kann. Andernfalls arbeitet das Quota-System nicht. Zum Schluss wird ein Wie-

---

11 Genauer: die Anzahl der i-nodes.

dereinhängen des Dateisystems gestartet, damit der Eintrag in der **fstab** gelesen wird.

quotacheck — Nun wird ermittelt, welche Benutzer wie viel Platz auf der Festplatte belegt haben. Dazu gibt es das Programm quotacheck:

```
quotacheck -avug /dev/hda3
```

Dieser Vorgang dauert eine Weile. Die Datei **quota.user** wird mit Daten gefüllt. Anschließend lassen sich die Limits für die Benutzer einstellen:

```
edquota -u arnold
```

edquota startet den Standardeditor (meist vi) mit folgenden Einträgen:

```
Quotas for user arnold:
/dev/hda3: blocks in use: 8117, limits (soft=0, hard=0)
           inodes in use: 470, limits (soft=0, hard=0)
```

Durch eine Änderung der Werte in den Klammern werden das Soft- und das Hardlimit des Benutzers für die jeweilige Festplatte eingestellt.

Einstellen der Gnadenfrist — Der Befehl edquota -t zur Einstellung der Gnadenfrist betrifft alle Benutzer gemeinsam:

```
Time units may be: days, hours, minutes, or seconds
Grace period before enforcing soft limits for users:
/dev/hda3: block grace period: 7 day, file grace period: 7 days
```

Start und Stopp — Mit quotaon -a wird die Überwachung für alle gestartet, mit quotaoff -a wird sie wieder abgeschaltet. Soll die Überwachung auch nach einem Reboot erfolgen, muss der Befehl in einer rc-Datei eingetragen werden.

Ist das Quotasystem aktiv, erhält der Benutzer bei Überschreitung seines Limits eine Meldung am Bildschirm, und der Vorgang wird abgebrochen.

Kosten der Kontrolle — Die ständige Überprüfung aller Dateizugriffe darauf, ob eine Grenze überschritten wird, ist natürlich nicht kostenlos. Quota belasten die Performance der Dateizugriffe. Ist die Zugriffsgeschwindigkeit ein wichtiges Kriterium, lässt sich durch das Partitionieren erreichen, dass Benutzer nicht den wichtigen Anwendungen den Festplattenplatz wegnehmen. Man braucht nur dafür zu sorgen, dass die betriebswichtigen Anwendungen ihre Daten auf einer eigenen Partition ablegen. Administrieren Sie eine Maschine mit vielen Benutzern, die sich als Sammler und Jäger im Internet betätigen und neben Bildern, MP3-Dateien nun auch digitale Filme entdecken, führt langfristig an der Einrichtung von Quota kein Weg vorbei.

11.2.14 Maximalwerte

Jedes Computersystem hat seine Limits, auch UNIX. Diese Grenzen verschieben sich immer wieder, sind aber dennoch vorhanden. Die Grenzen können die Anzahl der offenen Dateien, die maximale Anzahl von Benutzern, die Größe von Dateien oder Partitionen betreffen. Jedes Mal, wenn ein System eine solche Grenze erreicht, hat das in der Praxis unangenehme Folgen. Hinzu kommt, dass solche Grenzen oft unerwartet erreicht werden. So beruhen beispielsweise Zusammenbrüche, die in der Zeit zwischen 10 und 11 Uhr vormittags gehäuft vorkommen, oftmals darauf, dass die Limits für Benutzer, Prozesse oder offene Dateien erreicht werden. Dies ist erfahrungsgemäß die Zeit, in der die meisten Anwender mit dem Zentralcomputer arbeiten.

Es ist wichtig, die Grenzen seines Systems zu kennen. Ein kluger Administrator wird aufmerksam, wenn in der Systemdokumentation irgendwelche Limits genannt werden. Eine Quelle für das Auffinden solcher Grenzen sind die Kernelparameter, die Sie sich vom Administrationstool anzeigen lassen können. Diese Werte sind für die normale Einsatzumgebung voreingestellt. Es kann sein, dass für Ihr Einsatzgebiet ein Parameter zu gering eingestellt ist. Dabei ist es wenig sinnvoll, die Parameter wahllos nach oben zu setzen. Dadurch steigt der Ressourcenverbrauch vermutlich immens, ohne dass einer der Benutzer davon profitiert.

Kernelparameter

Neben den durch den Administrator festgesetzten Grenzen ergeben sich Limits durch Programme oder Kapazitätsüberschreitungen von Zählern oder Verweisen. Solche Grenzen treten gehäuft bei allen Zweierpotenzen auf, deren Exponent durch 8 teilbar ist, also bei $2^8 = 32$, $2^{16} = 65.536$, $2^{24} = 16.777.216$ oder $2^{32} = 4.294.967.296$. Auch die Hälfte dieser Werte ist relevant, weil in C und anderen Programmiersprachen ein Bit für das Vorzeichen gebraucht wird. Lange Zeit waren 2 GByte, also die Hälfte von 2^{32}, die Grenze für die maximale Größe einer Datei und die maximale Größe eines Dateisystems. Heute erlauben fast alle UNIX-Derivate größere Dateisysteme. Dies kann auch bedenkenlos genutzt werden.

Zweierpotenzen

Bei der Größe der Datei spielt aber neben dem Betriebssystem auch das Programm eine wesentliche Rolle, das die Datei liest und schreibt. Schreibt das Programm sequenziell in die Datei, wie das beispielsweise bei Protokolldateien der Fall ist, bestimmt das Betriebssystem die maximale Größe einer Datei. Wird aber in direktem Zugriff gearbeitet, verwendet das Programm den Aufruf lseek() (siehe Seite 912) mit einem 32-Bit-Wert als Positionierungsparameter. Mit 32 Bit können maximal 4.294.967.296 Bytes adressiert werden. Sobald aber ein Vorzeichen

Programmgrenzen

verwendet wird, verliert man ein Bit und die maximale Größe beträgt 2.147.483.648, also 2 GByte. Programmtechnisch ist das Problem zu umgehen, indem nicht vom Anfang der Datei aus positioniert wird. In dem Fall muss das Programm bereits mit der Absicht geschrieben worden sein, die 2-GByte-Grenze zu durchbrechen. Das ist dann aber im Allgemeinen auch dokumentiert.

Beispiele

SCO-Grenze ULIMIT

SCO hat noch eine zusätzliche Grenze, die in den Kernelparametern durch ULIMIT festgelegt wird. In einer Standardinstallation ist die maximale Dateigröße auf 1 GByte beschränkt. Der Parameter lässt sich ändern, indem man `scoadmin` startet. Darin findet sich der Hardware/Kernel Manager. Als Option wird »Tune Parameter« angeboten. Unter der Gruppe »User and Group configuration« befindet sich zuerst der Parameter NOFILES, der die Anzahl der Dateien pro Prozess bestimmt, und als zweites ULIMIT. Nach der Änderung muss unter »Hardware/Kernel Manager« noch die Option »Relink Kernel« aufgerufen werden, und der Parameter ist korrigiert.

Damit nicht genug: ULIMIT wird auch noch als Umgebungsvariable in der Datei **/etc/default/login** eingesetzt, die vom Terminal gestartete Prozesse auf diese Größe beschränkt. Der Wert, den ULIMIT angibt, ist die maximale Anzahl der Blöcke, die 512 Byte groß sind. Also sind 2 GByte 4.194.303 Blöcke.

Eine weitere Schranke kann die Anzahl der maximal geöffneten Dateien sein. Dabei gibt es zwei Werte. Der eine beschränkt die Gesamtzahl der offenen Dateien und der andere die Anzahl der Dateien, die ein einzelner Prozess öffnen darf.

Linux-Parameter für maximal geöffnete Dateien

Bei einer Linux-Standardinstallation wird die Anzahl der gleichzeitig offenen Dateien auf 1024 begrenzt. Die Einstellung befand sich bei älteren Versionen in der Datei **/usr/src/linux/include/linux/fs.h** und heißt NR_FILES. NR_INODES ist um den gleichen Faktor zu erhöhen. Ein Kernel-Build war notwendig, um den Parameter zu erhöhen. Dieser Wert scheint zunächst hoch. Allerdings kann in einer Serverumgebung mit 200 Benutzern jeder Anwender nur noch fünf Dateien öffnen.

Darüber hinaus gibt es bei älteren Systemen manchmal eine Begrenzung der Festplattenkapazität. So konnte beispielsweise HP-UX bis zur Version 9 nur Festplatten von maximal 4 GByte Größe verwalten.

11.3 Diskettenlaufwerke

Disketten werden in UNIX-Systemen auf drei Arten verwendet:

1. mit einem UNIX-Dateisystem. Die Diskette wird dann mit dem Befehl `mount` eingebunden.

2. als tar-Archiv

3. zum Austausch mit anderen Betriebssystemen. Dazu gibt es spezielle Programme, die mit den MS-DOS-Dateisystemen auf Disketten umgehen können.

11.3.1 Formatieren und Beschreiben

Das Formatieren einer Diskette hat unter UNIX nichts mit dem Anlegen eines Dateisystems zu tun, weil eine Diskette unter UNIX auch ohne Dateisystem einsetzbar ist. Man kann sie beispielsweise als Device für ein `tar` verwenden. Die Aufrufe zum Formatieren einer Diskette unterscheiden sich etwas von System zu System. Unter Linux beispielsweise sind es drei Schritte vom Entnehmen der neuen Diskette aus der Verpackung bis zu dem Zeitpunkt, wo sie beschrieben werden kann:

```
fdformat /dev/fd0h1440
mkfs -t ext2 -c /dev/fd0h1440
mount /dev/fd0h1440 /floppy
```

Auf einer Sun unter Solaris verwendet man:

```
fdformat
newfs /dev/rdiskette
```

Danach kann die Diskette wie eine Festplatte verwendet werden.

Unter SCO lautet der Befehl `format`. Das Device muss nicht angegeben werden, da es bereits nach der Standardinstallation korrekt in der Datei **/etc/default/format** steht.

11.3.2 mount und eject

Auch Disketten können und müssen per `mount` in den Verzeichnisbaum eingebunden werden. Nach der Arbeit mit der Diskette ist die Versuchung groß, sie einfach wieder aus dem Computer zu nehmen. Aber sie muss vorher per `umount` wieder freigegeben werden. Damit niemand der Versuchung erliegt, ist bei den Diskettenlaufwerken von Sun beispielsweise kein Auswurfknopf am Laufwerk vorhanden. Die Diskette wird mit dem Befehl `eject /dev/diskette` ausgeworfen.

Automount   Mac OS X verwendet Automount, wenn auf wechselbare Speichermedien zugegriffen wird. Bei diesem Verfahren werden den Geräten Standardpfade zugewiesen, auf denen sie eingehängt werden. Wird ein solcher Pfad bei einem Zugriff verwendet, wird automatisch das dazugehörige Gerät per `mount` eingebunden. Das Gerät wird wieder ausgekoppelt, sobald eine bestimmte Zeit nicht mehr auf den Pfad zugegriffen wird. Automount ist auch auf anderen UNIX-Systemen verfügbar und kann dort analog installiert werden (siehe dazu Seite 587).

11.3.3 tar und sync

Da auf Disketten meist nur Dateien zum Transport oder zur Sicherung abgespeichert werden, braucht man nicht unbedingt ein Dateisystem anzulegen. Meist ist es sinnvoller, die Disketten per `tar` zu beschreiben. Das ist insbesondere deswegen von Vorteil, weil `tar` auch in der Lage ist, die Daten auf mehrere Medien zu verteilen. Es ist so auch problemlos möglich, Dateien zu übernehmen, die größer als die Kapazität einer Diskette sind.

Disketten, die mit `tar` bearbeitet werden, werden nicht per `mount` in den Verzeichnisbaum eingebunden. Während auf einer Sun die Kontrolle über `eject` gewährleistet ist, ist beim PC der Anwender selbst dafür verantwortlich, dass die Daten vollständig auf der Diskette angekommen sind. Abzuwarten, bis die Kontrollleuchte ausgeht, ist obligatorisch, und man sollte immer den Befehl `sync` verwenden, der dafür sorgt, dass die Puffer sofort auf die Medien geschrieben werden.

11.3.4 MS-DOS-Disketten

Trotz aller Nachteile stellen MS-DOS-Disketten einen gewissen systemübergreifenden De-facto-Standard dar. Nahezu jedes Betriebssystem kann Dateien von diesen Diskette lesen oder sogar schreiben. Ein Problem sind die Beschränkungen. Beim Dateinamen wird nicht zwischen Groß- und Kleinschreibung unterschieden, und der Name muss im 8.3-Format vorliegen, also aus maximal acht Zeichen, gefolgt von einem Punkt und danach noch einmal aus maximal drei Zeichen.

Linux ist mit einem Satz von Befehlen ausgestattet, der speziell für das Bearbeiten von MS-DOS-Disketten geschrieben wurde.

MS-DOS	Linux	Bedeutung
DIR A:	mdir	Zeigt den Inhalt der Diskette an
COPY *Quelle Ziel*	mcopy *Quelle Ziel*	Kopiert Dateien
DEL *Dateien*	mdel *Dateien*	Löscht Dateien

Tabelle 11.2 Befehle für MS-DOS-Disketten

Texte, die auf den Systemen MS-DOS oder MS Windows entstanden sind, verwenden als Zeilentrenner die Kombination Carriage Return (dezimaler Zeichencode: 13) und Line Feed (dezimaler Zeichencode 10). Bei UNIX-Texten wird nur das Line Feed verwendet. Viele Programme stört das Carriage Return nicht. Aber manchmal muss es entfernt werden. Am einfachsten gelingt dies mit dem Befehl tr:

Zeilentrenner anpassen

```
tr -d \r <dosdatei >unixdatei
```

Je nach System gibt es auch Programme wie dos2unix, die diese Umwandlungen vornehmen. Müssen auch Umwandlungen der Umlaute oder sonstiger Sonderzeichen vorgenommen werden, empfiehlt sich das Programm recode. Um einen Text, der unter MS-DOS erstellt wurde, nach UNIX zu konvertieren, gibt man den folgenden Befehl ein:

Zeichensätze konvertieren

```
recode ibmp..lat1 <dos.txt >neu.txt
```

Dabei ist ibmp die Bezeichnung des Quellzeichensatzes und lat1 die des Zielzeichensatzes. Um alle Zeichensätze anzeigen zu lassen, ruft man recode mit der Option -l auf. Die Liste enthält auch Zeichensätze vom Macintosh, vom Atari ST und EBCDIC vom IBM-Großrechner. Sogar in Textbeschreibungssprachen wie HTML und TeX lassen sich die Texte umcodieren. In älteren Versionen von recode wurde statt der beiden Punkte ein Doppelpunkt zwischen den Zeichensätzen verwendet.[12]

11.4 CD-ROMs

Das Standardformat für CDs ist ISO-9660, auch High Sierra genannt. Dieses Format kann aber mit all dem, was eine UNIX-Datei ausmacht, wenig anfangen. Bereits der Dateiname ist auf 8+3 Buchstaben in Großbuchstaben beschränkt. Das Speichern von User-ID und anderen Eigenschaften ist nicht vorgesehen. Damit man auch unter UNIX mit CD-ROMs vernünftig umgehen kann, gibt es die Rockridge-Erweiterungen. Damit lassen sich auch CDs in das Dateisystem integrieren.

ISO 9660 mit Rockridge

---

[12] vgl. Thissen, Thomas: Umlaute auf Umwegen. iX 9/1993, S. 194–197.

Das Einbinden funktioniert wie bei der Diskette mit dem Befehl mount. Auch die CD muss zunächst per umount ausgekoppelt werden, bevor sie entnommen werden kann. Da die CD-Laufwerke inzwischen alle eine Verriegelung besitzen, sind auch die PC-Versionen von UNIX nicht mehr darauf angewiesen, dass der Anwender aufpasst, sondern können eine eingebundene CD gegen das Herausnehmen sperren.

Device des CD-Laufwerks

Ein Problem ist es zu bestimmen, welcher Eintrag im Verzeichnis von **/dev** mit dem CD-Laufwerk korrespondiert. Bei den großen Herstellern von UNIX-Maschinen lässt sich der Ort der Laufwerke meist durch die mitgelieferte Dokumentation leicht erfahren. Da meist SCSI-Einheiten eingebaut sind, kann man mit Hilfe der SCSI-ID auch recht schnell auf das Device schließen. Bei IDE (ATAPI) auf dem PC hängt es davon ab, an welchem Controller das Laufwerk hängt. USB wird als SCSI-Device emuliert und vom System als weiterer SCSI-Controller angesprochen. Wer nun glücklich ermittelt hat, welches Device zum CD-Laufwerk gehört, tut jedenfalls gut daran, einen symbolischen Link namens **cdrom** im Verzeichnis **/dev** zu erzeugen. Mit etwas Glück hat die Standardinstallation bereits einen solchen Link angelegt.

11.5 CD-Brenner

cdrecord

Der Kontakt mit dem CD-Brenner erfolgt in erster Linie über das Programm cdrecord. Es benötigt als Parameter die Information, wie der CD-Brenner mit dem Gerät verbunden ist. Am einfachsten funktioniert das mit SCSI-Laufwerken, bei denen der Controller, die SCSI-ID und die LUN angegeben wird. LUN bedeutet *logical unit*, also logische Einheit, und wird von einigen SCSI-Geräten verwendet, um Teileinheiten anzusprechen. Beispielsweise verwenden einige CD-Wechsler die LUN für den Zugriff auf die einzelnen CDs. Die LUN ist normalerweise 0, die SCSI-ID wird am Gerät eingestellt, und meistens besitzt man auch nur einen Controller. In den folgenden Beispielen verwende ich meine Konfiguration, und die SCSI-ID meines Brenners ist 3.

Das Programm cdrecord kommt aus dem Umfeld von Linux, findet sich aber inzwischen, da es Open Source ist, auf allen großen UNIX-Plattformen. Bei Mac OS X ist es nicht verfügbar, da das Brennen von CDs direkt in den Desktop eingebunden ist.

11.5.1 Datensicherung

Da CD-Rohlinge inzwischen billiger sind als Disketten, wird ein CD-Brenner als Datensicherungsoption auf dem PC immer interessanter. Brauchbare Streamer sind teuer, und auch die Medien sind nicht billig. Wenn man davon ausgeht, dass Magnetbänder nach einer gewissen Laufzeit nicht mehr verwendbar sind, wird der Einsatz von CDs immer sinnvoller. Das Problem der CDs liegt in ihrer geringen Kapazität von 650 MByte. Dadurch fallen sie in der Regel für die Komplettsicherung aus. Selbst die Kapazität von DVDs wurde durch die ständig wachsenden Festplattenkapazitäten längst eingeholt. Immerhin ist es mit Hilfe eines Packers wie gzip auch möglich, größere Datenbestände zu sichern.

Um eine Datensicherung von der Festplatte auf CD zu brennen, sind zwei Schritte erforderlich: Zunächst wird mit Hilfe des Befehls `mkisofs` ein brennbarer Speicherabzug erstellt, der anschließend mit `cdrecord` auf die CD gebrannt wird.

Erstellen eines Images

Bevor ein Verzeichnis auf CD gebrannt werden kann, wird in einer Datei ein ISO-9660-Dateisystem erstellt. Das Programm `mkisofs` erzeugt ein solches Dateisystem und legt es in einer Datei als sogenanntes *Image* ab. Der Dateiname des Images wird als Parameter mit der Option `-o` angegeben. Zuletzt wird das Verzeichnis angegeben, das mit allen Unterverzeichnissen auf die CD soll. Im folgenden Beispiel wird mit `cd` in das zu sichernde Verzeichnis gewechselt. Es folgt der Befehl zum Erzeugen des Images:

```
mkisofs -J -R -o ../image.iso .
```

Die Optionen von `mkisofs` bedeuten:

- **-o ausgabe.iso**
  Die Ausgabe erfolgt in die angegebene Datei. Standardmäßig geht die Ausgabe nach stdout und kann so über eine Pipe an `cdrecord` weitergeleitet werden.

- **-R**
  Als Ergänzung zum Format nach ISO-9660 wird das Rockridge-Format verwendet, um lange Dateinamen und Dateiattribute auf der CD zu speichern. Dies ist das Standardformat von CDs im UNIX-Bereich.

- **-J**
  Als Ergänzung zum Format nach ISO-9660 wird das Joliet-Format verwendet, um lange Dateinamen auf der CD zu speichern. Dies ist

Standardformat von CDs unter MS Windows 95 und seinen Folgeversionen. Damit ist die CD auch unter MS Windows mit langen Namen verwendbar.

Die Zieldatei befindet sich im Verzeichnis unter dem Quellverzeichnis, damit das Image nicht in die Datensicherung gerät.

Bildschirmausgaben Bei der Erstellung der Image-Datei erzeugt mkisofs dreierlei Ausgaben. Es gibt an, welche Dateinamen es als Alias angelegt hat. Selbst wenn Sie die Rockridge- oder Juliet-Erweiterungen verwenden, muss jede CD für Systeme wie MS-DOS, die lange Dateinamen nicht unterstützen, alternativ einen Dateinamen aus acht Buchstaben und drei Buchstaben Erweiterung zur Verfügung stellen. Dazu wird der Dateiname normalerweise gekürzt. Sollten zwei Dateinamen existieren, die gekürzt den gleichen Namen ergeben, verwendet mkisofs einen anderen Namen und meldet dies in der Ausgabe. Da Sie vermutlich die CD nur mit UNIX oder MS Windows ab Version 95 öffnen, hat das keine Auswirkungen. Danach meldet das Programm, wie weit es mit der Erzeugung gekommen ist, und es schätzt die Uhrzeit bis zur Fertigstellung. Zuletzt erhalten Sie eine statistische Zusammenfassung, die unter anderem auch darüber Auskunft gibt, ob das Image überhaupt auf die CD passt.

```
gaston:7my/texte/tex/cpp> mkisofs -R -J -o 7tmp/image.iso .
Using VISNE000.BMP;1 for   ./pic/visnewproject2.bmp (visnewproject.bmp)
Using VISNE000.PS;1 for    ./pic/visnewproject.ps (visnewproject2.ps)
Using BUILD000.EPS;1 for   ./pic/buildnewproj2.eps (buildnewproj.eps)
Using BUILD000.BMP;1 for   ./pic/buildnewproj2.bmp (buildnewproj.bmp)
Using BUILD000.PS;1 for    ./pic/buildnewproj.ps (buildnewproj2.ps)
  8.63% done, estimate finish Wed Apr  7 13:05:26 2004
 17.27% done, estimate finish Wed Apr  7 13:05:20 2004
 25.88% done, estimate finish Wed Apr  7 13:05:18 2004
 34.52% done, estimate finish Wed Apr  7 13:05:17 2004
 43.12% done, estimate finish Wed Apr  7 13:05:17 2004
 51.75% done, estimate finish Wed Apr  7 13:05:16 2004
 60.37% done, estimate finish Wed Apr  7 13:05:16 2004
 69.01% done, estimate finish Wed Apr  7 13:05:16 2004
 77.63% done, estimate finish Wed Apr  7 13:05:16 2004
 86.26% done, estimate finish Wed Apr  7 13:05:16 2004
 94.87% done, estimate finish Wed Apr  7 13:05:16 2004
Total translation table size: 0
Total rockridge attributes bytes: 13007
Total directory bytes: 20480
Path table size(bytes): 100
Max brk space used 21864
57976 extents written (113 Mb)
gaston:7my/texte/tex/cpp>
```

Mehrere Verzeichnisse Das Sichern mehrerer Verzeichnisse in eine Image-Datei ist nicht ganz unkompliziert. Am einfachsten ist es, das zweite Verzeichnis durch einen symbolischen Link in das Sicherungsverzeichnis aufzunehmen. Ohne weiteres Zutun wird mkisofs aber den symbolischen Link als einen Ver-

weis sichern und nicht etwa die Daten, auf die dieser weist. Mit der
Option `-f` können Sie `mkisofs` dazu bringen, dem symbolischen Link zu
folgen und die Daten zu sichern, auf die er verweist. Der Nachteil dieser
Lösung ist, dass beim Zurückholen der Daten natürlich kein symbolischer
Link angelegt wird, sondern ein Verzeichnis mit den gesicherten Daten.
Sie müssen diese Daten also von Hand wieder an ihre ursprüngliche Position bringen.

Brennen

Das erzeugte Image wird vom Programm `cdrecord` gebrannt. Das Programm benötigt bei einer Standardinstallation root-Rechte. Sollen auch Anwender das Gerät ansprechen, was bei einer Workstation sinnvoll ist, kann der Administrator den Eigentümer auf root und das User-ID-Bit setzen:

```
cd /usr/bin
chown root cdrecord
chmod 4711 cdrecord
```

Für SCSI-Brenner wird die SCSI-Nummer als Parameter benötigt. Ist Ihnen diese nicht bekannt, lässt sich diese mit Hilfe von `cdrecord` und der Befehlsoption -scanbus ermitteln. Für das Brennen wird dem Parameter dev= ein Tripel aus SCSI-Bus, SCSI-ID und LUN (bei Brennern typischerweise 0) zur Bestimmung des Geräts mitgegeben:

```
cdrecord -dev 0,3,0 -speed=16 image.iso
```

Mit der Option speed=16 wird die Brenngeschwindigkeit auf 16 gesetzt. Vergisst man die Option, wird die Geschwindigkeit auf 1 gesetzt, und das viele Geld für den schnellen Brenner ist umsonst ausgegeben. Auf der anderen Seite ist die Qualität der gebrannten CDs oft wesentlich besser, wenn die Grenze der Geräte nicht ausgeschöpft wird.

Direktes Brennen durch die Pipe

Wird zum Zweck der Datensicherung ein Bereich der Festplatte gesichert, ist die Datenquelle derart schnell, dass man das Image direkt an das Brennprogramm weiterleiten kann. Der Vorteil besteht darin, dass nur 4 MByte Puffer Festplattenspeicher benötigt werden, statt bis zu 650 MByte für das Image.

```
mkisofs -R /home/mydata | cdrecord speed=2 dev=0,3,0 -
```

Kopieren einer Daten-CD

Um von einer Daten-CD eine 1:1-Kopie anzulegen, greift man direkt auf das Image des Devices als Datenquelle für cdrecord zu und braucht entsprechend mkisofs nicht. Allerdings sollte das CD-Laufwerk auch deutlich schneller und kontinuierlicher lesen, als der Brenner schreibt.

```
cdrecord -v dev=0,3,0 speed=2 -isosize /dev/cdrom
```

Image mit dd zwischenparken

Gerade schnelle CD-Laufwerke brauchen manchmal länger, um auf ihre Zielgeschwindigkeit zu kommen. In diesen Momenten kann der Datenstrom länger ausbleiben, als der Brenner verkraften kann. Das führt zu einem Buffer-Underrun. Die Anforderung an das Laufwerk sind also eine höhere Geschwindigkeit, als der Brenner hat, und ein möglichst konstanter Datenstrom. Man kann das Problem vermeiden, indem man auf der Festplatte eine Zwischenkopie anlegt. Um das Image einer CD abzuziehen, wird das Programm dd (siehe Seite 346) verwendet:

```
dd if=/dev/cdrom of=/tmp/img.iso
cdrecord -v dev=0,3,0 speed=2 /tmp/img.iso
```

11.5.2 RW-Medien

Bei den Kommandos zum Brennen unterscheiden sich RW-Medien nicht von den normalen Medien. Die Besonderheit besteht darin, dass man sie löschen und wiederverwenden kann. Das Löschen kann beim Brennen erfolgen. Dazu gibt man dem cdrecord die Option blank=fast mit. Weitere Optionen für blank sind:

blank=	Wirkung
fast	Minimales Löschen: PMA, TOC und pregap werden gelöscht
track	Löscht nur einen Track (bei Multisession)
all	Komplette CD-RW löschen. Das wird etwas dauern

Tabelle 11.3 Optionen zu blank

11.5.3 Multisession

Normalerweise wird eine CD an einem Stück gebrannt. Aber gerade bei der Datensicherung einer Workstation ist das Datenaufkommen oft so gering, dass man gern mehrere Sicherungen auf eine CD schreiben möchte. Dazu werden mehrere Tracks geschrieben. Die Trackposition wird mkisofs mit dem Parameter -C mitgeteilt. Sie besteht aus zwei durch ein Komma getrennten Zahlen. Die eine gibt die Anfangsposition des zuletzt gebrannten Tracks an, und die zweite beschreibt die Position, an der die neue Session beginnen soll. Man kann dieses Zahlenpaar mit `cdrecord -msinfo` bestimmen. Beim Brennen wird `cdrecord` durch die Option `-multi` mitgeteilt, dass mit Multisession gearbeitet wird.

Der erste Track unterscheidet sich nur in der Option `-multi` von einem normalen Brennen. Damit wird vermieden, dass die CD abgeschlossen wird.

Der erste Track

```
mkisofs -J -R -o ../image.iso .
cdrecord -v speed=2 dev=0,3,0 -multi ../image.iso
```

Im nächsten Schritt soll eine beliebige weitere Sitzung gebrannt werden. In der Variablen TRACKPOS werden die Daten für die Position auf der CD gespeichert. Der Wert der Variablen wird mit Hilfe von `cdrecord` von der CD im Laufwerk ermittelt. TRACKPOS wird anschließend von `mkisofs` verwendet, um die Option `-C` zu besetzen. Die Option `-M` ermittelt von der eingelegten CD den vorherigen Track. Als Parameter können die SCSI-Informationen verwendet werden, wie sie bei `cdrecord` vorliegen, oder man gibt den Pfad des Device an.

Die Folgetracks

```
TRACKPOS=`cdrecord -msinfo dev=0,3,0`
mkisofs -J -R -f -o ../image.iso -C $TRACKPOS -M 0,3,0 .
cdrecord -v speed=2 dev=0,3,0 -eject -multi ../image.iso
```

Um eine Multisession-CD abzuschließen, wird beim `cdrecord` die Option `-multi` weggelassen.

Ein vollständiges Beispielskript für das Sichern mit Hilfe eines CD-Brenners finden Sie auf Seite 350.

11.5.4 IDE-Brenner

Insbesondere das Programm `cdrecord` kann nur mit SCSI-Laufwerken umgehen. Damit Sie die billigen IDE-Laufwerke dennoch verwenden können, wird dem Programm vorgegaukelt, die ATAPI-CD-Brenner wären über einen weiteren SCSI-Bus erreichbar. Dazu gibt es das Kernel-Modul **ide-scsi**, das einen weiteren SCSI-Bus für die IDE-Geräte simuliert, die nicht vom IDE-Treiber gesteuert werden. Dieser Kniff wird auch für USB-Geräte verwendet.

SCSI-Simulation

Der erste Schritt beim Nachrüsten eines ATAPI-Laufwerks besteht darin, den Brenner von dem Standardtreiber für IDE-CD-Laufwerke zu trennen. Andernfalls kann das Modul **ide-scsi** nicht auf das Laufwerk zugreifen. Dies kann durch einen Eintrag in der Datei **/etc/lilo.conf** erreicht werden.

IDE-Treiber trennen

Dort können im Feld append Parameter an den Kernel übergeben werden, die bei Start des Betriebssystems angewendet werden.

```
image = /boot/vmlinuz.suse
  root = /dev/hda5
  label = Linux
  append="mem=320M hdd=ide-scsi"
```

Namensbestimmung

In der Zeile, die mit append beginnt, werden die Bootparameter eingetragen. Hier wird das Laufwerk hdd für die Verwendung von ide-scsi reserviert. hdd beschreibt das Slave-Laufwerk auf dem zweiten IDE-Controller, also quasi das vierte IDE-Laufwerk. Sie können feststellen, unter welchem Namen Ihr Brenner erreichbar ist, indem Sie den Rechner aufschrauben und nachsehen, an welchem Kabel der Brenner hängt und ob er als Slave oder Master geschaltet ist. Der etwas elegantere Weg ist es, in der entsprechenden Protokolldatei nachzusehen. Unter Linux ist dies die Datei **/var/log/boot.msg**. Sie finden dort beispielsweise folgende Zeilen:

```
<4>hda: IBM-DTLA-305040, ATA DISK drive
<4>hdc: _NEC DV-5700B, ATAPI CD/DVD-ROM drive
<4>hdd: YAMAHA CRW8824E, ATAPI CD/DVD-ROM drive
```

hda ist in diesem Beispiel die Festplatte, hdc ist das DVD-Laufwerk, und unter hdd finden Sie hier den Brenner. Nach der Änderung der Datei **lilo.conf** muss einmal der Befehl lilo aufgerufen werden, damit die Änderung aktiv wird. Mit dem Befehl modprobe ide-scsi wird der SCSI-Emulator für den IDE-Bus gestartet. Er übernimmt die Kontrolle über alle Laufwerke, die nicht bereits durch den IDE-Treiber bedient werden. Jetzt ist der IDE-Brenner erfolgreich als SCSI-Gerät getarnt und wird von cdrecord während der Fahnung nach passenden Geräten entdeckt. Wird an cdrecord die Option -scanbus angehängt, zeigt es alle Geräte am SCSI-Bus an und alle Einheiten an den Bussen, die es für SCSI hält.

```
gaston# cdrecord -scanbus
Cdrecord 1.11a05 (i686-suse-linux) Copyright (C) 1995-2001 Jörg Schilling
Linux sg driver version: 3.1.20
Using libscg version 'schily-0.5'
scsibus0:
        0,0,0     0) *
        0,1,0     1) *
        0,2,0     2) 'TOSHIBA ' 'CD-ROM XM-5701TA' '0167' Removable CD-ROM
        0,3,0     3) 'SCSI-CD ' 'ReWritable-2x2x6' '2.00' Removable CD-ROM
        0,4,0     4) *
        0,5,0     5) *
        0,6,0     6) *
        0,7,0     7) *
scsibus1:
        1,0,0     100) 'IOMEGA  ' 'ZIP 100         ' '11.V' Removable Disk
        1,1,0     101) *
        1,2,0     102) *
```

```
        1,3,0    103) *
        1,4,0    104) *
        1,5,0    105) *
        1,6,0    106) *
        1,7,0    107) *
scsibus2:
        2,0,0    200) 'YAMAHA  ' 'CRW8824E        ' '1.00' Removable CD-ROM
        2,1,0    201) *
        2,2,0    202) *
        2,3,0    203) *
        2,4,0    204) *
        2,5,0    205) *
        2,6,0    206) *
        2,7,0    207) *
gaston#
```

Unter `scsibus0` findet sich der »echte« SCSI-Bus. `scsibus1` ist in diesem Fall ein USB-Bus, und `scsibus2` ist schließlich der IDE-Bus. Der Brenner würde also mit dem `dev=2,0,0` angesprochen. Nach dem nächsten Reboot ist aber leider `scsibus2` wieder verschwunden. Durch einen gezielten `modprobe ide-scsi` lässt er sich zwar wieder herbeizaubern, aber befriedigend ist dieses Verhalten nicht. Er sollte doch besser direkt nach dem Booten zur Verfügung stehen.

Pseudo-SCSI

In der Datei **/etc/modules.conf** wird der Start von `ide-scsi` automatisiert. Dazu wird der `modprobe`-Befehl vor dem Start von `sg` und `sr_mod` eingetragen:

Dauereinrichtung

```
# IDE-Brenner als Pseudo-SCSI installieren
pre-install sg       modprobe ide-scsi
pre-install sr_mod   modprobe ide-scsi
```

Seit der Kernel-Version 2.6 ist es nicht mehr erforderlich, `ide-scsi` über LILO oder GRUB zu starten.

Sie werden es bereits erraten haben: Auch USB-Brenner werden auf diese Weise angeschlossen. Aber solange ich noch keinen USB-Brenner auf dem Flohmarkt gefunden habe...

11.5.5 Daten-DVDs brennen

Zum Brennen von DVDs wird der Befehl `growsisofs` verwendet. Die Ähnlichkeit des Namens zu `mkisofs` ist nicht zufällig. `growsisofs` wurde ursprünglich entwickelt, um ein Image für DVDs zu generieren, so wie `mkisofs` Images für CDs erzeugt. Schließlich wurde das Programm um die Möglichkeit erweitert, die Daten auch auf DVDs zu schreiben. Dazu wird die Option `-Z` verwendet, gefolgt von der Gerätedatei, unter der der DVD-Brenner erreichbar ist. Mit der Option `-M` können weitere Dateien zu den bisherigen Daten hinzukopiert werden. Der erste Befehl sichert alle Dateien und Verzeichnisse unterhalb des Verzeichnisses **/home/arnold/my**. Der zweite Befehl fügt die Dateien unterhalb von **/home/norbert/my** hinzu.

```
growisofs -R -J -Z /dev/sr0 /home/arnold/my
growisofs -R -J -M /dev/sr0 /home/norbert/my
```

11.6 USB

Der USB-Anschluss wird mehr und mehr zum Universalbus für den Anschluss externer Geräte an den Computer. USB-Geräte können im laufenden Betrieb angeschlossen werden. Seit USB 2.0 werden Geschwindigkeiten erreicht, die auch den Anschluss einer Festplatte sinnvoll erscheinen lassen.

11.6.1 Den USB-Port beobachten

USB-Controller — Die Kommunikation mit dem angeschlossenen Gerät nimmt der USB-Controller auf. Für den Controller selbst muss es eine Treiberunterstützung geben. Diese wird bei Linux durch das Modul usbcore zur Verfügung gestellt. Wenn Sie sehen wollen, welche USB-Treiber angeschlossen sind, lassen Sie sich die geladenen Module zeigen. Da es davon aber reichlich viele gibt, ist es sinnvoll, die Ausgabe mit einem grep auf die für USB relevanten Zeilen zu begrenzen. Die folgende Ausgabe zeigt den Zustand eines Computers mit angeschlossener USB-Maus:

```
libo> lsmod | grep usb
usbhid                    52192  0
usbcore                  114896  3 usbhid,ehci_hcd,uhci_hcd
libo>
```

/var/log/messages — Sie sehen, dass das Modul usbcore von drei anderen Modulen verwendet wird. Nun wird eine USB-Festplatte angeschlossen. In der System-Protokolldatei **/var/log/messages** (siehe Seite 420) finden sich sofort die Aktionen, die das System ausführt:[13]

```
libo kernel: usb 4-1: new high speed USB device using ehci_hcd and address 3
libo kernel: usb 4-1: new device found, idVendor=05e3, idProduct=0702
libo kernel: usb 4-1: new device strings: Mfr=0, Product=1, SerialNumber=0
libo kernel: usb 4-1: Product: USB TO IDE
libo kernel: usb 4-1: configuration #1 chosen from 1 choice
libo kernel: SCSI subsystem initialized
libo kernel: Initializing USB Mass Storage driver...
```

---

13 Um einen drucktechnisch notwendigen Umbruch zu verhindern, sind Datum und Uhrzeit weggelassen worden.

```
libo kernel: scsi0 : SCSI emulation for USB Mass Storage devices
libo kernel: usb-storage: device found at 3
libo kernel: usb-storage: waiting for device to settle before scanning
libo kernel: usbcore: registered new driver usb-storage
libo kernel: USB Mass Storage support registered.
libo kernel:   Vendor: HTS42404  Model: 0M9AT00   Rev: 0811
libo kernel:   Type:   Direct-Access                   ANSI SCSI revision: 00
libo kernel: usb-storage: device scan complete
libo kernel: SCSI device sda: 78140160 512-byte hdwr sectors (40008 MB)
libo kernel: sda: test WP failed, assume Write Enabled
libo kernel: sda: assuming drive cache: write through
libo kernel:  sda: sda1
libo kernel: sd 0:0:0:0: Attached scsi disk sda
libo kernel: sd 0:0:0:0: Attached scsi generic sg0 type 0
libo hald: mounted /dev/sda1 on behalf of uid 1000
```

Sie können sehen, wie das Gerät gefunden und als Massenspeicher erkannt wurde. Entsprechend wurde das SCSI-Subsystem initialisiert. Tatsächlich ist zwar keine SCSI-Schnittstelle vorhanden, aber USB-Blockgeräte werden als SCSI behandelt. Der Treiber usb-storage wird gestartet. Das Gerät wird unter dem Device **sda** angemeldet und die erste Partition **sda1** wird als Speicherplatte nutzbar.

Gerätespezifische Treiber

Entsprechend sehen Sie nun bei Überprüfung der Module, dass weitere Module hinzugekommen sind. Entscheidend ist hier das Modul usb_storage.

```
libo> lsmod | grep usb
usb_storage     82112   1
scsi_mod        136712  3 sg,sd_mod,usb_storage
usbhid          52192   0
usbcore         114896  4 usb_storage,usbhid,ehci_hcd,uhci_hcd
ide_core        129992  3 usb_storage,piix,ide_disk
libo>
```

Auch der Befehl lsusb zeigt das externe Festplattenlaufwerk. Der andere Eintrag zeigt die oben schon erwähnte USB-Maus.

lsusb

```
libo> lsusb
Bus 004 Device 004: ID 05e3:0702 Genesys Logic, Inc. USB 2.0 IDE Adapter
Bus 004 Device 001: ID 0000:0000
Bus 003 Device 001: ID 0000:0000
Bus 002 Device 002: ID 046d:c03e Logitech, Inc. Premium Optical Wheel Mouse
Bus 002 Device 001: ID 0000:0000
Bus 001 Device 001: ID 0000:0000
libo>
```

Wenn die Festplatte wieder entfernt wird, meldet dies der syslog-Dämon. Ein entsprechender Eintrag erscheint in der Datei **/var/log/messages**.

Entfernen eines USB-Geräts

```
libo hald: unmounted /dev/sda1 from '/media/disk' on behalf of uid 1000
libo kernel: usb 4-1: USB disconnect, address 3
```

Der Befehl lsusb zeigt nun auch nur noch die Maus:

11 | Hardware

```
libo> lsusb
Bus 004 Device 001: ID 0000:0000
Bus 003 Device 001: ID 0000:0000
Bus 002 Device 002: ID 046d:c03e Logitech, Inc. Premium Optical Wheel Mouse
Bus 002 Device 001: ID 0000:0000
Bus 001 Device 001: ID 0000:0000
libo>
```

Der Befehl `lsusb` zeigt nun zwar noch die Module im Speicher, allerdings werden usb_storage und usbhid offenbar nicht mehr benötigt.

```
libo> lsmod | grep usb
usb_storage            82112  0
scsi_mod              136712  3 sg,sd_mod,usb_storage
usbhid                 52192  0
usbcore               114896  4 usb_storage,usbhid,ehci_hcd,uhci_hcd
ide_core              129992  3 usb_storage,piix,ide_disk
libo>
```

11.6.2 USB-Sticks und USB-Laufwerke

Diskettenersatz USB-Sticks bestehen aus Flash-Speicher und einem USB-Anschluss. Da ein Flash-Speicher auch ohne Batterie seinen Inhalt behält, eignet sich ein solches »Speicherstöckchen« als Ersatz für Disketten. Seit dem Jahrtausendwechsel besitzt fast jeder Computer einen USB-Anschluss, und die allerneuesten Rechner werden oft schon ohne Diskettenlaufwerk ausgeliefert.

usb_storage Für den Betrieb eines USB-Sticks verwendet Linux das Modul **usb_storage**. Dieser Treiber sorgt dafür, dass der USB-Stick gegenüber dem PC als SCSI-Device auftritt. Entsprechend findet sich die Gerätedatei unter dem Namen **/dev/sda1**, sofern nicht andere SCSI-Speichergeräte vor dem USB-Stick gefunden wurden.

Um den Stick dem System verfügbar zu machen, muss er eingebunden werden. Das geschieht klassisch durch den Befehl `mount`:

```
gaston # mount /dev/sda1 /mnt
```

Damit auch Anwender einen USB-Stick einbinden können und der `mount`-Befehl etwas einfacher wird, kann der Stick auch in die Datei **/etc/fstab** eingetragen werden. Dazu sollte zunächst ein Verzeichnis angelegt werden, über das der Stick immer eingebunden werden soll. Im folgenden Beispiel ist das das Verzeichnis **/mnt/usbstick**:

```
/dev/sda1    /mnt/usbstick    auto    rw,noauto,owner,user,exec    0 0
```

Automatische Erkennung Bevor Sie aber allzu viel herumkonfigurieren, sollten Sie zunächst prüfen, ob Linux Ihnen nicht die gesamte Arbeit bereits abgenommen hat und Ihr USB-Stick schon auf dem Desktop erschienen ist.

Ein USB-Stick verwendet normalerweise ein FAT-kompatibles Dateisystem. Das hat den Vorteil, dass so ziemlich jedes Betriebssystem damit umgehen kann. Dem UNIX-Benutzer werden die Dateieigenschaften und die Unterscheidung zwischen Groß- und Kleinschreibung fehlen. Wenn Sie den USB-Stick nur für UNIX-Systeme brauchen, können Sie ihn natürlich über den Befehl `mkfs` mit einem anderen Dateisystem formatieren.

FAT-Dateisystem

Die USB-Ports ermöglichen es jedem Anwender, Daten von seinem Rechner abzuziehen oder einzuspielen. Damit ist die Abschottung von Anwenderrechnern durch Verriegeln oder Ausbau von Disketten- und CD-Laufwerken nicht mehr zeitgemäß. Die USB-Sticks sind überdies so klein, dass sie leicht zu verstecken sind. In sicherheitskritischen Bereichen könnte man auf den Gedanken kommen, die USB-Ports per BIOS zu deaktivieren. Da aber auch immer häufiger Maus und Tastatur über USB angeschlossen wird, würde das nicht funktionieren. Blitzschnell ist die Maus abgezogen und ein USB-Stick angeschlossen. In solchen Fällen wäre eher denkbar, dass Modul usb-storage außer Gefecht zu setzen. Eine andere Lösung wäre es, den Mount von USB-Geräten in der Datei **/etc/fstab** zu unterbinden.

Sicherheitsloch

11.7 Notebooks

UNIX lässt sich auch auf Notebooks benutzen. Tragbare UNIX-Workstations sind keine neue Idee. So gab es schon in der Mitte der 90er Jahre das SPARCbook von SUN. Allerdings waren diese Geräte extrem teuer und wurden dementsprechend als Demomaschinen im Vertrieb oder für Schulungen eingesetzt. Und selbst in diesen Fällen wurde auf das SPARCbook nur zugegriffen, wenn es zu aufwändig war, eine Workstation mit Monitor zu transportieren. Der Preis der Geräte war so immens, dass sie keine weite Verbreitung fanden.[14]

SPARCbook

Besonders die PC-UNIX-Systeme Linux und FreeBSD ermöglichen es nun, UNIX auch auf preisgünstigen Notebooks zu benutzen. Notebooks bringen allerdings aus mehreren Gründen zusätzliche Probleme mit sich, die eine normale Workstation nicht hat. Zunächst kann die Peripherie nicht so einfach ausgetauscht werden, wenn man entdeckt, dass es dafür keinen Treiber gibt. Das ist insbesondere dann ein Problem, wenn sich herausstellt, dass für den verwendeten Grafikcontroller kein Treiber für das X Window System existiert. Viele Hersteller halten es für überflüssig, den Kunden über den Grafikchip zu informieren. Wenn es dann keinen

Peripherie und Kompatibilität

---

14 vgl. Kienle, Michael/Jaeschke, Gerhard: Reisebegleiter. iX 7/1993, S. 26–34.

passenden Treiber gibt, kann man auch nicht eine andere Grafikkarte kaufen und einbauen. Die PCMCIA-Karten können, anders als die gewohnten Steckkarten, im laufenden Betrieb gewechselt werden. Dadurch wird dem System ein fliegender Wechsel in der Konfiguration abverlangt. Zu guter Letzt wünscht sich der Besitzer die Möglichkeit, den Akku zu überwachen, zumindest aber, dass alle Möglichkeiten genutzt werden, Energie zu sparen, wenn er unterwegs mit dem Gerät arbeiten will. Informationen zu UNIX auf Notebooks finden Sie unter: http://www.tuxmobil.org[15]

11.7.1 Touchpad und Maus

Das Touchpad wird im Allgemeinen recht problemlos als Mausersatz erkannt. Ist allerdings eine echte Maus am Notebook angeschlossen, ist das Touchpad eigentlich nicht mehr notwendig. Es läuft parallel weiter und kann sehr stören, weil man versehentlich ein anderes Fenster mit dem Daumen aktiviert. Unter Linux lässt sich das Touchpad per Kommando direkt abschalten:

```
synclient TouchpadOff=1
```

Der Befehl `synclient` erlaubt das Verändern von Parametern für das Touchpad. Mit dem Befehl `synclient -l` erhalten Sie eine Anzeige aller Variablen.

11.7.2 PCMCIA

Notebooks besitzen als Erweiterungsmöglichkeiten ein bis zwei Schächte, in die sich sogenannte PC-Cards oder auch PCMCIA-Karten einstecken lassen. Die Karten haben die Größe einer Kreditkarte und können im laufenden Betrieb gewechselt werden. Sowohl bei FreeBSD als auch bei Linux arbeitet auf einem Notebook ein Prozess im Hintergrund, der die entsprechenden Slots überwacht. Der Dämon besitzt eine Konfigurationsdatei, in der die bekanntesten Karten und ihre Erkennungsmerkmale aufgelistet sind.

pccardd unter FreeBSD

Unter FreeBSD wird der Dämon `pccardd` eingesetzt, um die PCMCIA-Slots zu überwachen. Als Information für die verschiedenen Karten dient die Datei **pccard.conf** im Verzeichnis **/etc/default**. Im Verzeichnis **/etc** befindet sich eine weitere Datei **pccard.conf**, die eingebunden wird. Die Einträge enthalten die Zeichenketten, mit denen sich eine Karte beim Sys-

---

[15] Werner Heuser, der Autor dieser Seite, hatte seiner Seite ursprünglich den Namen www.mobilix.org für »Mobiles UNIX« gegeben. Er wurde daraufhin vom Verlag Les Editions Albert René wegen der Namensähnlichkeit zu Obelix verklagt.

tem zu erkennen gibt, sowie die Optionen und die zu startenden Treiber. In dem folgenden Ausschnitt der Datei **pccard.conf** ist ein Eintrag für eine Netzwerkkarte zu sehen:

```
# "Ethernet Adapter" "E2000 PCMCIA Ethernet"
card "Ethernet Adapter" "E2000 PCMCIA Ethernet"
        config   auto "ed" ?
        insert   /etc/pccard_ether $device start
        remove   /etc/pccard_ether $device stop
```

Interessant ist hier vor allem die erste Zeile. Wenn eine Karte sich mit diesen beiden Zeichenketten meldet, wird beim Einschieben der Befehl gestartet, der hinter dem Stichwort `insert` steht. Es kann vorkommen, dass die erworbene Karte zwar nicht erkannt wird, aber durchaus kompatibel zu einer anderen Karte in der **pccard.conf** ist. Unter welchem Namen die Karte sich gemeldet hat und von `pccardd` abgewiesen wurde, sieht man auf der Konsole oder in jedem Fall in der Protokolldatei **/var/log/messages**.

Der PC-Card-Manager `cardmgr` wird unter Linux beim Booten gestartet und liest die Datei **/etc/pcmcia/config**. Darin werden alle bekannten PCMCIA-Karten aufgeführt. Auch hier werden vergleichbare Mechanismen benutzt, um PC-Cards zu erkennen und zu starten.

cardmgr und Linux

Wer eine PCMCIA-Modemkarte verwendet, um ins Internet zu kommen, richtet die Verbindung genau wie ein externes Modem ein. Die einzige Information, die gebraucht wird, ist die Schnittstelle, die die Karte verwendet. Meist wird die erste freie serielle Schnittstelle eingesetzt. Welche das konkret ist, finden Sie am einfachsten in der Syslogdatei heraus (normalerweise ist das **/var/log/messages**). Dort meldet `cardmgr`, welche Schnittstelle er der Karte zuweist. Beispielsweise könnten Sie folgende Zeile finden:

PCMCIA Modems

```
... cardmgr[1069]: executing: './serial start ttyS2'
```

Hier wird die Karte als dritte serielle Schnittstelle angemeldet.

11.7.3 Ruhezustand

Wer das Notebook ständig bootet und wieder herunterfährt, verbraucht viel Energie. Also ist es nahe liegend, den Rechner zwischendurch einschlafen zu lassen und dann wieder zu wecken. Es gibt zwei Arten, ein Notebook in den Ruhezustand zu bringen. Die eine Variante besteht darin, nur den Hauptspeicher mit Strom zu versorgen und alle anderen Geräte abzuschalten, bis ein Tastendruck das Gerät wieder aufweckt. Der

Vorteil dieser Methode ist, dass das blitzschnell geht. Die andere Variante besteht darin, den Inhalt des Hauptspeichers auf die Festplatte zu schreiben. In diesem Fall kann sogar das ganze Gerät abgeschaltet werden.

S2D-Partition Um den Hauptspeicher auf Festplatte zu sichern, verwenden einige Notebook-Hersteller eine eigene Partition. Diese Partition muss mit einem speziellen Programm erzeugt werden, das unter MS-DOS oder MS Windows läuft. Eines meiner Notebooks kann diese Partition nur anlegen, wenn auf der Festplatte keine andere Partition existiert. Da die Größe der Partition natürlich vom Hauptspeicher abhängt, bedeutet eine Speicheraufrüstung, dass die komplette Festplatte neu installiert werden muss, damit der »Save to disk«-Mechanismus, der oft mit S2D abgekürzt wird, überhaupt noch funktioniert.

Vorsicht MBR Die S2D-Partitionen vertragen sich meist gar nicht gut mit den Bootmanagern, sobald letztere in den Master Boot Record (MBR) schreiben. Wird das Notebook in den Ruhezustand versetzt, wird erst der Hauptspeicher in die S2D-Partition geschrieben. Dann wird die S2D-Partition zur bootfähigen Partition gesetzt. Nach dem Einschalten des Geräts schafft das Miniprogramm auf der S2D-Partition den Partitionsinhalt wieder in den Hauptspeicher und setzt die bisherige Bootpartition als aktive Partition zurück. Es gibt in den Foren und Newsgroups die Berichte einiger Notebookbesitzer, bei deren Geräten es funktioniert hat, LILO auf der erweiterten Partition zu installieren und damit die Funktionalität der S2D-Partition zu erhalten.

Save to RAM Dagegen ist das Sichern des Speichers in den meisten Fällen völlig unproblematisch. Es wird keine Partition benötigt, und das Betriebssystem muss nichts dazu beitragen. In den meisten Fällen befördert eine Tastenkombination das Notebook in den vorläufigen Ruhezustand, den es durch das Blinken einer LED anzeigt. In einigen Fällen kann es dazu kommen, dass nach dem Aufwachen, der X-Server nicht richtig reaktiviert wird.

Das BIOS verfügt meist über die Möglichkeit einzustellen, wie das Notebook reagieren soll, wenn es längere Zeit nicht benutzt wird. Hier lässt sich oft auch vorgeben, ob das Notebook beim Zuklappen in den Ruhezustand versetzt und es durch Aktivitäten am Netzwerkadapter oder am Modem geweckt werden soll.

11.7.4 Problematische Peripherie

Nicht alles, was in einem Notebook eingebaut ist, lässt sich problemlos unter UNIX betreiben. Man findet mit Hilfe der gängigen Suchmaschinen aber leicht Informationen darüber, welche Systeme mit welchen Notebooks laufen. Sobald Sie das Notebook mit einer grafischen Oberfläche verwenden wollen, empfiehlt sich dringend ein Blick ins Internet.

Die eingebauten Netzwerkkarten sind inzwischen weitgehend unproblematisch. Unter Linux ist das meist weniger kritisch als unter FreeBSD. Schwieriger wird die Situation bei Wireless LAN. Hier gibt es für die eingebauten Typen häufig Unterstützung im Internet. Dagegen sind die USB-WLAN-Sticks oft problematisch. So ist häufig auch nicht den Anleitungen zu entnehmen, welcher Chip darin verbaut ist. *Netzwerkkarten*

Bei den eingebauten Modems neuerer Generation handelt es sich meist um solche, die nur unter MS Windows betrieben werden können. Das ist zwar kein Drama, da man ja ein Modem leicht als PCMCIA-Karte bekommen kann, aber lästig. Der spontane Zugang zum Internet über eine Telefonleitung bei Freunden oder im Hotel ist dann nicht möglich. Einziger Trost ist, dass in Hotels der Zugang vermehrt über WLAN erfolgt. *WinModem*

Ähnliche Schwierigkeiten sind bei den Speicherkartenlesern zu erwarten. Die meisten eingebauten Geräte funktionieren nicht unter Linux. Dagegen arbeiten die USB-Kartenleser im Allgemeinen problemlos.

Für nahezu jedes Notebook findet man im Internet Seiten, die beschreiben, wie sich Linux auf diesem Gerät installieren lässt. Es finden sich normalerweise auch Links auf die Treiber und Hinweise, was man tun kann, wenn die Peripherie nicht reagiert. Sie finden die Seiten leicht über jede beliebige Suchmaschine mit dem Notebook-Typ und den Wörtern »Linux« und »Installation« als Stichwörtern. *Informationen aus dem Internet*

In einigen Geschäften, sogar in manchen Großmärkten ist es möglich, mit dem Verkäufer zu vereinbaren, dass man ein Notebook kauft, unter der Prämisse, dass es unter Linux läuft. Falls es Schwierigkeiten gibt, erhält man sein Geld zurück oder nimmt ein anderes Gerät.

11.7.5 ACPI

Die Abkürzung ACPI steht für »Advanced Configuration and Power Interface«. Das Programm `acpi` liefert Informationen, die über den Zustand des Notebooks Auskunft geben. Ohne weitere Optionen liefert es den Ladezustand des Akkus. Weitergehende Informationen erlangen Sie durch folgende Optionen:

Kurzoption	Langoption	Bedeutung
-t	--thermal	Temperatur der einzelnen Messfühler
-a	--ac-adapter	AC-Versorgung, Netzteil
-s	--show-empty	Auch nicht-existierende Anschlüsse
-c	--celcius	Temperatur in Celsius
-f	--fahrenheit	Temperatur in Fahrenheit
-k	--kelvin	Temperatur in Kelvin

Tabelle 11.4 Optionen des Befehls acpi

Das folgende Beispiel zeigt den Ladezustand und die Temperaturfühler eines Notebooks.

```
onyx> acpi -t
     Battery 1: charged, 100%
     Thermal 1: active[3], 45.0 degrees C
     Thermal 2: ok, 44.0 degrees C
     Thermal 3: ok, 40.0 degrees C
onyx>
```

11.7.6 APM: Advanced Power Management

APM ist der Vorgänger von ACPI. Mit APM konnte erstmals der Akku direkt überwacht und der Computer beim Herunterfahren ausgeschaltet werden. Allerdings gibt es vor allem bei älteren Notebooks noch Kompatibilitätsschwierigkeiten.

Sowohl Linux als auch FreeBSD unterstützen das Advanced Power Management (APM) eines Notebooks. Dabei wird im BIOS der Status der Stromversorgung abgefragt. Der Dämon apmd überwacht den Stand der Batterien. Es gibt Hinweise darauf, dass nicht alle Notebooks die Standards des APM sauber einhalten. Im Zweifelsfall müssen Sie die Manpages oder die unten angegebenen Webseiten konsultieren. Weite Informationsquellen sind die HOWTOs »Battery-Powered« und »Laptop«. Leider gibt es von beiden bislang keine deutsche Übersetzung.

Mit installiertem apm wird shutdown -h, also halt, letztlich zum Ausschalten der Maschine führen.

Abbildung 11.2 Akku-Überwachung mit xapm

Unter X läuft das Programm xapm. In der linken Hälfte seines Fensters wird eine Zeichenfolge angezeigt. Der Buchstabe B zeigt an, dass das Gerät auf Batterie läuft; P steht für die Spannungsversorgung durch das Netzteil. Im Batteriemodus steht dann der Prozentsatz der Ladung oder die Zeit, die der Akku das Gerät noch mit Spannung versorgen kann. In Abbildung 11.2 zeigt das Programm eine Restdauer von einer Stunde und sechs Minuten an. Durch einen Mausklick lässt sich zwischen den Anzeigen umschalten. In der rechten Hälfte ist ein Balken zu sehen, der den Füllgrad der Akkus grafisch anzeigt.

Zum Thema Advanced Power Management und dessen Entwicklung unter Linux finden Sie weitere Informationen auf der Seite:

http://www.cs.utexas.edu/users/kharker/linux-laptop/apm.html

Die Homepage von apmd ist unter folgender URL zu finden:

http://www.cut.de/bkr/linux/apmd/apmd.html

11.7.7 Strom sparen

Wenn Notebooks über den Akku gespeist werden, ist jede Möglichkeit, Strom zu sparen, hilfreich. Aber selbst im Netzbetrieb sorgt ein geringerer Stromverbrauch dafür, dass der Ventilator seltener in Betrieb ist. Da manche Notebooks ihre Leistungsfähigkeit mit düsenantriebsähnlichen Geräuschen untermalen, ist das Stromsparen interessant.

Sollte das Notebook APM nicht unterstützen, können Sie versuchen, die Festplattentätigkeit auf ein Minimum zu reduzieren. Damit ist immerhin einer der wichtigsten Verbraucher neben der CPU zu beeinflussen. | Festplatten abschalten

Mit dem Programm hdparm und der Option -S können Sie die Zeit einstellen, die nach der letzten Festplattenaktivität vergehen soll, bevor der Festplattenmotor abgestellt wird. Dadurch lässt sich einiges an Energie sparen. Der Wert hinter -S hat folgende Bedeutung:

- **1–240**

  Dieser Wert, multipliziert mit 5 Sekunden, ist die Zeit, nach der die Festplatte stoppt.

- **241–251**

  Dieser Wert minus 240, multipliziert mit 30 Minuten, ist die Zeit, nach der die Festplatte stoppt.

- **252**

  Timeout von 21 Minuten.

Beispiel:

```
hdparm -S 120 /dev/hda
hdparm -S 242 /dev/hda
hdparm -S 0 /dev/hda
```

Im ersten Fall wird die Festplatte nach zehn Minuten, im zweiten nach einer Stunde Inaktivität abgeschaltet, und im dritten Fall wird gar keine Festplattenabschaltung durchgeführt.

crontab In der Datei **/etc/crontab** sollten Sie nach Einträgen suchen, die häufig durchlaufen werden. Wird beispielsweise atrun jede Minute gestartet, ist es eher unwahrscheinlich, dass die Festplatte jemals zur Ruhe kommt. In den meisten Fällen ist es eine praktikable Lösung, wenn die at-Jobs nur jede Stunde einmal laufen (zum Thema at siehe Seite 181).

Swap abschalten Wenn Ihr Notebook über sehr viel Hauptspeicher verfügt, können Sie das Swappen unterbinden. Dazu legen Sie bei der Installation einfach keinen Swap-Bereich an oder entfernen die Swap-Dateien und -Partitionen aus der Datei **/etc/fstab** (siehe Seite 296).

Weitere Hinweise finden Sie im Linux-HOWTO »Battery Powered«.

Wir konnten die Datensicherung deutlich beschleunigen, indem wir /dev/null statt /dev/tape verwendeten.

12 Datensicherung

Die Datensicherung ist die wichtigste Aufgabe des Administrators. Die Verantwortung dafür kann ihm niemand abnehmen. Wenn die Datensicherung über einen längeren Zeitraum nicht klappt, ist das Unternehmen beim nächsten Festplattencrash so gut wie pleite.

12.1 Vorüberlegungen

Die Datensicherung ist meist mit nicht unerheblichem Aufwand verbunden. Das Sichern der Datenbestände, die durch den billigen Festplattenplatz immer umfangreicher werden, erfordert natürlich Zeit. Dem steht die Forderung nach ständiger Verfügbarkeit der EDV entgegen. Da diese Aufgabe so wichtig ist, ist eine durchdachte Planung erforderlich, die auch berücksichtigt, mit welcher Geschwindigkeit ein Weiterarbeiten nach dem Crash möglich sein soll.

Die Unternehmensdaten werden heutzutage meist in Datenbanken abgelegt, die ihre eigene Datensicherung mitbringen. Die Datenbanken erlauben selbst im laufenden Betrieb eine verlustfreie Sicherung der Daten. So konzentriert sich die selbst gestaltete Sicherung auf die Sicherung des Betriebssystems mit seinen Konfigurationsdaten und die Sicherung der anderen Anwenderdaten wie beispielsweise von Mailboxen oder Schriftverkehr.

Datenbank-, System- und Anwenderdatensicherung

Was muss gesichert werden?

Sie finden ganz schnell heraus, was gesichert werden muss, wenn Sie sich einen nackten Rechner nehmen und versuchen, ihn statt des bisherigen Rechners in Betrieb zu nehmen.

Wenn Sie Ihr privates Notebook sichern wollen, wird es reichen, wenn Sie von Zeit zu Zeit eine Kopie der Verzeichnisse /home und /etc anlegen.

Wie schnell muss restauriert werden?

Ist es notwendig, den Rechner innerhalb von Sekunden wieder in Betrieb zu nehmen? Dann hilft Ihnen keine Sicherung, sondern nur ein ausfallsicheres System. Dazu gehören Festplatten im Raid-5, doppelte Netzteile und für den Fall eines Boardfehlers ein Ersatzrechner gleicher Architektur, in den die Festplatten des defekten Rechners umgesetzt werden können.

Eine komplette Festplattenkopie ermöglicht die Wiederherstellung in kurzer Zeit, ohne, dass das gesamte Betriebssystem komplett neu installiert werden muss. Es erfordert aber eine Ersatzplatte im Safe, die von Zeit zu Zeit aktualisiert werden muss. Soll die Rücksicherung der Daten zügig erfolgen, muss das Medium schnell sein. Typischerweise skaliert man in der EDV Geschwindigkeit über den Preis.

Zeitpunkt der Sicherung

Zeitnähe der Sicherung

Die Häufigkeit der Sicherung hängt natürlich von dem Schaden ab, der entsteht, wenn ein bestimmter Zeitraum an Arbeit verloren geht. Bei einem Softwarehersteller ist der Verlust von einigen Tagen zwar extrem ärgerlich, aber nicht existenzbedrohend. Meist erinnern sich die Entwickler noch recht gut, was sie alles in der Zeit geändert haben, und können das recht schnell nachtragen. Dagegen ist bei einem Callcenter, das telefonische Bestellungen entgegennimmt, bereits der Verlust einer Stunde dramatisch, wenn es keine zusätzlichen schriftlichen Aufzeichnungen über die Bestellungen gibt.

Da die Datensicherung auch einen Archivierungscharakter hat, muss man wissen, wie lange Sicherungen zurückreichen müssen. Üblich ist es, Wochen-, Monats- und Quartalssicherungen länger aufzuheben.

Inkrementelle Sicherung

Teilsicherung

Eng verbunden mit dem Zeitpunkt der Sicherung ist die Frage, wie lange die Sicherung dauert. Selbst beim Einsatz schnellster Hardware ist die Menge der Daten nicht immer problemlos in der Zeit unterzubringen, in der die Maschine brachliegt. Dann ist der Gedanke nahe liegend, nicht die gesamte Datenmenge täglich zu sichern, sondern nur den Teil der Daten, der sich seit gestern verändert hat. Dann könnte man beispielsweise am Wochenende eine Komplettsicherung erstellen und jeden Tag die Differenz zum Vortag speichern.

Sicherungslevel

Um eine solche Sicherungsstrategie zu entwickeln, verwendet man verschiedene Sicherungslevel, die ganzzahlig durchnummeriert sind und bei 0 beginnen. Level 0 ist eine Komplettsicherung aller Dateien. Eine Level-*i*-Sicherung sichert alle Dateien, die seit der letzten Sicherung mit einem Level, der kleiner ist als *i*, verändert wurden. Eine simple Strategie wäre, wenn Sie einmal im Jahr eine Level-0-Sicherung durchführen, jeden Monat eine Level-3-Sicherung, jede Woche eine Level-5-Sicherung und an den verbleibenden Tagen eine Level-7-Sicherung.

Diese Level werden von dem Programm `dump` direkt unterstützt, das den Level als ersten Parameter erwartet. Alle anderen Sicherungstools bieten aber ebenfalls die Möglichkeit, Dateien zu sichern, die seit einem gewissen Zeitpunkt verändert worden sind. Damit kann man jedenfalls vergleichbare Strategien verwenden, muss allerdings genauer verfolgen, welche Datensicherung zu welchem Zeitpunkt erfolgte.

Sicherheit der Sicherung

Wer kontrolliert die Sicherung? Woran lässt sich erkennen, dass es einen Bandfehler gegeben hat oder dass das Sicherungsprogramm abgestürzt ist? Diese Fragen sind besonders interessant, wenn die Datensicherung unbeobachtet abläuft. Wenn eine Datensicherung einen Bandfehler oder Ähnliches hatte, finden Sie einen Hinweis in der Protokolldatei des syslog-Dämons (siehe Seite 420). Um sicherzugehen, dass im vollen Umfang gesichert worden ist, leitet man die Aufzählung der gesicherten Dateien in eine eigene Protokolldatei um. Mit Hilfe des Wortzählers `wc` (siehe Seite 129) lässt sich ermitteln, ob die Anzahl der Dateien den Erwartungen entspricht. Wird der Befehl `date` zu Anfang und am Ende der Datensicherung abgesetzt, kann erstens überprüft werden, ob die Datensicherung gestartet wurde und nicht abgestürzt ist, und zweitens lässt sich anhand der Dauer auch feststellen, ob nicht plötzlich erhebliche Differenzen auftreten.

Glaubwürdigkeitsprüfung

Werden die Sicherungen im Regal direkt neben dem Computer aufbewahrt, wird man nach einem Brand oder Diebstahl über keine Daten mehr verfügen. Die simpelste Sicherung dagegen ist, dass ein Angestellter das letzte Exemplar der Datensicherung einfach mit nach Hause nimmt.

Aufbewahrungsort

Nach einem vollständigen Verlust des Computers durch Brand oder Diebstahl ist eine entscheidende Frage, ob man schnell die Laufwerke, mit denen die Datensicherung erstellt worden ist, auch wiederbeschaffen kann. So sind beispielsweise durchaus nicht alle DAT-Streamer miteinander kompatibel, obwohl sie die gleichen Bänder verwenden. Wurde eine spezielle Software zum Sichern verwendet, sollte ein Duplikat davon sicher verwahrt sein, sonst kann man seine Bänder vielleicht nicht mehr aufspielen.

Verfügbarkeit der Laufwerke für die Sicherungsmedien

Die Wiederherstellung ausprobieren

Es ist gar keine schlechte Idee, den Ernstfall am Wochenende einmal durchzuspielen. Man beschafft am besten ein paar leere Festplatten und versucht, so schnell wie möglich den letzten Zustand wiederherzustellen. Auch die Rücksicherung einzelner Dateien sollte man ein paarmal ausprobiert haben. Wenn erst einmal ein Ernstfall eintritt, liegt eine Spannung in der Luft, die wenig Freiraum zum Nachdenken lässt. Hier ist dann Routine gefragt.

12.2 Das Bandlaufwerk

Devices für Bandlaufwerke

Leider sind die Einträge für das Bandlaufwerk im Verzeichnis **/dev** nicht auf allen Systemen gleich, und so ist es nicht ganz leicht, das Bandlaufwerk zu erkennen. Spätestens hier lässt sich nicht vermeiden, in das Systemhandbuch zu sehen. Für jeden Bandtyp ist normalerweise ein eigenes Device eingerichtet. Hinzu kommt, dass für das nicht rückspulende Laufwerk ein weiterer Eintrag, normalerweise mit einem n davor oder hinter dem Namen, vorgenommen wird. Tabelle 12.1 zeigt zwei Beispiele für Namen von SCSI-Bandlaufwerken.

Band rückspulend	Band ohne Spulen	System
/dev/rmt/1	/dev/rmt/1n	Sun Solaris
/dev/rmt/0mb	/dev/rmt/0mnb	HP-UX
/dev/rcrt0 /dev/rmt/0b	/dev/nrct0 /dev/rmt/0bn	SCO

Tabelle 12.1 Namen von Bandgeräten

Auch Bänder brauchen Performance

Die Geschwindigkeit eines Bandlaufwerks ist durchaus relevant. Die Datensicherung ist meist nicht in wenigen Minuten getan und setzt die Maschine während dieser Zeit weitgehend außer Gefecht. Darum sollten sowohl das Laufwerk als auch der Controller und der Computer höchste Leistung bringen.

Steuerung eines Bandlaufwerks: mt

Zur Ansteuerung des Bandlaufwerks wird das Programm mt[1] (magnetic tape) verwendet. Als Bandlaufwerk verwendet mt den Inhalt der Umgebungsvariablen TAPE oder das Device **/dev/tape**, das ein symbolischer Link auf das Standardlaufwerk ist. Man kann das Laufwerk auch mit der Option -f direkt angeben:

---

[1] Unter Mac OS X ist mt nicht verfügbar.

> **Syntax des Befehls mt zur Steuerung des Bandlaufwerks**
>
> mt -f /dev/<Bandlaufwerk> <Befehl>

Der Befehl `mt status` liefert Hinweise, ob das Laufwerk überhaupt ansprechbar ist. Der mt-Befehl `retension` spult das Band einmal nach vorn und wieder zurück. Soll nur zurückgespult werden, gibt es den Befehl `rewind`.

Befehle für mt

mt-Kommando	Wirkung
status	Testet, ob das Bandlaufwerk ansprechbar ist
rewind	Spult das Band zurück
retension	Spult das Band komplett nach vorn und wieder zurück
erase	Löscht das eingelegte Band

Tabelle 12.2 Kommandos des mt-Befehls

12.3 Dateisystem sichern: dump

`dump` ist ein recht altes Werkzeug in der UNIX-Umgebung. Es ist speziell auf die Datensicherung ausgelegt. Vor allem ist es in der Lage, komplette Dateisysteme zu sichern und inkrementelle Datensicherungsstrategien zu unterstützen.

Unter Solaris heißt der Befehl `dump` `ufsdump`. Konsequenterweise heißt der Befehl `restore` auch `ufsrestore`. Der dort existierende Befehl `dump` hat eine andere Aufgabe.

Vorsicht!

> **Dateisystemsicherung mit dump**
>
> dump <Level> <Dateisystem>

Nach dem Befehl `dump` wird mit einer Ziffer der Level der Sicherung bestimmt. Es folgen weitere Optionen. Wird die Option `u` verwendet, wird in der Datei **dumpdates** im Verzeichnis **/var/adm** oder **/etc** hinterlegt, wann welches Dateisystem gesichert worden ist. Die Option `f` erwartet einen weiteren Parameter, der den Ort des Bands beschreibt. Hier kann ein anderes als das Standardband angegeben werden. Es kann durch die Notation `host:/dev/tape` auch eine Sicherung über das Netz auf dem Computer `host` durchgeführt werden.

Der letzte Parameter gibt das zu sichernde Dateisystem an. In einigen Versionen von dump funktioniert alternativ die Angabe des mount points.

Mit dem folgenden Sicherungslauf wird das Dateisystem **/dev/vg00/lvol3** auf das Standardband gesichert:

```
hpsrv# dump 0 /dev/vg00/lvol3
/var/adm/dumpdates: No such file or directory
  DUMP: Date of this level 0 dump: Sun Dec 30 15:27:44 2001
  DUMP: Date of last level 0 dump: the epoch
  DUMP: Dumping /dev/vg00/rlvol3 (/home) to /dev/rmt/0m
  DUMP: This is an HP long file name filesystem
  DUMP: mapping (Pass I) [regular files]
  DUMP: mapping (Pass II) [directories]
  DUMP: estimated 1001 tape blocks on 0.03 tape(s).
  DUMP: dumping (Pass III) [directories]
  DUMP: dumping (Pass IV) [regular files]
  DUMP: DUMP: 1001 tape blocks on 1 tape(s)

  DUMP: DUMP: /dev/vg00/rlvol3 has 0 inodes with unsaved ...
  DUMP: DUMP IS DONE
  DUMP: Tape rewinding
hpsrv#
```

Rückspulen beachten Sollen mehrere Dateisysteme auf ein Band geschrieben werden, muss das Device des Bandgerätes so gewählt werden, dass es nicht zurückspult.

Daten zurück: restore

Der Befehl restore holt gesicherte Datenbestände zurück.

Komplette Rücksicherung Die Option -r sorgt für das komplette Einspielen der gesicherten Daten. Zuvor wird das Dateisystem, auf das die Daten sollen, neu mit mkfs (siehe Seite 292) erzeugt und per mount eingehängt. Mit cd wird in das Verzeichnis gewechselt, unter dem das Dateisystem eingehängt worden ist, und restore mit der Option -r aufgerufen. Bei einer inkrementellen Datensicherung sind auch die neuesten Bänder der jeweiligen Levels einzuspielen.

Interaktives Zurückholen Mit der Option -i können interaktiv einzelne Dateien zurückgeholt werden. restore holt den Katalog vom Band und setzt den Benutzer auf einen eigenen Prompt, in dem er die Standardbefehle ls, pwd und cd verwenden kann, als sei er auf einem Dateisystem. Mit dem Befehl add *Datei* wird die genannte Datei in die Liste der Dateien aufgenommen, die wieder zurückgeholt werden sollen. Mit dem Befehl extract startet das Zurückholen der Daten.

Im Beispiel wird die Datei **hello.cpp** aus dem Benutzerverzeichnis zurückgeholt. Zunächst wechseln Sie in das Verzeichnis, in dem die gesicherten Dateien später abgelegt werden sollen. In diesem Fall wurde ein Verzeichnis **restore** unter **/var** angelegt:

```
hpsrv# cd /var
hpsrv# mkdir restore
hpsrv# cd restore
hpsrv# restore i
restore > cd arnold
restore > ls
./arnold:
 .cshrc          .history        .profile        .sh_history     bad.tif
 .exrc           .login          .rhosts         a.out           hello.cpp

restore > add hello.cpp
restore > ls
./arnold:
 .cshrc          .history        .profile        .sh_history     bad.tif
 .exrc           .login          .rhosts         a.out           *hello.cpp

restore > extract
You have not read any tapes yet.
Unless you know which volume your file(s) are on you should
start with the last volume and work towards the first.
Specify next volume #:
Specify next volume #: 1
set owner/mode for '.'? [yn] n
restore > quit
hpsrv# ls
arnold
hpsrv# pwd
/var/restore
hpsrv# ll arnold
total 2
-rw-rw-rw-   1 arnold    users          45 Dec 20 21:43 hello.cpp
hpsrv#
```

Wie Sie sehen, werden die Dateien in einem Abbild der gesicherten Strukturen auf dem aktuellen Pfad abgelegt. Die Datei **hello.cpp** muss also noch in das Originalverzeichnis umkopiert werden.

Beispiel für eine Fernsicherung mit dump

Mit dump lässt sich der eigene Datenbestand auch über das Netz auf dem Bandgerät einer anderen Maschine sichern. Der rsh-Dämon (siehe

Seite 553) muss auf der Zielmaschine verfügbar und korrekt installiert sein. Bei einer Fernsicherung wird das Programm rmt auf dem entfernten Rechner benötigt, das von dump in **/etc/dump** gesucht wird. Auf der HP-UX-Maschine, die in diesem Fall als Zielmaschine dienen soll, befindet sich rmt aber im Verzeichnis **/usr/sbin**. Durch die Umgebungsvariable RMT kann der Pfad allerdings auf der Quellmaschine korrigiert werden:

```
gaston# RMT=/usr/sbin/rmt
gaston# export RMT
gaston# dump -0 -f hpsrv:/dev/rmt/0mb /dev/hda7
  DUMP: Connection to hpsrv established.
  DUMP: Date of this level 0 dump: Mon Feb  4 12:14:18 2002
  DUMP: Dumping /dev/hda7 (/home) to /dev/rmt/0mb on host hpsrv
  DUMP: Added inode 7 to exclude list (resize inode)
  DUMP: Label: none
  DUMP: mapping (Pass I) [regular files]
  DUMP: mapping (Pass II) [directories]
  DUMP: estimated 2598351 tape blocks.
  DUMP: Volume 1 started with block 1 at: Mon Feb  4 12:14:20 2002
  DUMP: dumping (Pass III) [directories]
  DUMP: dumping (Pass IV) [regular files]
  DUMP: 1.65% done at 142 kB/s, finished in 4:58
...
  DUMP: 75.61% done at 176 kB/s, finished in 0:59
  DUMP: write: No space left on device
  DUMP: End of tape detected
  DUMP: write: No space left on device
  DUMP: write: No space left on device
  DUMP: Closing /dev/rmt/0mb
  DUMP: Volume 1 completed at: Mon Feb  4 15:21:28 2002
  DUMP: Volume 1 1970350 tape blocks (1924.17MB)
  DUMP: Volume 1 took 3:07:08
  DUMP: Volume 1 transfer rate: 175 kB/s
  DUMP: Change Volumes: Mount volume #2
  DUMP: Is the new volume mounted and ready to go?: ("yes" or "no") yes
  DUMP: Volume 2 started with block 1970321 at: Mon Feb  4 16:57:21 2002
  DUMP: Volume 2 begins with blocks from inode 611797
  DUMP: 75.83% done at 39 kB/s, finished in 0:59
...
  DUMP: 98.40% done at 177 kB/s, finished in 0:03
  DUMP: 100.00% done at 177 kB/s, finished in 0:00
  DUMP: Closing /dev/rmt/0mb
  DUMP: Volume 2 completed at: Mon Feb  4 18:00:53 2002
  DUMP: Volume 2 668010 tape blocks (652.35MB)
  DUMP: Volume 2 took 1:03:32
  DUMP: Volume 2 transfer rate: 175 kB/s
  DUMP: 2638330 tape blocks (2576.49MB) on 2 volume(s)
  DUMP: finished in 14988 seconds, throughput 176 kBytes/sec
  DUMP: Date of this level 0 dump: Mon Feb  4 12:14:18 2002
  DUMP: Date this dump completed:  Mon Feb  4 18:00:53 2002
  DUMP: Average transfer rate: 175 kB/s
  DUMP: DUMP IS DONE
gaston#
```

Interessant an diesem dump ist, dass das Band zu Ende war. Daraufhin wird ein neues Medium angefordert und auf diesem weitergeschrieben.

dump fordert also automatisch zum Medienwechsel auf, wenn das Band voll ist.

Die Stärken und Schwächen von dump bestehen darin, dass es alle Dateien eines Dateisystems sichert. Man kann sich also nicht frei aussuchen, welche Verzeichnisse man sichern will. Soll also beispielsweise neben den im Beispiel verwendeten Benutzerverzeichnissen noch das Spoolverzeichnis des Mailsystems gesichert werden, ist dump überfordert. Es sei denn, das Spoolverzeichnis liegt ebenfalls auf einem eigenen Dateisystem.

Stärken und Schwächen

Die Fähigkeit von dump, Sicherungslevel zu verwalten, macht inkrementelle Sicherungen natürlich wesentlich einfacher. Sehr elegant ist die interaktive Rücksicherung einzelner Dateien.

12.4 tar (tape archiver)

Trotz seines Namens kann tar nicht nur mit dem Band, sondern auch mit Disketten, Wechselmedien und sogar Dateien als Ziel arbeiten. Der Vorteil von tar ist seine weite Verbreitung und Verfügbarkeit. tar wurde im Laufe der Jahre weiterentwickelt. Die Vorteile von tar sind:

- tar ist auf jeder Maschine verfügbar. Es gibt sogar einige Implementierungen auf anderen Betriebssystemen.
- tar ist eine ausgetestete Software.
- tar kann eine Sicherung über mehrere Medien verteilen.
- tar ist in vielen Implementierungen netzwerkfähig.

Die Nachteile von tar sind:

- tar kann (in seiner Grundversion) keine Gerätedateien und andere spezielle Dateien sichern, ist also nicht für die Systemsicherung geeignet.
- tar ist unflexibel bei der Rücksicherung einzelner Dateien.

Zusammensetzung des tar-Kommandos

Nach dem Befehl tar bestimmt der erste Buchstabe, welche Operation ausgeführt wird. Hier muss einer der Buchstaben c, x oder t auftauchen. Dabei bedeutet:

Operation

Zeichen	Bedeutung
c	Erzeuge ein Archiv.
x	Entpacke ein Archiv.
t	Lies das Inhaltsverzeichnis eines Archivs.

Tabelle 12.3 Operationsoptionen von tar

Bei den eigentlichen Optionen sind die folgenden von Bedeutung:

- **f** *sicherungsdatei*
  Mit f wird angegeben, dass die Sicherung in eine Datei erfolgen soll. Als Dateiname wird dann die Sicherungsdatei oder das Device angegeben, auf das gesichert werden soll.

- **v**
  zeigt alle gesicherten Dateien an. Daraus lässt sich leicht ein Sicherungsprotokoll erstellen.

- **z oder Z**
  gibt an, dass das Archiv komprimiert wird. Dadurch passt natürlich mehr auf das Band. Bei Maschinen mit schwacher CPU-Leistung ist allerdings zu prüfen, ob der Aufwand für die Komprimierung das Schreiben so weit verzögert, dass der Datenstrom abreißt. Das hat beim direkten Schreiben auf Bänder den Effekt, dass die Datensicherung um ein Vielfaches länger dauert. Bandgeräte brauchen einen möglichst kontinuierlichen Dateninput. Sobald eine Unterbrechung stattfindet, muss das Band stoppen, kurz zurückfahren, neu positionieren, um dann wieder zu starten, wenn neue Daten eintreffen.

- **M**
  arbeitet mit einem Medienwechsel. Ist beim Sichern das Medium voll, wird der Benutzer aufgefordert, das Medium zu wechseln und die Return-Taste zu drücken. Beim Rücksichern werden die erforderlichen Medien automatisch angefordert.

Als Beispiel soll hier das Verzeichnis **/home** gesichert werden. Ohne weitere Angabe verwendet tar das Standardbandgerät:

```
# cd /home
# tar cv .
a ./tacoss symbolic link to /users/tacoss
a ./willemer symbolic link to /users/willemer
a ./notes/.sh_history 4 blocks
a ./notes/.profile 1 blocks
a ./notes/server symbolic link to /opt/lotus/bin/server
```

```
a ./notes/.Xpdefaults 2 blocks
a ./notes/~console.tmp 1 blocks
a ./rossow/.sh_history 1 blocks
a ./rossow/.rhosts 1 blocks
a ./arnold/.cshrc 2 blocks
a ./arnold/.exrc 1 blocks
a ./arnold/.login 1 blocks
a ./arnold/.profile 1 blocks
a ./arnold/.sh_history 5 blocks
a ./arnold/.rhosts 1 blocks
a ./arnold/bad.tif 1813 blocks
a ./arnold/a.out 41 blocks
a ./arnold/hello.cpp 1 blocks
a ./arnold/.history 1 blocks
#
```

Absoluter oder relativer Pfad?

Die vorangegangene Ausgabe von tar zeigt, dass diese Version von tar relative Pfade abspeichert. Manche Versionen speichern immer den absoluten Pfad. Sollen die Dateien beim Restaurieren an eine andere Stelle kommen, empfiehlt es sich, die Option A auszuprobieren. Sie entfernt bei solchen Systemen normalerweise den führenden Schrägstrich beim Sichern und Zurücksichern.

tar xv holt alles zurück

Das Zurückholen aller Dateien ist relativ einfach. Man wechselt per cd in das Zielverzeichnis und ruft tar mit der Option x auf. Wer sehen möchte, was zurückgeholt wird, gibt noch zusätzlich v an.

Sollen dagegen bestimmte Dateien zurückgeholt werden, ist das etwas komplizierter. Hinter tar xv lassen sich diejenigen Dateien angeben, die man zurückholen möchte. Allerdings wünscht sich tar den kompletten Pfad, so wie er beim Sichern angegeben wurde. Will man also die Datei **arnold/hello.cpp** zurückholen, lautet der Befehl:

```
# tar xv ./arnold/hello.cpp
x ./arnold/hello.cpp, 64 bytes, 1 tape blocks
#
```

Dagegen scheitert der Versuch, als Parameter **arnold/hello.cpp** anzugeben, obwohl das inhaltlich das Gleiche ist. Unter diesem Namen ist die Datei eben nicht gespeichert worden. Sämtliche Versuche, diese Version von tar dazu zu bewegen, mit Wildcards zu arbeiten, scheitern. Das einzige Zugeständnis ist, dass man den Pfadnamen **./arnold** verwenden kann und alle darunter liegenden Dateien und Verzeichnisse restauriert werden:

```
# tar xv ./arnold
x ./arnold/.cshrc, 814 bytes, 2 tape blocks
x ./arnold/.exrc, 347 bytes, 1 tape blocks
x ./arnold/.login, 341 bytes, 1 tape blocks
x ./arnold/.profile, 446 bytes, 1 tape blocks
x ./arnold/.sh_history, 2538 bytes, 5 tape blocks
x ./arnold/.rhosts, 7 bytes, 1 tape blocks
x ./arnold/bad.tif, 928109 bytes, 1813 tape blocks
x ./arnold/a.out, 20524 bytes, 41 tape blocks
x ./arnold/hello.cpp, 64 bytes, 1 tape blocks
x ./arnold/.history, 212 bytes, 1 tape blocks
#
```

Sie ahnen es schon: Der nackte Parameter **arnold** ohne ./ scheitert. Das besonders Ärgerliche an diesen scheiternden Versuchen ist, dass man sie erst feststellt, wenn das ganze Band durchsucht worden ist, was einige Zeit dauern kann.

Einige Versionen von `tar` können mehr. Das betrifft insbesondere die GNU-Version. Hier ein Beispiel:

```
gaston> tar xvf /dev/fd0 "*syslog.tex"
unprog/syslog.tex
gaston>
```

GNU `tar` hat keinerlei Probleme mit Wildcards. Wer oft mit `tar` arbeitet und häufiger einzelne Dateien zurückholen muss, sollte prüfen, ob es GNU `tar` für sein System gibt.

Fazit: Gerade das Zurückholen einzelner Dateien ist nicht trivial und von der Implementierung von tar abhängig. Hier sollten Sie sich vor dem Fall der Fälle aus den Manpages und dem Systemhandbuch informieren und am besten den Vorgang einmal ausprobieren.

Die Steuerungsdatei /etc/default/tar

Die `tar`-Implementation von SCO und SINIX verwendet eine Steuerungsdatei namens **/etc/default/tar**. Dort sind die verschiedenen Diskettenvarianten und einige Bandgeräte mit Kapazität und Device durchnummeriert aufgezählt. Die entsprechende Zahl wird dann im `tar`-Aufruf verwendet. Der Vorteil dieses Verfahrens ist, dass `tar` die Größe seiner Bänder kennt.

Unterschiede in der Syntax

Angenommen Sie wollen das Verzeichnis **/usr/bin** mit allen Unterverzeichnissen sichern und wieder zurückladen. Zunächst wechseln Sie mit dem Befehl `cd /` in das Rootverzeichnis. Dann wird der jeweils passende Befehl aus Tabelle 12.4 verwendet.

	Sichern	Laden
Linux	tar cf /dev/tape /usr/bin	tar xf /dev/tape
SCO	tar c8 /usr/bin	tar x8

Tabelle 12.4 Variationen von tar

Netzwerksicherung per tar

Nicht immer dokumentiert, aber meist implementiert ist, dass `tar` in der Lage ist, Dateien über das Netzwerk zu sichern. Dafür geben Sie gegenüber `tar` als Bandlaufwerk das Device einer anderen Maschine als Ziel der Datensicherung an. Dabei wird der Hostname, gefolgt von einem Doppelpunkt und dem dortigen Device, als Ziel verwendet. Diese Namensgebung für Netzobjekte folgt der Syntax des Befehls `rcp` (remote copy; siehe Seite 551). Die Nomenklatur kommt nicht von ungefähr, da beide Programme über eine Pipe über `rshd` (siehe Seite 553) implementiert sind.

Netzwerksicherung über rshd

```
tar cf idefix:/dev/tape /usr/bin
```

Das lokale Verzeichnis **/usr/bin** wird auf das Bandlaufwerk der Maschine idefix gesichert. Da die Sicherung über den `rshd` erfolgt, muss natürlich auch die Berechtigungskonfiguration in der Datei **.rhosts** stimmen.

12.5 cpio

`cpio` ist ein weiteres Programm zur Datensicherung. Es ist sehr flexibel, was die Bestimmung der Dateien angeht, die zu sichern sind, und der Dateien, die wieder zurückzuholen sind. `cpio` hat eine etwas ungewohnte Syntax, da es die zu sichernden Dateien dem Standardeingabekanal entnimmt.

`cpio` behält in der Standardversion weder die Uhrzeit noch den Eigner oder die Rechte der Dateien. Per Option kann allerdings für die gesicherte Datei der Originalzeitpunkt nach der Rücksicherung wiederhergestellt werden. Die Gerätedateien und andere spezielle Dateien lassen sich nur mit Administratorrechten und entsprechend gesetzter Option sichern bzw. wiederherstellen.

Sichert nicht die Dateieigenschaften

Sichern, ansehen und zurückholen

`cpio` entnimmt die Namen der zu sichernden Dateien der Standardeingabe. Dabei muss jeder Dateiname in einer eigenen Zeile stehen. Damit steht der Befehl `cpio` typischerweise an zweiter Stelle in einer Pipe

Daten sichern

und verwendet beim Sichern die Option -o. An erster Stelle kann jeder beliebige UNIX-Befehl stehen, der eine Dateiliste erzeugt. Das kann ls sein; dann werden die Dateien des aktuellen Verzeichnisses gesichert, allerdings nicht dessen Unterverzeichnisse. Will man alle Dateien im Unterverzeichnis sichern, stellt man den Befehl find voran. Durch dessen flexible Möglichkeiten kann sehr fein selektiert werden, welche Dateien gesichert werden sollen. Bei ganz besonders kuriosen Dateizusammenstellungen lässt sich die Dateiliste auch in eine Datei stellen und deren Inhalt mit dem Befehl cat ausgeben.

Das Ergebnis, also die Ausgabe von cpio, geht zu **stdout** und wird durch die Ausgabeumlenkung (>) auf das Sicherungsdevice oder die Archivdatei umgeleitet. Wieder soll das Verzeichnis **/home** mit allen Unterverzeichnissen gesichert werden:

```
hpsrv# cd /home
hpsrv# find . -print | cpio -o >/dev/rmt/0mb
(Using tape drive with immediate report mode enabled (reel #1).)
1870 blocks
hpsrv#
```

Dieser Befehl sichert alle Dateien unterhalb des aktuellen Verzeichnisses auf das Bandgerät. Nun soll betrachtet werden, was alles auf dem Band vorhanden ist. Dazu wird die Option -it verwendet. Das Sicherungsgerät wird als Standardeingabe verwendet:

```
hpsrv# cpio -it </dev/rmt/0mb
.
lost+found
tacoss
willemer
notes
notes/.sh_history
notes/.profile
notes/server
notes/.Xpdefaults
notes/~console.tmp
rossow
rossow/.sh_history
rossow/.rhosts
arnold
arnold/.cshrc
arnold/.exrc
arnold/.login
arnold/.profile
arnold/.sh_history
```

```
arnold/.rhosts
arnold/bad.tif
arnold/a.out
arnold/hello.cpp
arnold/.history
1870 blocks
hpsrv#
```

Um die ganze Sicherung zurückzuholen, wird fast die gleiche Befehlskombination verwendet wie beim Auslesen des Verzeichnisses. `-i` bewirkt das Lesen der Sicherung, und `-d` bewirkt, dass auch Verzeichnisse erstellt werden. Das Auslesen geschieht im aktuellen Verzeichnis. Vor dem Auspacken muss also in das Zielverzeichnis gewechselt werden:

```
hpsrv# cpio -id </dev/rmt/0mb
1870 blocks
hpsrv#
```

Im letzten Beispiel soll nun als einzige Datei `hello.cpp` vom Band geholt werden. An dieser Stelle zeigt `cpio` seine große Flexibilität. Im Anschluss an die Option wird in Hochkommata das Muster der gesuchten Dateinamen angegeben. Dabei können Wildcards verwendet werden.

```
hpsrv# rm -r *
hpsrv# cpio -id '*hello*' </dev/rmt/0mb
1870 blocks
hpsrv# ll
total 2
drwxrwxrwx   2 arnold    users         1024 Dec 31 01:46 arnold
hpsrv# ll arnold
total 2
-rw-rw-rw-   1 arnold    users           64 Dec 31 01:46 hello.cpp
hpsrv#
```

Wichtige Optionen

Je nach Version von `cpio` gibt es unterschiedliche Optionen. Genaueres findet sich in den Manpages. Die hier genannten Optionen dürften in jeder Version zu finden sein:

- **m**
  behält die Modifikationszeit des gesicherten Originals bei. Wirkt nicht auf Verzeichnisse.

- **d**
  erzeugt beim Rücksichern die notwendigen Verzeichnisse.

▶ u

ersetzt durch die Rücksicherung auch eine neuere Datei als die, die im Archiv steht.

▶ x

sichert auch Gerätedateien und andere spezielle Dateien.

Verzeichniskopie via cpio

Auch mit dem Befehl cpio lassen sich komplette Verzeichnisse kopieren. Dabei ist zu beachten, dass alte Versionen von cpio bei der Kopie die Dateieigenschaften nicht erhalten können:

Verzeichniskopie
find <*Quellverzeichnis*> -depth -print | cpio -pdm <*Zielverzeichnis*>

In der Praxis wird man in das Quellverzeichnis wechseln und als Parameter einen Punkt angeben. Andernfalls wird der Quellverzeichnisname mit übertragen und an das Zielverzeichnis angehängt.

12.6 Medien kopieren: dd

dd ist ein Kopierprogramm, das von »Input File« (if) nach »Output File« (of) schreibt. Dabei kann der In- und Output sowohl eine Datei als auch ein Device sein. Auf diese Weise kann dd eine Diskette auf eine Datei übertragen, um sie hinterher wieder auf eine Diskette zu transferieren.

```
dd if=/dev/fd0 of=dumpfile
dd of=/dev/fd0 if=dumpfile
```

Disketten fremder Systeme kopieren

dd muss das Format, mit dem das Medium beschrieben wurde, nicht unbedingt beherrschen, es muss die Diskette nur direkt lesen können. So lassen sich sogar Mac-Disketten auf einer Linux-Maschine kopieren. Da die von dd erzeugte Datei (hier dumpfile) eine Datei ist wie jede andere, kann man sie per E-Mail verschicken oder auf CD brennen und jederzeit wieder eine Diskette daraus machen. Dies ist besonders bei bootfähigen Disketten interessant.

Partitionen sichern

Aufgrund der ständig steigenden Virengefahr gehen mehr und mehr Windows-Benutzer dazu über, eine Sicherheitskopie ihrer Windows-Installation anzufertigen und diese im Falle eines Falles direkt wieder zurückzuspielen. Dies ist mit Bordmitteln von UNIX leicht gemacht.

```
dd if=/dev/hda1 of=/media/disk/windowssicher.dd
```

In diesem Fall wurde die erste Partition der ersten IDE-Festplatte vollständig auf eine externe USB-Festplatte kopiert. Eine Rücksicherung geht auf dem gleichen Weg, nur umgekehrt.

```
dd if=/media/disk/windowssicher.dd of=/dev/hda1
```

Kritischer ist eine Übernahme auf eine andere Festplatte. Bei einem Versuch beim Austausch einer Notebookfestplatte funktionierte das Verfahren. Das Problem ist allerdings, dass eine Partition mit exakt gleicher Größe auf der neuen Festplatte aufgrund unterschiedlicher Geometrie normalerweise nicht angelegt werden kann.

Übernahme auf andere Festplatte

Die Sicherungsdatei ist allerdings immer exakt so groß wie die Partition. Mit einer anschließenden Komprimierung lässt sich allerdings Platz sparen. Dennoch hat dieses Verfahren den Nachteil gegenüber den kommerziellen Windows-Produkten, dass dd die innere Struktur der Partition nicht kennt und so auch den freien Platz der Festplatte mitsichert.

Der Master Boot Record enthält nach einer erfolgreichen Installation ein Startmenü, über das zwischen einem Start von Windows oder Linux ausgewählt wird. Leider führen Nachinstallationen von Windows leicht zur Zerstörung dieses Menüs. Mit dem Befehl dd lässt sich dieser Bereich leicht sichern, da er am Anfang der Festplatte liegt.

MBR sichern

```
dd if=/dev/hda bs=512 count=1 of=/mbr.img
```

Soll die Festplatte an einen armen Windows-Anwender weitergegeben werden, könnte dieser nicht wissen, wie er den MBR wieder zurücksetzt. Auch ihm kann der Befehl dd helfen, indem aus dem Pseudogerät **zero** lauter Nullen in den MBR übertragen werden.

```
dd if=/dev/zero of=/dev/hda1 bs=1 count=446 conv=notrunc
```

12.7 Das Sicherungstool AMANDA

Das Open-Source-Projekt AMANDA (Advanced Maryland Automatic Network Disk Archiver) ist ein Werkzeug zur Sicherung kompletter Netzwerkumgebungen. Im Zentrum einer solchen Architektur steht der Backupserver, auf dem die Backupmedien liegen. Er erstellt von den angeschlossenen Clients die zu sichernden Images über das Netzwerk, speichert sie gegebenenfalls auf lokalen Festplatten zwischen und schreibt sie anschließend auf Band. AMANDA hat kein eigenes Datensicherungsformat, sondern verwendet die maschineneigenen Datensicherungsmethoden.[2]

Generieren

AMANDA ist als Quelltextdistribution erhältlich und muss selbst übersetzt werden. Nach dem Auspacken wird mit dem beigefügten `configure` die Software an die Maschine angepasst. Dabei müssen auch der Benutzer und die Gruppe angegeben werden. Soll dies unter dem Benutzer amanda und der Gruppe dasi erfolgen, wird folgender Aufruf abgesetzt:

```
hpsrv# ./configure --with-user=amanda --with-group=dasi
```

Anschließend werden die Quellen übersetzt und die erzeugten Binaries installiert. Dazu braucht die Zielmaschine mindestens einen C-Compiler sowie `lex` und `yacc` bzw. deren GNU-Varianten `flex` und `bison`.

```
hpsrv# make
hpsrv# make install
```

amanda.conf

Standardmäßig sucht AMANDA seine Konfigurationsdatei **amanda.conf** im Verzeichnis **/var/lib/amanda/DailySet1**. SUSE legt die Konfiguration in das Verzeichnis **/etc/amanda/DailySet1**. Als gute Vorlage gibt es eine Beispielkonfiguration. Dabei sind einige Einträge anzupassen. In erster Linie muss das Bandlaufwerk eingetragen werden. Hier wird mit dem Parameter `holdingdisk` eingestellt, dass die Festplatte als Zwischenspeicher verwendet werden soll. Schließlich wird beispielsweise `comp-root-tar` als Art der Datensicherung definiert. In der Definition wird sich wiederum auf root-tar bezogen. Eine Vielzahl von Beispielen ist in der Datei schon vorhanden, sodass Sie wahrscheinlich sogar etwas Passendes finden.

```
tapetype HP-DAT
tapedev "/dev/rtm/0mnb"  # war: "/dev/null"

holdingdisk hd1 {
    directory "/u/amanda"
    use 1000 Mb
}

define dumptype root-tar {
    global
    program "GNUTAR"
    comment "root partitions dumped with tar"
    compress none
```

---

2 vgl. Nemeth, Evi/Snyder, Garth/Seebass, Scott/Hein, Trent R.: UNIX Systemverwaltung. Markt+Technik – Prentice Hall, München, 2001. S. 257–273, sowie Schmidt, Fabian: Backup ohne Klicks. Linux Magazin 05/2002. S. 52–54.

```
    index
    exclude list "/usr/local/lib/amanda/exclude.gtar"
    priority low
}

define dumptype comp-root-tar {
    root-tar
    comment "Root partitions with compression"
    compress client fast
}
```

Die Datei **/var/lib/amanda/.amandahosts** enthält eine Liste der Anwender und ihre Hosts, die Zugriffsrechte haben. Zum Beispiel:

.amandahosts

```
gaston      amanda
gaston      root
hpsrv       amanda
hpsrv       root
```

Im gleichen Verzeichnis befindet sich eine Datei **disklist**, die alle zu sichernden Festplatten und die Maschinen angibt. Der erste Eintrag betrifft die Maschine sol. Das Festplattendevice heißt **/dev/sd0a**. Der Sicherungstyp comp-root wird in der Datei **amanda.conf** festgelegt. Die zweite Zeile sichert das Dateisystem **/dev/hda5** nach dem gleichen Verfahren:

disklist

```
sol sd0a comp-root-tar
gaston hda5 comp-root-tar
```

Im Client-Server-Betrieb müssen natürlich die passenden Einträge in die Datei **/etc/services** geschrieben werden.

```
amanda          10080/tcp       # AMANDA backup services
amanda          10080/udp       # AMANDA backup services
```

Und ein Eintrag in die Datei **/etc/inetd.conf** ist auch erforderlich:

```
amanda dgram udp wait amanda /usr/lib/amanda/amandad amandad
```

Für Rechner mit MS Windows gibt es keinen Client für AMANDA. Sie lassen sich sichern, indem man sie per SAMBA (siehe Seite 590) ins Netz holt und von der entsprechenden UNIX-Maschine aus sichert.

Nach der erfolgreichen Konfiguration wird das ganze Gebilde geprüft. Dazu melden Sie sich als Benutzer amanda an und verwenden den Befehl amcheck, der als Parameter den reinen Dateinamen ohne Pfad der Konfigurationsdatei haben muss. Im Beispiel ist das **DailySet1**. Mit dem Befehl amlabel wird dem Band ein Name gegeben. Mit dem Befehl amdump erfolgt die eigentliche Datensicherung. Normalerweise wird man diesen Befehl in der **crontab** unterbringen.

amrecover   Die Datenrückholung erfolgt mit dem Befehl `amrecover`. Das Verfahren läuft dann so ab wie beim Befehl `recover`, der im Abschnitt zu `dump` bereits beschrieben wurde.

Die Homepage von AMANDA bietet nicht nur Möglichkeiten zum Download der Software, sondern auch eine »FAQ-O-Matic« und eine ausführliche Dokumentation.

Quelle: http://www.amanda.org

12.8 Kommerzielle Datensicherungen

Der Markt stellt diverse Programme zur Datensicherung zur Verfügung, die die Nischen füllen, die durch die Standardwerkzeuge nicht abgedeckt werden. Wer auch mit AMANDA noch offene Wünsche hat, sollte sich die Produkte am Markt genauer ansehen. Dabei lohnt es sich, per Suchmaschine nach den Produkten und Erfahrungen zu stöbern. Hin und wieder hört man, dass Werbung und Realität ein wenig auseinanderklaffen. Im Zweifelsfall können Sie eine Testinstallation vereinbaren. Viele Softwareanbieter akzeptieren dies.

Veritas ist ein recht bekanntes Backup-System, das viele Plattformen unterstützt.

Tivoli Storage Manager (TSM) wurde einst von IBM als Adstar Distributed Storage Manager (ADSM) gekauft. Auch wenn die Bedienung gewöhnungsbedürftig ist, gilt das System als zuverlässig.

Legato hat im heterogenen Umfeld einige Probleme, die vielleicht inzwischen beseitigt sind.[3]

12.9 Beispiel für eine Sicherung auf CD-RW

Um die Daten meiner Workstation auf CD-RW zu sichern, habe ich mir ein kleines Skript geschrieben, das ein Verzeichnis mit meinen Daten sichert.

---

3 vgl. Nemeth, Evi/Snyder, Garth/Seebass, Scott/Hein, Trent R.: UNIX Systemverwaltung. Markt+Technik – Prentice Hall, München, 2001. Seite 275.

Die beiden Variablen SAVEDIR und STARTDIR müssen an den jeweiligen Bedarf angepasst werden. SAVEDIR ist das Verzeichnis, das alle sichernswerten Daten enthält. Ich habe zu diesem Zweck ein Verzeichnis namens **my** im Benutzerverzeichnis angelegt. Soll eine neue CD-RW bearbeitet werden, wird das Skript mit dem Parameter `blank` aufgerufen. Dann wird die CD-RW gelöscht. Darüber hinaus gibt es keine Abhängigkeiten vom Medium. Es können also auch einfache CD-Rohlinge benutzt werden.

Konfigurationsvariablen SAVEDIR und STARTDIR

Da ich nicht so viele Daten zu sichern habe, um eine komplette CD zu füllen, schreibt das Skript mehrere Sicherungen auf eine CD und verwendet dafür Multisession. Um die verschiedenen Sicherungsstände leichter erkennen zu können, wird ein Link angelegt, dessen Name aus dem aktuellen Datum generiert wird. Der Link zeigt auf das Verzeichnis, das die Variable SAVEDIR bezeichnet. Um den Link mitsichern zu können, benötigt man ein leeres Verzeichnis, in dem der Link angelegt wird und das komplett gesichert werden kann. Dies wird in STARTDIR abgelegt. Vorsicht! Das Skript löscht den Inhalt beim Start, um Reste alter Sicherungen zu beseitigen.

Mehrere Sicherungen auf einer CD

```sh
#!/bin/sh
# cddasi: Datensicherung auf CD-R und CD-RW
# (C) Arnold Willemer 5.1.2002
#
# Das Verzeichnis STARTDIR ist das Arbeitsverzeichnis des
# Skripts.
# !!!!!! $STARTDIR wird zu Anfang vollständig gelöscht !!!!!!
# Hier wird ein Link auf das Verzeichnis SAVEDIR gelegt und mit
# dem aktuellen Datum versehen. Auf diese Weise wird bei jeder
# Session ein neues Verzeichnis erzeugt, dessen Datum im
# Verzeichnisnamen steht.

STARTDIR=/home/arnold/bin/savedir
SAVEDIR=/home/arnold/my
SPEED=2
DEV=0,3,0

# Räume das Startverzeichnis, und lege den Arbeitslink an
cd $STARTDIR
rm *
ln -s $SAVEDIR `date +"%Y%m%d"`

# Auswertung des ersten Parameters
case "$1" in
 "blank" )
    mkisofs -J -R -f -o image.iso $STARTDIR
```

```
      cdrecord -v speed=$SPEED dev=$DEV -blank=fast -multi \
              image.iso
    ;;
  "new" )
    mkisofs -J -R -f -o image.iso $STARTDIR
    cdrecord -v speed=$SPEED dev=$DEV -multi image.iso
    ;;
  "last" )
    TRACKPOS=`cdrecord -msinfo dev=0,3,0`
    mkisofs -J -R -f -o image.iso -C $TRACKPOS -M $DEV $STARTDIR
    cdrecord -v speed=$SPEED dev=$DEV image.iso
    ;;
  * )
    TRACKPOS=`cdrecord -msinfo dev=0,3,0`
    mkisofs -J -R -f -o image.iso -C $TRACKPOS -M $DEV $STARTDIR
    cdrecord -v speed=$SPEED dev=$DEV -multi image.iso
esac
```

Zu guter Letzt muss natürlich noch vor dem Start das Device für den Brenner, der bei mir die SCSI-ID 3 hat, in der Variablen DEV angepasst werden. In der Variablen SPEED wird festgelegt, mit welcher Geschwindigkeit gebrannt wird.

Das Skript cddasi akzeptiert alternativ einen Parameter:

- **blank**
  Wird eine CD-RW eingelegt, die gelöscht werden soll, muss dieser Parameter gewählt werden.

- **new**
  Eine neue CD-R oder eine neue CD-RW, die noch nicht beschrieben war, wurde eingelegt. In beiden Fällen wird nicht versucht, die TRACKPOS zu bestimmen, was zu einem Abbruch führen würde.

- **last**
  Egal, ob CD-R oder CD-RW – mit dem letzten Sichern sollte die CD abgeschlossen werden. Nach der Verwendung von last kann nicht mehr darauf gebrannt werden.

- *****
  Wird kein Parameter angegeben oder etwas anderes als die oben genannten Parameter, erfolgt eine normale Sicherung. Von der CD wird ermittelt, an welche Position gebrannt werden muss, und es wird per multi auf die CD-R oder CD-RW gebrannt.

12.10 Archivierung

Häufig werden Datensicherung und Archivierung in einem Atemzug genannt. Dabei sind aber ein paar Unterschiede zu berücksichtigen. Eine Datensicherung enthält die Daten der letzten Tage und Wochen. Selten sind die Daten über Monate oder gar Jahre gesichert. Der Zweck einer Datensicherung ist der Schutz vor einem Datenträgerausfall oder der Zerstörung von Daten.

Eine Archivierung ist langfristiger angelegt. Beispielsweise fordert das Finanzamt, dass bestimmte Daten bis zu zehn Jahre aufgehoben werden. Nicht selten sind auch deutlich längere Zeiten gefordert. Die lange Dauer der Aufzeichnung erfordert, dass das Medium, das Aufzeichnungsformat und das Lesegerät auf lange Zukunft ausgelegt sind.

Langfristig

Wir sind es gewöhnt, dass Bücher und Schriftstücke Jahrhunderte überstehen. Dies wird auch von den digitalen Medien erwartet. Leider ist eine derartige Dauerhaftigkeit nicht zu erwarten. Gedruckte Bücher gibt es seit 500 Jahren und diese sind oft noch gut erhalten, Pergamente haben Jahrtausende überstanden und Steininschriften sowieso. EDV-Medien blicken da auf eine deutlich kürzere Vergangenheit zurück. Seit den 70er Jahren gab es 8-Zoll-Disketten. Anfang der 80er galten die 5,25 Zoll als die Standardgröße und seit Mitte der 80er gab es die 3,5-Zoll-Disketten. Die Daten-CDs kamen erst später auf Und erst seit Mitte bis Ende der 90er Jahre werden CDs zur Datensicherung gebrannt.

Medium

Viele der Datenträger basieren allerdings auf Magnetismus. Aber Magnetisierungen lassen im Laufe der Jahre nach. Und dies gilt umso mehr, je höher die Schreibdichte des Mediums ist. Damit sind Disketten, Bänder und Festplatten potenziell gefährdet. Um die so gespeicherten Daten langfristig zu erhalten, müssen sie rechtzeitig kopiert werden. Was unter »rechtzeitig« zu verstehen ist, hängt sicher vom Datenträger ab. Als ich mein erstes Diskettenlaufwerk für den Apple II einsetzte, hieß es, Disketten würden nach fünf Jahren ihre Daten verlieren. Aus Sicherheitsgründen sollte man alle zwei Jahre alle Disketten kopieren. Wenn ich aber heute die zwanzig Jahre alten Disketten im Apple II lese, habe ich nur sehr selten einen Lesefehler.

Magnetdatenträger

CDs und DVDs werden mit Licht ausgelesen, sind also gegen magnetische Felder weitestgehend immun. Ihre Feinde sind Wärme und Licht. Werden die Träger verformt, sind sie nicht mehr lesbar. Das Risiko erhöht sich, wenn man Aufkleber auf die Scheiben bringt. Der Kunststoff kann blind werden, so dass er den Laserstrahl nicht mehr beliebig durch-

Optische Medien

lässt. Auch über CDs sind Gruselgeschichten über ihren Zerfall in Umlauf, die sich mit meinen Erfahrungen nicht decken. Interessanterweise sind diejenigen, die die CD madig machen, oft die Hersteller alternativer Sicherungsmedien. CDs unterliegen natürlich einem gewissen Verschleiß. Gebrannte Daten-CDs sind am gefährdetsten. Die selbstgebrannte CD ist nicht so robust wie eine gepresste CD. Und einer Audio-CD wird man einzelne Datenausfälle gar nicht anmerken. Sind dagegen bei einer Daten-CD nur wenige Bits nicht wieder herstellbar, hat dies sofort Auswirkungen.

Lesegeräte Vor einigen Jahren noch galten magneto-optische Medien als das ideale Archivierungsmedium. Als ich 1994 für diese Geräte Treiber schrieb, wurde gerade von 8 Zoll auf 5 1/4 Zoll umgestellt. Später gab es dann auch 3,5 Zoll Medien. Bereits zehn Jahre später konnte man ein solches Laufwerk bestenfalls noch gebraucht aus alten Beständen erstehen. Es zeugt also nicht von Paranoia, wenn Sie ein passendes Lesegerät ins Archiv zu Ihren Medien legen.

Formate Bei einem Kunden hatten wir ein komprimierendes DAT-Bandlaufwerk ersetzt und mussten feststellen, dass zwei unterschiedliche Hersteller zwar die direkt gesicherten Bänder des jeweils anderen Herstellers lesen konnten, aber unterschiedlich komprimierten. Seit dieser Zeit lasse ich die Software die Komprimierung durchführen. Das gute, alte UNIX-Programm `compress` ist zwar beispielsweise unter Linux heute nicht mehr verfügbar, aber die komprimierten Dateien lassen sich mit `gzip` auch heute noch lesen. Standardprogramme wie `tar`, `cpio` oder auch `zip` werden mit großer Wahrscheinlichkeit auch in einigen Jahrzehnten noch lesbar sein. Ob dies für `rar` oder `bz2` gilt, ist nicht ganz sicher. Mein Lieblingspacker auf dem Atari ST ist heute auch nicht mehr verfügbar.

Sicherheitsreserve Privatleute und kleine Firmen sollten über diesen etwas ungewöhnlichen Tipp nachdenken: Wenn es auf Sicherheit ankommt, drucken Sie Ihre Informationen einfach aus und legen Sie den Ausdruck dem Datenträger bei. Das mag altertümlich wirken und auch viel Platz verbrauchen. Aber Sie sehen auf den ersten Blick, wenn Ihre Daten flüchten. Und ein geeignetes Lesegerät werden Sie auch in vielen Jahren noch mühelos beim Optiker auftreiben können.

Datenflut Für die größeren Unternehmen wird es dagegen notwendig sein, nach Storage-Lösungen zu schauen, die regelmäßige Erneuerungskopien und Prüfungsverfahren garantieren, dass die anvertrauten Daten auch morgen noch lesbar sind. Es steht zu vermuten, dass die Archivierungspflichten eher zunehmen werden. Immerhin steht zu hoffen, dass aufgrund der steigenden Datenflut solche Systeme immer billiger werden.

*»Und gibt es keine Klempner mehr,
Na, dann werd' ich halt Installateur.«*
Reinhard Mey

13 Installationen

Installationen sind Sache des Administrators. Beim Betriebssystem ist das naheliegend. Bei Softwareinstallationen müssen Dateien in geschützte Bereiche geschrieben werden. Das darf nur der Administrator. Dafür kommt die Software dann allen zugute.

13.1 Software installieren

Die Installation von Software, auch von Anwendungssoftware, ist unter UNIX Aufgabe des Administrators. Die Programme und ihre Dateien werden in Bereichen abgelegt, die ein Anwender nicht verändern darf. Dazu gehören beispielsweise **/etc** oder **/usr/bin**. Das scheint zunächst umständlich, hat aber den Vorteil, dass kein Anwender und damit auch kein Schädling, den ein Anwender einschleppt, die Programme sabotieren kann.

Es ist durchaus möglich, dass ein Anwender in seinem Arbeitsbereich eigene Software installiert, wenn die Installationssoftware es zulässt, in einem Benutzerverzeichnis zu installieren. Dann steht diese Software aber nur dem installierenden Anwender zur Verfügung. Bei Mehrbenutzersystemen werden solche Installationen aus nahe liegenden Gründen nicht gern gesehen. Aber auch auf einem Notebook, das nur einen Benutzer hat, sollte die klassische Form der Softwareinstallation über den Administrator bevorzugt werden. Immerhin ist dadurch eine nachträgliche Manipulation durch Schädlinge ausgeschlossen.

Lokale Installation

Unter UNIX haben sich im Laufe der Zeit unterschiedliche Verfahren herausgebildet, um Software zu installieren. Dabei sind folgende Verfahren von Bedeutung:

13 | Installationen

▶ **tar**
Einige Programme werden als tar-Datei ausgeliefert. Manchmal wird sie zuvor noch komprimiert und hat dann die Endung tgz. Im Allgemeinen reicht es dann, das Paket an der korrekten Stelle im Verzeichnisbaum mit dem Befehl tar (siehe Seite 339) auszupacken. Dieses Verfahren ermöglicht keine Aktionen, sondern nur ein Verteilen der Daten über den Verzeichnisbaum und ist heutzutage eher selten anzutreffen.

▶ **make**
Hier wird meist ebenfalls eine gepackte tar-Datei ausgeliefert. Nach dem Auspacken wird das Programm make verwendet, um die Software zu installieren. Im Makefile sind statt der üblichen Compileraufrufe Kopier- und Entpackanweisungen. Der Vorteil dieses Verfahrens ist seine Portabilität. Der Nachteil einer solchen Vorgehensweise ist, dass eine saubere Deinstallation oder ein Update nicht möglich ist, sofern sie der Lieferant nicht explizit vorgesehen hat.

▶ **Solaris Packages**
Die Software ist zu speziellen Paketen gepackt. Sie wird mit dem Befehl pkgadd installiert und mit pkgrm deinstalliert.

▶ **HP-UX**
Der Software-Agent von HP-UX kann zu einem System für eine Ferninstallation ganzer HP-UX-Netze ausgebaut werden.

▶ **rpm**
Diese Software ist unter Linux, insbesondere von Red Hat, entwickelt worden und hat sich weitgehend als Standard in diesem Bereich etabliert. Der zentrale Befehl zur Installation und Deinstallation heißt rpm.

13.1.1 make als Installationswerkzeug

Das Programm make (siehe Seite 868) eignet sich zur Installation von Softwarepaketen. Es hat sich inzwischen bewährt, als Parameter install anzugeben, um eine Installation durchzuführen. Da inzwischen fast alle Systeme spezielle Programme für die Softwareinstallation besitzen, findet man make fast nur noch dort, wo Pakete im Quelltext ausgeliefert werden, also insbesondere im Open-Source-Bereich.

Auspacken   Die Auslieferung im Quelltext bietet den Vorteil, dass sich ein Softwarepaket für alle Systeme erstellen lässt. Die Software wird normalerweise mit tar ausgepackt. Dabei wird gleich ein Packer, meist gzip, eingebunden. Auf manchen Maschinen funktioniert das nicht, dann muss man zunächst entpacken und anschließend das Paket mit `tar` zerlegen. Dabei wird normalerweise ein lokales Verzeichnis angelegt, in das man nun wechselt.

Der Autor des Pakets legt oftmals eine README-Datei bei, aus der die weiteren Schritte hervorgehen. Auch wenn das in manchen Kreisen als unsportlich gilt, sollte man sich von dieser Datei ruhig inspirieren lassen. Im Normalfall spart das Zeit. | README

Inzwischen liegt fast allen Paketen das Tool `configure` bei. Damit wird ausgelesen, was für eine Maschine vorliegt, und die Installation an die lokalen Verhältnisse angepasst. Bei komplexeren Paketen werden hier auch Parameter angegeben, wie beispielsweise Verzeichnisnamen oder benötigte Features. In den vielen Fällen aber läuft `configure` einfach durch. | configure

Nun werden die Quelltexte übersetzt. Normalerweise startet man dazu den Befehl `make`. Je nach Paket wird vor diesem Aufruf noch ein `make depend` verlangt, das die Abhängigkeiten ermittelt. Diese Information befindet sich in der README-Datei. In den allermeisten Fällen wird ein C-Compiler benötigt, am besten der GNU-Compiler. Je nach Software können auch noch `lex`, `yacc`, Perl oder andere Entwicklungstools benötigt werden. | Generieren: make

Im letzten Schritt wird die Software an die richtigen Stellen gebracht und es werden eventuell einige Konfigurationen vorbereitet. Dazu ruft man `make install` auf. Eine solche Installation schiebt zwar die Pakete an die richtigen Stellen, hat aber oft keine Deinstallationsmöglichkeit. Einige Pakete bieten allerdings `make uninstall` an. | make install

```
./configure
make depend
make
make install
```

13.1.2 Solaris Packages

Für Sun Solaris wird Software in Paketen geliefert, die mit den Kommandos `pkgadd` installiert werden können. Alternativ lässt sich auch das `swmtool` verwenden, das man im `admintool` unter dem Punkt »Software« ansprechen kann. Da die Installationssoftware protokolliert, welche Dateien installiert worden sind, ist auch eine Deinstallation problemlos möglich.

pkgadd Mit dem Befehl `pkgadd` wird ein Paket installiert. Mit dem Parameter `-d` wird das Verzeichnis angegeben, in dem sich die zu installierenden Pakete befinden. Dahinter kann ein spezielles Paket benannt werden.

pkginfo Der Befehl `pkginfo` liefert eine Liste aller installierten Pakete. Mit der Option `-l` kann ein einzelnes installiertes Paket betrachtet werden. Mit der Option `-ld` erhält man Informationen über ein noch nicht installiertes Paket.

pkgrm Da Solaris festhält, welche Software wohin installiert worden ist, ist es auch in der Lage, installierte Software wieder zu deinstallieren. Dazu dient der Befehl `pkgrm`.

13.1.3 HP-UX: SD-UX

Zentraler Bestandteil einer Software-Distribution für HP-UX ist SD-UX, dessen Dämon es ermöglicht, Software netzweit zu installieren und zu verwalten. In einer Standardinstallation ist `swagentd` nur für eine Maschine zuständig. Dieser Dämon ist der Dreh- und Angelpunkt der Softwareinstallation.

swinstall Um Software zu installieren, wird das Kommando `swinstall` verwendet. Der Befehl packt nicht nur das Paket aus, sondern führt auch mitgelieferte Skripte aus, die je nach Zeitpunkt ihrer geplanten Ausführung die Namen **preinstall**, **postinstall** und **configure** haben. Für den Fall des Scheiterns, der durch das Skript **checkinstall** festgestellt werden kann, werden auch **unpreinstall** und **unpostinstall** aufgerufen. Als Parameter braucht `swinstall` das Medium oder den Server, auf dem das Softwarepaket liegt, und den Namen des Pakets:

```
swinstall -s /dev/rmt/0 pascal
swinstall -s /dev/rmt/0 \*
```

Die erste Zeile installiert einen Pascal-Compiler vom Band. Die zweite Zeile installiert alle Pakete, die auf dem Band verfügbar sind. Statt der Kommandozeile lässt sich auch das Administrationstool `sam` (siehe Seite 219) zur Installation von Software verwenden.

swremove Mit dem Befehl `swremove` wird ein Paket wieder entfernt. Die Deinstallation des Pascal-Compilers würde also mit folgendem Befehl erfolgen:

```
swremove -p pascal
```

swlist Schließlich lassen sich mit dem Befehl `swlist` die installierten Pakete anzeigen. An der Ausgabe sieht man, dass das Paket dafür vorbereitet ist, eine netzweite Installation durchzuführen:

```
hpsrv# swlist
# Initializing...
# Contacting target "hpsrv"...
#
# Target:  hpsrv:/
#

#
# Bundle(s):
#

  B3920BA         B.10.10 HP-UX Media Kit (Reference Only)
  HPUXEngGS800    B.10.10 English HP-UX VUE Runtime Environment
hpsrv#
```

13.1.4 Red Hat Package Manager

rpm steht für »Red Hat Package Manager« und hat seinen Ursprung in der Red-Hat-Distribution von Linux. rpm verwaltet sogenannte Binaries, also nicht nur Quelltextpakete.

Ein rpm-Paket wird zunächst nach dem Namen der Software benannt. Es folgt, durch einen Bindestrich abgetrennt, die Versionsnummer. Ein weiterer Bindestrich trennt die Paketversion ab. Das bedeutet bei höheren Nummern, dass die Pakete neu erstellt worden sind. Es folgen ein Punkt und die Prozessorkennung, für die das Paket generiert wurde, und schließlich die Endung .rpm.

Namensaufbau

Kommando	Wirkung
rpm -i *<Paketname>*	Installieren eines Pakets
rpm -U *<Paketname>*	Paket ersetzen (Update)
rpm -F *<Paketname>*	Nur updaten, wenn ein früheres Paket installiert ist

Tabelle 13.1 Wichtige rpm-Kommandos

Informationen holen

Mit der Option -q für Query (engl. Anfrage) kann man einige Informationen über die installierten Pakete bekommen. Sie erscheinen in der Reihenfolge, in der sie installiert worden sind:

```
gaston> rpm -q -a
aaa_dir-2001.9.22-0
ash-0.2-395
bash-2.05-82
cpio-2.4.2-413
```

```
db-3.1.17-109
diffutils-2.7-128
```

Kommando	Wirkung
rpm -q -a	Liste aller auf dem Rechner installierten Pakete
rpm -q -l <Paketname>	Liste aller Dateien des Pakets
rpm -q -i <Paketname>	Liefert eine Komplettbeschreibung des Pakets
rpm -q -c <Paketname>	Liste der Konfigurationsdateien
rpm -q -f <Dateiname>	Ermittelt, zu welchem Paket die Datei gehört

Tabelle 13.2 rpm-Anfragen

Hier werden als abschließendes Beispiel noch einmal die Informationen gezeigt, die rpm zu einem Programmpaket liefern kann. Sie sehen, dass es reicht, den Paketnamen ohne Versionsnummer anzugeben.

```
gaston> rpm -q -i bind
Name         : bind          Relocations: (not relocateable)
Version      : 4.9.7         Vendor: SuSE GmbH, Nuernberg, Germany
Release      : 220           Build Date: Sam 29 Jul 2000 20:49:22
Install date: Fre 30 Nov 2001 12:33:08 CET Build Host: owens.su
Group        : unsorted      Source RPM: bind-4.9.7-220.src.rpm
Size         : 1744974       License: 1989 The Regents of the
University of California.
Packager     : feedback@suse.de
Summary      : Name Server Utilities (old version)
Description :
The named daemon and support utilities including: dig,
dnsquery, host, and nslookup. Documentation on setting up a name
server can be found in /usr/share/doc/packages/bind .

Authors:
--------
    ISC Software <bind@isc.org>
    Paul Vixie <vixie@vix.com>

SuSE series: n
gaston>
```

13.1.5 Debian Pakete APT

apt-get Debian verwendet eine eigene Paketverwaltung, die auch Ubuntu und Kubuntu von ihm geerbt haben. Mit dem Befehl `apt-get` (Advanced Package Tool) werden die Debian-Pakete installiert, aktualisiert und wieder entfernt.

Ein Software-Paket wird durch einen einfachen Aufruf von `apt-get` mit dem Parameter `install` und dem Paketnamen installiert. Die Installation des Apache-Servers gelingt mit dem Aufruf

```
apt-get install apache2
```

Das APT ermittelt die Bibliotheken und Programme, die zur Installation von Apache installiert werden müssen und ruft für die Einrichtung der Teilpakete `dpkg` auf. `apt-get` muss allerdings auch wissen, woher es die Pakete bekommt. Dazu gibt es die Konfigurationsdatei **/etc/apt/sources.list**. Darin stehen die Paketquellen. Darin sind normalerweise die Installationsmedien der Erstinstallation und dann diverse URLs angegeben, aus denen Debian die aktuellen Pakete nachlädt.

Soll eine weitere CD als Installationsmedium angemeldet werden, verwendet man den Aufruf

```
apt-cdrom add
```

Dabei wird die CD analysiert und ihr Inhalt vorgemerkt.

Da APT über die Konfigurationsdatei weiß, wo es die aktuellen Dateien aus dem Internet findet, ist der Aufruf zum Update denkbar einfach.

```
apt-get update
```

Sollte ein Paket nicht mehr den Wünschen des Anwenders entsprechen und der Platz auf der Festplatte für andere Programme freigeräumt werden, kann es mit dem Argument `remove` entfernt werden.

```
apt-get remove apache2
```

13.2 Betriebssystem installieren

Komplettinstallationen muss der Administrator einer klassischen UNIX-Maschine selten durchführen. Die UNIX-Workstations und -Server werden normalerweise mit vorinstalliertem Betriebssystem verkauft. Selbst bei einem Festplattenschaden wird bei diesen Maschinen meist keine Neuinstallation durchgeführt, sondern die Systemsicherung vom Band aufgespielt.

Durch den Einsatz der billigen PCs hat sich das Bild gewandelt. Hier werden Betriebssystem und Hardware typischerweise getrennt geliefert, und vor einer Inbetriebnahme muss der Administrator das Betriebssystem installieren. Die Installationen sind längst nicht mehr so kompliziert wie vor einigen Jahren. Auch ein normaler Computerbesitzer kann eine Installation bequem bewältigen, wenn er ein paar Dinge beachtet:

- Verwenden Sie möglichst eine Distribution, die neuer ist als die Hardware, auf der Sie sie installieren möchten. Dann ist die Wahrscheinlichkeit groß, dass die Treiber in der Distribution enthalten sind und gleich bei der Ersteinrichtung korrekt erkannt und installiert werden.
- Vermeiden Sie exotische Hardware. Die meisten Distributoren bieten auf ihren Webseiten Informationen über die bereits getestete Hardware an.
- Informieren Sie sich genau über die verwendete Hardware. Sie sollten die Hersteller und das Modell Ihrer Grafikkarte, des Monitors, der Soundkarte und des Ethernetadapters kennen. Sollte vor der Installation bereits MS Windows installiert sein, können Sie im Gerätemanager Informationen über die Hardware bekommen.
- Rechnen Sie damit, dass bei der Installation alle Daten auf der Festplatte vernichtet werden könnten. Sichern Sie also alle Daten, die auf dem Rechner sind, bevor Sie den ersten Schritt tun. Wenn Sie beispielsweise zwei Partitionen verwechseln, sind die Daten unwiderruflich verloren.

Anfänger Die kommerziellen Distributionen wie SUSE, Mandrake und Red Hat haben inzwischen Installationen geschaffen, die dem Anwender fast keine Kenntnisse mehr abverlangen. Das geht so weit, dass der Anwender bei der Installation mit einer Diashow unterhalten wird. Die kommerziellen Distributionen haben inzwischen offene Schwester-Distributionen, die kostenlos aus dem Internet heruntergeladen werden können. Der Komfort bei der Installation ist der gleiche. Bei den kommerziellen Versionen sind ein paar Pakete mehr dabei. Außerdem finden Sie darin ausführliche Handbücher von hoher Qualität, die in ihrer Aktualität natürlich nicht zu schlagen sind. Aber auch inhaltlich sind sie von guter Qualität. Immerhin werden diese Handbücher seit Jahren regelmäßig aktualisiert und verbessert. Als letzte Rettung bieten die kommerziellen Paketen auch eine Hotline an. Aber auch viele der freien Distributionen, vor allem Ubuntu und inzwischen auch Debian orientieren sich an den einfachen Installationen und sind darin durchaus gleichwertig.

Copyright FreeBSD und Linux können grundsätzlich frei kopiert werden. Einige Irritationen bestehen über die Frage, wie das bei den kommerziellen Distributionen ist. Zum Beispiel fügt die Firma SUSE ihrer Distribution das Administrations- und Installationstool YaST hinzu. Dieses Programm unterliegt gewissen Beschränkungen. Sie dürfen es frei kopieren und verteilen, sogar verändern, wenn Sie die veränderte Version als solche kennzeichnen. Sie dürfen für die Kopie nur kein Geld verlangen.[1] Auf diese Weise ist die Verwendung nicht weiter eingeschränkt. Der Hersteller sichert sich aber dagegen ab, dass jemand ein Paket kauft, die CDs kopiert und im großen Stil verkauft. Die aktuellen Lizenzbestimmungen finden Sie auf den Distributions-CDs in der Datei **copyright.yast**.

Das Installieren von Linux hat inzwischen längst seine Schrecken verloren. Im Gegenteil bringen die Linux-Distributionen alle Treiber mit und erkennen in den meisten Fällen die Hardware von allein. Sofern Sie sich also an die gängigen Distributionen wie SUSE, openSUSE, Fedora, Mandriva, Debian oder Ubuntu halten, sollten Sie sich eigentlich schnell zurechtfinden. Sie sind im Allgemeinen unkompliziert ohne allzu große UNIX-Kenntnisse zu installieren. In diesem Abschnitt möchte ich die Installation dieser Distributionen auch nicht näher aufgreifen. Stattdessen möchte ich die Installation am Beispiel der Kubuntu-Distribution von Linux und von FreeBSD beschreiben. Anhand dieser beiden recht unterschiedlichen Systeme lassen sich Unterschiede und Gemeinsamkeiten erkennen.

Zum Schluss möchte ich in groben Zügen erläutern, wie man Linux über das Netzwerk installiert. So etwas ist für größere Netzwerke interessant und kann sehr hilfreich sein, wenn Linux auf einem Computer ohne CD-Laufwerk installiert werden muss. Durch die starke Verbreitung von schnellen Internetzugängen wird diese Art der Installation populärer.

13.2.1 Linux-Installation von CD

Die Installationen früherer Linux-Distributionen erforderten noch einiges an Fachwissen und eine gewisse Erfahrung. Die Installationsabläufe unterschieden sich erheblich voneinander. Inzwischen haben sich die Installationsabläufe so sehr vereinfacht, dass es inzwischen aufwändiger ist, Windows zu installieren als Linux. Die Distributionen haben offenbar voneinander gelernt, wie eine ideale Installation ablaufen soll und die Systeme sind in der Lage, die Hardware zu erkennen und die richtigen Treiber auszuwählen. So kann man durchaus sagen, dass die Installationen von Red Hat, Fedora, SUSE, Mandriva, Debian oder Ubuntu von jedem Anwender zu erreichen ist, der eine gewisse Grunderfahrung mit PCs hat.

---

[1] Ich möchte darauf hinweisen, dass ich Informatiker und kein Jurist bin. Diese Aussagen könnten also von der Firma SUSE anders gesehen werden.

In diesem Abschnitt werden die Schritte aufgezählt, die für die Installation moderner Linux-Distributionen benötigt werden.

Windows als Nachbar Wenn Sie parallel zu Linux auch Windows auf ihrem Rechner benutzen wollen, empfielt es sich, Windows zuerst zu installieren. In den meisten Fällen ist diese Ausgangssituation gegeben, weil der Besitzer von Windows auf Linux umsteigt oder weil der Rechner bereits mit Windows ausgeliefert wurde. Diese Beschreibung geht davon aus, dass Windows auf dem Rechner bereits installiert ist und die gesamte Festplatte belegt. Falls Sie Windows nicht gerade frisch installiert haben, ist es sinnvoll, die Windows-Partition zu defragmentieren. Sie sollten ferner wissen, wieviel Platz auf der Windows-Partition belegt ist und wieviel Sie Windows in Zukunft zur Verfügung stellen wollen. Und es sollte eigentlich selbstverständlich sein, dass Sie vor derartigen Aktionen eine frische Datensicherung anlegen. Falls Sie sich in der Nummer der Partition irren, sind alle Daten unwiderbringlich verloren.

Start-Menü Die Linux-Distributionen kommen als Satz von CDs oder DVDs, von denen die erste bootfähig ist. Legen Sie diese CD ein und starten Sie den Rechner. Ganz zu Anfang erscheint ein Menü, dass Ihnen den Start der Installation ermöglicht. In manchen Fällen finden Sie mehrere Installationsaufrufe, bei denen bestimmte Komponenten wie beispielsweise das ACPI bei der Installation abgeschaltet werden können. Vor allem ältere Rechner halten sich nicht immer genau an die Standards und so kann es passieren, dass die Installation stehen bleibt oder sich aufhängt. Sollten Sie mit solchen Problemen zu tun haben, versuchen Sie diese Installationsmöglichkeiten.

Werkzeug Neben den Installationsaufrufen finden Sie fast immer auch ein kleines Programm, mit dem Sie den Hauptspeicher Ihres Geräts testen können. Manches Problem, das dem Betriebssystem in die Schuhe geschoben wird, findet seine Ursache in defekten RAM-Bausteinen. Darüber hinaus bietet beispielsweise Ubuntu an dieser Stelle auch an, die Medien vor der Installation zu testen.

Komfort Bei manchen Distributionen können Sie schon vor dem Start wählen, in welcher Sprache und mit welcher Grafikauflösung die Installation durchgeführt werden soll.

Informationen sammeln Nach dem Start fragt die Installation einige Informationen vom Benutzer an. Dazu gehört die Sprache, die Tastaturbelegung und die Uhrzeit.

Windows-Partition Es folgt die Frage, wo Linux seinen Platz auf der Festplatte finden soll. In den meisten Fällen werden Sie dazu erst Platz schaffen müssen, weil Windows den gesamten Platz belegt. Sofern Sie nicht die Absicht haben, Windows komplett zu entfernen, werden Sie die Partition von Windows dazu verkleinern müssen. Das funktioniert im Allgemeinen problemlos. Die meisten Windows-Versionen wird daraufhin beim nächsten Start merken, dass irgendetwas anders ist, die Konsistenz der Festplatte prüfen und die Verkleinerung hinnehmen. Manche Rechner werden auch mit zwei Windows-Partitionen ausgeliefert. Hier bietet es sich an, eine davon zu löschen und hier Linux zu installieren.

Die Partitionierung kann automatisch erfolgen. Aber auch eine Installation von Hand ist nicht schwierig, wenn Sie sich an den Abschnitt zu diesem Thema halten (siehe Seite 290).

Partitionierung

Nach der Festlegung der Partitionen werden die Swap-Partitionen eingerichtet und die Linux-Partitionen formatiert.

Formatieren

Im nächsten Schritt wird nach der grafischen Oberfläche gefragt. Vielfach können Sie ein nacktes Server-System ohne Desktop auswählen. Daneben wird meist KDE oder GNOME angeboten. Bei Ubuntu gibt es diese Unterscheidung nicht, weil Ubuntu immer mit GNOME installiert wird. Präferieren Sie KDE, sollten Sie sich Kubuntu besorgen.

Da man auf einem UNIX-System immer als Anwender arbeitet, wird Name, Kennung und Passwort des ersten Benutzers angefragt. Damit Sie die Maschine später administrieren können, wird auch ein root-Kennwort erfragt. Ubuntu ist hier eine Ausnahme, da die Administration vollständig mit `sudo` realisisert wird (siehe Seite 272). Für die Administration verwenden Sie in diesem Fall das Kennwort des Anwenders.

Erstbenutzer

Wenn alle Informationen bekannt sind, werden die Pakete installiert. Dieser Vorgang dauert naturgemäß eine ganze Weile. Die Installation braucht in der Zeit keine Hilfestellung.

Pakettransport

Heutige Distributionen erkennen die wichtigsten Hardware-Komponenten recht sicher. Die grundlegenden Geräte wie Grafikkarte, Tastatur, Maus, Ethernet und DVD-Brenner funktionieren im Allgemeinen auf Anhieb. Nur, wenn es um die 3D-Beschleunigung mancher Grafikkarte geht, kann es sein, dass selbst Google nicht mehr weiterhilft.

Kernel und Treiber

Bootkonfiguration

Nun geht es an die Bootkonfiguration. Die neueren Systeme verwenden GRUB. Darin werden existierende Windows-Partitionen und das neu installierte Linux eingetragen. In manchen Fällen finden Sie dort auch einen Recovery-Eintrag, der Ihr System auch dann noch starten kann, wenn Sie sich in einigen Installationsexperimenten verlaufen haben sollten. Sie müssen noch entscheiden, ob GRUB in den Master Boot Record (MBR) eingetragen werden soll oder in den Kopf der Bootpartition. Letztere Einstellung wird benötigt, wenn Sie einen anderen Bootmanager als den von Linux verwenden. Dann sollten Sie auch die anderen Betriebssysteme nicht noch einmal in der Liste aufführen, da diese ja durch den anderen Bootmanager ausgewählt werden. In den meisten Fällen werden Sie aber GRUB in den MBR eintragen lassen. Dadurch wird später der Bootvorgang für ein paar Sekunden gestoppt. Sie können dann mit Hilfe der Cursortasten das gewünschte Betriebssystem aussuchen und starten. Falls Sie eines Tages GRUB aus dem MBR entfernen wollen, können Sie das von Windows aus mit dem Befehl FDISK tun:

```
FDISK /MBR
```

Die neueren Windowsversionen haben ein spezielles Programm namens `fixmbr`, um den MBR vom Bootmanager zu befreien.

Notieren Sie sich, auf welcher Partition die Wurzel Ihres Systems liegt. Sie können auch dann, wenn Ihre Bootkonfiguration fehlschlägt, mit Hilfe der ersten CD oder beispielsweise einer Knoppix-CD booten. Wenn Sie Ihr System per `mount` einbinden, können Sie Konfigurationsfehler beheben.

Basiskonfiguration

Reboot — Nun wird das System neu gestartet. Dabei sollten Sie die CD zunächst aus dem Laufwerk nehmen, damit Sie nicht noch einmal von vorn beginnen. Damit besitzen Sie ein Grundsystem. Eventuell müssen Sie noch Hardware nachinstallieren, die bei der Erstinstallation nicht erkannt wurde. Sicher werden Sie noch die eine oder andere Software installieren wollen, die im Grundpaket nicht enthalten war.

13.2.2 Installation von FreeBSD

sysinstall — Für die Installation von FreeBSD wird das Programm `/stand/sysinstall` verwendet. Sie haben die Möglichkeit, die Standardinstallation zu wählen, die in diesem Abschnitt beschrieben wird. Alternativ steht Ihnen eine Expressinstallation für Ungeduldige zur Verfügung. Sollten Nachinstallationen notwendig werden, können Sie später jederzeit das Programm `/stand/sysinstall` starten und dort »Configure« wählen.

Treiberselektion — Die Installation von FreeBSD beginnt mit der Kernel-Konfiguration. Hier kann ausgewählt werden, welche Treiber nicht benötigt werden. Beispielsweise wird ein Notebook-Benutzer im Allgemeinen keinen SCSI-Adapter haben. Also ist der Treiber dafür nutzloser Ballast. Dafür wird er sicher dankbar für einen PCMCIA-Treiber sein. Das Installationsprogramm fragt in diesem Fall auch, ob die Installation über eine PCMCIA-Karte erfolgt. Dann ist der Treiber vermutlich bereits eingerichtet und darf zwischendurch nicht einfach wieder abgekoppelt werden.

Im nächsten Schritt wird die Festplattenaufteilung durchgeführt. Im Gegensatz zu Linux verwendet FreeBSD eine physische Partition und führt darin seine eigene Partitionierung durch. Dabei schlägt das Installationsprogramm bereits eine Aufteilung vor. Beispielsweise wurde bei einer 2 GByte großen Partition folgende Aufteilung vorgenommen:

Partitionierung

Wurzelverzeichnis	Größe
/	100 MByte
swap	323 MByte
/var	20 MByte
/usr	1.548 MByte

Tabelle 13.3 Aufteilung in Partitionen

Dabei wird **/home** als symbolischer Link auf das Verzeichnis **/usr/home** gelegt. Das Gleiche sollten Sie bei dieser Aufteilung mit dem Verzeichnis **/opt** vornehmen. Andernfalls wird der Platz in der Wurzelpartition schnell eng.

FreeBSD verfügt über einen eigenen Bootmanager, der wie `lilo` in die eigene Partition oder in den Master Boot Record (MBR) installiert werden kann. In der Benutzung unterscheidet er sich dadurch, dass er alle startbaren Partitionen anzeigt und diese mit den Funktionstasten ab F1 gestartet werden. Der Bootmanager merkt sich den letzten Zustand und gibt ihn beim nächsten Booten vor.

Bootmanager

Als Nächstes wird abgefragt, zu welchem Zweck die Maschine in erster Linie eingesetzt wird. Daraus wird eine Vorauswahl der zu installierenden Pakete erstellt. Ergänzend wird im nächsten Schritt die Auswahl der Netzwerkdienste durchgeführt.

Nach der Wahl der Zeitzone wird die Maus konfiguriert. Zunächst fragt die Installationsroutine, ob eine USB-Maus angeschlossen wird. Anschließend wird eine Auswahl an Mäusen angeboten. Falls Sie keine USB-Maus verwenden, wird Ihre Maus wahrscheinlich am PS/2-Anschluss Ihres Computers angeschlossen sein. Dann ist **psaux** die richtige Wahl. Sie erhalten eine Möglichkeit, die richtige Wahl auszuprobieren. Das sollten

Sie nutzen, da eine funktionierende Maus unerlässlich für die X-Konfiguration ist.

Anschließend wird festgelegt, welcher Desktop verwendet werden soll. Zur Wahl stehen KDE, GNOME oder ein X Window System Windowmanager.

13.2.3 Installation von Red Hat Linux über das Netzwerk

Vorgriff
Aus nahe liegenden Gründen muss an dieser Stelle auf das Thema Netzwerke, das erst im folgenden Kapitel behandelt wird, vorgegriffen werden. Falls Sie sich im Bereich Netzwerke gar nicht auskennen, sollten Sie erst das nächste Kapitel studieren.

Die Installation über das Netz ist kein Privileg von Red Hat. Auch SUSE und andere Distributionen bieten diese Möglichkeiten an.

Motivation
Anstatt das Betriebssystem über CDs oder DVDs zu installieren, gibt es die Möglichkeit, eine Netzwerkverbindung für die Installation zu nutzen. Dadurch können auch Computer ohne CD-Laufwerk bequem installiert werden. Im vorliegenden Beispiel habe ich Red Hat von einer DVD auf ein Notebook mit CD installiert. Da das Notebook kein DVD-Laufwerk besitzt, habe ich die Installations-DVD in einen Linux-Rechner eingelegt, der ein DVD-Laufwerk besitzt. Interessant ist diese Art der Installation auch, wenn viele Rechner installiert werden müssen. In dem Fall kann ein Masterstand auf einem Rechner erstellt werden, von dem aus alle Computer installiert werden. Als Protokoll wird NFS (Network File System siehe Seite 581) oder FTP (siehe Seite 536) verwendet.

Grundinstallation
Damit ein Rechner überhaupt über das Netz installiert werden kann, benötigt er erst einmal den Zugriff auf eine Netzwerkverbindung. Dazu muss ein minimales Betriebssystem auf den zu installierenden Rechner gebracht werden. Auf der Red-Hat-Installations-DVD finden Sie im Verzeichnis **images** mehrere Disketten-Images,[2] mit denen Sie Bootdisketten erzeugen können. Die Datei **bootnet.img** eignet sich offenbar als Bootdiskette für Rechner, für die eine Installation über das Netzwerk durchgeführt werden soll. Handelt es sich aber um ein Notebook, das über eine PCMCIA-Karte an das Netzwerk angeschlossen werden soll, werden die beiden Images **pcmcia.img** und **pcmciadd.img** benötigt. Mit dem ersten wird das Notebook gebootet. Die zweite Diskette wird als PCMCIA-Treiberdiskette angefordert. Bei SUSE wurden bis zur Version 7.3 noch zwei Disketten mitgeliefert, die eine solche Rumpfinstallation ermöglichten

---

[2] Darunter versteht man den blockweisen Abzug der Diskette in Dateiform.

und die Treiber für alle denkbaren Übertragungsmedien enthielten. Neben den verschiedenen Ethernetadaptern wird als Exot sogar eine PLIP-Verbindung angeboten. Dabei wird die parallele Schnittstelle zur Kommunikation zwischen zwei Rechnern benutzt. Dazu wird allerdings ein spezielles Kabel benötigt.

Nach dem Booten und der Installation des Netzwerktreibers werden die IP-Adressen des Notebooks festgelegt. Sollten Sie im Netz einen DHCP-Server besitzen, können Sie die Adresse automatisch zuteilen lassen. Andernfalls muss das Notebook mit einer IP-Adresse ausgestattet werden, mit der es Verbindung zum Server aufnehmen kann. Auch die Adresse oder der Name des NFS-Servers muss angegeben werden. Tabelle 13.4 enthält eine Konfiguration, wie ich sie verwendet habe.

Erforderliche Parameter

Netzeinstellung	Wert
Eigene IP-Adresse	192.168.109.89
Netzwerkmaske	255.255.255.0
Adresse oder Name des NFS-Servers	192.168.109.145
Pfad	/media/dvd
Nameserver	Kann frei bleiben, solange nur Nummern verwendet werden
Gateway	Kann frei bleiben, wenn beide Rechner zum gleichen Netzwerk gehören

Tabelle 13.4 Netzwerkeinstellungen

Der Pfad gibt an, wo auf dem Zielrechner die Installations-DVD zu finden sein wird. Dazu muss zunächst die DVD auf dem NFS-Server eingebunden werden. Dies kann mit dem Befehl `mount` oder auf der grafischen Oberfläche durch Anklicken des entsprechenden Symbols erfolgen. Im Beispiel handelt es sich um einen Rechner mit SUSE 9.0, der die DVD standardmäßig im Verzeichnis **/media/dvd** einhängt.

Pfad der CD

Anschließend muss dieses Verzeichnis per NFS veröffentlicht werden. Dazu wird in der Datei **/etc/exports** der folgende Eintrag vorgenommen:

/etc/exports

```
/media/dvd      *(insecure,ro)
```

Anschließend muss der NFS-Server davon unterrichtet werden, dass die Datei **/etc/exports** verändert wurde. Das erfolgt durch den Befehl:

```
gaston # exportfs -r
```

Auf anderen Systemen muss `kill -1` mit der Prozessnummer des `mountd` als Argument, aufgerufen werden. Details finden Sie im Abschnitt zu NFS (siehe Seite 581).

Ablauf Stimmen diese Einstellungen, wird die Installation genauso ablaufen, als wäre das Laufwerk auf der lokalen Maschine. In den nächsten Schritten fragt das Installationsprogramm nach der Maus. Dann wird der Installationstyp ausgewählt: »Persönlicher Desktop«, »Workstation«, »Server« oder »Benutzerdefinierte Installation« werden angeboten.

Im nächsten Schritt wird die Partitionierung der Festplatte festgelegt. Dazu wird ein Automatismus angeboten. Alternativ können Sie die Zielpartition mit dem Programm DiskDruid oder fdisk selbst aussuchen.

GRUB Bei der Installation mit GRUB wird ein Eintrag für das Red Hat Linux vorgenommen und einer für eine eventuell vorhandene Windows-Partition. Weitere Linux-Installationen erkennt das Programm nicht. Sie können zwar weitere Partitionen in das GRUB-Menü aufnehmen, allerdings werden sie alle wie Windows-Partitionen installiert. Eine Linux-Partition muss anschließend von Hand angepasst werden (siehe Seite 244).

Es folgen noch weitere Fragen. So können eine weitere Sprache, die Zeitzone und das Passwort von root eingestellt werden. Dann startet der Installationslauf durch, der in meinem Fall etwa eine Stunde gedauert hat. Es werden die Softwarepakete von der DVD über das Netzwerk auf das Notebook installiert.

Danach kann eine Bootdiskette erstellt werden. Diese ist hilfreich, wenn die Installation von GRUB nicht so erfolgreich war wie erhofft.

Grafikkarte Zum Schluss wird die grafische Oberfläche eingerichtet. Red Hat erkennt die Grafikkarte und schlägt sie vor. Auch der Monitor, die Auflösung und die Farbtiefe werden eingestellt.

Nachdem noch festgelegt werden kann, ob man sich grafisch oder über ein Textterminal einloggen möchte, wird die fertige Installation neu gebootet.

Die Netzwerkkarte und andere Hardware wird aus dem laufenden System installiert.

13.2.4 Installation von Solaris/86

Die Firma Sun stellt ihr Betriebssystem Solaris zum Download zur Verfügung. Es wird auch eine Version für PCs angeboten. Wer nicht gerade einen sehr schnellen Internetzugang hat, wird allerdings eine Bestellung bei Sun vorziehen. Immerhin sind es mehrere CD-Images, die heruntergeladen werden müssen.

Solaris kommt aus dem professionellen Umfeld. Dort muss nicht jede Komponente unterstützt werden. Wenn das System auf einer bestimmten Hardware nicht so gut läuft, wird die Hardware eben ausgetauscht oder es wird gleich die Hardware nach den Anforderungen der Software gekauft. So mag mancher Student enttäuscht sein, dass sein PC nicht von Solaris unterstützt wird. Die Treiberausstattung wird an zwei Stellen kritisch: bei der Grafikkarte und beim Netzwerk.

Ich habe Solaris 8 auf einem 300 MHz schnellen PC mit 64 MByte RAM und einer Festplatte mit mindestens 2 GByte installieren können. Dabei ist der Speicher etwas knapp bemessen. Solaris 9 benötigt schon 128 MByte RAM und 3 GByte Festplattenplatz. Soll auf dem System kein weiteres System als Solaris laufen, kann man die Partitionierung und Einrichtung der Festplatte dem System überlassen.   *Ressourcenbedarf*

Die Anzahl der Grafikkarten, die Solaris kennt, ist erstaunlich groß. Der Monitor wird allerdings nur konservativ eingestellt, sofern man nicht zufällig ein Gerät aus der Liste besitzt. Nachdem die Konfiguration eingerichtet ist, macht die Installation einen Probelauf. War der nicht überzeugend, lässt sich die Einstellungen wiederholen.   *Grafikkarte*

Ein Problem war die Netzwerkkarte. Solaris besteht auf PCI-Karten und ist auch etwas wählerisch, was den Hersteller angeht. So mag es von Haus aus keine Karten mit einem Realtek-Chip. Leider sind diese heutzutage aber extrem verbreitet. Zum Glück bietet aber Realtek einen Treiber an. Sie finden diesen auf der Website http://www.realtek.com.tw recht einfach unter dem Stichwort »Download«, wenn Sie dort als Suchbegriff »Solaris« eingeben.   *Netzwerkkarte*

In dem ZIP-File finden Sie auch eine Installationsanleitung, die allerdings leider in Englisch ist. Die Installation ist jedoch nicht besonders schwierig. Zunächst müssen die Dateien auf den Solaris-Rechner geschafft werden, der ja nun noch nicht im Netz ist. Dazu bietet sich das Turnschuh-Netz[3] an. Auf einem Linux-Rechner habe ich die Dateien ausgepackt und dann auf die Diskette geschrieben:

```
gaston > mkdir save
gaston > cd save
gaston > unzip ../solaris-8139\(105\).zip
Archive:  ../solaris-8139(105).zip
  inflating: rtls
  inflating: Install
  inflating: Solaris-Readme.txt
```

---

3 Altüberlieferter Ausdruck für das Übertragen mit Disketten.

```
gaston > tar cf /dev/fd0 *
gaston >
```

Auspacken und Installieren

Auf Solaris-Seite stört zunächst der Volume-Manager, der das Auspacken der Diskette verhindert. Der Versuch, die Diskette auszulesen, endet mit der Fehlermeldung »Device busy«. Mit dem Befehl `fuser` (siehe Seite 442) wird der Prozess bestimmt, der die Diskette belegt. Sie können auch mit dem Befehl `ps` nach der Prozess-ID von `vold` sehen. In diesem Fall wird `vold` kurzerhand abgeschossen. Die Maschine muss anschließend sowieso neu gestartet werden.

```
sol # fuser /dev/fd0
/dev/fd0      543
sol # kill 543
sol # cd /tmp
sol # tar xf /dev/fd0
sol # chmod 755 Install
sol # ./Install
...
sol # vi /etc/hostname.rtls0
```

In der neu angelegten Datei **hostname.rtls0** wird der Name der Maschine eingetragen. Nach dem Reboot sollte die Maschine beim Booten melden, dass das Device RTSL0 eingerichtet wird. Nach einem erfolgreichen Reboot zeigt der Befehl `ifconfig -a` alle Netzwerkadapter an und sollte nun auch einen mit dem Namen rtls0 besitzen.

13.2.5 Neuinstallation HP-UX

CD booten

Als Beispiel wird die Installation der (zugegeben nicht ganz knackfrischen) Version 10.20 auf einer neuen Festplatte an einem HP-UX-Server beschrieben. Das Betriebssystem wird heutzutage auf CD geliefert. Während ein PC neueren Datums automatisch von CD bootet, muss dies dem HP-Server explizit mitgeteilt werden.

Vorbereitung

Die Installations-CD wird in das Laufwerk gelegt. Die Konsole wird eingeschaltet. Standardmäßig steht die Konsole auf 9600 Baud, 8 Bit, no parity und 1 Stop-Bit. Anschließend wird der Server eingeschaltet. Es erscheint der Bootprompt.

```
Processor is starting autoboot process.
To discontinue, press any key within 10 seconds.
```

Boot-Devices

Hier drücken Sie eine Taste, und die Meldung mit dem Bootmenü erscheint. Es werden mehrere Befehle angeboten. Zunächst müssen Sie erreichen, dass der Computer von der CD bootet. Um festzustellen, welche

bootfähigen Geräte überhaupt existieren, geben Sie den Befehl »search«
ein. Auf meinem Gerät erscheint die folgende Liste:

```
Path Number        Device Path           Device Type
----------         -----------           -----------
P0                 56/52.1   (dec)       Random access media
P1                 56/52.2   (dec)       Random access media
P2                 56/52.6   (dec)       Random access media
P3                 60/6.0    (dec)       LAN Module
```

Die ersten drei Geräte sind Festplatten oder CD-Laufwerke, die am SCSI-Bus angeschlossen sind. Die letzte Stelle des »Device Path« verrät, welche SCSI-ID sie besitzen. Die interne Festplatte hat die ID 6, das CD-Laufwerk hat die ID 2, und die externe Festplatte, auf der das System installiert werden soll, hat die ID 1. Um die CD zu booten, geben Sie also ein:

```
Enter command or menu > boot P1
Interact with IPL(Y or N)? n
Booting...
```

Es erscheint nach einigen Bootmeldungen ein Menü, dessen erster Punkt »Install HP-UX« lautet. Da dies exakt das beschreibt, was Sie zu tun gedenken, können Sie die Return-Taste drücken. Anschließend wird Ihnen angeboten, die Installation über das Netzwerk durchzuführen, was Sie aber ablehnen, da Sie ja von der CD installieren wollen. Nun müssen Sie die Festplatte auswählen, auf die installiert werden soll. Dazu werden der Pfad, die Festplattenbezeichnung und die Größe der Festplatten angezeigt, die infrage kommen. Zielplatte

Nun werden Fragen nach dem zu installierenden Dateisystem, der Größe der Swap-Partition, der Sprache und anderen Dingen mehr gestellt, die Sie nach Ihrem persönlichen Geschmack, den Erkenntnissen aus diesem Buch oder aufgrund von Ratschlägen des erfahrenen Kollegen beantworten. Danach beginnt der Kopierprozess, der so lange dauert, dass es reicht, so viel Kaffee zu kochen, dass Sie und Ihr Kollege sich eine Koffeinvergiftung zuziehen würden, wenn Sie den gekochten Kaffee trinken würden.

Mit dem Befehl setup können Sie nach erfolgtem Neubooten die grundlegenden Dinge wie Datum und Uhrzeit, den Namen der Maschine und einen neuen Benutzer einstellen. Danach müssten Sie auch das Administrationstool sam wieder starten können, um die Netzwerkkonfiguration einzustellen. setup

13.3 Nationale Besonderheiten

Die großen Computerfirmen haben ihren Sitz in den USA. Aufgrund der Größe des Landes kommt manch Amerikaner erst dann auf den Gedanken, dass es noch andere Länder gibt, wenn dort amerikanische Flaggen verbrannt werden. Insofern wurden die nationalen Besonderheiten anderer Länder anfangs ignoriert. Im Nachhinein ist es etwas aufwändig, nationale Sonderzeichen oder Darstellungsweisen des Datums oder Währungsbeträgen zu harmonisieren.

ISO-8859-1 — Es hat lange gedauert, bis fast alle Systeme dem Standard ISO-8859-1 für die Darstellung westlicher Sonderzeichen folgten. Der Übergang zu ISO-8859-15, der lediglich das Euro-Zeichen hinzufügte, hat dann nur wenige Jahre gedauert. Nachdem es nun endlich danach aussah, als würden die deutschen Umlaute problemlos in Computern verwaltet werden können, entdeckte man die asiatischen Staaten und beschloss, auch diese Zeichen zu integrieren.

UNICODE — Da es schon schwierig war, die europäischen Sonderzeichen in einem Byte zu kodieren, war klar, dass nun für jeden Buchstaben zwei Bytes erforderlich würden. Der Standard UNICODE wurde geboren. Nun war es Europäern und Amerikanern schwer vermittelbar, warum sie für ihre Texte doppelt so viel Speicher kaufen sollten, nur um den Fall abzudecken, dass sie eines Tages chinesische Texte verarbeiten sollten. So wurde ein Kompromiss geschaffen, der mit einem Byte auskommt, aber für jedes Sonderzeichen zwei Byte verwendet. Damit sind auch die deutschen Umlaute plötzlich ganz anders kodiert als zuvor. So ist es wieder möglich, deutsche Umlaute unleserlich zu machen, indem man sie mit dem Handy oder anderen PCs abgleicht. Glück hatten nur diejenigen, die die deutschen Umlaute in Texten grundsätzlich meiden.

13.3.1 Umgebungsvariablen LANG und LC_TYPE

Die Umgebungsvariable LANG stellt grundsätzlich die Sprache ein, in der mit dem Computer gesprochen wird. Es ist völlig ausreichend, dass diese Variable in der lokalen Datei **.profile** des Benutzers gesetzt wird. So können verschiedene Benutzer mit unterschiedlichen Sprachen arbeiten.

UTF-8 — Für ein deutsches System, das mit dem Eurozeichen arbeitet, ist der Inhalt der Variable LANG typischerweise de_DE@euro. Verwendet das System UTF-8, lautet der Inhalt de_DE.UTF-8. Bei einem amerikanischen System steht dort en_US.

Diverse Programme entnehmen dieser Variablen, in welcher Sprache sie arbeiten sollen. Abgesehen von den Programmen, die offenbar reagieren, indem sie ihre Sprache wechseln, gibt es überraschende Effekte, weil Systembibliotheken darauf reagieren. So verwendet die C-Funktion atof() bei deutscher LANG das Komma als Dezimalzeichen und nicht den Punkt. Wenn das betreffende Programm aber Stammdaten auswertet, die auf einem englischsprachigen System entstanden sind, werden die Nachkommastellen plötzlich nicht mehr korrekt verarbeitet. Sollte also ein Programm plötzlich zu abnormen Ergebnissen kommen, könnte der Versuch, die Variable LANG auf Englisch zu schalten, zum Erfolg führen.

atof()

```
gaston> export LANG=en_US
gaston>
```

Listing 13.1 Umschalten auf amerikanische Umgebung

13.3.2 Tastaturbelegung

Die Tastaturbelegung war bei den klassischen UNIX-Maschinen für das Betriebssystem nicht interessant, da die Belegung durch das Terminal erledigt wurde. Das Terminal lieferte dem System bereits den fertigen Buchstaben. Normalerweise wurden die nationalen Besonderheiten vom Terminal erledigt. In der **termcap**- bzw. **terminfo**-Datei (siehe Seite 398) konnte das Terminal noch fein abgestimmt werden.

Die PC-Konsolen werden wie Terminals behandelt. Um die Tastaturbelegung zu ändern, wird der Befehl `loadkeys` verwendet.

```
gaston# loadkeys de-latin1
Loading /usr/share/kbd/keymaps/i386/qwertz/de-latin1.map.gz
gaston# loadkeys de-latin1-nodeadkeys
Loading /usr/share/kbd/keymaps/i386/qwertz/de-latin1-nodeadkeys.map.gz
gaston#
```

Mit dem ersten Befehl wird die deutsche Tastaturbelegung gewählt. Die zweite Tastaturbelegung verwendet keine »dead keys« (engl. für tote Tasten). Damit sind Tasten gemeint, die auf der Schreibmaschine den Schlitten nicht weiterbewegen. Wer André heißt, oder jemanden kennt, der André heißt und mit ihm vielleicht gern in ein Café geht, wird die toten Tasten vermutlich bevorzugen. Andere UNIX-Benutzer bevorzugen den Back Quote (siehe Seite 119) lieber direkt auf der Tastatur, weil Sie das Tippen von $(irgendwas) viel umständlicher finden.

Mit dem Befehl `dumpkeys` kann die Belegung der einzelnen Tasten angezeigt werden.

dumpkeys

Druck erzeugen, Terminals und Modems.

14 Weitere Peripherie und Hardware

Früher wurden Drucker fast ausschließlich über eine serielle Schnittstelle an UNIX-Maschinen angeschlossen. Serielle Leitungen können problemlos 30 m lang sein. Damit brauchte der Drucker nicht direkt im EDV-Raum zu stehen. Man konnte den Drucker mit den gleichen Leitungen versorgen, die man bereits für Terminals verwendete. Danach kamen die parallelen Kabel auf. Sie waren ursprünglich nur im PC-Umfeld üblich und wurden darum in erster Linie von den PC-UNIX-Versionen unterstützt. Allerdings fand man parallele Anschlüsse bald auch an UNIX-Workstations. Parallele Leitungen sind in ihrer Länge sehr begrenzt, sodass der Drucker fast direkt neben dem Computer stehen muss. Inzwischen ist der PC-Markt auf den USB-Anschluss umgeschwenkt. Im UNIX-Umfeld werden Drucker heutzutage aber meistens über eine Netzwerkverbindung angeschlossen. Netzwerkkabel sind inzwischen in der Regel billiger als serielle Leitungen.

14.1 Druckeradministration

Die parallele Schnittstelle stirbt aus. Neuere Drucker werden mit USB-Schnittstelle ausgeliefert. Bei Notebooks ist eine parallele Schnittstelle bereits gar nicht mehr erhältlich. Auch die serielle Schnittstelle ist immer häufiger nicht verfügbar. Allerdings gibt es sehr gute Adapter, die eine Ansteuerung eines seriellen Geräts über den USB-Port ermöglichen.

Neben dem reinen Text möchte man heute auch Formate, Schriften und Grafiken drucken. Dazu braucht man eine Kommandosprache oder Sonderzeichen, die den Drucker anweisen, die Gestaltung vorzunehmen. Unter UNIX ist in diesem Bereich PostScript Standard. PostScript-Drucker sind etwas teurer, dafür aber leicht austauschbar. Hinzu kommt, dass man mit der gleichen Datei einen kleinen Laserdrucker wie auch eine Druckmaschine ansteuern kann.

Druckbeschreibungssprache PostScript

Im PC-Bereich wird scharf kalkuliert, und da PostScript einerseits Lizenzen kostet und andererseits vom Drucker einiges an Speicherausstattung

PC-Drucker

und Rechenleistung fordert, ist PostScript dort selten zu finden. Noch schlimmer ist, dass jeder Druckerhersteller seine eigenen Steuerzeichen verwendet und dass selbst Geräte gleicher Hersteller nicht unbedingt gleich anzusteuern sind. Unter Linux wird darum die freie Software GhostScript verwendet, die PostScript-Dateien für beinahe jeden Drucker übersetzen kann.

Vorsicht bei GDI- oder W-Druckern

Bei den PC-Druckern gibt es seit einigen Jahren Drucker, die auf MS Windows festgelegt sind. Bei diesen sogenannten GDI- oder Windows-Druckern wird die Druckaufbereitung im Computer von MS Windows durchgeführt. Der Drucker wird dadurch ein wenig günstiger. Es ist natürlich fast unmöglich, ein solches Gerät unter UNIX zu betreiben. Diese peinliche Kastration tarnen viele Hersteller und deuten sie manchmal nur mit einem W im Namen des Druckers an.[1]

14.1.1 Übersicht

Es gibt zwei Drucksysteme unter UNIX. Dies ist durch die Aufteilung zwischen BSD-UNIX aus dem universitären Bereich und AT&T-UNIX entstanden. Das AT&T-System gilt als robuster, bietet aber von Haus aus keine Netzwerkunterstützung. Aus diesem Grund hat sich das BSD-System zum Standard entwickelt, wenn es um den TCP/IP-Druck geht. Beide Systeme unterscheiden sich auch in den Namen der Befehle. Tabelle 14.1 zeigt eine kleine Übersicht.

BSD	AT&T	Funktion
lpd	lpsched	Druckdämon
lpr	lp	Druck absenden
lpq	lpstat	Status der Druckwarteschlange ermitteln
lprm	cancel	Einen Job aus der Druckwarteschlange entfernen

Tabelle 14.1 Kommandounterschiede

14.1.2 BSD-Unix: lpd, lpr, lpq und lprm

Die Datei /etc/printcap

Jeder Drucker eine Zeile

Die Datei **/etc/printcap** ist die Konfigurationsdatei für die Drucker im BSD-System. Hier werden alle von der Maschine erreichbaren Drucker,

---

1 Wenn Sie Linux benutzen und bereits auf einen derartigen Drucker hereingefallen sind, lohnt es sich, einmal die Homepage des Herstellers anzusehen. Einige Hersteller bieten Treiber an, mit denen Linux das MS-Windows-Umfeld emuliert. Dass diese Lösung letztlich nicht optimal sein kann, ist offenkundig.

ihre Warteschlangen und eventuelle Filter definiert. Jeder Drucker wird in einer Zeile beschrieben. Da die Zeilen aber endlos lang würden, verwendet man den Backslash am Ende der Zeile. Dieser verlagert das Ende der Zeile auf die nächste Zeile. Die Beschreibung eines Druckers beginnt mit dessen Namen. Ein Drucker kann mehrere Namen haben, die man durch einen senkrechten Strich trennt. Diesen Mechanismus benutzt man auch gern für kurze Druckerbeschreibungen. Normalerweise nennt man den Standarddrucker des Systems lp.

Durch Doppelpunkte werden Attribute des Druckers abgetrennt. Die wichtigsten Einträge sind das Drucker-Device (lp), das Spoolverzeichnis (sd) und die Protokolldatei (lf). Beipielsweise ist der Standarddrucker auf meinem Linux-System folgendermaßen definiert:

Minimalausstattung

```
lp|lp2|cljet5-a4-auto-color-300|cljet5 a4 auto color 300:\
     :lp=/dev/lp0:\
     :sd=/var/spool/lpd/cljet5-a4-auto-color-300:\
     :lf=/var/spool/lpd/cljet5-a4-auto-color-300/log:\
     :if=/var/lib/apsfilter/bin/cljet5-a4-auto-color-300:\
     :mx#0:sh:sf:
```

Der Hauptdruckername ist lp. Er druckt auf die erste parallele Schnittstelle des Computers **/dev/lp0**. Das Spooldirectory befindet sich unterhalb des Verzeichnisses **/var/spool/lpd** und wird nach dem Drucker benannt. Darin befindet sich auch die Protokolldatei mit dem Namen **log**. Der Eintrag hinter if bezeichnet den Druckerfilter, der in diesem Fall durch ein apsfilter-Skript realisiert wird. Der apsfilter sorgt für die Übersetzung der PostScript-Informationen in die druckereigene Steuerungssprache. Hinter dem apsfilter verbirgt sich letztlich GhostScript.

Parameter	Bedeutung
mx#0	Maximale Größe des Drucks in Blöcken; 0 heißt unbegrenzt
sh	Banner abschalten
sf	Form-Feed abschalten

Tabelle 14.2 Parameter der printcap-Datei

Ein Eintrag für einen Netzwerkdrucker unterscheidet sich von einem Eintrag für einen lokalen Drucker in erster Linie dadurch, dass das Druck-Device (lp) leer gelassen wird und der Zielhost (rm) und der Druckername auf dem Zielhost (rp) angegeben werden. Ein lokales Spoolverzeichnis ist dennoch notwendig, da der Druckinhalt zwischengespeichert werden muss, solange der Druckdämon auf der fernen Maschine noch keinen Vollzug meldet. Beispiel:

Netzwerkdrucker eintragen

```
laser|300 dpi Laser|Registratur:\
    :lp=:rm=reg_pc01:rp=lp:\
    :sd=/var/spool/lpd/laser:
```

Der fremde Rechner heißt reg_pc01, und der Druckername auf jenem Rechner ist lp.

Änderungen in der Datei **/etc/printcap** liest der Druckdämon lpd beim Start. Der Versuch, den lpd zum Neueinlesen zu bewegen, indem man ihm per `kill` ein SIGHUP schickt, führt zum spontanen Tod des lpd. Das ist aber normalerweise nicht weiter tragisch, da man ihn einfach neu starten kann. Allerdings ist es durchaus klug, mit dem Abschuss zu warten, bis der lpd gerade keinen Druckauftrag bearbeitet.

Arbeitsweise des Druckdämons

Lesen der /etc/printcap

Der lpd liest beim Start die Datei **/etc/printcap**. Darin findet er die definierten Drucker und deren Spoolverzeichnisse. Liegen in einem der Spoolverzeichnisse eine Datendatei (beginnt mit d) und eine Kontrolldatei (beginnt mit c) für einen Druckauftrag, geht lpd davon aus, dass dieser Auftrag nicht vollständig ausgedruckt worden ist. Andernfalls hätte der vorher laufende lpd ihn ja schließlich gelöscht. Entsprechend stößt er den Druck nun noch einmal an.

Es nutzt also gar nichts, einen nicht gewünschten Ausdruck dadurch zu beenden, dass man den entsprechenden Druckdämon terminiert oder in wilder Panik die Maschine herunterfährt. Im Gegenteil: Der Druck wird wieder ganz von vorn begonnen. Um einen Ausdruck auf brutale Weise zu beenden, muss nach dem Terminieren des lpd also auch das Spoolverzeichnis geräumt werden. Mit Hilfe des Befehls `fuser` (siehe Seite 442) kann man sogar ermitteln, welcher lpd den Druckauftrag bearbeitet, und so einen Ausdruck abbrechen, ohne die anderen Druckaufträge zu gefährden.

Zusammenspiel von lpr und lpd

Wie man lpr benutzt, um eine Datei zu drucken, wurde ab Seite 177 bereits beschrieben. Nun schauen wir hinter die Kulissen. Das Programm lpr schreibt einen Druckauftrag im Spoolverzeichnis des gewünschten Druckers in eine Datendatei. Danach erzeugt es die Kontrolldatei. Der lpd prüft regelmäßig den Inhalt der Spoolverzeichnisse. Findet er einen Auftrag, druckt er ihn aus, indem er sich an die eingetragene Schnittstelle (Parameter lp) wendet. Ist dieser Eintrag leer und stattdessen ein fremder Host (Parameter rm) eingetragen, sendet er beide Dateien an den lpd des entsprechenden Rechners. Er sendet diesem auch die Druckerkennzeichnung (Parameter rp) des Druckers, über den der Zielrechner ausdrucken soll. Schließlich muss der lpd auf dem Zielrechner ja wissen, auf welchem seiner Drucker er ausdrucken soll.

Drucken über das Netz

Empfängt ein lpd einen Druckauftrag über TCP/IP, sieht er in der Datei **/etc/hosts.lpd** nach, ob der Sender überhaupt berechtigt ist, auf diesem Rechner zu drucken. Die Datei **hosts.lpd** darf kein öffentliches Schreibrecht haben. Auch alle Rechner, die in der Datei **/etc/hosts.equiv** stehen, haben das Recht zu drucken. Beim Eintragen des Hostnamens ist darauf zu achten, dass der erste Name des Rechners aus der Datei **/etc/hosts** verwendet wird, da der Rechner sonst nicht erkannt wird.

Protokoll des lpd über das Netz

Der Druckdämon lpd verwendet zum Senden eines Druckauftrags einen Port (siehe Seite 492) aus einem Bereich, den nur ein unter root laufender Prozess erhalten kann. Dies prüft der lpd auf der Gegenseite, um sicher zu sein, dass ihm nicht irgendwer Daten unterschieben will. Passt alles, sendet der Quellrechner die Größe der zu druckenden Datei und die Steuerdaten. Der lpd nimmt sie entgegen. Anschließend werden die Daten übergeben. Der lpd des Zielrechners überprüft noch einmal die Länge und gibt dann sein Ok. Jetzt wird die Spooldatei des Quellrechners gelöscht. Ging irgendetwas schief, wird eine Fehlermeldung gesendet und der Zielrechner löscht alle bisher empfangenen Daten. Die Übertragung beginnt von vorn.

Wenn man den Ablauf dieses Prozesses kennt, wird klar, dass die zigarettenschachtelgroßen Druckserver, die einen gewöhnlichen Drucker zum TCP/IP-Drucker aufwerten sollen, schwerlich das Protokoll einhalten können. An sich müssten sie die gesamten Daten zwischenspeichern, bis sie sicher sind, dass die Übertragung erfolgreich war. Da sie keine Festplatte besitzen, müssen sie den Kompromiss eingehen, dass sie vorab von einer korrekten Übertragung ausgehen und bereits ausdrucken, bevor die Daten komplett und bestätigt übertragen wurden.

Kleine Printserver simulieren lpd nur

Druckjobs administrieren

Die Druckjobverwaltung erfolgt über die Befehle lpq und lprm. lpq liefert für den angegebenen Drucker Informationen über alle anstehenden Druckjobs.

lpq

```
gaston# lpq
lp is ready and printing
Rank    Owner       Job    Files            Total Size
active  arnold      97     unix.ps          4591488 bytes
```

Diese Meldung besagt, dass auf dem Drucker lp ein Job mit der Nummer 97 aktiv ist, den der Benutzer arnold gestartet hat. Die in Auftrag gegebene Datei heißt **unix.ps** und ist etwa 4,5 MByte groß.

lprm — Mit dem Befehl `lprm 97` kann der oben stehende Druckjob wieder entfernt werden. Die Ausgabe des Befehls sieht etwa so aus:

```
gaston# lprm 97
dfA097gaston dequeued
cfA097gaston dequeued
```

Hier wird deutlich, dass ein Druck aus zwei Dateien besteht. Dies ist einmal die Steuerdatei, deren Name mit **cf** (control file) beginnt, und zum anderen die Datendatei, deren Name mit **df** (data file) beginnt. Beide Dateien befinden sich im Spoolverzeichnis.

lpc — Um einen Drucker oder seine Warteschlange aus dem System zu entfernen, verwendet man den Befehl `lpc`. Dieser Befehl hat mehrere Kommandos als Parameter. Der wichtigste Parameter des Befehls ist der Name des Druckers.

Befehl	Wirkung
lpc disable lp	Sperrt die Warteschlange für lp
lpc enable lp	Gibt die Warteschlange für lp frei
lpc stop lp	Stoppt das Drucken aus der Warteschlange für lp
lpc start lp	Lässt das Drucken aus der Warteschlange für lp wieder zu
lpc down lp	Stoppt das Drucken und die Warteschlange für lp
lpc up lp	Startet das Drucken und die Warteschlange für lp wieder
lpc status lp	Informationen über den Zustand der Sperrungen

Tabelle 14.3 lpc-Kommandos

Druckreihenfolge — Mit dem Befehl `lpc` können auch anstehende Druckaufträge in ihrer Reihenfolge verändert werden. Dazu werden das Kommando `topq`, der Drucker und die Jobnummer angegeben, die an die erste Stelle gesetzt werden soll.

```
gaston# lpc topq lp 97
```

14.1.3 Linux-PC als Druckserver

Ein PostScript-Drucker mit Netzschnittstelle ist nicht billig. Da ist es ein nahe liegender Gedanke, einen ausgedienten PC mit den preiswerten PC-Druckern auszustatten und an das Netz anzuschließen. Gegenüber einem netzwerkfähigen TCP/IP-Drucker hat diese Lösung den Vorteil, dass der

Linux-PC das lpd-Protokoll korrekt einhält. Die PostScript-Fähigkeit wird durch GhostScript realisiert, und als Zugabe kann man die Drucker sogar in SAMBA (siehe Seite 590) einbinden und dadurch von den Arbeitsplätzen unter MS Windows aus mitverwenden.

Filter und PostScript

Unter UNIX ist PostScript der Standard für Drucker. Das ist sehr praktisch, da die meisten Anwendungsprogramme kein Problem damit haben, eine PostScript-Ausgabe zu erzeugen. Das Programm GhostScript ist ein Übersetzer von PostScript auf die verschiedensten Ausgabemedien. Dazu zählen neben dem Bildschirm auch alle gängigen Drucker. — PostScript

Die Umwandlung von PostScript in die druckereigene Sprache erfolgt durch einen Filter, der mit dem Schlüsselwort if in die Datei **/etc/printcap** eingetragen wird. Bei der Linux-Distribution von SUSE erscheint dort nach einer Druckerinstallation ein apsfilter. Dahinter verbirgt sich ein Programm, das den Programmnamen durch einen Aufruf von gs ersetzt. GhostScript setzt nun den Input in PostScript auf diverse proprietäre Formate um. — apsfilter

Ein Interface-Skript wie apsfilter kann man unter anderen Linux-Systemen leicht selbst schreiben, indem man eine Datei mit folgender Zeile erzeugt:[2] — Eigenes Skript in if eintragen

```
/usr/bin/gs -q -dNOPAUSE -dSAFER -sDEVICE=clj5 -sOutputFile=-
```

Der Name des Skripts (beispielsweise **/usr/local/cljf**) wird dann unter :if=/usr/local/cljf: in die **/etc/printcap** eingetragen. Der unter if eingetragene Filter erhält die Eingabedaten über **stdin** und muss die Ausgabedaten nach **stdout** wieder abliefern. Das ist der Grund für den Bindestrich hinter -sOutputFile=.

Drucker-Devices unter Linux

Der Zugriff auf die Schnittstellen erfolgt über die Gerätedateien im Verzeichnis **/dev**, wie dies unter UNIX üblich ist. Bei PCs sind die Druckeranschlüsse parallele Schnittstellen. Jeder PC kann bis zu drei Stück haben, wobei die dritte Schnittstelle keinen Interrupt besitzt und per Polling abgefragt werden muss. Hinzu kommen die USB-Anschlüsse und die maximal vier[3] seriellen Schnittstellen, von denen wiederum zwei mit eigenen — Druckeranschlüsse

---

2 vgl. Barakati, Naba: Linux Red Hat 6.0, 2000, Franzis, S. 466.
3 Mit einer speziellen Karte sind auch mehr als vier serielle Schnittstellen möglich. Diese teilen sich dann den Interrupt. Man sollte aber vor der Verwendung prüfen, ob sie auch von Linux unterstützt werden.

Interrupts belegbar sind. Insgesamt lässt sich ein solcher Rechner also recht ordentlich bestücken.

Device	Anschluss	Interrupt
/dev/lp0	Parallele Schnittstelle (LPT1)	7
/dev/lp1	Parallele Schnittstelle (LPT2)	5
/dev/ttyS0	Serielle Schnittstelle (COM1)	3
/dev/ttyS1	Serielle Schnittstelle (COM2)	4
/dev/usblp0	Per USB angeschlossener Drucker	

Tabelle 14.4 Druckeranschlüsse am PC

Druckerinterrupt auf Linux-Systemen

Polling contra Interrupt

Auf einem Einzelplatzsystem wie MS-DOS wartet das Programm normalerweise in einer Endlosschleife auf den Druckauftrag. Dies nennt man Polling. Die Alternative dazu ist die Interrupt-Steuerung. Dazu wird der Prozess, der den Druck steuert, direkt nach Ablieferung eines Druckzeichens in eine Warteschlange gesetzt. Die CPU wendet sich neuen Aufgaben zu. Sobald der Drucker fertig ist, unterbricht er (Interrupt) die derzeitige Beschäftigung der CPU. Diese holt den wartenden Prozess wieder aus der Warteschlange und setzt ihn fort.

Während das Polling zu einer Beobachtungsschleife führt, die die CPU stark belastet, findet bei der Interruptsteuerung nur dann eine Aktion statt, wenn der Ablauf das erfordert. Bei Einzelplatzsystemen ist der Unterschied nicht signifikant. Unter Multitasking-Systemen, insbesondere bei mehreren Druckern, sollte eine interruptgetriebene Ansteuerung verwendet werden.

Ein PC hat zwei Interrupts für das Drucken

Beim Design des PCs waren von vornherein Interrupts für den Drucker vorgesehen. Für die erste parallele Schnittstelle ist der Interrupt 7 reserviert. Ein zweiter Parallelanschluss (LPT2) ist mit dem Interrupt 5 vorgesehen. Aufgrund der Interrupt-Knappheit in einem PC wird dieser Interrupt allerdings häufig für andere Peripherie verwendet, da nur wenige PCs wirklich zwei Druckerschnittstellen besitzen. Ein dritter Anschluss (LPT3) ist zwar ansteuerbar, hat aber keinen Interrupt zugeordnet.

Unter Linux kann durch den Befehl `tunelp` der Druckerinterrupt eingeschaltet und zugeordnet werden. Standardmäßig arbeitet Linux mit Polling. Interessanterweise erreicht Linux auch so eine ganz anständige Leistung aus dem Drucker. Wenn aber Leistungseinbrüche beim Druck oder hohe Belastungen des Systems durch den Druck feststellbar sind, sollte man die Interrupts aktivieren:

```
tunelp /dev/lp1 -i7
tunelp /dev/lp2 -i5
```

Hier wird die Schnittstelle LPT1 auf den Interrupt 7 und die Schnittstelle LPT2 auf den Interrupt 5 gesetzt. Seit der Kernelversion 2.1.131[4] wird die Steuerung der parallelen Schnittstellen durch das parport-System übernommen. In der Konfigurationsdatei **/etc/modules.conf** sorgt der folgende Eintrag dafür, dass die Druckerschnittstellen 1 und 2 per Interrupt betrieben werden:

```
alias parport_lowlevel parport_pc
options parport_pc io=0x378,0x278 irq=7,5
```

14.1.4 System V: lpsched, lp, lpstat und cancel

Das Drucksystem von System V ist bei den neueren Systemen von Solaris, bei HP-UX, AIX, SCO und anderen Systemen das Standardverfahren zum Drucken. Es bietet einige sehr interessante Eigenschaften. Allerdings ist leider kein netzweites Drucken vorgesehen. Das führt zu Erweiterungen wie bei HP. Dort ist es möglich, einen Netzdrucker nach BSD-Standard anzusteuern. Andere Systeme, wie SCO, erlauben es, stattdessen das BSD-System zu installieren.

Der Druckdämon lpsched

Druckdämon lpsched

Der Druckdämon des System V-Drucksystems heißt `lpsched` und wird durch die rc-Dateien beim Systemstart hochgefahren. Der Dämon verhindert einen versehentlichen Doppelstart, indem er eine Sperrdatei namens **SCHEDLOCK** anlegt, die im Verzeichnis **/var/spool/lp** liegt. Normalerweise wird der Dämon durch den Aufruf von `lpshut` wieder gestoppt. Sollten Sie in die Verlegenheit kommen, den Server auf andere Weise zu beenden, müssen Sie vor einem Neustart die Sperrdatei von Hand löschen.

lpsched und lpshut

Konfiguration per lpadmin

Das Administrationstool von System V-Drucksystemen heißt `lpadmin`. Auf HP-UX-Systemen wird vor der Verwendung von `lpadmin` der Dämon mit `lpshut` heruntergefahren. Bei Solaris dagegen muss der Dämon `lpsched` laufen, damit `lpadmin` funktioniert.

Druckdämon lpsched

---

[4] Die Kernelversion meldet der Befehl uname -r.

14 | Weitere Peripherie und Hardware

Das folgende Beispiel richtet mit Hilfe des Tools lpadmin einen Drucker namens laser ein, der über die Gerätedatei **/dev/lp** angeschlossen ist. Es handelt sich um einen Farblaserdrucker vom Modell colorlaserjet.

```
lpadmin -plaser -v/dev/lp -mcolorlaserjet
```

Druckermodell Bei Einrichten eines neuen Druckers muss mindestens der Druckername, also die Option -p, die Gerätedatei (-v) und der Druckertyp angegeben werden. Der Druckertyp wird im oberen Beispiel mit dem Modell (-m) bestimmt. Welche Modelle ein System kennt, ist an den Dateien im Verzeichnis **/var/spool/lp/model** abzulesen. Am portabelsten ist natürlich das Modell **postscript**. Alternativ kann mit -i ein Skript angegeben werden, das die Umformatierung vornimmt. Dabei ist es im Gegensatz zum if-Parameter in der **printcap** des BSD-Systems kein Filterprogramm. Es wird vom lpsched aufgerufen und erhält die auszugebenden Dateinamen als Parameter. Die Argumente sind im Einzelnen:[5]

AuftragsID Benutzer Titel Kopien Optionen Datei(en)

Die formatierten Inhalte gibt das aufgerufene Skript über die Standardausgabe aus.

Mit der Option -e kann der Druckertyp auf einen bereits existierenden Drucker bezogen werden.

Druckerklasse Eine Besonderheit des System V-Druckdienstes sind die Druckerklassen. Damit können mehrere Drucker gleichzeitig als Ziel eines Ausdrucks benannt werden. lpsched wird denjenigen Drucker aus der Klasse wählen, der derzeit frei ist. Durch die Option -c wird beim lpadmin angegeben, dass der bezeichnete Drucker einer bestimmten Klasse zugeordnet wird. Um beim Drucken eine Klasse statt eines Druckziels anzugeben, wird der Befehl lp mit dem Parameter -c, gefolgt vom Klassennamen, aufgerufen.

Festlegen des Standarddruckers Mit dem Befehl lpadmin kann auch festgelegt werden, welcher der definierten Drucker der Standarddrucker des Systems sein soll. Dazu wird lpadmin mit der Option -d und dem Namen des Druckers aufgerufen.

Löschen und ändern Das Löschen eines Druckers erfolgt mit der Option -x von lpadmin. Ist der Drucker der letzte seiner Klasse, wird auch die Klasse gelöscht. Soll ein Drucker nur geändert werden, wird der Drucker aufgerufen, als würde er

---

5 vgl. Nemeth, Evi/Snyder, Garth/Seebass, Scott/Hein, Trent R.: UNIX Systemverwaltung. Markt+Technik – Prentice Hall, München, 2001. S. 857.

neu angelegt. Es müssen aber nur die Optionen angegeben werden, die sich ändern sollen.

Die Optionen von `lpadmin` im Überblick:

- **-p***Druckername*
  Dies ist der Name, unter dem der Drucker den Druckbefehlen bekannt sein soll.

- **-v***Gerätedatei*
  Das ist das Device, an dem der Drucker angeschlossen ist. Es ist aber nicht zwingend, dass es sich um ein Gerät handelt. Es ist durchaus möglich, mit Hilfe des Drucksystems Ausgaben in eine Datei zu leiten, bei denen das System dafür sorgt, dass sie nacheinander geschrieben werden.

- **-e***Druckername*
  Das Druckermodell des unter `-p` angegebenen Druckers ist das gleiche wie das des bereits existierenden Druckers, der hier mit `-e` benannt wird.

- **-m***Modell*
  Der Druckertyp entspricht dem eines dem System bereits bekannten Modells. Die jeweils bekannten Modelle finden Sie im Verzeichnis **/var/spool/lp/model**.

- **-i***Skript*
  Die Anpassung an den Druckertyp erfolgt durch das angegebene Skript.

- **-x***Druckername*
  Der Drucker wird aus der Liste der verfügbaren Drucker gelöscht.

- **-d***Druckername*
  Richtet den Drucker als Standarddrucker ein.

- **-c***Klasse*
  Ordnet den Drucker der genannten Klasse zu.

- **-r***Klasse*
  Nimmt den Drucker aus der genannten Klasse. Ist damit die Klasse leer, wird sie entfernt.

`lpadmin` erzeugt und verändert Textdateien, die unter dem Verzeichnis **/var/spool/lp** stehen. Es empfiehlt sich nicht, diese Dateien mit einem Editor zu bearbeiten.

lpstat und cancel

Der Befehl `lpstat` gibt eine Liste über den Status der verschiedenen Drucker aus.

```
Queue  Dev    Status   Job  Files          User      PP  %   Blks Cp Rnk
------ -----  -------- ---  -------------- --------- --- --- ---- -- ---
lp0    lp0    RUNNING  918  STDIN.14846    willemer   5  43   10   1  1
              QUEUED   919  STDIN.14593    willemer            3   1  2
              QUEUED   920  maskexpj       wagener             2   1  3
              QUEUED   921  STDIN.14596    willemer            2   1  4
              QUEUED   922  STDIN.21790    willemer            1   1  5
              QUEUED   923  lunget         wagener             3   1  6
bsh    bshde  READY
```

Um einen Druckauftrag aus der Warteschlange zu entfernen, wird der Befehl `cancel` verwendet. Als Argument wird die Jobnummer verwendet. Jeder Anwender darf nur eigene Druckaufträge entfernen, aber root darf jeden beliebigen Druckjob entfernen. Ist ein Drucker durcheinandergeraten, erkennt man dies bei der Ausgabe von `lpstat` am Status DOWN. Um diesen Drucker nach der Beseitigung der Störung wieder in Betrieb zu nehmen, wird das Kommando `enable` mit der Druckerbezeichnung als Argument verwendet. Soll ein Drucker dagegen gesperrt werden, wird der Befehl `disable` mit dem Druckernamen als Parameter verwendet.

Befehlsübersicht

Befehl	Wirkung
lpsched	Druckdämon
lpshut	Herunterfahren des Dämons
lpstat	Zeigt den Zustand der Warteschlangen der Drucker an
cancel [*Jobnr*] [*Drucker*]	Druckjob aus der Warteschlange entfernen
disable *Drucker*	Drucker aus dem Drucksystem auskoppeln
enable *Drucker*	Drucker in das Drucksystem einkoppeln

Tabelle 14.5 Übersicht über die Druckerbefehle von System V

Installation des BSD-Drucksystems unter SCO

lpd heißt hier rlp

SCO hat standardmäßig das System V-Druckprotokoll installiert. Um mit einem System auf lpd-Basis arbeiten zu können, muss das BSD-System über das bisherige installiert werden. SCO bezeichnet das BSD-lpd-System als Remote-Line-Printing (rlp). Die Installation geschieht über den Befehl:

```
mkdev rlp
```

Zugriff auf einen BSD-Netzwerkdrucker unter HP-UX

HP-UX hat den Druckserver dahingehend erweitert, dass man mit dem Befehl lpadmin auch Netzwerkdrucker erreichen kann. Als Netzprotokoll wird das Protokoll des BSD-lpd verwendet. HP-UX sendet den Druckauftrag an einen lpd-Server, wenn beim Befehl lpadmin hinter der Option -m das Wort »rmodel« steht. Dann kann mit Hilfe weiterer Optionen bestimmt werden, an welchen Drucker der Auftrag übermittelt wird. Die benötigten Parameter lauten:

HP-UX nach BSD

- **-m**
  muss auf rmodel stehen.

- **-orm*Hostname***
  steht für den Zielrechner.

- **-orp*Printer***
  ist der Druckername auf dem Zielsystem.

- **-ob3**
  verwendet dreistellige Anfragenummern, wie sie für die BSD-Zugriffe benötigt werden.

Um den Drucker lp vom Rechner gaston als Drucker linux auf HP-UX einzurichten, wird folgende Befehlsfolge eingegeben:

```
hp# lpshut
scheduler stopped
hp# lpadmin -plinux -v/dev/null -mrmodel -ormgaston -orplp -ob3
hp# accept linux
destination "linux" now accepting requests
hp# enable linux
printer "linux" now enabled
hp# lpsched
scheduler is running
hp# lp -d linux /etc/hosts
request id is linux-0 (1 file)
hp#
```

Der letzte Befehl ist lediglich der Test, ob der Druck funktioniert.

14.1.5 LPRng

Die Existenz zweier Drucksysteme ist natürlich wenig befriedigend, und es ist eigentlich ein nahe liegender Gedanke, beide zusammenzuführen und sowohl die Kommandos des einen als auch des anderen Systems zuzulassen. LPRng ist eine solche Neuentwicklung, die versucht, das Beste des BSD- und des System V-Drucksystems zu einem System zusammenzufassen und an einigen Stellen zu modernisieren.

LPRng ist kompatibel

LPRng ist eine Neuimplementation des BSD-Drucksystems. Es hält sich vollständig an die Schnittstellen des RFC 1179 und erbt damit die Netzwerkfähigkeit des lpd. LPRng verwendet wie das BSD-System die Aufrufe `lpr`, `lprm` und auch die anderen Kommandos des BSD-Systems. Auch die **/etc/printcap** kann direkt weiterverwendet werden. Hinzu kommen die Befehle des Systems V, die als Links ausgeprägt sind, sodass beide Arten, den Druckprozess anzusprechen, funktionieren. Darüber hinaus beherrscht LPRng auch die dynamische Druckzuteilung, also das, was unter System V Druckerklassen sind. Die Information des Aufrufers über Fehler ist wesentlich besser gelöst als bei den Vorgängern.

Konfiguration

Neben der Datei **/etc/printcap** gibt es die Datei **lpd.conf** und die Datei für die Festlegung der Berechtigungen namens **lpd.perms**. Jeder Benutzer kann sich eine eigene Datei **.printcap** definieren, die er in seinem Benutzerverzeichnis abstellt. Diese Datei wird vom System bei der Interpretation der systemweiten **/etc/printcap** quasi vorangestellt. Dadurch kann jeder Benutzer festlegen, welcher Drucker sein Standarddrucker ist, und natürlich eigene Drucker hinzufügen. Die Datei **lpd.conf** kann normalerweise so bleiben wie sie als Standard ausgeliefert wird. Auch die **lpd.perms** kann so bleiben wie sie ist, wenn man nicht besondere Benutzer zulassen oder aussperren will. Zu beiden gibt es eine eigene Manpage.

checkpc prüft die Installation

Zu LPRng gehört das Programm `checkpc`, das die Installationsdateien prüft. Sie sollten das Programm nach Änderungen an den Konfigurationsdateien aufrufen, um sicherzugehen, dass die Konfiguration stimmt. Das Programm wird bei einigen Linux-Distributionen in die rc-Datei gestellt. Leider blockiert dieses Programm unter unglücklichen Umständen und verhindert in einem solchen Fall den Systemstart. Aus diesem Grund sollten Sie den Aufruf auskommentieren. Sie finden diesen, wenn Sie `grep checkpc` in dem Verzeichnis aufrufen, in dem die rc-Skripte stehen.

14.1.6 CUPS – Common UNIX Printing System

Auf dem Weg zum Standard

Das Common UNIX Printing System (CUPS) ist ein Paket der Firma Easy Software Products, das verschiedene Designprobleme der alten Drucksysteme beseitigen will. Es ist eine Implementation des Internet Printing Protocol (IPP). Es ist auf den wichtigsten UNIX-Systemen bereits verfügbar und wurde unter die GNU-Lizenz gestellt, ist also freie Software. CUPS hat sich auf immer mehr Systemen inzwischen als Standarddrucksystem durchgesetzt.

Nach dem Installieren des Paketes kann man normalerweise bereits den Server von CUPS, `cupsd`, starten. Durch die Installation wird er, je nach UNIX-Variante, in die Startdateien eingetragen.

cupsd

CUPS unterstützt die Übertragung von Druckeroptionen, die Rechtevergabe von einzelnen Druckern auf bestimmte Rechner und die Verschlüsselung der Datenübermittlung.

Die Konfiguration von Netzwerkdruckern wird nur auf dem Server durchgeführt. Dadurch muss nicht jeder Client aufgespürt werden, wenn sich an der Druckerkonfiguration etwas ändert.

Von der Konsole drucken

CUPS unterstützt sowohl die BSD-Kommandos als auch die von System V. Die Druckerklassen von System V kennt CUPS genauso wie die Fähigkeit von BSD zum Netzbetrieb. Damit ist es nicht notwendig, Shellskripte zu ändern, in denen gedruckt wird.

Kompatibel

```
> lpstat -p -d
printer lp is idle.  enabled since Jan 01 00:00
printer SambaPSC is idle.  enabled since Jan 01 00:00
system default destination: lp
```

Zum Drucken von Dateien werden die Kommandos `lp` oder `lpr` verwendet. Die Option `-o` ermöglicht die Übergabe von Optionen an CUPS.

Optionen

```
> lpr -o landscape -o scaling=75 -o media=A4 -P lp aw.jpg
```

Das Kommando `lpoptions` kann solche Optionen für den Drucker einstellen, so dass sie in Zukunft nicht mehr einzeln im Druckkommando angegeben werden müssen. Die Optionen werden wie bei den Druckbefehlen mit `-o` eingeleitet. Um einen speziellen Drucker anzusprechen, werden die Option `-d` und der Name des Druckers verwendet. Soll eine gesetzte Option wieder zurückgenommen werden, wird wiederum `lpoptions` verwendet. Statt der Option `-o` wird allerdings `-r` angegeben. Wird `lpoptions` ohne Optionen aufgerufen, werden die gesetzten Optionen angezeigt.

lpoptions

Heutzutage ist es aber eher selten, dass ein Druck von der Konsole aus gestartet wird. Meist wird aus den Anwendungen der grafischen Oberflächen heraus gedruckt.

Desktop

Option	Bedeutung
media=A4	Papiergröße ist DIN A4.
media=letter	Papiergröße ist das amerikanische Letter-Format
media=upper	Der obere Papierschacht wird verwendet
media=lower	Der untere Papierschacht wird verwendet
media=transparency	Das Ausgabemedium ist transparent
landscape	Der Ausdruck erfolgt im Querformat
page-set=odd	Nur ungerade Seiten werden gedruckt
page-set=even	Nur gerade Seiten werden gedruckt
cpi=17	17 Zeichen pro Zoll Breite. 10 und 12 sind auch möglich
lpi=6	6 oder 8 Zeilen pro Zoll
scaling=75	Füllt die Grafik auf 75 % der Papiergröße auf
raw	Gibt die Daten unverändert an den Drucker

Tabelle 14.6 CUPS-Optionen

Drucker verwalten

Port 631 Die Administration des CUPS kann weitgehend über einen Browser erfolgen. Dabei wird allerdings kein Webserver mit dem Standardport 80 aufgerufen, sondern der CUPS-Server, der über den Port 631 erreichbar ist:

```
http://localhost:631/admin
```

Zunächst erscheint eine Dialogbox zur Angabe von Benutzer und Passwort. Dieses Passwort muss mindestens sechs Zeichen lang sein und mindestens einen Buchstaben und eine Ziffer enthalten. Um einen Benutzer anzulegen, wird der Befehl lppasswd mit der Option -a verwendet. CUPS speichert die Passwörter in der Datei **passwd.md5** im Verzeichnis **/etc/cups**. Wenn Sie sich angemeldet haben, erhalten Sie im Browser eine grafische Oberfläche zur Verwaltung der Drucker und Warteschlangen.

lpadmin von der Konsole Alternativ können Sie mit dem Kommandozeilenwerkzeug lpadmin arbeiten. Die Option -p fügt einen Drucker hinzu. Die allgemeine Form sieht so aus:

```
/usr/sbin/lpadmin -p printer -E -v device -m ppd
```

Ein paar Beispiele beleben die Vorstellungskraft. Soll ein HP Deskjet an den parallelen Port des Computers angeschlossen werden, lautet der Aufruf:

```
lpadmin -p DeskJet -E -v parallel:/dev/lp1 -m deskjet.ppd
```

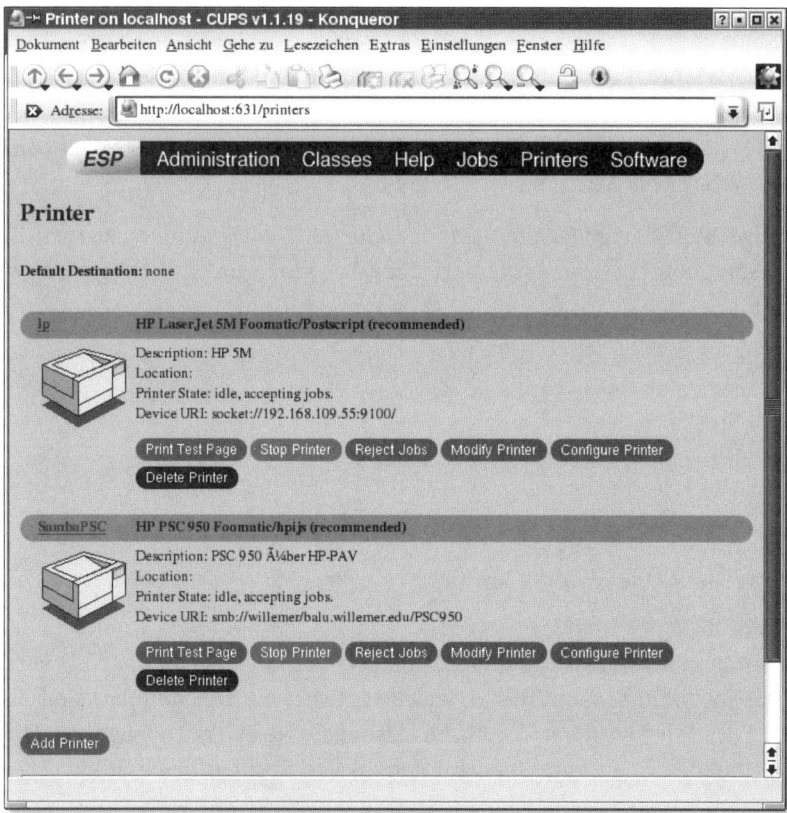

Abbildung 14.1 CUPS per Browser

Ein HP Laserjet mit einer JetDirect-Netzwerkkarte mit der IP-Adresse 192.168.109.192 würde mit dem folgenden Kommando eingerichtet:

```
lpadmin -p HPLJ -E -v socket://192.168.109.192 -m laserjet.ppd
```

Nach der Option `-p` wird der Name des Druckers definiert. Mit `-v` wird der Anschluss festgelegt, über den der Drucker erreichbar ist. Im ersten Beispiel wird der Drucker an der parallelen Schnittstelle **/dev/lp1** angeschlossen. Diese wird mit der Option `-v` angegeben. Das zweite Beispiel zeigt einen über das Netzwerk erreichbaren Drucker. Dabei wird das Socketprotokoll verwendet. Weitere Netzwerkprotokolle sind http, ipp, lpd und smb. Um eine vollständige Liste aller verfügbaren Druckeranschlüsse zu erhalten, geben Sie den Befehl `lpinfo -v` ein. Die Option `-E` gibt den Drucker zur Benutzung frei.

Mit der Option `-x` kann `lpadmin` einen Drucker entfernen. Damit klar ist, welcher Drucker gelöscht werden soll, muss der Druckername hinter der Option angegeben werden:

14 | Weitere Peripherie und Hardware

```
lpadmin -x DeskJet
```

cupsd.conf Im Verzeichnis **/etc/cups** finden Sie die Konfigurationsdateien von CUPS, insbesondere die Datei **cupsd.conf**. Sie enthält die Konfiguration des CUPS-Dämons. Ihr Aufbau erinnert an die Konfigurationsdatei **httpd.conf** des Webservers Apache (siehe Seite 681).

Einige Einstellungen gelten für den ganzen Dienst. Andere werden in sogenannten Locations gruppiert. Eine Location wird durch Tags eingerahmt:

```
<Location />
# Hier steht, wer lesen darf (GET)
</Location>
<Location /admin>
# Hier wird festgelegt, wer administrieren darf
</Location>
<Location /printers>
# Hier wird definiert, wer auf die Drucker zugreifen darf
</Location>
```

Das folgende Beispiel zeigt eine Konfigurationsdatei, die für das Netzwerk 192.168.109.0 bekannt macht, welche Drucker in CUPS definiert sind. In der Location / wird der Zugriff für das lokale Netzwerk freigegeben. Die Administration wird dagegen auf den lokalen Rechner beschränkt.

```
# cupsd.conf
Browsing On
BrowseAddress 192.168.109.0
BrowseAllow @LOCAL
BrowseDeny All
<Location />
Order Deny,Allow
Allow From 127.0.0.1
Allow From 127.0.0.2
Allow From 192.168.109.0
Allow From @LOCAL
</Location>
<Location /admin>
AuthType BasicDigest
AuthClass Group
AuthGroupName sys
Order Deny,Allow
Deny From All
Allow From 127.0.0.1
</Location>
```

In der Datei **printers.conf** werden die einzelnen Drucker eingestellt. Diese Datei wird durch die Kommandos lpadmin oder durch das Webtool verändert. Sie finden auch eine **printcap**-Datei. Sie wird allerdings nicht vom Administrator verwaltet, sondern automatisch generiert und hat lediglich die Aufgabe, Programme zu bedienen, die standardmäßig die **printcap**-Datei auslesen. Wo sich die Datei befindet, wird in der Datei **cupsd.conf** festgelegt:

printers.conf

```
Printcap /etc/cups/printcap
```

Die Datei **classes.conf** enthält Klassen und ihre zugehörigen Drucker. Diese Datei wird durch die Kommandos lpadmin oder durch das Webtool verändert.

classes.conf

Konfiguration eines CUPS-Clients

Soll der Druckserver festgelegt werden, etwa weil er in einem anderen Subnetz liegt oder man das Suchen und Anbieten in regelmäßigen Abständen unterbinden will, kann in der Datei **client.conf** festgelegt werden, welcher Rechner untersucht werden soll:

```
# client.conf
ServerName simba.willemer.edu
```

Protokolle

Im Verzeichnis **/var/log/cups** werden einige Protokolldateien abgelegt, die bei der Fehlersuche sehr hilfreich sind.

Weitere Informationen finden Sie über die Dokumentseite des Webadministrationstools von CUPS oder auf der Website http://www.cups.org.

14.2 Terminals

Terminals bestehen aus einer Einheit aus Tastatur und einem Monitor, die unter UNIX normalerweise über eine serielle Leitung mit dem Rechner verbunden sind. Dabei besitzen die einfachen Terminals nur die Fähigkeit, mit festen Zeichen umzugehen. Da es Terminals verschiedener Hersteller gibt, liefern sie je nach Typ unterschiedliche Codierungen für die Sondertasten und benötigen unterschiedliche Sequenzen, um den Bildschirm anzusteuern.

Echte Terminals gibt es kaum noch. Da Netzwerkverkabelungen heute billiger sind als serielle Kabel und die PCs sowieso auf jedem Arbeitsplatz stehen, gehen immer mehr Terminals in Rente. An einer Stelle allerdings sind sie in manchen Fällen von unschätzbarem Wert: im Serverraum als Konsole. Denn im Falle eines Zusammenbruchs der Netzwerkkomponente ist es gut, einen Zugang zur Maschine zu haben, der nicht vom Netzwerk abhängig ist.

14.2.1 Konfiguration der Terminals

inittab und ttys Bei Hochfahren des Systems liest der Prozess `init` die Datei **/etc/ttys** (bei BSD-Systemen) oder **/etc/inittab** (bei System V), um festzustellen, welche Terminals verfügbar sein sollen. In beiden Systemen existiert für jedes Terminal eine Zeile.

/etc/ttys Die Datei **/etc/ttys** unter BSD ist recht einfach aufgebaut. Zunächst kommt der Gerätename des Terminals, es folgt der Programmaufruf von `getty`, der für dieses Terminal zuständig ist. Anschließend kommt der Terminaltyp der **termcap**, der für dieses Terminal standardmäßig verwendet werden soll. Die beiden folgenden Spalten geben an, ob man sich als root anmelden kann oder nicht.

```
console none                              unknown off secure
ttyv0   "/usr/libexec/getty Pc"           cons25  on  secure
ttyv1   "/usr/libexec/getty Pc"           cons25  on  secure
ttyv2   "/usr/libexec/getty Pc"           cons25  on  secure
ttyv3   "/usr/libexec/getty Pc"           cons25  on  secure
ttyv4   "/usr/libexec/getty Pc"           cons25  on  secure
```

Der Eintrag in der **inittab** sieht geringfügig anders aus, erfüllt aber den gleichen Zweck:

```
5:123:respawn:/sbin/mingetty tty5
6:123:respawn:/sbin/mingetty tty6
S0:123:respawn:/sbin/agetty -L 9600 ttyS0
```

Ein Eintrag in der **inittab** hat folgende Struktur:

Struktur eines Eintrages in der inittab
ID:Runlevel:Aktion:Prozess

▶ **ID**
Dies ist die Kennung der Zeile, sie besteht aus maximal zwei oder vier Zeichen.

- **Runlevel**
  Legt fest, in welchem Runlevel die Aktion auszuführen ist. Im Beispiel sind die Aktionen in Runlevel 1, 2 und 3 aktiv.

- **Aktion**
  Hier können verschiedene Schlüsselwörter stehen. Im Falle eines Terminaleintrags steht hier immer respawn. Das bedeutet, dass sofort ein neuer Prozess gestartet wird, wenn der Prozess stirbt.

- **Prozess**
  Der Prozess, der zu diesem Eintrag gehört und gestartet wird.

Um ein weiteres Terminal anzuschließen, ist ein neuer Eintrag notwendig. Anschließend muss der Prozess init dazu gebracht werden, die Datei erneut zu lesen. Man erreicht dies, indem man init das SIGHUP-Signal zusendet. Der Befehl lautet:

```
kill -1 1
```

Der init-Prozess startet beim Hochfahren für jede Terminalleitung den entsprechenden Befehl, so wie er in **/etc/inittab** bzw. **/etc/ttys** aufgeführt ist. Normalerweise ist dies getty oder ein verwandtes Programm. getty überwacht die Leitung. Tut sich etwas, startet er den Befehl login, der wiederum bei erfolgreicher Anmeldung die Shell startet. Beim Abmelden wird die Shell einfach beendet.

Startup von getty

Ebenfalls in der **inittab** wird aufgeführt, was nach dem Tod des letzten Programms geschehen soll. Für Terminals steht hier respawn, da nach der Abmeldung bzw. der erfolglosen Anmeldung getty wieder in Aktion treten soll.

Aktion nach Ende des Prozesses

Es ist bei vielen Systemen möglich, mehrere Baudraten für ein Terminal anzugeben. Eine falsche Baudrate zeigt sich am Terminal durch wilde Zeichen. Durch Drücken der Taste Break[6] am Terminal bringt man getty dazu, zyklisch die nächste Baudrate zu verwenden. Man drückt also Break, bis man das Login lesen kann, und meldet sich dann an.

Kryptische Zeichen

Eine Anmeldung nur in Großbuchstaben interpretiert getty so, dass das Terminal nur Großbuchstaben beherrscht. Darum werden alle Großbuchstaben als Kleinbuchstaben interpretiert. Echte Großbuchstaben werden mit einem voranstehenden Backslash erzeugt. Da es heute keine Terminals mehr gibt, die keine Kleinschreibung beherrschen, hat man wahr-

Nur Großbuchstaben

---

6 In den meisten Terminalemulationen finden Sie in den Menüs ein Kommando, um einen Break zu senden.

scheinlich versehentlich die Caps-Lock-Taste bei der Anmeldung gedrückt. Meldet man sich einfach erneut an, ist alles ist wieder im Normalzustand.

14.2.2 Die Terminalvariable TERM

Das eingestellte Terminal ist in der Umgebungsvariablen TERM hinterlegt. Für kurzfristige Änderungen des Terminals lässt sich der Inhalt dieser Variablen verändern. Da Umgebungsvariablen nicht automatisch an die Kindprozesse weitervererbt werden, sollte TERM exportiert werden. Greift dies nicht, lässt sich das Terminal mit dem Aufruf von tset initialisieren:

```
TERM=vt100
export TERM
tset
```

14.2.3 termcap

In den BSD-Varianten wie beispielsweise Solaris oder FreeBSD werden in der Datei **/etc/termcap** (Terminal Capabilities) die Charakteristika der verschiedenen Terminals mit den zugehörigen Steuersequenzen definiert. Diese Datei hat gewisse Analogien zur Datei **/etc/printcap** (siehe Seite 378).

Als Beispiel sei hier der Eintrag für ein VT52-Terminal herausgegriffen, da dieses nicht so kompliziert ist. Es kennt keine Funktionstasten oder Farbe. An diesen Einträgen kann man bereits ermessen, dass das Einrichten eines Terminals schnell zur Geduldsprobe werden kann. Wenn Sie also eine eigene Terminalanpassung benötigen, kopieren Sie ein möglichst ähnliches Terminal, und führen Sie die notwendigen Anpassungen durch.

```
vt52|dec vt52:\
    :bs:\
    :co#80:it#8:li#24:\
    :ac=``aaffggjjkkllmmnnooppqqrrssttuuvvwwxxyyzz{{||}}~~:\
    :ae=\EG:as=\EF:bl=^G:cd=\EJ:ce=\EK:cl=\EH\EJ:cm=\EY%+ %+ :\
    :cr=^M:do=\EB:ho=\EH:kb=^H:kd=\EB:kl=\ED:kr=\EC:ku=\EA:\
    :le=\ED:nd=\EC:nw=^M^J:sf=^J:sr=\EI:ta=^I:up=\EA:
```

Es gibt drei Arten von Variablen. Boolesche Variablen werden wahr, wenn sie aufgeführt werden. Nicht genannte Variablen sind immer falsch. Numerische Variablen verwenden ein Hashzeichen (#), und Zeichenfolgen werden mit einem Gleichheitszeichen gekennzeichnet. Bei den Zeichenketten wird das ESC-Zeichen als \E notiert. Kontrollzeichen wird ein ^

vorangestellt. Die Bedeutung der wichtigsten Variablen ist in den Tabellen 14.7 und 14.8 aufgeführt.

Kürzel	Bedeutung
bs	Backspace führt einen Rückschritt aus
co#	Anzahl der Spalten
li#	Anzahl der Zeilen
it#	Tabulatorenweite
bl=	Zeichen, das einen Piep auslöst (bell)
cd=	Löschen bis Bildschirmende
ce=	Löschen bis Zeilenende
cl=	Bildschirm komplett löschen, Cursor links oben
ho=	Cursor eine Zeile nach links oben positionieren
cm=	Cursor positionieren
do=	Cursor eine Zeile nach unten bewegen
le=	Cursor ein Zeichen nach links bewegen
nd=	Cursor ein Zeichen nach rechts bewegen
up=	Cursor eine Zeile nach oben bewegen

Tabelle 14.7 Bildschirmeigenschaften

Kürzel	Bedeutung
cr=	Eingabezeichen für Wagenrücklauf
kb=	Taste für Backspace
kd=	Taste für Cursor unten
kl=	Taste für Cursor links
kr=	Taste für Cursor rechts
ku=	Taste für Cursor oben
nw=	Kommando Carriage Return
sf=	Eine Zeile scrollen
sr=	Rückwärts scrollen
ta=	Nächsten Tabulator anspringen

Tabelle 14.8 Tastatureigenschaften

Weitere Variablenkürzel finden Sie in der Manpage von **termcap**.

14.2.4 terminfo

System V und Linux verwenden die Datei **/etc/terminfo** zur Ansteuerung von Terminals. Diese Datei liegt nicht mehr als eine große Textdatei wie die **termcap** vor. Durch die vielen unterschiedlichen Terminals ist eine **termcap** derart groß, dass die Verwaltung schwierig wird.

terminfo-compiler tic

Der Eintrag eines Terminals wird in einer eigenen Textdatei erstellt, dann mit dem Terminfo-Compiler `tic` kompiliert und anschließend unter dem Verzeichnis **/usr/lib/terminfo** abgestellt.

Um eine Terminalbeschreibung zu finden, beginnen Sie mit der Terminalbezeichnung. Der Name (vt100, wyse370 etc.) führt zu einer Datei unterhalb des Verzeichnisses **/usr/lib/terminfo**. Dort finden Sie Verzeichnisse mit einem Buchstaben. Diese Buchstaben sind der jeweils erste Buchstabe der Terminalbezeichnung. Auf diese Weise wird das Verzeichnis **terminfo** nicht überfüllt, was zu einer langen Antwortzeit führen würde. Um auf die Beschreibung eines Terminals mit der Kennung vt100 zuzugreifen, sucht UNIX die Datei **vt100** im Verzeichnis **/usr/lib/terminfo/v**.

terminfo lesbar machen

Diese Datei liegt wie gesagt im Binärformat vor, ist also nicht direkt lesbar. Um eine textuelle Darstellung der terminfo-Datei zu erhalten, verwendet man den Befehl `infocmp`. Durch Umleiten der Ausgabe lässt sich eine Sourcedatei erstellen. In dieser Datei werden die Eigenschaften des Terminals beschrieben. Sie können geändert und mit `tic` wieder zu terminfo-Dateien kompiliert werden.

Die exakte Beschreibung der Einträge in **terminfo** sowie der Funktionsweise von `tic` und `infocmp` finden Sie in den jeweiligen Manpages. Prinzipiell ähneln sich die Einträge in **terminfo** und **termcap**.

14.2.5 Wenn das Terminal durcheinander ist

Wie oben gezeigt wurde, werden Terminals durch die Ausgabe von Kontrollsequenzen gesteuert. Bekommt das Terminal falsche Sequenzen, kann es geschehen, dass man keine Ausgaben mehr erhält. Dies kann beispielsweise dadurch passieren, dass man versehentlich Binärdateien mit `cat` anzeigen lässt. Besonders unangenehm ist dies, wenn es bei den eingebauten Konsolen passiert, da man diese nicht einfach ein- und ausschalten kann, ohne den gesamten Computer herunterzufahren. Hier hilft oft der Befehl:

```
stty sane
```

Vor und hinter dem Befehl sollte man **ctrl+J** statt der Return-Taste benutzen, da das Terminal eventuell so durcheinander ist, dass es zusätzlich zum **ctrl+J** ein **ctrl+M** erzeugt, was die Shell nicht richtig interpretieren kann. UNIX verwendet allein **ctrl+J** als Zeilenvorschub, während andere Systeme Kombinationen aus **ctrl+M** und **ctrl+J** benutzen.

Der Befehl `stty` dient in erster Linie zur Einstellung von Terminaleigenschaften wie der Baudrate. Die Option `sane` ist allerdings wohl die wichtigste Anwendung des Befehls. Sie setzt alle Einstellungen des Terminals auf einen Standardwert.

14.3 Anschluss eines Modems

Neben der Verwendung des Modems als Netzbrücke ins Internet wird ein Modem manchmal auch als Wartungszugang verwendet. Man meldet sich wie an einem Textterminal an, nur dass die Anbindung über eine Telefonleitung läuft. Dieser Zugang öffnet nicht den gesamten Netzwerkzugang, reicht aber völlig aus, um die üblichen Administrationstätigkeiten durchzuführen.

Administrationszugang

Ein solcher Anschluss eines Modems ist prinzipiell nicht sehr viel anders als der Anschluss eines Terminals. Allerdings wird durch `getty`, der eventuell noch in der **inittab** bzw. der **tty** steht, der serielle Port für andere Anwendungen, die das Modem verwenden wollen, gesperrt. Diese Anwendungen müssen entfernt werden. Oft findet man auch die Modemkonfiguration in **inittab** oder **tty** fertig konfiguriert und lediglich auskommentiert.

Für die Verwendung eines Modems wird oft ein anderer Eintrag im Verzeichnis **/dev** verwendet. `getty` wird durch ein Flag an die etwas andere Benutzung angepasst, oder es gibt sogar ein alternatives `getty` wie `uugetty` unter HP-UX oder `mgetty` unter Linux.

Spezielles serielles Device

Um das Modem mit unterschiedlichen Baudraten von außen ansprechen zu können, werden die Baudraten, durch Kommata getrennt, hinter den Aufruf von `getty` geschrieben. Auf diese Weise probiert das System die verschiedenen Baudraten der Reihe nach durch. Das Folgende ist ein Beispiel unter SCO:

```
getty -h ttyF01 19200, 9600, 4800, 2400
```

Unter Linux gibt es für den Anschluss eines Modems das Programm `mgetty`. Der vollständige Eintrag der **/etc/inittab** lautet:[7]

---

[7] vgl. Endres, Schmidt: Bei Anruf Netz. c't 25/99, S. 218-223.

```
m:23:respawn:/usr/sbin/mgetty -s 115200 /dev/ttyS1
```

`mgetty` erhält als Parameter die Geschwindigkeit der Rechnerschnittstelle und nicht die des Modems. Das Device **ttyS1** stellt die zweite serielle Schnittstelle dar. Ist nur ein Modem angeschlossen, ist ein symbolischer Link namens **modem** auf die entsprechende Schnittstelle sinnvoll:

```
ln -s /dev/ttyS1 /dev/modem
```

14.4 Scannen

Für den Zugriff auf Scanner wurde unter UNIX die Schnittstelle SANE (Scanner Access Now Easy) entwickelt. Über diese können Anwendungen auf den Scanner zugreifen, ganz gleich, auf welche Art er angeschlossen ist. Dabei ist SANE sogar in der Lage, über das Netzwerk zu scannen. Eher ein Problem können die Kompaktgeräte, bestehend aus Drucker, Kopierer und Scanner, werden, da einige Hersteller die Geräte nur für den Einsatz unter MS Windows entwickeln.

14.4.1 xsane als Fotokopierer

Kopie — Wer einen Scanner und einen Drucker besitzt, kann mit dem Programm **xsane** einen Fotokopierer ersetzen. Dazu stellen Sie den XSane-Modus von »Betrachter« auf »Photokopie«. Starten Sie jetzt den Vorgang durch Klick auf den Button »Scannen«, wird zunächst das Bild eingescannt und anschließend auf dem Standarddrucker ausgegeben.

Druckerwahl — Sie können einen anderen Drucker als den Standarddrucker verwenden. Dazu wählen Sie »Einstellungen – Konfiguration«. In dem erscheinenden Dialog können Sie das Register »Photokopie« anklicken. Hier steht als Befehl `lpr`. Um mit dem Drucker namens **laser** zu drucken, können Sie den Befehl `lpr -Plaser` verwenden.

14.4.2 Schrifterkennung (OCR)

Text lesen — Um den Text einer eingescannten Seite als Text verarbeiten zu können, muss der Computer lesen können. Solche Programme werden als OCR-Software bezeichnet. OCR steht für Optical Character Recognition, also zu Deutsch optische Zeichenerkennung. Das gängige Programm dazu heißt `gocr` und ist eine Kommandozeilen-Applikation. Programme mit grafischen Oberflächen wie beispielsweise `kooka` rufen `gocr` auf und präsentieren dem Anwender das Ergebnis in freundlicher Form.

Beim Start von kooka wird zunächst angefragt, welcher Scanner verwendet werden soll. Das geschieht auch, wenn das System nur einen Scanner besitzt. Der »Scan Mode« sollte bei Schrifterkennung auf Lineart gesetzt werden. Mit Hilfe der Vorschau können Sie den Bereich eingrenzen, in dem Text gelesen werden soll, indem Sie mit der Maus einen Rahmen darum ziehen. Nun fordert kooka Sie auf, ein Dateiformat für das Bild zu wählen. PNG ist hier keine schlechte Wahl. Nachdem der Ausschnitt eingelesen wurde, starten Sie über den Menüpunkt »Bild – Zeichenerkennung für das Bild« die optische Zeichenerkennung. Bestätigen Sie den Dialog mit dem Button »Zeichenerkennung (OCR) starten«, und der Dialog zeigt alle Wörter an, die er meint, missverstanden zu haben. Dabei verwendet die OCR eine Rechtschreibkontrolle, um die Ergebnisse auf Gültigkeit zu überprüfen.

kooka

Dennoch sind die Ergebnisse sehr von der Vorlage abhängig. Keinesfalls kann der erkannte Text unkorrigiert übernommen werden. So kann es einfacher sein, den Text abzutippen, als ihn der OCR zu überlassen.

unsicher

14.5 Anschluss eines PDAs oder Mobiltelefons

Termine und Adressen werden nicht nur am Arbeitsplatz, sondern auch unterwegs benötigt. Dazu sind kleine Handheld-Computer recht verbreitet. Der Abgleich zwischen Arbeitsplatz und Palm-PDAs ist also eine zentrale Frage für jedes Programm, das mit Adressen und Terminen umgeht. Darum soll zunächst erläutert werden, wie ein PDA unter UNIX, hier insbesondere unter Linux, angesprochen wird.

Palm

Die ersten weit verbreiteten PDAs stammen von der Firma Palm. Der Anschluss dieser Geräte gestaltet sich relativ einfach. Die Firma Palm liefert für die Geräte eine Windows-Software mit, die einen Austausch der Geräte mit einem kleinen Planerprogramm, das in etwa die Fähigkeiten eines PDAs auf den Computer zaubert. Solche »Palm-Emulationen« gibt es inzwischen mehrfach auch für Linux. Noch interessanter ist allerdings der Abgleich mit Evolution unter GNOME oder Kontact unter KDE. Beides ist problemlos möglich, wenn der PDA erst einmal Kontakt mit dem PC bekommen hat. Die passende Software hat häufig die Bezeichnung Pilot im Namen integriert. Pilot hießen die ersten Geräte von Palm.

Zur Kommunikation mit einem PDA muss immer angegeben werden, über welchen Anschluss der PDA mit dem Computer verbunden ist. Alle

Kontaktaufnahme

Programme verwenden standardmäßig ein Device namens **/dev/pilot**. Ein solches Device ist aber gar nicht eingerichtet. Normalerweise wird ein symbolischer Link dieses Namens auf das Device gelegt, an das der PDA angeschlossen ist. Symbolische Links werden ab Seite 87 beschrieben. Die älteren PDAs werden über eine serielle Schnittstelle verbunden. Handelt es sich dabei um die erste serielle Schnittstelle des Computers, lautet der Befehl:

```
ln -s /dev/ttyS0 /dev/pilot
```

USB   Bei den aktuellen PDAs wird USB verwendet. Entsprechend muss das Device **/dev/pilot** auf einen USB-Port verweisen und nicht auf eine serielle Schnittstelle. Bei meinem Gerät (Palm Zire) hatte ich Erfolg mit **/dev/ttyUSB1**. Entsprechend lautet der Befehl:

```
ln -s /dev/ttyUSB1 /dev/pilot
```

In jedem Fall muss der symbolische Link vom Administrator root gesetzt werden. Alternativ kann das jeweilige Device auch statt **/dev/pilot** direkt in der Anwendung eingetragen werden, wenn Administratorrechte nicht zur Verfügung stehen.

Windows Mobile

Die Windows-PDAs sind ein Lehrbuchbeispiel für gelungenes Marketing. Ursprünglich war der PDA-Markt fast vollständig in der Hand von Palm. Die ersten Microsoft PDAs erschienen mit dem Betriebssystem Windows CE. Als Desktop-Programm wurde kostenlos die professionelle Outlook-Version ausgeliefert. Das Abgleichprogramm gleicht seine Daten nur mit Outlook oder anderen Microsoft-Programmen ab.

Auf dem PDA werden die Programme Word und Excel in der Mini-Version mitgeliefert. Alles so, wie der Anwender es von Windows her kennt. Eine Java-Unterstützung fehlt, aber das fällt höchstens den Programmierern auf. Stattdessen wird eine ähnliche Programmierschnittstelle wie Windows angeboten. Die Programmierwerkzeuge werden im Internet kostenlos zur Verfügung gestellt. Kein Wunder, dass nach kurzer Zeit jede Menge Programme für den Zwerg verfügbar sind. Die beliebten Navigations-Systeme laufen inzwischen fast ausnahmslos auf Windows-PDAs. In die Röhre schauen alle Konkurrenten zu Outlook, die Java-Programmierer und diejenigen, die versuchen ihre Windows-PDAs mit Linux zu synchronisieren.

Gescheiterte Versuche?   Es gibt diverse Versuche unter Linux, die verschiedenen Versionen von Windows PDAs zu synchronisieren. Im Internet gibt es einige Berichte, dass es bei einzelnen Geräten[8] erfolgreiche Kopplungen insbesondere mit Evolution gegeben haben soll. Ich habe zwei verschiedene Geräte[9] mit diversen Softwarepaketen aus dem Internet ausprobiert und bislang keine funktionierende Verbindung herstellen können. Wer also in absehbarer Zeit einen mit Linux abgleichbaren PDA verwenden will, sollte wohl besser darauf achten, dass dieser als Betriebssystem Palm OS verwendet.

Mobiltelefone

Mit dem Programmpaket Gnokii gibt es von Nokia ein Paket, das den Austausch mit vielen Mobiltelefonen ermöglicht. Wie zu erwarten, werden in erster Linie Geräte aus dem eigenen Hause unterstützt. Leider funktioniert das Programm aber auch nicht mit allen Nokia-Telefonen. Dabei scheint weder der Preis noch das Alter des Telefons die entscheidende Rolle zu spielen.

Das Programm wird in der Datei **/etc/gnokiirc** konfiguriert. Hier muss das Modell eingetragen werden und auf welche Weise das Telefon gekoppelt werden soll, USB-Kabel, Infrarot oder Bluetooth. Das passende Programm xgnokii kann dann das Adressbuch und den Kalender synchronisieren. Es zeigt den Batterie- und Empfangsbalken und kann SMS versenden.

Diverse andere Programme stehen zur Verfügung, um mit Mobiltelefonen zu kommunizieren. Die Hauptanwendung scheint die Möglichkeit zu sein, über die Computertastatur SMS zu versenden.

Der einfachste Zugriff scheint der per Bluetooth zu sein. Die Bluetooth-Adapter werden erfahrungsgemäß problemlos unterstützt. Die meisten Mobiltelefone erscheinen sofort in der Anzeige und lassen sich direkt öffnen. Das Auslesen von Fotos, die per Handy-Kamera geschossen wurden, ist direkt möglich. Auch das Füttern mit Klingeltönen ist jedem möglich, der ein wenig mit MP3- oder WAV-Dateien umgehen kann (siehe auch Seite 487). `Bluetooth`

Bei den Geräten, die per USB angeschlossen werden, sollte man erwarten, dass auch mit Linux ein direkter Zugriff auf den Speicher möglich ist. Leider treten auch hier Komplikationen auf. Da diese aber auch unter Windows bestehen, liegt der Verdacht nahe, dass der Hersteller wünscht, dass die Besitzer ihre Klingeltöne per teurer SMS abrufen und ihre Fotos als kostenintensive MMS an ihre Computer senden. `USB-Anschluss`

---

8 Insbesondere wurden einige Geräte von HPs Ipac-Serie genannt.
9 Fujitsu Siemens Loox 500 und Yakumo Delta 300.

Der Fuchsschwanz für den Zentralserver.

15 Tuning

Jeder Computerbenutzer träumt davon, mit ein paar gekonnten Eingriffen in das System dem Rechner Flügel zu verleihen. Jede Woche findet man solche Tipps in großer Vielfalt in den Computerzeitschriften, und nur der nachdenkliche Anwender stellt sich vielleicht hin und wieder die Frage, warum den Herstellern nicht in den Sinn gekommen ist, ihr System von vornherein auf diese Art zu beschleunigen.

Keine Wunder erwarten

Tatsächlich gibt es einige Tricks, die ein etwas flotter laufendes System bewirken. Aus einer überlasteten Maschine machen diese Maßnahmen aber noch keinen Rennwagen. Im Normalfall helfen Eingriffe in die Konfiguration, die ursprüngliche Geschwindigkeit zu erhalten oder die Last so zu verteilen, dass kein Engpass entsteht.

Irgendwann muss man mit Hardware aufrüsten. Bevor Sie aber Ihren Einkaufszettel schreiben, sollten Sie das System beobachtet haben, damit Sie auch sicher wissen, wo der Flaschenhals sitzt. So kann beispielsweise der beinahe immer richtige Tipp, den Speicher aufzurüsten, unsinnig sein, wenn auf der Maschine so viel Speicher vorhanden ist, dass kein Swapping feststellbar ist (siehe Seite 293).

Ursache suchen

15.1 Optimierung des Dateisystems

Der Einfluss des Dateisystems auf den Gesamtdurchsatz hängt natürlich davon ab, für welchen Einsatz die Maschine gedacht ist. Eine CAD-Workstation und auch eine Entwicklungsmaschine für einen Softwareentwickler werden von der Beschleunigung eines Dateisystems nicht profitieren. Dagegen werden alle Programme, die in größerem Umfang mit Daten arbeiten, dadurch zentral beeinflusst.

15.1.1 Überfüllung der Dateisysteme vermeiden

Ist die Festplatte über 90 % gefüllt, wird das die Performance beeinflussen. Da nur wenig Platz ist, werden alle Lücken aufgefüllt, die sich durch das Löschen von Dateien im Laufe der Zeit gebildet haben. Nach einiger Zeit sind diejenigen Dateien, die regelmäßig geändert werden, die Lückenfüller der Festplatte und verursachen heftige Bewegungen des Schreib-/Lesekopfs. Man spricht in diesem Falle von einer Fragmentierung oder Zerclusterung eines Dateisystems.

Auf einer zentralen Servermaschine wird man die Belegung der Dateisysteme, auf denen Daten bewegt werden, möglichst unter 80 %, besser unter 70 % halten.

15.1.2 Defragmentierung

In der PC-Welt scheint die Lösung aller Durchsatzprobleme durch die Defragmentierung einer Festplatte erreicht zu werden. Stundenlang warten die Anwender vor den Monitoren und beobachten, wie Block um Block auf der Festplatte hin- und hergeschoben wird. Und tatsächlich haben alle Benutzer das Gefühl, dass nach dieser Aktion der Rechner gleich viel schneller läuft.

Die tatsächliche Wirkung dieser Aktion scheint eher das eines Placebos[1]. Der Besitzer hat das Gefühl, er konnte etwas tun, und hektische Betriebsamkeit war schon immer ein gutes Mittel gegen geistige Windstille. Tatsächlich kann man vermuten, dass die defragmentierte Festplatte nur im Ausnahmefall tatsächlich so viel schneller läuft, dass der Anwender das merkt. Die Begeisterung für die Defragmentierung liegt wohl darin begründet, dass es für einen PC die bekannteste Tuning-Möglichkeit ist.

Problemanalyse Und so wird der PC-Anwender das Programm zur Defragmentierung unter UNIX vielleicht als Erstes vermissen. Und tatsächlich gibt es unter UNIX keine Defragmentierungsprogramme. Der Grund dafür ist, dass man sie normalerweise gar nicht braucht. Durch die Festplattenpuffer werden die Kopfbewegungen sowieso reduziert. Eine Fragmentierung kann dadurch entstehen, dass mehrere große Dateien parallel wachsen. Dann werden die Blöcke zwar nicht nebeneinander stehen, aber doch nicht so weit auseinander, dass dies dem Benutzer auffallen würde. Die letzte Möglichkeit liegt darin, dass der Festplattenplatz eng wird und daher beim Schreiben von Daten die kleinen Löcher gestopft werden, die durch das Löschen alter Dateien entstanden sind. Die Antwort auf dieses Problem lautet aber nicht Defragmentierung, sondern der Einbau einer größeren Festplatte.

---

1 In der Medizin werden an Patienten manchmal Zuckerpillen statt echter Medikamente verteilt. Erstaunlicherweise haben diese dann oft die gleiche Wirkung wie das echte Medikament.

Nachdem die neue Festplatte an Ort und Stelle ist, wird der Administrator die Daten der alten Festplatte beispielsweise per `tar` auf die neue Festplatte kopieren. Bei diesem Neuaufspielen der Daten werden alle Fragmentierungen beseitigt. Sollte tatsächlich einmal der Verdacht aufkommen, dass durch Defragmentierung Geschwindigkeitseinbußen entstehen, können Sie natürlich auch eine Bandsicherung durchführen, mit `mkfs` oder `newfs` ein neues Dateisystem erstellen und die Bandsicherung zurückholen.

Defragmentierung unter UNIX

15.1.3 Blockgröße

Auf älteren Systemen kann man die Blockgröße noch als Parameter beim Erzeugen des Dateisystems mit `mkfs` festlegen. Typischerweise liegt sie zwischen 512 Byte und 4 KByte. Je größer der Block ist, den das System mit einem Mal liest, desto geringer wird der Einfluss der langsamen Festplattenzugriffe auf die gesamte Dateioperation. Das Lesen eines größeren Blocks kostet nur geringfügig mehr Zeit, da der Lesekopf schon an der richtigen Stelle ist. Beim nächsten Dateizugriff befindet sich dann der angeforderte Bereich schon im Puffer und man kann den Zugriff auf die Festplatte komplett sparen. Ab einer gewissen Blockgröße allerdings kippt dieser Wert wieder, wenn zu oft mehr geladen wird, als tatsächlich benötigt wird.

Nur auf älteren Systemen

Der Platzbedarf der kleinsten Datei entspricht der Größe eines Blocks, da die Festplatte immer blockweise belegt wird. Bei vielen kleinen Dateien wird der verschwendete Speicherraum entsprechend groß.

Moderne Dateisysteme sind in der Lage, durch dynamische Caches und durch die Aufspaltung von Blöcken für kleine Dateien diese Tuningmaßnahmen selbst zu übernehmen.

15.1.4 Verteilung auf mehrere Festplatten

Besitzt man mehrere physische Festplatten, lässt sich durch geschicktes Verteilen der Dateien einen Performancegewinn erzielen. Wenn zwei Dateien, auf die ständig abwechselnd zugegriffen wird, auf einer Festplatte liegen, muss der Schreib-/Lesekopf des Laufwerks ständig zwischen diesen beiden Dateien hin- und herpositioniert werden. Kann man die beiden Dateien auf zwei Festplatten verteilen, werden diese Positionierungen eingespart. Gerade unter UNIX ist das Verteilen auf mehrere Festplatten extrem einfach. Durch einen symbolischen Link merken die zugreifenden Programme nicht einmal, dass eine Datei nicht mehr an der ursprünglichen Stelle liegt. Der zusätzliche Aufwand durch den Link ist

Spurwechsel durch Verteilung verringern

minimal und wird auch nur einmal beim Öffnen benötigt. Danach arbeitet das Programm mit einem Dateihandle direkt auf der Datei. Dieses Prinzip führt bei RAID-Systemen zu höheren Durchsatzwerten.

Es versteht sich eigentlich von selbst, dass ein Verteilen der Dateien auf mehrere Partitionen der gleichen Festplatte kontraproduktiv ist und das Laufzeitverhalten verschlechtert.

15.1.5 Ein eigenes Dateisystem für /tmp

Das Verzeichnis **/tmp** kann auf eine eigene Festplatte gelegt werden. Dies bringt auf Systemen etwas, die das Verzeichnis intensiv nutzen, wie beispielsweise bei der Kompilierung. Es wird eine höhere Geschwindigkeit erreicht, da das ständige Schreiben und Löschen zu einer starken Zerclusterung führt. Da **/tmp** aber jederzeit gelöscht werden kann, ist es möglich, durch rekursives Löschen des kompletten Verzeichnisses mit einem zusammenhängenden System weiterzuarbeiten. Da im Bereich des **/tmp**-Verzeichnisses bei einem Absturz häufig ein unzusammenhängendes Dateisystem entsteht, ist es von Vorteil, wenn das komplette Dateisystem **/tmp** bedenkenlos gelöscht werden kann.

Eigenes Dateisystem — Ist ein eigenes Dateisystem für **/tmp** nicht praktikabel, sollte man von Zeit zu Zeit im Single-User-Modus das Verzeichnis komplett entfernen und wieder neu anlegen, da so auch das Verzeichnis wieder geleert wird. Insbesondere, wenn die Größe des Verzeichniseintrags in der Ausgabe von `ls -ld` auffallend ist, sollte man diese Maßnahme ergreifen.

RAM-Disk — Bei den eben erwähnten Entwicklermaschinen, bei denen der Compiler oft das Verzeichnis **/tmp** benutzt, wird manchmal zur Beschleunigung das Verzeichnis in eine RAM-Disk gelegt. Natürlich macht das nur Sinn, wenn die Maschine üppig mit Speicher ausgestattet ist.

15.1.6 Übervolle Verzeichnisse entsorgen

Verzeichnisse sind linear — Verzeichnisse sind lineare Strukturen. Wird ein Dateieintrag angelegt, geschieht dies hinten im Verzeichnis. Die Einträge sind also nicht alphabetisch geordnet, wie es bei der Anzeige scheint. Also wird bei der Suche nach einer Datei die Liste von vorn nach hinten durchgegangen. Da die Suche nach dem Dateinamen nur relevant wird, wenn die Datei immer wieder geöffnet und geschlossen wird, fallen Probleme in diesem Bereich nicht so sehr auf. Wenn Verzeichnisse aber sehr voll werden, werden die Zugriffe immer langsamer. Besonders kritisch wird es, wenn in Verzeichnissen regelmäßig gelesen und geschrieben wird.

Ein Merkmal dafür, dass ein Verzeichnis überlastet ist, ist seine Größe. Man kann dies leicht durch den Befehl `ls -ld` prüfen. Im Allgemeinen werden die meisten Verzeichnisse gleich groß sein. Bei den Verzeichnissen **/dev** und **/tmp** dürfte man bereits sehen, dass sich darin deutlich mehr Dateien befinden. Verzeichnisse werden aber normalerweise nicht von selbst wieder kleiner. Um ein Verzeichnis, in dem viel geschrieben und gelöscht wurde, wieder auf eine normale Größe zu bringen, sollte man zunächst eine Sicherung der Daten per `tar` (siehe Seite 339) durchführen. Anschließend löscht man per `rm -r` den gesamten Ast inklusive Verzeichnis und holt dann die gesicherten Dateien wieder an den Ort zurück. Dabei wird das Verzeichnis neu angelegt.

Verzeichnisgrößen beachten

15.2 Ressourcen kennen

Bevor Sie ein System schneller machen, sollten Sie wissen, welche Geschwindigkeiten von welchen Systembestandteilen zu erwarten sind. So werden Sie durch das Erhöhen des CPU-Takts auch nicht schneller Surfen, wenn Sie weiterhin mit einem einfachen Modem mit dem Internet verbunden sind.

Die Taktgeschwindigkeit der CPU scheint in den Köpfen der Anwender das entscheidende Merkmal für Geschwindigkeit zu sein. Dabei führt die CPU auf den meisten Computersystemen ein beschauliches Leben. Sofern die Maschine nicht von Programmierern verwendet wird, sind es höchstens Anwendungen wie das Rendern von Videos, die eine starke CPU erfordern. In einem normal laufenden System liegt die Auslastung der CPU bei unter zehn Prozent.

CPU

Die meisten Menschen werden überrascht sein, wenn sie hören, dass der Speicher ihres Systems höchstens mit einem Achtel der Geschwindigkeit läuft, die der meist inaktiven CPU zugestanden wird. Dabei ist der Einsatz von Speicher fast immer die sinnvollste Investition, wenn Sie einem System auf die Beine helfen wollen.

Der Hauptspeicher

Wird der Speicher knapp, wird das System damit beginnen, seltener gebrauchte Speicherbereiche auf die Festplatte auszulagern. Die Festplatte ist allerdings etwa tausendmal langsamer als der Hauptspeicher. Geschieht dieser Wechsel zu oft, hat das direkte Auswirkungen auf die Geschwindigkeit.

Swapping bremst

Der Speicher wird auch verwendet, um das Lesen und Schreiben auf die Festplatte zu reduzieren. Das System merkt sich die zuletzt umgesetz-

Puffer

ten Daten. Die Wahrscheinlichkeit ist hoch, dass bei einem der nächsten Zugriffe wieder der gleiche Festplattenbereich wieder verwendet wird. Befindet er sich noch im Speicher, ist auch hier ein tausendfacher Geschwindigkeitsvorteil.

Daten pro Zeiteinheit

Um die Geschwindigkeit eines Systems zu beurteilen und die Stellen zu finden, an denen es an seine Grenzen stößt, muss der Administrator ein Gefühl für die Geschwindigkeit der einzelnen Komponenten haben. Diese Geschwindigkeit wird in Datenmenge pro Sekunde gemessen. Diese Werte sind wohl bei Netzwerkkarten am vertrautesten. So hat eine klassische Ethernet-Verbindung eine Geschwindigkeit von 10 MBit/s. Da über das Netzwerkkabel noch ein paar Kontrollbits huschen, kann man mit einem Megabyte pro Sekunde rechnen. Heute findet man in jedem Notebook eine Ethernet-Schnittstelle mit 100 MBit/s, und die meisten PCs besitzen sogar eine Schnittstelle mit 1 GBit/s.

Aber bei aller Begeisterung für die schnellen Netzwerkkarten sollte man im Hinterkopf behalten, dass die Kette nur so stark ist wie ihr schwächstes Glied. Schon eine Leitung für 100 MBit/s wird erhebliche Einbrüche liefern, wenn das Kabel einige Male ordentlich geknickt verlegt wurde. Natürlich muss gewährleistet sein, dass alle Hubs und Switches im Netzwerk auch die hohe Geschwindigkeit durchreichen können.

Festplatte als Flaschenhals

Falls Sie auf den Gedanken kommen, ein 1 GBit/s-Netzwerk einmal auf die volle Geschwindigkeit zu testen, könnten Sie zwei Rechner verbinden und eine Datei kopieren. Dann werden Sie vermutlich feststellen, dass die Geschwindigkeit nicht erreicht wird. Das liegt daran, dass eine normale Festplatte derartige Werte gar nicht schafft. Hinzu kommt die Frage, über welchen Anschluss die Festplatte mit dem Computer verbunden ist. Ein USB-Anschluss wird da weniger leisten als ein PCI-Adapter. Eine gute Gegenprobe wäre es, zu prüfen, wie schnell die Datei auf dem lokalen Rechner kopiert wird.

Abzüge im Protokoll

Bei der Betrachtung der Geschwindigkeiten beim Netztransfer ist nicht nur die Hardware relevant. Auch die Frage, wie viel Overhead an Protokolldaten mit den Nutzdaten gesendet werden, ist von Bedeutung. So ist bei einer Übertragung per SAMBA (siehe Seite 590) Einbrüche bis zu 60 % möglich. Dagegen sind Übertragungen per FTP oder per NFS mit über 90 % nicht ungewöhnlich.

15.3 Wissen, wo der Schuh drückt

Die Einschätzung, dass die Maschine langsam ist, reicht nicht aus, um Gegenmaßnahmen zu ergreifen. Man muss schließlich die Beschränkung beseitigen, die die Leistung am meisten einschnürt.

vmstat

vmstat ist ein Programm, das auf fast jeder UNIX-Maschine verfügbar ist. Es wertet diverse Kernelprotokolle aus und stellt sie dar. Dabei werden die Prozesse, der Speicher, das Swapping, der Festplattendurchsatz und die CPU-Belastung beobachtet. Der Aufruf lautet:

> **Aufruf von vmstat**
>
> vmstat <*Sekundenabstand*> <*Wiederholungen*>

Der erste Parameter bestimmt, wie viel Zeit in Sekunden zwischen den Ausgaben vergehen soll. Aufgrund der vielen Daten, die erhoben werden, sollte der Abstand nicht allzu gering sein, damit vmstat nicht selbst die Messung verfälscht. Der zweite Parameter bestimmt die Anzahl der Messungen. Multipliziert man die beiden Werte, erhält man den Zeitraum, den die Messung abdeckt. vmstat erzeugt eine Ausgabe, die wie folgt aussieht:

```
   procs                      memory    swap          io     system         cpu
 r  b  w   swpd   free   buff  cache  si  so    bi    bo   in    cs  us sy id
 1  0  0    512  12932  90984 116120   0   0     0     0  103   407   5  0 95
 1  0  0    512  12932  90984 116120   0   0     0     0  123   502   4  0 96
```

Folgende Werte werden dabei gemessen:

- **procs**
  zählt r (warten auf Laufzeit), b (uninterruptable sleeping), w (swapped processes)
- **memory**
  aus dem swpd (virtueller Speicher), free (idle), buff und cache
- **swap**
  swap in (si), swap out (so)
- **io**
  blocks in (bi), blocks out (bo)
- **system**
  in (Interrupts per second), cs (context switch per second)

▶ **cpu**
Verteilung der CPU-Last auf user (us), system (sy) und idle (id). Beispielsweise deutet ein starkes Swapping bei gleichzeitiger hoher CPU-Belastung im Systembereich auf zu wenig Hauptspeicher hin.

Die Zahlen beobachten

Besonders interessant werden diese Werte, wenn sie zu verschiedenen Zeitpunkten des Tages erfasst werden. Dadurch lässt sich erkennen, welche Zahlen sich überdurchschnittlich stark verändern. Es ist wichtig zu wissen, welche Werte für die Maschine im Ruhezustand typisch sind. Welche Ergebnisse erhält man bei einer beschäftigten Maschine, die aber noch zügig reagiert, und wie sehen die Zahlen aus, wenn die Maschine überlastet ist? Ein Gefühl für diese Zahlen sollten Sie als Administrator haben, bevor die Geschäftsleitung nach dem Verantwortlichen ruft.

In die crontab stellen

Im folgenden Abschnitt über sar wird gezeigt, wie man ein solches Analysetool in die crontab (siehe Seite 181) stellt. Ähnlich wird auch mit vmstat gearbeitet.

sar

sar gehört zu System V

Ein anderes, noch umfangreicheres Beobachtungstool gibt es bei System V-Maschinen. Dieses heißt sar (system activity report). Es ist normalerweise nicht aktiviert. Unter Linux finden Sie sar in dem Paket **sysstat** in den meisten Distributionen.

sar erfasst Aktivitätszähler, die das System führt. Vor allem erstellt sar regelmäßige Statistiken, die die Auswertung eines Vergleichs zwischen Last- und Ruhezeiten ermöglicht. Da sar recht gute Informationen liefert, wenn etwas schiefläuft, sollten Sie es in jedem Fall starten, wenn Sie eine neue Maschine in Betrieb nehmen, wenn Sie Probleme haben, deren Herkunft unerklärlich sind, oder wenn sich Dinge grundsätzlich ändern, wie beim Einsatz neuer Software oder Hardware.

Die gesammelten Daten werden im Pfad **/var/adm/sa**[2] gesammelt. Eventuell muss das Verzeichnis erst angelegt werden. Darin legt sar für jeden Tag des Monats eine Datei mit dem Präfix **sa** an. Für den 12. des Monats wäre dies also **sa12**.

Damit diese Dateien entstehen, ist ein Datensammler erforderlich. Dieser heißt sadc und wird in der rc-Datei des Systems gestartet:

```
/usr/lbin/sa/sadc /var/adm/sa/sa`date +%d`
```

---

[2] Für Debian gilt das nicht. Dort befinden sich die Daten im Verzeichnis /var/adm/sysstat.

Darüber hinaus verbirgt er sich im Skript sa1, das normalerweise in die crontab (siehe Seite 181) des root eingetragen wird.[3]

```
0  *    * * 6,0 /usr/lib/sa/sa1 3600 /var/adm/sa/sa`date +%d`
0  8-17 * * 1-5 /usr/lib/sa/sa1 3600 /var/adm/sa/sa`date +%d`
0  8-17 * * 1-5 /usr/lib/sa/sa1 1200 3 /var/adm/sa/sa`date +%d`
5 18    * * 1-5 /usr/lib/sa/sa2 -s 8:00 -e 18:01 -i 1200 -A
```

Das Skript sa2 erzeugt aus den **sa**-Dateien einen täglichen Bericht in reinem Textformat, den es unter fast gleichem Namen anlegt. Das Präfix ist allerdings hier **sar** statt **sa**.

Zu Auswertung der **sa**-Dateien wird das Kommando sar verwendet. Durch seine Optionen kann bestimmt werden, welche Informationen angezeigt werden:

- **-A**
  alle Optionen auf einmal einschalten.

- **-a**
  Dateizugriffe. Zeigt iget/s, namei/s und dirblk/s

- **-B**
  Kopierpufferaktivitäten

- **-b**
  Pufferaktivitäten:
    - bread/s, bwrite/s sind die Blockzugriffe zwischen den Systempuffern und der Peripherie.
    - lread/s, lwrite/s sind die Zugriffe auf die Systempuffer.
    - %rcache, %wcache ist das Verhältnis zwischen Zugriffen auf die Puffer und die Peripherie.

- **-c**
  berichtet über Systemcalls, unter anderem über fork() und exec().

- **-d**
  zeigt die Aktivität einzelner Block-Devices. Diese Informationen können hilfreich sein, um Zugriffe auf mehrere Festplatten zu verteilen.

- **-g**
  serielle Schnittstellen

---

3 vgl. die Manpage zu sa1.

- **-h**
  Pufferstatistiken

- **-m**
  Messages und Semaphore

- **-n**
  Namenscache-Statistik

- **-p**
  Paging-Aktivitäten. Diese Statistik gibt Auskunft darüber, wie häufig ausgelagerte Speicherbereiche geladen werden.

- **-q**
  gibt Auskunft über die Prozesslisten.

- **-R**
  Prozessaktivitäten: beispielsweise, wie oft der Prozessumschalter gestartet wurde.

- **-u**
  CPU-Auslastung: %usr, %sys, %wio, %idle

  usr ist die Auslastung durch Anwendungsprogramme, sys ist der Verbrauch durch Systemfunktionen. wio ist das Warten auf I/O-Funktionen. Unter idle steht die Zeit, die sich die CPU gelangweilt hat. Diese sollte nur in Ausnahmefällen unter 50 % fallen. Insbesondere, wenn dieser Wert über 90 % steigt, besteht der Verdacht, dass ein Programm Polling betreibt oder das System ein Problem hat.

- **-v**
  Status der Prozess-, i-node- und Dateitabellen.

- **-w**
  Swapping und Switching: pswch/s zeigt die Anzahl der Prozesswechsel pro Sekunde.

- **-y**
  TTY-Devices

Gegenmaßnahmen

CPU-Systemlast Die CPU-Last muss nach User- und nach Systemlast getrennt beurteilt werden. Beide haben unterschiedliche Ursachen. Die Systemlast sagt, dass die Maschine lange mit Systemaufrufen wie dem Laden von Dateien, der Netzkommunikation oder Ähnlichem zu tun hat. Dabei trägt beispielsweise beim Laden einer Datei nicht so sehr die Festplattengeschwindigkeit, sondern der Aufwand beim Verwalten der Zugriffe zur CPU-Systemlast bei. Dazu gehört beispielsweise das Prüfen von Sperren oder Quota. Eine hohe Systemlast kann bedeuten, dass zu wenig RAM in der Maschine vorhanden ist und das System ständig mit Swappen befasst ist. Es kann aber auch bedeuten, dass zu wenig Puffer für die Dateioperationen zur Verfügung steht.

CPU-Last im Userbereich bedeutet, dass Programme sich stärker mit ihrem Code als mit den Daten beschäftigen. Das geht in Ordnung, wenn es Programme sind, die beispielsweise dreidimensionale Bilder berechnen. Auch bei der Kompilierung auf Entwicklermaschinen können kurzfristig bis zu 100 % CPU-Auslastung im Userbereich entstehen. Bei den üblichen Verwaltungsprogrammen auf Servern sind CPU-Belastungen von 10 % bis 20 % bereits relativ viel. Wenn der Wert darüber hinausgeht, sollte geprüft werden, welches Programm wie viel CPU-Zeit beansprucht. Zu diesem Zweck gibt es Programme wie top (siehe Seite 438), das quasi eine Hitparade der Prozesse darstellt. Verfügt man nicht über ein derartiges Programm, kann man auch durch mehrfaches Anzeigen der Prozessliste mit ps die schuldigen Prozesse finden. Da ps immer nur die insgesamt angefallene CPU-Zeit anzeigt, muss man die Differenz der Messungen bilden. Ein Programm, das auffallend viel Zeit verbraucht, kann entweder völlig durcheinander sein oder durch sogenanntes Polling (siehe Seite 980) CPU-Zeit verschwenden.

CPU-Last User

Im I/O-Bereich zeigt sich die Auslastung der Dateisysteme. Interessant ist die Größe des Cache. Ungepufferte Festplattenzugriffe sind extrem langsam. Wenn die Puffergröße nicht ausreicht, werden spürbare Performance-Einbrüche die Folge sein. In einigen älteren Systemen muss der Festplattencache statisch als Kernelparameter festgelegt werden. Bei Systemen mit dynamischer Speicherverteilung wird der Cache natürlich nicht erhöht, wenn dadurch der Hauptspeicher so knapp wird, dass das Swapping erheblich zunimmt. In solch einem Fall ist ein Speicherausbau dringend geboten.

I/O-Last und Puffer

Dass der freie Hauptspeicher einer Maschine mit dynamischer Speicherverwaltung gering ist, sollte niemanden alarmieren. Aus Sicht des Speichermanagers ist freier Speicher nur ein unnützer Stromfresser, und er wird versuchen, die wertvolle Ressource auf die Festplattenpuffer zu verteilen. Dort macht er sich nützlich, indem er Dateizugriffe beschleunigt. Auch ist es völlig normal, dass erhebliche Teile des Swap-Bereichs belegt sind, obwohl freier Speicher zur Verfügung steht. Sofern die ausgelagerten Prozesse nicht aktiv werden, können sie getrost dort bleiben, wo sie sind.

Speicherverwaltung

*Navigationssysteme sind etwas für Leute, die viel Geld ausgeben,
damit sie niemanden fragen müssen.*

16 Informationen sammeln

Auch wenn UNIX-Maschinen normalerweise extrem zuverlässig sind, gibt es Stromausfälle, Programmierfehler, Anwenderfehler, Hardwareausfälle oder die gefürchteten Sonnenwinde und UFOs[1], die einem Administrator das Leben schwer machen. In diesem Fall ist es wichtig, die Ursache der Zwangspause möglichst schnell zu ermitteln. Da während dieser Suche normalerweise alle anderen Mitarbeiter nichts tun, außer die Gehaltskasse der Firma zu belasten, sollte schnell und rational gehandelt werden.

Der erste Blick – noch bevor man sich einloggt – sollte der Konsole gelten, sofern man eine solche hat. Hier stehen gegebenenfalls Meldungen, die weiterscrollen könnten und die, aus welchen Gründen auch immer, vielleicht nicht in die Protokolldateien einfließen. Stellt man tatsächlich fest, dass Informationen auf der Konsole nicht in die Protokolldateien einfließen, sollte man die Konfiguration des syslog-Dämons genauer betrachten (siehe Seite 420).

16.1 Versionsinformationen: uname

Wenn man die Maschine nicht kennt, sollte man sich erst informieren, was für ein System man vor sich hat. Die Maschine, das Betriebssystem und die Version werden von dem Kommando uname ausgegeben:

```
gaston# uname -a
Linux gaston 2.2.16 #1 Wed Aug 2 20:22:26 GMT 2000 i686 unknown
hpsrv$ uname -a
HP-UX hpsrv B.10.10 A 9000/816 1962328252 two-user license
note$ uname -a
FreeBSD note.willemer.edu 4.4-RELEASE FreeBSD 4.4-RELEASE #0:
Tue Sep 18 11:57:08 PDT 2001     murray@builder.FreeBSD.org:/usr
/src/sys/compile/GENERIC    i386
```

---

[1] Beides sind beliebte Administratorenausreden, wenn die Ursache einer Panne nur mit großem Aufwand feststellbar wäre.

16 | Informationen sammeln

Flag	Bedeutung	Beispiel Linux	Beispiel HP	Beispiel FreeBSD
-s	Name des Betriebssystems	Linux	HP-UX	FreeBSD
-n	nodename	gaston	hpsrv	note.willemer.edu
-r	release	2.2.16	B.10.10	4.4-RELEASE
-m	machine	i686	9000/816	i386

Tabelle 16.1 Optionen von uname

Die Informationen von `uname` sollte man auch greifbar haben, wenn man eine Hotline kontaktiert. Die Wahrscheinlichkeit ist hoch, dass man nach diesen Informationen gefragt wird.

16.2 Der syslog-Dämon und die messages-Datei

Der Freund aller Administratoren ist der syslog-Dämon. Dieser Hintergrundprozess wartet darauf, dass das Betriebssystem oder irgendein Programm ein Problem hat und protokolliert es. Die Schnittstelle zum syslog-Dämon ist für die Programmierer einfacher zu bedienen als irgendeine selbstgestrickte Lösung. Also wird sie von jedem UNIX-Programm gern genutzt. Der Administrator kann jede Fehlermeldung nach Heftigkeit und Herkunft unterscheiden und an verschiedene Ziele senden. Das können Protokolldateien, Mails oder Nachrichten an die syslog-Dämonen anderer Rechner sein.

Protokolldateien   Tritt ein Problem mit der Maschine auf, sollte man sich zuerst die Protokolldateien des Dämons `syslogd` ansehen. Sie befinden sich normalerweise in den Verzeichnissen **/var/log** oder **/var/adm**. Über den syslog-Dämon setzen die meisten sauber geschriebenen Programme ihre Fehlermeldungen ab. Insbesondere die Datei **messages** oder **syslog** ist interessant, da dies normalerweise die zentrale Datei des syslog-Dämons ist.

/etc/syslog.conf   Welche Dateien zur Protokollierung verwendet werden, wird in der Datei **/etc/syslog.conf** protokolliert, die unten näher beschrieben ist.

In der Datei **/var/log/messages** finden Sie alle Ereignisse historisch sortiert. Alle sind mit Datum und Uhrzeit versehen. Sie brauchen ein wenig Übung, um sich in dieser Datei zurechtzufinden. Darum ist es durchaus sinnvoll, sie auch dann zu lesen, wenn gerade mal nichts passiert ist. Ungewöhnliches kann man dann im Ernstfall schneller identifizieren.

Konfiguration von syslog.conf

Der `syslogd` liest beim Start oder bei jedem SIGHUP-Signal die Datei **/etc/syslog.conf** und entnimmt ihr, welche Meldungen gewünscht werden und wo sie abzulegen sind. Die Zeilen in der **syslog.conf**-Datei beginnen mit der Facility, die die Ursache des Fehlers beschreibt. Durch einen Punkt getrennt folgt der Level, also eine Angabe, wie schwerwiegend der Fehler ist. Danach muss zwingend ein Tabulatorzeichen stehen, und dann folgt der Ausgabekanal, in den die Fehlermeldungen geschrieben werden. Beispiel:

syslogd liest syslog.conf

```
news.crit          /var/log/news
```

Das bedeutet, dass die Fehler, die vom News-System erzeugt werden und die mindestens kritisch sind, in die Datei **/var/log/news** geschrieben werden sollen.

Die Facility, also der Verursacher, kann die in Tabelle 16.2 aufgeführten Werte annehmen.

Facility	Verursacher
kern	Kernel
user	Anwendungsprogramme
mail	sendmail und Kollegen
daemon	Systemhintergrundprozesse
auth	Autorisierungsbefehle
lpr	Das Drucksystem
news	Der Newsserver
uucp	UUCP
cron	Der cron-Dämon
mark	Zeitstempel
local0 - local7	frei verfügbar
*	alle

Tabelle 16.2 Fehlerquellen

Mit dem Level können Sie festlegen, wie gravierend das Problem sein muss, damit es in der Protokolldatei erscheint. Für jede Facility kann ein eigener Level bestimmt werden, ab dem eine Meldung erfolgt. Tabelle 16.3 zeigt die Level mit nach unten abnehmender Bedeutung.

Level

Level	Bedeutung
emerg	Panik
alert	Alarm
crit	Kritisch
warning	Warnmeldungen
notice	Hinweise
info	Informell
debug	Ablaufnotizen von Programmen in der Entwicklung

Tabelle 16.3 Schwere des Fehlers

Ausgabe
: Normalerweise wird als Ausgabe eine Datei oder auch das Konsolen-Device angegeben. Die entsprechenden Dateien müssen nach dem Eintrag angelegt werden. Der syslog-Dämon kann nämlich keine Dateien erzeugen. Es können auch mehrere Ziele angegeben werden, die durch Kommata getrennt werden. Die Dateien müssen mit vollem Pfadnamen angegeben werden. Steht vor dem Ziel ein @, kann eine IP-Adresse oder ein Hostname angegeben werden. Dann wird die Fehlermeldung an den syslog-Dämon des betreffenden Rechners versendet.

Beispiel syslog.conf
: Zur Veranschaulichung hier eine sehr kleine **syslog.conf**-Datei:

```
# /etc/syslog.conf - Configuration file for syslogd(8)
*.emerg                     *
mail.*                      /var/log/mail
*.info                      /var/log/messages
```

Der Stern als Ziel, wie oben bei den Emergency-Nachrichten, bedeutet, dass die Mitteilung sofort an alle angemeldeten Terminals versendet wird. In der nächsten Zeile werden alle Nachrichten, die Mails betreffen, in die Datei **mail** eingetragen. Alle restlichen Meldungen, die mindestens den Level info haben, werden in die Datei **messages** geschrieben, also auch die emerg-Meldungen, die damit an zwei Ziele verteilt werden.

Erweiterungen
: Unter Linux ist der ursprüngliche Befehlssatz für die Datei **syslog.conf** erweitert worden. Dadurch ist es möglich, auch über eine Pipe an ein Programm zu schreiben, indem ein Pipesymbol vor das Ziel gestellt wird. Der Level kann durch Voranstellen eines Gleichheitszeichens auf exakt diesen Level beschränkt werden. So ist es möglich, sich ausschließlich die info-Level-Meldungen in eine Datei ausgeben zu lassen, ohne alle höheren Level auch dort zu finden. Details und weitere Optionen finden sich in den Manpages der **syslog.conf**.

16.3 syslog-Dämon der neuen Generation syslog-ng

Unter Linux, Solaris und sicher bald auch auf weiteren UNIX-Systemen wird vielfach ein neuer Syslog-Dämon namens syslog-ng eingesetzt. Der Hauptgrund für die neue Version ist der Wunsch, Details über die Herkunft der protokollierten Information zu gewinnen und eine freiere Gestaltung der Ausgabezeilen zu ermöglichen.

Die Datei zur Konfiguration von syslog-ng heißt konsequenterweise **syslog-ng.conf** und befindet sich im Verzeichnis **/etc/syslog-ng**. Durch die neue Gestaltung dieser Datei wird das Ziel erreicht, die Herkunft der Meldungen feiner zu unterscheiden und damit gezielter an die verschiedenen Empfänger zu verteilen.

Die Konfigurationsdatei unterscheidet Optionen (options), Quellen (sources), Filter (filter), Ziele (destination) und Log-Objekte (log). Die Optionen gelten für alles. Die Quellen sind die Herkunft der Meldung. Die Filter unterscheiden nach Gewicht. Die Ziele geben an, wohin geschrieben wird. Ein Log-Objekt fasst Quelle, Filter und Ziel zusammen, um ein Logging zu aktivieren.

Wie schon beim bisherigen syslog gibt es zwei Parameter, die jeder Meldung beiliegen. Der eine ist die Facility und beschreibt grob, wo die Nachricht herkommt. Der andere ist die Priorität, die die Wichtigkeit der Meldung beschreibt. Beide Parameter gibt der Programmierer beim Absetzen einer Fehlermeldung an. Die möglichen Werte der Facilty werden in der Tabelle 16.4 beschrieben.

Facility und Priorität

Name	Herkunft
kern	Kernel
user	Anwendungsprogramme
mail	sendmail und Kollegen
daemon	Systemhintergrundprozesse
auth	Autorisierungsbefehle
lpr	Das Drucksystem
news	Der Newsserver
uucp	UUCP
cron	Der cron-Dämon
mark	Zeitstempel
local0 - local7	frei verfügbar für Anwendungsprogramme

Tabelle 16.4 Facility in der Datei syslog-ng.conf

Auch die Priorität wird durch den Programmierer bestimmt. Folgende Werte werden in der Datei **syslog-ng.conf** verwendet.

Priorität	Bedeutung
emerg	Panik
alert	Alarm
crit	Kritisch
warning	Warnung, das Programm kann aber weiterlaufen
notice	Hinweise, dass etwas verbessert werden könnte
info	Informell
debug	Ablaufnotizen von Programmen in der Entwicklung

Tabelle 16.5 Prioritäten in der Datei syslog-ng.conf

Optionen

Globale Optionen werden durch das Schlüsselwort `options` spezifiziert. In der darauffolgenden geschweiften Klammer werden Optionen gesetzt, die untereinander durch Semikolen getrennt werden. Die komplette Optionsanweisung wird durch ein Semikolon abgeschlossen. Die Optionsanweisung könnte beispielsweise so aussehen:

```
options { long_hostnames(no); sync(0);
          perm(0640); stats(3600); };
```

Option	Parameter	Bedeutung
mark(n)	ganze Zahl	Setze die Frequenz für MARKs auf n Zeilen
sync(n)	ganze Zahl	Synchronisationsfrequenz n Zeilen
long_hostnames(b)	yes no	Schaltet die langen Hostnamen an oder aus

Tabelle 16.6 Optionen der syslog-ng.conf-Datei

Quellen

Durch das Schlüsselwort `source` wird eine Quelle eingeleitet. Es folgt ein Name, der in der folgenden Konfigurationsdatei für diese Quelle verwendet werden soll. Dann öffnet sich eine geschweifte Klammer, die die Herkunft eines oder mehrerer Fehler spezifiert. Die folgende Definition beschreibt eine Quelle, die für den Normalfall völlig ausreichend ist.

```
source src {
   unix-stream("/dev/log");
   internal();
   udp(ip("0.0.0.0") port(514));
     };
```

Der Parameter `unix-stream` gibt an, dass die Meldungen von **/dev/log** gelesen werden. Das ist die Kontaktstelle für Meldungen vom eigenen Rechner. Auf diesem Wege transportieren die meisten Programme ihre Fehlermeldungen. Der Parameter internal sollte immer vorhanden sein. Dadurch werden Fehler des syslog-ng-Dämons selbst mitgesammelt. Schließlich ermöglicht der Parameter udp den Kontakt von anderen Rechnern per Netzwerk.

Die folgende Aufstellung beschreibt alle Parameter, die bei der Beschreibung der Quelle möglich sind.

- **internal()**
  liefert die Fehlermeldungen des syslog selbst und sollte immer definiert sein.

- **unix-stream()**
  definiert einen Datenstrom, der über einen UNIX-Socket vom eigenen Rechner kommt.

- **unix-dgram()**
  Datagramme sind im Gegensatz zum Datenstrom nicht zuverlässig in der Übertragung.

- **upd()**
  Zugriff auf einen UDP-Port. Damit wird der Empfang von Meldungen anderer Rechner ermöglicht.

- **tcp()**
  Zugriff auf einen TCP-Port.

- **file()**
  Die angegebene Datei wird gelesen.

- **pipe()**
  Die Meldungen werden aus einer Pipe gelesen.

- **sun-stream() sun-streams()**
  Auslesen der angegebenen STREAMS-Geräte, wie sie unter Solaris zur Verfügung stehen.

Filter

Ein Filter dient dazu, die Menge der Meldungen einzuschränken. Im Allgemeinen wird ein Filter aus einer Priorität und einer Facility bestehen.

```
filter badmail {
    level(crit, alert, emerg) and facility(mail);
        };
```

Hier werden alle Meldungen ausgefiltert, die vom Mailsystem kommen und mindestens kritisch sind.

Neu ist, dass es logische Operatoren gibt. Das Wort »and« steht für ein logisches Und und bedeutet, dass beide Teile erfüllt sein müssen. Es gibt auch ein »or« für ein logisches Oder. Das bedeutet, dass mindestens einer der beiden Teile erfüllt sein muss. Wem diese Logeleien Freude machen, der darf auch noch Klammern einsetzen.

- **facility**
  Als Parameter werden die Facility-Werte angegeben. Sie werden durch Kommata getrennt.

- **level**
  Alternativ kann auch das Wort »priority« verwendet werden. In der Klammer stehen die Prioritäten, die durchgelassen werden.

- **program**
  In der Klammer wird der Name des Programms genannt. Es ist hier möglich, reguläre Ausdrücke zu verwenden.

- **host**
  In der Klammer wird der Name des Rechners angegeben, der durchgelassen wird. Auch hier sind reguläre Ausdrücke erlaubt.

- **match**
  Hier wird die Fehlermeldung gefiltert. Es kann ein regulärer Ausdruck angegeben werden, welche Meldungen durchgelassen werden sollen.

- **filter**
  Es können auch weitere Filter verwendet werden. In der Klammer steht der Name des verwendeten Filters. Auf diese Weise lassen sich komplexe Konstruktionen bauen.

Ziel: destination

Als Ziel kann eine Datei angegeben werden. Eine Datei wird durch ihren Namen beschrieben. Es kann dabei gleich ihr Besitzer festgelegt werden, die Gruppe zu der sie gehört und die Rechte. Ein solches Ziel sieht also folgendermaßen aus:

```
destination syslog { file("/var/log/syslog"
                          owner("root")
                          group("adm")
                          perm(0640));
                    };
```

Es kann auch angegeben werden, wie die Ausgabezeile dieser Datei aufgebaut ist. Dazu wird eine Schablone (engl. template) vorgegeben. Der Aufbau wird in Anführungszeichen gesetzt. Alle Zeichen werden übernommen. Die Namen mit vorgestelltem Dollarzeichen stehen für ein dargestelltes Objekt, beispielsweise $PROGRAM für das verursachende Programm.

```
destination syslog { file("/var/log/syslog"
                          owner("root")
                          group("adm")
                          perm(0640));
                       template( "[$MONTH/$DAY $HOUR:$MIN:$SEC]
$PRIORITY $FACILITY $PROGRAM $MESSAGE\n"));
                    };
```

Die template-Zeile ist aus drucktechnischen Gründen umgebrochen und sollte eigentlich in einer Zeile stehen.

In der Datei **/var/log/syslog** werden die Fehlermeldungen also so stehen, dass in rechteckigen Klammern der aktuelle Zeitpunkt steht und daraufhin Priorität, Facility, verursachendes Programm und die eigentliche Meldung folgen. Die Kombination aus Backslash und n gibt das Zeilenende an. Der Zeitpunkt in der Klammer besteht aus Monat/Tag Stunde:Minute:Sekunde.

- **FACILITY**
  Hier stehen die vorgegebenen Werte, wie sie in der Tabelle 16.4 beschrieben werden.

- **PRIORITY**
  Alternativ ist auch die Bezeichnung LEVEL möglich. Sie bezeichnet die Wichtigkeit der Meldung. Hier stehen die vorgegebenen Werte, wie sie in der Tabelle 16.5 beschrieben werden.

- **TAG**
  Das hat nichts mit dem Datum zu tun, sondern kombiniert Priorität und Facility zu einem zweistelligen Zahlenwert in hexadezimaler Schreibweise.

- **DATE**
  zeigt das Datum. Als Alternative gibt es noch FULLDATE und ISO-DATE, die dann etwas anders formatiert sind.
- **YEAR**
  Das Jahr in vierstelliger Darstellung.
- **MONTH**
  Der Monat wird immer zweistellig dargestellt.
- **DAY**
  Der Tag wird immer zweistellig dargestellt.
- **WEEKDAY**
  Die ersten drei Buchstaben des englischen Wochentags.
- **HOUR**
  Die Stunde, zweistellig.
- **MIN**
  Die Minute, zweistellig.
- **SEC**
  Die Sekunden, zweistellig.
- **FULLHOST**
  Der Name des sendenden Rechners mit Domainangabe.
- **HOST**
  Name des sendenden Rechners.
- **PROGRAM**
  Das Programm, das den Fehler meldet.
- **MESSAGE**
  Alternativ kann auch MSG verwendet werden. Hier erscheint die Fehlermeldung, die das Programm abgesetzt hat.

Log

Häufig wird eine Log-Definition direkt hinter das Ziel gesetzt, da sie im Allgemeinen zusammengehören. Auf diese Weise wird kein Log vergessen. Für jedes Ziel wird ein eigenes Log benötigt.

Letztlich bewirkt ein Log nichts anderes, als Quellen, Filter und Ziel zusammenzusetzen. Er ist also der Abschluss und das Ziel der Konfiguration. Das folgende Beispiel entnimmt die Meldungen zweier Quellen, lässt sie durch einen Filter namens filtersyslog laufen und gibt sie dann an das Ziel syslog weiter.

```
log { source(src); source(nochnesrc);
    filter(filtersyslog);
    destination(syslog);
  };
```

Der Unterschied zur bisherigen **syslog.conf** liegt zunächst in der Syntax. Wer den ersten Schreck überwunden hat, dass alles ganz anders aussieht, findet sich damit wohl recht schnell zurecht.

Neu sind die Möglichkeit, den Namen des Programms zu erhalten und durch die Templates die Ausgabe zu gestalten. Durch die logischen Verknüpfungen und die Verschachtelungsmöglichkeit der Filter können die Meldungen besser verteilt werden.

Weitere Informationen finden Sie auf der Website

http://www.balabit.com/products/syslog_ng/

16.4 Umgang mit großen Protokolldateien

Es ist ja gut, dass UNIX so vieles protokolliert. Allerdings kann die Größe der entstehenden Dateien durchaus zum Problem werden.

16.4.1 Protokolldateien beobachten

Häufig ist es erforderlich, Protokolldateien ständig zu beobachten. Der Befehl `tail` zeigt immer die letzten Zeilen einer Datei an. Mit der Option `-f` wird auf dem Terminal jede neue Zeile angezeigt, die an diese Datei angehängt wird. Das Terminal ist blockiert, bis man die Beobachtung mit **ctrl+C** abbricht.

Liveübertragung

```
gaston# cd /var/log
gaston# tail -f messages
Jun 18 20:11:36 gaston pppd[2592]: sent [LCP TermReq id=0x4 "User request"]
Jun 18 20:11:36 gaston pppd[2592]: rcvd [LCP TermAck id=0x4]
Jun 18 20:11:36 gaston pppd[2592]: Connection terminated.
Jun 18 20:11:36 gaston pppd[2592]: Connect time 0.4 minutes.
Jun 18 20:11:36 gaston pppd[2592]: Sent 3333 bytes, received 25062 bytes.
Jun 18 20:11:36 gaston pppd[2592]: Waiting for 1 child processes...
```

```
Jun 18 20:11:36 gaston pppd[2592]:      script /etc/ppp/ip-down, p
id 2616
Jun 18 20:11:36 gaston pppd[2592]: Script /etc/ppp/ip-down fini
shed (pid 2616), status = 0x0
Jun 18 20:11:36 gaston pppd[2592]: Exit.
Jun 18 20:26:54 gaston su: (to root) arnold on /dev/pts/6
```

Ausschnitte extrahieren

Wenn eine Protokolldatei lange Zeit nur gefüllt wurde, kann sie leicht auf einige Megabyte anwachsen. Dann wird es schwierig, um nach bestimmten Stichwörtern oder Tagen zu suchen. Typischerweise ist man an den etwas neueren Informationen interessiert. Mit `tail` lassen sich die letzten Zeilen heraushohlen und in eine andere Datei umleiten, die leichter zu bearbeiten ist. Mit einem Minuszeichen, gefolgt von der Zahl, lässt sich angeben, wie viele Zeilen herauszuziehen sind. Beispiel:

```
tail -2000 messages > guckmal
```

Damit sind die letzten 2000 Zeilen in der Datei **guckmal** gelandet. Mit dieser Dateigröße lässt sich leicht arbeiten.

16.4.2 Dateien stutzen und rotieren

Stutzen der Protokolle

Es ist eine ganz schlechte Idee, eine Protokolldatei einfach zu löschen, wenn man der Meinung ist, dass sie zu voll geworden ist. Normalerweise ist diese Datei von dem Erzeuger des Protokolls geöffnet worden. Verschwindet die Datei, schreibt der Prozess ins Nirwana. Kaum ein Programm reagiert auf Fehler beim Schreiben, indem es die Datei neu anlegt. Um die Datei **/var/log/messages** auf 0 zurückzusetzen, geben Sie den folgenden Befehl ein:

```
> /var/log/messages
```

Wegrotieren von Protokolldateien

Diese etwas brutale Methode kann man auf seiner eigenen Workstation durchaus praktizieren. Auf einer Produktionsmaschine wird man Protokolle normalerweise eine Zeit lang archivieren. Die spontane Idee ist, die Datei **messages** zu kopieren und sie dann wie oben gesehen zu stutzen. Das Problem ist, dass dabei ein Zeitloch entsteht, in dem Fehlermeldungen verschwinden. Eine Fehlermeldung, die nach dem Erstellen der Kopie und vor dem Stutzen der **messages** entsteht, würde verloren gehen. Darum geht man so vor, dass man zunächst die Datei umbenennt. Der Dateizugriff wird dadurch nicht gestört, da die Prozesse beim Bearbeiten von Dateien nur einmal beim Öffnen auf den Dateinamen verweisen. Danach wird nur noch über eine Kennung auf die Datei zugegriffen. Was währenddessen in den Verzeichniseinträgen geschieht, ist dem Prozess ziemlich egal. Nun legt man eine neue Protokolldatei mit `touch` an. Die erzeugte Datei ist 0 Byte lang. Man sollte auch darauf achten, dass Benutzer und Rechte mit der Originaldatei übereinstimmen. Anschließend sendet man `syslogd` das Signal SIGHUP zu. Das bewirkt, dass er die **syslog.conf**-Datei noch einmal einliest und die dort aufgeführten Dateien neu eröffnet. Ab diesem Moment erfolgt die Protokollierung in der soeben angelegten Datei. Mit dem Befehl `fuser` lässt sich noch einmal kontrollieren, dass die Protokolldatei von keinem Prozess mehr bearbeitet wird. Danach kann man sie packen, damit sie nicht mehr so viel Platz verbraucht. Am Beispiel der Datei **messages** sähe der Ablauf so aus:

```
gaston# cd /var/log
gaston# fuser messages
messages:             378
```

Der Prozess 378 greift auf die Datei **messages** zu. Vermutlich ist das `syslogd`.

```
gaston# mv messages messages.$(date +%y%m%d)
gaston# fuser messages.$(date +%y%m%d)
messages.020224:      378
```

Die Datei wurde nun umbenannt. Immer noch greift der Prozess mit der PID 378 auf sie zu, obwohl der Name der Datei sich geändert hat.

```
gaston# touch messages
gaston:/var/log # l messages*
-rw-r--r--  1 root   root         0 Feb 24 12:07 messages
-rw-r-----  1 root   root   2447648 Feb 24 12:06 messages.020224
gaston# chmod 640 messages
gaston# l messages*
-rw-r-----  1 root   root         0 Feb 24 12:07 messages
-rw-r-----  1 root   root   2447648 Feb 24 12:06 messages.020224
```

Die neue Protokolldatei wurde erfolgreich angelegt und mit den Rechten der alten versehen. Auch der Eigentümer stimmt überein.

```
gaston# ps -ef | grep syslog
root       378     1  0 10:24 ?        00:00:00 /sbin/syslogd
root      1486  1465  0 12:09 pts/2    00:00:00 grep syslog
gaston# kill -SIGHUP 378
```

Sicherheitshalber wird noch einmal geprüft, ob der Prozess 378 tatsächlich `syslogd` ist. PID 1486 ist der eigene Prozess, der die Prozessliste durchsucht. Nun wird mit dem Befehl `kill` der `syslogd`-Prozess aufgefordert, die Konfiguration neu zu lesen und damit alle Dateien neu zu öffnen.

```
gaston# fuser messages
messages:              378
gaston# gzip messages.$(date +%y%m%d)
```

Erwartungsgemäß hat `syslogd` die Datei **messages** und damit die gerade neu untergeschobene Datei geöffnet. Die alte Protokolldatei kann gepackt werden.

date als Namensgeber

Mit Hilfe des Befehls `date` wird der neue Dateiname mit dem aktuellen Datum gekennzeichnet. Die Konstruktion $(<Kommando>) bewirkt dasselbe wie die sogenannten Backquotes, 'Kommando' lässt sich aber etwas leichter lesen. Allerdings kennt manch alte Shell diese Alternative noch nicht. Das Ergebnis des eingeklammerten Kommandos wird ermittelt und in den Befehl integriert.

Da solche Arbeiten auf Produktionsmaschinen regelmäßig auftreten, ist es ein nahe liegender Gedanke, sie in die **crontab** (siehe Seite 181) zu integrieren.

16.4.3 Automatisches Rotieren: logrotate

Es ist ein nahe liegender Gedanke, das Wegrotieren der Protokolldateien zu automatisieren. Bei Linux-Rechnern, die auch häufig von Anwendern benutzt werden, die von Administration einer UNIX-Maschine keine Ahnung haben, ist ein solcher Mechanismus geradezu erforderlich. Andernfalls stünde zu befürchten, dass die nie entleerten Protokolle irgendwann den Rechner verstopfen.

Darum ist es nicht verwunderlich, dass es zwei Angestellte von Red Hat waren, die das Programm `logrotate` entwickelten. Das Programm ist darauf ausgelegt, täglich von `crontab` ausgeführt zu werden.

`logrotate` wird in der Datei **/etc/logrotate/config** konfiguriert. Unten sehen Sie einen kleinen Ausschnitt. Die erste Zeile besagt, dass die Protokolldateien zur Archivierung komprimiert werden sollen. Der Beispieleintrag sorgt dafür, dass die Datei **/var/log/messages** wöchentlich rotiert wird und anschließend der `syslogd` ein HUP-Signal erhält. Nach fünf Rotationen wird die älteste komprimierte Logdatei gelöscht.

```
compress

/var/log/messages {
   rotate 5
   weekly
   postrotate
```

```
    /sbin/killall -HUP syslogd
  endscript
}
```

16.5 Briefe aus dem Nirwana

Einige Programme melden ihre Fehler nicht über den syslog-Dämon, sondern verbreiten ihre Klagen per Mail. Der prominenteste Vertreter dieser Art ist der Druckdämon, der fehlgeschlagene Druckaufträge an den Benutzer sendet, der den Auftrag gab. crontab und at senden ihre komplette Ausgabe an den Besitzer. Darum gehört mindestens ein lokal arbeitendes Mailsystem zur Standardinstallation. Dazu gehört auch das Standardtool mail. Leider ist die Benutzung etwas antiquiert. Es empfiehlt sich daher, ein einfaches, aber übersichtliches Mailprogramm wie elm oder pine zu installieren. Ein grafisches Tool braucht recht viele Ressourcen, die bei einem Zusammenbruch des Servers vielleicht nicht zur Verfügung stehen.

Sollte ein Auslesen der Mail mit Hilfe der installierten Programme nicht möglich sein, kann man als root natürlich auch die E-Mail lesen, indem man mit dem Editor im Verzeichnis **/var/spool/mail** die Datei **root** durchsieht.

vi statt mail

Man kann und sollte die Mail, die an root geht, weiterleiten (siehe Seite 646). Steht der Rechner nicht unter besonderer Aufsicht, kann man sie sogar an einen fremden Rechner senden. Auf diese Weise merkt man schnell, dass etwas schiefläuft. Dennoch sollte man ein Duplikat auf dem Rechner lassen, sodass die Mail an der Stelle vorhanden ist, an der das Problem ausgelöst wurde. Ein Beispiel für eine solche Konfiguration finden Sie ab Seite 646.

16.6 Bootzeitpunkt und Systemlast: uptime

Das Programm uptime ist ein kleines, hilfreiches Programm, das man auf jeder UNIX-Maschine findet. Eine wichtige Information kann man durch den Aufruf des Befehls uptime erhalten. Er liefert eigentlich die Information, seit wann die Maschine ununterbrochen läuft. Das kann einen Hinweis darauf geben, ob die Maschine zwischendurch zusammengebrochen ist oder abgeschaltet wurde.

Als weiterer Wert wird die durchschnittliche Systemlast (*load average*) angezeigt. Schauen Sie sich diesen Wert hin und wieder an, damit Sie ein Gefühl dafür bekommen, wie sich die Maschine im Normalzustand verhält. Als Faustregel gilt, dass ein Wert über 1 eine gut ausgelastete Maschine anzeigt. Ab etwa 3 steht die Maschine unter Last.

```
gaston> uptime
  5:11pm  up   7:33,   1 user,   load average: 0.06, 0.01, 0.00
gaston> uptime
 11:11pm  up  14:40,   1 user,   load average: 0.95, 0.47, 0.28
```

Im Beispiel sind zwei unterschiedliche Aufrufe von uptime angezeigt. Die erste Meldung besagt, dass es 17:11 Uhr ist, dass der Rechner seit 7 Stunden und 33 Minuten läuft, dass ein Benutzer eingeloggt ist und dass es der Maschine richtig langweilig ist. Der zweite Aufruf wurde parallel zu einem Compilerlauf kurz vor dessen Ende ausgeführt. Hier ist es 23:11, die Maschine läuft seit 14 Stunden und 40 Minuten, hat ebenfalls einen Benutzer, und die Systemlast liegt bei 0.95. Andere Prozesse würden auf diesem System noch flüssig laufen, allerdings nicht ganz so schnell wie auf einer unbeschäftigten Maschine.

16.7 Prozessbeobachter

Prozessdefinition Ein Prozess ist ein gestartetes Programm. Es hat damit seinen Ursprung in einer ausführbaren Datei. Der Prozess beansprucht für seinen Programmcode sowie seine Daten Platz im Hauptspeicher, der gegen andere Prozesse geschützt ist. Danach erwartet er die Zuteilung des Prozessors. Alle Prozesse haben einen Elternprozess. Bei einem von der Shell aus gestarteten Programm ist dies die Shell. Die Shell ist beispielsweise wiederum Kind eines Loginprozesses. Daraus ergibt sich ein Baum von Prozessen, der letztlich auf den init-Prozess zurückgeht, der beim Booten entsteht. init hat immer die Prozessnummer 1. Die dann entstehenden Prozesse bekommen eine neue, derzeit freie Nummer und behalten sie, bis sie enden. Diese Prozessnummer wird Prozess-ID oder PID genannt.

Reale und effektive User-ID Jeder Prozess hat einen eindeutigen Besitzer. Das ist derjenige, der den Prozess gestartet hat. Nur, wenn die aufgerufene Programmdatei das User-ID-Bit gesetzt hat (siehe Seite 81), ergibt sich eine besondere Situation. Der Prozess hat nach wie vor den realen Benutzer, der den Prozess gestartet hat. Die effektiven Ausführungsberechtigungen erhält er aber durch den Besitzer des gestarteten Programms. Er läuft also quasi unter der Flagge des Besitzers der Programmdatei. Darum spricht man hier vom realen Benutzer und vom effektiven Benutzer.

Alle lauffähigen Prozesse werden in eine Prozessliste eingetragen. Das Betriebssystem startet einen Prozess aus dieser Liste für eine Weile, bis eine gewisse Zeit vergangen ist. Dann wird der Prozess eingefroren. Das heißt, man kopiert den Prozessorstatus in einen Speicher und holt den nächsten Prozess aus der Liste, kopiert den vorher im Speicher abgelegten Prozessorstatus wieder in den Prozessor und lässt diesen Prozess laufen, bis der nächste Takt erreicht ist. Da der Takt relativ schnell ist, bemerken die Anwender kaum, dass ihre Programme kurzzeitig inaktiv sind. Stattdessen entsteht der Eindruck, dass alle Prozesse parallel laufen. Der Teil des Betriebssystems, der diese Prozessumschaltung durchführt, heißt Scheduler.

Scheduler

Es gibt bestimmte Situationen, in denen ein Prozess nicht weiterarbeiten kann. Das kommt beispielsweise vor, wenn er auf einen Tastendruck des Benutzers wartet oder darauf, dass ein Datenblock von der Festplatte gelesen wird oder dass sonst ein bestimmtes Ereignis eintritt. Wenn der Prozess derartige Anfragen an das Betriebssystem stellt, wird er aus der normalen Prozessliste herausgenommen und in eine Warteschlange gelegt. Sobald das erwartete Ereignis eintrifft, holt das Betriebssystem den Prozess aus der Warteschlange und bringt ihn wieder in die Prozessliste.

Warteschlangen

Einer der Vorteile von UNIX ist die Möglichkeit, wirklich alle laufenden und wartenden Prozesse, ihre Zugehörigkeit und ihren Ressourcenverbrauch beobachten zu können. Als Administrator hat man dadurch viele Möglichkeiten, zu erkennen und einzugreifen, wenn etwas nicht sauber läuft.

ps

Der Befehl ps zeigt eine Liste der aktuell laufenden Prozesse an. Der Befehl kennt sehr viele Optionen, die bestimmen, welche Informationen angezeigt werden. Leider unterscheiden sich die Optionen zwischen BSD-Systemen und System V erheblich. Linux versucht einen Mittelweg zu gehen, indem es normalerweise die System V-Optionen verwendet, allerdings auch die BSD-Optionen kennt, wenn man den Bindestrich vor den Optionen weglässt. Mac OS X verwendet die Syntax von BSD.

ps zeigt die Prozessliste

Für eine Übersicht über alle auf dem System laufenden Prozesse gibt es Kombinationen von Optionen, die der Administrator fast ohne nachzudenken verwendet.

Befehl	System
ps -alx	BSD und Linux: Zeigt auch PID und PPID
ps -aux	BSD: Zeigt auch Benutzer
ps -elf	System V, beispielsweise SCO und HP-UX

Tabelle 16.7 Varianten von ps

Ohne Parameter werden nur die Prozesse gezeigt, die von dieser Sitzung erzeugt wurden. In Tabelle 16.8 sind die Optionen aufgeführt, die BSD-Systeme verwenden.

Option	Anzeige
-a	Alle Prozesse, nicht nur die eigenen
-x	Zeigt auch Prozesse, die keinem Terminal zugeordnet sind (z. B. Dämonen)
-u	Zeigt den Benutzer des Prozesses und die Startzeit
-l	Zeigt die Prozess-ID des Elternprozesses und den nice-Wert

Tabelle 16.8 Beliebte ps-Optionen (BSD)

Auf den System V-Maschinen verwendet man meist -elf. Die Bedeutung dieser Parameter ist in Tabelle 16.9 aufgeführt.

Option	Anzeige
-e	Zeigt alle auf dem System laufenden Prozesse
-l	Zeigt Größe, Status und Priorität jedes Prozesses
-f	Zeigt User-ID, PID, PPID und Startzeit

Tabelle 16.9 Beliebte ps-Optionen (System V)

Daneben gibt es eine große Menge anderer Optionen, die diverse Informationen zu den Prozessen liefern. Die Manpage von ps liefert eine vollständige Liste für Ihr System.

Die Titel der Prozessliste geben Auskunft über die angezeigten Informationen.

```
USER   PID  %CPU %MEM   VSZ  RSS TTY    STAT START   TIME COMMAND
root     1   0.0  0.0   448  208 ?      S    09:37   0:04 init [5]
root     2   0.0  0.0     0    0 ?      SW   09:37   0:00 [keventd]
root     3   0.0  0.0     0    0 ?      SW   09:37   0:00 [kapm-idled]
root     4   0.0  0.0     0    0 ?      SWN  09:37   0:00 [ksoftirqd_CPU0]
root     5   0.0  0.0     0    0 ?      SW   09:37   0:00 [kswapd]
root     6   0.0  0.0     0    0 ?      SW   09:37   0:00 [bdflush]
root     7   0.0  0.0     0    0 ?      SW   09:37   0:00 [kupdated]
root     8   0.0  0.0     0    0 ?      SW<  09:37   0:00 [mdrecoveryd]
root    11   0.0  0.0     0    0 ?      SW   09:37   0:00 [scsi_eh_0]
root    13   0.0  0.0     0    0 ?      SW   09:37   0:00 [khubd]
root   390   0.0  0.1  1396  628 ?      S    09:39   0:00 /sbin/syslogd
```

```
root      393  0.0  0.3  1772   992 ?      S    09:39  0:00 /sbin/klogd -c 1
root      399  0.0  0.2  2308   828 ?      S    09:39  0:00 /usr/sbin/sshd
bin       452  0.0  0.1  1340   428 ?      S    09:39  0:00 /sbin/portmap
arnold   1249  0.0 19.5 108924 62496 ?     R    10:01  0:15 /opt/office52/soffice
arnold   2353  0.0  0.5  2840  1620 pts/4  S    17:11  0:00 /bin/bash
arnold   2416  0.0  0.5  2692  1716 pts/4  R    17:32  0:00 ps aux
arnold   2417  0.0  0.2  1976   824 pts/4  R    17:32  0:00 less
```

Dieser Ausschnitt der Prozessliste zeigt in der ersten Zeile den Prozess init mit der PID 1. Die erste Zeile zeigt in den Überschriften, was die einzelnen Spalten anzeigen. Diese Liste ist durch den Befehl ps aux entstanden. Je nach System und Parametern können die Spalten anders aussehen. In Tabelle 16.10 werden die wichtigsten Spalten beschrieben, die man durch ps anzeigen lassen kann. Welche Informationen durch welche Flags angezeigt werden, entnehmen Sie am besten der Manpage von ps auf dem jeweiligen System.

Kürzel	Beschreibung
USER	Benutzer, der den Prozess gestartet hat
PID	Prozess-ID; wird als Argument für kill verwendet
PPID	Die Prozess-ID des Elternprozesses
PGID	Prozessgruppen-ID
SID	Session-ID
PRI	Priorität des Prozesses. Je niedriger, desto mehr Rechenzeit
NI	Nice-Wert oder SY für Systemprozesse
%CPU	Anteil an der CPU-Auslastung
%MEM	Anteil an der Speicherauslastung
VSZ	Virtuelle Prozessgröße
RSS	Größe des residenten Speichers
TTY	Das Kontrollterminal des Prozesses
STAT	Status des Prozesses (siehe unten)
SIZE oder SZ	Größe des Prozesses
START oder STIME	Startzeitpunkt
TIME	Die bisher verbrauchte CPU-Zeit
WCHAN	Kernelfunktion, auf die der Prozess wartet
COMMAND	Das Kommando, mit dem der Prozess gestartet wurde

Tabelle 16.10 Titelkürzel einer Prozessliste

Der Prozessstatus STAT kann verschiedene Zeichen haben. R bedeutet lauffähig. Der Prozess ist also gerade aktiv. Im Beispiel oben ist dies beispielsweise der Prozess ps mit der PID 2416, der die Anzeige erzeugt hat. Das immer wieder auftauchende S zeigt an, dass der Prozess schläft, also auf ein Ereignis wartet, das ihn weckt.

Status	Bedeutung
R	Ausführbar
S	Schlafend
T	Gestoppt
D	Auf der Festplatte wartend
W	Prozess ist ausgelagert

Tabelle 16.11 Prozessstatus

Der Befehl ps kann von jedem Anwender aufgerufen werden, nicht nur von root. Dementsprechend entsteht ein massives Sicherheitsloch, wenn ein Programm ein Passwort als Parameter im Klartext entgegennimmt.

Prozess-Hitparade: top

Während ps eine Momentaufname der Prozesse zeigt, stellt das Programm top die Prozesse in der Reihenfolge ihres CPU-Zeitverbrauchs dar. Besteht also der Verdacht, dass ein Prozess überdurchschnittlich viel CPU-Zeit verbraucht, ist top ein ideales Werkzeug. Es erstellt eine Hitparade der Prozesse. Diejenigen Prozesse, die am meisten CPU-Zeit verbrauchen, stehen in der ersten Zeile. Das Folgende ist ein Beispiel für die Prozesstabelle, wie sie top anzeigt und regelmäßig aktualisiert:

```
11:32am  up  3:04,  1 user,  load average: 0.11, 0.16, 0.07
95 processes: 93 sleeping, 2 running, 0 zombie, 0 stopped
CPU states:  1.7% user,  2.3% system,  0.0% nice, 95.8% idle
Mem:   320136K av,  189100K used,  131036K free,       0K shrd,    5756K buff
Swap:  128512K av,       0K used,  128512K free                 118592K cached

  PID USER     PRI  NI  SIZE   RSS SHARE STAT %CPU %MEM   TIME COMMAND
  822 root     16   0 41876  8640  1720 S     1.9  2.6   0:39 X
 1174 arnold   13   0  9180  9176  8256 R     1.1  2.8   0:01 kdeinit
 1646 arnold   18   0  1004  1004   776 R     0.7  0.3   0:00 top
    1 root      9   0   208   208   176 S     0.0  0.0   0:04 init
    2 root      9   0     0     0     0 SW    0.0  0.0   0:00 keventd
    3 root      9   0     0     0     0 SW    0.0  0.0   0:00 kapm-idled
    4 root     19  19     0     0     0 SWN   0.0  0.0   0:00 ksoftirqd_CPU0
    5 root      9   0     0     0     0 SW    0.0  0.0   0:00 kswapd
    6 root      9   0     0     0     0 SW    0.0  0.0   0:00 bdflush
    7 root      9   0     0     0     0 SW    0.0  0.0   0:00 kupdated
    8 root     -1 -20     0     0     0 SW<   0.0  0.0   0:00 mdrecoveryd
   11 root      9   0     0     0     0 SW    0.0  0.0   0:00 scsi_eh_0
   13 root      9   0     0     0     0 SW    0.0  0.0   0:00 khubd
  343 news      9   0  2772  2772  1284 S     0.0  0.8   0:00 innd
  346 news      9   0   880   880   732 S     0.0  0.2   0:00 actived
  367 news      9   0   704   704   596 S     0.0  0.2   0:00 overchan
  370 news      9   0  2460  2460  1248 S     0.0  0.7   0:00 controlchan
  373 root      9   0     0     0     0 SW    0.0  0.0   0:00 usb-storage-0
```

Wenn Sie top starten, sehen Sie die Prozesse nach CPU-Last sortiert. Die Reihenfolge orientiert sich nach der Spalte, die mit %CPU überschrieben ist. Sie können die Sortierung aber über jede andere Spalte erfolgen lassen. Durch die Taste **>** erfolgt die Sortierung über die Spalte %MEM, also nach dem Speicherhunger des Programms. Ein weiteres **>** sortiert nach TIME, also dem Zeitpunkt, an dem das Programm gestartet wurde. Sie können mit der Taste **<** jeweils die nächste Spalte links auswählen.

Anzeigen

Aus dem Programm top können Sie diverse Kommandos absetzen, um die Prozesse des Systems zu beeinflussen. Mit der Taste **h** lassen sich die verfügbaren Kommandos anzeigen.

Kommandos

Aus top heraus können Sie renice (siehe Seite 440) durch die Taste **r** aufgerufen. Dadurch wird ein Prozess in seiner Priorität geändert. Das Programm fordert Sie auf, die PID des Prozesses, dessen Priorität verändert werden soll, einzugeben.

renice

Der Befehl kill wird aus top über die Taste **k** aufrufen. Anschließend fragt das Programm, welcher Prozess gemeint war, und bittet um dessen PID.

kill

Mit der Taste **q** können Sie das Programm wieder verlassen.

Beenden von top

Das Programm top ist Bestandteil der Open-Source-Systeme wie Linux oder FreeBSD und damit auch von Mac OS X. Für die anderen Systeme kann es aber frei bezogen werden.

Quelle: http://www.groupsys.com/top/index.html

Unter Solaris steht das Programm prstat zur Verfügung, das ebenfalls eine dynamische Liste der meistbenutzten Prozesse aufbaut. Die interaktiven Möglichkeiten zum Abschuss eines Prozesses bestehen zwar nicht, aber auch prstat wird mit der Taste **q** verlassen.

Solaris: prstat

16.8 Nicht immer mit Tötungsabsicht: kill

Das Kommando kill sendet Signale an einen Prozess. Wie der Name schon sagt, führt dies meist zum Dahinscheiden des Prozesses. Prozesse können aber viele Signale abfangen und verarbeiten. Dadurch ist eine Steuerung von außen möglich, was gerade für Hintergrundprozesse von Bedeutung ist. Auf diese Weise ist ein Booten zum erneuten Einlesen der Konfiguration unter UNIX nicht erforderlich. Damit ein Programm auf Signale reagiert, muss eine explizite Behandlung der Signale durch das Programm erfolgen (siehe Seite 951). Die Signale sind durchnummeriert, wenn auch nicht auf allen Systemen unbedingt gleich, und sie haben Namen. Beides kann als Parameter für `kill`, mit einem Minuszeichen gekennzeichnet, zur Spezifikation verwendet werden. Tabelle 16.12 zeigt die meistverwendeten Signale und deren Nummer, sofern sie auf allen Systemen eindeutig ist.

Signal	Nr.	Bedeutung
SIGHUP	1	Sitzungsende. Signal an Dämonen, ihre Parameter-Datei neu lesen
SIGINT	2	Interrupt-Taste (Delete-Taste oder ctrl+C)
SIGKILL	9	Sofortiger Abschuss, kann vom Programm nicht abgefangen werden
SIGTERM	15	Aufforderung an den Prozess, sich regulär zu beenden
SIGSTOP		Hält den Prozess an, ohne ihn zu beenden
SIGCONT		Führt einen gestoppten Prozess fort

Tabelle 16.12 Signale

SIGHUP

nohup unterbindet SIGHUP

Ursprünglich wurde das Signal SIGHUP versendet, wenn das Terminal ausgeschaltet wurde, auf dem eine Anwendung gestartet worden war. Auch in den Hintergrund gestellte Prozesse empfangen das Signal, wenn der Anwender, der sie gestartet hat, sich abmeldet. Will man dieses Verhalten unterbinden, muss dem Kommando der Befehl `nohup` vorangestellt werden. Das Signal kann zwar vom Programm abgefangen werden. Programme, die das Signal aber nicht explizit bearbeiten, werden beendet.

SIGHUP fordert zum Neueinlesen der Konfiguration auf

Das Signal SIGHUP hat seine wichtigste Anwendung darin, dass die meisten Dämonen auf ein `kill -1` ihre Konfiguration wieder neu lesen und sich entsprechend neu initialisieren. Aber nicht alle Hintergrundprozesse reagieren auf `kill -1`. So stirbt beispielsweise der `lpd`, wenn man ihn, in der Hoffnung, er würde dann die **/etc/printcap** lesen, mit `kill -1` anschießt. In diesem Fall ist das aber auch kein Drama, da man nach Änderungen der **printcap** tatsächlich den `lpd` beenden und neu starten kann.

Priorität ändern statt Prozess töten

Der Fall, dass ein Administrator den Befehl `kill` tatsächlich zum Terminieren des Prozesses benutzt, ist eher selten. Ein Prozess, der von einem Anwender gestartet worden ist, kann vom Administrator nicht einfach beendet werden. Immerhin kann es sein, dass durch den Abschuss wichtige Daten verloren gehen. Erst wenn der Prozess durch extensiven CPU-Zeitverbrauch auffällt, wird man versuchen, etwas zu tun.

Der erste Versuch, einen solchen Amok laufenden Prozess zu besänftigen, wird darin bestehen, dessen Priorität mit `renice` herabzusetzen. Dadurch stört er immerhin nicht mehr andere Benutzer. Um den Prozess mit der PID 987 um 5 Level freundlicher zu gestalten, gibt man folgendes Kommando:

renice verändert nachträglich die Priorität

```
renice +5 987
```

Kurzfristiges Parken

Hat man den Verdacht, dass dieser Prozess Schaden anrichtet, oder ist `renice` nicht erfolgreich genug, kann man den Prozess mit dem Signal SIGSTOP anhalten und hat später die Möglichkeit, ihn mit SIGCONT wieder fortzusetzen. Gleichzeitig sollte man den Anwender verständigen, dass sein Prozess angehalten wurde, aber wieder aktiviert werden kann.

```
kill -SIGSTOP 987
...
kill -SIGCONT 987
```

Terminieren

Erst wenn diese Möglichkeiten nicht mehr vohanden sind oder wenn Sicherheit darüber besteht, was der Prozess tut, oder falls Gefahr in Verzug ist, wird man den Prozess beenden. Dazu wird zunächst SIGTERM verwendet. Dies ist auch die Grundeinstellung von `kill`, wenn kein Parameter angegeben wird. Das Signal SIGTERM wird von den meisten UNIX-Programmen abgefangen und führt dazu, dass der Prozess seine Daten sichert und geregelt endet. Beim Herunterfahren der Maschine bekommt jedes noch laufende Programm ein SIGTERM zugesandt. Dann hat das Programm fünf Sekunden Zeit, die Daten zu sichern. Anschließend folgt das SIGKILL, das auch dem störrischsten Prozess die Lampe ausbläst.

16.9 Offene Dateien

Ob ein Prozess eine Datei geöffnet hat, ist eine wichtige Information. Eine geöffnete Datei kann nicht einfach gelöscht werden, und ein schreibender Prozess sollte nicht einfach abgebrochen werden. Es gibt also einen Bedarf an Information, welche Datei von welchen Prozessen bearbeitet wird und welcher Prozess welche Dateien geöffnet hat.

fuser Um festzustellen, welche Prozesse auf eine Datei zugreifen, gibt es den Befehl fuser. Er zeigt die PID der Prozesse, die die als Parameter angegebene Datei geöffnet haben:

```
gaston> fuser unix.ps
unix.ps:                 1176    1190
```

Wendet man fuser auf ein Verzeichnis an, lässt sich erkennen, welche Prozesse unterhalb dieses Verzeichnisses gestartet worden sind. Das ist wichtig, wenn man beispielsweise ein Dateisystem per umount ausklinken möchte und die Meldung erscheint, dass das Gerät noch benutzt wird.

lsof Die andere Frage, nämlich, welche Dateien ein bestimmter Prozess geöffnet hat, kann mit Hilfe des Programms lsof (list open files) beantwortet werden. Es liefert alle offenen Dateien des Systems. Darin sind auch die Netzwerkverbindungen enthalten. Hier sehen Sie eine Beispielausgabe:

```
COMMAND     PID  USER   FD   TYPE  DEVICE    SIZE    NODE NAME
init          1  root   mem   REG     3,5  333780  178159 /sbin/init
portmap     386  root   mem   REG     3,5   28184  178286 /sbin/portmap
portmap     386  root   mem   REG     3,5  342535  275298 /lib/ld-2.1.3.so
portmap     386  root   mem   REG     3,5   44729  275322 /lib/libutil.so.1
portmap     386  root   mem   REG     3,5 4070406  275303 /lib/libc.so.6
syslogd     404  root   mem   REG     3,5   29252  485827 /usr/sbin/syslogd
syslogd     404  root   mem   REG     3,5  342535  275298 /lib/ld-2.1.3.so
syslogd     404  root   mem   REG     3,5 4070406  275303 /lib/libc.so.6
```

In der zweiten Spalte steht die PID, die man leicht per grep oder besser per awk herausfiltern kann. Der folgende Aufruf liefert alle Dateien, die der Prozess mit der PID 719 geöffnet hat:

```
lsof | awk '{if ( $2==719 ) print $9 }'
```

Da nicht jeder Administrator die Syntax von awk auswendig kennt, funktioniert natürlich auch die einfachere Variante mit grep:

```
lsof | grep 719
```

Der Nachteil dieser unsportlichen Lösung ist natürlich, dass nun auch Zeilen herausgegriffen werden, die an anderer Stelle als in Spalte 2 die Zahl 719 haben.

sync Falls es einmal notwendig wird, Prozesse zu terminieren, die noch offene Dateien halten, kann man versuchen, den Schaden zu begrenzen, indem man das System auffordert, die Daten in den Puffern auf die Festplatte zu schreiben. Der Aufruf sync erreicht dies. Er braucht keine weiteren Parameter.

16.10 Das Verzeichnis /proc

Unter immer mehr UNIX-Derivaten (angefangen mit Solaris, AIX und Linux) gibt es ein Verzeichnis, das im Dateisystem gar nicht existiert. Dieses Verzeichnis heißt **/proc** und wird vom Betriebssystem verwendet, um einen alternativen Zugriff auf die Prozesse und deren Umgebung zu bieten. Innerhalb des Verzeichnisses gibt es weitere Verzeichnisse und Dateien, die mit den einfachen Befehlen `cat` und `ls` angezeigt werden können. Diese Pseudodateien enthalten die Konfigurationen und Umgebungen der Prozesse.

Im Verzeichnis **/proc** befindet sich für jeden Prozess ein Verzeichnis. Der Name des Verzeichnisses entspricht der PID des Prozesses.

Solaris und AIX

Unter Solaris befinden sich innerhalb dieses Verzeichnisses ein symbolischer Link mit dem Namen **cwd** auf das aktuelle Arbeitsverzeichnis des Prozesses und ein symbolischer Link **root**, der auf das Wurzelverzeichnis des Prozesses zeigt. Die meisten Dateien haben eine binäre Struktur, die von speziellen Befehlen, den sogenannten »proc-Tools« ausgelesen werden. Als Parameter wird jeweils die Prozess-ID übergeben. Der Befehl `pflags` zeigt die Zustände und der Befehl `pcred` liefert die Berechtigungen des Prozesses. `pmap` zeigt den Adressraum des Prozesses und seiner Bibliotheken. `pldd` zeigt an, welche dynamischen Bibliotheken eingesetzt werden. `psig` zeigt an, welche Signale vom Prozess behandelt oder ignoriert werden. Der Befehl `pstack` zeigt den Aufruf-Stack und macht damit für den Programmierer sichtbar, an welcher Stelle ein Prozess steht. `pfiles` zeigt, welche Dateien der Prozess gerade geöffnet hat. `pfiles` entnimmt seine Informationen dem Verzeichnis **fd**, in dem alle geöffneten Dateien des Prozesses stehen. Allerdings finden Sie dort nicht die Dateinamen, sondern die Handle-Nummern. `ptree` zeigt eine Übersicht des Prozessbaums, indem der als Parameter angegebene Prozess enthalten ist.[2] Details zu den Befehlen beschreibt die jeweilige Manpage recht ausführlich. Sie erhalten einen Überblick der Beschreibungen mit dem Befehl `man -s 4 proc` unter Solaris und mit `man proc` unter AIX[3].

Solaris und seine proc-Tools

Auch unter Linux bildet jeder Prozess ein Verzeichnis in **/proc** ab. Auch hier finden Sie das Verzeichnis **fd** und den symbolischen Link **cwd**. Auch die Datei **status** ist vorhanden. Allerdings hat sie unter Linux keine binäre Struktur, sondern Sie können sie einfach mit dem Befehl `cat` einsehen.

Linux

---

2 vgl. Watters, Paul A./Veeraraghavan, Sriranga: Solaris 8/9 Ent-Packt. mitp-Verlag, Bonn, 2002. S. 121ff.
3 AIX ab Version 5.

In der Datei **cmdline** können Sie nachsehen, mit welchem Kommando der Prozess gestartet wurde.

Systemstatus — Neben den Prozessen können Sie unter Linux im Verzeichnis **/proc** auch die Systemumgebung genauer ansehen. So finden Sie im Verzeichnis **/proc/bus** beispielsweise die Unterverzeichnisse **pccard** für die PCM-CIA-Karten von Notebooks, **pci** für die angeschlossenen Adapterkarten oder **scsi** für SCSI-Laufwerke.

Interrupts — Die Datei **/proc/interrupts** enthält eine Tabelle, in der für jeden Interrupt links die Anzahl der aufgetretenen Interrupts steht. In der rechten Spalte finden Sie den behandelnden Interrupt-Handler. Die Datei **/proc/ioports** zeigt die Belegung der IO-Adressen, wie sie für PCs typisch sind.

Module — In der Datei **/proc/modules** sind die derzeit aktiven Module, also die Treiber aufgelistet.

Eine ausführliche Beschreibung dessen, was im Verzeichnis **/proc** unter Linux zu finden ist, befindet sich auf der Manpage man 5 proc.

16.11 Programmzusammenbrüche (Coredump)

Todesstrafe für das Fehlverhalten von Prozessen — Wenn ein Programm unter UNIX Dinge tut, die nicht erlaubt sind, dann wird ihm vom System einfach die Betriebserlaubnis entzogen. Zu diesen unerlaubten Beschäftigungen gehört beispielsweise der Griff in den Speicher anderer Prozesse. UNIX teilt den Prozessen klar abgegrenzte Speicherbereiche zu und merkt, wenn ein Prozess in die Systembereiche eindringen möchte. In einem solchen Fall sendet UNIX dem Prozess ein Signal, im letzten Fall SIGSEGV, eine *segment violation*. Man könnte das frei mit »Grenzverletzung« übersetzen.

core ist ein Speicherabzug — Wenn UNIX ein Programm auf diese Weise beendet, schreibt es den Speicherbereich des Prozesses in eine Datei namens **core**, die im aktuellen Arbeitsverzeichnis angelegt wird. Da zum Speicher auch der Stack gehört, kann ein Debugger (siehe Seite 873) feststellen, in welcher Funktion der Zusammenbruch erfolgte. Diese Information kann für den Programmierer eine große Hilfe sein.

Wenn man als Administrator eine Datei namens **core** findet, ist zunächst deren Alter interessant. Es gibt Auskunft über den Zeitpunkt des Zusammenbruchs. Ist der verantwortliche Programmierer greifbar, wird er sich für diese Datei interessieren. Ansonsten gehören **core**-Dateien eher zum lästigen Abfall, der bei der Entwicklung von Software nun einmal anfällt.

Darum steht bei einigen Maschinen eine Anweisung in der **crontab**, alle älteren Dateien namens **core** zu suchen und zu löschen. Auf einer Produktionsmaschine sollten Coredumps nicht entstehen. Insofern wäre eine Beseitigung solcher Spuren eines Zusammenbruchs nicht sehr sinnvoll.

16.12 Systemabsturz (Kernel-Panic)

Eine Kernel-Panic ist ein Fehler, der so heftig ist, dass das Betriebssystem alle Tätigkeiten einstellt. Die letzte Aktion besteht darin, einen Speicherabzug in die Swap-Partition zu schreiben. Als Ursache einer Kernel-Panic kommen im Normalfall eigentlich nur Probleme mit der Hardware oder mit deren Treibern infrage. Anwendungsprogramme haben keinen Zugriff auf Bereiche, die das System derart aus dem Tritt bringen können. Selbst Dämonen und Systemprozesse würden im Falle eines Amoklaufs auf die Ausnahmebehandlung des Betriebssystems stoßen und einen schnellen Tod finden.

Viele Systeme schreiben den Zustand des Hauptspeichers als letzten Gruß in die Swap-Partition. Aus dieser Ursache stammt ursprünglich die Begründung, die Swap-Partition mindestens so groß zu machen wie den Hauptspeicher. Dieser Speicherabzug kann ausgelesen werden, indem beim nächsten Booten direkt in den Single-User-Modus gewechselt und dann der Inhalt des Swap-Bereichs beispielsweise per dd ausgelesen wird.

Hauptspeicher im Swap

Die Analyse dieses Dumps ist, wie man sich leicht vorstellen kann, sehr systemabhängig. Es wird also ein Spezialist gebraucht, der sich mit solchen Panic-Dumps auskennt. Da diese Zusammenbrüche selten sind, wird sich ein normaler Administrator damit nicht auskennen. Da die Untersuchung auch ihre Zeit dauert, wird die Aktion nicht billig.

In den meisten Fällen werden die Ursachen eines Kernel-Panics recht offensichtlich sein. Stromschwankungen werden auch andere Geräte in Bedrängnis gebracht haben. Wenn der Zusammenbruch aufgrund neuer Hardware und defekter Treiber passiert ist, wird man auch ohne Analyse schnell auf den Schuldigen tippen. Auch System-Batches, die per Update eingespielt wurden, kommen als Ursache in Betracht und sind ohne Analyse des Dumps schnell gefunden.

Ursachensuche

Nur wenn der Kernel-Panic immer wieder auftritt und keine Änderung an Hard- und Software in der letzten Zeit infrage kommt, wird es sinnvoll, den Hersteller zu kontaktieren und ihn zu bitten, die Ursache für den Kernel-Panic zu ermitteln.

Woraus besteht UNIX eigentlich?

17 Die Dateien des Betriebssystems

UNIX besteht aus dem Hauptprogramm, das Kernel genannt wird. Ursprünglich war dort alles enthalten, was ein UNIX-System brauchte. Um den Kernel nicht zu groß werden zu lassen, sind viele Teile ausgelagert und werden als Module zur Laufzeit nachgeladen. Ebenfalls getrennt sind die dynamischen Laufzeitbibliotheken. Sie werden erst dann in den Hauptspeicher geladen, wenn sie benötigt werden.

17.1 Der Kernel

Der Kernel von UNIX könnte als das Hauptprogramm des Betriebssystems bezeichnet werden. In der klassischen Variante enthielt er alles, was zum Betriebssystem gehört. Vom Prozessmanager (dem Scheduler), über die Speicherverwaltung, das Dateisystem bis hin zu den Gerätetreibern war alles ein einziges Programm. In den Anfangstagen von UNIX lag das Betriebssystem als Source vor, und es wurde vom Administrator an die Bedürfnisse seiner Umgebung angepasst. Anschließend wurde es mit dem mitgelieferten C-Compiler übersetzt. Die Konstanten, die das Laufzeitverhalten prägten, wurden an die Einsatzumgebung der Maschine angepasst, die benötigten Treiber wurden ausgewählt, und danach wurde ein Kernel gebildet.[1] Dieser Kernel wurde dann in das Rootverzeichnis gelegt.

Betriebssystem

Fast alle großen Hersteller von UNIX liefern heute weder die Quelltexte aus, noch ist ein Compiler im Paket enthalten. Das hat mehrere Gründe. Zum einen ist die Art der Anpassung nicht gerade besonders komfortabel. Das Übersetzen ist eine langwierige Geschichte. Die Firmen möchten das Ausliefern des Quelltextes vermeiden, um der Konkurrenz keinen Einblick in die eigenen Fortschritte zu geben, und sie erhoffen sich durch den Verkauf des Compilers als separates Paket ein Zusatzgeschäft.

Kein Quellcode, kein Compiler

---

1 Eigentlich müsste es korrekt »Kernel bauen« heißen, da es sich vom englischen Wort »build« herleitet. Inzwischen ist der Begriff »bilden« bereits so verbreitet, dass er nur noch Administratoren mit abgebrochenem Germanistikstudium stört.

17 | Die Dateien des Betriebssystems

Kernel bilden ist out

Die meisten Parameter des Betriebssystems können heute dem Betriebssystem mitgeteilt werden, ohne eine Neukompilierung durchzuführen. Einige Größen, wie beispielsweise die Anzahl der Festplattenpuffer, werden nicht mehr festgelegt. Stattdessen stellt das Betriebssystem Puffer dynamisch zur Verfügung, wenn sie erforderlich sind. Treiber werden nicht mehr in den Kernel integriert, sondern als Module während des Laufs hinzugezogen. Das Bilden des Kernels wird darum auf den meisten UNIX-Plattformen durch ein menügesteuertes Systemtool erreicht und hat mit dem Kompilieren früherer Zeiten nicht mehr viel zu tun.

Linux wird, allerdings aus anderen Gründen, heute noch mit dem kompletten Quellcode ausgeliefert. Auch ein Compiler wird mitgeliefert, sodass das Bilden des Kernels durch mehrere Aufrufe von make (siehe Seite 868) abläuft. Nur wenige Parameter werden allerdings noch durch das Ändern von Konstanten im Quellcode angepasst. Normalerweise sind solche Parameter durch Umgebungsvariablen oder Zugriffe auf die Laufzeitvariablen im Pseudoverzeichnis **/proc** einstellbar. Auch die meisten Treiber werden als Module beim Start geladen. Nur bei einigen exotischen Geräten muss man noch selbst Treiber aktivieren oder deaktivieren. Durch die Möglichkeit, Fähigkeiten des Kernels wegzulassen, lassen sich allerdings sehr spezialisierte, kleine Kernel bauen, die auch auf leistungsschwacher Hardware noch laufen und vor allem durch weniger Code auch weniger Fehler und weniger Angriffsziele haben.

Generieren eines Linux-Kernels

Das Generieren des Kernels erfolgt durch mehrere Aufrufe des Programms make mit unterschiedlichen Zielen.

make config

Mit make config wird ein Dialog gestartet, in dem man wie in einem Multiple-Choice-Test beantwortet, welche Bestandteile der neue Kernel haben soll. Nacheinander werden die Bestandteile angeboten. Der Administrator muss entscheiden, ob er die jeweilige Fähigkeit einbinden will oder nicht, oder ob sie als Modul zur Verfügung stehen soll. Es werden schlüssige Voreinstellungen vorgeschlagen, und zur Unterstützung gibt es kleine Hilfetexte zu jedem Thema. Wesentlich komfortabler ist diese Aufgabe mit make xconfig oder make gconfig zu lösen.

make dep

Der Aufruf von make dep ermittelt die Abhängigkeiten anhand des Konfigurationslaufs und stellt zusammen, welche Dateien für den Kernel gebraucht werden.

make bzImage

make bzImage erzeugt schließlich den Kernel und generiert auch gleich den passenden Booteintrag. Wenn man sich noch nicht so ganz sicher ist, kann man auch erst einmal eine Diskettenversion erzeugen. Der Befehl lautet dann `make bzdisk`. Vorher sollte eine formatierte Diskette ins Laufwerk gesteckt werden.

Basteleien am Kernel sind durchaus riskant. Die Mindestsicherheitsvorkehrungen sind eine Sicherungskopie des bisherigen, funktionierenden Kernels und ein Medium (CD oder Diskette), mit dem man das System weit genug booten kann, um den gesicherten Kernel wieder an seine ursprüngliche Position zu bringen.

Gefährliches Spiel

Unter Debian geht man einen leicht veränderten Weg. Neben dem jeweiligen Kernelbaum wird das Paket kernel-package installiert. Nach Auspacken des entsprechenden Quellcodes konfigurieren Sie wie sonst auch den Kernel mit `make xconfig`, `make gconfig` oder `make config`. Anschließend wird im Quellcodeverzeichnis der folgende Befehl gestartet:

Debian

```
make-kpkg clean; make-kpgk kernel-image
```

Das Resultat ist eine fertige DEB-Datei mit allen Modulen, symbolischen Links und anderen Dateien, die man benötigt, um es mit dem Befehl `dpkg -i` zu installieren. Bei gleicher Versionsnummer des Kernels sollten Sie vor dem Installieren das entsprechende Modulverzeichnis in **/lib/modules/** umbenennen.

Sollten Sie häufiger Änderungen am Kernel vornehmen, lohnt es sich vielleicht, den Bootmanager GRUB oder LILO dazu zu benutzen, zwischen dem neuen und dem alten Kernel umzuschalten. Unter Debian können Sie dann den folgenden Befehl für das Übersetzen des Kernels verwenden:

Bootmanager

```
make-kpkg --initrd --append-to-version=-070923 kernel_imag
```

Statt der `070923` verwenden Sie eine eigene Versionsnummer. Dazu bietet sich das Datum an. Auf diese Weise erhalten Sie einen eigenen Kernel mit getrenntem Modulverzeichnnis. Dann müssen Sie die Modulverzeichnisse nicht umbenennen.

17.2 Module

Ursprünglich wurden alle Treiber in den Kernel eingebunden. Wenn es notwendig war, eine andere Konfiguration zu verwenden, wurde halt ein neuer Kernel generiert. Solaris, Linux, FreeBSD und damit Mac OS X besitzen ein Modulkonzept, um Treiber separat vom Kernel installieren zu können.

17 | Die Dateien des Betriebssystems

Solaris arbeitet mit einem modularen Kernel

Unter Solaris erhält man mit dem Befehl `modinfo` eine Übersicht über die aktuell geladenen Module. Mit `add_drv` lassen sich Treiber hinzufügen und mit `rem_drv` wieder entfernen. Nach dem Hinzufügen wird durch den Aufruf von `drvconfig` eine Neukonfiguration des Verzeichnisses **/devices** durchgeführt. Für Module, die keinen Zugriff auf Gerätedateien brauchen, lauten die Befehle `modload` und `modunload`.[2]

FreeBSD und Mac OS X

FreeBSD verwendet die Kommandos `kldload` und `kldunload` zum Einbinden und Entfernen von Modulen. `kldstat` gibt eine Übersicht über die Module. Mac OS X erbt diese Eigenschaften von FreeBSD und nennt die Kommandos `kmodload`, `kmodunload` und `kmodstat`.

Linux

Linux braucht zwingend in seinem Kernel den Treiber für die Hardware und für das Dateisystem, auf dem sich das Wurzelverzeichnis befindet, damit das Booten möglich ist. Alle anderen Bestandteile können auch als Module geladen werden. Die Module befinden sich im Verzeichnis **/lib/modules**. Darunter befindet sich ein Verzeichnis, das die Versionsnummer des Kernels trägt. Darunter liegt ein Verzeichnisbaum, in dem die Module themenspezifisch abgelegt sind.

Module anzeigen, installieren und entfernen

Der Befehl `lsmod` zeigt die geladenen Module an. Er zeigt den Namen des Moduls, seine Größe und die Anzahl der Zugriffe auf das Modul. Nur wenn die Zugriffe 0 sind, kann ein Modul mit dem Befehl `rmmod` wieder entfernt werden. Mit dem Befehl `insmod` kann ein Modul geladen werden. Mit weiteren Optionen können dem Modul weitere Parameter übergeben werden, beispielsweise Interruptnummern oder I/O-Adressen. Eine Variante von `insmod` ist der Befehl `modprob`. Er versucht, ein Modul zu installieren, und kann anhand der Datei **/etc/modules.conf** feststellen, wie ein Modul einzubinden ist.

modules.conf

In der Datei **/etc/modules.conf** stehen die Informationen zu den verschiedenen Modulen. Die Datei hat verschiedene Einträge. Zunächst kann sie die Einträge in **/dev** auf Namen mit `alias`-Anweisungen umsetzen. Beispielsweise:

```
# block dev aliases
alias block-major-1 rd
alias block-major-2 floppy
alias block-major-3 off
alias block-major-7 loop
...
alias char-major-6 lp
```

---

[2] vgl. Nemeth, Evi/Snyder, Garth/Seebass, Scott/Hein, Trent R.: UNIX Systemverwaltung. Markt+Technik – Prentice Hall, 2001, S. 334f.

```
alias char-major-9 st
```

Mit der Anweisung `options` können einem Modul Parameter übergeben werden. Im folgenden Beispiel werden der Soundkarte cs4232 eine IO-Adresse, ein Interrupt und DMA-Kanäle mitgegeben:

```
options cs4232 io=0x534 irq=5 dma=1 dma2=0 mpuio=0x330 mpuirq=9
```

Mit den Anweisungen `post-install` und `pre-install` können Sie festlegen, welche Treiber vorher oder nachher installiert oder deinstalliert werden sollen.

17.3 Dynamische Bibliotheken

Bestimmte immer wieder benutzte Bibliotheken wurden früher statisch zu jedem UNIX-Programm hinzugebunden. Da es Speicherplatzverschwendung ist, die gleiche Bibliothek in jedem Programm wieder und wieder auf der Festplatte und hinterher auch im Hauptspeicher zu halten, gibt es dynamische Bibliotheken. Besonders bei der Verwendung grafischer Oberflächen ist es fast unmöglich, alle Bibliotheken statisch zu jeder Anwendung hinzuzuladen.

Dynamische Bibliotheken sparen Platz

Anders als bei anderen Systemen ist es nicht üblich, dass Anwendungsprogramme neue Versionen der von ihnen benötigten dynamischen Bibliotheken heimlich installieren. Das Update der Bibliotheken obliegt dem Administrator, und das Programm kann nur seinen Kummer darüber zum Ausdruck bringen, dass eine bestimmte Mindestversion einer Bibliothek nicht vorliegt – und gegebenfalls enden. Damit wird auf einfache Weise verhindert, dass Software nicht mehr läuft, weil ein anderes Programm installiert wurde.

Man erkennt dynamische Bibliotheken an der Namensendung .so. Sie befinden sich im Normalfall im Verzeichnis **/lib** oder **/usr/lib**.

TEIL IV
Netzwerk

Die Zeit der zentralen Großrechner mit den passiven Terminals klingt aus. Gerade UNIX findet heute seinen Haupteinsatz als leistungsfähiges und zuverlässiges Serversystem in einer Netzwerkumgebung.

18 Netzwerk

Ein Netzwerk ist zunächst nichts anderes als die Verbindung mehrerer Computer, über die sie miteinander kommunizieren können. Das Verbindungsmedium war ursprünglich ein einfaches abgeschirmtes Kabel. Heute besteht ein Netzwerk aus Glasfasern, aktiven Switches oder Funkfrequenzen. In Kombination mit geeigneter Software können Sie von Ihrem Arbeitsplatz aus Ressourcen anderer Computer nutzen. Am bekanntesten dürfte die Möglichkeit sein, gemeinsam auf eine Festplatte oder einen Drucker zugreifen zu können. Das Motiv ist nicht allein Sparsamkeit. Netzwerke ermöglichen das Teilen von Daten und gewährleisten so höchste Aktualität.

Auf den ersten Blick scheint es, als würde ein Netzwerk Objekte wie Drucker oder Festplatten zur Verfügung stellen. Bei näherer Betrachtung handelt es sich aber um *Dienste* (engl. *services*). So werden die Druckdaten nicht an den Netzwerkdrucker selbst gesendet, sondern an einen Prozess. Dieser veranlasst dann als Dienstleister (engl. *server*) den Druck. Dieser Prozess muss nicht zwingend auf einem Computer laufen. Bei den heutigen Netzwerkdrucker läuft nicht nur eine Steuerelektronik, sondern ein kleiner Computer, der die Netzwerkkommunikation beherrscht. Da die Druckdaten nicht direkt in den Druck gehen, kann der Prozess vor dem Druck die Berechtigungen prüfen. Der teure Farblaserdrucker der Werbeabteilung soll beispielsweise nicht allen Angestellten zur Verfügung stehen, um ihre Urlaubsfotos auszudrucken.

Server

Das größte aller Netze ist das Internet. Hier gibt es Abertausende von Dienstanbietern. Neben dem World Wide Web bietet es eine schnelle, kostengünstige Kommunikation per E-Mail. Darum ist eine Firma in der Regel daran interessiert, vielen Arbeitsplätzen einen Zugang zu dieser Informationsquelle zu ermöglichen. Allerdings besteht auch das Risiko, dass das eigene Netz über das Internet ausgespäht oder angegriffen wird.

Internet

18 | Netzwerk

TCP/IP
Jedes Netzwerk braucht Protokolle, die festlegen, welcher Teil der Nachricht die Adresse, der Absender, eine Kontrollinformation bzw. Daten ist. Inzwischen ist TCP/IP (Transmission Control Protocol/Internet Protocol) das unangefochten wichtigste Protokoll. TCP/IP ist für UNIX nicht nur das Zugangsprotokoll zum Internet, sondern auch die Basis für lokale Netzwerke. Dabei spielen die vom PC her bekannten Festplatten- und Druckserver keine so große Rolle wie das Verteilen von Anwendungen in Client-Server-Architekturen. In UNIX-Netzen geht es mehr um das Starten von Prozessen auf entfernten Maschinen oder um das Verteilen von Prozessen auf mehrere Maschinen.

Heterogene Netze
In TCP/IP-Umgebungen finden Sie selten ausschließlich UNIX-Maschinen. So haben Sie immer wieder damit zu tun, auch MS-Windows- oder Mac-OS-Rechner zur Zusammenarbeit zu bewegen. Sie werden oft als Frontend benutzt, während das Backend unter UNIX läuft.

18.1 Client-Server-Architekturen

Clients und Server sind Prozesse
Der Zweck eines Netzes ist es, einen Prozess auf einem Rechner mit Informationen zu versorgen, die auf einem anderen Computer vorhanden sind. Der Auslöser ist also immer ein Prozess, der eine Information anfragt und auf die Antwort wartet. Einen »Anfrager« nennt man Client, einen »Antworter« nennt man Server. Ein Server ist also in erster Linie ein Prozess und kein Computer. Derselbe Computer kann durchaus gleichzeitig als Client und als Server auftreten, indem er bestimmte Anfragen beantwortet und auf der anderen Seite Anfragen stellt.

Eine Software, die nach dem Client-Server-Prinzip arbeitet, ist auf zwei Seiten aufgeteilt. Sie ist quasi irgendwo »durchgesägt«. Das Frontend läuft auf dem Arbeitsplatzrechner, und ein anderer Teil arbeitet auf einem anderen, typischerweise zentralen Rechner, der dann auch meist als Server bezeichnet wird, weil auf ihm die Serverprozesse laufen.

18.1.1 Ethernet als Verkabelungsbeispiel

Bei der Verkabelung wird heutzutage meistens Ethernet eingesetzt. Diese Technik ist für lokale Netzwerke inzwischen nahezu konkurrenzlos. In seiner ursprünglichen Form bestand ein Ethernet aus einem Koaxialkabel[1] und je einem Widerstand an jedem Ende. Ein Computer wurde mit dem

---

[1] Ein Koaxialkabel besteht aus einem Draht, der von einer Abschirmung umgeben ist. Antennenkabel sind typischerweise auch Koaxialkabel.

Kabel durch einen Abgriff verbunden. Bei dem Koaxialkabel RG58 war dies ein auf dem BNC-Stecker basierendes T-Stück. Dieses T-Stück steckt direkt auf einem Transceiver am Ethernet-Controller.

Inzwischen verwendet man auch in kleinen Netzen längst eine Twisted-Pair-Verkabelung. Das Kabel besteht, wie der Name schon sagt, aus verdrillten Drähten. Es verbindet den Computer mit einem Hub oder einem Switch. der das Rückrat des Netzwerks darstellt. Moderne Netzwerkinterfaces können auch direkt miteinander verbunden werden. Sie schalten ihre Belegung um, wenn sie feststellen, dass sie mit einem anderen Netzwerkinterface statt mit einem Hub verbunden sind.

Twisted Pair

Jedes Netzwerkinterface hat seine eigene, weltweit eindeutige Nummer, die 48 Bit groß ist. Diese Nummer ist meist in das ROM des Controllers eingebrannt.[2] Der Ethernet-Controller lauscht die ganze Zeit am Kabel, und sobald ein Paket kommt, das die Nummer des Controllers als Adresse hat, holt er es in seinen Speicher und gibt es an das Betriebssystem weiter.

Will der Controller selbst Daten senden, packt er sie in Pakete zu je maximal 1500 Byte und setzt die Ethernet-Adresse des Zielcomputers, gefolgt von der eigenen Adresse, als Absender hinein. Zu guter Letzt enthält jedes Paket eine Prüfsumme, die CRC (Cyclic Redundancy Check), und schon ist das Paket sendebereit.

Senden

Wenn Sie sich im Detail dafür interessieren, was auf Controller-Ebene passiert, wie die Pakete genau aussehen und wie die Prüfsummen arbeiten, sollten Sie die Werke von Tanenbaum[3] und Comer[4] lesen.

18.1.2 Die Pseudoschnittstelle loopback

TCP/IP wird nicht nur verwendet, um mit anderen Rechnern Verbindung aufzunehmen. Manchmal führt der Rechner auch Selbstgespräche. So arbeitet die grafische Oberfläche von UNIX über TCP/IP. Dabei erfolgt die Kommunikation auf modernen Workstations vom eigenen Rechner zum eigenen Display. Bei Maschinen, die überhaupt keine Netzwerkanschlüsse haben, wird eine Schnittstelle gebraucht, über die der Rechner mit sich selbst Kontakt aufnehmen kann. Diese Schnittstelle nennt sich loopback, weil sie wie eine Schleife auf den Rechner selbst zurückführt.

---

2 Bei Sun-Maschinen befindet sie sich in einem batteriegepufferten RAM. Darum empfiehlt es sich, sich diese Nummer zu notieren. Die Batterie könnte ja mal schlappmachen. Die Nummer wird beim Booten angezeigt.
3 Andrew S. Tanenbaum: Computer Networks. Prentice Hall, Englewood Cliffs, 1987.
4 Douglas E. Comer: Internetworking with TCP/IP. Prentice Hall, 2nd ed., 1991.

18.1.3 Pakete in Paketen

ARP Auf der Basis von Ethernet-Paketen werden IP-Pakete versendet. Als Adresse werden IP-Adressen und der Port verwendet (siehe unten). Dabei kennt ein Ethernet-Controller nur MAC-Adresse. Die IP-Adressen müssen also auf die MAC-Adresse abgebildet werden. Das Protokoll, das diese Abbildung steuert, nennt sich ARP (Address Resolution Protocol) und ist eigentlich unterhalb von TCP/IP anzusiedeln.

Bearbeiten der ARP-Tabelle Es kann ein Problem auftreten, wenn eine Netzwerkkarte zwischen Rechnern getauscht wurde. Da die IP-Adresse nun unter einer anderen MAC-Adresse zu finden ist, ist die ARP-Tabelle, die die Zuordnung von MAC-Adressen zu IP-Adressen enthält, nicht mehr gültig. Nach dem Tausch läuft diese IP-Adresse bei anderen Rechnern im Netz noch unter einer anderen MAC-Adresse oder umgekehrt. Die ARP-Tabelle kann unter UNIX mit dem Befehl `arp` bearbeitet werden. Mit der Option `-a` wird die Tabelle angezeigt, mit `-d` werden Einträge gelöscht, und mit `-s` kann ein Eintrag gesetzt werden. Näheres finden Sie in der Manpage von `arp`.

18.2 TCP/IP, der Standard

TCP/IP ist das Standardprotokoll für den Zugriff auf das Netzwerk. Es wurde von der Berkeley Universität seinerzeit für UNIX entwickelt. Diese enge Verbindung merkt man TCP/IP auch in anderen Umgebungen noch an.

18.2.1 Die IP-Adresse

Die Netzkennung in der IP-Adresse Die IP-Adresse ist eine 32-Bit-Zahl, die die Netzwerkschnittstelle eines Computers im Netz eindeutig bestimmt. Der erste Teil der Nummer bezeichnet das Netz, in dem sich der Computer befindet, der zweite Teil den Computer selbst. Alle Computer, die direkt miteinander verbunden sind, gehören zum gleichen Netz und haben die gleiche Netzkennung in ihrer IP-Adresse. Wie Sie mit einem Computer kommunizieren können, der eine fremde Netzkennung hat, wird beim Thema Routing (ab Seite 469) behandelt. Ohne besondere Maßnahmen reagiert der Computer auf den Versuch, auf eine fremde Netzwerkadresse zuzugreifen, mit der Fehlermeldung »no route to host«.

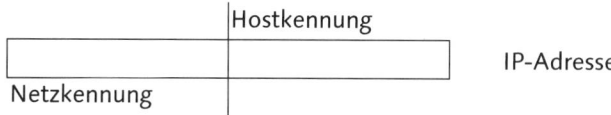

Abbildung 18.1 IP-Adresse

Der hintere Teil der IP-Adresse ist die Adresse des Computers im Netz. Um genau zu sein, ist sie an den Netzwerkadapter des Computers gebunden. Da aber die meisten Computer nur einen Adapter haben, soll der einfacheren Lesbarkeit halber auch weiter von »Computern« die Rede sein. Jeder Adapter muss eine eigene Nummer haben. Mehrere Rechner mit gleicher Hostkennung führen in größeren Netzen zu schwer auffindbaren Fehlern.

Die Hostkennung in der IP-Adresse

Die Grenze zwischen Netzkennung und Hostkennung liegt in lokalen Netzen oft auf einer Bytegrenze. Darum wird für IP-Adressen eine byteweise Darstellung gewählt. Da Dezimalzahlen am einfachsten zu lesen sind, schreibt man jedes der vier Byte einer IP-Adresse dezimal auf und trennt sie durch einen Punkt. Beispielsweise hat mein Arbeitsplatzrechner in meinem heimatlichen Netzwerk die IP-Adresse 192.168.109.144. Hexadezimal ergibt dies C0 A8 6D 90. Wieder als ganze Zahl geschrieben, lautet die Nummer 3232263568. Mein Macintosh hat die Adresse 192.168.109.25 oder hexadezimal C0 A8 6D 19 und damit 3232263449.

Darstellung

Darstellung	Arbeitsplatz	Macintosh
dezimal	3232263568	3232263449
hexadezimal	C0 A8 6D 90	C0 A8 6D 19
dotted decimal	192.168.109.144	192.168.109.25

Tabelle 18.1 Verschiedene Darstellungen von IP-Adressen

Netzwerkklasse und Netzwerkmaske

Die IP-Adresse bezeichnet also den Rechner bzw. dessen Netzadapter und das Netzwerk, in dem sich der Rechner befindet. Im Beispiel meines Netzes ist offensichtlich 192.168.109 bei beiden Rechnern gleich. Und tatsächlich benennen die ersten drei Bytes in diesem Fall das Netz und das letzte Byte den Rechner, weil in meinem Netzwerk die Netzwerkmaske auf 255.255.255.0 eingestellt ist. Man sollte also denken, ich könnte in mein privates Netz maximal 256 Rechner einbinden, da ein Byte die Werte von 0 bis 255 annehmen kann. Allerdings sind die 0 und die 255 für andere Zwecke reserviert, sodass ich mit 254 Rechnern in meinem Arbeitszimmer-Netz auskommen muss.

Netzwerk-maske und Netzwerkklasse

Welcher Teil der IP-Adresse zum Host und welche zum Netzwerk gehört, wird durch die Netzwerkmaske bestimmt. Die Maske ergab sich traditionell aus der Netzwerkklasse, zu der die IP-Adresse gehörte. Seit der Einführung von CIDR (siehe Seite 481) kann die Netzwerkmaske frei festgelegt werden. Zur optimalen Nutzung des IP-Adressraums sind die Netzwerkklassen im Internet also de facto nicht mehr vorhanden. In lokalen Netzwerken werden die Netzwerkmasken durchaus häufig noch an den Netzwerkklassen ausgelegt, auch wenn es technisch dafür keine Gründe gibt.

Die Netzwerkklasse wird durch die ersten Bits des ersten Bytes der IP-Adresse bestimmt.

Class A

Ist das erste Bit 0, gehört die Adresse zu einem Class-A-Netz. Betrachtet man das erste Byte in binärer Darstellung, sieht sich also die einzelnen Bits an, so entscheidet das erste Bit darüber, ob die Zahl größer oder kleiner als 128 ist. Ist das erste Byte einer Netzwerkadresse kleiner oder gleich 127, gehört sie also zu einem Class-A-Netz. Class-A-Netze haben eine Netzwerkmaske von 255.0.0.0.

Warum heißt nun diese Zahl »Netzwerkmaske« und warum ist sie im ersten Byte 255? Mit der Netzwerkmaske und der UND-Verknüpfung kann man den Netzanteil einer IP-Adresse herausfiltern. UND ist ein logischer Ausdruck auf Binärebene, der genau dann 1 ergibt, wenn beide Operanden 1 sind. Um das an einem Beispiel zu demonstrieren, wird die Class-A-Netzwerkadresse 10.3.4.7 mit der Netzwerkmaske 255.0.0.0 gefiltert:

```
Adresse:
dezimal      10        3         4         7
binär        00001010  00000011  00000100  00000111

Netzwerkmaske:
dezimal      255       0         0         0
binär        11111111  00000000  00000000  00000000


Adresse      00001010  00000011  00000100  00000111
Netzwerkmaske 11111111 00000000  00000000  00000000
UND          ------------------------------------------
Ergebnis     00001010  00000000  00000000  00000000
dezimal      10        0         0         0
```

Durch die UND-Verknüpfung von Adresse und Netzwerkmaske wird der Netzanteil der Adresse »herausmaskiert«. Der Netzanteil heißt hier

10.0.0.0. Das erste Byte ist die Netzwerkadresse. Der Rest ist die Adresse des Netzadapters.

Die 192 ist binär 11000000. Alle Werte, die kleiner als 192 sind, beginnen mit der Bitkombination 10 und gehören zu einem Class-B-Netz. Die Netzwerkmaske im Class-B-Netz ist 255.255.0.0, also sind die ersten zwei Bytes der Anteil der Netzwerkadresse. Der Rest ist die Rechneradresse.

Class B

Die Nummern 224-255 im ersten Byte sind reserviert und dürfen nicht als Netzwerknummern verwendet werden. Dies sind die IP-Adressen, die mit drei Einsen beginnen. Das erste Byte in einem Class-C-Netz beginnt mit der Bitkombination 110 und liegt zwischen 192 und 223 (also auch mein Hausnetz). Es hat die Netzwerkmaske 255.255.255.0 und hat damit drei Bytes für die Netzkennung und ein Byte für die verschiedenen Computer.

Class C

Bei einem größeren Unternehmen könnte ein Class-B-Netz mit den Nummern 128-191 schon sinnvoller sein, da hier ca. 16.000 Computer im Netz sein können. Richtig viele Computer passen in ein Class-A-Netz. Allerdings gibt es von diesen nur 128.

Der Bereich der Netze über 224 hat eine Sonderstellung. So dienen die Adressen des Class-D-Netzes für Multicast-Adressen. Durch das Ansprechen einer Adresse werden mehrere Rechner gleichzeitig adressiert. Anwendung findet diese Technik bei Routern und auch bei Rendezvous, einer Technologie von Apple zum Betrieb lokaler Netze, die keine Konfiguration erfordern.

Class D

	Anzahl Bits für Netze	Anzahl der Netze	Anzahl Bits für Hosts	Anzahl der Hosts	Kennungen
Class A	7	128	24	16.777.214	1-127 (0xxxxxx)
Class B	14	16.384	16	65.534	128-191 (10xxxxxx)
Class C	21	2.097.152	8	254	192-223 (110xxxxx)
Class D					224-239 (1110xxxx)
Class E					240-255 (1111xxxx)

Tabelle 18.2 Anzahl der Hosts und Netze in den Klassen

Der Hostanteil einer Nummer darf weder nur 1 noch nur 0 sein. Wenn alle Bits in einer Host-ID auf 1 gesetzt sind, ist das die Broadcast-Adresse des Netzes. Ein Paket an diese Adresse wird von allen Rechnern des Netzes gelesen. Sind alle Bits 0, bezeichnet diese Adresse das Teilnetz. Dies wird beispielsweise beim Routing so verwendet.

Verbindungs-anforderung

Wenn also zwei oder mehr Rechner in einem lokalen Netz direkt miteinander verbunden werden sollen, müssen folgende Dinge gewährleistet sein:

1. Der Netzwerkteil der IP-Adressen muss gleich sein.
2. Die Hostnummern der Rechner müssen sich unterscheiden.
3. Die Hostnummer darf weder die erste Adresse sein. Sie ist 0 und ist die Netzwerkadresse. Sie darf auch nicht die letzte Nummer des Netzwerks sein, also alle Bits auf 1 stehen haben, weil dies die Broadcast-Adresse ist.

Private IP-Adressen

Adressen für lokale Netze

Für jede Klasse wurde in RFC[5] 1597 ein Bereich von Adressen definiert, die im Internet nicht weitertransportiert werden. Eine solche Adresse sollte für lokale Netze verwendet werden, sofern keine eigenen internetfähigen IP-Adressen reserviert worden sind.[6] Anders ausgedrückt heißt das, dass diese Nummern beliebig oft in der Welt verwendet werden können. Da solche Pakete im Internet nicht weitergeleitet werden, macht es gar nichts, wenn noch jemand anderes genau die gleichen Netzwerkadressen für sein lokales Netz verwendet.

Klasse	Nummernkreis
Class A	10.0.0.0
Class B	172.16.0.0 bis 172.31.0.0
Class C	192.168.0.0 bis 192.168.255.0

Tabelle 18.3 Die privaten IP-Adressen

Freie Nummern gewährleisten Kollisionsfreiheit

Wenn eine kleine Firma für ihr internes TCP/IP-Netz IP-Nummern vergeben will, sollte sie sich unbedingt Adressen aus einem dieser Bereiche aussuchen. Da keine dieser Nummern im Internet vorkommt, gibt es auch keinen Web-, FTP- oder E-Mail-Server mit einer solchen Adresse. Damit ist immer eindeutig, ob mit einer Adresse ein Rechner im lokalen Netz oder ein Server im Internet angesprochen wird. Es können auch durch eigene Adressen keine IP-Adressen ausgeblendet werden. Ein zweiter Grund hat mit der Sicherheit vor Angriffen aus dem Internet zu tun:

---

5 RFC ist die Abkürzung für *Request For Comment*, übersetzt etwa: Bitte um Kommentare. Die RFC stellen so etwas wie die Norm des Internets dar.

6 Internet-fähige IP-Bereiche können von einem Internet Provider für die eigene Organisation reserviert werden. In Deutschland ist dafür das Europäische RIPE in Amsterdam zuständig (http://www.ripe.net), das hierfür aber einen ausführlichen Antrag mit Begründung des Bedarfs für einen dreijährigen Zeitraum verlangt.

Da diese Nummern im Internet nicht geroutet werden, kann ein Angreifer die Rechner des Netzes kaum direkt erreichen. Er kann die Adresse des Rechners nicht durch das Internet schleusen, da diese nach RFC 1597 dort nicht transportiert wird.

Grundeinstellungen des Netzadapters: ifconfig

Mit dem Befehl `ifconfig` kann die IP-Adresse jeder Schnittstelle festgelegt werden. Das funktioniert auch im laufenden Betrieb. Für das Umstellen der IP-Nummer ist also unter UNIX kein Reboot erforderlich. Allerdings hängen an der IP-Nummer oft einige andere Konfigurationen. Der Aufruf von `ifconfig` hat folgende Struktur:

IP-Adressen im laufenden Betrieb ändern

Der Befehl ifconfig

ifconfig <Netzadapter> <IP-Nummer>

`ifconfig` erwartet als ersten Parameter die Bezeichnung des Netzadapter-Devices. Dabei wird allerdings der Pfadname /dev weggelassen. Die Namen dieser Gerätedateien unterscheiden sich je nach System.

System	Interface-Name
SCO:	Je nach Hardware 3b0, wdn0 und so weiter
OS/2 ftp PCTCP:	nd0
Linux:	eth0
Solaris:	le0
FreeBSD:	ed0

Tabelle 18.4 Namen für den ersten Netzwerkadapter

Das einzige Device, das auf jeder Maschine den gleichen Namen hat, ist die Loopback-Einheit. Sie heißt lo0. Dieses Pseudo-Device verweist auf die eigene Maschine.

loopback

Soll mein Arbeitsplatzrechner auf die bereits genannte IP-Adresse umgestellt werden, lautet der Befehl unter Linux:

ifconfig eth0 192.168.109.144

Hier wird der ersten Ethernet-Karte die IP-Adresse 192.168.109.144 zugeordnet.

Der Befehl `ifconfig eth0` ohne weiteren Parameter zeigt die aktuelle Einstellung des Interfaces an. Beispiel:

Schnittstelleninfo

```
gaston:~ # ifconfig eth0
eth0      Link encap:Ethernet  HWaddr 00:00:E8:59:88:0F
          inet addr:192.168.109.144  Bcast:192.168.109.255
          Mask:255.255.255.0
          inet6 addr: fe80::200:e8ff:fe59:880f/10 Scope:Link
          inet6 addr: fe80::e859:880f/10 Scope:Link
          UP BROADCAST RUNNING MULTICAST  MTU:1500  Metric:1
          RX packets:0 errors:0 dropped:0 overruns:0 frame:0
          TX packets:12 errors:0 dropped:0 overruns:0
          carrier:0 collisions:0 txqueuelen:100
          Interrupt:5 Base address:0xef40
```

Wir wollen uns die wichtigsten Informationen ansehen, die dieser Befehl anzeigt. Aber Sie werden sicher schon einiges wiedererkennen. In der ersten Zeile ist unter HWaddr (Hardware Address) die MAC-Adresse zu sehen. Sie sehen, dass die Broadcast-Adresse der Netzwerkadresse entspricht und lediglich im Bereich der Host-Adresse alle Bits auf 1 stehen. Dadurch hat das letzte Byte den Wert 255. Die Netzwerkmaske ist erwartungsgemäß 255.255.255.0. Besonders interessant ist das Wörtchen UP. Es bedeutet, dass dieses Netzinterface aktiv ist. Sie können einen Netzadapter mit dem Befehl ifconfig abschalten. Sie müssen zum Abstellen den zusätzlichen Parameter down angeben. Zur Reaktivierung dient der Parameter up. Beispiel:

```
ifconfig eth0 down
```

Dies ist vor allem bei temporären Verbindungen von Bedeutung. Aber es kann auch zur Wartung ganz praktisch sein, eine Maschine schnell mal aus dem Netz nehmen zu können.

Wenn es Schwierigkeiten mit der Netzanbindung gibt, kann ein Aufruf von ifconfig mit der Netzschnittstelle als Parameter anzeigen, ob die Schnittstelle aktiv ist. Wenn die Netzwerkhardware nicht korrekt erkannt wird, meldet der Befehl einen IOCTL-Fehler (I/O-Control). Das ist eine Fehlermeldung des Hardwaretreibers. Wie schon im Abschnitt über die Gerätedateien (siehe Seite 278) erwähnt wurde, ruft UNIX die Treiber mit dem Systemaufruf ioctrl() auf, wenn es Informationen über das Gerät braucht.

Dauerhaftes Einstellen der IP-Nummer

Die IP-Nummer wird normalerweise in einer der rc- oder init-Dateien festgelegt. Dazu wird wieder der Befehl ifconfig verwendet. Sie können die entsprechende Stelle leicht finden, indem Sie mit dem Befehl grep nach dem Wort »ifconfig« suchen. Allerdings wird die IP-Nummer unterschiedlich konfiguriert. Auf älteren UNIX-Systemen stand die IP-Nummer direkt hinter dem Aufruf von `ifconfig`, und man hat sie dort im rc-Skript einfach geändert, wenn der Rechner auf Dauer eine andere Adresse haben sollte. Finden Sie an dieser Stelle eine IP-Nummer, können Sie sie bedenkenlos ändern. Steht hinter dem `ifconfig` eine Umgebungsvariable oder finden sich dort Kommandos zum Auslesen einer Datei, sollten Sie die eigentliche Quelle suchen und die IP-Nummer dort ändern.[7]

Bei Solaris wird die IP-Adresse über den Hostnamen definiert. Für jeden Netzadapter gibt es eine Datei, die den Namen der Maschine (genauer: des Adapters) enthält. In der Datei **/etc/hostname.le0** steht beispielsweise der Name sol. Damit erhält der Netzwerkadapter le0 den Namen sol. Zur Bestimmung der IP-Nummer wird sol in der Datei **/etc/hosts** gesucht. Eine Änderung der IP-Nummer würde also in der Datei **/etc/hosts** erfolgen.

Bei Solaris über den Hostnamen

Unter Linux ist die Art, wie die IP-Adresse festgelegt wird, von der Distribution abhängig. SUSE verwendete dazu bis zur Version 8.0 seine Universalkonfigurationsdatei **/etc/rc.config**. Im Skript **/etc/init.d/network** finden Sie den Aufruf von `ifconfig`, der die Umgebungsvariable IFCONFIG benutzt, die in **rc.config** definiert ist.

rc.config

Ab der Version 8.0 verwendet SUSE das Skript **/sbin/ifup**, um die Netzadapter zu initialisieren. Es wird vom rc-Skript **/etc/init.d/network** gestartet. Die bisher in der Datei **rc.config** gesammelten Konfigurationen werden nun im Verzeichnis **/etc/sysconfig** in mehrere Dateien und Unterverzeichnisse verteilt. Darin befindet sich das Verzeichnis **network**, und darin wiederum finden Sie mehrere Dateien, die die Konfiguration der verschiedenen Netzadapter bestimmen. Alle haben das Präfix **ifcfg-**. Die Datei für den Ethernet-Adapter heißt **ifcfg-eth0** und hat beispielsweise folgenden Inhalt:

SUSE ab 8.0

```
BOOTPROTO=none
IPADDR=192.168.109.143
NETMASK=255.255.255.0
BROADCAST=192.168.109.255
NETWORK=192.168.0.0
STARTMODE=onboot
```

Die hier gesetzten Umgebungsvariablen werden in **/sbin/ifup** verwendet, um den Ethernet-Adapter zu initialisieren.

---

7 Wenn Sie an dieser Stelle eine IP-Nummer direkt angeben, funktioniert das natürlich auch. Falls aber jemand anders später versucht, die Nummer auf korrekte Art zu ändern, wird er sich wundern, warum nach jedem Reboot die alte IP-Nummer wieder aktiv ist.

18 | Netzwerk

Red Hat
Gewisse Ähnlichkeiten zur Konfiguration unter der Linux-Distribution von Red Hat sind unverkennbar. Ebenso wie dort sind im Verzeichnis **/etc/sysconfig** die Konfigurationsdateien zu finden. Bei Red Hat heißt das Unterverzeichnis **network-scripts**, in dem Sie schließlich die Datei namens **ifcfg-eth0** finden, die einen vergleichbaren Inhalt wie bei SUSE hat.

Debian
Unter Debian werden die Interfaces in **/etc/network/interfaces** eingetragen, ein Eintrag für eine Newtzwerkkarte könnte so aussehen:

```
auto eth0
iface eth0 inet static
iface eth0 inet static
        address 192.168.109.175
        netmask 255.255.255.0
        network 192.168.109.0
        broadcast 192.168.109.255
        gateway 192.168.109.10
        dns-nameservers 192.168.109.10
        dns-search mydomain
        name Ethernet LAN-Karte 0
```

Im gleichen Verzeichnis befinden sich Verzeichnisse, deren Inhalt im Zusammenhang mit dem Netzwerkstart ausgeführt werden. Der Inhalt von **if-pre-up.d** wird vor, der von **if-up.d** wird während des Hochfahrens gestartet. Zudem werden das Verzeichnis **run** ausgeführt, wenn das Netzwerk läuft. Die Skripte in **if-down.d** werden ausgeführt wenn das Netzwerk heruntergefahren wird und die in **if-post-down.d** danach.

FreeBSD
FreeBSD verwendet die Datei **rc.config**, um eine Umgebungsvariable mit den Parametern des `ifconfig` zu setzen, die beim Booten in der Datei **rc.network** als Parameter für den Aufruf von `ifconfig` verwendet wird.

Auf einer unbekannten Maschine beginnt die Suche nach der Stelle, an der die IP-Nummer festgelegt wird, an dem Ort, an dem in den rc-Dateien der Befehl `ifconfig` abgesetzt wird. Dort müssen Sie ermitteln, woher `ifconfig` seine Informationen bekommt.

Die etwas einfachere Variante dürfte die Verwendung des jeweiligen Administrationstools sein, das auf allen Plattformen eine Möglichkeit zur Einstellung der IP-Nummern anbietet. Eine kurze Übersicht über diese Programme finden Sie ab Seite 217. Die Tools haben den Vorteil, dass sie eine systemkonforme Einstellung der IP-Nummer gewährleisten.

18.2.2 Das Prüftool ping

Wenn es einen heimlichen Superstar unter den einfachen TCP/IP-Werkzeugen für die Konfiguration von Netzen gibt, so ist es ping. Das Programm sendet kleine Pakete an den angegebenen Zielrechner. Da dieser ein Ping-Paket sofort zurücksendet, kann Ping feststellen, ob der Rechner gestartet ist, ob die Verkabelung korrekt ist und wie schnell und zuverlässig die Verbindung zu diesem Rechner ist.

ping prüft Verbindungen

> **Der Befehl ping**
>
> ping [<*Optionen*>] <*IP-Nummer*>

Bevor Sie fremde Rechner anpingen, sollten Sie zunächst die Nummer 127.0.0.1 aufrufen. Das ist die logische localhost-Adresse. Wenn sie versagt, funktioniert das TCP/IP auf Ihrem Rechner nicht. Anschließend sollten Sie die eigene Nummer einmal per ping aufrufen. Damit testen Sie, ob das eigene Netzwerkinterface richtig konfiguriert ist. Wenn das nicht klappt, werden Sie auch keine Verbindung nach außen bekommen. Schließlich eignet er sich auch zum Test der Namensauflösung (siehe Seite 490), indem Sie in mit dem Namen des Hosts aufrufen. Hat alles andere geklappt, aber der Ping erreicht nicht den Namen, stimmt die Namensauflösung nicht.

Lokales TCP/IP prüfen

Bei einigen Implementationen wird nur die lapidare Meldung »xxx is alive« (beispielsweise SunOS) ausgegeben. Andere Implementierungen (so beispielsweise MS Windows) senden fünf Pakete und enden dann bereits mit einer Zusammenfassung. Beides ist unzureichend, wenn Sie beispielsweise sehen wollen, ob ein Wackelkontakt im Kabel ist. Durch entsprechende Optionen (-t) können Sie aber die typische Ausgabe von ping erhalten. Diese läuft durch, bis Sie **ctrl+C** drücken, und zeigt dann eine Statistik an:

ping zum Dauerläufer machen

```
PING gaston.willemer.edu (192.168.109.144): 56 data bytes
64 bytes from 192.168.109.144: icmp_seq=0 ttl=255 time=0.172 ms
64 bytes from 192.168.109.144: icmp_seq=1 ttl=255 time=0.099 ms
64 bytes from 192.168.109.144: icmp_seq=2 ttl=255 time=0.095 ms
64 bytes from 192.168.109.144: icmp_seq=3 ttl=255 time=0.093 ms
64 bytes from 192.168.109.144: icmp_seq=4 ttl=255 time=0.094 ms
64 bytes from 192.168.109.144: icmp_seq=5 ttl=255 time=0.093 ms
64 bytes from 192.168.109.144: icmp_seq=6 ttl=255 time=0.093 ms
64 bytes from 192.168.109.144: icmp_seq=7 ttl=255 time=0.098 ms
--- gaston.willemer.edu ping statistics ---
8 packets transmitted, 8 packets received, 0% packet loss
round-trip min/avg/max = 0.093/0.104/0.172 ms
```

Das Beispiel zeigt die Statistik einer gut laufenden Verbindung. Jedes zurückkommende Paket wird gemeldet. Die `icmp_seq` ist lückenlos. Bei dieser Nummer handelt es sich um Paketnummern. Da das Protokoll ICMP, unter dem `ping` läuft, verlorene Pakete nicht wiederholt, deutet eine durchgängige `icmp_seq` darauf hin, dass die Verbindung zuverlässig ist. Die Laufzeiten sind minimal. Dass das erste Paket etwas länger braucht, ist völlig normal.

ttl Die Abkürzung ttl bedeutet *time to live*, also übersetzt etwa Lebensdauer. Ein Ping-Paket versucht sein Ziel auch durch Wechsel des Netzes zu erreichen. Dabei passiert es jedes Mal einen Router. Das ist ein Rechner, der die Verbindung zwischen zwei Netzwerken herstellt.

Bei jedem Wechsel wird der ttl-Wert des Pakets um eins heruntergezählt. Sobald der Wert 0 ist, wird das Paket nicht mehr weitergeleitet. Damit wird verhindert, dass Pakete, die ihr Ziel nicht finden, endlos im Internet umherschwirren. Mit der Option `-t` kann der Startwert für ttl verändert werden.

ping kann auch große Pakete senden Sie können die Paketgröße von `ping` beliebig festlegen. Dazu gibt es je nach System den Parameter `-s`. In manchen Fällen wird die Größe in Byte als weiterer Parameter hinter dem Ziel angegeben. Mit dieser Option können Sie große Datenpakete und damit eine große Netzlast erzeugen.

Das folgende Beispiel zeigt die Ausgabe von `ping` mit einer Paketgröße von 40.000 Byte über eine nicht sehr verlässliche Verbindung:

```
gaston> ping -s 40000 192.168.109.137
PING 192.168.109.137 (192.168.109.137) from 192.168.109.144
 : 40000(40028) bytes of data.
40008 bytes from 192.168.109.137: icmp_seq=6 ttl=255 time=73.689 msec
40008 bytes from 192.168.109.137: icmp_seq=13 ttl=255 time=73.742 msec
40008 bytes from 192.168.109.137: icmp_seq=21 ttl=255 time=73.624 msec
40008 bytes from 192.168.109.137: icmp_seq=23 ttl=255 time=72.995 msec
40008 bytes from 192.168.109.137: icmp_seq=38 ttl=255 time=73.151 msec
40008 bytes from 192.168.109.137: icmp_seq=39 ttl=255 time=72.456 msec
40008 bytes from 192.168.109.137: icmp_seq=40 ttl=255 time=72.279 msec

--- 192.168.109.137 ping statistics ---
46 packets transmitted, 7 received, 84% loss, time 45090ms
rtt min/avg/max/mdev = 72.279/73.133/73.742/0.639 ms
gaston>
```

Der Wert für `time` ist recht konstant, aber natürlich höher als beim vorigen Versuch. Das liegt daran, dass die größeren Pakete länger unterwegs sind. An den großen Lücken bei `icmp_seq` ist aber zu erkennen, dass immer wieder Pakete zerstört werden. Bei einem lokalen Netzwerk kann dies ein Hinweis auf einen Wackelkontakt, einen fehlenden Abschlusswiderstand oder einen defekten Hub sein.

18.3 Routing: Verbindung mehrerer Netzwerke

Aus den verschiedensten Gründen werden Netzwerke in mehrere kleinere Netzwerke aufgeteilt. Aufgrund technischer Gegebenheiten ist dies notwendig, wenn beispielsweise unterschiedliche physikalische Netzträger verwendet werden, etwa Ethernet und Token-Ring.

Aus geografischen Gründen ist es notwendig, wenn eine Filiale über Modem oder ISDN angekoppelt werden soll. Ein weiterer Grund kann das Ziel sein, die Netzlast in den einzelnen Netzen zu reduzieren.

Jeder Host kann von jedem Host im gleichen Netzwerk über seine IP-Adresse erreicht werden. Dagegen ist eine Internet-Adresse eines fremden Netzes oder Subnetzes nur dann erreichbar, wenn die Pakete weitervermittelt werden. Dazu dient ein Gateway.

Gateways verbinden Netzwerke

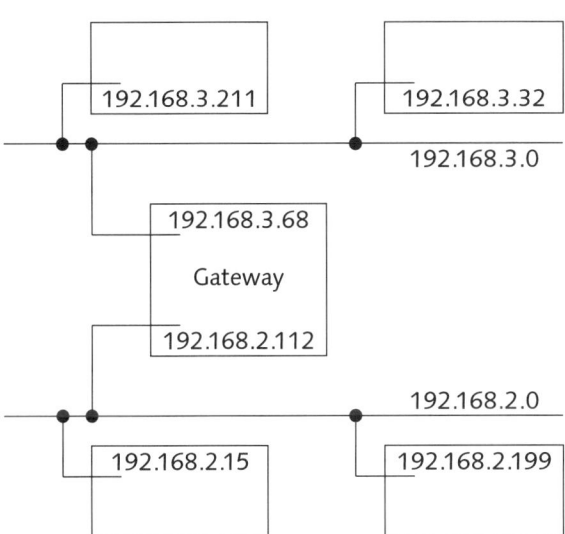

Abbildung 18.2 Ein Gateway verbindet zwei Netze

18.3.1 Gateways

Ein Gateway ist ein Computer mit zwei Netzwerkanschlüssen, die jeweils an ein anderes Netz angeschlossen sind. Jede Schnittstelle hat eine eigene IP-Adresse, die dem entsprechenden Netzwerk zugeordnet ist. Kommt ein Paket auf der einen Netzwerkkarte für das jeweils andere Netz an, wird es vom Gateway in das andere Netz eingespeist.

18.3.2 Statische Festlegung einer Route

Jeder Rechner verwaltet eine Routing-Tabelle, in der er speichert, auf welchen Wegen er welche Netze oder sogar einzelne Rechner erreichen kann. Um den Weg zu einem Rechner in einem fremden Netz zu definieren, wird der Befehl route verwendet. Abhängig vom Ziel gibt es drei Varianten, eine Route anzulegen:

---

route: Setzen einer Route

route add host *<Host>* gateway *<Gateway>* metric *<Metric>*
route add net *<Netz>* gateway *<Gateway>* metric *<Metric>*
route add default gateway *Gateway* metric *Metric*

Der erste Parameter nach route add ist das Ziel der Route. Mit *Gateway* wird der weiterleitende Rechner angegeben, und mit *Metric* geben Sie die Priorität der Route an.

metric — Der Parameter metric wird benötigt, wenn es zu einem Ziel mehrere Routen mit unterschiedlicher Geschwindigkeit gibt. Der schnellsten Route wird die höchste Priorität (beispielsweise 1) gegeben. Fällt diese aus, kann auf die Route mit der niedrigeren Priorität 2 oder 3 ausgewichen werden. Die metric-Information wird nur beim dynamischen Routing verwendet, um eine Bewertung der Qualität der Strecke vorzunehmen. Bei statischem Routing ist der Parameter irrelevant.[8]

Aufrufparameter von route — Leider sind die Aufrufparameter des Kommandos route nicht ganz einheitlich. So kann bei manchen Versionen das Schlüsselwort gateway auch als gw abgekürzt werden. Andere Implementationen benötigen die Schlüsselwörter gateway, metric, net und host gar nicht, da sie sich aus der Reihenfolge bzw. aus der Art der Parameter von selbst ergeben. Der erste Parameter ist immer das Ziel. Ob das Ziel ein Host oder ein Netz ist, lässt sich direkt an der IP-Nummer ablesen. An zweiter Stelle steht immer das Gateway, und der letzte Parameter ist immer die Priorität der Route.

route to host — Der Rechner 192.168.2.15 in Abbildung 18.2 soll als Ausgangspunkt dienen, um die Einrichtung der Routingtabelle zu demonstrieren. Wollen Sie von dort eine Route auf den Rechner 192.168.3.32 legen, muss das Paket an das Gateway gesendet werden. Die vom Rechner aus erreichbare Adresse lautet 192.168.2.112. Der Befehl dazu lautet also:

---

[8] vgl. Hunt, Craig: TCP/IP Network Administration. O'Reilly, Sebastopol, 1994. p. 138.

```
route add host 192.168.3.32 gateway 192.168.2.112 metric 1
```

Sie brauchen nicht jeden einzelnen Rechner, sondern können mit einem Mal die Route für das gesamte Netz 192.168.3.0 angeben. Gateway und Metric bleiben gleich. Der Befehl lautet dann:

route to net

```
route add net 192.168.3.0 gateway 192.168.2.112 metric 1
```

Schließlich können Sie den Rechner anweisen, alle unbekannten Netzwerkadressen über ein bestimmtes Gateway hinauszuschleusen:

Default-Route

```
route add default gateway 192.168.2.212 metric 1
```

Der Eintrag `default` entspricht der IP-Nummer 0.0.0.0. Im Beispiel können Sie dann eine Default-Route setzen, wenn es zu anderen Netzen kein weiteres Gateway gibt. In Netzen mit Internetzugang werden normalerweise alle direkt erreichbaren Netze mit expliziten Routen bestimmt und das Gateway zum Internet auf `default` gesetzt.

Beim Anlegen einer Route können Sie auch die Netzwerkmaske angeben. Das ist erforderlich, wenn im lokalen Netz Subnetze (siehe Seite 477) verwendet werden. Im Internet wird durch den Einsatz von CIDR (siehe Seite 481) zu jeder Route die Netzwerkmaske angegeben. Sie geben die Netzwerkmaske durch einen zusätzlichen Parameter an, dem Sie das Schlüsselwort `netmask` voranstellen:

Netzwerkmaske

```
route add net 192.168.3.0 netmask 255.255.255.128 \
      gateway 192.168.2.112 metric 1
```

In diesem Fall würden die Adressen 192.168.3.1 bis 126 über das Gateway 192.168.2.112 geleitet. Der Backslash am Ende der Zeile bewirkt, dass die Befehlseingabe in der nächsten Zeile weitergeht.

Einträge in der Routing-Tabelle können wieder gelöscht werden:

Routen entfernen

route: Entfernen einer Route

route delete net <Zieladresse> <Gateway>
route delete host <Zieladresse> <Gateway>

Der Befehl `netstat -r` zeigt die aktuellen Routingtabellen an:

Routen anzeigen

```
gaston> netstat -r
Kernel IP routing table
Destination      Gateway   Genmask          Iface
192.168.109.0    *         255.255.255.0    eth0
loopback         *         255.0.0.0        lo
```

In der ersten Spalte stehen die Ziele, und unter `Gateway` findet sich der Router, der aufgesucht wird, um das Ziel zu erreichen. Die Spalte `Genmask` beschreibt die Netzwerkmaske, die bei dem angegebenen Ziel vorausgesetzt wird, und zu guter Letzt folgt das Interface, über das die Pakete abgesetzt werden.

18.3.3 Statisches Routing: Ein Beispiel

[zB] Das Beispiel geht von einer Firma mit zwei Filialen und zwei Hauptgeschäftsstellen aus. Die eine Zentrale liegt in Gintoft, die andere in Norgaardholz. Jede der Zentralen hat 100 PCs. Die Filialen liegen in Hamburg und Frankfurt/Oder und haben je 2 PCs.

Die IP-Nummern für die Netze werden wie folgt festgelegt:

IP-Nummer	Bereich
192.168.108.0	Gintofter Netz
192.168.109.0	Norgaardholzer Netz
192.168.110.0	Hamburger Netz
192.168.111.0	Frankfurter Netz

Tabelle 18.5 Übersicht über die IP-Nummern im Beispiel

Die Arbeitsplätze sollen von 1 bis 190 durchnummeriert werden. Die Server sollen als 201, weitere als 202, 203 und Router als 254 angesprochen werden.

/etc/hosts Da Nummern sehr abstrakt sind, sollen die Rechner Namen erhalten. Die Arbeitsplätze in Gintoft erhalten das Präfix **gin**, die von Norgaardholz **nor**. In der Datei **/etc/hosts** (siehe Seite 491) hält UNIX die Liste, die die Namen auf die IP-Nummern abbildet. Die **/etc/hosts**-Datei sieht etwa so aus:

```
192.168.108.1      gin1
192.168.108.2      gin2
192.168.108.3      gin3
192.168.108.254    ginrout1
192.168.108.201    ginsrv1

192.168.109.1      nor1
192.168.109.2      nor2
192.168.109.3      nor3
192.168.109.254    norrout1
192.168.109.201    norsrv1
```

```
192.168.110.1      hh1
192.168.110.2      hh2
192.168.110.254    hhrout1

192.168.111.1      ffo1
192.168.111.2      ffo2
192.168.111.254    fforout1
```

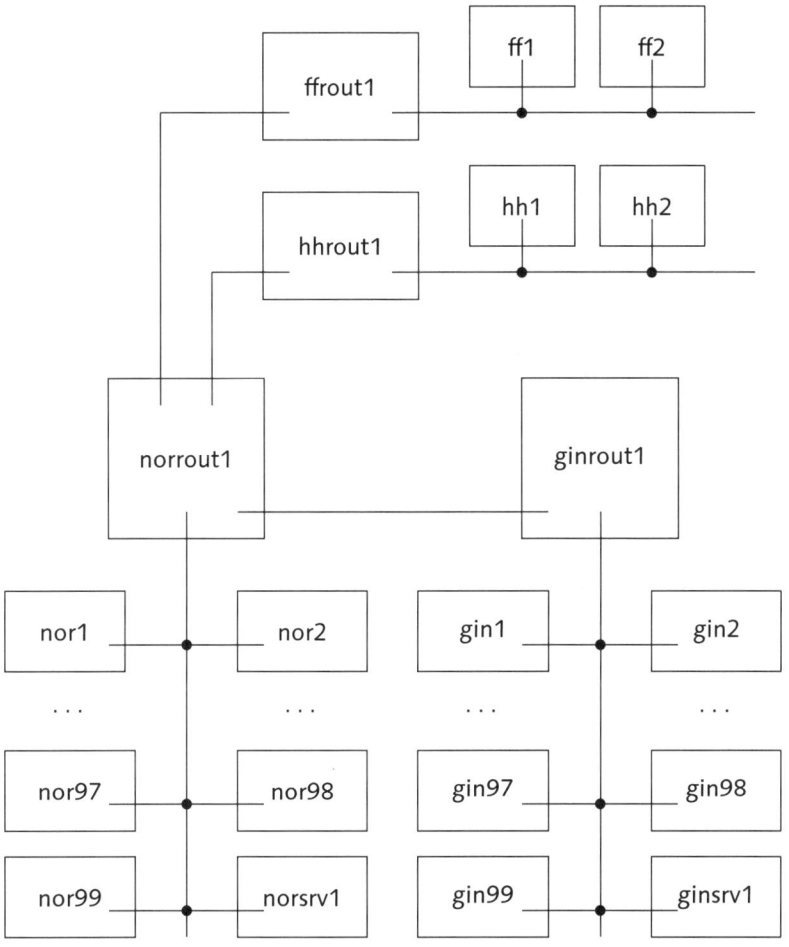

Abbildung 18.3 Netzskizze

Da es im Beispiel nur ein Gateway in jedem Netz gibt, ist die Konfiguration der Arbeitsplätze recht einfach: Sie erhalten jeweils einen Default-Eintrag auf ihren Router. Für die Norgaardholzer Arbeitsplätze und den dortigen Server lautet er:

Nur ein Gateway: Default-Route

```
route add default norrout1 1
```

route unter MS Windows

Bei Arbeitsplätzen mit MS Windows wird der Eintrag unter »Systemkonfiguration - Netzwerk - Protokolle - TCP/IP - Gateway« eingetragen. Hier ist Platz für eine oder mehrere Default-Routen. Wenn es notwendig wird, einem Windows-Rechner Routen zu verschiedenen Netzwerken über unterschiedliche Gateways zuzuweisen, erreichen Sie das nicht mehr über grafische Dialoge. Hier müssen Sie den route-Befehl in die **AUTOEXEC.BAT** schreiben. Wenn Sie im Beispiel davon ausgehen, dass in Norgaardholz ein Router norrout2 den Zugang zum Internet realisiert, können Sie diesen in den Eintrag »Gateway« in der Systemkonfiguration eintragen. Für die Routen zu den Netzen Gintoft, Hamburg und Frankfurt müssten Sie folgende Befehle in der **AUTOEXEC.BAT** eintragen:

```
route add 192.168.108.0 mask 255.255.255.0 norrout1
route add 192.168.110.0 mask 255.255.255.0 norrout1
route add 192.168.111.0 mask 255.255.255.0 norrout1
```

Gateway-Konfiguration zwischen Gintoft und Norgaardholz

Zwischennetz zwischen den Routern

Die Konfiguration der Router ist interessanter. norrout1 hat zwei Interfaces. Das eine mit der Nummer 192.168.109.254 ist eine Ethernet-Karte. Das andere Interface führt zur Telefonleitung und verbindet sich mit ginrout1. Zwischen ginrout1 und norrout1 gibt es also wiederum ein Netzwerk. Da dieses Netz nur den beiden Routern bekannt ist, verwenden Sie dort einfach irgendeine freie Nummer, beispielsweise 192.168.1.109 für norrout1 und 192.168.1.108 für ginrout1. Da dieses »Zwischennetz« nur zwischen den Routern bekannt ist, ist es nicht unbedingt erforderlich und wird von einigen Routern gar nicht benötigt. Allerdings wird das Verständnis des Routings durch den Wegfall auch nicht leichter. Die Routingtabelle des norrout1 lautet also:

```
# die Route auf das eigene, interne Netz
route add 192.168.109.0 192.168.109.254 1
# Gintoft über den Gintofter Router
route add 192.168.108.0 192.168.1.108 1
# Gintofter Router über WAN
route add 192.168.1.108 192.168.1.109 1
```

Damit kann norrout1 nur Nachrichten nach Gintoft bearbeiten. Andere Pakete bearbeitet er nicht. Ein Paket von Norgaardholz nach Gintoft würde nun seinen Weg finden, aber nicht mehr zurück, da in Gintoft der Router nicht weiß, wie das Paket nach Norgaardholz gesendet werden soll. Auf ginrout1 müssten die Routen also spiegelbildlich zum norrout1 eingerichtet werden. Noch einfacher wird es, wenn man davon ausgehen kann, dass norrout1 alle Verbindungen zu den Filialen übernimmt. Dann braucht ginrout1 nur folgenden Eintrag:

```
route add default 192.168.1.109 1
```

Anbindung der Filialen

Nun werden in Norgaardholz noch die Routen zu den Filialen in Hamburg und Frankfurt/Oder gebraucht. Wir geben der WAN-Schnittstelle in Hamburg die Nummer 192.168.1.110 und der in Frankfurt die Nummer 192.168.1.111. Durch die Routen

```
route add 192.168.110.0 192.168.1.110 1   # HH über HH-Router
route add 192.168.111.0 192.168.1.111 1   # Ffo über Ffo-Router
route add 192.168.1.110 192.168.1.109 1   # HH-Router über WAN
route add 192.168.1.111 192.168.1.109 1   # Ffo-Router über WAN
```

wird eine Verbindung von Norgaardholz nach Hamburg oder Frankfurt auf gleiche Weise hergestellt wie nach Gintoft. Natürlich müssen auch hhrout1 und fforout1 mit den entsprechenden Routing-Einträgen versehen werden.

Was passiert aber, wenn Hamburg und Gintoft gleichzeitig arbeiten wollten? Damit jede Außenstelle jederzeit eine freie Leitung vorfindet, werden drei Modems oder zwei ISDN-Karten besorgt. Da jede ISDN-Karte zwei B-Kanäle betreuen kann, reichen zwei ISDN-Anschlüsse, da jeder zwei B-Kanäle besitzt. Damit die Zuordnung klar ist, werden für den norrout1 mehrere WAN-Adapter eingerichtet:

```
route add 192.168.1.110 192.168.1.2 1   # HH-Router über WAN 2
route add 192.168.1.111 192.168.1.3 1   # Ffo-Router über WAN 3
```

Würde nun Gintoft deutlich häufiger mit Hamburg zu tun haben als Norgaardholz, würden Sie die WAN-Anbindung dorthin natürlich nicht über Norgaardholz, sondern über Gintoft legen. Dabei würden Sie sogar einen ISDN-Anschluss sparen, da Gintoft und Norgaardholz je zwei Kanäle brauchten. Allerdings würde das Routing geringfügig komplizierter, da der Router norrout1 für eine Verbindung nach Hamburg auf ginrout1 verweisen müsste.

Alternativen

Insbesondere bei Firmen mit vielen Filialen stellt sich die Frage, ob man nicht abwechselnd alle Filialen über eine Telefonleitung ansprechen kann. Das hängt natürlich davon ab, wie die Filialen mit den Rechnern in den Zentralen arbeiten. Findet nur nachts ein Datenabgleich statt, kann jede Filiale einzeln nacheinander aktualisiert werden. Dazu müssen die verschiedenen Netzwerkadressen auf verschiedene Telefonnummern abgebildet werden. In dem Moment, wo aber die Filialen in Konkurrenz und zeitlich nicht vorhersehbar auf die Zentralen zugreifen und umgekehrt, empfiehlt sich eine Trennung nach Kanälen. Ein ISDN-Anschluss ist nicht sehr teuer, und die Möglichkeit, dass eine Filiale die Zentrale nicht erreicht, weil die Leitung durch eine andere belegt ist, ist ausgeschlossen. Beim Thema Kosten sollte auch geprüft werden, ob es nicht sogar günstiger ist, eine Standleitung zu verwenden.

Von der IP-Nummer zur Telefonnummer

Bisher wurde völlig übergangen, wie Sie eine TCP/IP-Verbindung über ISDN legen können. Tatsächlich ist das recht einfach möglich. Leider ist die Art der Konfiguration von dem verwendeten Router abhängig.

Als Beispiel soll ein Router unter Linux verwendet werden. Dort gibt es bei jeder Distribution das Paket i4l (ISDN for Linux). Die einzelnen B-Kanäle der ISDN-Karten werden auf ISDN-Devices abgebildet. Bei einer einfachen Karte lauten sie **isdn0** und **isdn1**. Für jedes Device wird mit dem Befehl `isdnctrl` die anzurufende Telefonnummer angegeben. Sobald das Interface angesprochen wird, wird die Verbindung gewählt. Werden während einer gewissen Zeit keine Daten mehr transferiert, »legt« die Software »auf«, um Verbindungskosten zu sparen.

Sicherung des ISDN-Zugangs
: Einen anrufbaren ISDN-Zugang wird jede Firma als Sicherheitsrisiko empfinden, solange nicht sichergestellt ist, dass er nur von der Filiale benutzt werden kann. Sie können für das Interface die Nummer festlegen, die der Anrufer haben muss. Alle anderen Telefonnummern werden dann durch das Interface abgewiesen. Es ist für einen Angreifer leicht, seine Telefonnummer zu unterdrücken. Aber das nützt ihm nichts, da er die Nummer der Filiale vorweisen muss, und das ist nicht so einfach.

Callback
: Eine weitere Sicherungsmöglichkeit besteht darin, einen Callback zu installieren. Die Filiale ruft an und signalisiert damit, dass sie eine Verbindung haben möchte. Die Zentrale nimmt den Anruf entgegen und stellt fest, welche IP-Nummer ihr Gegenüber hat. Sie weist den Anruf jedoch zunächst zurück. Nun wählt sie die hinterlegte Telefonnummer der empfangenen IP-Nummer und ruft so die Filiale sofort zurück. Auf diese Weise ist sicher, dass nur die Filiale einen Zugang hat. Selbst wenn es einem Angreifer gelingen würde, die Telefonnummer der Filiale zu fälschen, würde die Zentrale ihn anschließend nicht zurückrufen, sondern die richtige Filiale.

Paket auf Reisen

Zur Veranschaulichung des Routings soll ein Paket von gin3 nach norsrv1 und zurück gesendet werden. Es würde also auf gin3 der Befehl

```
ping norsrv1
```

abgesetzt. Zunächst würde über die Datei **/etc/hosts** von gin3 festgestellt, dass norsrv1 die IP-Nummer 192.168.109.201 hat. Das Paket erhält diese Nummer als Zieladresse, und die eigene Adresse wird in den Absender gesteckt. Bereits dem Rechner gin3 ist klar, dass das Paket nicht zum eigenen Netz gehört. Gäbe es auf gin3 keinen Routing-Eintrag, erhielten Sie die Meldung:

gin3

```
no route to host
```

Durch die Default-Route wird das Paket erst einmal zu ginrout1 geleitet. Dieser liest wiederum die Adresse. Wäre ihm keine Route bekannt, würde er das Paket mit der Fehlermeldung »no route to host« an gin3 zurückschicken. Da er aber eine Route hat, die an die ISDN-Schnittstelle des norrout1 gerichtet ist, wird das Paket auf die Reise geschickt. norrout1 erkennt in der Adresse eine gültige Adresse für das Netz an seiner Ethernet-Karte. Also reicht er das Paket an diese Karte weiter. Auf dem Ethernet findet es nun norsrv1.

ginrout1

norrout1

Gemäß dem ping-Protokoll tauscht norsrv1 nun die Sender- und die Empfängeradresse und schickt das Paket wieder los. Würde hier nicht die Default-Route greifen, würde norsrv1 auf einem Paket sitzen, das nicht ins eigene Netz gehört und für das es keine Route gibt. Da eben gerade die Adresse von gin3 unbekannt ist, kann gin3 von diesem Problem nichts mitbekommen. Bleiben Pakete also ohne Fehlermeldung einfach aus, spricht alles dafür, dass sie korrekt das eigene Netz verlassen konnten, aber im fremden Netz nicht mehr den Weg zurück fanden. In diesem Fall können Sie sicher sein, dass das Problem auf norsrv1 oder norrout1 liegt.

nosrv1

Da es aber die Default-Route gibt, geht das Paket an norrout1. norrout1 erkennt die Nummer als Netznummer von Gintoft und besitzt eine Route dorthin über ginrout1. Dieser gibt das Paket auf das Ethernet, sodass es zu gin3 zurückfindet.

norrout1

ginrout1

18.3.4 Subnetze

Anstatt für jedes Teilnetz eine eigene Netzkennung zu verwenden, können Sie auch ein großes Netz in Unternetze zerteilen. Von außen ist diese

Subnetting ist nach außen unsichtbar

Unterteilung nicht zu sehen, und das Netz wird von fremden Routern als ein einheitliches Netz betrachtet. Erst wenn Pakete ins Innere des Netzes gelangen, werden sie durch die internen Router weitergeleitet.

Netzwerkmaske Um ein Netzwerk derart zu unterteilen, müssen Sie die Netzwerkmaske verändern. Die Netzwerkmaske gibt an, welcher Teil der IP-Nummer das Teilnetz bestimmt und welcher Teil der Nummer einen einzelnen Rechner festlegt. Die Maske enthält für jedes Bit, das zur Netzwerkadresse gehören soll, eine 1. Für die drei Klassen von Netzen sind folgende Netzwerkmasken Standard:

Klasse	hexadezimal	dezimal
Class A	0xFF000000	255.0.0.0
Class B	0xFFFF0000	255.255.0.0
Class C	0xFFFFFF00	255.255.255.0

Tabelle 18.6 Standardnetzwerkmaske

In Abbildung 18.4 werden drei IP-Nummern der verschiedenen Netzwerkklassen anhand der Standardnetzwerkmaske in einen Netz- und einen Hostanteil aufgegliedert.

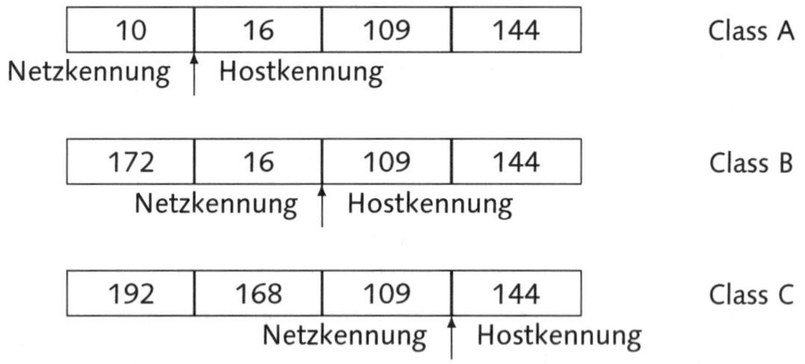

| 10 | 16 | 109 | 144 | Class A |
Netzkennung ↑ Hostkennung

| 172 | 16 | 109 | 144 | Class B |
Netzkennung ↑ Hostkennung

| 192 | 168 | 109 | 144 | Class C |
Netzkennung ↑ Hostkennung

Abbildung 18.4 Netzwerkklassen und Netzwerkmaske

Die Netzwerkmaske ist bitweise konfigurierbar, und zwar kann der Anteil der Netzwerkkennung vergrößert werden. Wird eine Netzwerkmaske um ein Bit erhöht, wird damit das Netz in zwei Teilnetze zerlegt. Bei einem Class-C-Netz würde dann die Netzwerkmaske 255.255.255.128 lauten. Die 128 mag etwas überraschen. Aber von dem rechten Byte wird das am weitesten links stehende Bit verwendet. Die Dualdarstellung von 128 ist 1000000. Damit gehören alle Hostnummern, die größer als 128 sind, zu dem einen Teilnetz, und alle, die kleiner sind, gehören zu dem anderen Teilnetz.

Da die Netzwerkmaske immer so aufgebaut ist, dass in der Dualdarstellung, von links beginnend, nur Einsen und ab einer gewissen Grenze dann nur noch Nullen folgen, gibt es eine alternative Schreibweise, die hinter einem Schrägstrich nur angibt, wie viele Einsen die Netzwerkmaske enthält. Für ein einfaches Class-C-Netzwerk sieht das so aus: 192.168.109.144/24. Bei der obigen Netzwerkmaske 255.255.255.128 käme noch ein Bit hinzu, also 192.168.109.144/25. Man spricht auch von der CIDR-Schreibweise (siehe Seite 481).

Alternative Schreibweise

Bei der Teilung in Subnetze gehen auch IP-Nummern verloren, die nicht mehr verwendet werden können. Denn für beide Teilnetze gilt die Regel, dass Adressen, bei denen alle Hostbits 0 oder 1 sind, nicht für die Adressierung von Rechnern verwendet werden dürfen. Das wären im Beispiel die Nummern 0, 127, 128 und 255.

In Abbildung 18.5 ist eine Class-B-Adresse mit Subnetzwerkmaske dargestellt. Die Standardnetzwerkmaske ist bei Class B 255.255.0.0. In diesem Fall soll das erste Halbbyte der Hostkennung noch mit zur Netzwerkadresse genommen werden. Von links beginnend haben die Bits den Wert 128, 64, 32 und 16. Die andere Hälfte des Bytes bleibt null, da es nicht in die Netzwerkmaske einfließen soll. Die Summe aus 128, 64, 32 und 16 ist 240. Das ist damit die Netzwerkmaske des dritten Bytes.

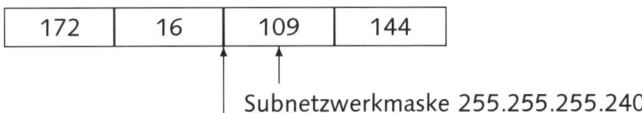

| 172 | 16 | 109 | 144 |

Subnetzwerkmaske 255.255.255.240

Standardnetzwerkmaske Class B

Abbildung 18.5 Subnetzwerkmaske

Eine Aufteilung des Netzes kann die Netzbelastung reduzieren. Gehen wir beispielsweise von einer Softwarefirma aus, die das Class-C-Netz mit der Nummer 192.168.2.x hat. In dem unteren Stockwerk des Firmengebäudes befindet sich die Verwaltung, deren Mitarbeiter auf einer Netzwerkplatte in unregelmäßigen Abständen Dokumente ablegen und in der Kundendatei suchen. Im oberen Stockwerk sitzen die Programmierer, die Netzwerkprogramme schreiben und von Zeit zu Zeit Belastungstests machen. Immer wenn solche Tests anlaufen, kommt die Sekretärin nicht mehr an ihre Kundendaten heran, weil das Netz überlastet ist. Schafft sie es trotzdem, werden durch ihre zusätzlichen Zugriffe die Testergebnisse verfälscht.

Netzbelastung durch Subnetting reduzieren

Man teilt das Netz daher logisch durch die Netzwerkmaske. Physisch werden die Kabel getrennt und durch ein Gateway verbunden, das zwei Netzwerkkarten besitzt. So kann ein Programmierer seine Dokumentation zwecks Rechtschreibprüfung immer noch an die Sekretärin senden. Das Gateway wird die Pakete von dem einen Netz in das andere übertragen. Der restliche Netzverkehr bleibt im jeweiligen Teilnetz.

Konsistenz der Subnetzwerkmaske

Die Netzaufteilung durch Subnetting ist nur für Rechner im Netz sichtbar, da die Maske auf den lokalen Rechnern im Netz-Device und in den Routingtabellen festgelegt wird. Es ist also wichtig, dass alle Rechner die gleiche Netzwerkmaske bekommen. Für außenstehende Rechner erscheint das Netz homogen, da sie eine Subnetzwerkmaske für ein fremdes Netz nicht kennen und so von einer Standardnetzwerkmaske ausgehen müssen.[9]

Problem bei HP-UX 10.20

In der Dokumentation von CUPS (siehe Seite 390) wird darauf hingewiesen, dass eine Subnetzdefinition, die nicht auf den Bytegrenzen liegt, bei HP-UX 10.20 Schwierigkeiten beim Broadcast verursachen könnte. In der CIDR-Schreibweise bedeutet das, dass nur 8, 16 oder 24 hinter dem Schrägstrich stehen sollte. Mit HP-UX 11 sei das Problem beseitigt.

18.3.5 Dynamisches Routen

Insbesondere das Internet mit seinen vielen Teilnetzen und der ständigen Veränderung erfordert ein Routingverfahren, das sich dynamisch anpassen kann. Die Routingtabellen werden dabei nicht vom Administrator festgelegt, sondern von Dämonen verwaltet, die mit den Dämonen der Nachbarnetze Informationen über die Qualität der Verbindung und über die Erreichbarkeit anderer Netze austauschen. Auf diese Weise werden nicht nur Engpässe oder gar Ausfälle von Leitungen erkannt. Es ist sogar möglich, die Pakete über die nächstbeste Verbindung zu schicken. In den Routingtabellen erhält der Parameter metric eine zentrale Bedeutung, weil er bei schlechter Verbindung erhöht wird.

Nichts für das LAN

In einem Firmennetz werden diese dynamischen Verfahren normalerweise nicht eingesetzt. Dort werden üblicherweise keine Ausfallleitungen gelegt, auf die ein dynamisches Verfahren ausweichen könnte. Dort, wo kritische Verbindungen durch Ersatzleitungen abgesichert werden, handelt es sich um ein einfaches Backup, das Sie schnell durch das manu-

---

9 Unter CIDR sind die Netzwerkmasken auch außerhalb des lokalen Netzes bekannt. Hier werden die Netzwerkmasken von den Routern verwaltet und weitergegeben. Aber auch hier gilt, dass ein lokales Subnetting nicht unbedingt mit der nach außen bekannten Netzwerkmaske übereinstimmen muss.

elle Ändern von zwei Routingeinträgen in Betrieb nehmen können. Die Komplexität ist überschaubar, und die Veränderungen in den Netzen sind vorhersehbar und meist gut geplant.

Das dynamische Routen wird beispielsweise durch den Dämon `routed` realisiert, der das RIP (Routing Information Protocol) implementiert. Der Dämon `gated` beherrscht neben RIP auch das externe Routing EGP (Exterior Gateway Protocol). Das dynamische Routen ist das Rückgrat des Internets. Da die Router ständig Informationen über die Qualität der Leitungen austauschen, können defekte Leitungen durch eine Anpassung der Routingtabellen automatisch umgangen werden.

routed und gated

Das EGP informiert über die Erreichbarkeit autonomer Systeme. Ein autonomes System kann ein komplexes Netzwerk mit diversen internen Routern sein. Es muss nur nach außen abgeschlossen sein.[10]

18.3.6 CIDR – Classless Inter-Domain Routing

Mit zunehmender Beliebtheit des Internets wurden dessen Engpässe immer sichtbarer. So war die Idee, 32 Bits für die IP-Nummer zu verwenden, nicht weitreichend genug, wie sich beim Ausbau des Netzes herausstellte. Zwar kann man mit 4 Byte etwa vier Milliarden Rechner durchnummerieren (und das war immerhin die damalige Größe der Weltbevölkerung), aber bei genauerem Hinsehen war die Zahl doch nicht so großzügig angesetzt. So gehen bei jedem Netz zwei Adressen für die 0 und die Broadcast-Adresse verloren. Hinzu kommt, dass eine Firma, die ein Class-C-Netzwerk betreibt, im Normalfall nicht alle 254 Adressen auch wirklich einsetzt.

So wurde um 1993 das CIDR eingeführt.[11] Die Idee war, dass man jeder Netzwerkadresse eine Netzwerkmaske mitgab und dass erst durch diese bestimmt wird, wie viele Rechner in ein Teilnetz gehören. Wenn es nun noch gelingt, die benachbarten IP-Nummern lokal zu bündeln, lässt sich sogar die Anzahl der Routingeinträge reduzieren. CIDR war eigentlich als Übergangslösung bis zum Einsatz der neuen 128-Bit-IP-Adressen des IPv6 (siehe Seite 518) gedacht.

RFC 1519

Die Änderungen durch die neue Norm konnten recht problemlos und schnell im Internet umgesetzt werden, da sie nur die Routingtabellen be-

---

10 vgl. Hunt, Craig: TCP/IP Network Administration. O'Reilly, Sebastopol, 1994. pp. 142.
11 vgl. Nemeth, Evi/Snyder, Garth/Seebass, Scott/Hein, Trent R.: UNIX Systemverwaltung. Markt+Technik – Prentice Hall, 2001. S. 357–360.

treffen. Oft müssen die Einstellungen nur in den Routern gesetzt werden, da die Arbeitsplätze in den meisten Fällen ohnehin nur die Defaultroute zum Gateway verwenden. Da Router ihre Routingtabellen dynamisch austauschen, ist die Konsistenz leicht zu gewährleisten. CIDR war neben dem Einsatz des Masqerading (siehe Seite 570) die entscheidende Technik, um das Problem der ausgehenden IP-Nummern zu umgehen.

In lokalen Netzwerken wird oft noch nach den alten Klassen konfiguriert, obwohl inzwischen jedes Netzwerkinterface mit einer Netzwerkmaske frei zu konfigurieren sein sollte. Im Allgemeinen wird der Administrator nicht so knappe Adressräume haben wie im Internet. Der Vorteil der alten Klassen ist, dass man die Netzwerkmasken nicht explizit dokumentieren muss, sondern sie sich von selbst verstehen.

18.4 Ohne Kabel: WLAN

WLAN ist eine beliebte Alternative zur Anbindung an ein Netzwerk über ein Ethernetkabel. Die meisten Privathäuser besitzen leider keine Netzwerkverkabelung und so ist WLAN eine praktische Möglichkeit, Computer in das Netzwerk zu integrieren, die ein paar Wände oder Stockwerke entfernt stehen.

Treiberunterstützung Nicht alle WLAN-Adapter werden von UNIX unterstützt. Relativ problemlos ist die Installation eines Centrino-Notebooks unter Linux. Die Firmware für die WLAN-Bausteine sind im Modul ipw2100 enthalten. Für andere Hersteller finden sich die Treiber oft im Internet. Allerdings muss man dazu erst einmal herausfinden, welcher Chip in den Geräten eingebaut ist. Bei Notebooks ist dies noch vergleichsweise einfach. Bei USB-Adaptern sind diese Informationen insbesondere vor dem Kauf kaum zu ermitteln.

18.4.1 Access Point

Ein Access Point ist ein Gerät mit einem Netzwerkanschluss und einer WLAN-Antenne. Er transportiert seine Daten von einem meist ethernetbasierten LAN per Funk weiter an die mit WLAN ausgestatteten Rechner. Die WLAN-Adapter gehören in solchen Fällen zum gleichen Netzwerk wie die LAN-Adapter. Bei Netzen mit größerer Netzlast ist es sinnvoll, vor den Acess Point einen Router zu setzen, so dass das WLAN ein separates Netzwerk darstellt, in dem nur die Pakete unterwegs sind, die für die per Funk angeschlossenen Teilnehmer interessant sind.

Ein Access Point kann auch im Ad-Hoc-Modus betrieben werden. In diesem Fall ist sein Zweck nicht die Weiterleitung der Pakete an ein LAN, sondern bildet den Vermittlungspunkt zwischen mehreren Computern mit WLAN-Anschluss.

Ad Hoc

Ein Access Point ist häufig in den Internet-Routern enthalten, die von den DSL-Providern als Anschlussmöglichkeit angeboten werden. Diese Geräte bestehen meist aus einem Router ins Internet, einem kleinem Switch zum Anschluss mehrerer Ethernetkabel und einem Access Point. Meist enthalten diese Geräte auch gleich noch eine Firewall und einen DHCP-Server. Auch wenn es von außen nicht immer zu erkennen ist, laufen diese Geräte oft unter Linux, das in ihrem Flashspeicher abgelegt ist.

18.4.2 Grundinformationen

Ein Netzwerk nach IEEE 802.11 wird durch eine Namenskennung, die sogenannte ESSID gekennzeichnet. Netzwerk-Adapter nach IEEE 802.11b können bis zu einer Geschwindigkeit von 11 MBit/s übertragen. Die IEEE 802.11g schafft bis zu 54 MBit/s. Allerdings muss man berücksichtigen, dass jede Wand und fast jeder metallische Gegenstand die Geschwindigkeit herabsetzt.

18.4.3 Sicherheitsaspekte

Die Signale eines WLAN werden standardmäßig unverschlüsselt versandt. Da viele Access Points auch einen DHCP-Service liefern, ist es leicht möglich, mit einem unkonfigurierten WLAN-fähigen Rechner direkt auf fremde Kosten ins Internet zu gelangen. Vielen Besitzern eines solchen Zugangs sind die Kosten durch Fremdnutzer gleich. Sie haben ihr WLAN oft im Zusammenhang mit einer Flate Rate bekommen.

Ein offener Zugang ins Internet ermöglicht es einem Angreifer aber auch, unter der Anschlusskennung des WLAN-Besitzers unerlaubte Dinge zu tun. So bietet es sich förmlich an, illegale Raubkopien oder pornografische Darstellungen über den Zugang des Nachbarn zu laden. Im Falle einer strafrechtlichen Verfolgung wird die Polizei an dessen Wohnungstür klingeln. Nach aktueller deutscher Rechtsprechung wird der Betrieb eines unverschlüsselten WLAN als Teilschuld bewertet, wenn ein Dritter darüber Rechtsverletzungen begeht. Im juristischen Slang wird ein solcher Betreiber als Störer bezeichnet, obwohl er die Kommunikation in

Rechtliche Konsequenzen

diesem Falle ja nicht stört, sondern erst ermöglicht.[12] Es ist aber leicht nachzuvollziehen, dass der Nachbar beim illegalen Herunterladen raubkopierter Musik lieber Ihren offenen WLAN-Zugang nutzen wird als seinen eigenen. Falls eines Tages die Musikindustrie an die Tür klopft, wird es aufgrund der IP-Adressenrückverfolgung Ihre Tür sein und nicht seine.

Ein weiteres Problem ist, dass mit dem WLAN ein offener Zugang zum Netzwerk vorliegt, der von außen leicht erreichbar ist. Wer zwischen Windows-Rechnern ein paar Freigaben veröffentlicht, denkt oft nicht daran, dass der WLAN-Zugang zum Internet auch das lokale Netzwerk veröffentlicht. Hinzu kommt, dass auf Windows-Rechnern standardmäßig ein paar Freigaben eingerichtet sind, von denen der normale Anwender gar nichts weiß.

Verschlüsselung per WEP — Die Daten zwischen einem Access Point und einer WLAN-Karte können verschlüsselt werden. Dazu gibt es diverse Verfahren, die alle mit einem Schlüssel arbeiten. Das WEP ermöglicht eine Verschlüsselung mit einem Schlüssel von 128 und mit 64 Bit. Dementsprechend heißen sie WEP128 (manchmal auch WEP104) oder WEP64 (alias WEP40). Die Eingabe des Schlüssels kann je nach Software als Zeichenkette oder in hexadezimaler Fassung erfolgen. Falls der Kontakt gar nicht zustande kommen will, kann der Grund darin liegen, dass der Hex-Code eingegeben wird, obwohl das Programm den Schlüssel als Zeichenkette erwartet. Theoretisch dauert das Knacken des WEP128 zwar ungeheuer lange. Man hat bei diesen Berechnungen allerdings übersehen, dass sich bestimmte Kombinationen in der Kommunikation vorhersehbar wiederholen. Dadurch ist ein Einbruch durchaus möglich, sofern der Angreifer genügend kriminelle Energie aufbringt. Die Werkzeuge dafür stehen im Internet bereit. Nach neuester Rechtsprechung sind sie natürlich verboten.[13]

WPA — Mit dem neuen Standard IEEE 802.11g wurde das Verschlüsselungsverfahren WPA eingeführt. Der Hauptunterschied zu WEP liegt darin, dass der Schlüssel alle 10 KByte geändert wird. Damit sollte dann ein Angreifer ausreichend verwirrt werden, um einen Einstieg zu vermeiden. Allerdings müssen für den Einsatz von WPA alle Geräte mit einem WLAN-Adapter nach IEEE 802.11g ausgestattet sein. Außerdem muss darauf geachtet werden, dass auch die Treibersoftware der Karten WPA beherrscht. Das Problem betrifft aber weniger Linux, weil dort die Verfügbarkeit der

---

12 Diese Ausführungen sind mit aller Vorsicht zu genießen. Der Autor ist kein Jurist.
13 Und da niemand verbotene Software einsetzen wird, ist es nach Gesetz auch nicht notwendig und sogar verboten, dass ich Ihnen verrate, wovor Sie sich wappnen müssen.

WPA-Verschlüsselung nicht von der Großzügigkeit des Treiberherstellers des WLAN-Adapters abhängig ist.

Die meisten Access Points ermöglichen es, nur bestimmte Rechner zu akzeptieren. Dabei wird geprüft, ob die MAC der Netzwerkkarte mit der hinterlegten übereinstimmt. Die MAC könnte man als eine Art Seriennummer für Netzwerkadapter bezeichnen. Fremde Rechner werden abgewiesen. Dieses Verfahren ist nur in Verbindung mit einer Verschlüsselung sinnvoll, weil ein Angreifer andernfalls eine zugelassene MAC-Adresse aus dem Datenverkehr abhören kann.

MAC-Adresse

Grundsätzlich gilt, dass auch eine noch so schlechte Absicherung immer noch besser ist als gar keine. Es ist wie bei der Unterhaltung zweier Gladiatoren. »Glaubst Du wirklich, dass Du dem Löwen entkommen kannst, wenn Du Laufschuhe anziehst?« – »Nein, ich muss aber auch nicht schneller als der Löwe sein. Es reicht, wenn ich schneller als Du bin.« Sucht also jemand einen WLAN-Zugangspunkt zum Internet, wird er den unverschlüsselten nehmen, egal, wie schwach die Verschlüsselung des anderen ist.

Der Turnschuh

18.4.4 Softwaresteuerung des WLAN-Adapters

Um eine schnelle Anbindung an WLANs zu erreichen, gibt es auch unter UNIX immer mehr Werkzeuge. Da der schnelle Wechsel vor allem von Anwendern durchgeführt werden wird, sind die passenden Tools oft mit einer grafischen Oberfläche ausgestattet. Ein typischer Vertreter ist der KNetworkManager des KDE. Er zeigt alle Access Points der Umgebung mit Ihren ESSIDs an.

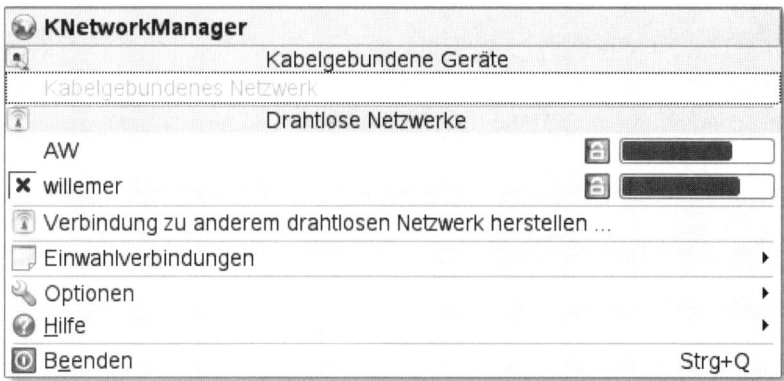

Abbildung 18.6 KNetworkManager

Die Abbildung 18.6 zeigt den KNetworkManager. In diesem Fall stehen die Netzwerke »AW« und »willemer« zur Verfügung. Mit dem letzteren ist der Rechner aktuell verbunden. Das zeigt das Kreuz. Durch Mausklick wählen Sie das Netz, in das Sie sich einwählen wollen. Bei einem bisher unbekannten Netz erscheint ein Dialog. Dort wird die Verschlüsselungsart angezeigt und es gibt die Möglichkeit, den Schlüssel anzugeben.

Konsolenzugriff Parallel zum bekannten Befehl `ifconfig` gibt es das Programm `iwconfig`, das die Details der WLAN-Adapter anzeigt. Beispiel:[14]

```
libo:~ # iwconfig
lo        no wireless extensions.

eth0      IEEE 802.11b  ESSID:"willemer"  Nickname:"ipw2100"
          Mode:Managed  Frequency:2.462 GHz  Access Point: 00:50:FC:D4:B6:FB
          Bit Rate=11 Mb/s   Tx-Power:16 dBm
          Retry min limit:7   RTS thr:off   Fragment thr:off
          Encryption key:0010-0200-3004-0050-0600-7008-00   Security mode:open
          Power Management:off
          Link Quality=100/100  Signal level=-35 dBm
          Rx invalid nwid:0  Rx invalid crypt:0  Rx invalid frag:0
          Tx excessive retries:0  Invalid misc:0   Missed beacon:0

eth1      no wireless extensions.

sit0      no wireless extensions.

libo:~ #
```

Der aufmerksame Leser wird am Encryption key ablesen können, dass dieser WLAN-Adapter nicht WPA, sondern WEP verwendet. Das hängt damit zusammen, dass es sich um einen Adapter nach IEEE 802.11b handelt. Diese Geräte beherrschen kein WPA.

18.4.5 Treiber für WLAN-Adapter

Das Schweigen der Hersteller WLAN-Adapter enthalten zwar einen Windows-Treiber, aber die Anwender von UNIX sind für die Hersteller offenbar noch kein Markt. Darüber hinaus geben sie auch keine Informationen an die Open-Source-Entwickler weiter, so dass es mit der Treibersituation nicht zum Besten steht. Häufig auftretende Bausteine wie der Intel-Chip im Centrino-Notebook können von Linux betrieben werden.[15] Ferner finden sich mit der Zeit immer mehr Treiber für bestimmte Chips im Internet. Die Verschwiegenheit der Anbieter geht allerdings so weit, dass der Kunden oft nicht weiß, welcher Chip in welcher Karte eingebaut ist. Es kommt sogar vor, dass

---

14 Den Schlüssel habe ich übrigens aus nahe liegenden Gründen geändert. Bei aller Gastfreundschaft möchte ich ungern alle Leser des Buchs in meinem Netzwerk begrüßen können.
15 Auch wenn anzumerken ist, dass dieser Treiber nicht frei ist.

in mehreren Notebooks der gleichen Typenbezeichnung unterschiedliche Chips verbaut wurden. Bei USB-Adaptern ist die Situation zur Zeit der Entstehung dieser Zeilen so, dass es überhaupt keine Treiber gibt.

Diese Situation führt zu Verzweiflungstaten. Wenn kein Linux-Treiber verfügbar ist, wäre es immerhin schon ein Fortschritt, wenn man den Windows-Treiber verwenden kann. Genau diesen Weg beschreitet das Programm `ndiswrapper`. Es wird ausgenutzt, dass jeder Netzwerktreiber eine NDIS-Schnittstelle haben muss. Das Programm entnimmt dem Windows-Treiber diesen NDIS-Anteil und bettet ihn so ein, dass Linux diesen Treiber für das Ansprechen des Adpaters verwendet.

Windows-Treiber

Die Bedienung erfolgt in zwei Schritten. Zunächst wird der Windows-Treiber in den `ndiswrapper` integriert. Im zweiten Schritt wird das Modul `ndiswrapper` geladen.

Im Beispiel wird der Siemens USB-Adapter Gigaset 108 verwendet. Auf der beiliegenden CD findet sich der Treiber in dem Verzeichnis:

/Installation/Gigaset USB Adapter 108/Driver/Windows XP & 2000

Dessen Inhalt besteht aus:

```
-r-xr-xr-x 1 arnold root 360256 27. Jul 2005 ar5523.sys
-r-xr-xr-x 1 arnold root 149392 27. Jul 2005 ar5523.bin
-r-xr-xr-x 1 arnold root  12705 22. Aug 2005 net5523.inf
-r-xr-xr-x 1 arnold root   8263 29. Aug 2005 net5523.cat
```

Diese Dateien werden kopiert und der Treiber über die INF-Datei in den `ndiswrapper` installiert.

```
libo # ndiswrapper -i net5523.inf
installing net5523 ...
libo # modprobe ndiswrapper
libo #
```

Beim nächsten Start des KNetworkManager kann bereits auf den WLAN-Adapter zugegriffen werden.

18.4.6 Funkgesteuerte Peripherie: Bluetooth

Im Gegensatz zum WLAN dient Bluetooth zur Kopplung von Geräten über kurze Distanz. Insbesondere im Mobiltelefonbereich wird diese Technik zum Anschluss von Freisprechanlagen oder zum Austausch von Adressen oder Bildern zwischen den Geräten eingesetzt.

Für PCs und Notebooks werden Bluetooth-Adapter in erster Linie zur Kommunikation mit Mobiltelefonen benutzt. Auf diese Weise können Fotos der eingebauten Kamera geladen, der Kalender synchronisiert oder als Modem für den Internetzugang von unterwegs verwendet werden.

Ein Bluetooth-Gerät hat immer eine Nummer, die aus sechs Byte besteht. Diese Nummer wird im Allgemeinen hexadezimal, durch Doppelpunkte getrennt, dargestellt.

Ist ein UNIX-Gerät mit einem Bluetooth-Adapter ausgestattet, wird der HCI-Dämon im Hintergrund gestartet, der die Kommunikationsanfragen beantwortet. Die Konfigurationsdatei **hcid.conf** finden Sie im Verzeichnis **/etc/bluetooth**. Unter den Optionen können Sie einstellen, eine Verbindungs-PIN zu hinterlegen und ob der Rechner automatisch verbinden oder den Benutzer fragen soll. Unter Device kann der Name eingestellt werden, unter dem der Computer von anderen Bluetooth-Geräten erkannt wird.

Unter KDE können Sie mit Hilfe des Konquerors eine Übersicht über alle Bluetooth-Geräte der Umgebung bekommen. Um einen Dienst zu nutzen, klicken Sie einfach das entsprechende Gerät an.

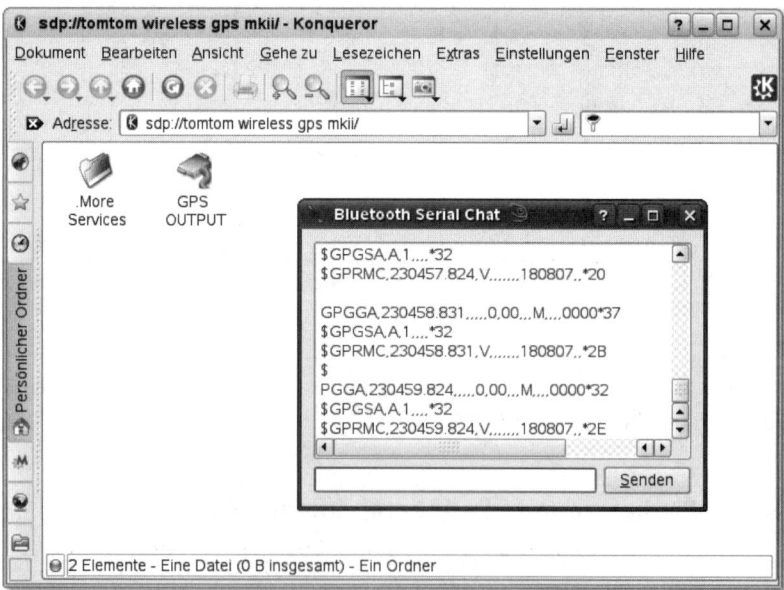

Abbildung 18.7 Bluetooth GPS Maus

Sie können sehen, welche Dienste die angeklickte GPS-Maus hat. Hier wurde der GPS OUTPUT angeklickt, und in einem Terminal werden die vom GPS-Gerät gelieferten Daten angezeigt.

In der Abbildung 18.8 sehen Sie ein Mobiltelefon, das seine Dienste anzeigt. Sie sehen auch die interne Datenstruktur, über die Sie einfach auf Dateien auf dem Telefon zugreifen können.

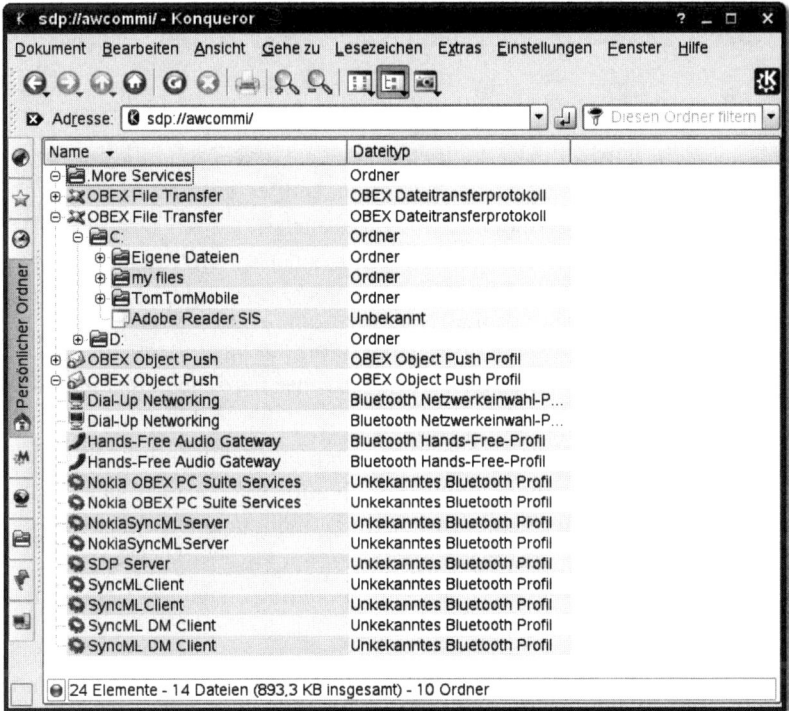

Abbildung 18.8 Bluetooth GPS Maus

18.5 Namensauflösung

Während Computer mit Zahlen wunderbar zurechtkommen, verwenden Menschen lieber Namen. Das Auflösen der Namen in Zahlen und umgekehrt kann aber wieder dem Computer übertragen werden, denn im Netzwerk ist es wichtig, dass Namen konsistent bleiben.

18.5.1 Der Host- und Domainname

Jede UNIX-Maschine hat standardmäßig einen Namen, den sogenannten Hostnamen. Dieser erhält aber erst seine besondere Bedeutung, wenn die Maschine ins Netz geht, da sie dann unter diesem Namen angesprochen werden kann. Die Zuordnung des Hostnamens zu der Maschine erfolgt durch den Befehl

> **hostname: Festlegen eines Rechnernamens**
>
> hostname <*Name*>

Namensgebung bei Startup — Dieser Befehl wird im Allgemeinen in einer der rc-Dateien beim Hochfahren des Systems ausgeführt. Seinen Parameter entnimmt der Befehl `hostname` oft einer besonderen Datei, beispielsweise bei Linux der Datei **/etc/HOSTNAME** oder **/etc/hostname**. Solaris besitzt sogar für jeden Netzadapter eine eigene Namensdatei, beispielsweise **/etc/hostname.le0**.

Im Internet wird der einzelne Computer vollständig mit seinem Namen und seiner Domäne identifiziert. Normalerweise wird die Domäne, durch einen Punkt abgetrennt, an den Hostnamen angehängt. Beispielsweise besagt der Name gaston.willemer.edu, dass der Hostname gaston lautet und der Rechner zur Domäne willemer.edu gehört. Innerhalb seiner Domäne braucht der Rechner nicht mit seinem Domänennamen angesprochen zu werden. Diese dreigeteilten Namen kennen Sie aus dem Internet. So ist beispielsweise bei www.willemer.de der Anteil www der Name des Rechners in der Domäne willemer.de.

Um genau zu sein, baut sich ein Domänenname von hinten nach vorn auf. So bezeichnet man das »de« als Toplevel Domain. Neben »de« für Deutschland gibt es unter anderem »nl« für Niederlande oder »dk« für Dänemark. Die Domänen in den USA wurden nicht in einer nationalen Toplevel Domain zusammengefasst, sondern werden in »com« für kommerzielle Organisationen, »gov« für Regierungsstellen und »edu« für Universitäten, Bildungs- und Forschungseinrichtungen eingeteilt. Von der Toplevel Domain wird mit dem Punkt die eigentliche Domäne abgeteilt. Diese Domänen können jeweils durch einen Punkt noch einmal in beliebig viele Subdomänen unterteilt werden. Wird mit dem Namen ein Computer bezeichnet, ist nur der erste Begriff bis zum ersten Punkt der Hostname. Beispielsweise könnte der Praktikumsrechner des Fachbereichs Informatik an der Universität Gintoft so heißen:

```
praktikum.informatik.universitaet.gintoft.de
```

18.5.2 Die Datei /etc/hosts

Um einen fremden Rechner nicht immer über seine IP-Adresse ansprechen zu müssen, gibt es die Datei **/etc/hosts**, die jeder IP-Adresse einen oder mehrere Namen zuordnet. Die Struktur eines Eintrags in der Datei **/etc/hosts** sieht folgendermaßen aus:

Struktur einer Zeile in /etc/hosts	
<ipadresse>	<name> <nickname> ... # <Kommentar>

Links steht immer die IP-Nummer des Rechners. Das ist die bereits bekannte »dotted decimal«-Schreibweise, also vier Dezimalzahlen, durch Punkte getrennt. Es folgen ein oder mehrere Namen. Der erste Name ist der wichtigste. Wird eine Verbindung von außen aufgebaut, erfährt die Maschine nur die IP-Adresse. Um diesem Rechner einen Namen zu geben, wird der erste Name aus der **/etc/hosts**-Datei verwendet. Auch bei der Zuordnung von Rechten an bestimmte Rechner wird meist ein Name in die jeweilige Konfigurationsdatei eingetragen. Will ein Rechner seine Rechte geltend machen, erfährt das System seine IP-Nummer. Diese wird dann durch den ersten Namen in der **hosts**-Datei ersetzt und mit dem eingetragenen Rechnernamen verglichen. Der erste Name ist also der »offizielle« Name, die anderen Namen bezeichnet man als »nickname« (Spitzname). Nach dem Hashzeichen (#) können Sie Kommentare einfügen. Auch der Hostname der eigenen Maschine sollte in der Datei eingetragen werden, da sonst Dienstanfragen an den eigenen Host über das TCP/IP nicht erkannt werden. Bei Solaris ist es sogar unverzichtbar, da sonst die Maschine ihre IP-Nummer nicht findet.

Die Reihenfolge der Namen ist wichtig

Ein Beispiel für eine **/etc/hosts**-Datei wurde bereits im Routingbeispiel auf Seite 472 gezeigt.

Bei der Namensauflösung wird normalerweise zunächst in der Datei **/etc/hosts** nachgesehen. Genauer gesagt, wird die Reihenfolge in der Datei **/etc/host.conf** bzw. **/etc/nsswitch.conf** festgelegt (siehe DNS; Seite 495). Das bedeutet, dass man Namen, die durch einen zentralen Server festgelegt werden sollen, hier nicht eintragen sollte. Würde beispielsweise die Datei **/etc/hosts** folgendermaßen aussehen, dann könnte der Webserver **www.galileo.de** nicht mehr erreicht werden, weil er der lokalen IP-Adresse von gaston zugeordnet wäre:[16]

Normalerweise geht die Datei hosts vor

---

[16] Das braucht Sie nicht zu bekümmern, denn der Verlag mit den fantastischen Büchern hat die Webadresse www.galileocomputing.de.

```
127.0.0.1          localhost
192.168.109.144    gaston.willemer.edu     gaston
192.168.109.144    www.galileo.de
```

<small>Hostnamen sollte man klein schreiben</small>

Sie machen sich übrigens keine Freunde im TCP/IP-Umfeld, wenn Sie Ihre Hostnamen in Großbuchstaben setzen. In den meisten Fällen unterscheiden die Netzprotokolle zwischen Groß- und Kleinschreibung, sodass später jeder, der mit diesen Rechnern zu tun hat, mit den Großbuchstaben hantieren muss.

18.5.3 Die Datei /etc/services

Für eine Netzwerkanfrage reicht es nicht aus, nur den Namen des Servers zu kennen. Wenn eine Anfrage an einen Netzdienst wie HTTP, FTP oder den Druckdienst gestellt wird, muss man den entsprechenden Prozess wie `httpd`, `ftpd` oder `lpd` auf diesem Rechner erreichen, der die Anfrage beantwortet.

<small>Sockets</small>

Um eine Verbindung zwischen zwei Prozessen aufzubauen, wird auf jeder Maschine ein Socket (dt. *Steckdose*) verwendet. Die Sockets eines Rechners sind durchnummeriert. Der Client braucht einen Socket, um über diesen später eine Antwort zu bekommen. Dazu bekommt er irgendeine Socketnummer zugeteilt, die gerade frei ist. Um einen bestimmten Dienst und damit dessen Server zu erreichen, muss der Client den Socket kontaktieren, der von dem Serverprozess betreut wird.

Für Standarddienste hat man die Nummern der Sockets festgelegt. Sie erreichen den Webserver eines Rechners im Regelfall über den Socket 80. Das Protokoll heißt HTTP (Hypertext Transfer Protocol), und der Serverprozess, der Anfragen über dieses Protokoll beantwortet, heißt httpd. In Abbildung 18.9 sehen Sie zwei Clientprozesse namens `mozilla` und `netscape`, die auf dem Rechner 192.168.109.137 laufen. Sie stellen beide Anfragen an den Webserver auf dem Rechner 192.168.109.144. Die Sockets, die die Clients verwenden, haben eine beliebige Nummer, die ihnen zufällig vom System zugeordnet wird. Sie rufen den Socket 80 auf dem Zielrechner an. Diese Nummer hat der Webserverprozess `httpd` beim Start angefordert.

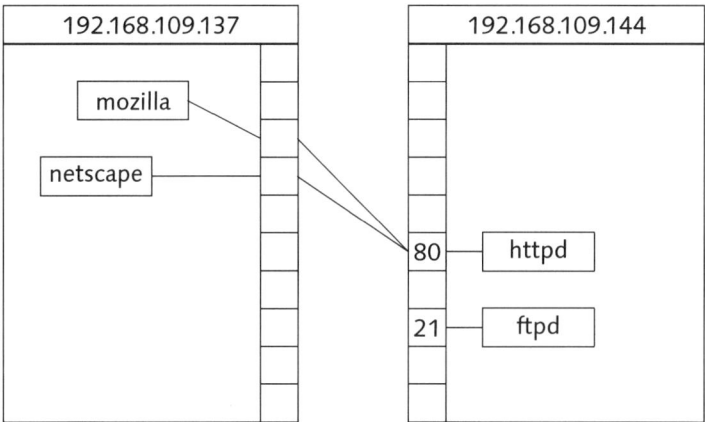

Abbildung 18.9 Kommunikation über Sockets

Im Zusammenhang mit den festgelegten Serversockets wird von einem Port gesprochen. Um den Nummern Namen zuzuordnen, gibt es die Datei **/etc/services**. Hier sehen Sie einen Ausschnitt:

```
ftp-data            20/tcp      # File Transfer [Default Data]
ftp-data            20/udp      # File Transfer [Default Data]
ftp                 21/tcp      # File Transfer [Control]
telnet              23/tcp      # Telnet
telnet              23/udp      # Telnet
http                80/tcp      # World Wide Web HTTP
http                80/udp      # World Wide Web HTTP
www                 80/tcp      # World Wide Web HTTP
www                 80/udp      # World Wide Web HTTP
www-http            80/tcp      # World Wide Web HTTP
www-http            80/udp      # World Wide Web HTTP
```

Unter der Nummer 80 finden Sie den Dienst http und unter 21 den Dienst ftp. Und da ftp in der Regel unter der Portnummer 21 zu erreichen ist, spricht man von einem »well known port« (übersetzt etwa: »wohl bekannter Hafen«).

<small>well known port</small>

Das tcp hinter dem Schrägstrich ist die Kennung für das Protokoll. Neben tcp findet sich in der **/etc/services** noch das Protokoll udp. Es kann für dieselbe Nummer beide Protokolle nebeneinander geben. Ein weiteres Protokoll wurde im Zusammenhang mit dem Befehl ping bereits vorgestellt: ICMP.

<small>Die Protokolle tcp und udp</small>

TCP (Transmission Control Protocol) hat die Aufgabe, Daten sicher durch das Netzwerk zu transportieren. Dabei überprüft es die Netzpakete anhand einer Prüfnummer auf ihre Unversehrtheit. Beschädigte Pakete wer-

<small>TCP</small>

den neu angefordert. Geraten Pakete in der Reihenfolge durcheinander, weil sie beispielsweise unterschiedliche Wege genommen haben oder defekte Pakete neu angefordert wurden, sorgt TCP für die korrekte Reihenfolge. Den Anwendungsprogrammen gegenüber stellt es einen Datenstrom zur Verfügung. Das Programm muss die Aufteilung auf Pakete also nicht selbst durchführen. Zu guter Letzt veranlasst TCP den geregelten Verbindungsabbau.

UDP UDP (User Datagram Protocol) ist da sehr viel einfacher. Es wird keine Verbindung aufgebaut, sondern es werden einfach Pakete versendet. UDP prüft nicht den Empfang oder die Reihenfolge der Pakete. Es wird lediglich gewährleistet, dass die Pakete unversehrt sind. Dieser fehlende Komfort kommt der Geschwindigkeit zugute. So arbeitet beispielsweise das verteilte Dateisystem NFS auf Basis von UDP.

ICMP ICMP (Internet Control Message Protocol) ist noch einfacher. Es transportiert keine Daten, sondern Fehlermeldungen und Diagnoseinformationen. Das Protokoll wird meist unsichtbar von den Netzwerkschichten verwendet. Lediglich durch die Befehle `ping` und `traceroute` hat der Anwender mit diesem Protokoll direkt zu tun.

18.5.4 Netzgruppen: /etc/netgroup

/etc/netgroup Netzgruppen sind eine besondere Zusammenfassung von Benutzern. Sie werden in der Datei **/etc/netgroup** definiert. Jede Netzgruppe hat einen Namen und wird durch ein oder mehrere eingeklammerte Tripel festgelegt, die aus Rechner, Benutzer und Domäne bestehen. Beispiel:

```
awfriends    (,arnold,) (gaston,,) (,,willemer.edu)
```

Dieser Eintrag bedeutet, dass die Netzgruppe awfriends aus allen Benutzern mit dem Namen arnold besteht. Hinzu kommen alle Benutzer eines Rechners gaston, ganz gleich in welcher Domain, und alle Rechner der Domäne willemer.edu.

Zu Netzgruppen werden Benutzer zusammengefasst, denen gemeinsame Rechte zugewiesen werden sollen. Beispielsweise können in den Konfigurationsdateien von NFS (siehe Seite 581) oder in den Dateien **.rhosts** der r-Kommandos (siehe Seite 549) auch Netzgruppen genannt werden. Um sie dort von Benutzern zu unterscheiden, wird ihnen das @-Zeichen vorangestellt.

18.5.5 Domain Name Service: DNS

Der Domain Name Service dient zur Auflösung von Host- und Domainnamen in IP-Adressen und umgekehrt. Er übernimmt damit die Aufgabe, die die Datei **/etc/hosts** lokal erfüllt. Der Vorteil von DNS liegt auf der Hand: Änderungen müssen nur an einer Stelle durchgeführt werden und gelten für alle Rechner im Netz.

Ersatz für /etc/hosts

Die Bedeutung von DNS reicht aber weit über das lokale Netzwerk hinaus. Der Dreh- und Angelpunkt für einen Zugriff auf das Internet ist die Anbindung an einen DNS-Server. Sobald diese Anbindung erfolgt ist, erhalten Namen wie www.apple.de oder arnold@willemer.de erst die Zuordnung zu den richtigen IP-Adressen.

DNS macht das Internet erst erreichbar

Eine Domäne ist nicht unbedingt deckungsgleich mit einem physikalischen Netzwerk, sondern bezeichnet den Bereich, für den der Namensserver eingesetzt wird. Die kleine Firma, die als Beispiel für das Routing diente, hat zwar mehrere TCP/IP-Netze, wird aber sicher nur eine Domäne einrichten.

BIND (Berkeley Internet Name Domain) ist die wichtigste Implementation des DNS. Die Konfiguration des Clients erfolgt in **resolv.conf** und **host.conf** bzw. **nsswitch.conf**. Alle Dateien befinden sich im Verzeichnis **/etc**. Der Server verwendet eine Datei zur allgemeinen Steuerung des Dämons und zwei weitere Dateien je Domäne zur Namens- bzw. zur Nummernauflösung.

Wichtige Dateien

Als Primary Server bezeichnet man denjenigen Namensserver, der die Autorität für die Domäne hat. Um sich gegen einen Ausfall des Primary Servers abzusichern, stellt man einen Secondary Server ins Netz. Dieser übernimmt die Namensauflösung, wenn der Primary Server ausfällt. Seine Informationen übernimmt der Secondary Server über das Netz vom Primary Server. Damit muss nur der Primary Server aktualisiert werden, wenn beispielsweise neue Rechner hinzukommen.

Primary und Secondary Server

Als weitere Variante gibt es den Cache Only Server. Cache Only Server kopieren sich die Informationen des Primary Servers. Sie werden beispielsweise in Netzen verwendet, die zur Namensauflösung ansonsten eine Wählleitung in Anspruch nehmen müssten.

Cache Only Server

DNS-Client

Der Client wird als Resolver (engl. *resolve*: auflösen) bezeichnet. Dabei ist der Resolver kein eigenständiger Prozess, sondern ist durch eine Funktionsbibliothek quasi in den einzelnen Programmen enthalten. Alle Programme, die mit dem Namen von Rechnern arbeiten, verwenden den Systemaufruf `getservbyname()`, um die IP-Adresse dieses Rechners zu ermitteln (siehe Seite 968). Sobald UNIX diesen Aufruf erhält, prüft `getservbyname()` anhand der Einträge in der Datei **host.conf**, ob die Namensauflösung zuerst per **hosts** oder per DNS erfolgt. In neueren UNIX-Systemen wird auch die Datei **/etc/nsswitch.conf** verwendet. Soll der Name per DNS ermittelt werden, wird in der **resolv.conf** nachgesehen, welche DNS-Server zuständig sind. Dann wird direkt vom Programm aus der DNS-Server kontaktiert. Alle drei Dateien befinden sich im Verzeichnis **/etc**.

/etc/host.conf   In der Datei **host.conf** legt die Zeile, die mit order beginnt, fest, in welcher Reihenfolge die Namensauflösungsverfahren aufgerufen werden. Im unteren Beispiel wird zuerst in der Datei **/etc/hosts** nachgesehen und anschließend BIND verwendet. Diese Reihenfolge ist normalerweise auch sinnvoll, da der Zugriff auf die lokalen Dateien effizienter ist als die Suche im Netz.

```
order hosts bind
multi on
```

/etc/nsswitch.conf   In einigen Systemen wird die Reihenfolge der Informationen aus Diensten oder Konfigurationsdateien aus der Datei **/etc/nsswitch.conf** entnommen. Die Datei vermittelt nicht nur zwischen **/etc/hosts** und DNS, sondern bezieht auch NIS (siehe Seite 505) ein. Für nähere Informationen gibt es eine Manpage, die mit `man nsswitch.conf` aufgerufen werden kann. Der relevante Eintrag für das DNS würde so aussehen:

```
hosts:          files dns
```

Damit werden zuerst die Dateien (files) und dann der Namensdienst (dns) befragt.

/etc/resolv.conf   In der Datei **/etc/resolv.conf** wird definiert, zu welcher Domäne der Rechner gehört und welche Rechner Namensserver sind. Um meinen Arbeitsplatzrechner an den DNS-Dienst des Internets zu koppeln, reicht eine kleine **resolv.conf**. Beispiel:

```
domain     willemer.edu
nameserver 194.25.2.129     # frage den ISP
```

Eine Namensanfrage wird aufgrund der Datei **host.conf** zunächst lokal in der Datei **/etc/hosts** bedient, und alle anderen Namen werden beim DNS des Providers gesucht.

Wollen Sie das TCP/IP-Netz der Beispielfirma an das Internet anbinden, reicht es, eine etwas größere **resolv.conf** zu verwenden. Dabei wird hier angenommen, dass die Firma die Domäne firma.de hätte.

```
domain     firma.de
nameserver 192.168.108.201 # frage zuerst unseren Server
nameserver 194.25.2.129    # dann frage den ISP
```

Zuerst werden die Namen lokal geprüft. Damit gehen lokale Namensauflösungen nicht ins Internet. Erst wenn der Name hier unbekannt ist, wird der DNS-Server des Internet Service Providers (ISP) gefragt.

Um für eine vollständige Anbindung zu sorgen, müssen Sie natürlich ein geeignetes Routing einrichten. Da die meisten Firmen über keine eigenen internetfähigen IP-Adressen verfügen, muss noch ein Proxy (siehe Seite 571) oder ein Masquerading (siehe Seite 570) eingerichtet werden. Beides sind unterschiedliche Mechanismen, um über einen anderen Rechner, der eine Verbindung zum Internet hat, einen Zugang zu erhalten, obwohl der eigene Computer keine internetfähige Adresse hat.

Der DNS-Server named

Der Serverprozess des DNS heißt named. Er verwaltet die Namenszuordnungen der IP-Adressen einer Zone. Eine Zone ist quasi eine Ebene einer Domäne. Die oberste Zone ist die Domäne selbst ohne ihre Subdomänen. Für jede der Subdomänen ist wiederum ein eigener DNS-Server zuständig.

/etc/named.conf

Der DNS-Server verwendet mehrere Dateien zur Konfiguration. Die Ausgangsdatei heißt **/etc/named.conf**. Sie legt die Rolle des Rechners im DNS fest und definiert die Namen und Orte der weiteren Dateien. Dann gibt es für jede Zone zwei weitere Dateien. Die eine bildet die Namen auf IP-Adressen ab, und die andere nennt den Standardnamen für eine IP-Adresse.

Die folgende Konfigurationsdatei verwaltet die Domäne willemer.edu mit der IP-Adresse 192.168.109.0 und stellt eine Verbindung zum Internet und dessen DNS-Server unter der IP-Adresse 194.25.2.129 her. Da willemer.edu keine Subdomäne besitzt, ist hier die Zone mit der Domäne identisch.

named.conf

```
options {
        directory "/var/lib/named";
        forward only;
        forwarders { 194.25.2.129; };
};
```

```
zone "willemer.edu" {
        type master;
        file "willemer.edu.zone";
};

zone "109.168.192.in-addr.arpa" {
        type master;
        file "192.168.109.zone";
};

zone "localhost" {
        type master;
        file "localhost.zone";
};

zone "0.0.127.in-addr.arpa" {
        type master;
        file "127.0.0.zone";
};

zone "." {
        type hint;
        file "root.hint";
};
```

options | Im Bereich options werden Einstellungen vorgenommen, die den Namensserver als Ganzes betreffen. Mit dem Schlüsselwort directory wird festgelegt, wo sich die weiteren Konfigurationsdateien des Namensservers befinden. Für jede Zone und jedes Netzwerk wird eine eigene Datei benötigt.

Weiterleiter | Mit dem Schlüsselwort forward wird festgelegt, ob Anfragen, die dieser Server nicht beantworten kann, an weitere DNS-Server weitergeleitet werden. Der Wert only könnte zwar assoziieren, dass nur Namensinformationen weitergereicht werden. Gemeint ist allerdings, dass der DNS-Server nur Kontakt mit den unter forwarder aufgeführten Rechnern aufnehmen soll. In der geschweiften Klammer hinter forwarders werden die IP-Adresse der Rechner angegeben, die angefragt werden sollen, wenn der lokale DNS-Server nicht weiter weiß. Wichtig ist das Semikolon am Ende der Nummern. Soll das lokale Netz gar nicht mit dem Internet oder einem anderen Netz verbunden werden, sind die beiden Einträge nicht erforderlich.

Die erste Zone wird für die Domäne **willemer.edu** definiert. Mit dem Schlüsselwort `type` wird festgelegt, dass dieser Server der Master der Domäne ist. Hinter dem Schlüsselwort `file` wird der Dateiname festgelegt, in dem sich die Zuordnung der Namen zu den IP-Adressen befindet. Der Name ist frei wählbar. Es erleichtert natürlich die Übersicht, wenn der Domänenname Bestandteil des Dateinamens ist.

Zonen

Sollen die Rechnernamen aus den IP-Adressen ermittelt werden, muss es eine zweite Tabelle geben. Diese Informationen werden verwendet, wenn IP-Verbindungen als Namen angezeigt werden sollen oder wenn es notwendig ist, eine Anfrage mit einem angegebenen Hostnamen zu vergleichen. Enthält die Domäne mehrere Netzwerke, wird für jedes Netzwerk eine eigene Datei angelegt.

Nummern-auflösung

Die älteren BIND-Versionen verwendeten eine Datei namens **named.boot**. Die folgende Datei hat in etwa die gleiche Wirkung wie die oben gezeigte **named.conf**, unterscheidet sich allerdings syntaktisch sehr deutlich:

BIND 4: named.boot

```
primary   willemer.edu            /var/named/willemer.edu.zone
primary   109.168.192.IN-ADDR.ARPA /var/named/192.168.109.zone
cache     .                       /var/named/named.root
forwarders 194.25.2.129
```

Primary Server wird ein DNS-Server genannt, der die Hostnamen für die Domäne verantwortlich verwaltet. Die erste Zeile drückt aus, dass dieser Rechner ein Primary Server für die Domäne willemer.edu ist. Die Namensinformationen der Domäne werden in der Datei **willemer.edu.zone** gepflegt. Für den umgekehrten Weg, um also aus den Nummern die Namen zu ermitteln, wird **192.168.109.zone** verwendet. Die Cachedatei dient als Basis für das Vorhalten der Namen aus dem Internet. Wie Sie an diese Datei gelangen, wird später beschrieben. Der letzte Eintrag gibt den Namensserver an, an den die Anfrage weitergeleitet werden soll, wenn der Name aus einer fremden Domäne stammt. Beispielsweise kann hier der DNS-Server des Internet Providers stehen. Ein Secondary Server hätte eine ganz ähnliche **/etc/named.boot**:

```
directory /var/named
secondary willemer.edu             192.168.109.144 willemer.edu.zone
secondary 109.168.192.IN-ADDR.ARPA 192.168.109.144 192.168.109.zone
```

Der Unterschied besteht in der ersten Spalte der zweiten und dritten Zeile. Hier sehen Sie, dass dieser Rechner ein Secondary Server für willemer.edu ist. Ferner ist die IP-Adresse des Primary Servers angegeben. Schließlich wird definiert, in welcher lokalen Datei die Informationen vom Primary Server abgelegt werden. Die erste Zeile (`directory`) ist lediglich eine Abkürzung, damit man den Pfadnamen nicht bei jeder Dateiangabe wiederholen muss.

secondary = slave Ab der Version 8 wird ein Secondary Server als Slave bezeichnet. Die Bezeichnung Slave findet sich in den Konfigurationsdateien nicht mehr. Stattdessen wird eine `forward`-Option auf den Primary Server und die Option auf `forward only` gesetzt. Damit ist es funktional ein Secondary Server.

Auflösung: Name nach Nummern

Die Zuordnung der Namen und IP-Adressen erfolgt weder in der Datei **named.conf** noch in **named.boot**, sondern in den Dateien, auf die dort verwiesen wird.

Tabelle Name nach Nummer Die folgende Datei ermittelt aus den Namen die IP-Adressen. In den Beispielen wurde diese Datei als **willemer.edu.zone** bezeichnet. Die Datei ist bei der neueren BIND-Version gleich geblieben. Lediglich die erste Zeile ist neu:

```
$TTL 2W
        @          IN SOA      mail.willemer.edu.   root.mail.willemer.edu. (
                               200111303            ;serial
                               360000               ;refresh every 100 hours
                               3600                 ;retry after 1 hour
                               3600000              ;expire after 1000 hours
                               360000               ;default ttl is 100 hours
                               )
        ;                      Wer ist der zustaendige Namensserver
                               IN NS gaston.willemer.edu.

        ;                      Wer sind die zustaendigen Mail-Server
                               IN MX 10 mail.willemer.edu.

        localhost              IN A      127.0.0.1

        ;                      Alle Rechner in der eigenen Domain
        mail                   IN A      192.168.109.137
        asterix                IN CNAME  mail
        gaston                 IN A      192.168.109.144
        powermac               IN A      192.168.109.141
```

TTL Neu ist, dass der TTL-Wert (*Time To Live*; engl. Lebenszeit) bereits am Anfang der Datei stehen muss. Dieser Wert gibt an, wann die Daten von einem anderen Server erneut gelesen werden müssen. In der Version 8 muss er noch nicht zwingend dort stehen; in der Version 9 wird der

Eintrag allerdings verlangt. Er befindet sich entweder am Anfang der Datei vor dem SOA-Eintrag in der folgenden Form:

```
$TTL 1W
```

Oder Sie setzen den Wert im SOA-Eintrag direkt vor das Schlüsselwort IN:

```
@    86400 IN SOA ns hostmaster (
```

Fehlt dieser Eintrag, finden Sie in den syslog-Protokollen (siehe Seite 420), also beispielsweise in der **messages**-Datei, die Meldung »no TTL specified«.

Die zweite Zeile beginnt mit einem @. Es steht für den lokalen Domänennamen. Hier könnte also auch willemer.edu stehen. Die Abkürzung SOA bedeutet »Start Of zone Authority«. Die so bezeichnete Zeile gibt den Standardnameserver der Domäne und die E-Mail-Adresse des Verantwortlichen an. Allerdings wird das @ in der Mail-Adresse durch einen Punkt ersetzt. gaston ist der Namensserver (IN NS). Der Mail-Server der Domäne ist der Rechner mail (IN MX), der aber auch unter dem Namen asterix im Netz agiert.

<small>SOA</small>

Ein Fallstrick ist, dass bei den neuen Versionen von BIND die öffnende Klammer hinter dem SOA-Eintrag noch in der gleichen Zeile stehen muss und nicht in der Folgezeile stehen darf.

<small>Achtung: Offene Klammer</small>

In der Klammer werden Parameter gesetzt, die Informationen über das Update-Verhalten festlegen. Die Zeile mit dem Kommentar `serial` kann irgendeine Versionsnummer sein, die allerdings bei jeder Änderung steigen muss. Es hat sich eingebürgert, hier das Datum in der Darstellung YYYYMMDD, gefolgt von einer mehrstelligen Zahl, zu verwenden, die hochgezählt wird, wenn am selben Tag mehrere Änderungen durchgeführt werden. In diesem Fall wurde die Datei zuletzt am 13.11.2001 und an diesem Tag das dritte Mal geändert.

<small>Versionsinformationen</small>

Die anderen Zeilen liefern folgende Informationen:

- **IN NS**
  Der zuständige Namensserver für die Domäne.

- **IN MX** *Nummer*
  Der Mail-Server. Es können mehrere Server angegeben werden. Die Nummer gibt die Rangfolge an. Je kleiner die Nummer ist, desto höher ist der Rang.

- **IN A**

  definiert die IP-Adresse eines Hostnamens. Ein Hostname wird nur einmal auf eine IP-Adresse abgebildet. Weitere Namen der gleichen IP-Adresse werden per CNAME angegeben.

- **IN CNAME**

  definiert für einen Rechner, der bereits mit IN A angegeben ist, einen weiteren Namen. Man spricht hier von einem Nickname, also einem Spitznamen.

Es werden die Namen mail, gaston und powermac auf IP-Adressen abgebildet, und für mail wird der Nickname asterix festgelegt.

Bei den in dieser Datei vorkommenden Namen wird vom System der Domänenname ergänzt, wenn der Name nicht mit einem Punkt beendet wird. Darum steht hinter mail.willemer.edu ein Punkt. Taucht bei einem Test der Domänname doppelt auf (also ein Hostname wie max.willemer.edu.willemer.edu), dann fehlt sicher irgendwo ein Punkt.

Tabelle Nummer nach Name

Die Datei **192.168.109.zone** ist das Gegenstück zur Namenstabelle. Hier werden die Hostanteile der IP-Adressen auf Namen abgebildet. Bei einem Class-B-Netz würden also zwei durch einen Punkt getrennte Nummern in der linken Spalte stehen. Diese Umsetzung von Nummern auf Namen wird im Allgemeinen bei Berechtigungsprüfungen oder bei Anzeigen verbundener Rechner und Ähnlichem benötigt.

Der erste Teil der Datei entspricht der Datei, die zur Namensauflösung verwendet wird. Erst zum Ende der Datei erscheinen zuerst die Hostnummern und durch IN PTR getrennt die vollständigen Namen der Rechner.

```
$TTL 2W
@         IN SOA    mail.willemer.edu. root.mail.willemer.edu. (
                    1999062702      ;serial
                    360000          ;refresh every 100 hours
                    3600            ;retry after 1 hour
                    3600000         ;expire after 1000 hours
                    360000          ;default ttl is 100 hours
                    )
;                   Wer ist der zustaendige Namensserver
                    IN NS mail.willemer.edu.
137                 IN PTR  mail.willemer.edu.
144                 IN PTR  gaston.willemer.edu.
```

Testen

Das Testen einer DNS-Konfiguration erfolgt mit dem Befehl `nslookup`. Nach dem Aufruf meldet sich `nslookup` mit dem zuständigen DNS-Router. Anschließend können Sie Hostnamen eingeben, und `nslookup` zeigt die ermittelte IP-Adresse an:

nslookup

```
gaston > nslookup
Default Server:  www-proxy.KI1.srv.t-online.de
Address:   212.185.254.170

> www.willemer.de
Server:   www-proxy.KI1.srv.t-online.de
Address:   212.185.254.170

Non-authoritative answer:
Name:     www.willemer.de
Address:  212.227.118.90

> www.apple.de
Server:   www-proxy.KI1.srv.t-online.de
Address:   212.185.254.170

Non-authoritative answer:
Name:     www.germany.euro.apple.com
Address:  17.254.3.153
Aliases:  www.apple.de
> exit
```

Hier wurde in einer Internetsitzung nach den Adressen www.willemer.de und der Adresse www.apple.de gefragt. Beendet wird die Sitzung mit dem Befehl `exit`. Der wiederholt auftretende Kommentar »Non-authoritative answer« bedeutet, dass der angerufene Server (hier von T-Online) kein autorisierter DNS-Server der Domäne willemer.de oder apple.de ist.

`nslookup` kennt die Option `server`, mit der angegeben werden kann, welcher DNS-Server gefragt werden soll. Diese Möglichkeit kann genutzt werden, um festzustellen, ob der eigene DNS-Server seine Informationen auch an fremde DNS-Server exportiert. Dies wird man in privaten Netzen vermeiden wollen.

Das Programm `dig` (domain information groper) wird als moderne Alternative zu `nslookup` angesehen. Im Gegensatz zu diesem hat `dig` keinen interaktiven Modus, sondern wird mit jedem Ziel einzeln aufgerufen. Dafür sind die Ergebnisse sehr viel umfassender.

Alternative dig

```
libo> dig www.apple.de

; <<>> DiG 9.3.2 <<>> www.apple.de
;; global options:  printcmd
;; Got answer:
;; ->>HEADER<<- opcode: QUERY, status: NOERROR, id: 60368
;; flags:qr rd ra; QUERY:1, ANSWER:2, AUTHORITY:6, ADDITIONAL:0

;; QUESTION SECTION:
;www.apple.de.                  IN     A

;; ANSWER SECTION:
www.apple.de.          53295   IN     CNAME  euro-red.apple.com.
euro-red.apple.com.    53295   IN     A      17.254.3.122

;; AUTHORITY SECTION:
apple.com.             390913  IN     NS     nserver.asia.apple.com.
apple.com.             390913  IN     NS     nserver.apple.com.
apple.com.             390913  IN     NS     nserver4.apple.com.
apple.com.             390913  IN     NS     nserver3.apple.com.
apple.com.             390913  IN     NS     nserver2.apple.com.
apple.com.             390913  IN     NS     nserver.euro.apple.com.

;; Query time: 354 msec
;; SERVER: 192.168.109.1#53(192.168.109.1)
;; WHEN: Thu Sep 20 14:36:18 2007
;; MSG SIZE  rcvd: 223

libo>
```

Root-Cache-Dateien

Für einen Cache Only Server benötigen Sie eine Ausgangsdatei, in der die Adressen der DNS-Server der Rootzone verzeichnet sind. Diese Datei können Sie unter dem Namen **named.root** per ftp vom Server **rs.internic.net** mit der Adresse 198.41.0.7 aus dem Verzeichnis **domain** herunterladen. Diese Datei muss als Ausgangsdatei für den Cache verwendet werden. Im Folgenden sehen Sie ein Protokoll, das zeigt, wie man die Datei herunterlädt:

```
gaston # ftp rs.internic.net
Connected to rs.internic.net.
220-*************************************************************
220-*****                                                     *****
220-*****   InterNIC Public FTP Server                        *****
220-*****                                                     *****
```

```
220-***** Login with username "anonymous"                    *****
220-***** You may change directories to the following:       *****
220-*****                                                    *****
220-*****    domain  -  Root Domain Zone Files               *****
220-*****                                                    *****
220-***** Unauthorized access to this system may             *****
220-***** result in criminal prosecution.                    *****
220-*****                                                    *****
220-***** All sessions established with this server are      *****
220-***** monitored and logged. Disconnect now if you do     *****
220-***** not consent to having your actions monitored       *****
220-***** and logged.                                        *****
220-*****                                                    *****
220-************************************************************
220-
220 FTP server ready.
Name (rs.internic.net:root): anonymous
331 Guest login ok, send your e-mail address as password.
Password:
230 User ftp logged in.  Access restrictions apply.
Remote system type is UNIX.
Using binary mode to transfer files.
ftp> cd domain
250 CWD command successful.
ftp> get named.root
local: named.root remote: named.root
500 'EPSV': command not understood.
227 Passive Mode (198,41,0,6,177,154)
150 Opening BINARY mode data connection for named.root.
100% |***************************|  2769    3.91 KB/s 00:00 ETA
226 Transfer complete.
2769 bytes received in 00:00 (3.07 KB/s)
ftp> quit
221-You have transferred 2769 bytes in 1 files.
221-Total traffic for this session was 4586 bytes in 1 transfer.
221 Thank you for using the FTP service on rs.internic.net.
gaston #
```

Die Datei **named.root** enthält die DNS-Server der Rootdomain, also die letzte Instanz.

18.5.6 Network Information Service: NIS

NIS (Network Information Service) hat die Aufgabe, in einem UNIX-Netzwerk die Informationen auf allen Maschinen konsistent zu halten. NIS

NIS zentralisiert Konfigurationsdateien

verwaltet Konfigurationsdateien und stellt sie netzweit zur Verfügung. Dadurch ist NIS nur für Maschinen mit UNIX interessant, da andere Systeme beispielsweise mit der Datei **/etc/passwd** wenig anfangen können.

Die Konfigurationsdateien werden auf dem Zentralrechner, dem Master, in sogenannte Maps umgewandelt. Anschließend kann der Client seine Informationen per Netz vom NIS holen. Da die NIS-Informationen auf dem Netz nicht besonders gesichert sind, eignet sich NIS nicht für Netze mit besonderen Sicherheitsanforderungen.

Zentrales Passwort

In den meisten Fällen wird man die Passwortdatei von NIS verwalten lassen, um die Benutzerkonten der Anwender über alle Maschinen konsistent zu halten. Die Datei **/etc/passwd** wird also zentralisiert. Damit haben Sie auf allen Rechnern im Netz das gleiche Passwort und müssen es nur an einer Stelle verwalten.

Yellow Pages

Die Namen der Befehle von NIS beginnen meist mit `yp`. Das hängt damit zusammen, dass Sun NIS ursprünglich »yellow pages«, also »Gelbe Seiten«, nennen wollte. Die britische Telefongesellschaft hatte allerdings ein Markenrecht auf den Begriff, sodass Sun den Dienst in NIS umbenennen musste.

Aufbereiten der Dateien

Makefile als Konfigurationstool

Im ersten Schritt muss festgelegt werden, welche Dateien per NIS verwaltet werden. Diese Dateien werden dann in die sogenannten Maps überführt. Der zentrale Befehl dazu lautet `makedbm`. Er wird allerdings normalerweise nicht direkt aufgerufen, sondern über ein Makefile, das sich im Verzeichnis **/var/yp** befindet. Hier werden später auch die Maps liegen. Ein Makefile ist eine editierbare Datei zum Generieren bestimmter Zieldateien und wird normalerweise in der Programmierung verwendet (siehe Seite 868).

Ändern Sie die Datei **Makefile** mit Ihrem Lieblingseditor. Sie finden hinter dem Label `all:` alle Dateien, die für das NIS umgestellt werden sollen. Mit dem Kommentarzeichen # können Sie die Dateien ausschließen, die Sie nicht mit NIS in dieser Domäne verwalten wollen:

```
# If you don't want some of these maps built, feel free to
# comment them out from this list.

#all:  passwd group hosts rpc services netid protocols \
#      netgrp mail shadow publickey networks ethers \
#      bootparams printcap amd.home auto.master auto.home \
#      auto.local passwd.adjunct timezone locale netmasks
all: passwd group rpc services netid
```

Nachdem **Makefile** angepasst ist, werden durch einen Aufruf von `make` mit dem Parameter `all` die Map-Dateien erstellt (auf manchen Systemen gibt es auch ein spezielles `ypmake`):

```
make all
```

Anschließend sollten im Verzeichnis **/var/yp** die Maps zu finden sein, mit deren Hilfe NIS die Anfragen später beantworten wird.

NIS-Server starten

Im nächsten Schritt wird die NIS-Datenbank für den Master initialisiert:

```
gaston# cd /var/yp
gaston# domainname willemer.edu
gaston# ypserv
gaston# /usr/lib/yp/ypinit -m

At this point, we have to construct a list of the hosts which
will run NIS servers.  gaston.willemer.edu is in the list of
NIS server hosts.  Please continue to add the names for the
other hosts, one per line.  When you are done with the
list, type a <control D>.
        next host to add:  gaston.willemer.edu
        next host to add:
The current list of NIS servers looks like this:

gaston.willemer.edu

Is this correct?  [y/n: y]  y
We need some  minutes to build the databases...
Building /var/yp/willemer.edu/ypservers...
Running /var/yp/Makefile...
gmake[1]: Entering directory `/var/yp/willemer.edu'
Updating passwd.byname...
Updating passwd.byuid...
Updating group.byname...
Updating group.bygid...
Updating rpc.byname...
Updating rpc.bynumber...
Updating services.byname...
Updating services.byservicename...
Updating netid.byname...
gmake[1]: Leaving directory `/var/yp/willemer.edu'
gaston#
```

ypinit Nach dem Start von `ypinit` fragt das Programm nach allen NIS-Servern. Der eigene Rechner wird automatisch angezeigt. Hier können Sie weitere Slave-Server eintragen, die bei einem Ausfall des Masters einspringen. Wenn keine weiteren NIS-Server in der Domäne arbeiten sollen, wird die Eingabe mit der Tastenkombination **ctrl+D** abgeschlossen.

Der Passwortserver Damit kann dieser NIS-Server bereits Anfragen beantworten. Passwörter haben eine besondere Position. Sie sollen leicht von den Benutzern auf jedem beliebigen Client geändert werden können. Die Änderungen sollen dann sofort auf dem Masterserver aktualisiert werden. Das erledigt der zum NIS gehörige Passwortserver. Er wird wie folgt auf dem Masterserver gestartet:

```
rpc.yppasswdd -s /etc/yp/shadow -p /etc/yp/passwd -e chsh
ypserv
```

Nun sollte ein Client mit dem Aufruf von `yppasswd` sein Passwort domänenweit ändern können.

Überprüfen des Servers NIS basiert auf dem RPC (Remote Procedure Call), der durch den Prozess `portmap` zur Verfügung gestellt wird. Dieser Prozess wird bei jedem auf RPC basierenden Server benötigt, da er die Umsetzung der Funktionsnummern durchführt. Das Programm `rpcinfo` hilft zu prüfen, ob der NIS-Server aktiv und sauber eingebunden ist:

```
gaston # rpcinfo -u localhost ypserv

 program 100004 version 1 ready and waiting
 program 100004 version 2 ready and waiting

gaston #
```

Die oben angegebene Meldung zeigt an, dass der NIS-Server korrekt in das RPC eingebunden ist und läuft.

Starten eines NIS-Clients

Zunächst muss die Domäneninformation stimmen. Dies kann durch einen Aufruf des Befehls `domainname` geprüft werden. Übrigens muss die Domäne des NIS nicht mit der Domäne des DNS übereinstimmen. Anschließend wird der Client-Dämon gestartet. Er heißt `ypbind`:

```
silver# domainname willemer.edu
silver# ypbind -broadcast
```

Diese beiden Befehle sollten in den rc-Dateien des Systems stehen, damit NIS nach dem Start bereits zur Verfügung steht. Wer Daten aus der **/etc/passwd** per NIS ermitteln will, sollte als letzten Eintrag in der lokalen **passwd**-Datei die folgende Zeile eintragen:

```
+::::::
```

Anschließend kann mit dem Befehl ypcat getestet werden, ob die Verteilung der **passwd**-Datei durch den NIS-Server funktioniert:

```
silver# ypbind -broadcast
silver# ypcat passwd
```

Der Befehl ypcat muss eine Liste von Einträgen der **passwd**-Datei liefern: Dann ist alles in Ordnung.

18.5.7 Portable Verzeichnisse LDAP

Ein Informationsdienst wie NIS ist in größeren Netzwerken allein für die zentrale Benutzerverwaltung unverzichtbar. Leider ist NIS sehr auf UNIX-spezifische Konfigurationsdateien festgelegt. In heutigen Netzwerken erwartet aber der Anwender, dass er sich mit seinem UNIX-Kennwort auch am Windows-Netz anmelden kann. Eine solche Verwaltung netzwerkweiter Daten ist mit LDAP (Lightweight Data Access Protocol) auch in hererogenen Netzwerken möglich.

LDAP ist aber nicht auf die Benutzerverwaltung beschränkt. Es kann beliebige Daten speichern, die netzwerkweit gebraucht werden. Beispielsweise kann auch das Kundenverzeichnis einer Firma über LDAP realisiert werden. Diese Flexibilität hat dazu geführt, dass immer mehr Netzwerkdienste die Option bieten, ihre Konfigurationsdaten zumindest teilweise durch LDAP zu verwalten.

Flexible Struktur

Von allen LDAP-Implementationen dürfte OpenLDAP am weitesten verbreitet sein. Aus diesem Grund wird das Vorgehen auf dieser Basis beschrieben.

OpenLDAP

Verzeichnisstruktur

In der Tabelle 18.7 sind die Objektklassen aufgeführt.

Kürzel	Objektklasse
c	Country, also Land
l	Location
o	Organisation
ou	Organisatorische Einheit
cn	Datenblatt

Tabelle 18.7 Objektklassenkürzel

Die Daten werden bei LDAP in einer Struktur abgelegt. Die Grundstruktur ist vorgegeben und unterliegt gewissen Regeln.

- Das Verzeichnis beginnt mit der Wurzel. Es existiert also immer ein Objekt namens Root.
- Unterhalb von Root liegt entweder ein Coutry (c) oder eine Organisation (o).
- Das Country-Objekt muss nicht, aber darf nur einmal existieren.
- Die Organisation muss direkt unter dem Country-Objekt stehen. Fehlt das Country, steht die Organisation direkt unter Root.
- Es darf mehrere Organisationen nebeneinander geben.
- Unterhalb einer Organisation muss ein Blatt (cn) oder eine organisatorische Einheit (ou) stehen.
- Es darf beliebig viele organisatorische Einheiten auf gleicher Ebene geben.
- Blätter dürfen nur an Organisationen (o) oder organisatorischen Einheite (ou) hängen.

Bestimmte Objektklassen kommen immer wieder vor und sind bereits vordefiniert.

Person Ein Objekt vom Typ Person hat immer einen CommonName (cn) und einen Surname (sn) und kann noch eine Description (desc), eine telephoneNumber, ein userPassword und ein seeAlso besitzen.

Ein Beispiel

Von der Wurzel ausgehend, wird eine Organisation namens MeineOrg definiert. Abteilungen sollen »Verkauf« und »Entwicklung« sein.

LDAP-Server-Konfiguration

Die grundlegende Konfiguration des Serverprozesses `slapd` erfolgt in der Datei **/etc/openldap/slapd.conf**. Eine Zeile besteht aus einem Parameter und dessen Wert.

Mit dem Parameter include wird eine weitere Datei in die Konfigurationsdatei hineingeladen. Das macht es möglich, die Konfiguration auf mehrere Dateien zu verteilen und etwas übersichtlicher zu halten.

include

> include *<DateiMitPfad>*

Das ist auch bitter nötig. Denn mit LDAP kommt ein Rudel Schemata, die bestimmte Objekte vordefinieren, so dass nicht jeder Administrator das Rad neu erfinden muss. In den meisten Fällen gibt es auch eine Beispielkonfiguration, die einfach angepasst wird. In dieser Umgebung waren folgende Dateien standardmäßig eingebunden.

```
include     /etc/openldap/schema/core.schema
include     /etc/openldap/schema/cosine.schema
include     /etc/openldap/schema/inetorgperson.schema
include     /etc/openldap/schema/rfc2307bis.schema
include     /etc/openldap/schema/yast.schema
```

Der Parameter schemacheck legt fest, ob die Konfiguration sich an Richlinien halten muss (on) oder völlig frei ist (off).

schemacheck

```
schemacheck     off
```

Dieser Parameter legt fest, welches Format für die Datenbank verwendet wird. Welche Datenbank verwendet wird, hängt vom Zielsystem ab. Bei einigen Maschinen lautet der Eintrag `ldbm`, bei anderen `bdb`. Auch hier lohnt es sich, in der Beispielkonfiguration zu spicken.

database

Der Parameter directory legt fest, in welchem Verzeichnis sich die Datenbank von LDAP befindet. In den meisten Fällen wird das **/var/lib/ldap** sein.

directory

lastmod legt fest, ob der LDAP-Server automatisch notiert, wer das Objekt zuletzt bearbeitet hat. Das kann erst einmal off bleiben.

lastmod

Der Parameter suffix bezeichnet die Bereiche, für die der Server die Informationen halten soll. In unserem Fall wird hier die Organisation eingetragen.

suffix

```
suffix    "o=MeineOrg"
```

Für den Anfang wird ein root-Zugang eingebaut. `rootdn` bezeichnet die Benutzerkennung des Administrators, `rootpw` dessen Passwort.

```
rootdn "cn=admin, o=MeineOrg"
rootpw GehHeim
```

Zugriffe Für die Zugriffe gibt es die Parameter defaultaccess und access. Der Parameter `defaultaccess` beschreibt, welche Rechte jemand hat, der ohne Kennung und Passwort zugreift. Der Parameter kann die Werte none, compare, search, read, write oder delete annehmen oder eine Kombination aus diesen Rechten, die durch einen senkrechten Strich getrennt werden. Der Parameter `access` kann mehrfach auftreten. Er beschreibt, wer was mit welchen Objekten tun darf.

```
access to {<Objekt>|<Attribut>}
by <Objekt> <Recht>
[ by <Objekt> <Recht> ]*
```

Hier ist die Konfigurationsdatei im Überblick:

```
include         /etc/openldap/schema/core.schema
include         /etc/openldap/schema/cosine.schema
include         /etc/openldap/schema/inetorgperson.schema
include         /etc/openldap/schema/rfc2307bis.schema
include         /etc/openldap/schema/yast.schema

schemacheck     off
database        bdb
directory       /var/lib/ldap
lastmod         off
suffix          "o=MeineOrg"
rootdn          "cn=admin, o=MeineOrg"
rootpw          GehHeim
defaultaccess   read
access  to attrs=userPassword
        by self write
        by *    none

access to dn="cn=admin,o=MeineOrg"
        by *    none

access to *
        by *    read
```

Das Passwort ist hier im Klartext. Üblicherweise wird hier ein verschlüsseltes Passwort hinterlegt. Der Aufruf von `slappasswd` erstellt Passwörter nach der RFC2307.

```
libo # slappasswd
New password:
Re-enter new password:
{SSHA}TuZRRgpwrjdI63xhs/ap4Gh/AyfvPuLZ
libo #
```

Nun wird der Eintrag entsprechend angepasst:

```
rootpw      {SSHA}TuZRRgpwrjdI63xhs/ap4Gh/AyfvPuLZ
```

Erster Test

Der LDAP-Dämon wird der Einfachheit halber über den Startskript gestartet.

```
libo# /etc/init.d/slapd start
```

Probleme werden in den Dateien **messages** oder **syslog** im Verzeichnis **/var/log** abgelegt. Die Fehlermeldungen geben insbesondere über Fehler in der Konfigurationsdatei Auskunft.

Fehler

Daten per LDIF

LDAP speichert seine Daten in Binärdateien, auf die kein direkter Zugriff besteht. Sie werden befüllt, indem LDIF-Dateien importiert werden. LDIF-Dateien können Sie mit einem normalen Editor bearbeiten. Der Aufbau eines Eintrags in der LDIF-Datei folgt dem Muster:

```
dn: <Distinguished Name>
<Attribut>: <Wert>
[ <Attribut>: <Wert> ]*
```

Nun wird eine Datei namens **MeineOrg.ldif** erzeugt, die folgenden Inhalt hat:

```
dn: o=MeineOrg
objectclass: organization
o: MeineOrg

dn: cn=admin, o=MeineOrg
objectclass: person
cn: admin
description: LDAP-Administrator
```

```
dn: cn=arnold, o=MeineOrg
objectclass: person
cn: arnold
telephonenumber: 1024
mail: arnold.willemer@gmx.de
description: Arnold Willemer
```

Diese Datei kann mit dem Befehl ldapadd in die Datenbank übernommen werden.

```
ldapadd -h libo -D "cn=admin, o=MeineOrg" -W -f MeineOrg.ldif
```

Daraufhin fragt der Befehl nach dem Passwort und fügt die Daten in die Datenbank ein.

LDAP-Client-Konfiguration

Ein LDAP-Client muss wissen, in welcher Domäne er sich bewegt und welcher Rechner für ihn zuständig ist. Diese Informationen finden die Client-Prozesse in der Datei **/etc/openldap/ldap.conf**.

```
BASE     o=MeineOrg
HOST     libo
```

ldapsearch Für die Suche nach Einträgen wird das Kommando ldapsearch aufgerufen. Um den Eintrag für arnold zu suchen, lautet der Befehl:

```
ldapsearch "cn=arnold"
```

Es können für die Suche Wildcards verwendet werden.

ldapdelete Einträge können durch ldapdelete gelöscht werden.

```
ldapdelete -D "cn=admin,o=MeineOrg" -W "cn=arnold,o=MeineOrg"
```

18.6 Dynamische IP-Adressen (DHCP)

DHCP dient wie das ältere bootp dazu, die IP-Adresse eines Netzes an einem zentralen Ort zu verwalten. DHCP ist in RFC 2131 und 2132 beschrieben.

DHCP findet seine Anwendung in großen Netzwerken, bei denen möglichst ohne Eingriffe des Administrators kurzfristig neue Rechner eingehängt werden sollen. Insbesondere beim Einsatz von Laptops, die man schnell ins Netz einbinden will, ist dieses Verfahren sehr hilfreich.[17]

Für den Anwender ist DHCP äußerst bequem. Der Rechner fragt beim Booten nach der Netzkonfiguration. Nichts muss eingestellt werden. Wie so oft geht auch hier die Bequemlichkeit auf Kosten der Sicherheit. So kann jeder Mitarbeiter der Firma ohne Rückfrage an die Administration sein privates Notebook in das Netzwerk einbinden.

18.6.1 DHCP-Clients

In den meisten Fällen wird der Anwender nicht direkt mit dem DHCP-Client konfrontiert. Wenn Sie Ihr Betriebssystem installieren, werden Sie meist gefragt, ob Ihr Rechner per DHCP seine Netzinformationen holen soll. Falls Sie diese Auswahl bestätigen, erledigt die Installationsroutine den Rest.

In den Start-Skripten wird das Programm `dhclient` gestartet, das sich per Broadcast nach dem DHCP-Server umsieht. Von dort bekommt er die Informationen über die IP-Adresse, die Default-Route und den DNS-Server. Über den Aufruf von `ifconfig` (siehe Seite 463) wird die Schnittstelle konfiguriert. Mit dem Befehl `route` wird die Route gesetzt. Falls ein DNS-Server angegeben wird, wird die passende Datei **/etc/resolve.conf** erzeugt.

dhclient

Die Suche nach einem DHCP-Server verzögert das Booten vor allem dann etwas, wenn kein DHCP-Server im Netzwerk existiert. Daher kann das Setzen einer festen iP-Adresse den Bootvorgang beschleunigen.

Da ein neuer Rechner über das Netz nichts weiß, kann er auch keine spezifischen Anfragen produzieren. Eine DHCP-Anfrage (DHCPDISCOVER) kann daher nur als Broadcast gesendet werden. Dieses Broadcast kann nicht einmal über die Broadcastadresse des IP-Netzes erfolgen, da sie ja ebenfalls unbekannt ist. Also wird die IP-Adresse 255.255.255.255 im IP-Header als Zieladresse angeben, die Quelladresse wird auf 0.0.0.0 gesetzt. Die IP-Adresse 255.255.255.255 wird in einem Ethernet auf die Broadcastadresse ff:ff:ff:ff:ff:ff umgesetzt. Das gleiche gilt für das die Antwort (DHCPOFFER) des Servers, das DHCPREQUEST des Clients und die endgültige Bestätigung (DHCPACK) des Servers. Alle werden über Broadcast übertragen, was ein Netzwerk sehr stark belasten kann.

---

[17] vgl. Nemeth/Snyder/Seebass/Hein: UNIX Systemverwaltung. Markt+Technik – Prentice Hall, München, 2001, S. 372–374, und Augouros, Konstantin: Zahlen Meister! Linux Magazin 02/02, S. 54–59.

18.6.2 DHCP-Server

/etc/dhcpd.conf

Die DHCP-Implementierung des ISC (Internet Software Consortium) gilt als Standard. Zur Konfiguration verwendet der DHCP-Server des ISC die Konfigurationsdatei **/etc/dhcpd.conf**. Der Server `dhcpd` liest die Datei beim Starten und bricht den Start ab, wenn er Fehler entdeckt.

Das folgende Beispiel zeigt den Inhalt einer **/etc/dhcpd.conf**-Datei. Der DHCP-Server verwaltet die Domäne willemer.edu.

```
option domain-name "willemer.edu";
option domain-name-servers gaston.willemer.edu;

default-lease-time 600;
max-lease-time 7200;

authoritative;

log-facility local7;

ddns-update-style ad-hoc;

subnet 192.168.109.0 netmask 255.255.255.0 {
  range 192.168.109.10 192.168.109.20;
  option routers gaston.willemer.edu;
}
```

Hinter `option domain-name` wird die eigene Domäne festgelegt. Welches die DNS-Server (siehe Seite 495) der Domäne sind, steht hinter `option domain-name-servers`. Der Namensserver ist wichtig, da der neue Rechner eine passende Bindung zwischen Namen und IP erhalten muss.

Die Ressourcen, die der DHCP-Server vergibt, sind nur geliehen. Darum spricht man hier von Leasing. Der Parameter `default-lease-time` gibt die Zeit in Sekunden an, die die Ressourcen vergeben werden. Ist der vorgegebene Zeitrahmen überschritten, muss sich der Client um eine Verlängerung bemühen. Dadurch ist gewährleistet, dass nicht Ressourcen an Rechner vergeben sind, die sich längst nicht mehr im Netz befinden.

Die gesetzte Option `authoritative` besagt, dass dieser Server der offizielle DHCP-Server des Netzes ist.

`ddns-update-style` beschreibt die Form, in der die Abstimmung mit dem DNS erfolgt, und muss zwingend in der Datei **dhcpd.conf** definiert werden.

Die Option `log-facility` betrifft den syslog-Dämon (siehe Seite 420). Damit wird festgelegt, welche Facility, also welche Quelle, die Fehler des DHCP-Servers aus Sicht des syslog haben. `local7` ist eine der frei verwendbaren Quellenangaben.

Die subnet-Definition beschreibt, dass für das Subnetz 192.168.109.0 mit der passenden Netzwerkmaske der Bereich der IP-Adresse zwischen 10 und 20 verteilt werden kann. Der Router dieses Subnetzes ist gaston.

Zentral: subnet

Nachdem die Datei **dhcpd.conf** fertig gestellt wurde, sollten Sie `dhcpd` zumindest einmal von Hand starten, um zu sehen, ob und welche Fehlermeldungen es gibt. Bei folgendem Aufruf ist alles in Ordnung:

```
gaston # dhcpd
Internet Software Consortium DHCP Server V3.0rc12
Copyright 1995-2001 Internet Software Consortium.
All rights reserved.
For info, please visit http://www.isc.org/products/DHCP
Wrote 0 leases to leases file.
Listening on LPF/eth0/00:00:e8:59:88:0f/192.168.109.0/24
Sending on   LPF/eth0/00:00:e8:59:88:0f/192.168.109.0/24
Sending on   Socket/fallback/fallback-net
gaston #
```

Der Client braucht keine Information darüber, welcher Rechner im Netz der DHCP-Server ist. Sobald er bootet, wird er per Broadcast im lokalen Netz nach dem passenden Server fragen.

Der DHCP-Server ist auch in der Lage, einem bootp-Client seine IP-Nummer anhand seiner MAC-Adresse zuzuteilen. Dazu wird in der Datei **dhcpd.conf** folgender Eintrag gemacht.

```
group {
    host libo {
        hardware ethernet 00:0C:F1:3C:73:70;
        fixed-address 192.168.109.117;
    }
    host libowlan {
        hardware ethernet 00:0B:5D:47:A1:37;
        fixed-address 192.168.110.117;
    }
    ...
}
```

Hier wurde ein Eintrag für libo und einer für libowlan vorgenommen. Weitere Rechner könnten folgen. Das deuten die drei Punkte an. Die beiden Rechner sind dieselben Geräte, allerdings einmal über das Kabel und das andere Mal per WLAN angeschlossen.

Diese MAC-Adressen sind auf verschiedene Weise zu bestimmen. Die einfachste Methode ist, Sie fragen den Rechner mit ifconfig selbst.

```
libo # ifconfig
eth0      Link encap:Ethernet  HWaddr 00:0C:F1:3C:73:70
          inet addr:192.168.109.112  Bcast:192.168.109.255  Mask:255.255.255.0
          inet6 addr: fe80::20c:f1ff:fe3c:7370/64 Scope:Link
          UP BROADCAST RUNNING MULTICAST  MTU:1500  Metric:1
          RX packets:78185 errors:2 dropped:2 overruns:0 frame:0
          TX packets:116 errors:0 dropped:3 overruns:0 carrier:0
          collisions:0 txqueuelen:1000
          RX bytes:6778918 (6.4 Mb)  TX bytes:8396 (8.1 Kb)
          Interrupt:11 Base address:0xe000 Memory:d0201000-d0201fff

eth1      Link encap:Ethernet  HWaddr 00:0B:5D:47:A1:37
          UP BROADCAST MULTICAST  MTU:1500  Metric:1
          RX packets:0 errors:0 dropped:0 overruns:0 frame:0
          TX packets:0 errors:0 dropped:0 overruns:0 carrier:0
          collisions:0 txqueuelen:1000
          RX bytes:0 (0.0 b)  TX bytes:0 (0.0 b)
          Interrupt:11 Base address:0xc000
...
```

Sie sehen hinter dem Kürzel HWaddr die MAC-Adresse. Eine andere, allerdings etwas indirektere Quelle ist die Datei **/var/lib/dhcp/dhcp.leases**. Dort finden Sie alle MAC-Adressen der Rechner, die aktuell eine Nummer zugeteilt bekommen haben.

18.7 Next Generation IPv6

Als die IP-Adressen definiert wurden, hielt man die Anzahl der Adressen für extrem großzügig. Immerhin waren sie so dimensioniert, dass bei den damaligen Bevölkerungszahlen für jeden Menschen eine IP-Adresse verfügbar war: Erst wenn jeder Mensch einen eigenen Computer besäße, der ans Internet angeschlossen wäre, würden alle Adressen aufgebraucht sein. Diese Berechnung stellte sich bald als zu einfach heraus, da die Adressen netzweise vergeben wurden und dabei immer einige ungenutzte Nummern in Reserve gehalten wurden.

Als die Adressen mit der überraschend zunehmenden Verbreitung von Computern und Internetzugängen immer knapper wurden, begann man über eine Überarbeitung der IP-Adressierung nachzudenken. So liest man heute überall, dass die nächste Generation von IP-Adressen vor der Tür stehe. Nur, wie weit sie von der Tür entfernt ist, scheint noch nicht ganz klar zu sein. In Asien hat sich die Adressierung durchgesetzt und viele Provider bieten die Adressierung bereits an.

Eine Adresse unter IPv6 ist statt 4 Byte (wie bei dem jetzigen IPv4[18]) 16 Byte oder 128 Bit lang. Es gäbe damit etwa $3,4 * 10^{38}$ Adressen. Damit ergibt sich eine 24-stellige Zahl von Adressen pro Quadratmeter Erdoberfläche.[19]

IPv6-Adressen sind 16 statt 4 Byte lang

Allerdings soll der Nummernumfang auch genutzt werden, um einige Dinge zu vereinfachen. Es wird immer noch eine Unterteilung in Netz- und Hostanteil der Adresse geben. Allerdings wird sie nicht wie bisher von einer Netzwerkklasse abhängig gemacht, sondern die Netzkennung wird in Zukunft konstant 45 Bit und die Hostkennung wird immer 64 Bit lang werden.

T	Netzkennung	Sub	Hostkennung
3	45 Bit	16 Bit	64 Bit

Abbildung 18.10 Aufbau einer IPv6-Adresse

Das Teilnetz wird nun in der IP-Adresse codiert (Sub) und muss nicht mehr in den Routingtabellen verwaltet werden. Auch das führt zur Vereinfachung. Hinzu kommen zu Anfang 3 Bits zur Bezeichnung des Adresstyps (T). Die 64 Bit für die einzelnen Rechner sind so groß, dass man die MAC, also die Hardwareadresse der verwendeten Adapter, darin ablegen kann.[20]

Die großen Anbieter haben die Umstellung als Prestigeobjekt betrachtet und sie bereits recht weit vorangebracht. Neue Geräte sind im Normalfall in der Lage, sofort mit IPv6 zu arbeiten. Auch die Politik, allen voran die EU, hält IPv6 für unterstützenswert. So hat die EU bereits Forschungsnetze auf IPv6 umgestellt.[21] Auch hier entsteht leicht der Eindruck, dass sich die Politiker gern als Förderer der neuesten Technologie darstellen möchten, das Engagement also mehr mit Prestige als mit dem Verständnis für die Notwendigkeit dieser Technologie zu tun hat.

Ganz ohne Probleme wird eine weltweite Umstellung allerdings nicht ablaufen. Problematischer als die großen Systeme sind die einzelnen Programme und kleinere sowie ältere Systeme. Die Umstellung wirkt sich auf sämtliche Geräte wie Computer, Router und Druckserver bis auf je-

Probleme beim Umstieg

---

18 Ein IPv5 gibt es nicht.
19 Nemeth/Snyder/Seebass/Hein: UNIX-Systemverwaltung. Markt+Technik – Prentice Hall, München, 2001. S. 357.
20 vgl. Nemeth/Snyder/Seebass/Hein: UNIX-Systemverwaltung. Markt+Technik – Prentice Hall, München, 2001. S. 363f.
21 vgl. Heise-Ticker vom 16.1.2004.

des einzelne Netzprogramm wie ftp oder einen Webserver aus. Da die Bitzahl der IP-Adressen geändert wird, wirkt sich die Umstellung auf alle Datenstrukturen aus, die IP-Adressen halten – bis hin zu Datenbanken, bei denen Tabellenstrukturen geändert werden müssen. Da viele Systeme nicht so schnell oder gar nicht umgestellt werden können, gibt es einen Kompatibilitätsmodus, der vermutlich nach einer Umstellung noch recht lange aktiv sein muss.

Notwendigkeit fragwürdig

Aus diesem Grund ist es nicht ungewöhnlich, dass der Markt zurückhaltend auf IPv6 reagiert. Inzwischen haben Techniken wie das Masquerading (siehe Seite 570) bewirkt, dass die heraufbeschworenen Katastrophenszenarien so schnell nicht eintreten werden. Es gibt sogar kompetente Aussagen, die besagen, dass eine Umstellung gar nicht erforderlich sei.[22] Andere Autoren, wie Simson Garfinkel,[23] erwarten, dass Asien und vermutlich auch Europa umsteigen werden, da der noch verfügbare Adressraum für Asien sehr knapp ist. Garfinkel führt aus, dass von den theoretisch möglichen vier Milliarden IPv4-Adressen etwa drei Milliarden auf amerikanische Internetprovider verteilt sind. Für China und Südkorea stünden dagegen nur 38,5 beziehungsweise 23,6 Millionen Adressen zur Verfügung. Garfinkel vermutet, dass die USA, wie schon beim Versuch des Umstiegs auf das metrische System in den Siebzigern, beim Althergebrachten bleiben könnten. Neben den bereits genannten Argumenten verweist er auf Geschwindigkeitseinbußen, die seiner Ansicht nach darauf beruhen, dass viele Netzwerkkomponenten, die heute bereits in der Hardware implementiert sind, dann durch Software emuliert werden müssten. Garfinkel verweist auf Sicherheitsprobleme, da die neue IPv6-Software nicht so ausgetestet auf den Markt kommt, wie es die IPv4-Software durch ihren jahrzehntelangen Einsatz ist. Darüber hinaus verweist er darauf, dass das IP-Masquerading beziehungsweise NAT nicht nur das Problem behebt, dass es zu wenig Internetadressen gibt, sondern auch dazu führt, dass die hinter der Firewall liegenden Rechner von außen nicht mehr angreifbar sind. Er prophezeit ein Anwachsen der Urheberrechtsverletzungen. Da unter IPv6 jeder Rechner seine eigene IP-Adresse hat, würde dann der Aufbau von Tauschnetzen, wie sie erstmals von Napster eingeführt wurden, wesentlich effizienter laufen. Diese Aussage muss man wohl als Polemik betrachten. Im Gegensatz zu seiner Sorge um den Durchsatz von IPv6 führt er hier die bessere Funktionalität von IPv6 als Argumentationsgrundlage an. Mit einer etwas anders gelagerten Argumentation könnte man sogar IPv6 als »Napster-Killer« bezeichnen. Da

---

22 vgl. Nemeth/Snyder/Seebass/Hein: UNIX-Systemverwaltung. Markt+Technik – Prentice Hall, München, 2001. S. 357f.
23 vgl. Heise-Online-Meldung vom 14.1.2004 »Licht und Schatten bei IPv6«.

nun jeder beteiligte Rechner mit seiner Original-IP-Adresse angeschlossen ist, wird es für die Musik- und Filmindustrie sehr viel einfacher, die beteiligten Rechner zu identifizieren. Auch wenn man die Argumentation von Garfinkel also mit Vorsicht genießen muss, wird deutlich, dass es diverse Bedenken gegen die Einführung von IPv6 insbesondere in den USA gibt.

Zusammenfassend gibt es inzwischen im europäischen und amerikanischen Raum keinen zwingenden Grund für einen Umstieg auf IPv6. Sollte es gelingen, die bisherigen Ressourcen mit den Asiaten zu teilen, könnte das sogar dazu führen, dass es bei IPv4 bleibt. Andernfalls kann man davon ausgehen, dass IPv6 in Asien irgendwann zum Standard wird. Inwieweit die USA diesen Umstieg mitmachen, ist offen. Allerdings sind die USA verpflichtet ab 2008 auf den großen Backbones mit IPv6 zu arbeiten. Der Wechsel zu IPv6 wird sicher nicht problemlos ablaufen. In vieler Hinsicht ähnelt das Szenario dem des Jahr-2000-Problems. Man kann nicht sicher sagen, welche Systeme wirklich davon betroffen sind und wie viele Ausfälle durch den Wechsel entstehen werden. Auf der anderen Seite ist auch beim Jahr 2000 der Untergang der zivilisierten Welt vorhergesagt worden und doch nicht eingetreten.[24] Der Hauptunterschied zwischen beiden Situationen ist aber, dass das Jahr 2000 irgendwann einmal kommen musste, für alle Systeme zeitgleich, und das ausgerechnet an Silvester.

---

24 Zumindest sind die diesbezüglichen Rückschritte der Zivilisation nicht den Computern anzulasten.

Wer nicht weiß, was passiert, kann auch nichts dagegen tun.

19 Netzinformationen sammeln

UNIX stellt einige Werkzeuge für das Netzwerk zur Verfügung. Das Programm ping wurde bereits beschrieben (siehe Seite 467). Im Folgenden werden noch weitere nützliche Helfer vorgestellt, die Sie kennen sollten.

19.1 ICMP und ping

Der Befehl ping ist ein unverzichtbares Werkzeug beim Umgang mit Netzwerken. Darum wurde er bereits ab Seite 467 dargestellt. An dieser Stelle soll er noch einmal zusammengefasst werden, da er eigentlich hierher gehört.

Die Verbindung zwischen zwei Rechnern wird am einfachsten über den Befehl ping geprüft. Ping ist nicht nur der Name des Befehls, sondern auch der Name des Protokolls, das zur Protokollfamilie ICMP (Internet Control Message Protocol) gehört. ICMP-Pakete werden versandt, wenn:

- das Gateway keine Kapazität zur Pufferung einer Nachricht hat
- ein Zwischenrechner erkennt, dass das Ziel unerreichbar ist
- ein Routingeintrag fehlerhaft ist und das Senden über ein anderes Gateway sinnvoller ist
- eine Prüfung der Strecke erforderlich ist

Die Tatsache, dass ein Rechner auf ein Ping-Signal reagiert, heißt nicht zwingend, dass er auch arbeitsfähig ist. So reagiert das OS/2 PC/TCP sogar noch, wenn der Rechner in den Systemabschluss gefahren wurde und noch nicht ausgeschaltet ist. Aber es sagt genau das, was es soll, dass nämlich eine Netzwerkverbindung zu dem Rechner besteht und zumindest ein minimaler TCP/IP-Service läuft.

ping prüft Leitungen, nicht Rechner

Mit ping können Sie recht schnell einige Probleme erkennen bzw. ausschließen. Im Folgenden sind ein paar Handgriffe und ihre Interpretation aufgezählt. Die Beispiele werden auf einem Computer mit der IP-Adresse 192.168.109.144 namens gaston ausgeführt.

- **ping auf die eigene IP-Adresse**
  Dieser Test ist gar nicht so unsinnig, wie er scheint. Es wird die Grundfunktion des lokalen TCP/IP geprüft. Beispiel:

  ```
  ping 192.168.109.144
  ```

- **ping auf IP-Adresse im eigenen Subnetz**
  Funktioniert der Anschluss an das Netz? Arbeitet die TCP/IP-Installation auf beiden Rechnern?

  ```
  ping 192.168.109.99
  ```

- **ping auf den eigenen Hostnamen**
  Je nachdem, ob der Name per **/etc/hosts** oder DNS aufgelöst wird, wissen Sie nun, ob Sie eine funktionierende Namensauflösung besitzen:

  ```
  ping gaston
  ```

- **ping auf einen Rechner hinter dem Router**
  Meldet der eigene Rechner »no route to host«, stimmen die Routing-Tabellen nicht. Kommt die Meldung vom Router, hat er ein Problem. Kommt gar keine Antwort, wird der adressierte Rechner ein Problem mit dem Routing haben oder einfach abgeschaltet sein.

  ```
  ping 10.4.4.4
  ```

- **ping mit großen Paketen**
  Sie können ping durch die Option -s größere Pakete senden lassen. Die Größe wird als weiterer Parameter angegeben. Fallen dabei offensichtlich Pakete aus, gibt es Störsignale auf der Leitung oder die Fragmentierung eines beteiligten Rechners funktioniert nicht. Letzteres passierte auf alten SCO-Versionen, wenn ihnen die Netzwerkpuffer ausgingen. Typischer ist allerdings dieses Problem bei Koaxialkabeln, die oft Probleme durch Wackelkontakte, inbesondere an den Abschlusswiderständen, haben. Mit großen Paketen können Sie auch eine hohe Netzlast simulieren. Beispiel:

  ```
  ping -s 40000 192.168.109.143
  ```

Firewall Wenn ein Ping partout nicht durchkommt, kann es sein, dass eine Firewall, die zwischen Sender und Empfänger steht, die Pakete nicht durchlässt. Da ICMP-Pakete oft auch für Angriffe aus dem Internet verwendet werden, sind Firewalls inzwischen immer häufiger so konfiguriert, dass sie sie nicht mehr durchlassen. Dann funktioniert auch ping nicht mehr. Anfällig gegen Angriffe mit ICMP-Paketen sind allerdings höchstens ältere Systeme.[1]

19.2 Verbindung zwischen Prozessen: netstat

Die Verbindung zwischen Prozessen wird durch den Befehl netstat angezeigt. Jede Zeile enthält die beiden Verbindungsendpunkte. Ein Verbindungsendpunkt besteht aus einer IP-Adresse und aus dem verwendeten Port. Wenn Sie den Befehl aufrufen, rauschen eine ganze Menge Informationen an Ihnen vorbei. Die folgenden Zeilen zeigen ein paar markante Beispiele:

```
Active Internet connections (w/o servers)
Proto Recv-Q Send-Q Local Address          Foreign Address          State
tcp        0      0 gaston.willemer.edu:ftp silver.willemer.ed:1072 ESTABLISHED
tcp        0      0 gaston.willemer.:telnet silver.willemer.ed:1071 ESTABLISHED
tcp        1      0 217.3.183.140:1253      195.30.193.73:www-http  CLOSE_WAIT
tcp        1      0 217.3.183.140:1252      195.30.193.73:www-http  CLOSE_WAIT
tcp        1      0 217.3.183.140:1251      195.30.193.73:www-http  CLOSE_WAIT
```

Die Spalte Local Address zeigt die Sockets dieser Maschine und die Spalte Foreign Address die verbundenen Maschinen. Die Zahlen, die durch einen Doppelpunkt vom Host abgetrennt sind, sind die Sockets, die durch die Namen der Ports ersetzt wurden, sofern sie in der Datei **/etc/services** aufgeführt sind.

Verbindungsendpunkte

In der Spalte State steht der Status der Verbindung. Client- und Serverprozess des tcp-Protokolls erstellen im Zuge der Kommunikation eine Verbindung. Zunächst wird ein Serverprozess gestartet, der auf Anfragen von Clients wartet. Er hört den Port ab. Dieser Zustand wird als LISTEN bezeichnet. Greift ein Client zu, sendet er eine SYN-Anfrage. Der Server sendet daraufhin SYN-ACK. Dann sendet der Client ACK-DATA, und damit ist die Verbindung eingerichtet und erscheint als ESTABLISHED. Der Abbau der Verbindung erfolgt ähnlich wie der Aufbau im gegenseitigen Einverständnis zwischen Client und Server. FIN oder FIN_WAIT zeigt an, dass eine Verbindung abgebaut wurde.

Verbindungsstatus

Soll der Befehl netstat nur die Netzwerkverbindungen und nicht auch die lokalen Verbindungen, die über einen UNIX-Socket stattfinden, darstellen, so verwendet man die Optionskombination -atu. Dabei zeigt die Option -a auch die Server an, die auf eine Verbindung warten. Die Op-

Nach Protokoll eingrenzen

---

[1] vgl. Ziegler, Robert: Linux Firewalls. Markt+Technik, München, 2000. S. 61.

tion -t zeigt die Verbindungen des tcp-Protokolls und die Option -u die Verbindungen des udp-Protokolls an.

Einseitig abgebaute Verbindungen blockieren

Beim Abbau von Verbindungen entsteht das Problem, dass der Port nicht sofort wieder vergeben werden kann. Ist also beispielsweise ein Serverprozess abgestürzt, der eine Verbindung auf den well known port hielt, kann er erst wieder gestartet werden, wenn die letzte Verbindung zu diesem Port aufgelöst worden ist. Das bedeutet, dass alle Clients erst geschlossen werden müssen. Ist das Neustarten des Servers zeitkritisch, kann es sinnvoll sein, die Servermaschine kurz mit ifconfig le0 down oder sogar durch Versetzen in den Single-User-Modus von den Verbindungsaufforderungen zu befreien.

Prozess-IDs

Vielfach reicht es schon, die Prozesse abzuschießen, die die Verbindung aufrechterhalten. Mit der Option -p erhalten Sie auch die ID des Prozesses und den Namen des Programms, das den Socket belegt. Wenn Sie die Option -p nicht als root verwenden, erhalten Sie nur die IDs und die Namen der Prozesse, die Sie selbst gestartet haben.

Verzicht auf Namen

Wie bei allen Varianten des netstat-Aufrufs können Sie auch hier durch die Option -n darauf verzichten, die Hostnamen anzuzeigen. Sie erhalten stattdessen die IP-Adresse, sparen dabei aber eine Namensauflösung. Das kann einen nicht unerheblichen Zeitunterschied ausmachen, wenn die Namensauflösung über die DNS-Server des Internets erfolgt.

19.3 Anzeigen der Netzwerkadapter

Mit dem Befehl netstat -i können Sie sich die vorhandenen Netzwerkschnittstellen anzeigen lassen. Dieser Befehl zeigt auch Informationen über die Pakete an, die über die Schnittstelle gelaufen sind. Neben den statischen Ethernet-Adaptern gibt es aber auch virtuelle Adapter wie ISDN- oder Modemverbindungen, die nur dann ansprechbar sind, wenn eine Verbindung besteht. Hier sehen Sie Beispiele für die Ausgabe von netstat -i:

```
gaston> netstat -i
Kernel Schnittstellentabelle
Iface   MTU Met   RX-OK RX-ERR RX-DRP RX-OVR   TX-OK TX-ERR TX-DRP TX-OVR Flg
eth0   1500   0       0      0      0      0       4      0      0      0 BMRU
lo    16436   0     259      0      0      0     259      0      0      0 LRU
ppp0   1524   0      31      0      0      0      35      0      0      0 MOPRU
gaston> netstat -i
Kernel Schnittstellentabelle
Iface   MTU Met   RX-OK RX-ERR RX-DRP RX-OVR   TX-OK TX-ERR TX-DRP TX-OVR Flg
eth0   1500   0       0      0      0      0       4      0      0      0 BMRU
lo    16436   0     421      0      0      0     421      0      0      0 LRU
```

In der linken Spalte finden Sie die Schnittstellen zum Netzwerk. In der nächsten Spalte steht die maximale Paketgröße des Adapters (MTU: Maximum Transfer Unit). Es folgen Statistiken über die versandten und die fehlerhaften Pakete. Diese Zahlen werden aufsummiert und sind bei Rechnern, die lange im Netz stehen, manchmal recht hoch.

Im Beispiel sehen Sie bei der ersten Anfrage ein ppp0-Device. Dies ist nur so lange vorhanden, wie der Rechner Kontakt zum Internet hat. Beim zweiten Aufruf war die Verbindung bereits wieder geschlossen.

Netzdevices kommen und gehen

Die folgende Ausgabe stammt von einer HP-UX-Maschine. Sie sehen, dass aktuell nicht aktive Devices angezeigt werden, aber nicht belegt sind:

```
hpsrv# netstat -i
Name  Mtu   Network       Address       Ipkts Ierrs   Opkts Oerrs  Coll
ni0*  0     none          none              0     0       0     0     0
ni1*  0     none          none              0     0       0     0     0
lo0   4608  loopback      localhost        86     0      86     0     0
lan0  1497  192.168.109   hpsrv            75     0      63     0     0
hpsrv#
```

In den Spalten `Ipkts` und `Opkts` wird die Anzahl der Pakete seit dem Booten angezeigt. `Ierrs` und `Oerrs` sind dabei die Fehlerpakete. Dabei steht I für Input und O für Output. Damit kann der Datenverkehr genauer analysiert werden. Die Spalte `Coll` zeigt die Kollision von Paketen auf dem Netz. Bei Ethernet gehören Kollisionen zum Protokoll. Liegt der Anteil aber auffallend hoch, kommt es häufig zu Kollisionen. Dann sollten Sie versuchen, die Netzlast zu reduzieren.

19.4 Anzeigen der Routingtabelle

Zum Anzeigen und zur Kontrolle der eingetragenen Routen dient der Befehl `netstat` mit der Option `-r`:

```
gaston# netstat -r
Kernel IP routing table
Destination     Gateway    Genmask         Flags MSS Window irtt Iface
192.168.109.0   *          255.255.255.0   U     0   0         0 eth0
loopback        *          255.0.0.0       U     0   0         0 lo
```

Dieser Rechner hat nur einen Netzadapter und loopback. Es gibt auch nur die eine Route auf sein eigenes Netz. Die angezeigten Flags haben die in Tabelle 19.1 aufgeführte Bedeutung.

Flag	Bedeutung
U	Used: Die Route wird verwendet
G	Gateway: Die Route zeigt auf ein ganzes Netz über ein Gateway
H	Host: Diese Route zeigt nur auf einen einzelnen Rechner
D	Dumped: Die Route wurde durch dynamisches Routen abgeschaltet

Tabelle 19.1 Routingflags

19.5 Routen verfolgen: traceroute

Der Befehl traceroute[2] liefert Informationen darüber, welche Gateways auf dem Weg von diesem Rechner zum Zielrechner passiert werden. Richtig interessant ist der Befehl natürlich, wenn man Internet-Adressen anfragt. Als Parameter akzeptiert der Aufruf den Rechnernamen oder die IP-Adresse. Als Beispiel wird hier die Route zu www.willemer.de verfolgt.

```
gaston# traceroute www.willemer.de
traceroute to www.willemer.de (212.227.118.90), 30 hops max, 40 byte packets
 1  217.5.127.105 (217.5.127.105)  59 ms  50 ms  50 ms
 2  217.5.127.94 (217.5.127.94)  50 ms  50 ms  50 ms
 3  FL-EB1.FL.DE.net.dtag.de (62.154.11.159)  50 ms  50 ms  50 ms
 4  F-gw12.F.net.DTAG.DE (62.154.17.194)  60 ms  60 ms  60 ms
 5  62.156.128.106 (62.156.128.106)  60 ms  60 ms  70 ms
 6  so-1100.gw-backbone-a.ka.schlund.net (212.227.112.85)  60 ms  60 ms  61 ms
 7  c1.gw-core-a.ka.schlund.net (195.20.224.19)  59 ms  70 ms  60 ms
 8  * kundenserver.de (212.227.118.90)  71 ms  70 ms
gaston#
```

Wenn bei der Routenverfolgung nur noch Sterne angezeigt werden, deutet das auf einen Fehler ab der letzten angezeigten, also funktionierenden Route hin. Anhand dieser Information können Sie feststellen, ob ein Problem innerhalb oder außerhalb der eigenen Routenverantwortlichkeit liegt, und dementsprechend eventuell weitere Schritte einleiten.

19.6 tcpdump

Mit dem Programm tcpdump können Sie den Verkehr auf dem Netzwerk beobachten. tcpdump zeigt den Header der Ethernetpakete an, die auf dem Ethernetanschluss vorbeikommen. Das können auch Pakete sein, die weder an noch von dem eigenen Rechner gesendet werden.

---

2 Der Befehl lautet tracerou im PC/TCP für OS/2 und tracert unter MS Windows.

> **Aufruf des Programms iftop**
>
> tcpdump [<*Optionen*>] [-i <*interface*>]

Mit der Option -i können Sie angeben, welches Interface abgehört werden soll. Mit der Option -n werden nur IP-Adresse angezeigt. Dadurch entfällt der Aufwand der Namensauflösung.

```
libo:~ # tcpdump
tcpdump: verbose output suppressed, use -v or -vv for full protocol decode
listening on eth0, link-type EN10MB (Ethernet), capture size 96 bytes
14:21:21.370499 arp who-has 192.168.109.166 tell 192.168.109.2
14:21:21.371196 IP 192.168.109.112.32792 > 192.168.109.2.domain:  64715+
 PTR? 166.109.168.192.in-addr.arpa. (46)
14:21:22.370485 arp who-has 192.168.109.166 tell 192.168.109.2
14:21:26.368395 IP 192.168.109.112.32793 > 192.168.109.2.domain:  42310+
 PTR? 166.109.168.192.in-addr.arpa. (46)
14:21:26.370220 arp who-has 192.168.109.167 tell 192.168.109.2
14:21:26.371448 IP 192.168.109.112.32792 > 192.168.109.2.domain:  64715+
 PTR? 166.109.168.192.in-addr.arpa. (46)
14:21:27.370188 arp who-has 192.168.109.167 tell 192.168.109.2
14:21:31.367782 IP 192.168.109.112.32793 > 192.168.109.2.domain:  42310+
 PTR? 166.109.168.192.in-addr.arpa. (46)
14:21:31.370208 arp who-has 192.168.109.168 tell 192.168.109.2
14:21:32.204841 IP 192.168.109.2 > 224.0.0.1: igmp query v3
14:21:32.370139 arp who-has 192.168.109.168 tell 192.168.109.2
14:21:36.368364 IP 192.168.109.112.32793 > 192.168.109.2.domain:  37130+
 PTR? 2.109.168.192.in-addr.arpa. (44)
14:21:36.369952 arp who-has 192.168.109.169 tell 192.168.109.2
```

Prinzipiell ist es mit tcpdump durchaus möglich, den gesamten Netzverkehr zu protokollieren. Daran wird ersichtlich, dass ein Netzwerk eine öffentliche Angelegenheit ist und dass es notwendig ist, Passwörter und andere sicherheitsrelevante Dinge zu verschlüsseln. Ein Angreifer muss gar keinen Zugriff auf die Netzressourcen haben, um es abzuhören. Er muss nur ein funktionierendes Netzwerkinterface besitzen. Das gilt übrigens auch und besonders für Funknetzwerke (WLAN), die sogar von der Straße vor dem Haus abgehört werden können.

Netzwerke sind abhörbar

19.7 Wireshark

Das Programm Wireshark ist wie tcpdump ein Paketschnüffler und geht auf das Programm Ethereal zurück. Durch seine grafische Oberfläche ist das Programm natürlich gefälliger als das Konsolenprogramm tcpdump. Nach dem Start lässt sich mit dem Dialog unter »Capture« ein Netzwerkinterface auswählen, das beobachtet werden soll. Im daraufhin erscheinenden Dialog wird ein Balkendiagramm über die verschiedenen Pakete geführt, nach Protokoll getrennt. Sind genügend Informationen gesam-

Grafischer Schnüffler

melt, kann die Aufzeichnung gestoppt werden. Es erscheint das Bild aus Abbildung 19.1.

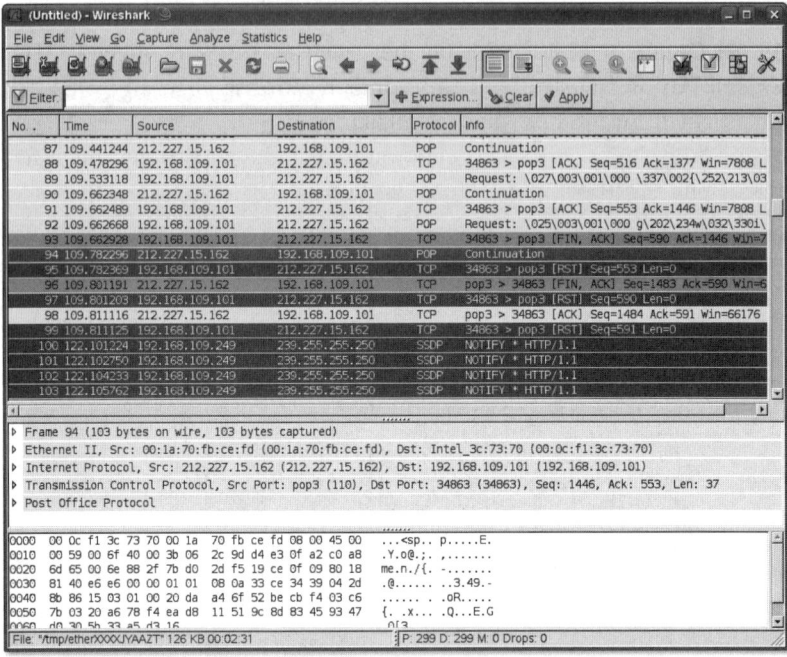

Abbildung 19.1 wireshark

Übersicht Im oberen Teil des Fensters sehen Sie zeilenweise die gelesenen Pakete. Das ausgewählte Paket wird in dem darunterliegenden Teil ausführlicher dargestellt. Im unteren Teil des Fensters wird der Inhalt des Pakets in Buchstaben dargestellt. Dort würden unverschlüsselte Passwörter sehr deutlich zu sehen sein.

19.8 iftop

Ganz ähnlich, wie das Programm `top`[3] die Hitparade aller Prozesse darstellt, zeigt `iftop` eine Übersicht der Netzverbindungen. Der Aufruf erfolgt einfach mit `iftop`. Das Programm sucht sich dann das erste belegte Netzwerkinterface und beobachtet dort die Datenpakete.

---

3 siehe Seite 438.

Aufruf des Programms iftop
iftop [<*Optionen*>] [-i <*interface*>] [-F <*net*>/<*mask*>]

Das Programm ist eine gute Hilfe, wenn der Administrator merkt, dass das Netz überlastet ist. Er erhält sofort eine Statistik, wer im Netzwerk mit welchem Rechner kommuniziert und welche Bandbreite er belegt. So sind Angestellte, die sich gerade in Tauschbörsen um den neuesten James-Bond-Film bemühen, schnell enttarnt.

```
                 12.5Kb         25.0Kb         37.5Kb        50.0Kb      62.5Kb
-------------------------------------------------------------------------------
192.168.109.255            => 192.168.109.77            0b        0b          0b
                           <=                           0b        0b         50b
192.168.109.77             => 224.0.0.22                0b        0b         16b
                           <=                           0b        0b          0b
simba                      => 224.0.0.22                0b        0b         16b
                           <=                           0b        0b          0b
192.168.109.2              => 224.0.0.1                 0b        0b         14b
                           <=                           0b        0b          0b
192.168.109.249            => 224.0.1.127               0b        0b          6b
                           <=                           0b        0b          0b
224.0.0.251                => 192.168.109.249           0b        0b          0b
                           <=                           0b        0b          6b
239.255.255.250            => 192.168.109.249           0b        0b          0b
                           <=                           0b        0b          6b
239.255.255.253            => 192.168.109.249           0b        0b          0b
                           <=                           0b        0b          6b

-------------------------------------------------------------------------------
TX:            cumm:   1.84KB   peak:      0b   rates:     0b        0b        0b
RX:                    35.2KB           0.98Kb             0b        0b      119b
TOTAL:                 37.1KB           0.98Kb             0b        0b      119b
```

Im Bildschirmabzug ist leider nicht zu erkennen, dass jeweils in der Zeile unter der IP-Adresse ein Balken in inversen Leerzeichen erscheint, der die Netzlast des jeweiligen Rechners anzeigt.

Die Option -n stellt die Rechner nicht mit Namen, sondern mit IP-Adressen dar. Das kann wichtig sein, weil die Namensauflösung selbst ja auch Traffic verursacht. In eine ähnliche Richtung geht die Option -N. Diese verhindert die Darstellung der Dienste als Namen. Da diese Informationen allerdings in den meisten Fällen über die lokale Datei **/etc/services** erfolgen, wird durch diese Umsetzung das Netz nicht belastet.

Namensumsetzungen

Mit dem folgenden Aufruf werden nur Pakete untersucht, die im privaten Netzwerk 10.0.0.0 verkehren.

```
iftop -F 10.0.0.0/255.0.0.0
```

In der Manpage von iftop finden sich weitere Details. Beispielsweise wird dort beschrieben, wie Filter gesetzt werden können.

19.9   HP-UX: lanadmin

HP-UX stellt mit dem Programm `lanadmin` ein interaktives Programm zur Verfügung, mit dem Sie Statistiken auf der Paketebene sehen können. Nach dem Starten erreichen Sie ein Menü, von dessen Punkten `lan` interessant ist. Im nächsten Menü können Sie die Statistik wieder zurücksetzen. Mit dem Kommando `display` erhalten Sie eine Statistik. Mit `clear` werden die Statistiken zurückgesetzt.

Auf, auf zu fremden Rechnern!

20 Grundlegende TCP/IP-Dienste

TCP/IP bietet eine Vielfalt von Diensten. Der Umfang wird deutlich, wenn Sie einmal die Datei **/etc/services** betrachten. In diesem Abschnitt werden die wichtigsten dieser Dienste vorgestellt.

20.1 Super-Server inetd und xinetd

Viele Serverprozesse einer UNIX-Maschine werden relativ selten benötigt. Soll deren Dienst angeboten werden, muss ein Prozess ständig den Port auf Anfragen überwachen. Jeder dieser Prozesse benötigt Hauptspeicher. Zwar wird der Prozess bei Inaktivität bald in den Swap-Bereich verschoben, aber auch dieser ist nicht unerschöpflich. Zur Lösung dieses Problems gibt es den Internet-Dämon `inetd`, der mehrere Ports parallel abfragt. Sobald über einen dieser Ports eine Anfrage eintrifft, startet er den entsprechenden Server.

inetd reduziert die Zahl der Dämonen

Gesteuert wird `inetd` durch die Datei **/etc/inetd.conf**. In ihr stehen die überwachten Dienste und die zugehörigen Serverprogramme. Jede Zeile hat den folgenden Aufbau:

/etc/inetd.conf

> **Struktur einer Zeile der Datei /etc/inetd.conf**
>
> *<Name> <Typ> <Protokoll> <Wartestatus> <UserID> <Server> <Argumente>*

Dabei bedeuten:

- **Name**
  Name des Dienstes, wie er in der Datei **/etc/services** steht.

- **Typ**
  Hier steht das Wort `stream` für jeden Dienst, der mit tcp arbeitet, und das Schlüsselwort `dgram` für Dienste, die mit udp in der Datei **/etc/services** stehen.

▶ **Wartestatus**
Hier kann `wait` oder `nowait` stehen. Damit wird festgelegt, ob eine neue Anfrage des Dienstes wartet, bis die vorherige Anfrage ausgeführt worden ist. Steht hier `wait`, können Anfragen nicht parallel bearbeitet werden.

▶ **UserID**
Meist ist die User-ID, unter der der Dämon läuft, root. Bei finger beispielsweise wird allerdings nobody verwendet.

▶ **Server**
Hier steht der Dateiname inklusive des Pfads des Serverprozesses.

▶ **Argumente**
Anschließend folgt eine Kommandozeile des Serveraufrufs einschließlich Parameter.

Hier folgen als Beispiel die Auszüge aus der **inetd.conf** für `ftp` und `telnet`:

```
ftp    stream  tcp   nowait  root  /usr/sbin/tcpd  in.ftpd
telnet stream  tcp   nowait  root  /usr/sbin/tcpd  in.telnetd
```

Dienst stoppen durch Auskommentieren

Wenn Sie aus Sicherheitsgründen keinen Zugang für `telnet` oder `ftp` zulassen möchten, reicht es aus, wenn Sie den Eintrag in der Datei **inetd.conf** mit einem Hashzeichen (#) auskommentieren. Änderungen in der Datei **inetd.conf** liest der Prozess `inetd` ein, wenn Sie ihm das Signal SIGHUP senden.

```
gaston# ps -ax | grep inetd
  566 ?         S      0:00 /usr/sbin/inetd
gaston# kill -SIGHUP 566
```

tcpd und hosts.allow

tcpd

Neben der Möglichkeit, Speicherplatz für die Dämonen der einzelnen Dienste zu sparen, hat der Super-Server den Vorteil, dass an zentraler Stelle ein Einschub zwischen Anfrage und Dienst vorgenommen wird. Durch eine geringfügige Erweiterung kann so protokolliert werden, wer zugreift, und es können sogar Zugriffe vermieden werden. Das dafür benötigte Programm heißt `tcpd`:

```
#ftp     stream tcp nowait root /usr/sbin/ftpd      ftpd -l -a
ftp      stream tcp nowait root /usr/sbin/tcpd      ftpd -l -a
#telnet  stream tcp nowait root /usr/sbin/in.telnetd in.telnetd
telnet   stream tcp nowait root /usr/sbin/tcpd      telnetd
```

Durch zwei weitere Dateien werden allgemeine Zugriffe von TCP/IP-Dämonen geregelt. In der Datei **/etc/hosts.allow** steht, für welchen Dämon welche Hosts zugelassen werden. Soll für bestimmte Hosts der Zugriff auf bestimmte Dämonen ausgeschlossen werden, werden diese in der Datei **/etc/hosts.deny** eingetragen. Eine nichtexistierende Datei wird als leere Datei interpretiert. Also bedeutet das Entfernen der beiden Dateien, dass keinerlei Zugriff erlaubt ist. Informationen zu dem Thema finden Sie durch:

/etc/hosts.allow

```
man 5 hosts_access
```

xinetd

Der »extended« inet-Dämon bringt zwei weitere Qualitäten ins Spiel. Er kann eine Zugriffskontrolle durchführen und protokollieren, welche Dienste in Anspruch genommen wurden.

Nachfolger xinetd

Die Konfigurationsdatei von `xinetd` hat einen völlig anderen Aufbau und heißt **/etc/xinetd.conf**. In dieser Datei steht zum einen der Standardeintrag defaults und zum anderen ein Eintrag, der auf das Verzeichnis verweist, in dem die eigentlichen Konfigurationsdateien liegen:

```
defaults
{
        log_type        = FILE /var/log/xinetd.log
        log_on_success  = HOST EXIT DURATION
        log_on_failure  = HOST ATTEMPT
        instances       = 30
        cps             = 50 10
}

includedir /etc/xinetd.d
```

Soll nun der Dienst telnet freigeschaltet werden, wird im Verzeichnis **/etc/xinetd.d** eine Datei namens **telnet** angelegt. Deren Inhalt lautet beispielsweise so:

```
service telnet
{
        socket_type     = stream
        protocol        = tcp
        wait            = no
        user            = root
        server          = /usr/sbin/in.telnetd
}
```

Die Bedeutungen entsprechen denen der Datei **inetd.conf**. In diesem Fall wird für den Dienst telnet ein Stream-Socket mit dem Protokoll tcp abgefragt und bei Bedarf das Programm `in.telnetd` gestartet. Das Programm läuft als Benutzer root und kann parallel gestartet werden, weil `xinetd` nicht auf die vollständige Abarbeitung der ersten Anfrage wartet.

20.2 File Transfer Protocol (FTP)

Dateitransfer, nicht Netzdateisystem

FTP dient zum Übertragen von Dateien auf einen fremden Rechner. Es ist aber kein Netzdateisystem wie NFS oder im PC-Bereich Novell oder NT-Server, bei dem der Verzeichnisbaum des entfernten Rechners in den eigenen Verzeichnisbaum eingebunden wird. Bei FTP werden einzelne Dateien explizit per Befehl übertragen.

Einsatz

Seinen Einsatz findet FTP vor allem im Internet, wo beispielsweise Treiber oder andere Software zum Download angeboten werden. Auch wenn Sie eine eigene Homepage auf einem Webserver gemietet haben, werden Sie deren Inhalt meist per FTP auf diesen Rechner übertragen. FTP ist ein sehr effizientes Protokoll, es nutzt einen hohen Anteil für den Datenverkehr und nur wenig für das Protokoll. Beim Transfer wird nicht verschlüsselt. Das hat den Nachteil, dass auch Passwörter abgehört werden können, und den Vorteil, dass auch leistungsschwache Geräte, wie etwa die dbox, (siehe Seite 209) einen FTP-Server anbieten können.

Zwei Ports

Der Client sendet zunächst an den Port 21 eine Verbindungsanfrage. Über diese Verbindung werden auch später alle Befehle und ihre Antworten gesendet. Für die Datenübertragung selbst wird Port 20 verwendet. Die Daten können aktiv und passiv übertragen werden.

Aktiv

Im »Active Mode« verwendet der Client einen beliebigen Port und meldet dem Server. Der Server nimmt nun Verbindung mit diesem Port auf. Das geht aber nicht immer. Beispielsweise wenn der Client in einem privaten Netzwerk hinter einem NAT-fähigen Router sitzt, kann der Server keinen Kontakt mit ihm aufnehmen.

Passiv

Im »Passive Mode« sendet der Client das Kommando PASV an den Server. Der Server öffnet daraufhin einen Port. Üblicherweise ist dies der Port 20. Diesen übermittelt er auf der offenen Kontrollverbindung an den Client. Dieser wird dann vom Client eröffnet und verwendet. Das ergibt keine Probleme, weil der Client ja die Verbindung herstellt.

20.2.1 Der Client

Für FTP gibt es einige Clients mit einer grafischen Oberfläche. Beispielsweise können Sie unter KDE den normalen Dateimanager Konqueror dazu verwenden, um FTP-Server zu öffnen und dann Dateien auf die gleiche Weise zu kopieren, wie sie sie von einem lokalen Verzeichnis in ein anderes kopieren würden.

Hier wird aber das Kommandozeilentool `ftp` mit seinen Kommandos betrachtet. Sie starten den FTP-Client durch Aufruf von `ftp`, gefolgt von der IP-Adresse oder dem Hostnamen, mit dem Sie in Verbindung treten wollen.

Kommandozeile

`ftp` führt zunächst einen normalen Login aus. Sie werden also aufgefordert, Ihren Benutzernamen und Ihr Passwort einzugeben. Danach sind Sie auf dem fremden Rechner angemeldet und erhalten einen eigenen ftp-Prompt:

Login

```
silver> ftp gaston
Connected to gaston.willemer.edu.
220 gaston.willemer.edu FTP server (Version 6.5/OpenBSD) ready.
Name (gaston:arnold): arnold
331 Password required for arnold.
Password:
230- Have a lot of fun...
230 User arnold logged in.
Remote system type is UNIX.
Using binary mode to transfer files.
ftp>
```

Mit dem Aufruf von `ftp` betreten Sie eine eigene Art Shell. Von hier aus geben Sie die FTP-Kommandos. Beim Einloggen erhalten Sie bereits die erste wichtige Funktion. Die Gegenstelle ist eine UNIX-Maschine. Das ist wichtig, weil FTP standardmäßig davon ausgeht, dass die übertragenen Dateien Textdokumente sind. Und es korrigiert dann die Zeilenumbrüche, wenn die Daten zwischen MS-DOS oder seinen Nachfolgern und UNIX ausgetauscht werden.

Aufrufparameter

Bereits beim Aufruf können Sie `ftp` Informationen mitgeben. Wie unter UNIX üblich, beginnen die Optionen mit einem Minuszeichen.

Mit der Option `-i` muss bei der Verwendung der Kommandos `mget` und `mput` nicht jede einzelne Datei bestätigt werden. Diese Option kann mit dem Kommando `prompt` hin- und hergeschaltet werden.

-i

-P Mit der Option -P kann ein anderer Port angesprochen werden als der Standardport, wie er unter ftp in der Datei **/etc/services** steht. Das ist besonders wichtig bei dem Zugriff über Proxies (siehe Seite 571), da diese zum Weitertransport einer ftp-Anfrage häufig einen anderen Port verwenden.

```
ftp -P 32000
```

Limitierung der Transferrate

Wenn Sie etwas transferieren wollen, ohne dass der Download die gesamte Bandbreite nutzt, können Sie die meisten ftp-Programme dazu bringen, sich zu mäßigen. Die folgende Option begrenzt den Transfer in beide Richtungen (all) auf 50KByte/sec.

```
ftp -T all,50k ftp.domain.de
```

Wenn Sie ftp bereits gestartet haben, können Sie das Kommando auch nachträglich eingeben:

```
ftp> rate all,50k
```

Kommandos des FTP-Clients

Im FTP-Client werden die Kommandos ganz ähnlich wie in einer Shell gegeben. In den meisten Versionen ist es sogar möglich, die letzten Kommandos wiederzuholen und zu manipulieren, wie Sie das von der Shell gewohnt sind.

Verlassen des FTP-Clients: quit oder bye
quit
bye

Wenn Sie in eine andere Umgebung versetzt werden, ist es immer gut zu wissen, wie man wieder herauskommt. Den FTP-Client verlässt man mit dem Befehl quit oder bye, je nach Geschmack.

Nach dem Aufruf von quit wird die Gegenstation über den Wunsch informiert, die Verbindung abzubrechen. Dadurch gibt es eine kurze Verzögerung beim Beenden des Programms. Sollte aus irgendeinem Grund zu diesem Zeitpunkt schon die Netzverbindung zum Gegenüber verloren sein, dauert das Beenden so lange, bis der FTP-Client begreift, dass er das Gegenüber nicht mehr erreichen kann.

```
ftp> quit
221 Goodbye.
silver>
```

Eine Sitzung, über die keine Daten mehr fließen, wird nach 900 Sekunden automatisch beendet.

time out

Dateiliste des Servers

ls *<Dateimaske>*
dir *<Dateimaske>*

Mit diesem Befehl zeigen Sie die Dateien im aktuellen Verzeichnis auf dem Zielrechner an. Je nach Leistung des Betriebssystems des Zielrechners können dort unterschiedliche Dateimasken verwendet werden.

In welchem Verzeichnis bin ich? pwd

pwd

Mit dem Befehl pwd erfragen Sie, in welchem Verzeichnis Sie sich auf dem Server befinden.

Verzeichniswechsel auf dem Server: cd

cd *<Pfad>*

Mit dem Befehl cd wechseln Sie das Verzeichnis auf dem Zielrechner.

Verzeichniswechsel auf dem Client: lcd

lcd *<Pfad>*

Mit diesem Befehl wechseln Sie das Verzeichnis, in dem Sie sich lokal bewegen. Das heißt, dass jetzt Dateien, die Sie holen, in einem anderen Verzeichnis abgespeichert werden.

Befehle auf dem Client ausführen

! *<Shell-Kommando>*

Mit Hilfe des Ausrufezeichens rufen Sie eine Shell auf dem lokalen Rechner für einen Befehl auf.

[!] Achtung: !cd entspricht nicht lcd. Da ! eine eigene Shell aufruft, wirkt der Aufruf von !cd nur auf jene Shell, die sich nach dem Aufruf wieder schließt, und hat damit keine Auswirkung auf die ftp-Umgebung.

Verzeichnis anlegen: mkdir

mkdir <Verzeichnisname>

Erzeugt auf dem Server ein Verzeichnis.

Verzeichnis löschen: rmdir

rmdir <Verzeichnisname>

Löscht auf dem Server ein Verzeichnis. Das Verzeichnis muss allerdings leer sein.

Holt eine Datei: get

get <Datei>

Damit wird eine Datei vom fremden Rechner geholt. Der Dateiname muss exakt eingegeben werden. Wildcards werden nicht interpretiert.

Schiebt eine Datei: put

put <Datei>

Eine Datei wird auf den fremden Rechner geschoben. Auch hier muss der Dateiname exakt angegeben werden.

Holt mehrere Dateien: mget

mget <Dateien>

Das m bedeutet multi. Sie können * und ? verwenden, um mehrere Dateien anzugeben, die übertragen werden sollen. Wenn Sie Glück haben und auf der Serverseite auch eine UNIX-Maschine läuft, werden auch die rechteckigen Klammern funktionieren. Nach jeder einzelnen Datei werden Sie gefragt, ob diese ebenfalls transferiert werden soll.

> **Schiebt mehrere Dateien: mput**
>
> mput <*Dateien*>

Hiermit werden mehrere Dateien auf den fremden Rechner geschoben; der Befehl funktioniert sonst wie `mget`.

Die Dateimaske für `mput` und `mget` kann Platzhalter (Wildcards) wie * und ? enthalten. Man verwendet Platzhalter manchmal versehentlich bei `get` und `put`. Diese Befehle versuchen dann aber, eine Datei zu übertragen, deren Name die Platzhalter als Zeichen enthält.

[!]

> **Übertragungsmodus: image oder ascii**
>
> ascii
> image

`ftp` arbeitet standardmäßig im ASCII-Modus, sofern nicht bei der Verbindung erkannt wird, dass Client und Server UNIX-Maschinen sind. Das Programm stellt darin fest, welches Textformat auf der anderen Seite ist, und passt die Datei-Endemarken während der Übertragung an. Während UNIX als Zeilenende das Zeichen Linefeed (ASCII Code 10) benutzt, verwendet ein Macintosh das Carriage Return (ASCII Code 13) und MS Windows eine Kombination aus beiden. Beim Übertragen einer Datei vom Mac auf UNIX würde in der Datei also jedes Byte, in dem 13 steht, durch 10 ersetzt. Das kostet nicht nur zusätzliche Zeit, sondern kann beispielsweise bei Datenbanken oder Programmen zerstörerische Folgen haben. Mit dem Befehl `image` oder dem Befehl `binary` schalten Sie diese Anpassung ab, mit `ascii` wieder an.

> **Mit Nachfrage? prompt**
>
> prompt

Damit können Sie die Nachfrage bei den Befehlen `mput` und `mget` unterbinden. Wenn Sie mit Hilfe der Platzhalter * oder ? mehrere Dateien mit `mput` oder `mget` übertragen, fragt `ftp` nach jeder Datei, ob sie auch übertragen werden soll. Diese Abfrage schaltet der Befehl `prompt` ab. Ein weiterer Aufruf schaltet sie wieder an. Alternativ können Sie auch `ftp` mit der Option `-i` starten.

> **Löscht Dateien auf dem Server: delete**
>
> delete <Dateien>

Löscht die angegebenen Dateien.

> **Benennt Datei auf dem Server um: rename**
>
> rename <Original> <Ziel>

Benennt die angegebene Datei von *Original* in *Ziel* um.

Automatisieren des Einloggens

~/.netrc In manchen Fällen soll der Austausch von Dateien automatisiert werden, also beispielsweise durch Programme oder Skripte gesteuert und auch zeitversetzt durch `cron` oder `at` (siehe Seite 181) gestartet werden. In solchen Situationen stört die Passwortnachfrage. Durch eine Datei namens **.netrc** im Benutzerverzeichnis kann das Einloggen automatisiert werden. Dabei enthält diese Datei in jeder Zeile die Einträge:

> **Struktur einer Zeile in der Datei ~/.netrc**
>
> <Host> <Benutzerkennung> <Passwort>

Zuerst wird der Host angegeben. Wird dieser Host später als Argument von `ftp` angegeben, werden die Benutzerkennung und das Passwort aus dieser Zeile verwendet. Der Eintrag des Passworts ist optional. Ist ein Passwort eingetragen, muss die Datei mit dem Kommando `chmod` auf 600 gestellt werden. Sie darf also von niemandem gelesen werden können, außer vom Besitzer.

20.2.2 Konfiguration des FTP-Servers

Der FTP-Server, den Sie standardmäßig auf jedem UNIX-System vorfinden, nennt sich `ftpd` und wird normalerweise über `inetd` gestartet. Sie können ihn aber auch als Dämon aus den rc-Dateien starten. Dann muss `ftpd` allerdings mit der Option `-D` aufgerufen werden.

Deaktivierung des FTP-Servers Da ein ungeschützter FTP-Zugriff durchaus sicherheitskritisch ist, kann der Zugang beschränkt werden. Wie auf Seite 534 gezeigt wurde, können Sie durch Auskommentieren des FTP-Dienstes in der Datei **inetd.conf** den FTP-Zugang komplett abschalten.

Existiert eine Datei namens **/etc/nologin**, wird diese einem Client angezeigt, wenn er sich anmelden will, und dann wird der Zugriff verweigert. Diese Methode ist ideal für kurzfristig abgeschaltete FTP-Zugänge oder wenn Sie beispielsweise darauf hinweisen wollen, dass der Zugang inzwischen auf einem anderen Rechner liegt.

Abschalten mit Begründung

Einzelne Benutzer können ausgeschlossen werden, indem Sie sie in der Datei **/etc/ftpusers** aufführen. Obwohl der Dateiname andere Assoziationen erweckt, werden hier die Anwender aufgezählt, die *keinen* Zugriff auf den FTP-Server haben sollen.

Benutzerausschluss

20.3 Anonymer FTP-Server

Der normale FTP-Zugang erfolgt, indem Sie sich als Benutzer beim System anmelden. Im Internet gibt es viele FTP-Server, die öffentlich Dateien zur Verfügung stellen. Man spricht von anonymem FTP, weil man sich mit der Kennung »anonymous« anmeldet. Als Passwort gibt man üblicherweise die eigene E-Mail Adresse an.

Ein Rechner kann nur entweder ein anonymes oder ein reguläres FTP anbieten. Ist ein anonymer Server aktiv, können Sie sich nicht mehr über das normale FTP einwählen. Ein solcher Zugriff wird mit dem Hinweis abgewiesen, dass nur anonymes FTP zugelassen ist.

Um `ftpd` als anonymen Dienst zu starten, wird der ftp-Dämon in der Datei **inetd.conf** bzw. in der rc-Datei mit der Option `-A` gestartet. Es muss außerdem ein Benutzer namens ftp auf dem System eingerichtet sein. Beim Login als »anonymous« werden die Clients in das Benutzerverzeichnis von ftp gesetzt. Dort wird intern ein `chroot` aufgerufen. Der Befehl bewirkt, dass für den Benutzer das aktuelle Verzeichnis zum Wurzelverzeichnis wird. Dadurch wird jeglicher Zugriff auf andere Bereiche des Verzeichnisbaums rigoros unterbunden.

Der Benutzer ftp

```
# /etc/inetd.conf
ftp stream tcp nowait root /usr/sbin/tcpd in.ftpd -A
```

Es gibt noch andere FTP-Server, wie den WuFTP-Server, der vor allem in sicherheitskritischen Umgebungen oft eingesetzt wird. Beispielsweise ist es mit WuFTP möglich, bei normalen Benutzern per `chroot` den Zugriff auf andere Verzeichnisse als das eigene Benutzerverzeichnis zu verhindern. WuFTP entstand an der Washington University in Saint Louis. Nähere Informationen finden Sie unter: http://www.wu-ftpd.org

20.4 TFTP, schnell und vertrauensvoll

Das Trivial File Transfer Protocol wird auch manchmal Trusted FTP genannt, weil es keine Authentifizierung verlangt. Der Zugriff ist auf Dateien beschränkt, deren Rechte allen Benutzern des Systems den Zugriff erlauben.

Auf den meisten Systemen ist TFTP in der Datei **inetd.conf** abgeschaltet. Seine Hauptbedeutung erlangte TFTP im Zusammenhang mit Workstations, die keine eigene Festplatte besaßen, den »diskless workstations«. Diese haben per TFTP ihre Grunddaten von anderen Maschinen bezogen. Heutzutage findet man solche Geräte selten, und aus Sicherheitsgründen ist die Verwendung von TFTP wenig ratsam.

Der größte Unterschied zu FTP besteht eigentlich in der Realisierung. TFTP basiert auf UDP, während FTP ein TCP-Dienst ist.

20.5 Terminaldienst (telnet)

Mit dem Programm `telnet` können Sie über das Netz eine Terminalsitzung auf einem fernen Rechner aufbauen. Aus Sicht des Anwenders unterscheidet sich solch eine Sitzung kaum von einer normalen Terminalsitzung. Der Standardport einer Telnet-Sitzung ist 23.

telnet überträgt im Klartext

Da `telnet` alle Tastendrücke und Bildschirmausgaben unverschlüsselt über das Netz überträgt, sind auch Passwörter im Klartext abhörbar. In sicherheitskritischen Umgebungen werden darum Zugriffe per `telnet` ausgeschlossen. Stattdessen wird ssh (secure shell) verwendet, das die gleiche Leistung bringt, bei dem die übertragenen Daten aber verschlüsselt werden (siehe Seite 553). Der Verzicht auf die Verschlüsselung ist nicht nur ein Nachteil. Auch Geräte mit einer schwachen CPU können dieses Protokoll bedienen. So verwendet die dbox (siehe Seite 209) einen telnet-Zugang. Auch mein netzwerkfähiger HP-Laserdrucker oder einige Hardware-Router bietet eine Konfiguration per `telnet` an.

20.5.1 telnet-Client

Als Argument wird `telnet` die IP-Adresse oder der Hostname des Zielrechners angegeben. Auf dem Zielrechner wird ein Login wie bei einem normalen Terminal gestartet. Nach der erfolgreichen Anmeldung wird auf dem Zielrechner eine Shell gestartet, und der Benutzer kann so arbeiten, als hätte er eine Terminalsitzung auf der fremden Maschine eröffnet.

> **Aufruf von telnet**
>
> telnet { <*Hostname*> | <*IP-Adresse*> } [<*Portnummer*>]

Terminalemulation

Wie beim Terminal wird auch bei `telnet` die Ansteuerung über die Umgebungsvariable TERM und die Einträge in der **termcap**- oder der **terminfo**-Datei gesteuert.

Funktionstasten unzuverlässig

Da diese Verfahren auf klassische, über serielle Schnittstellen angesteuerte Terminals ausgelegt sind, gibt es vor allem mit der Interpretation der Tastatur manchmal Schwierigkeiten. So sendet eine PC-Tastatur beispielsweise teilweise Bytes mit dem Inhalt 0. Die 0 wird von terminfo allerdings zum Abschluss der Definition verwendet und darf daher nicht in der Mitte erscheinen. Hinzu kommt, dass gern auf Standard-Emulationen zurückgegriffen wird, weil sie allseits verfügbar sind. Vor allem das VT100 wird gern verwendet. Dabei übersieht man leicht, dass das VT100 gar keine Funktionstasten hatte und damit deren Emulation der freien Fantasie der Implementation überlassen bleibt. Da es also kein echtes Vorbild gibt, stimmen die Codes oft nicht überein.

Testen textorientierter Server

Neben seiner Funktion als Terminalemulation wird `telnet` gern verwendet, um textorientierte Netzwerkprotokolle zu testen, wie sie von den meisten Internetdiensten verwendet werden (beispielsweise HTTP oder NNTP). Beim Aufruf wird hinter dem Hostnamen als weiterer Parameter die Portnummer des Service angegeben. Daraufhin sehen Sie die Meldungen des Servers im Klartext. Sie können antworten und so das Protokoll verfolgen. Als Beispiel sehen Sie auf Seite 650 eine Sitzung mit einem POP3-Server. Existiert gar kein Server auf dem Zielport, wird die Verbindung sofort mit der Meldung »Connection refused« abgebrochen.

```
libo> telnet localhost 110
Trying 127.0.0.1...
telnet: connect to address 127.0.0.1: Connection refused
Trying ::1...
telnet: connect to address ::1: Connection refused
libo>
```

Auch das ist immerhin eine Auskunft: Der Server ist auf der Zielmaschine gar nicht gestartet oder die Firewall erlaubt keinen Zugriff darauf.

Eine telnet-Sitzung

Sie starten eine `telnet`-Sitzung durch den Aufruf von `telnet`, gefolgt von Hostname oder IP-Adresse. Nach einem kurzen Augenblick meldet sich die Gegenseite und fragt nach Benutzerkennung und Passwort.

```
libo> telnet dbox
Trying 192.168.109.123...
Connected to dbox.
Escape character is '^]'.


Willkomen auf Ihrer d-box 2 - Kernel 2.4.33.3-dbox2 (10:41:58). - JtG - Edition
dbox login: root
Password:


BusyBox v1.2.1 (2006.10.19-08:52+0000) Built-in shell (ash)
Enter 'help' for a list of built-in commands.

~ >
```

Wie die Meldung angezeigt, kann durch die etwas ungewöhnliche Tastenkombination **ctrl+]** die Sitzung unterbrochen werden, um `telnet` ein paar direkte Befehle zu geben. Nach Drücken der Taste erhalten Sie eine Kommandozeile, die mit `telnet>` eingeleitet wird. Der Befehl `help` zeigt die Möglichkeiten, die Ihnen angeboten werden.

```
telnet> help
Commands may be abbreviated.  Commands are:

close           close current connection
logout          forcibly logout remote user and close the connection
display         display operating parameters
mode            try to enter line or character mode ('mode ?' for more)
open            connect to a site
quit            exit telnet
send            transmit special characters ('send ?' for more)
set             set operating parameters ('set ?' for more)
unset           unset operating parameters ('unset ?' for more)
status          print status information
toggle          toggle operating parameters ('toggle ?' for more)
slc             change state of special charaters ('slc ?' for more)
z               suspend telnet
!               invoke a subshell
environ         change environment variables ('environ ?' for more)
?               print help information
telnet> quit
Connection closed.
libo>
```

Eine `telnet`-Sitzung wird durch das Ausloggen auf dem Zielrechner beendet. Das erfolgt wie beim Beenden jeder anderen Terminalsitzung durch den Befehl `exit` oder die Tastenkombination **ctrl+D** in einer sonst leeren Zeile.

```
onyx> Connection closed by foreign host.
libo>
```

20.5.2 Ausloggen bei laufendem Prozess

Zu der Zeit, als noch mit Terminals gearbeitet wurde, nutzten die Anwender sehr intensiv die Möglichkeit, einen Prozess mit & in den Hintergrund zu stellen. Dabei konnte es passieren, dass man nach dem Verlassen des Terminals ein paar alte Prozesse laufen ließ, die gar nicht weiterlaufen sollten. Aus diesem Grund geht das Betriebssystem davon aus, dass der Anwender, der sich vom Terminal abmeldet, auch seine Prozesse nicht weiter laufen lassen will und sendet den noch im Hintergrund stehenden Prozessen das Signal SIGHUP (zu Signalen siehe Seite 951).

Wenn der Programmierer nicht explizit das Signal SIGHUP abfängt, führt das Eintreffen des Signals normalerweise zum Abbruch des Prozesses. Die meisten UNIX-Befehle fangen das Signal SIGHUP nicht ab.

nohup

Wenn Sie einen Prozess in den Hintergrund stellen wollen, der auch nach dem Ausloggen weiterläuft, müssen Sie verhindern, dass das Signal SIGHUP den Prozess erreicht. Dazu gibt es den Befehl nohup, der dem Befehl einfach vorangestellt wird. Dadurch wird der Prozess von SIGHUP nicht mehr belästigt, und Sie können sich problemlos ausloggen.

Das folgende Beispiel zeigt, wie Daten im Hintergrund kopiert werden. Nach Setzen des Befehls können Sie sich ausloggen, ohne dass der Prozess unterbrochen wird.

```
gaston> nohup cp data/* /mnt/extern &
```

Bei der Verwendung des Befehls nohup ist abzusehen, dass das Terminal für Ausgaben nicht zur Verfügung stehen wird. Die Ausgabe des Prozesses, die normalerweise auf das Terminal geht, wird in die Datei **nohup.out** umgeleitet. Falls der Prozess im aktuellen Pfad kein Schreibrecht hat, wird die Datei im Benutzerverzeichnis abgelegt.

Automatische Umleitung

screen

Eine andere Variante, einen laufenden Prozess auf einer Maschine zurückzulassen, bietet der Befehl screen. In diesem Fall wird eine virtuelle Terminalsitzung gestartet, die durch die Tastenkombination **ctrl+A ctrl+D** verlassen und später wieder aufgenommen werden kann.

Zunächst starten Sie eine Sitzung auf dem Rechner gaston. Dort wird ein Editor gestartet.

[ZB]

```
silver> telnet gaston
...
gaston> screen vi mysource.cpp
```

Die Tastenkombination **ctrl+A ctrl+D** unterbricht die Verbindung zwischen Terminal und Prozess. Damit sollten Sie wieder in der Shell auf dem Rechner gaston stehen. Nun können Sie sich gefahrlos ausloggen.

Die Sitzung kann später wieder aufgenommen werden, indem Sie sich auf dem Rechner gaston einloggen und den verlassenen Screen wieder reaktivieren.

```
gaston> screen +r
```

Es können auch mehrere Sitzungen mit dem Befehl `screen` gestartet werden. Die Tastenkombination **ctrl+A** leitet die Befehle an den aktuellen Screen ein.

Mit der Tastensequenz **ctrl-A K** wird der aktuelle Screen beendet. Mit der Taste **ctrl-A** gefolgt von der Backspace-Taste wird das Programm `screen` beendet und alle Screens geschlossen.

Weitere Informationen zum Befehl `screen` liefert die passende Manpage.
```
man screen
```

20.5.3 telnet-Dämon

/etc/securetty — In der Datei **/etc/securetty** wird hinterlegt, welche Terminals so sicher sind, dass sich auch der Anwender root dort einloggen darf. Im Normalfall werden die virtuellen Terminals, die `telnet` verwendet, dort nicht aufgeführt. Aus diesem Grund ist es meist nicht möglich, sich als root per `telnet` direkt anzumelden. Stattdessen verwendet der Administrator eine »zivile« Kennung und wechselt mit dem Kommando `su` zum root.

Abschalten des Dämons — Auch der telnet-Server wird über `inetd` gestartet. Dementsprechend gibt es auch einen Eintrag in der **inetd.conf**-Datei. Wenn Sie den telnet-Zugriff auf die Maschine unterbinden wollen, kommentieren Sie den Eintrag einfach aus, indem Sie ein # an den Anfang der Zeile setzen (siehe Seite 534).

20.6 Die r-Kommandos

Das ständige Authentifizieren beim Anmelden innerhalb eines LANs (Local Area Network; siehe Seite 999) ist in der Praxis sehr lästig. Insbesondere wenn in Skripten auf andere Maschinen zugegriffen werden soll, kann nicht einfach immer wieder eine Eingabezeile erscheinen, die um das Passwort bittet.

Für solche Zwecke wurden die Programme rsh, rcp und rlogin entwickelt. Der Befehl rsh lässt eine Befehlszeile auf einer fremden Maschine ausführen. Mit rcp kann eine Datei zwischen Maschinen kopiert werden. Dabei wird die Syntax von cp weitgehend übernommen und mit rlogin kann eine Sitzung auf einer anderen Maschine gestartet werden.

rsh, rcp und rlogin

Ohne weiteres Zutun werden diese Befehle nach einem Passwort fragen. Bei der Benutzerkennung gehen die Programme davon aus, dass auf der Zielmaschine die gleiche Benutzerkennung verwendet werden soll. Die Idee ist also, dass ein Benutzer auf beiden Maschinen ein Konto hat und zwischen seinen Konten wechseln will, beziehungsweise Daten tauschen will. Fremde Benutzerkennungen sind möglich, müssen aber beim Befehl mit angegeben werden.

Damit der Zugriff ohne Passwort funktioniert, richtet der Anwender in seinem Benutzerverzeichnis eine Datei namens **.rhosts** an. Darin nennt er die Maschinen, von denen er Zugang über die r-Kommandos auf sein Konto erlaubt. Er darf auch einem anderen Benutzer auf einer anderen Maschine den Zugang die Kommandos rcp, rlogin und rsh haben sollen.

Nach einer korrekten Konfiguration arbeiten die Befehle, ohne das Passwort zu verlangen. Wie so oft stehen Bequemlichkeit und Sicherheit im Gegensatz zueinander. Es ist leicht möglich, einen Computer ins Netz zu stellen, der die gleiche IP-Adresse und den gleichen Hostnamen wie der berechtigte Rechner hat. Dann öffnet sich die Tür zu dem Konto, ohne dass der Rechner feststellen kann, dass er getäuscht wurde. Darum sind diese Protokolle auch sinnvollerweise im LAN und nicht im Internet einzusetzen. Die drei r-Kommandos rcp (remote copy), rsh (remote shell) und rlogin (remote login) stammen aus dem BSD-UNIX und sind inzwischen in allen UNIX-Derivaten zu finden.

Die Dateien .rhosts und hosts.equiv

Die r-Kommandos sollen es Anwendern, die auf zwei Hosts ein Benutzerkonto haben, ermöglichen, sich selbst den direkten Zugang zu den eigenen Ressourcen auf dem anderen Rechner zu erlauben. Dazu legen Sie in der Wurzelebene des eigenen Benutzerverzeichnisses eine Datei namens **.rhosts** an. Sie darf nur für den Besitzer schreib- und lesbar sein. In dieser Datei stehen die Namen der Rechner, von denen aus ein Zugriff über rlogin, rcp oder rsh auf diesen Rechner erlaubt sein soll.

~/.rhosts

> **Struktur einer Zeile in der Datei /.rhosts**
>
> *<Hostname> [<Benutzerkennung>]*

Da der Anwender vielleicht einen anderen Benutzernamen auf dem fremden Rechner haben könnte, ist es auch möglich, hinter dem Rechnernamen noch eine Anwenderkennung aufzuführen. Jeder eingetragene Benutzer hat die Berechtigung, sich von dem fremden Rechner aus ohne Passwort auf dem lokalen Rechner einzuloggen und frei Daten hin- und herzukopieren.

/etc/hosts.equiv

Alternativ kann der Systemadministrator in der Datei **/etc/hosts.equiv** Maschinen aufführen, denen er eine pauschale Gleichstellung bezüglich `rlogin` und `rcp` einräumen möchte. Das bedeutet, dass alle Benutzer, die auf beiden Maschinen existieren, frei per `rlogin` und `rcp` arbeiten können. Beim Eintrag eines Rechners werden auch alle Drucker für diesen Rechner freigegeben. Diese Datei darf nur Schreib- und Leserechte für den Besitzer haben und muss root gehören. Eine solche pauschale Freischaltung wird aber normalerweise nur dann eingerichtet, wenn beispielsweise mit zwei parallelen Servern gearbeitet wird oder wenn man im privaten Netz ohne Internetzugang arbeitet. Das Folgende ist ein Beispiel für eine **/etc/hosts.equiv**-Datei:

```
+gaston willemer
+idefix
+ pm7500
+@awfriends
```

Die erste Zeile erlaubt dem Anwender willemer auf gaston den freien Zugriff ohne Passwort. In der zweiten Zeile wird allen Anwendern von idefix der freie Zugriff gestattet.

Vorsicht: Leerzeichen!

Die dritte Zeile enthält einen gravierenden Fehler: Hier steht ein Leerzeichen zwischen dem Plus und dem Hostnamen pm7500. Das einzelne + wird so interpretiert, dass jeder(!) Rechner freien Zugriff hat. Dass der einzeln stehende pm7500 dieses Recht auch hat, versteht sich dann von selbst.

In der vierten Zeile wird der Netzgruppe awfriends (siehe Seite 494) ein solcher Zugriff eingeräumt. Sie muss in der Datei **/etc/netgroup** definiert sein.

In allen Fällen müssen die Rechnernamen natürlich in der Datei **/etc/hosts** stehen oder durch einen Namensdienst aufgelöst werden.

Das Sicherheitsrisiko besteht nicht in erster Linie darin, dass neben dem Administrator auch Benutzer Rechte weitergeben können. Denn letztlich ist das Eintragen eines Rechnernamens in der Datei **.rhosts** immer noch wesentlich besser als die Weitergabe des Passworts. `rlogin` hat sogar gegenüber `telnet` den Vorteil, dass das Passwort bei der Kommunikation nicht über das Netzwerk übermittelt wird. Es kann also nicht abgehört werden. Das kleinere Problem besteht darin, dass, wenn ein Zugang des Benutzers geknackt ist, die anderen Zugänge auch offen sind. Das hört sich schlimmer an, als es ist. Normalerweise verwendet der Benutzer auf verschiedenen Rechnern des LAN vermutlich sowieso das gleiche Passwort, und wenn der Eindringling einen Zugang kennt, kennt er alle. Problematischer ist der Angriff mit einer gefälschten IP-Adresse. Ist in der **.rhosts**-Datei ein Notebook oder ein Rechner eingetragen, der nicht ständig im Netz steht, kann ein Angreifer seinerseits mit einem Notebook mit ebendieser IP-Adresse ins Netz gehen und sich direkt einloggen, ohne das Passwort zu kennen.

Das Sicherheitsproblem

Remote Copy (rcp)

Mit dem Befehl `rcp` ist es möglich, über Rechnergrenzen hinweg zu kopieren. Dabei gleicht die Syntax auf den ersten Blick der des Befehls `cp`:

Aufruf des Befehls rcp

rcp <*Optionen*> <*Quelle*> <*Ziel*>

Lediglich die Argumentbeschreibung des Befehls `rcp` ist etwas komplizierter als die von `cp`. Liegt die *Quelle* oder das *Ziel* auf einem anderen Rechner, wird der Rechnername, gefolgt von einem Doppelpunkt, vor den Pfadnamen gesetzt. Dies kann bei der Quelle und auch beim Ziel erfolgen. Werden sowohl als Quelle wie auch als Ziel fremde Rechner angegeben, ist `rcp` in der Lage zu erkennen, dass es effizienter ist, die Kopie direkt zwischen den beiden Rechnern auszutauschen, als die Daten zu holen, um sie gleich anschließend wieder zu versenden. Beispiel:

```
rcp idefix:/etc/hosts* ./test
```

Mit diesem Befehl werden vom Rechner idefix alle Dateien, die auf die Maske **/etc/hosts*** passen, in das im aktuellen Verzeichnis liegende **test** kopiert. **test** muss natürlich ein Verzeichnis sein, da anzunehmen ist, dass der Befehl mehrere Dateien kopieren wird. Werden die Dateien auf dem fremden Rechner nicht mit absolutem Pfad angegeben, wird das Benutzerverzeichnis als Ausgangspunkt verwendet. Für den Fall, dass der

Benutzer des Arguments nicht der gleiche ist, wie auf dem Rechner, auf dem der Befehl abgesetzt wird, kann dessen Benutzername noch vor den Rechnernamen gesetzt und durch ein @ abgetrennt werden.

> **Aufbau eines Arguments für rcp**
>
> [[<*Benutzerkennung*>@]<*Hostname*>:]<*Dateiname*>

Der Dateiname enthält auch den Pfadnamen. Der Pfad kann relativ angegeben werden und bezieht sich dann auf das Benutzerverzeichnis. Insgesamt darf das Argument keine Leerzeichen enthalten. Wenn ein Pfad oder der Dateiname Leerzeichen enthält, muss das Argument in Anführungsrungszeichen gesetzt werden.

Server ist rshd   rcp verwendet als Serverdienst rshd, also eine Remote Shell. Über diese wird auf der Gegenstation der rcp-Client, mit dem die eigentliche Übertragung stattfindet, mit der Option -f aufgerufen. Die Option -f ist in der Manpage nicht dokumentiert, da sie ausschließlich dazu dient, den gegenüberliegenden rcp in eine Art »Servermodus« zu versetzen. Dem rcp auf der Gegenseite werden als Parameter gleich noch die Dateinamen mitgegeben. Es gibt also keinen rcpd.

rlogin

Terminalsitzung   Mit dem Befehl rlogin eröffnen Sie eine Terminalsitzung auf dem Zielrechner unter Ihrer eigenen Benutzerkennung. Voraussetzung ist, dass Sie auf der fremden Maschine ebenfalls eine Benutzerkennung besitzen und dass in der Datei **.rhosts** auf dem fremden Rechner der aktuelle Computer eingetragen ist. In diesem Fall wird kein Passwort ausgetauscht, und damit kann es auch nicht abgehört werden. Versuchen Sie einen rlogin auf einen nicht entsprechend vorbereiteten Rechner, wird rlogin davon ausgehen, dass die Kennung die gleiche ist wie auf dem aktuellen Rechner, und das Passwort für die Zielmaschine anfordern.

> **Einloggen in andere Rechner: rlogin**
>
> rlogin <*Hostname*>

Rechnernamen als rlogin   Sie können das Einloggen auf eine fremde Maschine noch weiter vereinfachen, indem Sie einen Link von **rlogin** erstellen und dem Link den Namen eines Rechners geben. Das Programm rlogin prüft beim Aufruf, ob es unter einem anderen Namen aufgerufen wurde, und verwendet dann diesen Namen als Zielmaschine.

```
silver> ln -s `which rlogin` gaston
silver> gaston
Last login: Thu Mar 21 09:52:09 from gaston.willemer.edu
Have a lot of fun...
gaston>
```

In der ersten Zeile wird ein symbolischer Link von dem Dateinamen gebildet, den der Befehl `which` liefert, und gibt ihm den Namen gaston. Dieser Link zeigt dann auf den vollständigen Pfad von **rlogin**. Nun können Sie gaston aufrufen. Über den symbolischen Link wird `rlogin` gestartet. Das Programm `rlogin` stellt fest, dass der Name, unter dem es aufgerufen wurde, gaston lautet, und stellt eine Verbindung zu gaston her.

Befehlsausführung (rsh, rcmd und rexec)

Das Programm `rsh` dient dazu, ein Kommando auf einem fremden Rechner ausführen zu können. Auf einigen Systemen hat `rsh` den Namen `rexec`. SCO nennt den Befehl `rcmd` (remote command). Der Name `rsh` ist hier für die restricted shell, eine lokale Shell mit eingeschränkten Rechten, vergeben.

Aufruf des Befehls rsh
rsh *<Zielrechner>* *<Befehl>*

Statt `rlogin` wird `rsh` eingesetzt, wenn Skripte oder einzelne Programme auf anderen Maschinen gestartet werden sollen. Das kann beispielsweise im Zusammenhang mit einer Fernsteuerung der Fall sein. Auch wenn ein Login aufgrund begrenzter Lizenzen ein weiteres Mal nicht möglich ist, lassen sich mit `rsh` oft noch ein paar Abläufe starten.

rsh versus rlogin

Mit der Option `-l` kann der Benutzer angegeben werden, unter dessen Kennung der Befehl ausgeführt werden soll.

20.7 Wenn Sicherheit vorgeht: ssh und scp

Es gibt boshafte Menschen, die Leitungen abhören.[1] Dabei fällt ihnen bei `telnet`, `ftp` und anderen Protokollen das eine oder andere Passwort in die Hände. Und anstatt sich einen eigenen Linux-Rechner zu kaufen, brechen sie in Ihre Systeme ein, nur um endlich einmal mit UNIX arbeiten zu

---

[1] Falls Sie auch mal zu den »Bad Boys« gehören wollen: Das Programm tcpdump hilft dabei. Siehe Seite 528.

dürfen. Damit diese Menschen zur Ehrlichkeit gezwungen werden, wurde mit SSH (Secure Shell) die Möglichkeit geschaffen, den Datenverkehr über das Netz zu verschlüsseln.

SSH hat als freie Software begonnen. Inzwischen hat der Autor Tatu Ylonen eine kommerzielle Version herausgegeben und pflegt die freie Version nicht mehr. Dies hat eine Gruppe von Programmierern übernommen, so dass es eine aktuelle, freie Version gibt, die OpenSSH heißt. SSH basiert auf Verschlüsselungsalgorithmen, die an dieser Stelle nicht behandelt werden. Der Rest dieses Abschnitts befasst sich mit der Konfiguration einer solchen Umgebung.

Verschlüsselte Terminalsitzung Als Client gibt es ssh, das rlogin oder telnet entspricht. Er bietet also die Möglichkeit, eine Sitzung auf einer fernen Maschine abzuhalten. Als zweiten Client gibt es scp, dessen Syntax vollständig rcp entspricht. Die Clients werden in der Datei **ssh_config** konfiguriert, die sich im Verzeichnis **/etc** oder in **/etc/ssh** befindet.

Der Server heißt sshd, seine Konfigurationsdatei **sshd_config** und befindet sich ebenfalls im Verzeichnis **/etc** oder **/etc/ssh**.

Terminalsitzung mit Login Es gibt verschiedene Arten, ssh zu betreiben. Sie können ssh als telnet-Ersatz verwenden. Dazu muss an der Standardkonfiguration nichts geändert werden. Der Vorteil besteht einfach darin, dass sich der Datenverkehr nicht abhören lässt, da er verschlüsselt ist. Wenn Sie verhindern möchten, dass sich jemand von einer beliebigen Maschine aus einloggen kann, können Sie diese Art des Zugriffs in der Konfigurationsdatei sperren und somit nur den Zugriff von explizit genannten Systemen oder Netzen erlauben.

Authentifizierung Die zweite Variante arbeitet mit der gleichen Methode wie die r-Tools, also die Dateien **.rhosts** oder **hosts.equiv**. Der Sicherheitsgewinn besteht darin, dass die Datenübertragung nun verschlüsselt ist. Wollen Sie wie bei den r-Tools den Aufruf ohne die Bestätigung durch die Eingabe von Passwörtern realisieren, verwenden Sie eine Art von Fingerabdruck, den Sie zwischen den Maschinen austauschen. Zu guter Letzt gibt es noch eine Konfiguration, die eine Mischform aus der Authentifizierung per **rhosts**-Datei und per Fingerabdruck darstellt.

Im Folgenden wird eine Konfiguration als telnet-Ersatz und dann per RSA-Authentifizierung vorgestellt.

ssh als telnet-Ersatz

Die einfachste Verwendung von ssh ist der Einsatz als telnet-Ersatz. Dazu muss lediglich gewährleistet sein, dass in der Datei **sshd_config** der Wert der Variablen PasswordAuthentication nicht auf no steht. Wird dieses Schlüsselwort gar nicht erwähnt, ist das in Ordnung. Standardmäßig steht dieser Wert auf yes. Melden Sie sich von einer fremden Maschine aus über einen ssh-Client an, wird es wie bei telnet eine Aufforderung zum Einloggen mit Benutzernamen und Passwort geben. Allerdings wird von Anfang an verschlüsselt gearbeitet. Der Eintrag in der Datei **/etc/sshd_config** lautet:

PasswordAuthentication yes

Das Abschalten der Option PasswordAuthentication ist möglich und sinnvoll, wenn beispielsweise ein Webserver, auf den man vom Internet aus zugreifen kann, nicht von außen per ssh ansprechbar sein soll. Er kann so konfiguriert werden, dass er nur von internen Rechnern der Firma administriert wird.

Für MS Windows gibt es das freie Programm PUTTY, das einen ssh-Client und einen scp beinhaltet. Sie finden es unter:

http://www.chiark.greenend.org.uk/~sgtatham/putty

RSA-Authentifizierung

RSA ist ein asymmetrisches Kryptoverfahren, auf dem die Schlüsselverwaltung von SSH beruht. Es ist nach den Entwicklern Rivest, Shamir und Adleman benannt.[2]

Soll von einer Maschine eine SSH-Verbindung aufgebaut werden können, muss sie vom Server eindeutig identifizierbar sein. Da eine IP-Adresse leicht zu ändern ist, reicht diese Art der Identifikation nicht aus. Man generiert mit dem Programm ssh-keygen zwei Schlüssel für eine Maschine. Der eine Schlüssel ist privat und der zweite ist öffentlich. Der öffentliche Schlüssel wird auf dem Server hinterlegt.

Vorbereitungen

Im Beispiel soll der Rechner gaston per ssh oder scp auf den Rechner silver zugreifen können. Bisher sind beide Rechner per rsh und rcp erreichbar. Mit dem Kommando ssh-keygen wird auf gaston ein Schlüssel erzeugt:

---

2 Rivest, Shamir, Adleman: A Method for Optaining Digital Signatures and Public Key Cryptosystems. Communication of the ACM, Feb. 1978.

```
gaston> ssh-keygen
Generating public/private rsa1 key pair.
Enter file in which to save the key (/home/arnold/.ssh/identity)
Enter passphrase (empty for no passphrase):
Enter same passphrase again:
Your identification has been saved in /home/arnold/.ssh/identity
Your public key has been saved in /home/arnold/.ssh/identity.pub
The key fingerprint is:
3b:a2:62:ed:02:ef:30:79:a1:4b:0b:b6:35:21:d8:f1 arnold@gaston
gaston>
```

Öffentlichen Schlüssel kopieren

Wie aus den Meldungen zu entnehmen ist, befinden sich die Dateien mit den Informationen im Unterverzeichnis **.ssh** des Benutzerverzeichnisses. Die Datei **identity.pub** enthält eine Zeile mit dem öffentlichen Schlüssel. In dieser Datei befindet sich nur die eine Zeile, die auf arnold@gaston endet. Diese Zeile wird auf dem Zielrechner an die Datei **.ssh/authorized_keys** angehängt:

```
silver> cd
silver> rcp gaston:.ssh/identity.pub .
silver> cat identity.pub >> .ssh/authorized_keys
silver> rm identity.pub
```

Wenn die Konfigurationsdateien der ssh-Komponenten nicht verändert wurden, kann sich nun der Benutzer arnold von gaston aus auf dem Rechner silver anmelden, ohne ein Passwort einzugeben:

```
gaston> ssh silver
Last login: Mon Feb 25 00:04:06 2002 from mail.willemer.edu
Have a lot of fun...
silver>
```

scp: Sicheres Kopieren über das Netz

Das Kopieren erfolgt ähnlich wie bei rcp, allerdings ist scp von Haus aus etwas geschwätziger. Das Programm zeigt einen Verlaufsbalken beim Kopieren an. Dieses unterhaltsame Feature können Sie allerdings auch mit der Option -q abschalten. Mit -B können Sie verhindern, dass scp plötzlich in einem im Hintergrund laufenden Prozess nach dem Kennwort fragt.

```
gaston> scp silver:/etc/passwd .
passwd      100% |*****************************|  2071    00:00
gaston>
```

Konfigurationsdatei des Clients

Nach einer Standardinstallation von ssh finden Sie eine fast vollständig auskommentierte Datei **ssh_config**. Dabei sind die Defaultwerte hinter den Variablen angegeben. Ihr Inhalt sieht folgendermaßen aus:

```
Host *
#   ForwardAgent no
#   ForwardX11 no
#   RhostsAuthentication no
#   RhostsRSAAuthentication yes
#   RSAAuthentication yes
#   PasswordAuthentication yes
#   FallBackToRsh no
#   UseRsh no
#   BatchMode no
#   CheckHostIP yes
#   StrictHostKeyChecking yes
#   IdentityFile ~/.ssh/identity
#   IdentityFile ~/.ssh/id_dsa
#   IdentityFile ~/.ssh/id_rsa
#   Port 22
    Protocol 1,2
#   Cipher blowfish
#   EscapeChar ~
```

Hier würde man `RhostsRSAAuthentication` auf `no` stellen. Die Werte hinter `Host` bezeichnen die SSH-Server, die der Client ansprechen kann. In diesem Fall sind das alle. Die Werte hinter `Protocol` geben an, welche SSH-Protokollversionen in welcher Reihenfolge unterstützt werden sollen.

Die Konfiguration für den Server `sshd` ist deutlich umfangreicher, sodass hier nur ein Ausschnitt aus der **sshd_config** betrachtet werden soll:

Konfiguration von sshd

```
IgnoreRhosts yes
RhostsAuthentication no
RhostsRSAAuthentication no
RSAAuthentication yes
PasswordAuthentication yes
```

Mit diesen Werten ist das Einloggen ohne Passwort nur erlaubt, wenn eine Schlüsselübergabe stattgefunden hat. Alle **rhosts**-Varianten der Authentifizierung sind ausgeschlossen. Ein direktes Einloggen mit der Eingabe eines Passworts ist aber erlaubt. Sobald die RSA-Keys eingerichtet sind, können Sie die PasswordAuthentication wieder auf no schalten, um ein direktes Einloggen zu vermeiden.

Tunnelbau: Andere Protokolle sichern

Mit ssh können Sie Netzverbindungen anderer TCP/IP-Dienste sichern. Die Basis ist eine gewöhnliche Sitzung mit `ssh`, der man allerdings die

Ports zuordnet. Dazu gibt es die Option -L. Als weiterer Parameter wird ein Tripel aus eigener Portnummer, dem Benutzer auf dem Zielrechner und dem Zielport angefügt. Als Beispiel wird eine Sitzung aufgesetzt, die vom Rechner silver zu gaston führt. Der Zielport ist 110, der für POP3 verwendet wird:

```
silver>  ssh gaston   -L 2002:gaston:110
Last login: Sun Jul  7 11:32:27 2002 from silver.willemer.edu
Have a lot of fun...
gaston>
```

Sobald diese Sitzung angemeldet ist, kann auf dem Rechner silver ein Mailclient aufgerufen werden. In der Konfiguration des Mailprogramms wird als Server localhost, also silver, angegeben. Der Port wird von 110 auf 2002 umgestellt. Sobald Sie nun Ihre Mail abrufen, wird der Mailclient lokal auf silver den Port 2002 anfragen. Der ist aber durch die ssh-Sitzung über eine gesicherte Verbindung mit dem Port 110 von gaston verbunden. Dieser Tunnel bleibt so lange bestehen, wie die ssh-Sitzung besteht. Nach dem Ausloggen kann auch auf den Tunnel nicht mehr zugegriffen werden.

Durch Firewall und Proxy Da die Verbindung durch SSH getunnelt wird, kann sie überall da aufgebaut werden, wo eine solche Verbindung erlaubt ist. Damit hat die Freigabe von SSH zur Folge, dass die Berechtigten auch beinahe jede andere Verbindung zwischen den Rechnern aufbauen können, für die SSH gestattet ist. Eine Firewall wie auch ein Proxy können die Verbindung zwar als SSH identifizieren, sie können aber nicht erkennen, welcher Protokolltyp darin getunnelt wird.

Auch UNIX-Rechner wollen mal surfen.

21 Internetanschluss

Der Zugang zum Internet ist natürlich auch UNIX-Maschinen offen. Nur wenige Handgriffe sorgen dafür, dass man Kontakt bekommt. Neben dem reinen Zugang sollten auch Sicherheitsaspekte berücksichtigt werden.

21.1 Zugang zum Internet

Wie der Zugang zum Internet geschaffen wird, ist wesentlich einfacher zu verstehen, wenn man sich Gedanken macht, was das Internet ist und was einen mit dem Internet verbundenen Rechner von anderen Rechnern unterscheidet.

Vorüberlegungen

Das Internet ist eigentlich nur ein großes IP-Netzwerk, das aus vielen Subnetzen besteht. Die Kunst liegt also darin, eine Route zu jedem Rechner im Netz zu bekommen. Eigentlich ist die Aufgabe sogar noch viel einfacher. Sie müssen nur eine Verbindung zu dem Rechner finden, der die Pakete in das große Internet hineinschafft. Wie die Pakete durch das Internet laufen, kann Ihnen ja egal sein. Bisher hat es ja immer noch geklappt. Um also diese Aufgabe zu bewältigen, brauchen Sie eine IP-Adresse für Ihren eigenen Rechner und die IP-Adresse des Gateways zum Internet. Damit ist die grundsätzliche Verbindung bereits geschaffen. Die Pakete finden ihren Weg.

<small>Großes IP-Netzwerk</small>

Wenn Sie nicht zu denjenigen gehören, die die IP-Adresse von Google auswendig wissen, werden Sie vermutlich auch lieber www.google.de in Ihren Browser tippen wollen. Also müssen Sie noch wissen, wen Sie fragen können, welche IP-Adresse hinter dem Namen www.google.de steckt. Das weiß ein DNS-Server. Da erst der DNS-Server die Verbindung zwischen Namen und Nummern schafft, müssen Sie dessen IP-Nummer wissen.

<small>Namen statt Nummern</small>

Sie brauchen also drei Dinge:

- eine eigene IP-Adresse
- die IP-Adresse des Gateways, das weiß, wie es ins Internet geht
- die IP-Adresse des DNS-Servers, der weiß, wie man Namen in IP-Adressen umwandelt

Natürlich können Sie mit UNIX ebenso ins Internet wie mit jedem gängigen anderen Betriebssystem auch. Wie groß der Aufwand wird, ist davon abhängig, in welcher Umgebung die Maschine steht. Es ist ein grundsätzlicher Unterschied, ob Sie einen Heimarbeitsplatz per Modem an einen Provider anschließen oder eine Workstation in einem Firmennetz.

Vom LAN ins Internet

Rechner im LAN — Wollen Sie eine Workstation in ein Firmennetz einbinden, das bereits an das Internet angeschlossen ist, ist der Aufwand gering.

Angenommen das lokale Netz hätte die IP-Adresse 192.168.40.0. Ihr Rechner erhält die Nummer 51. Wenn das Gateway die Nummer 1 besitzt und die Nummer 22 den DNS-Server für die Domäne darstellt, würden folgende Befehle eine Verbindung zum Internet schaffen:

```
libo# ifconfig eth0 192.168.40.51
libo# route add default gateway 192.168.40.1
libo# echo "nameserver 192.168.40.22" >/etc/resolv.conf
```

Mit dem ersten Befehl legen Sie Ihre IP-Adresse fest. Mit dem zweiten Befehl wird die Standard-Route auf das Gateway gelegt. Sollte es nicht schon vorher eine Default-Route gegeben haben, reicht der eine Befehl. Mit dem letzten Befehl überschreiben Sie den Inhalt der Datei **/etc/resolv.conf**, um dort den DNS-Server einzutragen.

DHCP hilft — In vielen Fällen brauchen Sie nicht einmal das zu tun. Oft läuft im Netzwerk ein DHCP-Server (siehe Seite 514), der alle DHCP-Clients mit exakt diesen Informationen versorgt. Das ist auch der Grund, warum DSL-Router oft auf Anhieb funktionieren. Sie haben meist ebenfalls einen DHCP-Server an Bord.

Proxy — Falls ein Proxy (siehe Seite 571) eingesetzt wird, müssen weder DNS noch die Routingtabelle konfiguriert werden. Sie müssen allerdings die entsprechenden Clientprogramme, vor allem den Webbrowser, anpassen. Für einen Proxy müssen Sie normalerweise die IP-Adresse oder den Namen des Proxyrechners und den Port angeben, über den der Proxy das jeweilige Protokoll entgegennimmt.

Einzelplatzrechner

Soll eine direkte Anbindung eines Linux-Rechners an einen Provider erfolgen, hängt die Konfiguration des Anschlusses von Ihrer Umgebung ab. Zunächst muss festgestellt werden, ob Sie per Modem, ISDN oder DSL ins Internet wollen.

Anschlussfrage

Beim Zugang über ein Modem wird dieses an die serielle Leitung oder per USB an den Rechner angeschlossen. Dabei ist es weitgehend egal, ob es ein analoges Modem oder ein ISDN-Modem ist. Beide Arten werden über die klassischen Modembefehle dazu gebracht, eine Telefonnummer zu wählen und das Protokoll PPP anzuwenden. Dabei wird wird der Computer dem Einwahlrechner über das Modem die Benutzerkennung und das Passwort senden. Im Gegenzug bekommt der Rechner seine IP-Adresse, das Gateway und den DNS-Server.

Modem

Wenn Sie per DSL angeschlossen sind, ist zu unterscheiden, ob die kleine Kiste, die Sie bekommen haben, ein DSL-Modem oder ein DSL-Router ist. Auf den ersten Blick unterscheiden sich diese kaum. Beide werden über ein Ethernetkabel mit dessen Netzwerkschnittstelle verbunden. Ein Modem kann nur einen Computer ins Internet bringen. Das Ethernetkabel wird verwendet, um PPPoE (Point to Point Protocol over Ethernet) zum Modem zu betreiben. Wie beim klassischen Modem muss der ansteuernde Rechner die Informationen über Benutzerkennung und Passwort besitzen. Auch hier erhält der Rechner seine IP-Adresse, das Gateway und den DNS-Server.

DSL-Modem

Ein DSL-Router ist sehr viel einfacher zu handhaben. Die DSL-Router enthalten meist einen Hub mit mehreren Ethernetanschlüssen, manchmal sogar einen Access Point, so dass Sie auch per WLAN ins Internet kommen und natürlich den DSL-Zugang. Im Auslieferungsstand besitzen sie meist einen DHCP-Server. Das macht dann die Sache endgültig einfach. Wenn Ihr Rechner als DHCP-Client ausgelegt ist, sehen Sie einfach nach, welche IP-Nummer ihm zugeteilt wurde. Mit großer Wahrscheinlichkeit gehört der Router zum gleichen Netz und hat die Hostnummer 1. Wenn Sie nun noch einen Browser öffnen und die IP-Adresse eingeben, dürften Sie schon die Konfiguration vor sich haben. Sollte das nicht klappen, müssen Sie vielleicht doch das beigelegte Handbuch lesen. Benutzerkennung und Passwort wird im Router hinterlegt, da er die Verbindung mit dem Provider herstellt.

DSL-Router

ISDN-Karten verhalten sich fast wie Netzwerkkarten. Sie benötigen allerdings bestimmte Treiber, die dann das PPP mit dem Provider aushandeln.

ISDN-Karte

Insbesondere für Linux gibt es das Software-Paket I4L, das für ISDN-Karten geschrieben wurde.

Problemfälle Es gibt einige Problemkandidaten. So sind die als PCI-Karten oder in Notebooks verbauten WinModems, die ein paar Cent billiger sind als echte Modems, weil sie die interne Soundkarte für das Anwählen verwenden, kaum zur Zusammenarbeit zu bewegen. Es gibt auch ISDN-Karten, die in USB-Boxen eingebaut mit einer speziellen Windows-Software ausgestattet sind, die großen Ärger machen können. Manch Internetanschluss einer Telefonanlage lässt sich ausschließlich mit der mitgelieferten Windows-Software nutzen. Es ist klug, vor Anschaffung dieser Geräte einmal das Internet zu dem Gerät zu befragen. Es gibt bestimmt schon andere, die versuchten, mit dem Gerät ins Internet zu kommen.

UMTS und EDGE Für diejenigen Mitmenschen, die keinen DSL-Zugang bekommen, werden immer neue Ideen entwickelt, die allerdings in erster Linie auf Windows ausgelegt sind. So gibt es Zugänge per UMTS oder EDGE, also per Mobilfunk. Für die Kontaktaufnahme werden Boxen angeboten, die über USB angebunden sind, also Modems darstellen. Welches Innenleben diese Geräte haben, ist aus den Prospekten nicht erkennbar. Ein Anbieter hat auch einen Router im Angebot. EDGE bietet immerhin die vierfache ISDN-Geschwindigkeit. Mit UMTS kommt man sogar schneller als mit einem Standard-DSL-Anschluss ins Internet. Vorsicht ist bei den Verträgen geboten. Eine Flatrate im eigentlichen Sinne gibt es bisher nicht. Meist ist die Zeit begrenzt. Damit fällt das Chatten aus, weil das Chat-Programm in gewissen Zeitabständen meldet, dass es noch aktuell online ist. Die Volumen sind oft auch begrenzt. Die Zahlen wirken zwar hoch, sind aber durch hochauflösende Bilder, Betriebssystem-Updates oder gar Spielfilme innerhalb kurzer Zeit aufgebraucht.

Satellit Oft wird auch der Weg über den Satelliten angeboten. Dazu muss eine TV-Karte für Satellit in den Rechner eingebaut werden. Eine passende Schüssel muss auch installiert werden. Aus der Vielzahl der Sender wird derjenige per Software herausgesucht, der die Daten liefert. Diese Software ist oft nur für bestimmte Windows-Versionen verfügbar und meist auf einen Einzelplatz beschränkt. Da man mit einer normalen Satellitenanlage zwar empfangen, aber nicht senden kann, muss der Sendekanal über Telefonleitung erfolgen. Damit ist der Satellit nur interessant, um größere Downloads durchzuführen. Ein weiterer Nachteil der Satellitenlösung liegt darin, dass der Weg zum Orbit lang ist. Die Daten kommen mit einem deutlich spürbaren Zeitversatz auf der Erde an.

Der Kern jeder Installation ist das PPP (Point-to-Point Protocol). Dieses Protokoll kann über Modem, ISDN oder Ethernet gelegt werden und tauscht Informationen mit dem Provider aus. Der Anfrager sendet seinen Benutzernamen und sein Passwort. Als Antwort erhält er die zugeteilte IP-Adresse für das Internet. Die IP-Adresse ist nur für diese Verbindung gültig und kann bei der nächsten Verbindung bereits anders sein. Es wird nun ein Pseudo-Device mit dieser IP-Adresse eingerichtet, das auf der eigentlichen Kommunikationshardware wie beispielsweise dem Modem basiert. Die Default-Route wird auf dieses Pseudo-Device umgelenkt und die Namensauflösung auf den DNS-Server des Providers eingestellt. Damit ist der Rechner im Internet.

PPP

Im Zuge der Verbindungsaufnahme laufen einige Skripte wie beispielsweise **ip-up** im Verzeichnis **/etc/ppp**. Diese Skripte sind interessant, weil Sie von dort eigene Skripte starten können, die beim Einstieg ins Internet ausgeführt werden sollen. Mein Arbeitsplatzrechner holt beispielsweise bei jedem Verbindungsaufbau die E-Mail der gesamten Familie ab.

Start-Skripte

Für die Einrichtung benötigen Sie normalerweise folgende Informationen:

▶ Benutzerkennung und Passwort

▶ Telefonnummer des Anbieters

Mit Hilfe eines Masquerading-Pakets (siehe Seite 570) kann der Linux-Rechner für das LAN zum Internet-Router werden. So können Sie mit mehreren Rechnern parallel surfen. Bei dem Paket isdn4linux und bei Modems mit dem Wähldämon diald ist es auch möglich, die Verbindung bei Bedarf zu öffnen. Da das Gateway nicht ermitteln kann, wann die Sitzung beendet ist, wird es so eingestellt, dass nach einer gewissen Zeit ohne Datenverkehr wieder aufgelegt wird. Bei ISDN kann das aufgrund der schnellen Verbindungserstellung recht häufig erfolgen, bei einem Modem lässt man sich lieber eine Weile Zeit. Einen solchen Automatismus sollten Sie aus zwei Gründen genau überwachen: Zunächst ist es bei einer fehlerhaften Konfiguration vor allem von DNS möglich, dass regelmäßig unnötige Verbindungen aufgebaut werden. Ferner gibt es immer mehr Programme, vor allem unter MS Windows, die aus den unterschiedlichsten Gründen Kontakt mit ihrem Hersteller aufnehmen. Manche Programme prüfen, ob Updates vorliegen, andere spionieren den Rechner aus, und einige Viren aktualisieren sich inzwischen über das Internet.

21.2 Firewall und Masquerading

Wenn eine Firma ihr internes Netzwerk mit dem Internet verbindet, möchte sie die Vorteile des Internets nutzen. Im Web möchte sie sich über Marktpreise und Konkurrenten informieren. Es sollen E-Mails gelesen und gesendet werden können. Auf der anderen Seite will sie aber verhindern, dass Konkurrenten von außen in die Firma eindringen und das Intranet mitlesen, in dem alle Kundendaten vorliegen, die Marktstrategien beschrieben sind und die Forschungsergebnisse dargestellt sind.

Das interne Netz mit dem Intranet ist aus Sicht der Firma vertrauenswürdig. Aus dem externen Netz werden Angriffe erwartet, gegen die man sich schützen möchte. Eine Firewall tut genau dies: Sie schützt ein vertrauenswürdiges internes Netz vor Angriffen aus einem nichtvertrauenswürdigen externen Netz. Es beschränkt die Kommunikation aufgrund eines Regelwerkes.

Eine Hardware-Firewall ist ein Gerät mit mit mindestens zwei Netzwerkadaptern. Er steht zwischen dem internen Netz und dem Internet und befindet sich darum normalerweise nicht im direkten Zugriff des Firmennetzes. Der komplette Paketverkehr zwischen dem internen und externen Netz geht durch ihn hindurch. Eine Firewall filtert die Pakete nach Regeln, auf die wir noch zu sprechen kommen. Die Firewall empfängt die TCP/IP-Pakete auf jeder Schnittstelle und prüft, ob das Paket auf der jeweils anderen Schnittstelle weiterversandt, ignoriert oder mit einer Fehlermeldung zurückgesendet werden soll.

Paketfilter Ein naher Verwandter der Firewall ist die Personal Firewall. Dabei handelt es sich um einen Paketfilter, die auf einem normalen Arbeitsplatzrechner läuft und dort überprüft, ob die Pakete, die den Rechner erreichen und verlassen, den aufgestellten Regeln entsprechen. Ein solcher Paketfilter ist als Firewall für ein Firmennetz zwar theoretisch einsetzbar. Dann müsste der Rechner allerdings zwischen Router und Internet gestellt werden und nicht direkt zum Arbeiten verwendet werden. Da der Rechner aber am normalen Netzverkehr teilnimmt, kann er über das Netz auch kompromittiert werden. Als zusätzlicher Schutz für den Einzelrechner oder als Schutz für einen Einzel-PC, der hin und wieder zum Surfen verwendet wird, ist eine solche Personal Firewall aber durchaus brauchbar.

Jedes größere lokale Netzwerk mit einer Verbindung zum Internet ist heutzutage mit einer Firewall abgesichert. Eine Firewall wird oft auf der Basis eines Linux-Rechners realisiert.

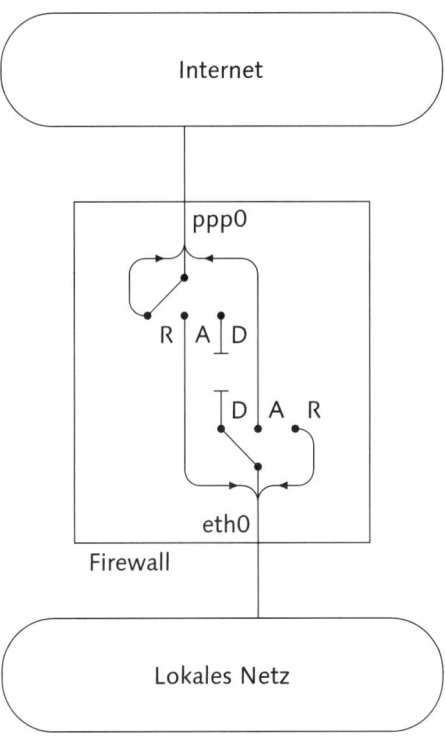

Abbildung 21.1 Firewall

Der Rechner, der die Firewall aufbaut, übernimmt dann normalerweise auch das Masquerading, also die Vermittlung des Zugangs zum Internet, sofern das lokale Netzwerk nicht aus lauter Computern mit internetfähigen IP-Adressen besteht.

21.2.1 Funktionsweise einer Firewall

Eine Firewall soll einen Einbruch in ein privates Netz verhindern, obwohl das Netz nach außen mit einem öffentlichen Netz verbunden ist. Ist eine TCP/IP-Verbindung einmal hergestellt, wird auch jedes Protokoll transportiert. Ein Router interessiert sich nicht für den Inhalt der Pakete, die er vermittelt.

Im Prinzip funktioniert eine Firewall so, dass die Verbindung des Netzes nach außen durchtrennt wird und ein Rechner mit zwei Netzwerkschnittstellen dazwischengesetzt wird. Dieser Computer arbeitet fast wie ein Router. Allerdings schickt er nicht jedes Paket auf die andere Seite, sondern überprüft anhand seiner Regeln, ob das Paket passieren darf, ob es zurückgewiesen werden soll oder ob es einfach nur verworfen wird.

Firewall leitet Pakete weiter

Paketanalyse

Da jedes Paket die IP-Adresse des Senders und des Empfängers enthält und darüber hinaus die Portnummer der beiden, kann der Firewall-Rechner erkennen, zu welchem Zweck das Paket versandt wurde. Beispielsweise wird eine Anfrage an einen Webserver im Internet als Empfänger eine IP-Adresse haben, die nicht zum Firmennetz gehört, und eine Portnummer 80. Der Absender hat eine IP-Adresse aus dem Firmenbereich und als Portnummer eine beliebige Nummer, die nicht zu den well known Ports gehört. Bei der Antwort des Servers werden Empfänger und Absender vertauscht. Diese Pakete werden durchgelassen, wenn das Surfen innerhalb der Firma erlaubt ist. Dagegen würde ein Versuch, den firmeninternen Intranetwebserver von außen anzugreifen, anders aussehen. Der Empfänger des Pakets hätte eine IP-Adresse des internen Firmennetzes, und die Portnummer wäre 80. Es ist also an den Paketadressen zu erkennen, wer Client und wer Server ist.

Alles ist verboten, was nicht explizit erlaubt ist

Üblicherweise beginnt man bei der Festlegung der Firewall-Regeln damit, jede Kommunikation zu unterbinden. Anschließend werden sukzessive die benötigten und ungefährlichen Kommunikationswege zugelassen. Es muss also der Zugriff auf Webserver über den Port 80 nach außen explizit freigegeben werden, sonst kann niemand im Internet surfen.

ipchains und iptables

Das Paket `ipchains` wird mit den Linux-Versionen bis Kernelversion 2.2 ausgeliefert. Das ab Version 2.4 verwendete Paket `iptables` ist weitgehend befehlskompatibel.

Regelwerk in einem Skript

In Regeln wird festgelegt, wie mit einem Paket verfahren werden soll. Dabei gibt es verschiedene Aktionen, die je nach Art des Pakets eingeleitet werden können (siehe Tabelle 21.1). Die Regeln werden in einem Skript durch den mehrfachen Aufruf von `ipchains` definiert. Dieses Skript wird normalerweise beim Start in den rc-Skripten ausgeführt.

Aktion	Wirkung
ACCEPT	Das Paket darf seinen Weg fortsetzen
DENY	Verwerfen und schweigen
REJECT	Ablehnen und Fehlermeldung an Absender
REDIRECT	Schickt die Pakete an einen Proxy

Tabelle 21.1 Aktionen

Zu Anfang werden alle Regeln gelöscht. Das bewirkt die Option -F (flush):

```
ipchains -F input
ipchains -F output
ipchains -F forward
```

Mit der Option -A (add) werden Regeln hinzugefügt. Die folgenden zwei Regeln besagen, dass Pakete von den Schnittstellen `eth0` und `lo` erlaubt sind:

```
ipchains -A input -i lo -j ACCEPT
ipchains -A input -i eth0 -j ACCEPT
```

Dagegen sind Zugriffe von außen mit privaten Netzwerkadressen verdächtig. Eigentlich werden diese im Internet nicht geroutet, also sollten sie gar nicht auftreten können. Entsprechend lässt sich davon ausgehen, dass hier IP-Adressen gefälscht worden sind, und solch verdächtige Pakete werden abgelehnt:

```
ipchains -A input -i ppp0 -s 192.168.0.0/16 -j DENY
ipchains -A input -i ppp0 -s 172.16.0.0/12 -j DENY
ipchains -A input -i ppp0 -s 10.0.0.0/8 -j DENY
```

Von außen wollen wir alle Zugriffe per telnet (Port 23) ausschließen. Aber SMTP (Port 25) und SSH (Port 22) sollen erlaubt sein:

```
ipchains -A input -i ppp0 -p tcp --dport 22 -j ACCEPT
ipchains -A input -i ppp0 -p tcp --dport 23 -j DENY
ipchains -A input -i ppp0 -p tcp --dport 25 -j ACCEPT
```

iptables

Die Software `netfilter` arbeitet innerhalb des Linux-Kernels und ermöglicht es, Netzwerkpakete abzufangen oder zu manipulieren. Es bildet damit das Herzstück einer Firewall, die durch das Dienstprogramm `iptables` konfiguriert werden.

`iptables` ist eine neue Generation von Paketfilter und `Ipchains` weit überlegen, weil `iptables` UDP und TCP Paketeheader nicht nur nach den Portnummern fragt, sondern nach dem Zustand ihrer Verbindung. Im Fall von UDP wird eine Verbindung simuliert. Diese Form der Paketfilter wird als stateful inspection bezeichnet. Der Vorteil ist, dass man den Filter so einrichten kann, dass er den Verbindungsaufbau nur von innen nach aussen für bestimmte Pakete erlaubt, während von aussen nach innnen nur Pakete durchgelassen werden, die zu einer bestehenden Verbindung gehören.

Nach dem iptables-HOWTO wird die folgende Sequenz von Befehlen empfohlen, wenn jemand eine Personal Firewall benötigt, die alle Zugriffe aus dem Internet über PPP verhindert.

```
# Insert connection-tracking modules (not needed if built into kernel).
insmod ip_conntrack
insmod ip_conntrack_ftp

# Create chain which blocks new connections, except if coming from inside.
iptables -N block
iptables -A block -m state --state ESTABLISHED,RELATED -j ACCEPT
iptables -A block -m state --state NEW -i ! ppp0 -j ACCEPT
iptables -A block -j DROP

# Jump to that chain from INPUT and FORWARD chains.
iptables -A INPUT -j block
iptables -A FORWARD -j block
```

ipfw

ipfw ist eine andere Implementierung einer Firewall. Sie finden sie beispielsweise auch unter Mac OS X. Mit folgenden Kommandos löschen Sie die Kommunikationswege und erlauben dann den SSH-Zugriff über de0.

```
ipfw -f flush
ipfw add 600 allow tcp from any to any 22 in via de0
```

Letztlich ist das Vorgehen in beiden Fällen identisch, lediglich die Syntax unterscheidet sich. Hierin besteht auch derzeit die Problematik der verschiedenen Firewalls: Es gibt keine einheitliche Syntax, obwohl normalerweise alle Varianten ähnlich arbeiten.

Möglichkeiten und Grenzen

Mit einer Firewall können neben dem Schutz vor Einbrüchen unter anderem auch folgende Ziele erreicht werden:

- ▶ Der Internet-Zugriff kann auf einzelne Rechner beschränkt werden.
- ▶ Dienste für das Internet werden auf einzelne Rechner im Netz beschränkt. Dabei kann zwischen den Diensten FTP, WWW, Mail und News unterschieden werden.
- ▶ Einzelne Dienste für das Internet können auf einen internen Rechner umgeleitet werden, der beispielsweise als Proxy arbeitet.
- ▶ Der gesamte Internetverkehr kann protokolliert werden. Dies betrifft sowohl jeden Angriffsversuch als auch zulässige Verbindungen.
- ▶ Aufgrund der Position in der Netztopologie ist der Rechner für das Masquerading prädestiniert.

Obwohl oft das Gegenteil angenommen wird, ist eine Firewall aber keineswegs in der Lage, jeden Vireneinbruch zu verhindern. Alle Viren, die als E-Mail-Anhang transportiert werden, passieren völlig unberührt die Firewall. Die Firewall sieht nur, dass hier über die Mail-Ports (POP3, SMTP oder IMAP) Daten transportiert werden. Was sich in den Paketen befindet, kann die Firewall nicht erkennen. Der eigentliche Angriff eines solchen Virus geschieht dadurch, dass der Anwender den Anhang startet oder dass das E-Mail-Programm durch eine HTML-Umgebung versehentlich den Virus startet. Danach dringt der Virus von innen in das System ein. Das allerdings wird ihm in einem UNIX-System schwer gemacht, weil die meisten Systemkomponenten nur für den Administrator erreichbar sind.[1] Andere Virenarten, wie beispielsweise der bekannte Blaster, der einen Windows-XP-Rechner vor Service Pack 2 direkt angreift, würde allerdings durch eine Firewall oder einen Paketfilter aufgehalten. Hier wurde ein Port angegriffen, der normalerweise in einem Betriebssystem niemals ohne Passwortzugang offenstehen dürfte.

Eine Firewall ist kein Virenschutz

Eine Firewall ist ein Schutz gegen einen Einbruch über das Internet. Sie schützt niemals gegen den Angriff aus den eigenen Reihen. Darum ist eine existierende Firewall kein Grund, die Sicherheit der einzelnen Rechner zu vernachlässigen. Wenn eine Schadens-Software wie der aufgeführte Blaster mit einem Windows-Notebook hinter einer Firewall getragen würde und dort einfallen würde, könnte die Firewall auch nichts dagegen tun. Allerdings würde in einem solchen Fall ein Paketfilter greifen, sofern dieser auch die Ethernet-Schnittstelle umfasst.

Kein Schutz gegen innere Angreifer

Standardpaketfilter

Die Distributionen unter Linux bringen bereits Paketfilter für Rechner mit, die direkt an das Internet angeschlossen werden sollen. Diese Pakete sind zwar nicht individuell auf optimale Sicherheit erstellt, aber sie sind sicher besser als gar kein Schutz oder die ersten eigenen Versuche, einen Paketfilter zu konfigurieren. Immerhin ist es ein kostenloser Schutz, auf den Sie nicht leichtfertig verzichten sollten.

Da der Paketfilter auf dem Arbeitsplatzrechner installiert ist, kann er natürlich nicht so sicher sein wie eine separate Firewall. Einen solchen separat stehenden Computer können Sie in seinen Netzverbindungen vollständig beschränken. Das ist mit einem Arbeitsplatzrechner natürlich nicht möglich. Dafür schützt der Paketfilter aber auch gegen Angriffe, die hinter der Firewall geschehen.

Paketfilter am Arbeitsplatz contra Firewall

---

1 Das ist ein Beispiel dafür, warum ein UNIX-Anwender niemals als root arbeitet, wenn es zu vermeiden ist.

Die Konfiguration einer Firewall sollten Sie nur selbst vornehmen, wenn Sie sich gut mit den verschiedenen Protokollen von TCP/IP auskennen. Die grundsätzliche Vorgehensweise wurde schon zu Anfang des Kapitels erklärt. Zunächst verbieten Sie jeglichen Netzverkehr. Dann öffnen Sie nacheinander diejenigen Ports, die Sie brauchen, um zu surfen, Ihre Post zu holen und so weiter. Wenn eine Software nicht funktioniert, können Sie feststellen, welcher Port verwendet wird. Wenn es sich nicht um Standardports handelt und in der Anleitung der Software keine Informationen zu finden sind, welche Kommunikation dort stattfindet, sollten Sie den Port so lange geschlossen halten, bis Sie herausgefunden haben, was da vor sich geht.

Gegebenenfalls hilft Ihnen die Lektüre der aktuellen Sicherheitswarnungen. Unter der folgenden Adresse finden Sie regelmäßig die aktuellsten Sicherheitshinweise: http://www.cert.org/

21.2.2 Masquerading

Wenn Sie mit einem DSL-Router ins Internet gehen, brauchen Sie diesen Abschnitt nicht zu lesen. Sollten Sie aber mit einem Modem oder einer ISDN-Karte ins Internet gehen, könnte es sein, dass Sie schon etwas neidisch auf die Router-Besitzer sehen, die mit mehreren Rechnern gleichzeitig ins Internet gehen können. Dann ist Masquerading die Lösung für Ihr Problem.

Der Rechner, der mit dem Modem oder der ISDN-Karte ausgestattet ist, erhält bei seiner Anmeldung eine gültige IP-Adresse für das Internet. Über seine Ethernet-Schnittstelle muss dieser Computer mit dem Rest Ihrer Rechner in einem Netzwerk verbunden sein. Für das lokale Netz empfielt sich eine IP-Adresse, die nicht vom Internet geroutet wird. Im Beispiel wird 192.168.109.0 verwendet. Statt der 109 können Sie jede andere Zahl verwenden, sofern sie kleiner als 254 und größer als 0 ist.

Funktionsweise Nun müssen Sie erreichen, dass die Pakete im lokalen Netzwerk ins Internet gelangen und wieder zurück. Das genau passiert beim Masquerading. Beim Masquerading stellt ein Rechner, der eine gültige IP-Adresse für das Internet besitzt, seinen Zugang zum Internet den anderen Rechnern im Netz zur Verfügung. Ob die IP-Adresse dauerhaft ist oder dynamisch vom Provider zugeteilt wurde, ist belanglos. Der Masquerading-Rechner nimmt nun alle Pakete aus dem lokalen Netzwerk in Richtung Internet in Empfang, steckt sie in die Hülle seiner eigenen Pakete mit gültiger Absendernummer und sendet sie an das Internet. Die zurückkehrenden Pakete packt er wieder aus und sendet sie an den Auftraggeber.

Es lässt sich leicht nachvollziehen, dass das Umsetzen der IP-Adressen am besten an der Stelle geschieht, wo sowieso jedes Paket betrachtet und überprüft wird. Darum wird das Masquerading durch die Firewallsoftware durchgeführt. Im Folgenden sehen Sie eine Regel unter `ipchains`, die die Pakete des lokalen Netzwerks 192.168.109.0 weiterleitet:

Masquerading und Firewall

```
ipchains -A forward -i ppp0 -s 192.168.109.0/24 \
                    -d ! 192.168.109.0/24 -j MASQ
```

Mit ipfwadm lauten die Befehle:[2]

```
ipfwadm -F -p deny
ipfwadm -F -a m -S 192.168.109.0 -D 0.0.0.0/0
```

Für das aktuellere iptables werden folgende Befehle gesetzt:

```
...
$IPTABLES=/usr/sbin/iptables
$INTERFACE_EXT=ppp0
...
$IPTABLES -t nat -A POSTROUTING -o $INTERFACE_EXT -j MASQUERADE
echo "1" > /proc/sys/net/ipv4/ip_forward
echo "1" > /proc/sys/net/ipv4/ip_dynaddr
....
```

Aufgrund der Nummernknappheit im Internet ist es für eine Firma überhaupt nicht mehr möglich, für alle Rechner eines Firmennetzes eigene internet-fähige Adressen zu bekommen. Insofern kommt man am Masquerading heute kaum noch vorbei. Das Masquerading hat auch den Vorteil, dass die Rechner des lokalen Netzes aus dem Internet unerreichbar sind. Da die Anzahl benötigter Adressen gering bleibt, sorgt diese Technik dafür, dass ein Wachstum des Internets möglich ist, auch wenn nicht auf IPv6 umgestiegen werden sollte.

Ein Netz braucht nur eine IP-Adresse

21.3 Proxy

Für manche Firmen kommt Masquerading nicht in Frage, weil es zu hohe Risiken birgt, die Arbeitsplätze direkt mit dem Internet zu verbinden. Dennoch möchte man vielleicht einen Zugriff auf das Web ermöglichen. Hier bietet sich als Alternative ein Proxy an. Ein Proxy ist ein Stellvertreter. Die lokalen Rechner stellen ihre Anfragen an den Proxy und dieser leitet die Anfrage in das Internet weiter. Die Antwort aus dem Internet sendet der Proxy an den Auftraggeber.

Ein Proxy stellt stellvertretend Anfragen

---

2 vgl. Barkakati, Naba: LINUX Red Hat 6.0. Franzis', Poing, 2000. S. 578.

21 | Internetanschluss

Webbetrieb Am häufigsten wird ein Proxy für HTTP, also das World Wide Web, eingesetzt. Da die Rechner im Netz ihre Anfragen an den Proxy und nicht direkt an das Internet stellen, ist weder Routing noch eine Anbindung an das DNS erforderlich, um von Arbeitsplatzrechnern aus im Internet zu surfen. Alle gängigen Browser lassen sich leicht auf den Proxy-Betrieb umstellen.

In Abbildung 21.2 wird ein Browser auf Proxy-Betrieb umgestellt. Dabei werden alle Seitenanforderungen, die per HTTP oder SSL aufgerufen werden, zunächst an den Computer gaston gesendet. Der Zielport ist auf gaston 8080 statt auf den üblichen Port 80 für HTTP gesetzt. Der Port 8080 wird auf gaston von dem Proxy bedient. Er empfängt dort die Anforderungen und sendet diese ins Internet weiter. Die Antworten, die aus dem Internet kommen, werden wiederum an den ursprünglichen Client zurückgesandt.

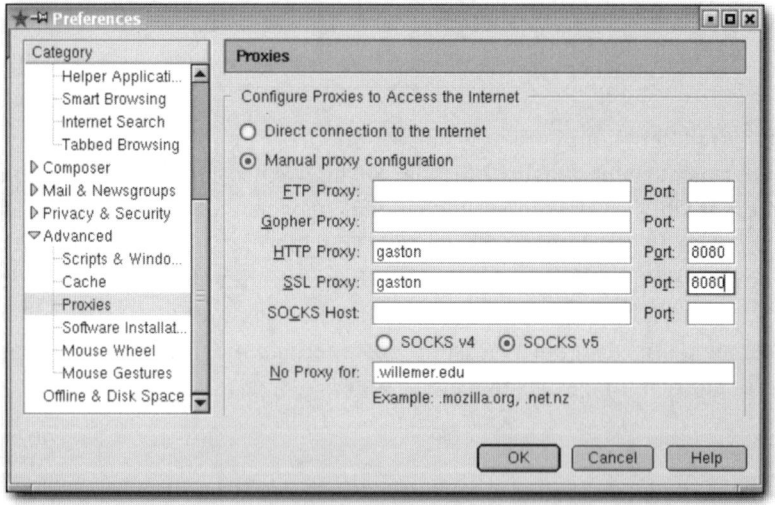

Abbildung 21.2 Dialog zur Proxy-Einstellung

Der Proxy bietet mehrere Vorteile:

▶ In einem LAN muss nur der Proxy-Computer den Zugang zum Internet haben. Das Routing und die DNS-Konfiguration müssen nicht für das Internet angepasst werden.

▶ Ein Angreifer aus dem Internet kann nur den Proxy erreichen. Sofern er hier nicht einbrechen kann, ist das restliche Netz sicher.

- Der Proxy übernimmt normalerweise auch das Caching. Werden also immer wieder die gleichen Seiten aus dem Web aufgerufen, wird der Zugriff beschleunigt.
- Bestimmte Webseiten können ausgefiltert werden.
- Es wird ein Protokoll erstellt, wer wann welche Webseiten aufgerufen hat.

Die letzten beiden Punkte sind für Firmen interessant, die das Internet nicht allen Mitarbeitern zur Verfügung stellen oder das freie Surfen am Arbeitsplatz nicht erlauben.

Apache als Proxy

Der HTTP-Server Apache kann als Proxy eingesetzt werden. Wenn also auf dem Rechner, der die Internet-Verbindung aufbaut, bereits ein Apache läuft, ist es sinnvoll, diesen als Proxy einzurichten. Der Proxy ist ein eigenständiges Modul für Apache, das natürlich installiert sein muss. Die Konfiguration erfolgt, wie bei Apache üblich, in der Datei **httpd.conf**, die sich je nach Version im Verzeichnis **/etc/httpd** oder im Verzeichnis **/etc/apache2** befindet:

```
<IfModule mod_proxy.c>
    ProxyRequests On
    <Directory proxy:*>
        Order deny,allow
        Deny from all
        Allow from .willemer.edu
    </Directory>
    ProxyVia On
</IfModule>
```

Die Einträge sind nicht weiter kompliziert. `ProxyRequests` schaltet die Anfragen an den Proxy frei. Dann erfolgt im `Directory proxy` die Sicherheitseinstellung. Nur Rechner aus der Domäne willemer.edu dürfen diesen Proxy benutzen.

Ab der Version 2 von Apache wird das Tag `<Proxy>` statt wie oben `<Directory proxy:>` verwendet.

squid

Für Umgebungen mit einem umfangreicheren Zugriff aufs Internet empfiehlt sich ein spezialisierter Proxy. Ein renommierter Proxy ist `squid`. Konfiguriert wird er durch die Datei **/etc/squid/squid.conf**. Zu dem Pa-

squid.conf

ket gehört eine Beispieldatei, die Sie am besten weitgehend unverändert lassen. In diesem Fall ist der HTTP-Port auf 3128.

Beim Start prüft `squid` die DNS-Umgebung für das Internet. Hat er beispielsweise in einer Umgebung mit einer Wählleitung keinen Zugriff darauf, sollten Sie beim Start die Leitung freischalten. Vor dem ersten Start sollten Sie `squid` einmal mit der Option -z starten. Dann erzeugt er alle Verzeichnisse, die er zum Caching der Webseiten benötigt.

In der untenstehenden Konfigurationsdatei **squid.conf** sind die für mein Hausnetz angepassten Zeilen eingerückt.

```
# Ausschnitt aus der Datei squid.conf
    acl acldom srcdomain    .willemer.edu
    acl aclnetz src 192.168.109.0/255.255.255.0
#
http_access allow manager localhost
http_access deny manager
http_access deny !Safe_ports
http_access deny CONNECT !SSL_ports
# INSERT YOUR OWN RULE(S) HERE TO ALLOW ACCESS FROM YOUR CLIENTS
    http_access allow acldom
    http_access allow aclnetz
# And finally deny all other access to this proxy
http_access allow localhost
http_access deny all
```

Zugriffsrechte

Im Beispiel werden die `acl`-Variablen `acldom` und `aclnetz` definiert. Die Erste steht für die Domäne, die Zweite für die IP-Adresse. Diese Variablen werden weiter unten für den `http_access` verwendet, so dass beiden der Zugriff auf den Proxy ermöglicht wird. Andernfalls würde nur localhost einen Zugriff bekommen. Eigentlich ist das natürlich redundant. Der Zugriff ist einmal für die IP-Adressen des Netzes 192.168.109.0 und einmal für die Domäne willemer.edu freigeschaltet worden.

Caching der Webseiten

Neben ihrer Funktion als Sicherung gegen Einbrüche aus dem Internet und zur Weiterleitung von Internetanfragen haben Proxies auch eine Caching-Funktion. Sie speichern also alle angeforderten Seiten für einige Zeit und holen sie hervor, wenn die Seite ein zweites Mal geladen wird. Da beispielsweise Suchmaschinen und bestimmte Fachinformationen immer wieder aufgerufen werden, ergibt sich eine gewisse Beschleunigung.

squidguard filtert die Webseiten

Für den Proxy `squid` wird ein zusätzliches Produkt mit dem Namen `squidguard` angeboten. Dieses Programm dient als Filter. Damit lassen sich bestimmte Rechner freischalten oder sperren und bestimmte Begriffe aus den URL-Namen ausfiltern. Sie können darüber hinaus Seiten für bestimmte Tageszeiten ausschließen. Die genaue Konfiguration können Sie der mitgelieferten Dokumentation entnehmen.

Ein Proxy protokolliert genau, wer welche URL aufgerufen hat. Es lassen sich also Statistiken erstellen, wer wann welche Seiten betrachtet hat. Insofern kann es sein, dass die Firma einen Proxy nicht nur als Schutz gegen das Internet verwendet, sondern auch zur Kontrolle ihrer Angestellten.

21.4 Einbrucherkennung: Intrusion Detection System

Gegen Angriffe von außen sind Intrusion Detection Systeme (IDS) entwickelt worden. Ihre Aufgabe liegt im Abhören des Netzes und dem Erkennen typischer Angriffsmuster. Daher ist es ihnen nur möglich, bekannte Muster zu erkennen und zu bekämpfen.

Muster erkennen

Das Programm Snort ist einer der verbreitetsten Vertreter dieser Softwaregattung. Das Programm liest den Datenverkehr auf dem Netzwerkadapter mit. Durch den Einsatz von Switches und Routern ist es aber nicht an jeder Stelle des Netzwerks gewährleistet, dass das gesamte Netzwerk kontrolliert wird. Der Standort des Rechners sollte daher so gewählt werden, dass er vor allem den Datenverkehr mit dem Internet lesen kann. Dort ist die Quelle der meisten Angriffe zu erwarten.

Snort

Snort wird über die Datei **/etc/snort/snort.conf** konfiguriert. Darin wird die interne Netzwerkadresse angegeben. Es kann auch die externe Adresse angegeben werden. Da der Angriff von überall herkommen kann, steht hier normalerweise any. Die Muster, die Snort als Rules (Regeln) bezeichnet, befinden sich im Verzeichnis **/etc/snort/rules**. Hier gibt es für die verschiedenen Protokolle und die typischen Angriffe je eine Datei. Darin wird notiert, welche Paketmerkmale zu protokollieren sind. Diese Rules können Sie mit anderen Benutzern tauschen. Dazu werden auf den Websites Foren angeboten.

Eine Beschreibung über den Einsatz von IDS im Allgemein und Snort im Speziellen finden Sie auf der Website http://www.snort.org.

IDS hat als Erkennungssystem (Detection) natürlich den Nachteil, dass es nur Alarm geben kann, wenn der Angriff bereits erfolgt. Der Angriff wird damit nicht verhindert.

http://www.pro-linux.de/work/snort/index.html

Eine Präventivmöglichkeit ist das Aufstellen eines Honeypots. Damit wird ein Rechner bezeichnet, der dem Eindringling eine fette Beute verspricht.

Verlockung

So sind dort bestimmte Sicherheitslöcher nicht gestopft. Sobald auf diesem Rechner Bewegung ist, weiß der Administrator, dass er ungebetene Gäste hat. Nun geht es darum, den Angreifer zu identifizieren, bevor dieser merkt, dass er eingewickelt wurde.

http://www.honeypots.net

21.5 Gefahren und Sicherheit

Viele Anwender wechseln aus Sicherheitsgründen von MS Windows zu Linux, weil UNIX und Linux als weitgehend sicher vor Viren und Dialer-Software[3] gelten. Tatsächlich ist diese Annahme nicht unberechtigt. Es gibt mehrere Gründe, warum UNIX-Systeme eine höhere Sicherheit vor Viren und Schädlingen gewährleisten:

1. Die derzeit umlaufenden Viren sind für MS Windows geschrieben. So wie Sie unter UNIX die MS-Windows-Applikationen nicht laufen lassen können, werden auch die Schädlinge nur auf Windows-Systemen starten. Unter UNIX können Sie also einen Windows-Virus starten, ohne dass etwas passiert.

2. Linux ist nicht so verbreitet. Ein Virus entwickelt sich zur Lawine, weil er sich auf den Zielsystemen installiert und von dort aus weiterverbreitet. Ein Virus, der für Linux geschrieben wurde, müsste einen anderen Linux-Rechner finden, um sich fortzupflanzen. Da die Wahrscheinlichkeit gering ist, wird der Virus vermutlich verhungern.

3. Die Systemdateien sind geschützt. Während die Viren unter MS Windows recht leicht an die Netzwerkkomponenten herankommen, hat ein UNIX-Anwender keinen Zugriff auf die Systemdateien. Die gleichen Probleme hat auch ein Virus, den der Anwender versehentlich starten würde. Dem Virus fehlt die Berechtigung, an der Netzverbindung zu lauschen, um neue Opfer zu finden. Ein Dialer kann sich nicht in die Internetverbindung einhängen, um das Modem eine teure 0900er-Nummer wählen zu lassen.

4. Der Virus ist leicht aufzuspüren. Da die Konfiguration in UNIX meist über Textdateien erfolgt, ist es wesentlich leichter, einen Befall zu erkennen und zu beseitigen. Darüber hinaus taucht der Virus in den Prozesslisten auf und kann dort leicht erkannt werden. Ist er dort einmal entdeckt, ist schnell herausgefunden, wo er gestartet wurde

---

3 Dialer leiten Ihren Internetzugang auf 0900-Nummern um.

und kann – vermutlich sogar allein mit Hilfe eines Texteditors – ausgeschaltet werden.

5. Der mögliche Schaden ist begrenzt. Da UNIX ein Multiuser-System ist, werden die einzelnen Anwender gegeneinander abgegrenzt und der Anwender hat keinen Zugriff auf die installierten Anwendungen.

6. Ein Virus muss sich in den Systemstart einbinden, damit er nicht beim nächsten Neustart aus dem Rennen ist. An die Systemstarteinträge kommt er nicht heran, weil er dazu root-Rechte benötigt. Er kann sich also lediglich in die Dateien einhängen, die beim Anmelden des Benutzers gestartet werden. Da dies Textdateien sind, sind sie leicht überschaubar.

Bevor Leichtsinn aufkommt: Prinzipiell kann ein Virus für jedes programmierbare System entwickelt werden. Wenn Linux eines Tages zum Standard auf den Schreibtischen wird, werden die Virenschreiber natürlich Linux als Zielsystem angreifen. Aber aus den oben genannten Gründen werden es Schädlingsprogramme definitiv nicht mehr so einfach haben wie zurzeit.

Viren für Linux?

Da es derzeit keine Viren für Linux gibt, existiert auch keine passende Anti-Viren-Software. Die Anti-Viren-Software, die es gibt, wird auf Mail-Servern eingesetzt, um Windows-Rechner im Netz vor Viren zu schützen.

TEIL V
UNIX als Server

Die meisten PC-Anwender verstehen unter einem Server einen Rechner, der ein virtuelles Laufwerk zur Verfügung stellt, auf dem sie Dateien zentral ablegen und lesen können. Ein solcher Server kann leicht gesichert werden und ermöglicht auf einfache Weise die Zusammenarbeit an den zentralisierten Dateien.

22 Netzwerkdateisysteme

Neben dem NFS, das ursprünglich für UNIX-Systeme entworfen wurde, gibt es noch diverse andere Netzwerkdateisysteme. Das SMB von Windows ist ein einfaches Peer-To-Peer-Netzwerk, das sich weder durch Schnelligkeit noch durch Sicherheit auszeichnet. Aber es ist schnell eingerichtet und dank SAMBA inzwischen auf fast jedem System verfügbar. Novell ist eines der verbreitetsten Systeme für PC-Umgebungen gewesen. Apple-Talk war ein Plug-&-Play-System für den Apple Macintosh.

22.1 NFS – Network File System

Network File System heißt übersetzt »Netzwerkdateisystem«. Es handelt sich also um ein Dateisystem wie das einer Festplatte. Allerdings wird es nicht lokal auf einer Maschine eingebunden, sondern kann von allen Maschinen im Netz erreicht werden. Es ist also ein idealer Ort, um Daten abzulegen, die von mehreren Maschinen aus genutzt werden.

Jede UNIX-Maschine ist in der Lage, sowohl als Client als auch als Server aufzutreten. Um Zirkel zu vermeiden, in denen ein Rechner einem anderen Rechner Verzeichnisse zur Verfügung stellt, die er von ihm selbst erhalten hat, können über NFS gemountete Verzeichnisse normalerweise nicht wieder exportiert werden.[1]

Ein NFS-Server bietet seine Verzeichnisse in der Datei **/etc/exports** an. Der Client kann den NFS-Export wie ein gewöhnliches Dateisystem mit dem Befehl `mount` in seinen Verzeichnisbaum integrieren. Um die Kopplung auch nach dem nächsten Reboot zu erhalten, kann das NFS-Verzeichnis auch in die Datei **/etc/exports** geschrieben werden. Soll die Bindung

Überblick

---

[1] Das gilt nicht für Linux.

nur dann erfolgen, wenn sie auch gebraucht wird, kann der Automounter zu Hilfe genommen werden.

RPC — NFS basiert wie NIS (siehe Seite 505) auf dem RPC (Remote Procedure Call) und verwendet das Protokoll UDP. RPC-basierte Protokolle benötigen sowohl für den Client als auch für den Server das Starten von `portmap`, der unter UNIX RPC implementiert. Server und Client müssen sich mit Hostnamen ansprechen können. Es müssen also Einträge für den jeweils anderen in der **/etc/hosts**-Datei stehen oder über einen Namensdienst wie DNS erreichbar sein.

Synchronität ist wichtig — Da der Eigentümer über die User-ID in den Dateien gespeichert wird, ist es wichtig, dass die Benutzer auf den verschiedenen Computern auch die gleiche User-ID haben. Es empfiehlt sich auch, darauf zu achten, dass die Uhrzeiten auf den verschiedenen Rechnern nicht allzu sehr voneinander abweichen. Für den normalen Anwender wäre eine solche Abweichung wohl eher ein kosmetisches Problem. Wenn allerdings `make` (siehe Seite 868) beispielsweise für die Softare-Entwicklung eingesetzt wird, dann stimmen die Abhängigkeiten, auf denen die Übersetzung beruht, nicht mehr.

NFS wird nicht durch einen, sondern durch mehrere Serverprozesse getragen:[2]

- **nfsd**
  Dies ist der Dämon, der die eigentlichen NFS-Anfragen der Clients beantwortet.

- **biod**
  Das ist der Block-I/O-Dämon. Er wird auf der Clientseite des NFS benötigt. Normalerweise laufen acht dieser Prozesse parallel.

- **rpc.lockd**
  Dieser Prozess behandelt die Sperranforderungen im NFS.

- **rpc.statd**
  Dieser Monitorprozess wird von dem Sperrdämon benötigt.

- **rpc.mountd**
  Der Mountdämon bearbeitet die Anfragen der Clients, ein Verzeichnis einzubinden.

---

2 vgl. Hunt, Craig: TCP/IP Network Administration. O'Reilly, Sebastopol, 1994. p. 204.

Diese Prozesse werden in den rc-Dateien beim Booten der Maschine gestartet. Aus diesem Grund ist es sinnvoll, den NFS-Server über die Skripte zu starten und zu stoppen.

```
sol# /etc/init.d/nfs.server start
aix# /etc/rc.nfs
gaston# /etc/init.d/nfsserver start
```

Konfiguration des NFS-Servers

Die Konfiguration eines NFS-Servers erfolgt in der Datei **/etc/exports**. Dort geben Sie alle Verzeichnisse an, die von anderen Hosts eingebunden werden dürfen. Zu diesen Pfadnamen können Einschränkungen hinzugefügt werden, die Rechner, Netze oder auch einzelne Benutzer betreffen. Insbesondere Schreibrechte können auf diese Weise eingegrenzt werden.

/etc/exports

Struktur einer Zeile in der Datei /etc/exports

<Verzeichnis> <Clients>[(<Optionen>)]

Leere Zeilen werden ignoriert und die Raute wird als Kommentarzeichen interpretiert. Der Rest der Zeile wird nicht gelesen.

Clients können auf verschiedene Arten beschrieben werden. Es kann ein einzelner Rechner über seinen Namen oder IP-Adresse spezifiziert werden. Es können auch Netzgruppen (siehe Seite 494) angegeben werden. Es können als Wildcards der Stern und das Fragezeichen verwendet werden. Zu guter Letzt können auch Netzwerknummern verwendet werden.

Die meistverbreiteten Optionen, die in der runden Klammer auf die Clients folgen, beschreiben die Art, wie das Verzeichnis gemountet wird:

- **ro**
  Das Verzeichnis darf nicht verändert werden. Insbesondere bei CD-Laufwerken ist diese Option wichtig, weil manche Systeme sonst einen Export einer CD gar nicht zulassen.

- **rw**
  Der Client kann sowohl lesen als auch schreiben. Es können auch bestimmte Rechner spezifiziert werden, indem sie mit einem folgenden Gleichheitszeichen spezifiziert werden.

  ```
  rw=gaston:sol
  ```

- **async**

  Mit dieser Option werden Schreibzugriffe bestätigt, bevor die Änderungen auf der Festplatte gesichert sind. Damit wird das Schreiben erheblich beschleunigt – auf Kosten der Konsistenzsicherheit.

- **sync**

  Schreibzugriffe werden erst bestätigt, wenn sie erfolgreich auf der Festplatte angekommen sind. Wenn nicht mindestens eine der beiden sync-Optionen angegeben ist, gibt es eine Warnung beim Einlesen der Konfiguration.

Der Inhalt einer **exports**-Datei könnte beispielsweise folgendermaßen aussehen:

```
/usr/src    *.willemer.edu
/home/arnold   @awfriends(rw)
/cdrom      (ro)
```

Die Zeilen bedeuten nacheinander:

- Das Verzeichnis **/usr/src** wird an alle Rechner der Domäne willemer.edu exportiert.

- Die Netzgruppe @awfriends (siehe Seite 494) darf lesend und schreibend zugreifen.

- Das Verzeichnis **/cdrom** darf jeder lesen, aber niemand schreiben.

/etc/exports neu einlesen

Nach Änderungen in der Datei **/etc/exports** wird durch `kill -1` auf den `mountd` die Konfiguration neu geladen. Unter Linux wird das Neuladen der **exports**-Datei durch den Aufruf von `kexportfs -r` bzw. `exportfs -r` erreicht.

Solaris verwendet zur Freigabe seiner NFS-Verzeichnisse den Befehl `share`.

Freigabe von NFS-Verzeichnissen per share

share -F nfs [-o *<Optionen>*] *<Verzeichnis>*

NFS-Client

Einbinden wie eine normale Festplatte

Der Client kann ein NFS-Laufwerk wie eine gewöhnliche Festplatte mit dem Befehl `mount` (siehe Seite 295) in den Verzeichnispfad integrieren. Der Befehl dazu lautet:

mount: Einhängen eines NFS-Laufwerks
mount -t nfs <Hostname>:<Pfadname> <Mountpoint>

- **Hostname**
  Der Name des Rechners, der das Verzeichnis anbietet.
- **Pfadname**
  Der Pfad auf dem NFS-Server.
- **Mountpoint**
  Die Stelle, an der das Verzeichnis lokal eingehängt werden soll.

Beispiel:

```
mount -t nfs idefix:/home/ingres /mnt
```

Dadurch erreichen Sie das auf dem Host idefix vorhandene Verzeichnis **/home/ingres** auf dem eigenen Host über den Pfadnamen **/mnt**. Ein Befehl wie `ls /mnt` zeigt den Inhalt des Verzeichnisses **/home/ingres** auf dem Host idefix an.

Die Option zur Bestimmung des Dateisystemtyps ist von System zu System unterschiedlich (siehe Tabelle 22.1).

System	Option
Linux und FreeBSD	-t nfs
SCO	-f NFS
HP-UX, Solaris	-F nfs

Tabelle 22.1 Optionen für das Mounten von NFS

So würde der obige Aufruf unter SCO wie folgt lauten:

```
mount -f NFS idefix:/home/ingres /mnt
```

Auf dem Mac OS X können Sie einen NFS-Export über die grafische Oberfläche einbinden. Dazu rufen Sie im Finder das Menü »Gehe zu..« den Punkt »Mit Server verbinden...« auf. Sie erreichen den Dialog auch über die Apfeltaste in Verbindung mit K. Als Adresse geben Sie für das obige Beispiel Folgendes ein:

Mac OS X

```
nfs://idefix/home/ingres
```

Anders als bei den SMB- und AppleTalk-Servern werden weder alle NFS-Server des lokalen Netzes noch alle Exporte eines NFS-Servers angezeigt. Sie müssen also sowohl den Server als auch den Pfad kennen und fehlerfrei eingeben.

showmount Um zu ermitteln, welche Verzeichnisse ein NFS-Server anbietet, wird der Befehl showmount verwendet:

```
aix # showmount -e simba
Exportliste für simba:
/data1/mp3    *
/data1/record *
aix #
```

Festlegung in der /etc/fstab

Sie können NFS-Laufwerke automatisch beim Booten einbinden lassen. Sie erreichen dies durch einen Eintrag in der **/etc/fstab** (siehe Seite 296). Der Eintrag sieht aus wie jeder andere, als Dateisystemtyp wird nfs angegeben und statt der Partition wird die Adresse der Freigabe aus Host, Doppelpunkt und Pfad angegeben.

/etc/exports Im folgenden Beispiel soll der Benutzer arnold die Möglichkeit erhalten, vom Rechner silver aus auf sein Benutzerverzeichnis auf dem Rechner gaston zuzugreifen. In seinem Benutzerverzeichnis auf silver hat er sich für diesen Zweck ein Verzeichnis namens **gaston** angelegt. Die Datei **/etc/exports** auf gaston hat dazu folgenden Eintrag:

```
# /etc/exports
/home/arnold    *.willemer.edu(rw)
```

/etc/fstab Die Datei **fstab** auf silver hat folgenden Eintrag:

```
# /etc/fstab
gaston:/home/arnold    /home/arnold/gaston    nfs    user  0 0
```

Statt der Gerätedatei für das Dateisystem steht hier der Hostname, gefolgt von einem Doppelpunkt und dem freigegebenen Verzeichnis. Dahinter steht der Einhängepunkt. Es folgt der Dateisystemtyp, wie er auch beim Befehl mount angegeben wird.

Der Eintrag user ist nur unter Linux möglich. Dadurch kann auch ein Anwender den Befehl mount ausführen.

Da dieser Eintrag in der **fstab**-Datei steht, braucht der Anwender nur die Quelle oder das Ziel anzugeben. Der jeweils andere Parameter und die Optionen werden automatisch hinzugefügt. Zum Beispiel:

```
silver> mount /home/arnold/gaston
```

Besonderheiten von MS Windows und OS/2

MS-DOS-Systeme und deren Nachfahren, wie MS Windows oder OS/2, sprechen Festplatten über Laufwerksbuchstaben an und besitzen keinen zusammenhängenden Verzeichnisbaum. Also werden auch NFS-Verzeichnisse als Netzlaufwerke eingebunden. Das NFS verhält sich hier aus Anwendersicht etwa wie ein Novell-Netzwerk.

OS/2 und MS Windows ab Version 95 sind zwar in der Lage, UNIX-Namen zu verarbeiten, unterscheiden aber nicht zwischen Klein- und Großschreibung. Dagegen kann ein NFS-Laufwerk durchaus zwei Dateien in einem Verzeichnis halten, die sich nur durch Groß- und Kleinschreibung unterscheiden.

Groß- und Kleinschreibung

NFS-Server gibt es beispielsweise auch für OS/2. OS/2 ist aber nicht in der Lage, alle UNIX-Eigenschaften von Dateien in seinem Dateisystem abzubilden. Darum sollten Sie solche Lösungen nur im Ausnahmefall verwenden.

NFS-Server ohne UNIX

22.1.1 Automatisches Mounten

Es ist nicht immer sinnvoll, alle NFS-Dateisysteme ständig eingebunden zu halten, vor allem, wenn sie nur selten benötigt werden. Es reicht oft aus, wenn das Dateisystem eingehängt wird, sobald auf die Daten zugegriffen werden soll. Genau diese Möglichkeit bietet `automount`. Zunächst muss definiert werden, unter welchem Verzeichnis welches Dateisystem eingehängt werden soll. Danach überwacht `automount` dieses Verzeichnis als Einhängepunkt für das Dateisystem. Das wird dadurch realisiert, dass `automount` einen virtuellen Dateisystemtreiber an dieser Stelle installiert. Beim Zugriff auf diesen Pfad wird im Hintergrund das vorher festgelegte Dateisystem in den Verzeichnisbaum eingehängt.

Damit eröffnen sich diverse Möglichkeiten. Zunächst müssen Dateisysteme von NFS nicht in die **fstab** eingetragen werden. Das hat wiederum den Vorteil, dass eine Maschine beim Booten nicht von einer anderen Maschine abhängig ist. In Kombination mit NIS ist es möglich, das Benutzerverzeichnis beim Einloggen in andere Rechner quasi mitzunehmen. Wie das funktioniert, wird später genau beschrieben. `automount` ist aber nicht auf Netze beschränkt. Auch Wechselmedien können so leichter verwendet werden. Man legt das Medium ein, und beim ersten Zugriff wird es eingebunden. Mac OS X verwendet `automount` in dieser Weise für seine Wechselmedien.

Möglichkeiten

Konfigurationsdateien

/etc/auto_master — `automount` verwendet mehrere Konfigurationsdateien. Die zentrale Steuerung erledigt die Masterdatei **/etc/auto_master** bzw. **auto.master**. Hier sind die Verzeichnisse aufgelistet, für die später je ein Automount-Dämon zuständig sein wird.

Für jeden der Einhängepunkte wird in der Masterdatei eine weitere Konfigurationsdatei genannt. Konventionsgemäß steht sie ebenfalls im Verzeichnis **/etc**, und ihr Name beginnt mit **auto** und schließt mit dem Einhängepunkt. In ihr ist beschrieben, welche Unterverzeichnisse zur Verfügung stehen, und es sind die Optionen des Befehls `mount` und das Device oder die NFS-Quelle aufgeführt, also ähnlich wie in der Datei **fstab**.

Prozesse und Hintergründe

AutoFS — Der Automounter basiert auf einem virtuellen Dateisystem namens AutoFS. Daraus resultiert der Name des Startskripts `autofs` im Verzeichnis **/etc/init.d**. Unter Solaris dient der Aufruf von `autofs` nur zum Starten und Stoppen des Automount-Dämons `automountd`. Unter Linux wird er auch mit der Option `reload` zum Neueinlesen der Konfigurationsdateien aufgerufen. Das Programm `automount` dient unter Solaris zur Kommunikation mit dem Dämon, während es unter Linux der Dämon selbst ist.

Automount geht bei der Umsetzung der Kontrolle seiner Einhängepunkte recht rigoros vor. In diesem Verzeichnis darf anschließend kein anderer Prozess mehr Verzeichnisse anlegen, und vorher angelegte Verzeichnisse werden durch Automount unsichtbar.

22.1.2 Beispiel: Dynamisches Benutzerverzeichnis

Benutzerverzeichnis automatisch einbinden — Um das oben erwähnte Benutzerverzeichnis per Automount einzurichten, wird unter dem Verzeichnis **/home** ein zusätzliches Verzeichnis **auto** für den Automounter eingerichtet. Sie können natürlich gleich das Verzeichnis **/home** einbeziehen. Sie können dann aber in diesem Verzeichnis nicht mehr direkt und lokal ein Benutzerverzeichnis anlegen.

```
# /etc/auto.master
/misc      /etc/auto.misc
/home/auto     /etc/auto.home
```

Nun wird in der Datei **auto.home** für die Benutzerin andrea definiert, dass das eigentliche Benutzerverzeichnis auf dem Rechner gaston liegt und von dort per NFS zu mounten ist:

```
# /etc/auto.home
andrea           -fstype=nfs              gaston:/home/andrea
```

Tatsächlich ist die Option nicht nötig, da der Automounter normalerweise davon ausgeht, dass es sich um ein NFS-Verzeichnis handelt.

Bei dieser Konfiguration befindet sich das Benutzerverzeichnis von andrea in **/home/auto/andrea**. Es ist nicht sonderlich elegant, dieses Verzeichnis bei der Benutzerverwaltung so einzutragen. Um dennoch den Pfad **/home/andrea** verwalten zu können, legen Sie einfach einen symbolischen Link an:

```
ln -s /home/auto/andrea /home/andrea
```

Wenn die Benutzerin andrea auf silver angelegt wird, ist darauf zu achten, dass die gleiche UID wie auf gaston verwendet wird. Als Benutzerverzeichnis wird **/home/andrea** verwendet. Loggt man sich von außen ein, wird sofort das Verzeichnis von gaston eingehängt, und andrea hat die gleiche Umgebung wie auf gaston.

Perspektiven im LAN

Sie können die Konfigurationsdateien auch dem NIS (siehe Seite 505) unterstellen und dann alle Benutzerverzeichnisse von allen Rechnern im Netz über einen dedizierten Benutzerverzeichnisserver versorgen. Da die Workstations der einzelnen Benutzer über keine spezifischen Daten mehr verfügen, sind sie auch relativ leicht austauschbar. Ein zusätzlicher Vorteil ist die vereinfachte Datensicherung.

Automount einer CD

Mit Hilfe von `automount` können Sie sogar das lästige Einbinden von CDs in den Verzeichnisbaum umgehen. In der Masterdatei ist ein Eintrag für das Verzeichnis **/misc** vorhanden. Die entsprechende Konfigurationsdatei hat folgenden Inhalt:

```
# /etc/auto.misc
cd              -fstype=iso9660,ro      :/dev/cdrom
#floppy         -fstype=auto,sync       :/dev/fd0
```

Sie werden nun feststellen, dass durch den Aufruf von ls mit **/misc/cd** als Parameter das CD-Laufwerk durchstartet und der Inhalt der gerade erst eingelegten CD angezeigt wird.

Schwieriger ist da schon das Entnehmen der CD. Da die CD automatisch eingebunden wurde, ist der Entnahmemechanismus gesperrt. Allerdings können Sie mit Hilfe des Befehls `eject` oder durch den Befehl `umount` die CD wieder freigeben. Alternativ können Sie warten, bis die automatische Freigabe durch den Automount-Dämon erfolgt. Dies ist standardmäßig nach fünf Minuten der Fall. Sie können diese Zeitspanne verändern, indem Sie den Automount-Dämon mit der Option `-t` starten.

Mac OS X

Mac OS X verwendet Automount für alle Wechselmedien. Da ein Wechselmedium beim Mac ausgeworfen wird, wenn man sein Symbol auf den Papierkorb zieht, gibt es keine Umgewöhnung für den Anwender. Im Hintergrund wird einfach `eject` ausgelöst.

22.2 SAMBA: UNIX im Windows-Netz

SAMBA ist eine freie Software, die es UNIX-Rechnern ermöglicht, mit dem Windows-Netzprotokoll SMB zu kommunizieren. SAMBA ist so leistungsfähig, dass Sie es verwenden können, um einen MS Windows NT Server zu ersetzen. Es enthält auch einen SMB-Client, mit dem Sie Zugriffe auf Windows-Ressourcen erhalten.

Namensgebung

Der Autor von SAMBA, der Australier Andrew Tridgell, hatte zunächst seine Software einfach Server und später SMBserver genannt. Als sich herausstellte, dass eine andere Softwarefirma das Namensrecht für SMBserver hatte, suchte er mit `grep` in einem Wörterbuch nach einem Begriff, der die Buchstaben SMB enthielt, und stieß auf SAMBA.[3]

UNIX als Server in Windows-Netzen

Die Wirkung, die die Veröffentlichung dieser Software hatte, lässt sich heute kaum noch ermessen. Es war nicht so einfach, Dateien zwischen den Plattformen auszutauschen. Das Network File System (NFS siehe Seite 581), das das Standardnetzwerkdateisystem unter UNIX ist, war von anderen Betriebssystemen nur durch teure Zusatzsoftware erreichbar. Mit Hilfe von FTP (siehe Seite 536) war es immerhin möglich, dass ein Rech-

---

3 vgl. die Datei **history**, die mit SAMBA geliefert wird.

ner mit MS Windows über einen UNIX-FTP-Server Dateien austauschte. Umgekehrt ging es nicht, weil nicht jede Version von MS Windows standardmäßig einen FTP-Server besitzt. Durch SAMBA war es plötzlich möglich, dass ein UNIX-Rechner seine Ressourcen im Netzwerk im Microsoft-Protokoll anbot.

SAMBA kann als Teilnehmer in einer sogenannten Workgroup auftreten, aber auch in einer Domäne verwendet werden. Da Sie auf einem Linux-Server im Gegensatz zu NT nicht unbedingt die grafische Oberfläche installieren müssen, ist die Hardwareanforderung erstaunlich gering. Hinzu kommt, dass Sie, verglichen mit der Verwendung eines Windows NT-Rechners, eine enorme Skalierbarkeit gewinnen. Den Linux-Rechner können Sie jederzeit durch leistungsfähige UNIX-Server ersetzen.

Beschaffung und Installation

Es wird Ihren Ruf als Experten natürlich sehr fördern, wenn Sie SAMBA als Quellpaket aus dem Internet herunterladen (http://www.samba.org) und nach dem Auspacken auf Ihrem System kompilieren und installieren. Mit den folgenden drei Befehlen sollte das in den meisten Fällen auch funktionieren:

```
> ./configure
> make
> make install
```

Dazu benötigen Sie zumindest eine funktionierende Entwicklungsumgebung mit einem C-Compiler. Eine Beschreibung der Installation auf diesem Weg finden Sie in den dem SAMBA-Paket beigelegten Dokumentationen und READMEs.

Dieser Aufwand dürfte aber nur im Ausnahmefall notwendig sein. Es ist fast sicher, dass Sie SAMBA auf einem der Medien finden, die zu Ihrem Betriebssystem gehören. In diesem Fall können Sie sicher sein, dass sich SAMBA problemlos ins System integriert.

Bei allen Linux-Distributionen finden Sie SAMBA und müssen es gegebenenfalls nur bei der Installation anwählen oder nachträglich als Paket installieren. Je nach Distribution wird das Administrationstool (beispielsweise YaST bei SUSE) sogar einen Konfigurationsbildschirm für SAMBA mitbringen. Ansonsten folgen Sie einfach der Beschreibung unten.

Linux

Bei Solaris befindet sich SAMBA auf der CD namens »Software Companion«. Dank des Volume-Dämons wird die CD beim Einlegen gleich gestartet. Auf der Hauptebene finden Sie das Skript **installer**. Wenn Sie

Solaris

dieses starten, können Sie entweder alles installieren, was sich auf der CD befindet, oder Sie hangeln sich durch die Anwahl »Benutzerdefinierte Installation« durch, bis Ihnen SAMBA angeboten wird. Nach erfolgter Definition sperrt Solaris die CD. Sie bekommen sie wieder heraus, indem Sie den Befehl `eject` (ggf. mit dem Zusatz `cdrom0`) aufrufen oder den Wechselmedienmanager vom Desktop verwenden.

Danach ist SAMBA installiert. Lediglich die Datei **smb.conf** muss vollständig eingerichtet werden. Diese finden Sie im Verzeichnis **/etc/sfw**. Die ausführbaren Dateien befinden sich unterhalb des Verzeichnisses **/usr/sfw**.

SCO SCO liefert auf der CD »Optional Services« eine nicht ganz aktuelle SAMBA-Version, für die SCO aber sicherstellt, dass sie mit dem aktuellen System harmoniert. Sie installieren SAMBA über den Softwaremanager von scoadmin, den Sie auch einzeln über den Befehl `custom` aufrufen können. Danach befindet sich das Paket SAMBA auf dem Rechner. Bevor Sie nun SAMBA in Betrieb nehmen, müssen Sie noch die von SCO vorinstallierten NetBIOS-Protokolle der Netzwerkkarte stoppen. Bei der Netzwerkinstallation wird standardmäßig ein NETBIOS-Protokoll mit installiert. Dies muss gelöscht werden. In scoadmin wählen Sie die Netzwerk-Konfiguration, markieren das NetBIOS-Protokoll und entfernen es. Ob das NetBIOS-Protokoll noch die von SAMBA benötigten Ports belegt, können Sie mit Hilfe von `netstat` verifizieren:

```
netstat -an | grep 139
```

Danach sollte kein Eintrag erscheinen. Durch den Befehl `mkdev samba` (der auch über scoadmin unter dem Hardware/Kernelmanager aufgerufen werden kann) wird SAMBA in das System eingebunden und eine Grundkonfiguration erstellt.

Vorarbeiten zur Installation

SAMBA basiert auf TCP/IP SAMBA arbeitet als TCP/IP-Service. Entsprechend müssen alle SMB-Pakete über TCP/IP transportiert werden. Obwohl in reinen Windows-Netzen manchmal IPX, das alte Protokoll von Novell, eingesetzt wird, ist das kein so großer Aufwand, da inzwischen fast jeder Windows-Rechner auch mit dem Internet verbunden wird und in diesem Zusammenhang TCP/IP sowieso installiert wird. IPX können Sie meist ohne Probleme deinstallieren, sofern nicht tatsächlich ein älteres Novell-Netz eingesetzt wird. Lediglich MS Windows 3.11 besaß TCP/IP noch nicht von Haus aus. Das können Sie allerdings kostenlos von Microsoft unter folgender URL erhalten:

ftp://ftp.microsoft.com/peropsys/windows/public/tcpip/WFWT32.EXE

Da SAMBA ein TCP/IP-Dienst ist, müssen in der Datei **/etc/services** folgende Einträge vorgenommen werden: /etc/services

```
netbios-ssn     139/tcp
netbios-ns      137/tcp
```

Verschiedene Pfade

Die zentrale Konfigurationsdatei von SAMBA heißt **smb.conf** und befindet sich, je nach Installation, in einem Verzeichnis unterhalb des Verzeichnisses **/etc/**. Leider gibt es einige Varianten. Mit dem folgenden Befehl finden Sie die Position in Ihrem System recht schnell: Pfad

```
find /etc -name smb.conf
```

Sollte auch das nicht funktionieren, dann editieren Sie das Startskript **/etc/init.d/samba** (z. B. Solaris) oder **/etc/init.d/smb** (z. B. Linux). In dieser Datei suchen Sie nach dem Dateinamen **smb.conf**. Dort finden Sie sicher einen Hinweis auf den Pfad der Datei. Es empfielt sich, einen symbolischen Link von **/etc/smb.conf** auf die Zieladresse zu legen. Immerhin müssen Sie auf diese Datei immer wieder zugreifen.

Auch die SAMBA-Hilfsprogramme und Dämonen können an verschiedenen Stellen sein. Da diese Pfade nicht unbedingt in der PATH-Variablen eingetragen werden, müssen Sie zunächst den Ort der Programme suchen und sie dann mit absoluter Pfadangabe aufrufen. Ein gut gesetzter symbolischer Link kann Ihnen das Leben hier sehr erleichtern.

Konfigurationsdatei smb.conf

Es sind nicht viele Parameter erforderlich, um SAMBA dazu zu bringen, einwandfrei zu arbeiten. Es ist immer klug, mit einer kleinen und übersichtlichen Lösung anzufangen und diese später zu erweitern. Eine sehr ausführliche Beschreibung aller Parameter finden Sie auf der Manpage von **smb.conf**. Minimalismus

Die Datei **smb.conf** ist in mehrere Abschnitte eingeteilt und ähnelt einer MS Windows INI-Datei. Die Abschnitte werden durch Titel in rechteckigen Klammern eingeleitet. Abgesehen von `global`, die die allgemeinen Einstellungen von SAMBA enthält, befindet sich in den rechteckigen Klammern die Ressource, die freigegeben werden soll. Dahinter stehen jeweils Zuweisungen, die der Struktur Variable=Wert folgen. Der Wert umfasst den Rest der Zeile hinter dem Gleichheitszeichen. Das Semikolon ist das Kommentarzeichen. Aufbau

| Globale Einstellungen | Der wichtigste Abschnitt heißt `global`. Er beschreibt den Server als solchen. Die folgende Konfiguration bewirkt, dass der SAMBA-Rechner das Verzeichnis **/tmp** unter dem Namen `temp` in der Arbeitsgruppe WILLEMER zur Verfügung stellt. |

```
[global]
    workgroup = WILLEMER
    netbios name = GASTON
    security = user
    encrypt passwords = yes
    smb passwd file = /etc/samba.d/smbpasswd
[temp]
    path = /tmp
    browsable = yes
    read only = no
```

| workgroup | Wichtig ist der Name der `workgroup`, also der Arbeitsgruppe, die ich hier originellerweise WILLEMER genannt habe. Sie werden für Ihr Netzwerk ohne Zweifel einen besseren Namen finden. Die Rechner, die zu einer gemeinsamen Arbeitsgruppe gehören, können sich leicht gegenseitig Ressourcen zur Verfügung stellen. Wird der Server nicht in einer Arbeitsgruppe, sondern innerhalb einer Domäne betrieben, wird im Parameter `workgroup` der Name der Domäne eingetragen. |

| netbios name | Im Parameter `netbios name` wird der Name des Servers eingetragen, wie er im Windows-Netzwerk erscheinen soll. Fehlt dieser Parameter, wird der UNIX-Hostname der Maschine genommen. Bei Linux wird grundsätzlich der Hostname des Rechners verwendet. |

| security | Mit dem Parameter `security` wird festgelegt, wo und wie die Passwörter geprüft werden. Im Beispiel wird `user` verwendet. Dies ist auch die Vorgabe, wenn der Parameter nicht explizit gesetzt wird. Damit werden beim erstmaligen Zugriff auf die Ressource der Benutzer und das Passwort geprüft. Werden die Passwörter nicht auf dem SAMBA-Rechner verwaltet, sondern auf einem Domain-Controller, wird `domain` eingetragen. |

| encrypt passwords | Sofern Sie nicht gerade eine eher historisch anmutende Netzwerkumgebung aus Rechnern mit MS Windows 3.11 und MS Windows 95 einsetzen, werden Sie um diesen Parameter nicht herumkommen. Damit werden die Passwörter verschlüsselt. Leider ist die in Windows-Netzwerken übliche Verschlüsselung nicht kompatibel zu der unter UNIX. Darum wird von SAMBA explizit eine eigene Datei namens **smbpasswd** für die Speicherung der Benutzerkennungen und Passwörter eingesetzt. Im weiteren Verlauf des Abschnitts wird erläutert, wie diese Datei angelegt und gepflegt wird. |

Sofern die Datei **smbpasswd** nicht in dem Verzeichnis liegt, das bei der Erzeugung des SAMBA-Pakets vorgegeben wurde, müssen Sie den Eintrag setzen, damit SAMBA seine Passwortdatei findet.

smb passwd file

Weitere Einstellungen im global-Bereich

Im Abschnitt `global` kann eingestellt werden, auf welche Netzinterfaces SAMBA zugreift. Diese Einstellung ist vor allem bei einem Rechner erforderlich, der auch ein Interface zum Internet besitzt. Andernfalls versucht SAMBA, auch auf diesem Wege Freunde zu finden. Das wäre natürlich ein eklatantes Sicherheitsrisiko. Hinter dem Schrägstrich steht die Netzwerkmaske (siehe Seite 477). Alternativ kann auch die CIDR-Schreibweise verwendet werden (siehe Seite 481):

Interfaces

```
interfaces = 192.168.109.144/24
```

In einem Windows-Netzwerk gibt es mehrere Varianten, um die Namen der beteiligten Rechner zu erfahren. Das Standardverfahren basiert auf dem Streuen des eigenen Namens über das lokale Netz per Broadcast. Gibt es auch nach dem dritten Versuch noch keinen Protest, nimmt der Rechner an, dass sein Name akzeptiert ist. Die Informationen, welche Namen aktuell sind, merkt sich der »Local Master Browser«. Diese Rolle kann durchaus wechseln. Es bewerben sich alle Rechner im Netz, und derjenige, der das hochwertigste Betriebssystem besitzt, erhält den Zuschlag. Wie hoch der SAMBA-Server in diesem Spiel pokern soll, kann in der Variablen `os level` festgelegt werden.

Namensfindung

```
os level = 20
```

Mit dem Standardwert 20 liegt SAMBA zwischen NT Workstation (16) und NT Server (32). Mit der Einstellung `local master = No` verweigert SAMBA die Übernahme des Amtes, mit `preferred master = Yes` strebt SAMBA den Posten an. Durch das Herauf- oder Herabsetzen von `os level` kann die Übernahmewahrscheinlichkeit ebenfalls gesteuert werden.

Die Bestimmung der Namen per Broadcasting funktioniert natürlich nur in einem Teilnetz. Ein Router wird einen Broadcast nicht übertragen. Damit die Namensbestimmung auch über Routergrenzen hinweg funktioniert, gibt es WINS-Server. Dort meldet sich jeder Rechner beim Start an. Da auf diese Weise nicht so viele Nachrichten gestreut werden und der Rechner auch nicht dreimal auf Protest wartet, ist dieses Verfahren sehr viel netzwerkfreundlicher. Es wird darum auch gern in Netzwerken eingesetzt, die gar keinen Router besitzen. Dem Parameter `wins server` wird die IP-Adresse des WINS-Servers angegeben.

WINS

```
wins server = gaston
```

Soll SAMBA selbst als WINS-Server arbeiten, wird `wins support = yes` eingestellt:

```
wins support = yes
```

Danach pflegt der Dämon `nmbd` die Datei **/var/lock/samba/wins.dat**, in der die Adressen der beteiligten Rechner stehen.

Freigaben

Im weiteren Verlauf der Datei **smb.conf** werden die Ressourcen beschrieben, die den anderen Rechnern im Netz zur Verfügung gestellt werden. Jede der Ressourcen wird in rechteckigen Klammern genannt.

```
[homes]
    comment = Benutzerverzeichnis
    browseable = no
    read only = no
    create mode = 0750
```

Benutzerverzeichnis

Die Ressource `homes` bietet jedem angemeldeten Anwender sein Benutzerverzeichnis an. Meldet sich also der Anwender arnold unter MS Windows an und verbindet `homes` mit einem Netzlaufwerk, findet er das Verzeichnis, das laut der **passwd**-Datei unter UNIX sein Benutzerverzeichnis ist.

browsable

In diesem Fall wird `browsable` auf `no` gesetzt, damit das Benutzerverzeichnis nicht noch einmal unter dem Namen homes erscheint.

```
[c-drive]
    comment = C-Laufwerk
    browsable = yes
    public = yes
    create mode = 0755
    path = /windows/C
    writeable = yes
```

Die Ressource `c-drive` bietet das Verzeichnis **/windows/C** als Netzlaufwerk an. Dieses ist auf meinem Computer tatsächlich eine Windows-Partition. Das ist aber keineswegs eine Voraussetzung. Es kann jedes beliebige Dateisystem verwendet werden. Der Vorteil einer Windows-Partition ist natürlich, dass sie den Namensregeln der Clients unterliegt. So kann der Dateiname in Klein- oder Großbuchstaben geschrieben werden und bezeichnet immer die gleiche Datei.

Alle Ressourcen müssen natürlich einen Pfad haben, unter dem sie im UNIX-Verzeichnisbaum zu erreichen sind. Eingetragen wird dieser Pfad unter der Option path. Ausnahmen sind die Benutzerverzeichnisse, da sie ihren Pfad über die Datei **/etc/passwd** finden.

Mit der Option create mode stellen Sie ein, welche Berechtigung eine per SAMBA erzeugte Datei bekommt. Windows-Netze können nicht mit den Berechtigungen umgehen, die UNIX-Dateisysteme kennen. Darum muss vor allem festgelegt werden, welche Rechte die Dateien bei ihrer Erzeugung bekommen. Die Codierung entspricht derjenigen, die vom Befehl chmod bekannt ist (siehe Seite 78).

create mode

Drucken mit SAMBA

Um die Drucker des Systems freizuschalten, werden folgende Parameter im global-Abschnitt gesetzt:

```
[global]
   ...
   printing = bsd
   printcap name = /etc/printcap
```

In diesem Fall verwendet der UNIX-Rechner das BSD-Drucksystem. Die Liste der freizugebenden Drucker steht in der Datei **/etc/printcap**.

Im Gegensatz dazu finden Sie auf einem SCO-Rechner standardmäßig folgende Druckerparameter, da SCO zunächst das Drucksystem von System V installiert:

```
[global]
   ...
   printcap name = lpstat
   load printers = yes
   printing = sysv
   guest account = pcguest
```

Die beiden Variablen printing und printcap name ermöglichen den Zugriff auf die in der Datei **/etc/printcap** angegebenen Drucker unter MS Windows. Sie können die Drucker, die mit GhostScript betrieben werden, unter MS Windows als normale PostScript-Drucker ansprechen. Wollen Sie einen speziellen MS-Windows-Druckertreiber verwenden, müssen Sie auf den Druckereintrag in der Datei **printcap** verweisen, der keinen if-Eintrag besitzt. Dann wird die Anpassung an den Drucker auf Windows-Seite erledigt.

Zugriff auf die Drucker

Um einen Drucker explizit anzubieten, wird eine Freigabe definiert. Im Gegensatz zu einer Verzeichnisfreigabe erhält der Drucker den Parameter printable = yes. Hinzu kommen der UNIX-Name der Druckerwarteschlange in der Variablen `printer` und schließlich ein Pfad für Zwischenpuffer. Hier wird gern das Verzeichnis **/tmp** verwendet:

```
[Drucker]
    printable = yes
    printer   = lp
    path      = /tmp
```

Inbetriebnahme und Test

Test der smb.conf durch testparm

Wenn die Datei **smb.conf** vollständig konfiguriert wurde, kann sie durch den Aufruf des Programms `testparm` getestet werden. Das Programm gibt Hinweise auf eventuelle Fehler. Hier sehen Sie den Anfang einer Protokollausgabe des Programms:

```
Load smb config files from /etc/smb.conf
Processing section "[homes]"
Processing section "[c-drive]"
Processing section "[printers]"
Loaded services file OK.
Press enter to see a dump of your service definitions
```

Nach Drücken der Return-Taste wird die komplette Konfiguration angezeigt. Dabei werden auch diejenigen Parameter angezeigt, die nicht explizit gesetzt wurden, deren Standardbelegung aber durchaus die Konfiguration stören könnte.

Starten der Dämonen

SAMBA besteht aus zwei Prozessen, `smbd` und `nmbd`. Der Server `smbd` bietet die eigentlichen Datei- und Druckerdienste an. Der Server `nmbd` ist für die Namensdienste zuständig. Für die ersten Tests können Sie die beiden Server einfach direkt nacheinander von der Konsole starten:

```
gaston # smbd
gaston # nmbd
gaston #
```

Auf den meisten UNIX-Umgebungen ist es allerdings möglich, SAMBA durch das Startskript zu starten, durch das es während des Bootens gestartet wird. Dazu rufen Sie einfach Folgendes auf:

```
gaston # /etc/init.d/samba start
gaston #
```

Logdateien

Mit Hilfe des Befehls `ps` kann geprüft werden, ob die Prozesse gestartet worden sind. Ist das nicht der Fall, ist vermutlich die Datei **smbd.conf** nicht in Ordnung. Nähere Informationen liefern die Dateien **log.smbd** und **log.nmdb**, die sich im Verzeichnis **/var/log/samba** befinden.

Nachdem die Prozesse gestartet worden sind, wird zum Testen der Konfiguration als Nächstes versucht, die Umgebung lokal zu testen. Dazu wird auf derselben Maschine ein SMB-Client gestartet:

Lokaler Zugriff

```
gaston# smbclient -L localhost
```

Nach einer Passwortabfrage werden Informationen über die lokale SAMBA-Umgebung ausgegeben:

```
Domain=[WILLEMER] OS=[Unix] Server=[Samba 2.0.7]

    Sharename      Type      Comment
    ---------      ----      -------
    c-drive        Disk      C-Laufwerk
    cdrom          Disk      Linux CD-ROM
    IPC$           IPC       IPC Service (Gaston)
    ascii          Printer   cljet5-a4-ascii-mono-300
    lp2            Printer   cljet5-a4-auto-color-300
    lp-mono        Printer   cljet5-a4-auto-mono-300
    cljet5-a4-raw  Printer   cljet5 a4 raw
    faxprint       Printer   fax

    Server                   Comment
    ---------                -------

    Workgroup                Master
    ---------                -------
```

Sollte der Hinweis erscheinen, dass das Passwort nicht stimmt, fehlt mit großer Wahrscheinlichkeit die SMB-Passwortdatei. Dazu müssen Sie die Datei **smbpasswd** prüfen.

Konfiguration von MS Windows

Wenn der Zugriff auf den SAMBA-Server von einem MS-Windows-Rechner aus nicht klappen will, kann das auch an den Clients liegen.

Zunächst muss sichergestellt sein, dass der Windows-Rechner zur gleichen Workgroup gehört. Als Netzprotokoll muss TCP/IP installiert sein. Die Funktion der Verbindung prüfen Sie zunächst mit dem Befehl `ping`. Der SAMBA-Server sollte antworten. Wenn dies alles funktioniert, können Sie in der Netzwerkumgebung nachsehen, ob die Workgroup dort erscheint und ob dann auch der SAMBA-Server auftaucht. Sie können

TCP/IP auf Windows installieren

dem etwas nachhelfen, indem Sie mit der Funktion »Computer suchen« nach dem Server suchen lassen.

Windows Netzwerkumgebung

Die Netzwerkumgebung ist leider bei der Anzeige der verfügbaren Rechner nicht besonders verlässlich. Windows-Rechner prüfen in gewissen Abständen, welche anderen Rechner sich im Netz befinden. Danach aktualisieren sie ihre Netzwerkumgebung. So kann es sein, dass die angezeigten Rechner längst abgeschaltet sind oder nicht angezeigte Rechner in Wirklichkeit längst verfügbar sind.

Anmeldung

Die Benutzeranmeldung hat auf MS-Windows-Systemen eine andere Bedeutung als auf einer UNIX-Maschine. Bei den Versionen 95 bis Me brauchen Sie sich gar nicht anzumelden. Falls Sie zur Anmeldung aufgefordert werden, können Sie dies leicht umgehen, indem Sie die Anmeldung mit der ESC-Taste verwerfen. Wenn Sie nun aber eine SAMBA-Ressource verwenden wollen, wird der Benutzername der Anmeldung verwendet. Haben Sie sich lokal nicht korrekt angemeldet, fragt Sie das System bei einem scheiterndem Zugriff nach einem Passwort. Um den Benutzernamen zu wechseln, müssen Sie sich aber neu anmelden. Das erreichen Sie, indem Sie im Start-Menü direkt über dem Punkt »Beenden« den Punkt »Abmelden« wählen. Dann erscheint die Anmeldebox erneut. Sollte auf dem Rechner weder eine Anmeldebox erscheinen noch ein Symbol für die Netzwerkumgebung erscheinen, dann müssen Sie über die Systemeinstellungen für Netzwerke noch den Client für Microsoft-Netzwerke nachinstallieren.

Verschlüsselte Passwörter

Verschlüsselte Passwörter sind nicht kompatibel

MS Windows NT 4 ab Service Pack 3 sowie MS Windows 98 und alle neueren Versionen senden Passwörter verschlüsselt über das Netz. Leider entspricht die Verschlüsselung nicht dem UNIX-Standard, sodass SAMBA nicht mehr einfach die Datei **/etc/passwd** verwenden kann, wie das mit den unverschlüsselt arbeitenden Windows-Versionen noch funktionierte. Zur Speicherung der verschlüsselten Passwörter wird eine eigenständige Datei namens **smbpasswd** verwendet. Um eine solche Datei zu erzeugen, liefert SAMBA ein Skript namens **mksmbpasswd** mit, das aus der **passwd**-Datei eine **smbpasswd**-Datei generiert. Der Aufruf lautet:

```
gaston# cat /etc/passwd | bash mksmbpasswd.sh >/etc/smbpasswd
```

Danach muss root für jeden Benutzer ein Startpasswort mit dem Kommando smbpasswd eintragen, indem er beispielsweise für den Benutzer willemer eingibt:

```
gaston# smbpasswd willemer
New SMB password:
Retype new SMB password:
Password changed for user willemer.
gaston#
```

Sollten Sie auf Ihrem System das Skript **mksmbpasswd.sh** nicht finden, können Sie mit dem Kommando smbpasswd auch neue Einträge anlegen, indem Sie mit der Option -a (*add*, engl. hinzufügen) einen zusätzlichen Account anlegen.

```
gaston# smbpasswd -a willemer
New SMB password:
Retype new SMB password:
Added user willemer.
gaston#
```

Mit der Option -x können Benutzereinträge wieder entfernt werden. Die Option -d sperrt einen Benutzer, der dann mit der Option -e wieder aktiviert werden kann.

SAMBA im Domain-Umfeld

SAMBA kann auch als Primary Domain Controller (PDC) in einer Windows-Umgebung eingesetzt werden. Der Unterschied zu dem bisher betrachteten Peer-To-Peer Netzwerk besteht darin, dass ein einzelner Server die Anmeldung annimmt und die Ressourcen vergibt.

Das folgende Beispiel zeigt die **smb.conf**-Datei, mit der SAMBA einen PDC realisiert:

```
[global]
   workgroup = WILLEMER
   security = user
   encrypt passwords = Yes
   domain logons = yes
   domain master = yes
   local master = yes
   preferred master = yes

[netlogon]
   path = /home/netlogon
   public = no
   browsable = no
```

Der Pfad für **netlogon** muss angelegt und für die Benutzer lesbar sein.

Windows-Clients Die Clients müssen auf Domänenbetrieb umgestellt werden. Dies wird beispielsweise bei Windows Me im Netzwerkdialog eingestellt. Diesen erreichen Sie, indem Sie die Netzwerkumgebung mit der rechten Maustaste anklicken und aus dem Menü den Punkt »Eigenschaften« wählen. Aus den Netzwerkkomponenten wählen Sie den Client für Microsoft-Netzwerke aus und klicken »Eigenschaften« an. In dem dann erscheinenden Dialog setzen Sie einen Haken an den Punkt »An Windows NT-Domäne anmelden«. Daraufhin können Sie angeben, an welcher Domäne Sie sich anmelden wollen. Der Name entspricht dem, den Sie unter WORKGROUP in der Datei **smb.conf** angegeben haben. Windows XP Home Edition kann standardmäßig nicht auf Domänenbetrieb eingestellt werden.

Mitgliedsserver in einer Domäne

Soll der SAMBA-Rechner als Mitglied in einer Domäne arbeiten, ist das erste Ziel, dass er nicht selbst die Passwörter verwaltet, sondern diese dem Primary Domain Controller überlässt. Dazu wird der Passwort-Server angegeben und security auf den Wert DOMAIN gesetzt.

```
[global]
    workgroup = WILLEMER
    security = DOMAIN
    encrypt passwords = Yes
    password server = gaston
    domain master = No
```

Da der Rechner nicht selbst die Rolle des Primary Domain Controllers übernehmen will, steht domain master auf no. Damit Anfragen aber vom Primary Domain Controller akzeptiert werden, muss sich der SAMBA-Rechner erst als Mitgliedsserver der Domäne anmelden. Dies erreichen Sie mit dem Befehl smbpasswd, der allerdings mit etwas anderen Parametern und Optionen verwendet wird.

trusted account Der Domain Controller übernimmt nicht nur die Anmeldung der Anwender, sondern auch die Anmeldung von weiteren Servern, die in der Domain Mitglied werden. Ist der PDC ein SAMBA-Rechner, muss für das neue Mitglied ein sogenannter »trusted account« eingerichtet werden. Dazu wird der Rechnername sowohl in der UNIX- als auch in der SMB-Passwortdatei eingetragen. Soll der Rechner silver eingetragen werden, werden folgende Befehle auf dem PDC ausgeführt:

```
# useradd -g 100 -d /dev/null -c silver -s /bin/false silver$
# smbpasswd -a -m silver
```

Der folgende Befehl bewirkt, dass der Rechner, auf dem der Befehl gegeben wird, in der Domäne WILLEMER beim Primary Domain Controller namens gaston angemeldet wird.

```
# smbpasswd -j willemer -r gaston
```

War dieser Befehl erfolgreich, erscheint unter anderem die Meldung:

```
Joined domain WILLEMER
```

Logon-Skript

Sie können auf dem SAMBA-Server auch Logon-Skripte einrichten. Dazu wird zunächst definiert, welche Dateien beim Anmelden ausgeführt werden sollen:

```
logon script = scripts\\default.bat
```

Diese Skripte müssen natürlich Windows-Texte sein, also mit Carriage Return und Line Feed das Ende der Zeile kodieren. Darum ist es das Beste, diese Skripte auf einem Windows-Rechner zu erstellen. Hier können insbesondere Netzwerkbefehle abgestellt werden, die dafür sorgen, dass alle Anwender die gleichen Netzwerklaufwerke zur Verfügung haben. Beispielsweise könnte in einem solchen Skript Folgendes stehen:

```
net use w: \\silver\temp
```

Dämon oder inetd?

Es gibt theoretisch zwei Arten, einen SAMBA-Server zu starten. Sie können den Server durch den inet-Dämon verwalten oder die Dämonen beim Systemboot aus den rc-Skripten starten.

In der Datei **/etc/inetd.conf** müssen folgende Einträge stehen, falls der Dienst auf diesem Wege gestartet werden soll:

Starten per inetd

```
netbios-ssn stream tcp nowait root /usr/sbin/smbd smbd
netbios-ns dgram udp wait root /usr/sbin/nmbd nmbd
```

Ein `kill -1` auf die PID des `inetd` bringt ihn dazu, seine Konfigurationsdatei noch einmal zu begutachten. Wird nun der entsprechende Dienst angefordert, startet `inetd` die benötigten SAMBA-Dämonen.

Obwohl es möglich ist, den SAMBA-Dienst auf diese Weise zu starten, wird dieses Vorgehen nicht empfohlen. Der Namensdienst wird sich so nicht im Netzwerk von selbst anmelden, sondern erst, wenn er zum ersten Mal angesprochen wird.

rc-Skripte   Dementsprechend wird SAMBA beim Booten durch eine rc-Datei gestartet. In der SUSE-Distribution wird das dadurch erreicht, indem Sie in der Datei **/etc/rc.config** die Variable START_SMB auf »yes« setzen. Auf anderen Plattformen muss die Datei **smb** oder **samba**, die dem SAMBA-Paket beiliegt, mit symbolischen Links in die richtige Startumgebung gebracht werden (siehe Seite 250). Da dies allerdings durch die Installationsroutine automatisch geschieht, brauchen Sie sich nicht darum zu kümmern.

SAMBA-Konfiguration mit swat

SAMBA kann mit dem Programm `swat` auch mit Hilfe eines gewöhnlichen Browsers über das Netzwerk hinweg konfiguriert und administriert werden. `swat` ist im SAMBA-Paket enthalten und muss nur aktiviert werden. Da swat über den Internet-Dämon inetd respektive über die neuere Variante, xinetd, gestartet wird, müssen in den entsprechenden Dateien die Einträge freigeschaltet werden. Unter Solaris wird die Verwendung von swat überhaupt nicht vorbereitet. Solaris setzt inetd ein und braucht also folgenden Eintrag in der Datei **inetd.conf**:

```
swat   stream  tcp  nowait.400 root   /usr/sfw/sbin/swat swat
```

Unter SUSE Linux wird in den neueren Versionen der erweiterte Internet-Dämon eingesetzt. Für xinetd ist die Datei **xinetd.conf** zuständig. Dort befindet sich ein Verweis auf ein Verzeichnis **/etc/xinet.d**, in dem für jeden Dienst eine eigene Datei vorliegt. Darunter finden Sie vielleicht bereits eine Datei namens **swat** oder **samba**, in der ein Eintrag wie der folgende steht:

```
service swat
{
    port            = 901
    socket_type     = stream
    wait            = no
    only_from       = 127.0.0.1 192.168.109.0
    user            = root
    server          = /usr/local/samba/bin/swat
    disable         = No
}
```

Die Variable `port` muss nicht gesetzt werden, wenn der Dienst in der Datei **/etc/services** aufgeführt ist. In dem Parameter `only_from` wird festgelegt, von welchem Rechner swat aufgerufen werden darf. Hier habe ich sowohl localhost als auch die Netzwerkadresse eingetragen. Die Variable `user` beschränkt den Aufruf auf root. Nach dem Start des Browsers werden zunächst der Benutzername und das Kennwort angefordert. Mit dem Parameter `disable` kann der Zugang kurzfristig abgeschaltet werden.

Nun wird der Browser gestartet, und als Adresse wird der SAMBA-Server angegeben. Das Protokoll ist zwar http, aber der Port ist nicht 80, sondern 901. Also starten Sie swat auf dem Rechner gaston mit der folgenden Adresse im Browser:

`http://gaston:901/`

Daraufhin erscheint zunächst der Anmeldedialog, in dem Sie sich als root ausweisen müssen. Dann erscheint folgendes Bild:

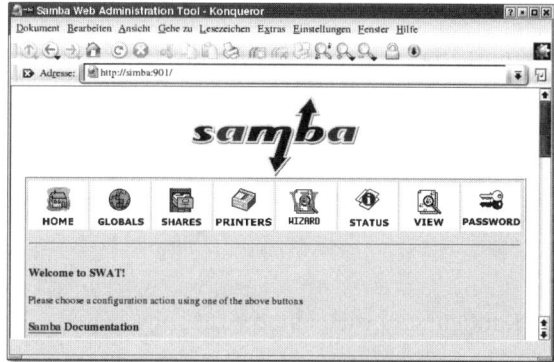

Abbildung 22.1 SAMBA-Konfiguration mit swat

In der obersten Reihe unter dem SAMBA-Logo finden Sie Symbole für die folgenden Seiten:

▶ **HOME**
Auf dieser Seite ist die Dokumentation von SAMBA zugänglich. Insbesondere finden Sie Links auf alle relevanten Manpages.

▶ **GLOBALS**
Hier werden die Parameter der `global`-Sektion der Konfigurationsdatei **smb.conf** eingestellt. Mit dem Button »Commit Changes« werden die Einstellungen in die Datei **smb.conf** übernommen.

▶ **SHARES**
Auf dieser Seite werden die Freigaben verwaltet. In der Aufklappliste kann eine bereits eingerichtete Freigabe ausgewählt werden. Wenn Sie den Button »Choose Share« anklicken, werden die Parameter der Freigabe sichtbar. Mit dem Button »Delete Share« kann sie gelöscht werden. In der Zeile darunter kann eine neue Freigabe angelegt wer-

den. Der Button »Commit Changes« bestätigt die ausgewählten Parameter der Freigabe und sichert sie in der Datei **smb.conf**.

- **PRINTERS**
  Diese Seite arbeitet analog zu SHARES. Allerdings werden hier die Druckerfreigaben verwaltet.

- **WIZARD**
  Dieser Assistent kann eine grundlegende Standardumgebung zusammenstellen. Dabei wird unter anderem ausgewählt, ob SAMBA auf Freigabebasis, als Domain-Controller oder als Mitglied in einer Domain arbeiten soll. Wird die Seite bestätigt, werden noch Einstellungen wie der Domain-Name vorgenommen.

- **STATUS**
  Diese Seite gibt Auskunft über die Softwareversion. Hier können die Dämonen gestartet werden. Darüber hinaus können Sie sehen, welche offenen Verbindungen bestehen, welche Freigaben aktiv sind und welche Dateien in den Freigaben offen sind. Hier finden Sie also die Informationen, die Sie auch über das Kommandozeilen-Tool `smbstatus` erhalten.

- **VIEW**
  Hier wird die aktuelle Konfigurationsdatei **smb.conf** angezeigt.

- **PASSWORD**
  Auf dieser Seite finden Sie eine Passwort-Verwaltung der Datei **smbpasswd**. Die zu bearbeitenden Benutzernamen werden eingegeben. Das Passwort kann geändert und der Zugang gesperrt werden.

Die von swat erzeugte Datei **smb.conf** hat sehr viele Parameter, die mit ihren Standardwerten besetzt sind. Dadurch wirkt sie zunächst etwas unübersichtlich.

UNIX als Client in Windows-Netzen

Zum SAMBA-Paket gehört auch ein Client. So können UNIX-Rechner auch auf Netzwerklaufwerke von MS Windows oder von SAMBA-Servern zugreifen. Das Programm `smbclient` wurde schon zum Testen des SAMBA-Servers kurz vorgestellt. Mit der Option `-L` *Servername* zeigt es alle Ressourcen, die der Server anbietet und die als browsable gekennzeichnet sind.

Dateientausch per smbclient

Der Zugriff auf die von gaston angebotenen Benutzerverzeichnisse würde von einem anderen UNIX-Rechner per `smbclient` wie folgt ermöglicht:

```
smbclient \\\\gaston\\homes
```

Nach dem Aufruf wird ein Passwort angefordert, und Sie befinden sich in einer Umgebung, die stark an den FTP-Client erinnert (siehe Seite 536). Und tatsächlich funktioniert `smbclient` auch mit den gleichen Kommandos. Etwas irritierend sind die vielen Backslashes. Eigentlich werden vor dem Wort gaston nur zwei davon benötigt. Da aber der Backslash von der Shell interpretiert wird, braucht man hier vier. Allerdings können Sie auch normale Schrägstriche verwenden, und dann sieht der Aufruf schon etwas übersichtlicher aus:

```
smbclient //gaston/homes
```

Interessanter als ein FTP-Zugang dürfte aber das Einbinden einer Ressource in den eigenen Verzeichnisbaum sein. Dazu gibt es den Befehl `smbmount`, der `mount` mit dem Dateisystemtyp smbfs entspricht. Das Einbinden der Ressource HOMES vom Rechner gaston kann also mit einem der beiden Befehle erfolgen:

Einbinden durch smbmount

```
smbmount //gaston/homes /mnt -o username=arnold
mount -t smbfs -o username=arnold //gaston/homes /mnt
```

Die Verbindung wird mit dem normalen `umount` wieder aufgelöst:

```
umount /mnt
```

Linux bietet mit dem Programm `LinNeighborhood` die Möglichkeit, ähnlich wie auf einem Windows-Rechner die Netzwerkumgebung nach Netzwerkangeboten zu durchforsten. Es erscheint ein Baum, der die Netzwerkdomänen zeigt. Durch einen Doppelklick zeigen sich die Rechner, die zu der angeklickten Domäne gehören. Um die Ressourcen eines Rechners zu untersuchen, wird ein Doppelklick nicht genügen, falls die Ressourcen durch ein Passwort geschützt ist. Leider zeigt das Programm die fehlende Berechtigung nicht an. Sie erreichen über die rechte Maustaste ein Menü, das die Anmeldung als Benutzer erlaubt. Danach kann eine der Ressourcen in ein Verzeichnis eingehängt werden. `LinNeighborhood` arbeitet also als Unterstützung für das Einbinden von Netzwerkverzeichnissen, nicht als Dateimanager.

Grafischer Client

Die Browser Konqueror des Desktops KDE (siehe Seite 747) und Nautilus des Desktops GNOME (siehe Seite 752) lassen es auch zu, als Adresse `smb:/` anzugeben. Auch so wird der Zugriff auf das Windows-Netzwerk möglich. Da Konqueror ein Dateimanager ist, ist das Einbinden in den eigenen Verzeichnisbaum nicht erforderlich. Sie können auf die fremde Ressource wie auf die lokalen Dateien zugreifen.

Konqueror und Nautilus

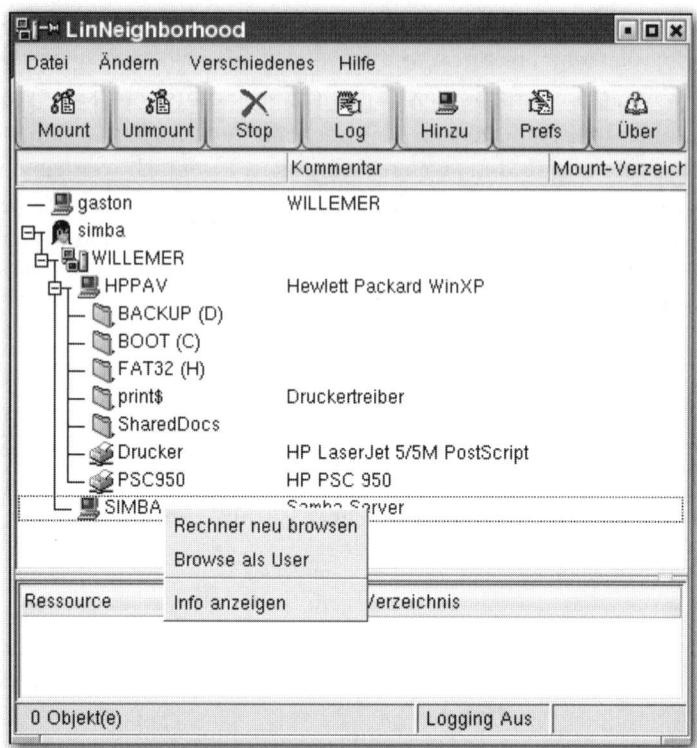

Abbildung 22.2 Windows-Netzwerk aus der Sicht von LinNeighborhood

22.3 Novell-Zugriffe

Die Firma Novell stellt das Produkt Netware her, ein Netzwerkbetriebssystem, das im PC-Bereich lange Zeit vorherrschender Standard war. Trotz der Konkurrenz durch MS Windows NT Server ist Netware auch heute noch aufgrund seiner Stabilität und seiner Überlegenheit bei großen PC-Netzen verbreitet. Als Novell-Client gibt es für Linux das Paket ncpfs. Es gibt zwei Novell-Server: Mars und lwared. Daneben liefert die Caldera-Distribution eine nicht freie Anbindung an Novell mit. Novell ist nicht daran interessiert, sich in die Karten sehen zu lassen. So leiden die Pakete darunter, nicht die neuesten Entwicklungen nachvollziehen zu können.

An dieser Stelle wird kurz beschrieben, wie die Pakete installiert werden und wie man eine Verbindung herstellt. Weitere Informationen finden Sie in den Dokumentationen, die den Paketen beiliegen.

Der Novell-Client ncpfs

Zum Betrieb eines Novell-Clients müssen im Kernel NCP (Novell Core Protocol) als Dateisystem und IPX (Internet Packet eXchange) als Netzwerkoption freigeschaltet sein. Das Paket ncpfs wird durch folgenden Befehl automatisch konfiguriert:

```
ipx_configure --auto_interface=on --auto_primary=on
```

Mit dem Befehl `slist` sehen Sie dann alle Novell-Server im Netz. Wenn das nicht funktioniert, sollten Sie den Kernel kontrollieren.

```
gaston> slist

Known NetWare File Servers             Network   Node Address
-------------------------------------------------------------
GASTON                                 C0A86D90  000000000001
gaston>
```

Ein Laufwerk von Novell wird mit dem Kommando `ncpmount` eingebunden:

```
ncpmount -S GASTON  -U arnold -P XXXXXX -V SYS /mnt
```

Hinter der Option -S steht der Server, und nach -U folgt der Benutzername. Nach -P wird das Passwort angegeben, und hinter der Option -V wird das Volume, also die Ressource des Servers, angegeben.

Der Novell-Server Mars

Der Mars-Dämon wird durch den Aufruf von `nwserv` gestartet. Beim Start liest er die Konfigurationsdatei **/etc/nwserv.conf**. In dieser Datei werden die Volumes und weitere Details angegeben. Von der Standardkonfiguration müssen vor allem die exportierten Verzeichnisse (Sektion 1) und der Servername (Sektion 2) angepasst werden.

```
# Syntax:
#      1 VOLUME   DIRECTORY      [OPTIONS]   [UMASKDIR UMASKFILE]
       1 SYS      /usr/local/nwe/SYS/   kt     711 600
# Syntax:
#      2 SERVERNAME
       2 GASTON     # Der Server heißt nun GASTON
```

Hier wird der Server GASTON eingerichtet. Er bietet das Netware-Volume namens SYS an. Die Dateien werden im Verzeichnis **/usr/local/nwe/SYS/** abgelegt. Zuletzt wird die `umask` festgelegt, getrennt nach Dateien und Verzeichnissen.

22.4 Mac im Netz: netatalk

Linux kann mit AppleTalk (oder genauer: EtherTalk) kommunizieren und damit für Rechner mit Mac OS als Server dienen. Das betrifft insbesondere das Classic Mac OS. Das neue Mac OS X kann durch seinen UNIX-Kern leicht mit Windows- und UNIX-Netzen Kontakt aufnehmen. Das Programmpaket, das die Verbindung zum EtherTalk aufnimmt, heißt netatalk. Die Grundeinstellung erfolgt in der Datei **/etc/atalk/atalk.conf** durch die Benennung der Ethernet-Schnittstelle. Der Anpassungsaufwand ist relativ gering: Es braucht nur die Ethernet-Karte eingetragen zu werden. Bei einem Linux-Server steht dort im Allgemeinen nur Folgendes:

```
eth0
```

Danach müssen der Server `atalkd` und der Server `afpd` gestartet werden. `afpd` liest die Datei **/etc/atalk/AppleVolumes.default**. In dieser Datei können die Verzeichnisse aufgelistet werden, die dem Mac über AppleTalk angeboten werden sollen. Standardmäßig ist das Verzeichnis ~ eingetragen, also das Benutzerverzeichnis jedes Anwenders. Nachdem der Server `afpd` gestartet worden ist, kann jeder Linux-Anwender vom Mac auf sein Benutzerverzeichnis unter Linux zugreifen.

Natürlich können auch andere Verzeichnisse eingetragen werden. Grundsätzlich gilt die Datei **AppleVolumes.default** für alle Benutzer einer Maschine. Sie wird vom Systemadministrator verwaltet. Aber jeder Benutzer kann in seinem Benutzerverzeichnis eine Datei namens **.AppleVolumes** anlegen. Darin kann er die Verzeichnisse angeben, die unter seinem Login angeboten werden. Sollen auch Verzeichnisse der Datei **AppleVolumes.default** angeboten werden, müssen sie in seiner lokalen Datei explizit noch einmal genannt werden.

Verbindung vom Mac herstellen

Um den Macintosh mit dem Linux-Rechner zu verbinden, wird unter Classic Mac OS das Programm »Auswahl« gestartet, das sich normalerweise im Apfelmenü befindet. In Mac OS X benutzen Sie »Mit Server verbinden...« im Menü »Gehe zu« des Finders. Bei Anwahl von »AppleShare« sollte in der Liste rechts bereits der Name des Linux-Rechners auftauchen. Nach der Anwahl erscheint eine Anmeldebox, in der Sie Ihre Benutzerkennung und Ihr Passwort eingeben können. Das Passwort wird mit der Datei **/etc/passwd** verglichen.

Daten und Ressourcen

Eine Datei auf dem Macintosh besteht aus zwei Teilen: dem Datenzweig und dem Ressourcenzweig. Um dies auf einem normalen Dateisystem nachzubilden, legt netatalk in jedem Verzeichnis ein besonderes Unterverzeichnis namens **.AppleDouble** an. In diesem wird der Ressourcenanteil der Datei bei einem Zugriff erzeugt.

22.5 Festplatte im Netz

Ein Direct Attached Storage (DAS) versorgt einen Server mit Festplatten über den Netzwerkanschluss. Das Ethernet wird als Medium verwendet, allerdings hat der Zugriff fast nichts mehr mit den Eigenschaften des Netzwerks zu tun. So wird DAS nur für einen Server angeboten. Er wird nicht im Netzwerk verteilt. Darüber hinaus ist das Protokoll nicht TCP/IP, sondern propietär. Da es auf Festplattenzugriff optimiert ist, hat es größere Blöcke. Ferner werden nicht Dateizugriffe, sondern Blockzugriffe angeboten. Das heißt, dass das eigentliche Dateisystem nicht auf dem DAS liegt.

DAS

Ein Storage Area Network (SAN) ist ein Netzwerk, das nur dem Zweck dient, Servern Festplattenspeicher zur Verfügung zu stellen.

SAN Storage Area Network

Mit dem Network Attached Storage (NAS) kann ein lokales Netzwerk schnell um eine externe Festplattenlösung erweitert werden.

NAS

Speziell für die Datensicherung von NAS-Systemen wurde das Network Data Management Protocol (NDMP) entworfen, das eine Schnittstelle zu Backup-Software darstellt. NDMP ist zwar noch nicht standardisiert, aber bereits seit langem für den RFC angemeldet. Da dieses Protokoll ein herstellerunabhängiges Verfahren verspricht, wird es bereits vielfältig unterstützt.

NDMP

Die NDAS-Festplatten werden nicht über die klassischen Netzwerkprotokolle angeschlossen, sondern besitzen ein propietäres Netzprotokoll, mit dem sie direkt vom Treiber des Dateisystems angesprochen werden. Der Vorteil einer solchen Lösung ist natürlich die Geschwindigkeit. Problematisch ist, dass eine solche Festplatte keinen Netzwerkprotokollen gehorcht. Da aber die Herstellung einer externen Lösung billiger ist als ein komplettes Netzprotokoll zu bedienen, steht zu befürchten, dass sich diese Geräte in naher Zukunft ausbreiten werden.

NDAS

Link zum Hersteller und Lizenzvertreiber von NDAS:

http://www.ximeta.com

22.6 Zeitabgleich

»Uhrenvergleich! Es ist jetzt genau – drei Minuten nach vier!« In fast allen klassischen Krimis kommt diese Szene vor. Immerhin geht es darum, dass das Telefonkabel durchgeschnitten sein muss, bevor der Mann mit dem Geigenkasten die Bank betritt. In ähnlicher Weise ist es auch in einem Netzwerk praktisch und manchmal sogar zwingend erforderlich, dass die Uhrzeit der beteiligten Rechner übereinstimmt. So beurteilt das Programmierwerkzeug make (siehe Seite 868) die Aktualität einer Übersetzung anhand des Zeitpunktes, an dem die Quell- und die Objektdatei erzeugt wurden. Steht die Uhr des Rechners, der zuletzt die Objektdatei veränderte, in der Zukunft, so werden Änderungen an den Quellen für die Zeitdifferenz nicht bemerkt.

Zeitserver Es ist also ein nahe liegender Gedanke, dass die Rechner eines Netzes sich über die gemeinsame Uhrzeit abstimmen. Dabei werden Rechner, deren Uhrzeit verlässlich ist, als Server verwendet. Damit deren Uhrzeit möglichst exakt ist, kann man eine Funkuhr anschließen.[4] Ist der Rechner mit dem Internet verbunden, liegt es nahe, die Uhrzeit von einem der Zeitserver dort abzuholen.

netdate Der Befehl netdate holt sich die Zeitinformation von einem Zeitserver und stellt die Systemzeit auf diesen Wert. Sobald die Verbindung zum Internet besteht, wird der folgende Befehl eine Verbindung zum Server **ptbtime1.ptb.de** aufnehmen und dessen Zeit als Systemzeit übernehmen:

```
gaston # netdate ptbtime1.ptb.de
Trying 192.53.103.103...
ptbtime1.ptb.de  -0.040    Mon Feb  2 16:45:35.000
gaston #
```

Da die Systemzeit nicht von jedem Anwender verändert werden darf, muss der Befehl vom Systemadministrator (root) ausgeführt werden. Dieses Verfahren basiert auf den Services daytime bzw. time, die in der **/etc/services** unter Port 13 bzw. 37 zu finden sind. Sie sind nach RFC 867 definiert.

Hardware-Uhr stellen Je nach der Plattform, auf der Ihr UNIX-System läuft, kann es notwendig sein, die abgeglichene Systemzeit auch auf die Hardware-Uhr zu übertragen. Dies ist insbesondere bei PCs unter Linux erforderlich. Darum wird

---

4 Beispielsweise bietet der Elektronikversand Conrad eine solche Uhr zum Anschluss an den Parallelport. Die entsprechende Software ist im Paket **pcf** diverser Linux-Distributionen enthalten.

an den erfolgreichen Zeitabgleich der Befehl angehängt, diese Zeit in die Systemuhr zu schreiben. Dazu gibt es die Befehle `hwclock` oder den aus dem BSD-Bereich stammenden `clock`. Tragen Sie in solch einem Fall eine der beiden folgenden Zeilen in das PPP-Skript ein:

```
netdate ptbtime1.ptb.de && clock -w
netdate ptbtime1.ptb.de && hwclock --systohc
```

Zur Erinnerung: Das doppelte kaufmännische Und (&&) bewirkt, dass `clock` nur dann ausgeführt wird, wenn `netdate` erfolgreich war.

Andere Rechner im Netzwerk können nun die Zeit übernehmen. UNIX-Rechner werden den Befehl `netdate` verwenden. Rechner mit MS Windows können mit dem folgenden Aufruf die Uhrzeit synchronisieren:

<small>Clients im Netz</small>

```
net time \\gaston /set /yes
```

Dieses einfache Verfahren zum Zeitabgleich ist nicht mit dem NTP nach RFC 1309 zu verwechseln. Beim NTP werden mehrere Server in einem Netzwerk aufgestellt, deren Differenz zu einem möglichst exakten Ergebnis führen soll. Die entsprechenden Serverprogramme heißen **xntpd** für die nicht mehr ganz aktuelle Version 3 und **ntpd** für die neuere Version. Der Server wird in der Datei **/etc/ntpd.conf** konfiguriert. Darin wird festgelegt, welche Rechner zum Abgleich herangezogen werden und wie schnell und direkt deren Zugriff zur absoluten Uhrzeit ist. Die Kommunikation erfolgt über den Port 123.

<small>NTP</small>

Um von einem Server einmalig die aktuelle Zeit per NTP zu holen, wird kein Serverprozess aufgesetzt. Ganz im Gegenteil stört in solch einem Fall ein NTP-Server, weil er den Port blockiert, über den der Computer mit dem Zeitserver spricht.

<small>ntpdate</small>

```
gaston # ntpdate -u ptbtime1.ptb.de
```

Natürlich muss darauf geachtet werden, dass der Port 123 nicht durch eine Firewall blockiert wird. Dazu kann einerseits die Firewall umkonfiguriert werden, damit sie Anfragen über Port 123 durchlässt, oder Sie geben dem Befehl `ntpdate` mit der Option `-u` zu verstehen, dass er einen unprivilegierten Port verwendet.

Jede größere Anwendung, die mit umfangreichen Daten arbeitet, wird diese in einer Datenbank speichern. Datenbanken sind Spezialisten für das schnelle Ablegen und Auffinden von großen Datenmengen.

23 Datenbanken

Heutige Datenbanken sind relationale Datenbanken, die ihre Datenobjekte und deren Relationen in Tabellen ablegen. Eine Datenbank hat mehrere Tabellen. Jede Tabelle besteht aus Spalten, die einen festgelegten Datentyp haben.

Es gibt eine ganze Reihe großer Datenbankanbieter. Oracle, DB/2 von IBM, Sybase und Informix sind sicher die bekanntesten. Es gibt auch Open-Source-Datenbanken. Sie sind teilweise an Universitäten entstanden, teilweise wurden sie von den Firmen freigestellt. Die bekannteste Open-Source-Datenbank dürfte MySQL sein. Aus dem universitären Umfeld kommt PostgreSQL. Die letzten beiden werden hier näher betrachtet. Sie sind frei erhältlich, und so können Sie alle Schritte leicht nachvollziehen, wenn Sie nur den Zugriff auf eine Linux-Distribution haben.

Kandidaten

23.1 SQL-Spickzettel

Die Sprache der Datenbanken ist SQL. Wenn Sie also häufig mit Datenbanken zu tun haben, werden Sie SQL lernen müssen oder haben es bereits getan. Dieses Buch ist ein UNIX-Buch und kein Datenbanklehrbuch. Da aber genau in den Momenten, in denen man die Syntax eines SQL-Befehls vergessen hat, ein Datenbankbuch gerade nicht greifbar ist, verwende ich seit Jahren schon einen kleinen Spickzettel, den ich mir ins Internet gestellt habe.[1] Eine Zusammenfassung der Befehle steht nun auch hier.

Denken Sie daran, dass die meisten SQL-Clients darauf Wert legen, dass jede Zeile mit einem Semikolon abgeschlossen wird!

---

1 siehe http://www.willemer.de/informatik/db/sql.htm

23.1.1 Data Definition Language (DDL)

Die Data Definition Language umfasst Befehle, die die Struktur einer Datenbank betreffen. Dazu gehört das Anlegen oder Ändern von Tabellen.

Anlegen einer Tabelle

Eine Datenbank besteht aus mehreren Tabellen, die zunächst einmal erzeugt werden müssen.

Anlegen einer Tabelle

```
CREATE TABLE <TabellenName> (
     [ PRIMARY KEY ( <FeldNamensListe> ), ]
     [ FOREIGN KEY ( <FeldName> ) REFERENCES <TabellenName>, ]*
     [ UNIQUE ( <FeldNamensListe> ), ]
     <FeldDeklarationen>
)
```

Die Verwendung des Schlüsselworts UNIQUE an dieser Stelle wird nicht von allen Datenbanken unterstützt. In solchen Fällen verwendet man einen INDEX mit dem Attribut UNIQUE.

Löschen einer Tabelle

Mit dem Befehl DROP wird in SQL gelöscht.

Löschen einer Tabelle

```
DROP TABLE <TabellenName>
```

Ändern der Tabelle

Das Ändern einer Tabelle sollte vermieden werden, kann aber durch den Befehl ALTER TABLE erreicht werden. Nicht alle Datenbanken unterstützen diesen Befehl.

Ändern einer Tabelle

```
ALTER TABLE <TabellenName> DROP <Spalte>
ALTER TABLE <TabellenName> ADD <FeldDeklarationen>
ALTER TABLE <TabellenName> MODIFY <FeldDeklaration>
```

Mit DROP wird eine Spalte wieder gelöscht. Mit ADD wird eine oder mehrere Spalten hinzugefügt. Mit MODIFY wird eine Spalte in ihren Datentyp geändert.

Index

Ein Index ist ein schneller Zugriffspfad auf die Daten. Durch das Wort UNIQUE wird gewährleistet, dass der Inhalt für die Tabelle eindeutig ist.

Index anlegen

CREATE [UNIQUE] INDEX <Indexname>
    ON <TabellenName> (<FeldNamensListe>);

Primäre und sekundäre Schlüssel

Ein Schlüssel (KEY) bietet die Möglichkeit, einzelne Sätze aus anderen Tabellen zu referenzieren. Die Zieltabelle muss einen Primary Key besitzen, über den die Zeilen eindeutig bestimmt werden können. Er wird mit dem CREATE TABLE definiert oder kann mit ALTER TABLE nachdefiniert werden. Ein Primary Key erfordert immer einen unique Index.

Auf den Primary Key kann sich der Foreign Key einer anderen Tabelle beziehen. In dieser Spalte befindet sich der Wert des Primary Key der Zieltabellenzeile, auf den referenziert werden soll. Bevor ein Foreign Key gesetzt wird, muss der Primary Key der Zieltabelle definiert sein.

Hinzufügen oder Entfernen eines Schlüssels

ALTER TABLE <TabellenName> ADD | DROP
    PRIMARY KEY (<FeldNamensListe>);
ALTER TABLE <TabellenName> ADD | DROP
    FOREIGN KEY <KeyName> (<FeldName>)
    REFERENCES <TabellenName>;

Ansichten (Views)

Mit CREATE VIEW kann eine Tabelle eingeschränkt und damit verschiedenen Benutzern nur Teile der Datenbank zur Verfügung gestellt werden.

Erzeugen eines Views

CREATE VIEW <ViewName> [(<FeldNamensListe>)]
    AS SELECT <Select-Parameter> ;

Wird die FeldNamensListe angegeben, werden die Spaltennamen des FROM-Attributs auf diese Namen umgesetzt.

23.1.2 Data Manipulation Language (DML)

Die Data Manipulation Language greift auf die eigentlichen Daten zu. Es werden Einträge hinzugefügt, geändert oder gelöscht. Vor allem können Abfragen an die Datenbank gestellt werden.

Einfügen von Daten: INSERT

Einfügen von Daten
INSERT INTO <TabellenName> (<FeldNamensListe>)   VALUES (<Wert> [, <Wert>]*);

Es kann durch Kombination mit einer Abfrage auch der Inhalt einer oder mehrerer anderer Tabellen eingefügt werden.

Einfügen aus einer anderen Tabelle
INSERT INTO <Tabellenname> [(<Feldname> [, <Feldname]*)]   SELECT <Select-Parameter> ;

Daten ändern: UPDATE

Ändern von Werten in einer Tabelle

UPDATE <TabellenName>
    SET <FeldName>=<Wert> [,<FeldName>=<Wert>]*
    WHERE <Bedingung>

Daten löschen: DELETE

Löschen in einer Tabelle
DELETE FROM <TabellenName> <WhereKlausel>

Anfragen: SELECT

Eine Abfrage wird durch den Befehl SELECT realisiert. Die Besonderheiten liegen in seinen Parametern.

Anfragen

SELECT <FeldNamensListe> | '*'
     FROM <TabellenName>
     [WHERE <Bedingung>] ;

Bedingung

WHERE wird benutzt, um eine Selektion zu realisieren, also eine Einschränkung der Zeilenzahl. Hinter dem WHERE steht, welche Bedingung die ausgewählten Sätze erfüllen müssen. Wie von den Skriptsprachen bekannt, gibt es hier auch die üblichen Vergleichsoperatoren: =, <, >, <>, <= und >=.

Darüber hinaus gibt es die Operatoren:

▶ **LIKE**

enthält die Zeichenkette. Dabei gelten die Wildcards _ für ein Zeichen und % für eine beliebige Zeichenkette.

▶ **BETWEEN**

Der Wert liegt zwischen zwei Werten. Beispiel: Wert BETWEEN 'A' AND 'Z'.

▶ **IS NULL**

Der Wert ist bisher nicht besetzt worden. Beispiel: Wert IS NULL.

Definitionen

Hier werden die oben verwendeten Begriffe definiert:

FeldDeklarationen
<Feldname> <Typ> [NOT NULL] [, <Feldname> <Typ> [NOT NULL]]*

Eine Felddeklaration beschreibt eine oder mehrere Spalten mit Namen und Typ.

FeldNamensListe
<Feldname> [,<Feldname>]*

Eine FeldNamensListe ist eine durch Komma getrennte Liste von Feldnamen.

Der Typ kann einer der folgenden sein:

Typ	Beschreibung
CHAR(<n>)	Zeichenkette
NUM [(<StellenZahl> [, <NachKommaStellen>])]	ganzzahlig
FLOAT	Fließkomma
DATE	Datum: Konstante: 12/24/1999

Tabelle 23.1 Typ

Ein TabellenName bezeichnet eine Tabelle, ein View oder eine virtuelle Tabelle, die durch eine Abfrage gebildet wird.

23.2 MySQL

Herkunft MySQL ist eine sehr beliebte Datenbank vor allem im Internetbereich. Sie war speziell für diesen Bereich entwickelt worden. Das zeigt sich schon daran, dass lange Zeit ein Transaktionsmechanismus[2] fehlte. Für Webapplikationen sind Transaktionen nicht so wichtig. Dafür glänzte MySQL mit hoher Geschwindigkeit. Aufgrund ihrer Herkunft aus dem Open-Source-Bereich ist die Ansicht verbreitet, MySQL wäre kostenfrei. Das stimmt für alle Anwendungen, die auch unter die GNU-Lizenz fallen. Für kommerzielle Anwendungen werden durchaus Lizenzen fällig.

23.2.1 Installation

Unter vielen UNIX-Plattformen wird MySQL bereits als Softwarepaket mitgeliefert, das durch das entsprechende Administrationstool installiert werden kann.

Ist das nicht der Fall und Sie besitzen eine Binärdistribution, dann müssen Sie folgende Schritte durchführen.

- Mit dem Befehl `groupadd mysql` legen Sie eine Gruppe namens mysql an. `groupadd mysql`.
- Mit dem Befehl `useradd -g mysql mysql` erzeugen Sie einen Benutzer mit Namen mysql, der zur Gruppe mysql gehört.
- Wechseln Sie das Verzeichnis mit `cd /usr/local`.
- Mit dem Befehl packen Sie die Distribution aus:

---

[2] Transaktion: siehe im Glossar Seite 1004.

```
gunzip < /path/to/mysql-<VERSION-OS>.tar.gz | tar xvf -
```

- Es wird ein symbolischer Link auf die aktuelle Version gelegt, der mysql heißt.

```
ln -s full-path-to-mysql-<VERSION-OS> mysql
```

- Wechseln Sie mit `cd mysql` in dieses Verzeichnis. Führen Sie folgende Befehle aus:

```
scripts/mysql_install_db --user=mysql
chown -R root  .
chown -R mysql data
chgrp -R mysql .
bin/mysqld_safe --user=mysql &
```

Damit ist der MySQL-Dämon unter der Benutzerkennung mysql gestartet.

23.2.2 Benutzerverwaltung

Um eine Datenbank zugreifen zu können, benötigt man ebenso eine Kennung und ein Passwort wie beim Zugriff auf ein Multiuser-Betriebssystem.

Nach der Erstinstallation sind zwei Benutzer namens root angelegt. Der Passwörter sind aber zunächst leer. Der eine ist für den lokalen Zugriff über localhost und der andere ist derjenige der über den Hostnamen des eigenen Rechners vorhanden ist.

```
libo> mysql -u root
mysql> SET PASSWORD FOR 'root'@'localhost' = PASSWORD('soso');
mysql> SET PASSWORD FOR 'root'@'onyx.willemer.edu' =
    -> PASSWORD('newpwd');
mysql>
```

Alternativ können die root-Passwörter auch durch das Administrationswerkzeug `mysqladmin` von MySQL geändert werden. Dann lauten die Aufrufe so:

```
mysqladmin -u root password 'new-password'
mysqladmin -u root -h onyx.willemer.edu password 'new-password'
```

Darüber hinaus werden bei Erstinstallation zwei anonyme Zugänge angelegt, die ebenfalls ohne Passwort vorliegen. Um diese zu beseitigen, können ihre Einträge aus der Tabelle mysql.user entfernt werden.

```
mysql> DELETE FROM mysql.user WHERE user='';
```

Die Benutzerverwaltung wird in der Tabelle mysql.user gehalten. Sie können sich die existierenden Einträge ansehen:

```
mysql> select user,password from mysql.user;
```

MySQL-Benutzernamen dürfen bis zu 16 Zeichen lang sein.

Aus dem mysql-Client können Benutzer mit den Befehlen CREATE USER angelegt und mit dem Befehl DROP USER wieder gelöscht werden.

```
CREATE USER arnold@localhost IDENTIFIED BY 'achja';
DROP USER arnold@localhost;
```

Weitere Rechte des Benutzers werden per GRANT-Befehl vergeben und mit REVOKE zurückgezogen, wie es bei SQL üblich ist.

23.2.3 Administrationstools

Das Tool mysql-administrator ermöglicht Administrationsarbeiten mit einer grafischen Benutzeroberfläche. Hier können beispielsweise auch Benutzer angelegt werden.

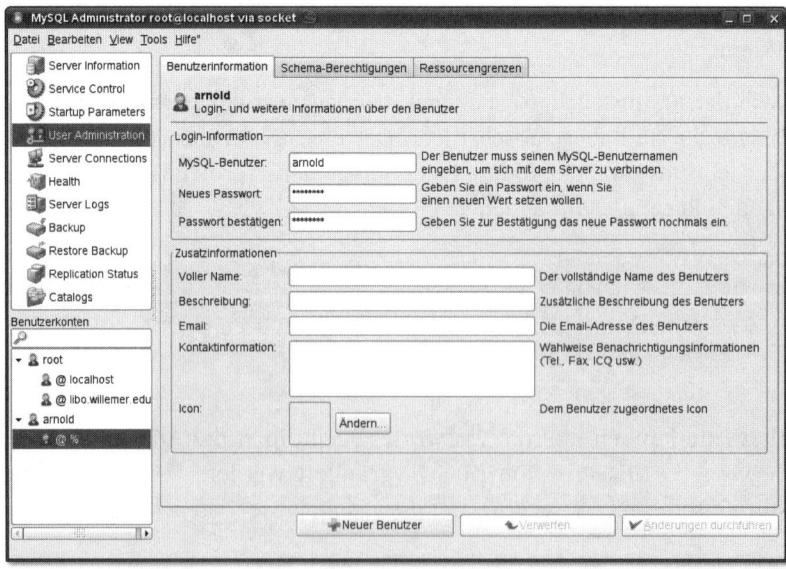

Abbildung 23.1 mysql-administrator

Wenn Sie PHP installiert haben, können Sie auch mit dem Tool phpMyAdmin die MySQL-Datenbank administrieren. Der Aufruf erfolgt durch einen normalen Browser. In die Adresszeile wird eingegeben:

```
http://127.0.0.1/phpMyAdmin/
```

Da auf diese Weise auch von außen die Administration von Datenbanken möglich ist, ohne dem Kunden einen ssh-Zugang legen zu müssen, wird phpMyAdmin sehr gern von Providern als Administrationswerkzeug angeboten, wenn auch MySQL im Webhosting-Paket angeboten wird.

23.2.4 Anlegen von Datenbanken

Zunächst sind keine Datenbanken angelegt. Sie können sich als root in den mysql-Client einloggen und eine Datenbank mit dem Befehl CREATE DATABASE, gefolgt vom Namen der Datenbank, anlegen. Bei späteren Aufrufen des mysql-Clients können Sie den Namen der Datenbank als letzten Parameter angeben.

```
mysql -u user -p dbname
```

Anschließend wird, wie die Option -p vorgibt, das Passwort des Benutzers erfragt.

Der Befehl show databases; zeigt die eingerichteten Datenbanken. Mit dem Befehl use <\gpkursiv{Datenbank}>; wird die Datenbank verwendet. Wenn Sie eine Datenbank verwenden, können Sie deren Tabellen mit dem Befehl show tables; anzeigen lassen. Wenn Sie weiterhin die Struktur einer Tabelle sehen wollen, verwenden Sie den Befehl describe, gefolgt vom Tabellennamen. Übrigens sollten Sie auch hier das Semikolon keinesfalls vergessen.

23.2.5 Datensicherung

Datenbanken haben eigene Sicherungswerkzeuge. Das liegt daran, dass eine Datenbank höchstens dann mit einem normalen UNIX-Tool gesichert werden könnte, wenn die Datenbank gerade steht. In den meisten Fällen wird heutzutage aber der Betrieb für die Datensicherung nicht mehr stillgelegt. Da die Datensicherung erhebliche Ressourcen benötigt, wird sie zwar immer noch in den Abendstunden oder am Wochenende stattfinden, aber die Datenbank wird deswegen nicht gestoppt.

Zur Datensicherung verwendet MySQL das Werkzeug mysqldump. Der folgende Befehl führt eine Komplettsicherung durch:

```
mysqldump --single-transaction --all-databases > sicher.sql
```

Dies ist eine online ausgeführte, nicht sperrende Sicherung, die Lese- und Schreibvorgänge in den Tabellen nicht beeinträchtigt. Die Option `--single-transaction` gewährleistet, dass die von `mysqldump` erkannten Daten nicht geändert werden. Die gesicherte Datenbank ist also in jedem Falle konsistent.

Zum Glück wird in den meisten Fällen deutlich öfter gesichert als die Sicherung zurückgeholt. Es ist dennoch hilfreich, den richtigen Befehl zu kennen.

```
mysql < sicher.sql
```

23.2.6 Start und Stopp

Zum Start des Datenbank-Dämons wird der folgende Befehl verwendet. An der Option `--user` ist zu erkennen, dass MySQL immer unter dem Benutzer mysql gestartet wird.

```
bin/mysqld_safe --user=mysql --log &
```

Bei System-V-Systemen wird ein Init-Skript angelegt, das auch dafür sorgen kann, dass die Datenbank beim Systemstart gestartet wird. In jedem Fall ist es bequemer, die Datenbank auf diesem Weg zu starten.

```
/etc/init.d/mysql start
```

Entsprechend kann man auf gleichem Wege die Datenbank wieder stoppen.

```
/etc/init.d/mysql stop
```

In dem Skript verbirgt sich der folgende Aufruf von `mysqladmin`.

```
bin/mysqladmin -u root shutdown
```

23.3 PostgreSQL

Herkunft PostgreSQL ist eine aus dem universitären Umfeld stammende Datenbank. Dadurch sind viele Ergebnisse der Datenbankentwicklung hier eingeflossen und dadurch ist sie sicher eine der bestausgestatteten Datenbanken, nicht nur im Open-Source-Bereich.

23.3.1 Installation

Unter vielen UNIX-Plattformen wird PostgreSQL bereits als Softwarepaket mitgeliefert, dass durch das entsprechende Administrationstool installiert werden kann.

Ist das nicht der Fall und Sie besitzen ein Source-Paket, dann müssen Sie folgende Schritte durchführen.

- Mit dem Aufruf `./configure` passen Sie PostgreSQL an die Umgebung an.
- Durch den Aufruf von `gmake` wird das Paket übersetzt. Sie werden vorher vermutlich noch einen Compiler installieren müssen.
- Für die weiteren Schritte benötigen Sie Administratorrechte. Melden Sie sich also per `su -` als root an.
- Mit dem Aufruf `gmake install` wird das Paket installiert.
- Legen Sie einen Benutzer postgres an.
- Legen Sie das Verzeichnis **/usr/local/pgsql/data** an.
- Ändern Sie dessen Besitzer in postgres um.
- Meldungen Sie sich nun per `su - postgres` als Benutzer postgres an.
- Starten Sie die folgenden Aufrufe:

```
initdb -D /usr/local/pgsql/data
postmaster -D /usr/local/pgsql/data >logfile 2>&1 &
createdb test
psql test
```

Einige Umgebungsvariablen sollten korrekt eingestellt werden.

- **PATH**
  Um nicht bei jedem Datenbankkommando den Pfad angeben zu müssen, sollte der Pfad /usr/local/pgsql/bin in der Umgebungsvariable stehen.

  ```
  PATH=/usr/local/pgsql/bin:$PATH
  export PATH
  ```

- **PGHOST**
  enthält den Namen der Maschine, auf der die PostgreSQL-Datenbank läuft.

▶ **PGPORT**
bezeichnet den Port, der üblicherweise über die Datei **/etc/services** als 5432 vorgegeben ist.

Die PostgreSQL-Datenbank arbeitet auf der Basis einer Client-Server-Architektur. Der Server-Prozess, der die Anfragen an die Datenbank abwickelt, heißt `postmaster`. Als Client gibt es unterschiedliche Programme. Das kann das textorientierte `psql` sein, aber auch grafische Tools oder Anwendungsprogramme.

Der Start der Datenbank erfolgt beispielsweise durch den Aufruf des Skriptes im Verzeichnis **init.d**. gestartet werden.

```
gaston # /etc/init.d/postgresql start
```

Die Datei **postgresql.conf** steht im Datenverzeichnis und enthält die wichtigsten Parameter.

23.3.2 Benutzer anlegen

Die UNIX-Benutzer sind nicht automatisch auch als Benutzer der Datenbank angemeldet. Auf der anderen Seite kann es Datenbankbenutzer geben, die gar kein UNIX-Konto haben. Beispielsweise könnten sie von einer Applikation verwendet werden, um sich bei der Datenbank anzumelden.

Bei der Installation wird der Benutzer postgres angelegt, der alle Rechte im Datenbankbereich hat, vergleichbar zu root unter UNIX. Die Rolle des Administrators heißt also postgres.

Melden Sie sich als Benutzer postgres an. Er ist berechtigt, anderen Benutzern eine Rolle[3] im Spiel mit der Datenbank zuzuordnen. Rufen Sie das Programm `psql` auf. Hier können Sie nun SQL-Kommandos aufrufen. Sie können das Programm mit dem Aufruf von \q wieder verlassen. Mit der folgenden Zeile definieren Sie eine Rolle für den Anwender arnold.

```
postgres=# CREATE ROLE arnold;
CREATE ROLE
postgres=#
```

Sie können diese Rolle jederzeit von postgres durch den Aufruf von `DROP ROLE arnold;` entfernen. Nun existiert eine Rolle, aber diese hat

---

3 Die Rolle ist hier nicht eine launige Wortwahl des Autors, sondern eine durch PostgreSQL festgelegte Rechtebezeichnung.

keine Berechtigungen. arnold darf sich nicht einmal einloggen. Das kann mit dem Befehl ALTER nachgeholt werden.

```
postgres=# ALTER ROLE arnold LOGIN;
ALTER ROLE
postgres=#
```

Nun darf sich arnold einloggen, sofern er eine existierende Datenbank als Option verwendet.

Weitere Optionen geben weitergehende Rechte.

Attribut	Berechtigung
LOGIN	Berechtigung zum Anmelden
CREATEDB	Berechtigung, eine Datenbank zu erzeugen
SUPERUSER	Ein Datenbank-Administrator wird geboren
CREATEROLE	Berechtigt dazu, selbst Rollen zu erstellen

Tabelle 23.2 Rollenattribute

Weitere Rechte können mit dem SQL-Standardbefehl GRANT vergeben werden. Damit können beispielsweise Benutzer angelegt werden, dir nur berechtigt sind, lesend auf Datenbanken zuzugreifen.

23.3.3 Anlegen von Datenbanken

Sie erzeugen eine Datenbank namens mydb durch folgenden Aufruf:

```
postgres@libo> createdb mydb
CREATE DATABASE
postgres@libo>
```

Als Alternative kann das Programm psql gestartet werden. Dort kann mit den Standard-SQL-Befehlen CREATE DATABASE und DROP DATABASE eine Datenbank angelegt und wieder gelöscht werden.

Jeder Benutzer nimmt Kontakt mit einer Datenbank auf. Darin befinden sich die Tabellen mit den eigentlichen Daten. Die Tabellen werden mit den üblichen SQL-Kommandos angelegt und gepflegt.

23.3.4 Datensicherung

Die Sicherung einer Datenbank kann nur im Ausnahmefall mit den Standardwerkzeugen erfolgen. Es muss schließlich gewährleistet sein, dass nicht mitten in der Transaktion gesichert wird. Die mit den Datenbanken gelieferten Werkzeuge sorgen dafür, dass die Datensicherung konsistent ist, selbst im laufenden Betrieb.

Mit dem Befehl `pg_dump` wird eine Datenbank gesichert. Als Parameter wird der Name der Datenbank erwartet. Die Ausgabe erfolgt auf dem Standardausgabekanal und muss umgeleitet werden.

```
postgres@libo> pg_dump mydb > dbsicher
```

Die Umleitung erscheint zunächst irritierend. Der Vorteil dieser Lösung ist, dass der Datenstrom mit normalen UNIX-Werkzeugen gefiltert werden kann und so beispielsweise ein Komprimierungswerkzeug vor die eigentliche Sicherung eingebaut werden kann.

Bei der Rücksicherung muss zunächst die Datenbank angelegt werden. Dann kann die Datensicherung mit `pqsql` eingelesen werden.

```
postgres@libo> createdb mydb
postgres@libo> psql mydb < dbsicher
```

Der Befehl `pg_dumpall` legt eine komplette Datensicherung der gesamten Datenbankinstallation an. Darüber hinaus verhält er sich ähnlich wie die normale Sicherung.

```
postgres@libo> pg_dumpall > pgsicherung
```

Die Rücksicherung einer solchen Vollsicherung erfolgt auch per `psql`.

```
postgres@libo> psql -f pgsicherung postgres
```

Eine solche Vollsicherung wird auch durchgeführt, wenn man auf eine neuere PostgreSQL-Version wechseln will.

23.3.5 Start und Herunterfahren

Prinzipiell startet PostgreSQL mit dem Befehl `pg_clt start`. Dieser Befehl kann beispielsweise von der Konsole aus aufgerufen werden.

```
pg_ctl start -l logfile
```

Der Aufrufer sollte der Benutzer postgres sein, da die Datenbank unter diesem UNIX-Konto laufen sollte. Um dieses zu gewährleisten, sollte der Befehl `su -` verwendet werden.

Bei Betrieb unter OpenBSD sollten sich die folgenden Zeilen in der Datei **/etc/rc.local** befinden:

```
if [ -x /usr/local/pgsql/bin/pg_ctl -a -x /usr/local/pgsql/bin/postmaster ]; then
    su - -c '/usr/local/pgsql/bin/pg_ctl start -l /var/postgresql/log -s' postgres
    echo -n ' postgresql'
fi
```

Bei System-V finden Sie eine ähnliche Konstruktion im Startskript, das Sie auch direkt aufrufen können.

`/etc/init.d/postgresql start`

Das Beenden von PostgreSQL erfolgt wieder mit dem Befehl `pg_ctl`, diesmal mit der Option `stop`.

`pg_ctl stop`

Auch hier sorgen die Systemskripte normalerweise für ein sauberes Beenden beim Herunterfahren des Systems.

Sollte PostgreSQL nicht mit dem Befehl `pg_clt` ausgeliefert werden, handelt es sich vermutlich um eine ältere Version. Nach dem Stopp der Datenbank darf der Prozess `postmaster` nicht mehr in der Prozessliste erscheinen. Im Zweifelsfall muss er mit einem `kill`"=Befehl abgeschossen werden.

Dazu sollte möglichst das SIGTERM-Signal verwendet werden. Es sorgt dafür, dass sich niemand anmelden kann. Es lässt existierende Sitzungen weiterarbeiten und wartet darauf, dass diese ihre Arbeit regulär beenden.

Bei Einsatz des SIGINT-Signals werden ebenfalls neue Verbindungen unterbunden. Laufende Transaktionen werden zurückgerollt und schleunigst beendet. Der Shutdown erfolgt schnell und hinterlässt eine konsistente Datenbank.

Nur in Notfällen sollte das SIGQUIT-Signal verwendet werden. Es sorgt für ein sofortiges Ende, hinterlässt aber eine inkonsistente Datenbank, so dass das Zurückholen einer Datensicherung erforderlich ist.

Nachdem sie inzwischen schon zum Thema von Liebesfilmen wurde, ist die E-Mail wohl als Medium akzeptiert.

24 E-Mail

E-Mail ist auf UNIX-Maschinen schon immer ein Standardkommunikationsmittel gewesen. Dabei war anfangs nur die Kommunikation zwischen den Anwendern derselben Maschine möglich. E-Mail ist ein fester Bestandteil eines UNIX-Systems, sodass sie auch für Systemmeldungen verwendet wird. So senden beispielsweise `crontab` und `at` (siehe Seite 181) ihre Ausgaben nach wie vor per E-Mail an den Anwender. Auch Druckerprobleme werden dem Anwender per E-Mail mitgeteilt. Richtig interessant wird E-Mail aber erst rechnerübergreifend im Netzwerk.

Mail ist Standard unter UNIX

24.1 E-Mails lesen

24.1.1 Lokale Mail lesen

Das lokale Mailsystem hält für jeden Benutzer eine Datei im Verzeichnis **/var/spool/mail**, in der seine Mails zusammengefasst werden. Das standardmäßig verfügbare Tool zum Lesen der lokalen Mail heißt einfach `mail`. Es überprüft das Postfach. Ist die Datei des Benutzers leer, beendet es sich sofort mit der Meldung, dass keine Post vorhanden ist.

Überall verfügbar: mail

```
gaston> mail
No mail for arnold
gaston>
```

Wenn Post da ist, erscheint eine Liste aller vorliegenden Mails. Jede Mail hat eine Nummer. Der Zeiger in Form eines Größerzeichens zeigt auf die erste neue E-Mail. Diese wird nach dem Drücken der Return-Taste angezeigt. Die Anzeige der Mail erfolgt wie bei `more`:

```
gaston> mail
Mail version 8.1 6/6/93.  Type ? for help.
"/var/mail/andrea": 4 messages 1 new 4 unread
 U  1 promotion5@amazon.de  Sun Feb  3 20:58 289/12731 "Noch mehr tolle Preis"
 U  2 newsletter@jako-o.de  Thu Feb 14 14:54 110/3977  "Post von JAKO-O - Feb"
 U  3 newsletter@jako-o.de  Thu Feb 14 15:25 102/3594  "Post von JAKO-O - Feb"
```

```
>N  4 promotion5@amazon.de  Wed Feb 20 10:09  610/23184 "Alles versandkostenfr"
&
```

Navigieren, Lesen und Verlassen

Mit den Tasten **+** und **-** können Sie vorwärts und rückwärts durch die Mails navigieren. Dabei wird jedes Mal die nächste E-Mail angezeigt. Mit der Leertaste können Sie in der Nachricht weiterblättern. Mit der Taste **d** kann die aktuelle Mail gelöscht werden. `mail` wird mit dem Kommando **x** verlassen, wenn keine Änderungen übernommen werden sollen, oder mit **q**, wenn beispielsweise gelesene Nachrichten als solche markiert und gelöschte Nachrichten tatsächlich aus dem Postfach entfernt werden sollen.

Mail versenden

Mit `mail` können Sie auch Nachrichten versenden. Dazu rufen Sie `mail` mit der Adresse des Empfängers als Parameter auf. Es erscheint eine Zeile, in der Sie aufgefordert werden, das Subject, also den Betreff, anzugeben. Danach geben Sie Zeile für Zeile den Text ein und schließen mit **ctrl+D** oder mit einer Zeile, die nur einen Punkt enthält. Eine Möglichkeit, die schon geschriebenen Zeilen zu korrigieren, gibt es nicht.

Das Programm `mail` hat vor allem zwei Vorteile: Es ist auf jeder UNIX-Maschine verfügbar, und es stellt keinerlei Ansprüche an das Terminal. Ansonsten können Sie `elm` oder `pine` für Terminalumgebungen verwenden, oder Netscape und die diversen Mailclients, die mit den Desktops ausgeliefert werden. Alle haben die Fähigkeit, die Nachrichten aus der lokalen Mailbox in **/var/spool/mail** zu lesen und die ausgehenden Mails in der Mailqueue abzulegen.

Die Mailprogramme bieten zur Verwaltung der E-Mails oft eigene Ordner zur Sortierung der Post an. Diese werden normalerweise im gleichen Format wie das Postfach abgelegt, allerdings in einer eigenen Datei in einem eigenen Verzeichnis. So verwendet `elm` das Verzeichnis **~/.elm** oder der Netscape Messenger das Verzeichnis **~/nsmail**.

24.1.2 Mail von einem Mailserver lesen

Um über das Netzwerk Mails zu lesen, müssen Protokolle definiert sein, auf die sich Client und Server einigen. Meistverbreitet ist nach wie vor POP3. Insbesondere in Intranets wird auch gern IMAP verwendet.

Konfiguration eines Clients

Um einen POP3-Client zu konfigurieren, brauchen Sie den Namen oder die IP-Nummer des POP3-Servers. Manche Clients fordern noch die Angabe der Portnummer, die für POP3 standardmäßig 110 ist, wie man der Datei **/etc/services** entnehmen kann. Darüber hinaus benötigt das Mailprogramm noch die Benutzerkennung und das Passwort. Die meisten Mail-Programme bieten die Möglichkeit, nur die bisher ungelesenen Nachrichten oder alle abzuholen. Viele Clients bieten auch an, nach dem Download die Nachrichten stehen zu lassen oder zu löschen.

Unter UNIX gibt es eine große Vielfalt an Mail-Clients. Lange Zeit waren konsolenorientierte Anwendungen wie mutt oder elm sehr beliebt. Inzwischen gibt es aber auch sehr leistungsfähige Programme, die mit grafischen Oberflächen arbeiten. Sie können zwischen KMail bzw. Kontact unter KDE, Evolution unter GNOME oder Thunderbird wählen. Diese Programme brauchen sich vor den Programmen anderer Systeme nicht zu verstecken. Im Gegenteil gibt es beispielsweise von Thunderbird eine Portierung auf MS Windows, die dort durchaus eine größer werdende Zahl von Anhängern findet.

Mail-Client

Im Folgenden wird die Einrichtung dieser Programme beschrieben. Ziel ist es, von einem fremden POP3-Server die Mails zu holen und per SMTP die geschriebenen Mails zu versenden.

Evolution

Unter dem Menü »Werkzeuge« finden Sie den Punkt »Einstellungen...«, der einen Dialog startet. In diesem Dialog namens »Evolution-Einstellungen« finden Sie gleich als Erstes die E-Mail-Konten. Hier ist meist bereits ein Konto angelegt, das Sie anpassen können.

Kontact oder KMail

Das Programm KMail ist inzwischen in Kontact integriert. Unter dem Menü »Einstellungen« finden Sie den Menüpunkt »KMail einrichten...«. Der Dialog zeigt auf der linken Seite die Themen an, die eingerichtet werden. Das erste ist die Identität, im zweiten finden Sie das Netzwerk, also die Parameter, die zur Kontaktaufnahme mit dem Provider relevant sind.

Im ersten Schritt beschreiben Sie sich selbst. Dabei geben Sie Ihren Namen im Klartext an. Dieser wird im Absender zu Ihrer E-Mail-Adresse gestellt, weil nicht jede E-Mail-Adresse leicht mit dem Absender in Verbindung zu bringen ist. Sehr wichtig ist natürlich die E-Mail-Adresse, mit der Sie absenden. Sie bekommen auch die Möglichkeit, eine E-Mail-Adresse anzugeben, an die die Antworten geschickt werden sollen.

Eigene Adresse

24 | E-Mail

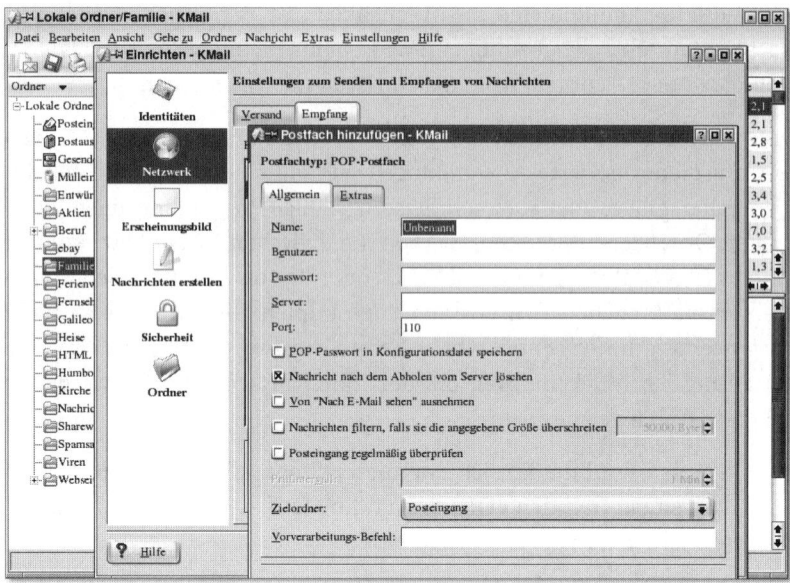

Abbildung 24.1 KMail mit Einstellungsdialog

Abholen — Als Erstes wird das Protokoll abgefragt. Im Normalfall wird das POP3 sein, in seltenen Fällen wird Ihnen Ihr Provider auch IMAP anbieten (siehe Seite 651). In beiden Fällen müssen Sie angeben, wie der Name des Rechners ist, der Ihre E-Mail zur Abholung aufbewahrt. Diesen Namen bekommen Sie von Ihrem Provider. Bei T-Online heißt er beispielsweise pop.t-online.de und bei der KomTel mail.komtel.net. Damit der Provider weiß, wessen Mail abgeholt wird, müssen Sie Ihre Benutzerkennung angeben, und damit nicht ein Fremder Ihre Post liest, werden Sie ein Kennwort brauchen.

Versenden — Auch zum Versenden der Post wird zunächst das Protokoll erfragt. Hier ist immer noch SMTP das Maß aller Dinge. Auch für SMTP brauchen Sie einen Servernamen von Ihrem Provider.

Vorsicht: SPAM — Lange Zeit war für SMTP kein Passwort vorgesehen, weil man davon ausging, dass hier ja keine Geheimnisse zu erfahren seien. Allerdings hat sich die Lage verändert, seit einige Firmen das Internet als billiges Marketing-Medium missbrauchen und Millionen von E-Mails versenden. Und damit sie nicht zurückverfolgt werden können, stopfen sie die Post einfach einem fremden Server in den Schlitz. Der leitet sie dann brav weiter und beschert seinem Besitzer hohe Online-Kosten und den Zorn der Empfänger.

Damit das nicht passiert, werden vermehrt Rechner gegen unerlaubte Versendung von Post geschützt. Hier gibt es zwei grundlegende Verfahren: Der Server verlangt, dass der Anwender zuerst seine Post liest und sich dabei mit dem Passwort ausweist. Danach darf er auch senden. Die andere Variante ist, dass man auch SMTP ein Passwort zuweist.

Thunderbird

Wenn Sie Thunderbird das erste Mal starten, fragt Sie das Programm nacheinnader, ob Sie ein POP3-Konto verwenden wollen, wie Ihre E-Mail-Adresse lautet, wie die Server für das Empfangen und Senden Ihrer Mails heißen und wie Ihre Benutzerkennung lautet.

Nach Anklicken des Menüpunkts »Bearbeiten-Konten« erscheint ein Dialog. Auf der linken Seite befindet sich ein Baum, in dem Sie alle Einstellungen für die Zugriffe auf Ihre Mail-Server einstellen können.

24.1.3 Verschlüsseln und Signieren

Eine E-Mail hat den Charakter einer Postkarte. Auf jedem Rechner, den sie passiert, ist sie offen zu lesen. Dabei geht eine Mail durch viele Hände. Bei einem ganz normalen Mail-Versand, liegt die Mail auf dem Rechner, auf dem sie geschrieben wurde, solange sie nicht gelöscht wird. Dann wird sie an einen Server gesandt, der sie an den Provider des Empfängers sendet. Dort holt sie der Empfänger ab, und auch auf dem Rechner bleibt die Mail, bis sie gelöscht wird. Im normalen Briefverkehr verwendet jedermann Briefumschläge. Bei E-Mails tut dies nur eine Minderheit.

Postkartencharakter

Ein weiteres Unterschied zwischen der realen und der virtuellen Post ist, dass nicht gewährleistet ist, dass derjenige, der die Mail unterschrieben hat, auch derjenige ist, der sie verfasst hat. Wer reichlich mit Spams übersät wird, hat sicher schon erlebt, dass eine Werbung angeblich von ihm selbst stammt. E-Mail-Absender können leicht gefälscht werden. Im normalen Briefverkehr pflegen wir unsere Briefe handschriftlich zu unterzeichnen. Was macht man bei einer E-Mail?

Nicht unterschrieben

Um Briefumschlag und beglaubigte Unterschrift zu erhalten, können Sie die Techniken der Kryptografie einsetzen.

Vorgehensweise

Um eine Signatur zu erstellen, erzeugt der Absender über die Nachricht eine Art Quersumme. Diese Summe verschlüsselt er mit einem privaten Schlüssel, den nur er kennt. Dieser Schlüssel muss relativ lang sein, da-

Unterschreiben

mit er nicht so leicht geknackt werden kann. Aus diesem Grund liegt er üblicherweise auf dem Computer gespeichert vor. Damit nun niemand anders einfach das Mailprogramm verwenden und in seinem Namen Briefe schreiben kann, gibt es einen kurzen Schlüssel, der leicht zu tippen ist. Diesen Kleinschlüssel nennt man »Mantra«. Wenn man eine Nachricht signiert, wird das Mailprogramm nach dem Mantra fragen. Erst wenn das Mantra zum privaten Schlüssel passt, kann die Nachricht erfolgreich signiert werden. Die Signatur, also die verschlüsselte Quersumme der Mail, wird als Anhang an die Mail gehängt. Neben dem privaten Schlüssel und dem Mantra gibt es noch einen öffentlichen Schlüssel. Diese drei gehören immer zusammen. Der öffentliche Schlüssel kann nicht zum Signieren verwendet werden. Er kann nur prüfen, ob die Nachricht tatsächlich von demjenigen stammt, dessen öffentlicher Schlüssel vorliegt.

Öffentlicher Schlüssel

Wie kommt nun der Empfänger an den öffentlichen Schlüssel? Wenn ihn der Sender mit der Mail mitschickt, ist nicht gewährleistet, ob nicht die Mail gefälscht ist. Man braucht eine Instanz, die vertrauenswürdig einen öffentlichen Schlüssel zur Verfügung stellt. Die Politik hat nicht reagiert, als diese Frage an sie herangetragen wurde. So sind es nun einige private Einrichtungen, wie beispielsweise der Heise-Verlag, der beispielsweise auf der CeBIT anbietet, öffentliche Schlüssel zu verifizieren. Prinzipiell muss aber der öffentliche Schlüssel zwischen den Partnern nicht offiziell beglaubigt sein. Man kann ihn per Fax, per Briefpost oder in einer getrennten Mail versenden. Als Alternative kann man seinen öffentlichen Schlüssel auch auf seiner privaten Website hinterlegen.

Ist der Empfänger im Besitz des öffentlichen Schlüssels, so kann er prüfen, ob der private Schlüssel und das Mantra zur Erzeugung der Signatur verwendet wurden.

Briefumschlag für E-Mails

Will man verhindern, dass die E-Mails von Unberechtigten gelesen werden, braucht man eine Art Briefumschlag. Auch hier helfen die privaten und öffentlichen Schlüssel. Damit der Sender eine verschlüsselte Nachricht senden kann, braucht er den öffentlichen Schlüssel des Empfängers. Damit verschlüsselt er die Mail und sendet sie ab. Eine auf diese Weise verschlüsselte Mail kann nur mit Hilfe des privaten Schlüssels und des Mantras wieder entschlüsselt werden. Einige Mailprogramme legen die Mail sogar verschlüsselt in den Ausgangskorb. Das hat den Nachteil, dass man sie selbst nicht mehr lesen kann, da der Sender ja nicht über den privaten Schlüssel und das Mantra des Empfängers verfügt. Andere Mailprogramme legen sie im Klartext ab oder verschlüsseln sie im Ausgangskorb mit dem Schlüssel des Senders, so dass er sie noch einmal lesen kann. Auf dem Weg durch das Internet bis zum Mailprogramm des

Empfängers bleibt die Mail verschlüsselt und erst der Empfänger kann sie lesen. Vor dem Lesen fordert das Mailprogramm explizit das Mantra an.

Fast alle E-Mail-Programme sind in der Lage, Mails zu signieren und zu verschlüsseln. Ebenso sind sie natürlich in der Lage, signierte oder verschlüsselte Nachrichten als solche zu erkennen und korrekt zu behandeln. Insofern ist es erstaunlich, dass diese Technik relativ selten verwendet wird.

Für Signierung und Verschlüsselung werden also die folgenden drei Elemente benötigt:

- **Der private Schlüssel**
  Der private Schlüssel wird einmal erstellt und bleibt beim Besitzer auf dem Computer. Der Schlüssel ist eine wilde Folge von Zahlen, die verwendet wird, um Nachrichten zu verschlüsseln. Er darf nicht aus der Hand gegeben werden.

- **Das Mantra**
  Das Mantra ist auch ein privater Schlüssel und darf ebenfalls nicht veröffentlicht werden. Es sollte ein Begriff sein, den Sie sich gut merken können. Er wird jedes Mal abgefragt, wenn Sie eine signierte Mail versenden oder eine verschlüsselte Mail empfangen. Damit wird sichergestellt, dass nicht nur der richtige Schlüssel auf dem Computer eingerichtet wurde, sondern auch, dass die richtige Person vor der Tastatur sitzt.

- **Der öffentliche Schlüssel**
  Wie der Name schon sagt, ist er für die Öffentlichkeit bestimmt. Mit dem öffentlichen Key kann ein Dritter feststellen, ob die Signatur wirklich von dem stammt, der als sich als Urheber bezeichnet. Er reicht allerdings nicht, um selbst eine Signatur herzustellen.

Erzeugen eines Schlüssels

Die Verschlüsselung und Entschlüsselung übernimmt das Programm gpg. Der Befehl besitzt mehrere Optionen, mit denen das Erzeugen, Importieren und Verwalten von Schlüsseln möglich ist.

Der Befehl gpg --gen-key erzeugt einen Schlüssel. Beim ersten Aufruf erscheinen folgende Meldungen. Datei werden Sie nach Vorname und Nachname, dann nach E-Mail-Adresse gefragt. De erzeugte Schlüssel wird in einer Datenbank abgelegt, die im Verzeichnis .gnupg steht.

Schlüssel erzeugen

```
libo> gpg --gen-key
gpg (GnuPG) 1.4.5; Copyright (C) 2006 Free Software Foundation, Inc.
This program comes with ABSOLUTELY NO WARRANTY.
This is free software, and you are welcome to redistribute it
under certain conditions. See the file COPYING for details.

gpg: directory `/home/arnold/.gnupg' created
gpg: keyring `/home/arnold/.gnupg/secring.gpg' created
gpg: keyring `/home/arnold/.gnupg/pubring.gpg' created
Please select what kind of key you want:
   (1) DSA and Elgamal (default)
   (2) DSA (sign only)
   (5) RSA (sign only)
Your selection? 1
DSA keypair will have 1024 bits.
ELG-E keys may be between 1024 and 4096 bits long.
What keysize do you want? (2048)
Requested keysize is 2048 bits
Please specify how long the key should be valid.
         0 = key does not expire
      <n>  = key expires in n days
      <n>w = key expires in n weeks
      <n>m = key expires in n months
      <n>y = key expires in n years
Key is valid for? (0) 0
Key does not expire at all
Is this correct? (y/N) y

You need a user ID to identify your key;
the software constructs the user ID
from the Real Name, Comment and Email Address in this form:
    "Heinrich Heine (Der Dichter) <heinrichh@duesseldorf.de>"

Real name: Arnold Willemer
Email address: arnold.willemer@gmx.de
Comment:
You selected this USER-ID:
    "Arnold Willemer <arnold.willemer@gmx.de>"

Change (N)ame, (C)omment, (E)mail or (O)kay/(Q)uit? O
You need a Passphrase to protect your secret key.
```

An dieser Stelle werden Sie aufgefordert, das Mantra einzugeben. Das Mantra wird nicht angezeigt und muss zur Verifizierung ein zweites Mal eingegeben werden.

Anschließend erfolgt eine Zufallszahlenberechnung. Gegebenenfalls werden Sie aufgefordert, einige Aktionen auf dem Rechner zu erzeugen, damit der Zufallszahlengenerator besser arbeiten kann.

Zum Schluss werden öffentlicher Schlüssel und Fingerprint angezeigt.

```
gpg: /home/arnold/.gnupg/trustdb.gpg: trustdb created
gpg: key CC6AA011 marked as ultimately trusted
public and secret key created and signed.

gpg: checking the trustdb
gpg: 3 marginal(s) needed, 1 complete(s) needed, PGP trust model
gpg: depth: 0  valid:   1  signed:   0  trust: 0-, 0q, 0n, 0m, 0f, 1u
pub   1024D/CC6AA011 2007-08-18
      Key fingerprint = D1AF EB94 49AC 85B3 1972  4CAE 2B41 6DAC CC6A A011
uid                  Arnold Willemer <arnold.willemer@gmx.de>
sub   2048g/4EF76ABD 2007-08-18

libo>
```

Mit dem Befehl `--list-keys` können Sie sich die auf dem System verwalteten Schlüssel anzeigen lassen. In diesem Fall ist erst ein Schlüssel vorhanden, nämlich der soeben erzeugte.

```
libo> gpg --list-keys
/home/arnold/.gnupg/pubring.gpg
-------------------------------
pub   1024D/CC6AA011 2007-08-18
uid                  Arnold Willemer <arnold.willemer@gmx.de>
sub   2048g/4EF76ABD 2007-08-18
```

Wenn Sie einen öffentlichen Schlüssel hinzufügen wollen, verwenden Sie die Option `--import`, gefolgt von der Datei, die den oder die Schlüssel enthält.

Wollen Sie die auf Ihrem System vorhandenen Schlüssel weitergeben, dann verwenden Sie die Option `--export`. Als Parameter können Sie die Namen der Schlüssel angeben, die exportiert werden sollen. Die Ausgabe leiten Sie in eine Datei um.

Mit der Option `--export-secret-keys` können Sie auch die privaten Schlüssel exportieren. Damit können Sie beispielsweise Ihren privaten Schlüssel auf Ihr Notebook transportieren, um dort auch signierte Mails schreiben zu können. Diese Datei sollten Sie sehr sorgfältig behandeln. Mit dem Inhalt dieser Datei kann jeder in Ihrem Namen signieren oder an Sie gerichtete verschlüsselte Mails lesen. | **Privatschlüssel exportieren**

Für die Verwaltung der Schlüssel eignet sich auch GPA (Gnu Privacy Assistant). Vielfach ist aber auch im Mail-Programm bereits eine Funktion zur Verwaltung der Schlüssel enthalten. | **Grafische Programme**

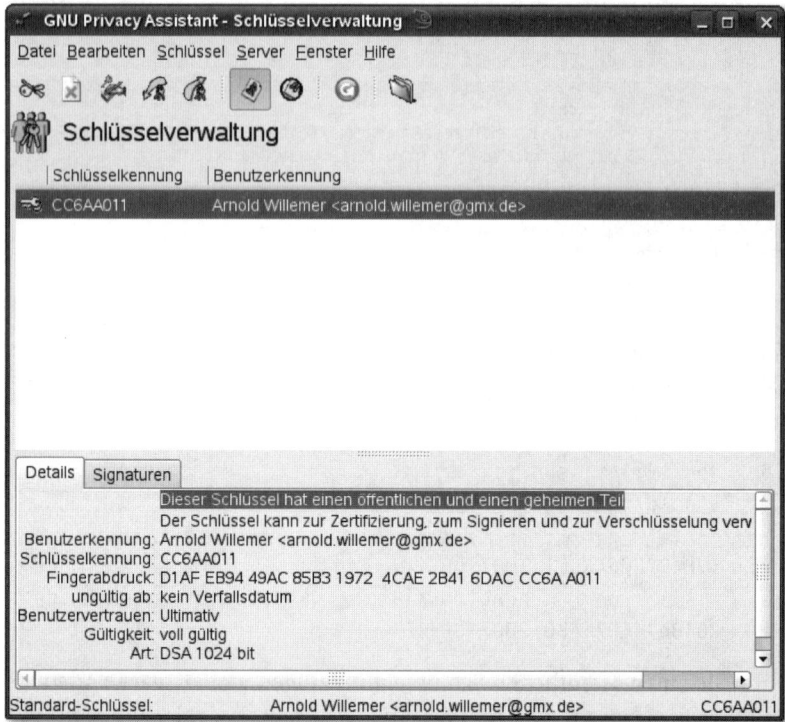

Abbildung 24.2 Gnu Privacy Assistant

24.2 Format einer E-Mail

RFC 822 bestimmt die Form einer Mail

E-Mails sind Texte, die ein bestimmtes Format haben, das in RFC 822 beschrieben wird. Der erste Teil ist der Header; durch eine Leerzeile abgetrennt, folgt der eigentliche Inhalt.

Die erste Zeile des Headers beginnt mit From:, gefolgt von einem Leerzeichen. Darauf folgt die E-Mail-Adresse des Absenders. Die restlichen Zeilen beschreiben die Attribute der Mail. Der Feldname steht am Anfang. Ein Doppelpunkt und ein Leerzeichen trennen den Inhalt ab, der bis zum Ende der Zeile reicht.

Typische Feldnamen sind in Tabelle 24.1 aufgeführt. Es sind die Parameter, die einer E-Mail mitgegeben werden. Dazu gehören Absender, Adressat und die Betreffzeile. Der Sendezeitpunkt wird meist automatisch erzeugt. Und dann kann eine Antwortadresse angegeben werden, wenn die Antwort nicht an die Absenderadresse gesendet werden soll.

Feldname	Inhalt
From:	E-Mail-Adresse des Absenders
To:	E-Mail-Adresse des Empfängers
Subject:	Das Thema der Nachricht
Date:	Das Sendedatum
Reply-To:	E-Mail-Adresse, an die der Absender die Antwort wünscht (optional)

Tabelle 24.1 E-Mail-Felder

Bei der Übermittlung der E-Mail setzt jede Vermittlungsstation ihren Stempel vor den Header. Daher sieht der Header einer E-Mail beim Empfänger beispielsweise so aus:

```
Return-Path: <stephan.mattescheck@galileo-press.de>
Received: from localhost (localhost [127.0.0.1])
        by gaston.willemer.edu (8.11.6/8.10.2/SuSE Linux 8.10.0-0.3) with ...
        for <arnold@localhost>; Wed, 16 Jan 2002 13:35:42 +0100
Received: from pop3.web.de [217.72.192.134]
        by localhost with POP3 (fetchmail-5.9.0)
        for arnold@localhost (single-drop); Wed, 16 Jan 2002 13:35:42 +0100 (CET)
Received: from [212.227.126.171] (helo=moutng1.schlund.de)
        by mx10.web.de with esmtp (Exim 4.02 #6)
        id 16QoC7-0005m8-00
        for arnold.willemer@web.de; Wed, 16 Jan 2002 12:25:27 +0100
Received: from [212.227.126.150] (helo=mxng07.kundenserver.de)
        by moutng1.schlund.de with esmtp (Exim 3.22 #2)
        id 16QoC6-0004tV-00
        for arnold.willemer@web.de; Wed, 16 Jan 2002 12:25:26 +0100
Received: from [212.79.176.2] (helo=gw-galileo-tops.tops.net)
        by mxng07.kundenserver.de with esmtp (Exim 3.22 #2)
        id 16QoC5-0002I8-00
        for arnold@willemer.de; Wed, 16 Jan 2002 12:25:25 +0100
Received: from stephan (stephan.galileo-press.de [192.168.57.228])
        by gw-galileo-tops.tops.net (8.9.3/8.9.3) with ESMTP id MAA09037
        for <arnold@willemer.de>; Wed, 16 Jan 2002 12:27:02 +0100
From: "Stephan Mattescheck" <stephan.mattescheck@galileo-press.de>
To: arnold@willemer.de
Date: Wed, 16 Jan 2002 12:26:39 +0100
MIME-Version: 1.0
Subject: Katalog
Message-ID: <3C45717F.12078.6C8A48@localhost>
Priority: normal
X-mailer: Pegasus Mail for Windows (v4.01)
Content-type: text/plain;
  charset=ISO-8859-1
Content-description: Mail message body
Content-Transfer-Encoding: 8bit
X-MIME-Autoconverted: from Quoted-printable to 8bit by gaston.willemer.edu ...
Status: R
```

Aus dem Header können Sie Informationen über alle Zwischenstationen entnehmen, die die E-Mail durchlaufen hat. Selbst Details, beispielsweise dass der Absender das Programm Pegasus als E-Mail-Client verwendet, können dem Header entnommen werden.

Der Header ist wie eine History

24.3 UNIX und Mail

sendmail ist Zentrum der Mail

Eine UNIX-Maschine verfügt von Haus aus über ein lokales Mailingsystem. Das zentrale Programm ist traditionsgemäß `sendmail`, das mehrere Aufgaben übernimmt. Einerseits wartet `sendmail` als SMTP-Dämon im Hintergrund auf Aktivitäten am Port 25 und legt die empfangenen Mails in der Mailqueue ab. Es kümmert sich aber auch um die Verteilung der im Briefkasten liegenden Mails an die einzelnen lokalen Postfächer der Benutzer, und es sorgt dafür, dass Mail an andere Domänen an die entsprechenden Rechner weitergeleitet wird.

24.4 SMTP (Simple Mail Transport Protocol)

SMTP über Port 25

SMTP ist das wichtigste Protokoll, das verwendet wird, um Nachrichten zu versenden. Es wird in RFC 788 und RFC 821 beschrieben und standardmäßig unter der Portnummer 25 abgewickelt. Man könnte den Port 25 also als eine Art Briefkastenschlitz der Maschine bezeichnen. Hier werden von außen Nachrichten eingeworfen, die an Benutzer dieser Maschine gehen. Die Benutzer der Maschine wiederum benutzen den lokalen Port 25, um Nachrichten an andere lokale Benutzer oder an Benutzer anderer Maschinen »einzuwerfen«. Alle Nachrichten werden in der Mailqueue zwischengelagert. Nachrichten an fremde Rechner reicht `sendmail` an die entsprechenden Rechner weiter.

SMTP-Missbrauch durch Spam

Schickt allerdings ein fremder Rechner E-Mail, die für einen ganz anderen Rechner gedacht ist, gleicht `sendmail` den scheinbaren Fehler aus und leitet die E-Mail weiter. Leider können so auch Massenmails, die man auch Spam nennt, über den fremden Rechner verteilt werden. Hat der Spammer den Absender noch geschickt gefälscht, ist der missbrauchte Rechner der einzige, zu dem man die Spam-Mail zurückverfolgen kann. Dieses Verhalten von `sendmail`, das man »Relay« nennt, ist in den neueren Versionen von `sendmail` abgeschaltet.

Autorisiertes STMP

Firmen, die Maildienste im Internet anbieten, versuchen zu erreichen, dass nur ihre Kunden SMTP nutzen können. Da SMTP von Haus aus kein Passwort verlangt, gibt es zwei Ansätze sicherzustellen, dass der Auftraggeber berechtigt ist. Das eine Verfahren ist, dass nur diejenigen SMTP verwenden dürfen, die in einer bestimmten Zeitspanne vorher ihre Post per POP3 (siehe Seite 647) abgeholt haben. Da POP3 ein Passwort verlangt, ist der Nutzer identifizierbar. Das zweite Verfahren besteht darin, SMTP um eine Passwortübermittlung zu erweitern.

Die Konfiguration von `sendmail` erfolgt in der Datei **/etc/sendmail.cf**. Es gibt kaum Literatur zu `sendmail`, die nicht darauf hinweist, dass diese Datei schwer zu verstehen ist. Aus diesem Grund gibt es diverse Ansätze, die Konfiguration zu vereinfachen. Ein Ansatz verwendet die Makrosprache m4. Die entsprechende Konfigurationsdatei ist dann **sendmail.m4**. Es ist allerdings meist gar nicht nötig, die **sendmail.cf** komplett zu verstehen, da man sie selten von Grund auf neu erstellt. Es reicht, die entscheidenden Einträge anzupassen. Die meisten Einträge sind durch die Grundinstallation korrekt gesetzt.

Konfiguration durch sendmail.cf

In den letzten Jahren sind einige Mail Transport Agents (MTA) entwickelt worden, die anstelle von `sendmail` installiert werden können. Die bekanntesten sind wohl `smail`, `qmail` und `postfix`. Als Argument für den Einsatz dieser Pakete statt `sendmail` wird im Allgemeinen die einfachere Konfiguration angeführt. Diese einfachere Konfiguration ist teilweise aber auch durch geringere Möglichkeiten erkauft. Denn trotz der schwierigen Konfiguration ist die Verbreitung von `sendmail` weiterhin groß, da `sendmail` extrem flexibel, sehr effizient und zuverlässig ist.

Alternativen zu sendmail

24.5 SMTP mit Autorisierung

SMTP war ursprünglich so definiert, dass er alle Nachrichten entgegennahm. Die Mails fremder Rechner an lokale Benutzer verteilt sendmail ebenso wie die Mails lokaler Benutzer an beliebige fremde Adressen. Da der Nachrichtenversender nur die Nachrichten bearbeitet, die ihm zugeschoben werden, sah man beim Entwurf des Protokolls keine Notwendigkeit, den Server gegen unerlaubte Benutzung zu sichern. Leider ist es aber auch möglich, dass fremde Benutzer sendmail dazu verwenden können, an nicht lokale Adressen Nachrichten zu versenden. Wenn dann auch noch der Initiator seinen Absender fälscht, ist der letzte Rechner, auf den die Nachricht zurückverfolgt werden kann, der, auf dem der missbrauchte sendmail läuft. Auf diese Weise werden täglich Millionen von Werbesendungen verteilt. Um sich davor zu schützen, ist SMTP um eine Autorisierungsstufe erweitert worden. Diese nennt man SASL (Simple Authentication and Security Layer) und ist in RFC 2222 festgelegt.

Wollen Sie Kontakt zu einem STMP-Server aufnehmen, der dieses Verfahren verwendet, müssen Sie einen sendmail verwenden, der SASL beherrscht. Dazu sollte der sendmail von der Version 8.11 oder neuer sein.[1]

---

1 In der Distribution SuSE 7.3 finden Sie eine solche Version nicht unter Netzwerk (n), sondern unter Security (sec).

Um sendmail dazu zu bringen, das Authentifizierungsverfahren eines Providers zu befolgen, muss in der **sendmail.cf**-Datei der Mechanismus angelegt werden. Zu den normalen Einstellungen kommen also hinzu:

```
O AuthMechanisms=PLAIN # GSSAPI KERBEROS_V4 DIGEST-MD5 CRAM-MD5
O DefaultAuthInfo=/etc/mail/default-auth-info
```

Leider ist der Autorisierungsmechanismus oft auf PLAIN, also direkte Übertragung, eingestellt. Damit wird auch das Passwort unverschlüsselt über das Netz transportiert. Hinter dem Kommentarzeichen sind aber diverse andere Verschlüsselungsverfahren angegeben, die Sie auch verwenden sollten, wenn es möglich ist.

Als Nächstes legen Sie eine Datei an, in der die Benutzereinträge, das Passwort und die Server angegeben werden. Auch hier steht alles im Klartext. Schon aus diesem Grund ist es erforderlich, dass niemand außer root dort hineinsehen darf. Der Befehl **chmod 600** sichert die Datei vor fremden Blicken.

In der Informationsdatei **default-auth-info** werden die Informationen folgendermaßen eingestellt:

```
USERNAME
USERNAME
PASSWORT
MAILSERVER
```

Zum Beispiel würde man den SMTP-Server der Firma 1 und 1 mit der folgenden Konfiguration erreichen:

```
pt7901111-1
pt7901111-1
daswuerdensiegernwissen
smtp.1und1.com
```

Der Mailserver ist derjenige, der in der Datei **sendmail.cf** als Smarthost angegeben wird. Die Benutzerkennung ist diejenige des Benutzers beim Zielserver.

Genauere Informationen erhalten Sie unter:

http://www.sendmail.org/~ca/email/auth.html

24.6 Mailqueue

Die Mailqueue ist ein Verzeichnis, in dem Mails vor ihrer Verteilung gesammelt werden. Alles, was über den Port 25 (SMTP) eintrifft, wird hier erst einmal gelagert. Sie können die zum Versand anstehenden Mails mit dem Befehl `mailq` auflisten. Die Mailqueue ist ein festgelegtes Verzeichnis, normalerweise **/var/spool/mqueue**, in dem sich für jede Mail zwei Dateien befinden:

Das Verzeichnis mqueue

```
gaston> mailq
                /var/spool/mqueue (1 request)
----Q-ID---- -Size- -----Q-Time----- --------Sender/Recipient-
fB2AaPI01856   2511 Sun Dec  2 11:36 <arnold@willemer.de>
     8BITMIME
                                     <willemer@t-online.de>
```

Zu dieser E-Mail gibt es zwei Dateien im Spoolverzeichnis der Mailqueue. Die eine Datei enthält die Versanddaten und stellt **qf** vor die Q-ID, und die andere enthält die eigentliche Mail. Man erkennt sie daran, dass ihr Dateiname mit **df** beginnt. Im Beispiel gehören zu der Q-ID fB2AaPI01856 die Dateien **dffB2AaPI01856** und **qffB2AaPI01856**. Der Pfad der Mailqueue wird in der Datei **/etc/sendmail.cf** unter dem Schlüsselwort `QueueDirectory` festgelegt:

Zwei Dateien für jede Mail

```
O QueueDirectory=/var/spool/mqueue
```

Um die obige Mail aus der Queue zu entfernen, müssen Sie als root folgenden Befehl absetzen:

```
rm /var/spool/mqueue/?ffB2AaPI01856
```

24.7 Verteilen der Post: sendmail -q

Eine weitere wichtige Aufgabe von `sendmail` besteht in der lokalen Verteilung der Post. Der Aufruf `sendmail -q` bewirkt, dass die Mail der Mailqueue auf die Postfächer der lokalen Anwender verteilt wird oder an die Rechner versandt wird, deren Adresse rechts neben dem @ steht.

Auch beim Versenden der lokalen Mail wird die Post zunächst in die Mailqueue gestellt, sodass eine Nachricht von root an arnold erst versandt wird, wenn `sendmail -q` das nächste Mal durchgeführt wird. Ohne weitere Angabe wird die Verteilung genau einmal durchgeführt. Die Mail soll aber meist in regelmäßigen Abständen verteilt werden. Anstatt den Aufruf von `sendmail` in die crontab zu stellen, können Sie einfach hin-

Lokale Verteilung

ter der Option -q einen Zeitabstand angeben. Dann geht sendmail als Dämon in den Hintergrund und wird das Verteilen in diesen Abständen wiederholen.

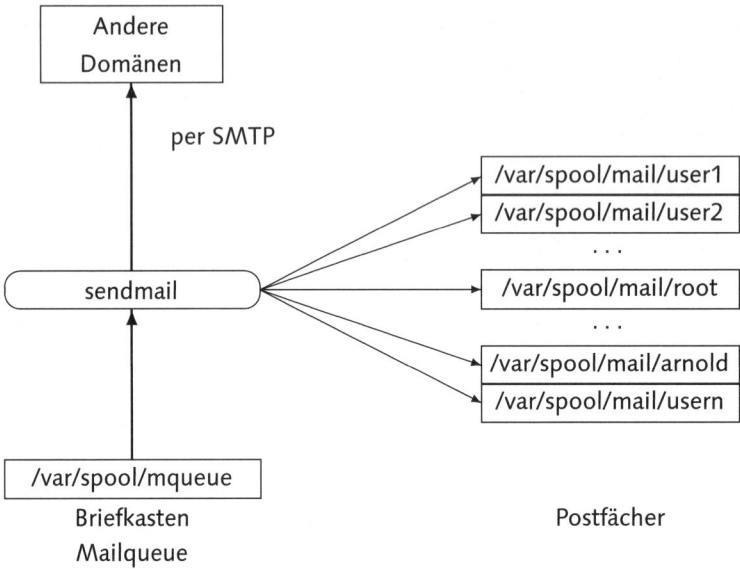

Abbildung 24.3 Verteilung der Post durch sendmail

Die Postfächer
Jeder Benutzer auf der Maschine hat ein Postfach. Dazu gibt es ein Verzeichnis (normalerweise **/var/mail** oder **/var/spool/mail**), in dem für jeden Benutzer genau eine Datei steht, deren Name der Benutzername ist. Neue Mails werden einfach hinten an diese Datei angehängt.

24.8 Weiterleiten der Post: aliases und forward

Beim Versenden von Nachrichten berücksichtigt sendmail die Aliasdatei **/etc/aliases**. Hier stehen Adressaten und ihre tatsächlichen Zielorte. Beispiel:

```
root:             arnold, \root
aw: awillemer@os2aw
gr: grossow@os2gr
programmers:      aw, meier@uni.gintoft.de, gr
owner-programmers:     aw
```

Post für root
Die erste Zeile sorgt dafür, dass E-Mails an root auch an arnold gesandt werden. Da ich normalerweise als arnold eingeloggt bin, erfahre ich nun sofort, wenn etwas im System schiefläuft. Der Eintrag \root sorgt dafür,

dass die Mail aber weiterhin auch an root direkt gesandt wird. aw und gr sind Abkürzungen, die zu einfacheren Adressen führen.

Das Ziel programmers ist eine Mailingliste. Wird eine E-Mail an diese Adresse gesendet, wird diese E-Mail an alle hinter dem Doppelpunkt aufgeführten Personen versandt. Mailinglisten werden gern eingerichtet, wenn sich eine Gruppe zu einem bestimmten Thema austauschen möchte. Entsteht beim Senden an programmers ein Problem, wird die Fehlernachricht an den Teilnehmer gesendet, der unter owner-programmers angegeben ist.

Mailingliste

Werden Einträge in **/etc/aliases** geändert, wird dies mit dem Befehl `newaliases` oder `sendmail -bi` an den Mailservice weitergeleitet.

newaliases liest aliases

Jeder Benutzer kann seine lokale Mail an einen anderen Rechner weiterleiten, indem er im Benutzerverzeichnis eine Datei **.forward** anlegt und hier die Zieladresse, beispielsweise uwe@myserver ablegt. Durch das Weiterleiten wird die E-Mail auf dem lokalen Rechner gelöscht.

24.9 POP3

POP3 ist das aktuell gängige Protokoll, mit dem ein E-Mail-Client seine Nachrichten beim Server abholt. Es ist in RFC 1939 definiert. Eingehende E-Mails werden auf dem Server gespeichert, bis der Client sie abholt. Das POP3-Protokoll beschreibt die Authentifizierung des Benutzers und die Möglichkeiten, Mails aufzulisten, abzurufen und zu löschen. POP3 definiert nicht, wie Nachrichten gesendet werden. Das Senden wird üblicherweise über SMTP abgewickelt.

RFC 1939

Dieses Verfahren ist ideal für Telefonanbindungen, bei denen die Dauer der Verbindung berechnet wird. Der Client lädt seine E-Mail vom Server herunter, löscht sie dort und schließt die Verbindung. Das dauert normalerweise nur wenige Sekunden oder Minuten. Die Bearbeitung der Mail erfolgt offline auf dem Arbeitsplatzrechner des Anwenders. Aber auch für den Server ist dies eine kostengünstige Lösung. Es werden nur die Mails gespeichert, die der Client noch nicht gelesen hat. Beim nächsten Besuch des Clients wird in den meisten Fällen der gesamte Festplattenplatz wieder freigegeben. Das Archiv der alten Mails führt der Anwender auf seinem Arbeitsplatz.

Ideal für gemietete Leitungen

In einer reinen UNIX-Umgebung wird ein POP3-Server nicht gebraucht, da die E-Mails von den Systemen per SMTP weitergeleitet werden. Darum gehört POP3 nicht zur Standardinstallation einer UNIX-Maschine.

POP3 Server

Soll aber die Post durch andere Arbeitsplatzrechner gelesen werden, die selbst keinen SMTP-Server anbieten, wie MS Windows oder Mac, dann installiert man auf dem Mail-Server einen POP3-Server. Die Installation läuft normalerweise ohne weitere Konfiguration ab, da der POP3-Server die Authentifizierung ganz normal über die **passwd**-Datei (siehe Seite 257) laufen lässt. Die E-Mails können direkt dort abgeholt werden, wo sie der lokale Maildienst ablegt.

UNIX hat die von POP3 benötigten Fähigkeiten eigentlich von Haus aus an Bord. Die einfachste Implementation eines POP3-Servers liegt darin, die Benutzer über die Datei **/etc/passwd** zu verwalten und die Mails aus dem lokalen UNIX-Postfach in **/var/spool/mail** beispielsweise über den UNIX-eigenen Mailclient über das Netzwerk weiterzugeben. Mail-Server verwalten allerdings inzwischen oft sehr viele Benutzer, so dass eine Verwaltung über die Passwortdatei ineffizient wäre.

24.9.1 Kommunikation laut RFC 1939

Wie die meisten Internetprotokolle basiert auch POP3 auf dem Senden und Empfangen einfacher Textzeilen. Nach dem Kontaktieren des Servers gibt der Server sich durch eine positive Meldung als POP3-Server zu erkennen.

Serverantworten	Positive Meldungen des Servers beginnen immer mit der Zeichenfolge +OK. Es folgen oft noch weitere Angaben als Antwort auf den Befehl. Ist der Server unzufrieden, beginnt die Antwortzeile mit -ERR.
Beenden: QUIT	Die Kommunikation mit dem Server kann vom Client jederzeit mit dem Befehl QUIT beendet werden. Die Verbindung wird dann automatisch geschlossen.
Authentifizierung	Zu Anfang befindet sich der Server in der Authorisierungsphase. Er erwartet, dass der Benutzer seine Legitimation beweist. Dies erfolgt meist durch Eingabe des Benutzernamens und des Passworts. Dazu wird zunächst der Befehl USER, gefolgt vom Benutzernamen, eingegeben. Nachdem der Server positiv bestätigt hat, dass er den Benutzer kennt, wird der Befehl PASS, gefolgt vom Passwort, übergeben. War auch diese Eingabe erfolgreich, wechselt der Server in die Transaktionsphase. Hier erfolgt die Bearbeitung des Mail-Kontos.
APOP	Alternativ gibt es noch die Möglichkeit, mit dem Befehl APOP eine Autorisierung durchzuführen. Dabei wird ein geheimer Schlüssel zwischen Server und Client geteilt. Der Server meldet beim Start seine Prozess-ID und die aktuelle Uhrzeit. Der Client kombiniert sie mit dem Geheimnis

und verschlüsselt sie per MD5. Diesen Wert sendet der Client dem Server als zweiten Parameter des APOP-Befehls.

Befindet sich die Sitzung in der Transaktionsphase, kann das Konto bearbeitet werden. Der Befehl STAT fordert den Server auf, seinen Zustand anzuzeigen. Der Server antwortet mit der Zeile: STAT

+OK 4 44471

Das bedeutet, dass vier Mails vorliegen, die insgesamt 44471 Bytes belegen.

Der Befehl LIST zeigt nach einer Bestätigungszeile eine Liste aller vorliegenden Mails an. Dabei wird für jede Mail eine Zeile ausgegeben, die nur die Mail-Nummer und die Größe der jeweiligen Mail in Byte anzeigt. Sie können dem Befehl LIST auch eine Mail-Nummer als Parameter angeben. Dann wird nur diese Mail angezeigt.   LIST

Mit dem Befehl RETR kann eine Mail vom Server ausgelesen werden. Als Argument wird eine Mail-Nummer erwartet. Die komplette Mail wird ausgegeben, inklusive Header und Text. Die Mail wird durch eine Zeile beendet, die nur einen Punkt enthält.   RETR

Der Befehl TOP ist nach RFC 1939 nicht zwingend vom Server zu implementieren. In der Praxis dürfte er aber immer vorhanden sein. Mit diesem Befehl können die ersten Zeilen einer Mail geholt werden. Es wird in jedem Fall der Header geladen und ein paar Zeilen der eigentlichen Nachricht. Der TOP-Befehl muss die Mail-Nummer als Parameter übergeben und kann zusätzlich die Anzahl der Zeilen bestimmen, die er von der Nachricht lesen will.   TOP

Wenn eine Mail auf dem Server gelöscht werden soll, verwenden Sie den Befehl DELE, gefolgt von der Mail-Nummer. Damit wird die Mail als gelöscht markiert und von allen Befehlen der Sitzung so behandelt, als sei sie nicht vorhanden. Erst wenn die Sitzung in die UPDATE-Phase kommt, wird die Nachricht endgültig gelöscht.   DELE

Der Befehl RSET hebt alle durch DELE gesetzten Markierungen auf.   RSET

Mit NOOP deutet der Client an, dass er momentan nichts tut, aber den Server immer noch lieb hat. Auf diese Anweisung reagiert der Server mit einer positiven Bestätigung. Dieser Befehl kann nützlich sein, um beispielsweise einen Time-Out zu verhindern.   NOOP

Wird nach der Transaktionsphase der Befehl QUIT gesendet, geht der Server in die Update-Phase und löscht alle mit einer Löschmarke versehenen Mails.   Update-Phase

24.9.2 Eine kleine Beispielsitzung

Protokoll per telnet

Sie können eine POP3-Sitzung mit Hilfe des Programms `telnet` leicht sichtbar machen oder prüfen. Im Folgenden wurde eine kleine Sitzung protokolliert. Sie besteht aus der Anmeldung, der Anzeige, wie viele E-Mails vorliegen, aus dem Herunterladen einer E-Mail und aus dem Ende der Sitzung. Die eigenen Eingaben sind eingerückt.

```
gaston> telnet gaston 110
Trying 192.168.109.144...
Connected to gaston.
Escape character is '^]'.
+OK ready <3745.1014213784@gaston.willemer.edu>
    User andrea
+OK Password required for andrea.
    pass daswerdeichhierauchgeradeimklartextschreiben
+OK andrea has 4 visible messages (0 hidden) in 44471 octets.
    list
+OK 4 visible messages (44471 octets)
1 12980
2 4064
3 3673
4 23754
.
    retr 1
+OK 12980 octets
Return-Path: <ems+HA564Q8DYULUE6@bounces.amazon.com>
Received: from localhost (localhost [127.0.0.1])
...
Mit vorzüglicher Selbstbeherrschung
Roswita Presswurst


.
    quit
+OK Pop server at gaston.willemer.edu signing off.
Connection closed by foreign host.
gaston>
```

Eine Konversation

Die eingerückten Zeilen wurden als Kommandos in `telnet` direkt eingegeben. Im normalen Betrieb übermittelt diese der POP3-Client. Das erste Kommando, `User andrea`, meldet den Benutzer an. Der Benutzername wird vom Server aus **/etc/passwd** entnommen. Als Nächstes wird das Passwort gesendet. Der Befehl `pass` leitet es ein. Der Server bestätigt mit OK die korrekte Anmeldung und gibt an, dass vier Nachrichten vorliegen, die zusammen 44.471 Bytes[2] belegen. Mit dem Befehl `list` erhält der Client eine Liste von vier Nachrichten mit deren Größen. Der einzelne Punkt schließt die Liste ab. Der Befehl `retr 1` holt die erste Nachricht. Sie erscheint im Klartext, beginnt mit dem Header und endet mit einem einzelnen Punkt. Zuletzt wird die Sitzung durch das Kommando `quit` beendet.

24.10 IMAP

IMAP4 ist in RFC 1730 definiert, IMAP4r1 in RFC 2060. IMAP (Internet Message Access Protocol) ist eine Software zur Verwaltung von E-Mails, die an einer Schwachstelle von POP3 ansetzt. Wenn der Anwender mehrere Computer hat, dann verteilen sich auch seine Nachrichten auf diese. Dabei landen sie immer auf dem Rechner, der die Nachrichten heruntergeladen hat. In einer Firma wäre es wünschenswert, wenn man seine E-Mails von jedem beliebigen Arbeitsplatz aus bearbeiten könnte. Auch wer oft unterwegs ist, hätte gern seine E-Mails sowohl auf dem Laptop als auch im Büro vollständig und aktuell.

Mehrere Clients

Diese Situation lässt sich lösen, indem man die E-Mails auf dem Server lässt. Hier setzt das Protokoll IMAP an. Nicht nur die Daten liegen zentral, sogar die Ordner, die sich die meisten Anwender auf ihrem Client anlegen, um ihre Post zu sortieren, werden auf dem Server gehalten. Unter IMAP heißen diese Ordner Mailboxen. Da der Client die Daten niemals herunterladen muss, lassen sich von jedem Arbeitsplatz aus mit einem IMAP-Mailclient die E-Mails bearbeiten. Sie können den Gedanken auch weiterführen: Eigentlich brauchen Sie nicht einmal zwingend einen Mailclient. Es reicht, wenn Sie eine Intranet-Anwendung haben, die Sie mit dem Webbrowser aufrufen können.

E-Mails bleiben auf dem Server

Für Firmen ergibt sich ein weiterer Vorteil beim Thema Datensicherung der Mails. Diese ist natürlich wesentlich einfacher, wenn die Daten zentral abgelegt werden, als wenn man die Postfächer auf den verschiedenen Arbeitsplätzen sichern muss.

Vereinfachte Datensicherung

Es gibt zwei relevante Implementationen eines IMAP-Servers. Die erste stammt vom IMAP-Entwickler Mark Crispin von der Universität Washington und wird als »UW-Server« bezeichnet. Die andere Implementierung stammt von der Carnegie Mellon University und läuft unter dem Na-

Zwei Servervarianten

---

[2] Oktett ist der von humanistisch gebildeten Informatikern präferierte Ausdruck für Byte. Das Wort leitet sich vom dänischen Wort otte für acht her.

men »Projekt Cyrus«. Der UW-Server braucht nach einer Installation auf einem UNIX-Rechner keine weitere Konfiguration, wenn `sendmail` als MTA (Mail Transport Agent) verwendet wird. Dianna und Kevin Mullet schreiben, dass sich der UW-Server nicht mit dem Maildir-Format von QMail verträgt.[3] Der Cyrus-Server bietet die Möglichkeit, Mailquota zu setzen. Diese Fähigkeit ist vor allem für Internetprovider wichtig, die es einem Benutzer nicht erlauben können und wollen, dass seine Mailbox beliebig groß wird. Dieser Vorteil wird durch einen größeren Installations- und Wartungsaufwand erkauft. So müssen die Mailboxen auf das Cyrus-System umgestellt werden, und es muss eine eigene Benutzerverwaltung aufgesetzt werden. Für Provider hat letztere den Vorteil, dass die Datei **/etc/passwd** nicht durch reine Mailbenutzer aufgebläht wird und dezentral verwaltet werden kann.

Diverse Clients

Inzwischen sind die meisten neueren Mailprogramme auch mit einer Unterstützung für IMAP ausgestattet. An plattformübergreifender Mailsoftware bieten sich der Netscape Messenger und das Mailprogramm von StarOffice an. Unter UNIX sind die terminalorientierten Programme `mutt` und `pine` mit IMAP ausgestattet. Unter X sind die neueren Mailprogramme, die beispielsweise mit den Desktops geliefert werden (wie etwa KMail (KDE) und Evolution (GNOME)), verwendbar. Unter MS Windows funktionieren fast alle Mailprogramme wie Pegasus, Outlook und Outlook Express. Für den Mac ist ebenfalls der Netscape Messenger verfügbar, aber auch das weit verbreitete Eudora kommt mit IMAP zurecht. Dies sind nur Beispiele. Sie werden feststellen, dass fast jede aktuell entwickelte Mailingsoftware neben POP3 auch IMAP beherrscht.

IMAP im Offline-Modus

Für den Privatkunden, der eine Wählleitung zum Internet hat, ist der Online-Modus von IMAP nicht sinnvoll. Der Mailclient verfügt bei der Trennung der Leitung nämlich nur über die Header der E-Mails. Für das Lesen jeder E-Mail muss erneut eine Verbindung zum Server hergestellt werden. Da dies bei einer Wählleitung praktisch kaum möglich ist, gibt es auch noch den Offline-Modus, bei dem die Mails auf dem lokalen System gelagert werden.

Zur vollständigen Speicherung des Mailverkehrs eines Anwenders benötigen Sie auf dem Server beträchtliche Kapazität. Das ist im Firmennetz kein Problem, da es fast egal ist, ob diese Daten auf dem lokalen Anwenderrechner liegen oder zentral abgelegt werden. Für einen Provider ist es schon schwieriger, diese Datenmengen für jeden Kunden bereitzustellen. Wenn einige Kunden dann auch noch MP3-Dateien oder Videodateien

---

3 vgl. Mullet/Mullet: Mailmanagement mit IMAP. O'Reilly, 2001. S. 255.

senden und empfangen, wird der Service schnell unbezahlbar. Einer der großen Freemail-Dienste im Web bietet einen IMAP-Dienst an. Er ist aber in seiner Datenmenge beschränkt. Der Umfang meiner E-Mail-Daten liegt inzwischen bei dem Zehnfachen, und es sind keine der genannten Speicherfresser dabei.

Zusammenfassend lässt sich sagen, dass IMAP gegenüber POP3 eine bessere Lösung für das Intranet (siehe Glossar, Seite 998) ist. Solange die meisten Internetnutzer keine Flatrate[4] haben und solange der Speicher im Internet nicht großzügiger bemessen ist, wird POP3 hier sicher nicht so schnell abgelöst werden.

Ideal im Intranet

24.11 Post sammeln: fetchmail

Große Firmen betreiben einen eigenen Mail-Server, der direkt im Internet steht. Dieser bekommt die eingehende E-Mail per SMTP zugesandt. Dazu brauchen Sie eine Standleitung zum Internet und eine feste Internet-Adresse. Für kleinere Firmen lohnt sich dieser Aufwand oft nicht. Immerhin lässt sich mit einem POP3-Postfach beinahe die gleiche Wirkung erzielen.

Diese Lücke schließt das Programm `fetchmail`. Wenn Sie es aufrufen, holt es aus einer Liste von POP3-Postfächern die E-Mail ab und stellt sie per SMTP in das lokale Mailsystem ein. Dabei ist frei einstellbar, welches Postfach zu welchem lokalen Anwender gehört. Der Aufruf kann durch die `crontab` (siehe Seite 181) in regelmäßigen Abständen angestoßen werden oder beispielsweise jedes Mal, wenn ohnehin eine Verbindung zum Internet geöffnet wird.

fetchmail sammelt E-Mail in POP3 Postfächern

Konfiguriert wird das Programm über die Datei **.fetchmailrc** des jeweiligen Benutzers. Sie muss im jeweiligen Benutzerverzeichnis des Aufrufers stehen. Eine Zeile in dieser Datei hat folgenden Aufbau:

Konfiguration durch .fetchmailrc

Struktur einer Zeile in der Datei .fetchmailrc

poll <Server> protocol POP3 user <User> password <passwd> is <localUser>

Leider muss hier das Passwort im Klartext stehen. Damit nicht jeder die Passwörter auslesen kann, muss die Datei mit `chmod 600 .fetchmailrc` für Fremde unlesbar gemacht werden.

---

[4] Flatrate bedeutet, dass die Verbindungsgebühren pauschal monatlich bezahlt werden und dass nicht minutenweise abgerechnet wird.

Der folgende Aufruf fragt alle aufgeführten POP3-Server ab, und die E-Mails werden in das eigene Mailsystem gestellt:

```
fetchmail -k -L ~/fetchmail.log
```

Damit die E-Mails auch in den lokalen Briefkästen landen, muss noch einmal `sendmail -q` durchgeführt werden.

Der Parameter `-k` sorgt dafür, dass die Mails auf dem fernen POP3-Server nicht nach dem Lesen gelöscht werden. Insbesondere in der Testphase ist das eine hilfreiche Option. `fetchmail` liest nur ungelesene Mails. Sollen alle gelesen werden, verwenden Sie `-a`. Die Option `-L` schreibt die Protokolle in die angegebene Datei: In diesem Beispiel liegt das **fetchmail.log** im Benutzerverzeichnis.

Option	Bedeutung
-k	Mails auf dem POP3-Server nicht löschen
-a	Liest alle Mails, nicht nur die ungelesenen
-L *Datei*	Protokolliere in *Datei*

Tabelle 24.2 Optionen von fetchmail

24.12 Mail-Server und Domain

Domäne · Eine E-Mail-Adresse erkennt man leicht an dem markanten @-Zeichen in der Mitte. Links von dem @ befindet sich der Benutzername. Rechts davon befindet sich der Hostname des Computers, oft gefolgt von der Domäne, zu der der Computer gehört. Da aber der Benutzer meistens auch in der Domäne bereits eindeutig ist, können Sie sich die Angabe des Computers sparen, wenn die Domäne selbst festlegt, wie die Nachricht an den Benutzer weitergeleitet wird. Die Adresse arnold@willemer.de besagt, dass der User arnold in der Domäne willemer.de gemeint ist. Die Domäne willemer.de hat einen Mail-Server, der mittels DNS (Domain Name Service, siehe Seite 495) festgelegt werden kann und der die E-Mail für die Domäne weiterverteilt.

In der Konfigurationsdatei (siehe Seite 500) des DNS-Servers, die die Namen auf die IP-Nummern umsetzt, gibt es eine Zeile mit dem Code MX. Diese Zeile bezeichnet den Mail-Server der Domäne. Hier sehen Sie den entsprechenden Ausschnitt:

```
@       IN SOA    mail.willemer.edu.   root.mail.willemer.edu.
                  (
                  ......
                  )
;                 Wer sind die zustaendigen Mail-Server
                  IN MX 10 mail.willemer.edu.
```

In diesem Beispiel ist der Computer namens mail für die Domäne willemer.edu zuständig. Die Zahl hinter MX ist die Priorität. Werden mehrere Server aufgelistet, wird zuerst derjenige mit der kleinsten Nummer ausgewählt. Erst wenn dieser nicht ansprechbar ist, wird die Post an denjenigen mit der nächstkleineren Nummer gesendet. Dieser Server wird in regelmäßigen Abständen versuchen, die Mail an den primär zuständigen Mail-Server weiterzugeben, auf dem die Anwender ihre Mail abholen.

24.13 Erstes Beispiel: Interne Firmenmail

Manche Firmen brauchen nur die Möglichkeit, innerhalb der Firma Mails auszutauschen. Dazu können Sie leicht auf einem ausgedienten PC[5] Linux installieren. Anschließend wird für jeden Mitarbeiter ein Benutzerkonto eingerichtet. Die lokale E-Mail-Verteilung zwischen den Usern wird bei jeder Distribution automatisch installiert. Gegebenenfalls müssen Sie anpassen, wie häufig der Austausch der Mail erfolgen soll. Dies können Sie mit dem Parameter -q von sendmail festlegen.

sendmail verteilt interne Post

Die Option -q ohne weitere Argumente führt die Mailverteilung genau einmal aus. Wird dagegen eine Zeitangabe als Parameter angegeben, arbeitet sendmail im Hintergrund und wird in dem angegebenen Intervall aktiv. Durch die Buchstaben h (Stunden), m (Minuten) und s (Sekunden) wird die Zeit angegeben. Beispielsweise bedeutet -q 1h30m, dass sendmail alle anderthalb Stunden die Verteilung vornimmt.

Zeittakt

Was nun noch benötigt wird, ist ein POP3- oder IMAP-Server. Beide Server werden bei den Distributionen normalerweise mitgeliefert, aber nicht installiert. Sie brauchen hier nicht zu konfigurieren, die Standardinstallation reicht. Damit ist der Server bereits fertig.

IMAP oder POP3

Im Netz muss gewährleistet sein, dass jeder Arbeitsplatz den Mail-Server erreichen kann. Auf den Clients muss TCP/IP installiert sein, und es wird ein POP3-kompatibler E-Mail-Client benötigt. Da POP3 von fast jedem

Blick auf den Client

---

5 Ich habe dazu einmal einen 486er mit 8 MByte Hauptspeicher und einer Festplatte mit 500 MByte eingesetzt.

E-Mail-Client bedient wird, ist die Auswahl riesig. Bei IMAP müssen Sie etwas genauer hinsehen, aber die Chance, dass der Client auch diesen Standard beherrscht, ist groß. Der Client braucht nur wenige Parameter. Zunächst benötigt er den Namen oder die IP-Nummer des Mail-Servers, dann den Benutzernamen und das Passwort, mit dem sich der Benutzer auf dem Mail-Server einloggen kann. Zuletzt wird eingestellt, in welchem Intervall die Clients den Server nach neu eingetroffener Mail abfragen sollen.

Diese Lösung ist recht einfach installiert und extrem billig. Sie hat natürlich den Nachteil, dass der Mail-Server ständig abgefragt wird und dass die E-Mail nicht sekundengenau beim Empfänger auf dem Schreibtisch liegt.

24.14 Zweites Beispiel: Anbindung an das Internet

Das Ziel dieser Beispielkonfiguration ist, eine E-Mail-Anbindung an das Internet für eine Linux-Workstation mit mehreren Benutzern einzurichten. Dabei sollte die E-Mail für alle Benutzer der Maschine zentral geholt und versandt werden. Als Distribution wurde SUSE 7.0 verwendet. Der Provider ist T-Online. Es dürfte aber mit jeder anderen Distribution und jedem anderen Provider ähnlich funktionieren.

SMTP per sendmail

Der erste Schritt besteht darin, ein funktionierendes `sendmail` zu installieren. Dazu wird `sendmail` so vorkonfiguriert, dass SMTP verfügbar ist. Man kann davon ausgehen, dass das bei heutigen Systemen die Standardkonfiguration ist. Anschließend wird die Datei **/etc/sendmail.cf** an einigen Stellen angepasst. In der Datei **sendmail.cf** werden die Stichwörter `DeliveryMode`, `^DS` und `^DM` gesucht.[6]

```
O DeliveryMode=deferred
# ...
DSsmtprelay.t-online.de
# ...
DMwillemer.de
```

`DeliveryMode=deferred` führt dazu, dass Nachrichten nur noch versandt werden, wenn `sendmail -q` aufgerufen wird.

---

6 Das Dach vor dem D bewirkt, dass diese Buchstaben am Anfang der Zeile stehen müssen (siehe Reguläre Ausdrücke, Seite 138).

DS beschreibt den Mail-Server, an den abgehende Mails versandt werden. In diesem Fall wurde der Server smtprelay von T-Online verwendet. Dieser erlaubt, dass ich meine eigene Domain als Absender verwenden kann.

Hinter DM steht die Absenderadresse. Dies kann eine komplette Adresse wie anton@foo.de sein oder eine Domäne wie willemer.de, die dann einfach an den Benutzernamen angehängt wird. So habe ich einen Account arnold auf dem Linux-System. Beim Senden erzeugt sendmail daraus den Absender arnold@willemer.de. Da alle anderen Benutzer auf dem Gerät ebenfalls eine @willemer.de-Adresse haben, vereinfacht sich die Installation entsprechend.

<small>DM bestimmt die Absenderadresse</small>

Der Startaufruf von sendmail befindet sich in der Datei **sendmail** in dem Verzeichnis, in dem sich die rc-Dateien des Systems befinden. Dort sollten die Attribute des Aufrufs von sendmail auf -bd -om eingestellt werden. Die Option -bd bewirkt, dass sendmail im Hintergrund auf Port 25 unter SMTP arbeitet. Vor allem wurde hier die Option -q30m entfernt, die andernfalls sendmail alle 30 Minuten aktiviert hätte.

<small>sendmail-Start konfigurieren</small>

Zum Test wird mit elm oder mail eine E-Mail an eine eigene Internetadresse geschrieben. Mit mailq sollte die Nachricht anschließend sichtbar sein. Jetzt wird die Verbindung geöffnet und mit sendmail -q das Senden angestoßen. Besitzt der Provider einen Webmailer, können Sie schnell mit einem Browser prüfen, ob die Mail einwandfrei versandt wurde.

<small>Test</small>

E-Mail einsammeln (fetchmail)

Mit dem Programm fetchmail werden drei Mail-Server ausgelesen und die dort gefundenen Nachrichten per SMTP in das lokale E-Mailsystem eingespeist. Konfiguriert wird das Programm über die Datei **~/.fetchmailrc** des Benutzers root. Darin stehen Einträge wie diese:

```
poll pop3.t-online.de protocol POP3 user willemer password . is arnold
poll pop3.web.de protocol POP3 user arnold.willemer password SagIchNich is arnold
poll pop.gmx.net protocol POP3 user andrea.willemer password VergissEs is andrea
```

Anschließend sollte der folgende Aufruf alle Mail-Server abfragen und die E-Mails in das eigene Mailsystem stellen:

```
fetchmail -L /var/log/fetchmail
```

Die E-Mails werden nach dem nächsten Aufruf von sendmail -q in die lokalen Briefkästen verteilt.

Automatisieren bei der Internetverbindung

Bei jedem Aufbau einer Wählverbindung in das Internet wird das Skript **/etc/ppp/ip-up** aufgerufen. Sie können an sein Ende einfach folgende Befehle anhängen. Durch sie werden bei jedem Verbindungsaufbau die E-Mails zwischen dem lokalen System und Internet ausgetauscht.

```
echo "Post holen..." >/dev/xconsole
fetchmail        >/dev/xconsole
echo "Post senden..." >/dev/xconsole
sendmail -q
echo "fertig!" >/dev/xconsole
```

24.15 Postfix, die Alternative zu sendmail

Wietse Venema begann das Projekt Postfix im Rahmen eines Forschungssemesters im T. J. Watson Research Center der Firma IBM.[7] In den letzten Jahren entwickelte sich Postfix zu einer relevanten Alternative zu sendmail. Das Projekt ist eine Open-Source-Entwicklung, die das Ziel hatte, das monolithische sendmail-Programm in mehrere schlanke Programme zu zerschlagen. Die Konfiguration sollte vereinfacht und die Sicherheit erhöht werden. Das Paket postfix wird unter anderem von SUSE in den neueren Versionen ihrer Distribution als Ersatz für sendmail verwendet.

Warteschlangen Die Zerschlagung in mehrere Prozesse wird auch an den Warteschlangen sichtbar. Diese Warteschlangen befinden sich unterhalb des Verzeichnisses **/var/spool/postfix**:

- **incoming**
  Ankommende Mail.

- **maildrop**
  Der Ort, an dem der Anwender seine E-Mail einwirft.

- **active**
  Mail, die zur Weiterleitung freigegeben ist.

- **deferred**
  Mail, die noch auf ihre Weiterleitung warten muss.

---

[7] vgl. Nemeth u. a.: UNIX Systemverwaltung. Markt+Technik-Verlag, München, 2001. S. 738.

Die Konfigurationsdateien von `postfix` liegen im Verzeichnis **/etc/postfix**. Die Datei **main.cf** enthält die Konfigurationsparameter. Die Datei **master.cf** enthält die Einstellungen für die Mail-Dämonen.

Wer bin ich eigentlich?

Mit den Schlüsseln **myhostname** und **mydomain** werden der Rechner und die Domäne festgelegt, die von anderen Parametern verwendet werden. Dazu gehört insbesondere der Schlüssel **mydestination**. In normalen Konfigurationen stehen hier der Name des lokalen Rechners und der lokalen Domäne. Werden die beiden Schlüssel nicht explizit in der Datei **main.cf** gesetzt, enthält der Schlüssel **myhostname** den Wert, den der Systemaufruf `hostname()` liefert. Der Domänenanteil des Aufrufs wird standardmäßig als Wert für den Schlüssel **mydomain** verwendet.

Der Schlüssel **mydestination** nimmt die Domäne auf, für die die Mail lokal verteilt wird. Hier sollte in meinem Fall also nicht willemer.de stehen, da mein Bruder beispielsweise auch eine Adresse dieser Domäne hat und in diesem Fall eine Mail an ihn mein privates Hausnetz nie verlassen würde. Aus diesem Grund habe ich für das lokale Netzwerk die Domäne willemer.edu erfunden, in der Annahme, dass wohl niemand eine amerikanische Bildungsstätte nach mir benennen wird.

Lokale Mail

Es wird in der Dokumentation von Postfix vorgeschlagen, für **mydestination** folgenden Eintrag zu wählen:

```
mydestination = $mydomain $myhostname localhost.$mydomain
```

Auf einem Mail-Server für eine Domäne gibt es auch keinen Grund, diesen Eintrag zu ändern. Wenn ein anderer Rechner in meinem Netzwerk auch E-Mails versenden will, muss er seine Mails an gaston weiterleiten, weil dieser den Austausch mit dem Internet durchführt. Ein solcher Rechner würde also gar keine Mails lokal abwickeln, sondern alle Mails an den zentralen Rechner schicken. Dieser Rechner hätte also folgende Einstellung:

```
mydestination =
relayhost = gaston
```

Alle Mails würden dadurch an den Rechner gaston weitergeleitet, der seinerseits prüft, ob es sich um lokale Mails handelt oder ob sie in das Internet weitergeleitet werden müssen.

Wählverbindung zum Internet

relayhost
Ist der Rechner über eine Wählleitung mit dem Provider verbunden, soll Postfix die Post bei geschlossener Verbindung speichern und bei offener Verbindung an den Rechner weitergeben, den der Provider zur Verfügung gestellt hat. Den Namen dieses Rechners erfahren Sie bei Ihrem Provider. Bei T-Online heißt er beispielsweise **mailto.t-online.de** und bei Puretec **smtp.1und1.com**. Ein solcher Rechner wird als Relay bezeichnet und in der Konfigurationsdatei **main.cf** unter dem Namen **relayhost** festgelegt.

```
relayhost = smtp.1und1.com
```

defer_transports
Damit die Mail nicht sofort verteilt wird, sondern erst bei einer Verbindung zum Internet, wird der Parameter **defer_transports** auf smtp gesetzt:

```
defer_transports = smtp
```

Da der Server direkt angegeben wird, braucht nicht per DNS der Mail-Server der Domäne über den MX-Eintrag gesucht werden. Also schalten Sie das Suchen über DNS ab:

```
disable_dns_lookups = yes
```

Damit die Mail den Rechner in Richtung Internet-Provider verlässt, muss das Kommando `sendmail -q` gesetzt werden. Dieser Aufruf heißt absichtlich genauso wie der Befehl, der bei einer `sendmail`-Installation verwendet wird, damit die Skripte nicht angepasst werden müssen.

Autorisiertes SMTP

Um autorisiertes SMTP zu ermöglichen, wird zunächst diese Option in der Datei **main.cf** aktiviert.

```
smtp_sasl_auth_enable = yes
```

Zwei neue Einträge beschreiben die Autorisierung etwas genauer. In den Security-Options wird angegeben, dass keine anonymen Sendungen zugelassen werden. In der nächsten Zeile wird angegeben, in welcher Datei die Benutzer und Passwörter stehen:

```
smtp_sasl_security_options = noanonymous
smtp_sasl_password_maps = hash:/etc/postfix/saslpasswd
```

In der Passwort-Datei **saslpasswd** steht der Zugang zum Rechner:

```
smtp.1und1.com    benutzername:passwort
```

Vorsicht: Spam!

Spam entwickelt sich vom einfachen Ärgernis langsam, aber sicher zum Problem. In meinen Postfächern befindet inzwischen 80 Prozent Werbemüll, und das Aussortieren nimmt einige Zeit in Anspruch. Hinzu kommt, dass typischerweise unseriöse Unternehmen dieses Werbemittel verwenden. Entsprechend finden sich unter den Angeboten auch Angebote für Raubkopien, Medikamente und pornografisches Material. Das führt dazu, dass das Medium E-Mail nicht nur immer unattraktiver wird. Es ist auch zu verstehen, dass Eltern nicht möchten, dass ihre Kinder damit konfrontiert werden. Kurz: Die Akzeptanz nimmt ab. Dadurch wird das Medium aber immer wertloser.

Schädliche Werbung

Der Versender von Spam wird versuchen, die Herkunft seiner Mail zu vertuschen. Da SMTP in der klassischen Form keine Passwörter verlangt, kann er einen fremden Computer dazu verwenden, seine E-Mail zu verteilen und damit die Spur zu ihm zurück zu verwischen.

Wenn Sie Ihre E-Mail nicht per SMTP bekommen, sondern von POP-3- oder IMAP-Servern abholen, sollten Sie den SMTP-Port nach außen per Firewall abschließen.

Firewall

Sie sollten die SMTP-Konfiguration so einrichten, dass nur Rechner des lokalen Netzwerks an Sie senden können. Ist es erforderlich, den SMTP-Zugang zum Internet offen zu halten, sollten Sie auf jeden Fall einen Autorisierungsmechanismus konfigurieren.

SMTP sichern

Es ist vielleicht ganz gut, dass die meisten Internetbenutzer die Newsgroups noch nicht entdeckt haben.

25 Newsgroups

In den Anfangszeiten des Internets waren die News neben der E-Mail der wichtigste Dienst. Man kann sich Newsgroups als Diskussionsgruppen vorstellen. Ein Newsserver bietet mehrere Gruppen an, die hierarchisch geordnet sind. Eine solche Gruppe heißt beispielsweise:

Diskussionsforen

de.comp.os.unix.programming

Das de steht für eine deutschsprachige Gruppe. comp zeigt an, dass es um Computer geht. os bedeutet »operating system«, also »Betriebssystem«. unix dürfte klar sein, und programming bezieht sich auf das Programmieren. In dieser Gruppe ist das Thema die Programmierung unter UNIX, und die Sprache ist Deutsch. Sie können die dort abgesetzten Diskussionsbeiträge lesen und eigene Beiträge schreiben.

In den Zeiten des WWW scheinen sie nur noch ein Forum für Insider zu sein. Die News sind aber nach wie vor der Treffpunkt der Experten und manchmal auch derer, die sich dafür halten. Es ist durch die Möglichkeit, Fragen zu stellen, eine gute Informationsquelle. Damit nicht ständig die gleichen Fragen beantwortet werden müssen, erstellen die meisten Newsgroups eine FAQ (frequently asked questions), die meist einmal monatlich in der Gruppe veröffentlicht wird.

Treffpunkt der Experten

Auch im Intranet einer Firma kann ein Newsserver hilfreich sein. Sie können beispielsweise für Projekte oder Kunden eine Gruppe anlegen, die von allen Mitarbeitern als zentraler Informationspool verwendet werden kann. Jede Absprache mit dem Kunden und jeder Vorgang kann schnell für alle sichtbar protokolliert werden. Da Newsgroups hierarchisch gegliedert werden können, lassen sich mehrere Projekte unter einem Kunden anlegen. Um an die News zu kommen, benötigen Sie einen Newsreader, der auf allen Plattformen leicht kostenlos zu bekommen ist. Viele E-Mail-Programme beherrschen auch den Umgang mit News.

Einsatz im Intranet

25.1 News lesen

Zum Lesen dieser Gruppen verwenden Sie einen speziellen Newsreader. Sie können aber auch eines der vielen E-Mail-Programme benutzen, die darauf vorbereitet sind, News zu lesen.

25.1.1 Grundsätzliches Vorgehen

Konfiguration des Newsreaders

Zunächst brauchen Sie die Adresse eines Newsservers. Oft bietet der Provider einen Newsserver an. Andernfalls müssen Sie per Suchmaschine nach öffentlichen Newsservern suchen. Wenn Sie die Adresse eines Newsservers gefunden haben, richten Sie diesen in Ihrem Client ein. Es kann sein, dass Benutzerkennung und Passwort vom Anbieter des Newsservers verlangt wird. Einige Newsreader verlangen auch die Adresse des SMTP-Servers. Diese wird aber nur benötigt, um Mitgliedern einer Newsgroup eine normale E-Mail zu senden, die nicht für die Newsgroup bestimmt ist. Artikel in der Newsgroup werden mit dem POST-Kommando des NNTP an den Newsserver gesandt.

Gruppenliste holen

Im nächsten Schritt müssen Sie einmal den News-Client dazu auffordern, die verfügbaren Gruppen zu laden. Je nach Newsreader kann dies auch im Zusammenhang mit dem Abonnieren einer Gruppe passieren. Das Herunterladen der Gruppen dauert eine Weile. Nun haben Sie die Liste aller Gruppen vorliegen, die der Newsserver pflegt.

Abonnieren

Aus der Liste der Newsgroups wählen Sie diejenigen aus, die Sie lesen wollen. Dieser Vorgang wird als Abonnement bezeichnet. Dies ist ein Vorgang, der lediglich in Ihrem Newsreader geschieht. Der Newsserver erfährt davon nichts. Sie stellen nur ein, welche Gruppen der Newsreader abholen soll. Dabei können Sie im Normalfall auch einstellen, wie viele Nachrichten bei jedem Laden maximal geholt werden sollen. Da es Gruppen mit starkem Verkehr gibt, ist es sinnvoll, diese Zahl zunächst zu begrenzen. Sie können später jederzeit ein Abo kündigen und ein neues wählen.

Nachdem der Newsreader weiß, welche Gruppen Sie lesen wollen, können Sie ihn auffordern, die neuesten Nachrichten aus der Gruppe zu laden. Beim ersten Mal kann dies einige Zeit dauern, obwohl der Newsreader normalerweise nur die Überschriften holt.

Offline oder online?

Es gibt bei den Newsreadern zwei Kategorien. Die erste geht davon aus, dass der Benutzer ständig mit dem Internet und damit mit dem Newsserver verbunden ist. Ein solcher Newsreader wird in dem Augenblick, in dem Sie die Überschrift einer Nachricht anklicken, den dazugehörigen Text vom Newsserver nachladen. Diese Kategorie nennt man Onlinereader. Beim Offlinereader wählen Sie zunächst anhand der Überschriften die Nachrichten heraus, die Sie lesen wollen. Dann öffnen Sie die Verbindung zum Internet und weisen den Reader an, die Nachrichten zu holen.

Bei den meisten Gruppen können Sie auch selbst Beiträge schreiben. Dazu senden Sie eine Art E-Mail an diese Gruppe. Diese wird dann dort gespeichert und ist ab sofort öffentlich. In einigen Gruppen gibt es einen oder mehrere Moderatoren. Der Grund ist meist der, dass es heftigere Auseinandersetzungen gegeben hat, die die Gruppe unterbinden will. In diesen Gruppen werden alle eingehenden Nachrichten erst an den Moderator gesandt, der sie dann überprüft und im Normalfall an die Gruppe sendet. Allerdings dauert es natürlich in solchen Gruppen zwischen einigen Minuten und einigen Stunden, bis eine Nachricht online ist. Nur wenn Sie gegen die Regeln der Gruppe oder das Gebot der Höflichkeit verstoßen, kann es sein, dass der Moderator die Mail zurücksendet und um Überarbeitung bittet.

Schreiben und lesen

Insbesondere in den Newsgroups gibt es Regeln für den Umgang mit anderen Teilnehmern, die als Netiquette bezeichnet werden. Dazu gehört es, dass man unter seinem wirklichen Namen auftritt, dass die Nachrichten, auf die man sich bezieht, nur sparsam zitiert werden, da jeder Teilnehmer Zugriff auf die bisherigen Nachrichten hat. Den vollen Satz der Netiquette findet man per Suchmaschine tausendfach im Internet. Und in den Newsgroups finden sich genügend Leute, die so viel Freizeit haben, dass sie auf jeden Verstoß reagieren.

Netiquette

Es empfiehlt sich, eine Gruppe erst einmal eine Weile zu lesen, bevor man schreibt. Dadurch erkennt man schnell den Umgangston, der dort herrscht. Und sollten Sie sich doch entschließen, einen Beitrag zu schreiben, sollten Sie auch wissen, dass beispielsweise Google den gesamten Nachrichtenverkehr archiviert und Ihre Nachricht so auf Jahre hinaus in den Suchmaschinen auffindbar ist.

Vorher lesen

Neben der Möglichkeit, direkt mit dem Newsserver zu korrespondieren, können Sie auch lokal oder im Intranet einen eigenen Newsserver installieren. Dieser lädt während der Nacht oder zu sonstigen Zeiten seine Nachrichten mit dem Newsserver Ihrer Wahl aus. Sobald mehrere Personen News lesen, kann sich diese Vorgehensweise schon lohnen.

Lokaler Newsserver

25.1.2 Der Offline-Reader Pan

Pan wurde als Offline-Reader für GNOME entwickelt, läuft aber problemlos unter KDE. Offline-Reader bedeutet, dass Sie den Informationsaustausch mit dem Server auf den Zeitraum beschränken können, während Sie eine Verbindung zum Internet haben. Die geladenen Informationen können Sie lesen, ohne mit dem Internet verbunden sein zu müssen.

Newsgruppen — Beim ersten Start liest der Newsreader alle Newsgroups des Servers. Nach dem Download, der einige Zeit dauern kann, können Sie über das Kontextmenü, das Sie über die rechte Maustaste aufrufen, Gruppen abonnieren. Zwischen den Newsgroups können Sie wechseln, indem Sie eine andere Newsgroup doppelt anklicken.

Kopfzeilen — Von ihren abonnierten Gruppen können Sie bei der nächsten Verbindung zum Internet die neuen Nachrichten herunterladen. Da Sie sich aber vielleicht nicht für alle Nachrichten interessieren, können Sie erst einmal nur die Kopfzeilen herunterladen. Das sind die Betreffzeilen, die die Autoren ihren Nachrichten gegeben haben.

Nachrichten holen — Anhand der Kopfzeilen können Sie aussuchen, welche Nachrichten Sie lesen wollen. Dazu markieren Sie sie bei der Durchsicht und können bei der nächsten Internetverbindung die vollständige Nachricht laden. Die geladene Nachricht können Sie lesen, indem Sie die Kopfzeile anwählen und dann aus dem Kontextmenü den Eintrag »Artikel lesen« wählen.

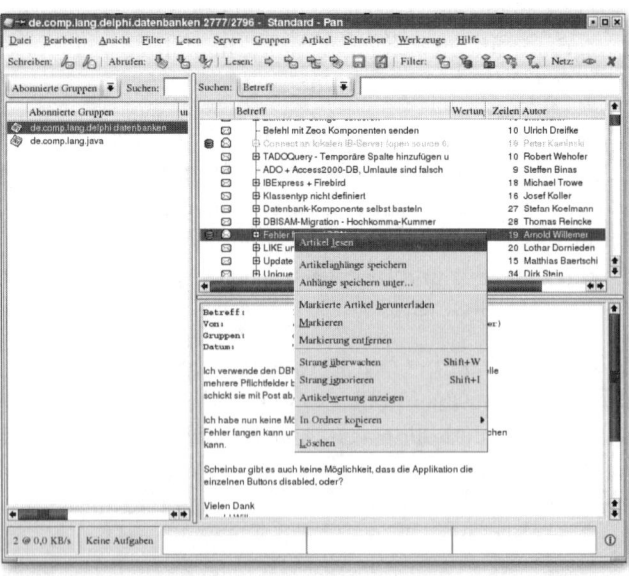

Abbildung 25.1 Offline-Newsreader Pan

Der Newsreader Pan legt im Benutzerverzeichnis ein Verzeichnis namens **.pan** an und hinterlegt dort sowohl seine Daten als auch seine Konfiguration. Darum sollte dieses Verzeichnis in die Datensicherung einbezogen werden, wenn Ihnen die Daten am Herzen liegen.

Daten

25.1.3 Der Online-Reader KNode

Ein Online-Reader verfolgt eine völlig andere Philosophie. Er wird in einem Intranet eingesetzt oder falls eine Dauerverbindung zum Internet besteht. Der Vorteil dieses Vorgehens ist, dass nur die momentan benötigten Daten vom Server geholt werden. Auf dem lokalen Rechner werden keine Zwischendateien gespeichert. Stattdessen repräsentiert er den aktuellen Stand, wie er auf dem Server vorliegt, und holt sich alle anzuzeigenden Daten von dort.

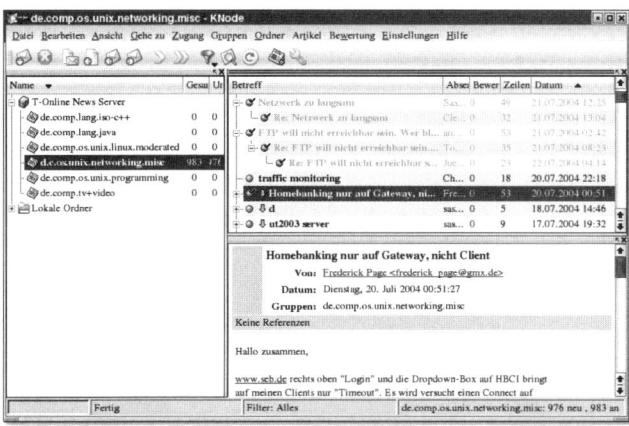

Abbildung 25.2 KNode

Beim ersten Start verhält sich KNode ganz ähnlich wie Pan und jeder andere Newsreader auch. Er braucht die Gruppenliste des Newsservers und liest diese mehrere MByte lange Liste ein. Sie können wiederum Gruppen abonnieren, die in der Liste links auftauchen. Durch einen Doppelklick auf die Gruppe werden die neuesten Gruppenheader vom Server geholt und in der Liste rechts oben angezeigt. Durch einen Klick auf den Header wird die passende Nachricht vom Server geholt.

Bedienung

25.1.4 Mozilla Thunderbird als Newsreader

Als Beispiel für E-Mail-Programme, die sich prima als Newsreader verdingen können, sei hier exemplarisch Thunderbird herausgegriffen. Nach-

E-Mail-Programm als Newsreader

dem Sie Thunderbird gestartet haben, rufen Sie »Bearbeiten - Konten« auf. Dort finden Sie das vielleicht bereits installierte E-Mail-Konto. Durch Drücken des Buttons »Konto hinzufügen« erscheint eine Dialogbox, die nach der Art des Kontos fragt. Unter den Angeboten findet sich auch ein Newsgruppen-Konto. Mit dem Button »Weiter« werden Sie durch den Assistenten geführt, der nacheinander den Newsserver und Ihre Identität erfragt.

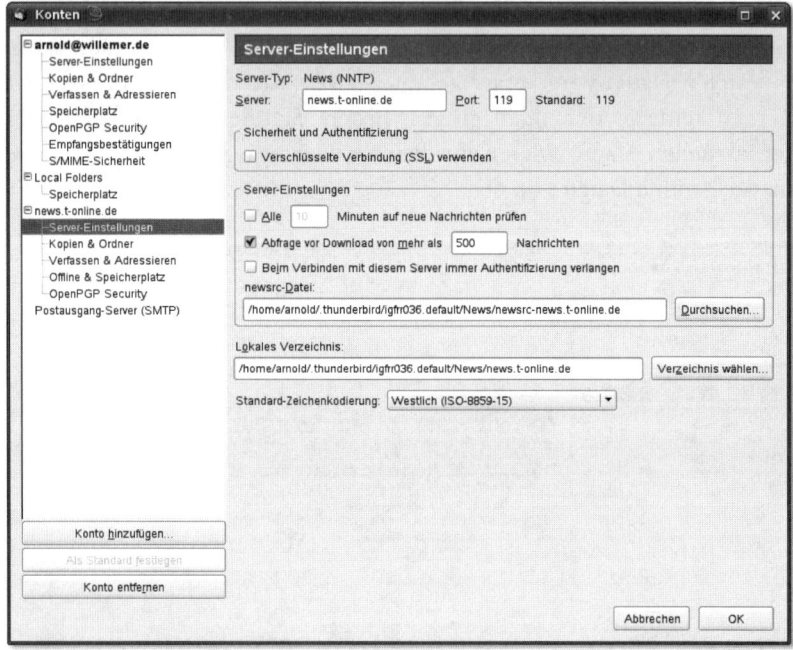

Abbildung 25.3 KNode

Nach Fertigstellung haben Sie ein weiteres Konto, das nach dem Server benannt ist. Dahinter stehen diverse Einstellmöglichkeiten. Sie können Gruppen abonnieren, Größen begrenzen und sogar festlegen, ob Thunderbird eher als Online- oder Offline-Reader arbeiten soll.

Offline einmal anders

Allerdings ist die Art, wie Thunderbird offline arbeitet etwas anders, als bei anderen Newsreadern. Sie können konfigurieren, welche Gruppen offline gelesen werden können. Vor dem Schließen der Internetverbindung schalten Sie das Programm offline, woraufhin es alle Nachrichten der Offline-Gruppen komplett herunterlädt.

25.2 Installation eines Newsservers

Es gibt derzeit zwei wichtige Newsserver: cnews und inn. cnews ist etwas älter, und inn gilt als moderner und leichter bedienbar. Hier soll inn beschrieben werden. Die Konfiguration und die Arbeit mit cnews ist an vielen Stellen ähnlich.

Der Newsserver inn verwendet die in Tabelle 25.1 aufgeführten Verzeichnisse.

Verzeichnis	Inhalt
/etc/news	Konfiguration
/var/lib/news	Abgleichsdaten mit dem fremden Newsserver
/var/spool/news	Die Ablage der Newsgroup-Inhalte
/var/log/news	Logdateien

Tabelle 25.1 Verzeichnisse des Newsservers

Der User news

Für die Arbeiten im Newsbereich sollten Sie einen User namens news anlegen. Dieser User gehört in die ebenfalls anzulegende Gruppe news. Die Wartungsarbeiten werden zwar meist vom Administrator durchgeführt, aber die im Hintergrund laufenden Prozesse für den Newsserver müssen nicht privilegiert ablaufen.

Die meisten Arbeiten sollten Sie als User news durchführen. Da man diesem User ungern ein eigenes Kennwort gibt, loggen Sie sich zunächst als root mit entsprechendem Passwort ein und wechseln dann per su (siehe Seite 271) zu news. Für diesen Schritt brauchen Sie kein Passwort mehr, da Sie ja als root su aufrufen:

Einloggen als news

```
arnold@silver> su -
Password:
silver # su - news
news@silver>
```

Entsprechend können Sie in der Datei **/etc/passwd** bzw. in der Datei **/etc/shadow** einfach X anstelle des verschlüsselten Passworts eintragen, um einen direkten Zugang von außen zu verhindern.

Konfigurationsdateien

Zunächst werden in der Datei **inn.conf** die Basisinformationen abgelegt. Diese Datei ist nach der Installation bereits weitgehend korrekt vorkonfiguriert. Drei Parameter sollten Sie anpassen:

inn.conf

```
# /etc/news/inn.conf
organization:   Sgt. Pepper's Lonely Hearts Club Band
server:         news.willemer.edu
hiscachesize:   256
```

Konfiguration inn.conf

Hinter `organization` folgt normalerweise der Firmennamen. Unter `server` steht der Rechnername des Newsservers inklusive seiner Domäne. Aus Dokumentationsgründen ist es durchaus sinnvoll, den Hostnamen news zu verwenden und diesen dann als Nickname in der Datei **/etc/hosts** oder im DNS dem eigentlichen Rechner zuzuordnen. Der Parameter `hiscachesize` bestimmt die Größe des Speichers in KByte für das Caching. Bei Newsservern, die sehr gefragt sind, kann die Erhöhung zu einer schnelleren Verarbeitung führen.

incoming.conf

Die Datei **incoming.conf** legt fest, welche fremden Newsserver berechtigt sind, Artikel an diesen Newsserver weiterzuleiten. Wenn Sie einen Intranet-Newsserver betreiben, ist es beispielsweise nicht wünschenswert, dass fremde Rechner Artikel einstellen. Allerdings muss es dem lokalen Rechner selbst erlaubt sein. Entsprechend steht hier nur ein Eintrag:

```
# /etc/news/incoming.conf
peer localhost {
    hostname: localhost
}
```

expire.ctl

Artikel in Newsgroups haben normalerweise ein flüchtiges Dasein. Je nachdem, welchen Umfang die durchlaufenden Nachrichten haben, ist die Festplatte schnell von Nachrichten überlaufen, wenn sie nicht nach gewissen Kriterien wieder aufgeräumt wird. Dies steuert die Datei **expire.ctl** im Verzeichnis **/etc/news**. Jede Zeile definiert, in welchen Gruppen Nachrichten wie lange bleiben können, bevor sie gelöscht werden.

Der erste Eintrag betrifft die Dauer der History-Einträge und beginnt mit `/remember/:`. Es folgt die Anzahl der Tage, die der Eintrag bestehen bleibt.

Alle anderen Einträge beginnen mit dem Namen der betreffenden Newsgroups. Sie können Regeln für mehrere Newsgroups definieren, indem Sie den Stern als Platzhalter verwenden. Dann folgt eine Unterscheidung nach moderierten und unmoderierten Gruppen,[1] und schließlich folgen drei Zeitangaben. Diese steuern, wann eine Nachricht ausläuft. Manche Nachrichten haben einen Eintrag im Header, der angibt, wann sie aus-

---

[1] Moderierte Gruppen haben einen Moderator, der jede eingehende Nachricht erst prüft, bevor er sie öffentlich in die Newsgroup stellt. Damit sollen bei sensiblen Themen unpassende Beiträge verhindert werden.

laufen. Die erste Zeitangabe besagt, wie lange eine Nachricht mindestens erhalten bleiben sollte. Die dritte Zeitangabe sagt aus, wann sie spätestens gelöscht werden soll. Der zweite Eintrag besagt, wann eine Nachricht gelöscht wird, wenn sie keine eigenen Angaben darüber macht, wann sie gelöscht werden möchte. Die vorgegebene Datei **expire.ctl** hat den folgenden Inhalt:

```
# /etc/news/expire.ctl
/remember/:14
*:A:1:10:never
```

Diese Konfiguration besagt, dass Einträge in der History 14 Tage bestehen bleiben. Alle Nachrichten in allen Gruppen bleiben mindestens einen Tag bestehen und werden normalerweise nach zehn Tagen gelöscht. Der Auslaufvermerk im Header kann aber eine beliebige Dauer vorgeben. Sollen die Nachrichten keinesfalls gelöscht werden, dann sollte der zweite Zeitwert von 10 auf never gesetzt werden. Das ist beispielsweise erforderlich, wenn der Newsserver zur firmeninternen Projektdokumentation im Intranet eingesetzt werden soll.

Die Angaben in zweiten Feld können die in Tabelle 25.2 aufgeführten Zeichen haben.

Zeichen	Bedeutung
M	Moderierte Gruppen
U	Unmoderierte Gruppen
A	Alle Gruppen

Tabelle 25.2 Gruppenkennzeichnung

Zur Datei **expire.ctl** gibt es eine ausführliche Manpage.

25.3 Beispiel: Newsserver zur Projektverwaltung

Der erste Schritt der Konfiguration soll am Beispiel eines Newsservers für das Intranet einer Firma demonstriert werden. Darin sollen Diskussionsgruppen zu Kunden und Projekten eingerichtet werden. Hier können Absprachen und Abläufe protokolliert werden. Die Bedienung ist genauso einfach wie das Schreiben einer E-Mail. Bei einer solchen Anwendung ist keine Anbindung an andere Newsserver vorgesehen, und sie ist auch gar nicht gewünscht, da die Diskussionen ja firmenintern sind und nicht nach außen dringen sollen.

Den Dämon starten

Zunächst wird der inn-Dämon von Hand gestartet. Da der Dämon auf den well known Port 119 zugreifen wird, darf er nur vom Superuser gestartet werden. An dieser Stelle wird das Startskript verwendet, das auch benutzt wird, wenn die Maschine bootet:

```
gaston# /etc/init.d/inn start
```

Den Dämon prüfen

Sie können im ersten Schritt prüfen, ob der innd in der Prozessliste auftaucht. Ist dieser gestartet, sehen Sie nach, ob der innd Anfragen an Port 119 beantwortet. Das einfachste Testtool ist telnet, dem Sie als Parameter den Port 119 mitgeben:

```
gaston> telnet localhost 119
Trying 127.0.0.1...
Connected to localhost.
Escape character is '^]'.
200 gaston.willemer.edu InterNetNews server INN 2.2.3 ready
quit
205 .
Connection closed by foreign host.
gaston>
```

Der Befehl quit sorgt dafür, dass die Verbindung zwischen telnet und innd wieder aufgelöst wird. Gibt es eine andere Meldung, insbesondere die Meldung »Connection refused«, ist der Server nicht gestartet. Vermutlich stimmt eine Konfigurationsdatei nicht. Ein Blick in die Protokolldatei des syslog-Dämons (siehe Seite 420) zeigt weitere Informationen über die Ursache des Problems.

Erster Versuch mit einem Newsclient

Mit einem Newsclient können Sie den Server ansprechen, indem Sie den Rechnernamen oder einfach »localhost« als Newsserver angeben. Anschließend versuchen Sie, Gruppen zu abonnieren. Dabei wird der Client die Gruppenliste holen. Diese besteht zu Anfang aus folgenden Gruppen:

```
control
control.cancel
junk
```

Diese Gruppen sind zum Betrieb des Newsservers inn erforderlich.

25.4 Gruppen anlegen

Die Administration des Newsgroup-Servers erfolgt durch das Senden von Kontrollnachrichten. Das zentrale Programm heißt ctlinnd.

Der erste Parameter von `ctlinnd` ist ein Kommando an den Newsserver. Zum Einrichten einer Newsgroup lautet er `newgroup`. Es folgt der Name der Gruppe. Gruppen sind hierarchisch angeordnet und durch Punkte getrennt. Danach folgt `y` oder `n`, das angibt, ob lokale Benutzer in die Gruppe schreiben dürfen. Am Ende der Zeile steht schließlich der Erzeuger der Gruppe. Die folgenden Befehle erstellen ein Grundgerüst für den Kunden Maier, bei dem ein Netzwerk mit Workstations und einem Server erstellt werden soll. Beim Server werden zusätzlich noch Ausfälle in der Untergruppe breakdown protokolliert:

Einrichten einer Gruppe

```
gaston> ctlinnd newgroup maier y news
gaston> ctlinnd newgroup maier.netzwerk y news
gaston> ctlinnd newgroup maier.workstations y news
gaston> ctlinnd newgroup maier.server y news
gaston> ctlinnd newgroup maier.server.breakdown y news
```

Um Gruppen wieder zu löschen, verwenden Sie das Kommando `rmgroup`. Um die Schreibberechtigungen zu korrigieren, können Sie `changegroup` verwenden oder noch einmal das Kommando `newgroup` mit den richtigen Parametern wiederholen. `inn` merkt, dass die Gruppe schon existiert, und führt das Kommando als Änderung aus.

Bei der Schreibberechtigung der Gruppe steht `y` für die Erlaubnis zu schreiben. `n` verbietet das Schreiben auf dem lokalen Rechner, und `x` unterbindet jegliches Schreiben in dieser Gruppe, auch von außen. Eine genauere Beschreibung finden Sie in der Manpage der Datei **active**.

Schreibrecht

Regelmäßige Arbeiten

In der crontab des Users news sollte ein Eintrag für `news.daily` stehen. Andernfalls sendet das news-System dem Postmaster eine Warnmeldung per Mail.

news.daily

```
# taegliche Wartungsarbeiten in der crontab
07 01  *   *   *   /usr/lib/news/bin/news.daily
```

Diese Zeile sagt aus, dass `news.daily` immer nachts um 1:07 startet. Im Zuge dieser Wartung wird eine E-Mail mit einer Statistik an den Newsmaster gesendet.

25.5 Verbindung nach außen

In der folgenden Konfiguration soll ein Newsserver nicht als internes Diskussionsforum dienen, sondern an einen Newsserver im Internet angebunden werden, so dass Gruppen von dort lokal übernommen werden und Beiträge der lokalen Benutzer auch in das Internet gehen.

active und newsgroups

Zunächst werden im Verzeichnis **/var/lib/news** die Dateien **active** und **newsgroups** um die Gruppe de.test ergänzt. Die Datei **active** enthält den Namen jeder Gruppe, die vom Newsserver bearbeitet wird. Hinter dem Gruppennamen befindet sich die höchste Artikelnummer, die in dieser Gruppe bisher gelesen wurde. Die folgende Nummer ist die niedrigste Artikelnummer. Da Artikel auch zurückgezogen worden sein können, gibt die Differenz nicht zwingend die Anzahl der vorhandenen Artikel an. Zuletzt steht eine Option, die besagt, ob in diese Gruppe Nachrichten eingestellt werden dürfen. Für die Gruppe de.test wird folgende Zeile eingetragen:

```
de.test 0000000001 0000000001 y
```

In der Datei **newsgroups** wird die Gruppe mit einem erläuternden Text aufgeführt:

```
de.test                 Testing group
```

de.test

Die Gruppe de.test ist auf den meisten Newsservern verfügbar, die deutsche Newsgroups anbieten. Hier stellen alle diejenigen kurze Tests ab, die prüfen wollen, ob ihre Newssoftware richtig funktioniert. Zum Test, ob die News richtig gelesen werden, eignet sich diese Gruppe deswegen sehr, weil dort ständig ein gewisser Verkehr herrscht und die Nachrichten nicht groß sind. Hinzu kommt, dass Sie bereits in der richtigen Gruppe sind, wenn Sie später prüfen wollen, ob auch das Schreiben funktioniert.

Nachdem die Gruppen festgelegt worden sind, wird nun der Newsserver festgelegt, von dem die Nachrichten geholt werden und an den die lokal abgestellten Nachrichten weitergeleitet werden.

newsfeeds

In der Datei **/etc/news/newsfeeds** wird konfiguriert, von welchem Newsserver der lokale Newsserver mit News versorgt werden darf. Die meisten Einträge lassen Sie am besten unberührt. Interessant ist eine Zeile, die Sie hinzufügen müssen. Für den Newsserver von T-Online steht dort beispielsweise:

```
# /etc/news/newsfeeds
newsserv/news.t-online.de:*:Ap,Tf,Wnm:newsserv
```

Der Begriff `newsserv` ist frei gewählt und dient als Kennung für diesen Eintrag. Hinter dem Schrägstrich erscheinen kommasepariert die Newsserver, von denen Beiträge eingelesen wurden. So wird verhindert, dass die Beiträge des einen Newsservers wieder an den anderen hinausgehen.

Hinter dem ersten Doppelpunkt erscheint die Liste der Newsgroups. Der Stern sagt aus, dass alle denkbaren Gruppen des Servers erlaubt sind.

Hinter dem zweiten Doppelpunkt erscheinen Flags, die durch Kommata getrennt sind. Wer Newsgroups von einem Newsserver herunterlädt, kann die hier stehenden Parameter verwenden. Weitere Parameter finden Sie in der Manpage von **newsfeeds**. Die hier genannten Flags bedeuten:

- **Ap**
  Vor dem Senden soll der Name des Newsservers nicht geprüft werden.

- **Tf**
  Das Senden erfolgt in Form einer Datei.

- **Wnm**
  Innerhalb der Datei werden die Artikel anhand ihrer Artikelnummer und ihres Namens unterhalb des Spoolverzeichnisses gekennzeichnet.

Als letztes Feld wird die Kennung vom Anfang wiederholt.

Falls der Newsserver bereits lief, muss die Konfiguration aktualisiert werden. Dazu kann wieder das Administrationstool `ctlinnd` verwendet werden. Mit dem Kommando `reload newsfeeds` wird die Konfigurationsdatei erneut eingelesen:

Neueinlesen der Konfigurationsdatei

```
ctlinnd reload newsfeeds do
```

25.6 Newsgroups saugen

Im nächsten Schritt werden Daten von einem Newsserver heruntergeladen. Dazu gibt es das Hilfsprogramm `suck`, das Nachrichten von einem Server lädt und in das lokale Newssystem einspeist. Die Konfigurationsdatei heißt **sucknewsrc** und muss im aktuellen Verzeichnis stehen. Für den ersten Versuch wird nur eine Newsgroup verwendet, nämlich de.test. Der Eintrag in die **sucknewsrc**-Datei lautet:

Die Datei sucknewsrc

```
de.test 1 100
```

Hinter dem Gruppennamen steht die Artikelnummer, ab der man aufsetzen möchte. Da nicht bekannt ist, welche Artikelnummer derzeit aktuell ist, verwenden Sie zunächst die 1. Danach wird eingeschränkt, wie viele Artikel heruntergezogen werden sollen. 100 Artikel sind mehr als genug und sind in wenigen Sekunden geladen. Diesen dritten Parameter, der die Mengenbegrenzung darstellt, können Sie auch weglassen. Dann werden alle existierenden Nachrichten geladen.

Aufruf

Der Aufruf, um die lokalen Newsgroups eines Rechners mit den News des Newsservers news.t-online.de zu füllen, lautet:

```
suck news.t-online.de -bp -hl localhost
```

Der Parameter `-hl localhost` bedeutet, dass die Newsgroups in den eigenen Server gespeist werden. Der Parameter `-bp` steht für batchpost und bewirkt, dass zunächst alle Nachrichten am Stück in eine lokale Datei geschrieben und von dort im Block in den lokalen Newsserver geschoben werden.

sucknewsrc

Während es läuft, benennt das Programm `suck` die Datei **sucknewsrc** in **suck.newrc** um. Die Nummern der als Nächstes zu holenden Nachrichten werden darin aktualisiert. Vor dem nächsten Start muss also **suck.newrc** nach **sucknewsrc** umkopiert werden, damit die gleichen Nachrichten nicht wieder geholt werden. Damit `suck` dies selbst tut, verwenden Sie die Option `-c`.

Datei active

Sie können auch die Datei **active** vom Newsserver als Basis für die zu ladenden Newsgroups verwenden. Dies erreichen Sie mit dem Parameter `-A`. Allerdings sollten Sie damit erst eine Weile experimentieren. In bestimmten Fällen scheint dabei die Datei **active** durcheinanderzugeraten.

Newsgruppenliste vom Internet-Newsserver

Abholen der Gruppeninformationen

Die Dateien **active** und **newsgroups** im Verzeichnis **/var/lib/news** können Sie sich vom Newsserver herunterladen. Bevor Sie dies tun, ist es sinnvoll, die bisherigen Dateien **active** und **newsgroups** zu sichern:

```
cd /var/lib/news
getlist -h news.t-online.de active    > active
getlist -h news.t-online.de newsgroups > newsgroups
```

Jeder Aufruf von `getlist` zieht jeweils etwa 1 MByte von Daten über die Leitung. Je nach Geschwindigkeit der Internetanbindung brauchen Sie also etwas Geduld.

Zugriffsrechte auf den Newsserver

Die Zugriffsbeschränkungen auf den Newsserver werden in der Datei **/etc/news/nnrp.access** definiert. In jeder Zeile wird beschrieben, welche Rechner welche Rechte auf dem Server hat. In der ersten Spalte wird die Rechnergruppe angegeben, für die diese Zeile gilt. Die Rechneridentität wird durch eine Maske beschrieben. Bei einer unscharfen Beschreibung gilt die genaueste Beschreibung, die auf den Host zutrifft. Tabelle 25.3 zeigt, wie Rechner beschrieben werden.

Ziel	Bezeichnungsweise
Hostname	Wird durch IP-Reverse-Auflösung bestimmt
IP-Nummer	Im Dotted-decimal-Format
Domain	Beispielsweise *.willemer.edu
Netzwerkname	Nach **/etc/networks**
default	Gilt für alle Rechner

Tabelle 25.3 Berechtigte

Die zweite Spalte beschreibt die Berechtigungen hinsichtlich des Austausches von Nachrichten (siehe Tabelle 25.4).

Recht	Berechtigt zu ...
read	Artikel holen
xfer	Artikel in den Server hineinschieben
both	Sowohl read als auch xfer
no	Gar nichts

Tabelle 25.4 Rechte

Die dritte Spalte gibt die Rechte für das »Posten« von Artikeln an (siehe Tabelle 25.5). Darunter versteht man das Senden von Nachrichten an eine Gruppe. Dies betrifft einen Client der lokalen Maschine. Eine Nachricht erhält eine eindeutige Nummer mit dem Namen des Rechners, von dem sie stammt.

Parameter	Berechtigung
post	Artikel »posten«
no	Keine Artikelerstellung

Tabelle 25.5 Berechtigung zum Posten

25.7 NNTP-Protokollbeschreibung

Das NNTP (Network News Transfer Protocol) ist in RFC 977 definiert. Die folgende Beschreibung bietet einen Blick hinter die Kulissen eines Internetprotokolls, das durchaus typisch ist. Diese Informationen sind in erster Linie für Entwickler von Programmen interessant, die sich im Protokollumfeld bewegen. Aber es ist auch für den Administrator hilfreich zu wissen, wie die Kommunikation abläuft, um beispielsweise mit `telnet` das Fehlverhalten von Protokollen herausfinden zu können.

RFC 977

Das Protokoll wird durch den Austausch von Kommandos und Antworten in Textform bestimmt. Die rein textuelle Übermittlung der Daten und Kommandos erspart den Programmierern die typischen Netzprobleme mit Binärdaten wie die unterschiedliche interne Zahlendarstellung verschiedener Maschinen.

Ein Newsserver ist im Gegensatz zu einem Webserver nicht statuslos. Das bedeutet, er kann aufeinander aufbauende Anfragen in einen Zusammenhang stellen. Daher sind eine Anmeldung und auch eine Abmeldung erforderlich. Es wird ein so genannter Messagepointer geführt, mit dem sich der Server die zuletzt angesprochenen Nachrichten merkt.

Der Client muss die Kommunikation aufnehmen und sollte in der Lage sein, alle denkbaren Antworten des Servers zumindest so weit zu bearbeiten, dass die Kommunikation nicht blockiert.

Clientanfragen

Vom Client werden die Anfragen an den Server gesandt. Die wichtigsten Kommandos des Clients sind hier aufgeführt. Sie reichen bereits aus, um einen einfachen Newsreader zu schreiben.

- **LIST**

    Der Client fordert eine Liste der Gruppen an. Das Format entspricht dem der Datei **active**. Auf die Aufforderung LIST sendet der Server beispielsweise folgende Ausgabe:

    ```
    215
    control 0000000000 0000000000 y
    control.cancel 0000000000 0000000000 y
    junk 0000000000 0000000000 y
    .
    ```

- **NEWGROUPS** *Datum Uhrzeit*

    Es werden die Gruppen angefordert, die seit dem angegebenen Zeitpunkt hinzugekommen sind. Das Datum ist im Format YYMMDD angegeben. Da das Jahr zweistellig ist, gilt das Jahrhundert, das näher an der Jahreszahl ist. Die Uhrzeit hat das Format HHMMSS.

- **NEWNEWS** *Gruppenname Datum Uhrzeit*

    Auf diese Anforderung werden eine Liste von Artikelkennungen gesendet. Jede Kennung belegt eine Zeile, die mit Carriage Return und Line Feed abgeschlossen wird. Das Ende der Liste wird durch einen einzelnen Punkt in einer Zeile signalisiert.

- **GROUP** *Gruppenname*
  Der Client wechselt zu dieser Gruppe. Als Antwort erhält der Client eine Fehlernummer (siehe unten). Dann folgen die Anzahl der Artikel, die kleinste Artikelnummer und schließlich die höchste Artikelnummer. Die Anzahl der Artikel ergibt sich nicht einfach aus der Differenz der Artikelnummern, weil diese durchaus Lücken enthalten können. Zuletzt erscheint zur Bestätigung noch einmal der Gruppenname.

  Üblicherweise wird der Client anschließend die niedrigste Nummer als Argument für das Kommando ARTICLE oder STAT verwenden.

- **ARTICLE** *Artikelkennung*
  Als Antwort auf diese Anforderung wird der Artikelheader (wie bei HEAD), eine leere Zeile und dann der Artikeltext (wie bei BODY) angezeigt.

- **HEAD**
  Zeigt den Kopf der aktuellen Nachricht an. Die Übertragung endet mit einer Zeile, die nur einen einzelnen Punkt enthält.

- **BODY**
  Zeigt den Inhalt der aktuellen Nachricht. Die Übertragung endet mit einer Zeile, die nur einen einzelnen Punkt enthält.

- **STAT** *Artikelkennung*
  Wie ARTICLE, allerdings wird der Artikel nicht übertragen. Der Messagepointer wird nur auf die angegebene Artikelkennung positioniert.

- **NEXT**
  Fordert den nächsten Artikel an. Als Ergebnis gibt es eine Fehlernummer (siehe unten), gefolgt von der Artikelkennung. Um den Artikel zu betrachten, muss HEAD oder BODY verwendet werden.

- **QUIT**
  Beendet die Sitzung.

Serverantworten

Auf jede Anfrage wird der Server zunächst mit einem dreistelligen Zahlencode reagieren. Erst hinter dieser Zahl steht die eigentliche Antwort. Dabei bedeutet:

Zahlencode	Bedeutung
1xx	Informativ
2xx	Kommando ok

Tabelle 25.6 Fehlercode

Zahlencode	Bedeutung
3xx	Kommando so weit ok, sende den Rest!
4xx	Kommando war korrekt, konnte aber nicht ausgeführt werden
5xx	Kommando unbekannt oder Fehler

Tabelle 25.6 Fehlercode (Forts.)

Die nächste Stelle sagt etwas über die Kategorie aus:

Zahlencode	Bedeutung
x0x	Verbindung, Setup und sonstige Nachrichten
x1x	Newsgroupauswahl
x2x	Artikelauswahl
x3x	Distributionsfunktionen
x4x	Senden von Artikeln
x8x	Erweiterungen, die nicht standardisiert sind
x9x	Debug-Ausgaben

Tabelle 25.7 Fehlerkategorie

Das Senden von Artikeln

Nach dem Senden von POST wird der Server dem Client zunächst mitteilen, ob er senden darf. Der Antwortcode kann lauten:

Zahlencode	Bedeutung
240	Der gesendete Artikel ist ok
340	Sende Artikel. Endekennung ist eine Zeile mit nur einem Punkt
440	Das Posten ist nicht erlaubt
441	Das Posten ist fehlgeschlagen

Tabelle 25.8 Fehlerursache

Anschließend sendet der Client Zeile für Zeile seine Nachricht, die dem RFC 850 für das Format einer Nachricht entsprechen muss. Speziell für die Usenet-News-Artikel gilt RFC 1036.

Threadverfolgung

Threads sind Diskussionsbäume, die durch Antworten auf Artikel entstehen. Im Artikel wird das Feld References: mit der Message-ID belegt, auf die sich der Artikel bezieht. Es gibt also Rückwärts-, aber keine Vorwärtsbezüge.

»Linux is like a wigwam.
No Gates no Windows but always an apache inside.«
Zitat unbekannter Herkunft

26 Webserver

Das Programmpaket Apache ist ein Open-Source-Projekt und gilt als der meistverwendete Webserver im Internet. Den passenden Client nennt man Browser. Die bekanntesten sind sicher der Netscape Navigator, sein Nachfolger Mozilla Firefox und der Microsoft Internet Explorer. Ursprünglich diente das Web zur Vernetzung von Texten, die Wissenschaftler zur Verfügung stellten und in denen sie mit einem Link auf die Ergebnisse von Kollegen verwiesen. Inzwischen ist das Web allerdings zu einer Welt der bunten Bilder und der kommerziellen Interessen mutiert.

Ein Webserver ist ein Prozess, der Anfragen nach dem Protokoll HTTP beantwortet. HTTP ist die Abkürzung von Hypertext Transfer Protocol und ist in RFC 1945 für die Version 1.0 definiert. HTTP ist wohl der Dienst, der im Internet am populärsten ist. Apache ist ein HTTP-Dämon, und darum heißt der eigentliche Prozess httpd.

Hypertext Transfer Protocol

Die Konfiguration des Servers erfolgt in der Datei **httpd.conf**. In ihr sind alle Einstellungen zum Webserver zentral abgelegt. Hier kann auch freigeschaltet werden, dass einzelne Verzeichnisse durch eine Datei **.htaccess** konfigurierbar sind. Die Datei **.htaccess** folgt der Datei **httpd.conf** in der Syntax. Viele Provider erlauben ihren Kunden, eigene **.htaccess**-Dateien zu verwenden. Damit können Sie Ihre Kenntnisse in der Konfiguration des Apache auch für die eigenen Webseiten anwenden, selbst wenn Sie bei einem fremden Provider keinen Zugriff auf die Datei **httpd.conf** haben (siehe Seite 690).

httpd.conf und .htacess

26.1 Hypertext und HTML

Ein Hypertext ist ein Text mit aktiven Verweisstellen auf andere Texte. Im Web werden die Verweise Links genannt. So ist es möglich, Texte zu schreiben, die eine Materie auf hohem Niveau behandeln. Anfänger können durch die Verweise zu den erforderlichen Erläuterungen und

Hypertext und Verweise

Definitionen gelenkt werden, während der Experte seine Informationen komprimiert erhält. Hypertext eignet sich auch ideal, um Informationen abzulegen, die stark miteinander verknüpft sind.

HTML und Tags Die Sprache HTML (Hypertext Markup Language) ist sehr einfach zu lernen. Damit Sie die Beispiele besser verstehen, werden hier einige ausgewählte Grundlagen vorgestellt. HTML-Dateien können mit einem gewöhnlichen Editor erstellt werden und haben neben dem eigentlichen Text Darstellungsbefehle, die Tags (engl. Etiketten) genannt werden. Ein Tag[1] ist in spitzen Klammern eingeschlossen. In den meisten Fällen gilt ein Tag für einen Bereich. Der Geltungsbereich wird durch das Ende-Tag begrenzt, das Sie daran erkennen, dass ein Schrägstrich hinter der geöffneten spitzen Klammer steht. Die Startseite einer Website heißt normalerweise **index.html** oder **index.htm**. Eine sehr einfache Seite könnte beispielsweise folgenden Inhalt haben:

```
<HTML>
<HEAD>
</HEAD>
<BODY>
<H1>Riesentitel</H1>

Schauen Sie sich diesen <A HREF="hinweis.html">Hinweis</A> an.

</BODY>
</HTML>
```

HTML, HEAD, BODY, Hx und A Die Tags HTML und BODY rahmen den Körper einer Webseite ein. Der Abschnitt HEAD enthält Informationen, die beispielsweise Suchmaschinen auswerten, und auch den Titel der Webseite. H1 ist eine Überschrift (engl. header). Es gibt noch H2, H3, H4 und H5, die immer kleiner werdende Überschriften erzeugen. Das Tag A dient zur Adressierung und besitzt Attribute. Mit HREF (Hyperreferenz) wird auf die angegebene Datei, hier **hinweis.html** verwiesen. Der Text, der zwischen <A HREF=...> und </A> steht, wird bei der Darstellung durch den Browser unterstrichen und blau dargestellt. Damit wird wird signalisiert, dass man durch einen Klick auf diesen Text an eine andere Stelle springt. In diesem Fall führt ein Klick dazu, dass die Datei **hinweis.html** geladen wird, die sich auf dem gleichen Server befindet.

---

1 Da es ein englisches Wort ist, spricht es sich natürlich nicht wie der deutsche Datumstag aus, sondern eher wie »Täg«.

Sie müssen noch die Seite **hinweis.html** erzeugen. Sonst weist der Link von **index.html** ins Leere. Die Seite **hinweis.html** sieht nicht viel anders aus als die Datei **index.html**:

```
<HTML>
<BODY>
<H1>Riesiger Hinweis</H1>

<H4>Kleiner Hinweis</H4>

Und hier geht es <A HREF="index.html">zur Hauptseite</A>.

</BODY>
</HTML>
```

Gestaltungselemente

Aller Text, der von dem Tag BODY eingerahmt wird, wird vom Browser einfach ohne Zeilenumbruch hintereinander geschrieben. Um einen Absatz zu erzeugen, wird das Tag <P> eingefügt. Soll nur ein Zeilenumbruch ohne Abstand erreicht werden, verwenden Sie <BR>.

Absatz und Umbruch

Eine in HTML geschriebene Tabelle sieht auf den ersten Blick etwas kompliziert aus. Das liegt daran, dass sie gleich drei Tags verwendet. Das erste ist TABLE, das die gesamte Tabelle umschließt. TR umschließt jede Tabellenzeile und TD eine Spalte innerhalb einer Zeile. Der Browser übernimmt die korrekte Ausrichtung. Sie brauchen sich also keine Gedanken darüber zu machen, welchen Platz eine Spalte benötigt. Das folgende Beispiel (siehe auch Abbildung 26.1) erzeugt eine Tabelle, die noch einmal die Tags einer Tabelle beschreibt:

Tabelle

```
<TABLE BORDER>
<TR><TD> table </TD><TD> Die ganze Tabelle </TD></TR>
<TR><TD> tr    </TD><TD> Eine Spalte       </TD></TR>
<TR><TD> td    </TD><TD> Ein Feld          </TD></TR>
</TABLE>
```

Das Attribut BORDER versieht die Tabelle mit einem Rahmen. Auch ohne Rahmen sind Tabellen wichtige HTML-Elemente. Man benötigt sie, um Texte nebeneinander zu positionieren. Durch geschicktes Verschachteln mehrerer Tabellen können auch kompliziertere Anordnungen realisiert werden.

Positionierung per Tabelle

Abbildung 26.1 Die Tabelle im Browser

Formulare

Benutzereingaben Zur Erstellung von Eingabemasken und Kontrollelementen wird in HTML ein Formular verwendet. Der Inhalt des Formulars wird entweder auf dem Server selbst verarbeitet oder kann per E-Mail versandt werden. Die Verarbeitung der Formularinhalte wird später noch einmal beim Thema CGI auftauchen (siehe Seite 697).

Formularrahmen Jedes Formular wird unsichtbar durch das Tag FORM eingerahmt. Im Start-Tag werden die Aktion und die Versandmethode festgelegt:

```
<FORM ACTION="mailto:arnold@willemer.de" METHOD=post>
...
</FORM>
```

Dies ist ein typisches Beispiel für das Versenden des Formularinhalts per E-Mail. Der Browser wird versuchen, den Formularinhalt an die genannte E-Mail-Adresse zu senden. Andere Aktionen werden unter dem Thema CGI näher erläutert.

Eingabe- und Kontrollelemente Ein Formular wird erst durch die Bestückung mit Kontrollelementen lebendig. Ein Kontrollelement wird mit dem Tag INPUT gekennzeichnet. Mit dem Attribut TYPE wird der Typ gekennzeichnet. Das wichtigste Kontrollelement eines Formulars heißt SUBMIT. Es ist der Bestätigungsbutton, der dafür sorgt, dass die Eingaben abgeschickt werden. Mit dem Attribut VALUE kann die Vorbelegung des Eingabeelements erfolgen. Beim SUBMIT ist dies die Beschriftung. Ganz wichtig ist das Attribut NAME, an dem Sie bei der Auswertung die einzelnen Kontrollelemente erkennen können. Also müssen die Namen jedes Kontrollelements für das jeweilige Formular eindeutig sein.

Jedes Formular enthält normalerweise einen Button zum Absenden des Formularinhalts an das CGI-Programm oder die E-Mail. Dieser Button ist vom Typ SUBMIT. Erst wenn der Betrachter diesen Button anklickt, wird die ACTION des Formulars aktiv.

SUBMIT

```
<FORM>
<INPUT TYPE=SUBMIT VALUE="OK">
</FORM>
```

Mit dem Kontrollelementtyp TEXT wird ein Feld zur Eingabe einer Textzeile erzeugt. Beispiel:

Texteingabefeld TEXT

```
<FORM>
Welches Auto fahren Sie?
<INPUT TYPE=TEXT NAME="auto" VALUE="Alt aber bezahlt"
 SIZE=20 MAXLENGTH=60>
<TEXTAREA Name="Adresse" ROWS=5 COLS=60>
Ihre Adresse
</TEXTAREA>
<INPUT TYPE=SUBMIT VALUE="OK">
</FORM>
```

Eine Variante des Kontrollelements TEXT ist die TEXTAREA, die mehrere Zeilen Text aufnehmen kann. Man könnte auch von einem simplen Editor sprechen. Er wird mit dem Tag TEXTAREA eingeleitet. Der folgende Text bis zum Ende-Tag ist die Vorbelegung des Kontrollelements, ähnlich wie bei VALUE=.

TEXTAREA

Abbildung 26.2 Das Formular im Browser

RADIO Ein zusammengesetztes Element ist der Radiobutton. Es werden mehrere »Knöpfe« unter dem gleichen Namen definiert. Nur einer von ihnen kann ausgewählt werden. Die folgende Definition bildet realistisch die möglichen Eigenarten von Menschen ab:

```
<INPUT TYPE="RADIO" NAME="eigenschaft" VALUE="intelligent">
<INPUT TYPE="RADIO" NAME="eigenschaft" VALUE="sportlich">
<INPUT TYPE="RADIO" NAME="eigenschaft" VALUE="schön">
```

Wer nähere und aktuelle Informationen zum Thema HTML braucht, sollte sich mit SelfHTML beschäftigen. Es wird bei vielen Linux-Distributionen mit ausgeliefert. Darüber hinaus finden Sie es im Internet unter der Adresse:

http:/selfhtml.teamone.de

26.2 Clients

Die bekanntesten Clients für HTTP sind natürlich die Browser. Der meistverbreitete im Internet ist wohl immer noch der Internet-Explorer von Microsoft. Dieser ist unter den UNIX-Systemen nicht verfügbar. Da sich der Internet Explorer nicht an alle Standards hält, ist es aufgrund der Verbreitung lange Zeit so gewesen, dass sich Webseiten an den Fehlern des Internet Explorers orientieren. Dadurch konnten einige Seiten von UNIX aus nicht einwandfrei gelesen werden.

Firefox Aus dem Netscape Navigator hat sich inzwischen der Firefox entwickelt. Dieser Browser ist für UNIX-Benutzer schon deshalb interessant, weil er auch unter Windows inzwischen eine weite Verbreitung hat.

wget: Herunterladen

Mit dem Zeilenkommando `wget` können Sie Dateien direkt aus dem Internet auf Ihren Rechner laden. Mit Hilfe der Option `-r` kann das auch rekursiv erfolgen.

Mit der Option `--spider` können die Links geprüft werden. Die Seiten werden nicht heruntergeladen, sondern nur auf fehlerhafte Links kontrolliert.

Die Option `--limit-rate=20k` sorgt dafür, dass die Übertragungsrate 20KB/s nicht überschreitet. So wird nicht das ganze Netzwerk überlastet, nur weil Sie mal eine interessante Website mit vielen Bildern herunterladen wollen.

26.3 Start des Apache-Servers

Eine Standardinstallation ist nicht besonders aufwändig. Die entscheidende Konfigurationsdatei heißt **httpd.conf** und steht im Verzeichnis **/usr/local/apache/conf**, sofern dem Server beim Start nicht mit der Option -f eine andere Datei angewiesen wurde. Das lässt sich durch einen Blick in die Prozessliste feststellen, wie unten zu sehen ist:

httpd.conf

```
gaston> ps ax | grep http
  839 ?        S      0:00 /usr/sbin/httpd -f /etc/httpd/httpd.conf
  860 ?        S      0:00 /usr/sbin/httpd -f /etc/httpd/httpd.conf
 1247 pts/3    S      0:00 grep http
gaston>
```

Die Datei **httpd.conf** liegt also im Verzeichnis **/etc/httpd**. Alternativ können Sie natürlich auch in den rc-Dateien nachsehen, auf welche Weise httpd gestartet wird.

Wenn der Server gestartet ist, sollten Sie mit einem Browser bereits erste Seiten abrufen können. Das sind entweder die Testseiten des Apache oder Ihre eigenen Seiten, wenn Sie sie an der richtigen Stelle abgelegt haben. Falls Sie lokal einen Browser zur Verfügung haben, starten Sie ihn und geben in der Adresszeile **http://localhost** ein. Sollten Sie einen anderen Computer mit Browser im Netz haben, können Sie den Server auch über das Netz ansprechen und hinter die beiden Schrägstriche den Rechnernamen des Servers oder dessen IP-Nummer setzen.

Erster Test

Schlimmstenfalls erhalten Sie eine Fehlermeldung, die besagt, dass der Zugriff verboten ist oder eine Datei nicht gefunden wurde. Diese Fehler stammen aber bereits vom HTTP-Server und sind ein Zeichen dafür, dass der Server läuft und auf Anfragen reagiert. Nur wenn es heißt, dass der Server nicht erreichbar ist oder keine Verbindung hergestellt werden konnte, reagiert der HTTP-Server nicht auf Anfragen.

Positive Fehler

26.4 Die Konfigurationsdatei httpd.conf

Die Einstellungen in der Datei **httpd.conf** werden über Schlüsselwörter vorgenommen, mit denen die Zeile anfängt. Den Rest der Zeile füllt der Wert. Wie unter UNIX üblich, ist # das Kommentarzeichen. Leere Zeilen werden ignoriert. Die Schlüsselwortzuordnungen in der Datei **httpd.conf** werden Direktiven genannt. Die globalen Direktiven beschreiben, wie der Server arbeitet. Hier sehen Sie einige Standardeinstellungen für einen nicht unter Last stehenden Server:

```
ServerType standalone
ServerRoot "/usr/local/httpd"
StartServers 1
MaxClients 150
```

Die Direktiven haben folgende Bedeutungen:

- **ServerType**
  Hier können zwei Werte stehen, standalone und inetd. Im ersten Fall wird der Apache über die rc-Dateien gestartet, im anderen Fall über den Internet-Dämon. Ein Provider wird hier immer standalone eintragen, damit der Webserver schnell antwortet.

- **ServerRoot**
  Hier wird festgelegt, wo das Basisverzeichnis für die Daten des Servers liegt. Hierunter befinden sich die Verzeichnisse **htdocs** für die Dokumente und **cgi-bin** für die CGI-Dateien. Daneben gibt es aber auch Bibliotheken wie beispielsweise die für PHP.

- **StartServers**
  Die Anzahl der parallel startenden Serverprozesse. Jeder der Prozesse kann beliebig viele Anfragen parallel bearbeiten. Bei jeder Anfrage wird ein neuer Prozess generiert, der sich nach der Bearbeitung beendet.

- **MaxClients**
  Hier wird begrenzt, wie viele parallele Prozesse gleichzeitig arbeiten dürfen. Diese Konstante ist ein Sicherheitswert, der verhindern soll, dass der Server derart überlastet wird, dass er nicht mehr administriert werden kann.

Die nächsten Direktiven beschreiben die Umgebung des Servers und legen fest, an welcher Stelle die Dokumente stehen:

```
ServerAdmin root@gaston.willemer.edu
ServerName gaston.willemer.edu
DocumentRoot "/usr/local/httpd/htdocs"
```

- **ServerAdmin**
  Das ist die E-Mail-Adresse, an die Fehlermeldungen weitergeleitet werden.

- **ServerName**
  Das ist der Name, der nicht zwingend dem Hostnamen des Rechners entsprechen muss. Hier könnte also beispielsweise auch der Hostname www.willemer.edu stehen. Allerdings muss der Name durch **/etc/hosts** oder DNS bekannt sein, da ansonsten httpd nicht startet.

- **DocumentRoot**
  Hier wird das Verzeichnis genannt, in dem die eigentlichen HTML-Dateien liegen. Von außen gesehen, ist dies das WWW-Rootverzeichnis des Servers.

Die Dateinamen, die hinter dem Schlüsselwort `DirectoryIndex` stehen, werden automatisch geladen, wenn nur der Verzeichnisname angegeben wird. Dabei werden sie der Reihe nach durchgegangen, bis Apache eine Datei mit diesem Namen findet.

Indexdateien des Verzeichnisses

```
DirectoryIndex index.html index.htm
```

Wenn Sie nun die beiden HTML-Seiten von Seite 682 eingeben und in das Verzeichnis stellen, das unter `DocumentRoot` in der **httpd.conf** steht, sollten beim nächsten Besuch per Browser die selbst erstellten HTML-Seiten im Netz stehen.

Der zweite Test: Eigene Seiten

Directory-Einstellungen

Sie können Direktiven auf Verzeichnisse anwenden. So können Rechte für verschiedene Verzeichnisse unterschiedlich vergeben werden. Der Zugriff auf das Dokumentverzeichnis ist normalerweise offener als der auf die CGI-Skripte. Die Abschnitte werden wie durch Tags eingeklammert, wobei hinter dem Einleitungs-Tag der Name des Verzeichnisses steht.

Zunächst wird das Wurzelverzeichnis des Rechners eingestellt. Die Directory-Einträge gelten für alle Unterverzeichnisse, also wirken sich diese Einstellungen auf die gesamte Maschine aus:

```
<Directory />
    AuthUserFile   /etc/httpd/passwd
    AuthGroupFile  /etc/httpd/group
    Options -FollowSymLinks +Multiviews
    AllowOverride None
</Directory>
```

Damit werden die Zugriffe so weit wie möglich eingeschränkt. In den folgenden Abschnitten können dann die Zugriffe für spezielle Bereiche gelockert werden. Relevant für den Betrieb des Servers sind die Einstellungen des Verzeichnisses, das oben als `DocumentRoot` eingetragen wurde:

```
<Directory "/usr/local/httpd/htdocs">
    Options Indexes -FollowSymLinks +Includes MultiViews
    AllowOverride All
    Order allow,deny
    Allow from .willemer.edu
</Directory>
```

Symbolische Links	Die Option `FollowSymLinks` ist normalerweise aus Sicherheitsgründen abgeschaltet. Bei eingeschalteter Option kann mit einem symbolischen Link auf beliebige Verzeichnisse des Rechners verwiesen werden. Das ist praktisch, wenn man Webseiten erstellt und sie zu Testzwecken in den Serverpfad einbinden will.
Zugriffsrecht	Die Klausel `Allow` legt fest, wer Zugriff auf den Server hat. Hier steht normalerweise »from all«. Das bedeutet, dass jeder den Server in Anspruch nehmen darf. In diesem Beispiel ist die Genehmigung auf Rechner eingeschränkt, die der Domäne willemer.edu angehören. Diese Einstellung ist typisch für einen Intranetserver. So können Firmeninterna eingestellt werden, die nicht für die breite Öffentlichkeit gedacht sind. Hinter `from` können die in Tabelle 26.1 aufgeführten Beschreibungen für die berechtigten Computer stehen:

Angabe	Bedeutung
all	Jeder beliebige Rechner hat Zugriff
.domain.de	Alle Rechner der Domäne domain.de
192.168.109.144	Nur ein spezieller Rechner
192.168.	Alle Rechner, deren IP-Nummer mit 192.168.109 beginnt

Tabelle 26.1 Zugriffsrechte

Parallel gibt es noch eine Direktive `Deny from`, die genau das Gegenteil bewirkt, nämlich das Ausschließen von Rechnern oder Netzen.

26.5 Privatadministration per .htaccess

Einige der Konfigurationen, die zentral in der Datei **httpd.conf** vorgenommen werden, können Sie auf der Verzeichnisebene in einer eigenen Datei überschreiben. Allerdings muss das in der zentralen Konfiguration erlaubt sein. Normalerweise wird dort den Anwendern zumindest so viel Freiheit gelassen, dass die Systemsicherheit nicht gefährdet ist.

Interessant ist diese Möglichkeit auch für Kunden von normalen Internet Providern. Denn die Wahrscheinlichkeit ist hoch, dass dort der Apache im Einsatz ist und die Verwendung der **.htaccess**-Datei erlaubt ist. Damit stehen auch dem normalen Kunden Administrationsmöglichkeiten offen.

Voraussetzungen in der httpd.conf	In der Datei **httpd.conf** müssen zunächst ein paar Voraussetzungen geschaffen werden. Mit der Direktive `AccessFileName` wird der Name der Datei festgelegt, die die Konfiguration auf Verzeichnisebene steuert. Normalerweise bleibt es bei dem Standard **.htaccess**. Mit dieser Datei können

Direktiven, die in der Sektion Directory stehen, direkt in die Verzeichnisse ausgelagert werden. Allerdings ist die Voraussetzung, dass die Direktive `AllowOverride` für das Verzeichnis mindestens den Eintrag `FileInfo` hat. Sollen Zugriffskonfigurationen geändert werden, muss auch das Stichwort `AuthConfig` genannt sein.

```
# httpd.conf
AllowOverride FileInfo
```

Die Datei **.htaccess** kann in allen Unterverzeichnissen des Verzeichnisbaums stehen. Unter anderem kann mit der Direktive `ErrorDocument` festgelegt werden, dass beim Auftreten bestimmter Fehler ein eigenes Dokument geladen wird. Besonders interessant ist dabei der Fehler File Not Found (404). Es kann eine HTML-Datei angegeben werden, die in solchen Fehlerfällen aufgerufen wird. Auf diese Weise können Sie zwar den Fehler nicht verhindern, aber Sie können den Besucher vielleicht auf den korrekten Index setzen, damit er sich wieder zurechtfindet.

File Not Found

```
# .htaccess
ErrorDocument 404 /err404.html
```

Ein wichtiges Einsatzgebiet der **.htaccess**-Datei ist der Zugriffsschutz für Unterverzeichnisse. Sie können einstellen, dass beim Aufruf eines Verzeichnisses der Webseite ein Dialog erscheint, in dem der Benutzername und das Passwort eingegeben werden müssen. Die Voraussetzung dafür ist, dass in der Datei **httpd.conf** die Direktive `AllowOverride` mindestens den Eintrag `AuthConfig` aufweist. Dann kann in der **.htaccess**-Datei mit mehreren Einträgen die Kennworteingabe vorbereitet werden:

Passwortschutz

```
AuthType Basic
AuthName "Meine kleine Sicherung"
AuthUserFile htdocs/arnold/.htpasswd
<Limit GET POST>
require valid-user
</Limit>
```

Die Direktiven haben folgende Bedeutung:

- **AuthType**
  Hier kann `Basic` oder `Digest` stehen. `Basic` verwendet eine unsichere Codierung des Passworts; allerdings wird `Digest` nicht von allen Browsern beherrscht.

- **AuthName**
  Das ist der Titel der Autorisierung. Er erscheint in der Dialogbox und

dient nur zur Information des Anwenders, wofür er hier sein Passwort hinterlassen soll.

▶ **AuthUserFile**
beschreibt den Pfadnamen der Passwortdatei (siehe unten).

▶ **require valid-users**
bedeutet, dass nur Anwender zugelassen werden, die in der Passwortdatei unter AuthUserFile aufgeführt sind.

Abbildung 26.3 Anforderung einer Anmeldung

.htpasswd Die Datei **.htpasswd** enthält für die berechtigten Benutzer je eine Zeile. Jede Zeile beginnt mit dem Benutzernamen. Durch einen Doppelpunkt getrennt, erscheint dann das codierte Passwort. Der Name und der Pfad dieser Datei werden durch die Direktive AuthUserFile festgelegt. Als Dateiname verwendet man tradionsgemäß **.htpasswd**. Der Pfad ist bei einem führenden Schrägstrich der absolute Pfad auf der Maschine. Bei Verwendung eines relativen Pfads geht dieser von dem Pfad aus, der in der zentralen Direktive ServerRoot genannt ist. Wenn Sie einen solchen Schutz in der eigenen Webpräsenz bei einem normalen Provider einbauen wollen, müssen Sie natürlich den Pfad der eigenen Webseite kennen. Freundliche Provider geben diese Information in der FAQ oder auf Anfrage heraus. Wenn Sie freien Zugriff auf den Rechner haben, sollten Sie die Datei **.htpasswd** in ein Verzeichnis legen, das außerhalb von ServerRoot liegt, um ein Ausspähen der Passwörter zu erschweren.

Um die Datei **.htpasswd** zu erstellen, verwenden Sie am besten das Programm `htpasswd`. Im folgenden Beispiel wird eine Datei für die Benutzer arnold und andrea erstellt:

Erstellen der .htpasswd

```
gaston> htpasswd -bc .htpasswd arnold aBc
Adding password for user arnold
gaston> htpasswd -b .htpasswd andrea PaSw
Adding password for user andrea
gaston> cat .htpasswd
arnold:Htg5PxchrVjLo
andrea:nF9VERTm.Su/Y
gaston>
```

Die Option `-c` in der ersten Zeile bedeutet create und erzeugt eine neue Passwortdatei. Weitere Benutzer werden nur mit der Option `-b` angehängt. Der Befehl `cat` zeigt schließlich, wie die Datei von innen aussieht.

26.6 Kommunikation per HTTP

Wie das Zusammenspiel zwischen Browser und Server abläuft, ist in RFC 1945 festgelegt. Ein Webserver tauscht mit dem Browser an sich nur Texte aus. Durch die Möglichkeiten des Browsers bezüglich Hypertext, Informationen zu verlinken und Grafiken und Multimedia einzubeziehen, wird allerdings eine große Vielfalt an Inhalten dargestellt.

Obwohl mehr Kommandos definiert sind, werden normalerweise hauptsächlich die Befehle GET, POST und HEAD eingesetzt.[2] Bei HTTP ist Groß- und Kleinschreibung relevant. GET holt die als Parameter angegebene Datei vom Server und ist damit der Befehl, den ein Browser in fast allen Situationen verwendet. HEAD liest nur den Kopf einer Seite. Dies wird vor allem von Suchmaschinenrobotern verwendet. Der Befehl POST wird für die Übertragung von Daten vom Browser an den Server benötigt, typischerweise in Formularen.

GET, POST und HEAD

Im folgenden Beispiel wird das Abholen einer Webseite mit Hilfe des Befehls `telnet` simuliert. Zunächst gibt der Client den Befehl GET. Es folgt als Argument die gewünschte Datei. Dabei wird der vollständige Pfad aus Sicht des Servers benötigt. Als dritter Parameter folgt die HTTP-Version. Die Zeilen schließen mit Carriage Return und Line Feed, die durch die Tasten **ctrl+M** und **ctrl+J** bei der Eingabe erreicht werden.

---

[2] Bowen, Rich/Coar, Ken: Apache und CGI. Markt und Technik, München, 2000. S. 42.

```
gaston> telnet localhost 80
Trying 127.0.0.1...
Connected to localhost.
Escape character is '^]'.
GET /index.htm HTTP/1.0

HTTP/1.1 200 OK
Date: Mon, 01 Apr 2002 11:03:01 GMT
Server: Apache/1.3.20 (Linux/SuSE) PHP/4.0.6
Last-Modified: Mon, 01 Apr 2002 11:02:40 GMT
ETag: "4b286-7a-3ca83e50"
Accept-Ranges: bytes
Content-Length: 122
Connection: close
Content-Type: text/html

<HTML>
<BODY>
<H1>Große Überschrift</H1>

Schauen Sie sich diesen <A HREF="hinweis.html">Hinweis</A> an.

</BODY>
</HTML>
Connection closed by foreign host.
gaston>
```

Serverantworten — Der Server antwortet mit seiner HTTP-Version, der Bestätigung für die Anfrage sowie diversen Informationen wie Datenumfang und Dateityp. Dann folgt, durch eine Leerzeile getrennt, der Inhalt der Datei.

Statusloser Server — Sie sehen, dass die Verbindung nach dem Übertragen der Seite getrennt wird. Der Apache ist also ein statusloser Server. Das bedeutet, dass er im Gegensatz zum Newsserver oder Mail-Server die Verbindung nach jeder Anfrage abbaut. Das ist zwar etwas einfacher zu implementieren und bringt auch eine bessere Stabilität und Performance. Der Hauptgrund dafür, dass die Webverbindung statuslos ist, besteht jedoch einfach darin, dass diese Sitzungen kein klar definierbares Ende haben. Der Server würde also Verbindungen aufrechterhalten, deren Client sich längst auf anderen Webseiten bewegt oder seine Sitzung beendet hat. Die Tatsache, dass der Server statuslos ist, hat aber den Nachteil, dass jede Seitenanforderung für den Server neu ist.

Wiedererkennen des Clients — In Zeiten der Kommerzialisierung ist es beispielsweise nicht egal, welche Seiten in welcher Reihenfolge aufgerufen werden. Man möchte bei der

Programmierung eines Shoppingsystems natürlich gern, dass die Maske mit der Kundenadresse auch dem passenden Warenkorb zugeordnet wird. Das wäre bei Protokollen wie NNTP oder POP3 nicht schwierig, da sich der Client dort an- und abmeldet. Man könnte sich helfen, indem man die TCP/IP-Adresse und den Port des Absenders speichert. Leider bleiben diese Werte aber nicht immer erhalten. Der Benutzer könnte eine Wählleitung verwenden, die nach einer gewissen Zeit ohne Datenfluss aus Kostengründen die Verbindung kappt. Sobald dieser Anwender längere Zeit eine Artikelbeschreibung liest, wird die Verbindung abgeschaltet. Wird eine weitere Seite angefordert, baut sich die Verbindung wieder auf, und der Anwender bekommt von seinem Provider eine neue IP-Nummer zugewiesen. Damit wäre der Anschluss an die vorige Sitzung verloren, und der bisherige Warenkorb wäre wieder leer. Eine solche Wiedererkennung wird darum oft über den Umweg sogenannter Cookies erreicht. Cookies sind kleine Dateien, die der Webserver auf dem Arbeitsplatz des Clients speichern und auslesen darf. Damit kann er seinen Kunden eindeutig identifizieren. Da aber einige Server die Cookies verwenden, um das Surfverhalten ihrer Besucher auszuspionieren, haben Cookies einen schlechten Ruf und werden von vielen Besuchern nicht mehr akzeptiert. So identifizieren viele Shoppingprogramme ihre Besucher durch deren Browseraustattung, Grafikauflösung und andere Informationen.

Serverantworten

Der Server antwortet auf Anfragen mit einer dreistelligen Zahl, die über den Erfolg der Anfrage Auskunft gibt. In Tabelle 26.2 auf Seite 696 sind die in RFC 1945 definierten Zahlenkombinationen in einer Übersicht dargestellt.

Wie oben schon erläutert wurde, können Sie beim Auftreten der Fehlermeldungen auf eine eigene Seite verweisen, die nähere Informationen zu dem Problem gibt. Dazu verwenden Sie die Direktive ErrorDocument. Darauf folgt zuerst die Fehlernummer, dann das Dokument, das im Falle dieses Fehlers aufgerufen werden soll:

```
ErrorDocument 404 /err404.html
```

Am wichtigsten dürfte diese Möglichkeit für die Fehlermeldung 404 sein. Beim Umgestalten von Websites werden oft Seiten entfernt, die durchaus noch in den Suchmaschinen vorhanden sind. Mit einer eigenen Fehlerdatei können Sie einen Link auf die Seiten setzen, die vergleichbare Informationen bieten. Durch die Möglichkeit, eine **.htaccess**-Datei in jedes Verzeichnis zu legen, kann der Benutzer recht dicht an die Seiten geführt werden, die er nicht gefunden hat.

Basis	Zahlencode	Bedeutung
1xx		Informativ
2xx		Erfolgreich
	200	OK
	201	Created
	202	Accepted
	204	No Content. Anfrage ok, aber kein neuer Inhalt
3xx		Es sind weitere Aktionen erforderlich
	300	Mehrere Auswahlmöglichkeiten
	301	Permanent auf anderer URL
	302	Temporär auf anderer URL
	304	Der Inhalt ist unverändert
4xx		Fehler des Clients
	400	Fehlerhafte Anfrage, etwa ungültige URL
	401	Nicht autorisiert
	403	Verboten
	404	Nicht gefunden
5xx		Fehler des Servers
	500	Interner Serverfehler
	501	Nicht implementiert
	502	Falsches Gateway (Proxy-Anwendung)
	503	Der Server ist überlastet

Tabelle 26.2 Antworten des HTTP-Servers

26.7 Virtuelles Hosting

Das virtuelle Hosting ermöglicht es, mit einem Server mehrere Domänen zu verwalten. Zunächst müssen die Domänen, beispielsweise per DNS, auf denselben Rechner zeigen. Im zweiten Schritt wird in der Konfigurationsdatei **httpd.conf** festgelegt, welche Domänen vom Webserver-Prozess bedient werden. Dazu gibt es die Abschnitte VirtualHost. Beispiel:

```
<VirtualHost www.willemer.edu>
ServerName www.willemer.edu
ServerAlias willemer.edu *.willemer.edu
DocumentRoot /www/docs/willemer_edu
</VirtualHost>

<VirtualHost www.willi.edu>
ServerName www.willi.edu
```

```
ServerAlias willi.edu *.willi.edu
DocumentRoot /www/docs/willi_edu
</VirtualHost>
```

Dieser Server wird also sowohl die Anfragen an www.willemer.edu als auch die an www.willi.edu beantworten. Dieses Verfahren wird bei Domainhostern eingesetzt, da diese nicht für jede Kundendomäne einen eigenen Rechner verwenden. Damit wird das Bild von Domänen und Rechnern verdreht. Bisher wurde davon ausgegangen, dass mehrere Rechner zu einer Domäne gehören. Hier teilen sich mehrere Domänen einen Rechner. Allerdings ist zu bedenken, dass es für Anwendungen mit IP-basierenden Zertifikaten wie SSL immer noch notwendig ist, eigene IP-Nummern für jeden Hostnamen zu verwenden.

Mehrere Domänen, ein Host

26.8 CGI: Der Server schlägt zurück

CGI (Common Gateway Interface) ist eine Schnittstelle zwischen dem Webserver und einer Anwendung. Über diese Schnittstelle kann der Browser Daten an den Webserver übermitteln, und der Server liefert dem Browser Daten, die nicht starr sind, sondern durch den Inhalt von Datenbanken oder anderen Applikationen erzeugt werden. Man könnte es so ausdrücken, dass ein normaler Browser zum Frontend einer Applikation wird. Dazu ist es notwendig, dass Webserver und Applikation miteinander sprechen.

Schnittstelle für den Datenaustausch

Wenn der Browser dynamisch erstellte Daten liefern soll, müssen auf dem Server Programme oder Skripte ablaufen. Der Server muss also auf einen Hinweis im HTML-Quelltext hin diesen Prozess starten. Das Ergebnis des gestarteten Prozesses soll normalerweise wieder auf dem Browser erscheinen. Die einfachste Art, aus HTML einen Prozess auf dem Server zu starten, kann über einen HREF-Link realisiert werden:

Serverprogramme starten

```
<A HREF="http://www.server.de/cgi-bin/startemich">Start!</A>
```

Das Verzeichnis **cgi-bin** liegt typischerweise aus Sicherheitsgründen an anderer Stelle als die HTML-Dateien für die Webpräsenz. Der Ort des Verzeichnisses **cgi-bin** wird durch die Konfiguration des Webservers festgelegt. In der Datei **httpd.conf** findet sich dazu die Zeile:

```
ScriptAlias /cgi-bin/ "/usr/local/httpd/cgi-bin/"
```

Das CGI-Programm `startemich` ist zu Demonstrationszwecken als einfaches Shellskript realisiert. Das Skript ist leicht zu verstehen, wenn man weiß, dass der Befehl echo alle Parameter auf der Standardausgabe ausgibt:

```
#!/bin/sh
echo "Content-type: text/html"
echo
# Initialisierung beendet: Es folgt der Text
echo "<HTML><BODY>"
echo "Es ist gut, Sie hier zu sehen.<br>"
echo "MfG, Arnold Willemer"
echo "</BODY></HTML>"
```

CGI-Programme geben HTML aus

Die Standardausgabe dieses Skripts wird vom Server dem Browser als Ergebnis seines GET-Befehls zugesandt. Wichtig sind die erste Zeile, die den Typ angibt, und die darauffolgende Leerzeile, sonst zeigt der Browser nichts an. Danach wird der normale HTML-Code ausgegeben. Als CGI-Sprache eignet sich jede Programmiersprache, die die Standardeingabe lesen und in die Standardausgabe schreiben kann, also fast jede Sprache. Perl hat eine besondere Bedeutung als CGI-Sprache, weil Perl mächtige Befehle zur Verarbeitung von Texten besitzt und diese im CGI-Bereich besonders hilfreich sind.

Daten an den Server senden

Um das Beispiel zu erweitern, soll die Webseite Daten an den Server senden. Daten gelangen normalerweise über Formulare an den Webserver, die der Anwender in seinem Browser ausfüllt. Ein Formular hat folgende äußere Struktur:

```
<FORM ACTION="/cgi-bin/tuwas" METHOD=GET>
...
</FORM>
```

Der Inhalt dieses Formulars wird von dem Programm tuwas verarbeitet. Dieses muss sich auf dem Server in dem für CGIs definierten Verzeichnis befinden. Die Attribute haben folgende Bedeutung:

- **ACTION=**
  Hier wird der Name des Programms auf dem Server angegeben, das das Formularergebnis bearbeitet. Eine Ausnahme ist die Anweisung mailto, die den Inhalt des Formulars an die angegebene Adresse versenden lässt. In diesem Fall sollte die Methode POST verwendet werden.

- **METHOD=GET**

  Die Daten werden in der Umgebungsvariable `QUERY_STRING` abgelegt. Das CGI-Programm liest diese Variable aus.

- **METHOD=POST**

  Die Daten werden per Standardeingabe an das CGI-Programm geliefert. Die Umgebungsvariable `CONTENT_LENGTH` enthält die Länge der Eingabe.

Wenn Sie auf den Button »Start« klicken, startet das folgende Formular das Programm /cgi-bin/test02:

```
<HTML> <HEAD>
<TITLE>Testseite</TITLE>
</HEAD> <BODY>

<FORM ACTION="/cgi-bin/test02" METHOD="POST">
<INPUT TYPE="SUBMIT" VALUE="Start">
</FORM>

</BODY> </HTML>
```

In der Formulardeklaration sehen Sie den Aufruf des CGI-Programms hinter dem Schlüsselwort `ACTION`. Die Übermittlung der Daten aus der Formularmaske an das Skript erfolgt per Standardeingabe, wenn als Methode so wie oben `POST` verwendet wird. Als Beispiel für die Übermittlung von Daten aus einer Eingabemaske über CGI wird folgendes Formular verwendet:

```
<FORM ACTION="/cgi-bin/test03" METHOD="POST">
<INPUT NAME="Name" VALUE="Name" SIZE=30>
<TEXTAREA Name="Adresse" ROWS=5 COLS=60>
Ihre Adresse
</TEXTAREA>
<INPUT TYPE="RADIO" NAME="Anrede" VALUE="Herr">
<INPUT TYPE="RADIO" NAME="Anrede" VALUE="Frau">
<INPUT TYPE="SUBMIT" VALUE="Start">
</FORM>
```

Die Maske wäre optisch natürlich noch durch eine Tabelle zu strukturieren und um erläuternde Texte zu erweitern. Hier soll es aber nur um den Mechanismus gehen, und da kann es gar nicht schlicht genug sein. Das Skript wird um das Lesen der Standardeingabe erweitert:

```
#!/bin/sh
echo "Content-type: text/html"
echo
# Initialisierung beendet: es folgt der gesendete Text
read MASKE
echo $MASKE
```

Der Inhalt des Formulars wird also in die Variable MASKE gelesen und anschließend wiedergegeben. Sie finden dann auf dem Browser die Zeile so wiedergegeben, wie das CGI-Programm sie empfängt:

```
Name=Willemer&Adresse=Ihre+Adresse%0D%0AOrt&Anrede=Frau
```

Format des Formularinhalts

Sie können anhand der Zeile leicht erkennen, wie der Aufbau der übermittelten Daten aussieht. Die Zuordnung der Elemente hat die Struktur:

```
Feldname=Wert&Feldname=Wert&Feldname=Wert
```

Die Eingabeelemente werden durch & getrennt. Leerzeichen in Eingabefeldern werden durch + ersetzt. Bei den mehrzeiligen Texteingabefeldern (TEXTAREA) werden die Zeilen durch %0D%0A abgeschlossen. Ein kleines Perl-Skript, das die Auswertung dieser Zeile vornimmt, finden Sie auf Seite 813.

Perspektive

Aus den Rohdaten der Formularmaske lassen sich die eingegebenen Werte isolieren. Damit können Sie beispielsweise eine Datenbankabfrage starten. Das Ergebnis lässt sich mit HTML-Tags mischen und über die Standardausgabe an den Browser zurückgeben.

26.9 Programmierte Websites mit PHP

Während bei CGI das Programm die Seite als Ausgabe komplett erzeugt, gibt es alternativ auch PHP, das in die Webseite eingebunden wird und nur die zusätzlichen Ausgaben erzeugt, wo der Code steht. Natürlich sind diese Programme etwas schlanker, da nicht auch alle statischen Seitenbestandteile einzeln programmiert werden müssen. PHP wird nicht als separates Programm gestartet, sondern als Modul. Bei einem intensiv besuchten Server wird dadurch die Belastung geringer.

PHP-Anweisungen werden als besonderes Tag in HTML-Seiten eingefügt. Sie wird mit <? eingeleitet und mit ?> abgeschlossen. Der Browser sieht davon nichts. Dieser Bereich wird vorher vom Interpreter ausgeführt und die Ausgaben werden dem Client als HTML-Code übergeben.

Besonders einfach ist die Auswertung von Formularen in PHP. Zunächst muss ein Formular erstellt werden. Als Aktion des Formulars wird eine weitere PHP-Webseite angegeben. Jedes der Eingabeelemente erhält dabei einen Namen. Diese Namen können auf der aufgerufenen PHP-Webseite direkt als PHP-Variablen ausgelesen werden.

```
<FORM ACTION=verarbeite.php METHOD=POST>
<INPUT TYPE="TEXT" NAME="name" SIZE=30>
<BR>Per Mail versenden
<INPUT TYPE="checkbox" NAME="versenden">
<BR>
<INPUT TYPE="SUBMIT" VALUE="Abschicken">
</FORM>
```

Bei Betätigung des Submit-Buttons wird die Seite verarbeite.php aufgerufen. Hier stehen die Variablen name und versenden zur Verfügung.

```
<?php
  echo ("Name: $name <BR>");
  echo ("Versenden: $versenden <BR>");
  if ($versenden=="on")
    echo ("mach mail auf");
    mail("arnold@localhost", "Betreff: PHP-Test",$name);

?>
```

Die Funktion mail sendet Nachrichten per E-Mail. Der erste Parameter ist die E-Mail-Adresse, der zweite der Betreff (subject) und der dritte Parameter enthält den Inhalt der Mail.

PHP wird als Modul zum Webserver installiert. Da PHP dann Bestandteil des Webservers ist, gibt es keine Verzögerung durch den Interpreterstart, wenn ein PHP-Skript ausgewertet wird.

Installation

Näheres zu PHP finden Sie auf den folgenden Webseiten:

http://www.php.net
http://www.selfphp.info

26.10 Aktive Websites in Java: Tomcat

CGI könnte auch mit Java implementiert werden, wenn da nicht diese massiven Laufzeitprobleme wären. Java-Programme benötigen zum Lauf ihre virtuelle Maschine, auch Laufzeitsystem genannt. Vor jedem Start des Programms muss erst dieser Interpreter gestartet werden. Im norma-

Java ist keine CGI-Sprache

len Betrieb fällt das kaum auf. Das Programm startet eben nur ein paar Sekunden später. Bei CGI ist das allerdings ein KO-Kriterium. Für jeden Seitenwechsel jedes Anwenders müsste das Laufzeitsystem neu gestartet werden.

Java-Container Tomcat

Um dennoch die recht mächtige Sprache Java einsetzen zu können, muss die virtuelle Maschine bereits aktiv sein, wenn die Anfrage kommt. Aus diesem Grund ist Tomcat entwickelt worden. Tomcat ist ein Webserver, der gleichzeitig einen Container für Java-Programme darstellt. Diese Programme, die von Tomcat gestartet werden können, werden als Servlets bezeichnet. Es sind Java-Programme, die sich von der Klasse Servlet her ableiten und nichts anderes tun als ein CGI-Skript. Sie werten die Anfragen aus und erzeugen mit einfachen print-Befehlen die Antwortseite. Die Servlets sind bereits kompilierte Programme und können ähnlich schnell reagieren wie CGI-Skripte.

Java Server Pages

Die Erzeugung einer kompletten Website ist mit Servlets relativ mühsam. Sämtliche HTML-Befehle verbergen sich in Java-Anweisungen. Das wird spätestens dann lästig, wenn neben der reinen Funktionalität auch noch das Design Einzug halten soll. Der Webdesigner wird sofort die Kündigung einreichen, wenn Sie ihm erzählen, er finde seine HTML-Kommandos immer zwischen den Anführungszeichen in den Print-Anweisungen. Um die Gestaltung zu erleichtern, wurden Seiten geschaffen, die ähnlich wie bei PHP wie eine ganze normale Website aussehen, aber kleine Java-Fetzen enthalten, über die die Funktionalität eingebettet wird. Die JSP-Seiten werden von Tomcat bei ihrer ersten Verwendung einmal mit Hilfe des Java-Entwicklungssystems kompiliert und in Servlets umgewandelt.

Gepackte Anwendungen

Damit Tomcat nicht mit lauter Einzeldateien gespickt werden muss, gibt es die Möglichkeit, fertige Anwendungen zu Archiven zusammenzustellen. Ähnlich den Anwendungsarchiven mit der Endung **jar**, werden diese Pakete mit der Endung **war** versehen. Diese Datei wird in das dafür vorgesehene Tomcat-Verzeichnis gelegt, und Tomcat wird es beim Start in die fertig übersetzten Klassen und Servlets zerlegen und an die korrekten Stellen transportieren.

Portfragen

Damit sich Tomcat und Apache auf der gleichen Maschine nicht gegenseitig ihre Kunden wegschnappen, wird Tomcat standardmäßig den Port 80 in Ruhe lassen und den Port 8080 verwenden. Technisch gesehen gibt es dafür allerdings keinen Grund. Der Browser des Aufrufers wird gar nicht merken, dass auf der anderen Seite Tomcat arbeitet, da das Protokoll in keiner Weise berührt wird.

26.10.1 Installation

Sollen ausschließlich Servlets eingesetzt werden, muss nur eine Java-Runtime-Umgebung installiert sein. Werden auch Java Server Pages eingesetzt, muss Tomcat die Dateien beim ersten Lauf auch übersetzen können. Dazu wird eine Entwicklungsumgebung benötigt.

Erforderliche Java-Pakete

Tomcat wird mit einem Skript namens **startup.sh** für das Starten und einem Skript **shutdown.sh** ausgeliefert. Damit lässt sich Tomcat von Hand starten. Durch entsprechende Startskripte in den RC-Dateien wird dies automatisiert. So liegt nach der Installation typischerweise auch ein Skript namens tomcat im Verzeichnis **/etc/init.d** vor. Auch dieses kann zum Starten und Stoppen mit den Parametern `start` und `stop` aufgerufen werden.

Verzeichnisstruktur

Tomcat legt sein Benutzerverzeichnis im Verzeichnis **/usr/share** an. Dieses Verzeichnis wird meist in der Umgebungsvariablen TOMCAT_HOME gespeichert.

In diesem Verzeichnis findet sich das Verzeichnis **bin**, in dem auch **startup.sh** und **shutdown.sh** liegen.

Das Verzeichnis **conf** dient der Aufnahme von Konfigurationsdateien. Die wichtigste davon ist **server.xml**.

Für die Software-Entwickler ist das wichtigste Verzeichnis **webapps**. Hier werden die Java Server Pages, die Servlets und die HTML-Seiten abgelegt. Unterhalb davon gibt es das Verzeichnis **ROOT**. Hier können Java Server Pages und Applikationspakete mit der Endung **war** abgelegt werden. Unter diesem Verzeichnis finden Sie das Verzeichnis **WEB-INF** Dort gehört die web.xml des Projekts hin, sofern eine vorhanden ist. In das Verzeichnis **classes** kommen die übersetzten Java-Klassen, die die Web-Applikation braucht. Verwendet die Applikation **jar**-Dateien, so müssen diese unter dem Verzeichnis **lib** abgelegt werden. Typische Beispiele hierfür sind die Treiberbibliotheken für Datenbanken.

Erste Tests

Rufen Sie Ihren Browser auf und wählen Sie http://localhost:8080 als Adresse. Es sollte sich Tomcat melden. Das deutet daraufhin, dass Tomcat korrekt installiert und gestartet wurde.

26 | Webserver

Wenn Sie Ihre eigene Applikation im Verzeichnis **ROOT** ablegen, die beispielsweise myJSP heißt, dann geben Sie http://localhost/myJSP:8080 als Adresse im Browser ein.

26.10.2 Entwicklungsumgebung

Prinzipiell können Sie Java Server Pages mit einem normalen Editor erstellen und in die entsprechenden Tomcat-Verzeichnisse legen. Mit Hilfe eines Browsers greifen Sie auf Ihr Projekt zu. Tomcat wird es automatisch übersetzen und bei Fehlern auch Fehlermeldungen auf dem Browser auswerfen.

In der Praxis ist dies aber schnell frustrierend, weil Tomcat die Zeilennummern der von ihm erzeugten Servlets angibt, wenn etwas nicht stimmt. Dazu müssen Sie zunächst nachsehen, wie die Servlet-Datei aussieht, die Tomcat aus Ihrer Java Server Page erzeugt hat.

Integriertes Wesentlich netter ist das Arbeiten mit einer integrierten Entwicklungsumgebung. Da gibt es ein Plug-in für Eclipse. Wer diese Umgebung gewohnt ist, wird sicher gern damit arbeiten wollen. Daneben gibt es Netbeans, eine kostenlose Entwicklungsumgebung von Sun. Diese bringt sogar ihren eigenen Tomcat mit, der unter der Portnummer 8084 arbeitet und so mit einem parallel installierten Tomcat nicht kollidiert.

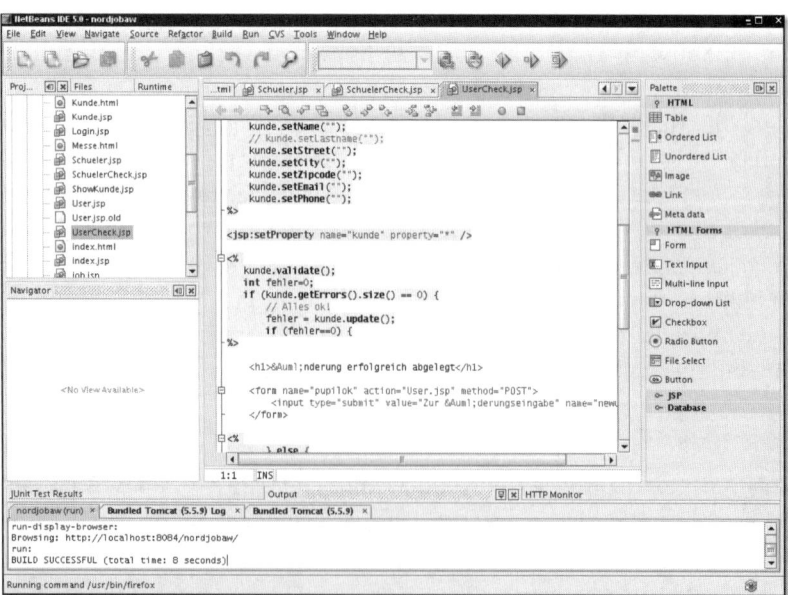

Abbildung 26.4 Die Entwicklungsumgebung NetBeans

26.11 Der Client hilft mit: JavaScript

JavaScript wurde einst von Netscape als Sprache für den eigenen Browser entwickelt. Innerhalb der HTML-Seiten wird durch das Tag SCRIPT ein Bereich markiert, der vom Browser interpretiert und ausgeführt wird. Im Gegensatz zu CGI, PHP oder Java Server Pages wird der Quellcode an den Client geliefert und dieser ist für die Ausführung verantwortlich.

```
<SCRIPT LANGUAGE=JAVASCRIPT>
<!-- //
   document.write('Hello World');
// -->
</SCRIPT>
```

Hier sehen Sie die Einbindung von JavaScript in die HTML-Seite. Das Tag SCRIPT schließt Skripte ein. Mit dem Attribut LANGUAGE wird festgelegt, welche Sprache verwendet wird. Die Befehle zwischen den SCRIPT-Tags werden an Ort und Stelle ausgeführt.

Mit JavaScript können Sie leicht Felder in Formularen ansprechen. Dies geschieht über die vergebenen Namen.

```
<FORM NAME="Adresse" ... >
<INPUT NAME="VORNAME" ... >
</FORM>
```

Das Eingabefeld des Vornamens kann angesprochen werden mit document.Adresse.VORMAME

Die Berechnung kleinerer Werte und die Animation sind die Domäne von JavaScript. Das folgende Beispiel ist typisch. Hier wird der Vorwiderstand für Leuchtdioden berechnet. Die Felder eines Formulars können leicht von Javascript gelesen und befüllt werden. Also werden die Eingaben ausgelesen und die Ergebnisse in andere Felder geschrieben.

```
<html>
<head>
<title>LED-Vorwiderstand</title>
<script language="Javascript">

function BerechneR()

   Udiff = document.LedForm.Uges.value-document.LedForm.Uled.value;
   document.LedForm.R.value = Udiff/(document.LedForm.Iled.value/1000);


function pushToUled(Volt)

   document.LedForm.Uled.value = Volt;

// -->
```

```
</script>
</head>
<body>

<h2>Berechnung LED-Vorwiderstand</h2>

<table cellspacing="0" cellpadding="5" border="0">
<form name="LedForm">
<tr><td>LED-Durchlassspannung in Volt:</td>
<td><input type="text" name="Uled" size="7"></input> </td><td>
<input type="radio" name="led" onMouseUp="pushToUled(1.6);"></input>Rot<br>
<input type="radio" name="led" onMouseUp="pushToUled(2.1);"></input>Gruen<br>
<input type="radio" name="led" onMouseUp="pushToUled(2.2);"></input>Gelb<br>
<input type="radio" name="led" onMouseUp="pushToUled(2.9);"></input>Blau<br>
<input type="radio" name="led" onMouseUp="pushToUled(4.0);"></input>Weiss<br>

<tr><td>Anliegende Spannung in Volt:</td>
<td><input type="text" name="Uges" value="12" size="5"></input></td></tr>
<tr><td>Maximaler Strom in mA:</b></td>
<td><input type="text" name="Iled" value="20" size="5"></input></td></tr>
<tr><td><a href="javascript:BerechneR();">Vorwiderstand berechnen</a></td></tr>

<tr><td> Mindestens benoetigter Vorwiderstand in Ohm:</td>
<td><input type="text" name="R" size="5"></input><p>
</form>
</table>

</body>
</html>
```

Auf dem Bildschirm sieht das Programm dann so aus:

Abbildung 26.5 Javascript-Programm zur LED-Vorwiderstandsberechnung

Wird einer der Radiobuttons angeklickt, wird daraufhin die Funktion `pushToUled()` aufgerufen, die den jeweiligen Wert in das Eingabefeld für die LED-Spannung hineinschreibt. Bei Anklicken des Links »Vorwiderstand berechnen« wird aus den Eingabefeldern der benötigte Widerstand berechnet und in das Eingabefeld R geschrieben.

TEIL VI
Das X Window System

*Fenster, durch die man nicht sehen kann
und Menüs, von denen keiner satt wird.*

27 Das X Window System

Die grafische Oberfläche zu UNIX sah gegenüber der bunten Welt der kleinen Computer immer etwas karg aus. Das ist in letzter Zeit ein wenig anders geworden. Dafür sind die inneren Werte des X Window System den anderen Oberflächen weit überlegen.

Die Bedienung eines UNIX-Rechners über die grafische Oberfläche wird hier nicht im Detail erörtert. Der Leser, der sich bis hierher durchgeschlagen hat, wird nicht wissen wollen, wie eine Maus bedient wird. Dieses Kapitel behandelt mehr die »inneren Werte« des X Window Systems, also die technischen Aspekte der grafischen Oberfläche.

27.1 Grafische Oberfläche unter UNIX

UNIX hatte recht früh eine grafische Oberfläche. Das X Window System wurde 1984 von Robert W. Scheifler und James Gettys am Massachusetts Institute of Technology (MIT) entwickelt.[1] Dennoch wurden die grafischen Oberflächen unter UNIX immer etwas stiefmütterlich behandelt. Der Grund ist, dass UNIX ursprünglich nur auf teuren Maschinen lief, die im Unternehmen als Server dienten und dort keine Grafik brauchten. Oder sie wurden als Workstation für grafische Anwendungen verwendet. Dann waren es aber sehr spezielle Anwendungen wie CAD oder Simulationen, die weniger auf den Komfort des Benutzers ausgerichtet waren, sondern für Spezialisten entwickelt wurden, die eine leistungsfähige Maschine benötigten.

<small>X lief zunächst auf teuren Workstations</small>

Der Arbeitsplatz einer Sekretärin wurde erst dann mit einem Computer versehen, als die verhältnismäßig günstigen PCs verfügbar waren. Und diese Geräte wurden auch erst Anfang der 90er Jahre mit der grafischen Oberfläche MS Windows ausgestattet. Zwar verfügte der Apple Macin-

<small>Grafische Oberflächen wurden durch den PC populär</small>

---

[1] vgl. Mikes, Steven: X Window System Program Design and Development. Addison-Wesley, Reading, 1992. p. 5.

tosh bereits 1984 über Grafik und Maus, aber auf dem Schreibtisch der normalen Sekretärin war er eher die Ausnahme.

Als die Fenster im Büro die Regel waren, waren inzwischen auch die grafischen Systeme bezahlbar geworden. Nun konnte man eine Grafikkarte und einen Grafikbildschirm an jedem Arbeitsplatz bezahlen und sich somit den Luxus leisten, die grafische Oberflächen unter ergonomischen Gesichtspunkten zu betrachten. Zu diesem Zeitpunkt war eine UNIX-Maschine allerdings noch nicht für jedermann erschwinglich und setzte diese Bewegung mit etwas Zeitversatz ein. Bis dahin wurde das X Window System entweder von besagten Spezialisten bedient oder von Programmierern, um auf dieser Plattform Software zu entwickeln. Beiden konnte man zumuten, dass die Oberfläche nicht unbedingt immer intuitiv zu bedienen war.

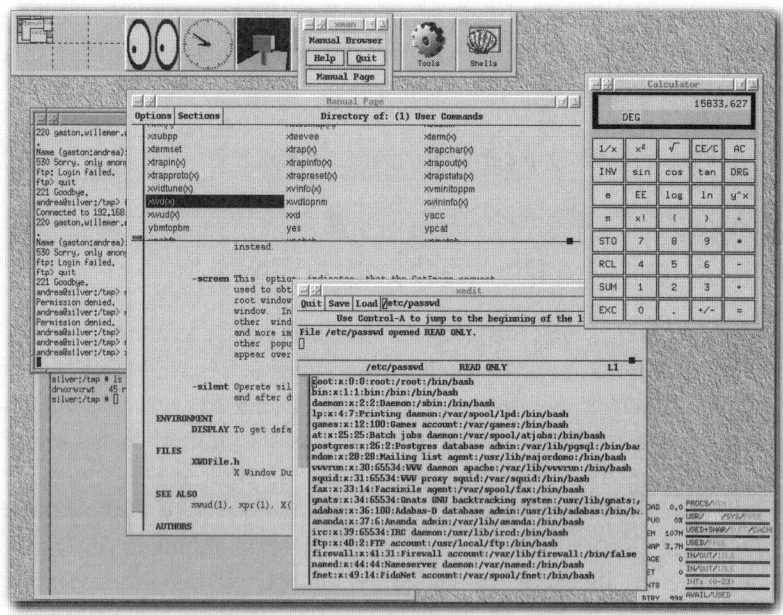

Abbildung 27.1 X Window System

Dabei hatte das X Window System ganz andere Qualitäten. Dieses grafische System glänzte nicht durch Verspieltheit, Schatten, 3D-Grafik oder animierte Icons. Hier war ein grafisches System für die Oberliga entstanden, das sich von vornherein in einer komplexen Software-Welt eines Multiuser-Systems mit Netzwerkanschluss bewegte. Das alles kannten seinerzeit weder PC noch Mac. Die wichtigsten Merkmale des X Window System sind:

- X ist netzwerkfähig. Tastatur, Maus und Grafikbildschirm müssen an der Maschine gar nicht vorhanden sein. Es reicht aus, irgendwo im Netzwerk einen Computer zu haben, der mit Maus und Grafik umgehen kann.

- X arbeitet mit austauschbaren Windowmanagern und Desktops.

- Jeder Anwender kann seinen Desktop völlig unabhängig von anderen Benutzern konfigurieren.

- Man kann eine beliebig große Auflösung als virtuellen Bildschirm verwenden. Der reale Bildschirm folgt der Mausbewegung wie ein Sichtfenster über den virtuellen Riesenbildschirm hinweg.

- Es lässt sich zwischen mehreren Arbeitsbildschirmen umschalten.

- Farben, Zeichensätze und Beschriftungen lassen sich für die meisten Programme vom Anwender verändern.

Zum Namen X Window System lässt sich anmerken, dass Sie besser kein s an das Wort Window hängen. Stellen Sie zum Test in einer Newsgroup eine knifflige Frage zum Thema X, und schreiben Sie in Ihrer Anfrage einmal »X Windows«. Sie werden zu 95 % Antworten von Leuten bekommen, die der Ansicht sind, dass es für Sie wichtiger ist zu lernen, wie man X Window richtig schreibt, als dass Ihr Problem gelöst wird. Auf der anderen Seite soll es inzwischen sogar Leute geben, die den Namen im Gespräch absichtlich falsch aussprechen und das »s« noch besonders betonen, um herauszufinden, ob ihr Gegenüber ein Besserwisser ist.

27.2 Ein Überblick über die Architektur

Die grafische Oberfläche unter UNIX besteht nicht aus einem großen einzelnen Programm, sondern aus mehreren Modulen, die teilweise austauschbar sind.

Zu den herausragenden Eigenschaften des X-Window-Systems gehört die Netzwerkfähigkeit. Und diese ist natürlich als Client-Server-Architektur aufgebaut. Der Server, also der Dienstleister, ist der grafische Bildschirm in Zusammenspiel mit der Maus und der Tastatur. Die Software, die für eine grafische Oberfläche geschrieben wurde, nimmt die Dienste des X-Servers in Anspruch und ist damit der X-Client. Ein X-Client ist also immer ein Programm, das für X geschrieben wurde. Damit der X-Client seine Anfragen an den X-Server stellen kann, gibt es das X-Protokoll.

X ist eine Client-Server-Architektur

> Der X-Server besteht aus Grafikbildschirm, Maus und Tastatur
> Der X-Client ist immer ein Programm
> Die Verbindung zwischen beiden schafft das X-Protokoll

Das X-Protokoll kann lokal verwendet werden, wenn der X-Client und der X-Server auf dem gleichen Rechner laufen. Solche Computer nennt man Workstations. Das X-Protokoll kann aber auch über ein Netzwerk übermittelt werden. Dann befinden sich der X-Server und der X-Client auf unterschiedlichen Rechnern. Als X-Terminal bezeichnet man ein Gerät, das ausschließlich als X-Server verwendet werden kann.

Problematik bei Grafikübertragung

Wer einmal gesehen hat, wie ein Wartungsprogramm wie PC-Anywhere[2] in die Knie geht, wenn die grafische Oberfläche über eine Telefonverbindung übertragen wird, wird davon ausgehen, dass die Übertragung von Grafik über ein Netz sehr zu Lasten der Performance geht. In der Tat ist die Datenmenge eines grafischen Bildschirms erheblich höher als die eines Textbildschirms. Ein Standardbildschirm unter UNIX hatte lange Zeit eine Auflösung von 1152 auf 864. Das sind bereits 995.328 Punkte. Bei einer Farbtiefe von 8 Bit, also 256 Farben, benötigt ein solcher Bildschirm bereits 1 MByte Speicher. Ein MByte benötigt zur Übertragung auf einem normalen Ethernet mit 10 MBit/s bereits mehr als eine Sekunde und über eine ISDN-Leitung deutlich über zwei Minuten. Programme wie PC-Anywhere optimieren dies, indem sie nur die Ausschnitte übertragen, die sich verändert haben, und die Daten komprimieren.

Das X-Protokoll

Das X-Protokoll arbeitet dagegen auf einer abstrakteren Ebene und überträgt nicht die Bildschirmpunkte, sondern die Befehle, die zur Erzeugung der Grafik führen. Will der Client ein Rechteck auf dem Bildschirm zeichnen, werden nicht die Bildpunkte, sondern nur die Koordinaten und der Farbcode des Rechtecks übermittelt. Das hat zunächst den Vorteil, dass die Datenpakete sehr viel kleiner sind. Dieses Vorgehen hat einen weiteren Vorteil, wenn die Hardware die Anforderung des X-Clients nicht erfüllen kann. Die Umsetzung von Auflösungen oder Farbtiefen werden auf dem Server durchgeführt.

Und selbst dann, wenn gar keine Übertragung über das Netz erforderlich ist, hat dieses Verfahren seine Vorteile. So wurde in den Zeiten, in denen hochauflösende Grafikbildschirme teuer waren, oft Softwarelösungen verwendet, die dafür sorgten, dass der Bildschirm wie ein Ausschnitt

---

2 Das Programm PC-Anywhere ermöglicht es, einen Windows-Rechner durch einen anderen zu steuern. Dabei wird der gesamte Bildschirm des gekaperten Rechners in einem Fenster dargestellt und der Administrator kann mit seiner Maus und seiner Tastatur den fremden Rechner bedienen.

des virtuellen Gesamtbildschirms verwendet wurde. Der Ausschnitt folgte immer dem Fokus oder der Maus. Da alle X-Programme gewohnt waren, nicht selbst über ihren Darstellungsort zu befinden, funktionierte diese Technik auf Anhieb. Heute werden diese Möglichkeiten dazu verwendet, mit mehreren virtuellen Bildschirmen zu arbeiten, die sich über einen Arbeitsflächenumschalter auswählen lassen. Auf einer Arbeitsfläche befindet sich die Entwicklungsumgebung, auf dem anderen E-Mail und Browser und auf der dritten die Textverarbeitung für die Dokumentation. Und wenn jetzt noch ein schneller Blick auf die Fehlerprotokolle nötig ist, öffnet man eine weitere Arbeitsfläche. Alle X-Clients arbeiten selbstverständlich tadellos mit.

Die Fähigkeit des X-Clients, das X-Protokoll anzusprechen, bewirkt eine Bibliothek, die sich Xlib nennt. Diese Bibliothek liefert einfache grafische Elemente, aber auch schon Konzepte wie Fenster. Diese Fenster bestehen allerdings nur aus Rechtecken. Alle Kontrollelemente, wie wir sie von den grafischen Oberfläche her kennen, sind auf dieser Ebene nicht vorhanden. Auf der Xlib setzt die Bibliothek Xt Intrinsics auf. Sie bildet den Rahmen für eine ereignisorientierte Programmierung. Vor allem ist die Xt Intrinsics die Basis für das Aufsetzen eines Widget Sets auf die Xlib.

Der X-Client

Ein Widget Set ist ein Satz von Widgets. Widgets sind Programmiermodule, aus denen die meisten Fenster und Dialogboxen unter X zusammengesetzt sind. Die sichtbaren Widgets sind die Kontrollelemente wie Buttons, Eingabefelder oder Schiebebalken. Die weniger anschaulichen Widgets sind die Containerwidgets. Sie dienen zur Anordnung der Kontrollelemente. Das wohl bekannteste Widget Set ist Motif.

Widget Set

Die Elemente des Widget Sets werden von der Applikation zusammengestellt. Die Ereignisse der Widgets, wie etwa das Anklicken, werden von der Applikation empfangen und beantwortet. Damit ergibt sich die folgende Architektur:

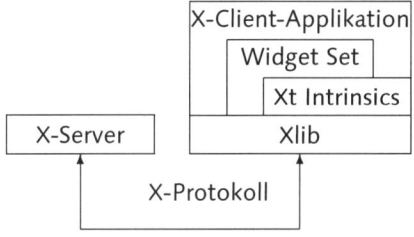

Abbildung 27.2 Architektur einer X-Anwendung

Dieser Aufbau gilt heute immer noch. Beispielsweise hat X einmal mit dem Athena Widget Set angefangen. Weil dieses wenig benutzerfreundlich war, wurde es durch das Motif Widget Set ersetzt und heute verwendet beispielsweise GNOME das eigene Gtk Widget Set.

Fenstermanager In der Übersicht fehlt der Fenstermanager. Das hängt damit zusammen, dass er nicht Bestandteil des X-Clients ist, sondern das Programm, das der Applikation sagt, wo sie zu erscheinen hat und wie viel Platz ihr auf dem Bildschirm zusteht. Sogar die Fensterrahmen mit dem Verschiebebalken gehören nicht zur Applikation, sondern dem Fenstermanager. Mit dem Widget Set zusammen bestimmt der Fenstermanager in entscheidender Weise das Look and Feel. So gehört zu dem Motif Widget Set auch der Motif Window Manager (mwm). In der Wahl des Fenstermanagers ist X flexibel. Viele Liebhaber anderer grafischer Umgebungen haben »ihre« Umgebung mit speziellen Fenstermanagern oder nur durch Umkonfigurieren bestehender Fenstermanager auf X übernommen. So gibt es Umgebungen, die sich wie der Presentation Manager von OS/2, wie der Amiga oder wie NextSTEP verhalten.

Desktop Anfänglich dienten die Fenstermanager nur als Startrampen für X-Programme. Inzwischen wurden immer mehr Elemente hinzugefügt, um ein einheitliches Erscheinungsbild zu erreichen. Auch die Kommunikation zwischen den Programmen wurde vorangetrieben. Auf Basis der Fenstermanager sind inzwischen Desktops entstanden, die auch das Zusammenspiel der Applikationen vereinheitlichen und steuern.

In den folgenden Abschnitten werden die Elemente noch einmal genauer betrachtet.

27.2.1 Der X-Server

X-Server bieten Grafik, Maus und Tastatur als Dienst an Normalerweise ist der Server der Rechner im Hintergrund, und der Client befindet sich direkt vor Ihrer Nase. Unter X ist das umgekehrt. Ein X-Server bietet einen grafikfähigen Bildschirm, eine Tastatur und eine Maus an. Ein X-Client als Nutzer dieser Ressourcen ist ein Programm, das eine grafische Darstellung wünscht.

X-Terminals Um den X-Server zu verstehen, ist es am einfachsten, von den guten alten X-Terminals auszugehen, die über das Netzwerk an den Rechner angeschlossen wurden. An Hardware besteht so ein Gerät aus einem Bildschirm, einer Tastatur und einer Maus. Um den Bildschirm anzusteuern, braucht das Gerät natürlich eine Grafikkarte und dafür wiederum wird ein Treiber benötigt. Das Gleiche gilt natürlich auch für die Tastatur und die Maus, auch wenn hier die Controller-Elektronik und die Treiber weniger aufwändig sind.

Damit aber die Hardware die Anfragen des X-Protokolls erfüllen kann, müssen die Befehle des Protokolls so umgesetzt werden, damit die Hardware sie versteht.

Inzwischen lohnt sich der Bau dieser Geräte nicht mehr. X-Server sind heutzutage Programme. Diese laufen auf dem Macintosh oder unter MS Windows. Und natürlich finden Sie den X-Server auf jeder UNIX-Workstation. Das Programm, das den X-Server bildet, heißt auf einer UNIX-Maschine einfach X und steuert Bildschirm, Maus und Tastatur an. Der Server verbirgt die Hardware vor den Anfragen der X-Clients. Bei der Vielfalt der Grafikhardware im PC-Bereich wird der X-Server auch manchmal als Grafikkartentreiber angesprochen. Diese Betrachtung stammt wohl daher, dass man im Linux-Bereich für unterschiedliche Grafikkarten unterschiedliche X-Server installiert. Es beschreibt aber nicht vollständig die Rolle, die der X-Server spielt.

27.2.2 Der X-Client und seine Bibliotheken

Ein X-Client ist jedes Programm, das für X geschrieben wurde. Viele Fähigkeiten des X Window Systems sind für den Programmierer nicht erkennbar. Solange er die Standardbibliotheken nutzt, können seine Programme auf deren Fähigkeiten aufbauen. Die Möglichkeit, das Programm über das Netzwerk zu steuern, die Konfigurierbarkeit und vieles mehr übernehmen die Bibliotheken, die beim Erstellen des Programms eingebunden werden.

Xlib und X Toolkit Intrinsics

Einer Anwendung, also einem X-Client, bleibt die Kommunikation mit dem X-Server vollkommen verborgen. Diese Leistung erbringt die Bibliothek Xlib. Die Xlib enthält alle Bestandteile, die zu einer normalen Grafikschicht gehören. Alle Grafikausgaben werden über das X-Protokoll an den X-Server versandt. Die Xlib verfügt darüber hinaus über einige Objekte. So kennt die Xlib beispielsweise Fenster und Mauszeiger. Allerdings sind die Fenster der Xlib nicht viel mehr als Rechtecke, die die Ereignisse empfangen, die in ihren Grenzen ausgelöst werden. Damit ist aber schon die Basis dafür vorhanden, wie sich der Anwender ein Fenster vorstellt. Es ist möglich, Applikationen zu schreiben, die allein auf der Xlib basieren. Ein Beispiel dafür ist `xcalc`, der Taschenrechner, der bei jeder X-Auslieferung zum Standardumfang gehört. Allerdings ist

Xlib ist die Basisbibliothek

eine X-Anwendung, die nur auf der Xlib basiert, eher untypisch, da sie aufwändig zu programmieren ist.

X Toolbox Intrinsics

Die Toolbox Intrinsics ist eine Bibliothek, die auf der Xlib aufsetzt und die Verwaltung von Widgets übernimmt. Sie stellt selbst kein Widget Set zur Verfügung, sondern nur das Grundgerüst und die Grundfunktionen zur Erstellung eines Sets. Daneben verwaltet sie die Eigenschaften der Widgets und stellt dem Anwendungsprogrammierer die Funktionen zum Erzeugen, Darstellen und Entfernen von Widgets zur Verfügung.

Eine Aufgabe der Toolbox ist die Verwaltung der Eigenschaften von Widgets. Diese sogenannten Ressourcen betreffen die Farbe, die Ausdehnung, die Beschriftung und die Ereignisauslösung. Sie können durch frei editierbare Dateien, die sogenannten Ressourcedateien, verändert werden. Die Verwaltung dieser Einstellungen wird durch die Bibliothek Intrinsics übernommen.

Widget Sets

Ein Widget ist ein kleines Fensterelement

Ein Widget Set ist sozusagen der Satz von Bausteinen, aus denen ein X-Programm zusammengesetzt wird. Sichtbar wird ein Widget Set vor allem an den Kontrollelementen. Das Aussehen der Kontrollelemente hat einen erheblichen Einfluss auf den Gesamteindruck der Applikation. Das komplette Verhalten der Kontrollelemente wird in den Widgets festgelegt. Jeder Button, jeder Scrollbar und jedes Eingabefeld ist je ein Widget.

Neben den sichtbaren Widgets gibt es die Container-Widgets. Sie nehmen andere Widgets auf und ordnen sie an. Dabei gibt es solche, die alle Elemente nebeneinander anordnen, andere, die ein Gitter vorgeben, und wieder andere, mit denen die komplexesten Anordnungen zu konstruieren sind. Diese Container sind charakteristisch für X, weil sie dafür sorgen, dass die Elemente bei einer Größenveränderung des Fensters nicht starr festliegen, sondern scheinbar eine ideale Aufteilung des vorhandenen Raums suchen. Aufgrund der Container sind unter X auch Dialogboxen normalerweise in ihrer Größe vom Anwender veränderbar. Diese Widgets sind in einem Widget Set zusammengefasst. Das Widget Set bestimmt das Design und auch das Verhalten der einzelnen Widgets. Die Wahl des Widget Sets wird für jedes Programm vom Programmierer getroffen. Es ist völlig normal, wenn unter X mehrere Programme parallel laufen, die mit unterschiedlichen Widget Sets erzeugt wurden.

Das Widget Set und die darunter liegenden Bibliotheken befinden sich normalerweise als dynamische Libraries auf dem Rechner.

Athena Widget Set

Das Athena Widget Set ist eines der ältesten Widget Sets, hat aber den Vorteil, auf jedem X Window System kostenlos verfügbar zu sein. Daher sind vor allem die grundlegenden Programme oft mit diesem Widget Set erstellt worden. Leider ist das Athena Widget Set sehr einfach und lässt viele Kontrollelemente vermissen. Hinzu kommt ein für den heutigen Geschmack sehr tristes Aussehen. Unter Linux gibt es eine Variante des Athena Widget Set, die durch den heute üblichen 3D-Effekt verschönert wurde. Alle Programme, die das Athena Widget Set verwenden, haben dieses Aussehen, wenn dieses Set installiert ist.

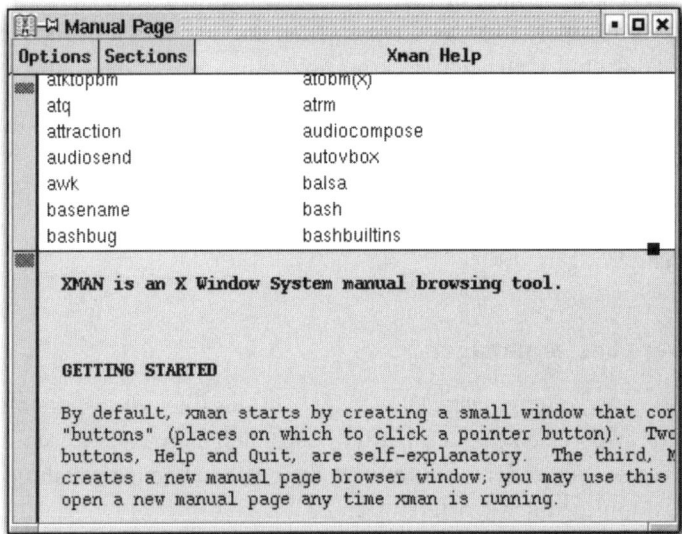

Abbildung 27.3 Athena Widget Set am Beispiel von xman

Motif Widget Set

Als das Athena Widget Set in die Jahre gekommen war, schlossen sich einige UNIX-Hersteller zusammen, um einen kommerziellen Standard für ein Widget Set zu schaffen. Das Ergebnis war Motif. Motif sieht nicht nur wesentlich eleganter aus, es enthielt auch neue Kontrollelemente, die man beim Athena Widget Set schmerzlich vermisste. Vor allem aber hatte Motif eine andere Benutzerphilosophie. Mit Motif wurde die Bedienung von X an die des Macintosh und damit an die von MS Windows angepasst. Ein Beispiel für das Aussehen einer typischen Motif-Anwendung ist das HP-UX-Administrationstool sam, das Sie auf Seite 219 finden.

Motif war allerdings lizenzpflichtig, was dazu führte, dass es unter Linux nur für diejenigen eine Rolle spielte, die kommerzielle Software für andere Plattformen entwickelten und eine preiswerte Entwicklungsumgebung brauchten. Um Motif-Programme unter Linux laufen lassen zu können, würden Lizenzen für die Runtime-Version anfallen. Und das vertrug sich schlecht mit dem Gedanken der freien Software. Wer Motif-Programme unter Linux laufen lassen wollte, ohne dass Lizenzen fällig wurden, musste die Bibliotheken dazubinden. Wenn aber jedes Programm eine eigene Version von Motif mitgeschleppt hätte, wäre es bald eng im Speicher geworden.

Diese Problematik führte dazu, dass eine Gruppe Programmierer im Projekt Lesstif versuchte, die Schnittstelle von Motif nachzuprogrammieren. Aber während Lesstif noch entstand, gingen andere Programmierer andere Wege. Die Programmierer von GIMP brauchten ein Widget Set, der frei war, und so entwickelten sie ihren eigenen und nannten ihn Gtk. Auf dieser Basis entstand später der Desktop GNOME.

Die Widget Sets sind also dafür verantwortlich, dass Anwendungen unterschiedliche Erscheinungsbilder haben, was sich beispielsweise an anderen Buttons festmachen lässt. Auch die Tatsache, dass sich bei manchen Programmen die Rollbalken völlig anders bedienen lassen, geht auf unterschiedliche Widgets zurück.

27.2.3 Der Fenstermanager

Fensterrahmen und -position — Der Fenstermanager (engl. *window manager*) ist der Chef aller X-Clients. Er bestimmt, wo sie erscheinen dürfen, setzt den Benutzerwunsch in Verkleinern und Vergrößern um und ist für das Zeichnen der Rahmen und das Positionieren der Fenster zuständig.

Das Positionieren von Fenstern erfolgt durch einen Abstimmungsprozess zwischen Fenstermanager und X-Client. Wird ein Fenster mit Kontrollelementen erzeugt, werden die Platzanforderungen zwischen den Rahmen und den Elementen ausgeglichen. Kontrollelemente sind unter X als Widgets realisiert, die sich fast wie Fenster verhalten. Ihre Position innerhalb eines Fensters wird durch Containerwidgets bestimmt. Diese Container nehmen Widgets auf und ordnen sie an. Dabei unterscheiden sich die verschiedenen Containerwidgets durch die jeweilige Strategie, wie die Widgets angeordnet werden. Um die Anordnung der Widgets innerhalb des Fensters zu regeln, berechnen die Kontrollelemente ihren Platzbedarf und leiten ihn an die Containerwidgets weiter. Diese leiten das Ergebnis wiederum an die Container weiter, in denen sie selbst liegen, bis die Größe des benötigten Platzes beim Rahmen angekommen ist. Diese Größe wird dem Fenstermanager mitgeteilt. Soll das Fenster neu erstellt werden und reicht der Platz auf dem Bildschirm, wird der Fenstermanager dem Wunsch stattgeben. Andernfalls wird er den äußeren Containerwidgets den verfügbaren Platz nennen. Diese werden ja nach ihrer Anordnungsstrategie den Platz auf die Widgets verteilen und ihnen die neue Größe mitteilen. Zuletzt werden sich die Kontrollelemente in dem verfügbaren Raum darstellen.

Dieses Verhalten lässt sich erkennen, wenn Sie ein Fenster mit vielen Kontrollelementen in seiner Geometrie verändern. Sie können fast zusehen, wie sich die Elemente ihren Platz suchen und sich gegenseitig wegschieben.

Der Fenstermanager kontrolliert die Reaktionen auf die Standardereignisse. So wird hier konfiguriert, welche Menüs beim Klicken auf den Hintergrund erscheinen. Die Strategie des Fokuswechsels (siehe Seite 742) und die Tastaturanpassung werden ebenfalls im Fenstermanager konfiguriert.

Reaktion auf Maus und Tastatur

Es gibt diverse Fenstermanager. Der erste, der zur Basisausstattung von X gehörte, heißt uwm. Heute wirkt uwm etwas archaisch. Die Fenster bekommen weder eine Titelleiste noch einen Rahmen. Sie können ein Fenster verschieben, indem Sie in die Fenstermitte klicken und dann ziehen. Über Kontextmenüs können Sie Fenster in ihrer Größe verändern. Ein etwas komfortablerer Fenstermanager ist twm. Im professionellen Bereich war der Motif Window Manager (mwm), der mit dem Motif Widget Set geliefert wurde, lange Standard, und ist heute noch die Basis von CDE, dem kommerziellen UNIX-Desktop. Für Linux wurde neben vielen anderen der Fenstermanager fvwm entwickelt, den es wiederum in mehreren Versionen und Varianten gibt. KDE hat einen eigenen, speziell an seine Bedürfnisse angepassten Fenstermanager. Für GNOME wurde der Fenstermanager Sawfish entwickelt. Inzwischen wird Metacity als Fenstermanager für GNOME eingesetzt.

27.3 X Window starten

Wenn ein UNIX-Rechner mit einer grafischen Oberfläche ausgestattet ist, wird er sie im Allgemeinen beim Booten starten. Das wird durch die Datei **/etc/inittab** (siehe Seite 246) gesteuert. Im Falle von Servern, die in der Regel keine grafische Oberfläche brauchen, wird der Start so eingestellt, dass das Booten mit dem Erreichen der Netzwerkumgebung endet. Dadurch werden keine Ressourcen verschwendet.

Start durch inittab

Soll an einem solchen Rechner doch das X Window System gestartet werden, um beispielsweise das Administrationstool leichter bedienen zu können, lässt es sich leicht von Hand mit dem Befehl startx starten. Beim

startx

Abmelden der Sitzung wird dann auch das X Window System wieder heruntergefahren.

init — Sie können schließlich noch den Runlevel von Hand starten. Die grafische Oberfläche ist in den meisten Fällen auf Runlevel 3 zu finden, bei Linux allerding in Runlevel 5. Wenn Sie also `init~3` bzw. `init~5` eingeben, startet die grafische Oberfläche. Sie können Sie wieder zurückfahren, indem Sie `init~2` oder `init~3` in einer Konsole aufrufen.

27.3.1 Nacktstart mit xinit

Bastelstunde — In diesem Abschnitt soll ein wenig experimentiert werden, um zu zeigen, wie X startet. Sie sollten dazu möglichst einen Linux-Rechner verwenden, der nicht gerade im produktiven Einsatz ist. Sie benötigen auf jeden Fall eine Workstation, die einen eigenen Grafikbildschirm hat. Sie können ihn später leicht wieder in den ursprünglichen Zustand bringen. Wenn nicht, vergessen Sie bitte, wo Sie dies gelesen haben.

init 3 — Bringen Sie zunächst den Rechner in einen Zustand, in dem die grafische Oberfläche nicht gestartet ist. Bei dem angesprochenen Linux-Rechner verwenden Sie den Befehl `init 3`.

xinit ohne .xinitrc — Benennen Sie als Erstes die Datei **.xinitrc** in Ihrem Benutzerverzeichnis um. Starten Sie dann von der Kommandozeile den X-Server durch den direkten Aufruf von `xinit`. `xinit` ist ein Programm, das normalerweise durch `startx` gestartet wird. Im Anschluss an das Experiment sollten Sie nicht vergessen, die Datei wieder umzubenennen.

```
cd
mv .xinitrc .xinitrc.orig
xinit
...
mv .xinitrc.orig xinitrc
```

Fenster werden erst durch den Manager aktiv — Nach dem Aufruf von `xinit` wird der Bildschirm grau. Es erscheint ein fettes, diagonales Kreuz als Cursor, und in der linken oberen Ecke befindet sich ein helles Rechteck, in dem sich offensichtlich ein Shellprompt befindet. Wenn Sie mit dem Mauszeiger auf das helle Feld fahren, wird der Cursor offensichtlich aktiv. Es wird Sie vielleicht überraschen, aber dieses helle Feld ist ein Fenster. Es fehlt ihm nur der Fensterrahmen, den normalerweise der Fenstermanager zur Verfügung stellt. Den Fenstermanager können Sie an dieser Stelle von Hand aufrufen. Je nachdem, welcher Fenstermanager auf Ihrem System installiert ist, starten Sie `mwm` (Motif, CDE) oder `kwm` (KDE), `sawfish` (GNOME), `fvwm` (Linux), `twm` oder `uwm` (den alten

MIT-Fenstermanager). Danach sollte sich das Bild verändern. Vermutlich erscheinen Fensterrahmen, und nun ist es auch möglich, das helle Fenster zu verschieben. Sofern Sie kein & hinter den Aufruf des Fenstermanagers gesetzt haben, wird dieser durch **ctrl+C** oder die **Del**-Taste wieder verschwinden. Sobald Sie sich aus dem Fenster ausloggen, wird auch `xinit` und damit der X-Server wieder enden.

27.3.2 Regulärer Start von X: startx

Wenn UNIX in den Runlevel 2 bootet, finden Sie eine textuelle Umgebung vor. Um X aus der Shell zu starten, verwenden Sie den Befehl `startx`. Dieser startet den Prozess `xinit`, der die Datei **.xinitrc** im Benutzerverzeichnis ausführt und anschließend endet. Ist keine Datei **.xinitrc** im Benutzerverzeichnis des angemeldeten Anwenders vorhanden, wird die Systemdatei **/usr/X11/lib/X11/xinit/xinitrc** verwendet. In dieser Datei stehen die Startaufrufe aller Programme, die mit X auf dem Bildschirm erscheinen sollen. Alle diese Programme werden mit einem & in den Hintergrund gestartet. An letzter Stelle muss aber ein Programm ohne & gestartet werden, und das ist normalerweise der Fenstermanager, dessen Name meist auf »wm« endet. Er wird mit dem Kommando `exec` aufgerufen. Das führt dazu, dass der Fenstermanager an die Stelle des Prozesses `xinit` tritt. Dadurch, dass er in der Datei **xinitrc** an die Stelle des `xinit`-Prozesses tritt, endet die X-Sitzung, sobald er beendet wird.

startx startet X aus der Shell

Damit ist **.xinitrc** die wichtigste Konfigurationsdatei. Sie gestaltet den Desktop, wie er sich nach dem Start darstellt, und bestimmt den Fenstermanager.

27.3.3 Grafisches Einloggen: Display Manager xdm

Eine Workstation wird heutzutage selten in den Runlevel 2 booten, sondern gleich die grafische Oberfläche starten und ein grafisches Login anbieten. Welcher Runlevel das Ziel ist, steht in der Datei **/etc/inittab** in der Zeile, die das Schlüsselwort `initdefault` enthält.

```
id:5:initdefault:
```

Die zweite Spalte enthält den angestrebten Runlevel. Hier ist es Runlevel 5. Der Display Manager `xdm` wird beim Übergang in den Runlevel 3 oder wie bei Linux in Runlevel 5 (siehe Seite 246) gestartet. Entsprechend kann der Start von `xdm` einfach durch einen Eintrag in der **/etc/inittab** erreicht werden:

```
x:5:respawn:/usr/bin/X11/xdm -nodaemon
```

Ansonsten wird xdm aus einem Initskript gestartet. Der Link befindet sich dann im Verzeichnis **/etc/rc.d/rc3.d**, wenn xdm im Runlevel 3 gestartet wird.

.Xsession | Zwei Dateien bestimmen den Bildschirm des Anwenders nach dem Einloggen per xdm: **.Xsession** und **.Xdefaults**. Die Datei **.Xsession** wird wie die **.xinitrc** verwandt. Es werden Applikationen gestartet. Ist die **.Xsession** abgearbeitet, endet auch die Sitzung, und der Anmeldebildschirm erscheint. Daher werden die Programmaufrufe so sortiert, dass der letzte das Programm startet, das läuft, solange die Sitzung läuft. Meist ist das der Fenstermanager. Dieses Programm wird mit dem Befehl exec gestartet. Alle anderen Programme werden mit & am Ende aufgerufen, also in den Hintergrund gestellt. Die Datei **.Xdefaults** enthält die Ressourcen. Damit können Farben, Schriften und Beschriftungen von Widgets geändert werden.

Bedienung des xdm

Einloggen | Nach dem Einschalten eines mit xdm installierten Rechners erscheint als Eingabeaufforderung eine große Dialogbox. Als Überschrift sehen Sie groß den Rechnernamen. Darunter befinden sich die Eingabefelder für den Benutzernamen und das Passwort. Nach der Eingabe der Benutzerkennung, die durch die Return-Taste abgeschlossen wird, wechselt der Cursor zur Eingabeaufforderung für das Passwort, das blind einzugeben ist. Es erscheint keine Rückmeldung auf dem Bildschirm. Nach einem weiteren Betätigen der Return-Taste sind Sie am System angemeldet.

Varianten des xdm

Neben dem klassischen xdm gibt es inzwischen auch andere Display Manager. So haben KDE mit kdm und GNOME mit gdm jeweils ihren eigenen Login. Praktischerweise reagieren sie auch auf die Konfigurationsdateien von xdm. Eine der auffallendsten Verbesserungen ist die Möglichkeit, an dieser Stelle die Maschine herunterfahren zu können. Für Workstations ist dies eine wichtige Sache. Natürlich kann die Liste der berechtigten Personen begrenzt werden.

Mit Hilfe des xdm können Sie sich auch über das Netzwerk einloggen, wie ab Seite 763 gezeigt wird. Dort finden Sie auch Informationen, wie xdm konfiguriert wird.

27.4 Umgang mit dem X Window System

Wie Sie an den verschiedenen Desktops erkennen können, ist X sehr flexibel. Durch seine Anpassbarkeit sind völlig unterschiedliche Bedienungsmuster möglich. Während die Desktops relativ neu sind, gibt es einige Programme, die bereits mit den ersten Versionen von X mitgeliefert wurden. Diese basieren auf dem Athena Widget Set, das heute etwas archaisch wirkt. Da das Athena Widget Set aber auf jeder Maschine mit dem X Window System verfügbar ist, finden Sie auch manchmal neuere Programme, die darauf basieren. Die Bedienung dieser Elemente ist leichter zu verstehen, wenn Sie sich klarmachen, dass den Entwicklern eine effiziente Bedienung wichtiger als die intuitive Verständlichkeit war.

27.4.1 Bedienungselemente des Athena Widget Set

Einige X-Programme haben sich durch die Jahrzehnte hindurch erhalten. Sie wurden mit dem ersten verfügbaren Widget Set, dem Athena Widget Set, geschrieben. Zu den mit dem Athena Widget Set geschriebenen Programmen gehören einige Klassiker:

Alt, aber verfügbar

▶ **xman**
  Das Programm zeigt die Manpages an. Nach dem Start erscheint erst ein kleines Fenster, das eigentlich nur den Zweck erfüllt auf den Button »Manual Page« zu klicken. Erst dann erscheint das eigentliche Hauptfenster von `xman`.

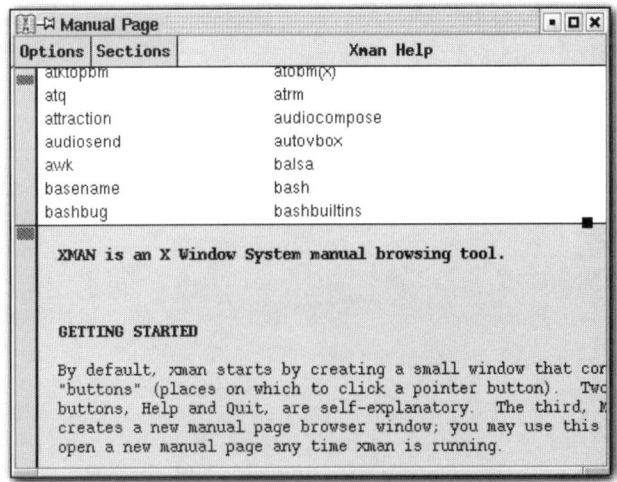

Abbildung 27.4 xman

Das Menü besteht nicht aus einer Menüleiste, sondern aus Buttons, an die eine Menüleiste gehängt wurde. Im Menü »Options« verbirgt sich der Punkt »Show Both Screens«. Damit teilt sich das Fenster von xman waagerecht. Diese Linie wird rechts durch ein kleines Rechteck unterbrochen, mit dessen Hilfe Sie die Trennlinie verschieben können. Im oberen Teilfenster erscheint eine Liste mit den angebotenen Manpages, und im unteren sehen Sie die zuletzt angewählte Manpage. Unter dem Menüpunkt »Sections« finden Sie die angebotenen Bibliotheken. xman hat durch die Befehlslisten den Vorteil, dass Sie auch dann noch Hilfe finden, wenn Sie nicht ganz genau wissen, wie der gesuchte Befehl heißt.

▶ **xterm**
xterm ist eine Terminalemulation. xterm stellt eine Shell wie in der Textoberfläche zur Verfügung. Das Programm xterm wird an anderer Stelle noch ausführlicher beschrieben (siehe Seite 731).

▶ **xload**
Mit diesem Programm wird die Belastung der Maschine als Fieberkurve dargestellt. Da xload auf jeder Maschine verfügbar ist und X netzwerkfähig ist, kann sich der Administrator auf seinem Bildschirm die Belastung mehrerer Server-Maschinen anzeigen lassen.

Abbildung 27.5 xload

▶ **xcalc**
In Abbildung 27.6 sehen Sie xcalc, einen mathematisch-wissenschaftlichen Taschenrechner.

27.4 | Umgang mit dem X Window System

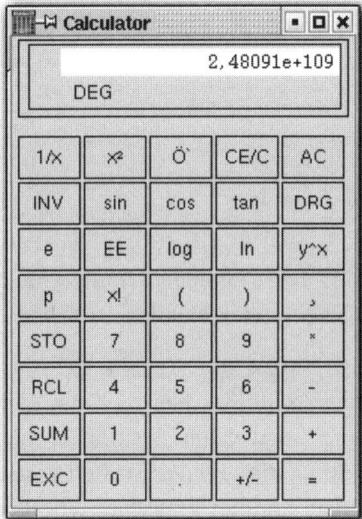

Abbildung 27.6 xcalc

▶ **xpaint**
Ein einfaches Malprogramm zum Erstellen von Grafiken.

▶ **xedit**
Ein einfacher Texteditor, der aber vielleicht für Einsteiger nicht ganz so ungewohnt ist wie vi oder emacs. Es findet sich allerdings auf jedem Desktop ein Editor, der eine höhere Akzeptanz unter Anfängern erlangen wird.

▶ **xclock**
Das Programm xclock stellt eine analoge Uhr auf dem Bildschirm dar. Durch Angabe verschiedener Optionen können Sie die Uhrzeit auch digital anzeigen lassen. Die möglichen Optionen erhalten Sie durch den Aufruf von xclock -?.

▶ **xeyes**
Das Programm xeyes stellt auf dem Bildschirm zwei große Augen dar, deren Pupillen ständig der Position des Mauszeigers folgen. Ich habe dieses Programm lange Zeit für den Beweis gehalten, dass Programmierer jeden unnützen Blödsinn programmieren, sofern man ihnen nur Zeit genug lässt. Dann allerdings hatte ich eines Tages das Missvergnügen, an einem sonnigen Arbeitsplatz auf einem blendenden 21-Zoll-Monitor nach meinem Mauszeiger zu suchen und war froh, dass mir xeyes wenigstens die Richtung weisen konnte.

Abbildung 27.7 xeyes auf dem Hintergrund von xload

Das Athena Widget Set hat immer wiederkehrende Bedienungselemente, die sich leicht von anderen Oberflächen unterscheiden und hier kurz vorgestellt werden sollen.

Rollbalken Der Rollbalken erscheint auf der linken Seite des Fensters und dient in erster Linie als optische Rückmeldung, an welcher Position Sie sich in einem Dokument befinden. Er wird durch die drei Maustasten gesteuert. Allerdings ist die Steuerung für Benutzer anderer grafischer Oberflächen etwas ungewohnt.

- **Linke Maustaste**
  Blättert weiter. In welcher Schrittgröße vorgegangen wird, hängt davon ab, wo sich der Mauszeiger befindet. Ist er oben, ergeben sich kleine Schritte. Ist er unten, werden die Schritte größer.

- **Rechte Maustaste**
  Blättert zurück. Auch hier hängt die Schrittgröße in gleicher Weise von der Position des Mauszeigers im Rollbalken ab.

- **Mittlere Maustaste**
  Bewegt den Rollbalkenschlitten an die aktuelle Mausposition. Bei PCs mit nur zwei Maustasten wird die mittlere Taste oft durch das gleichzeitige Drücken beider Tasten emuliert.

Menüs Menüs befinden sich beim Athena Widget Set nicht zwingend in der obersten Zeile. Sie sind manchmal gar nicht als solche zu erkennen, da ein Menübutton aus Sicht des Athena Widget Set nichts anderes als ein normaler Button ist.

Trennbalken Der Trennbalken wurde in anderen grafischen Oberflächen erst sehr viel später eingeführt. Dieser Balken trägt auf der rechten Seite ein kleines Rechteck. Wenn Sie dieses mit der Maus anklicken und festhalten, können Sie den Balken verschieben.

27.4.2 Der Aufruf von X-Programmen

Wenn Sie X-Programme von der Shell aus starten, setzen Sie ein kaufmännisches Und (&) an das Ende der Zeile. Damit startet das X-Programm im Hintergrund und gibt die Shell anschließend wieder frei.

X-Programme, die auf der Bibliothek Xt Intrinsics basieren, akzeptieren beim Start gleiche Optionen, weil sie gleich nach dem Start ihre Aufrufparameter an die X-Funktion XtAppInitialize() weitergeben, die auch für die Initialisierung des Programms zuständig ist. Diese durchsucht die Parameter nach Optionen, die sich an X richten. Dazu gehören beispielsweise -fg oder -bg zum Verändern der Farben. Da die Optionen bei allen Programmen von der gleichen Funktion ausgewertet werden, sind die Optionen auch durchgängig für alle X-Programme gültig.[3] Der folgende Aufruf startet xman mit einem gelben Hintergrund und blauen Buchstaben:

Gleiche Optionen aller X-Programme

```
xman -bg yellow -fg blue &
```

Neben der Möglichkeit, diese Optionen aus einer Shell den Programmen mitzugeben, kommen diese Optionen vor allem zum Einsatz, wenn X-Programme aus Skripten gestartet werden. Beispielsweise können aus der bereits genannten Datei **.xinitrc** die wichtigsten Programme pixelgenau positioniert werden. Tabelle 27.1 zeigt einige der wichtigsten Optionen, die Sie unter X verwenden können.

Option	Wirkung
-display *display*	Zu verwendender X-Server
-geometry *geometry*	Startposition und Größe des Fensters
-bg *color*, -background *color*	Farbe des Fensterhintergrunds
-bd *color*, -bordercolor *color*	Farbe des Fensterrands
-bw *pixel*, -borderwidth *pixel*	Breite des Fensterrands
-fg *color*, -foreground *color*	Vordergrundfarbe
-fn *font*, -font *font*	Verwendeter Zeichensatz
-title *string*	Der Titel im Schiebebalken

Tabelle 27.1 Standard-X-Optionen

Die kursiv angegebenen Parameter bedürfen noch einer näheren Erläuterung:

---

[3] Leider gilt das nicht unbedingt für Programme von KDE oder GNOME.

- **geometry**
  Die Geometrie ist die Ausdehnung des Fensters. Als Parameter wird ohne Leerzeichen hintereinander Breite x Höhe + X-Abstand + Y-Abstand zur linken oberen Ecke angegeben. Beispiel:
  ```
  xcalc -geometry 90x120+60+40 &
  ```
  Die Abstände können auch durch ein Minuszeichen angegeben werden. Dann beziehen sich die Abstände auf die untere bzw. rechte Kante. Eine Mischung ist möglich.

- **display**
  Das Display ist die exakte Bezeichnung des X-Servers, auf dem das Programm ablaufen soll. Der Aufbau lautet *Host:Display.Screen*. Genauere Informationen finden Sie auf Seite 757.

- **color**
  Farben können oft mit ihren englischen Namen verwendet werden, die in **/usr/lib/X11/rgb.txt** definiert sind. Alternativ gibt es die Möglichkeit, sie als RGB-Werte anzugeben, beispielsweise als rgb:50/99/99 (siehe Seite 734).

- **pixel**
  Bildpunkte auf dem Bildschirm.

- **font**
  Der Zeichensatz kann nach Schriftart, -größe oder -attributen eingegrenzt werden. Nähere Angaben zur Bezeichnung einer Schrift finden Sie auf Seite 735.

27.4.3 Cut and Paste

Aktive Markierung — Unter X gibt es einen extrem schnellen Mechanismus, um Texte per Maus zwischen Anwendungen auszutauschen, der sich von anderen grafischen Oberflächen stark unterscheidet. Im ersten Schritt wird der Textbereich markiert, den Sie kopieren wollen. Dazu streichen Sie mit der Maus bei gedrückter linker Maustaste über den Text. Es kann immer nur eine Markierung in X geben. Wird etwas anderes in einem anderen Fenster markiert, wird die bisherige Markierung aufgehoben. Durch die mittlere Maustaste wird das Markierte unter dem Mauszeiger als Texteingabe eingefügt. Das betreffende Fenster muss zu diesem Zeitpunkt nicht den Fokus haben, oder anders ausgedrückt: Es muss nicht aktiv sein.

Cut and Paste: X gegen StarOffice — Einige Programme, wie etwa StarOffice oder Netscape, verwenden das von MS Windows oder Mac OS bekannte Verfahren des Cut and Paste über ein sogenanntes Clipboard (Zwischenablage). Dabei wird mit **ctrl+C** (oder **ctrl+insert**) die Markierung auf das Clipboard kopiert und mit **ctrl+V** (oder **shift+insert**) der Clipboardpuffer wieder eingefügt. Alternativ zum Kopieren kann auch mit **ctrl+X** (**shift+delete**) der markierte Bereich entfernt und auf das Clipboard gelegt werden. Der Austausch mit anderen X-Programmen ist zumindest bei StarOffice gewährleistet, da Markierungen außerhalb von StarOffice aus dessen Sicht im Clipboard stehen und das Clipboard von StarOffice vom restlichen X als aktive Markierung angesehen wird.

Soll also ein Text aus xterm in ein geöffnetes Dokument von StarOffice gelangen, markieren Sie den Text in xterm und geben in StarOffice an der Zielstelle **ctrl+V** ein. Um einen Text aus StarOffice nach xterm zu bringen, markieren Sie ihn in StarOffice, drücken **ctrl+C** und können ihn nun im xterm durch Drücken der mittleren Maustaste einfügen.

27.4.4 Das Terminalfenster xterm

Terminalemulationen haben eine besondere Bedeutung unter X. Da die Shell unter UNIX sehr leistungsfähig ist, gibt es einige Dinge, die man mit ihr einfacher realisieren kann als mit einer grafischen Benutzeroberfläche. Aus diesem Grund benutzt der erfahrene UNIX-Anwender gern beides nebeneinander, ohne Ideologieprobleme zu haben. Die Existenz und Bedeutung von xterm ist kein Zeichen für das Versagen der GUI, sondern ein Indiz für die Leistungsfähigkeit der Shell.

Zugriff auf die Shell

Sie können das Fenster von xterm jederzeit vergrößern oder verkleinern. Die friedliche Koexistenz von GUI und textorientierten Programmen zeigt sich daran, dass die meisten UNIX-Anwendungen die Größenänderungen direkt berücksichtigen und umsetzen. Wenn man in einem xterm-Fenster vi laufen lässt, passt vi im Betrieb die Größe des Arbeitsbereichs automatisch an.

Größenanpassungen

Menüs

Auch xterm besitzt Menüs, allerdings nicht in einer Menüleiste. Sie erreichen das Menü durch Halten der **ctrl**-Taste und Drücken einer Maustaste. Mit der linken Taste erscheinen die Hauptoptionen, mit der mittleren die VT-Optionen und mit der rechten Maustaste die VT-Fonts.

ctrl-Mausklick zeigt das Menü

Das linke Menü ermöglicht das Senden von Signalen und die Einstellung einiger Besonderheiten wie der Funktionstastenbelegung. Die wichtigste Funktion der mittleren Maustaste ist das Zuschalten des Rollbalkens, der auf der linken Seite erscheint. Hier wird offenkundig, dass xterm auf dem

Athena Widget Set basiert. Die rechte Maustaste bietet die Möglichkeit, unterschiedlich große Zeichensätze zu verwenden.

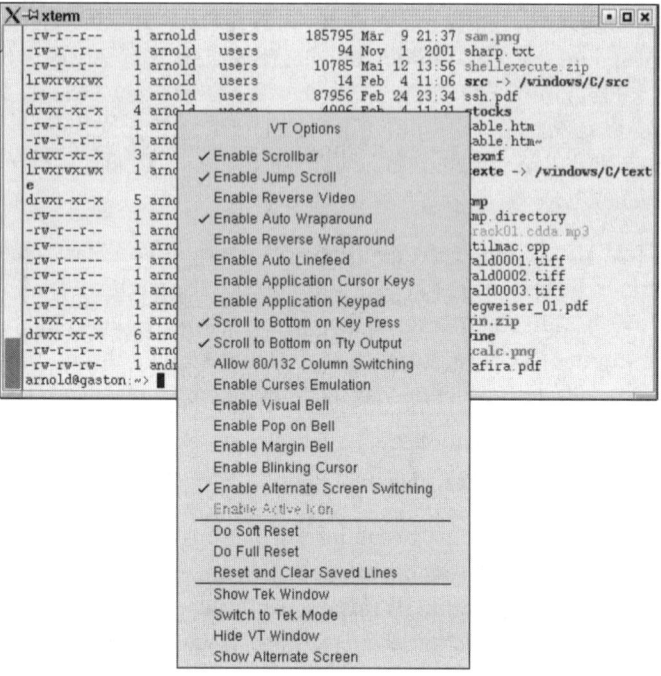

Abbildung 27.8 xterm mit dem Menü der mittleren Maustaste

Rollbalken

Alternative zu more

Wie bereits erwähnt wurde, können Sie den Rollbalken durch das Menü einschalten, das sich durch **ctrl**+mittlere Maustaste erreichen lässt. Gewöhnungsbedürftig ist allerdings die Benutzung. Der Rollbalken befindet sich ungewohnt am linken Fensterrand. Durch einen Linksklick mit der Maus auf irgendeine Stelle im Rollbalken geht es weiter nach unten und durch einen Rechtsklick zurück. Dabei werden die Schritte, in denen geblättert wird, umso größer, je weiter unten Sie klicken. Um den Schieber so zu bewegen, wie Sie das von anderen Rollbalken kennen, wird die mittlere Maustaste verwendet. Vor allem bietet der Rollbalken die Möglichkeit, schnell durchgelaufene Inhalte in Ruhe anzusehen. Damit ist es nur noch selten nötig, die Ausgabe durch more zu schicken.

Farbspiele

Unter X Window können Sie beim Aufruf der meisten Anwendungen angeben, welche Farben verwendet werden sollen. Beispiel:

```
xterm -fg blue -bg yellow &
```

Dieser Befehl startet ein neues Terminalfenster mit blauen Buchstaben auf gelbem Grund. Durch die Farben können Sie leicht ein wenig Übersicht in einen Bildschirm voller Fenster bringen. So könnten Sie Fenster, in denen Sie als root arbeiten wollen, mit einem roten Hintergrund versehen. Es ist auch hilfreich, wenn Sie Fenster, mit denen Sie in verschiedenen Verzeichnissen oder auf verschiedenen Rechnern arbeiten, unterschiedlich einfärben können.

Farbige Hintergründe schaffen Übersicht

Start von Applikationen beim Aufruf

Mit der Option `-e` können beim Start eines `xterm` direkt Programme innerhalb des Terminals gestartet werden. Beispielsweise kann auf diese Weise eine andere Shell gestartet werden. Sie können aber auch ein Fenster mit einem `vi` oder mit `elm`, einem E-Mail-Programm, starten. Sobald das Programm beendet ist, schließt sich auch das `xterm`. `-e` muss immer am Ende der Optionen stehen, da so auch dem mitgestarteten Programm Parameter übergeben werden können.

```
xterm -e vi unixx11.htm &
```

So wird in dem Fenster der `vi` mit der Datei **unixx11.htm** gestartet. Sobald `vi` verlassen wird, schließt sich auch das Fenster.

Verwandtschaft

Neben dem klassischen `xterm` gibt es unter fast jeder X-Abart eine andere Terminalversion. Einige Beispiele:

Plattform	Terminalprogramm
Sun Solaris CDE	dtterm
HP-UX	hpterm
Linux KDE	kvt, konsole
GNOME	gnome-terminal
Mac OS X	Terminal.app

Tabelle 27.2 xterm-Derivate

`xterm` wirkt neben seinen Verwandten oft etwas karg. Allerdings hat `xterm` den Vorteil, dass es unter X immer zur Verfügung steht und sich in allen Umgebungen gleich verhält. Da `xterm` aus heutiger Sicht wenig Speicher verwendet, wird es auch gern dann eingesetzt, wenn der Hauptspeicher nicht so üppig zur Verfügung steht.

27.4.5 Weitere praktische Helfer

Fenster einschlagen

Das Programm `xkill` verwandelt den Mauszeiger in einen Totenkopf, denn es beendet das Programm, in dessen Fenster als Nächstes geklickt wird. Dieses Verhalten ist zwar spektakulär. Sie sollten allerdings eine normale Beendigung des Programms bevorzugen.

xwd – Hardcopy

Mit dem Programm `xwd` können Sie eine sogenannte Hardcopy vom Bildschirm herstellen. Das Programm wird gestartet, und dann markieren Sie mit der Maus den Bereich, den Sie kopieren wollen. Ein Kontrollpiep meldet, dass der Bereich erfasst ist. Die Ausgabe wird nach stdout geschrieben oder durch die Option `-out` umgeleitet. Das Format dieser Datei nennt sich XWD und ist ein originäres X Window-Format. Zum Betrachten dieser Bilder gibt es das Programm `xwud`, aber auch moderne Programme wie `gimp` können mit diesem Format umgehen. Im folgenden Beispiel wird zuerst eine Bildschirmkopie mit `xwd` in der Datei **huhu.xwd** abgelegt und anschließend mit `xwud` angezeigt:

```
silver> xwd -out huhu.xwd
silver> xwud -in huhu.xwd &
```

27.5 Konfigurieren

Auch unter dem X Window System werden bei den meisten Konfigurationen Textdateien verwendet, die Sie mit einem beliebigen Editor bearbeiten können.

27.5.1 Farbbeschreibung

Unter dem X Window System können die Farben der meisten Anwendungen bei ihrem Aufruf konfiguriert werden. Oben war schon einmal als Beispiel ein `xterm` mit blauen Buchstaben auf gelbem Grund gezeigt worden:

```
xterm -fg blue -bg yellow &
```

Farbnamen stehen in rgb.txt

Die verwendeten Farbnamen blue und yellow werden in der Datei **rgb.txt** definiert. Die Datei finden Sie im lib-Verzeichnis von X, beispielsweise unter **/usr/lib/X11**. Hier werden die RGB-Umsetzungen der bekannten Farbnamen abgelegt. Aus diesem Grund können Sie viele Farben über ihre englischen Namen ansprechen. In den meisten Fällen können Sie auch die Attribute light oder dark verwenden, wie beispielsweise lightcyan oder darkblue. In dieser Datei finden Sie zum Beispiel:

```
255 250 250           snow
248 248 255           GhostWhite
245 245 245           WhiteSmoke
255 228 181           moccasin
255 248 220           cornsilk
255 255 240           ivory
255 250 205           LemonChiffon
240 255 255           azure
240 248 255           alice blue
240 248 255           AliceBlue
230 230 250           lavender
255 255 255           white
  0   0   0           black
 47  79  79           DarkSlateGray
105 105 105           DimGray
```

Sie können statt des Farbnamens auch direkt die Definition der RGB-Farben verwenden. Dazu wird das Schlüsselwort rgb vorangestellt. Die Syntax lautet:

Format der rgb-Darstellung

rgb:<*Rotanteil*>/<*Grünanteil*>/<*Blauanteil*>

Die Werte für die jeweiligen Anteile werden hexadezimal, ein- bis vierstellig angegeben. Das folgende Beispiel startet xterm mit knallrotem Hintergrund:

```
silver> xterm -bg rgb:F/0/0 &
```

27.5.2 Schriften

Standard-X11-Applikationen verarbeiten die Option -fn, der eine Maske für eine Schriftart folgt. Damit können Sie einstellen, welche Schrift die Applikation verwendet. Wie Sie herausfinden, welche Schriften zur Verfügung stehen und wie Sie eine Maske für die Schriftart angeben, wird in diesem Abschnitt behandelt.

-fn

Mit dem Kommando xlsfonts können Sie sich alle Zeichensätze ansehen, die X zur Verfügung stehen. Die Liste dürfte im Normalfall recht lang sein. Die Namen der Schriften enthalten auch technische Details, die für einen Setzer oder Grafiker von besonderer Bedeutung sind, die man bei der Angabe eines Zeichensatzes für Standardprogramme aber ungern mit angeben möchte. Hier hilft X mit der Möglichkeit, bei der

xlsfonts zeigt eine Liste aller Schriften

Auswahl von Schriften den Stern als Platzhalter zu verwenden, wie Sie das bei der Dateiauswahl der Shell kennen. Der * steht wie bei der Shell auch für beliebig viele Zeichen. Wenn ein Kommando mit einem Stern für die Schriften in der Shell aufgerufen wird, muss der entsprechende Parameter in Anführungszeichen stehen, damit die Shell nicht versucht, ihn aufzulösen.

xfd zeigt eine Schrift

Zum Betrachten eines Zeichensatzes dient das Programm xfd (siehe Abbildung 27.9). Der gewünschte Zeichensatz wird mit der Option -fn angegeben. Mit diesem Tool können Sie sich nicht nur das Aussehen der Zeichensätze anzeigen lassen. Sie können sich auch die Größe jedes einzelnen Zeichens ansehen. Auf diese Weise können Sie erkennen, ob die Schriftbezeichnung, die Sie beim Aufruf von xfd verwendet haben, auch die Schrift anzeigt, die Sie sich vorgestellt haben:

```
gaston > xfd -fn "*helvetica*-180-*"
gaston > xterm -fn "*helvetica*-180-*"
```

Im ersten Schritt wird der Font mit dem Namen helvetica angezeigt. In der zweiten Zeile sehen Sie, dass man den gleichen Parameter bei den meisten X-Programmen verwenden kann, um deren Schrift zu bestimmen.

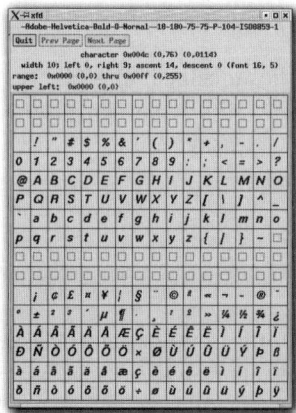

Abbildung 27.9 xfd

Die oben angegebene Schrift heißt auf meinem System korrekt:

-Adobe-Helvetica-Bold-O-Normal--18-180-75-75-P-104-ISO8859-1

Obwohl nach »helvetica« gesucht wurde, wurde »Helvetica« gefunden. Man sieht deutlich, dass bei den Schriftnamen Klein- und Großschreibung nicht relevant ist. Der Name der Schrift enthält mehrere Informationen über die Schrift selbst:

- **Adobe**
  Der Hersteller der Schrift.

- **Helvetica**
  Die Schriftfamilie. Daneben gibt es noch Schriften wie Times oder Courier. Übrigens ist die Schrift Arial fast nur unter MS Windows verfügbar. Darum sollte man sie nicht unbedingt im Internet verwenden oder wenn man seine Dokumente mit einem UNIX- oder Mac-Benutzer austauscht.

- **Bold**
  Die Angabe bezeichnet, wie fett die Schrift ist. Wer auf Diät ist, sollte statt bold (fett) lieber light oder medium verwenden.

- **O**
  Das O steht für »oblique« und bezeichnet die Neigung der Schrift. Alternativ steht hier R für »roman« oder I für »italic« (kursiv).

- **18**
  Die Zeichenhöhe in Pixeln.

- **180**
  Der Schriftgrad in zehntel Punkt. Diese Schrift ist also eine 18-Punkt-Schrift. Ein Punkt ist eine Maßeinheit aus dem Satzgewerbe und entspricht etwa 1/72 Zoll.

- **75-75**
  Die horizontale und vertikale Auflösung des Geräts, für das die Schrift entwickelt wurde. In diesem Fall ist die Auflösung des Zielgerätes 75 dpi in der Breite und in der Höhe. Ein Bildschirm liegt normalerweise etwa in der Auflösung zwischen 75 und 100 dpi.

- **P**
  Das P steht für »proportional«. Bei Schriften mit festem Zeichenabstand wird ein M für »monospaced« verwendet.

- **ISO8859-1**
  Das ist der Zeichensatz, der verwendet wird. Es handelt sich um das »Latin Alphabet No. 1«, das mehrere europäische Sprachen unterstützt.

Wenn Sie sich eine Schrift der Familie Times mit mittlerer Dicke ohne Neigung in der Größe 12 Punkt ansehen wollen, verwenden Sie folgende Bezeichnung:

```
xfd -fn "*-Times-Medium-R-*-120-*"
xlsfonts "*-Times-Medium-R-*-120-*"
```

Der Aufruf von `xfd` zeigt den ersten passenden Zeichensatz an. Der Aufruf von `xlsfonts` zeigt an, welche passenden Schriften installiert sind.

Wer seinem System Schriften hinzufügen will, findet weitere Informationen auf den Manpages von mkfontdir, xset und dem Font Manager xfs.

27.5.3 Bitmaps

bitmap — X liefert das Programm `bitmap` zum Erstellen von Icons mit. Damit können Sie Mauszeiger oder Symbole für Programme gestalten. Die Bedienung von `bitmap` ist intuitiv. Sie bekommen ein Raster, in dem Sie Ihr Icon malen können. Mit der linken Maustaste setzen Sie einen Punkt, mit der rechten Taste löschen und mit der mittleren invertieren Sie ihn.

Das Icon wird als Textdatei abgespeichert, genauer gesagt, findet man darin sogar den C-Quelltext. Mit den Programmen `atobm` bzw. `bmtoa` kann die Bitmap konvertiert werden.

xsetroot — Das Programm `xsetroot` bestimmt den Bildschirmhintergrund. Mit der Option `-bitmap` können Sie auch Icons als Hintergrund verwenden. Sie werden dann gekachelt. Die Option `-solid` *Farbe* wird den Hintergrund einfärben.

27.5.4 Ressourcen

Ressourcen sind Vorgabeeinstellungen — Unter Ressourcen versteht man unter X Vorgabedateien, in denen Sie definieren können, welche Vorgabewerte ein Programm bekommt. Je nach Programm können dort Programmparameter angepasst werden. Vor allem können Sie die Eigenschaften hinsichtlich des grafischen Erscheinungsbilds verändern.

Es gibt verschiedene Dateien, in denen die Ressourcen definiert werden können:

- **/usr/lib/X11/app-defaults/*Klassenname***
  Diese Datei enthält für die Applikation der Klasse *Klassenname* die für das System geltenden Ressourcen.

- **$HOME/*Klassenname***
  Hier stehen die vom Anwender angegebenen Ressourcen für die Applikation der Klasse *Klassenname*.

- **$HOME/.Xdefaults**
  Hier stehen die vom Anwender definierten Ressourcen.

- **$HOME/.Xdefaults-*host***
  Hier können Sie je nach Host unterschiedliche Ressourcen festlegen.

Als Beispiel soll die Uhr `xclock` mit rotem Hintergrund und blauen Zeigern erscheinen. Dazu legen Sie im eigenen Benutzerverzeichnis die Datei **XClock** an und schreiben Folgendes hinein:

```
*foreground: blue
XClock*background: red
```

In der Datei **XClock** ist die Angabe des Klassennamens XClock in der zweiten Zeile natürlich redundant. In der Datei **.Xdefaults** dagegen wird die Angabe auf das Programm `xclock` beschränkt.

Nach dem Start von `xclock` erscheint eine Uhr mit rotem Hintergrund und blauen Minutenunterteilungen. Wenn Sie die Datei **XClock** in **xclock** umbenennen, passiert das nicht mehr. Der Grund ist, dass XClock der Klassenname des Programms `xclock` ist. Sofort stellt sich die Frage, wie Sie diesen Namen erfahren. Dabei kann das Programm `xprop` helfen. Nach dem Start aus einer Shell verwandelt sich der Cursor in ein Kreuz. Wenn Sie nun ein Fenster anklicken, erhalten Sie diverse Informationen. Unter WM_CLASS finden Sie zwei Namen. Der zweite ist normalerweise der Klassenname. Zuerst wurde `xclock` im Hintergrund gestartet. Nach dem Aufruf von `xprop` ändert sich der Mauscursor in ein Fadenkreuz. Durch Anklicken des Fensters von `xclock` erscheint die unten stehende Ausgabe:

xprop

```
gaston> xclock &
[1] 3094
gaston> xprop
_NET_WM_ICON_GEOMETRY(CARDINAL) = 980, 602, 38, 20
WM_PROTOCOLS(ATOM): protocols   WM_DELETE_WINDOW
_NET_WM_DESKTOP(CARDINAL) = 1
_KDE_NET_WM_FRAME_STRUT(CARDINAL) = 4, 4, 20, 8
_NET_WM_VISIBLE_NAME(UTF8_STRING) = 0x78, 0x63, 0x6c, 0x6f,...
WM_STATE(WM_STATE):
                window state: Normal
                icon window: 0x0
SM_CLIENT_ID(STRING) = "11c0a86d90000102321350600000010070034"
WM_CLIENT_LEADER(WINDOW): window id # 0x4000009
WM_LOCALE_NAME(STRING) = "C"
WM_CLASS(STRING) = "xclock", "XClock"
WM_HINTS(WM_HINTS):
```

```
                        Client accepts input or input focus: False
                        Initial state is Normal State.
                        bitmap id # to use for icon: 0x4000001
                        bitmap id # of mask for icon: 0x4000003
WM_NORMAL_HINTS(WM_SIZE_HINTS):
                        program specified size: 164 by 164
                        window gravity: NorthWest
WM_CLIENT_MACHINE(STRING) = "gaston"
WM_COMMAND(STRING) = { "xclock" }
WM_ICON_NAME(STRING) = "xclock"
WM_NAME(STRING) = "xclock"
gaston>
```

<small>Manpages informieren über Ressourcen</small>

Die nächste Frage ist, woher man weiß, dass man mit background den Hintergrund und mit foreground die Minutenstriche färbt. Die einfachste Lösung ist ein Blick in die Manpages. Dort sind normalerweise die Attribute dokumentiert, die man per Ressource verändern kann.

<small>Sterne als Platzhalter</small>

Zu guter Letzt stellt sich die Frage nach den Sternen. Auch in den Ressourcen verwendet man den Stern für beliebig viele Zeichen. Die obere Zeile gibt an, dass alles, was auf foreground endet, blau sein soll. Die darunter liegende Zeile schränkt die angesprochenen Objekte stärker ein. Zuerst muss XClock erscheinen, dann irgendetwas und zu guter Letzt background. Da beides in der Datei **XClock** steht, kann es nur xclock betreffen. Wenn beides aber in der Datei **.Xdefaults** stünde, wäre die Einschränkung auf XClock schon wichtig.

Jedes einzelne Widget kann verändert werden. Um mehrere Widgets in einer Zeile zu definieren, kann der Stern verwendet werden. Eine solche Datei kann beispielsweise so aussehen:

```
bitmap*Dashed:    off
XTerm*cursorColor:    gold
XTerm*multiScroll:    on
XTerm*jumpScroll:    on
XTerm*reverseWrap:    on
XTerm*curses:    on
XTerm*Font:    6x10
XTerm*scrollBar: on
XTerm*scrollbar*thickness: 5
XTerm*multiClickTime: 500
XTerm*charClass:    33:48,37:48,45-47:48,64:48
XTerm*cutNewline: off
XTerm*cutToBeginningOfLine: off
XTerm*titeInhibit:    on
XTerm*ttyModes:    intr ^c erase ^? kill ^u
```

```
XLoad*Background: gold
XLoad*Foreground: red
XLoad*highlight: black
XLoad*borderWidth: 0
emacs*Geometry:    80x65-0-0
emacs*Background:  rgb:5b/76/86
emacs*Foreground:  white
emacs*Cursor:      white
emacs*BorderColor: white
emacs*Font:        6x10
xmag*geometry:     -0-0
xmag*borderColor:  white
```

Jeder Benutzer kann in seinem Verzeichnis unter dem Namen **.Xdefaults** eine Datei anlegen, die beim Start automatisch zu den Systemressourcen hinzugeladen wird. Voraussetzung ist allerdings, dass die Umgebungsvariable XENVIRONMENT auf die Datei **/.Xdefaults** verweist. Dazu könnte sie beispielsweise in der Datei **.profile** gesetzt werden:

```
export XENVIRONMENT=~/.Xdefaults
```

27.5.5 Konfiguration des Fenstermanagers

Die Startupdatei liegt bei den meisten Fenstermanagern im Verzeichnis **/usr/lib/X11**. Darin befindet sich ein Verzeichnis mit dem Namen des Fenstermanagers, in dem sich wiederum eine Datei **system.XXwmrc** befindet. Hierin werden Menüs, Tastenzuordnungen und Mausaktionen definiert:

```
Menu DefaultRootMenu

        "Root Menu"             f.title
        "New Window"            f.exec "xterm -e /bin/bash &"
        "Shuffle Up"            f.circle_up
...
        "Restart fvwm"          f.restart "fvwm"
        "Quit..."               f.quit_mwm
```

Der Ausschnitt oben stammt aus der Konfigurationsdatei eines twm. Diese Syntax gilt aber leider nicht für alle Fenstermanager. Entsprechend macht es wenig Sinn, an dieser Stelle das Thema besonders zu vertiefen. Informationen über die Syntax und die Möglichkeiten des jeweiligen Fenstermanagers finden Sie in dessen Manpage.

Unterschiedliche Syntax

27.5.6 Fokus und Z-Anordnung

Aktive Fenster

Unter dem Fokus versteht man bei grafischen Oberflächen das Element, das auf die Tastatureingabe anspricht. Man kann auch vom aktiven Fensterelement sprechen. Unter der Z-Anordnung versteht man die Rangfolge der Fenster übereinander. Vom Macintosh und auch später von MS Windows sind PC-Benutzer es gewohnt, dass das Fenster, das als Letztes angeklickt wurde, nach vorn kommt und damit in der Z-Anordnung die erste Position einnimmt und den Fokus erhält. Dieses Verhalten ist bei X konfigurierbar. Standardmäßig wurde X immer so ausgeliefert, dass das Fenster oder auch das Element unter dem Mauszeiger den Fokus erhielt. Das bedeutet nicht zwingend, dass dieses Fenster auch nach »vorn« kommt. Das geschieht durch Anklicken oder durch eine einstellbare Verzögerungszeit.

Schneller Fokuswechsel

Sie müssen bei solchen Systemen ein wenig aufpassen, wo Sie den Mauszeiger auf dem Bildschirm hinschieben. Hat man sich an diese Technik gewöhnt, ist das Arbeiten mit mehreren Fenstern aber sehr viel schneller.

Seit Motif: click to focus

Unter Motif wurde erstmals das vom Mac gewohnte Verfahren als Standard verwendet. Man spricht hier vom »click to focus«. Die Behandlung des Fokus wird bei Motif in den Ressourcen festgelegt. Dort stehen drei Variablen für Mwm zur Verfügung, mit denen das Fokusverhalten bestimmt wird. Wenn Sie ein anderes Verhalten haben möchten als das vom System vorgegebene, so können Sie dies durch Einträge in die Datei **~/.Xdefaults** umstellen. Die folgende Einstellung erzeugt die klassische Art des Fokus unter der Maus und wartet 250 ms, bis das Fenster nach vorn springt:[4]

```
Mwm*keyboardFocusPolicy: pointer
Mwm*focusAutoRaise: True
Mwm*autoRaiseDelay: 250
```

Bildschirm-beruhigung

Diese Verzögerung beim Hochkommen der Fenster wird deshalb eingebaut, weil sonst bei einer schnellen Bewegung mit der Maus über den Bildschirm alle Fenster hin und her springen. Die Standardeinstellung der FocusPolicy heißt explicit.

Auch unter den modernen Desktops wie KDE, GNOME und CDE lässt sich die Fokusstrategie auf diese Weise einstellen. Sie finden sie im KDE Kontrollzentrum bzw. im CDE Window Style Manager jeweils unter »Window Behavior«.

---

4 vgl. OSF/Motif User's Guide. Open Software Foundation. Revision 1.2. 1992. pp. 5–17,5–18.

27.6 Desktops

Der Fenstermanager legt unter X die gleichförmige Bedienung und das einheitliche Aussehen fest. Der nächste Schritt, um einen höheren Bedienungskomfort zu schaffen, ist der Desktop. Hier greifen die Programme enger ineinander. Beispielsweise startet das Mailprogramm den Entpacker, wenn ein Benutzer das ZIP-File sehen will, das im Anhang der E-Mail steht. Und der Entpacker ruft wiederum den Bildbetrachter auf, wenn der Benutzer eine JPEG-Datei[5] anwählt. Die Basis für dieses Verhalten sind die MIME-Zuordnungen, die durch den Desktop gesteuert werden.

Sessionmanager merken sich den Zustand der Sitzungen. Konfigurationswerkzeuge ermöglichen die Anpassung an die persönlichen Vorstellungen.

Im Allgemeinen ist ein Panel vorhanden, über das Einstellungen gemacht werden und Programme gestartet werden können. Weitere kleinere Werkzeuge runden das Bild ab.

27.6.1 CDE

CDE (Common Desktop Environment) ist aus einer Zusammenarbeit einiger großer UNIX-Hersteller entstanden. Seit Motif orientiert sich die Bedienung der X-Oberfläche daran, eine möglichst intuitive Bedienung zu schaffen. Hierauf baut CDE auf und liefert ein Panel und viele grafische Werkzeuge, mit denen die Anpassung an die individuellen Bedürfnisse auch ohne das Verständnis der Ressourcen möglich ist. In Abbildung 27.10 sehen Sie unten das Panel mit seinen Startflächen und in der Mitte den Umschalter zwischen den vier Bildschirmen. Als Beispiel sind zwei Menüs aufgeklappt, die weitere Startflächen enthalten.

Links oben ist der Style Manager zu sehen, darunter der Dialog zur Einstellung der Fokusstrategie. Rechts oben ist mit Hilfe der rechten Maustaste auf dem Hintergrund ein Menü aufgeklappt worden. Von dort erreichen Sie diverse Programme.

---

5 Eine JPEG-Datei ist eine Bilddatei, die für die Komprimierung von Fotos optimiert ist.

27 | Das X Window System

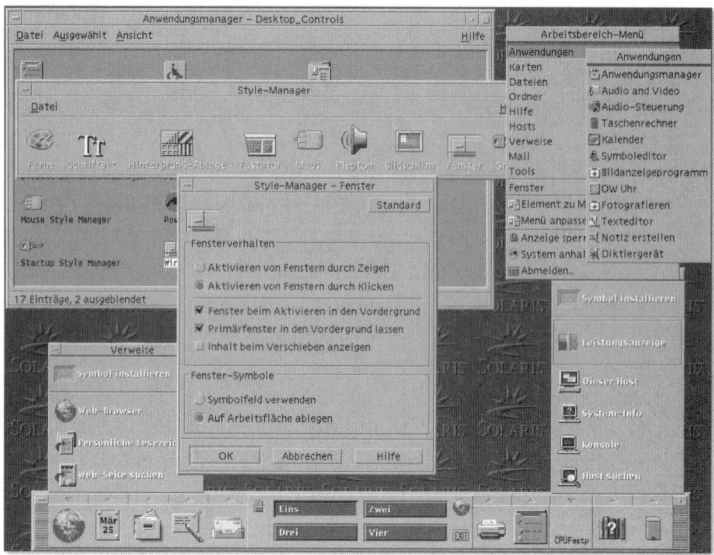

Abbildung 27.10 Der Desktop CDE

Panel

In der Mitte des CDE-Panels sehen Sie den Umschalter der virtuellen Bildschirme. Daneben befinden sich Schnellstarter zu beiden Seiten. Über den Schnellstartern finden Sie noch einen kleinen, mit einem Dreieck gekennzeichneten Schalter, mit dem sich eine Schublade mit weiteren Schnellstartern öffnen lässt. Neben ihrer Funktion als Taste haben die Schnellstarter auch Applet-Charakter. So zeigt der eine das Datum und die Uhrzeit und der andere die CPU-Last an.

Virtuelle Bildschirme Das Panel füllt den unteren Bildschirmrand und ist das auffallendste Merkmal des CDE. In seiner Mitte befindet sich ein Umschalter zwischen vier[6] virtuellen Arbeitsflächen. Diesen Arbeitsflächen können Sie durch zweimaliges Klicken auf die Schaltflächen neue Namen zuordnen. Die geöffneten Fenster sind dem jeweiligen Bildschirm zugeordnet und verschwinden beim Umschalten. Auf diese Weise kann man die Fensterflut selbst bei kleineren Monitoren im Griff behalten.

Funktionsbuttons Links und rechts befinden sich je fünf Programmstarter für die meistbenötigten Programme. Den Schaltflächen sind kleine, mit Pfeilen nach oben markierte Buttons zugeordnet, hinter denen sich jeweils ein Menü verbirgt.

---

6 Die Anzahl ist konfigurierbar.

Direkt um den Umschalter herum befinden sich kleinere Tastenfelder für
das Abmelden und das kurzfristige Sperren des Bildschirms.

Das Menü

Wenn Sie mit der rechten Maustaste auf den Hintergrund klicken, errei- *Arbeitsplatzmenü*
chen Sie das Arbeitsplatzmenü. In diesem befinden sich Kategorien von
Programmen, die weitere Untermenüs mit den eigentlichen Programmen
aufklappen, wenn Sie sie anklicken.

Ein Menüpunkt öffnet ein Fenstermenü, mit dem Sie Fenster rotieren,
aber auch wie mit `xkill` vernichten können.

Zwei Menüpunkte dienen zur Konfiguration des Menüs. So können Sie
auch selbst Menüpunkte einbauen. Zu guter Letzt finden Sie die Punkte
zum Sperren des Bildschirms und zum Ausloggen.

Fenster und Symbole

Wenn Sie unter CDE ein Fenster minimieren, entsteht ein Icon auf dem *Icons*
Bildschirm. Durch einen Doppelklick auf dieses Icon wird die ursprüngliche Größe wiederhergestellt. Die anderen Desktops verwenden Icons
als Startschalter für Applikationen, wie sie vom Macintosh und von MS
Windows her bekannt sind. Der Unterschied besteht darin, dass im ersten
Fall der Prozess bereits läuft, aber das Fenster verkleinert ist. Im zweiten
Fall wird das Programm erst durch den Doppelklick gestartet. Allerdings
ist es unter CDE auch möglich, Icons auf dem Desktop abzulegen, die
als Starter agieren. Sie sind etwas kleiner als die minimierten Fenster.
Es ist aber eher üblich, Starter im Panel oder im Arbeitsbereichmenü
unterzubringen.

Dateimanager

Sie können den Dateimanager aus dem Panel heraus starten. Der Startbut- *Start*
ton wird mit einem Bild von einer geöffneten Aktenschublade gekennzeichnet. Auch über das Arbeitsplatzmenü, das Sie durch einen Klick mit
der rechten Maustaste auf den Bildschirmhintergrund aufrufen, können
Sie den Dateimanager starten. Er findet sich unter dem Menüpunkt »Dateien – Dateimanager«.

Der Dateimanager ermöglicht den fensterorientierten Zugang zu Datei- *Funktion*
en. Auf diesem Wege sind die grundlegenden Dateimanipulationen wie
Kopieren, Umbenennen und Löschen möglich.

Abbildung 27.11 zeigt im Hintergrundfenster den Dateimanager in der
üblichen Symboldarstellung der Dateien und Ordner. Unter dem Menü

wird der Pfad in aufeinander folgenden Ordnersymbolen dargestellt. In der darunter liegenden Eingabezeile kann das Arbeitsverzeichnis auch direkt eingegeben werden. Rechts im Vordergrund sieht man den Dialog zur Einstellung der Darstellung. So ist neben der Symbol- auch eine Baum- oder Textdarstellung möglich. Die grundlegenden Sortierkriterien sind einstellbar.

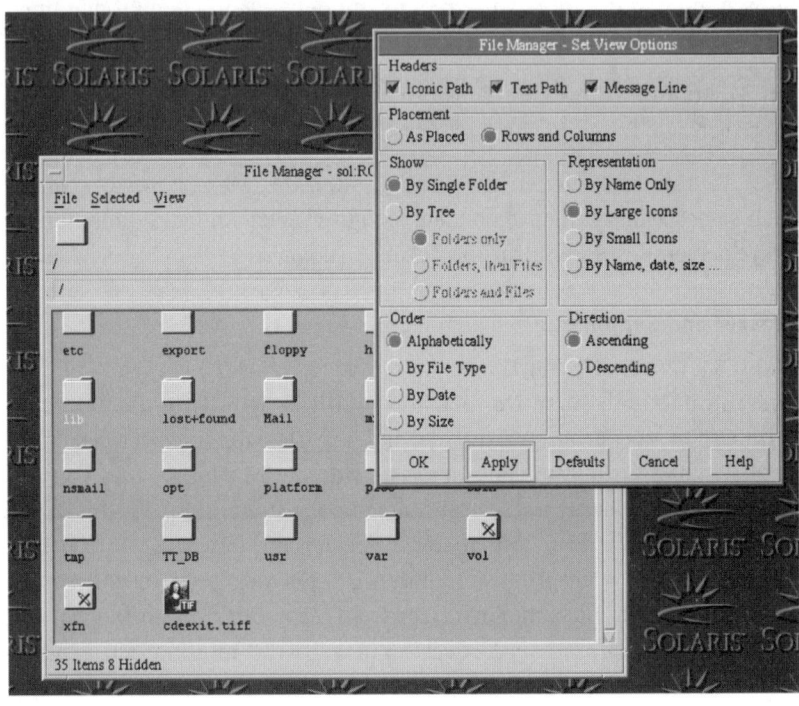

Abbildung 27.11 CDE Dateimanager

Werkzeuge

Applikations-manager
Der Applikationsmanager verwaltet die installierten CDE-konformen Applikationen. Er bietet eine Liste der ausführbaren Programme an und verwaltet die zugehörigen Icons.

Sitzungsmanager
Der Sitzungsmanager verwaltet die Sitzungen eines Benutzers. Insbesondere meldet er den CDE-konformen Applikationen das Ende einer Sitzung und nimmt eine Zeichenkette entgegen, die es ermöglicht, die Applikation im gleichen Zustand wieder zu starten, wenn der Anwender sich erneut einloggt.

Stilmanager
Mit dem Stilmanager können Sie die Grundeinstellungen des CDE über grafische Oberflächen verwalten, anstatt die Ressourcen direkt zu manipulieren.

Der Druckmanager macht dem Anwender die Druckerwarteschlangen zugänglich. Zum Grundpaket gehören auch ein Kalender, ein Taschenrechner und einige weitere kleinere Programme.

Entwicklung

CDE basiert auf dem OSF/Motif. OSF ist die Open Software Foundation, ein Zusammenschluss mehrerer UNIX-Hersteller, angefangen mit DEC, IBM und Hewlett Packard. Einige Zeit versuchte Sun, sein OpenLook als übergreifenden Standard zu platzieren, wechselte dann aber auch zu Motif und CDE.

CDE basiert auf Motif

Motif basiert auf der IBM-Idee des Common User Access (CUA), der damals in Zusammenarbeit mit Microsoft Grundlage des Oberflächendesigns für OS/2 war.

IBMs CUA

Da Sun die neue Version von Solaris mit dem Open-Source-Desktop GNOME ausliefert, wird CDE dort mehr und mehr der Kompatibilität wegen erhalten bleiben. Es ist zu vermuten, dass Sun nicht weiter in die Entwicklung von CDE investieren wird. Weiterhin ist anzunehmen, dass bald auch andere UNIX-Anbieter dem Beispiel von Sun folgen werden.

Sun springt ab

27.6.2 KDE

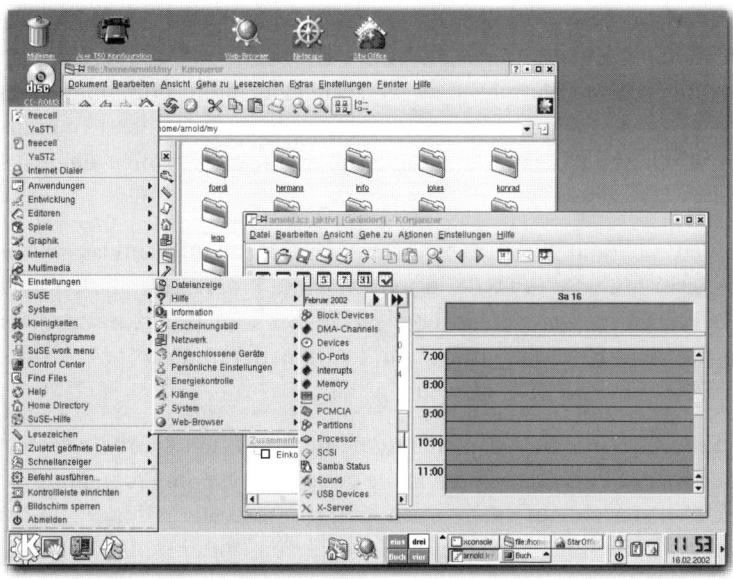

Abbildung 27.12 Der Desktop KDE

Erster Desktop unter Linux

KDE steht für K Desktop Environment und ist der erste Desktop, der für Linux entwickelt wurde. Bis dahin wurden diverse, sehr leistungsfähige Fenstermanager für Linux gegeben. Offensichtlich durch CDE inspiriert, sollte mit KDE darüber hinaus eine grafische Oberfläche gestaltet werden, die nicht nur eine Sammlung grafischer Programme ist, sondern bei der die Programme miteinander kommunizieren und ineinandergreifen.

Der markanteste Unterschied zu anderen Desktops liegt darin, dass Objekte bereits durch einen Einfachklick gestartet werden können. Im Anfang ist dieses Verhalten etwas irritierend. Aber diese Option lässt sich nach dem persönlichen Geschmack umstellen.

Das Panel

Die Leiste am Fuß des Bildschirms wird Panel (englisch für Schalttafel, »Pännel« ausgesprochen) genannt. Man könnte das Panel auch als Menüleiste bezeichnen. Sie können das Panel auch an den anderen Rändern des Bildschirms andocken. Dazu ziehen Sie es einfach mit der Maus an das gewünschte Ziel. Mit Hilfe des Pfeils an der rechten Seite des Panels können Sie es auch ganz verschwinden lassen. Es bleibt nur ein kleiner Pfeil, um das Panel wieder vorzuholen.

Abbildung 27.13 Das KDE-Panel

Hauptmenü

Auf der linken Seite des Panels finden Sie ein großes K. Dahinter liegt ein Menü, über das Sie die meisten Programme auf Ihrem Computer erreichen können. Bei manchen Systemen, wie beispielsweise bei dem Linux von SUSE, finden Sie ein anderes Symbol, etwa einen grünen Chamäleonkopf.

Startbuttons

Sie finden auf dem Panel neben dem Hauptmenü manchmal weitere Menüs, aber auch Buttons, die oft verwendete Programme starten können. Das Panel ist weitgehend über ein Menü konfigurierbar, das über die rechte Maustaste aufgerufen wird. Alternativ können Sie auch das Kontrollzentrum von KDE verwenden.

Arbeitsflächen

KDE bietet Ihnen die Möglichkeit, mit mehreren virtuellen Arbeitsflächen zu arbeiten. Auf der ersten könnten Sie beispielsweise die Programme für das Internet starten, auf der zweiten läuft die Textverarbeitung, und auf der dritten laufen ein paar Spiele für die kurzen Pausen zwischendurch. Die vierte Arbeitsfläche ist dann immer noch frei, so dass Sie leicht an alle Icons auf dem Desktop kommen. Den Umschalter zwischen den

Bildschirmen finden Sie etwa in der Mitte des Panels. Durch Anklicken eines Schalters im Arbeitsflächenumschalter können Sie die Arbeitsfläche wechseln.

Rechts neben dem Arbeitsflächenumschalter befindet sich die Fensterliste, in der alle offenen Fenster aufgeführt sind.

Fensterliste

Desktop und Konqueror

Neben der Möglichkeit, Programme vom Menü aus zu starten, bietet KDE an, auf dem Desktop Symbole anzulegen, auch Icons genannt. Diese dienen zum Starten von Programmen oder repräsentieren Geräte. Beispielsweise kann ein CD-Laufwerk oder eine Festplatte angeklickt werden, um sich deren Inhalt anzusehen. Sie können ein solches Icon selbst auf dem Hintergrund anlegen. Dazu klicken Sie mit der rechten Maustaste auf den Hintergrund. Es erscheint das Kontextmenü. In der ersten Zeile steht »Neu«, und dahinter stehen die Elemente, die Sie erzeugen können: Verzeichnis, Dateisystem, Programm, URL oder Mimetyp.

Der Dateimanager des KDE heißt Konqueror. Mit einem Dateimanager können Sie, wie der Name schon erahnen lässt, Dateien verwalten. Daneben können Sie auch URLs eingeben, und der Konqueror dient dann als Browser.

Konqueror

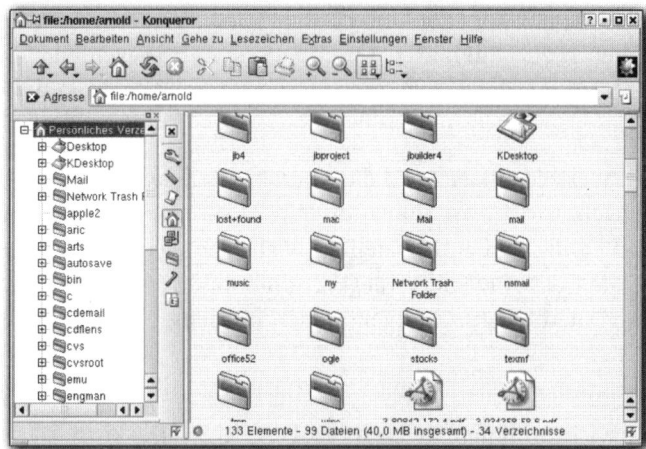

Abbildung 27.14 Der Dateimanager Konqueror

Konfiguration

Das KDE-Kontrollzentrum ist eine Zusammenstellung der diversen Einstellungsdialoge des Dateimanagers, der Bildschirmanzeige und ande-

Kontrollzentrum

rer grundlegender Programme. Das Kontrollzentrum erreichen Sie am schnellsten über das Hauptmenü. Dort befindet es sich auf der ersten Ebene.

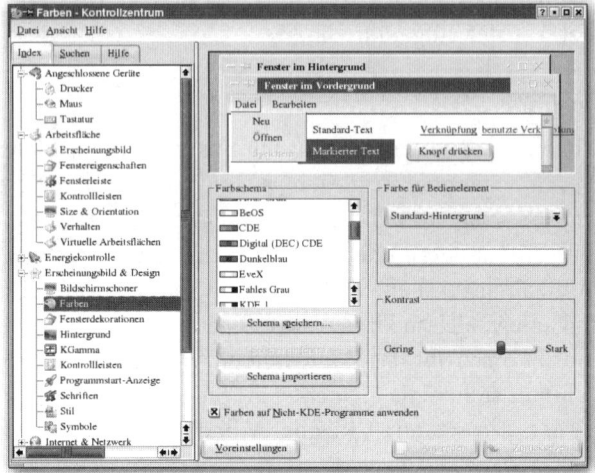

Abbildung 27.15 Das Kontrollzentrum

.kderc In der Datei **.kderc** stehen vornehmlich die Zeichensätze und Farben für die Panel und sonstigen Elemente des Desktops. Der Aufbau gleicht eher einer Windows-INI-Datei oder der **smb.conf** von SAMBA als der funktional vergleichbaren Datei **.Xdefaults**. Die Inhalte der Datei werden aber typischerweise nicht mit dem Editor, sondern mit dem Kontrollzentrum verändert.

.kde In allen Benutzerverzeichnissen wird das Verzeichnis **.kde** angelegt. Das wichtigste Verzeichnis darin ist **share**, in dem KDE-Anwendungen ihre Konfigurationen **config** und auch Daten **apps** ablegen. Da hier auch die persönlichen Daten des Anwenders liegen, sollte dieses Verzeichnis auf jeden Fall in die Datensicherung aufgenommen werden.

Desktop-Informationen

Im Benutzerverzeichnis finden Sie auch das Verzeichnis **Desktop**. Darin befinden sich alle dort angelegten Verzeichnisse und Icon-Beschreibungen. Die Icon-Beschreibungen werden in Textdateien abgelegt. Ein Icon für eine Anwendung kann hinter den Kulissen beispielsweise so aussehen:[7]

---

[7] Die Datei ist der besseren Übersicht halber um die diversen Übersetzungen des Namens gekürzt worden.

```
# KDE Config File
[KDE Desktop Entry]
Name[fi]=Sovellus
SwallowExec=/home/t345-1.33/t345
SwallowTitle=
Name[ru]=ðÒÉÌÏÖÁÎÉÅ
BinaryPattern=/home/t345-1.33/t345;
Name=Application
Name[da]=Anvendelse
MimeType=
Name[de]=Acer T50 Konfiguration
Exec=acert50
Icon=PhoneTT.xpm
TerminalOptions=
Path=
Type=Application
Name[es]=Aplicaciones
Comment[de]=
Terminal=0
```

Sie sehen, dass in den Icon-Beschreibungen bereits die Beschriftungen in verschiedenen Landessprachen hinterlegt sind. Während das Icon auf einem deutschen System »Acer T50 Konfiguration« heißt, würde dort in einer dänischen Umgebung »Anvendelse« stehen. Letzteres heißt einfach »Anwendung« und zeigt, dass das Icon wohl noch nicht in alle Sprachen übersetzt wurde.

In der Datei **.directory** wird die Position für alle Icons angegeben. Die Struktur entspricht auch hier einer INI-Datei.

.directory

```
BgImage=
Icon=desktop
Type=Directory

[IconPosition::CD-R.desktop]
X=216
Y=228

[IconPosition::Floppy.desktop]
X=300
Y=304

[IconPosition::KMail]
X=122
Y=76
```

KDE-Terminal: Konsole

Geänderte Optionen

Das Programm `konsole` ersetzt `xterm` auf der KDE-Oberfläche. Bedauerlicherweise wurden einige der Standards bei den X-Optionen ignoriert und durch eigene, nicht wirklich eingängigere Varianten ersetzt (siehe Tabelle 27.3).

KDE	xterm	Bedeutung
-caption	-title	Im Titelbalken erscheinender Text
-vt_sz	-geometry	Größe des Fensters
-display	-display	Starten auf einem anderen X-Server
-e	-e	Start eines Kommandos
-ls	-ls	Starte als Login-Shell

Tabelle 27.3 Optionen von xterm und konsole

Ansonsten ist `konsole` eine gelungene, moderne Umsetzung des `xterm`. Wer die Standard-X-Kommandos nicht missen will, kann aber auch unter KDE `xterm` in gewohnter Weise starten. Dies ist beispielsweise dann erforderlich, wenn Sie die Möglichkeiten von verschiedenen Hintergrundfarben nutzen wollen.

Eine hilfreiche Option ist `--workdir`, mit der Sie die Konsole gleich in ein bestimmtes Arbeitsverzeichnis setzen können. So können Sie ein Icon auf dem Desktop anlegen, das auf einen Klick eine Terminalsitzung in Ihrem Arbeitsverzeichnis öffnet.

27.6.3 GNOME

GNOME ist das Kürzel für GNU Network Object Model Environment. Der Name enthält drei wichtige Schlagwörter. »GNU« deutet an, dass GNOME zur freien Software gehört. »Network« sagt aus, dass GNOME wie alle grafischen Oberflächen, die auf dem X Window System beruhen, netzwerkfähig ist. »Object Model« besagt, dass GNOME auf einer objektorientierten Architektur basiert.

Alternative zu KDE

GNOME ist eine weitere Implementierung eines Linux-Desktops, die dadurch entstand, dass KDE die kommerzielle Qt-Bibliothek benutzt und damit nach Ansicht der Autoren von GNOME die Idee der freien Software untergräbt. GNOME basiert auf freien Bibliotheken, in erster Linie auf der gtk+ (GIMP Toolkit), die bei der Erstellung des Grafikprogramms gimp entstand.

Abbildung 27.16 zeigt einen GNOME-Bildschirm. Er besitzt zwei Panel, die nicht über die gesamte Breite gehen. Die Panel nennen sich Eck-Panel, obwohl sie in diesem Fall gar nicht in der Ecke stehen, sondern zentriert sind. GNOME kennt verschiedene Arten von Panel und viele Möglichkeiten, diese zu gestalten. Unten in der Mitte dient das Panel als Buttonleiste für das GNOME-Menü und einige Anwendungsprogramme. Das obere Panel enthält einen Arbeitsflächenumschalter und eine Fensterliste aller gestarteten Applikationen. Wenn Sie mit der rechten Maustaste auf den Panelhintergrund klicken, erhalten Sie ein Menü, mit dem Sie Panels konfigurieren können. Auch im GNOME-Panel ist ein Umschalter für mehrere Arbeitsbildschirme eingebaut.

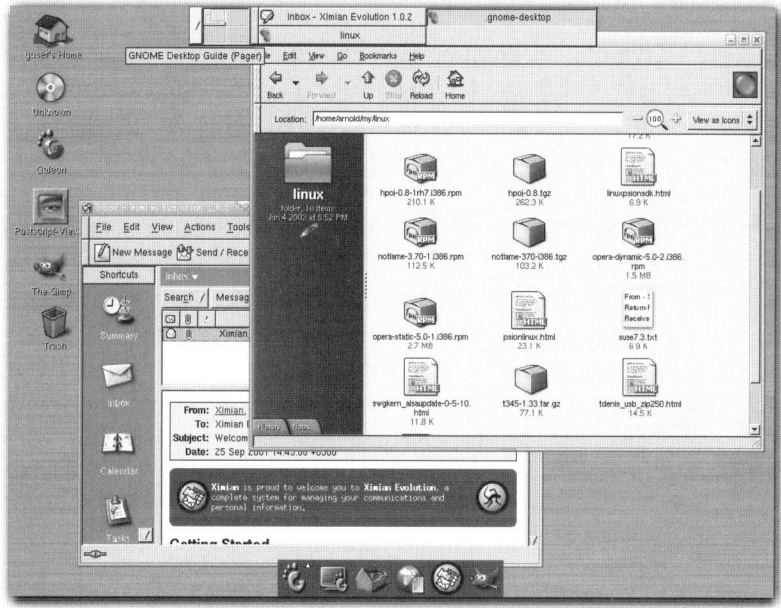

Abbildung 27.16 Der Desktop GNOME

Rechts oben im Vordergrund sehen Sie Nautilus, den Dateimanager des GNOME-Desktops. Hier zeigt er die Dateien des Verzeichnisses **linux** in Symboldarstellung an. Das hintere Fenster links unten zeigt den Organizer Evolution.

Nautilus ist der Dateimanager des GNOME. Wie bei KDE wird auch bei GNOME der Dateimanager Nautilus als Verwaltungsprogramm für den Bildschirmhintergrund eingesetzt. und Nautilus kann auch als Browser verwendet werden.

Nautilus

Insgesamt kann man sagen, dass die GNOME-Entwickler sich stärker am Macintosh als an MS Windows orientieren, aber keine Hemmungen haben, gute Ideen aus welcher Quelle auch immer zu übernehmen.

Hinter den Kulissen

Fenstermanager
GNOME setzte Sawfish als Fenstermanager ein. Er galt als schnell und erweiterungsfähig. Dennoch ist diese Festlegung nicht bindend. Inzwischen wird als Fenstermanager Metacity eingesetzt.

Sitzungsmanager
Das GNOME Session Management ermittelt am Ende einer Sitzung, welche Applikationen laufen, und versucht bei der nächsten Sitzung, die Programme wieder zu starten und in den gleichen Zustand zu bringen, wie sie zuletzt waren.

Komponentenmodell als Basis
Für GNOME wurde das Komponentenmodell Bonobo entwickelt. Bonobo wird als ein sprach- und systemunabhängiger Schnittstellensatz zu CORBA beschrieben.[8] Damit ist GNOME von bestimmten Sprachen oder Systemen unabhängig und basiert auf anerkannten Standards, die weit über Linux hinaus neueste Technologie sind. Hinzu kommt, dass ein Komponentensystem als Basis einer grafischen Oberfläche sehr flexible Möglichkeiten bietet. Diese Architektur mag dafür verantwortlich sein, dass GNOME etwas träger als KDE zu reagieren scheint. Sie hat aber langfristig den Vorteil, dass Funktionalitäten eines Programms ohne großen Zusatzaufwand als Modul zur Verfügung gestellt werden können. Dieses Modul kann dann von anderen Programmen verwendet werden, was zu einer schnelleren Entwicklungszeit und zu einem geringeren Speicherverbrauch führt.

Datenablage

Im Verzeichnis ~/.gnome-desktop werden alle Icons des Desktops abgelegt. Darin befinden sich Dateien, deren Struktur denen der KDE-Icons gleichen.

27.6.4 Der Wettstreit der freien Desktops

Lizenzfrage geklärt
Die Kritik an KDE bezüglich seiner kommerziellen Bibliothek qt ist weitgehend abgeflaut, nachdem die Firma Troll Tech, die diese Bibliothek entwickelt hatte, erhebliche Zugeständnisse an die KDE-Gemeinde gemacht hat. Im Kern sagen diese aus, dass nur kommerzielle Programme, die die Bibliothek nutzen, lizenzpflichtig sind. Dagegen ist die Nutzung der Bi-

---

8 vgl. die zu GNOME und Bonobo mitgelieferten README-Dateien.

bliotheken in Programmen, die der GNU-Lizenz unterliegen, frei. Auf den ersten Blick scheint das ein guter Kompromiss zu sein. Er ist aber dennoch nicht unproblematisch. Auf keiner Plattform zahlt der Entwickler für die Nutzung der Betriebssystembibliotheken. Ausgerechnet in der freien Linux-Welt ist das anders. Im Moment fällt das nicht so ins Gewicht, weil derzeit fast alle Software für Linux-Benutzer frei ist. Irgendwann wird es aber auch kommerzielle Software für Linux geben. Dann werden die Hersteller vermutlich auf GNOME ausweichen, um die Lizenzen zu sparen. Immerhin ist derzeit das Entwickeln für Linux ohnehin ein Risiko, da nicht sicher ist, ob Linux-Anwender bereit sind, kommerzielle Software zu bezahlen. Auch kommerzielle Kleinprogramme wie Shareware wird es unter den jetzigen Bedingungen für KDE sicher nicht geben.

Die beiden Entwicklungen KDE und GNOME laufen derzeit nebeneinander her. Interessant an dem Wettbewerb zwischen den offenen Projekten ist, dass gute Ideen von der jeweils anderen Seite aufgegriffen werden. Die Panels haben große Ähnlichkeiten, und der Konflikt ist offenkundig kein Überlebenskampf, wie dies im kommerziellen Bereich sehr schnell der Fall ist. Insofern profitieren derzeit die Anwender.

Sun liefert GNOME als alternative grafische Oberfläche für Solaris aus. Dabei kündigte Sun an, von CDE auf GNOME umsteigen zu wollen.[9] Es ist zu vermuten, dass auf lange Sicht CDE von seinem Marktanteil an GNOME verlieren wird, und es bleibt abzuwarten, inwieweit es eine Weiterentwicklung von CDE geben wird.

GNOME breitet sich aus

27.6.5 Mac OS X

Völlig anders ist die Situation bei Mac OS X. Das Betriebssystem des Macintosh hat zwar mit der neuen Version einen UNIX-Unterbau bekommen, aber deswegen wurde die grafische Oberfläche nicht auf der Basis des X Window System aufgesetzt. Stattdessen steht der Macintosh-Desktop in der Tradition der klassischen Macintosh-Oberfläche. Der Mac war immer schon ein Einzelplatzsystem, ganz ursprünglich war er nicht einmal multitaskingfähig. Dafür war der Mac immer schon auf eine möglichst einfache und intuitive Bedienung ausgelegt. Dass die Firma Apple auf das X Window System umsteigen wird, ist wohl eher unwahrscheinlich. Auch wenn alles zum X Window System Gesagte nicht für den Desktop von Mac OS X gilt, ist es doch interessant, dass UNIX als robuster Unterbau für ein Einbenutzersystem eingesetzt wird. An vielen Stellen ist es auch

---

9 vgl. http://www.sun.de/SunPR/Pressemitteilungen/2000/PM00_63.html.

imposant, wie komplexe Konfigurationsprobleme von der Firma Apple auf eine sehr intuitive Art grafisch umgesetzt wurden.

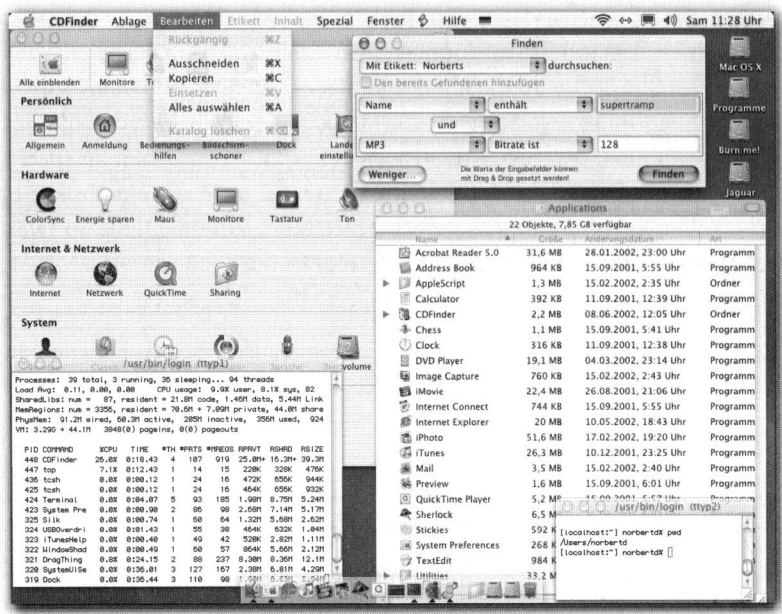

Abbildung 27.17 Der Desktop von Mac OS X

27.7 Das X Window System im Netz

Fernwartung eingebaut

Der Bereich, in dem X allen anderen grafischen Oberflächen überlegen ist, ist die Netzwerkfähigkeit. Während anderen Systemen erst mühselig beigebracht werden muss, wie Grafikbildschirme auch per Fernwartung bedient werden können, wurde das dem X Window System bereits in die Wiege gelegt. Ein X-Client spricht mit seinem X-Server über das X-Protokoll. Letzteres kann über TCP/IP transportiert werden, und schon bietet sich die Möglichkeit, grafische Programme auf einer anderen Maschine zu bedienen.

Da die Nomenklatur am Anfang etwas irritierend ist, sei sie hier noch einmal klargestellt: Das X-Terminal ist der X-Server. Es bietet den Dienst von Grafikbildschirm, Tastatur und Maus dem anfragenden Programm an. Dementsprechend ist der X-Client die Maschine oder genauer gesagt der Prozess, der eine grafische Umgebung braucht.

27.7.1 X-Programme über das Netz starten

Mit dem X Window System ist es sehr einfach, eine Anwendung zu starten und Bildschirm, Tastatur und Maus auf einen anderen Rechner umzulenken. Der X-Server, der die Kontrolle und die Ausgabe übernehmen soll, wird mit der Umgebungsvariablen DISPLAY festgelegt. Die Variable muss exportiert werden, bevor der X-Client aufgerufen wird. Alternativ kann die Adresse des X-Servers statt in der Umgebungsvariablen DISPLAY auch direkt mit der Option `-display` an den X-Client übergeben werden.

DISPLAY

Der X-Server wird durch den Hostnamen, einen Doppelpunkt, die Nummer des Displays, einen Punkt und den Bildschirm (engl. *screen*) angegeben.

Den X-Server bestimmen

> **Format der Display-Adressierung**
>
> *<Hostname>:<Display>.<Screen>.*

Der Hostname ist der übliche Name des Rechners, wie er beispielsweise in der Datei **/etc/hosts** hinterlegt wird. Das Display ist eine Einheit aus Bildschirm, Maus und Tastatur und wird je Rechner durchnummeriert. Da die wenigsten Rechner heutzutage noch mehr als einen solchen Arbeitsplatz zur Verfügung stellen, ist diese Zahl meistens 0. Als Screen wird der Bildschirm des Displays bezeichnet. Wenn ein Arbeitsplatz mit zwei Bildschirmen ausgestattet ist, werden diese ebenfalls durchnummeriert. Auch dieser Fall ist eher selten, und darum ist der Screen meistens 0 und kann auch inklusive Punkt völlig weggelassen werden. Soll die Anwendung auf dem lokalen Host ablaufen, kann der Name weggelassen werden, aber der Doppelpunkt und die folgende 0 müssen bleiben.

Beispiel: gaston:0 oder localhost:0.0 oder :0

Wie fast überall benötigt auch hier der Client das Recht, den Dienst des Servers in Anspruch zu nehmen. Sie erteilen einem X-Client dieses Recht durch den Befehl `xhost` (siehe Tabelle 27.4).

xhost legt den Zugriff auf den X-Server fest

Befehl	Bedeutung
xhost	Anzeige des derzeitigen Rechtestatus
xhost +	Freigabe des X-Servers für alle fremden Rechner
xhost +*Rechner*	Freigabe für *Rechner*
xhost -	Sperren des X-Servers für alle fremden Rechner
xhost -*Rechner*	Sperren für *Rechner*

Tabelle 27.4 Freigabe des X-Servers: xhost

Als Beispiel wird das Programm `xcalc`, der X-Taschenrechner, auf dem Rechner asterix gestartet. Die Bedienung des Programms soll aber auf dem Rechner gaston erfolgen. Zunächst müssen Sie auf gaston erlauben, dass andere Rechner sein Display benutzen:

```
gaston> xhost +
access control disabled, clients can connect from any host
gaston>
```

-display
Danach wird eine Sitzung auf asterix gestartet. Das kann per `telnet` oder per Konsole erfolgen. Dort wird `xcalc` mit der Option aufgerufen, gaston als Display zu verwenden. Der Aufruf sieht folgendermaßen aus, wenn Sie die Option `-display` benutzen:

```
asterix> xcalc -display gaston:0 &
[1] 3289
asterix>
```

Umgebungs-variable DISPLAY
Bei Programmen, die die Option `-display` nicht akzeptieren, funktioniert normalerweise dennoch die Variante mit der Umgebungsvariablen DISPLAY. Hier wird die Variable DISPLAY auf `gaston:0` gesetzt und dann per `export` zur Umgebungsvariablen gemacht:

```
asterix> DISPLAY=gaston:0
asterix> export DISPLAY
asterix> xcalc &
[2] 3291
asterix>
```

Diese Möglichkeiten sind deswegen so praktisch, weil sie es erlauben, mit einem Bildschirm auf mehreren Maschinen zu arbeiten, und es sogar ermöglichen, auf Maschinen grafische Programme zu starten, auch wenn diese selbst gar keine Grafikhardware besitzen.

sam als X-Anwendung
Eine ganz typische Anwendung ist das Administrationstool `sam` für HP-UX. Dieses kann auf Terminals oder als X-Anwendung laufen. Wer aber an seinem HP-Server keinen X-Server hat, kann leicht über die Umgebungsvariable DISPLAY die Maschine von einem Linux-Rechner aus mit X administrieren. In solchen Fällen ist das vielleicht die einzige X-Anwendung, die je von dieser Maschine gestartet wird.

DISPLAY vor Ort halten
Im vorigen Beispiel wurde die Ausgabe der X-Anwendung auf einen anderen Rechner umgeleitet. Es gibt auch Fälle, bei denen die X-Anwendung von Ferne auf dem eigenen Rechner gestartet werden soll. Beispielsweise

hängt an meinem Arbeitsplatzrechner ein ISDN-Modem[10] Dieses Programm kann von der Kommandozeile gestartet werden, wird aber immer ein Fenster auf dem lokalen Bildschirm öffnen. Dies ist durchaus wünschenswert, weil so dort erkennbar ist, dass bereits eine Verbindung ins Internet besteht.

Wenn ich mich von meinem Notebook vom Balkon aus auf den Rechner simba per `ssh` anmelde, kann ich dort aber kein X11-Programm starten. Starte ich aus der Ferne das Programm `xcalc`, erhalte ich folgende Fehlermeldung.

```
simba> xcalc
Error: Can't open display:
simba>
```

Das Display muss explizit per Umgebungsvariablen angegeben werden. Das lokale Display hat die Bezeichnung :0.0. Diese wird in der Variablen DISPLAY hinterlegt.

```
simba> export DISPLAY=:0.0
simba> xcalc

simba>
```

Auf dem Bildschirm erscheint der Taschenrechner. Nun kann auch die Internetverbindung per kppp aufgebaut werden.

```
simba> export DISPLAY=:0.0
simba> kppp -q -c T-Online
```

Von einer anderen `ssh`-Sitzung aus wird dann die Verbindung wieder geschlossen.

```
simba> export DISPLAY=:0.0
simba> kppp -k
simba>
```

27.7.2 X-Zugang verriegelt

In der Datei **/etc/X11/xinit/xserverrc** kann der normalerweise freie Zugriff auf den X-Server eines Rechners so eingeschränkt werden, dass er von außen nicht mehr erreichbar ist.

---

10 Machen Sie mit bei der Aktion »Einen DSL-Anschluss für meinen Lieblingsautor!«. Teilnahmekarten gibt es bei der Telekom, deren Wettbewerbern oder einem der unverantwortlichen Politiker.

Grundsätzlich steckt die Sorge dahinter, dass ein freier Zugriff auf den X-Server nicht nur dazu führt, dass boshafte Kollegen den Bildschirm mit einem Rudel X-Fenster tapezieren. Prinzipiell besteht der X-Server ja aus Bildschirm, Tastatur und Maus. Dadurch ist ein Abhören aller Tastatureingaben prinzipiell möglich.

Auf der anderen Seite wird niemand eine X-Session ungeschützt durch das Internet leiten. Wird ein Arbeitsplatz in erster Linie als X-Server verwendet, weil beispielsweise die Server gar keine eigenen grafischen Terminals verwenden, dann werden Sie solche Hindernisse gern abschalten wollen.

Die Linux-Distribution von SUSE hat in ihren neueren Versionen diverse Sperren eingebaut, so dass man allein mit xhost den Display nicht mehr freigeben kann. Die Einstellungen sind im Verzeichnis **/etc/sysconfig** in der Datei **displaymanager** hinterlegt und können auch durch das Administrationstool YaST eingestellt werden.

- **DISPLAYMANAGER_REMOTE_ACCESS**
  Der Zugriff ist von außen erlaubt.

- **DISPLAYMANAGER_STARTS_XSERVER**
  Auch ein lokaler X-Server wird gestartet.

- **DISPLAYMANAGER_XSERVER_TCP_PORT_6000_OPEN**
  Der TCP/IP-Port ist offen.

27.7.3 X-Anwendung per ssh starten

Mit ssh lassen sich die Daten einer X-Sitzung verschlüsseln. Dazu hat der Befehl ssh die Option -X. Vom X-Server aus starten Sie eine ssh-Sitzung auf dem Rechner, auf dem sich die X-Anwendung befindet. Wir nehmen an, dass dieser Rechner simba heißt und Ihr Benutzername dort meier lautet.

```
ssh -X meier@simba
Password:
Last login: Wed Mar 15 10:46:55 2006 from 192.168.40.219
Have a lot of fun...
meier@simba:~> xcalc
```

Bei der Aufforderung Password: geben Sie das Passwort ein, das meier auf dem Rechner simba hat. Nach dem Start von xcalc erscheint das entsprechende Fenster auf Ihrem Arbeitsplatz, obwohl dieser nicht simba ist. Beachten Sie, dass ein Setzen der Umgebungsvariablen DISPLAY hier nicht erforderlich ist. Diese wird automatisch gesetzt.

```
meier@simba:~> echo $DISPLAY
localhost:10.0
```

Eine Authentifizierung per `xauth` oder `xhost` ist auf diesem Weg auch nicht erforderlich, weil diese ja durch `ssh` bereits gesichert ist.

27.7.4 Authorisierter Fernstart (xauth)

Vor allem in den neueren Linux-Distributionen wird statt der Kontrolle per `xhost` die explizite Autorisierung des Rechners gefordert.

Zu diesem Zweck befindet sich im Benutzerverzeichnis eines Anwenders, der einen X-Server gestartet hat, die Datei **.Xauthority**. Darin befinden sich mehrere Einträge, die sich MIT-MAGIC-COOKIE nennen. Wenn eine X-Anwendung einen der dort aufgeführten Cookies in seiner eigenen Datei **.Xauthority** vorweisen kann, darf sie den Display verwenden.

Wenn die X-Anwendung einen direkten Zugriff auf die .Xauthority des Servers hat, kann der Pfad dorthin in der Variablen XAUTHORITY abgelegt werden.

Andernfalls muss das Cookie aus der Datei **.Xauthority** des X-Servers in die Datei **.Xauthority** der X-Anwendung übertragen werden. Dazu wird der Befehl `xauth` verwendet. Zunächst lässt man alle Einträge mit dem Befehl `xauth list` anzeigen. Dabei beginnt jede Zeile mit der IP-Nummer oder dem Namen eines Rechners, der berechtigt ist, auf diesem Rechner eine X-Session zu starten.

xauth

Ein solcher Eintrag kann mit `xauth extract` exportiert werden. Dazu wird er gleich in eine Datei exportiert, die auf den Anwendungsrechner importiert werden kann.

```
xauth extract cookiefile silver:0
```

Die Austauschdatei wird, beispielsweise per `scp`, zum Rechner transportiert, der die X-Anwendung hält. Dort wird der Eintrag importiert.

```
xauth merge cookiefile
```

Mit `ssh` oder `rsh` können Sie Export, Übertragung und Import in einer Zeile durchführen.

```
xauth nlist silver:0 | ssh meier@simba xauth nmerge -
```

27.7.5 X-Server-Software in Betrieb nehmen

In diesem Abschnitt soll als Bildschirm eine X-Server-Software verwendet werden, die auf der Basis eines Fremdsystems wie MS Windows oder Mac OS läuft. Der X-Client kann über TCP/IP auch zu dieser Software Kontakt aufnehmen, und sie arbeitet als grafisches Display.

Als Beispiel wird ein Macintosh mit der X-Server-Software MI/X von der Firma MicroImages verwendet. Das Programm kann kostenlos aus dem Internet heruntergeladen werden. Die Firma bietet auch einen X-Server für MS Windows an, der allerdings kostenpflichtig ist.

Quelle: http://www.microimages.com

per telnet ein xterm starten

Nachdem der X-Server gestartet worden ist, ist der Bildschirm typischerweise leer. Auf dem X-Client, der im Beispiel ein Linux-Rechner mit KDE ist, muss das Programm gestartet werden. Der X-Server läuft auf dem Rechner namens mac. Dazu starten Sie auf gaston das Programm xterm:

```
xterm -display mac:0 &
```

Start des Fenstermanagers

Nach kurzer Zeit sollte sich auf dem Mac ein Fenster mit einem xterm melden. Dabei hat das xterm noch keinen Rahmen. Das ist nicht verwunderlich, da die Rahmen von X-Programmen vom Fenstermanager erzeugt werden. Auf dem nackten X-Server läuft kein Fenstermanager.[11] Um dem abzuhelfen, wird als Nächstes ein Fenstermanager gestartet. Im xterm wird kwm, der Fenstermanager des KDE, gestartet. Anschließend erscheinen ein Titelbalken und ein Rahmen um das X-Term. Danach können Sie durch Starten von kfm den Desktop initialisieren. Es erscheinen die Icons. Zu guter Letzt können Sie durch den Aufruf von kpanel die untere Werkzeugleiste starten. Insgesamt gewinnt man fast den Eindruck, direkt an der Linux-Maschine zu sitzen. Hier sehen Sie noch einmal die drei Aufrufe:

```
kwm &
kfm &
kpanel &
```

Sie brauchen also ein einziges xterm auf dem X-Server, um alle möglichen X-Clients auf gaston zu starten. Dabei vererbt sich offenbar die Display-Umgebung an alle Programme, die von der Sitzung gestartet werden.

---

11 Allerdings bietet MI/X an, lokal twm zu benutzen.

Für Windows-Besitzer gibt es das Programmpaket cygwin. Dieses finden Sie im Internet[12] zum kostenlosen Download. cygwin schafft eine UNIX-Umgebung auf Ihrem Windows-PC. Unter anderem enthält die Software mit XFree auch einen X-Server. Nach der Installation der Software erhalten Sie bei Start von cygwin ein Fenster mit einer `bash`. Darin rufen Sie `startx` auf, und der X-Server startet. Es öffnet sich `xterm`. In den weiteren Schritten können Sie wie oben vorgehen.

cygwin für Windows

27.7.6 Grafisches Einloggen über das Netz

Bisher haben wird die die Netzwerkfähigkeit des X Window Systems dazu verwendet, einzelne Anwendungen auf einem fremden Bildschirm zu starten. In diesem Abschnitt soll gezeigt werden, wie Sie sich mit einem X-Server so ähnlich wie mit einem Terminal anmelden. Es ist also möglich, an ein und derselben Maschine mit mehreren X-Servern oder X-Terminals unabhängig voneinander zu arbeiten.

Terminalbetrieb

Um dies zu erreichen, kennt das X Window System zwei unterschiedliche Strategien:

Bei dem einen Ansatz sucht der X-Server nach X-Clients, an denen er sich anmelden kann. Hier wird vom X-Client lediglich die Berechtigung zum Anmelden freigeschaltet. Die Initiative geht vom X-Server aus, und der Zentralrechner reagiert auf Anfragen.

Aktiver X-Server

Bei der anderen Variante konfigurieren Sie im Zentralrechner, welche X-Server er für eine Anmeldung zulassen soll. Vergleichbar mit `getty` für Terminals läuft dann jeweils für einen X-Server ein Dämonprozess, der auf dessen Anmeldung wartet. Die Initiative geht vom Zentralrechner aus, und die X-Server sind passiv.

Passiver X-Server

Der zentrale Dämon für das grafische Einloggen über das Netzwerk ist `xdm`, der auch benutzt wird, um sich an einer lokalen Workstation grafisch anzumelden. Damit er auch Netzanfragen beantwortet, muss `xdm` aber erst passend konfiguriert werden. Die Konfigurationsdateien befinden sich im Verzeichnis **/usr/lib/X11/xdm**. Die Datei **xdm-config** ist, wie der Name schon sagt, die wichtigste Konfigurationsdatei des `xdm`.

X-Server sucht xdm

In der Datei **xdm-config** wird zunächst festgelegt, dass `xdm` Anfragen über das Netz akzeptiert. Dazu muss die Variable DisplayManager.requestPort

In xdm-config requestPort freischalten

---

12 ... oder auf der CD des Buchs »Einstieg in C++«.

gesetzt sein. Steht diese auf 0, wird ein Zugriff von außen verhindert. Der Standardport für den `xdm` lautet 177, wie Sie in der Datei **/etc/services** feststellen können.

```
DisplayManager.requestPort:     177
```

Mit dieser Zeile in der Datei **xdm-config** lässt `xdm` Anfragen über das Netzwerk zu. Ein X-Server darf anfragen, ob er sich hier einloggen darf. Damit wird der X-Server zum Client des `xdm`.

Xaccess   Die Berechtigung wird in der Datei **Xaccess** festgelegt. Standardmäßig steht hier eine Freigabe für alle interessierten X-Server:

```
*
* CHOOSER BROADCAST
```

Die erste Zeile ermöglicht einem X-Server die Query, also die direkte Anfrage an `xdm`. Die zweite Zeile ist von Bedeutung, wenn der Zugriff über einen Broadcast erfolgt. Dann fragt das X-Terminal über das Netz nach allen Rechnern, an denen es sich anmelden könnte. Wollen Sie nur bestimmte X-Server zulassen, können Sie hier Einschränkungen definieren. Dazu muss natürlich der einsame Stern oben verschwinden, der allen Rechnern Zutritt erlaubt.

```
*.willemer.edu                # Zugriff aus der Domäne
libo.willemer.edu   NOBROADCAST # nur direkter Zugriff
```

Ein X-Server kann sich jetzt anmelden. Dazu muss der X-Server in den Query-Modus gesetzt und der Zielrechner angegeben werden. Dann erscheint nach kurzer Wartezeit der Anmeldebildschirm. Auf einem UNIX- oder Linux-Client bedeutet dies, dass Sie den Rechner zunächst in den Runlevel zurückfahren, in dem er keinen eigenen Display Manager gestartet hat, und dann den X-Server mit einer Query starten:

```
blacky # init 2
blacky # X -query aix
```

Nach ein paar Sekunden sollte sich der `xdm` des Rechners aix zur Verfügung stellen. Nach dem Einloggen wird der gleiche Bildschirm erscheinen, als wenn Sie direkt am Grafikterminal der Workstation sitzen. Der einzige Unterschied ist, dass blacky nur ein Linux-Notebook ist, das 800 x 600 Bildpunkte hat, und die Grafikkarte von aix am liebsten mit 1152 x 846 Bildpunkten arbeitet.

xdm sucht X-Server

Sie können das X-Terminal von xdm aus aktivieren. Dazu müssen Sie in der Datei **Xservers** die Displays festgelegen, die sich beim xdm anmelden dürfen. Für jeden eingetragenen X-Server wird ein eigener xdm-Prozess gestartet. Dazu könnten Sie beispielsweise folgende drei Ziele in der Datei **Xservers** aufführen:

Xservers

```
:0       local   /usr/X11R6/bin/X :0 vt07
pm7500:0 foreign
silver:0 foreign
blacky:0 foreign
```

Der erste Eintrag ist der der Standardinstallation für den lokalen X-Server. Er sollte auch dort bleiben. Der Eintrag »vt07« bedeutet, dass sich die X-Sitzung des lokalen Rechners auf der virtuellen Konsole 7 befindet.[13] Die nächsten beiden Einträge stellen einen eigenen xdm für jedes der beiden X-Terminals pm7500 und silver ab. Es reicht, nach der Änderung der Datei dem Display Manager mit `kill -1` ein Signal SIGHUP zuzusenden. Wenn Sie nun mit ps in die Prozessliste sehen, finden Sie dort drei xdm-Prozesse. Sobald der X-Server ins Netz geht, erscheint der Anmeldedialog. Dazu stellt der X-Server eine Broadcast-Anfrage, an welchem xdm er angemeldet ist:

```
blacky# X -broadcast
```

Problemfälle

In einigen Red-Hat-Versionen soll der Fontserver xfs nicht auf das Netzwerk eingestellt sein.[14] Dazu ist in dem entsprechenden rc-Skript **xfs** in **/etc/rc.d/init.d** zu prüfen, ob xfs als Option `-port 7100` ist oder mit `-port -1` abgeschaltet wurde. Die richtige Zeile lautet:

Fontserver

```
daemon xfs -droppriv -daemon -port 7100
```

Von sich aus bedient kdm zwar sofort die in **Xservers** aufgeführten X-Terminals mit einem eigenen kdm-Prozess, er lässt aber keine Anfragen von X-Terminals zu, die sich einloggen wollen. Dazu muss die Reaktion auf Anfragen per XDMCP (X Display Manager Control Protocol) erst freigeschaltet werden. Dies geschieht in der Startdatei des kdm namens **kdmrc**. Diese finden Sie im Verzeichnis **/opt/kde2/share/config/kdm**. Es kann auch sein, dass der Pfad unterhalb des Verzeichnisses **/etc** zu finden ist. In dieser Datei sind folgende Einträge zu kontrollieren:

kdm muss im kdmrc angepasst werden

---

[13] Unter Linux können Sie mit der Tastenkombination Strg+Alt und einer Funktionstaste zwischen virtuellen Konsolen umschalten.
[14] vgl. XDMCP-HOWTO, Chapter 2.6.

```
[Xdmcp]
Enable=true
Xaccess=/var/X11R6/lib/xdm/Xaccess
Willing=/var/X11R6/lib/xdm/Xwilling
```

kdm neu starten — Es reicht nicht, die Änderungen mit `kill -1` dem Prozess `kdm` zu signalisieren. Die Datei **kdmrc** wird, wie das rc im Namen schon vermuten lässt, nur beim Start des `kdm` ausgewertet. Es ist also ein Neustart des `kdm` erforderlich. Die Idee, den `kdm` aus der X-Sitzung heraus direkt abzuschießen, sollten Sie nur weiterverfolgen, wenn Sie alle Daten gesichert haben. Besser ist es, mit `init 2` in den Multiuser-Level herunterzufahren und mit `init 5` wieder durchzustarten.

Leistungshunger — Wie an anderer Stelle bereits erwähnt wurde, gehören reine X-Terminals heute zu den echten Raritäten. Meist wird ein MS Windows-PC oder ein Mac als X-Terminal verwendet, indem entsprechende Software gekauft wird. Obwohl der Begriff Terminal vermuten lässt, dass man nicht viele Ressourcen benötigt, wird für das Anmelden und Arbeiten an einem modernen Desktop via X-Server einiges an Speicher und CPU-Leistung benötigt.

Linux als X-Terminal

In jede UNIX-Workstation ist natürlich ein X-Server eingebaut, über den sie normalerweise mit den lokalen X-Clients kommuniziert. Dieser X-Server heißt einfach X. Um eine Workstation als reines X-Terminal zu betreiben, reicht es aus, X mit den Parametern aufzurufen, die den X-Server veranlassen, sich bei einem anderen Rechner mit dem XDM-Protokoll anzumelden. Der X-Server muss gewöhnlich als root gestartet werden.

Falls die Maschine automatisch in den `xdm`-Runlevel bootet, müssen Sie sie erst wieder in den Multiuser-Runlevel mit Netzwerk bringen. Bei den meisten UNIX-Systemen ist das 2, bei Linux allerdings 3.

```
init 3
```

Anfrage beim xdm — Sind Sie als root eingeloggt und ist der X-Server heruntergefahren, dann gibt es drei Möglichkeiten, um `xdm` auf dem Rechner gaston zu erreichen:

```
X -query gaston
```

Der erste Aufruf ist die direkte Anfrage an `xdm`: Der Rechner fragt an, ob er sich bei gaston einloggen darf.

```
X -indirect gaston
```

Bei der zweiten Variante fragt der X-Server den Host gaston, welche Rechner er kennt, bei denen man sich im Netz einloggen kann. In den meisten Fällen wird gaston dem Anfrager eine Liste anbieten, in der nur er selbst aufgeführt ist. Diese Auswahlbox ist der Chooser (engl. *choose* heißt wählen). Hier wählen Sie gaston aus und können sich anmelden.

```
X -broadcast
```

In der dritten Variante wird kein Zielrechner genannt. Der X-Server streut die Anfrage per Broadcast ins Netz, ob es einen xdm-Server gibt, und zeigt die Anmeldebox des Rechners, der am schnellsten antwortet.

Geht die Initiative von gaston, also dem Rechner mit dem xdm aus, wird der X-Server (wie Sie oben gesehen haben) in der Datei **Xservers** aufgeführt, und es wird explizit für diesen X-Server ein xdm gestartet. Um darauf zuzugreifen, lautet der Aufruf des X-Servers:

xdm-kontrollierter X-Server

```
X -ac
```

27.7.7 Thin Client

Insbesondere die Anbindung eines X-Servers an den xdm zeigt, dass der X-Server selbst nicht mehr können muss, als eine Netzkommunikation aufzunehmen und ein grafisches Terminal zu steuern. Tatsächlich ist ein solches Gerät völlig wartungsfrei und würde in Fragen der »Total Cost of Ownership«[15] alle Rekorde brechen. Die Software auf den Servern muss dann einfach nur als X-Client geschrieben werden.

Wer also nach dem Ideal des Thin Client strebt, braucht nicht auf zukünftige Entwicklungen zu warten. Die Technologie dafür wurde bereits in den 80ern entwickelt und ist absolut ausgereift. Nun werden zwar X-Terminals nicht mehr gebaut, aber das ist nicht weiter tragisch. Auf der Basis von Linux lässt sich leicht aus Standard-PCs ein System zusammensetzen, das per DHCP (siehe Seite 514) alle Netzwerkinformationen bekommt und anschließend nur den X-Server startet, um sich an den Servern im Netz einzuloggen. Fällt ein solcher Rechner einmal aus, wird die Masterplatte eins zu eins kopiert und ein neuer Rechner ins Netz gestellt. Da die Geräte keine Sonderanfertigung sind, wären sie vermutlich sogar billiger als jeder speziell angefertigte Thin Client.

Linux mit DHCP und X-Server als Thin Client

---

15 Übersetzt heißt es etwa die »Gesamtkosten des Besitzes«. Dieser Begriff fasst die Kosten zusammen, die nicht nur durch die Anschaffung entstehen. In erster Linie sind das Wartung und Administration.

Gefürchtete Veränderung

Die Tatsache, dass diese Technologie noch nicht im großen Stil umgesetzt wird, zeigt, dass das Problem an einer ganz anderen Stelle als an der technischen Machbarkeit liegt. Es ist die Angst der Sekretärin, dass die neue Textverarbeitung ganz anders ist als die alte. Es ist die Angst des EDV-Chefs, dass er vielleicht alles neu lernen muss, und es ist die Panik des Lieferanten, dass er mit einem Schlag vom gefragten Experten zum Dilettanten wird. Aus diesem Grund ist die »Zukunftsbranche« wie keine andere von der Angst vor Veränderungen geprägt.

Der Thin Client belastet die teuren Ressourcen

Es gibt aber tatsächlich auch einen sachlichen Grund, der gegen den Thin Client spricht. Die Aufteilung der Aufgaben zwischen Client und Server ist nicht optimal. Der Server beschäftigt sich mit Arbeiten wie dem Aufbauen von Menüs, den Aufgaben also, die nicht zentralisiert sein müssen. Die Netzbelastung von X ist zwar nicht so üppig, aber immer noch stärker, als wenn nur die Anfragen einer Client-Server-Architektur über das Netz gingen. Die Ressourcen auf dem Client werden nicht genutzt. Man entlastet also den billigen Arbeitsplatzrechner, um die teuren Komponenten zu belasten: das Netz und den Server!

TEIL VII
Programmierung

Programmieren ist die hohe Kunst der Computerbenutzung. Es ist die Faszination, kreativ zu gestalten. UNIX ermöglicht einen fließenden Einstieg über die Skriptsprachen.

28 Programmierung von Shellskripten

Die Shell ist nicht nur einfach ein Befehlsempfänger, sondern auch eine durchaus leistungsfähige Programmiersprache. Zusammen mit der Kombinierbarkeit der UNIX-Kommandos entsteht die Möglichkeit, auch komplexere Abläufe zu programmieren. Insbesondere im Bereich der Systemverwaltung ist diese Sprache einer Programmiersprache wie C sogar überlegen, weil sie direkten Zugriff auf alle UNIX-Kommandos hat.
Die Shell als Interpreter

Shellskripte sind unter UNIX unentbehrlich. Man setzt sie immer dann ein, wenn komplexere Abläufe durch einen einfachen Aufruf erledigt werden müssen. Dazu gehören Administrationsarbeiten, die zeitversetzt durch cron oder at gestartet werden. Auch Aufgaben, die per sudo an Anwender weitergegeben werden sollen, können in Shellskripten festgelegt werden. Als rc-Skripte, die beim Booten gestartet werden, sind sie bei der Konfiguration des Systems erforderlich. Wie wichtig Skriptsprachen sind, sieht man daran, dass auch die PC-Betriebssysteme wie MS Windows und Macintosh inzwischen eine Skriptsprache erhalten haben.
Einsatz

Die Bedeutung der Skriptsprachen lassen sich auch daran erkennen, dass sich inzwischen einige Skriptsprachen etabliert haben, die noch leistungsfähiger sind. Am bekanntesten dürfte die Sprache Perl sein, die für jede UNIX-Umgebung leicht zu bekommen ist. Wer viel mit Skripten arbeitet, sollte sich diese Sprache unbedingt ansehen.

In diesem Kapitel wird die Programmierung der Bourne-Shell respektive der POSIX-Shell beschrieben. Sie hat den Vorteil, dass sie auf jedem System vorhanden ist. Die Korn-Shell und die bash sind weitgehend kompatibel. Lediglich die C-Shell unterscheidet sich erheblich in der Syntax.
Standard

28.1 Erstellen und Starten eines Shellskripts

Um ein Shellskript zu erzeugen, starten Sie einen Editor und führen einfach ein paar Kommandos hintereinander zeilenweise auf. Beispielsweise steht in der Datei **skripttest**:

```
# Mein erstes Skript
echo "ach ja"
ls
echo "soso"
```

Kommentare Das Kommentarzeichen in einer Skriptdatei ist #. Alles, was in der gleichen Zeile dahinter steht, geht den Interpreter nichts an. Die nächste Zeile ist der echo-Befehl, der einfach nur wiedergibt, was ihm als Parameter mitgegeben wird. Hier sagt er »ach ja«. Danach wird durch den Befehl ls der Inhalt des aktuellen Verzeichnisses angezeigt, und schließlich kommentiert der Befehl echo das Ganze mit »soso«.

Ausführungsrechte setzen Um die Textdatei wie ein Programm aufrufen zu können, reicht es, sie mit dem Befehl chmod 755 ausführbar zu machen (siehe Seite 78). Anschließend können Sie das Skript durch Eingeben des Dateinamens direkt starten:

```
gaston> chmod 755 skripttest
gaston> skripttest
ach ja
skripttest
soso
gaston>
```

Es kann sein, dass Sie dem Wort »skripttest« noch einen Punkt und einen Schrägstrich voranstellen müssen. Dann lautet der Befehl ./skripttest. Das hängt damit zusammen, ob in der Umgebungsvariablen PATH der Punkt aufgeführt ist oder nicht. Aus Sicherheitsgründen wird er oft weggelassen und dann muss man eben ./ davor stellen.

28.2 Variablen

Speicher und Namen Die Shellskripte können mit Variablen arbeiten. Variablen sind Speicher für Daten, die über einen Namen angesprochen werden. Die Variablen der Shell entsprechen den bereits bekannten Umgebungsvariablen. Der Unterschied besteht darin, dass Umgebungsvariablen an Kindprozesse weitergegeben werden. Mit dem Kommando export werden Shellvariablen zu Umgebungsvariablen. Der Name von Variablen beginnt mit einem Buchstaben und kann dann beliebig viele Ziffern und Buchstaben enthalten. Auch der Unterstrich ist zulässig.

Variablen werden gefüllt, indem Sie dem Variablennamen ein Gleichheitszeichen und den Wert folgen lassen. Dabei darf kein Leerzeichen zwischen der Variablen, dem Gleichheitszeichen und dem zugewiesenen Wert stehen. Um sich auf den Inhalt einer Variablen zu beziehen, stellen Sie dem Variablennamen ein Dollarzeichen voran. Zur Ausgabe von Variablen wird der Befehl `echo` verwendet, der seine Argumente auf die Standardausgabe ausgibt:

Füllen und Auslesen

```
INFO="Tolles Wetter!"
echo $INFO
```

28.2.1 Zugriff auf die Parameter

Bestimmte Variablennamen sind vorbelegt. Beispielsweise erfährt die Shell über besondere Variablen, wie der Aufruf des Skripts aussah. Mit `$0` erhalten Sie den Dateinamen, unter dem das Skript gestartet wurde. `$1` ist der erste Parameter, `$2` der zweite und so weiter. Aus der Variablen `$#` erfährt das Skript, mit wie vielen Parametern es aufgerufen wurde. Beispiel:

Aufrufparameter

```
# Skript dreh - Tauscht Parameter
echo "Ich heiße " $0 " und habe " $# "Parameter"
echo $2 $1
```

Listing 28.1 Aufrufparameter lesen

Das Skript soll `dreh` heißen. Nachdem Sie mit `chmod` die Rechte auf ausführbar gesetzt haben, können Sie das Programm aufrufen. Das Ergebnis sieht so aus:

```
arnold@gaston > dreh anton erna
Ich heiße  ./dreh  und habe  2 Parameter
erna anton
arnold@gaston >
```

Eine Zusammenfassung der vordefinierten Variablen sehen Sie in der Tabelle 28.1.

28 | Programmierung von Shellskripten

Variablen	Inhalt
$1 $2 ..	Parameterstrings
$0	Name der Skriptdatei
$#	Anzahl der übergebenen Parameter
$*	Alle übergebenen Parameter als eine Zeichenkette
$@	Alle übergebenen Parameter als Folge der Parameter

Tabelle 28.1 Spezielle Variablen

28.2.2 Prozessnummern

Eigene PID

In der Variablen `$$` findet ein Shellskript seine eigene Prozess-ID. Mit Hilfe dieser Nummer und dem Befehl `kill` könnte ein solches Skript also Selbstmord begehen. Die Kenntnis der eigenen PID hat aber auch nützliche Aspekte. So kann eine temporäre Datei so benannt werden, dass es keine Probleme mit anderen Prozessen gibt. Der Dateiname **/tmp/$0.$$** würde bei dem Skript machwas beispielsweise den Dateinamen **/tmp/machwas.2305** ergeben. Wird dasselbe Skript von einem anderen Benutzer aufgerufen, wird es eine andere PID bekommen und damit eindeutig sein.[1]

Kindprozesse

Stellt ein Skript einen Prozess in den Hintergrund, so kann es aus der Variablen `$!` ermitteln, welche Prozess-ID der gestartete Prozess hat. Die Variable `$?` enthält den Exit-Status des zuletzt beendeten Prozesses. Per Konvention bedeutet eine 0, dass alles in Ordnung ist, und alle anderen Zahlen repräsentieren Fehlernummern.

28.2.3 Weitere Standardvariablen

Einige standardisierte Variablen sind für die Programmierung sehr nützlich.

- **PATH**

PATH

Die Variable PATH enthält die Pfade, die durchsucht werden, um ein ohne Pfadangabe aufgerufenes Programm zu finden. Nähere Informationen finden Sie auf Seite 159.

- **HOME**

HOME

In der Variablen HOME steht der Pfad des Benutzerverzeichnisses des Anwenders, unter dessen User-ID das Shellskript läuft.

---

1 Das gilt natürlich nur dann, wenn die Skripte zeitgleich laufen und vor ihrem Ende ihre Dateien löschen. Auf längere Sicht kann es durchaus sein, dass nach einiger Zeit wieder ein Skript die gleiche PID bekommt.

- **PWD OLDPWD**
  In der Variablen PWD findet sich das aktuelle Arbeitsverzeichnis. Das zuletzt verlassene Verzeichnis finden Sie in der Variablen OLDPWD.

- **EDITOR**
  EDITOR enthält den Standardeditor, der von manchen Programmen gestartet wird, wenn der Benutzer Textdateien bearbeiten soll. Diese Variable kann der Benutzer an eigene Bedürfnisse anpassen, wenn er beispielsweise lieber emacs statt vi benutzt.

- **TERM**
  In der Variablen TERM wird der Bezeichner der Terminalemulation gespeichert, unter der das Skript derzeit läuft.

- **LOGNAME USER**
  In den Variablen LOGNAME oder USER finden Sie den derzeit angemeldeten Benutzer.

- **PS1 PS2**
  PS1 enthält den Prompt, also die Zeichen, die der Anwender links neben dem Cursor bei der Eingabe von Befehlen findet. PS2 ist der alternative Prompt, den die Shell verwendet, wenn der Benutzer die Zeile abgeschlossen hat, aber noch Eingaben fehlen, weil beispielsweise eine Klammer nicht geschlossen wurde, ein Befehl nicht beendet ist oder ein Anführungszeichen gesetzt wurde, aber das abschließende Anführungszeichen fehlt. Nähere Informationen finden Sie auf Seite 159.

28.2.4 Zuweisungen

Eine Variable wird definiert, wenn sie zum ersten Mal benutzt wird. Typischerweise geschieht dies durch eine Zuweisung. Shellvariablen enthalten Zeichenketten, die als Konstanten durch Anführungszeichen begrenzt werden. Damit auch Sonderzeichen aufgenommen werden können, wird eine Zeichenkette in Hochkommata eingeschlossen. Das Zuweisungszeichen ist das Gleichheitszeichen. Beispiele:

```
a="a ist ein schlechter Name für eine Variable: zu kurz"
dieZahlPi=3.14
```

Wenn Sie die Befehle `echo $a` oder `echo $dieZahlPi` aufrufen, so ist die Ausgabe genau das, was Sie den Variablen zugewiesen haben. Bevor aber zu hohe Erwartungen entstehen, ist zu sagen, dass `dieZahlPi` keineswegs eine Zahl ist. Sie ist nur die Zeichenkette »3.14«.

Mit ganzen Zahlen können Sie in Skripten rechnen. Dazu gibt es den Befehl expr. Der Befehl erwartet als Parameter einen numerischen Ausdruck, wie etwa 3 + 3. Dabei ist darauf zu achten, dass zwischen den Zahlen und den Operatoren ein Leerzeichen steht. Das Ergebnis solcher Rechenkünste können Sie einklammern, ein $ davorstellen und es einer Variablen zuweisen. Das sieht dann so aus:

```
a=$(expr 3 + 3)
b=$(expr $a \* 3)
```

expr braucht Leerzeichen zwischen seinen Argumenten

Wenn Sie sich per echo die Variablen a und b ansehen, stellen Sie fest, dass a nun 6 und b 18 ist. Bei genauem Hinsehen erkennen Sie, dass bei der Zuweisung keine Leerzeichen und hinter expr überall Leerzeichen stehen. An dieser Stelle ist expr äußerst pingelig.

Natürlich fällt der Backslash vor dem * auf. Er ist notwendig, weil der Stern ja ein Sonderzeichen für die Shell ist. Damit der Stern den Befehl expr auch als Stern erreicht, müssen Sie einen Backslash davorsetzen. In Tabelle 28.2 steht, welche Operatoren verwendet werden können.

Die in Shellskripten verwendbaren Operatoren unterscheiden sich wenig von denen anderer Programmiersprachen.

Zeichen	Bedeutung
+	Addition
-	Subtraktion
*	Multiplikation
/	Division
%	Modulo: Rest einer Division

Tabelle 28.2 Operatoren in expr

Alternative let

Wie bereits im Kapitel über die Shell (siehe Seite 163) gezeigt wurde, gibt es bei den modernen Nachfolgern der Bourne-Shell den Befehl let, mit dem das Rechnen etwas eleganter wird als mit dem Aufruf von expr. Da die Schreibweise etwas leichter lesbar ist, wird man diese Variante bevorzugen, sofern sichergestellt ist, dass die Shell der Zielsysteme den Befehl let versteht. Hier folgen noch ein paar Beispiele:

```
gaston> let wert=45+5
gaston> echo $wert
50
gaston> let wert=16%5
gaston> echo $wert
1
```

```
gaston> let wert=(1+3)*2
gaston> echo $wert
8
gaston>
```

Mit der bash können arithmetische Ausdrücke in eine Doppelklammer gesetzt werden. Dies wird schneller ausgeführt und lässt sich leichter lesen.

Alternative Doppelklammer

```
gaston> wert=$((45+5))
gaston> echo $wert
50
gaston> wert=$((16%5))
gaston> echo $wert
1
gaston> wert=$(((1+3)*2))
gaston> echo $wert
8
gaston>
```

28.3 Ablaufsteuerung

Werden die Kommandos einfach nur hintereinander ausgeführt, spricht man von einem Batchlauf. Richtig interessant werden die Skripte aber, wenn sie auf äußere Umstände reagieren können oder Arbeitsabläufe wiederholt werden können. Dazu dienen die Kommandos der Ablaufsteuerung. Zu ihnen gehören Unterscheidungen und Schleifen.

28.3.1 Die Unterscheidung: if

Das Kommando `if` prüft eine Bedingung und führt den hinter dem `then` angegebenen Kommandoblock nur aus, wenn die Bedingung zutrifft. Der Interpreter kennt neben `if` auch den Befehl `else`. Darunter wird ein Kommandoblock zusammengefasst, der im anderen Fall – wenn die Bedingung nicht zutrifft – ausgeführt wird. Einen `else`-Zweig müssen Sie allerdings nicht bilden. Das Kommando wird durch `fi`, also ein umgedrehtes `if` abgeschlossen. Die Struktur einer Unterscheidung ist im folgenden Kasten dargestellt.

> **Struktur einer if-Anweisung**
>
> ```
> if <Bedingung>
> then
>         <Befehle>
> [ else
>         <Befehle> ]
> fi
> ```

Die Befehle können einfach aus mehreren Programmaufrufen hintereinander bestehen. Es können aber durchaus auch wieder Kommandos zur Steuerung des Programmablaufs sein. Sie können Ablaufsteuerungskommandos also verschachteln.

Informationen zu `if` finden Sie normalerweise auf der Manpage der jeweiligen Shell. Bei der `bash` können Sie aber auch das Kommando `help` verwenden. Wenn Sie keine Parameter angeben, werden die verfügbaren Befehle aufgezählt. Geben Sie als Parameter beispielsweise `if` an, werden die Syntax und die Verwendung von `if` erläutert.

28.3.2 Bedingungen

Für die meisten Strukturbefehle muss eine Bedingung abgefragt werden. Dazu gibt es den Befehl `test`. Er liefert einen Wahrheitswert in Abhängigkeit von seinen Parametern zurück. Tabelle 28.3 zeigt die wichtigsten Bedingungen.

Ausdruck	Wirkung
`test -f` *Name*	Ist Datei Name eine existierende Datei?
`test -d` *Name*	Ist Name ein existierendes Verzeichnis?
`test` *Str*	Ist Str eine nichtleere Zeichenkette?
`test` *Str1* `=` *Str2*	Sind die Zeichenketten Str1 und Str2 gleich?
`test` *Str1* `!=` *Str2*	Sind die Zeichenketten Str1 und Str2 ungleich?
`test` *Nr1* `-eq` *Nr2*	Ist die Zahl Nr1 gleich Nr2?
`test` *Nr1* `-ne` *Nr2*	Ist die Zahl Nr1 ungleich Nr2?
`test` *Nr1* `-ge` *Nr2*	Ist die Zahl Nr1 größer oder gleich Nr2?
`test` *Nr1* `-gt` *Nr2*	Ist die Zahl Nr1 größer als Nr2?
`test` *Nr1* `-le` *Nr2*	Ist die Zahl Nr1 kleiner oder gleich Nr2?
`test` *Nr1* `-lt` *Nr2*	Ist die Zahl Nr1 kleiner als Nr2?

Tabelle 28.3 Das Kommando test

Das Beispielskript dreh wird nun erweitert. Das Skript soll feststellen, ob es mit der richtigen Anzahl Parameter aufgerufen wurde.

```
# Skript dreh - Tauscht Parameter
echo "Ich heiße " $0 " und habe " $# "Parameter"
if test $# -eq 2
then
    echo $2 $1
else
    echo "Falsche Parameterzahl"
fi
```

Listing 28.2 Parameterzahl prüfen

Da die Schreibweise mit dem Kommando test für Benutzer anderer Programmiersprachen sehr gewöhnungsbedürftig ist, gibt es eine alternative Schreibweise. Dabei wird das Wort test durch eine eckige, öffnende Klammer ersetzt, die nach dem letzten Parameter von test wieder geschlossen wird. Das liest sich komplizierter, als es ist. Das Beispiel macht es deutlich:

Rechteckige Klammern statt test

```
# Skript dreh - Tauscht Parameter
echo "Ich heiße " $0 " und habe " $# "Parameter"
if [ $# -eq 2 ]
then
    echo $2 $1
else
    echo "Falsche Parameterzahl"
fi
```

Listing 28.3 Rechteckige Klammer statt test

Auf eine kleine Stolperfalle muss ich Sie jedoch hinweisen: Im folgenden Skript soll eine Diskette formatiert werden, wenn der Parameter »new« angegeben wird. Das Abfragen des Parameters sieht fast genauso aus, wie das Abfragen der Anzahl der Parameter.

```
if [ $1 = "new" ]
then
    echo "Formatiere..."
fi
echo "Und los gehts..."
```

Listing 28.4 Harmlose Abfrage?

Nun rufen Sie das Skript dreimal auf! Einmal mit dem Parameter new, dann mit dem Parameter old und schließlich ohne Parameter. Und da gibt es eine Überraschung!

```
gaston> trick new
Formatiere...
Und los gehts...
gaston> trick old
Und los gehts...
gaston> trick
./trick: [: =: unary operator expected
Und los gehts...
gaston>
```

Die Fehlermeldung sagt aus, dass der Operator = zwei Operanden erwartet, dass aber nur einer vorhanden war. Tatsächlich wird $1 vor dem Vergleich ausgewertet, und da die Variable keinen Inhalt hat, befindet sich zwischen der eckigen Klammer und dem Gleichheitszeichen nichts. Es ist also so, als würde dort folgender Ausdruck stehen:

```
if [ = "new" ]
```

Anführungszeichen Sie können solche Überraschungen vermeiden, indem Sie die Variablen in Anführungszeichen setzen. Wie bereits an anderer Stelle erwähnt wurde, bewirken die Anführungszeichen das Zusammenfassen mehrerer Wörter zu einem Parameter, aber sie lassen im Gegensatz zu den Hochkommata die Auswertung der Variablen zu.

```
if [ "$1" = "new" ]
then
    echo "Formatiere..."
fi
echo "Und los gehts..."
```

Listing 28.5 Sichere Abfrage

Auch wenn die Variablenauswertung von $1 leer ist, steht nun links vom Gleichheitszeichen etwas, nämlich zwei Anführungszeichen, also:

```
if [ "" = "new" ]
```

28.3.3 Rückgabewert von Programmen

0 ist wahr, alles andere ist falsch Aufgerufene Programme liefern einen Wert zurück, der über den Erfolg oder Misserfolg ihrer Tätigkeit Auskunft gibt. Dabei ist es unter UNIX Standard, dass ein fehlerfrei gelaufenes Programm eine 0 zurückgibt.

Diese wird dann von `if` als wahr interpretiert. Liefert das Programm dagegen eine Zahl ungleich 0 zurück, geht UNIX davon aus, dass es eine Fehlernummer sein wird. Darum interpretiert `if` ein Ergebnis ungleich 0 als falsch.[2]

Einige dieser Programme sind geradezu prädestiniert für die Arbeit in Skripten. Der Befehl `cmp` vergleicht zwei Dateien. Wird er mit der Option `-s` aufgerufen, macht er dabei keine Ausgaben. Er gibt bei Gleichheit 0, andernfalls 1 zurück.

cmp vergleicht Dateien

28.3.4 Die Fallunterscheidung: case

Die Fallunterscheidung ist eine Art gestaffeltes `if`. Der Inhalt einer Variablen wird untersucht, und für jeden denkbaren Inhalt wird eine Aktion definiert. Eine Anwendung findet sich in den Start-Skripten im Verzeichnis **init.d**, die beim Booten des Systems gestartet werden. In diesen Skripten wird unterschieden, ob als Parameter die Wörter »start« oder »stop« oder ein anderes Schlüsselwort übergeben wurden. Zwischen den Schlüsselwörtern `case` und `in` steht die Variable, deren Inhalt zur Unterscheidung führen soll. Ein Unterscheidungszweig beginnt mit einem Begriff, der bearbeitet werden soll. Diese Maske schließt mit einer rechten, runden Klammer und kann Platzhalter verwenden, wie sie bei der Namensauswahl durch die Shell üblich sind. Es folgen die Kommandos bis zu einem doppelten Semikolon, das das Ende eines Zweigs definiert. Die Fallunterscheidung endet mit dem Schlüsselwort `esac`.

Struktur einer case-Anweisung
```
case <Variable> in
        <Maske>) <Kommandos> ;;
        <Maske>) <Kommandos> ;;
        *) <Default-Kommandos> ;;
esac
```

Das folgende Beispiel unterscheidet zwischen einfachen Begriffen. Es ist als Grundbaustein eines deutsch-englischen Übersetzungsprogramms namens `englisch` gedacht. Wer mag, kann es ja erweitern.

---

[2] Das ist für den C-Programmierer etwas ungewohnt, da dort eine 0 als falsch und alles andere als wahr interpretiert wird.

```
case "$1" in
    haus) echo "house" ;;
    auto) echo "car" ;;
    kind) echo "child" ;;
    *) echo "stuff" ;;
esac
```

Listing 28.6 Intelligenter Übersetzer

Default Der Stern als letzte Maske dient zum Abfangen all der Begriffe, die durch die davor stehenden Masken nicht erfasst wurden. Als nächstes Beispiel wird ein Skript erstellt, das `meinname` heißen und Namen analysieren soll. Der Name wird dem Skript als Parameter mitgegeben. Damit wird die Verwendung von Masken gezeigt.

```
case "$1" in
    [wW]illemer) echo "Verwandschaft!!!!" ;;
    A* | a*) echo "Welch ein Name!" ;;
    *) echo "soso! Nett, Sie kennen zu lernen" ;;
esac
```

Listing 28.7 Grüß-August

Stern und rechteckige Klammern als Maske Die erste Zeile besagt, dass der erste Parameter untersucht wird. In der zweiten Zeile sehen Sie, dass das Skript in der Lage ist, den Namen Willemer zu erkennen. Dem Skript ist dabei egal, ob das W klein- oder großgeschrieben wird. In der nächsten Zeile werden Namen bearbeitet, die mit einem A anfangen. Der senkrechte Strich bedeutet ODER. Also ist es wieder egal, ob es ein kleines oder ein großes A ist. Der Stern allein ist der Default, wenn keines der bisherigen Muster gegriffen hat.

28.3.5 Die while-Schleife

Wiederholungen Schleifen ermöglichen es, Abläufe zu beschreiben, die sich wiederholen. Damit ein definiertes Ende stattfindet, läuft die Schleife nur so lange, wie eine Bedingung eingehalten wird. Diese Bedingung sollte sorgfältig gewählt werden, sonst kommt es zur gefürchteten Endlosschleife. Das bedeutet, dass das Programm bis zum nächsten Stromausfall läuft.

> **Die while-Schleife**
>
> while <Bedingung>
> do
>   <Befehle>
> done

Als Beispiel für eine solche Schleife sollen alle Parameter darauf überprüft werden, ob sie mit einem Minuszeichen beginnen. Dann sollen sie als Option gelten. Ansonsten handelt es sich um ein Argument. Für diese Aufgabe werden nun zwei Ablaufsteuerungen ineinander verschachtelt. Außen läuft eine Schleife über alle Parameter. Innen findet eine Prüfung statt, ob der Parameter mit einem Minuszeichen beginnt. Spontan würde man hier if einsetzen, da eigentlich nur ein Abfragefall existiert. case hat aber den Vorteil, dass man Muster auswerten kann. Das macht die Abfrage sehr viel einfacher. Man unterscheidet einfach nach -* und dem Rest.

```
while test -n "$1"
do
    case $1 in
        -*) echo "Option: $1" ;;
        *) echo "Argument: $1" ;;
    esac
    shift # schiebt die Parameter eine Position weiter
done
```

Listing 28.8 Optionserkennung

Es wird immer der erste Parameter abgefragt. In der Schleife befindet sich der Befehl shift. Dieser schiebt die Übergabeparameter durch. Der erste Parameter verschwindet, und alle anderen rücken eine Position nach. In der zweiten Runde ist also schon der zweite Parameter der erste geworden. Auch er wird überprüft. Und so läuft die Schleife weiter, bis es keine Parameter mehr gibt. Zur Veranschaulichung zeigt Tabelle 28.4 die Variablen $1 bis $5. Jede neue Zeile zeigt die Parameter nach einem weiteren shift.

shift schiebt die Parameter durch

In der Bedingung der Schleife ist die Variable in Anführungszeichen gesetzt. Dadurch wird verhindert, dass ein Aufruf ohne Parameter zu einem Fehler führt. Beim case können die Anführungszeichen weggelassen werden, da diese Position nie erreicht wird, wenn im ersten Parameter nichts steht.

28 | Programmierung von Shellskripten

$1	$2	$3	$4	$5
anton	berta	caesar	dora	emil
berta	caesar	dora	emil	
caesar	dora	emil		
dora	emil			
emil				

Tabelle 28.4 Parameter und shift

break und continue unterbrechen eine Schleife

Schleifen können durch das Kommando break unterbrochen werden. Dieser Befehl steht typischerweise hinter einer if-Konstruktion. Allerdings kann dieser Befehl leicht zu etwas unübersichtlichem Code führen. Besser ist es, die vollständige Bedingung für das Durchlaufen einer Schleife direkt hinter dem while zu formulieren. In die gleiche Kategorie gehört der Befehl continue, der dazu führt, dass der Rest des Schleifenkörpers nicht ausgeführt wird, sondern dass sofort zur Abfrage am Kopf gesprungen wird.

28.3.6 Die for-Schleife

Die for-Schleife ist auf die Abarbeitung von Listen spezialisiert.

```
for <Variable> in <Liste>
do
        <Kommandos>
done
```

In der Schleife wird die Variable die Werte, die durch die Liste hinter dem Schlüsselwort in definiert sind, der Reihe nach annehmen. Auf die Variable kann innerhalb der Schleife durch ein vorangestelltes Dollarzeichen ($) zugegriffen werden. Die Schleife wird so oft durchlaufen, wie Argumente hinter dem »in« stehen. Dabei nimmt die Variable nacheinander jedes der Argumente als Inhalt an. Beispiel:

```
for i in blau gelb grün rot
do
 echo "Meine Lieblingsfarbe ist $i. Also fahre ich" $i"e Autos."
done
```

Listing 28.9 Lieblingsfarben

Die Ausgabe der Schleife ist:[3]

```
Meine Lieblingsfarbe ist blau. Also fahre ich blaue Autos.
Meine Lieblingsfarbe ist gelb. Also fahre ich gelbe Autos.
Meine Lieblingsfarbe ist grün. Also fahre ich grüne Autos.
Meine Lieblingsfarbe ist rot. Also fahre ich rote Autos.
```

Hier wird noch einmal demonstriert, dass `$i` auch innerhalb der Anführungszeichen interpretiert wird. Wollen Sie erreichen, dass der Inhalt der Zeichenkette nicht interpretiert wird, müssen Sie Hochkommata verwenden.

Besonders interessant wird die for-Schleife, wenn statt einer festen Liste von Zeichenketten Dateien verwendet werden, die über Wildcards ausgewählt werden. Das folgende Beispiel wandelt Audiodateien in MP3-Dateien um und löscht anschließend die Originaldateien.

```
for i in *.wav
do
  notlame $i `basename $i .wav`.mp3
  rm $i
done
```

Listing 28.10 WAV nach MP3 konvertieren

Eine kleine Schönheitsoperation wurde hier noch mit dem Kommando `basename` durchgeführt. `basename` entfernt den Verzeichnisnamen einer Datei. Wird noch ein weiterer Parameter außer dem Dateinamen angegeben, wird dieser als Anhängsel betrachtet, das von hinten abgeschnitten werden soll. Im Beispiel wird von `$i` der Anhang .wav abgeschnitten. An das Ergebnis dieser Operation wird mp3 angehängt, und das Ganze wird als Zieldatei des Programms `notlame` verwendet. Angenommen, im aktuellen Verzeichnis gäbe es die Dateien **a.wav**, **b.wav** und **c.wav**, dann wird die Schleife folgende Befehle erzeugen:

basename stutzt Dateinamen

```
notlame a.wav a.mp3
rm a.wav
notlame b.wav b.mp3
rm b.wav
notlame c.wav c.mp3
rm c.wav
```

---

[3] Nach geltender Rechtschreibung muss die Lieblingsfarbe natürlich groß geschrieben werden. Ich lasse es mal so. Nach der nächsten Rechtschreibreform ist es bestimmt wieder richtig.

28.3.7 Funktionen

In Shellskripten können Sie Funktionen definieren, die einen bestimmten Arbeitsablauf zusammenfassen, und von anderer Stelle im Skript beliebig oft aufrufen. Auf diese Weise wird einerseits das Skript übersichtlicher und andererseits auch kürzer, da Sie Codesequenzen, die sich wiederholen, zusammenfassen können. Eine Funktion hat folgenden Aufbau:

Funktionsdefinition

```
<Funktionsname>()
{
    <Befehle>
    [return <Rückgabewert>]
}
```

Die Funktionsdefinition wird beim Ausführen eines Skripts immer übersprungen. Erst wenn die Funktion aufgerufen wird, werden die darin enthaltenen Befehle ausgeführt. Ist die Funktion vollständig ausgeführt, springt der Interpreter zu der Zeile, die hinter dem Aufruf der Funktion steht. Die Funktion wird einfach durch ihren Namen aufgerufen. Hier ein sehr einfaches Beispiel:

```
meinefunktion()
{
    echo "ich tue hier etwas"
}

meinefunktion
```

Listing 28.11 Simple Funktion

Hier wird die Funktion namens `meinefunktion()` definiert und später einfach direkt über ihren Namen aufgerufen. Es ist also genau so, als wären alle Befehle innerhalb der Funktion an der Stelle ausgeführt worden, an der der Aufruf steht.

Parameter-übergabe

Es ist auch möglich, Parameter an Funktionen zu übergeben. Der Mechanismus entspricht dem der Parameterübergabe an Skripte. Beim Aufruf werden die Parameter einfach, durch Leerzeichen getrennt, hinter dem Funktionsaufruf aufgelistet. Innerhalb der Funktion wird auf die Parameter mit den Variablen $1, $2 und so weiter zugegriffen. Listing 28.12 enthält ein Beispiel.

```
meinefunktion()
{
    echo $1
    echo $2
}

meinefunktion "huhu"
meinefunktion "haha" 12
```

Listing 28.12 Funktion mit Parameterübergabe

Der Aufruf des Shellskripts bringt folgende Ausgaben auf den Bildschirm:

```
gaston> func
huhu

haha
12
gaston>
```

Die Leerzeile entsteht, weil der zweite Parameter beim ersten Funktionsaufruf leer bleibt.

Auch in der Skriptshell können Werte an den Aufrufer zurückgegeben werden. Dazu wird innerhalb der Funktion der Befehl `return`, gefolgt von dem Rückgabewert, eingesetzt. Der Rückgabewert kann vom Aufrufer wie der Rückgabewert eines Programms eingesetzt werden. Es gilt auch hier die Konvention, dass der Rückgabewert 0 bedeutet, dass die Funktion einwandfrei lief. Die Funktion kann also auch als boolescher Ausdruck in einer `if`-Abfrage stehen.

Rückgabe

28.4 Gruppieren von Anweisungen

Wenn ein Shellkommando länger als eine Zeile wird, können Sie den Befehl aufspalten, indem Sie einen einzelnen Backslash an das Ende der Zeile setzen. Umgekehrt können Sie mehrere Befehle in eine Zeile legen, wenn Sie ein Semikolon dazwischen setzen. Die so aneinander gehängten Befehle sind nach wie vor unabhängig voneinander. So wird in dem folgenden Beispiel die Ausgabe von `kommando1` auf dem Bildschirm ausgegeben und nur die Ausgabe von `kommando2` in die Ausgabedatei umgeleitet:

```
kommando1 ; kommando2 >ausgabedatei
```

Damit die beiden Kommandos zu einem zusammengefasst werden, können Sie eine Klammer darum setzen. Statt der normalen Klammer können

Klammersatz

Sie auch eine geschweifte Klammer verwenden. In diesem Fall muss aber jeder Befehl mit einem Semikolon abgeschlossen werden. In dem folgenden Beispiel sehen Sie den Unterschied in der Syntax.

```
( kommando1 ; kommando2 ) >ausgabedatei
{ kommando1 ; kommando2 ; } >ausgabedatei
```

Hintergrund Die Zusammenfassung gilt nicht nur für die Ausgabeumleitung, sondern auch für das Starten der Prozesse in den Hintergrund. Um ein Programm in den Hintergrund zu starten, setzen Sie einfach ein kaufmännisches Und hinter den Aufruf. Im UNIX-Umfeld wird dieses Zeichen gern »Ampersand« genannt.

Feiner Unterschied Es gibt dennoch einen feinen Unterschied zwischen den beiden Klammerarten. Die runden Klammern laufen in einer Subshell ab. Das heißt, dass Änderungen an den Umgebungsvariablen nach Verlassen der Klammer keine Wirkung mehr haben. Wie das folgende Skript zeigt, heißt Subshell nicht, dass ein neuer Interpreterprozess gestartet wird.

```
HI="hi"
(echo $HI;KL=kl;echo $$)
 echo $HI;GK=gk;echo $$;
echo $KL $GK
```

Wird das Skript gestartet, geschieht Folgendes:

```
gaston> . klammer
hi
3979
hi
3979
gk
gaston> vi klammer
```

Sie sehen, dass der Inhalt von KL leer ist, obwohl die Variable in der runden Klammer belegt wurde. Sie sehen auch, dass auf die Variable HI sowohl innerhalb der geschweiften Klammer als auch innerhalb der runden Klammer zugegriffen werden kann, ohne dass man sie exportieren muss. Und Sie sehen, dass die PID in den beiden Klammerarten die gleiche ist.

Abhängigkeiten Zwei Kommandos können nicht nur einfach getrennt werden. Es ist auch möglich, ein Kommando in Abhängigkeit davon auszuführen, ob ein anderes Kommando Erfolg hatte. So können Sie beispielsweise ein Dokument mit LaTeX generieren und dieses nur dann in PostScript konvertieren, wenn der erste Lauf erfolgreich war:

```
latex unixguru.tex && dvips unixguru
```

Andererseits gibt es auch den Fall, dass ein Kommando nur dann aufgerufen werden soll, wenn der vorherige Befehl erfolglos war. Beispielsweise könnte es sein, dass Sie LaTeX nur aufrufen wollen, wenn es noch keine dvi-Datei gibt:

```
[ -f unixguru.dvi ] || latex unixguru.tex
```

28.5 Ein- und Ausgaben aus dem Skript

Die einfachste Art der Ausgabe erfolgt durch den Aufruf des Befehls `echo`. Er gibt seine Parameter über die Standardausgabe aus.

Wenn Sie allerdings Texte größeren Umfangs ausgeben wollen, wie beispielsweise Hilfetexte, dann wird die Verwendung von `echo` etwas mühsam. Sie können dann dem Befehl `cat` die Eingabedatei aus dem Shellskript heraus geben. Und `cat` wird das tun, was es immer tut, nämlich die Datei auf der Standardausgabe ausgeben. Im Beispiel sieht das so aus:

Massendrucksache

```
cat <<!
Hier steht nun eine sehr weitschweifige Erklärung, wie das
Programm zu benutzen ist, wer der geniale Programmierer
dieser Zeilen ist und dass man nach der Benutzung dieses
Skripts nie wieder ein anderes ansehen wird.
!
```

Listing 28.13 Schwatzhaft

Der Text muss durch ein Zeichen eingeklammert werden, das im Text selbst natürlich nicht vorkommen darf (hier ein Ausrufezeichen). Der so eingegrenzte Text wird dann mit zwei Kleinerzeichen in die Standardeingabe des Befehls `cat` geschoben. Sie können auf diese Weise jedem Programm einen längeren Text in die Standardeingabe zuschieben, nicht nur `cat`.

Hin und wieder kann es erforderlich sein, vom Anwender Eingaben zu erfragen. Dazu gibt es das Kommando `read`, das als Parameter die Variable hat, in die die Eingabe gelangen soll:

Eingaben

```
read ANSWER
```

Nach der Eingabe mit einem abschließenden Return wird die Eingabezeile in der Variablen ANSWER stehen. Im Gegensatz zu Perl gelangt das Return nicht in die Variable.

Der Befehl `read` kann auch verwendet werden, um den Eingabestrom zeilenweise zu lesen.

28.6 Start und Umgebung von Skripten

Angenommen, in der Datei **skripttest** steht ein Shellskript, das nur darauf wartet, ausgeführt zu werden. Um es zu starten, können Sie verschiedene Wege gehen. Der erste Weg wurde schon beschrieben. Sie ändern die Dateirechte auf ausführbar und starten das Skript wie ein normales Programm:

```
gaston> skripttest
```

Der zweite Weg, ein Skript auszuführen, besteht darin, eine Shell aufzurufen und ihr die Datei als Parameter zu übergeben. Tatsächlich sind diese beiden Arten, ein Shellskript zu starten, äquivalent. Auch bei dem direkten Start des Dateinamens wird eine neue Shell (Subshell) gestartet, die die Datei **skripttest** interpretiert:

```
gaston> sh skripttest
```

Mit dem Kommando . (Punkt) und dem Dateinamen kann man die Datei **skripttest** von der aktuellen Shell ausführen lassen:

```
gaston> . skripttest
```

Beim Punkt interpretiert die aktuelle Shell

Der Unterschied zwischen dem Aufruf per Punkt und dem Aufruf per Subshell ist wichtig, da ein mit dem Punkt aufgerufenes Skript keine neue Shell startet. Stattdessen interpretiert die laufende Shell das Skript. Nur so kann ein Skript den Zustand der aktuellen Shell verändern. Wechselt das Skript das Verzeichnis, legt es Umgebungsvariablen an oder verändert es Variablen, bleiben diese Änderungen auch nach dem Ende des Skripts gültig, da das Skript die aktuelle Arbeitsshell verwendet. Wird dagegen eine Tochter-Shell gestartet, wirken sich die Änderungen nur dort aus und haben keinerlei Auswirkungen auf die aktuelle Shell. Anders ausgedrückt: Soll ein Skript Variablen setzen, die in der aktuellen Shell später gebraucht werden, muss dieses Skript zwingend mit dem Punkt aufgerufen werden.

Da der Punkt nicht gut zu lesen ist, kann man stattdessen auch den Befehl `source` verwenden. Der Name veranschaulicht vielleicht noch mehr die Bedeutung des Befehls, nämlich das der Inhalt der Datei als Quelltext in die aktuelle Shell einfließt. Vor allem, wenn in Shellskripten Variablendefinitionen in andere Skripte ausgelagert werden soll, sollte man den Befehl `source` statt dem Punkt verwenden.

```
gaston> source skripttest
```

Ein Skript, der mit dem Punkt oder mit dem Befehl `source` aufgerufen wird, braucht auch kein Ausführungsrecht zu haben, da die Datei ja nicht ausgeführt wird, sondern nur ihr Inhalt als Quelltext gelesen wird.

Die Variablen einer Shell werden normalerweise nicht an Kindprozesse weitergegeben. Wenn in einem Skript eine Variable gesetzt wird, die von einem Kindprozess gelesen werden soll, muss die Variable exportiert werden. Beispiel:

Vererbungslehre und export

```
MYENV="Tolles Wetter"
export MYENV
```

In der Korn-Shell und der bash kann das Setzen und Exportieren der Variable in einem Kommandoschritt ausgeführt werden:

```
export MYENV="Tolles Wetter"
```

Da dies nicht unter der Standard-Bourne-Shell funktioniert und Skripte sehr oft aus Kompatibilitätsgründen mit der **/bin/sh** gestartet werden, ist es sicherer, Zuweisung und Export getrennt zu halten.

In der ersten Zeile eines Skripts kann festgelegt werden, welche Shell bzw. welcher Interpreter für diese Datei geladen werden soll. Das erste Zeichen hinter dem Kommentarzeichen folgt ein Ausrufezeichen. Dann folgt der Interpreter mit komplettem Pfad. Beispiel:

Festlegen des Interpreters

```
#!/bin/sh
```

Dies ist wichtig, weil das Skript eventuell von jemandem gestartet wird, der vielleicht die C-Shell verwendet, die eine andere Syntax hat.

Sollten Sie Besonderheiten der Korn-Shell verwenden, würden Sie an dieser Stelle auf der Korn-Shell als Interpreter bestehen:

```
#!/bin/ksh
```

Larry Wall hat 1987 die Sprache Perl entwickelt, um die Administration von UNIX-Maschinen zu vereinfachen. Perl hat inzwischen Karriere im Internet gemacht, da es auf dem Gebiet der Auswertung von Texten kaum noch zu schlagen ist.

29 Perl

Perl ist eine Interpretersprache, die umfangreiche Möglichkeiten im Umgang mit Texten und Mustern bietet und dabei dennoch eine systemnahe Programmierung ermöglicht. Die Sprache wurde von Larry Wall als Hilfsmittel zur Administration geschaffen und als freie Software unter die GNU General Public Licence gestellt. In der Administration ist Perl inzwischen ein gängiges Werkzeug. Im Bereich der CGI-Skripte ist Perl durch seine Fähigkeiten, mit Texten umzugehen, fast konkurrenzlos. Da es den Interpreter inzwischen auf beinahe jeder Plattform gibt, ist Perl ein ideales Tool, um portable Abläufe zu programmieren. Mit Perl können die UNIX-Systemaufrufe erreicht werden, es lassen sich mit Tk grafisch bedienbare Programme schreiben und über entsprechende Schnittstellen auf Datenbanken zugreifen.

Die Syntax ist an C, die Shellskripte und die bekannten UNIX-Tools angelehnt.

29.1 Interpreter und Skript

Der Interpreter von Perl heißt einfach `perl` und befindet sich im Verzeichnis **/usr/bin**. Das ist deshalb so wichtig, weil in einem Perl-Skript angegeben wird, wie der Interpreter heißt. Dazu schreiben Sie in die erste Zeile eines Perl-Skripts:

```
#!/usr/bin/perl -w
```

Etwas ungewöhnlich ist die Option `-w`. Sie zeigt alle Warnungen in ausführlicher Form an. Die Dokumentation empfiehlt ausdrücklich, diese Option zu verwenden.

Anschließend wird die Datei mit Hilfe des Befehls `chmod` (siehe Seite 78) ausführbar gemacht. Danach kann das Skript direkt von der Kommandozeile aus aufgerufen werden.

Alternativ kann ein Skript natürlich auch direkt als Parameter für den Interpreter aufgerufen werden:

```
perl -w skript.pl
```

Als Endung für die Skripte verwendet man traditionell .pl, das ist allerdings keineswegs zwingend. Insbesondere bei CGI-Skripten geht es den Anwender nichts an, in welcher Sprache sie realisiert sind.

Wie unter UNIX üblich, unterscheidet Perl genau zwischen Groß- und Kleinschreibung. Die Variable Hallo ist nicht identisch mit hallo oder HALLO.

29.2 Variablen

Perl besitzt wie alle Programmiersprachen Variablen. Allerdings sind deren Typen etwas ungewöhnlich. Aber gerade das ist der Grund, warum Perl so extrem leistungsfähig ist. Um die verschiedenen Variablentypen zu unterscheiden, wird jeder Variablen ein Sonderzeichen vorangestellt.

29.2.1 Skalare

Zahl und Zeichenkette

Als Skalare werden die einfachen Variablen bezeichnet, die sowohl numerische Werte als auch Strings aufnehmen können. Enthält eine Variable eine Zahl, wo eine Zeichenkette erwartet wurde, wandelt Perl diese kurz entschlossen um. Auch umgekehrt wird eine Zeichenkette automatisch in eine Zahl umgewandelt, wenn eine Zahl erwartet wird, weil plötzlich damit gerechnet werden soll. Ist der Inhalt nicht als Zahl zu interpretieren, ist ihr Wert eben 0.

Zahlenkonstanten

Zahlenkonstanten können ganze Zahlen oder Fließkommazahlen sein. Zur Darstellung des Dezimalkommas verwendet Perl, wie im englischen Sprachraum üblich, den Punkt. Große Zahlen oder kleine Brüche stellt Perl mit Hilfe des vom Taschenrechner bekannten Buchstabens e dar. Hinter dem e steht der Exponent zur Basis 10, mit dem die Zahl zu multiplizieren ist. Um es einfacher zu sagen: Dort steht die Anzahl der

Stellen, um die das Komma nach rechts zu verschieben ist. Die folgenden Zahlen sind alle gleich groß:

```
1.000000e6
10.00000e5
100.0000e4
1000.000e3
10000.00e2
100000.0e1
10000000
100000000e-1
1000000000e-2
```

Auch hexadezimale und oktale Zahlen können verwendet werden. Mit oktalen Zahlen sind Sie schon einmal beim Befehl chmod (siehe Seite 78) in Berührung gekommen. Eine oktale Zahlendarstellung wird durch eine führende 0 eingeleitet. 010 ist also nicht 10, sondern 8. Die hexadezimale Darstellung beginnt mit 0x. 0x10 ist also 16. Wenn Sie nicht wissen, was hexadezimal oder oktal ist, machen Sie sich keine Sorgen. Dann brauchen Sie auch deren Darstellung nicht. Sie sollten dann lediglich aufpassen, dass Sie keine Zahl mit 0 beginnen lassen.

hexadezimal und oktal

Sehr praktisch ist die Möglichkeit, in große Zahlen Unterstriche einzufügen, ohne den Zahlenwert zu verändern. So lassen sich Unterstriche zur besseren Lesbarkeit anstelle der im Deutschen üblichen Tausenderpunkte verwenden. Eine Million ist im Quelltext als 1_000_000 leichter zu erkennen als in der normalen Darstellung 1000000.

Tausenderpunkte

Zeichenketten

Zeichenkettenkonstanten werden in Anführungszeichen oder Hochkommata eingeschlossen. Für die meisten Programmiersprachen ist eine Zeichenkettenkonstante eine Folge von Buchstaben, die nicht weiter interpretiert wird. Das ist Perl auch so, wenn die Zeichenkette durch Hochkommata eingeschlossen wird. Werden Anführungszeichen verwendet, werden Variablen, die sich innerhalb der Zeichenkette befinden, ausgewertet.

In einer Zeichenkette können diverse Sonderzeichen spezielle Zeichen, die alle mit einem Backslash beginnen. Ihre Bedeutung ist in Tabelle 29.1 erklärt.

Symbol	Wirkung
\n	Line Feed
\t	Tabzeichen
\$	Dollarzeichen
\\	Backslash-Zeichen
\l	Nächstes Zeichen in Kleinbuchstaben umwandeln
\L .. \E	Zeichen zwischen \L und \E in Kleinbuchstaben umwandeln
\u	Nächstes Zeichen in Großbuchstaben umwandeln
\U .. \E	Zeichen zwischen \U und \E in Großbuchstaben umwandeln

Tabelle 29.1 Sonderzeichen in Zeichenketten

29.2.2 Variablennamen

Die Variablennamen von Skalaren werden durch ein $-Zeichen eingeleitet. Danach muss ein Buchstabe oder ein Unterstrich erscheinen, und anschließend können in beliebiger Folge Buchstaben, Ziffern oder Unterstriche folgen. Ein Variablenname kann maximal 255 Buchstaben lang sein. Mein Tipp: Schöpfen Sie dies nicht bis zum Letzten aus. Allerdings sollten Sie sich auch nicht auf zwei oder drei Buchstaben beschränken. Verwenden Sie so viele, dass klar wird, was die Variable enthält. Das folgende Beispiel ist auch für den Uneingeweihten leicht lesbar.

```
$rechnungsbetrag = $stunden * $stundensatz;
$mwstbetrag = $rechnungsbetrag * $mwstsatz;
```

Listing 29.1 Sprechende Variablennamen

Dagegen werden Sie die folgenden zwei Zeilen vermutlich bereits in einem halben Jahr selbst nicht mehr verstehen, ohne sich enorm zu konzentrieren. Da Sie sich schon genug auf das Programmieren konzentrieren müssen, sollten Sie es sich ersparen, auch noch über die Bedeutung der Variablennamen nachgrübeln zu müssen.

```
$rgb = $std * $ss;
$mb = $rgb * $ms;
```

Listing 29.2 Übelster Abkürzfimmel

Strenge Aufsicht

Option -w   Obwohl es ein schönes Gefühl ist, nicht kontrolliert zu werden, führt die mangelnde Kontrolle durch den Interpreter auch leicht zu Flüchtigkeitsfehlern. Der erste Schritt zu sicheren Programmen ist die Verwendung der Option -w hinter dem Interpreteraufruf. Damit wird beispielsweise erreicht, dass eine Variable angemahnt wird, die im Quellcode nur einmal vorkommt. Man kann relativ sicher sein, dass eine solche Variable aufgrund eines Schreibfehlers entstanden ist.

Ein weiterer Schritt zur Steigerung der Sicherheit wird durch die Anweisung use strict; erreicht. Wenn diese zu Anfang des Skripts gesetzt wird, wird jede Variable darauf geprüft, ob sie vorher deklariert wurde. Eine Variable kann durch Voranstellen des Schlüsselworts my deklariert werden. Die Einleitung zu dem Beispiel von oben würde dann wie folgt lauten:

use strict

```
#/usr/bin/perl -w
use strict;
my $rechnungsbetrag;
my $stunden;
my $stundensatz;
my $mwstsatz;
my $mwstbetrag;
```

Listing 29.3 Deklarationen

Der Mehraufwand, die Variablen ganz zu Anfang alle zu nennen, könnte den einen oder anderen Programmierer vielleicht sogar dazu verführen, hinter die Variable einen Kommentar zu schreiben, wozu die Variable gebraucht wird. Das würde wiederum denjenigen glücklich machen, der das Programm später warten muss. Und im schlimmsten Fall sind Sie derjenige, auf den diese Aufgabe später zukommt.

29.2.3 Operationen auf Skalare

Oben wurde es schon ein wenig vorweggenommen: Die Variablen erhalten ihre Werte durch die Zuweisung. Das zuständige Zeichen ist das Gleichheitszeichen.

```
$name = "hugo";
$wert = 15;
```

Listing 29.4 Zuweisung

Numerische Operationen

Sie werden mit numerischen Variablen auch rechnen wollen. Dazu werden die Operatoren verwendet, die sich seit den Zeiten von Fortran inzwischen in fast allen Programmiersprachen durchgesetzt haben. Dabei werden die Operatoren aus Tabelle 29.2 jeweils zwischen zwei Operanden gestellt, weshalb man sie auch binäre Operatoren nennt.

Punkt vor Strich   Die Priorität der Operatoren steigt in Tabelle 29.2 nach unten hin an. Es gilt also die bekannte Punkt-vor-Strich-Regel. Natürlich gibt es auch in Perl Klammern, mit denen man die Regel außer Kraft setzen kann. Zu den wenigen unären Operatoren[1] gehören die Inkrementierung und die Dekrementierung, die in C mit ++ bzw. -- realisiert werden. Auch diese Operatoren gibt es in Perl. ++ bewirkt, dass der Inhalt der Variablen um 1 erhöht wird, und -- sorgt dafür, dass er um 1 vermindert wird.

Operator	Wirkung
+	Addition
-	Subtraktion
*	Multiplikation
/	Division
%	Modulo (Rest einer ganzzahligen Division)
**	Potenzierung

Tabelle 29.2 Binäre numerische Operatoren

Operatoren auf Zeichenketten

Wie bei den Zahlen gibt es auch bei den Zeichenketten Operatoren.

Aneinanderhängen   Durch einen Punkt werden zwei Zeichenketten aneinandergehängt:

```
$fullname = $firstname . " " . $lastname;
```

Vervielfältigen   Mit einem x kann ein String vervielfältigt werden. Um das Wort »huhu« zu erzeugen, könnten Sie in Perl also Folgendes schreiben:

```
$ruf = "hu" x 2;
```

Ersetzen   Innerhalb einer Zeichenkette können Sie Zeichenketten ersetzen. Das Beispiel zeigt, wie Sie in der Variablen $apg jedes Auftreten von »saulus« durch »paulus« ersetzen:

```
$apg =~ s/saulus/paulus/g;
```

Die Syntax scheint vertraut. Tatsächlich entspricht der Befehl dem, was man von vi und sed kennt. Das g am Ende bewirkt das Ersetzen aller Vorkommen. Wird es weggelassen, wird nur das erste Auftreten ersetzt. Die Suchzeichenkette ist ein regulärer Ausdruck, wie er ab Seite 138 erläutert

---

[1] Unäre Operatoren sind solche, die nur auf einen Operanden wirken.

wird. Steht hinter dem g noch ein i, wird die Groß- und Kleinschreibung ignoriert.

Perl besitzt eine große Menge an Möglichkeiten, mit Texten umzugehen. Sie entfalten sich vor allem im Zusammenhang mit dem Array und dem Hash.

29.2.4 Arrays

Ein Array ist eine Folge von Skalaren. Es bietet durchnummerierte Speicherplätze, die Sie über ihre Nummer mit Skalaren belegen können. Über die Platznummer können Sie sie jederzeit wieder hervorholen. Wird ein Array als Konstante dargestellt, sind es einfach Werte, die durch Kommata voneinander getrennt werden und von einer runden Klammer umgeben sind. Der Name einer Arrayvariablen, die eine solche Liste aufnimmt, wird mit dem Zeichen @ eingeleitet.

```
my @primzahlen = (1,2,3,5,7,11,13,17,19);
my @namensliste = ("Karl", "Friedrich", "Hans");
```

Listing 29.5 Arrays

Die Werte innerhalb einer solchen Klammer müssen nicht gleichartig sein. Es können alle Skalare bunt gemischt auftreten. Sie müssen nicht einmal als Konstanten auftreten, es können auch Variablen eingesetzt werden.

Bunt gemischte Elemente

Um auf ein Element einer Arrayvariablen zuzugreifen, hängen Sie den Index des referenzierten Elements in eckigen Klammern an die Variable. Der Index beginnt bei 0. Beim Referenzieren wird auf ein Element des Arrays und nicht auf das gesamte Array zugegriffen. Die Elemente eines Arrays sind aber Skalare. Konsequenterweise wird einem Element eines Arrays auch wieder ein $ vorangestellt:

Zugriff auf Arrayelemente

```
$wert = $primzahlen[4];
```

In diesem Fall wird das fünfte Element, also die 7, in die Variable $wert kopiert. Es ist nicht das vierte Element, da die Indizes bei 0 beginnen. Perl kann aber auch mehrere Elemente eines Arrays in ein anderes Array kopieren. In diesem Fall werden die einzelnen Indizes in der eckigen Klammer in der gewünschten Reihenfolge aufgezählt und durch Kommata getrennt:

```
@werte = @primzahlen[4,3,1];
```

Zuweisung an mehrere Variablen

Damit enthält das Array @werte den Wert (7, 5, 2). Wenn dieser Vorgang für den Programmierer anderer Sprachen schon ungewöhnlich wirkte, dann wird die Möglichkeit, mit einer Zuweisung Werte in mehrere Variablen zu schieben, zur äußerst praktischen Kuriosität:

```
($erst, $zweit, @neuprimzahlen) = @primzahlen;
```

Hier wird das erste Element des Arrays @primzahlen der Skalarvariablen $erst, das zweite der Skalarvariablen $zweit und der Rest des Arrays @primzahlen dem Array @neuprimzahlen zugewiesen. Das heißt, dass dem Array @neuprimzahlen die Werte 1 und 2 fehlen und dass es dann die restlichen Werte von @primzahlen hat, natürlich neu durchnummeriert.

split()

Den umgekehrten Weg gehen Sie mit der nützlichen Funktion split(). Mit ihr können Sie eine Zeichenkette in ein Array aufbrechen. Die Bruchstelle wird durch ein frei wählbares Zeichen festgelegt. Diese Funktion erleichtert beispielsweise die Analyse von CGI-Übergabedaten sehr. Das folgende Beispiel teilt einen Satz an den Stellen in seine Wörter auf, an denen ein Leerzeichen steht:

```
@wort = split(/ /, $satz);
```

Der erste Parameter ist das Leerzeichen, das durch beliebige Zeichen eingeschlossen werden kann. Üblicherweise verwendet man Anführungszeichen oder Schrägstriche. $wort[0] hat anschließend das erste Wort von $satz, $wort[1] das zweite und so weiter.

[zB]

Eine kleine Spielerei soll als Beispiel dienen. Mit der Funktion split() wird ein Name an der Stelle, an der sich Leerzeichen befinden, aufgespaltet. Das erste Element ist dann der Vorname und das zweite der Nachname.

```
#!/usr/bin/perl -w
$ask = <STDIN>;
chomp($ask); # wirf den Zeilenvorschub weg!
@name = split(/ /, $ask);
print $name[0]."\n";
print $name[1]."\n";
```

Listing 29.6 Namenszerlegung

Da es Menschen gibt, die mehr als einen Vornamen besitzen, ist die Ermittlung des Nachnamens nicht besonders zuverlässig. Eigentlich brauchen wir nicht das zweite, sondern das letzte Element des Arrays. Hier folgt die Änderung für die letzte Zeile:

```
print $name[$#name]."\n";
```

Die Zeichenkombination $# ermittelt den höchsten Index eines Arrays. Dieser Wert ist also um eins geringer als die Dimension des Arrays. Die beiden Zeichen werden dem Namen des Arrays statt des Zeichens @ vorangestellt. Ein leeres Array liefert –1. Im Beispiel oben wird dies als Index für das letzte Element verwendet. Die Dimension eines Arrays kann auch ermittelt werden, indem eine direkte Zuweisung eines Arrays an einen Skalar durchgeführt wird. Da ein Skalar ein Array nicht aufnehmen kann, geht Perl davon aus, dass der Programmierer die Dimension ermitteln will.

Dimension

29.2.5 Hash

Der Variablentyp Hash ist eine Art paarweises Array, wobei das jeweils vordere Element als Zugriffsschlüssel auf das hintere Element wirkt. Man spricht auch von einem assoziativen Array. Im folgenden Beispiel wird auf Kreise über ihre Kraftfahrzeugkennzeichen zugegriffen.

```
%kfz = ('sl', 'Schleswig', 'fl','Flensburg','hh','Hamburg');
$kfz{'hg'} = 'Bad Homburg';
$kfz{'hg'} = 'Hochtaunuskreis';
$key="hg";
print "Schlüssel = $key, Wert = $kfz{$key}\n";
```

Listing 29.7 Hash

In der ersten Zeile wird ein Hash namens %kfz definiert. Das sieht ähnlich wie bei der Definition eines Arrays aus. Es fällt auf, dass die Variable ein Prozentzeichen trägt, und die Art der Inhalte lässt vermuten, dass hier je zwei benachbarte Werte immer zusammengehören. Der jeweils erste Wert ist der Schlüssel und der zweite der Inhalt. Der Zugriff auf ein Element des Hashs ähnelt dem Zugriff auf ein Array. Allerdings wird keine Nummer als Index verwendet, sondern der Schlüssel, und statt eckiger Klammern sind es hier geschweifte.

Definition

In der zweiten Zeile wird dem Hash %kfz ein Wert hinzugefügt. Wird einem noch nicht existierenden Schlüssel ein Wert zugewiesen, entsteht ein neuer Schlüssel und damit ein neues Element des Hashs. Da es den Schlüssel hg noch nicht gibt, enthält %kfz anschließend ein Element mehr. In der dritten Zeile wird wieder der Schlüssel hg verwendet. Dieses Mal gibt es aber bereits ein Element mit dem Schlüssel, das mit dieser An-

Werte hinzufügen und ändern

weisung geändert wird, und darum bleibt die Anzahl der Elemente des Hashs gleich.

Zugriff auf Elemente

In der vierten Zeile wird ein Skalar `$key` mit dem Inhalt »hg« gefüllt, damit in der letzten Zeile darüber das entsprechende Hashelement referenziert werden kann. Wie schon beim Array zu beobachten war, wird aus dem `%` des Hashs ein `$`, sobald `kfz` über den Schlüssel dereferenziert und damit nur ein Skalar entnommen wird.

Löschen eines Elements

Mit der Funktion `delete()` können Einträge aus einer Hashvariable wieder gelöscht werden. Dabei wird der Schlüssel als eindeutige Referenz angegeben. Der Aufruf sieht so aus:

```
delete $kfz('hh');
```

Damit wird der Eintrag mit dem Hamburger Kennzeichen aus dem Hash `%kfz` gelöscht.

29.2.6 Reguläre Ausdrücke

Perl bietet viele Möglichkeiten, Texte zu manipulieren, und mit den regulären Ausdrücken kommt ein nicht ganz leicht verständliches, aber extrem leistungsfähiges Werkzeug hinzu.

Die regulären Ausdrücke werden im Zusammenhang mit dem Ersetzungskommando eingesetzt, das bereits bei den Zeichenkettenoperationen kurz vorgestellt wurde.

Ersetzungskommando mit regulärem Ausdruck

<Skalar> =~ s/<regulärer Ausdruck>/<Ersetzungszeichenkette>/<Optionen>

Als Beispiel sehen Sie hier den Befehl, um in einer Zeichenkette alle Pluszeichen durch Leerzeichen zu ersetzen. Die Zeile ist dem Skript 29.21 auf Seite 814 entnommen.

```
$wert =~ s/\+/ /g;   # + durch leer ersetzen!
```

Wenn Sie den Editor `vi` verwenden, wird Ihnen dieser Aufruf sehr vertraut sein. Und genau wie dort können Sie auch an dieser Stelle die Vorteile der regulären Ausdrücke nutzen. So ersetzt die folgende Zeile alle Vorkommen des Buchstabens d am Anfang der Zeile durch ein großes V.

```
$wert =~ s/^d/V/g;   # Anfangs-d durch ein V ersetzen!
```

Wie schon in Abschnitt 2.12 ab Seite 138 gezeigt wurde, gibt es die Möglichkeit, mit den Klammern bestimmte Suchbereiche zu markieren. Diese können dann im Zielbereich wieder eingesetzt werden. Hier noch einmal das Beispiel, das Überschriften aus TeX in Überschriften in HTML übersetzt:

```
$wert =~ s/\\section{\(.*\)}/<H1>\1<\/H1>/g;
```

Besonders interessant ist, dass der Puffer, der im Ersetzungsteil mit \1 referenziert wird, auch in der Variablen $1 abgestellt wird und so später im Programm weiterverarbeitet werden kann.

29.3 Interaktiv

Perl-Skripte können mit Werten versorgt werden, indem Eingaben des Anwenders von der Tastatur gelesen werden oder indem der Standardeingabestrom ausgewertet wird. Bei Perl wird beides auf dem gleichen Weg erreicht. Perl kann aber auch die Parameter beim Aufruf auswerten oder auf die Umgebungsvariablen zugreifen. Die Ausgabe haben Sie schon kennengelernt. Sie wird mit dem Aufruf von print erreicht.

29.3.1 Ein- und Ausgabe

Die Bildschirmausgaben erfolgen über die Funktion print(). Die Funktion gibt ihre Parameter auf der Standardausgabe aus. print() hängt keinen Zeilenvorschub an die Ausgabe an. Soll am Ende der Zeile ein Zeilenwechsel erfolgen, muss die Zeichenfolge "\n" mit einem Punkt an den Ausgabeparameter gehängt werden. Der Punkt ist der Operator, um zwei Zeichenketten zu verbinden. — **Ausgabe**

Die Eingabe von Zeilen erfolgt durch die Zuweisung der Standardeingabe an einen Skalar: — **Eingabe**

```
$ask = <STDIN>;
```

Das Programm wartet an dieser Stelle auf die Eingabe des Benutzers, die er mit Return abschließen muss. Das Zeilenendezeichen steht damit immer am Ende der Zeichenkette. Da dieses in den seltensten Fällen gebraucht wird, verwendet man die Funktion chomp(), um die Zeilentrenner aus einer Zeichenkette zu entfernen. Typischerweise sieht eine Eingabe dann so aus: — **chomp**

```
$ask = <STDIN>;
chomp $ask;
```

29.3.2 Aufrufparameter

Wie bei Shellskripten finden sich die Kommandozeilenparameter in vordefinierten Variablen. Allerdings unterscheidet Perl zwischen dem Namen des Skripts und seinen Parametern. Der Name des Skripts befindet sich in $0. Allerdings sind die Aufrufparameter nicht in $1 und den folgenden Variablen abgelegt, sondern befinden sich im vordefinierten Array @ARGV. Der erste Parameter befindet sich in $ARGV[0]! Das folgende Beispiel zeigt die Kommandozeilenparameter des Skriptes an:

```
#!/usr/bin/perl
print "skript name: ", $0, "\n";
print "Parameterzahl: ", $#ARGV, "\n";
print $ARGV[0], "\n";
print $ARGV[1], "\n";
print $ARGV[2], "\n";
```

Listing 29.8 Parameter betrachten

Die Kombination $# liefert den höchsten Index des Arrays. Bei einem Parameter ist also $#ARGV gleich 0! Im Beispiel für den Aufruf des Skripts werden einmal zu viele und einmal gar keine Parameter übergeben:

```
gaston> argv.pl   sonstwas   und dann noch dies
skript name: ./argv.pl
Parameterzahl: 4
sonstwas
und
dann
gaston> argv.pl
skript name: ./argv.pl
Parameterzahl: -1



gaston>
```

Leerzeilen Im letzten Fall entstehen drei Leerzeilen, weil ARGV keinen Inhalt hat. Im Zusammenhang mit for wird später das Skript noch einmal verbessert, damit es auf die variable Anzahl von Parametern reagiert (siehe Seite 809).

29.3.3 Umgebungsvariablen

Für den Zugriff auf die Umgebungsvariablen gibt es die vordefinierte Hashvariable %ENV. Als Schlüssel wird der Name der Umgebungsvariablen verwendet. Dadurch wird der Zugriff durch eine einfache Zuweisung erreicht. Um den Inhalt der Umgebungsvariablen PRINTER zu ermitteln, verwenden Sie einfach $ENV{PRINTER}:

```
print $ENV{PRINTER};
```

Um einen neuen Wert für die Umgebungsvariable PRINTER zu setzen, wird ihr einfach ein neuer Wert zugewiesen:

```
$ENV{PRINTER}="laser";
```

29.4 Ablaufsteuerung

Wie in anderen Programmiersprachen auch ist es in Perl möglich, bestimmte Programmteile nur unter Bedingungen auszuführen oder sie zu wiederholen, bis eine Bedingung eintritt. Da die Bedingung immer im Zentrum steht, soll sie zuerst untersucht werden.

29.4.1 Bedingungen

Eine Bedingung kann wahr oder falsch sein. Sie entsteht durch den Vergleich einer Variablen mit einer anderen Variablen oder einer Konstanten. Solche Konstruktionen nennt man auch boolesche Ausdrücke. Zum Vergleich von Zahlenwerten gibt es die Vergleichsoperatoren aus Tabelle 29.3.

Operator	Bedeutung
==	gleich
!=	ungleich
<	kleiner
<=	kleiner oder gleich
>	größer
>=	größer oder gleich
<=>	Vergleich. Siehe unten

Tabelle 29.3 Numerische Vergleichsoperatoren

Der Vergleich <=> fällt etwas aus der Reihe, da er keinen booleschen Wert zurückgibt. Er liefert 0, wenn beide Werte gleich sind. Er liefert 1, wenn der linke Wert größer als der rechte ist, und –1, wenn der rechte Wert größer als der linke ist.

Für den Vergleich zweier Zeichenketten gibt es die Operatoren, die in Tabelle 29.4 aufgelistet sind.

Operator	Bedeutung
eq	Sind die Strings gleich?
ne	Sind die Strings ungleich?
lt	Ist der erste String kleiner?
le	Ist der erste String kleiner oder gleich?
gt	Ist der erste String größer?
ge	Ist der erste String größer oder gleich?
cmp	Wie strcmp in C: liefert –1 bei kleiner, 0 bei gleich und 1 bei größer

Tabelle 29.4 Vergleichsoperatoren bei Zeichenketten

Auch der Vergleich cmp liefert keinen booleschen Wert, sondern eine Zahl.

Suchen in Zeichenketten

Ob eine bestimmte Zeichenkette in einer Variablen vorkommt, kann ebenfalls als Bedingung verwendet werden. Die Syntax der Suche ist von sed bzw. von vi her bekannt:

```
$a =~ /suchmich/i
```

Dieser Ausdruck ist wahr, wenn in der Variablen $a die Zeichenkette »suchmich« vorkommt. Das i hinter dem zweiten Schrägstrich bewirkt, dass bei der Suche nicht zwischen Groß- und Kleinschreibung unterschieden wird. Zwischen den Schrägstrichen können auch reguläre Ausdrücke stehen (siehe Seite 138).

Verknüpfung boolescher Ausdrücke

Zum Verknüpfen zweier Vergleiche gibt es die Operatoren and und or. In Anlehnung an die Sprache C können Sie für and auch && und für or auch || schreiben. Der Operator and liefert nur dann einen wahren Wert, wenn beide Ausdrücke wahr sind. Der Operator or wird genau dann wahr, wenn mindestens einer der beiden Ausdrücke wahr ist. Anders ausgedrückt, ist or nur dann falsch, wenn beide Ausdrücke falsch sind.

29.4.2 if

Die Abfrage if ermöglicht es, auf Bedingungen zu reagieren.

> **Struktur einer if-Anweisung**
>
> ```
> if ( <Bedingung> )
> {
>         <Befehle>
> [ } elsif ( <Bedingung> )
> {
>         <Befehle> ]*
> [ } else {
>         <Befehle> ]
> }
> ```

Auf das Schlüsselwort `if` folgt in Klammern die Bedingung. Danach folgen die Befehle, die unter der Bedingung ausgeführt werden sollen, in einem Block, der durch geschweifte Klammern eingeschlossen wird. Es können daraufhin ein oder mehrere `elsif`-Anweisungen mit einem Befehlsblock folgen. Schließlich kann optional am Ende eine `else`-Anweisung folgen. Die Befehle `elsif` und `else` werden später in diesem Abschnitt noch genauer ausgeführt. Hier erst einmal ein einfaches Beispiel für eine `if`-Anweisung.

```
if ( $wert > 5 )
{
  print "Mensch, der Wert ist ja über 5!\n";
}
```

Listing 29.9 Einfache Abfrage

Zu dem Befehl `if` gibt es auch ein `else`, an den wiederum ein Block von Anweisungen angehängt werden kann. Dieser Block wird dann ausgeführt, wenn die Bedingung falsch ist.

else

Mit dem Befehl `elsif` ist es möglich, auf eine weitere Bedingung zu prüfen. So können Sie beispielsweise einen Block reagieren lassen, wenn die Variable 3 ist, einen anderen, wenn sie 5 ist, und mit einem `else` alle übrigen Werte abhandeln. Das folgende Beispiel zeigt ein `if` mit `elsif` und `else`. Hier werden Zeichenketten verglichen.

elsif

```
#!/usr/bin/perl -w
$ask = <STDIN>;
chomp($ask); # wirf den Zeilenvorschub weg!
if ( $ask eq "arnold" )
{
  print "Hallo, Arnold!\n";
}
elsif ($ask eq "willemer" )
```

```
{
  print "Hochverehrter Herr Willemer!\n";
}
else
{
  print "Was willst du denn hier, $ask?\n";
}
```

Listing 29.10 Begrüßung

Eingabe
: Zunächst wird eine Zeichenkette von der Tastatur eingelesen. Da das erst mit der Eingabe der Return-Taste beendet ist, befindet sich der Zeilenvorschub am Ende der Zeichenkette in der Variablen $ask. Die Funktion chomp() eliminiert den Zeilenvorschub.

Entscheidung
: Es folgt die eigentliche Abfrage if. Zunächst wird geprüft, ob die Eingabe »arnold« lautete. Dann wird Arnold mit Hallo begrüßt. elsif heißt soviel wie »andernfalls wenn«. Hier wird geprüft, ob »willemer« eingegeben wurde. Dann fällt die Begrüßung gleich sehr viel formeller aus. else behandelt alle anderen Fälle.

29.4.3 for

Die Schleife for kommt zum Einsatz, wenn abzählbare Durchläufe einer Schleife gebraucht werden. Perl kennt zwei Formen von for. Da ist einmal die Zählschleife, die hier behandelt wird, und dann die Schleife foreach, mir der sich der nächste Abschnitt befasst.

Die for-Schleife

for (<Startanweisung>;<Laufbedingung>;<Endanweisung>)
{
    <Kommandos>
}

In der Klammer hinter for stehen drei Anweisungen, die je durch ein Semikolon getrennt werden. Als Erstes erscheint die Startanweisung. Sie wird einmal vor dem Beginn der Schleife ausgeführt. Die zweite Anweisung ist die Schleifenbedingung. Sie wird vor jedem Durchlauf der Schleife überprüft. Trifft sie nicht mehr zu, wird die Schleife beendet. Der dritte Teil wird nach jedem Durchlauf am Ende des Schleifenblocks durchgeführt.

Das folgende Beispiel wird zehnmal durchlaufen.

```perl
for ($i=0 ; $i<10 ; $i++ )
{
  print "$i\n";
}
```

Listing 29.11 Zählen mit for

Die Startanweisung setzt den Inhalt des Skalars `$i` auf 0. Die Abfrage prüft, ob der Skalar immer noch kleiner als 10 ist. Die Endanweisung erhöht `$i` um eins, damit die Schleife irgendwann beendet wird.

Das folgende Beispiel zeigt alle Aufrufparameter des Perl-Skripts an.

```perl
#!/usr/bin/perl
print "skript name: ", $0, "\n";
print "Parameterzahl: ", $#ARGV, "\n";
print "Parameterliste: \n";
for ($i=0; $i<=$#ARGV; $i++)
{
   print "$i.: ", $ARGV[$i], "\n";
}
```

Listing 29.12 Parameteraufzählung

Die Kombination `$#` liefert den höchsten Index des Arrays. Ist das Array leer, ist dieser Wert −1. Bei einem Parameter ist `$#ARGV` gleich 0! Aus diesem Grund läuft `$i` in der Schleife auch bis `<= $#ARGV`. Für den C-Programmierer etwas gewöhnungsbedürftig ist, dass `$i` auch innerhalb des Strings ausgewertet wird. Hier sehen Sie ein Beispiel für den Aufruf des Skripts:

```
gaston> argv.pl  sonstwas  und dann noch dies
skript name: ./argv.pl
Parameterzahl: 4
Parameterliste:
0.: sonstwas
1.: und
2.: dann
3.: noch
4.: dies
gaston> argv.pl
skript name: ./argv.pl
Parameterzahl: -1
Parameterliste:
gaston>
```

29.4.4 foreach

Schleife über eine Liste

Die Schleife `foreach` ist ein Spezialfall der `for`-Schleife, die Werte einer Liste durchläuft. Sie ist mit der `for`-Schleife in Shellskripten vergleichbar. Dem Schlüsselwort `foreach` folgt als Erstes ein Skalar, der nacheinander alle Werte der darauffolgenden Liste annimmt.

Die foreach-Schleife

foreach <Skalar> (<Liste>)
{
    <Kommandos>
}

Hier ein einfaches Beispiel, das ein Array ausliest:

```
foreach $i (@array) {
  print $i."\n";
}
```

Listing 29.13 foreach über ein Array

Hier nimmt der Skalar `$i` nacheinander die Werte des Arrays `@array` an. In jedem Durchlauf wird also ein Element von `@array` angezeigt. Das folgende Beispiel wertet wieder die Aufrufparameter aus. Hier sehen Sie, wie `foreach` die Schleife erheblich vereinfacht:

```
#!/usr/bin/perl
print "Parameterliste: \n";
for ($i (@ARGV)
{
    print "$i \n";
}
```

Listing 29.14 Parameteraufzählung vereinfacht

Nun soll eine Hashvariable ausgewertet werden. Sie soll in der alphabetischen Reihenfolge ihrer Schlüssel angezeigt werden:

```
%kfz = ('sl', 'Schleswig', 'fl','Flensburg','hh','Hamburg');
$kfz{'hg'} = 'Bad Homburg';
foreach $key (sort keys(%kfz)) {
    print "Key = $key, Value = $kfz{$key}\n";
}
```

Listing 29.15 foreach über Hashvariablen

Die Schleifenvariable `$key` nimmt nacheinander die Werte des dahinter stehenden Ausdrucks an. Im Zentrum dieses Ausdrucks steht die Hashvariable `%kfz`. Die Funktion `keys()` liefert ein Array mit allen Schlüsselwerten der Hashvariablen. Auf diese wird dann die Funktion `sort()` angewendet, sodass `$key` nacheinander die Schlüssel in sortierter Reihenfolge annimmt.

keys und sort

Statt dem Schlüsselwort `foreach` kann auch `for` verwendet werden. Allerdings erhöht die Verwendung von `foreach` die Lesbarkeit.

29.4.5 Sonstige Schleifen: while und until

Perl kennt für Schleifen die Schlüsselwörter `while` und `until`. Beim `while` bleibt das Programm innerhalb der Schleife, sofern die Bedingung erfüllt ist. Bei `until` wird die Schleife verlassen, sobald die Bedingung erfüllt ist. Das eine ist also die Negation des anderen. Beide Schlüsselwörter können am Anfang oder am Ende der Schleife stehen, je nachdem, wo die Bedingung abgefragt werden soll. Steht die Bedingung am Ende, wird die Schleife in jedem Fall einmal durchlaufen. In diesem Fall eröffnet das Schlüsselwort `do` die Schleife.

Die while-Schleife mit der Abfrage am Kopf

```
while (<Bedingung>)
{
        <Befehle>
}
```

Die until-Schleife mit der Abfrage am Kopf

```
until (<Bedingung>)
{
        <Befehle>
}
```

Wird die Bedingung am Fuß der Schleife geprüft, wird sie mit dem Schlüsselwort `do` eingeleitet.

Die Schleifen mit der Abfrage am Kopf

```
do {
        <Befehle>
} while (<Bedingung>)
```

> **Die Schleifen mit der Abfrage am Kopf**
>
> do {
>   <Befehle>
> } until (<Bedingung>)

Zunächst folgt ein einfaches Beispiel einer `while`-Schleife mit der Bedingung am Kopf.

```
$i = 0;
while ($i<3) {
  print "$i\n";
  $i++;
}
```

Listing 29.16 while am Schleifenanfang

Die Bedingung wird zu Beginn geprüft. Trifft sie zu Beginn nicht zu, wird die Schleife nicht durchlaufen.

```
$i = 0;
do {
  print "$i\n";
  $i++;
} while ($i<3);
```

Listing 29.17 while am Schleifenende

Da hier die Bedingung am Ende geprüft wird, wird die Schleife einmal durchlaufen, auch wenn die Bedingung bereits zu Anfang nicht zutrifft.

```
$i = 0;
until ($i>=3) {
  print "$i\n";
  $i++;
}
```

Listing 29.18 until am Schleifenanfang

Im Gegensatz zur ersten `while`-Schleife wird hier die negierte Abfrage geprüft. Im Grunde ist das die gleiche Schleife wie die erste, die mit `while` erstellt wurde. Die Negierung einer Bedingung ist im Allgemeinen aber schlechter lesbar als die Verwendung von `until` statt `while`.

Zu guter Letzt sehen Sie noch die vierte mögliche Variante. Hier wird ebenfalls die Schleife mindestens einmal durchlaufen, bevor die Bedingung geprüft wird.

```perl
$i = 0;
do {
  print "$i\n";
  $i++;
} until ($i>=3);
```

Listing 29.19 until am Schleifenende

Die folgende Schleife ist ein Beispiel für das Aufspalten eines Arrays in einzelne Skalare. Die Bedingung ist lediglich das Array. Hier wird die Tatsache genutzt, dass die Umformung eines Arrays in einen Skalar die Anzahl der Elemente ergibt. Sobald das Array also leer ist, wird es 0 zurückgeben. Diese 0 wird von `while` als falsch interpretiert und führt zum Ende der Schleife.

Zerlegen eines Arrays

```perl
while (@array) {
    ($a, $b, @neu) = @array;
    print $a." ".$b."\n";
    @array = @neu;
}
```

Listing 29.20 Paarweises Aufspalten

Im Innern der Schleife wird das Array durch die Zuweisung jeweils in zwei Skalare und ein neues Array aufgespalten. Die Skalare werden paarweise ausgegeben, und das Restarray wird dem Original zugewiesen.

Im Zusammenhang mit CGI-Skripten sind immer wieder Strings wie der folgende auszuwerten. Sie enthalten den Inhalt einer Eingabemaske. Das Ziel ist es, die einzelnen Eingaben zu trennen. Die einzelnen Eingaben sind als Zuweisungen dargestellt, also steht links eine Variable, dann ein Gleichheitszeichen und dann der Wert. Die Zuweisungen sind jeweils durch & getrennt.

CGI-Auswertung

```
Name=Willemer&Adresse=Ihre+Adresse%0D%0AOrt&Anrede=Frau
```

Das Skript soll die Zeichenkette aufbrechen, in einem Hash ablegen und den Hash ausgeben. Statt der Ausgabe würde man in der Praxis die Werte in eine Datenbank stellen oder zu einer Datenbankabfrage umformen.

```perl
#!/usr/bin/perl -w
use strict;
my %input;
my $zeile; my $key; my $wert;
my @zuweisungen; my @neu;
```

```perl
my $input = "Name=Otto&Adresse=Mein+Weg%0D%0AOrt&Anrede=Frau";
@zuweisungen = split("&", $input);
while (@zuweisungen) {
    ($zeile, @neu) = @zuweisungen;
    ($key, $wert) = split("=", $zeile);
    $wert =~ s/\+/ /g;          # + durch leer ersetzen!
    $input{$key} = $wert;
    @zuweisungen = @neu;
}
# Ausgabe
foreach $key(sort keys(%input)) {
    print "Key = $key, Value = $input{$key}\n";
}
```

Listing 29.21 CGI-Zerlegung

29.4.6 Funktionen

Eine Funktion wird mit dem Schlüsselwort sub definiert. Darauf folgen der Name der Funktion und in geschweiften Klammern der Block von Befehlen, der ausgeführt wird, wenn die Funktion aufgerufen wird.

Funktionsdefinition

sub <Funktionsname>
{
    <Befehle>
}

Eine Funktion kann von einer beliebigen Stelle durch ihren Funktionsnamen aufgerufen werden. Nach Ausführung der Befehle in der Funktion kehrt der Programmablauf zu dem Befehl zurück, der dem Funktionsaufruf folgt.

```perl
sub linie {
  print '-' x 79 . "\n;
}
  ...
linie;
  ...
linie;
```

Listing 29.22 Simple Funktion

Funktionen haben den Vorteil, dass Programmzeilen nicht an verschiedenen Stellen des Programms wiederholt werden müssen. Das Vermeiden von Wiederholungen sorgt für weniger Fehlerquellen. Fehlerkorrekturen in Funktionen, die häufiger aufgerufen werden, lassen mehrere Stellen des Programms davon profitieren. Daneben sorgen Funktionen für Übersicht. Da Details in den Funktionen verborgen werden, entsteht ein Blick auf die Struktur des Gesamtprogramms.

An Funktionen können auch Parameter übergeben werden. Beim Aufruf werden sie einfach hinter dem Funktionsnamen aufgezählt. Vom Innern der Funktion können Sie über das Array @_ auf die Parameter zugreifen. Das Beispiel linie ist so erweitert worden, dass als Parameter übergeben wird, wie viele Striche für die Linie verwendet werden sollen.

Parameter

```
sub linie {
  print '-' x $_[0] . "\n";
}
 ...
linie(5);
 ...
linie 15;
```

Listing 29.23 Funktion mit Parameter

Lokale Variablen können mit Hilfe der Schlüsselwörter local oder my innerhalb der Funktion definiert werden. Mit my definierte Variablen sind nur innerhalb der Funktion bekannt. Auf eine mit local definierte Variable kann auch von einer Funktion zugegriffen werden, die von der aktuellen Funktion aufgerufen wird.

Lokale Variablen

29.5 Dateien

Der Umgang mit Dateien besteht einmal aus dem Lesen und Schreiben von Dateien. Darüber hinaus ist es für eine Skriptsprache auch wichtig, Dateien löschen oder umbenennen zu können.

29.5.1 Schreiben und Lesen

Perl ist eine ideale Sprache, um Texte auszuwerten. Um das nutzen zu können, muss man auf die Dateien, in denen die Texte stehen, zugreifen können. Im ersten Schritt wird eine Datei geöffnet. Dazu dient die Funktion open(). Der erste Parameter ist das Dateihandle (*handle*; engl.

Öffnen und Schließen

Handgriff). Ein Handle ist eine Kennung für eine Ressource. Daran erkennt das Betriebssystem, welche Datei gemeint ist. Das Handle wird für alle weiteren Zugriffe auf die Datei gebraucht. Der zweite Parameter ist der Name der Datei, die geöffnet werden soll. Im folgenden Beispiel wird eine Datei geöffnet und gleich wieder geschlossen:

```
open(HANDLE, $filename) || die "Datei nicht zugreifbar";
close(HANDLE);
```

Fehlerbehandlung Das Oder-Zeichen hinter dem Dateinamen bewirkt, dass bei einem Fehlschlag der Funktion open() die dahinter liegende Befehlsfolge abgearbeitet wird. Hier besteht sie aus der Funktion die() (engl. sterben), die das Programm beendet und die als Parameter übergebene Zeichenkette als letzten Gruß auf der Konsole ausgibt.

Lesen Aus einer Datei liest man mit Hilfe des durch open() ermittelten HANDLE auf die gleiche Weise, wie schon weiter oben von der Standardeingabe gelesen wurde:

```
$zeile = <HANDLE>;
```

Schreiben Die Ausgabe in eine Datei erfolgt analog über die Funktion print(). Als erster Parameter wird ihr das Dateihandle mitgegeben:

```
print HANDLE $value;
```

cat als Perl-Skript Das folgende Skript ist eine Implementation des Kommandos cat in Perl. Wie der Originalbefehl gibt das Skript cat.pl den Inhalt aller ihm als Parameter übergebenen Dateien auf der Standardausgabe aus.

```
#!/usr/bin/perl -w
use strict;
my $datei;   # der jeweilige Dateiname
my $zeile;   # die Zeile, die aus der Datei gelesen wird.

foreach $datei (@ARGV)
{
   open(HANDLE, $datei) || die "Fehler beim Öffnen $datei\n";
   while ($zeile = <HANDLE>)
   {
      print $zeile;
   }
   close HANDLE;
}
```

Listing 29.24 Implementierung von cat in Perl

Die äußere `foreach`-Schleife durchläuft das Parameterarray `@ARGV`. Jeder der Parameter wird mit `open()` geöffnet. Dann durchläuft das Programm die innere Schleife, in der jede Zeile in den Skalar $zeile eingelesen und dann per `print()` auf die Standardausgabe gegeben wird. Die Schleife bricht ab, wenn die Variable zeile nicht mehr zu füllen ist. Nach dem Ende der Schleife wird die Datei geschlossen, und die `foreach`-Schleife übernimmt den nächsten Parameter.

29.5.2 Umgang mit Dateien

Perl verfügt über einige Funktionen zur Behandlung von Dateien. Diese sind an die UNIX-Systemaufrufe angelehnt. Tabelle 29.5 zeigt einige Dateibefehle.

Dateioperationen

Befehl	Wirkung
`unlink \$filename`	Löscht eine Datei
`rename \$filename,\$neuname`	Ändert den Namen einer Datei
`mkdir \$dirname`	Erzeugt ein Verzeichnis
`rmdir \$dirname`	Löscht ein Verzeichnis

Tabelle 29.5 Dateibefehle

Weitere Funktionen finden Sie auf der Manpage von perlfunc.

Wie bei UNIX-Skripten können Dateien auf Existenz und andere Eigenschaften geprüft werden. Beispielsweise wird mit `-f` getestet, ob der nachfolgende Name, hier **.rhosts**, eine Datei bezeichnet.

```
if ( -f '.rhosts' ) {
  unlink '.rhosts';
}
```

Listing 29.25 Dateilöschen mit Vorabprüfung

Die wichtigsten unären Operatoren sind in Tabelle 29.6 aufgeführt.

Flag	Bedeutung
`-r -w -x`	Von der effektiven UID/GID les-, schreib- bzw. ausführbar
`-R -W -X`	Von der realen UID/GID les-, schreib- bzw. ausführbar
`-f`	Existiert als Datei
`-d`	Existiert als Verzeichnis
`-l`	Existiert als symbolischer Link

Tabelle 29.6 Datei-Eigenschaften prüfen

29.6 Perl und UNIX

Perl entstand unter UNIX. Daher nutzt Perl viele Möglichkeiten, die UNIX ihm bietet. Inzwischen ist Perl auf beinahe jeder Plattform verfügbar. Wer die Möglichkeit nutzen will, seine Perl-Skripte auch auf anderen Systemen zu verwenden, sollte UNIX-Besonderheiten in den Skripten vermeiden. Aber für den Systemadministrator, der sich ein paar Hilfsroutinen schreiben will, ist die Nähe von Perl zu UNIX ungeheuer praktisch. Dass solche Skripte dann nicht portabel sind, wird ihn weniger interessieren.

29.6.1 Aufruf von UNIX-Programmen

Perl kennt auch die Verwendung von Backquotes. Damit können UNIX-Programme aufgerufen und ihre Ausgabe im Programm weiterverarbeitet werden. Ein einfaches Beispiel ist die Ermittlung des aktuellen Datums:

```
$datum = `date +%D`;
print "$datum\n";
```

Der Befehl date wird aufgerufen, und seine Ausgabe an die Standardausgabe wird in den Skalar $datum umgeleitet. Die einschließenden Striche sind keine Apostrophe, sondern das Zeichen, das dieselbe Richtung hat wie der Backslash. Aus diesem Grund wird das Zeichen auch Backquote genannt. Die Funktion print() liefert das Ergebnis auf dem Bildschirm.

Das Gleiche funktioniert auch, wenn die Ausgabe des Befehls mehrere Zeilen umfasst. Sie müssen dessen Ausgabe allerdings in einem Array speichern. Als Beispiel wird hier der Befehl ls verwendet:

```
@dir = `ls`;
```

29.6.2 UNIX-Systemprogrammierung

Unter Perl stehen die meisten UNIX-Systemaufrufe, die in Kapitel 32 behandelt werden, zur Verfügung. Selbst Aufrufe wie fork() und kill() sind möglich. Die Verwendung von Sockets ist durchaus gängige Praxis. Da auch Netzwerkfunktionen wie accept() oder connect() verfügbar sind, ist es möglich, Netzwerkserver und Clients zu programmieren.

Über die genaue Aufrufsyntax finden Sie Informationen auf der Manpage perlfunc.

29.7 Grafische Oberfläche: Tk

Dieser Ausflug in die Welt der grafischen Programme kann natürlich das Thema nicht völlig erschöpfen. Es macht aber einfach Spaß, zu sehen, wie schnell sich mit Perl grafische Oberflächen erstellen lassen. Und letztlich ist das Ganze auch nicht mehr schwierig, wenn Sie den Grundgedanken erst einmal verinnerlicht haben.

Um mit Perl X-Clients zu schreiben, bedienen Sie sich des Moduls Tk. Ursprünglich wurde Tk für die Skriptsprache Tcl entwickelt. Aber auch mit Perl können Sie Tk benutzen. Das folgende Beispiel erstellt ein Fenster mit einem Label, also einer Anzeige für Text, in dem das Wort »Huhu« steht. Darunter erscheint ein Button mit der Aufschrift »Schluss«, der das Programm beendet.

Tk

Abbildung 29.1 Grafisches Minimalprogramm

Im ersten Schritt wird das Hauptfenster generiert. Dabei wird die Methode new der externen Klasse MainWindow verwendet, um ein Fenster zu erzeugen, das anschließend über die Objektvariable $meinFenster erreichbar ist. Falls sich das für Sie sehr nach objektorientiertem Vokabular anhört, liegen Sie richtig. Mit Perl können Sie durchaus objektorientiert programmieren. Dann werden nacheinander die Methoden Label und Button aufgerufen, die ein entsprechendes Element generieren:

Ablauf

```
#!/usr/bin/perl -w
use Tk;

my $meinFenster = MainWindow->new;
$meinFenster->Label( -text=>"Huhu" )->pack;
$meinFenster->Button(-text => "Schluss",
                     -command => [$meinFenster => 'destroy']
                    )->pack;
MainLoop;
```

Gerade beim Button ist schön zu sehen, dass bei der Erstellung bereits alle relevanten Eigenschaften eines Buttons erzeugt werden, also die Beschriftung (text) und die aufzurufende Funktion bei Betätigung des Buttons. Die Betätigung des Button führt zur Ausführung von command und dadurch zur Zerstörung des Fensters. Ist das Fenster zerstört, wird automatisch das Programm beendet. Zu guter Letzt läuft das Programm in die bei allen grafischen Oberflächen typische Ereignisschleife, hier MainLoop. Das bedeutet, dass das Programm nicht mehr von sich aus agiert, sondern auf Benutzeraktivitäten wartet und dann mit den hinterlegten Rückruffunktionen reagiert.

-> Sie finden im Listing zwei ungewöhnliche Pfeile, die in diesem Kapitel bisher nicht behandelt wurden. Den Pfeil, der sich aus einem Bindestrich und einem Größerzeichen zusammensetzt, kann man sich als Zeiger auf Bestandteile grafischer Objekte vorstellen. So kann ein Fenster Funktionen aufrufen, die sich auf das Fenster beziehen, oder Sie können die zum Fenster gehörigen Variablen auslesen.

=> Der zweite Pfeil, der aus einem Gleichheits- und einem Größerzeichen besteht, ist einfacher zu erläutern. Man kann ihn sich als Ersatz für ein Komma vorstellen. Sie können ihn auch durch ein Komma ersetzen. Der Pfeil hat den Vorteil, Parameterpaare deutlicher hervorzuheben. So bezieht sich das »Huhu« auf die Option -text.

pack Die Funktion `pack()` muss auf alle Elemente des Fensters angewendet werden, damit die Elemente im Fenster angeordnet und damit sichtbar werden. Solange nur mit wenigen Elementen gearbeitet wird, reicht diese Erklärung. Das Thema der verschiedenen Anordnungsmöglichkeiten wird ab Seite 828 ausführlicher behandelt.

29.7.1 Widgets und Ressourcen

Die Kontrollelemente unter X gehören zu den Widgets. Widgets sind eigenständige Bestandteile der grafischen Oberfläche. Neben den Kontrollelementen gibt es Containerwidgets, die andere Widgets aufnehmen und diese ausrichten. Wie schon im Kapitel über das X Window System erläutert wurde, haben Widgets Eigenschaften, die über ihre Namen zu beeinflussen sind. Diese Eigenschaften nennen sich Ressourcen.

Ressource	Bedeutung	Werte
-background -bg	Hintergrundfarbe	Farbangabe
-foreground -fg	Vordergrundfarbe	Farbangabe
-relief	3D-Effekt	raised, sunken, flat, ridge (umrahmt)
-borderwidth -bd	Randstärke	Numerischer Wert
-anchor	Ausrichtung	'n', 'w', 's', 'e' oder 'center'

Tabelle 29.7 Allgemeine Ressourcen

Sie können Ressourcen nachträglich ändern, indem Sie die Funktion `configure` des jeweiligen Widgets mit der Ressource als Parameter aufrufen. Beispielsweise können Sie den Text eines Labels folgendermaßen ändern:

Nachträgliches Ändern

```
my $anzeige = $mw->Label( -text=>'Beschriftung' );
...
$anzeige->configure(-text=>'Anderer Text');
```

Weitere Informationen gibt es unter `man Tk::options`.

29.7.2 Kontrollelemente

Für alle interaktiven Programme sind die Kontrollelemente zentraler Bestandteil ihrer Fenster. In diesem Abschnitt sind die wichtigsten Elemente erläutert, ihre Ressourcen und der Umgang mit diesen.

Label

Ein Label ist ein Beschriftungsfeld. Sie können es mit einem Text und einem Bild füllen. Davon abgesehen, hat es wenig Eigenleben. Es reagiert auf keine Ereignisse. In den allermeisten Fällen dient es nur zur Beschriftung.

Ressource	Bedeutung	Werte
-text	Beschriftung	Zeichenkette
-font	Schrift	Zeichensatzbezeichnung

Tabelle 29.8 Label-Ressourcen

Eine Sonderform des Labels ist die Message. Man kann in ihr längere Texte angeben, die sie je nach Platzangebot selbstständig umbricht.

Message

Button

Der einfache Button ist eine Schaltfläche, die auf das Anklicken mit der linken Maustaste reagiert. Darüber hinaus kann man ihn wie ein Label mit einem Text oder einem Bild versehen.

```
$meinFenster->Button(-text => "Schluss",
                    -command => sub{faerbe('red')});
```

Neben der Beschriftung ist die wichtigste Eigenschaft eines Buttons, dass man ihn anklicken kann. Mit der Option `-command` wird festgelegt, welche Aktion dann ausgelöst wird. Oben wird die Funktion `faerbe()` aufgerufen, wenn der Button angeklickt wird. Man nennt eine solche Funktion

Checkbutton Der Checkbutton ist eine Sonderform des Buttons. Durch Anklicken erhält er eine Marke. Ein weiterer Klick versetzt den Button in seinen Ursprungszustand zurück:

```
my $schoen=$mw->Checkbutton(-text =>"schön",
                    -anchor=>'w')->pack(-fill,'x');
my $stark=$mw->Checkbutton(-text =>"stark",
                    -anchor=>'w')->pack(-fill,'x');
my $klug=$mw->Checkbutton(-text =>"klug",
                    -anchor=>'w')->pack(-fill,'x');
```

Abbildung 29.2 Checkbutton-Widgets

Die Ressource -anchor bewirkt eine Ausrichtung nach links, wenn ihr Wert wie oben 'w' ist. Das wirkt aber nur dann, wenn bei der Funktion pack angegeben ist, dass das Widget den gesamten Raum in X-Richtung füllen soll. Auf die Ausrichtung und Anordnung von Widgets wird später näher eingegangen (siehe Seite 828).

Radiobutton Der Radiobutton ist eine andere Variante der Buttons. Man könnte ihn als eine Weiterentwicklung des Checkbuttons ansprechen. Mehrere Buttons werden zusammengefasst. Es darf nur einer angewählt sein. Der Radiobutton hat seinen Namen von den Stationstasten eines Radios, von denen auch immer nur eine gleichzeitig angewählt sein kann. Wird eine andere gedrückt, springt die bisher gedrückte Taste heraus.

Abbildung 29.3 Radiobutton-Widgets

```
my $mw = MainWindow->new;
my $radvar='red';
```

```
$mw->Radiobutton(-text => 'rot',
                 -variable=>\$radvar,
                 -value=>'red',
                 -anchor=>'w')->pack(-fill,'x');
$mw->Radiobutton(-text => 'gelb',
                 -variable=>\$radvar,
                 -value=>'yellow',
                 -anchor=>'w')->pack(-fill,'x');
MainLoop;
```

Relevant für die Funktionalität sind die Optionen -variable und -value. In der Variablen $radvar legen die Radiobuttons nicht nur ihren Wert ab, sondern stellen anhand der Variablen auch fest, ob sie angewählt sind oder nicht. Dazu hat jeder Radiobutton einen eigenen Wert, der hinter der Ressource -value abgelegt ist.

Koordinierung über eine Variable

Listbox

Eine Listbox kann mehrere Zeilen aufnehmen. Zunächst wird sie generiert wie andere Kontrollelemente auch. Eine wichtige Ressource ist die Höhe, die angibt, wie viele Zeilen sichtbar sind. Die Listbox kennt die Kommandos insert zum Einfügen von Zeilen, delete zum Löschen und get, um den Inhalt einer Zeile auszulesen.

```
#!/usr/bin/perl -w
use strict;
use Tk;

my $mw = MainWindow->new;
my $list = $mw->Listbox(-height=> 5);
$list->pack;
$list->insert(0,'gelb','blau','grün','rot','schwarz','weiß');
MainLoop;
```

Ressource	Werte
-height	Anzahl der sichtbaren Zeilen

Tabelle 29.9 Listbox-Ressourcen

Scrollbars

Scrollbars (Rollbalken) werden im Zusammenhang mit anderen Widgets gebraucht, wenn der Raum im Fenster zu klein ist, um das Widget komplett darzustellen. Dann lässt sich ein Scrollbar verwenden, um den Ausschnitt auszuwählen, den man sehen möchte. Daher braucht der Scrollbar die Information, welches Widget er kontrollieren soll. Auf der anderen Seite braucht das kontrollierte Widget auch Informationen darüber, dass es von einem Scrollbar kontrolliert wird. Man löst das Problem, indem man zunächst das zu kontrollierende Widget erzeugt und dann dem Scrollbar und schließlich dem Widget durch Ressourcenänderung mitteilt, dass es einen Scrollbar besitzt. Im folgenden Beispiel werden diese Schritte an einer Listbox demonstriert:

```perl
#!/usr/bin/perl -w
use strict;
use Tk;

my $mw = MainWindow->new;
# Erzeuge die Listbox
my $list = $mw->Listbox(-height=> 5)->pack(-side, 'left');
# Dann den passenden Scrollbar
my $scroll = $mw->Scrollbar(-command, [yview=>$list]);
$scroll->pack(-side,'right', -fill,'y');
# Nun existiert ein Scrollbar, und die Listbox sollte das wissen
$list->configure(-yscrollcommand => ['set', $scroll]);
# Fuelle Werte in die Listbox...
$list->insert(0,'gelb','blau','grün','rot','schwarz','weiß');
MainLoop;
```

Abbildung 29.4 Listbox mit Scrollbar

Scrolled Da Scrollbars fast immer eingesetzt werden, um andere Widgets zu steuern, gibt es die Sonderform Scrolled. Damit werden ein kontrolliertes Widget und ein Scrollbar in einem Schritt erzeugt:

```perl
#!/usr/bin/perl -w
# use strict;
use Tk;

my $mw = MainWindow->new;
my $scrlist = $mw->Scrolled(Listbox,-height,5,-scrollbars=>'e');
$scrlist->insert(0,'gelb','blau','grün','rot','schwarz','weiß');
$scrlist->pack;
MainLoop;
```

Hinter der Option -scrollbars steht in der Zeichenkette, an welcher Seite des Widgets der Scrollbar angebracht sein soll. Die Seite wird durch die englischen Kürzel für die Himmelsrichtungen (n, e, s, w) angegeben. Im Beispiel oben befindet sich der Scrollbar also an der rechten Seite. Durch Angabe der Zeichenkette 'se' wird sowohl rechts als auch unten ein Scrollbar angefügt.

Scrollbarposition

Scale

Das Widget Scale ist ein Schieber, mit dem Sie Zahlenwerte einstellen können. Mit dem Kommando get lässt sich der Zahlenwert auslesen. Das folgende Beispiel erzeugt einen solchen Schieber und übernimmt den Wert in ein Label, wenn der Button angeklickt wird.

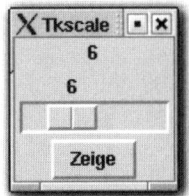

Abbildung 29.5 Scale-Widget

```
#!/usr/bin/perl -w
use strict;
use Tk;

my $mw = MainWindow->new;
my $anzeige = $mw->Label( -text=>"" )->pack;
my $scale = $mw->Scale(-from=>1, -to=>20,
                       -orient=>'horizontal')->pack;
$mw->Button(-text => "Zeige", -command => sub{zeige()},)->pack;
MainLoop;

sub zeige {
  my $val = $scale->get;
  $anzeige->configure(-text=>$val);
}
```

Das Widget Scale verwendet die in Tabelle 29.10 aufgeführten Ressourcen.

Ressource	Werte
-label	Beschriftung
-from	Min. Wert (numerisch)
-to	Max. Wert (numerisch)
-length	Zahlenwert
-orientation	horizontal oder vertical

Tabelle 29.10 Scale-Ressourcen

Entry

Das Widget Entry dient zur Eingabe einer Zeichenkette. Das folgende Beispiel erzeugt ein Fenster mit einem Eingabefeld, einem Label und einem Button. Wenn Sie etwas in das Eingabefeld eintippen und dann den Button anklicken, wird der Inhalt im Label angezeigt.

Abbildung 29.6 Entry-Widget

```
#!/usr/bin/perl -w
use strict;
use Tk;

my $mw = MainWindow->new;
my $anzeige = $mw->Label( -text=>"" )->pack;
my $entry = $mw->Entry()->pack;
$mw->Button(-text => "Zeige", -command => sub{zeige()},)->pack;
MainLoop;

sub zeige {
  my $val = $entry->get;
  $anzeige->configure(-text=>$val);
}
```

Ressource	Werte
-label	Beschriftung
-textvariable	Variable

Tabelle 29.11 Entry-Ressourcen

Neben diesen Grundfunktionen bestehen natürlich noch viele Möglichkeiten, mit Eingabefeldern umzugehen. Dabei ist allein der Umgang mit Selektionen, also Markierungen im Text, sehr umfangreich. Genauere Informationen bekommen Sie über man Tk::Entry.

Menüs

Zu jedem etwas größeren Programm gehört auch ein Menübaum. Dieser besteht aus mehreren Elementen, die im Programm nacheinander generiert werden. Zunächst wird die Menüleiste (engl. *menubar*) erzeugt. Sie befindet sich immer am Kopf eines Fensters. Diese Position nennt sich unter Tk toplevel. In der Menüleiste werden kaskadierende Buttons eingesetzt, die beim Anklicken das eigentliche Menü aufklappen. Dahinter verbergen sich schließlich die eigentlichen Menüpunkte, die bei Tk Command heißen und wie gewöhnliche Buttons funktionieren. Auch ihnen wird bei Erzeugung eine Callbackfunktion zugeordnet. Allerdings ist das nicht zwingend. Im Beispiel ist als zweite Kaskade eine Farbenselektion eingebaut, hinter der sich Radiobuttons verbergen. Wegen des Unterhaltungswerts sind die Menüpunkte auch gleich in der Farbe dargestellt, die man mit ihnen anwählen kann.

Abbildung 29.7 Menüs

```
#!/usr/bin/perl -w
use strict;
use Tk;

my $mw = MainWindow->new;
my $toplevel = $mw->toplevel;

# Die Menueleiste wird in den Kopf des Fensters gehaengt
my $menubar = $toplevel->Menu(-type => 'menubar');
$toplevel->configure(-menu => $menubar);

# Nun bauen wir ein Datei-Menue
my $datei = $menubar->cascade(-label => '~Datei',
                              -tearoff => 0);
```

```perl
$datei->command(-label => 'Zeige', -command => sub{zeige()});
$datei->command(-label => 'Piep', -command => [$mw=>'bell']);
$datei->command(-label => 'Quit', -command => [$mw=>'destroy']);

my $farbe = $menubar->cascade(-label => '~Farbe',
                              -tearoff => 0);

$farbe->radiobutton(-label => 'rot',
                    -command => sub{faerbe('red')},
                    -background => 'red');
$farbe->radiobutton(-label => 'gelb',
                    -command => sub{faerbe('yellow')},
                    -background => 'yellow');


my $anzeige = $mw->Label( -text=>"" )->pack;
my $entry = $mw->Entry()->pack;
$mw->Button(-text => "Zeige",
            -command => sub{zeige()},
           )->pack;
MainLoop;

sub zeige {
  my $val = $entry->get;
  $anzeige->configure(-text=>$val);
}

sub faerbe {
  $entry->configure(-background => $_[0]);
}
```

Inhaltlich ist das Programm nichts anderes als das Beispielprogramm für das Eingabefeld Entry. Allerdings gibt es nun die Möglichkeit, aus dem Menü heraus die Zeigefunktion zu aktivieren.

29.7.3 Widget-Anordnung

Im vorigen Abschnitt wurde bereits ausgiebig von der Funktion `pack()` Gebrauch gemacht. Die einfachste Variante ist der Aufruf ohne Parameter. Dann werden die Widgets nacheinander in das Fenster gestopft und ihre Anordnung ist eher zufällig. Immerhin erfüllen die Widgets auch so ihre Funktion.

-side Durch die Option `-side` kann die Richtung angegeben werden, von der aus das Fenster aufgefüllt wird. Die üblichen Argumente der Option sind 'top' und 'left'. Dann werden die Widgets nacheinander von oben nach unten respektive von links nach rechts aufgefüllt. Natürlich gibt es auch die Argumente 'bottom' und 'right'. Der Vorgabewert ist übrigens 'top'.

Das Vorgehen kann man sich vorstellen, als würde mit der Kreissäge ein Stück des Fensters abgeschnitten. Ein Aufruf von pack() mit der Option -side 'top' würde also für das Widget die obere Kante des Fensters abtrennen. Der untere Rest kann nun noch frei verteilt werden. Diesen Rest können Sie wiederum an einer der Kanten absägen.

Ein Problem ergibt sich, wenn Sie ein Fenster aus Label, Listbox, Scrollbar und zwei Buttons erstellen wollen, wie Sie es in Abbildung 29.8 sehen.

Abbildung 29.8 Mehrere Widgets, schön gepackt

Das Absägen des Titels ist noch trivial. In dem Moment, wo Sie aber links die Listbox abtrennen, bekommen Sie den Button nicht mehr unter die Listbox. Schneiden Sie dagegen die Listbox oben ab, fehlt Ihnen der Scrollbar an der rechten Seite. Man müsste Listbox und Scrollbar gemeinsam abtrennen können. Genau zu diesem Zweck gibt es Rahmen, die Tk »Frame« nennt. Sie werden wie ein normales Widget erzeugt, bekommen aber ihre Bedeutung beim Packen. Listbox und Scrollbar geben ihrer Packfunktion die zusätzliche Option -in und als Argument die Framevariable:

Frame

```
#!/usr/bin/perl -w
use strict;
use Tk;

my $mw = MainWindow->new;
my $titel = $mw->Label(-text=>"Oben",
                       -relief=>'groove');
my $framelist = $mw->Frame;
my $liste = $mw->Listbox(-height => 4);
my $scroll = $mw->Scrollbar(-command, [yview=>$liste]);
$liste->configure(-yscrollcommand => ['set', $scroll]);
my $lbut = $mw->Button(-text => "Links");
```

```
my $rbut = $mw->Button(-text => "Rechts");
$liste->insert(0,'eins','zwei','drei','vier','fünf');
# Anordnung der beteiligten Akteure
$titel->pack(-side,'top');
$framelist->pack(-side,'top');
$liste->pack(-in=>$framelist, -side,'left');
$scroll->pack(-in=>$framelist, -side,'right');
$lbut->pack(-side,'left');
$rbut->pack(-side,'right');
MainLoop;
```

Nun sind die Elemente an den gewünschten Positionen. Beim näheren Betrachten von Abbildung 29.9 stellen Sie aber fest, dass der Scrollbar sehr klein geraten ist. Und auch die Überschrift ist ein wenig zu kurz gekommen.

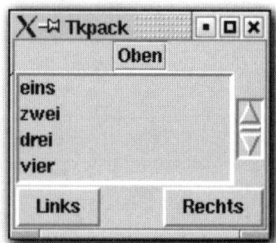

Abbildung 29.9 Noch nicht perfekt

-fill   Ein Widget wird von sich aus nur so viel Platz in Anspruch nehmen, wie es benötigt. Diese Bescheidenheit führt aber zu optischen Unschönheiten, wenn beispielsweise drei unterschiedlich breite Buttons untereinander angeordnet sind. Hier kann man das Widget auffordern, den Raum in x-Richtung aufzufüllen, indem man als Argument für -fill 'x' angibt. Naheliegend ist dann auch 'y' für das senkrechte Ausfüllen. Das Argument 'none' ist der Vorgabewert und füllt gar nichts aus.

Änderungen am Beispiel   Im Beispiel muss dem Scrollbar mitgeteilt werden, dass er den vertikalen Raum füllen soll, und den Titel müssen Sie anweisen, die gesamte Breite zu belegen. Die geänderten Zeilen lauten:

```
$titel->pack(-side,'top',-fill=>'x');
$scroll->pack(-in=>$framelist, -side,'right',-fill=>'y');
```

Informationen

Für das Erstellen von grafischen Oberflächen mit Perl und Tk gibt es eine eigene Manpage. Der Aufruf lautet: man perl/Tk. Eine weitere Informationsquelle ist das Demoprogramm `widget`. Dies zeigt mehrere Beispiele für Widgets und die zugehörigen Quelltexte für Perl/Tk.

29.8 Zugriff auf die Datenbank

In diesem Abschnitt wird gezeigt, wie Sie von Perl aus auf Datenbanken zugreifen können. Dabei werden grundsätzliche Kenntnisse der Datenbankprogrammierung vorausgesetzt.

Ein Großteil der kommerziellen Anwendungen arbeitet mit Datenmengen, die nur in Datenbanken effizient bearbeitet werden können. Für den Zugriff auf Datenbanken verwendet der Perl-Programmierer das Modul DBI (Database independent interface). DBI bietet die Möglichkeit, unterschiedliche Datenbanken mit den gleichen Befehlen zu bedienen.

Verbindungsaufbau

Bevor mit der Datenbank irgendetwas geschehen kann, muss sich das Programm anmelden. Dazu verwendet es das DBI-Modul, die Benutzerkennung und das Passwort der Datenbank.

```
use DBI;
my $dbh=DBI->connect('dbi:mysql:dbname=fewo','user','password')
            or die("Fehler: Kein Zugriff auf die Datenbank.");
$dbh->disconnect;
```

Soll eine Datenbank eines anderen Herstellers verwendet werden, muss lediglich im ersten Parameter der Name der Datenbank ausgetauscht werden. In der Tabelle 29.12 sind die Namen der wichtigsten Hersteller aufgeführt.

Kürzel	Datenbank
mysql	MySQL
Pg	PostgreSQL
ODBC	ODBC-Schnittstelle
Oracle	Oracle
Sybase	Sybase

Tabelle 29.12 Datenbanktreiber für DBI

Nachdem die Datenbank geöffnet wurde, können Sie mit der Funktion `do()` SQL-Kommandos absetzen. Wenn Sie das SQL-Kommando INSERT verwenden, können Sie so Daten in der Datenbank ablegen:

SQL-Kommandos absetzen

```
$dbh->do("INSERT INTO wohnung ($fields) VALUES($values);");
```

In dem Skalar $fields steht kommasepariert die Liste der zu füllenden Felder, und im Skalar $values steht, ebenfalls kommasepariert, die Liste der passenden Inhalte. Alle nicht aufgeführten Felder werden mit NULL besetzt.

SELECT Etwas komplizierter ist das Auslesen von Datenbanken. Das Mengenmodell von SQL muss den prozeduralen Programmiersprachen durch einen Datencursor schmackhaft gemacht werden. Eine typische Datenbankanfrage sieht also folgendermaßen aus:

```
my $sth = $dbh->prepare("SELECT * FROM wohnung");
$sth->execute;

while(@line = $sth->fetchrow) {
  foreach $i (@line) {
    print "$i ";
  }
  print "\n";
}
```

29.9 Informationsquellen

Mit dem Programmpaket Perl wird unter UNIX normalerweise eine umfangreiche Dokumentation in Form von Manpages installiert. Beim Aufruf von man perl bekommen Sie in erster Linie eine Übersicht über diese Manpages und darüber, was sie beinhalten.

Eine wichtige Informationsquelle ist: http://www.perl.com

*Wie soll eine Skriptsprache schon heißen, wenn sie sich in die lange
Schlange großer Vorgänger einreihen soll? Python!*

30 Python

Die Sprache Python ist eine Skriptsprache, die durch ihre Nähe zur Syntax der Sprache C sehr viel leichter zu lesen ist, als die Sprache Perl. Bei aller Leistungsfähigkeit wird Perl und den Shellskript-Sprachen gern vorgeworfen, es seien »Write-Once-Sprachen«. Der Code könne wohl einmal geschrieben werden, es wäre aber völlig aussichtslos, ein einmal geschriebenes Skript zu erweitern oder zu korrigieren.

30.1 Interpreter und Skript

Der Python-Interpreter heißt `python` und befindet sich im Verzeichnis **/usr/bin**. Das ist deswegen so wichtig, weil in einem Python-Skript angegeben wird, wie der Interpreter heißt. Dazu schreiben Sie in die erste Zeile eines Python-Skripts:

```
#!/usr/bin/python
```

Anschließend wird die Datei mit Hilfe des Befehls `chmod` (siehe Seite 78) ausführbar gemacht. Danach kann das Skript direkt von der Kommandozeile aus aufgerufen werden.

30.2 Ein- und Ausgabe und Variablen

Der Befehl `print` gibt Variablen und Konstanten auf dem Bildschirm aus. Es können mehrere Argumente angegeben werden, die dann durch Komma getrennt werden müssen. Im ersten Programm wird einfach nur eine kurze Meldung auf den Schirm geworfen.

`print`

```
#!/usr/bin/python
print "Hallo Mensch!"
```

Listing 30.1 Ein erstes Python-Skript

Das Programm gibt auf dem Bildschirm einfach die Meldung »Hallo Mensch!« aus.[1]

input Die Funktion `input()` stoppt das Programm und wartet auf die Eingabe des Benutzers. Es möchte aber unbedingt einen Zahlenwert als Eingabe haben. Alles andere beendet das Programm.

Wenn Sie aber lieber einen Namen oder eine sonstige Zeichenkette eingeben lassen wollen, sollten Sie Sie die Funktion `raw_input()` verwenden. Sie nimmt alles, was kommt.

```
#!/usr/bin/python
print "Hallo! Wie heißen Sie?"
antwort = raw_input()
print "Oh, Guten Tag,",antwort
```

Listing 30.2 Kleines Frage- und Antwortspiel

Variablennamen bestehen aus Buchstaben, Ziffern und dem Unterstrich und dürfen nicht mit einer Ziffer beginnen. Die Groß- und Kleinschreibung ist signifikant. **Hallo** und **hallo** sind also zwei unterschiedliche Variablen.

30.3 Ein Fehler ist ein Ausnahmefall

Fehler führen bei Python normalerweise zu einem Programmabbruch. Das wirkt erst einmal ausgesprochen intolerant. Aber es ist relativ einfach, Fehler abzufangen. Dazu wird dort, wo ein Fehler zu erwarten ist, ein Block mit dem Befehl `try` (engl. versuchen) aufgebaut. Alles, was in dem `try`-Block steht, darf zu einem Fehler führen. Für den Fall, dass wirklich ein Fehler passiert, baut der Programmierer einen Block mit `except`. Dieser Block wird nur im Fehlerfall ausgeführt und sollte dafür sorgen, dass das Programm ordentlich weitergeführt werden kann.

Das Beispiel zeigt eine Eingabe mit `input()`. Diese Funktion erlaubt nur die Eingabe von Zahlen. Wenn aber jemand dennoch einen Buchstaben oder einen Namen eingibt, wird der `except`-Block aufgerufen.

---

1 Wenn Sie Harry Potter aufmerksam gelesen haben, stellen Sie fest, dass Sie offenbar verstehen, was eine Python Ihnen erzählt! Sie können also Parsel und gehören nach Slytherin.

```
try:
    zahl = input()
except:
    print "Falsche Eingabe"
```

Listing 30.3 Ausnahmebehandlung

Den Funktionen `input()` und `raw_input()` können in ihren Klammern Zeichenketten übergeben werden, die dann direkt vor der Eingabe auf dem Bildschirm erscheinen:

```
zahl = input("Bitte eine Zahl eingeben: ")
```

30.4 Umgang mit Zahlen

Computer konnten von Anfang an schon prima rechnen, und das ist auch bei Python nicht anders.

30.4.1 Rechnen

Python verwendet die seit Fortran übliche Schreibweise für mathematische Ausdrücke. Links steht meist die Variable, die das Ergebnis aufnimmt. Nach dem Gleichheitszeichen folgen die Werte und Variablen. Zwischen ihnen stehen dann die klassischen Rechenoperatoren.

Zuweisung
<Variable> = <Ausdruck>

Die Tabelle 30.1 zeigt die unter Python gängigen Operatoren.

Operator	Wirkung
+	Addition
-	Subtraktion
*	Multiplikation
/	Division
%	Modulo (Rest einer ganzzahligen Division)
**	Potenzierung

Tabelle 30.1 Binäre numerische Operatoren

Statt den Wert einer Variablen zuzuordnen, können sie auch gleich ausgegeben werden, wie im Beispielprogramm.

```
#!/usr/bin/python
print 17 + 4      # 21
print 3 -6        # -3
print 3.5 * 7     # 24.5
print 24 / 5      # 4
print 23 % 7      # 2
print 2 ** 4      # 16
```

Listing 30.4 Rechnen für Anfänger

In den Kommentaren hinter den Berechnungen finden Sie die Ergebnisse. Mit Hilfe eines Taschenrechners werden Sie die Ergebnisse sicher leicht nachvollziehen können. Es könnte sein, dass Sie bei der Division stutzen. Aber denken Sie daran: Der Computer hat immer Recht. In diesem Fall stehen dort zwei ganzzahlige Werte. Also geht Python davon aus, dass auch ein ganzzahliges Ergebnis gewünscht ist. Wenn Sie 24.0 statt 24 verwenden, kommt auch prompt das Ergebnis 4.8 heraus.

Punkt ist Komma Bei der Gelegenheit sollte erwähnt werden, dass die Zahlenschreibweise stark durch den angloamerikanischen Raum bestimmt ist. Und dort wird der Punkt als Dezimalkomma verwendet. Es steht zu fürchten, dass Sie sich damit arrangieren müssen.

Natürlich gilt auch im angloamerikanischen Raum, dass die Punkt- vor der Strichrechnung kommt. Und genauso gibt es Klammern bei Python, mit denen man diese Regel umgehen kann, wenn es erforderlich ist.

```
#!/usr/bin/python
print 17 + 4 * 2       # 25
print (17 + 4) * 2     # 42
```

Listing 30.5 Geklammert

Faulenzer Häufig kommt es vor, dass eine Variable um eins erhöht oder verdoppelt wird. Dort steht dann a=a+1 oder b=b*2. Stattdessen können Sie kürzer a+=1 oder b*=2 schreiben.

30.4.2 Formatierte Ausgabe von Zahlen

Für die Ausgabe von Tabellen ist es wichtig, Zahlen formatiert ausgeben zu können. Für diesen Zweck wird eine Zeichenkette erstellt, die beschreibt, wie formatiert werden soll. Es folgt ein Prozentzeichen und dann die Variablen in Klammern, die ausgegeben werden sollen.

Die Formatzeichenkette enthält an der Stelle ein Prozentzeichen, an der eine Variable dargestellt werden soll. Es folgt ein Zeichen, das die Darstellungsart angibt. Dabei steht beispielsweise f für Fließkommazahlen mit Dezimalpunkt und i für ganzzahlige Darstellung.

Kürzel	Bedeutung
f	Fließkommazahl in Dezimalpunktdarstellung
e	Fließkommazahl in Exponentialdarstellung
i	ganzzahliger Wert in dezimaler Darstellung
o	ganzzahliger Wert in oktaler Darstellung
x	ganzzahliger Wert in hexadezimaler Darstellung mit kleinen Buchstaben
X	ganzzahliger Wert in hexadezimaler Darstellung mit großen Buchstaben
i	ganzzahliger Wert in dezimaler Darstellung
s	Zeichenkette

Tabelle 30.2 Darstellungsart

Zwischen dem Prozentzeichen und dem Buchstaben für den Typ steht die Zahl der Stellen, die der Gesamtausdruck erhält. Bei Fließkommadarstellung in Dezimalpunktdarstellung sind das zwei Zahlen, getrennt durch einen Punkt. Die erste gibt die Gesamtbreite und die zweite Zahl die Anzahl der Nachkommastellen an. Ein Beispiel veranschaulicht dies:

```
x = 5.149
y = 5
for i in range(1,10):
    print "Fliesskomma: %7.2f und nun Hex: %6X" % (x+i,y+i)
```

Die Ausgabe dieser Reihe ergibt folgende kleine Tabelle:

```
Fliesskomma:    6.15 und nun Hex:      6
Fliesskomma:    7.15 und nun Hex:      7
Fliesskomma:    8.15 und nun Hex:      8
Fliesskomma:    9.15 und nun Hex:      9
Fliesskomma:   10.15 und nun Hex:      A
Fliesskomma:   11.15 und nun Hex:      B
Fliesskomma:   12.15 und nun Hex:      C
Fliesskomma:   13.15 und nun Hex:      D
Fliesskomma:   14.15 und nun Hex:      E
```

30.5 Umgang mit Zeichenketten

Die Welt besteht nicht aus lauter Zahlen. Tatsächlich begegnen uns Texte sehr viel häufiger, und eine Skriptsprache dient auch eher der Auswertung von Protokolldateien als der Lösung numerischer Probleme.

Wie in allen gängigen Programmiersprachen wird auch in Python ein Text in Anführungszeichen gesetzt, wenn er im Listing erscheint. Für die Speicherung scheint Python auf den ersten Blick keine Unterschiede zwischen Zahlen und Zeichenketten zu machen.

30.5.1 Aneinanderhängen

Das Pluszeichen wird bei Zeichenketten dazu verwendet, Texte aneinanderzuhängen. Einen Namen können Sie in der üblichen Reihenfolge aus Vor- und Nachnamen ausgeben. Dazwischen steht ein Leerzeichen.

Das folgende kleine Programm spielt mit dem Aneinanderhängen von Texten.

```
#!/usr/bin/python
vor = "James"
nach = "Bond"
print vor + " " + nach
print nach + ", " + vor
print nach + ", " + vor + " " + nach
```

Listing 30.6 Namensausgabe

Länge eines Strings Die Funktion `len()` stellt fest, wie viele Zeichen die Zeichenkette enthält, die als Parameter übergeben wird.

Das Auslesen einzelner Zeichen erfolgt durch rechteckige Klammern. Die Zahl gibt an, der wievielte Buchstabe gemeint ist. Sie können also `nach[2]` mit Hilfe des Befehls `print` ausgeben. Unter Python ist es aber nicht möglich, ein Zeichen in einer Zeichenkette durch direkte Zuweisung zu ersetzen. `nach[2]='r'` wird also aus Mr. Bond keinen Mr. Bord machen.

In Python kann mit Hilfe der rechteckigen Klammern auch auf eine Zeichenfolge zugegriffen werden. Dazu wird zunächst die Position des ersten Buchstabens, dann ein Doppelpunkt und schließlich die Position des letzten gewünschten Buchstabens angegeben.

```
#!/usr/bin/python
name = "Poseidon"
print name[2:6]
```

Die Ausgabe ergibt das Wort »seid«. Falls Sie eher mit »osei« gerechnet hatten, haben Sie vermutlich den ersten Buchstaben mit der Position 1 belegt. Computer sind da etwas komisch. Die meisten Programmiersprachen beginnen beim Zählen mit der 0.

Der Index beginnt bei 0

Die Möglichkeit, einzelne Zeichen im String über die rechteckigen Klammern zu verändern, funktioniert in Python nicht. Python wird eine Fehlermeldung ausgeben und den Skript radikal beenden.

30.5.2 String-Bibliothek

Für Zeichenketten gibt es eine eigene Bibliothek. Um sie zu benutzen, muss vorher der Befehl zum Import der Funktionen der Bibliothek gegeben werden.

Import

```
from string import *
```

Nun stehen Ihnen einige hilfreiche Funktionen zur Verfügung. Die wichtigsten sind hier im Überblick aufgeführt.

Die Funktion `count()` zählt das Auftreten des Suchbegriffs innerhalb der Originalzeichenkette und liefert es in der Variablen Anzahl ab.

Zählen

> Anzahl = count(Originalzeichenkette, Suchbegriff)

Mit der Funktion `find()` kann ein Suchbegriff in der Originalzeichenkette gesucht werden. Die Position wird zurückgeliefert.

Zeichenkette suchen

> Position = find(Originalzeichenkette, Suchbegriff)

Ist die Position negativ, wurde der Suchbegriff in der Zeichenkette überhaupt nicht gefunden. Andernfalls wäre es vielleicht interessant, auch weitere Vorkommen des Suchbegriffs zu finden. Kein Problem: Die gefundene Position wird um 1 erhöht und dann als dritter Parameter der Funktion `find()` übergeben.

Positionsfindung

```
NaechstePosition = find(Originalzeichenkette, Suchbegriff, Position+1)
```

Rückwärts suchen Die Funktion `rfind()` bietet die Möglichkeit die Originalzeichenkette von hinten nach vorn nach dem Suchbegriff zu durchforsten.

```
Rueckwaerts = rfind(Originalzeichenkette, Suchbegriff)
```

Ersatzmöglichkeit Mit der Funktion `replace()` ist es dann auch möglich, in der Zeichenkette AlterString nach »Saulus« zu suchen und diesen durch »Paulus« zu ersetzen. Dabei verändert sich AlterString allerdings nicht, sondern Sie erhalten als Rückgabewert einen NeuenString.

```
NeuenString = replace(AlterString, SSaulus", "Paulus")
```

Kleinholz Die Funktion `split()` zerlegt eine Zeichenkette an allen Stellen, an denen ein Leerzeichen vorliegt. Das Ergebnis ist keine Zeichenkette, sondern eine Sequenz von Zeichenketten. Darin ist jedes Wort der Originalzeichenkette separat über einen Index in einer eckigen Klammer ansprechbar.

```
StringArray = split(Originalzeichenkette)
```

30.5.3 Konvertierung

int long float Zahlen können direkt zum Rechnen verwendet werden. Bei der Ein- und Ausgabe verwendet man, insbesondere bei grafischen Oberflächen, in erster Linie Zeichenketten. Auch Zahlen, die in Protokolldateien vorliegen, sind erst einmal eine Folge von Buchstaben und müssen in verrechenbare Zahlen umgewandelt werden. Diese Konvertierungen kommen in der Praxis also recht häufig vor.

```
GanzeZahl = int(Zeichenfolge)
GanzeZahl = long(Zeichenfolge)
FliesskommaZahl = float(Zeichenfolge)
```

str Auf der anderen Seite wird eine Zahl mit der Funktion `str()` in eine Zeichenkette umgewandelt.

```
Zeichenkette = str(Zahl)
```

30.6 Verzweigung

Abfragen werden wie bei den meisten Programmiersprachen mit dem Schlüsselwort `if` eingeleitet. Danach kommt direkt die Bedingung, die durch einen Doppelpunkt abgeschlossen wird.

Alle Befehle, die nur unter der Bedingung ausgeführt werden, werden eingerückt. Gilt die Bedingung nicht, wird Python nach der nächsten Zeile suchen, die mit der Abfrage gleich eingerückt ist.

Struktur einer if-Anweisung

```
if <Bedingung>:
        <Befehle>
[elif <Bedingung>:
        <Befehle> ]*
[else:
        <Befehle> ]
```

Es können daraufhin ein oder mehrere `elif`-Anweisungen mit je einer Bedingung und einem Befehlsblock folgen. Die Anweisungen des Befehlsblocks wird ausgeführt, wenn die Bedingung des `elif` zutrifft und alle vorigen Bedingungen nicht eingetroffen sind.

Schließlich kann optional am Ende eine `else`-Anweisung folgen. Sie wird ausgeführt, wenn keine der Bedingungen zutraf.

Die Befehle `elif` und `else` werden später im Abschnitt noch genauer ausgeführt. Es ist auch wichtig, dass `elif` und `else` auf gleicher Höhe mit `if` stehen. Hier erst einmal ein einfaches Beispiel für eine `if`-Anweisung.

```
if x>10:
   printf "x ist höher als 10!"
print "x ist ", x
```

Listing 30.7 Einfache Abfrage

In jedem Fall wird »x ist ...« ausgegeben. Sollte aber der Inhalt von x größer als 10 sein, wird vorher noch »x ist höher als 10!« ausgegeben.

Python kennt auch `else`, das den jeweils anderen Fall der Bedingung behandelt. — *else*

Nicht selten gibt es Folgen von Bedingungen. Für diese Fälle bietet Python den Befehl `elif`, der eine Verschmelzung von `else` und `if` darstellt. — *elif*

Auf diese Weise wird verhindert, dass die Verschachtelungen die Einrückungen zu weit nach rechts treiben.

```
if x>2:
    printf "Diese Zahl ist größer als 2"
elif x==2:
    printf "Zahl ist gleich 2"
else:
    printf "Das ist kleiner als 2"
```

Listing 30.8 Diverse Abfragen

30.7 Bedingungen

Die logischen Operatoren gleichen denen in C und den davon abgeleiteten Sprachen wie Java, C++ oder C#. Auch in Perl werden diese Operatoren verwendet.

Operator	Bedeutung
>	größer
<	kleiner
<=	kleiner oder gleich
>=	größer oder gleich
==	gleich
!=	ungleich

Tabelle 30.3 Logische Operatoren

Diese Operatoren werden als binär bezeichnet, weil sie immer zwei Werte miteinander vergleichen. Es wird also bei Zahl<2 ausgewertet, ob der Inhalt der Variablen Zahl kleiner als 2 ist. Das Ergebnis ist ein boolescher Wert, der wahr oder falsch sein kann.

Boolesche Verknüpfung: and, or

Auch boolesche Werte können verknüpft werden. So ließe sich prüfen, ob die Zahl kleiner als 2 ist und größer als 0 ist. Hier müssen beide Bedingungen zutreffen. Die Teilabfragen Zahl<2 und Zahl>0 müssen mit UND verknüpft werden. In der Sprache Python wird hier and verwendet. Will man prüfen, ob ein Wert außerhalb des Intervalls von 0 und 2 liegt, dann ist er kleiner als 0 oder größer als 2. Er kann ja nicht beides gleichzeitig sein. Hier wird ODER verwendet. In der Sprache Python als or bezeichnet.

Als unärer logischer Operator steht not zur Verfügung. Damit lässt sich das Ergebnis negieren.

Bei Zeichenketten gibt es den Operator `in`, über den festgestellt werden kann, ob eine Zeichenfolge in einer Zeichenkette enthalten ist.

```
if "murks" in Name:
    print "nomen est omen"
else:
    print "Greenhorn!"
```

Die Ergebnisse von Bedingungen können auch in Variablen gespeichert werden. Dazu werden sie einfach einer Variablen zugewiesen. Solche Variablen können auch direkt mit den Schlüsselwörtern `True` oder `False` vorbelegt werden.

Boolesche Variablen

30.8 Schleifen

Schleifen sind Konstrukte, die dazu dienen, Abläufe zu wiederholen. Ein Vorgang wird für mehrere Fälle durchlaufen oder wiederholt, bis ein bestimmtes Ergebnis vorliegt.

30.8.1 for

Die for-Schleife arbeitet wie im Shellskript, in dem der Variablen nacheinander die Elemente einer Liste zugewiesen werden.

Die for-Schleife

for *<Variable>* in *<Liste>*:
    <Kommandos>

Es folgt ein einfaches Beispiel für solch eine Schleife. Aus einer Liste von Zahlen wird die Variable i gefüllt. Innerhalb der Schleife wird sie ausgegeben und dann das Quadrat der Zahl.

```
for i in 3, 4.5, 8:
    print "Zahl: ", i
    print " Quadrat: ", i*i
```

Listing 30.9 for-Schleife

In anderen Sprachen wird `for` für Zählschleifen verwendet. Dies lässt sich in Python über die Funktion `range()` erreichen. Die Funktion `range()` liefert eine Liste der Zahlen, die durch die drei Parameter bestimmt werden.

```
for i in range(1,11,1):
    print "Zahl: ", i
    print " Quadrat: ", i*i
```

Listing 30.10 for-Schleife

Die Schleife berechnet die Quadratzahlen von 1 bis einschließlich 10. Die Funktion `range()` hat also drei Parameter. Der erste ist der Startwert, mit dem die Schleife beginnt. Der zweite Parameter ist der erste Wert, der nicht mehr von der Schleife bearbeitet wird. Und der dritte Parameter gibt die Schrittweite der Schleife an.

30.8.2 while

Eine etwas andere Schleife stellt die `while`-Schleife dar. Sie wird so lange durchlaufen, wie die Bedingung hinter dem Schlüsselwort `while` zutrifft.

> **Die while-Schleife**
>
> while *<Bedingung>*:
>   *<Befehle>*

Hierin liegt allerdings auch ihr Risiko. Es geschieht oft, dass ein Programmierer übersieht, dass die Bedingung nie zutreffen kann. So kommt es zu der gefürchteten Endlosschleife. Der Computer ist beschäftigt, bis der Strom ausfällt. Hier folgt ein Beispiel für eine hoffentlich korrekte Schleife.

```
i = 0
while i<50:
    i = i * i + 1

print "Ergebnis", i
```

Listing 30.11 while-Schleife

Das Ergebnis ist natürlich 677. Falls Sie es auf die Schnelle nicht im Kopf nachrechnen konnten, lassen Sie einfach das Programm laufen.

Die while-Schleife eignet sich auch dazu, Eingaben so lange zu wiederholen, bis die Eingabe den Erwartungen entspricht.

Eingabeprüfung Die folgende Schleife wird erst verlassen, wenn ein gültiger Zahlenwert eingegeben wird. Eine Zeicheneingabe führt bei `input()` zu einem Ausnahmefehler, der hier mit try und except behandelt wird. Erst wenn es gelungen ist, eine Zahl einzugeben, wird die Schleife verlassen.

```
#!/usr/bin/python

NoInput = True
while NoInput:
    try:
        zahl = input()
        NoInput = False
    except:
        print "Falsche Eingabe: Bitte Zahl eingeben!"

print zahl
```

Listing 30.12 while-Schleife

Die Variable NoInput wird zu Anfang mit True vorbesetzt. Sie wird nach Aufruf der Funktion input() auf False gesetzt. Sobald die Eingabe erfolgreich verlief, wird die Schleife verlassen, weil die Bedingung hinter while nicht mehr zutrifft. Wenn allerdings keine gültige Zahl eingegeben wird, wird input() sofort eine Ausnahmebehandlung auslösen und der nächste Befehl wird nicht mehr erreicht. Die Ausnahmebehandlung macht nicht viel. Sie meldet nur eine falsche Eingabe.

30.9 Funktionen

Am Beispiel des Befehls input() wurde bereits eine Funktion beschrieben. Die Funktion wartet auf Tasteneingaben, stellt die eingetippten Buchstaben zu einer Zahl zusammen und löst eine Ausname aus, wenn keine gültige Zahl vorliegt. Diese Befehle werden jedes Mal durchlaufen, wenn die Funktion aufgerufen wird. Anschließend springt sie dahin zurück, von wo sie aufgerufen wurde.

Befehlszusammenfassung

Als Programmierer können Sie auch Funktionen schreiben, die einmal festlegen, welche Befehle abgearbeitet werden und die dann von mehreren Stellen des Programms aufgerufen werden können. Dadurch ersparen Sie sich doppelte Tipparbeit. Darüber hinaus wird ein Fehler, den Sie in einer Funktion beseitigen, mehreren Stellen des Programms zugute kommen. Ein ganz wichtiger Aspekt ist, dass Sie Ihr Hauptprogramm von Details entlasten. Es wird leichter lesbar, damit übersichtlicher, verständlicher und leichter zu korrigieren, wenn Sie mal einen Fehler im Programm haben.

Vorteile eigener Funktionen

Sie legen zu Anfang Ihres Programms mit dem Befehl def fest, dass Sie eine Funktion definieren. Dieser Code wird dann bei der Ausführung zunächst übersprungen und erst aktiv, wenn Sie ihn aufrufen. Es folgt der Name der Funktion, über den Sie diese aufrufen möchten. Dann folgt eine Klammer, in der Parameter stehen können. Das sind Werte, die der Aufrufer an die Funktion übergibt.

> **Funktionsdefinition**
>
> def <*Funktionsname*>(<*Parameter*>):
>   <*Befehle*>
>   return <*Ausdruck*>

Die Funktion stern besteht aus einer Schleife, die nur einen Stern nach dem anderen ausgibt, je nachdem, wie groß die Zahl ist, die per Parameter übergeben wird.

```
def stern(anzahl):
    for i in range(0,anzahl,1):
        print "*",
    print
...
stern(12) # zeigt 12 Sterne an
```

Listing 30.13 Funktion definieren

Funktionen können Werte zurückgeben. Dazu gibt es das Schlüsselwort return, das auch gleich die Funktion verlässt. Der Rückgabewert wird in den meisten Fällen beim Aufruf einer Variablen zugewiesen.

```
def quadrat(wert):
    return wert*wert
...
Quadratzahl = quadrat(15)
```

Listing 30.14 Funktion Quadrat mit Parametern und Rückgabewert

Die Funktion quadrat() gibt das Quadrat des Parameters zurück. Dieser Wert kann beim Aufruf einer Variablen zugewiesen werden.

30.10 Erweiterte Datentypen

Programme bilden Abläufe der Realität nach. Sobald die Programme eine Komplexität haben, die auch Objekte der Realität nachbilden, reichen

Zahlen und Texte allein nicht mehr aus. Reale Objekte haben eine Vielzahl von Daten die zusammengehören.

30.10.1 Sequenzen

Bei einer Sequenz handelt es sich um eine Folge gleicher Typen. Eine Form der Sequenzen wurden schon erwähnt. Zeichenketten sind Sequenzen. Sie müssen in Python nicht speziell deklariert werden. Eine Variable wird durch eine entsprechende Zuweisung zur Sequenz. Wird einer Variablen eine Zeichenkette zugewiesen, ist es automatisch eine Sequenz und Sie können die einzelnen Buchstaben über die rechteckige Klammer auslesen.

Sequenzen werden eigentlich nur für Zeichenketten verwendet. Die Unmöglichkeit, einzelne Elemente einer Sequenz zu verändern, ist für die meisten anderen Fälle hinderlich.

30.10.2 Listen

Eine Liste kann ebenfalls mehrere Datenobjekte kombinieren. Allerdings müssen die Datenobjekte nicht vom gleichen Typ sein. Ein weiterer Unterschied zur Sequenz besteht darin, dass ein Element einer Liste direkt verändert werden kann.

Eine Variable wird zur Liste, indem man sie im Programm vorbelegt. Dazu werden die Elemente der Liste durch Kommata getrennt und die Liste von rechteckigen Klammern eingerahmt.

[Konstante]

```
Lottozahlen = [ 5, 12, 17, 22, 31, 43 ]
Metropolen = [ "Hamburg", "Norgaardholz", "London" ]
```

Auch die Elemente einer Liste können über die rechteckigen Klammern angesprochen werden. Im Unterschied zur Sequenz können Elemente der Liste verändert werden.

```
Lottozahlen[2]=16
```

Das folgende Beispiel arbeitet mit einer doppelt verschachtelten Liste. Die innere Liste besteht aus einem Ortsnamen, der Einwohnerzahl und einem Kennzeichen. Aus diesen Elementen wird eine Liste gebildet. Eigentlich ist es sogar eine Sequenz.

[zB]

Das Datenelement wird einfach über rechteckige Klammern zusammengefasst. Die Ausgabeschleife zeigt, dass mit einer einfachen rechteckigen Klammer auf ein Listenelement zugegriffen wird.

```
#!/usr/bin/python
MeineListe = [ ["Norgaardholz", 249, "FL"],
               ["Bad Homburg", 61253, "HG"],
               ["Husum", 24327, "NF"]
             ]
for i in range(0,3,1):
    print MeineListe[i]
    for j in range(0,3):
        print MeineListe[i][j]
```

Auch Elemente einer verschachtelten Liste können nachträglich geändert werden. Der folgende Befehl ändert das Kfz-Kennzeichen von Norgaardholz in SL.

`MeineListe[0][2] = "SL"`

Elemente der Liste können gelöscht werden. Der Befehl dazu lautet `del`.

`del MeineListe[1]`

Sie können mit dem Befehl `insert` an beliebiger Stelle ein Element in die Liste einfügen. Mit dem Befehl `append` wird das neue Element immer am Ende angehängt.

```
MeineListe.insert(1, ["Berlin", 3000000, "B"])
MeineListe.append(["Berlin", 3000000, "B"])
```

Mit Hilfe der Funktion `sort()` kann eine Liste sortiert werden.

`MeineListe.sort()`

Im Falle der verschachtelten Liste des Beispiels wird von der inneren Liste das erste Element als Sortierkriterium verwendet.

Es können auch Elemente aus der Liste entfernt werden.

`MeineListe.remove(["Husum", 23322, "NF"])`

Das Element muss exakt bezeichnet werden. Dann wird genau dieses Element entfernt. Sobald nur Teile des Elements benannt werden, führt `remove()` zu einer Ausnahme, die mit `try` aufgefangen werden muss.

30.10.3 Tupel

Ein Tupel entspricht einer Liste, allerdings sind deren Elemente nach der Definition nicht mehr änderbar.

Tupelkonstanten unterscheiden sich von den Listenkonstanten dadurch, dass runde statt rechteckige Klammern verwendet werden.

```
Lottozahlen = ( 5, 12, 17, 22, 31, 43 )
Metropolen = ( "Hamburg", "Norgaardholz", "London" )
```

30.10.4 Dictionaries

»Dictionary« heißt auf Deutsch »Wörterbuch«. So funktioniert dieser Datentyp auch. Es gibt einen Suchbegriff und eine Erläuterung. Der Suchbegriff bezeichnet der Informatiker als Schlüssel. Die Erläuterung als den zugehörigen Datenbereich. Über diesen Schlüssel kann schnell ein Eintrag gefunden werden.

```
kfz = {"sl":"Schleswig", "fl":"Flensburg","hh":"Hamburg"}
kfz["hg"] = "Bad Homburg"
kfz["hg"] = "Hochtaunuskreis"
key = "hg"
print "Schluessel = ", key, " Wert = ", kfz[key]
```

Listing 30.15 Dictionary

In der ersten Zeile wird ein Dictionary namens kfz definiert. Man erkennt das Dictionary an den geschweiften Klammern und dem Doppelpunkt zwischen Schlüssel und Datenfeld. Der Zugriff auf ein Element des Hashs ähnelt dem Zugriff auf eine Liste. Allerdings wird keine Nummer als Index verwendet, sondern der Schlüssel. — Definition

In der zweiten Zeile wird dem Dictionary kfz noch ein Wert hinzugefügt. Dadurch, dass es den Schlüssel hg noch nicht gibt, gibt es anschließend ein Element mehr. In der dritten Zeile wird wieder der Schlüssel hg verwendet, und daher bleibt die Anzahl der Elemente des Hashs gleich. Da hier ein Schlüssel verwendet wird, der schon existiert, wird nur der Inhalt dieses Elements verändert. — Werte hinzufügen und ändern

In der vierten Zeile wird eine Variable key mit dem Inhalt »hg« gefüllt, damit in der letzten Zeile darüber das entsprechende Dictionary-Element referenziert werden kann. — Zugriff auf Elemente

Mit der Funktion `delete()` können Einträge aus einer Hashvariablen wieder gelöscht werden. Dabei wird der Schlüssel als eindeutige Referenz angegeben. Der Aufruf sieht so aus: — Löschen eines Elements

```
del kfz[hh]
```

Damit wird der Eintrag mit dem Hamburger Kennzeichen aus dem Dictionary kfz gelöscht.

Mit der Funktion len() kann die Anzahl der Elemente eines Dictionaries bestimmt werden. Die Funktion has_key() kann ermitteln, ob es ein Element mit dem als Parameter angegebenen Schlüssel gibt.

```
print "Das Dictionary hat ", len(kfz), " Elemente"
if kfz.has_key("bi"):
    print kfz["bi"]
else:
    print "Bielefeld gibt es nicht."
```

In der ersten Zeile wird die Anzahl der Elemente im Dictionary ausgegeben. Danach wird geprüft, ob der Schlüssel »bi« im Dictionary vorkommt und eine entsprechende Ausgabe gemacht.

30.10.5 Klassen

Es klingt etwas überraschend, dass eine Interpretersprache, die keine feste Typbindung für Variablen kennt, objektorientierte Elemente besitzt. Tatsächlich ist es möglich, Klassen zu definieren. Klassen sind Datenstrukturen, die um Funktionen ergänzt werden, die auf die Datenelemente der Klasse einwirken.

Das Datum kann als Klasse dargestellt werden. Es enthält Tag, Monat und Jahr und den Wochentag. Als Funktion bietet sich an, ein paar Tage zum Datum hinzuzählen.

```
class Datum:
    tag = 1
    monat = 1
    jahr = 1970
    def addiere(self, tage):
        self.tag += tage
        # die weitere Berechnung spare ich mir hier

meintag = Datum()
meintag.addiere(12)
```

Mit dem Schlüsselwort class beginnt die Klassendefinition. Es folgt der Name der Klasse und ein Doppelpunkt. Wie bei Python gewohnt, wird eingerückt, solange die Definition der Klasse dauert. Es folgen nun alle Mitglieder der Klasse. Hier sind es die Variablen tag, monat und jahr. Sie werden UNIX-typisch mit dem 1. Januar 1970 vorbesetzt. Dann folgt die Funktion addiere(). Wie jede Definition einer Funktion beginnt auch diese mit dem Schlüsselwort def. Es folgt der Name der Funktion und die Klammer, die die Parameter enthält. Bei Klassenfunktionen gibt es immer mindestens einen Parameter. Dieser ist der Verweis auf die eigene Klasse. Daher wird dieser Parameter gern self genannt. Sie können aber auch einen anderen Namen nehmen.

Die objektorientierten Möglichkeiten von Python reichen erstaunlich weit. So gibt es die Möglichkeit, Konstruktoren und Destruktoren zu definieren. Operatoren können überladen werden und auch die Vererbung ist möglich. Im Rahmen dieses UNIX-Buchs interessiert allerdings bei den Fähigkeiten einer Skriptsprache mehr die schnelle Erstellung von Systemlösungen als die hohen Weihen des Software-Engineerings.

30.10.6 Referenzen und Kopien

Bei einer Zuweisung wird eine Kopie erstellt. Für Zahlen stimmt das auf jeden Fall. Wenn eine Zeichenkette einer anderen zugewiesen wird, stimmt das auch.

Sobald es sich aber um komplexere Objekte wie Listen, Tupel, Dictionaries oder von Klassen abgeleitete Objekte handelt, erzeugt Python kein zweites Objekt bei einer Zuweisung, sondern eine Referenz. Eine Referenz ist ein Verweis auf das Datenobjekt. Der Vorteil dieser Vorgehensweise ist, dass es schnell geht. Eine Referenz zu erstellen ist viel einfacher, als einen größeren Berg an Daten zu kopieren. Und in vielen Fällen ist ein Duplikat gar nicht notwendig. Eine Referenz reicht.

Der Nachteil ist, dass der Programmierer nicht immer im Kopf hat, dass zwei Variablen den gleichen Datenspeicher referenzieren. Das kann zu netten Verwechslungskomödien führen, die allerdings bei Programmen meist als Tragödien enden.

Das folgende Beispiel zeigt, wie sich eine Referenz auswirken kann:

```
kfz = {"sl":"Schleswig", "fl":"Flensburg","hh":"Hamburg"}
kfz["hg"] = "Bad Homburg"
kfz2 = kfz    # Hier wird eine Referenz gebildet!
kfz["hg"] = "Hochtaunuskreis"
key = "hg"
print "Schluessel = ", key, " Wert = ", kfz[key]
print "Schluessel = ", key, " Wert = ", kfz2[key]
```

Listing 30.16 Dictionary-Referenz per Zuweisung

Eigentlich müsste die Änderung, die nach der Zuweisung von kfz an kfz2 durchgeführt wurde nur auf kfz, nicht aber auf kfz2 wirken. Tatsächlich aber kommt in beiden Fällen das Ergebnis »Hochtaunuskreis« heraus.

Soll tatsächlich eine Kopie angefertigt werden, muss eine entsprechende Funktion verwendet werden. Zu diesem Zweck gibt es die Funktionen copy() und deepcopy() aus dem Modul copy.

```
kfz = {"sl":"Schleswig", "fl":"Flensburg","hh":"Hamburg"}
kfz["hg"] = "Bad Homburg"
kfz2 = copy(kfz)    # Hier wird ordentlich kopiert!
kfz["hg"] = "Hochtaunuskreis"
key = "hg"
print "Schluessel = ", key, " Wert = ", kfz[key]
print "Schluessel = ", key, " Wert = ", kfz2[key]
```

Listing 30.17 Dictionary-Referenz per Zuweisung

Und tatsächlich: Hier gibt es in der ersten Ausgabezeile »Hochtaunuskreis« und in der zweiten Zeile »Bad Homburg«.

Die Funktion deepcopy() müssen Sie einsetzen, wenn Sie verschachtelte Listen verwenden, damit auch die inneren Elemente kopiert werden.

Sollten Sie in Verwirrung geraten, ob zwei Variablen auf das gleiche Objekt verweisen oder vielleicht doch eine Kopie sind, können Sie beide mit dem Operator is vergleichen. Ist das Ergebnis wahr, sind es Referenzen auf das gleiche Objekt.

30.11 Dateien lesen und schreiben

Um Daten längerfristig festzuhalten, muss ein Programm sie in einer Datei abspeichern können. Um die geschriebenen Daten wiederzubekommen, wäre es schon ganz gut, wenn das Programm die Datei später auch wieder lesen könnte. Als Skriptsprache zur Unterstützung der Administrationstätigkeit ist das Auslesen von Protokolldateien natürlich von besonderem Interesse.

Öffnen einer Datei Eine Datei muss vor ihrer Verwendung geöffnet werden. Die Funktion open() gibt ein Dateiobjekt zurück. Die Funktion open() braucht als Parameter natürlich den Namen der Datei, die bearbeitet werden soll, und die Art und Weise, wie die Datei vom Programm verwendet werden soll. Letzteres wird in einer Zeichenkette kodiert.

Die Funktion open() zum Öffnen einer Datei
<Datei> = open(*<Dateiname>*, [*<Optionsstring>*])

Die Optionen werden als Buchstaben in einer Zeichenkette übergeben.

Option	Bedeutung
r	Datei wird nur gelesen
w	Datei wird neu geschrieben
a	An die Datei wird angehängt
r+	Datei wird gelesen und geschrieben
w+	Datei wird gelesen und geschrieben
a+	Datei wird gelesen und geschrieben
b	Datei wird im Binärmodus verwendet

Tabelle 30.4 Options-String bei open()

Nach Abschluss der Arbeiten mit der Datei muss sie geschlossen werden. Diesem Zweck dient die Funktion `close()`. Ihr Parameter ist das Handle, das die Funktion `open()` beim Öffnen der Datei zurückgegeben hat.

Schließen der Datei

Die Funktion close() zum Schließen einer Datei

<Datei>.close()

Die Memberfunktion `write()` ermöglicht das Schreiben in eine Datei. Als Parameter erhält sie die zu schreibenden Daten. Das folgende Beispielprogramm öffnet eine Datei, schreibt eine Zeile hinein und schließt sie wieder.

Schreiben

```
#!/usr/bin/python
try:
    Datei = open("testdata", "w")
    Datei.write("Wir schreiben in eine Textdatei\n")
    Datei.close();
except:
    print "oha!"
```

Listing 30.18 In Datei schreiben

Es würde Sie überraschen, wenn es keine Möglichkeit gäbe, die geschriebenen Daten auch wieder aus der Datei auszulesen. Die Memberfunktion `readline()` liest eine Zeile einer Textdatei in einen String. Sollte die Datei ähnlich übersichtlich sein, wie die oben erzeugte, können Sie auch mit einem Schlag alle Zeilen auf einmal in eine Stringliste einlesen. Die Funktion heißt dann `readlines()`.

Lesen: readline()

```
#!/usr/bin/python
try:
    Datei = open("testdata")
    TextZeilen = Datei.readlines()
    for Zeile in TextZeilen:
        print Zeile
    Datei.close()
except:
    # Ausnahmebehandlung
    print "oha! Ein Problem mit der Datei"
```

Listing 30.19 Aus Datei alle Zeilen auf einmal lesen

read()
Die allgemeine Funktion zum Lesen aus Dateien lautet read(). Als Parameter erhält sie die Anzahl der Bytes, die gelesen werden sollen. Wird kein Parameter angegeben, wird der Rest der Datei ab der aktuellen Position eingelesen.

Positionieren: seek()
Mit der Funktion seek() können Sie innerhalb einer Datei positionieren. Diese Funktion wird vor allem für Binärdateien verwendet. Damit können Datenblöcke abgelegt und unabhängig voneinander eingelesen werden. Der erste Parameter von seek() gibt an, um wie viele Bytepositionen der Dateizeiger versetzt wird. Der zweite Parameter gibt an, aus welcher Richtung der Zeiger versetzt wird.

Parameter	Berechnungsrichtung
0	Vom Anfang der Datei aus (Standardvorgabe)
1	Von der aktuellen Dateiposition aus
2	Vom Ende der Datei aus gesehen.

Tabelle 30.5 Zweiter Parameter von seek()

Daraus ergeben sich die folgenden Wirkungen von seek()-Aufrufen:

```
Datei.seek(129)   # Positioniert auf das 129. Byte
Datei.seek(129,0) # Positioniert auf das 129. Byte
Datei.seek(12,1)  # Positioniert auf das 141. Byte (129+12)
Datei.seek(-2,2)  # Positioniert auf das vorletzte Byte
```

30.12 Datenbankzugriffe

Von Python aus können Sie auf Datenbanken zugreifen. Dadurch steht es Ihnen offen, schnell größere Datenkorrekturen, Kontrollen oder Statistiken durchzuführen. Sie können natürlich auch komplexe Datenbankanwendungen schreiben.

Grundsätzlich unterscheiden sich die Zugriffe auf die Datenbanken nicht nach der verwendeten Marke. Nur anhand des Moduls und des Verbindungsaufrufs unterscheiden sich MySQL, Oracle, DB/2 und Python. Für den Zugriff auf eine spezielle Datenbank benötigen Sie ein Modul. Als Beispiel soll hier die Datenbank MySQL verwendet werden. Das passende Modul heißt MySQLdb und muss zu Anfang des Programms importiert werden. Hier und im Aufruf von connect() liegt die einzige Abhängigkeit von MySQL. Alle weiteren Befehle funktionieren mit anderen SQL-Datenbanken auch. Sie müssen also nur ein passendes Modul importieren, und Sie können mit Ihrer Lieblingsdatenbank arbeiten.

Datenbankmodul

Das folgende Beispiel öffnet eine Datenbank, setzt einen INSERT-Befehl dort ab und schließt die Verbindung wieder.

```
#!/usr/bin/python
# -*- coding: Latin-1 -*-
import MySQLdb

conn = MySQLdb.connect(db="meinedb",user="ich", passwd="huhu")
cursor = conn.cursor()
cursor.execute("insert into buch " + \
    " (nr, name, auflage) values " + \
    "(4711, 'Einstieg in C++', 25000)")
conn.close()
```

Listing 30.20 Datenbankzugriff

Über die Funktion connect() wird eine Verbindung geschaffen. Als Parameter dieser Verbindung sind die üblichen Angaben bei Datenbanken erforderlich. Unter db wird der Datenbankname angegeben. Es folgen der berechtigte Benutzer mit seinem Kennwort.

Würden Sie hier statt MySQL PostgreSQL verwenden wollen, würden sich die ersten zwei Zeilen ändern:

PostgreSQL

```
import pg
conn = pg.connect(db="meinedb",user="ich", passwd="huhu")
```

Die Verbindungsvariable wird benötigt, um einen Cursor zu bekommen. Über diesen Cursor wird dann mit Hilfe der Funktion execute() der Befehl an die Datenbank als einfache Zeichenkette übergeben.

Da die Zeichenkette sehr lang ist, wurde sie in mehrere Zeichenketten aufgebrochen, die einfach mit einem Pluszeichen verbunden sind. Am

Zeilenumbruch

Ende der Zeile muss dann ein Backslash stehen, um Python mitzuteilen, dass der Befehl in der nächsten Zeile weitergeht. Sonst würde Python die Einrückung auch missverstehen.

SQL-Befehl selbst bauen

In diesem Fall sind die Werte der Übersicht halber direkt angegeben. Wenn Sie Variablen aus dem Programm heraus einfügen wollen, müssen Sie die Zeichenkette einfach zuvor mit den eigenen Werten bestücken. In den folgenden Zeilen wird eine Variable sqlbefehl mit einer formatierten Zeichenkette vorbelegt, in die die Variableninhalte von nr, name und aufl. eingebettet werden. Diese Zeichenkette wird der Funktion execute() übergeben, und schon sind diese Variablen in die Datenbank geschrieben.

```
sqlbefehl = "insert into buch  (nr, name, auflage) " + \
    " values (%i, cursor.execute(sqlbefehl)
```

Die Befehle zum Einfügen, Ändern und Löschen sind auf diese Weise zu übermitteln, da sie letztlich nur aus einer einfachen Kommandozeile bestehen, die man vor dem Senden vom Programm her aufbereitet.

Etwas anders ist das Auslesen der Datenbank. In diesem Fall werden eventuell mehrere Zeilen von der Datenbank als Antwort kommen. Der Rahmen für eine Anfrage ist mit den anderen Befehlen gleich.

```
#!/usr/bin/python
# -*- coding: Latin-1 -*-
import MySQLdb

conn = MySQLdb.connect(db="meinedb",user="ich", passwd="huhu")
cursor = conn.cursor()
cursor.execute("select from buch")
erg = cursor.fetchall()
if erg:
    # Überschrift
    print " Nr Name                          Auflage"
    print "-------------------------------------------"
    for nr, name, auflage in erg:
        print "%3i %30s    %9i" % (nr, name, auflage)
    conn.close()
```

Listing 30.21 Datenbank auslesen

Nach dem Aufruf von execute() wird über die Funktion fetchall() die gesamte Ergebnismenge in den Speicher geholt. Das funktioniert natürlich nur dann, wenn diese Menge überschaubar ist.

30.13 Netzwerkzugriffe

Python unterstützt Sie mit Bibliotheken im Zugriff auf viele Internetserver. So gibt es die Möglichkeit, Websites zu steuern, Mails zu lesen und zu senden, Newsserver auszulesen oder Daten per FTP zu übertragen.

30.13.1 Auslesen einer Website

Das folgende kleine Programm öffnet die Website www.willemer.de[2] Anschließend liest sie die vom Server gelieferte Seite Zeile für Zeile durch und speichert sie in einer lokalen Datei.

```
import urllib
website = urllib.urlopen("http://www.willemer.de")
Zeilen = website.readlines()
website.close()
try:
    Datei = open("willemer.htm", "w")
    Datei.writelines(Zeilen)
    Datei.close()
except:
    print "Konnte Datei nicht schreiben"
```

Listing 30.22 Sichern einer Website

30.13.2 Zugriff auf einen POP3-Server

Auch der Zugriff auf einen POP3-Server ist aus Python sehr einfach zu realisieren. Das folgende Beispiel liest die ersten 10 Zeilen jeder Mail aus und zeigt sie auf dem Bildschirm an. Damit Sie wirklich Freude an dem Programm haben, sollten Sie Ihre eigenen Daten für den POP3-Server, die Benutzerkennung und das Passwort verwenden.[3]

```
#!/usr/bin/python
import poplib

MyMail = poplib.POP3('pop.1und1.de')
MyMail.user('pt1234567-aa')
MyMail.pass_('dasgehteuchgarnichtsan')
AnzMails = len(MyMail.list()[1])
for i in range(AnzMails):
```

---

2 Es könnte natürlich jede andere Website auch öffnen. Wir verwenden sie nur, damit ich auch endlich mal ein bisschen populär werde.
3 Dass diese Daten nicht echt sind, werden Sie vermutlich schon erahnen.

```
        for j in MyMail.top(i+1, 10)[1]:
            print j
```

Listing 30.23 Anfrage an POP3

Es sind die POP3-Kommandos `user`, `\gpverbpass+`, `list` und `top` als Memberfunktionen im Listing zu sehen. Mit den weiteren Kommandos `retr` und `dele` können alle von der RFC 1725 festgelegten Vorgänge durchgeführt werden.

Bei Fehlern bricht dieses Programm einfach ab. Durch die Ergänzung mit `try` und `except` können Sie die Fehler einfangen und eine ansprechende Fehlermeldung komponieren.

30.14 Tk, die grafische Oberfläche

Tk ist eine Bibliothek, die in Zusammenhang mit der Skriptsprache Tcl entstand. Tcl hat sich nicht auf breiter Basis durchsetzen können. Aber Tk ist eine beliebte Möglichkeit, auf einfache Art ein grafisches Programm zu erstellen.

Das folgende Beispielprogramm erzeugt ein Fenster mit einem Text und einem Button. Sobald der Button angeklickt wird, ist das Programm beendet. Das gleiche Programm finden Sie auf Seite 819 in Perl mit Tk. Abgesehen von den Syntaxunterschieden ist die Art der Programmierung gleich.

```
#!/usr/bin/python
from Tkinter import *
# Callback-Funktion für den Button
def ende():
    sys.exit(0)

Fenster = Tk()
meinLabel = Label(Fenster, text = "Huhu")
meinButton = Button(Fenster, text = "Schluss", command = ende)
meinLabel.pack()
meinButton.pack()
Fenster.mainloop()
```

Listing 30.24 Mini-Programm in Python mit Tk

Callback-Funktion — Gleich zu Anfang wird eine Funktion `ende()` definiert, die nichts anderes tut, als das Programm zu beenden. Diese Funktion finden Sie bei der Definition des Buttons als command wieder. Drückt jemand auf den Button, löst er damit den Ruf von `ende()` aus.

Durch den Aufruf von `Tk()` wird das Hauptfenster des Programms erzeugt. Es befindet sich dann unter der Kontrolle der der Variablen Fenster. Bei der anschließenden Erzeugung von Label und Button wird Fenster als erster Parameter angegeben. Beide kommen also in das Fenster. *Hauptfenster*

Beim Erzeugen werden für Label und Button gleich ein paar Ressourcen gesetzt. Das erfolgt in Form einer Zuweisung, die sich innerhalb der Parameterklammern befindet. Mit `text="Huhu"` wird die text-Ressource des Labels mit dem String »Huhu« belegt. *Widget-Ressourcen*

In der Abbildung 30.1 sehen Sie das Miniprogramm, wie es auf dem Bildschirm erscheint.

Abbildung 30.1 Grafisches Minimalprogramm

Das nun folgende Programm ist etwas umfangreicher. Darin werden beispielhaft noch ein paar Techniken von Tk gezeigt. Damit und den Darstellungen von Tk in Perl, sollten Sie in der Lage sein, einfache Programme mit grafischer Oberfläche zu schreiben. Das Programm berechnet den nötigen Vorwiderstand für eine LED. Das Thema wurde auch schon bei der Vorstellung von JavaScript behandelt. *Und wieder LED-Vorwiderstand*

Das Programm soll ein Menü enthalten. Darüber soll einerseits unter »Datei – Quit« das Programm verlassen werden können. Über ein zweites Menü namens »Farbe« soll die Farbe der LED ausgewählt werden, für die der Widerstand berechnet wird. Dann werden noch zwei Eingabefelder gebraucht. Eines für die anliegende Gesamtspannung, das andere soll den Strom aufnehmen, der maximal fließen darf. Dann muss ein Label angelegt werden, in dem das Ergebnis erscheinen soll. Für den Start der Berechnung wird noch ein Button gebraucht, der darunter positioniert wird. *Grober Aufbau*

Um die Elemente anzuordnen, wird der Grid-Container verwendet, der allen Hauptfenster zu eigen ist. Achten Sie darauf, dass Sie nicht den Grid und die Funktion `pack()` im gleichen Fenster verwenden. Der Grid-Container ist einfach ein Raster. Für jedes Kontrollelement rufen Sie die *Grid*

Funktion `grid()` als Member-Funktion auf. Als Parameter übergeben Sie, wo das Element stehen soll. Dazu steht Ihnen »row«, also die Zeile, und »column«, also die Spalte, zur Verfügung. Ist einer der Werte 0, so muss er nicht explizit gesetzt werden. Der Aufruf sieht ein wenig originell aus, weil die Zuweisung in der Parameterklammer steht. Sie hatten beim Minimalprogramm aber schon gesehen, dass dies eine gängige Art ist, Ressourcen zu initialisieren.

```
lErgebnis.grid(row=2, column=1)
```

Der Aufbau des Fensters ist darüber hinaus geprägt von den Konstruktionsaufrufen der Widgets. Die Ressourcen werden belegt und die Fensterelemente in das passende Grid gelegt. In der folgenden Tabelle sehen Sie noch einmal das Grid, das dem Programm zu Grunde liegt.

row=0, column=0	row=0, column=1
row=1, column=0	row=1, column=1
row=2, column=0	row=2, column=1

Abbildung 30.2 Grid

Die Variablen für die Widgets werden nur benötigt, wenn später Interaktionen mit ihnen stattfinden. Das ist für die Entry-Elemente und das Ergebnis-Label wichtig. Für die Beschriftungen habe ich darum die Variable meinLabel wiederverwendet. Wenn die Beschriftung und Positionierung in einer Anweisung ausgeführt werden, könnte man die Variable komplett sparen. Auch die Button-Variable wird eigentlich nicht mehr gebraucht. Den Callback hat der Button bei seiner Erzeugung mitbekommen. Die Ressourcen des Buttons werden später nicht mehr geändert.

In der Callback-Funktion sehen Sie, wie mit der Memberfunktion `get()` die Werte aus den Entry-Feldern geholt werden. Sie sehen auch, dass das Programm keinerlei Fehler abfängt. In einem Programm, das ernsthaft unter die Leute kommt, würde man das natürlich ändern. Allerdings bringen diese Sicherheitsabfragen nichts Neues, darum ist es hier nicht dabei. Das Programm ist auch ohne diese schon reichlich lang.

Menübau

Der Aufbau des Menüs beginnt mit der Funktion `Menu()`. Auf diese Weise wird zunächst die Menüleiste aus dem Fenster erzeugt. Das bedeutet, die Menüleiste ist ein Unterfenster des Rahmenfensters. Später wird für jedes Drop-Down-Menü ein weiteres `Menu()` aus der Menüleiste entwickelt. Die einzelnen Menüleisten sind also Kinder des Menübalkens. Für jeden Eintrag im Dateimenü wird einmal `add_command()` aufgerufen. Über dessen command-Parameter wird die Callback-Funktion benannt, die aufgerufen wird, wenn der Menüpunkt angeklickt wird. In dieser Hinsicht unterscheidet sich ein Menüpunkt nicht von einem Button. Anschließend werden das Datei- und das Farbmenü mit `add_cascade()` wieder in den Menübaum eingehängt. Dieser wiederum wird an der Menüeigenschaft des Fensters eingehängt.

```
Fenster["menu"] = menubar
```

Sie sehen hier, wie die Datenstruktur Dictionary verwendet wird, um Ressourcen eines Widgets zu verwalten und nachträglich zu ändern. Wenn der Wert einer Ressource geändert wird, können Sie den Namen der Ressource als Schlüssel benutzen. Die gleiche Technik sehen Sie in der Funktion `Calc()` um die Ressource text des Labels lErgebnis zu ändern. Alternativ zum Dictionary könnten Sie auch die Funktion `configure()` verwenden. Beim Aufruf der Funktion `configure()` wird wie bei der Initialisierung eine Zuweisung in der Klammer verwendet. Die beiden folgenden Zeilen sind also austauschbar.

Ressourcen ändern

```
lErgebnis["text"] = "---"
lErgebnis.configure(text="---")
```

Das Farbmenü ist noch ein klein wenig anders aufgebaut. Hier wurde ein Radiobutton ins Menü gehängt. Als kleiner Gag werden die einzelnen Farben auch im Menü farbig hinterlegt. Die Radiobuttons korrespondieren mit einer Variable, die speziell behandelt wird. Hier ist es eine Fließkommavariable, die aus dem Tk mit dem Aufruf `DoubleVar()` erzeugt wird. Diese wird jedem Radiobutton als Parameter variable mitgegeben. Jeder Radiobutton hat als value-Parameter die Voltzahl, die an der jeweiligen LED abfällt. Dieser Wert wird bei Anwahl des Radiobuttons direkt in die Variable geschrieben.

Farbige Radiobuttons

```
#!/usr/bin/python
# -*- coding: Latin-1 -*-
from Tkinter import *
# Callback-Funktion für den Button. Berechnet das Ergebnis
def Calc():
    Udiff = float(eUges.get())-Uled.get()
    Imax  = float(eImax.get())
    if Imax>0:
        lErgebnis["text"] = str((Udiff/Imax)*1000)
    else:
        lErgebnis["text"] = "---"
```

```python
# Callback für den Quit-Menüeintrag
def Ende():
    sys.exit(0)

Fenster = Tk()  # Fenster erzeugen
# Uges - Label und Eingabefeld
meinLabel = Label(Fenster, text = "Uges:")
meinLabel.grid(row=0)
eUges = Entry(Fenster)
eUges.grid(row=0, column=1)

# Imax - Label und Eingabefeld
meinLabel = Label(Fenster, text = "Imax:")
meinLabel.grid(row=1)
eImax = Entry(Fenster)
eImax.grid(row=1, column=1)

# Ergebniszeile - Label und Ergebnislabel
Label(Fenster, text = "Ohm").grid(row=2)
lErgebnis = Label(Fenster, text = "")
lErgebnis.grid(row=2, column=1)
# Berechnungs-Button
meinButton = Button(Fenster, text="Berechne", command=Calc)
meinButton.grid(row=3, column=1)

# Menü wird erstellt
menubar = Menu(Fenster)
mdatei = Menu(menubar, tearoff=0)
mdatei.add_command(label="Quit", command=Ende)
menubar.add_cascade(label="Datei", menu=mdatei)

mfarbe = Menu(menubar, tearoff=0)
# Die Radiobuttons füllen die Variable Uled
Uled = DoubleVar()
mfarbe.add_radiobutton(label="rot", variable=Uled,value=1.6, \
                       background="red")
mfarbe.add_radiobutton(label="grün", variable=Uled,value=2.1,\
                       background="green")
mfarbe.add_radiobutton(label="gelb", variable=Uled,value=2.2,\
                       background="yellow")
mfarbe.add_radiobutton(label="blau", variable=Uled,value=2.9,\
                       background="blue")
mfarbe.add_radiobutton(label="weiß", variable=Uled,value=4.0,\
                       background="white")
menubar.add_cascade(label="Farbe", menu=mfarbe)
```

```
# Das Menü wird eingehängt
Fenster["menu"] = menubar
# Nun kann das Programm laufen
Fenster.mainloop()
```

Listing 30.25 LED-Vorwiderstandsberechnung mit Python und Tk

Das Programmfenster ist nicht groß, aber sieht mit dem farbigen Menü natürlich originell aus.

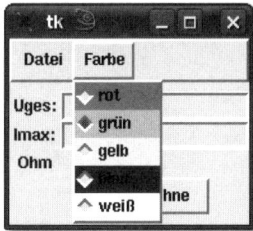

Abbildung 30.3 LED-Vorwiderstandsberechnung per Python/Tk

Verschiedene Quellen tragen dazu bei, dass es unter UNIX eine Vielfalt an Werkzeugen für den Programmierer gibt. Mit UNIX zusammen wurde die Sprache C entworfen, um UNIX portabel zu machen. Alle Tools, die man für C benötigte, entwickelten sich also zunächst unter UNIX.

31 Programmierwerkzeuge

Im Universitätsumfeld entwickelten Studenten die Werkzeuge, die sie zum Arbeiten brauchten und fügten sie UNIX hinzu. In den letzten Jahren ist es vor allem die Open-Source-Bewegung, die neue Software für UNIX entwickelt.

31.1 C-Compiler

Lange Zeit existierte auf jeder UNIX-Maschine auch immer ein C-Compiler. Selbst wenn dieser in den späteren Jahren aufgrund mangelnder Aktualität als Handwerkszeug für den Softwareentwickler wenig brauchbar war, benötigte der Administrator diesen, um einen neuen Kernel zu erstellen. Inzwischen gibt es nur selten Gründe, den Kernel zu übersetzen. Und so ist es längst üblich, dass man den C-Compiler zu UNIX kaufen muss.

<small>C und UNIX sind eng verwoben</small>

Dies alles, die magere Qualität manches Compilers und die Inkompatibilität zwischen den Compilern führte dazu, dass inzwischen der GNU-Compiler ein wichtiger Standard auf UNIX-Maschinen ist. Er ist für fast jede Plattform verfügbar, er verhält sich überall in etwa gleich und ist immer auf dem neuesten Stand. Hinzu kommt, dass er kostenlos ist. Das klingt fast nach einem Perpetuum mobile der Informatik. Der Hintergrund sind die Universitäten, die mit diesem Compiler ein Grundgerüst zur Verfügung haben, um Studenten die Prinzipien des Compilerbaus zu lehren. Die Ergebnisse der Compilerbauforschung gelangen über Diplomarbeiten sehr schnell in die Praxis.

<small>GNU-Compiler</small>

Der UNIX-C-Compiler wird immer als cc aufgerufen. Dabei erkennt er selbst, ob er als Präcompiler, als Compiler oder als Linker tätig werden soll. Sogar, ob es sich um C oder C++ handelt, erkennen einige Versio-

<small>Aufruf durch cc</small>

nen an der Dateiendung.[1] Obwohl hinter dem `cc` sehr unterschiedliche Compiler verschiedenster Hersteller stecken können, sind die wichtigsten Optionen überall gleich.

Wer bereis einen Windows-PC oder einen Mac benutzt hat, wundert sich vielleicht, dass sich unter UNIX keine IDE (Integrated Development Environment) durchgesetzt hat. Tatsächlich gibt es diese Umgebungen natürlich auch für X, wie beispielsweise Apex unter Solaris. Dennoch arbeiten die meisten UNIX-Programmierer von der Shell aus. Durch das sehr leistungsfähige `make` (siehe Seite 868) erfolgt das Übersetzen durch nur ein Kommando, und mit `make` können Abhängigkeiten definiert werden, die mit IDEs kaum nachzubilden sind.

Für einen ersten Versuch soll ein einfaches Programm übersetzt und gestartet werden. Es heißt **moin.c** und grüßt die Region.[2]

```
gaston> cat moin.c
int main()
{
    puts("Moin, Torfmoorholm!");
}
gaston> cc moin.c
gaston> ./a.out
Moin, Torfmoorholm!
gaston>
```

Aufruf und Parameter

Der C-Compiler wird mit `cc`, gefolgt von dem Dateinamen der Quelldatei, aufgerufen. Es entsteht die ausführbare Datei **a.out**. Mit Hilfe des Flags `-o` kann der Name der Zieldatei geändert werden. `cc` ruft nacheinander den Präcompiler, den C-Compiler, den Assembler und den Linker auf. Wichtige Optionen beim Aufruf des C-Compilers lauten:

▶ **-o** *Dateiname*
  Die Ausgabedatei erhält den Namen *Dateiname*.

▶ **-c** *Dateiname*
  Kompiliert eine einzelne C-Quelltextdatei. Es entsteht eine linkfähige Objektdatei mit der Endung .o.

▶ **-I***Pfad*
  (großes i) Ergänzt den Pfad, in dem nach Headerdateien gesucht werden soll.

---

1 Der GNU-Compiler muss allerdings für C++ als g++ oder c++ aufgerufen werden.
2 Die weltmännischeren Programmierer können auch gern die Welt grüßen.

- **-L***Pfad*
  Ergänzt den Pfad, in dem nach Bibliotheken gesucht werden soll.

- **-l***Name*
  (kleines L) Verwendet beim Linklauf die Bibliothek lib*Name*.a. Die Datei wird in den Standardlinkpfaden (beispielsweise **/usr/lib**) und in den durch -L angegebenen Pfaden gesucht.

- **-g**
  Dem Code werden Informationen für den Debugger hinzugefügt. So können Sie im Debugger Variablen und Funktionen über ihre Namen ansprechen.

- **-D***Name*
  Mit dieser Option können Namen definiert werden. Diese sind mit denen der Präprozessoranweisung #define gleichwertig. Soll der *Name* einen Wert zugewiesen bekommen, muss -D*Name*=*Wert* angegeben werden.

Weil sie so leicht zu verwechseln sind, erläutere ich die beiden folgenden Optionen noch einmal extra. Die Option -I ist ein großes i (für include) und gibt den Headerpfad an, und die Option -l ist ein kleines L (für library) und gibt die hinzuzubindende Bibliothek an.

Es gibt noch ein paar kleine Fallstricke, über die Programmierer, die bis jetzt mit anderen Umgebungen gearbeitet haben, unter UNIX leicht stolpern können:

1. UNIX unterscheidet streng zwischen Groß- und Kleinschreibung. Die Datei **Test.H** ist nicht gleich **test.h**.

2. UNIX verwendet den Schrägstrich und nicht den Backslash als Pfadtrenner.

3. Unter UNIX ist es ein Unterschied, ob der Dateiname hinter #include in spitzen Klammern oder in Anführungszeichen gesetzt wird:

   ```
   #include "test1.h"
   #include <test2.h>
   ```

   test1.h wird zuerst im Sourceverzeichnis gesucht, ist also vom Programmierer geschrieben worden und gehört zum Projekt. **test2.h** wird ausschließlich im Include-Pfad gesucht, ist also ein System-Header.

4. Der Linker verhält sich im Gegensatz zu den meisten PC-Compilern so, dass er nur dann Funktionen aus Bibliotheken dazubindet, wenn deren Namen noch nicht aufgelöst sind. Damit hat die Reihenfolge

der Dateien und Bibliotheken eine Bedeutung. Das Modul, das eine Funktion benötigt, muss vor dem Modul genannt werden, das die Funktion anbietet. Aus diesem Grund werden die Bibliotheken zum Schluss genannt.

31.2 make

Mehrere Quelldateien verwalten

Sobald ein Programm aus mehreren Dateien besteht, ist schnell der Punkt erreicht, an dem es sinnvoll ist, sich einen kurzen Batch für das Kompilieren zu schreiben. Sind Sie soeben an diesem Punkt angekommen, schreiben Sie lieber ein Makefile. Das ist nicht viel aufwändiger, hat aber den Vorteil, dass das Programm make überwacht, welche Änderungen bei der neuesten Version zu berücksichtigen sind. Das heißt, dass make das Übersetzen nicht öfter veranlasst, als es erforderlich ist.

[zB] Das Projekt **meinprog** besteht aus den Sourcedateien **haupt.c**, **test.c** und **tools.c**. Jede dieser Dateien hat eine Headerdatei (**haupt.h**, **test.h** und **tools.h**), die es jeweils selbst einbindet. Dazu bindet **haupt.c** jede andere Headerdatei ein, und jedes Modul bindet die globalen Definitionen aus **haupt.h** ein.

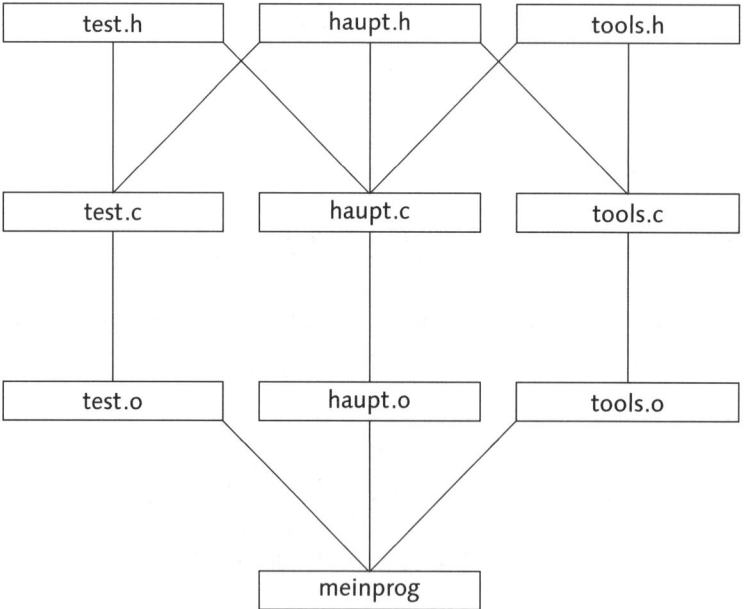

Abbildung 31.1 Beispielprojekt für make

Sie legen nun eine Datei namens **Makefile** an, und beschreiben darin den Weg der Übersetzung vom Quelltext zum fertigen Programm. Das Programm **meinprog** hängt von den Dateien **test.o**, **haupt.o** und **tools.o** ab. Die Formulierung in einem Makefile ist folgendermaßen:

```
meinprog:   test.o haupt.o tools.o
```

Diese Zeile beschreibt die Abhängigkeit der Datei **meinprog** von den Dateien **test.o**, **haupt.o** und **tools.o**. Man bezeichnet **meinprog** als »Ziel« oder englisch als »target«. Die auf die Abhängigkeitsregel folgenden Zeilen beschreiben, wie die Zieldatei hergestellt wird. Die Datei **meinprog** wird generiert, indem der Compiler mit den Objektdateien als Parameter aufgerufen wird. Mit Hilfe der Option -o legen Sie fest, dass das Ergebnis **meinprog** heißen soll. Der Compiler merkt von sich aus, dass er hier nur linken soll, da keine echten Quellcodedateien vorhanden sind. Solche Aktionszeilen müssen mit einem Tabulator beginnen. Es dürfen keine Leerzeichen verwendet werden:

```
meinprog:   test.o haupt.o tools.o
        cc -o meinprog test.o haupt.o tools.o
```

Wer nun einfach `make` aufruft, erhält überraschenderweise bereits ein komplett übersetztes Programm. Auf dem Bildschirm erscheinen folgende Zeilen:

```
gaston> make
cc     -c -o test.o test.c
cc     -c -o haupt.o haupt.c
cc     -c -o tools.o tools.c
cc -o meinprog test.o haupt.o tools.o
gaston>
```

Tatsächlich »weiß« `make`, wie man aus c-Dateien o-Dateien macht, und da es mit den Regeln des Makefiles die o-Dateien nicht erzeugen kann, sieht `make` im aktuellen Verzeichnis nach, ob es Dateien gibt, aus denen es o-Dateien generieren kann.

Eigeninitiative

Ändern Sie die Datei **test.c**, so wird nur **test.c** übersetzt und **meinprog** neu gebunden. Ändern Sie allerdings **test.h**, geschieht nichts. `make` kennt die Abhängigkeiten der Header nicht. Damit `make` auch Änderungen an Headerdateien überwacht, ist folgende Änderung im **Makefile** notwendig:

```
test.o : test.c test.h haupt.h

tools.o : tools.c tools.h haupt.h
```

```
haupt.o : haupt.c haupt.h test.h tools.h
```

Eine vollständige Aktionszeile müsste hier eigentlich etwa so lauten:

```
test.o : test.c test.h haupt.h
        cc -c -o test.o test.c
```

Da make aber die erforderliche Aktion bereits kennt, braucht man sie nicht zu erwähnen.

Geringster Aufwand — Das Programm make ist also ein Werkzeug, um mit minimalem Aufwand Zieldateien aus den Quelldateien zu generieren. Dazu werden in einer Datei namens **makefile** oder **Makefile** die Abhängigkeiten der Dateien beschrieben und die Programmaufrufe festgelegt, die aus den jeweiligen Quellen die Ziele generieren. make erkennt, wenn eine der Quelldateien neuer als die Zieldatei ist, und ruft die Generierungsprogramme auf, bis die Zieldateien neuer als die jeweiligen Quellen sind oder eine Aktion scheitert.

Ein Makefile hat Einträge mit der folgenden Grundstruktur:

Grundstruktur eines Makefile-Eintrags

Ziel : Abhängigkeiten
   Generierungskommando

Regeln — Diese Grundstruktur nennt man Regel. Eine neue Regel muss mit einer Leerzeile von der vorherigen getrennt werden. Der Leerraum vor dem Generierungskommando muss ein Tabulatorzeichen sein. Es können auch mehrere Kommandozeilen nacheinander angegeben werden. Alle müssen mit einem Tabulator eingerückt sein. Die Kommandozeilen werden jeweils in einer separaten Shell abgearbeitet. In manchen Situationen erzeugt das Seiteneffekte, die Sie berücksichtigen müssen. Beispiel:

```
try :
        cd .. ; pwd
        pwd
```

Die Ergebnisse der beiden Aufrufe von pwd sind nicht gleich. Der Wechsel mit cd .. gilt nur für die aktuelle Zeile. In der nächsten Zeile wird wieder aus dem bisherigen Verzeichnis gearbeitet:

```
cd .. ; pwd
/home/arnold/my/src/unix
pwd
/home/arnold/my/src/unix/make
```

Hängen also Kommandos so zusammen, dass sie in einer gemeinsamen Shell bearbeitet werden müssen, sollten sie in dieselbe Zeile geschrieben und mit Semikolons getrennt werden. Bei langen Zeilen kann mit einem Backslash die Zeile in der nächsten Zeile fortgesetzt werden.

Als Kommentarzeichen gilt # in der ersten Spalte. Nutzen Sie es reichlich! Es ist grausam, durch unkommentierte Programme und Makefiles zu waten und zu raten, was der Programmierer eigentlich gewollt hat.

Makros im Makefile

Durch die Verwendung von Makros können die Makefiles besser strukturiert und flexibler gestaltet werden. Makros sind Variablen, denen Zeichenketten zugewiesen und dann durch Voranstellen eines $-Zeichens ausgewertet werden. Durch das Zusammenfassen von Dateinamen oder Optionen kann ein Makefile kürzer und vor allem besser lesbar werden.

make arbeitet mit Makros

Im Beispiel werden die Objektdateien zusammen behandelt und zweimal aufgezählt; einmal in der Abhängigkeitsbeschreibung von **meinprog** und dann im Compileraufruf:

[zB]

```
meinprog:  test.o haupt.o tools.o
           cc -o meinprog test.o haupt.o tools.o
```

Hier können Sie eine Variable OBJS definieren, die die Objekte bezeichnet. Durch Einsetzen von OBJS ergibt sich folgende Makedatei:

```
OBJS = test.o haupt.o tools.o

meinprog: $(OBJS)
       cc -o meinprog $(OBJS)
```

Die Variablen müssen nicht im Makefile selbst definiert werden. make kann auf Umgebungsvariablen zurückgreifen, die von der aufrufenden Shell festgelegt wurden.

Vordefinierte Makros

Es ist möglich, mehrere Ziele mit einer Regel zu behandeln. So könnte beispielsweise $(OBJS) als Ziel verwendet werden. Die einzelnen Ziele werden nacheinander aufgelöst. Im Generierungskommando kann auf das aktuelle Ziel Bezug genommen werden. Dazu gibt es vordefinierte Makros, die in Tabelle 31.1 am Beispiel **haupt.o** aufgezeigt werden.

Makro	Bedeutung
$@	Dateiname des Ziels (haupt.o)
$*	Basisname des Ziels (haupt)

Tabelle 31.1 Vordefinierte make-Makros

Suffixregeln

Die Suffixregeln beschreiben den Übergang einer Dateiendung zu einer anderen. Eine solche Regel erkennen Sie daran, dass als Ziel die zwei Dateiendungen mit dem jeweiligen Punkt am Anfang direkt hintereinander stehen:

```
.quell.ziel:
```

Der typischste Übergang ist sicher der von C-Sourcen zu Objekten. Die Sourcen enden auf .c und die Objektdateien auf .o. Die entsprechende Suffixregel lautet dann:

```
.c.o:
        cc -c $<
```

Das interne Makro $< darf nur bei Suffixregeln verwendet werden und bezeichnet das aktuelle Ziel.

Mehrere Ziele

Voneinander abhängige Ziele

Ein Makefile kann mehrere Programme generieren. Das wird eingesetzt, wenn gleiche Quelltexte für mehrere Projekte gebraucht werden, die vielleicht sogar noch voneinander abhängig sind. Ein typisches Beispiel sind Client- und Serverprogramme, die in den Headern gleiche Datenstrukturen verwenden:

```
all: client server

client: $(SENDHEADER) $(COMMONOBJS) $(CLTOBJS)
       ...

server: $(SENDHEADER) $(COMMONOBJS) $(SRVOBJS)
       ...
```

Zielabhängigkeiten

Das erste Ziel ist immer das Ziel des gesamten Makefiles. In diesem Fall würde also beim Aufruf von make erst das Ziel all generiert werden. Da es keinerlei verbundene Aktion gibt, wird lediglich geprüft, ob die Abhängigkeiten erfüllt sind. Entsprechend wird als Nächstes das Ziel client und dann das Ziel server gebildet. Es ist nicht zwingend, aber üblich, das Pseudoziel, das alle Programme eines Makefiles generiert, all zu nennen.

Oft werden Makefiles auch zur Installation verwendet. Dazu wird ein Pseudoziel install eingeführt, das überprüft, ob alle Dateien des Projekts an den richtigen Stellen vorhanden sind, und ansonsten als Aktion einfache Kopierbefehle absetzt. Eine solche Installation wird mit make aufgerufen und als Parameter wird das Ziel install angegeben:

make als Installationstool

```
make install
```

31.3 Debugger

Ein Debugger ist ein Programm, das den Programmierer dabei unterstützen soll, Programmfehler zu finden. Diese Fehler werden als Bug (engl. für Wanze oder Käfer) bezeichnet. Entsprechend ist der Debugger ein »Entwanzer«. Der Legende nach hat es bei einem der ersten Computer einen unerklärlichen Fehler gegeben, der durch einen toten Käfer verursacht wurde, dessen Leiche eine elektrische Verbindung zwischen zwei Leitungen schaffte. Ein Debugger lässt das zu untersuchende Programm unter seiner Kontrolle ablaufen. Sie können das Programm an bestimmten Punkten stoppen lassen und im Einzelschrittmodus verfolgen. Dabei lassen sich Variableninhalte anzeigen. Ein fertig kompiliertes Programm weiß allerdings normalerweise nichts darüber, wie der Programmierer einst seine Variablen nannte. Damit diese Informationen übernommen werden, muss beim Übersetzen die Option -g gesetzt worden sein.

Kontrollierter Ablauf von Programmen

Äußert sich das Problem in einem Programmabsturz, so wird man das Programm im Debugger starten und die Situation provozieren, die zum Zusammenbruch geführt hat. Sobald das Programm zusammenbricht, fängt der Debugger es auf und meldet, an welcher Stelle der frühe Tod eintrat. Mit etwas Glück ist die Ursache des Problems in der Nähe der Stelle zu finden, an der der Zusammenbruch erfolgte.

Start in den Tod

Schwieriger ist es schon, wenn das Programm durchaus läuft, aber die Ergebnisse nicht die erwarteten sind. In solchen Fällen setzen Sie vor dem Start des Programms an Stellen, an denen Sie Probleme vermuten, jeweils einen Breakpoint.[3] Nach dem Start des Programms wird dieses normal laufen, bis es einen Breakpoint erreicht. Dort wird das Programm anhalten. Sie können sich die Variablen anzeigen lassen und Schritt für Schritt durch das Programm gehen und dabei beobachten, wie sich die Variablen verändern.

Breakpoints bis zum Übelwerden

---

3 engl. Brechpunkt. Sie können es aber auch als Sollbruchstelle übersetzen.

Prozesse kapern Moderne Debugger sind sogar in der Lage, einen bereits laufenden Prozess unter ihre Kontrolle zu bekommen. Das ist besonders deswegen interessant, weil es ansonsten sehr schwierig wäre, beispielsweise Dämonen zu debuggen.

Analyse des Coredump Der Debugger ist bei der Analyse eines Coredump hilfreich. Ein Coredump entsteht dann, wenn das Programm vom Betriebssystem die Arbeitserlaubnis entzogen bekommt, weil es beispielsweise versucht hat, in Speicherbereiche zu greifen, die ihm nicht gehören. Dabei wird das Abbild des Speichers des Prozesses in jenem Moment in eine Datei namens **core** geschrieben. Ein Debugger kann mit Hilfe dieser Datei feststellen, in welcher Zeile der Absturz erfolgt ist und welche Funktionen das Programm durchlaufen hat, um an diese Stelle zu kommen. Da der Debugger auch in der Lage ist, die Variableninhalte anzuzeigen, können Sie mit dieser Information recht gut feststellen, was die Ursache war.

Vorsicht: ulimit -c Ein Coredump ist vor allem dann hilfreich, wenn er auch da ist. Manche Linux-Distribution hat den `ulimit -c` auf 0 stehen. Das bedeutet, dass die maximale Größe eines Coredumps 0 Byte sein darf. Das verhindert zwar sehr schön, dass die zusammengebrochenen Programmen an allen möglichen Stellen des Systems ihre Coredumps hinterlassen, sorgen aber auch beim Programmierer für Überraschungen, wenn er gern die Ursache des Problems finden möchte. Wenn Sie Programmierer sind, sollten Sie also in der Datei **.profile** oder in **.bashrc** den Befehl `ulimit -c` mit einem Parameter versehen, der es ermöglicht, den Speicher des sterbenden Programms einzusehen.

Grafische Oberfläche Für die Debugger gibt es teilweise auch grafische Oberflächen. Vom Prinzip her arbeiten diese natürlich gleich, sind aber oft etwas einfacher zu bedienen. Sie sind vor allem dann hilfreich, wenn der Programmierer nicht den kompletten Befehlssatz im Kopf hat.

31.3.1 dbx

Der Debugger dbx läuft auf diversen Plattformen wie Sun oder AIX. Beim Aufruf wird dem Debugger als Parameter ein ausführbares Programm angegeben. Als weiterer Parameter kann noch ein Coredump angegeben werden.

Aufruf des Debuggers dbx

```
dbx <Programm>
dbx <Programm> core
```

Programm ist das zu untersuchende Programm. **core** heißt die Datei, die UNIX bei einem Programmzusammenbruch erzeugt. Soll sie analysiert werden, muss sie als zweiter Parameter angegeben werden. Innerhalb des Debuggers können die folgenden Befehle gegeben werden:

- **where**
  zeigt den Stack der aufgerufenen Funktionen an. Das funktioniert auch, wenn man einen Coredump geladen hat. Damit wissen Sie, wo das Programm zusammengebrochen ist.

- **stop**
  setzt einen Breakpoint. Dabei gibt es zwei Arten, die Stelle anzugeben, an der der Lauf des Programms unterbrochen werden soll. `stop at` erwartet als Parameter eine Zeile und `stop in` eine Funktion.

- **delete**
  entfernt einen Breakpoint.

- **run**
  startet das geladene Programm.

- **cont**
  setzt den Lauf fort, wenn das Programm durch einen Breakpoint gestoppt worden war.

- **step**
  durchläuft schrittweise das Programm und zeigt immer die aktuelle Sourcecode-Zeile.

- **display** *variable*
  beobachtet Variablen. Nach jedem `step` wird die Variable mit ihrem neuen Wert angezeigt.

- **quit**
  verlässt den Debugger.

31.3.2 adb (System V)

`adb` ist ein älterer Debugger, der bei System V mitgeliefert wird. Da aber Softwarewerkzeuge nicht so oft wie Netzwerksoftware aktualisiert werden, kann es Ihnen durchaus passieren, dass `adb` Ihnen einmal begegnet. Der Debugger verwendet einzelne Buchstaben als Kommandos.

> **Aufruf des Debuggers adb**
>
> adb <*Programm*>
> adb <*Programm*> core

Auch mit adb lässt sich ein Coredump analysieren. Der Aufruf erfolgt wie bei anderen Debuggern mit dem Programm und dem Coredump als Parameter.

Wurde der Debugger mit einem Coredump geladen, lässt sich mit dem Befehl c die Liste der Aufrufe anzeigen, die zum Ende des Programms führte. Mit q kann der Debugger verlassen werden.

Einen Breakpoint setzen Sie, indem Sie zunächst die Position bezeichnen, an der ein Breakpoint gesetzt werden soll. Dann folgt ein Doppelpunkt und das Kommando b. Die Adresse kann ein Funktionsname mit einem Offset oder eine hexadezimale Position sein. Beispiel:

```
tausche+0x26:b
```

Der Befehl b allein zeigt die Liste der definierten Haltepunkte an. Mit dem Befehl r wird das geladene Programm gestartet. Das Programm läuft dann bis zum nächsten Haltepunkt. Dort kann man es mit c weiterlaufen lassen, mit s schrittweise weitergehen oder mit k stoppen.

Kommando	Wirkung
b	Zeigt die Breakpoints
r	Startet das Programm
c	Weiterlaufen (continue); bei Coredump: Zeigt die Aufruffolge
s	Schrittweise ablaufen lassen
k	Stoppt das Programm

Tabelle 31.2 Befehle des adb

31.3.3 gdb GNU debug

Der GNU Debugger gdb wird normalerweise mit dem zu untersuchenden Programm als Parameter gestartet. Als weiterer Parameter kann auch hier ein Coredump angegeben werden.

> **Aufruf des Debuggers gdb**
>
> gdb <*Programm*>
> gdb <*Programm*> core

gdb kann ein laufendes Programm unter seine Fittiche nehmen. Dazu wird gdb gestartet und der Befehl at oder attach eingegeben. Der Prozess wird gestoppt und mit dem gdb verbunden:

Laufende Prozesse kapern

Einen fremden Prozess zum Debuggen kapern

attach <PID>

Alternativ können Sie die PID auch als zweiten Parameter beim Aufruf von gdb angeben. Hier folgt ein Beispiel:

```
gaston> ps -ef | grep one
arnold    1339  1223  0 11:37 pts/3    00:00:00 one
gaston> gdb one 1339
GNU gdb 20010316
Copyright 2001 Free Software Foundation, Inc.
/home/arnold/my/src/unix/ipc/1339: No such file or directory.
Attaching to program: /home/arnold/src/unix/one, process 1339
Reading symbols from /lib/libc.so.6...done.
Loaded symbols for /lib/libc.so.6
0x400f3d64 in read () from /lib/libc.so.6
(gdb) next
Single stepping until exit from function read.
...
```

Dieses etwas gekürzte Protokoll zeigt, wie der Prozess one unter die Kontrolle des Debuggers geholt wird. Zunächst wurde die PID von one ermittelt, und daraufhin wurde gdb gestartet. Sie können sehen, wie die Copyright-Meldung erscheint. Anschließend versucht gdb, die Datei 1339 zu öffnen. Da das nicht funktioniert, versucht er, den entsprechenden Prozess zu bekommen, was ihm auch gelingt.

Im Debugger gibt es diverse Befehle, um einen Prozess zu starten oder zu stoppen. Mit run können Sie das geladene Programm starten. Es läuft dann, bis es auf einen Breakpoint stößt oder einen Zusammenbruch erleidet. Wenn aus dem Debugger ein Programm im Hintergrund läuft, können Sie es mit dem Befehl kill stoppen. Mit dem Befehl quit verlassen Sie den Debugger.

Starten und Stoppen

Um an den kritischen Stellen den Programmablauf unterbrechen zu können, setzen Sie einen Breakpoint. Der Befehl break erwartet als Parameter die Zeilenzahl im Listing oder einen Funktionsnamen. Die Zeilennummer ermitteln Sie durch Auflisten des Programms, was gdb durch den Befehl list ausführt.

Breakpoint setzen

Schritt für Schritt Haben Sie den Breakpoint erreicht, können Sie mit den Befehlen `step` oder `next` Schritt für Schritt das Programm durchlaufen. Dabei wird `step` in aufgerufene Funktionen hintersteigen, was `next` nicht macht. Mit `continue` lassen Sie das Programm weiterlaufen.

Variablen durchleuchten Wollen Sie einen Blick auf Variablen werfen, ist `print` dazu der einfachste Befehl. Mit dem Befehl `watch` können Sie Variablen unter Bewachung stellen. Dieser Befehl zeigt den Inhalt an, sobald er sich ändert.

Kommando	Aktion
quit	Debugger verlassen
run	Das geladene Programm starten
kill	Stoppen des laufenden Programms
print *Variable*	Inhalt der Variablen anzeigen
watch *Variable*	Variable beobachten
list	Zeigt einen Ausschnitt aus dem Sourcecode
break *Funktionsname*	Setzt einen Breakpoint
break *Zeilennummer*	Setzt einen Breakpoint
clear *Funktionsname*	Löscht einen Breakpoint
clear *Zeilennummer*	Löscht einen Breakpoint
next	Eine Zeile weitergehen
step	Eine Zeile weiter und ggf. in eine Funktion hinein
continue	Den angehaltenen Prozess fortsetzen

Tabelle 31.3 Kommandos des GNU-Debuggers

31.4 Java

In reinem C wird heute wohl kaum noch ein größeres Projektpaket entwickelt. Die objektorientierte Philosophie ist inzwischen längst kein Hype mehr, sondern fast schon ein Dogma. So diskutieren die Projektleiter in den meisten Fällen nur noch über die Unterschiede zwischen C++ und Java. Wer nur für die Microsoft-Welt programmiert, erwägt noch C#.

31.4.1 Portierbarkeit

Java ist eine Entwicklung aus dem Hause Sun, das durch das UNIX-Betriebssystem Solaris wohlbekannt ist. Die wichtigste Neuerung von Java ist das Prinzip »Write Once Run Everywhere«. Das bedeutet soviel, dass der Programm-Code einmal geschrieben wird und dann auf jeder beliebigen Plattform läuft, ohne es neu zu übersetzen. Selbst große Projekte zeigen, dass dies tatsächlich funktionieren kann.[4]

Das Prinzip basiert auf einer virtuellen Maschine, dem Java Runtime Environment (JRE). Dieses stellt einen Interpreter der Zwischensprache dar, die der Java-Compiler erzeugt. Ist dieses einmal für eine Zielmaschine vorhanden, kann jedes übersetzte Java-Programm dort laufen.

Diese Portierbarkeit führt zu einem der größten Vorteile von Java. Alle Schnittstellen sind standardisiert. Java arbeitet mit einer festgelegten API, sei es, um grafische Oberflächen zu steuern oder um auf Datenbanken zuzugreifen. Dadurch sind große Programmanpassungen weder durch den Wechsel des Betriebssystems noch durch Wechsel der Software-Architektur wie Datenbank oder Desktop zu erwarten.

31.4.2 Java-Entwicklung

Auch wenn die Java-Entwicklung heute meist in den integrierten Entwicklungsumgebungen stattfindet, basiert sie dennoch auf Kommandozeilenwerkzeugen. Sie können Ihren Quellcode mit Ihrem Lieblingseditor schreiben. Anschließend rufen Sie den Compiler javac auf.

Aufruf des Java-Compilers javac

javac <*Quelltextdateien*>

Die Quelltextdateien sind an dieser Stelle mit ihrer Extension, also **.java** anzugeben. Nach der Übersetzung finden Sie eine oder mehrere Dateien mit der Endung **.class** vor. Die Klassendatei mit der Hauptklasse des Programms können Sie mit dem Befehl java starten. Die weiteren Klassen werden automatisch geladen.

Starten einer Java-Jar oder -Klasse mit java

java <*Java-Objekt*>

Tückischerweise darf hier die Dateiendung **.class** nicht angegeben werden, sonst gibt es eine vielsagende Fehlermeldung wie:

---

[4] Ich durfte einmal für die Firma TACOSS in Tarp deren Warenwirtschaftssystem von Windows auf Solaris portieren. Von Hardware-Abhängigkeiten bei Spezialwaagen und ähnlichem abgesehen, war diese Aufgabe nach einem halben Tag erledigt, ohne dass das Projekt auf der Zielmaschine übersetzt werden musste.

```
Exception in thread "main" java.lang.NoClassDefFoundError: myProg/class
```

31.4.3 jdb – der Java-Debugger

Java hat einen eigenen Debugger. Er heißt `jdb` und erwartet beim Aufruf den Namen der Hauptklasse.

> **Starten des Java-Debuggers jdb**
>
> jdb <Java-Objekt>

Starten und Stoppen
: Der Java-Debugger orientiert sich in seinen Befehlen stark am GNU-Debugger. Mit dem Befehl `run` wird das geladene Programm gestartet. Es läuft dann, bis es auf einen Breakpoint stößt oder einen Zusammenbruch erleidet. Mit dem Befehl `quit` oder `exit` verlassen Sie den Debugger.

Breakpoint setzen
: Um an den kritischen Stellen den Programmablauf unterbrechen zu können, setzen Sie einen Breakpoint. Der Befehl `stop in` erwartet als Parameter Klasse und Methode, in der gestoppt werden soll. Der Befehl `stop at` erwartet die Klasse und die Zeilenzahl im Listing. Die Zeilennummer ermitteln Sie durch Auflisten des Programms mit dem Befehl `list`.

Schritt für Schritt
: Haben Sie den Breakpoint erreicht, können Sie mit den Befehlen `step` oder `next` Schritt für Schritt das Programm durchlaufen. Dabei wird `step` in aufgerufene Funktionen hinuntersteigen, was `next` nicht macht. Mit `continue` lassen Sie das Programm weiterlaufen.

Variablen durchleuchten
: Wollen Sie einen Blick auf Variablen werfen, ist `print` dazu der einfachste Befehl. Mit dem Befehl `dump` erhalten Sie umfangreichere Informationen.

Kommando	Aktion
quit	Debugger verlassen
run	Das geladene Programm starten
print *Variable*	Inhalt der Variablen anzeigen
dump *Variable*	Variable ausführlicher betrachten
list	Zeigt einen Ausschnitt aus dem Sourcecode
stop in *Klasse:Methode*	Setzt einen Breakpoint
stop at *Klasse:Zeilennummer*	Setzt einen Breakpoint
clear *Klasse:Methode*	Löscht einen Breakpoint
clear *Klasse:Zeilennummer*	Löscht einen Breakpoint

Tabelle 31.4 Kommandos des jdb-Debuggers

Kommando	Aktion
next	Eine Zeile weitergehen
step	Eine Zeile weiter und ggf. in eine Funktion hinein
continue	Den angehaltenen Prozess fortsetzen
catch *Exceptionklasse*	Fängt eine Ausnahme

Tabelle 31.4 Kommandos des jdb-Debuggers (Forts.)

31.4.4 Applikation zusammenpacken: jar

Da Java fordert, dass jede Klasse eine eigene Datei erhält, wird jedes etwas größere Projekt bald aus einer Unzahl von Quellcode-Dateien bestehen. Durch die Übersetzung werden daraus viele, viele Klassendateien. Es entsteht der Wunsch nach einem Packprogramm. Man könnte das Programm tar verwenden. Aber die Java-Entwickler haben ein eigenes Programm namens jar geschaffen.

Jar-Archiv erzeugen

jar cf[*<WeitereOptionen>*] *<Jar-Datei>* [*<Manifest>*] *<Dateien>*

Der Aufruf von jar stimmt mit dem von tar überein. Prinzipiell gibt es auch die Befehle x und t zum Auspacken oder Auflisten. Interessanter ist allerdings der Befehl u für Update. Hier können Dateien durch neue Versionen ersetzt werden.

Eine Jar-Datei enthält üblicherweise ein Manifest. Das ist eine Datei, die den festgelegten Namen **META-INF/MANIFEST.MF** trägt. Diese Datei ist besonders wichtig, wenn Sie die Jar-Datei ausführbar machen wollen. Darin befindet sich ein Eintrag namens »Main-Class«, der den Namen der Hauptklasse enthalten muss, mit dem das Programm gestartet wird.

Manifest

```
Manifest-Version: 1.0
Main-Class: Hauptklasse
```

31.5 Integrierte Entwicklungsumgebungen

Während im PC-Bereich eine Software-Entwicklung schon seit langer Zeit nur noch in einer IDE möglich schien, programmierten die meisten UNIX-Programmierer immer noch mit vi, make und db.

So gab es zwar, beispielsweise unter Solaris das Paket APEX, das Editor, Compiler und Versionskontrolle miteinander verband. Aber auch dieses Tool wirkte im Vergleich zum Visual Studio eher archaisch.

Ob es daran liegt, dass die grafische Oberfläche unter UNIX und ihre Programmierschnittstelle lange Zeit unklar war oder ob es tatsächlich daran liegt, dass UNIX-Programmierer einfach sehr gut mit der Kommandozeile auskommen. Erst in den letzten Jahren haben IDEs im größeren Stil in den Programmierabteilungen Verbreitung gefunden.

Eclipse

Eclipse ist ursprünglich Nachfolger von IBMs Visual Age. IBM stellte das Projekt 2001 als Open Source frei. Eigentlich ist es eher ein Framework, also ein Programmrahmen, in den verschiedene Programme eingebettet sind. In erster Linie bestehen die eingebetteten Programme aus Compiler, Editor, Debugger und Versionskontrolle, also das, was eine IDE ausmacht.

Eclipse ist nicht nur in erster Linie eine IDE zur Java-Entwicklung, sondern selbst in Java geschrieben. Bei der Entwicklung von Eclipse wurde eine neue Grafikbibliothek für Java gleich mitentwickelt, die nun auch den Anwendern von Eclipse zur Verfügung steht, der SWT.

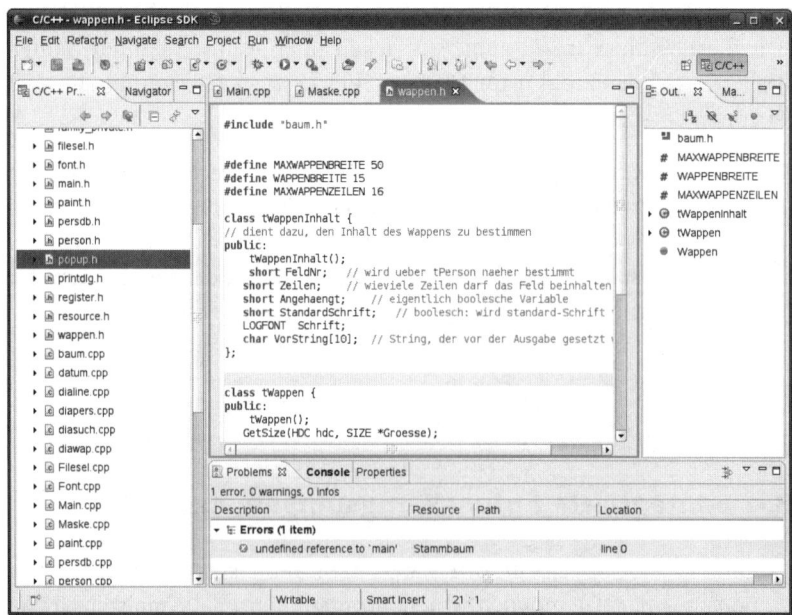

Abbildung 31.2 Die Entwicklungsumgebung Eclipse

Die Flexibilität von Eclipse zeigt sich schon daran, dass es inzwischen auch möglich ist, C++-Programme zu erstellen. Es kann sowohl CVS als auch Subversion als Versionsverwaltung eingesetzt werden. Der Editor ist professionell, das Hilfesystem auch.

Lediglich eine gewisse Trägheit ist feststellbar. Dass die Umgebung bei der Entwicklung von C++ manchmal fehlerhaft reagiert, kann noch als Kinderkrankheit durchgehen. Immerhin ist C++ eine eher fremde Sprache für Eclipse.

NetBeans

NetBeans ist eine Entwicklungsumgebung aus dem Hause Sun. Auch NetBeans ist in erster Linie eine Entwicklungsumgebung für Java. Neben der normalen Java-Entwicklung wird die Programmierung von J2ME, also die Erstellung von Software für Mobiltelefone und PDAs, durch eine spezielle Umgebung und gelungene Debug-Werkzeuge unterstützt. Man möchte fast sagen, auf der gegenüberliegenden Seite wird auch für die Programmierung von Java Server Pages eine bestmögliche Entwicklungsumgebung bereitgestellt.

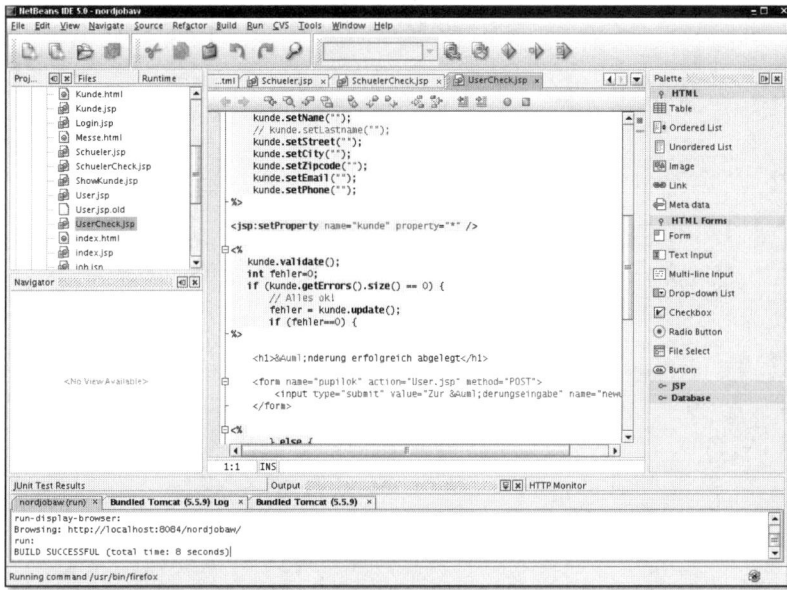

Abbildung 31.3 Die Entwicklungsumgebung NetBeans

In den neueren Versionen unterstützt NetBeans auch die Programmierung in C++. NetBeans ist darüber hinaus in der Lage, mit UML-Diagrammen umzugehen und kann daraus sogar Coderümpfe generieren.

KDevelop

Insbesondere für die C++-Entwicklung für KDE-Programme entstand das Entwicklungswerkzeug KDevelop. Es gibt Werkzeuge zur Gestaltung von Dialogen, einen Debugger, einen syntaxunterstützenden Editor und was man sonst noch von einer Entwicklungsumgebung erwartet.

Das Programm unterliegt der GPL und wird seit 1999 entwickelt. Neben KDE-Programmen können natürlich auch andere C- oder C++-Programme erstellt werden.

qmake KDevelop verwendet ein eigenes Make-Tool namens `qmake`. Es ist dazu ausgelegt, aus den zu übersetzenden Dateien ein Makefile zu erstellen, das dann die Basis für die Entwicklung wird. Auf diese Weise erspart sich der Neuling das Erstellen der Makefiles von Hand. Auf der anderen Seite ergibt sich natürlich auch eine geringere Flexibilität des Makefiles. Hinzu kommt, dass man ein automatisch generiertes Makefile nicht so leicht lesen kann, wie ein von Hand erstelltes.

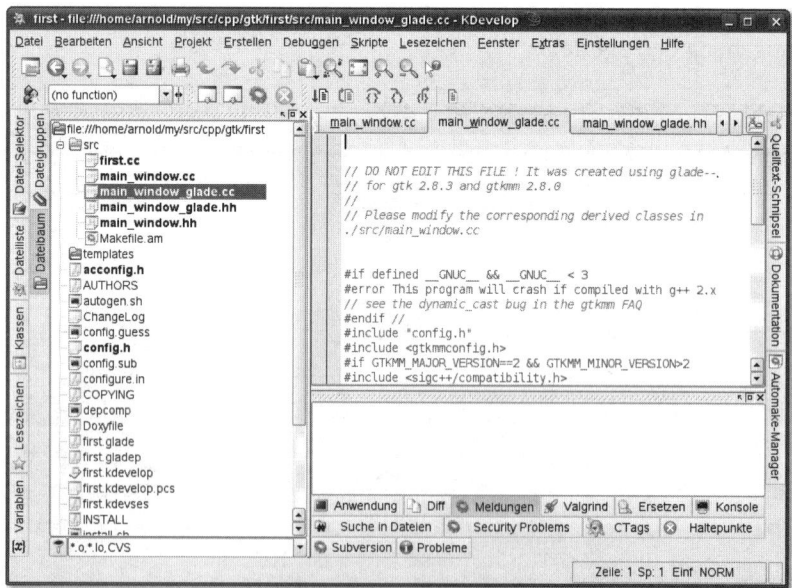

Abbildung 31.4 Die Entwicklungsumgebung KDevelop

31.6 Versionsverwaltung

Versionsverwaltungen sind unentbehrliche Tools in der professionellen Softwareerstellung. Diese Systeme sorgen dafür, dass alte Entwicklungsstände archiviert werden und dass es keine Reibungsverluste gibt, wenn mehrere Entwickler an einer Software gemeinsam Änderungen durchführen.

31.6.1 SCCS (Source Code Control System)

SCCS ist ein kommerzielles System, das einigen Compilern beiliegt. Die Sourcen liegen auf einem zentralen Dateisystem, das für alle beteiligten Programmierer zugänglich ist. Für jede Datei, die SCCS kontrolliert, wird eine SCCS-Datei angelegt. Ihr Name besteht aus dem Namen der zu verwaltenden Datei und hat das Präfix »s.«. Darin werden die Differenzen der verschiedenen Versionen gespeichert.[5]

Eine Datei wird mit dem Befehl `admin` unter SCCS gestellt. Sie erhält dabei die Standardversionsnummer 1.1 und ist nach Ausführung des Befehls erst einmal verschwunden. Statt ihrer gibt es nun die SCCS-Datei, die das Präfix »s.« vor dem Namen trägt.

admin

Wollen Sie die Datei nur lesen, erhalten Sie mit dem Befehl `get` eine schreibgeschützte Version aus der SCCS-Datei.

Zum Lesen holen

Sobald Sie eine Änderung vornehmen wollen, checken Sie mit dem Kommando `get -e` die entsprechende Datei aus. Dabei werden Sie automatisch zum Besitzer dieser Datei und erhalten das Schreibrecht. Eine Datei mit Schreibrecht ist aus Sicht von SCCS immer ausgecheckt und bildet eine Sperre gegen erneutes Auschecken. Damit ist gewährleistet, dass nur ein Programmierer gleichzeitig die Datei verändern kann.

Änderungen durchführen

Bei jedem Auschecken wird die Nummer hinter dem Punkt der Releasenummer inkrementiert. Die nächste Version wäre also 1.2. Wollen Sie das Release wechseln, also die Nummer vor dem Punkt erhöhen, geben Sie beim `get -e` auch den Parameter `-r`, gefolgt von der neuen Releasenummer, an.

Sind die Änderungen durchgeführt, wird die Datei mit dem Befehl `delta` wieder eingecheckt. Dabei werden alle Änderungen in die SCCS-Datei übernommen. Die Originaldatei verschwindet wieder. Vorher erscheint ein Prompt und bittet um einen Kommentar, in dem Sie festhalten sollten, welche Änderung Sie vorgenommen haben.

Einstellen der Änderung

---

[5] vgl. Detering, Reinhard: UNIX Handbuch System V. Sybex, Düsseldorf-San Francisco-Paris-London-Soest, 4. Aufl., 1990. S. 637ff. und Illik, J. Anton: Programmieren in C unter UNIX. Sybex, Düsseldorf, 1992. S. 652ff.

Befehl	Wirkung
delta *Datei*	Datei einchecken
get *Datei*	Datei zum Lesen aus dem SCCS holen
get -e *Datei*	Datei zum Verändern auschecken
unget *Datei*	Auschecken revidieren

Tabelle 31.5 Übersicht über die SCCS-Kommandos

31.6.2 RCS (Revision Control System)

RCS gehört zur GNU-Software und ist damit frei erhältlich. Es ähnelt in vieler Hinsicht SCCS. Auch hier werden die Änderungen in separaten Dateien abgestellt. Allerdings werden die RCS-Dateien in einem eigenen Verzeichnis namens **RCS** abgelegt.[6]

Unter RCS stellen

Nachdem im Sourceverzeichnis das Verzeichnis **RCS** angelegt worden ist, nimmt der Befehl ci (check in) eine Datei unter RCS-Kontrolle. Mit dem gleichen Befehl werden später geänderte Dateien wieder in das System eingecheckt. Das System bittet dabei um eine Kommentierung der Änderung. Wie beim SCCS verschwindet dann die Originaldatei, und alle Informationen liegen in der RCS-Datei, die im Verzeichnis **RCS** liegt und wie die Originaldatei heißt, allerdings ein »,v« angehängt bekommt.

Zum Lesen und zum Ändern holen

Der Befehl co holt die letzte Version zum Lesen aus dem RCS heraus. Erst co -l erzeugt eine Version, die änderbar ist. Ein paralleles Bearbeiten der Datei ist dann nicht mehr möglich, bis die Datei mit ci wieder unter die Verwaltung von RCS gestellt wird.

Die feinen Unterschiede

Neue Releases werden durch den Parameter -r beim Einchecken angelegt. Soll der Unterschied zwischen zwei Versionen ermittelt werden, wird dazu der Befehl rcsdiff verwendet. Ohne Parameter wird die ausgecheckte Version mit der zuletzt eingecheckten Version verglichen. Es können aber auch beliebige Versionen verglichen werden. Die Versionen werden durch -r angegeben.

Sie können jeder Datei die Information zuordnen, welcher Programmierer sie ändern darf. Dazu wird der Verwaltungsbefehl rcs mit der Option -a, gefolgt von den Namen der Programmierer, aufgerufen. Mit der Op-

---

[6] vgl. Husain/Parker et al.: Red Hat Linux Unleashed. SAMS, Indianapolis, 1996. pp. 890.

tion -e kann einzelnen Programmierern das Recht entzogen werden, die Datei zu ändern.

Zusammenspiel mit make

Durch Ergänzungen im Makefile können Sie erreichen, dass zum Kompilieren die aktuellen Versionen aus dem RCS verwendet werden. Die Suffixregel wird so gesetzt, dass die Objektdatei nicht aus dem C-Quellcode generiert wird, sondern aus der Dateierweiterung der RCS-Datei. Dazu muss in der ersten Aktionszeile die Datei zum Lesen ausgecheckt werden:

```
.c,v.o:
        co $<
        cc -c $*.c
        ~ rm -f $*.c
```

Die Tilde (˜) verhindert, dass make abbricht, wenn rm misslingt.

31.6.3 CVS (Concurrent Versions System)

CVS (Concurrent Versions System) dient dazu, bei der Softwareentwicklung die Fortentwicklung der Projekte zu speichern. Es ermöglicht einerseits den Zugriff auf ältere Versionen und andererseits den unproblematischen Zugriff durch mehrere Programmierer.

Während RCS (Revision Control System) und SCCS nur einzelne Dateien kontrollieren, arbeitet CVS projektorientiert. Pro Projekt wird ein Repository angelegt, das mehrere Module (Verzeichnisse) und darunter wieder mehrere Dateien aufnehmen kann. Auch wenn es möglich ist, mehrere Projekte in einem einzigen Repository als Module abzulegen, wird dies hier nicht näher betrachtet. Die minimale Ersparnis steht in keinem Verhältnis zum entstehenden Durcheinander und dem Verlust an Flexibilität.

CVS arbeitet projektorientiert

CVS kann auch als echte Client-Server-Applikation installiert werden. Das hat mehrere Vorteile. Damit ist die Versionskontrolle von den Fähigkeiten des Netzwerkdateisystems unabhängig. Darüber hinaus eignet sich CVS auf diese Weise sogar zum Betrieb über das Internet.

Client-Server

Die Umgebungsvariable CVSROOT

Das Repository ist der Ort, an dem CVS die Sourcen und ihre Entwicklung zentral abspeichert. Hier hat kein Entwickler etwas zu suchen. Um die Sourcen weiterzubearbeiten, legt sich jeder Entwickler an einer beliebigen anderen Stelle ein Arbeitsverzeichnis an und arbeitet dort.

Jeder Entwickler hat ein eigenes Arbeitsverzeichnis

Der Ort des Repository wird in der Umgebungsvariablen CVSROOT festgehalten. Unter UNIX kann diese in der Datei **/etc/profile** oder in den jeweiligen lokalen rc-Dateien, beispielsweise **.bashrc**, definiert werden:

```
export CVSROOT=/home/cvs
```

Anlegen eines Repositorys

cvs init — Das Verzeichnis, auf das CVSROOT zeigt, muss angelegt werden. Anschließend wird mit dem Befehl `cvs init` das Repository angelegt. Damit sind die internen Verwaltungsdateien erzeugt. Noch gibt es aber keinen Inhalt. Ein Modul muss aber in jedem Fall eingetragen werden, da andernfalls keine Arbeitsumgebung aus dem Repository generiert werden kann.

cvs import — Das Eintragen eines Moduls wird durch den Befehl `cvs import` erreicht. Bei kleineren Projekten ist es nahe liegend, ein leeres Basisverzeichnis anzulegen. Besser ist eine thematische Untergliederung in Module bzw. Verzeichnisse:

```
export CVSROOT=/home/cvs
mkdir $CVSROOT
cvs init
mkdir worksrc
cd worksrc
cvs import -m "Basisverzeichnis" . V1_0 R1_0
```

Jetzt existiert ein Repository, aus dem sich jeder Programmierer an anderer Stelle ein Arbeitsverzeichnis erstellen kann. Das soeben angelegte Verzeichnis **worksrc** wird nun nicht mehr benötigt und kann entfernt werden. Sie können es natürlich auch als Arbeitsverzeichnis weiterverwenden.

Dateien aus dem Repository holen

cvs checkout — Um erstmalig mit den Sourcen arbeiten zu können, müssen Sie mit dem Befehl `cvs checkout` mindestens ein Arbeitsverzeichnis aus dem Repository erzeugen. Da zuvor bereits ein leeres Basisverzeichnis angelegt wurde, können Sie an beliebiger Stelle ein Arbeitsverzeichnis anlegen:

```
cvs checkout .
cvs checkout unix
```

In der ersten Zeile wird das Hauptverzeichnis eines Projekts mit allen Unterverzeichnissen in das Arbeitsverzeichnis übernommen. Die zweite Zeile holt nur das Modul unix und seine Unterverzeichnisse aus dem Projekt heraus.

Änderungen im Repository abstellen

Während bei anderen Versionssystemen die zu bearbeitenden Dateien reserviert werden müssen, ist dies bei CVS nicht erforderlich. Die geänderten Dateien werden mit dem Befehl `cvs commit` in das Repository übernommen. Sicherer als das Abstellen einzelner Dateien ist die Verwendung der Modulnamen, da CVS selbst merkt, was sich geändert hat.

cvs commit

Neue Dateien hinzufügen

Neue Dateien werden mit `cvs add`, gefolgt vom Dateinamen im Repository, angemeldet. Beim nächsten Einstellen der Änderungen wird diese Datei auch hinzugefügt.

cvs add

Dateien aus dem Repository entfernen

Wenn eine Datei entfernt werden soll, muss sie zunächst im Arbeitsverzeichnis gelöscht werden. Dann kann sie mit dem Befehl `cvs remove` mit dem Dateinamen als Parameter aus dem Repository entfernt werden:

cvs remove

```
rm  oldfile.cpp
cvs remove oldfile.cpp
cvs commit oldfile.cpp
```

Rückgriff auf alte Versionen

Mit dem Befehl `cvs diff` mit dem Dateinamen als Parameter können Sie sehen, was sich seit der letzten Version geändert hat. Dieser Befehl vergleicht die aktuell im Arbeitsverzeichnis vorliegende Version mit derjenigen, die im Repository liegt. Haben Sie die aktuelle Version schon abgestellt, können Sie angeben, mit welcher Version Sie die aktuelle Version vergleichen wollen. Dazu dient der Parameter `-r`. Schließlich ist es auch möglich, zwei alte Versionen miteinander zu vergleichen, indem Sie den Parameter `-r` zweimal angeben:

cvs diff

```
cvs diff myfile.cpp
cvs diff -r 1.1 myfile.cpp
cvs diff -r 1.1 -r 1.2 myfile.cpp
```

Welche Version einer Datei vorliegt, können Sie sich mit `cvs status` mit dem Dateinamen als Parameter anzeigen lassen.

Releases

Soll ein Release der Software erstellt werden, besteht dieses aus den verschiedensten internen Versionen des CVS. Um einen zusammengehörigen fertigen Release-Stand zu markieren, gibt es den Befehl `cvs tag`,

cvs tag

gefolgt von einem Bezeichner. Damit wird allen aktuell im Arbeitsverzeichnis abgestellten Dateien ein Vermerk angeheftet, anhand dessen Sie später jederzeit wieder diese Version herstellen können. Dazu wird ein cvs checkout-Befehl mit der Option -r verwendet:

```
cvs tag alfa0_8
cvs checkout -r alfa0_8 .
```

31.6.4 UNIX als CVS-Server

Anstatt die Verwaltung auf einem Netzlaufwerk durchzuführen, kann CVS auch als Client-Server-Applikation installiert werden. Auf dieser Basis arbeiten viele Open-Source-Projekte sogar weltweit über das Internet zusammen.

Der erste Schritt ist die Installation des CVS-Servers. Es wird ein zentrales Repository angelegt. Das dafür benötigte Verzeichnis kann überall liegen. Als Beispiel betrachten wir hier das Verzeichnis **/home/cvs**. In diesem Verzeichnis wird durch den Initialisierungsaufruf von cvs ein Verzeichnis **CVSROOT** (in Großbuchstaben) angelegt:

```
cvs -d /home/cvs init
```

Nun müssen Sie die Rechte korrekt setzen. Um neue Repositories einzurichten, muss jeder Entwickler das Recht haben, in **/home/cvs** ein Verzeichnis anzulegen. Dies erreichen Sie beispielsweise, indem Sie die folgenden Rechte zuordnen:

```
chgrp prog /home/cvs
chmod 775 /home/cvs
```

Nun ist jedes Mitglied der Gruppe prog berechtigt, in diesem Verzeichnis neue Verzeichnisse anzulegen. Wer in der Gruppe prog ist, lässt sich leicht mit der Datei **/etc/group** steuern.

Der Zugriff erfolgt auf der Basis der Remote Shell, also des rshd (siehe Seite 553). Dementsprechend muss für jeden Anwender eine Datei **.rhosts** im Benutzerverzeichnis angelegt werden.

CVS-Service   Im nächsten Schritt wird dafür gesorgt, dass die anfragenden CVS-Clients bedient werden. Der Port 2401 muss vom CVS bedient werden. Dazu wird in der Datei **inetd.conf** ein Eintrag für den CVS-Befehl vorgenommen.

```
/usr/bin/cvs -f --allow-root=/home/cvs pserver
```

Wenn Ihr System mit der Datei **initd.conf** arbeitet (siehe Seite 533), geben Sie die folgende Zeile ein:[7]

```
2401   stream   tcp   nowait   root   /usr/bin/cvs
cvs -f --allow-root=/usr/cvs pserver
```

Arbeitet Ihr System mit xinetd, dann legen Sie im Verzeichnis **/etc/xinetd.d** eine Datei names **cvs** mit folgendem Inhalt an:

```
service cvspserver
{
        socket_type        = stream
        protocol           = tcp
        wait               = no
        user               = root
        server             = /usr/bin/cvs
        server_args        = -f --allow-root=/home/cvs pserver
}
```

Natürlich muss dazu der Dienst cvspserver in der Datei **/etc/services** eingetragen sein.

UNIX als Client

Im nächsten Schritt müssen die Daten in den Server eingecheckt werden. Dazu wechseln Sie in das Verzeichnis, in dem die Dateien stehen, die Sie in das Repository stellen möchten. Dann wird die Umgebungsvariable CVSROOT gesetzt. Mit ihr werden der Anwender, der Rechner und der Pfad festgelegt:

```
export CVSROOT=:ext:arnold@gaston:/home/cvs
cvs import -m "Informatik-Ecke" informatik   Willemer BasisRel
```

Danach stehen die Dateien allen Rechnern zur Bearbeitung zur Verfügung.

Nachdem die Daten eingecheckt sind, suchen Sie sich ein Arbeitsverzeichnis, in dem Sie an den Sourcen arbeiten möchten. Hier führen Sie einen Checkout aus: — Auschecken einer Arbeitsumgebung

```
cd my/src
cvs checkout informatik
```

Dadurch wird unter **my/src** ein neues Verzeichnis **informatik** angelegt. Darin befinden sich die Quelldateien. Hier können Sie die Dateien bear-

---

[7] Aus drucktechnischen Gründen ist die Zeile umgebrochen.

beiten und nach erfolgreichem Abschluss die Dateien per commit wieder ins CVS einstellen:

```
cvs commit
```

Arbeitszyklus — CVS erkennt, welche Dateien sich geändert haben, verlangt für jede Änderung einen Kommentar und stellt die Änderungen zur Verfügung. Arbeiten Sie in einem Team, ist es sinnvoll, regelmäßig mit cvs update den aktuellsten Stand in das Arbeitsverzeichnis zu laden. Da die Kollegen dies auch tun werden, ist es erforderlich, dass ein per commit eingestellter Stand auch mindestens kompilierbar ist.

Windows-Client WinCVS

Auch für MS Windows gibt es einen CVS-Client, der auf einen UNIX-Server zugreift. Unter »Admin - Preferences« wird die CVSROOT-Umgebung in einem Dialog festgelegt. Als Authentifizierung wird in diesem Fall rhosts gewählt. Sie können auch ssh wählen, wenn die Sourcen so gut kommentiert sind, dass ein Angreifer aus einem Netzlauschangriff wirklich Nutzen ziehen könnte. Pfad, Host und User werden analog zur UNIX-Umgebung festgelegt.

Import — Sollen Windows-Quellen in das Repository importiert werden, suchen Sie im linken Baum das gewünschte Verzeichnis aus und klicken es einmal an. Durch den Menüpunkt »Create - Import Module« oder über einen Klick mit der rechten Maustaste und die Auswahl des entsprechenden Punkts können Sie dieses Verzeichnis für den Import auswählen. Es startet ein Dialog, der den Namen des Moduls, den Vendor, die Release und eine Message erfragt.

Auschecken — Um die Daten auf irgendeinem Rechner bearbeiten zu können, muss zuerst ein Arbeitsverzeichnis ausgecheckt werden. Unter dem Menüpunkt »Create - Checkout module« können Sie angeben, welche Module lokal exportiert werden sollen. Änderungen werden dann unter »Modify - Commit« abgestellt.

Änderungen einchecken — Nachdem Dateien verändert worden sind, können Sie das Modul anwählen und im Menü »Modify - Commit« wählen. Es werden nur die Dateien eingecheckt, die geändert worden sind.

Neue Dateien können mit »Modify - Add selection« oder »Add binary« zum Modul hinzugefügt werden.

Quelle: http://www.cvshome.org

31.6.5 Versionsverwaltung Subversion

In den letzten Jahren findet die Versionsverwaltung Subversion immer größere Verbreitung. Sie lehnt sich in der Bedienung an das weit verbreitete CVS an, damit der Übergang leicht erfolgen kann. Mit `cvs2svn` existiert sogar ein Programm, mit dem ein CVS-Repository zu Subversion konvertiert werden kann.

Während die bisherigen Versionsverwaltungen die einzelnen Dateien mit Release-Nummern versahen, erhält nun bei einer Änderung das gesamte Projekt eine neue Release-Nummer. Dabei wird nicht jeder Datei eine neue Nummer zugeordnet. Es wird erst bei der nächsten Änderung die Nummer des Gesamtprojekts erhöht und übernommen. So haben einzelne Dateien keine geschlossenen Versionsnummernfolgen. Es ist aber einfach, zu jedem Projektstand alle passenden Dateien zu rekonstruieren. *Projektnummer statt Dateiversion*

Eine weitere Neuerung ist, dass beim Checkout, Update und Commit eine Kopie lokal beim Client gehalten wird. Dadurch können viele Netzzugriffe eingespart werden. Allerdings wird dadurch der Speicherbedarf erhöht.

Wie schon CVS arbeitet Subversion nicht mit einem Sperrmechanismus, der verhindert, dass zwei Programmierer gleichzeitig an einer Datei arbeiten, sondern es verhindert lediglich, dass ein Programmierer die Änderungen eines anderen Programmierers überschreibt. Ein Beispiel zeigt das Verfahren: *Überschreibsicherung statt Sperre*

- Ernie und Bert arbeiten gemeinsam an der Datei **kekse.cpp**. Ernie holt sich zuerst die Datei aus der Versionskontrolle. Bei alten Versionskontrollen hätte Bert warten müssen, bis Ernie endlich fertig wäre. Unter Subversion können beide sofort loslegen.

- Bert wird natürlich als Erster fertig, weil Ernie noch den Code mit seinem Quietscheentchen besprechen muss. Bernie führt erfolgreich ein Commit aus.

- Nun unterscheidet sich die Version von derjenigen, die Ernie einst ausgecheckt hat. Noch weiß Ernie nichts davon, er diskutiert noch.

- Ernie und das Quietscheentchen sind sich einig. Der Code ist klasse und soll in die Versionskontrolle. Beim Versuch, einen Commit auszuführen, gibt es eine Fehlermeldung.

- Ernie sichert seine Änderung, holt sich die aktuelle Version aus der Verwaltung und kann mit `diff` die Unterschiede seiner und Berts Version feststellen. Nun arbeitet er seine Änderung in Berts Datei ein und kann sie problemlos per Commit in die Versionskontrolle stecken.

Es sei denn, Bert, der alte Streber, hätte inzwischen schon wieder eine neue Version erstellt.

Repository anlegen

Der Befehl svn wird für alle nichtadministrativen Zwecke verwendet. Er erwartet als Zweites den eigentlichen Befehl an Subversion. So ist der Befehl zur Erzeugung eines Repositories create.

> **Erzeugen eines Repositories**
>
> svn create <Verzeichnisname>

svnadmin create — Zunächst soll ein Repository angelegt werden. Im Benutzerverzeichnis liegt auf meinen Rechnern immer ein Verzeichnis **my**. Darin lege ich alles ab, was in die Datensicherung soll. Hier soll das Repository unter dem Verzeichnisnamen svn entstehen. Der folgende Befehl legt das Verzeichnis und das Repository an.

```
svnadmin create /home/arnold/my/svn
```

Projekt importieren — Im nächsten Schritt soll ein Projekt hinzukommen. Als Beispiel sollen die LaTeX-Dateien eines Buchs unter eine Versionskontrolle gestellt werden. Da die Dateien bereits existieren, soll ein Import stattfinden.

> **Import eines Projekts**
>
> svn import <Repository> [-m <Anmerkung>]

Dazu wird ein Verzeichnis angelegt, in dem nur Dateien liegen, die unter Subversion verwaltet werden sollen. Mit cd wird das Verzeichnis betreten. Das Projekt soll den Unterbaum »unix« bekommen. Der Befehl zum Import der Dateien dieses Verzeichnisses lautet:

```
$ svn import file:///home/arnold/my/svn/unix
```

Daraufhin startet Ihr Lieblingseditor[8] und bittet darum, ein paar Worte zu der aktuellen Version der Dateien zu schreiben. Nach Speichern und Beenden des Editors erscheint eine Liste der Dateien, die dem Projekt hinzugefügt wurden.

---

8 Sollte der gestartete Editor doch nicht Ihr Lieblingseditor sein, können Sie dies ändern, indem Sie dessen Aufruf in der Umgebungsvariablen EDITOR festlegen.

```
Hinzufügen     vorwort.tex
Hinzufügen     samba.tex
Hinzufügen     xwin.tex
Hinzufügen     lit.tex
Hinzufügen     admin.tex
Hinzufügen     software.tex
Hinzufügen     thema.tex
Hinzufügen     perl.tex
Hinzufügen     glossar.tex
Hinzufügen     anwend.tex
Hinzufügen     python.tex
Hinzufügen     unix.tex
Hinzufügen     progr.tex
Hinzufügen     trennung.tex
Hinzufügen     ueber.tex
Hinzufügen     server.tex
Hinzufügen     netzwerk.tex

Revision 1 übertragen.
```

Das Verzeichnis, aus dem die Dateien importiert wurden, ist danach kein Arbeitsverzeichnis. Um damit zu arbeiten, muss zunächst ein Arbeitsverzeichnis angelegt und der Inhalt des Repositories ausgecheckt werden.

Arbeitsverzeichnis

Falls Ihnen die Eingabe der Anmerkung mit dem Editor zu aufwändig ist, können Sie sie auch die Anmerkung in Anführungszeichen einpacken und an die Option -m hängen.

Checkout

Nachdem der Import geklappt hat, soll ein Arbeitsverzeichnis angelegt werden.

Checkout eines Arbeitsverzeichnisses

svn checkout *<Repository>*

Dieses Arbeitsverzeichnis soll **work** heißen und im Benutzerverzeichnis liegen. Dort wird eine Arbeitsversion mit dem Befehl checkout angelegt. Der Befehl checkou kann auch als co abgekürzt werden.

```
cd ~/work
svn checkout file:///home/arnold/my/svn/unix
```

Damit wurde im Verzeichnis **work** ein neues Verzeichnis namens **unix** angelegt und darin eine Arbeitsumgebung für Subversion. Wenn Sie sich in diesem Verzeichnis befinden, weiß Subversion anschließend, auf welches Repository Sie zugreifen.

Commit

Wenn die Änderungen fertig sind, werden Sie mit Commit im Repository abgestellt.

Einstellen von Änderungen ins Repository
svn commit [-m *<Anmerkung>*]

Nun können Sie Änderungen an Dateien in diesem Verzeichnis durchführen, bis Sie wieder einen Stand gewinnen, den Sie in die Versionskontrolle stellen wollen. Dazu rufen Sie den folgenden Befehl auf:

```
svn commit
```

Wieder startet Ihr Lieblingseditor, beseelt von dem Wunsch, dass Sie eine Widmung schreiben. Nachdem Sie dies getan haben, werden die geänderten Dateien angezeigt.

```
Sende           progr.tex
Übertrage Daten .
Revision 2 übertragen.
```

Hier und alles darunter Der Befehl `commit` erfasst nur das aktuelle Verzeichnis und die darunter liegenden Verzeichnisse. Dateien, die Sie in darüberliegenden Verzeichnissen geändert haben, werden nicht erfasst.

Update

Der typische Arbeitstag des Entwicklers beginnt damit, dass er erst einmal schaut, was die Kollegen so geschrieben haben. Dazu wird das Arbeitsverzeichnis betreten und ein Update der Sourcen angefordert.

Abholen des aktuellen Standes aus dem Repository
svn update

Auch hier ist es nicht erforderlich, den Pfad des Repositories anzugeben, da es im Arbeitsverzeichnis hinterlegt ist.

```
libo> svn update
U   progr.tex
G   xwin.tex
C   ueber.tex
Revision 7 übertragen.
libo>
```

Die Meldungen für die obigen drei Dateien zeigen unterschiedliche Ursachen, erkennbar an dem Anfangsbuchstaben der Zeile.

U steht für Update. Und das ist ja genau das, was der Befehl bewirken sollte. Jemand hat die Datei **progr.tex** geändert und nun befindet sich die aktuelle Version im Arbeitsverzeichnis.

Update

Das G steht für merGed. Das bedeutet, dass die lokale Datei zwar genau wie die Datei im Repository geändert war, dass es aber Subversion gelungen ist, beides miteinander konfliktfrei zu mischen.

Gute Mischung

Das C dagegen steht für Conflict. Es gibt also Änderungen im Repository, die nicht konfliktfrei auflösbar sind. Es ist also eine gute Idee, mal zu prüfen, ob das von Hand harmonisierbar ist, bevor die Arbeit so weit fortgeschritten ist, dass es unüberbrückbare Probleme gibt.

Konflikt

Nachdem ein Konflikt beim Update gemeldet wurde, schreibt Subversion die Konflikte in die Datei. Weiterhin liegen drei weitere Dateien im Verzeichnis. Die Datei, die vor dem Update im Verzeichnis lag, wurde um die Endung **.mine** ergänzt. Im obigen Beispiel heißt die zuletzt lokal geänderte Datei nun **ueber.tex.mine**. Die beiden anderen Dateien wurden um **.r<VersionsNr>** erweitert. Die eine Datei ist die Version, wie sie vorlag, als die aktuelle Version ausgecheckt wurde. Die andere Datei ist die Version, wie sie derzeit in Subversion aktuell ist.

Konflikt-
bereinigung

Wenn Sie sich entschließen, die Konflikte von Hand zu harmonisieren, werden Sie in der Datei immer wieder Stellen finden, die ähnlich aussehen wie die folgenden Zeilen:

Handarbeit

```
Dies ist wertvoller Text, der sich in beiden
Versionen absolut gleicht.
<<<<<<< .mine
Dies war meine Idee, was an dieser Stelle
unbedingt hinzukommen musste. Offenbar war
ich etwas spät.
=======
Stattdessen steht jetzt dieser Mist in der
Versionsverwaltung, den ein Kollege verbockt hat.
>>>>>>> .r2
```

```
Dies ist wiederum unstritig wundervoller
Text, der mit Sicherheit auch nach der Änderung noch
vorhanden sein wird.
```

Deins oder meins Die Reihe der Gleichheitszeichen trennt den lokalen selbst verfassten Teil von dem, wie er im Repository vorlag. Die Zeile mit den Kleinerzeichen markiert den Anfang der lokalen Änderungen. Zur Verdeutlichung steht ».mine« dahinter. Von der Gleichheitszeichenzeile bis zu den Größerzeichen ist die konfliktverursachende Passage aus dem Repository. Hier steht die Versionsnummer dahinter. Wenn Sie eine Kombination aus den Versionen erzeugen können, geben Sie das Kommando, dass der Konflikt beseitigt wurde. Anschließend können Sie die neue Version einstellen.

```
libo> svn resolved ueber.tex
libo> svn commit ueber.tex
```

Sollten sich Ihre Änderungen durch den neuen Stand erübrigt haben, können Sie die lokalen Änderungen kurzerhand mit dem Befehl revert beseitigen.

```
libo> svn revert ueber.tex
```

Informationen aus dem Repository

Sie können auf ältere Versionen im Repository zurückgreifen und nachsehen, wie es war, als Ihr Programm noch lief.

Textunterschiede zwischen den Versionen

svn diff [-r *<Versionsnr>*] [*<Dateien>*]

---

diff Die aktuell bearbeitete Version kann mit dem Befehl diff mit der eingecheckten verglichen werden. Dabei werden alle Unterschiede wie beim Befehl diff (siehe Seite 127) dargestellt.

Änderungsprotokoll

svn log [-r *<Versionsnr>*] [*<Dateien>*]

---

log Mit dem Befehl log bekommen Sie eine Übersicht, welche Änderungen wann vom wem eingestellt wurden. Auch die Kommentare, die beim commit angegeben wurden, werden angezeigt.

Dateianzeige
svn cat [-r <*Versionsnr*>] <*Datei*>

Der Befehl cat zeigt eine Datei, wie sie in einer bestimmten Version vorlag, auf dem Bildschirm an.

cat

Verzeichnisliste
svn list [-r <*Versionsnr*>]

Zeigt die Dateien des Verzeichnisses, wie sie zur angegebenen Version vorlagen.

Lokale Änderungen rückgängig machen

Wenn Sie im Arbeitsverzeichnis Änderungen gemacht haben, die doch nicht so gut waren, wie Sie gehofft hatten, so können Sie das Arbeitsverzeichnis mit dem Befehl revert wieder auf den Stand von Subversion bringen.

revert

Auf den Stand des Repositories zurücksetzen
svn revert

Sollen nur einzelne Dateien wieder auf den Stand im Subversion gebracht werden, können Sie die Namen der Dateien als Argumente hinter den Befehl setzen.

Dateien aus dem Repository entfernen

Sollte sich herausstellen, dass die Datei **software.tex** nicht mehr benötigt wird, weil beispielsweise das Thema in der Datei **anwend.tex** vollständig aufgenommen wurde, kann die Datei aus dem Repository mit dem Befehl delete entfernt werden.

delete

```
svn delete software.tex
svn commit
rm software.tex
```

Repository sichern

Subversion hat eigene Befehle, um das Repository zu sichern und wieder zurückzuholen. Beide Vorgänge werden über das Administrations-

svnadmin dump

programm `svnadmin` gestartet. Das Sichern lautet `dump` und erwartet als Argument den Pfad, in dem sich das Repository befindet.

```
svnadmin dump /usr/local/svn/repos > dateisicherung
```

Die Sicherung erfolgt auf der Standardausgabe und muss umgeleitet werden. Zuvor kann sie beispielsweise per Pipe durch ein Packprogramm geschickt werden.

svnadmin load

Für das Zurückholen des Repositories wird der Befehl `load` verwendet. Auch hier wird der Pfad des Repositories als Argument übergeben und die Datei wird auf die Standardeingabe umgelenkt.

```
svnadmin load /usr/local/svn/repos < dateisicherung
```

Weitere Werkzeuge

Subclipse heißt die Subversionumgebung, die für Eclipse zur Verfügung steht. Durch dieses Plug-in können Eclipse-Projekte direkt mit Subversion verknüpft werden.

31.7 Analysewerkzeuge

Neben den Debuggern, die natürlich auch zur Analyse dienen, gibt es eine Reihe von Werkzeugen, die den Ablauf von Programmen verfolgen. Teils dienen diese Werkzeuge dazu, die Performance eines Programms zu ermitteln und zu verbessern. Teils suchen sie nach schleichenden Fehlern wie Speicherlecks. Im Folgenden stelle ich einige dieser Werkzeuge ohne Anspruch auf Vollständigkeit kurz vor.

31.7.1 Systemaufrufe verfolgen: strace und ltrace

strace

Das Tool `strace` wird mit einem Programm als Parameter gestartet und zeigt dessen Systemaufrufe inklusive der Parameter und Rückgabewerte an. Was auf den ersten Blick wie Zauberei wirkt, basiert darauf, dass die Schnittstelle zu den Systemfunktionen durch eine Art Software-Interrupt implementiert ist. Es ist nicht schwer, ein Programm in diesen Interrupt einzuhängen, das dann meldet, welche Funktion aufgerufen wurde und welche Parameter übergeben wurden.

ltrace

Das Programm `ltrace` arbeitet ähnlich, zeigt aber nicht die Systemaufrufe, sondern die Bibliotheksaufrufe.

Beide Programme erfordern nicht, dass das zu beobachtende Programm vorher mit der Debug-Option kompiliert wurde.

31.7.2 Speicherlecks und -überläufe

Fehler in der Speicherverwaltung sind schwer zu finden. Unter einem Speicherlecks versteht man, dass Speicher angefordert, aber nicht mehr freigegeben wird. So ein Fehler stellt bei manchen einfachen Anwendungsprogrammen kein großes Problem dar. Kaum jemand würde ihn je bemerken. Läuft aber das Programm als Dämon auf einer Maschine, die vielleicht monatelang ohne Unterbrechung in Betrieb ist, entzieht es auf lange Sicht allen anderen Programmen den Speicher. Ergebnis ist, dass der Hauptspeicher nicht reicht und in den Swap-Bereich ausgelagert wird. Die Maschine wird immer langsamer.

Speicherlecks können auf die Performance drücken

Ein anderes Problem ist der Zugriff über die Speicherränder hinaus. Wurde eine Zeichenkette von 120 Byte Länge in einen Speicher kopiert, der nur eine Länge von 100 Byte hat, werden 20 Byte in Speicherbereichen geschrieben, in denen sie nichts verloren haben. Dort werden wahrscheinlich andere Variablen überschrieben. Man spricht hier von einem Buffer Overrun. Da man nie weiß, welche Variablen verändert wurden und an welcher Stelle im Programm diese verwendet werden, kommt ein Kollaps fast immer überraschend an Stellen, an denen der eigentliche Fehler nicht erkennbar ist. Auch die Wirkung ist schwer vorhersehbar, da sich nicht abschätzen lässt, welche Daten zerstört werden.

Buffer Overruns erzeugen überraschende Probleme

Die Bibliothek Electric Fence

Electric Fence (übersetzt etwa: Elektrozaun) überprüft, ob die Grenzen von Puffern überschritten werden und ob Speicherbereiche verwendet werden, die in der Zwischenzeit wieder freigegeben wurden.

Electric Fence ist eine Bibliothek, die beim Generieren des Programms hinzugebunden wird und sich an die Stelle der Funktionen setzt, die normalerweise die Speicherverwaltung durchführen. Der einzige Unterschied zur normalen Entwicklung ist also das Hinzubinden der Bibliothek.

```
cc -o fehler fehler.c -lefence
```

Das Programm wird danach aus einem Debugger gestartet. Bei erkannten Verletzungen wird ein Signal ausgelöst, das einen Zusammenbruch herbeiführt. Der Debugger kann dann leicht mit einem entsprechenden Kommanodo (`where` beim `gdb`) feststellen, wo dieser Fehler aufgetreten ist.

Quelle: http://perens.com/FreeSoftware

Dmalloc und LeakTracer

Auch für die Erkennung von Speicherlecks gibt es Programmierhilfen. Man findet sie im Internet, indem man in den Suchmaschinen nach Begriffen wie »memory leak« sucht. Die Werkzeuge arbeiten normalerweise als Bibliotheken, die die normalen Schnittstellen für das Anfordern und Freigeben von Speicher anbieten. Dabei protokollieren sie, ob alle angeforderten Speicherbereiche auch korrekt wieder freigegeben werden.

Hier sind zwei Pakete exemplarisch genannt. dmalloc ist ein Tool für C-Programme, die ihren Speicher mit Hilfe der Funktion `malloc()` anfordern und mit der Funktion `free()` freigeben bzw. freigeben sollten. Der LeakTracer ist für die C++-Programmierer interessanter, da er die Aufrufe `new()` und `delete()` kontrolliert.

Beide Programme sind kostenlos im Web zu bekommen. Quellen:

http://dmalloc.com
http://www.andreasen.org/LeakTracer/

31.8 Diverse Programmierhelfer

UNIX hat eine lange Tradition als Entwicklerumgebung. Viele Experimente von Universitäten fanden ihr erstes Zuhause im UNIX-Umfeld.

31.8.1 Kurzbetrachtung: lex und yacc

Für die Compilerherstellung stehen die Programme `lex` und `yacc` zur Verfügung. Wenn Programmiersprachen oder andere Beschreibungssprachen entwickelt werden, werden sie zunächst formalisiert. Aus diesen formalen Beschreibungen der neuen Programmiersprache zu erstellen, ist ein Vorgang, der nach wiederkehrenden Mechanismen funktioniert. Da bei der Erstellung von Hand immer wieder Flüchtigkeitsfehler auftreten, liegt der Gedanke nahe, diese Arbeiten zu automatisieren. Darum entstanden die Werkzeuge `lex` und `yacc`.

lex generiert die lexikalische Analyse

In der lexikalischen Analyse wird festgelegt, welchen Schlüsselbegriffe und -symbole eine Sprache haben soll. Diese Elemente werden notiert und mit Kürzeln repräsentiert. Die einfachste Version ist ein Durchnummerieren. So bekommen Zahlen- oder String-Konstanten genauso eine Nummer wie das Schlüsselwort `while` oder ein Gleichheitszeichen. Nun muss ein Programm geschrieben werden, das aus dem Quelltext der neuen Sprache die Tokens herausfindet und meldet. Anstatt dieses Programm von Hand zu erstellen, kann `lex` verwendet werden. Es generiert aus der formalen Beschreibung der Sprachelemente ein Programm, das diese Sprachelemente erkennt und die Ergebnisse an die zweite Stufe, die syntaktische Analyse, weitergibt.

In der nächsten Stufe des Compilers arbeitet die syntaktische Analyse. Sie setzt auf der lexikalischen Analyse auf und interpretiert anhand einer Grammatik die Folge der von der lexikalischen Analyse gelieferten Schlüsselwörter, die auch Tokens genannt werden. So weiß die syntaktische Analyse, dass eine Abfrage mit dem Schlüsselwort `if` beginnt, dann eine eingeklammerte Bedingung hat. Die syntaktische Analyse wird also auf die Meldung der lexikalischen Analyse, dass sie ein `if` gefunden hat, darauf warten, dass eine offene Klammer als Nächstes erscheint. Alles andere wäre ein Programmierfehler. `yacc` (Kürzel für »Yet Another Compiler Compiler«) liest also eine Grammatik und erzeugt daraus einen solchen Parser, der in der Lage ist, den Zusammenhang der Tokens zu prüfen und daraus Code zu generieren.

yacc generiert die syntaktische Analyse

Der Umgang mit `lex` und `yacc` erfordert Kenntnisse in der Theorie des Compilerbaus. Wenn Sie auf Probleme stoßen, die mit dem Interpretieren von Texten im Sinne von Programmiersprachen zusammenhängen, sollten Sie sich die beiden Programme unbedingt zusammen mit einem geeigneten Buch[9] ansehen.

31.8.2 Verteilte Übersetzung: icecream

Wenn Programmierer im Team programmieren, gibt es immer vier Beschäftigungen, denen sie sich hingeben. Die einen denken, die anderen geben ihre Gedanken in den Computer ein, die dritten compilieren und die vierten bohren in der Nase.[10] Nur in dem Fall, dass der Compiler gestartet wird, gerät ein Computer ein wenig ins Schwitzen. In der restlichen Zeit erzeugt die CPU höchstens Stromverbrauch. Um dies etwas besser auszugleichen, wurde icecream entwickelt. Wird auf einem Rechner `make` aufgerufen, verteilt er die verschiedenen unabhängigen Kompilieraufgaben auf alle Rechner im Netz, die den Eindruck machen, als litten sie unter mangelnder Beschäftigung. Sind die Rechner fertig, sammelt er die Ergebnisse ein und generiert das gewünschte Programm daraus.

Ungenutzte Ressourcen

---

9 Das Standardwerk zum Thema Compilerbau ist das zweibändige Werk von Aho, Alfred V./Sethi, Ravi/Ullman, Jeffrey D.: Compilerbau. Addison-Wesley, 1988.
10 Sie ahnten sicher schon, dass kein Programmierer seine Software jemals testet.

Dämonen — Icecream basiert auf einem zentralen Rechner, der die Verteilung der Rechner überwacht. Auf diesem Rechner läuft der Scheduler (scheduler) als Dämon. Auf allen anderen Maschinen läuft der Icecream-Dämon (iceccd). Wenn nun jemand die Vorteile des verteilten Compilierens nutzen will, muss er noch **/opt/icecream/bin** in die Umgebungsvariable PATH integrieren.

make als Drehpunkt — Wenn make mit der Option -j, gefolgt von den maximal parallel laufenden Jobs, gestartet wird, schaut icecream nach, welche Rechner gerade ohne Last sind. Denen werden dann Dateien zum Kompilieren übertragen und das Ergebnis später wieder abgeholt. Auf diese Weise werden auch die ungenutzten Kapazitäten ein wenig in Bewegung gesetzt, und die armen Programmierer müssen noch mehr arbeiten, weil das Kompilieren jetzt wesentlich schneller geht.

Zuschauer — Um die Verteilung der Prozesse auf die verschiedenen Rechner zu beobachten, gibt es das Programm icemon. Programmierer sind eigentlich nur deswegen Programmierer geworden, weil sie zusehen wollen, wie andere arbeiten. Also ist das ein ideales Tool für sie.

Einschränkungen — Wie man sich schon vorstellen kann, wird diese Verteilung eine homogene Umgebung benötigen. Icecream setzt den GNU-Compiler und GNU-make voraus. Falls unterschiedliche Rechnerarchitekturen vorliegen, muss auf jedem Rechner ein Backend für jeden anderen beteiligten Rechner vorliegen, mit dem eine Cross-Kompilierung[11] durchgeführt werden kann.

http://en.opensuse.org/icecream

---

11 Cross-Compiler: siehe Glossar Seite 996.

Programmers are a BIT smarter.

32 UNIX-Systemaufrufe

Die Systemaufrufe werden von Anwendungsprogrammen benutzt, um auf die vom Betriebssystem verwalteten und damit auch geschützten Ressourcen des Computers zuzugreifen. Damit sagen die Systemaufrufe viel darüber aus, welche Leistungen ein Betriebssystem seinen Anwendern anbietet. Die Kenntnis der Systemaufrufe hilft auch, die Abläufe innerhalb des Systems zu verstehen. So wird man das Verhalten der Prozesse unter UNIX wesentlich besser begreifen, wenn man verstanden hat, wie fork(), exec() und wait() funktionieren.

Schnittstelle zu Anwendungen

Die Bedeutung der UNIX-Systemaufrufe geht über UNIX hinaus. Da der C-Compiler mit der Entwicklung von UNIX entstand, wurde ein Teil der Schnittstelle zu UNIX auch gleich in die Standardbibliothek von C integriert und damit als Schnittstelle für die Basiszugriffe auf andere Systeme portiert. So werden die Dateizugriffe in C auf jedem anderen Betriebssystem auf die gleiche Art umgesetzt, wie C es von UNIX kennt. Bei älteren Systemen wurden die altbackenen Arten auf die neue Schnittstelle angepasst. Bei neueren Systemen, die oft in C geschrieben wurden, portierte die Sprache unter der Hand etwas UNIX-Philosophie auf die neuen Betriebssysteme. Nicht alle Systemaufrufe wurden in die C-Bibliotheken übernommen. So ist der oben genannte Aufruf von fork() leider nicht portabel, da andere Betriebssysteme andere Prozessmodelle haben.

UNIX- als C-Schnittstelle

32.1 Die Funktion main

Bevor auf die Systemaufrufe eingegangen wird, soll die Umgebung einer normalen Anwendung unter UNIX betrachtet werden. Dazu gehören Aufrufparameter, Umgebungsvariablen und der Rückgabewert. Ein C-Programm wird immer mit der Funktion main() gestartet. Diese hat drei Parameter, von denen in den meisten Fällen nur die ersten beiden verwendet werden:[1]

---

[1] Der dritte Parameter hält das Environment, das aber auch per getenv() gelesen werden kann. Er wird von POSIX nicht mehr unterstützt.

```
int main(int argc, char **argv)
{
    return 0;
}
```

Listing 32.1 Ein nacktes C-Hauptprogramm

32.1.1 Aufrufparameter

argv enthält die Aufrufparameter

In der Variablen argc steht nach dem Start, wie viele Parameter bei Aufruf des Programms übergeben wurden. Dieser Wert ist immer mindestens 1, da auch der Name, unter dem das Programm aufgerufen wurde, als Parameter zählt. Die Variable argv ist ein Array von Strings. Die Programmparameter werden von der Shell an den Leerzeichen zerlegt und dann einzeln an das Programm weitergereicht. Beispiel:

```
tudochwas -f huhu lol*
```

Das Wildcard-Zeichen von lol* wird bekanntermaßen von der Shell ausgewertet. Wenn im aktuellen Verzeichnis die Dateien **lolita**, **lolli** und **lonzo** stehen, sind die Parameter von main() folgendermaßen belegt: In argc steht eine 5. Im Element argv[0] findet sich der Name des Programms inklusive Pfad – in diesem Fall **./tudochwas**. Da tudochwas aus dem aktuellen Verzeichnis gestartet und kein Pfad angegeben wurde, bemühte die Shell die Variable PATH. Darin fand sie dann den Pfad . und setzte ihn vor den Programmnamen. argv[1] enthält die Option -f und argv[2] den Parameter »huhu«. Die weiteren Elemente von argv hängen von den Dateien im aktuellen Verzeichnis ab. Da auf lol* sowohl lolita als auch lolli passen, füllen diese die nächsten zwei argv-Elemente.

argv[0] ist der Programmname

Da das erste Element in argv immer der Name ist, mit dem das Programm aufgerufen wurde, kann man dem Programm Optionen durch den Befehlsnamen mitgeben. So entspricht beispielsweise der Befehl uncompress dem Aufruf compress -d. Das wird erreicht, indem ein Link namens uncompress auf compress erzeugt wird. So ein Link kostet unter UNIX nur einen Verzeichniseintrag mehr. Das Programm prüft beim Start, ob es unter dem Namen uncompress aufgerufen wurde, und fügt in diesem Fall die Option -d hinzu.

Wildcards überlässt man der Shell

Da der Stern unter UNIX von der Shell aufgelöst wird, ist gewährleistet, dass alle Programme von Haus aus die Wildcards der Shell gleich interpretieren, da sie sie nicht selbst auswerten.

Das folgende kleine Programm zeigt seine Aufrufparameter an:

```
int main(int argc, char **argv)
{
    int i;
    for (i=0; i<argc; i++) {
        puts(argv[i]);
    }
    return 0;
}
```

Listing 32.2 Zeigt die Aufrufparameter

Auch der Rückgabewert der Funktion main() ist von Bedeutung, da dieser an den Aufrufer zurückgegeben wird. Per Konvention gilt eine 0 als Hinweis, dass das Programm fehlerfrei ablief. Alle anderen Werte werden als Fehlermeldungen interpretiert. Wenn Fehler mitten im Programm entstehen, ist es oft sehr umständlich, wieder zur Funktion main() zurückzukehren. Hier hilft die Funktion exit(). Sie beendet das Programm, und der Übergabeparameter wird als Rückgabewert an den Aufrufer des Programms weitergereicht.

Der Rückgabewert ist ein Fehlercode

32.1.2 Zugriff auf die Umgebungsvariablen

Der bislang nicht erwähnte dritte Parameter von main() zeigt auf die Umgebungsvariablenliste. Wie bei argv handelt es sich um ein Array von Zeichenketten. Da hier allerdings die Anzahl nicht in einer separaten Variablen mitgeteilt wird, wird eine andere Form der Ende-Kennung verwendet. Der Zeiger nach dem letzten Eintrag hat den Wert 0. In Listing 32.3 wird die komplette Liste der Umgebungsvariablen angezeigt.

```
int main(int argc, char **argv, char **env)
{
    int i;
    char *str;

    if (env) {
        i=0;
        while(str = env[i]) {
            puts(env[i++]);
        }
    }
}
```

Listing 32.3 Zeigt die Liste der Umgebungsvariablen

Wenn Sie das Programm starten, erscheint eine riesige Liste, von der hier nur ein kurzer Ausschnitt abgedruckt wird:

```
WINDOWMANAGER=/usr/X11R6/bin/kde
HOME=/home/arnold
TERM=xterm
XNLSPATH=/usr/X11R6/lib/X11/nls
no_proxy=localhost
```

Umgebung über globale Variable

Der dritte Parameter ist deswegen relativ unbekannt, weil man über die externe, globale Variable environ auf die gleiche Liste zugreifen kann. Aus diesem Grund hat sich POSIX auch auf die Variante mit zwei Parametern festgelegt.

Einzelne Umgebungsvariablen setzen und lesen

Im Normalfall werden Sie allerdings mit der kompletten Liste wenig anfangen können, sondern werden eine spezielle Umgebungsvariable brauchen. Dazu verwenden Sie die Funktion getenv():

```
#include <stdlib.h>
char *getenv(const char *varname);
int putenv(const char *zuweisung);
```

Sofern die als Parameter angegebene Variable gesetzt ist, bekommen Sie einen Zeiger auf den Wert zurückgeliefert. Da dieser Zeiger beim nächsten Aufruf von getenv() verloren gehen kann, sollten Sie den Inhalt in eine lokale Variable kopieren, wenn Sie ihn später noch brauchen.

Es ist auch möglich, vom Programm aus Umgebungsvariablen zu setzen. Dazu dient die Funktion setenv(). Als Parameter erwartet sie einen vollständigen Variableneintrag der Form var=wert. Beispiel:

```
putenv("TERM=vt100");
```

32.2 Fehlerbehandlung: errno

Die globale Variable errno

Die meisten Systemaufrufe liefern einen Rückgabewert kleiner als 0, wenn etwas schiefgelaufen ist. Ist der Rückgabewert nicht aussagekräftig genug, verwendet UNIX die globale Variable errno. Hier findet sich der Grund für das Fehlschlagen. Die Konstanten, die errno annehmen kann, stehen in der Headerdatei errno.h zur Verfügung.

Fehlerausgabe mit perror

Die Funktion perror() gibt die Standardfehlermeldungen des Betriebssystems auf **stderr** aus. Die Anwendung kann perror() im Parameter einen Text mitgeben, der erläutert, in welchem Zusammenhang der Fehler auftritt. Dieser Text wird der Systemmeldung vorangestellt:

```
#include <stdio.h>
void perror(const char *meldung);
```

Da es sich beispielsweise bei X-Anwendungen gut macht, wenn die Fehlermeldung nicht auf **stderr**, sondern beispielsweise in einer Dialogbox erscheint, verwendet man dort statt des Aufrufs von `perror()` die Funktion `strerror(errno)`. Sie liefert den Meldungstext passend zur Fehlermeldung der Anwendung als Zeichenkette, die das Programm dann an beliebiger Stelle darstellen kann:

```
#include <string.h>
char *strerror(int errnum);
```

32.3 Dateizugriffe

In UNIX sind eine Reihe von Standarddateizugriffen definiert, die mit C auch auf die anderen Plattformen übertragen wurden. Nirgends ist aber der Dateibegriff so universell wie unter UNIX. Mit den gleichen Funktionen können Dateien, Pipes und sogar Netzverbindungen bearbeitet werden.

Universeller Dateibegriff unter UNIX

Neben den Dateizugriffen, die durch die Aufrufe `open()`, `read()`, `write()` und `close()` geprägt sind und die einen Integer, also eine ganze Zahl, als Dateihandle zurückgeben, gibt es noch die Dateizugriffe mit `fopen()`, `fread()`, `fwrite()` und `fclose()`, die als Dateihandle einen Zeiger auf die Struktur `FILE` zurückgeben. Diese in der Anwendungsprogrammierung weit verbreitete Variante basiert auf den zuerst genannten Basiszugriffen und erweitert sie um ein Pufferkonzept. Diese Funktionen gehören auch nicht zu den Systemaufrufen, die vom Betriebssystem behandelt werden, sondern sind Bibliotheksfunktionen. Nähere Informationen dazu finden Sie in den Dokumentationen der Compiler oder natürlich unter `man 3 fopen`.

Anwendungsprogramme verwenden fopen

32.3.1 Öffnen, Lesen und Schreiben

Um eine Datei lesen oder schreiben zu können, muss sie zunächst durch den Aufruf von `open()` geöffnet werden. Bevor das Programm endet, wird sie mit `close()` wieder geschlossen.

Öffnen: open

```
#include <sys/types.h>
#include <sys/stat.h>
#include <fcntl.h>
int open(char *dateiname, int oflag, mode_t modus);
```

Die Parameter haben folgende Bedeutung:

- **dateiname**
  Der Pfad und der Dateiname der zu öffnenden Datei.

- **oflag**
  Dieser Parameter bestimmt, wie die Datei geöffnet wird. Es können mehrere Attribute verwendet werden, indem sie miteinander durch den senkrechten Strich Oder-verknüpft werden.

Konstante	Bedeutung
O_RDONLY	Datei nur zum Lesen öffnen
O_WRONLY	Datei nur zum Schreiben öffnen
O_RDWR	Datei zum Lesen und Schreiben öffnen
O_APPEND	Es wird nur an das Ende der Datei geschrieben
O_CREAT	Erzeugt die Datei, wenn sie nicht existiert
O_EXCL	Exklusiver Zugriff

Tabelle 32.1 Dateiattribute bei open()

- **modus**
  Hier werden Schreib- und Leserechte angegeben, wie sie vom Befehl `chmod` bekannt sind (siehe Seite 78).

Bei einem Fehler gibt der Aufruf von `open()` −1 zurück. Der Fehlercode befindet sich in der globalen Variablen `errno`. Im Erfolgsfall wird ein Dateihandle vom Typ int zurückgegeben, das von den Dateifunktionen benötigt wird, um die entsprechende Datei weiter zu bearbeiten.

Paralleles Überschreiben vermeiden

Das Flag O_APPEND ist vor allem beim Schreiben von Protokolldateien wichtig. Beim Schreiben werden die Daten immer hinten an die Datei angehängt.

In einer Multitaskingumgebung wie UNIX ist diese Art der Positionierung besonders wichtig. Anstatt zunächst die Größe der Datei und daraus die Schreibposition zu ermitteln, reicht ein einzelner Aufruf von `write()` aus, um zu schreiben. Damit ist die Operation untrennbar (atomar). Untrennbar bedeutet, dass die Operation beendet wird, bevor ein anderer Prozess dieselbe Operation ausführen kann. Ein paralleler Prozess, der auch schreiben will, kann also nur davor oder dahinter schreiben, aber nicht an die gleiche Stelle. Dagegen ist der scheinbar gleichwertige Ansatz mit `lseek()` und `write()` ohne O_APPEND als Parameter für `open()` teilbar, da es zwei Operationen sind. Dann können parallele Prozesse versehentlich in den gleichen Bereich schreiben.

Die Kombination O_CREAT | O_EXCL ist hervorragend zur Synchronisation mehrerer Prozesse geeignet. Da ein solcher Aufruf von `open()` untrennbar ist, kann immer nur ein Prozess gerade auf die Datei zugreifen. Beispielsweise können Sie diese Technik verwenden, um zu vermeiden, dass zwei Prozesse gleichzeitig in einem kritischen Bereich arbeiten. Dazu wird zuvor versucht, eine Datei, die beispielsweise **lock** heißen kann, mit den oben angegebenen Parametern zu erzeugen. Der Aufruf misslingt, wenn bereits eine **lock**-Datei existiert. Derjenige, der diesen Aufruf erfolgreich durchführen kann, ist also der einzige Prozess im kritischen Bereich. Nach dem Ende der Arbeiten löscht er einfach wieder die Datei **lock** und läutet damit die nächste Runde ein.

Synchronisation per Dateierzeugung

Statt des Aufrufs `open()` mit der Option O_CREAT können Sie auch `creat()` verwenden:

creat()

```
int creat(const char *dateiname, mode_t modus);
```

Schließen: close

Der Aufruf von `close()` schließt die Datei wieder:

```
int close(int dateihandle);
```

Dass eine geöffnete Datei auch wieder geschlossen werden sollte, sagt Ihnen bereits Ihr Ordnungssinn. Darüber hinaus ist es offensichtlich, dass bei vielen geöffneten Dateien der Verwaltungsaufwand für das Betriebssystem steigt. Der Hauptgrund dafür, eine Datei möglichst bald wieder zu schließen, ist aber der, dass eine offene Datei immer ein Risiko darstellt, da der Zustand der Datei in der Schwebe ist.

Dateien schließen

Der Aufruf `close()` bekommt das Dateihandle als Parameter übergeben.

Der Rückgabewert ist 0, wenn alles in Ordnung ist, und −1, wenn ein Fehler auftritt. In bestimmten Fällen kann ein Fehler in einer vom System gepufferten Schreiboperation erst beim Schließen der Datei auffallen. Insofern sollten Sie auch den Rückgabewert von `close()` prüfen, wenn Sie eine sichere Information benötigen, ob die Dateioperationen erfolgreich waren.

Lesen: read

Der Aufruf read() liest Daten aus einer geöffneten Datei:

```
#include <unistd.h>
int  read(int dateihandle, void *puffer, size_t laenge);
```

Parameter — Damit aus einer Datei gelesen werden kann, muss sie geöffnet sein. Den Rückgabewert von open() braucht read() als ersten Parameter. Vor dem Lesen muss ein Puffer angelegt werden, in dem die zu lesenden Daten abgelegt werden. Die Adresse dieses Speichers wird als weiterer Parameter benötigt. Schließlich muss angegeben werden, wie groß der Datenblock sein soll, der gelesen wird. Dieser Parameter sollte nicht zu klein gewählt werden. Das byteweise Einlesen einer mittelgroßen Datei kann ein Programm minutenlang beschäftigen.

Rückgabewert — Der Rückgabewert gibt an, wie viele Bytes gelesen wurden, und er sollte mit dem Parameter laenge übereinstimmen. Ist er kleiner, vermutet man leicht als Grund das Ende der Datei bzw. der Sendung. Da aber beispielsweise im Netz Verzögerungen auftreten können, sollten Sie auch in diesem Fall noch einmal lesen, bis der Rückgabewert 0 ist. Ist der Rückgabewert –1, ist ein Fehler aufgetreten. Nähere Informationen zu der Ursache des Fehlers finden Sie in der Variablen errno.

Schreiben: write

Mit dem Aufruf write() können Sie in eine geöffnete Datei schreiben:

```
#include <unistd.h>
int write(int dateihandle, void *puffer, size_t laenge);
```

Parameter — Auch write() braucht das Dateihandle als ersten Parameter. Der zweite Parameter gibt die Adresse des Speichers an, aus dem geschrieben werden soll. Im letzten Parameter wird angegeben, wie viele Zeichen geschrieben werden sollen.

Rückgabewert — Der Rückgabewert ist wie bei read() normalerweise mit dem Parameter laenge identisch. Im Fehlerfall ist er –1, und die Variable errno gibt über die Ursache Auskunft.

32.3.2 Positionieren: lseek

Ein Lesezugriff liest einen Block aus einer bereits geöffneten Datei. Er fängt normalerweise vorn an und setzt an der zuletzt erreichten Stelle wieder auf, um einen weiteren Lesezugriff zu bedienen. Dasselbe geschieht beim Schreibzugriff. Es gibt also einen Dateipositionszeiger, der immer auf die Stelle der nächsten Dateioperation zeigt.

Wollen Sie innerhalb der Datei an einer bestimmten Stelle anfangen zu lesen, können Sie mit dem Aufruf `lseek()` dorthin springen:

```
int lseek(int dateihandle, off_t offset, int woher);
```

Der Parameter offset bestimmt die Position, ab der die nächste Operation beginnt. Der Parameter woher legt fest, von wo an der Offset berechnet wird.

Konstante	Bedeutung
SEEK_SET	Ab Dateianfang
SEEK_CUR	Ab der aktuellen Position
SEEK_END	Ab Dateiende

Tabelle 32.2 Der lseek-Parameter woher

Mit dem Aufruf `lseek()` ist es möglich, Löcher in Dateien entstehen zu lassen. Wird beispielsweise bei einer Datei mit einem Byte Länge an die Position 1000 gesprungen und geschrieben, gibt es ein Datenloch, das nicht auf der Festplatte angelegt wird. Für das Programm bleibt das transparent. Lesen Sie später einen Bereich aus diesem Loch, erhalten Sie einen mit Nullen aufgefüllten Speicherbereich. Problematischer ist es, wenn Sie später sukzessive das Loch beschreiben, da die Speicherbereiche auf der Festplatte dann nicht mehr linear vorliegen und mit Einbußen bei der Performance zu rechnen ist.

Dateien mit Löchern

32.3.3 Dateihandle duplizieren: dup

Werden zwei Dateihandle für dieselbe Datei gebraucht, ruft man `dup()` auf:

```
#include <unistd.h>
int dup(int altdateihandle);
```

Diese Funktion gibt ein Dateihandle zurück, das auf die gleiche Datei zeigt. Auf diese Weise ist es beispielsweise möglich, an zwei verschiedenen Stellen gleichzeitig in einer Datei zu arbeiten, da jedes Handle seinen eigenen Positionszeiger besitzt. Falls es notwendig ist, dass das Handle eine bestimmte Nummer hat, benötigen Sie `dup2()`:

```
#include <unistd.h>
int dup2(int altdateihandle, int doppelhandle);
```

32.3.4 Datei-Eigenschaften ermitteln

Sie können aus dem Programm heraus ermitteln, wie die Zugriffsrechte auf eine Datei sind. Sie erhalten Informationen darüber, wann zuletzt in diese Datei geschrieben bzw. aus ihr gelesen wurde. Sie können den Besitzer und den Typ der Datei feststellen.

stat() und fstat()

Mit den Funktionen stat() und fstat() können Sie Informationen über eine Datei ermitteln. Die Ergebnisse werden in einer Struktur vom Typ stat abgelegt. Strukturen sind zusammengesetzte Typen. Sie müssen eine Variable dieses Typs anlegen und deren Adresse der Funktion stat() übergeben. Der Unterschied zwischen beiden Funktionen besteht darin, dass stat() den Dateinamen und fstat() das Dateihandle zur Identifikation der Datei verwendet.

```
#include <sys/types.h>
#include <sys/stat.h>
int  stat(char *dateiname,   struct stat *puffer);
int  fstat(int    dateihandle, struct stat *puffer);
```

Die Ergebnisse stehen in der Variablen vom Typ stat, auf die der Parameter puffer zeigt. Die Definition der Struktur stat lautet:

```
struct stat {
   dev_t   st_dev      /* (P) Device, auf dem die Datei liegt */
   ushort  st_ino      /* (P) i-node-Nummer */
   ushort  st_mode     /* (P) Dateityp  */
   short   st_nlink    /* (P) Anzahl der Links der Datei  */
   ushort  st_uid      /* (P) Eigentümer User-ID (uid)  */
   ushort  st_gid      /* (P) Gruppen-ID (gid)  */
   dev_t   st_rdev     /* Major- und Minornummer, falls Device */
   off_t   st_size     /* (P) Größe in Byte  */
   time_t  st_atime    /* (P) Zeitpunkt letzter Zugriff  */
   time_t  st_mtime    /* (P) Zeitpunkt letzte Änderung  */
   time_t  st_ctime    /* (P) Zeitpunkt letzte Statusänderung */
};
```

Die Bestandteile dieser Struktur können sich je nach System unterscheiden. Die mit (P) gekennzeichneten Elemente sind aber zwingend von POSIX vorgeschrieben.

st_dev und st_ino st_dev und st_ino beschreiben eindeutig den Ort einer Datei. st_dev ist das Device, bei Festplatten also die Partition. st_ino bezeichnet den i-node, in dem auf die Datei verwiesen wird.

Die rechten 12 Bits von st_mode beschreiben die Rechtezuordnung der Datei, wie sie von chmod (siehe Seite 78) bekannt ist. Zu berücksichtigen ist, dass die Werte oktal sind: Der Modus 755 muss also als 0755 in einem C-Programm dargestellt werden. In den nächsten vier Bits wird codiert, welchen Typ die Datei hat. Um beides zu trennen, gibt es die Konstante S_IFMT. Mit ihr können Sie eine Maske über diese Bits setzen. Anschließend können Sie den Wert mit folgenden Konstanten vergleichen:

st_mode

Konstante	Dateityp
S_IFSOCK	Sockets
S_IFLNK	Symbolische Links
S_IFREG	Reguläre Dateien
S_IFBLK	Block-Devices
S_IFDIR	Verzeichnisse
S_IFCHR	Char-Devices
S_IFIFO	FIFOs

Tabelle 32.3 Konstanten für den Dateityp

Das folgende Beispielprogramm ermittelt für die als ersten Parameter übergebene Datei die Rechte und stellt anschließend fest, ob es sich um eine Datei, einen symbolischen Link oder ein Verzeichnis handelt.

```
#include <sys/types.h>
#include <sys/stat.h>

int main(int argc, char **argv)
{
struct stat Status;
int Dateityp;

   stat(argv[1], &Status);
   /* Dateirechte */
   printf("Dateirechte: %o \n", Status.st_mode & ~S_IFMT);
   Dateityp = Status.st_mode & S_IFMT;
   switch (Dateityp) {
     case S_IFREG: puts("Datei"); break;
     case S_IFLNK: puts("Symbolischer Link"); break;
     case S_IFDIR: puts("Verzeichnis"); break;
     default: puts("Sonstiges");
   }
}
```

Listing 32.4 Dateityp und Rechte bestimmen

st_nlink	In st_nlink steht, wie viele harte Links auf die Datei zeigen.
st_uid und st_gid	Mit st_uid und st_gid werden der Besitzer und die Besitzergruppe ermittelt. Der Wert ist eine Zahl, nämlich die, die in der Datei **/etc/passwd** bzw. in **/etc/group** festgelegt wird.
st_rdev	In st_rdev ist die Major- und Minornummer codiert, sofern es sich bei der Datei um ein Device handelt.
st_size	Sofern es sich bei der Datei um eine reguläre Datei handelt, finden Sie in st_size die Größe in Bytes.
st_atime, st_mtime und st_ctime	Jeder lesende oder schreibende Zugriff auf die Datei aktualisiert den Wert st_atime. Jede Veränderung des Dateiinhalts wird in st_mtime notiert. Der Zeitpunkt der Änderungen des Benutzers, der Rechte, der Linkzahl oder Ähnlichem (also allem, was nicht den Inhalt betrifft) wird in st_ctime festgehalten.

Zugriffsrecht ermitteln

access() Will ein Programm ermitteln, ob es beispielsweise Schreibrecht auf eine Datei hat, könnte es mit stat alle Informationen über die Datei auswerten. Schneller geht es mit der Funktion access(), die nur ermittelt, ob das gewünschte Recht verfügbar ist:

```
#include <unistd.h>
int access(const char *dateiname, int modus);
```

An den Parameter modus können die Konstanten übergeben werden, die in Tabelle 32.4 aufgeführt sind.

Konstante	Bedeutung
F_OK	Prüft, ob die Datei existiert
R_OK	Prozess darf lesen
W_OK	Prozess darf schreiben
X_OK	Prozess darf die Datei ausführen

Tabelle 32.4 Rechte beim Aufruf von access

Der Rückgabewert ist 0, wenn der Zugriff erlaubt ist. Andernfalls ist er EACCESS.

32.3.5 Datei-Eigenschaften ändern

Die UNIX-Kommandos chmod, chown und chgrp basieren auf Systemaufrufen, die sich auch aus einem Programm heraus aufrufen lassen.

Zugriffsrechte ändern

Das Kommando chmod (siehe Seite 78) hat sein direktes Gegenstück in der Funktion chmod() bzw. fchmod(). Beide Funktionen unterscheiden sich darin, ob die Datei durch ein Dateihandle oder durch ihren Dateinamen bestimmt wird:

```
#include <sys/stat.h>
int chmod(const char *dateiname, mode_t modus);
int fchmod(int dateihandle, mode_t modus);
```

Der Parameter modus erhält die Codierung der Rechte, wie man sie vom Kommanodo chmod kennt. Vor den Parameter des Kommandozeilenwerkzeugs wird eine Null gesetzt, damit der Wert oktal übergeben wird. Würden Sie auf der Kommmandozeile den Wert 644 verwenden, müssten Sie im Programm chmod(fh, 0644) schreiben.

chmod()

Besitzer und Gruppe ändern

Auch für die Aufrufe chown und chgrp gibt es Gegenstücke in den Systemaufrufen. Allerdings werden beide Funktionalitäten durch die gleiche Funktion chown() bzw. fchown() behandelt. Eine Funktion chgrp() gibt es demzufolge nicht.

```
#include <sys/stat.h>
int chown(char *dateiname, uid_t userID, gid_t groupID);
int fchown(int dateihandle, uid_t userID, gid_t groupID);
```

Mit diesen Funktionen können der Benutzer und die Gruppe einer Datei geändert werden. Wollen Sie nur den Wert des Benutzers oder nur der Gruppe ändern, wird für den jeweils anderen Parameter −1 übergeben.

chown()

Die Maske für die Rechte neuer Dateien: umask

Diese Maske legt fest, welche Berechtigungen vom Programm bei der Erzeugung einer Datei oder eines Verzeichnisses *nicht* vergeben werden. Die Berechtigungen sind wie bei chmod aufgebaut, allerdings negiert:

```
#include <sys/stat.h>
int umask(int maske);
```

Der Rückgabewert ist die vormals geltende Maske.

32.3.6 Sperren

Wenn mehrere Prozesse in ein und derselben Datei Änderungen vornehmen sollen, wird es notwendig, Bereiche dieser Datei zu sperren. Diese

Problematik ist bei den ersten Versionen von UNIX nicht berücksichtigt worden. Erst später, beim Einsatz im kommerziellen Umfeld, wurde die Notwendigkeit erkannt und in den verschiedenen UNIX-Dialekten unterschiedlich nachgereicht. So gibt es mehrere API-Aufrufe, um einen Dateibereich zu sperren. Relevant ist der Standard unter POSIX, den Sie nach Möglichkeit auch einsetzen sollten. Es kann aber durchaus vorkommen, dass Sie auf einen der anderen Sperrmechanismen in älteren Programmen stoßen, die aus Kompatibilitätsgründen oft noch funktionieren.

Das Dateisystem muss Sperren erlauben

Nicht jedes Dateisystem unterstützt Sperren. Insbesondere wenn es sich um ein Netzdateisystem handelt, kann es Schwierigkeiten geben. Aus diesem Grund sollte das Funktionieren der Sperren vor dem Einsatz in der Produktionsumgebung getestet werden.

Sperren nach POSIX

Die POSIX-Variante verwendet zum Sperren von Dateiabschnitten die Funktion fcntl():

```
#include <fcntl.h>
#include <unistd.h>
#include <sys/types.h>
fcntl(int dateihandle, int kommando, struct flock *sperre);
```

Der Parameter kommando gibt die Funktion an und kann die Werte annehmen, die in Tabelle 32.5 aufgeführt sind.:

Konstante	Bedeutung
F_GETLK	Ermittelt, ob eine Sperre gesetzt ist
F_SETLK	Eine Sperre setzen oder Fehler zurückgeben
F_SETLKW	Eine Sperre setzen oder warten

Tabelle 32.5 Sperrfunktionalität

Für den dritten Parameter muss eine Variable vom Typ der Struktur flock im Programm angelegt werden. Deren Adresse wird an die Funktion fcntl() übergeben. Die Elemente der Struktur flock geben die näheren Informationen über die Sperre an. Die Elemente l_type und l_whence werden mit Konstanten belegt, die Auskunft geben, welche Art die Sperre ist und von welcher Ausgangsposition der Offset in l_start betrachtet wird (siehe Tabelle 32.6).

Element	Wert	Bedeutung
l_type	F_WRLCK	Exklusiv
	F_RDLCK	Geteilt, verhindert Schreibzugriff
	F_UNLCK	Sperre aufheben
l_whence	SEEK_SET	Vom Dateianfang
	SEEK_CUR	Ab aktueller Dateiposition
	SEEK_END	Vom Dateiende
l_start		Offset des Sperrbereichs
l_len		Länge des Bereichs, bei 0 bis Dateiende

Tabelle 32.6 Die Struktur flock

Das flock-Element l_pid liefert bei F_GETLK den Prozess, der die Sperre gesetzt hat.

Als Beispiele dienen die zwei Programme aus Listing 32.5 und 32.6, die von zwei Terminalsitzungen aus gestartet werden. Das eine heißt **one.c** und das andere **two.c**. Zentraler Bestandteil der Programme ist die Funktion Sperren().

Beispielprogramm one

```
/* Sperren() aus one.c */
#include <unistd.h>
#include <stdio.h>

int Sperren(char *name)
{
long data;
int fh;
struct flock sperre;

    fh = open(name, O_RDWR, 0644);
    if (0<fh) {
        sperre.l_type   = F_WRLCK;
        sperre.l_whence = SEEK_SET;
        sperre.l_start  = 5*sizeof(data);
        sperre.l_len    = sizeof(data);
        if (0> fcntl(fh, F_SETLK, &sperre)) {
            perror("Versuche die erste Sperre");
        }
        getchar(); /* nun ist der Satz gesperrt */
        sperre.l_type   = F_UNLCK;
        if (0> fcntl(fh, F_SETLK, &sperre)) {
            perror("Löse die erste Sperre");
        }
        close(fh);
```

```
        } else {
            perror("Kann Datei nicht öffnen");
        }
    }
```

Listing 32.5 Sperrfunktion Version 1

Beispielprogramm two

Das Programm one wird gestartet und bleibt in der Funktion Sperren() an der Stelle stehen, an der es mit getchar() auf die Return-Taste wartet. In dieser Zeit wird auf der zweiten Konsole das Programm two gestartet. Dessen Funktion Sperren() sieht nur geringfügig anders aus:

```
int Sperren(char *name)
{
long data;
int fh;
struct flock sperre;

    fh = open(name, O_RDWR, 0644);
    if (0<fh) {
        puts("two: vor lock");
        sperre.l_type   = F_WRLCK;
        sperre.l_whence = SEEK_SET;
        sperre.l_start  = 5*sizeof(data);
        sperre.l_len    = sizeof(data);
        if (0> fcntl(fh, F_SETLKW, &sperre)) {
            perror("Versuche die zweite Sperre");
        }
        puts("two: nach lock");
        getchar();
        sperre.l_type   = F_UNLCK;
        if (0> fcntl(fh, F_SETLKW, &sperre)) {
            perror("Löse die zweite Sperre");
        }
        close(fh);
    }
}
```

Listing 32.6 Sperrfunktion Version 2

Verhaltenstest

Das Programm two wird »two: vor lock« ausgeben und bleibt dann stehen. Es blockiert also an der von one gesetzten Sperre. Wird das Programm one durch Drücken der Return-Taste weiter fortgeführt, gibt es die Sperre frei, und two meldet sich mit »two: nach lock«. Nun hält Programm two die Sperre. Starten Sie jetzt das Programm one, erhalten Sie die folgende Meldung:

`Versuche die erste Sperre: Resource temporarily unavailable`

Ganz offensichtlich blockiert one nicht, sondern bekommt eine Fehlerrückgabe durch fcntl(). Das hängt damit zusammen, dass die Sperre im Programm **one.c** mit dem Kommando F_SETLK angefordert wird. Dieser Aufruf blockiert nicht, wenn die Sperre gesetzt ist, sondern liefert eine Fehlermeldung. Dagegen arbeitet **two.c** mit dem Kommando F_SETLKW. Dann blockiert der Prozess, bis die Sperre wieder freigegeben wird.

Zuletzt soll bei einer bestehenden Sperre ermittelt werden, welcher Prozess die Sperre setzt. Dazu verwenden Sie die Funktion Sniff():

> Wer blockiert hier?

```
int Sniff(char *name)
{
long data;
int fh;
struct flock sperre;

    fh = open(name, O_RDWR, 0644);
    if (0<fh) {
        sperre.l_type   = F_WRLCK;
        sperre.l_whence = SEEK_SET;
        sperre.l_start  = 5*sizeof(data);
        sperre.l_len    = sizeof(data);
        if (0> fcntl(fh, F_GETLK, &sperre)) {
            perror("Problem bei fcntl");
        }
        printf("Prozess: %d\n", sperre.l_pid);
        close(fh);
    }
}
```

Listing 32.7 Blockade suchen

lockf

Die Funktion lockf wurde mit System V eingeführt. Sie wird von manchen Systemen, beispielsweise von Linux, als weitere Schnittstelle zu den POSIX-Sperren akzeptiert. Neue Entwicklungen sollte man dennoch an POSIX ausrichten.

```
#include <sys/file.h>
int lockf(int dateihandle, int kommando, off_t laenge);
```

Der Parameter kommando wird mit einer Konstanten besetzt, die die Funktion angibt:

- **F_LOCK**
  setzt eine exklusive Sperre. Ist der Bereich bereits gesperrt, blockiert der Prozess. So ist gewährleistet, dass nur ein Prozess eine Sperre setzen kann.

- **F_TLOCK**
  setzt wie F_LOCK eine exklusive Sperre. Bei einer bereits vorliegenden Sperre blockiert der Prozess aber nicht. Stattdessen gibt die Funktion einen Fehler zurück.

- **F_ULOCK**
  hebt die Sperre auf.

- **F_TEST**
  prüft, ob eine Sperre auf diesem Bereich liegt. Die Funktion gibt –1 zurück, wenn ein anderer Prozess die Sperre gesetzt hat. Der Rückgabewert 0 bedeutet, dass keine Sperre vorliegt oder dass die Sperre vom eigenen Prozess stammt.

Mit dem Parameter laenge kann die Länge des zu sperrenden Bereichs festgelegt werden. Die Position innerhalb der Datei wird durch einen vorangehenden Aufruf von `lseek()` bestimmt.

flock

Diese Funktion zum Sperren von ganzen Dateien wurde durch BSD 4.2 eingeführt. `flock` sperrt nicht einen Ausschnitt, sondern die komplette Datei:

```
flock(int dateihandle, int operation)
```

Der Parameter operation kann folgende Werte annehmen:

- **LOCK_SH**
  Shared Lock. Mehrere Prozesse können parallel sperren. Dies ist eine eher ungewöhnliche Operation und macht nur im Zusammenhang mit dem Mandantory Locking (siehe unten) Sinn.

- **LOCK_EX**
  Exclusive Lock. Nur ein Prozess kann sperren.

- **LOCK_UN**
  Unlock. Die Sperre wird aufgehoben.

- **LOCK_NB**
  Nonblocking. Die Operation blockiert nicht, sondern gibt eine Fehlermeldung zurück. Da dies keine eigene Operation ist, muss sie mit einer der oben beschriebenen Operationen per Oder (also mit einem einzelnen senkrechten Strich) verknüpft werden.

Die Funktion gibt im Erfolgsfall 0, andernfalls –1 zurück. Nähere Informationen finden Sie dann in der Variablen `errno`.

locking

Die Funktion `locking` wurde unter XENIX 3[2] eingeführt.

```
int locking(int dateihandle, int kommando, long laenge);
```

Der Parameter kommando kann die Werte annehmen, die in Tabelle 32.7 aufgeführt sind.

Konstante	Bedeutung
LK_LOCK	Eine Sperre setzen
LK_UNLOCK	Eine Sperre aufheben

Tabelle 32.7 Sperroperation bei locking

Die Sperre wird ab der aktuellen Dateiposition gesetzt. Als eigenen Parameter kennt `locking` nur die Länge des zu sperrenden Bereichs. Um die Dateiposition zu ändern, müssen Sie zuvor `lseek()` aufrufen.

Advisory und Mandatory

Es gibt zwei Arten des Sperrens: Advisory (übersetzt etwa: empfohlen) und Mandatory (übersetzt: zwingend). Beim Advisory Locking wird der gesperrte Bereich nur dadurch geschützt, dass alle Programme, die auf die Datei zugreifen, ausschließlich über die Sperrmechanismen zugreifen. Greift ein anderer Prozess auf einen gesperrten Bereich zu oder hält sich jemand nicht an diese Abmachung, hat die Sperre keinen Wert.

Beim Aktivieren des Mandatory Locking wird die Sperre durch das System überwacht. Alle Dateizugriffe werden geprüft, um die Sperre zu schützen. Das Mandatory Locking wird mit denselben Aufrufen realisiert wie das Advisory Locking. Der Wechsel erfolgt durch das Setzen der Dateiat-

Mandatory wird per chmod geschaltet

---

[2] vgl. Rochkind, Marc J.: UNIX-Programmierung für Fortgeschrittene. Hanser, München–Wien, 1988. S. 256–261.

tribute. Mit dem Befehl chmod wird das Set-Group-ID-Bit gesetzt und die Ausführbarkeit für die Gruppe gelöscht (siehe Seite 78). Eine solche Rechtevergabe ist an sich unsinnig, also wird man diese Rechtekombination nicht aus anderen Gründen vorfinden. Der Befehl, um eine Datei namens **datendatei** auf das Mandantory Locking umzustellen, lautet:

```
chmod 2644 datendatei
```

Mandatory Locking ist selten sinnvoll

Letztlich ist das Mandatory Locking nicht so wichtig, wie man vielleicht auf den ersten Blick glaubt. Auf eine Datendatei wird normalerweise mit Programmen zugegriffen, die »wissen«, wie die Daten zu behandeln sind, und die von daher auch darauf eingestellt sind, die Sperren konkurrierender Prozesse zu beachten. Alles andere ist definitiv ein Programmierfehler. Normalerweise wird nur dann mit Fremdprogrammen auf solche Dateien zugegriffen, wenn etwas schiefgelaufen und eine Administration notwendig ist. Und in diesen Fällen würde ein Mandatory Locking die Hilfe der entsprechenden Tools aussperren. Da das Mandatory Locking zusätzlich die Performance herabsetzt, wird es eher selten verwendet.

32.3.7 Link erzeugen: link, symlink

Links können auch aus einem Programm erstellt werden. Der Systemaufruf heißt link():

```
#include <unistd.h>
int link(const char *orig, const char *neu);
```

Die Funktion link() erzeugt einen harten Link wie der Befehl ln. Auch hier gelten die Einschränkungen, die beim Befehl ln gelten (siehe Seite 84). Die Funktion gibt 0 bei Erfolg und –1 bei einem Fehler zurück.

```
#include <unistd.h>
int symlink(const char *orig, const char *neu);
```

Mit der Funktion symlink wird ein symbolischer Link erzeugt.

32.3.8 Löschen: unlink

Die Funktion zum Löschen einer Datei heißt unlink(), was ihre Funktion auch besser beschreibt als beispielsweise »remove«. Tatsächlich entfernt das Löschen eine Datei nur dann, wenn der zu löschende Verzeichniseintrag der letzte Link auf die Datei ist.

```
#include <unistd.h>
int unlink(const char *dateiname);
```

Die Funktion gibt 0 bei Erfolg und −1 bei einem Fehler zurück. Die Fehlerursache steht in der Variablen errno.

32.3.9 Umbenennen: rename

Die Funktion zum Umbenennen von Dateien heißt rename(), obwohl sie wie das Kommando mv wirkt. Es ist also auch möglich, damit Dateien innerhalb des gleichen Dateisystems zu verschieben.

```
#include <unistd.h>
int rename(const char *dateiname, const char *neuname);
```

Die Funktion gibt 0 bei Erfolg und −1 bei einem Fehler zurück. Die Fehlerursache steht in der Variablen errno.

32.3.10 Temporäre Dateien

Temporäre Dateien werden unter UNIX immer im Verzeichnis **/tmp** oder **/usr/tmp** abgelegt. Auf diese Verzeichnisse kann jeder frei zugreifen. Wollen Sie sicher sein, dass der Name der temporären Datei nicht auch von einem anderen Programm verwendet wird, lassen Sie ihn vom System erzeugen. Dies geschieht durch die Funktion tmpnam().

```
#include <stdio.h>
char *tmpnam(char *name);
```

Ist der Parameter name NULL, so liefert die Funktion als Rückgabewert einen Zeiger auf einen internen Namen, der beim nächsten Aufruf von tmpnam() überschrieben wird. Ist name nicht NULL, liefert die Funktion den Namen an dieser Adresse ab.

Es gibt daneben noch die Funktion tmpfile(), die einen Zeiger auf FILE zurückgibt. Die Funktion wählt einen Namen, legt sofort eine Datei mit diesem Namen an und öffnet sie. Eine Besonderheit ist, dass diese Datei nach dem Schließen oder bei Programmende automatisch gelöscht wird.

```
#include <stdio.h>
FILE *tmpfile (void);
```

32.4 Verzeichnisse

In älteren Versionen von UNIX wurden die Verzeichnisaufrufe noch durch normale Dateioperationen realisiert, die die Datenstruktur der Verzeichniseinträge manipulierten. Diese Methode wird heute allerdings nicht mehr unterstützt.

32.4.1 Auslesen: opendir, readdir, closedir

Auslesen wie beim Lesen einer Datei

Um ein Verzeichnis auszulesen, wird es zuerst mit dem Aufruf `opendir()` geöffnet. Dann werden die Einträge mit `readdir()` gelesen, und schließlich wird das Verzeichnis mit `closedir()` geschlossen. Analog zum Dateihandle gibt es ein Verzeichnishandle, das vom Variablentyp her ein Zeiger auf DIR ist. Informationen über den Eintrag liefert die von `readdir()` gelieferte Struktur `dirent`:

```
#include <sys/types.h>
#include <dirent.h>
DIR *opendir(const char *pfadname);
struct dirent *readdir(DIR *dir);
int closedir(DIR *dir);
```

opendir()

Die Funktion `opendir()` erhält als Parameter den Namen des Verzeichnisses. Der Rückgabewert ist ein Zeiger auf die Verzeichnisdatei, die wie ein Handle behandelt wird. Ein Fehler wird dadurch angezeigt, dass dieser Zeiger den Wert 0 hat.

readdir()

Die Funktion `readdir()` liest den nächsten Eintrag im Verzeichnis und erhält als Rückgabewert einen Zeiger auf die Struktur `dirent`. Dieser Zeiger ist nur bis zum nächsten `readdir()` gültig und hat folgende Struktur:

```
struct dirent
{
    long            d_ino;   /* i-node-Nummer */
    off_t           d_off;   /* Offset zum nächsten dirent */
    unsigned short  d_reclen; /* Länge dieses Eintrags */
    char            d_name[NAME_MAX+1]; /* Dateiname */
};
```

Für das Anwendungsprogramm ist eigentlich nur der Name des Eintrags interessant. Wollen Sie mehr über diesen Eintrag erfahren, beispielsweise, ob es wieder ein Verzeichnis ist, so brauchen Sie dazu andere Systemaufrufe wie die Funktion `stat()` (siehe Seite 914).

closedir()

Zuletzt wird das Verzeichnis mit `closedir()` wieder geschlossen. Ein Beispielprogramm für das Auslesen eines Verzeichnisses sieht so aus:

```
#include <sys/types.h>
#include <dirent.h>

int main(int argc, char **argv)
{
DIR *dirHandle;
struct dirent * dirEntry;

  dirHandle = opendir("."); /* öffne aktuelles Verzeichnis */
  if (dirHandle) {
    while (0 != (dirEntry = readdir(dirHandle))) {
        puts(dirEntry->d_name);
    }
    closedir(dirHandle);
  }
}
```

Listing 32.8 Auslesen eines Verzeichnisses

32.4.2 Ermitteln des Arbeitsverzeichnisses

Die Funktion `getcwd()` ermittelt das aktuelle Arbeitsverzeichnis. Dazu muss das aufrufende Programm einen Puffer für den Namen zur Verfügung stellen, der groß genug ist. Die Größe wird als weiterer Parameter laenge übergeben. Reicht dieser Speicher nicht aus, gibt `getcwd()` NULL zurück.

getcwd()

```
#include <unistd.h>
char * getcwd(char *pfadname, size_t laenge);
```

In einigen Systemen ist es zulässig, eine 0 als Parameter für namebuffer zu übergeben. Dann alloziiert `getcwd()` selbst den benötigten Speicher und gibt den Zeiger darauf zurück. Dann muss die Anwendung durch einen Aufruf von `free()` dafür sorgen, dass der Speicher wieder zurückgegeben wird.

Die alte Funktion `getwd()` wird zwar teilweise noch unterstützt, sollte aber in neuen Anwendungen nicht mehr verwendet werden.

32.4.3 Wechseln: chdir

Mit der Funktion `chdir()` wird das aktuelle Arbeitsverzeichnis gewechselt:

chdir()

```
#include <unistd.h>
int chdir(char *pfadname);
```

Bei Erfolg gibt die Funktion 0, andernfalls −1 zurück. Die Fehlernummer steht in der Variablen errno.

32.4.4 Anlegen und Löschen: mkdir, rmdir

Die Funktionen zum Anlegen und Löschen der Verzeichnisse heißen wie die analogen Befehle. Beim Anlegen wird analog zum Aufruf open() bei Dateien eine Berechtigungskennung übergeben. Wie das Kommando rmdir kann auch die Funktion nur leere Verzeichnisse löschen.

```
#include <fcntl.h>
#include <unistd.h>
int mkdir(char *pfadname, mode_t modus);
int rmdir(char *pfadname);
```

Bei Erfolg geben die Funktionen 0, andernfalls −1 zurück. Die Fehlernummer steht in der Variablen errno.

32.5 Prozesse

getpid() und getppid() — Ein gestartetes Programm wird Prozess genannt. Sobald das Programm läuft, erhält es vom System eine Prozess-ID, kurz PID. Das Programm kann die eigene PID mit dem Systemaufruf getpid() ermitteln. Da ein Prozess immer von einem anderen Prozess gestartet wurde, hat er auch einen eindeutigen Elternprozess, und auch dessen ID kann er ermitteln. Dazu gibt es die Funktion getppid():

getuid() und geteuid() — Ein Prozess gehört immer zu einem Benutzer und hat die User-ID desjenigen, der den Prozess gestartet hat. Er kann sie mit der Funktion getuid() ermitteln. Gegebenenfalls läuft der Prozess unter einer anderen als der eigenen User-ID, wenn die Programmdatei das Set-User-ID-Bit gesetzt hat (siehe Seite 78). Diese ID ermittelt die Funktion geteuid().

```
#include <unistd.h>
pid_t getpid(void);
pid_t getppid(void);
uid_t getuid(void);
uid_t geteuid(void);
```

32.5.1 Multiprocessing contra Multithreading

UNIX hat ein durchaus schlankes und effizientes Prozesskonzept, das auf dem Aufruf von `fork()` basiert. Das Teilen der Prozesse mit allen Ressourcen ermöglicht es, Aufgaben auf einfache Weise auf mehrere Prozesse zu verteilen. Davon machen die meisten Dämonen auch reichlich Gebrauch. Durch die Aufteilung in zwei Prozesse können sich parallele Jobs nicht so leicht gegenseitig durcheinanderbringen. Dieses Konzept ist ideal für parallel laufende Serverprozesse.

Prozesse sind voreinander geschützt

Im Gegensatz zu einem Prozess arbeitet ein Thread nicht mit einem eigenen Speicherbereich, sondern teilt sich mit dem Vaterprozess alle Ressourcen. Normalerweise besteht ein Thread aus einer Funktion, die parallel zum Rest des Programms gestartet wird. Threads haben ihr Haupteinsatzgebiet im Bereich der grafischen Oberflächen. Hier ist es erforderlich, dass die grafische Darstellung betreut wird, insbesondere das Verarbeiten der Nachrichten, die über Bildneuaufbau, Mauspositionen und Ähnliches informieren. Diese Aktivität muss auch dann präsent sein, wenn das Programm gerade seiner eigentlichen Aufgabe nachgeht und dabei vielleicht langwierige Berechnungen durchführt. Dazu ist ein Thread ideal, da er schnell ohne großen Aufwand programmiert werden kann. Da die Aufgaben der Threads fast keine Berührungspunkte haben, muss man sie auch nicht gegeneinander absichern.

Threads teilen sich alle Ressourcen

Beide Konzepte haben in völlig unterschiedlichen Umgebungen ihre Domäne. In einigen besonderen Bereichen werden Threads aber dennoch eingesetzt, wo Prozesse eigentlich richtiger wären, beispielsweise bei Webservern. Ein Webserver wurde als statusloser Server konzipiert, als das Web noch ein praktisches Spielzeug einiger Wissenschaftler war, die nur ein paar Dokumente mit Bildern veröffentlichen wollten. Der Webserver beantwortet also jede Anfrage an eine Website unabhängig von der vorherigen und der nachfolgenden. Darum wird bei jeder Anfrage eine neue Verbindung aufgebaut und dann wieder geschlossen. Bei kommerziellen Seiten erfolgen diese Wechsel so schnell, dass selbst ein Prozesswechsel, der nicht gerade langsam ist, nicht mitkommt.

Threads sind kein Ersatz für Parallelprozesse

Grundsätzlich lassen sich Threads für die Parallelisierung von Abläufen einsetzen. Allerdings bedeutet dies, dass jede globale Variable zum Problemfall werden kann. Man tauscht also Geschwindigkeit gegen Sicherheit.

Das Konzept mit `fork()` ist derart schnell und flexibel, dass der Thread erst relativ spät bei einigen UNIX-Systemen Einzug gehalten hat. Inzwischen existiert ein POSIX-Standard für die Programmierschnittstelle der Threads. Diese wird ab Seite 947 behandelt.

32.5.2 Vervielfältigen von Prozessen: fork

Komplette Prozesskopie

Ein neuer Prozess entsteht durch den Aufruf von fork(). Er dupliziert den aktuell laufenden Prozess. Anschließend laufen beide Prozesse parallel. Der neue Prozess ist ein Duplikat der Arbeitsumgebung des Elternprozesses, inklusive des Zustands der CPU, des gesamten Speicherzustands sowie aller offenen Dateien.

```
#include <unistd.h>
pid_t fork(void);
```

Rückgabewert informiert, ob Vater oder Kind

Beide Prozesse stehen nach dem Ausführen von fork() direkt hinter dem Funktionsaufruf und unterscheiden sich nicht. Nur am Rückgabewert von fork() erkennt der jeweilige Prozess, ob er der Eltern- oder der Kindprozess ist.

```
int KindPID;

  KindPID=fork();
  if (KindPID > 0) {
    /* Der Vaterprozess ist hier aktiv */
  } else if (KindPID == 0) {
    /* Der Kindprozess ist hier aktiv */
  } else {
    /* Das war's wohl: Fehler! */
  }
```

Listing 32.9 Prozessteilung durch fork()

Diese Konstruktion ist ideal, um Serverprozesse zu implementieren. Sobald eine Anfrage vorliegt, teilt sich der Prozess. Beide Prozesse besitzen die gleichen Informationen, kennen also den Anfrager und haben Zugriff auf die benötigten Dateien. Der Vaterprozess kann also hier die Arbeit ohne Zeitverlust dem Kind überlassen, die Verbindung zum Anfrager schließen und auf neue Anfragen warten.

Geburt eines Dämons

Dämonen sind Kinder des init-Prozesses

Wie schon an anderer Stelle erwähnt wurde, ist ein Dämon ein Prozess, der im Hintergrund läuft und auf ein bestimmtes Ereignis wartet. Serverprozesse sind als Dämonen implementiert oder werden von Dämonen gestartet. Wenn ein Prozess im Hintergrund laufen soll, erzeugt er ein

Duplikat von sich selbst und endet, sodass nur noch der Kindprozess läuft. Das Ergebnis ist, dass dem Kind der Vater fehlt. Das macht den init-Prozess so traurig, dass er das Kind adoptiert. Der Code ist sehr kurz:

```
if (fork()!=0) exit(0);
```

Als weiterer Vorteil gilt, dass der Prozess nicht das SIGHUP-Signal bekommt, falls er von Hand gestartet wurde und der startende Benutzer sich abmeldet. Dieses Signal würde der Vaterprozess bekommen. Da der aber nicht mehr lebt, ...

Der unsterbliche Prozess

In manchen Fällen ist es wichtig, dass ein Prozess sofort wieder neu erzeugt wird, falls er aufgrund widriger Umstände stirbt. Auch eine solche Konstruktion können Sie mit dem fork()-Aufruf leicht erzeugen:

```
for(;;) { /* bis zum nächsten Stromausfall */
    procid = fork();
    if (procid>0) { /* Vater */
        wait(&Zustand);
        /* wenn wir hier sind, ist das Kind tot */
    } else { /* Kind */
        for (;;) { /* forever and ever ... */
            /* hier arbeitet das Kind (fast) ewig ... */
        }
    }
}
```

Listing 32.10 Unsterblicher Prozess

Der Vaterprozess läuft sofort auf den Aufruf von wait(). Er wartet also, bis der Kindprozess endet. Da dieser eigentlich endlos arbeiten soll, heißt das, dass der Vaterprozess nur weiterläuft, wenn der Kindprozess, aus welchem Grund auch immer, stirbt. Der Vater wiederholt daraufhin die Schleife und kommt wieder zum Aufruf von fork(), erzeugt also wieder ein neues Kind.

<small>Vater startet sofort neuen fork()</small>

Muss ein solcher Dämon doch einmal abgeschossen werden, muss natürlich der Vater vor dem Kind getötet werden.

32.5.3 exec und system

Der Systemaufruf exec() überlädt den aktuellen Prozess mit dem Inhalt einer ausführbaren Datei und startet sie. Da der alte Speicherinhalt überschrieben wurde, gibt es kein Zurück mehr. Vor dem Aufruf exec()

<small>Start eines Kindprozesses</small>

wird typischerweise `fork()` aufgerufen. Ein Programmaufruf der Shell beispielsweise läuft so ab, dass zunächst die Shell `fork()` aufruft. Der Kindprozess ruft nun `exec()` mit dem Programmnamen auf, der in der Shell eingegeben wurde. Der Vaterprozess dagegen ruft `wait()` auf und wartet auf das Ende des Kindes.

system() | Da diese Funktionalität recht häufig auftritt, gibt es einen eigenen Aufruf namens `system()`. Als Parameter erhält er den Programmnamen. Aus Sicht des Programms wird das angegebene Programm gestartet, und nach dem Ende des Programms setzt das aufrufende Programm seine Aktivität fort. Um genau zu sein, wird eine Shell (**/bin/sh**) mit dem folgenden Kommando gestartet:

```
int system(const char *programmname)
```

Der Aufruf `exec()` ist eigentlich eine ganze Funktionsfamilie. Die verschiedenen Verwandten werden gebraucht, um die Aufrufparameter ordentlich weitergeben zu können:

- **execl(char *path, char *arg, ...);**
  exec mit fester Anzahl von Argumenten. Der letzte Parameter muss NULL sein.

- **execlp(char *file, char *arg, ...);**
  exec mit fester Anzahl von Argumenten. Der letzte Parameter muss NULL sein.

- **execle(char *path, char *arg, ..., char *env[]);**
  exec mit fester Anzahl von Argumenten. Der vorletzte Parameter muss NULL sein. Der letzte Parameter ist ein Zeiger auf die Umgebungsvariablen.

- **execv(char *path, *char arg[]);**
  exec mit Übernahme einer Argumentliste als Vektor wie bei main. Das letzte Element des Parameterarrays arg muss NULL sein.

- **execvp(char *file, *char arg[]);**
  exec mit Übernahme einer Argumentliste als Vektor wie bei main. Das letzte Element des Parameterarrays arg muss NULL sein.

32.5.4 Synchronisation: wait

Der Systemaufruf `wait()` suspendiert einen Prozess so lange, bis ein Kindprozess endet. War der Kindprozess bereits vor dem Aufruf von `wait` gestorben, hat das System in der Prozesstabelle noch die Informationen für die Anfrage des Vaterprozesses in Form eines sogenannten Zombieprozesses aufbewahrt. In diesem Fall wird der Zombie aufgelöst, und `wait()` kehrt sofort zurück:

```
#include <sys/types.h>
#include <sys/wait.h>

pid_t wait(int *status);
pid_t waitpid(pid_t pid, int *status, int options);
```

Während `wait()` auf das Eintreffen eines beliebigen Kindprozesses wartet, wird bei `waitpid()` auf einen speziellen Prozess gewartet. Im dritten Parameter, options, können die Konstanten aus Tabelle 32.8 ODER-verknüpft übergeben werden.

waitpid() wartet auf bestimmte Kinder

Konstante	Bedeutung
WNOHANG	Sofort zurückkehren, wenn kein Kind geendet hat
WUNTRACED	Kehrt auch zurück, wenn das Kind gestoppt wurde

Tabelle 32.8 Rückkehroptionen

32.5.5 Prozessumgebung

Die Informationen über die Prozessgruppe, die Sitzung und das Kontrollterminal von Prozessen können Sie sich mit `ps` ansehen, wenn Sie die Optionen `-jx` bzw. unter System V `-jl` angeben. Dabei stehen die wichtigen Informationen unter den Überschriften, die in Tabelle 32.9 aufgelistet sind.

Kürzel	Bedeutung
PGID	Prozessgruppen-ID
SID	Sitzungs-ID
TTY	Kontrollierendes Terminal
TPGID	Gruppen-ID des kontrollierenden Terminals

Tabelle 32.9 ps-Überschriften

Prozessgruppen

Jeder Prozess gehört zu einer Prozessgruppe. Die Prozessgruppen-ID ist die Prozess-ID des Prozessgruppenleiters. Eine Prozessgruppe kann beispielsweise durch eine Pipe verbunden sein. Anders ausgedrückt, ist eine Prozessgruppe eine Gruppe von Prozessen, die voneinander abhängig sind und in dieser Abhängigkeit zusammengehören. Durch die folgende

Kommandosequenz würde man die in Abbildung 32.1 gezeigten Prozessgruppen erzeugen:

```
gaston> processA | processB &
[1] 2354
gaston> processD | processG | prozessK &
[2] 2356
gaston> processM | processN
```

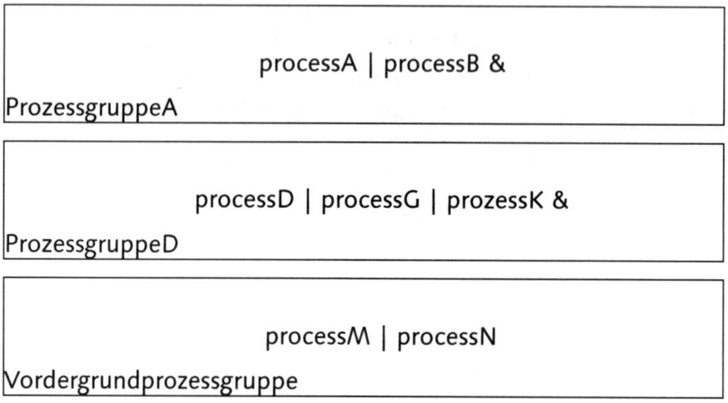

ProzessgruppeA	processA | processB &

ProzessgruppeD	processD | processG | prozessK &

Vordergrundprozessgruppe	processM | processN

Abbildung 32.1 Prozessgruppen

getpgrp() — Die Prozessgruppe kann mit dem Aufruf `getpgrp()` ermittelt werden. Mit dem Aufruf `getpgid()` kann die Prozessgruppe eines anderen Prozesses ermittelt werden, dessen ID als Parameter übergeben wird.

setpgid() — Mit dem Aufruf `setpgid()` kann einem Prozess eine neue Prozessgruppe zugewiesen werden. Ein Prozess kann `setpgid()` nur für sich selbst oder einen seiner Kindprozesse aufrufen, solange das Kind noch nicht `exec()` aufgerufen hat.

```
#include <unistd.h>
int setpgid(pid_t pid, pid_t pgid);
pid_t getpgid(pid_t pid);
int setpgrp(void);
pid_t getpgrp(void);
```

Sitzung

setsid() — Zu einer Sitzung (engl. *session*) können eine oder mehrere Prozessgruppen gehören. Mit `setsid()` wird eine neue Sitzung und damit auch eine neue Prozessgruppe eröffnet:

```
#include <unistd.h>
pid_t setsid(void);
```

Eine Sitzung besteht aus einer Vordergrundprozessgruppe und einer beliebigen Zahl von Hintergrundprozessgruppen.

Kontrollterminal

Das Kontrollterminal ist das Terminal oder das Pseudoterminal, von dem aus eine Sitzung ursprünglich gestartet wurde. Sofern ein Prozess noch ein Kontrollterminal hat, ist dieses für ihn jeweils über **/dev/tty** zu erreichen.

Gegenseitige Abhängigkeiten

Versucht ein Hintergrundprozess in einer Umgebung mit Jobkontrolle vom Terminal zu lesen, wird er suspendiert, bis der Prozess durch die Jobkontrolle explizit in den Vordergrund geholt wird. Existiert keine Jobkontrolle, erhält ein Hintergrundprozess beim Versuch, vom Terminal zu lesen, **/dev/null** zugewiesen. Da dies immer EOF (End Of File) liefert, wird die Eingabe sofort abgeschlossen.

Die Ausgabe von Hintergrundprozessen ist grundsätzlich zugelassen, kann aber durch das Kommando `stty tostop` unterbunden werden. Um die Ausgabe wieder zuzulassen, geben Sie das Kommando `stty -tostop` ein.

32.5.6 Gemeinsamer Speicher: Shared Memory

Normalerweise sind die Speicherbereiche zweier Prozesse streng getrennt. Der gemeinsame Speicher ermöglicht es, dass zwei Prozesse an den gleichen Daten arbeiten. Neben den hier beschriebenen Prinzipien, sich den Speicher zu teilen, benötigen Sie normalerweise eine Form der Synchronisation, mit der die Prozesse sich darüber austauschen, wann wer auf den Speicher zugreifen darf.

Die Funktion `shmget()` legt den gemeinsamen Speicher an bzw. eröffnet ihn:

shmget()

```
#include <sys/ipc.h>
#include <sys/shm.h>
int shmget(key_t key, int size, int shmflg);
```

Der Parameter key ist entweder eine Schlüsselzahl oder IPC_PRIVATE.

Der Parameter shmflg kann die Konstanten IPC_CREAT und IPC_EXCL und neun Berechtigungsbits für den Eigner, die Gruppe und die Welt aufnehmen. Die Berechtigungen sind von dem Befehl `chmod` bekannt.

Man kombiniert die Werte, indem man sie mit dem senkrechten Strich ODER-verknüpft.

Der Rückgabewert ist −1 im Fehlerfall oder die Shared-Memory-ID, die für die nächsten Aufrufe benötigt wird.

shmat() Die Funktion shmat() (shared memory attach) bindet den Speicher ein. Mit shmdt() (shared memory detach) wird die Speicherbindung wieder aufgehoben:

```
#include <sys/types.h>
#include <sys/shm.h>
void *shmat(int shmid, const void *shmaddr, int shmflg);
int shmdt(const void *shmaddr);
```

Der Parameter shmid ist die von shmget() ermittelte ID. Wenn eine 0 an den Parameter shmaddr übergeben wird, sucht sich das System eine passende Stelle. Der Parameter shmflg ist 0 oder SHM_RDONLY, wenn auf den Speicher nur lesend zugegriffen werden soll. Nach shmat() steht der Speicher zur Verfügung, und man kann auf ihn wie auf einen normalen Speicherbereich zugreifen.

Die Fehlermeldung von shmat() ist (leider) −1. Da der Rückgabewert ein Zeiger ist, der nicht mit einer natürlichen Zahl verglichen werden darf, ergeben sich immer Abfragen wie:

```
myPtr = shmat(shID, 0, 0);
if (myPtr==(char *)-1)
```

shmctl() Mit der Funktion shmctl() werden bestimmte Eigenschaften des gemeinsamen Speichers verwaltet:

```
#include <sys/ipc.h>
#include <sys/shm.h>
int shmctl(int shmid, int kommando, struct shmid_ds *buf);
```

An den Parameter kommando können die Konstanten übergeben werden, die in Tabelle 32.10 aufgeführt sind.

Konstante	Bedeutung
IPC_STAT	Die Informationen über den Speicher einlesen
IPC_SET	Ändert die Benutzerrechte in mode
IPC_RMID	Markiert das Segment als zerstört

Tabelle 32.10 Shared-Memory-Kontrollkommandos

Mit dem Kommandozeilenbefehl ipcs bekommen Sie einen Überblick über die angeforderten Shared-Memory-Bereiche.

Beispiel

Das Programm one erzeugt einen Shared Memory von 30 Byte und schreibt dort ASCII-Zeichen hinein, die mit A beginnen.

```
#include <sys/ipc.h>
#include <sys/shm.h>

#define MAXMYMEM 30

int main(int argc, char **argv)
{
int shID;
char *myPtr;
int i;

    /* Shared Memory erzeugen */
    shID = shmget(2404, MAXMYMEM, IPC_CREAT | 0666);
    if (shID >= 0) {
        /* nun holen wir den Speicher */
        myPtr = shmat(shID, 0, 0);
        if (myPtr==(char *)-1) {
            perror("shmat");
        } else {
            /* Speicher ist zugreifbar: füllen! */
            for (i=0; i<MAXMYMEM; i++) {
                myPtr[i] = 'A'+i;
            }
            getchar(); /* Warte mal auf eine Taste */
            /* gib den Speicher auf */
            shmdt(myPtr);
        }
    } else { /* shmget lief schief */
        perror("shmget");
    }
}
```

Listing 32.11 Shared Memory one.c

Das Programm two unterscheidet sich wenig von one. Da das Programm one den Speicher erzeugt, braucht two das nicht zu tun. two wird einfach den Inhalt des Speichers auslesen und auf dem Bildschirm ausgeben und damit demonstrieren, dass es sich um denselben Speicher handelt.

```
#include <sys/ipc.h>
#include <sys/shm.h>
#define MAXMYMEM 30

int main(int argc, char **argv)
{
int shID;
char *myPtr;
int i;

    /* Auf existierenden Shared Memory zugreifen */
    shID = shmget(2404, MAXMYMEM, 0666);
    if (shID >= 0) {
        myPtr = shmat(shID, 0, 0);
        if (myPtr==(char *)-1) {
            perror("shmat");
        } else {
            for (i=0; i<MAXMYMEM; i++) {
                putchar(myPtr[i]);
            }
            puts("\n");
            shmdt(myPtr);
        }
    } else { /* shmget lief schief */
        perror("shmget");
    }
}
```

Listing 32.12 Shared Memory two.c

Die Programme brauchen keineswegs parallel zu laufen. Man kann one auch durchlaufen lassen und sieht dann mit dem Befehl ipcs, dass der Shared Memory noch existiert. Um den Speicher zu entsorgen, muss er zerstört werden. Dazu dient das kleine Programm destroy:

```
#include <sys/ipc.h>
#include <sys/shm.h>
#define MAXMYMEM 30

int main(int argc, char **argv)
{
int shID;
char *myPtr;
int i;

    /* Shared Memory erzeugen */
```

```
        shID = shmget(2404, MAXMYMEM, 0666);
        if (shID >= 0) {
            /* zerstöre den Shared Memory */
            shmctl(shID, IPC_RMID, 0);
        } else { /* shmctl lief schief */
            perror("shmget");
        }
}
```

Listing 32.13 Shared Memory destroy.c

Ein interessantes Experiment zeigt das parallele Starten von one und destroy. Sie starten one auf einem Terminal. Dieses legt den Shared Memory an und bindet ihn ein. Dann wartet das Programm. Nun starten Sie destroy auf der anderen Konsole. Der Aufruf zum Zerstören des Speichers hat damit stattgefunden. Aber ein Blick auf die Ausgabe von ipcs zeigt, dass der Speicher noch existiert. Erst wenn one mit einem Tastendruck weiterläuft und seinen Speicher wieder mit shmdt() freigegeben hat, zeigt auch ipcs das Verschwinden des Shared Memory an.

Bei den Beispielprogrammen wird die Synchronisation durch den zeitlich unterschiedlichen Start erreicht. Bei einem parallelen Start von one und two wäre es aber denkbar, dass one noch gar nicht damit fertig ist, die Daten in den Speicher zu schreiben, während two bereits mit dem Auslesen beginnt. Um dies zu verhindern, wird ein weiteres Konzept benötigt, das gewährleisten kann, dass der kritische Bereich nur von einem Programm gleichzeitig bearbeitet wird.

Fehlende Synchronisation

Der Shared Memory bleibt so lange erhalten, bis ein Programm ihn explizit entfernt (s. o.), bis der nächste Shutdown erfolgt oder bis er mit dem Befehl ipcrm explizit gelöscht wird:

Lebensdauer

```
gaston> ipcs

------ Shared Memory Segments --------
key        shmid      owner      perms      Bytes      nattch     Status
0x00000964 425987     arnold     666        30         0

------ Semaphore Arrays --------
key        semid      owner      perms      nsems      Status

------ Message Queues --------
key        msqid      owner      perms      used-bytes messages

gaston> ipcrm shm 425987
```

```
resource(s) deleted
gaston>
```

32.5.7 Synchronisation mit Semaphoren

Semaphore gehen auf den Informatiker E. W. Dijkstra zurück. Sie dienen als Schutz gegen gleichzeitiges Operieren in einem kritischen Bereich. Wenn beispielsweise der gemeinsame Speicher (Shared Memory) von zwei oder mehr Prozessen gleichzeitig genutzt wird, muss verhindert werden, dass sie gleichzeitig schreiben oder dass ein Prozess liest, während ein anderer Prozess schreibt.

semget() Das Erzeugen eines Semaphors erfolgt analog zum Erzeugen des Shared Memory. Selbst die Konstante IPC_CREAT ist identisch.

```
#include <sys/ipc.h>
#include <sys/sem.h>
int semget(key_t key, int nsems, int semflg);
```

Der Parameter key ist wie bei Shared Memory eine Zahl, die von den Programmen vereinbart wird, die über das Semaphor kommunizieren wollen. Im zweiten Parameter wird angegeben, wie viele Semaphore erzeugt werden sollen.

Semaphore kennen Berechtigungen Der letzte Parameter enthält die Berechtigung, wie sie von chmod bekannt ist (siehe Seite 78). Mit dieser Berechtigung wird die Konstante IPC_CREAT ODER-verknüpft, damit das Semaphor angelegt wird, falls es noch nicht existieren sollte. Soll der Aufruf scheitern, wenn es bereits ein solches Semaphor gibt, verknüpfen Sie auch die Konstante IPC_EXCL mit ODER.

Der Rückgabewert ist die Semaphoren-ID, die für die Identifikation benötigt wird. Wenn der Aufruf scheitert, gibt er –1 zurück.

semop() Die Semaphore werden mit dem Aufruf von semop() bearbeitet:

```
#include <sys/ipc.h>
#include <sys/sem.h>
int semop(int semid, struct sembuf *sops, unsigned anzahl);
```

Als Parameter semid wird der Rückgabewert von semget() verwendet. Der zweite Parameter nimmt die Adresse eines Arrays von Strukturen, sembuf, auf, die je eine Semaphorenoperation beschreiben. Wie viele Elemente in dem Array stehen, gibt der dritte Parameter, anzahl, an.

Die Struktur sembuf umfasst die folgenden Felder:

```
struct sembuf {
    short sem_num;   /* semaphore number: 0 = first */
    short sem_op;    /* semaphore operation */
    short sem_flg;   /* operation flags */
};
```

sem_num gibt an, welches Semaphor des Semaphorensets gemeint ist. Die Zählung beginnt bei 0. sem_flag kann die Optionen IPC_NOWAIT und SEM_UNDO annehmen. SEM_UNDO bewirkt, dass die Operation beim Ende des Prozesses zurückgenommen wird.

Der Systemaufruf semop() gewährleistet, dass die Operationen nur durchgeführt werden, wenn alle Operationen gelingen.

Die Variable sem_op der Struktur sembuf bestimmt die Art der Operation.

- **semop>0**
  Der Wert des Semaphors wird um den Wert von semop erhöht. Diese Operation blockiert nie.

- **semop==0**
  Wenn der Wert des Semaphors (semval) null ist, läuft die Operation durch. Ansonsten blockiert der Prozess, bis das Semaphor null wird.

- **semop<0**
  Der Wert des Semaphors wird um den Wert von semop verringert, sofern das Semaphor durch diese Operation nicht negativ wird. Ist semop größer als der Wert des Semaphors, schläft der Prozess, bis der Wert hoch genug ist.

Mit dem Aufruf semctl() werden die Eigenschaften eines Semaphors verwaltet: *semctl()*

```
#include <sys/ipc.h>
#include <sys/sem.h>
int semctl(int semid, int semnum, int kommando,
           union semun arg);
```

Der Parameter kommando gibt an, welche Operation ausgeführt wird. Das wichtigste Kommando ist IPC_RMID. Es zerstört sofort alle Semaphore dieses Semaphorensets. Die auf die Semaphore wartenden Prozesse werden geweckt und erhalten einen Fehler als Rückgabewert ihres Funktionsaufrufs.

Beispiel

Das Programm sem erzeugt ein Semaphor, sofern nicht schon eines existiert, und wartet auf die Return-Taste. Anschließend setzt es das Semaphor. Das führt zum Blockieren, oder das Programm betritt den kritischen Bereich. Das wird am Bildschirm angezeigt. Nach erneutem Drücken der Return-Taste verlässt das Programm den kritischen Bereich wieder und gibt ihn für andere frei. Zum Testen können Sie das Programm auf mehreren Terminals oder Fenstern starten und es nacheinander in den kritischen Bereich gehen lassen.

```c
#include <sys/ipc.h>
#include <sys/sem.h>

int main(int argc, char **argv)
{
int semID;
struct sembuf sema;

    /* Semaphor erzeugen */
    semID = semget(2404, 1, IPC_CREAT | 0666);
    if (semID >= 0) {
        puts("Semaphor erzeugt. Vor Anfrage");
        getchar();
        /* Bereite das Semaphor vor und starte */
        sema.sem_num = 0;
        sema.sem_flg = SEM_UNDO;
        sema.sem_op  = -1;
        if (-1==semop(semID, &sema, 1)) {
            /* Fehler */
            perror("semop");
        }
        puts("bin im kritischen Bereich");
        getchar();
        sema.sem_op  = 1;
        if (-1==semop(semID, &sema, 1)) {
            /* Fehler */
            perror("semop");
        }
        puts("und nun wieder draußen");
    } else {
        perror("semget");
    }
}
```

Listing 32.14 Semaphore sem.c

Auch das Semaphor bleibt nach dem Verlassen des Programms bestehen und muss explizit gelöscht werden. Dazu reicht das folgende Programmbeispiel aus:

```c
#include <sys/ipc.h>
#include <sys/shm.h>

int main(int argc, char **argv)
{
int semID;
char *myPtr;
int i;

    semID = semget(2404, 1, 0666);
    if (semID >= 0) {
        /* zerstöre das Semaphor */
        semctl(semID, 1, IPC_RMID, 0);
    } else { /* semctl lief schief */
        perror("semget");
    }
}
```

Listing 32.15 Semaphore destroy.c

Das Semaphor bleibt so lange erhalten, bis ein Programm es explizit entfernt (s. o.), bis der nächste Shutdown erfolgt oder bis es mit dem Befehl `ipcrm sem` explizit gelöscht wird (siehe Seite 939).

Lebensdauer

32.5.8 Message Queues

Message Queues dienen zum Senden und Empfangen von Nachrichten. Eine solche Nachrichtenwarteschlange kann mit Nachrichten verschiedenen Typs umgehen. Der Typ wird durch die Anwendung bestimmt und ist einfach eine Zahl. Ein Prozess kann Nachrichten an die Warteschlange senden. Wird die Kapazität der Schlange erreicht, kann der Prozess per Parameter bestimmen, ob er blockieren will, bis die Nachricht abzuliefern ist, oder ob er lieber mit einem Fehler zurückkehren möchte. Auf der anderen Seite kann ein Prozess eine Nachricht bestimmten Typs anfordern. Auch hier kann der Programmierer wählen, ob der Prozess warten soll, bis er eine passende Nachricht bekommt, oder ob er mit einer Fehlermeldung sofort zurückkehren soll.

msgget() Die Funktion `msgget()` legt eine Message Queue an:

```
#include <sys/ipc.h>
#include <sys/msg.h>
int msgget(key_t key, int msgflg);
```

Der Parameter key ist entweder eine Schlüsselzahl oder IPC_PRIVATE. Der Parameter msgflg kombiniert die Konstanten IPC_CREAT und IPC_EXCL und neun Berechtigungsbits für den Eigner, die Gruppe und die Welt, wie sie von `chmod` verwendet werden, indem sie mit dem senkrechten Strich ODER-verknüpft werden.

Der Rückgabewert ist im Fehlerfall -1 oder die Message-Queue-ID, die für die nächsten Aufrufe benötigt wird.

Die Funktionen `msgsnd()` und `msgrcv()` verwenden eine Struktur `msgbuf` für ihre Nachrichten, die den Typ und den Puffer enthält:

```
struct msgbuf {
    long mtype;      /* von der Anwendung definierbar > 0 */
    char mtext[1];   /* Nachrichtendaten beginnen hier */
};
```

Als Typ kann eine beliebige Zahl größer null verwendet werden, die allein von der Applikation festgelegt wird. Auf diese Weise können Sie leicht verschiedene Arten von Daten austauschen und sie über den Nachrichtentyp trennen. Für die eigenen Nachrichten werden Sie in mtext vermutlich mehr als ein Zeichen versenden wollen. Dazu definieren Sie eine eigene Struktur mit entsprechend größerem Datenpuffer. Die Größe wird beiden Funktionen als Parameter übergeben.

msgsnd() Mit der Funktion `msgsnd()` werden Nachrichten versandt:

```
#include <sys/ipc.h>
#include <sys/msg.h>
int msgsnd(int msqid, struct msgbuf *msgp, size_t msgsz,
        int msgflg);
```

Der erste Parameter ist der Rückgabewert der Funktion `msgget()`. Es folgt die Adresse der Datenstruktur mit dem Nachrichtentyp und den Daten. Der Parameter msgsz ist so groß wie das Array mtext in der Datenstruktur für die Nachricht. msgflg kann mit der Option IPC_NOWAIT besetzt werden. Dann wird die Funktion bei einer übervollen Message Queue nicht blockieren und warten, bis wieder Platz ist, sondern mit einem Fehler zurückkehren.

Mit der Funktion msgrcv() werden Nachrichten empfangen:

msgrcv()

```
#include <sys/ipc.h>
#include <sys/msg.h>
int msgrcv(int msqid, struct  msgbuf  *msgp,  size_t msgsz,
           long msgtyp, int msgflg);
```

Der erste Parameter ist der Rückgabewert der Funktion msgget(). Es folgt die Adresse der Datenstruktur, in der sich nach erfolgreichem Empfang der Nachrichtentyp und die Daten wiederfinden. Der Parameter msgsz ist so groß wie das Array mtext in der Datenstruktur für die Nachricht. Im Parameter msgtyp kann festgelegt werden, auf welchen Nachrichtentyp msgrcv() warten soll. Alle anderen Typen werden von msgrcv() ignoriert. Wird als Parameter hier 0 angegeben, nimmt mgsrcv() jeden Typ entgegen. msgflg kann mit der Option IPC_NOWAIT besetzt werden. Dann wird die Funktion nicht blockieren und warten, bis eine Nachricht vorliegt, sondern bei leerer Message Queue mit einem Fehler zurückkehren.

Mit der Funktion msgctl() werden bestimmte Eigenschaften der Nachrichten verwaltet:

msgctl()

```
#include <sys/ipc.h>
#include <sys/msg.h>
int msgctl(int msqid, int kommando, struct msqid_ds *buf);
```

Als zweiter Parameter können die Konstanten aus Tabelle 32.11 übergeben werden.

Konstante	Bedeutung
IPC_STAT	Die Informationen über die Message Queue einlesen
IPC_SET	Ändert die Benutzerrechte in mode
IPC_RMID	Zerstört die Message Queue und weckt alle darauf wartenden Prozesse

Tabelle 32.11 Message-Kontrollkommandos

Mit dem Kommando ipcs bekommen Sie einen Überblick über die angeforderten Message Queues.

Beispiel

Das Programm **rcvmsg.c** wartet auf eine Nachricht in einer Message Queue. Die Nummer des Typs wird als erster Parameter beim Aufruf übergeben. Wird nichts übergeben, wartet das Programm auf eine beliebige Nachricht.

```
#include <sys/ipc.h>
#include <sys/msg.h>

#define MSGSIZE 20

int main(int argc, char **argv)
{
int msgID;
struct myMsg {
  long mtype;
  char mtext[MSGSIZE];
} dataMsg;
long msgTyp = 0;

    /* hole die Messagetypnummer aus dem ersten Parameter */
    if (argc>1) {
        msgTyp = atol(argv[1]);
    }

    /* Message Queue oeffnen bzw. erzeugen */
    msgID = msgget(2404, IPC_CREAT | 0666);
    if (msgID >= 0) {
        printf("Warte auf Message Type %ld\n", msgTyp);
        if (-1==msgrcv(msgID, &dataMsg, MSGSIZE, msgTyp, 0)) {
            perror("msgrcv"); /* Fehler */
        } else {
            /* Wir sind durchgelaufen */
            printf("Daten empfangen: %s\n", dataMsg.mtext);
        }
    } else {
        perror("msgget");
    }
}
```

Listing 32.16 Empfange Nachricht: rcvmsg.c

Das Programm **sndmsg.c** sendet Nachrichten. Der Nachrichtentyp wird wie bei **rcvmsg.c** als erster Parameter übergeben. Als zweiter Parameter kann ein String übergeben werden, der dann in Form von Daten in der Messages Queue abgelegt wird und den rcvmsg empfängt.

```
#include <sys/ipc.h>
#include <sys/msg.h>

#define MSGSIZE 20
```

```c
int main(int argc, char **argv)
{
int msgID;
struct myMsg {
  long mtype;
  char mtext[MSGSIZE];
} dataMsg;
long msgTyp = 0;

    /* hole die Messagetypnummer aus dem ersten Parameter */
    if (argc>1) {
        dataMsg.mtype = atol(argv[1]);
    }
    if (argc>2) {
        strncpy(dataMsg.mtext, argv[2], MSGSIZE);
    } else {
        *dataMsg.mtext = 0;
    }
    /* Message Queue oeffnen bzw. erzeugen */
    msgID = msgget(2404, IPC_CREAT | 0666);
    if (msgID >= 0) {
        printf("Sende Messagetyp %ld\n", dataMsg.mtype);
        if (-1==msgsnd(msgID, &dataMsg, MSGSIZE, 0)) {
            perror("msgsnd"); /* Fehler */
        } else {
            /* Wir sind durchgelaufen */
            printf("Daten gesendet: %s\n", dataMsg.mtext);
        }
    } else {
        perror("msgget");
    }
}
```

Listing 32.17 Sende Nachrichten: sndmsg.c

Mit Hilfe der beiden Programme lässt sich das Verhalten der Message Queue leicht testen. Eine Anpassung an eigene Bedürfnisse dürfte eine leichte Übung sein.

Die Message Queue bleibt so lange erhalten, bis ein Programm sie explizit per `msgctl()` mit dem Kommando IPC_RMID entfernt, bis der nächste Shutdown erfolgt oder bis sie mit dem Befehl `ipcrm msg` gelöscht wird (siehe Seite 939).

Lebensdauer

32.5.9 Leichtgewichtsprozesse: Threads

Relativ neu ist die Möglichkeit, unter UNIX mit Threads zu arbeiten. Es gab zunächst unterschiedliche Herstellerstandards für die Programmierschnittstelle von Sun, Unisys und SGI. Linux definierte einfach Prozesse, die sich Ressourcen teilen, und erzeugte diese Quasi-Threads mit dem Aufruf clone(). Inzwischen gibt es einen Standard nach POSIX 1003.1c, der sich mit der Zeit sicher durchsetzen wird und dafür sorgt, dass Threads auf allen UNIX-Systemen gleich programmiert werden.

Einsetzbarkeit Threads werden dort eingesetzt, wo parallele Vorgänge benötigt werden, bei denen möglichst wenig Synchronisation erforderlich ist, oder in Situationen, in denen die parallelen Vorgänge sich viele Ressourcen teilen müssen. Im Gegensatz zu Prozessen teilen sich Threads alle Ressourcen bis auf den Programmzeiger. Das bedeutet, dass die Änderung einer globalen Variablen alle Threads betrifft. Wird der Dateizeiger mit lseek() verändert, ist er für alle Threads verändert. Schließt ein Thread eine Datei, erhält ein paralleler Thread einen Fehler, wenn er auf diese Datei zugreift. Sie müssen auch sicherstellen, dass die Bibliotheken, die Sie benutzen, keine Probleme mit paralleler Abarbeitung haben. Wer mit Threads arbeiten will, muss also nicht nur die Aufrufe kennen, sondern auch sehr sorgfältig arbeiten.

Funktion als Thread Der Prozess selbst ist immer auch ein Thread. Der Start eines Threads erzeugt also bereits einen zweiten Thread und damit Parallelität. Der Code für diesen zweiten Thread wird als gewöhnliche Funktion geschrieben. Die Funktion wird als Thread gestartet, und sobald sie endet, endet auch der Thread. Die Funktion hat einen Zeiger als Parameter. Mit diesem Zeiger können Sie dem Thread beim Start Daten übergeben. Die Thread-Funktion liefert einen Zeiger zurück, mit dem er Daten wieder zurückgeben kann.

pthread_create Der Aufruf zum Erzeugen eines Threads heißt pthread_create(). Dabei wird ein neuer Thread erzeugt und sofort gestartet. Da der Prozess selbst auch einen Thread darstellt, laufen dann also zwei Threads gleichzeitig. Der wichtigste Parameter ist der Name der Funktion, die als Thread laufen soll.

```
#include <pthread.h>
int  pthread_create(pthread_t *TID, pthread_attr_t *Attribut,
                    void * (*Funktion)(void *), void *Argument);
```

Parameter Der Parameter TID ist die Thread-ID. Dazu legen Sie eine Variable vom Typ pthread_create an und übergeben deren Adresse an die Funktion. Der zweite Parameter, Attribut, kann verwendet werden, um den Wechsel zwischen den Threads zu verändern. Das ist beispielsweise wichtig, wenn Sie den Wechsel in Echtzeit brauchen. Im Normalfall wird hier NULL übergeben. Nähere Informationen zu den Attributen finden Sie in der Manpage von pthread_attr_init. Der dritte Parameter ist die Funktion, die den Code für den Thread enthält. Der letzte Parameter zeigt auf die Daten, die dem Thread als Parameter übergeben werden sollen. Werden keine Übergaben gebraucht, kann der Parameter mit NULL besetzt werden.

Der Rückgabewert ist 0, wenn alles in Ordnung ist.

Ein Thread endet, wenn seine Funktion endet. Damit verhält er sich ähnlich wie die Funktion main bei einem Prozess. Der Thread kann sich auch selbst beenden. Dazu gibt es analog zur Funktion exit() die Funktion pthread_exit():

pthread_exit

```
#include <pthread.h>
void pthread_exit(void *Rueckgabe);
```

Im Gegensatz zur Funktion exit(), die nur eine Fehlernummer zurückgibt, kann pthread_exit() einen Zeiger auf Daten zurückgeben. Dies entspricht dem Rückgabewert der Funktion, wenn sie regulär endet.

Diesen Zeiger bekommt derjenige Thread, der mit Hilfe der Funktion pthread_join() den erzeugten Thread wieder einsammelt.

pthread_join

```
#include <pthread.h>
int pthread_join(pthread_t TID, void **Rueckgabe);
```

Die Funktion pthread_join() hat zwei Aufgaben. Solange der Thread TID noch läuft, wird der aufrufende Thread blockiert. Läuft der Thread nicht mehr, wird der Thread TID mit dem aktuellen Thread wieder zusammengeführt. Die letzten Reste des Threads verschwinden also. Durch den Parameter Rueckgabe ist auch ein Zugriff auf den Rückgabewert des Threads möglich. Dazu muss eine Zeigervariable definiert und deren Adresse als zweiter Parameter übergeben werden. Nach dem Ende des Threads kann über diese Zeigervariable auf die Rückgabedaten referenziert werden. Wenn Sie sich nicht für den Rückgabewert interessieren, setzen Sie den zweiten Parameter auf NULL.

Das folgende Beispiel startet drei Threads. Die Funktion threadPlus enthält den Code für jeden Thread. Der Thread bekommt beim Aufruf einen Namen als Parameter. Dann läuft er in eine Schleife, die endet, wenn die Variable stopp auf einen Wert ungleich 0 gesetzt wird. Damit wird die Variable zur Endebedingung für alle Threads.

[zB]

Innerhalb des Threads wird die globale Variable Wert erhöht, wenn der Name des Threads mit dem Buchstaben A beginnt. Andernfalls wird der Inhalt der Variablen heruntergezählt.

```c
#include <pthread.h>
#include <stdlib.h>
#include <unistd.h>

int stopp = 0; /* Synchronisation */
int Wert  = 0; /* Globale Variable */

void *threadPlus(void *Arg)
{
/* Der Name wird uebergeben */
char *Name = (char *)Arg;
int diff; /* Differenz fuer die Wertberechnung */

  if (Name[0]=='A') {
    diff=1;
  } else {
    diff=-1;
  }

  for (;;) {
    if (stopp) break; /* Thread endet durch Setzen von stopp */
    printf("%s: %d\n", Name, Wert);
    /* Name bestimmt, was der Thread tut */
    Wert += diff;
    sleep(1);
  }
  return NULL;
}

int main(void)
{

pthread_t Add1, Add2, Minus1;

  /* Erzeuge und starte drei Threads */
  pthread_create(&Add1, NULL, threadPlus, "Add1");
  pthread_create(&Add2, NULL, threadPlus, "Add2");
  pthread_create(&Minus1, NULL, threadPlus, "Minus1");
  sleep(20);   /* lass die Threads arbeiten */
  stopp = 1;   /* beende das Treiben */
  /* Warte auf das Ende der Threads, und loese sie auf */
  pthread_join(Add1, NULL );
```

```
  pthread_join(Add2, NULL );
  pthread_join(Minus1, NULL );
  return 0;
}
```

Listing 32.18 Multithreading

Jeder der drei Threads bekommt seine eigene Thread-ID. Die Threads werden im Hauptprogramm gestartet. Der Hauptthread legt sich dann für 20 Sekunden schlafen und lässt die Threads addieren und subtrahieren. Der Hauptthread setzt die Variable `stopp` und löst dadurch das Ende der Threads aus. Danach führt er alle drei Threads wieder zusammen bzw. wartet deren Ende ab.

Beim Ablauf des Programms erscheint meist Add1, dann Add2 und Minus1 in der normalen Reihenfolge. Man kann aber auch sehen, dass die Reihenfolge wechselt. An der Variablen Wert können Sie erkennen, dass die Veränderung des Werts davon abhängt, wer gerade an die Reihe kommt.

Zum Linken des Programms muss die Option `-lpthread` an den Compileraufruf angehängt werden.

32.6 Signale

Ein Prozess kann von außen durch den `kill`-Befehl Signale empfangen. Normalerweise endet der Prozess, wenn er ein solches Signal bekommt. Man kann Programme aber auch so schreiben, dass sie durch einen Signalbehandler auf die Signale reagieren.

Die Funktion `signal()` meldet dem Betriebssystem, dass eine Funktion des Programms bestimmte Signale bearbeiten will:

signal() installiert Signalhandler

```
#include <signal.h>
signal(int signalnr, void (*signalfunktion)(int));
```

Ein Signal, auf das ein Programm immer reagieren sollte, ist SIGTERM. Es wird z. B. beim Herunterfahren des Systems an jeden Prozess gesandt. Die typische Reaktion sollte darin bestehen, die Aktivitäten schnellstmöglich einzustellen und einen konsistenten Zustand der Daten zu gewährleisten. Dafür hat der Prozess im Falle des Herunterfahrens höchstens fünf Sekunden Zeit. Dann wird er durch einen SIGKILL endgültig zerlegt.

SIGTERM: Geregelter Abgang

32 | UNIX-Systemaufrufe

SIGHUP: Neue Konfiguration einlesen

Besonders bei Hintergrundprozessen ist es inzwischen üblich, das SIGHUP-Signal zu verwenden, um den Prozess dazu zu bewegen, Konfigurationsdateien neu zu lesen. So ist es möglich, Einstellungen zu ändern, ohne den Betrieb zu unterbrechen.

Tabelle 32.12 benennt alle Signalkonstanten, die der erste Parameter annehmen kann. Die eingeklammerten Zahlen sind die Nummern der Signale, soweit sie über die Systeme hinweg einheitlich sind.

Name	Bedeutung
SIGHUP	(1) Hangup: Terminalabschaltung oder Konfiguration neu einlesen
SIGINT	Unterbrechung durch ctrl-C oder Delete
SIGQUIT	Unterbrechung durch ctrl-\
SIGILL	Illegale Anweisung
SIGTRACE	Im Debugmodus
SIGIOT	I/O-Trap
SIGKILL	(9) Nicht abfangbarer Tötungsaufruf
SIGBUS	Busfehler
SIGSEGV	Zugriffsverletzung (Segmentation Violation)
SIGPIPE	Schreiben auf eine nicht zum Lesen geöffnete Pipe
SIGALRM	Aufgesetzter Alarm
SIGTERM	(15) Terminierung
SIGUSR1	(16) Benutzerdefiniertes Signal zur freien Verfügung
SIGUSR2	(17) Benutzerdefiniertes Signal zur freien Verfügung
SIGCLD	Tod eines Kindprozesses
SIGPWR	(19) Spannungsproblem

Tabelle 32.12 Signale

Beispiel mit SIGHUP

Das folgende Programm fängt das Signal SIGHUP ab und gibt bei jedem `kill` eine Meldung auf dem Bildschirm aus.

```c
#include <signal.h>

/* Diese Funktion wird im Falle eines Signals aufgerufen */
void SigHandler(int Nr)
{
  puts("Signal gefangen");
}

int main()
{
  signal(SIGHUP, SigHandler);
```

```
  /* Eine kleine Endlosschleife */
  for (;;) ;
}
```

Listing 32.19 SIGHUP-Signal fangen

32.6.1 Signale senden: kill

Auch aus einem Programm heraus können Signale mit der Funktion kill() versendet werden:

```
#include <sys/types.h>
#include <signal.h>
int kill(int pid, int signal);
```

Der Parameter pid gibt die Prozessnummer des Empfängers an. Der Parameter signal bezeichnet das zu sendende Signal. Im Erfolgsfall gibt die Funktion 0, andernfalls −1 zurück.

Parameter

32.6.2 Auf Signale warten: pause

Der Aufruf von pause() blockiert den Prozess und wartet auf ein beliebiges Signal.

```
#include <unistd.h>
int pause(void);
```

Dieser Aufruf liefert immer −1 als Rückgabewert.

32.6.3 Timeout setzen: alarm

Mit dem Aufruf alarm() wird ein Alarm aufgesetzt. Sobald die als Parameter übergebenen Sekunden vergangen sind, wird dem Prozess das Signal SIGALRM zugesandt.

Diese Funktionalität ist wichtig, wenn Sie mit blockierenden Einheiten arbeiten, bei denen die Anforderung nach einer gewissen Zeit abgebrochen werden soll. Das kommt beispielsweise in der Netzwerkprogrammierung vor. Das eintreffende Signal unterbricht die blockierende I/O-Funktion.

Unterbricht ewiges Warten

```
#include <unistd.h>
long alarm(long Sekunden);
```

Der Rückgabewert ist 0. Steht allerdings noch ein Signal von einem vorher aufgesetzten Alarm aus, wird dieser Alarm gelöscht und die Anzahl der Sekunden zurückgegeben, die noch bis zum Alarm verblieben wären.

Wiederholter Alarm

32.6.4 Zombies vereiteln

Ein Zombie ist ein verwaister Prozesstabelleneintrag

Einen Zombie könnte man als einen Prozessrest bezeichnen. Genauer gesagt, handelt es sich um einen Eintrag in der Prozesstabelle, hinter dem kein echter Prozess mehr steckt. Normalerweise wartet der Vaterprozess auf das Ende des Kindprozesses. Erst dann läuft er weiter. Dies erreicht der Vaterprozess, indem er `wait()` aufruft, wodurch er in die Warteschlange gesetzt wird. Der Vaterprozess kommt wieder frei, wenn der Kindprozess beendet worden ist. Der Rückgabewert des Aufrufs `wait()` liefert dann den Exitstatus des Kindprozesses. Diesen hinterlegt der Kindprozess bei seinem Ende in der Prozesstabelle. Wenn aber der Vater gar kein `wait()` ausführt, wird der Eintrag in der Prozesstabelle nie gelöscht. Diesen Eintrag in der Prozesstabelle bezeichnet man als Zombie, weil der Kindprozess weiterhin in der Prozessliste erscheint, obwohl der zugehörige Prozess längst tot ist.

Kindsignale ignorieren

Nun gibt es oft Situationen, in denen nicht gewartet wird, bis der Kindprozess endet, sondern in denen eben gerade die Parallelität von Prozessen genutzt werden soll. Das heißt, dass besonders bei Dämonen und Serverprozessen immer die Gefahr besteht, dass Zombies entstehen. Um dies zu vermeiden, können Sie dem System mitteilen, dass Sie das Signal SIG_CLD ignorieren. Das geschieht, wenn der Funktion `signal()` statt der Behandlungsfunktion die Konstante SIG_IGN übergeben wird. Dieser Aufruf sagt dem Betriebssystem, dass dieses Signal in Zukunft nicht beachtet werden soll:

```
signal(SIGCLD, SIG_IGN);
```

Damit teilt der Vaterprozess mit, dass er am weiteren Dasein seines Kindes nicht interessiert ist und dass keine Nachrichten für ihn aufgehoben werden sollen.

32.7 Pipe

Unter UNIX ist die Pipe (engl. Röhre) ein Standardmittel zur Verknüpfung zweier Prozesse. Dabei übergibt der eine Prozess seine Standardausgabe dem Nachfolger als Standardeingabe.

32.7.1 Prozesskommunikation per Pipe

Eine Pipe muss man sich also wie eine Datei mit zwei Enden vorstellen, die eine Richtung hat. Der eine Prozess kann nur schreiben, während der andere nur liest. Der Prozess, der Daten produziert, wirft diese auf der einen Seite in die Pipe hinein. Der andere Prozess konsumiert die Daten, indem er sie der Pipe auf der anderen Seite entnimmt:

```
#include <unistd.h>
int pipe(int zipfel[2]);
```

Es werden mit dem Aufruf von pipe zwei Dateihandles erzeugt, die Sie nach dem Aufruf in dem Parameter zipfel finden. zipfel[0] enthält das Ende zum Lesen, und zipfel[1] enthält das Ende zum Schreiben in die Pipe. Als Nächstes erfolgt typischerweise ein Aufruf von fork(). Dann übernimmt der Vaterprozess das eine und der Kindprozess das andere Ende der Pipe und schließt das jeweils andere, je nachdem, wer von beiden der Datenproduzent und wer der Datenkonsument ist. Der Produzent benutzt write() und der Konsument read(). Beide Enden der Pipe müssen separat per close() geschlossen werden.

32.7.2 Named Pipe oder FIFO

Unter UNIX können Sie auch eine FIFO-Datei anlegen. Man bezeichnet sie auch als »named pipe«, da sie über ihren Dateinamen angesprochen werden kann. FIFO ist die Abkürzung für »First In First Out«. Lapidar übersetzt heißt das: »Wer zuerst kommt, mahlt zuerst«. Alle Arten von Puffern sind FIFOs. Auch die FIFO hat einen Datenproduzenten, der nur in die FIFO hineinschreibt und einen Konsumenten, der nur liest:

```
#include <sys/types.h>
#include <sys/stat.h>
int mkfifo (const char *dateiname, mode_t modus);
```

Der Parameter modus nimmt die Berechtigungen auf, wie sie von chmod bekannt sind.

32.7.3 Drucken unter UNIX

Während bei vielen anderen Betriebssystemen für das Drucken eine Pseudodatei geöffnet wird und dort hineingeschrieben wird, ist dieser Ansatz unter UNIX nicht realisierbar. Zwar gibt es auch hier eine Datei, die dem Drucker zugeordnet ist (**/dev/lp**), aber diese ist aus gutem Grund den normalen Benutzern nicht zugänglich. Man möchte vermeiden, dass ein Benutzer einen anderen beim Drucken stört. Ein UNIX-Anwender weiß, dass zum Drucken eine Pipe zum Programm lp oder lpr aufgebaut werden muss. Genauso gehen Sie in einem Programm vor: Sie legen eine Pipe an.

```
print(char *Inhalt)
{
FILE *PipeID;

    PipeID = popen("lpr", "w");
    fwrite(Inhalt, strlen(Inhalt), 1, PipeID);
    pclose(PipeID);
}
```

Listing 32.20 Druckerausgabe

32.8 Fehlerbehandlung mit syslog

Fehlerprotokoll ohne großen Aufwand

Unter UNIX gibt es den syslog-Dämon, der Fehlermeldungen des Systems zentral entgegennimmt und der weitgehend konfigurierbar ist. Als Programmierer sind Sie herzlich eingeladen, sich an dieser Art der Fehlermeldung zu beteiligen. Das Fehlersystem hat eine relativ simple Schnittstelle und ermöglicht es, Fehlermeldungen nach Schwere zu klassifizieren. Neben der Arbeitserleichterung, nicht selbst ein Protokoll programmieren zu müssen, hat es den Vorteil, dass die Protokolle dort erscheinen, wo sie auch gefunden werden. Hinzu kommt, dass Sie sich nicht um die Beseitigung Ihrer alten Protokolldateien kümmern müssen. Vor allem ist es von ungeheurem Vorteil, wenn Sie den Debuglevel des Programms im laufenden Betrieb herauf- und herabsetzen können. Die folgenden drei Aufrufe müssen in Ihrem Programm vorkommen, und schon verteilt der syslog-Dämon Ihre Fehlermeldungen:

```
#include <syslog.h>

openlog("MeinProgramm", 0, 0);
...
syslog(LOG_INFO | LOG_LOCAL2,
       "Fehler Nr %d: %s", FehlerNr, Message);
...
closelog();
```

Listing 32.21 Fehlerprotokoll über syslogd

`openlog()` meldet den Programmnamen an, damit er in den Protokollen angezeigt wird. `syslog()` setzt die eigentliche Meldung ab. Der Aufruf entspricht dem der Funktion `printf()`. Es wird lediglich eine Prioritätskonstante vorangestellt. Tabelle 32.13 zeigt die Prioritäten.

Konstante	Bedeutung
LOG_EMERG	Notfall: System ist nicht mehr lauffähig.
LOG_ALERT	Alarm: Eingreifen ist erforderlich
LOG_CRIT	Kritisch: Meist Hardwareprobleme
LOG_ERR	Fehlersituation
LOG_WARNING	Warnung: Es kann aber weitergehen
LOG_NOTICE	Eine wichtige Information
LOG_INFO	Informationen
LOG_DEBUG	Debug-Informationen zur Verfolgung des Prozessablaufs

Tabelle 32.13 Fehlerpriorität

Dieser Wert muss noch mit der Facility per Oder, also mit dem senkrechten Strich, verknüpft werden. Als Facility wird der Auslöser des Fehlers bezeichnet. Typische Werte finden Sie in Tabelle 32.14.

syslog()	syslog.conf	Verursacher
LOG_AUTH	auth	Autorisierung
LOG_AUTHPRIV	auth-priv	Autorisierung
LOG_CRON	cron	Meldungen von cron und at
LOG_DAEMON	daemon	System-Dämonen
LOG_KERN	kern	Kernel
LOG_LOCAL0 bis LOG_LOCAL7	local0 bis local7	Für eigene Verwendung
LOG_LPR	lpr	Druck-Subsystem
LOG_CRIT		Meist Hardware-Probleme
LOG_MAIL	mail	Mailsystem
LOG_NEWS	news	Newsserver
LOG_SYSLOG	syslog	Nachrichten von syslog selbst
LOG_USER	user	User-Level-Nachrichten
LOG_UUCP	uucp	Vom uucp

Tabelle 32.14 Fehlerquelle oder Facility

In der Datei **/etc/syslog.conf** kann festgelegt werden, welche Meldungen in welcher Datei vom syslog-Dämon protokolliert werden sollen. Zur Konfiguration des syslog-Dämons siehe Seite 420.

32.9 Zeitfunktionen

UNIX zählt die Zeit in Sekunden seit dem 1.1.1970. Diesen Wert liefert die Funktion time():

```
#include <time.h>
time_t time(time_t *t);
```

Als Parameter können Sie einfach 0 angeben. Der Rückgabewert ist zu einem normalen Integerwert kompatibel. Da die wenigsten Menschen mit der Zahl der Sekunden seit dem 1.1. 1970 umgehen können, gibt es hilfreiche Umrechnungsfunktionen:

```
#include <time.h>
struct tm *localtime(const time_t *timer);
```

tm enthält alle Zeitinformationen

Die Struktur tm, deren Zeiger die Funktion localtime() liefert, enthält alle gewünschten Daten, wie das Tagesdatum oder den Wochentag. Alle Werte beginnen bei 0, außer demjenigen des Monats. Dieser beginnt mit 1. Auf diese Besonderheit ist vermutlich jeder Programmierer mindestens einmal in seinem Leben hereingefallen:[3]

```
struct tm {
    int tm_sec;     /* Sekunden - [0,61] */
    int tm_min;     /* Minuten - [0,59] */
    int tm_hour;    /* Stunden - [0,23] */
    int tm_mday;    /* Tag des Monats - [1,31] */
    int tm_mon;     /* Monat im Jahr - [0,11] */
    int tm_year;    /* Jahr seit 1900 */
    int tm_wday;    /* Tage seit Sonntag (Wochentag) - [0,6] */
    int tm_yday;    /* Tage seit Neujahr (1.1.) - [0,365] */
    int tm_isdst;   /* Sommerzeit-Flag */
}
```

Um in Protokolldateien einen Zeitstempel zu hinterlassen, gibt es die recht praktische Funktion asctime(). Sie liefert anhand der Struktur tm eine Zeichenkette (leider im amerikanischen Format). Die Zeichenkette ist immer 26 Byte lang und endet mit einem Zeilenvorschubzeichen und einer abschließenden Null.

```
#include <time.h>
char * asctime(const struct tm *t);
```

Die Funktion gettimeofday() ist hilfreich, wenn Sie eine genauere Zeitauflösung als Sekunden brauchen. Sie liefert in der Struktur timeval auch

---

3 Sie noch nicht? Warten Sie es ab!

Mikrosekunden. Wie exakt diese Messung tatsächlich ist, hängt allerdings von der Hardware ab.

```
#include <sys/time.h>
int gettimeofday(struct timeval *zeit, void *tzp);
```

Die Datenstruktur des ersten Parameters enthält die Sekunden und Mikrosekunden und ist folgendermaßen definiert:

```
struct timeval {
    unsigned long   tv_sec;   /* Sekunden seit dem 1.1. 1970 */
    long            tv_usec;  /* und Mikrosekunden */
};
```

Der zweite Parameter war ursprünglich für die Zeitzone vorgesehen. Allerdings hat sich die Umsetzung der verschiedenen Sommerzeitregeln als nicht so einfach erwiesen, sodass Sie als zweiten Parameter am besten 0 angeben.

Mit der Funktion clock() werden die Ticks seit dem Start des Programms ermittelt. Um auf Sekunden zu kommen, muss der Wert durch die Konstante CLOCKS_PER_SEC geteilt werden. Diese Funktion eignet sich vor allem für Performance-Messungen.

Tickzählung per clock()

```
#include <time.h>
clock_t clock(void);
```

32.10 Benutzer und Gruppen

Ein Prozess kann erfragen, welcher Benutzer ihn gestartet hat. Der Aufruf getuid() liefert die User-ID. Der Aufruf geteuid() liefert die effektive User-ID. Diese kann anders lauten, wenn die Programmdatei das Set-User-ID-Bit gesetzt hat. Vergleichbares gibt es für die Gruppe. Dort heißen die Aufrufe getgid() und getegid():

Ermitteln des Users, der den Prozess startete

```
#include <unistd.h>
uid_t getuid(void);
uid_t geteuid(void);
gid_t getgid(void);
gid_t getegid(void);
```

32.10.1 Die Passwortdatei als Struktur

Soll aus der User-ID der Loginname ermittelt werden, fragt man bei der zentralen Informationsquelle über Benutzer an. Das ist normalerweise die

Datei **/etc/passwd**. Dass bei der Verwendung von NIS (siehe Seite 505) die Informationen anhand der Daten des NIS-Servers beschafft werden, bemerkt das Programm nicht. Jede Zeile der Passwortdatei wird in einer Struktur namens `passwd` abgebildet:

```
struct passwd {
   char  *pw_name;    /* Benutzername */
   char  *pw_passwd;  /* Passwort */
   uid_t pw_uid;      /* User-ID */
   gid_t pw_gid;      /* Group-ID */
   char  *pw_gecos;   /* Name bzw. GECOS */
   char  *pw_dir;     /* Home-Verzeichnis */
   char  *pw_shell;   /* Loginshell */
};
```

Ist die User-ID, beispielsweise durch einen Aufruf von `getuid()`, oder der Loginname bekannt, können Sie den entsprechenden Eintrag mit der Funktion `getpwuid()` oder `getpwnam()` holen. Der Rückgabewert ist ein Zeiger auf eine interne Struktur, die beim nächsten Aufruf überschrieben wird:

```
#include <pwd.h>
#include <sys/types.h>
struct passwd *getpwnam(const char * name);
struct passwd *getpwuid(uid_t uid);
```

32.10.2 Auslesen der Passwortdatei

Um alle Einträge der Passwortdatei auszulesen, gibt es die drei Funktionen `setpwent()`, `getpwent()` und `endpwent()`:

```
#include <pwd.h>
#include <sys/types.h>
struct passwd *getpwent(void);
void setpwent(void);
void endpwent(void);
```

Mit `getpwent()` wird eine Zeile der Passwortdatei nach der anderen eingelesen. Die Funktion `setpwent()` öffnet die Datei und setzt den internen Zeiger auf den Anfang, und `enpwent()` schließt die Datei wieder. Um alle Loginnamen der Datei auszulesen, benötigen Sie nur ein recht simples Programm.

```
#include <pwd.h>

int main()
{
struct passwd *pw;

    setpwent();
    while ( pw = getpwent()) {
       puts(pw->pw_name);
    }
    endpwent();
}
```

Listing 32.22 Auslesen der Loginnamen

32.10.3 Gruppen

Analog funktioniert das Auslesen der Gruppendatei. Auch hier gibt es eine Struktur, die nach der Datei benannt ist:

```
struct group {
    char    *gr_name;    /* Gruppenname */
    char    *gr_passwd;  /* Gruppenpasswort */
    gid_t   gr_gid;      /* Gruppen-ID */
    char    **gr_mem;    /* Gruppenmitglieder */
};
```

Die Gruppenmitglieder befinden sich im Strukturelement gr_mem. Das ist ein Array von Strings. Das letzte Element des Arrays hat den Wert NULL. Auch hier gibt es Funktionen, um anhand der ID oder des Namens den entsprechenden Eintrag zu finden. Sie heißen getgrnam() und getgrgid():

```
#include <grp.h>
#include <sys/types.h>
struct group *getgrnam(const char *name);
struct group *getgrgid(gid_t gid);
```

Auch das Auslesen der **group**-Datei funktioniert auf diese Weise:

```
#include <grp.h>
#include <sys/types.h>
struct group *getgrent(void);
void setgrent(void);
void endgrent(void);
```

Das folgende Beispiel liest die Datei **/etc/group** aus und listet für jede Gruppe die Mitglieder auf.

```
#include <grp.h>

int main()
{
struct group *grp;
char *member;
int i;

    setgrent();
    while ( grp = getgrent()) {
       puts(grp->gr_name);
       i = 0;
       member = grp->gr_mem[i++];
       while (member) {
          puts(member);
          member = grp->gr_mem[i++];
       }
       puts("----------------");

    }
    endgrent();
}
```

Listing 32.23 Auslesen der Gruppen und ihrer Mitglieder

Ermitteln aller Gruppen Ein Prozess kann mit der Funktion `getgroups()` ermitteln, in welchen Gruppen er angemeldet ist. Dazu bekommt er als Antwort ein Array mit den Group-IDs. In Listing 32.24 sollen mit Hilfe der Funktion `getgrgid()` die Nummern der Gruppen, zu denen der Aufrufer gehört, und dann der zugehörige Name der Gruppe festgestellt werden, und anschließend soll eine Liste auf dem Bildschirm ausgegeben werden.

```
#include <grp.h>
#include <limits.h>
#include <sys/types.h>

int main()
{
gid_t grplist[NGROUPS_MAX];
struct group *grp;
char *member;
int i, anzGruppen;
```

```
   anzGruppen = getgroups(NGROUPS_MAX, grplist);
   for (i=0; i<anzGruppen; i++) {
      grp = getgrgid(grplist[i]);
      puts(grp->gr_name);
   }
}
```

Listing 32.24 mygroups

32.11 Grundlagen der Dämonisierung

Ein Dämon ist ein Prozess, der im Hintergrund auf Ereignisse wartet und die Bearbeitung dieser Ereignisse übernimmt. Um einen eigenen Dämon zu programmieren, gibt es folgende Teilschritte:

1. Der Prozess wechselt in den Hintergrund. Dazu generiert er von sich selbst einen Kindprozess und beendet sich selbst. Durch diesen Selbstmord wird der Kindprozess zur Waisen und vom init-Prozess adoptiert. Daraufhin ist seine PPID 1 (siehe Seite 930).

2. `setsid()` wird aufgerufen. Damit steigt der Dämon zum Sitzungsführer und zum Prozessgruppenführer auf. Gleichzeitig verliert er sein Kontrollterminal (siehe Seite 933).

3. Es folgt ein Wechsel in das Wurzelverzeichnis. Damit wird verhindert, dass der Prozess ein gemountetes Laufwerk blockiert, wenn es beim Herunterfahren des Systems per `umount` abgehängt werden soll.

4. Danach werden die nicht mehr benötigten Dateien geschlossen.

32.12 Client-Server-Socketprogrammierung

Im Gegensatz zu den anderen Abschnitten der UNIX-Programmierung soll die Socketprogrammierung am Beispiel eines Client-Server-Paars dargestellt werden. Dabei soll zunächst die Struktur einer solchen Architektur erläutert, und die Details betrachtet werden.

Die Socketprogrammierung ist die Grundlage der Programmierung verteilter Anwendungen unter TCP/IP in kommerziellen Client-Server-Architekturen und auch bei Internet-Anwendungen. Ein Socket (dt. Steckdose) ist ein Verbindungsendpunkt, der vom Programm wie eine gewöhnliche

Wie Dateien

Datei mit `read()` und `write()` beschrieben und gelesen werden kann. Ein Socket wird auch mit `close()` geschlossen. Er wird allerdings nicht mit `open()` geöffnet, sondern mit dem Aufruf `socket()`.

In Abbildung 32.2 sehen Sie auf der linken Seite den Ablauf eines typischen Servers und auf der rechten Seite einen entsprechenden Client. Die Pfeile dazwischen zeigen auf die Synchronisationspunkte. Die Pfeilrichtung soll zeigen, wer wen freisetzt.

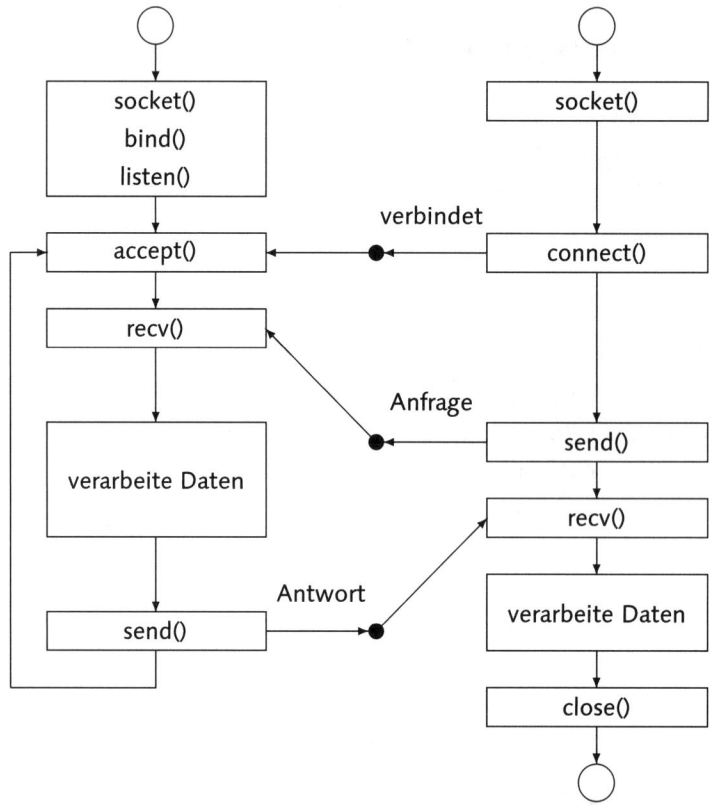

Abbildung 32.2 Client-Server-Ablauf

Start des Servers Der Serverprozess muss vom Client eindeutig angesprochen werden können. Dazu bindet er sich mit dem Aufruf `bind()` an eine feste Socketnummer, den sogenannten »well known port«, über den er erreichbar ist. Die Nummer des Ports wird in der Datei **/etc/services** mit einem Servicenamen verbunden. Im Programm kann der Servicename durch den Aufruf von `getservbyname()` wieder in eine Zahl umgewandelt werden. Dann bereitet der Server mit `listen()` den Aufruf von `accept()` vor. Der Aufruf von `accept()` blockiert den Prozess, bis eine Anfrage von einem

Client eintrifft. Direkt anschließend wird der Server `read()` oder alternativ `recv()` aufrufen, um den Inhalt der Anfrage zu lesen. Er verarbeitet die Anfrage und sendet die Antwort an den derzeit wartenden Client. Anschließend kehrt der Server zu `accept()` zurück, um auf weitere Anfragen zu warten.

Der Client braucht keinen festen Port. Er benutzt einen normalen Socket, dem vom System eine freie Nummer zugeteilt wird. Der Server erfährt die Nummer des Clients aus der Anfrage und kann ihm unter diesem Port antworten. Im nächsten Schritt ruft der Client `connect()` auf, um eine Verbindung mit dem Server aufzunehmen, der in den Parametern beschrieben wird. Sobald die Verbindung steht, sendet der Client seine Anfrage per `write()` oder alternativ per `send()` und wartet per `read()` oder `recv()` auf die Antwort des Servers. Nachdem er die Daten erhalten hat, schließt der Client seine Verbindung.

Start des Clients

Übersicht über die Systemaufrufe

Tabelle 32.15 fasst die Systemaufrufe zusammen, die die Socketprogrammierung betreffen.

Aufruf	Zweck
socket	Anforderung eines Kommunikationsendpunkts
bind	Legt die Portnummer fest
listen	Legt die Pufferzahl für Anfragen fest
accept	Auf Anfragen warten
connect	Verbindung anfordern
send	Senden von Daten
recv	Empfangen von Daten
close	Schließen des Sockets

Tabelle 32.15 Übersicht über die wichtigsten Netzaufrufe

In den folgenden Abschnitten werden diese Aufrufe näher untersucht.

32.12.1 Kommunikationsendpunkt: socket und close

Um mit Sockets zu arbeiten, müssen sie zuerst geöffnet werden. Die Funktion `socket()` öffnet einen Socket, die Funktion `close()` schließt ihn. Der Aufruf von `socket()` liefert die Nummer des neuen Sockets als Rückgabewert. Falls etwas schiefgelaufen ist, liefert die Funktion –1.

```
#include <sys/socket.h>

int IDMySocket;

    IDMySocket = socket(AF_INET, SOCK_STREAM, 0);
    ...
    if (IDMySocket>0) close(IDMySocket);
```

Jeder geöffnete Socket muss auch wieder geschlossen werden. Dies ist eigentlich eine Binsenweisheit. Eine Nachlässigkeit an dieser Stelle kann sich bitter rächen, da insbesondere bei statuslosen Serverprozessen Verbindungen sehr oft aufgebaut werden. Werden sie nicht wieder geschlossen, stehen die Sockets anderen Prozessen nicht mehr zur Verfügung. Im Extremfall kann das Fehlen von Sockets zum Stillstand der kompletten Netzkomponente des Betriebssystems führen.

Socket schließen mit close
: Das Schließen des Sockets erfolgt unter UNIX mit dem Aufruf close(). Dies funktioniert bei anderen Betriebssystemen im Normalfall nicht, da die Analogie der Sockets zu Dateien dort nicht existiert. Meist werden von den TCP/IP-Bibliotheken Namen wie closesocket(), socketclose() oder soclose() verwendet.

32.12.2 Serveraufrufe: bind, listen und accept

bind
: Der Serverprozess muss erreichbar sein. Dazu benötigt er einen sogenannten »well known port«. Diese Portnummer ist also den Clientprozessen wohlbekannt. Um einen Socket an diese Nummer zu binden, wird der Aufruf bind() verwendet. Als Parameter verwendet er den Socket und eine Struktur sockaddr_in, die diesen Port beschreibt. Ist alles in Ordnung, liefert bind() als Rückgabewert eine 0, im Fehlerfall –1.

listen()
: Der Aufruf listen() gibt an, wie viele Anfragen gepuffert werden können, während der Server anders beschäftigt ist und darum keine Anfragen abholen kann. In fast allen Programmen wird 5 als Parameter verwendet, da dies das Maximum einiger BSD-Systeme ist. Auch listen() liefert als Rückgabewert eine 0, wenn alles glatt lief, andernfalls eine –1.

accept()
: accept() wartet auf die Anfrage eines Clients. Der Aufruf liefert als Rückgabewert den Socket, mit dem der Server im Weiteren die Daten mit dem Client austauscht. Er verwendet zum Senden also nicht den gebundenen Socket. Im Fehlerfall liefert accept() –1.

```
struct sockaddr_in AdrMySock, AdrPartnerSocket;
...
  AdrMySock.sin_family = AF_INET;
  AdrMySock.sin_addr.s_addr = INADDR_ANY; /* akzept. jeden */
  AdrMySock.sin_port = PortNr; /* per getservbyname bestimmt */
  bind(IDMySocket, &AdrMySock, sizeof(AdrMySock));
  listen(IDMySocket, 5);
  do {
    IDPartnerSocket = accept(IDMySocket,
                             &AdrPartnerSocket, &len);
```

Vergessen Sie nicht, dass IDPartnerSocket nach dem Ende der Kommunikation geschlossen werden muss, obwohl der Socket nicht explizit geöffnet wurde.

32.12.3 Clientaufruf: connect

Sobald der Server gestartet ist, kann der Client Verbindung zum Server aufnehmen. Der entsprechende Aufruf lautet connect(). Der Server-Computer wird durch seine IP-Nummer bezeichnet. Diese ist ein 4-Byte-Wert und steht in der sockaddr_in-Struktur im Element sin_addr. Sie erhalten diese Nummer durch einen Aufruf von gethostbyname(). Der zweite Bestandteil der Serveradresse ist der Zielport. Diesen ermitteln Sie durch den Aufruf von getservbyname(). Die Umwandlung von Namen in Nummern wird später näher erläutert.

connect eröffnet die Verbindung zum Server

```
struct sockaddr_in AdrSock;

 AdrSock.sin_addr = HostID;
 AdrSock.sin_port = PortNr;
 connect(IDSocket, (struct sockaddr*)&AdrSock, sizeof(AdrSock));
```

Der dritte Parameter gibt die Größe des Speichers an, auf den der Zeiger AdrSock zeigt. Dort muss die Größe der Struktur sockadd_in angegeben werden. connect() liefert als Rückgabewert 0, wenn alles funktioniert, und im Fehlerfall −1.

32.12.4 Datenaustausch: send und recv

Mit den beiden Aufrufen send() und recv() werden Daten über die bestehenden Verbindungen transportiert. Unter UNIX können dafür auch die Dateiaufrufe read() und write() verwendet werden. Sofern nicht mit Dateien und auch mit Sockets gearbeitet werden soll, empfiehlt es sich aber, bei send() und recv() zu bleiben. Erstens erkennt man leichter, dass es sich um Netzverbindungen handelt, und zweitens haben Sie Vorteile beim Portieren auf andere Plattformen. Dort arbeiten read() und write() ausschließlich auf Dateien. Um anstelle von read() den Aufruf recv() zu verwenden, müssen Sie lediglich den Parameter 0 anhängen. Analoges gilt für write() und send().

Empfangen: recv()

Die Funktion recv() liefert als Rückgabewert die Größe des empfangenen Speicherbereichs oder –1 im Fehlerfall. Da der Rückgabewert nichts über die Größe des tatsächlich gesendeten Pakets aussagt, muss diese Information zwischen Client und Server selbstständig ausgetauscht werden. Wenn die Pakete nicht immer gleicher Größe sind oder Endezeichen verwendet werden, wird man meist die Paketlänge in den ersten Bytes des ersten Pakets codieren. Damit weiß der Empfänger, auf wie viel Bytes er noch warten muss.

Senden: send

Mit send() werden die Daten gesendet. Versucht eine Applikation, über einen Socket zu senden, der nicht mehr länger senden kann, erhält sie das Signal SIGPIPE. Darüber hinaus gibt die Funktion send() den Wert EPIPE zurück.

32.12.5 Namensauflösung

Computer und Dienste werden unter TCP/IP normalerweise mit Nummern angesprochen. Allerdings gibt es jeweils Mechanismen zur Namensauflösung. Damit sie auch im Programm Anwendung finden, ruft man die Funktionen gethostbyname() zur Ermittlung einer IP-Adresse anhand des Hostnamens und getservbyname() zur Ermittlung der Servicenummer anhand des Servicenamens auf:

```
struct hostent *RechnerID;
struct servent *Service;

    /* Bestimme den Rechner namens server */
    RechnerID = gethostbyname("server");
    /* Bestimme den Port für hilfe */
    Service = getservbyname("hilfe","tcp");
```

gethostbyname()

gethostbyname() erhält als Parameter einfach die Zeichenkette mit dem Namen des gesuchten Servers und liefert die IP-Nummer als einen Zeiger auf eine Struktur vom Typ hostent. Das wichtigste Element der hostent-Struktur ist das Feld h_addr_list. Hierin befindet sich das Array der IP-Nummern des Rechners. Das Element h_addr liefert die Nummer, die von connect() als IP-Nummer gebraucht wird. Dazu muss sie allerdings in das Feld sin_addr der Struktur sock_addr_in kopiert werden. Das Feld h_length liefert die Größe einer IP-Nummer, die bei IPv4 immer 4 ist.

```
struct sockaddr_in AdrSock;
struct hostent *RechnerID;

  /* Bestimme den Zielrechner */
  RechnerID = gethostbyname("server");
  bcopy(RechnerID->h_addr,
        &AdrSock.sin_addr, RechnerID->h_length);

  connect(IDSocket, (struct sockaddr *)&AdrSock,
        sizeof(AdrSock));
```

Die Funktion `getservbyname()` liefert für die beiden Zeichenketten, die den Dienst beschreiben, einen Zeiger auf eine Struktur namens servent. Das wichtigste Element der servent-Struktur ist das Feld s_port. In ihm befindet sich die Nummer des Ports, die von der Funktion `connect()` verwendet wird:

getservbyname()

```
struct sockaddr_in AdrSock;
struct servent *Service;

  Service = getservbyname("hilfe","tcp");
  AdrSock.sin_port = Service->s_port;
```

32.12.6 Zahlendreher: ntoh und hton

Die Bytefolge ist auf den verschiedenen Computern unterschiedlich definiert. So besteht eine Variable vom Typ short aus zwei Bytes. Auf einer Maschine mit Intel-CPU kommt dabei das niederwertige Byte zuerst, während es auf einer Motorola-68000-CPU genau umgekehrt ist. Beispielsweise entspricht die dezimale Zahl 9220 der hexadezimalen 0x2404. Die Intel-Darstellung lautet dann 0424, während die Motorola-CPU die Zahl als 2404 darstellt. In einem heterogenen Netz muss es dafür einen Standard geben. Unter TCP/IP steht das höherwertige Byte zuerst. Man nennt diese Reihenfolge Big Endian[4]. Um die Zahlendarstellung der Maschine in die Netzform zu überführen und die Programme portabel zu halten, gibt es die Makros `ntoh()` (Net to Host) und `hton()` (Host to Net). Beide wirken auf short-Variablen. Um long-Variablen zu bearbeiten, gibt es die analogen Makros `htonl()` und `ntohl()`.

---

[4] Der Legende nach stammt diese Bezeichnung aus dem Buch »Gullivers Reisen«, in dem sich zwei Völker darüber zerstreiten, ob man das Ei am dicken Ende (big end) oder am dünnen Ende (little end) zuerst öffnet.

[zB] Um beispielsweise den Port des POP3 (110) in die sock_add_in-Struktur zu schreiben, würde man `hton()` verwenden. Wenn aber an dieser Stelle `getservbyname()` verwendet wird, ist `hton()` nicht mehr notwendig.

```
struct sockaddr_in AdrSock;
   AdrSock.sin_port = hton(110);
```

32.12.7 Rahmenprogramm eines Client-Server-Paars

Ein Server beantwortet in einer Endlosschleife Clientanfragen. Bevor er in diese Endlosschleife geht, muss er seinen Dienst anmelden. Er blockiert erstmals bei `accept()`, der durch den `connect()`-Aufruf des Clients freigegeben wird. Der anschließende Aufruf von `recv()` führt zwar auch zum Blockieren des Servers, aber da der Client sofort seine Anfrage senden wird, ist dies nur von kurzer Dauer. Er sendet die Antwort und wendet sich dem nächsten Anfrager zu.

```c
#include <sys/types.h>
#include <sys/socket.h>
#include <netinet/in.h>
#include <netinet/tcp.h>
#include <netdb.h>

#define MAXPUF 1023

int main()
{
int IDMySocket, IDPartnerSocket;
struct sockaddr_in AdrMySock, AdrPartnerSocket;
struct servent *Service;
int AdrLen;

char Puffer[MAXPUF];
int MsgLen;

   IDMySocket = socket(AF_INET, SOCK_STREAM, 0);
   /* Socket an Port-Nummer binden */
   AdrMySock.sin_family = AF_INET;
   AdrMySock.sin_addr.s_addr = INADDR_ANY; /* akzept. jeden */

   /* Bestimme den Port */
   Service = getservbyname("hilfe","tcp");
   AdrMySock.sin_port = Service->s_port;

   bind(IDMySocket, &AdrMySock, sizeof(AdrMySock));
```

```
  listen(IDMySocket, 5);
  do {
    IDPartnerSocket = accept(IDMySocket,
                       &AdrPartnerSocket, &AdrLen);
    MsgLen = recv(IDPartnerSocket, Puffer, MAXPUF, 0);

    /* tu was mit den Daten */

    send(IDPartnerSocket, Puffer, MsgLen, 0);
    close(IDPartnerSocket);
  } while(1); /* bis zum Sankt-Nimmerleinstag */
}
```

Listing 32.25 tcp-Server

Dieser Server bearbeitet nacheinander jede Anfrage, die über den Port namens `hilfe` an ihn gestellt wird. Nach jeder Anfrage wird die Verbindung wieder gelöst, und ein anderer Client kann anfragen. Ein solcher Server kann ohne Änderungen auf jedes Betriebssystem portiert werden, das TCP/IP unterstützt. Lediglich der Aufruf von `close()` muss angepasst werden.

Sequenzielles Abarbeiten

Der zugehörige Client bereitet die Verbindung in der Variablen AdrSocket vor und ruft damit die Funktion `connect()` auf. Diese blockiert, bis der Server auf der anderen Seite `accept()` aufgerufen hat. Der Client fährt fort, indem er seine Anfrage sendet. Der Sendevorgang blockiert nie, dafür aber der anschließende Empfang der Antwort. Sobald der Server seine Antwort gesendet hat, kann der Client sich beenden.

```
#include <sys/types.h>
#include <sys/socket.h>
#include <netinet/in.h>
#include <netinet/tcp.h>
#include <netdb.h>

#define MAXPUF 1023

int main()
{
int IDSocket;
struct sockaddr_in AdrSock;
int len; /* Die Laenge der Socketstruktur */

struct hostent *RechnerID;
struct servent *Service;
char Puffer[MAXPUF];
```

```
            IDSocket = socket(AF_INET, SOCK_STREAM, 0);

            /* Bestimme den Zielrechner */
            RechnerID = gethostbyname("server");
            bcopy(RechnerID->h_addr,
                  &AdrSock.sin_addr, RechnerID->h_length);

            /* Bestimme den Port */
            Service = getservbyname("hilfe","tcp");
            AdrSock.sin_port = Service->s_port;

            connect(IDSocket, (struct sockaddr *)&AdrSock,
                    sizeof(AdrSock));

            send(IDSocket, Puffer, MAXPUF, 0);
            recv(IDSocket, Puffer, MAXPUF, 0);
            close(IDSocket);
        }
```

Listing 32.26 tcp-Client

Variablen Es gibt zwei Variablen pro Socket. Die eine ist wie bei Dateizugriffen ein einfaches Handle (hier mit ID gekennzeichnet), die andere enthält die Adresse der Verbindung, also die Internet-Nummer des Rechners und die Nummer des Ports. Der Server legt die IP-Nummer des Rechners, von dem er Anfragen akzeptiert, nicht fest. Das erreicht er, indem er die Konstante INADDR_ANY benutzt. Der Client dagegen gibt die Adresse des anzusprechenden Servers an. Die Funktion recv() liefert als Rückgabewert die Größe des versendeten Speicherbereichs. Die Funktion recv() liest die Sendung in Paketen von maximal 1 KByte. Wurden größere Pakete verschickt, müssen sie häppchenweise gelesen werden. Das Senden ist nicht beschränkt.

Parallelität

Der Server wird nun ergänzt, damit er die Vorteile einer Multitaskingumgebung nutzen und mehrere Anfragen parallel abarbeiten kann. Dazu muss an passender Stelle ein fork() eingebaut werden:

```
        do {
          IDPartnerSocket = accept(IDMySocket,
                                   &AdrPartnerSocket, &len);
          if (fork()==0) {
            MsgLen = recv(IDPartnerSocket, Puffer, MAXPUF, 0);
```

```
    /* tu was mit den Daten */

    send(IDPartnerSocket, Puffer, MsgLen, 0);
    close(IDPartnerSocket);
    /* Der Kindprozess beendet sich selbst */
    exit(0);
  } /* if fork.. */
  close(IDPartnerSocket); /* der Vater schliesst Verbindung */
} while(1);
```

Listing 32.27 Multitasking-Server

Sie sehen, mit welch geringer Änderung ein multitaskingfähiger Server zu realisieren ist. Beim Aufruf von `fork()` wird von dem Prozess ein Kindprozess erzeugt, der alle Ressourcen des Vaterprozesses besitzt. So kann er die Verbindung mit dem Anfrager weiter bearbeiten. Er tritt vollkommen an die Stelle des Vaterprozesses, der seinerseits die Verbindung schließen kann und auf eine neue Anfrage wartet. Sobald diese eintrifft, wird wieder ein Kindprozess generiert, der gegebenenfalls parallel zum anderen Kindprozess arbeitet, falls dieser noch nicht fertig ist.

Parallelverarbeitung mit wenig Aufwand

Der Server ist so, wie er nun vorliegt, statuslos (stateless server). Das bedeutet, er kann sich den Stand einer Kommunikation nicht merken. Fragt derselbe Client noch einmal an, wird er das wie eine völlig neue Anfrage behandeln. Auf diese Art arbeitet ein Webserver. Jede Anfrage ist für ihn neu. Andere Server, beispielsweise POP3-Server, halten die Verbindung mit ihrem Client so lange aufrecht, bis beide ein Ende der Verbindung vereinbaren. In so einem Fall würde eine Schleife im Kindprozess über `recv()`, Verarbeitung und `send()` laufen, bis ein definiertes Ende der Kommunikation stattfindet. Natürlich würde dann auch der Client eine Schleife haben, die erst bei einer Einigung über den Verbindungsabbau beendet wird.

Statusloser Server

Wie im Zusammenhang mit Signalen beschrieben wurde, sollte die Entstehung von Zombies verhindert werden. Zombies entstehen, wenn ein Kindprozess endet, aber der Vaterprozess nicht auf ihn wartet. Dadurch bleibt ein Eintrag in der Prozesstabelle mit dem Exitwert des Kindprozesses erhalten. Der Aufwand zum Vermeiden von Zombies ist denkbar gering:

Zombies vereiteln

```
signal(SIGCLD, SIG_IGN);
```

Diese Zeile sollte in den Server eingebaut werden, bevor er in die Endlosschleife eintritt.

32.12.8 Mehrere Sockets parallel abfragen

Ein anderes Thema der Socketprogrammierung ist die parallele Bearbeitung mehrerer Ports durch einen einzigen Prozess. Ein Beispiel für ein solches Programm ist inetd, der sogenannte Internet-Dämon, der für alle in der **inetd.conf** aufgeführten Ports die Anfragen entgegennimmt und den benötigten Server aufruft. Er arbeitet mit dem Aufruf select(), der mehrere Dateideskriptoren und damit Sockets parallel überwachen kann.

```
#include <sys/time.h>
#include <sys/types.h>
#include <unistd.h>
int select(int MaxHandle, fd_set *Lesen,
           fd_set *Schreiben,  fd_set *OutOfBand,
           struct timeval *TimeOut);
```

Zentrale Objekte sind in diesem Zusammenhang die Dateideskriptor-Arrays. Von diesen nimmt select() drei an. Dabei gibt es je einen Satz zum Lesen, zum Schreiben oder um Ausnahmen, wie Nachrichten außerhalb der Reihe, zu beobachten. Wollen Sie nicht alle Kategorien beobachten, geben Sie bei den uninteressanten Parametern den Wert NULL an.

Sollen die Sockets a und b zum Lesen beobachtet werden, dann muss ein fd_set angelegt und damit gefüllt werden:

```
fd_set lesesockets;

  FD_ZERO(&lesesockets);
  FD_SET(a, &lesesockets);
  FD_SET(b, &lesesockets);

  maxHandle = max(a, b) + 1;

  select(maxHandle, &lesesockets, NULL, NULL, NULL);
```

select() blockiert so lange, bis auf einem der Sockets Daten ankommen. Ein Timeout kann über den letzten Parameter gesetzt werden. Dann wird die Funktion nach einer gewissen Zeitspanne unterbrochen, die in einer Variablen vom Typ timeval festgelegt und an select() übergeben wird. Im Beispiel wird eine zehntel Sekunde eingestellt:

```
struct timeval myTime;
  ...
  myTime.tv_sec = 0;
  myTime.tv_usec = 100000;

  select(maxHandle, &lesesockets, NULL, NULL, &myTime);
```

Die Fähigkeit von select(), einen Timeout im Mikrosekundenbereich festzulegen, wird manchmal dazu missbraucht, einen Prozess für kurze Zeit schlafen zu legen. Die eigentlich dafür zuständige Funktion sleep() legt einen Prozess für mindestens eine Sekunde schlafen, was manchmal zu viel ist. Um select() als sleep()-Ersatz zu verwenden, kann man die ersten vier Parameter auf 0 setzen.

Ersatz für sleep

32.12.9 IPv6 aus Programmierersicht

Die kommende Generation der IP-Adressen, die nun 16 statt 4 Byte als Adressen verwendet, hat natürlich auch Konsequenzen für die Programmierung. Es wird neue Konstanten, Strukturen und Funktionen geben, die anstelle der alten Versionen eingesetzt werden müssen. An den Konzepten, wie Client- und Serverprogramme strukturiert sind, ändert sich nichts. Insofern sind die Administratoren von den Neuerungen stärker betroffen als die Programmierer.

Es wurde die neue Adressfamilie AF_INET6 statt AF_INET definiert. Statt der Struktur in_addr gibt es die Struktur in6_addr, die wie folgt definiert wird:

```
struct in6_addr {
    uint8_t s6_addr[16];
```

Von dieser Änderung ist dann auch die Struktur sockaddr_in betroffen, die nun als sockaddr_in6 folgendermaßen definiert ist:

```
struct sockadd_in6 {
    sa_family_t      sin6_family;
    in_port_t        sin6_port;
    uint32_t         sin6_flowinfo;
    struct in6_address sin6_addr;
}
```

Die Umsetzung vom Hostnamen in die IP-Nummer wird nicht mehr mit den Funktionen gethostbyname() bzw. gethostbyaddr(), sondern mit den neuen Funktionen getnodebyname() bzw. getnodebyaddr() vorgenommen.[5]

---

5 vgl. Santifaller, Michael: TCP/IP und ONC/NFS – Internetworking mit UNIX. Addison-Wesley, Bonn, 1998. S. 365.

32.12.10 Client-Server aus Sicht der Performance

Das Ziel einer guten Client-Server-Architektur besteht darin, die Leistung, die im lokalen Rechner andernfalls brachliegen, für Dinge zu nutzen, die nicht zentral ablaufen müssen, und damit den zentralen Rechner zu entlasten.

Das Modell Terminal — Betrachtet man eine Software, die von mehreren Anwendern gleichzeitig benutzt werden soll, ergeben sich drei Architekturmodelle. Die klassische Variante stellt jedem Teilnehmer ein Terminal zur Verfügung, und der Zentralrechner führt alle Anforderungen auf seinem zentralen Prozessor und seiner Festplatte aus. Dazu gehört auch die Benutzerführung, beispielsweise das Aufbauen der Masken. Damit belastet auch das Navigieren im Programm auf der Suche nach der richtigen Maske die Allgemeinheit.

Das Modell Dateiserver — Bei der Lösung mit einem Dateiserver wird die Prozessorlast auf die Arbeitsplätze verteilt. Da der Server keine Eigenintelligenz mitbringen muss, reicht normalerweise ein handelsüblicher PC. Man übersieht allerdings leicht, dass alle Festplattenzugriffe auch das Netz belasten, das typischerweise langsamer als der Festplattenzugriff ist. Soll beispielsweise nach einem bestimmten Kunden gesucht werden, erfolgt bei einem sortierten oder indizierten Datenbestand eine binäre Suche. Das bedeutet, dass der erste Zugriff auf den mittleren Datensatz erfolgt. Ist der gefundene Name im Alphabet höher, so wird die untere Hälfte halbiert, sonst die obere Hälfte. Auf diese Weise findet man mit zehn Zugriffen den richtigen Satz in 1024 Sätzen. Für 2048 Sätze braucht man elf Zugriffe, für 4096 zwölf und so weiter. Diese Zugriffe laufen aber alle über das Netz, und bei einer hohen Netzbelastung wird das Gesamtverhalten erheblich in Mitleidenschaft gezogen.

Suche nach dem Teilungspunkt — Eine Client-Server-Lösung kann an einer beliebigen Stelle geteilt werden. Der Teilungspunkt sollte oberhalb der binären Suche angesetzt werden, sodass die Festplattenzugriffe lokal auf dem Server stattfinden und das Netz nicht belasten. Auf der anderen Seite wird man die Benutzersteuerung auf dem lokalen Arbeitsplatz belassen, so dass nur schlanke Pakete mit Anfragen an den Server gerichtet werden.

32.13 Verschlüsseln mit crypt

Vorgehen — UNIX stellt den Programmierern die Funktion `crypt()` zur Verfügung, mit der es selbst seine eigenen Passwörter in der Datei **/etc/passwd** oder

/etc/shadow verschlüsselt. Zu der Funktion gibt es kein Gegenstück, das aus der verschlüsselten Zeichenkette wieder das ursprüngliche Passwort gewinnt. Um die Funktion zu nutzen, speichern Sie das verschlüsselte Passwort. Wenn ein Anwender sich authentifiziert, wird das eingegebene Passwort wiederum durch die Funktion crypt() bearbeitet. Das Ergebnis muss dem gespeicherten Passwort entsprechen.

Die Funktion crypt() eignet sich nicht zum Verschlüsseln längerer Texte. Wenn Sie sich mit der Verschlüsselung nicht gerade gut auskennen, dürfte crypt() sicherer sein als eigene Verschlüsselungsexperimente. Auf alle Fälle ist es besser, crypt() zu verwenden, als ein unverschlüsseltes Passwort in eine Datei zu schreiben oder über eine Leitung zu senden.

Der Aufruf von crypt() erwartet zwei Parameter. Der erste Parameter ist eine Zeichenkette mit dem Passwort, das verschlüsselt werden soll. Der zweite Parameter ist ebenfalls eine Zeichenkette und wird in der Dokumentation gern als »Salz« bezeichnet. Das Salz besteht aus zwei Zeichen, die jeweils ein Buchstabe, eine Ziffer, ein Punkt oder ein Schrägstrich sein dürfen. Auf diese Art und Weise können bis zu 4096 Varianten der Verschlüsselung gebildet werden. Um später ein Passwort mit dem gespeicherten zu vergleichen, muss natürlich das gleiche Salz verwendet werden. Das ist nicht weiter schwierig, da das Salz immer die ersten zwei Zeichen des verschlüsselten Passworts sind.

[Salz]

```
#define _XOPEN_SOURCE
#include <unistd.h>
char *crypt(const char *key, const char *salt);
```

Die Parameter der Funktion crypt() sind Zeiger auf Buchstaben, also Zeichenketten[6]. Der Rückgabezeiger ist im Fehlerfall 0. Sonst gibt die Funktion einen Zeiger auf den internen Puffer mit dem verschlüsselten Passwort zurück. Das Passwort wird, wie in C üblich, mit einem Nullbyte abgeschlossen. Der Inhalt des internen Puffers wird durch einen erneuten Aufruf von crypt() überschrieben. Es reicht also nicht, den Zeiger zu sichern.

Das folgende Programm kann von der Konsole aufgerufen werden und ein beliebiges Passwort als Parameter übergeben. Das Wort wird verschlüsselt und auf dem Bildschirm ausgegeben. Sie können als zweiten Parameter auch ein bestimmtes Salz vorgeben, sonst verwendet das Programm zwei Punkte.

[zB]

---

6 In der Programmiersprache C ist beides miteinander austauschbar.

```c
#include <unistd.h>

int main(int argc, char *argv[])
{
    switch(argc) {
    default:
        puts("Usage: crypt passwd [salt]");
        break;
    case 2:
        puts(crypt(argv[1], ".."));
        break;
    case 3:
        puts(crypt(argv[1], argv[2]));
        break;
    }
}
```

Zur Übersetzung muss die Bibliothek libcrypt.a hinzugebunden werden. Der entsprechende Aufruf zur Übersetzung würde also folgendermaßen lauten:

```
gaston> cc -lcrypt -o crypt crypt.c
```

Das Programm wird mit dem zu verschlüsselnden Passwort aufgerufen. Als weiterer Parameter kann das Salz aus zwei Zeichen angegeben werden. Das verschlüsselte Wort wird auf dem Bildschirm ausgegeben.

```
gaston> crypt Mein2Passwd aw
aw7JrjDPWvzqE
gaston> crypt Mein2Passwd
..mZvcpH.GrXg
gaston>
```

Es ist sehr schön zu sehen, dass die ersten zwei Zeichen des verschlüsselten Passworts das Salz sind. Ein Programm kann also die ersten zwei Zeichen des hinterlegten Passworts als Salz verwenden, um eine Anmeldung zu verifizieren. Die Verschlüsselung muss dann das hinterlegte Passwort ergeben.

32.14 Reguläre Ausdrücke

In vielen Programmen werden zum Suchen von Mustern reguläre Ausdrücke verwendet. Beeindruckend ist, dass alle Programme die Ausdrücke gleich interpretieren. Das liegt allerdings nicht in erster Linie an der Harmoniesucht der UNIX-Programmierer, sondern einfach daran, dass UNIX die benötigten Funktionen als Bibliothek zur Verfügung stellt.

Nach dem POSIX-Standard werden vier Funktionen zur Verfügung gestellt: regcomp(), regexec(), regerror() und regfree(). regcomp() übersetzt eine Zeichenkette mit einem regulären Ausdruck in eine Variable vom Typ regex_t. Diese wird dann mit der Funktion regexec() auf den zu durchsuchenden Text angewandt. Wird die Variable nicht mehr benötigt, wird sie mit regfree() freigegeben. regerror() wandelt die Fehlernummern, die regcomp() oder regexec() erzeugen, in eine Fehlermeldung um. Programme, die diese Funktionen benutzen, müssen die Datei **regex.h** einbinden.

Als Beispiel dient hier eine einfache Nachbildung des Programms grep.

```
#include <stdlib.h>
#include <stdio.h>
#include <regex.h>

int main(int argc, char *argv[])
{
char puffer[512];
int i;
regex_t regexpr;
FILE *fp;

    if (argc<3) {
        printf("Usage: %s regexpression files\n", argv[0]);
        return -1;
    }
    if (regcomp(&regexpr, argv[1], REG_EXTENDED|REG_NEWLINE)) {
        printf("Problem beim Ausdruck %s\n", argv[1]);
        return -2;
    }
    for (i=2; i<argc; i++) {
        fp = fopen(argv[i], "r");
        if (fp!=NULL) {
            while (!feof(fp)) {
                fgets(puffer, sizeof(puffer)-1, fp);
                if (regexec(&regexpr, puffer, 0, NULL, 0)==0) {
                    puts(puffer);
                }
            }
            fclose(fp);
        }
    }
```

```
        regfree(&regexpr);
        return 0;
}
```

Listing 32.28 Regulärer Ausdruck in grep

32.15 Weitere Programmierschnittstellen

In diesem Abschnitt sollen noch einige Bibliotheken und Schnittstellen vorgestellt werden, die unter UNIX verfügbar sind.

Streams   Mit System V wurde das Konzept der Streams eingeführt. Dabei werden Messages mit den Funktionen `putmsg()` und `getmsg()` an einen Stream gesandt. Für Fehlermeldungen stellt System V einen Stream log zur Verfügung, der mit dem syslog-Dämon zusammenarbeitet.

RPC: Remote Procedure Call   Oberhalb der Socketprogrammierung gibt es das RPC (Remote Procedure Call), das die Netzwerkkommunikation als Funktionsaufruf modelliert. NFS und NIS basieren auf dem RPC.

Memory Mapped I/O   Memory Mapped I/O ist sowohl in BSD als auch in System V verfügbar. Die Funktionen lauten `mmap()`, `msync()` und `munmap()`. Eine Datei wird auf einen Speicherbereich abgebildet und kann dann mit Speicherzugriffen bearbeitet werden. Unter Linux ist damit beispielsweise das dynamische Laden von Programmteilen realisiert worden.

Curses   Curses ist eine Bibliothek, um Texte in Terminals zu positionieren. Damit ist es sogar möglich, einfache Textfenster in einer Konsolenumgebung zu erstellen. Mit ncurses bietet Linux sogar eine farbige Variante an.

32.16 Systemkonformität

UNIX ist eine Multitaskingumgebung. Obwohl das Betriebssystem Prozesse gegeneinander abschirmt, liegt es dennoch in der Verantwortung des Programmierers, systemkonform zu programmieren. Was das bedeutet, sei hier an zwei Beispielen erläutert.

32.16.1 Polling

Polling bedeutet, dass ein Programm in einer Endlosschleife prüft, ob ein Ereignis eintrifft. Dieses Verfahren wurde in Singletasking-Systemen wie MS-DOS oder auf Kleincomputern eingesetzt, um beispielsweise die

Tastatur abzufragen, oder auch beim Drucken. Beide Fälle spielen im UNIX-Bereich kaum eine Rolle, da der direkte Zugriff auf die Tastatur oder auf den Drucker nicht möglich ist.

Allerdings gibt es immer wieder Aufgabenstellungen, bei denen ein Programm auf ein Ereignis warten muss, das nicht durch eine Systemschnittstelle abgedeckt ist. Beispielsweise wird eine Programmkommunikation oft über Dateien realisiert, und der Konsument wartet, bis eine Datei erzeugt wird bzw. bis die Sperrdatei gelöscht wird. In so einem Fall muss in die Warteschlange ein Aufruf von `sleep()` eingebaut werden. Andernfalls zieht dieser Prozess nach und nach einen Großteil der CPU-Zeit an sich, und andere Prozesse stehen im Regen.

32.16.2 Rechte beachten

Manchmal stehen einem Anwendungsprogramm ein paar Rechte im Wege. Es ist natürlich am einfachsten, diese fehlenden Zugriffsrechte zu verändern und den Weg für das Programm frei zu machen. Im Normalfall sollte eine solche Situation aber auf »legalen« Wegen zu umgehen sein, und das Stolpern über mangelnde Rechte kann ein Hinweis darauf sein, dass hier vielleicht nicht systemkonform programmiert wird.

Ein triviales Beispiel ist der Drucker. Das Device des Druckers liegt bekanntlich unter **/dev/lp** oder **/dev/lp0**, ist aber für den normalen Anwender und sein Programm nicht beschreibbar. Natürlich kann ein Programm dieses Device als Datei öffnen und hineinschreiben. Allerdings wird damit der Spooler umgangen und ein Teilen der Ressource ausgeschlossen.

Anhang

A **Die Entstehung und Entwicklung von UNIX** 985

B **Glossar** 995

C **Literatur** 1007

A   Die Entstehung und Entwicklung von UNIX

Es gibt diverse UNIX-Varianten und -Lizenzen. Um zu verstehen, wie es zu dieser Vielfalt kam und was die Besonderheiten der einzelnen Systeme sind, ist es hilfreich, die Geschichte von UNIX zu betrachten. Tatsächlich können Sie im Internet eine Vielzahl von Seiten finden, in denen die Geschichte von UNIX erzählt wird. Hier eine Auswahl von Seiten:

- **Twenty Years of Berkeley Unix**
  http://www.oreilly.com/catalog/opensources/book/kirkmck.html

- **The Creation of the UNIX* Operating System**
  http://www.bell-labs.com/history/unix/

- **Unix at 25**
  http://www.byte.com/art/9410/sec8/art3.htm

- **Dennis Ritchie: The Evolution of the Unix Timesharing System**
  http://cm.bell-labs.com/cm/cs/who/dmr/hist.html

- **Dennis Ritchie's homepage**
  http://www.cs.bell-labs.com/who/dmr/

- **A short history of UNIX**
  http://www-cs.canisius.edu/UNIX/history.html

A.1   AT&T

Die Bell Laboratories hatten eine Zusammenarbeit mit MIT und General Electrics an einem Betriebssystem namens MULTICS (Multiplexed Information and Computing System) erfolglos beendet. MULTICS sollte ein Betriebssystem der Zukunft werden. Viele Ideen wurden eingebracht, und bald erwies sich die Aufgabe als zu komplex. Als Plattform war das IBM 7094 Data Processing System vorgesehen. MULTICS enthielt aber viele gute Ideen:[1]

MULTICS

---

1 http://www-cs.canisius.edu/UNIX/history.html,
   Derek Morr: A History of Unix.

- ein hierarchisches Dateisystem
- virtuellen Speicher
- die Pipe
- die Shell
- Hintergrundprozesse
- Verwendung einer Hochsprache (PL/I)[2]

Schlankheitskur Zwei der Entwickler, die von dem Projekt MULTICS abgezogen wurden, Dennis Ritchie und Ken Thompson, entwickelten in den Bell Laboratories bei AT&T auf einer PDP-7 um 1969 eine abgespeckte Version, die sie zunächst UNICS nannten. Später verwendeten sie eine PDP-11. Im Jahre 1973 wurde der Code in der Sprache C vollkommen neu geschrieben. Dadurch war UNIX portierbar geworden.

A.2 UNIX an der Uni

Die kommerziellen Möglichkeiten wurden zunächst völlig unterschätzt, sodass UNIX und sein Quellcode recht freizügig verteilt wurden. So kam UNIX etwa 1974 an die Universitäten Berkeley und Columbia. Generationen von Studenten lernten anhand von UNIX, wie ein Betriebssystem funktioniert. Hier wurden Erweiterungen bzw. Korrekturen vorgenommen. Berkeley gab mit BSD eigene Versionen von UNIX heraus.

In Berkeley wurde der Editor vi geschrieben. Die Terminalansteuerung mit termcap und der virtuelle Speicher wurde von der Universität Berkeley entwickelt. 1979 entstand die legendäre Version 7, die unter anderem die Utilities awk, cpio, expr, find, lint, make, sh, sed, tail, tar und touch enthielt. Die Programmierschnittstellen ioctl, malloc, stdio und string waren ebenfalls implementiert.

Netzwerk und TCP/IP Das amerikanische Verteidigungsministerium gab 1980 im Zuge der Entwicklung des Internets der Universität Berkeley den Auftrag, Netzwerkschichten in UNIX zu implementieren. 1983 gehörte TCP/IP zum Umfang der Version 4.2 von BSD.

---

2 http://www-cs.canisius.edu/UNIX/history.html

A.3 UNIX wird kommerziell

Seit 1979 vertrieb AT&T UNIX kommerziell und sicherte sich 1986 den Markennamen UNIX. Gleichzeitig wurden die Lizenzgebühren für UNIX immer mehr erhöht. Dadurch wurden auch die Kosten für das BSD-UNIX immens, da man zur Verwendung des BSD-UNIX auch eine Lizenz von AT&T brauchte.

1982 verließ Bill Joy Berkeley und gründete die Firma Sun, die Hardware zum Betrieb von UNIX herstellte. Sun gehörte aber auch zu den Firmen, die am intensivsten die Weiterentwicklung von UNIX betrieben. 1983 wurde die eigene UNIX-Variante SunOS 1.0 veröffentlicht. 1984 erschien NFS (Network Filesystem). `Sun`

Im Jahre 1982 entwickelte die Firma SGI (Silicon Graphics Inc.), die vor allem im Multimediabereich eine führende Rolle übernahm, die UNIX-Variante IRIX. `SGI`

Etwa 1984 entwickelte AT&T System V.[3] AT&T und Sun entwickelten 1988 System V Rel 4. Diese Version sollte vor allem die vielen separaten Entwicklungen zusammenfassen und einen neuen Standard bieten. Wegen der Notwendigkeit, die Portabilität zu wahren, die zu den ursprünglichen Stärken von UNIX gehörte, wurden auch Besonderheiten von BSD in das System V aufgenommen. `System V`

1986 brachte die Firma Hewlett Packard ihre UNIX-Version HP-UX auf den Markt. HP-UX basiert auf System V. `HP-UX`

Auch auf der Basis von System V brachte etwa 1990 auch IBM die UNIX-Version AIX auf den Markt. Für AIX stellt IBM die RISC-Maschinen RS/6000 her. Die bereits 1988 gegründete Open Software Foundation OSF[4] hatte sich zur Aufgabe gestellt, gemeinsam die Weiterentwicklung von UNIX zu betreiben, und wählte AIX als Ausgangssystem aus. `AIX`

Während seiner Entwicklungsgeschichte drohte immer wieder die Zersplitterung von UNIX in diverse Dialekte. Es gab mehrere Bestrebungen, verbindliche Normen zu schaffen. Das IEEE (Institute for Electrical und Electronic Engineers) definierte mit POSIX (Portable Operating System Interface) eine Familie von Standards für die UNIX-Schnittstellen. `POSIX von IEEE`

---

3 Das V steht für eine römische Fünf und wird üblicherweise englisch five ausgesprochen.
4 Nicht zu verwechseln mit der Free Software Foundation FSF.

X/Open   Von Seiten der großen Computerhersteller wurde die X/Open gegründet, die einen Industriestandard für offene Systeme schaffen sollte. Das wichtigste Ergebnis war der XPG (X/Open Portability Guide).

A.4 Die Rache der Enterbten

AT&T hatte natürlich das Recht, für eigene Entwicklungen Lizenzen zu fordern. Allerdings war UNIX gerade durch die Entwicklungen an der Universität Berkeley ein Erfolg geworden. Durch die immer restriktiveren Lizenzbedingungen wurde es immer schwieriger, UNIX im Lehrbetrieb einzusetzen. Und so mussten die Universitäten unter dem Erfolg von UNIX leiden, den sie selbst herbeigeführt hatten.

GNU   Als Reaktion auf diesen Zustand gründete 1984 Richard M. Stallmann die Free Software Foundation. Software, die von ihren Autoren ohne Bezahlung erstellt wurde, sollte frei bleiben. Das Projekt GNU wurde geboren. GNU war die Abkürzung für »GNU is Not Unix«. Damit war nicht gemeint, dass man sich von UNIX als Betriebssystem distanzierte. Vielmehr sollte ausgedrückt werden, dass es dieser Software nicht so ergehen sollte wie UNIX und dass es auch nichts mit dem UNIX zu tun hatte, an dem AT&T irgendwelche Rechte geltend machen konnte. Eine Kommerzialisierung auf Kosten der Autoren sollte nicht möglich sein. Das Fernziel war ein eigenes Betriebssystem. Zunächst wurden aber die Utilities entwickelt. Das wichtigste Produkt des GNU-Projekts war sicherlich der Compiler, der kostenlos auf beinahe allen Plattformen zur Verfügung steht. Nun hatte man einen eigenen Compiler, mit dem man plattformübergreifend entwickeln konnte. Dazu kam, dass immer mehr Hersteller ihre Compiler als »Entwicklungspaket« bezeichneten und für teures Geld separat verkauften.

XINU   Immer noch fehlte den Lehrstühlen für Betriebssysteme an den Hochschulen die Möglichkeit, Studenten »am lebenden Objekt« auszubilden. Der UNIX-Quellcode durfte nicht mehr frei veröffentlicht werden. Lizenzen für interessierte Studenten waren unerschwinglich. Es gab verschiedene Ansätze, um in dieser Situation Abhilfe zu schaffen. An den Universitäten entstand zunächst XINU[5] von Douglas Comer als ein Systemkern ohne Anbindung an irgendwelche Peripherie. Erst spät entstand eine Portierung auf einen Personal-Computer.

---

5 Comer, Douglas: Operating System Design – The XINU Approach. Prentice Hall International Editions, 1984.

Zu dieser Zeit hatte Andrew Tanenbaum bereits MINIX entwickelt. Wie schon bei XINU entstand das Betriebssystem im Zusammenhang mit einem Buch über Betriebssysteme.[6] Tanenbaums System wurde vollständig für den IBM-PC entwickelt und enthielt alle wichtigen Komponenten eines Betriebssystems und auch die Treiber. So wurde sein Buch zu einem der Standardwerke zum Thema Betriebssysteme. Neu war auch das Konzept: MINIX wurde aus mehreren Modulen zusammengesetzt, die durch Message Passing miteinander kommunizierten. Dieser Ansatz war elegant und ermöglichte den späteren Umstieg auf ein verteiltes Betriebssystem, war aber nicht auf Performance ausgelegt. Immerhin konnten Studenten dieses System für wenig Geld erwerben und hatten nicht nur ein vollständiges UNIX, sondern auch die Sourcen zur Verfügung, um dem System auf die Finger zu sehen. Das System war unter Studenten recht populär, und es existierten sogar Portierungen auf Apple Macintosh, Atari ST und Commodore Amiga.

MINIX

Die Universität Berkeley blieb nicht untätig. Sie entfernte allen Code, der in ihrer UNIX-Version noch Rechte von AT&T enthielt, und entwickelte diese Funktionalitäten völlig neu. Da nun alle Teile dieses Systems selbst geschrieben waren, wurde es als freie Software vertrieben. 1991 folgte ein längerer Rechtsstreit zwischen der Universität und AT&T und schließlich war FreeBSD geboren. FreeBSD enthält den Original-Quellcode von TCP/IP, wie er auch in den anderen UNIX-Ablegern läuft.

Freie BSD

In dieser Situation erstellte Linus Torvalds einen Kernel in UNIX-Machart. Er nannte ihn Linux und stellte ihn in der MINIX-Newsgroup vor. Andrew S. Tanenbaum reagierte mit einer Mail, deren Betreff »Linux is obsolete« heute oft zitiert wird. Sie wird gern dahingehend missverstanden, dass Tanenbaum das Zukunftspotenzial von Linux verkannt hätte. Das Wort »obsolete« bedeutet aber »althergebracht« und bezieht sich auf die Struktur des Systemkerns. Im Gegensatz zu MINIX, das ein modulares Betriebssystem darstellt und dadurch die Ansätze für ein verteiltes System aufzeigt, erreicht Linux seine wesentlich bessere Performance durch die Rückkehr zu einem monolithischen Betriebssystemkern. Der schnelle Kern von Linux mag zwar nicht elegant gewesen sein, aber der Gedanke, ein UNIX-ähnliches System zu besitzen, das die Geschwindigkeit des damals neuen 80386-Prozessors voll ausnutzte, hatte seinen Charme.

Linux

Durch das Hinzufügen der GNU-Tools und des MINIX-Dateisystems konnte man aus Linux schnell ein lauffähiges Grundsystem bauen. Von FreeBSD

Linux, GNU und BSD

---

[6] Tanenbaum, Andrew S.: Operating Systems – Design and Implementation. Prentice Hall, 1987.

wurden die Netzwerkbibliotheken verwendet. Das grafische X Window System wurde, da es frei verfügbar war, auch bald eingebunden. Sun stellte seine grafische Oberfläche SunView unter dem Namen OpenView frei, und so hatte Linux bereits früh eine durchaus professionelle grafische Oberfläche zur Verfügung. Anfangs wurde Linux noch als Betriebssystemspielzeug belächelt. Dann entwickelte sich durch die weltweite Beteiligung in unglaublicher Geschwindigkeit ein System, das seine Spuren auch in anderen UNIX-Systemen hinterließ. Wollte früher Linux wie UNIX sein, versuchen heute die UNIX-Systeme, die neuen Möglichkeiten von Linux zu integrieren. Heute gibt es wohl niemanden mehr, der daran zweifelt, dass Linux ein »richtiges« UNIX ist.

UNIX auf dem Desktop Nachdem Linux im Bereich der Server bewiesen hatte, dass es ein sicheres und stabiles Betriebssystem ist, wollten immer mehr Anwender auch ein stabiles und sicheres Betriebssystem als Arbeitsplatz. Es wurden die beiden Desktops KDE und GNOME entwickelt, die in ihrer Benutzerführung dem Marktführer MS Windows in nichts nachstanden.

KDE Die erste Version von KDE wurde in einer unglaublichen Geschwindigkeit auf die Beine gestellt. KDE wurde auf Basis der Qt-Bibliothek der Firma Troll Tech entwickelt. Der entstandene Desktop erfüllte die gestellten Aufgaben. Nichts war mehr von der leichten Muffigkeit des alten X Window Systems zu spüren. Schnell wuchs die Zahl der Dienstprogramme und der Anwender. Die Firma SUSE, die in Deutschland Marktführer unter den Linux-Distributoren ist, setzt KDE als Standardoberfläche ein.

GNOME Die Verwendung einer kommerziellen Bibliothek führte zu Aufruhr in der Linux-Gemeinde. Während bei allen anderen Betriebssystemen die Verwendung der Bibliotheken kostenlos war, sollte dies ausgerechnet beim freien Linux anders sein? Man entschied sich, auf der Basis der Bibliotheken des Grafikprogramms GIMP, das vollständig der GNU-Lizenz unterliegt, einen eigenen Desktop zu schaffen. GNOME orientierte sich auch weniger an MS Windows, sondern mehr am Macintosh. Darüber hinaus basiert GNOME auf CORBA, einer objektorientierten Komponentenarchitektur. GNOME wird von Red Hat, dem wichtigsten amerikanischen Linux-Distributor gefördert. Außerdem hat sich Sun dafür entschieden, GNOME als Standard-Desktop für Solaris einzusetzen.

KDE oder GNOME? Die Firma Troll Tech hat der KDE-Gemeinde einige Zugeständnisse gemacht. So ist die Bibliothek unter ähnlichen Rechten zu verwenden wie die GNU, solange die entstehende Software unter GNU-Lizenz weitergegeben wird. Zahlen müssen nun nur Unternehmen, die ihre Software verkaufen wollen. Da die Entwicklung für Linux immer noch ein Risiko ist, werden diese Unternehmen aber vermutlich eher für GNOME entwickeln als für KDE. Für Shareware-Autoren wird die Entscheidung ebenfalls eindeutig sein. Die wichtigste Errungenschaft ist, dass die Anwendungen für den einen Desktop auch auf dem anderen laufen.

A.5 Mac OS X

Aus einer ganz anderen Richtung kommt die Entwicklung bei Apple. Mitte der 80er-Jahre stellte Apple den Macintosh vor. Im Gegensatz zum IBM-PC besaß der Mac keine Textkonsole mehr, sondern arbeitete auf einer grafischen Oberfläche mit einer Maus. Der neue Computer sollte auch für Anfänger leicht zu benutzen sein. Alles war leicht zu verstehen, und so passte auch das Single-Tasking dazu. Der Anwender konnte nur ein Programm gleichzeitig starten. Wollte er ein anderes Programm benutzen, musste er das bisherige zunächst beenden.

Single-Tasking

Wenige Jahre später trennte sich Apple von dem Firmenmitbegründer Steve Jobs, der das Macintosh-Projekt veranlasst hatte. Jobs gründete eine neue Computerfirma namens NeXT und entwickelte dort einen Computer der Superlative, den er 1988 vorstellte. Es wurde leistungsfähigste Hardware verwendet. Aber auch die Software war vom Feinsten. So bildete Mach den Kern. Mach war ein Mikrokernel, der durch Module erweitert wurde, die durch Versenden von Nachrichten miteinander kommunizierten. Erweitert wurde der Kern um das BSD-UNIX der Version 4.3. Darauf lief eine objektorientierte Systembibliothek zum Erstellen von Anwendungsprogrammen. Die Grafik wurde sowohl am Bildschirm als auch auf dem Drucker komplett in PostScript realisiert. Dieser Computer war sehr beeindruckend, aber leider auch sehr teuer, und der kommerzielle Erfolg blieb aus.[7]

NextStep

Inzwischen erwartete der Markt, dass ein Computer multitasking-fähig war. So wurde auch beim Apple Macintosh das zugrunde liegende Betriebssystem immer mehr erweitert. Obwohl die Benutzeroberfläche noch hoch gelobt wurde, wurden die Mängel des zugrunde liegenden Systems immer deutlicher. Aber auch die Oberfläche wirkte inzwischen ein wenig altbacken. Schließlich wurde 1996 die Firma NeXT inklusive Steve Jobs von Apple übernommen, und die UNIX-Basis von NextStep wurde zum neuen Basissystem des Mac OS. Apple veröffentlichte die Sources zu diesem Unterbau unter der Apple Public Licence und nann-

Comeback

---

7 vgl. Bresink, Marcel: Mac OS X – Das Jaguarbuch. 2003, mitp-Verlag, Bonn. S. 157ff.

te ihn Darwin. Auch die grafische Oberfläche wurde um die Ideen von NextStep bereichert und grafisch aktualisiert. Da die nächste MacOS-Version die Nummer 10 sein würde und um auf den UNIX-Kern anzuspielen, nannte man diese Version Mac OS X.

Mac und UNIX — Damit ist der Macintosh eine UNIX-Maschine. Allerdings hat der Macintosh ein paar Besonderheiten. Statt des in UNIX-Kreisen üblichen X Window Systems verwendet Apple eine eigene grafische Oberfläche namens Aqua, die nicht auf X11 beruht. Der Macintosh ist von seinem Ursprung her kein Server, sondern ein Arbeitsplatzrechner. Weil die anerkannt einfache Bedienung der Wettbewerbsvorteil ist, der den Macintosh aus der Masse der MS-Windows-PCs heraushebt, legte Apple den größeren Wert darauf, die grafische Oberfläche geschmeidig zu halten, als darauf, alle UNIX-Dogmen und -Standards einzuhalten.

A.6 UNIX wird verkauft

Novell kaufte UNIX — Im Jahre 1993 verkaufte AT&T seine Unix Systems Laboratories an Novell. Dadurch kamen die Rechte an UNIX in die Hand von Novell. Novell vertrieb zu diesem Zeitpunkt ein eigenes PC-UNIX namens UnixWare. Die grundlegende Idee war, Netware, das Hauptprodukt von Novell, auf die Basis von UNIX und TCP/IP zu stellen, weil der bisherige Kern nicht mehr zukunftsfähig erschien. Aber es kam anders. Microsoft setzte Novell mit seinem Marketing für die NT-Server so unter Druck, dass Novell die UNIX-Pläne aufgab.[8]

Novell und SCO — 1995 wurden die Eigentums- und Nutzungsrechte an UNIX zusammen mit UnixWare an SCO (Santa Cruz Operation Inc.) verkauft. Interessanterweise sind in dem Vertrag wohl die Urheberrechte und Patente explizit ausgenommen.[9] Die Firma SCO war zu diesem Zeitpunkt der Hersteller des verbreitetsten UNIX für PCs. Der Markenname UNIX wurde dagegen an die X/Open Group weitergegeben. 2001 wurde SCO von Caldera aufgekauft. Caldera war zu diesem Zeitpunkt ein Linux-Distributor. Die Distribution von Caldera zeichnete sich dadurch aus, dass sie einige kommerzielle Tools enthielt, und peilte den professionellen Markt an. Zunächst ging SCO in Caldera auf. Später benannte Caldera sich in SCO um und beteiligte sich an einem Standardisierungprojekt für Linux. Seit

---

8 vgl. Joe Firmage: Insider-Story: Warum Novell die Unix-Rechte an SCO verkauft hat. ZD-Net. 17. November 2003.
9 vgl. Vertrag sichert SCO die Unix-Rechte – Novell aber auch. Computerwoche, 05.06.2003.

2003 versuchte SCO seine UNIX-Rechte zu Geld zu machen, indem die Firma behauptete, Linux enthalte Code-Passagen, die aus dem Original-UNIX stammen. Die Firma forderte Linux-Anwender auf, Lizenzrechte zu kaufen, und verklagte parallel IBM und andere Firmen wegen Urheberrechtsverletzungen. Diese Klage zog sich jahrelang hin und es entstand der Eindruck, dass SCO es nicht eilig hatte, die Vorwürfe der Code-Übernahme zu belegen. Da inzwischen auch die Richter des Verfahrens deutliche Signale gesetzt haben, dass sie bei der derzeitigen Lage SCO den Prozess wohl verlieren würde, hat sich die große Aufregung inzwischen gelegt. Dass Linux-Anwender Lizenzprobleme bekommen könnten, glaubte wohl schon bald niemend mehr. Stattdessen überraschte ein Richterbeschluss damit, dass SCO gar nicht die grundlegenden Rechte an UNIX von Novell bekommen habe, sondern nur die Lizenz für UnixWare. Dagegen ging SCO aber in die Berufung. Es stellt sich inzwischen die Frage, ob die Niederschlagung der Klage noch vor dem Konkurs von SCO erfolgt oder erst danach.

B Glossar

AIX
AIX ist die IBM-Variante von UNIX. Es läuft vor allem auf RS/6000-Maschinen.

ANSI
(American National Standard Institute) ist die Normungsbehörde der USA.

API
Die API (Application Programming Interface) ist die Schnittstelle, die ein System einer Applikation zur Verfügung stellt. Eine API wird im Allgemeinen erweitert, wird aber aus Kompatibilitätsgründen selten zurückgebaut. Damit legt die API im Allgemeinen auch die Eigenheiten des Systems weitgehend fest.

Argument
Parameter, die einem Befehl mitgegeben werden.

ARP
Address Resolution Protocol ist das Protokoll, über das ein Gerät mit Hilfe seiner Hardware-Adresse seine IP-Nummer findet.

ASCII
Weitverbreiteter Zeichensatz. Er braucht für die Darstellung aller Zeichen nur 7 Bit. Dabei sind allerdings nationale Sonderzeichen nicht berücksichtigt.

Assembler
Assembler ist die Sprache des Prozessors. Sie wird eins zu eins in die eigentliche Maschinensprache, die nur aus Nullen und Einsen besteht, übersetzt. Dadurch sind Programme, die in Assembler geschrieben wurden, natürlich extrem schnell, aber auch schwer wartbar und nicht portabel.

boot
Mit dem Begriff Boot (engl. Stiefel) wird das Starten eines Betriebssystems bezeichnet. Im angloamerikanischen Raum gibt es die Redewendung, dass man sich an den eigenen Stiefel aus dem Sumpf zieht. Im deutschen Sprachraum wäre vergleichbar, sich am eigenen Zopf aus dem Sumpf zu ziehen.[1]

BSD
(Berkeley Software Distribution) ist eine der wichtigen Säulen der UNIX-Entwicklung gewesen. Nachdem einige Jahre Ruhe um das BSD-UNIX herrschte, gibt es seit einigen Jahren einige freie BSD-Varianten wie FreeBSD, OpenBSD und NetBSD.

C
Die Programmiersprache C ist bei der Entwicklung von UNIX als portable Hochsprache entstanden, mit der man systemnah programmieren kann. Da UNIX nicht, wie damals üblich, in Assembler programmiert worden ist, wurde es zu einem Betriebssystem, das nicht von der Entwicklungshardware abhängig ist.

C++
Eine Weiterentwicklung von C, die vor allem objektorientierte Techniken ermöglicht.[2]

---

[1] Seien wir froh, dass der Ausdruck nicht in Deutschland entstanden ist, sonst würden wir davon sprechen, dass ein Computer nach dem Einschalten zopft.
[2] Nur mit Mühe verkneife ich mir, darauf hinzuweisen, welches Buch man sich anschaffen sollte, wenn man beabsichtigt, diese Sprache zu lernen.

Cache
Ein Cache ist ein Zwischenspeicher, der zeitaufwändig zu ermittelnde Informationen enthält, um das System zu beschleunigen.

CDE
(Common Desktop Environment) ist ein einheitlicher Desktop, der auf der Basis von Motif aufbaute und auf den meisten kommerziellen UNIX-Systemen zu finden war.

Client
Anfrager an einen Dienst, typischerweise an einen Netzdienst.

CPU
Central Processing Unit. Im Deutschen als »Prozessor« bezeichnet. Dies ist der zentrale Baustein eines Computers, der die Programme ausführt.

Cross-Compiler
Ein Cross-Compiler übersetzt ein Programm für eine fremde Maschine. Dadurch ist es möglich, Programme für Maschinen zu erzeugen, die erst in der Planung sind.

curses
Bibliothek zur Bildschirmansteuerung von textorientierten Terminals.

Cursor
Die Position, an der die nächste Eingabe erfolgt. Die Stelle ist durch ein schwarzes Rechteck oder einen blinkenden Unterstrich markiert. Auch der Mauszeiger wird als Cursor bezeichnet.

Dämon
Ein Dämon ist ein Prozess, der im Hintergrund auf ein bestimmtes Ereignis wartet. Sobald das Ereignis eintritt, bearbeitet er es und legt sich danach wieder schlafen. Beispiele sind die Serverprozesse für Netzdienste oder der syslog-Dämon, der die Fehlermeldungen sammelt und protokolliert.

Device
Das Device ist eine Einheit, die meistens mit einem Peripheriegerät korrespondiert. Es kann aber auch eine logische Einheit sein, wie etwa eine Partition einer Platte oder gar eine virtuelle Einheit wie eine Terminalsitzung, die gar nicht auf Hardware basieren muss.

DHCP
Das Dynamic Host Configuration Protocol ermöglicht es, die IP-Adressen und weitere Informationen, wie Gateway und Nameserver zentral zu verwalten und an alle Rechner des Netzes zu verteilen.

DIN
Die Deutsche Industrie Norm ist eine deutsche Normungsbehörde.

Distribution
Software-Auslieferungspaket. Vor allem im Linux-Bereich verwendet. Auf einer Linux-DVD findet sich nicht nur das reine Betriebssystem und eine Reihe von Anwendungsprogrammen. Die Zusammenstellung der Pakete und vor allem das Verwaltungs- und Administrations-Tool bestimmen das Erscheinungsbild einer Distribution.

Ethernet
Ursprünglich eine Bezeichnung für ein Kabel. Inzwischen gibt es aber diverse verschiedene Ethernet-Kabel. So dass es heute ein ganzes Bündel von Netzwerk-Hardware und Protokollen beschreibt.

Environment-Variable
Im Buch werden die Environment-Variablen als Umgebungsvariablen bezeichnet. Es handelt sich um Variablen, die Informationen für Prozesse tragen.

FAQ
FAQ ist die Abkürzung für »Frequently Asked Questions«, also häufig gestellte Fragen. Diese oft in Newsgroups ent-

standenen Fragenkataloge eignen sich zwar nicht als Basis, um ein neues Thema zu erschließen. Sie sollten sie aber zu Rate ziehen, wenn Sie eine spezielle Frage zu einem Thema haben, in dem Sie noch Anfänger ist.

Fat Client
Als Argument gegen Client-Server-Architekturen wurde das Schlagwort vom Fat Client angeführt. Damit sollte dargestellt werden, dass der Client mit Aufgaben überladen und dadurch immer schwerer zu warten sei. Dagegen lässt sich sagen, dass die Aufgabenlast immer zwischen Client und Server aufgeteilt werden muss. Aufgaben, die der Client nicht übernimmt, muss der Server leisten, und das für alle Clients. So wird die Belastung hoch, und die Kosten wachsen erheblich. Aufschlussreich ist, dass die Firmen, die das Schlagwort vom Fat Client verwenden, vom Fat Server am meisten profitieren.

FTP
Das File Transfer Protocoll ist ein Standard zum Übertragen von Dateien per TCP/IP (siehe auch Seite 536).

Frontend
Das Frontend eines Programms ist die Seite, die dem Benutzer zugewandt ist. Es enthält also die Benutzerführung. Heutzutage ist es normalerweise eine Anwendung einer grafischen Oberfläche wie X.

Gateway
Das Gateway vermittelt Pakete von einem Netzwerk in ein anderes. Typischerweise hat ein Gateway mindestens zwei Netzwadapter.

GNOME
Einer der Desktops für Linux. Wird auch bei Solaris mitgeliefert.

GNU
Die Abkürzung GNU bedeutet »GNU is Not Unix«. Das Ziel war lange vor der Entwicklung von Linux, ein Betriebssystem mit allen Werkzeugen zu schaffen, das frei weitergegeben werden konnte und für das alle Quelltexte offen lagen. Der GNU C-Compiler, das GNU make und andere wichtige Tools standen bereits seit Jahren auf diversen Plattformen zur Verfügung, als Linux entwickelt wurde. Man kann davon ausgehen, dass die Entwicklung von Linux ohne die GNU-Tools längst nicht so schnell gegangen wäre. Außerdem steht GNU auch für einen bestimmten Typ von Lizenz, der garantieren soll, dass Software jedermann frei zur Verfügung steht. Im Kern enthält die Lizenz die Bedingung, dass die Software frei weitergegeben werden darf und dass auf Nachfrage alle Quelltexte zur Verfügung gestellt werden müssen. Die GNU-Lizenz erlaubt explizit die Veränderung der Software, verlangt aber, dass die Änderungen auch wiederum unter der GNU-Lizenz stehen.

GPL
Die GNU Public Licence beschreibt die Rechte und Pflichten dessen, der GNU-Software verwendet. Diese Lizenz soll garantieren, dass einmal frei gestellte Software auch nach einer Veränderung frei bleibt und dem Anwender Zugriff auf die Quelltexte garantiert bleiben. Das Wort frei bedeutet nicht zwingend, dass die Software kostenlos sein muss.

GUI
Das Graphical User Interface stellt den Anwendern eine grafische Oberfläche zur Verfügung. Typischerweise sind Fenster und Mäuse daran beteiligt.

Handle
Handle bedeutet eigentlich »Handgriff« oder »Henkel«. Der Begriff taucht beim Programmieren immer dann auf, wenn ein Objekt bearbeitet werden soll. Bei-

spielsweise erhält man beim Öffnen einer Datei ein Handle, an dem das Betriebssystem wiedererkennen kann, welche Datei das Programm »in der Hand« hat. In den meisten Fällen ist es wenig sinnvoll, den Inhalt des Handles näher zu untersuchen, da dieser nur für das Betriebssystem interessant ist, beispielsweise als Index auf eine interne Datenstruktur.

HTML
Die Hypertext Markup Language ist eine Beschreibungssprache für Websites.

Host
Ein Computer in einem Netzwerk.

Hotplug
Dies bezeichnet die Fähigkeit einer Hardware-Schnittstelle, im laufenden Betrieb abgezogen und angeschlossen werden zu können.

Hub
Ein Hub ist ein Gerät, an das mehrere Geräte scheinbar sternförmig mit Westernstecker angeschlossen werden. In Wirklichkeit leitet der Hub aber das Signal zum Gerät hin und wieder zurück, sodass in Wirklichkeit eine lange Schlange entsteht.

ICMP
Das Internet Control Message Protocol ist vor allem für Fehler- und Diagnosezwecke gedacht. Beispielsweise der Befehl ping verwendet dieses Protokoll.

Icon
Ein Icon ist ein Symbol bei einer grafischen Oberfläche. Es steht unter X klassischerweise für ein minimiertes Fenster. Auf den modernen Desktops dient es als Referenz auf eine Datei oder Verzeichnis.

IEEE
Das Institute of Electrical and Electronical Engineers definiert vor allem amerikanische Standards.

i-node
Im Infomationsknoten einer Datei stehen Auskünfte über Größe, Eigentümer und Zugriffsrechte.

Internet
Das Internet ist eine ursprünglich nicht-kommerzielle Vereinigung diverser Netze, die Informationen weltweit verteilt, ohne die Möglichkeit dass Regierungen eine wirkungsvolle Zensur ausüben.

Interrupt
Ein Interrupt (engl. Unterbrechung) wird normalerweise durch die Hardware ausgelöst, wenn sie vom Betriebssystem Beachtung wünscht. Insbesondere in Multitasking-Umgebungen kann ein Betriebssystem nicht warten, bis ein Gerät fertig ist. Hier setzt der Prozess seinen Auftrag ab und wird vom Betriebssystem schlafen gelegt. In dieser Zeit können nun parallele Prozesse arbeiten. Ist das Gerät fertig, unterbricht es den aktuellen Prozess, das Betriebssystem weckt den wartenden Prozess und startet ihn wieder.

Intranet
Als Intranet bezeichnet man ein lokales Netzwerk (LAN), in dem die Technologien des Internets verwendet werden, um interne Informationen auszutauschen. Im Allgemeinen steht ein Webserver mit einigen CGI-Skripten im Mittelpunkt.

IP
Das Internet Protocol beschreibt den Transportmechanismus des TCP/IP.

ISO
Die International Organisation for Standards definiert internationale Standards.

Java
Java ist eine Compilersprache, die auf einer virtuellen Umgebung aufsetzt und so portabel programmiert werden kann. Aufgrund der Notwendigkeit, bei jedem Programmstart auch die virtuelle Umgebung zu starten, dauert es typischerweise etwas länger, bis ein Java-Programm durchstartet.

Journal-Dateisystem
Die Verwendung eines Journals soll dazu führen, dass das Dateisystem auch im Falle eines spontanen Absturzes immer noch konsistent ist. Das heißt nicht, dass es keine Datenverluste gäbe. Aber das, was noch da ist, kann man weiterverarbeiten.

KDE Einer der Desktops von Linux.

Konsistenz
Der Begriff »Konsistenz« bezeichnet die Übereinstimmung der Daten an verschiedenen Orten. Leichter definiert sie sich über das Gegenteil: Die Inkonsistenz ist die Widersprüchlichkeit der Daten oder Konfigurationen.

Konsole
Ursprünglich ist die Konsole das erste Terminal einer UNIX-Maschine. Es stand normalerweise im Serverraum und wurde vom Systemadministrator bedient. Hier setzte das System aktuelle Fehlermeldungen ab. Heutzutage wird damit eine virtuelle Terminalsitzung gemeint, auf der die aktuellen Fehlermeldungen auflaufen. KDE nennt jede Terminalsitzung Konsole.

Kontextmenü
Bei den heutigen grafischen Oberflächen erscheint üblicherweise ein Menü, wenn man ein Oberflächenobjekt mit der rechten Maustaste anklickt. Die Aktionen des Kontextmenüs beziehen sich auf das Objekt zu dem es gehört. Die Firma Philips besitzt ein Patent auf die Idee des Kontextmenüs.

LAN (Local Area Network)
Ein LAN ist ein lokales Netzwerk, beispielsweise ein Firmennetzwerk. Es basiert auf einem schnellen Medium, wie beispielsweise Ethernet oder Token Ring, und dient in erster Linie zur gemeinsamen Nutzung von Ressourcen und Daten. Im Gegensatz dazu spricht man von einem WAN (Wide Area Network), wenn Verbindungen über öffentliche Telefonleitungen hinzukommen.

Look and Feel
Mit Look and Feel bezeichnet man das Erscheinungsbild und die Handhabung einer Software. Einige Firmen haben versucht, dieses Look and Feel urheberrechtlich schützen zu lassen. Dieser Versuch ist aber gescheitert.

MBR
Der Master Boot Record ist ein Eintrag auf jeder Platte, er beim Starten eines PCs als Erstes ausgeführt wird. Dort legen Linux und andere Systeme gern das Bootmenü ab, um mehrere Betriebssysteme vom gleichen Rechner booten zu können (siehe auch GRUB ab Seite 244 und LILO ab Seite 243).

MIME
MIME ist ein Verfahren, um Dateitypen bestimmten Anwendungen zuzuordnen.

MIT
Am Massachusetts Institute of Technology wurde Multics, das missratene Vorbild von UNIX und das X Window System entwickelt.

Motif
OSF/Motif ist ein Widget-Set und damit die Basis einer grafischen Oberfläche, die erstmalig unter UNIX auf die intuitive Benutzbarkeit mehr Wert als auf die Effizienz legte.

Multitasking
Unter Multitasking versteht man, dass Prozesse parallel ablaufen. Allerdings ist das bei Maschinen mit nur einem Prozessor insofern pseudoparallel, als die Prozesse in schnellem Wechsel laufen.

NFS
Das Network File System ist in der Lage, ein UNIX-Dateisystem einem anderem UNIX-Rechner über das Netzwerk zur Verfügung zu stellen (siehe Seite 581).

NIS
Das Network Information System ermöglicht es, UNIX-Konfigurationsdateien über das Netzwerk zu verteilen (siehe Seite 505). Ursprünglich hieß es Yellow Pages.

oktal
Mit oktal wird eine Zahlendarstellung bezeichnet, in der die Ziffern von 0 bis 7 gehen. Da 2^3 8 ergibt, braucht man 3 Bit für diese Darstellung. In C wird der Zahlenkonstanten eine 0 vorangestellt, um sichtbar zu machen, dass sie oktal ist.[3]

OSF
Die Open Software Foundation wurde von mehreren UNIX-Herstellern gegründet.

OSI-Referenzmodell
Das ISO/OSI-Modell untergliedert das Netzwerk in sieben Schichten. Diese gut bezahlte Ergebnis wissenschaftlichen Forschens war zwar völlig praxisfern[4], aber brachte immerhin ein paar gelungene Prüfungsfragen für Studenten hervor.

Patente
In der Anfangszeit empfand sich die Informatik als eine Disziplin der Mathematik. Verfahren der Mathematik werden nicht patentiert, weil sie nicht erfunden, sondern entdeckt werden. So war das Vergehen gegen Urheberrechte auf einfache Weise zu umgehen, indem man als Programmierer einfach nicht den Source anderer Programmierer kopierte.

Dieses Vorgehen führte immerhin dazu, dass sich Vorgehensweisen vereinheitlichten. So hatte MS-DOS ähnliche Befehle und Strukturen wie vor ihm CP/M. Und die Oberfläche von MS Windows ist nicht zufällig der des Macintosh recht ähnlich.

Microsoft hat viele Konkurrenten durch die Macht des Geldes aus dem Markt geworfen. Lediglich bei Linux haben sie das Problem, dass es nicht von einer Firma erstellt wird, die in den Konkurs getrieben werden könnte. So werden nun plötzlich die Patente als Waffe gegen die Open-Source-Bewegung eingesetzt.

In Europa ist Software zum Glück noch nicht patentierbar. Nutznießer wären ausschließlich die großen Firmen. Die kleinen Mitbewerber müssten sich warm anziehen und die freiberufliche

---

3 Eigentlich leitet sich das Wort oktal von der Oktanzahl her, die beim Bier für die Klopffestigkeit steht. Damit wird erreicht, dass Bierkrüge mindestens acht mal zünftig zusammengestoßen werden können, ohne zu zerschellen.
4 vgl. Vorwort von Tanenbaum, Andrew S.: Computer Networks. Prentice Hall, Englewood Cliffs, 1987.

Projektprogrammierung wäre gar nicht mehr möglich.[5]

PDF
Das Portable Document Format wurde von der Firma Adobe entwickelt, um komplexe Dokumente auf verschiedene Rechnerumgebungen zu transportieren, ohne dass das Aussehen sich irgendwie verändert.

PGP
Pretty Good Privacy ermöglicht die Verschlüsselung von Dateien, insbesondere von Mails auf dem Prinzip eines zweigeteilten Schlüssels. Neben der Verschlüsselung ist auch die Signierung von Mails möglich. Als Alternative aus dem Open-Source-Bereich bietet sich gpg an. Siehe Seite 700.

Performance
Unter Performance versteht man die Geschwindigkeit eines Systems.

Pipe
Eine Pipe (deutsch: Röhre) kann unter UNIX zwischen zwei Prozesse gesetzt werden, so dass die Ausgabedaten des ersten Programms als Eingabedaten des zweiten Programms werden. Von der Eingabeaufforderung aus wird zunächst das erste Programm genannt, dann ein senkrechter Strich als Zeichen für die Pipe und dann das zweite Programm, das die Ausgabedaten des ersten Programms weiterverarbeitet.

Polling
Auf Singletasking-Systemen ist es gängige Praxis, in einer Endlosschleife auf ein Ereignis zu warten. Bei einem Multitasking-System hat dieses Verfahren den Nachteil, dass die CPU damit beschäftigt wird, endlose Kreise zu drehen, wodurch das System unter Last gesetzt wird.

POSIX
POSIX beschreibt den offiziellen UNIX-Standard, wie er vom IEEE erstellt wurde.

PostScript
Eine Beschreibungssprache für Dokumente.

Prompt
Als Prompt bezeichnet man die Meldung einer Shell, die links neben dem Cursor erscheint, wenn die Shell eine Eingabe erwartet.

Proxy
Der Zugriff erfolgt nicht direkt auf das Internet, sondern über einen Stellvertreter.

Präfix
Eine vorangestellte Zeichenfolge. Der Name einer Bibliotheksdatei beginnt beispielsweise immer mit lib. Sie hat also das Präfix lib.

Prozess
Ein Prozess ist ein aktives Programm. Beim Start erhält er eine eindeutige Nummer. Er hat dann einen eigenen Speicherraum, einen CPU-Zustand und ist nach außen hin vom Betriebssystem abgesichert.

RAID
RAID ist ein Verfahren, um durch die Kombination mehrerer Festplatten die Performance oder die Ausfallsicherheit zu erhöhen. Siehe Seite 286.

RAM-Disk
Eine virtuelle Platte, die im Hauptspeicher angelegt wird. Der Vorteil ist ei-

---

5 Eine Anmerkung im Internet lautete: »Erst wenn die letzte Idee patentiert ist und der letzte Software-Entwickler verhaftet wurde, werdet Ihr merken, dass Anwälte nicht programmieren können.«

ne hohe Geschwindigkeit. Der Nachteil ist, dass Hauptspeicher immer knapp ist, und es aus Performance-Gründen in den meisten Fällen günstiger ist, ihn als Cache zu verwenden.

Reguläre Ausdrücke UNIX bietet schon von der API eine Unterstützung zur Nutzung regulärer Ausdrücke. Dies sind Platzhalter, die eine gesuchte Zeichenkette auf sehr geschickte Weise beschreiben können. Allerdings muss sich der Anwender zunächst einmal mit einer nicht ganz trivialen Syntax vertraut machen. Siehe Seite 138.

rekursiv
Rekursiv heißt selbstaufrufend und ist eine besondere Programmiertechnik. Daneben gibt es rekursive Datenstrukturen. Insbesondere die unter UNIX oft verwendete Baumstruktur gehört zu den rekursiven Datenstrukturen. Da Bäume zu durchlaufen durch rekursive Programme am einfachsten zu realisieren ist, nennt man Bäume »rekursive Strukturen« und das Durchlaufen der kompletten Äste eines Baumes »rekursiv«.

RFC: Request For Comment
Request For Comment heißt übersetzt etwa: »Bitte um Kommentare«. Da auf diese Weise Vorschläge für Lösungsansätze zur Diskussion gestellt wurden, wurden sie nach und nach zum Nachschlagewerk und schließlich zur Quasinorm des Internets.

RISC
Reduced Instruction Set Computer. Nachdem man zunächst versuchte, den Prozessor möglichst intelligent zu machen und ihm viele Befehle implementierte, erkannte man bald, dass durch den Einsatz von Compilern und die seltenere Verwendung von Assembler in der Programmierung im Endeffekt nur wirklich wenige Befehle verwendet wurden. Daraufhin wurden die RISC-Prozessoren entwickelt, die weniger Befehle kannten, diese aber extrem effizient ausführen können. Man findet sie in den meisten UNIX-Maschinen.

root
root ist per Konvention der Name des Superusers unter UNIX.

RS-232
Standard für eine serielle Verbindung, über die klassischerweise Terminals und Drucker an UNIX-Zentralserver angeschlossen wurden.

SCSI
Small Computer System Interface ist der Standard für Anschluss von Festplatten und anderer schneller Peripherie an große UNIX-Systeme.

Server
Zunächst ist der Server ein Prozess. Man könnte ihn als Dienstleister bezeichnen. Er beantwortet Anfragen der Clients. Damit ist der Client also derjenige, der die Kommunikation beginnt, und der Server derjenige, der sie beantwortet. Davon abgesehen wird der Begriff »Server« auch als Bezeichnung bestimmter Computertypen verwendet. Im Gegensatz zu einer Workstation ist ein Server ein Mehrplatzsystem, auf das mehrere Anwender zugreifen. Er ist meist stärker mit Festplatten- und Arbeitsspeicher ausgestattet als eine Workstation, verfügt aber oft nicht über eine grafische Oberfläche.

Shell
Die Shell ist der Kommandointerpreter eines UNIX-Systems, in den man nach dem Login seine Kommandos eingibt. Da der Befehlssatz unter UNIX sehr umfangreich ist, kann man komplette Programme für die Shell schreiben, die man Shellskripte nennt.

Shift
Shift heißt die Taste, die Sie drücken, um einen einzelnen Großbuchstaben zu erzeugen.

SMTP
Das Simple Mail Transport Protocol ist das Protokoll, mit dem E-Mails empfangen werden. Siehe Seite 642.

Spool
Ein Speicher, der Aufträge zwischenspeichert, damit sie nacheinander abgearbeitet werden können und der Lieferant der Aufträge nicht warten muss, bis der Auftrag erledigt ist.

Socket
Ein Socket ist ein Kommunikationsendpunkt, über den zwei Prozesse miteinander kommunizieren. Dies kann auf UNIX-Ebene über eine Pseudo-Datei geschehen oder mit dem TCP/IP-Protokoll über das Netzwerk.

SQL
Die Structured Query Language ist eine Datenbankabfragesprache.

Superuser
Der Superuser ist der Administrator der UNIX-Maschine und heißt normalerweise root. Er hat die User-ID 0. Er hat weitgehende Rechte, die es ihm erlauben, sich über alle Zugriffsbeschränkungen hinwegzusetzen.

Swapping
Wenn der Hauptspeicher nicht ausreicht, um alle Programme und Daten aufzunehmen, werden Programme auf einen bestimmten Bereich auf die Platte ausgelagert. UNIX verwendet dazu normalerweise eine spezielle Partition. Da unter UNIX viele Dämonen gestartet werden, die nur selten benötigt werden, ist das Swapping kein ungewöhnlicher Vorgang.

Switch
Ein Ethernetverteiler, vergleichbar mit einem Hub. Allerdings ist der Switch in der Lage, Kommunikationspartner direkt zu verschalten und auf diese Weise den Netzdurchsatz zu verbessern.

Syntax
Die Syntax beschreibt die Zusammenstellung mehrerer Befehle.

TCP
Das Transmission Control Protocol ist ein verbindungsorientiertes Protokoll, das dafür sorgt, dass Netzpakete vollständig in der richtigen Reihenfolge beim Empfänger eintreffen.

TCP/IP
Diese Protokollsammlung ist die Basis des Internets und auch der typischen UNIX-LANs. Ursprünglich wurde die Entwicklung vom amerikanische Verteidigungsministerium in die Wege geleitet.

Terminal
In den Anfangstagen von UNIX hatten die Anwender statt eines kompletten Computers ein Terminal zur Verfügung. Es bestand aus einen Bildschirm und einer Tastatur und wurde über die serielle Schnittstelle an den Computer angeschlossen. Diese Terminals waren typischerweise nicht grafikfähig. Mit dem Aufkommen der PCs wurden zunächst noch Terminalemulationen verwendet. Das sind Programme, die die Funktionalität eines Terminals nachbilden. Inzwischen werden für diese Zwecke in erster Linie virtuelle Terminalsitzungen wie telnet (siehe Seite 544) verwendet.

Thread
Der Thread ist ein Leichtgewichtsprozess. Die Parallelität findet innerhalb desselben Prozesses statt, sodass die

Speicherbereiche nicht gegeneinander geschützt werden.

Transaktion
Eine Transaktion ist definiert als eine ununterbrechbare Aktion, die den konsistenten Zustand einer Datenbank in einen konsistenten Zustand überführt. Beispielsweise würde bei einer Flugbuchung ein neuer Passagier in die Tabelle der Fluggäste hinzugefügt und gleichzeitig die Anzahl der freien Plätze um einen reduziert. Eine Transaktion garantiert, dass entweder beide Vorgänge vollständig durchgeführt werden oder keine von beiden Aktionen erfolgt.

Treiber
Ein Treiber ist ein Bestandteil des Betriebssystems, der den Zugriff auf die Hardware ermöglicht. Unter UNIX verbergen sich die Lowlevel-Treiber hinter den Gerätedateien im Verzeichnis **/dev**. Die darüber stehende Ebene wird je nach System durch Module oder durch die direkte Einbindung in den Kernel erreicht. Aus diesem Grund ist auf letzteren Systemen das Neubilden des Kernels erforderlich, wenn neue Peripherie angeschlossen wird.

TTY
Mit TTY wurde ursprünglich ein an den Computer gekoppelter Fernschreiber bezeichnet. Heute gilt TTY als Bezeichnung für alle Formen von Terminals, auch virtueller auf der grafischen Oberfläche.

UDP
Das User Datagram Protocol ist ein Übertragungsprotokoll, dass Verluste von Paketen und Reihenfolgeprobleme ignoriert und der Anwendung überlässt. Dadurch wird die Übertragung insbesondere bei multimedialen Inhalten oder bei Voice Over IP sehr beschleunigt, weil dort nicht jedes Byte exakt übertragen werden muss, dafür aber die Geschwindigkeit wichtig ist.

URL
Die Uniform Resource Location bezeichnet sowohl Protokoll als auch Ort einer Ressource. So bezeichnet die URL

http://www.willemer.de/info/index.htm

die Datei index.htm, die im Verzeichnis info auf dem Rechner www in der Domäne willemer.de über das Protokoll http zu erreichen ist.

USB
Der Universal Serial Bus ist ein Standard zum hotplug-fähigen Peripherie-Anschluss.

Variable
Eine Variable ist ein benannter Speicher. Hier kann man Zahlen oder Texte ablegen, verändern und wieder auslesen.

VPN
Das Virtual Private Network ist die Möglichkeit, einen privaten Datenstrom verschlüsselt durch ein öffentliches Netz zu leiten.

WAN
Das Wide Area Network bezeichnet im Unterschied zum LAN Netzwerke mit weiter entfernten Standorten, die meist auf dem Weg über Telefonleitungen erreicht werden.

Widget
Ein Widget ist ein Minimalelement des X Window System. Es ist ein Kunstwort, das aus »Window« und »Gadget« zusammengesetzt wurde. Gadget heißt so viel wie »Dingsbums«, sodass die korrekte Übersetzung etwa »Fensbums« wäre.

Wildcard

Wildcards sind Platzhalter und ermöglichen die einfache Auswahl mehrerer Objekte. Sie sind aber auch bei der Bezeichnung eines Objekts mit komplizierten Namen hilfreich. Die Shell verwendet sie bei der Bezeichnung von Dateien, X bei der Verwendung von Schriften (siehe Seite 735). Die bekanntesten Zeichen sind der Stern * für beliebig viele Zeichen und das Fragezeichen ? für ein beliebiges Zeichen.

Windows

Ursprünglich indianischer Ausdruck für »Weißer Mann, der durch Fenster auf eine Sanduhr schaut«.[6]

WLAN

Das Wireless Local Area Network bezeichnet ein Funknetzwerk. Siehe Seite 482.

Workstation

Eine Workstation ist ein Einzelplatzrechner, der typischerweise mit einer grafischen Oberfläche ausgestattet ist.

X Konsortium

Hat sich aus dem MIT ausgegliedert und kümmert sich um die Weiterentwicklung des X Window Systems.

X-Server

Ursprünglich ein X-Terminal, dass aus einem grafischen Bildschirm, einer Tastatur und einer Maus bestand. Heutzutage ist ein X-Server meist die Software eines PCs, der die grafischen Dienstleistungen anbietet. In manchen Fällen wird vor allem im Linux-Umfeld damit sogar nur der Grafikkartentreiber bezeichnet.

X/Open

Die X/Open wurde durch mehrere große Computerhersteller gegründet. Sie definierte dann den XPG (X/Open Portability Guide).

Yellow Pages

Ursprüngliche Bezeichnung des NIS (Networt Information System) von Sun. Allerdings pochte die britische Telefongesellschaft auf ihr Markenrecht für die gelben Seiten und so musste Sun es in NIS emtaufen.

---

[6] Sie sollten vielleicht nicht alles glauben, was Sie in einem Glossar finden.

C Literatur

UNIX

Banahan, Mike/Rutter, Andy: UNIX – lernen, verstehen, anwenden. Carl Hanser Verlag, München-Wien, 4. unveränd. Aufl. 1989.

Barkakati, Naba: LINUX Red Hat 6.0. Franzis', Poing, 2000.

Boor, Thomas/Hutter, Joachim/Pribas, Arnulf A.C.: vi-Referenzhandbuch. Prentice Hall, Haar bei München, 1996.

Comer, Douglas: Operating System Design – The XINU Approach. Prentice Hall International Editions, Englewood Cliffs, New Jersey, 1984.

Detering, Reinhard: UNIX Handbuch System V. Sybex, Düsseldorf-San Francisco-Paris-London-Soest, 4. Aufl., 1990.

Husain, Kamran/Parker, Timothy, Ph.D., et al.: Red Hat Linux Unleashed. SAMS, Indianapolis, 1996.

Kienle, Michael/Jaeschke, Gerhard: Reisebegleiter. iX 7/1993, S. 26–34.

Krienke, Rainer: UNIX/Linux für Einsteiger. Hanser, München-Wien, 3. Aufl. 2003.

Loukides, Mike: System Performance Tuning – Optimierung von UNIX Systemen. Addison-Wesley, Bonn, 1993.

Milz, Harald: Crashfest – SGI XFS auf SuSE 7.1. Linux-Magazin 07/2001, S. 86–89.

Nemeth, Evi/Snyder, Garth/Seebass, Scott: UNIX System Administration Handbook. Prentice Hall, Englewood Cliffs, New Jersey, 1989.

Nemeth, Evi/Snyder, Garth/Seebass, Scott/Hein, Trent R.: UNIX Systemverwaltung. Markt+Technik – Prentice Hall, München, 2001.

Schmidt, Fabian: Backup ohne Klicks. Linux-Magazin 05/2002. S. 52–54.

Tanenbaum, Andrew S.: Operating Systems – Design and Implementation. Prentice Hall, Englewood Cliffs, New Jersey, 1987.

Thissen, Thomas: Umlaute auf Umwegen. iX 9/1993, S. 194–197.

Tondo, Nathanson, Yount: Das Softwarewerkzeug Make. Prentice Hall, Haar bei München, 1994.

Wobst, Reinhard: "cpio" statt "tar". UNIXmagazin 10/92, S.26–36.

Anwendungen

Baun, Christian: LaTeX für Dummies. mitp-Verlag, Bonn, 2003.

Dutt, Christoph/Freiburg, Joachim: GIMP, C&L, Böblingen, 2000.

Gäbler, Rene: GIMP. Franzis', Poing, 2001.

Goossens, Michael/Rahtz, Sebastian: Mit LaTeX ins Web. Addison-Wesley, München, 2000.

Netzwerke

Albitz, Paul/Liu, Cricket: DNS und BIND. O'Reilly, Köln, 2. korr. Nachdruck, 2001.

Bachfeld, Daniel: Per Anhalter durchs Internet. c't 13/2004, S. 92–97.

Bowen, Rich/Coar, Ken: Apache und CGI. Markt+Technik, München, 2000.

Comer, Douglas E.: Computernetzwerke und Internets. Prentice Hall, Pearson, München, 2000.

Comer, Douglas E.: Internetworking with TCP/IP. Prentice Hall, Englewood Cliffs, 2nd ed., 1991.

Endres/Schmidt: Bei Anruf Netz. c't 25/99, S. 218–223.

Ernst, Yves: HTML. Data Becker, Düsseldorf, 1996. Kapitel 13: Common Gateway Interface.

Hunt, Craig: TCP/IP Network Administration. O'Reilly, Sebastopol, 1994.

Klünther, Dieter/Laser, Jochen: LDAP verstehen, OpenLDAP einsetzen. dpunkt.verlag, Heidelberg, 2003.

Lendecke, Volker: Kursskript Samba. http://samba.SerNet.de

Tanenbaum, Andrew S.: Computer Networks. Prentice Hall, Englewood Cliffs, 1987.

Röhrig, Bernhard: Linux im Netz. C&L, Vaterstetten, 1997.

Roscher, Andreas: LINUX als Windows Server. dpunkt, Heidelberg, 2. Aufl. 1998.

Santifaller, Michael: TCP/IP und ONC/NFS – Internetworking mit UNIX. Addison-Wesley, Bonn, 1998.

Ziegler, Robert: Linux Firewalls. Markt+Technik, München, 2000.

X Window System

Eßer, Hans-Georg: KDE – Der neue Desktop für Linux. Sybex, Düsseldorf, 1999.

Mansfield, Niall: Das Benutzerhandbuch zum X Window System. Addison-Wesley, Bonn, 1991.

Mikes, Steven: X Window System Program Design and Development. Addison-Wesley, Reading, 1992.

OSF/Motif User's Guide. Open Software Foundation. Revision 1.2. 1992.

Mac OS X

Bresink, Marcel: Mac OS X – Das Jaguarbuch. mitp-Verlag, Bonn, 2003.

Surendorf, Kai: UNIX für Mac OS X-Anwender. Galileo-Press, Bonn, 2003.

Programmierung

Beck, Michael: Linux Kernelprogrammierung. 4. akt. u. erw. Aufl., Addison-Wesley, Bonn, 1997.

Herold, Helmut: Linux-Unix-Systemprogrammierung. 2. überarb. Aufl. Addison-Wesley, München, 1999.

Husain, Kamran: Perl. in: Red Hat Linux Unleashed, Chapter 29, Sams Publishing, Indianapolis, 1996, pp. 497–522.

Illik, J. Anton: Programmieren in C unter UNIX. Sybex, Düsseldorf, 1992.

Johnson, Andrew L.: Perl – Der Einstieg. Galileo Computing, Bonn, 2001.

Johnson, Michael K./Troan, Erik W.: Anwendungen entwickeln unter Linux. Addison-Wesley, Bonn, 1998.

Ousterhout, John K.: Tcl und Tk. Addison-Wesley, Bonn, 1995.

Rochkind, Marc J.: UNIX Programmierung für Fortgeschrittene. Hanser Verlag, München-Wien, 1988.

Stevens, W. Richard: Programmieren von UNIX-Netzen. Hanser, München-Wien, Prentice Hall, London, 1992.

Stevens, W. Richard: Programmierung in der UNIX-Umgebung. Addison-Wesley, Bonn, 1995.

Theis, Thomas: Einstieg in Python. Galileo Press, Bonn, 2002.

Watters, Paul A./Veeraraghavan, Sriranga: Solaris 8/9 Ent-Packt. mitp-Verlag, Bonn, 2002.

Wirth, Niklaus: Algorithmen und Datenstrukturen mit Modula-2. 4. Aufl., Teubner, Stuttgart, 1986.

Index

.Xauthority 761
.amandahosts 349
.htaccess 690
.htpasswd 692
.netrc 542
.rhosts 549
/bin 37
/dev 89, 277, 278, 280
/dev/null 117, 280
/dev/pilot 403
/etc 37
/etc/aliases 646
/etc/auto_master 588
/etc/default/tar 342
/etc/exports 369, 583, 586
/etc/fstab 41, 286, 294–297, 300, 305, 586
/etc/group 268
/etc/host.conf 495
/etc/hosts 491
/etc/hosts.allow 535
/etc/hosts.deny 535
/etc/hosts.equiv 550
/etc/inetd.conf 533
/etc/inittab 396
/etc/magic 90
/etc/netgroup 494
/etc/nsswitch.conf 495
/etc/passwd 257, 259
/etc/printcap 378, 380, 390
/etc/profile 175
/etc/raidtab 289
/etc/rc 249
/etc/resolv.conf 496
/etc/securetty 548
/etc/services 492
/etc/shadow 262
/etc/skel 267
/etc/syslog.conf 420
/etc/ttys 396
/home 38, 264, 588
/lib 37
/media 41
/mnt 41, 296
/opt 38
/proc 39, 443
/tmp 37, 410
/usr 37
/var 38
/var/adm/wtmp 270
/var/log/messages 274, 320, 420
/var/run/utmp 270
/var/yp 507

A

a2ps 181
Absoluter Pfad 35
accept() 966
Access Point 482
access() 916
Accounting 269
accton 269
ACPI 327
Ad Hoc 482
adb 875
Administrationsaufgaben 272
Administrationstools 217
   AIX 233
   HP-UX 232
   SCO 238
   Webmin 221
   YaST 236
Administrator 47, 213
Advanced Package Tool 360
Advanced Power Management 328
Advisory Locking 923
afpd 610
AIX 987, 995
   Administrationstools 233
Akku 323, 329
Akkubetrieb 328
alarm() 953
alias 69, 175, 217
aliases 646
Alternative source 790
AMANDA 347
amanda.conf 348
Anonymer FTP-Server 543
ANSI 995

Apache 681
  als Proxy 573
API 905, 995
Apple 991
AppleTalk 610
apsfilter 383
apt-get (Debian) 360
Arbeitsverzeichnis 35
Archivierung 353
argc 906
Argument 995
argv 906
ARP 458, 995
arp 458
ASCII 995
Assembler 995
at 181, 185, 330
AT&T 985, 986
atalkd 610
Athena Widget Set 725
atime 42
atof() 374
atq 185
atrm 185
Audio-CD 206
Aufrufparameter 906
Auslastung 413, 414
Ausloggen 547
AutoFS 588
Automount 264, 310
automount 587
Automount einer CD 589
automountd 588
awk 134

B

backquotes 119
Bandgerät
  Rückspulen 336
Bandlaufwerk 334
  HP-UX 334
  SCO 334
  Solaris 334
Bandlaufwerk steuern 334
basename 173, 785
bash 168
Befehlsverschachtelung 119
Bell Laboratories 986
Benutzer

Überwachung 269
  Festplattenplatz 305
  Profil 265
  Verwaltung 257
  Wechsel 271
Benutzer-Modus 43
Benutzerverzeichnis 35, 38, 74
  dynamisch 588
Berkeley 986
Betriebssystem installieren 361
bg 154
BIND 495
bind() 966
biod 582
bitmap 738
block device 279, 280
Blockgröße 293, 409
Bluetooth 405, 487
Bonobo 754
Boot 241, 365, 995
Boot-CD 245
Bootdiskette 245
Bootkonfiguration 365
Bootmanager
  FreeBSD 367
  GRUB 244
  LILO 243
bootp 514
Bootprobleme 245
Bootprompt 241, 242
Bootsystem 215
Bourne-Shell 161
break 783
Bridge 482
BSD 986, 989, 995
  Bootdateien 253
  Drucken 378

C

C 986, 995
C++ 995
C-Shell 165
Cache 995
Callback 476
cancel 179, 385, 388
cardmgr 325
Carriage Return 311
case
  Shellskript 781

Index

cat 120
cc 865
CD
  brennen 203, 315
  Brenner 206, 312, 315, 316
    IDE 317
  CD-ROM 311
  CD-RW 316
  kopieren 316
  Multisession 316, 351
  Rockridge 311
cd 62, 73
CDE 743, 996
  Panel 744
cdparanoia 202
cdrecord 312, 313, 315, 316, 350
CGI 697
  Perl 813
character device 279, 280
chdir() 927
checkpc 390
chgrp 77, 78
chgrp() 917
chmod 78, 81, 772
chmod() 917
chown 77
chown() 917
chroot 543
CIDR 481
Classless Inter-Domain Routing 481
Client 996
Client-Server-Architektur 456
Client-Server-Programmierung 963
clock() 959
close() 909, 911, 965
closedir() 926
cnews 669
Codec 207
Comer, Douglas 988
Common UNIX Printing System 390
Compiler 865
  Optionen 866
Compilerbau 902
compress 144
configure 357
connect() 967
continue 783
Controller 277
Cookies 694
CORBA 754, 990

core dump 444, 874
cp 70, 296
cpio 343
CPU 411, 996
CPU-Last 416, 438
creat() 911
cron 181, 183
crontab 181, 183, 330
Cross-Compiler 996
crypt() 257, 976
csh 165
ctime 42
ctlinnd 672
CUPS 390
  Client 395
  Verwaltung per Browser 392
Curses 980, 996
Cursor 996
cut 124
Cut and Paste 730
CVS 887
  Client 891
  CVSROOT 887
  Server 890
  Windows 892

D

Dämon 930, 963, 996
  Start und Stopp 252
DAS Direct Attached Storage 611
date 182
Dateien
  Anfang anzeigen 123
  anlegen 84
  auflisten (ls) 64
  Ausschnitt 124
  Eigenschaften 76
  Eigentümer ändern 77
  Ende anzeigen 123
  im Verzeichnisbaum suchen 107
  Inhalt anzeigen 120
  Inhalte durchsuchen 121
  komprimieren 144
  kopieren 70
  löschen 72, 217
  MS-DOS 311
  Rechte ändern 78
  sortieren 129
  sperren 917

1013

Status ermitteln 914
suchen 113
Teilen 124
temporär 925
Transfer über TCP/IP 536
transferieren 551
Typ ermitteln 89
umbenennen 71
Zeichen umcodieren 125
Zeilen umbrechen 125
Dateinamen 33
Dateirechte 213
Dateisystem 285
  abkoppeln 300
  Belegung 303
  erstellen 292
  FAT 322
  Journal 302
  Konsistenz 301, 302
  Reiser 303
  XFS 303
Dateizugriffe 909
Datenabgriff aus Pipe 118
Datenbank 615
Datenrücksicherung 336
Datensicherung 331
  über Netz per tar 343
  AMANDA 347
  CD brennen 313
  dump 335
  inkrementell 332
  per CD-Brenner 350
  tar 339
Datenstrom 34
Datum 182
dbx 874
dd 316, 346
Dead Keys 375
Debian 360, 363
Debugger 873
  adb 875
  Breakpoint 873
  dbx 874
  gdb 876
defer_transports 660
Defragmentierung 408
Desktop 743
Device 996
Devices 277
df 303

DHCP 514, 996
diff 127
dig 503
DIN 996
disable 388
Diskette 281, 309
  formatieren 309
  MS-DOS 310
  sichern 346
DISPLAY 219, 757
Distribution 996
dmalloc 902
DNS 495
  Cache Only Server 495
  Mail-Server 654
  Primary Server 495
  Secondary Server 495
  testen 503
domainname 508
dpkg 361
Druck formatieren 180
Druckdämon 380
Drucken
  Aus dem Programm 955
  BSD 177
  cancel 179
  lp 179
  lpq 178
  lpr 177
  lprm 179
  lpstat 179
  SAMBA 597
Drucker
  Administration 377
  GDI 378
  konfigurieren 378
Druckerinterrupt 384
Druckreihenfolge 382
Druckserver 382
Druckspooler 379
du 303
dump 335
dumpkeys 375
dup() 913
DVD 319
Dynamische Bibliotheken 451
Dynamisches Routen 480

E

E-Mail 631
  Format (RFC 822) 640
  Verschlüsseln 635
echo 772
Eclipse 882
EDGE 562
EDITOR 775
Editoren 92
  emacs 102
  vi 92
Effektiver Benutzer 434
EGP 481
Einbruch 575
eject 309
Electric Fence 901
emacs 102
enable 388
endgrent() 961
endpwent() 960
Enigma 209
Environment-Variable 996
errno 908
Ethernet 456, 996
EtherTalk 610
Exception 43
exec() 931
exit() 907
export 157, 163, 791
expr 775
ext3 303
extract 336

F

FAQ 996
Farbbeschreibung 734
Fat Client 997
FAT-Dateisystem 322
fc 164
fcntl() 918
fdisk 243
Fedora 363
Fehlerprotokoll 956
Fehlertolerante Festplatten 287
Fenstermanager 720, 741
Festplatte 282
  abschalten 329
  Belegung 303
  Geometrie 282
  IDE 283
  S-ATA 284
  SCSI 282
fetchmail 653, 657
fg 154
FIFO 955
file 89
find 107, 343
finger 255, 270
Firewall 524, 564
flock 922
Fokus 742
fold 125
for 172, 784
  Perl 808
  Python 843
fork() 930, 972
Formatierung 285, 365
forward 646
Fotokopierer 402
Free Software Foundation 988
FreeBSD
  Bootmanager 367
  Installation 366
Frontend 997
fsck 301
fstab 296, 300
fstat() 914
FTP 997
  Client 537
  Kommandos 538
ftp 536
  .netrc 542
  anonymous 543
fuser 300, 442

G

gated 481
Gateway 469, 997
gdb 876
GDI-Drucker 378
Gerätedateien 278, 286
Gerätenamen 281
Gerätetreiber 280
getcwd() 927
getenv() 908
geteuid() 928
getgrent() 961

getgroups() 962
gethostbyname() 968, 975
getnodebyname() 975
getpgrp() 934
getpid() 928
getppid() 928
getpwent() 960
getservbyname() 968
getty 397
getuid() 928, 959
getwd() 927
GhostScript 377, 383
GIF 196
Gnokii 405
GNOME 752, 990, 997
GNU 988, 997
GNU-Compiler 865
GNU-Debugger 876
GPA 639
gpasswd 268
gpg 637
GPL 997
Grafischer Login 248
grep 121
group (Datenstruktur) 961
growsisofs 319
GRUB 244, 365
Gruppe wechseln 269
Gruppenpasswort 268
Gruppenverwaltung 268
GUI 997
gunzip 145
gzip 145

H

Halt 248
halt 255
Handle 997
Hardcopy unter X 734
Hardware 277
Hardware-RAID 288
hdparm 284, 329
head 123
Headache 199
help 778
Herunterfahren 254
Hewlett Packard 987
Hilfe 53
Hintergrundbild 738

Hintergrundprozess 147
HOME 774
Host 998
hostname 490
hosts 491
Hotplug 285, 288, 998
HP-UX 987
   Administrationstools 232
   Bandlaufwerk 334
   Bootdateien 253
   Festplattengröße 308
   Installation 372
   SD-UX 358
   Software Agent 356
   VXFS 302
   Zugriff auf BSD-Drucker 389
HTML 681, 683, 998
   Formular 684
hton() 969
htpasswd 692
HTTP 693
httpd 681
httpd.conf 687
Hub 457, 998

I

i-node 42, 998
i4l 476
IBM 987
icecream 903
ICMP 494, 523, 998
Icon 998
IDE 881
IDE-Brenner 317
IDE-Festplatten 283
IDS 575
IEEE 987, 998
if
   Perl 806
   Python 841
   Shellskript 777
ifconfig 463
iftop 530
IMAP 651
inetd 533, 603
info 56, 102
infocmp 400
init 246, 247, 396
init 0 254

init.d 250
inittab 246, 247, 396
Inkrementelle Datensicherung 332
inn 669
Installation 355
   HP-UX 372
   Solaris/86 370
Internet 986, 998
Internet Printing Protocol (IPP) 390
Internetanschluss 559
Internetfilter 574
Interrupt 278, 444, 998
Intranet 998
ioctl 278
IP 998
IP-Adressen 458
   private 462
ipchains 566
ipcrm 939
ipcs 939
ipfw 568
iptables 566, 567
IPv6 518
   Programmierung 975
IPX 608
isdnctrl 476
ISO 998
ISO 9660 311, 313
ISO-8859-1 374

J

Java 878, 999
   Archiv (jar) 881
   Compiler (javac) 879
   Debugger (jdb) 880
Java Server Pages 702
JavaScript 705
Job-Nummer 147
jobs 154
Joliet 313
Journal-Dateisystem 302, 999
JPEG 196

K

K3B 203
KDE 747, 990, 999
   Kontrollzentrum 749
   Panel 748

KDevelop 884
Kernel 43, 447
kernel panic 445
Kernel-Modus 43
Kernelparameter 43, 307
kill 153, 154, 439
   top 439
kill() 953
Knoppix 216
Knuth, Donald 190
Kommandointerpreter 60, 161
Komprimieren 144
Konfigurationsdateien 253
Konqueror 607, 749
Konsistenz 301, 999
   Dateisysteme 302
Konsole 752, 999
Kontextmenü 999
Kontrollterminal 935
Kontrollzentrum
   KDE 749
kooka 402
Korn-Shell 162
ksh 162
Kubuntu 363

L

Löschen 72
lame 199
LAN (Local Area Network) 999
LANG 158, 374
LaTeX 190
LC_TYPE 374
LDAP 509
ldap.conf 514
LDIF 513
LeakTracer 902
less 121
let 163
lex 902
Lexikalische Analyse 902
LILO: Linux Loader 243
Line Feed 311
Link 84
   hart 84
   Symbolisch 40
   symbolisch 87, 250, 253, 296, 314
link() 924
LinNeighborhood 607

Linux 356, 382, 989
    SAMBA 591
    XFS 303
listen() 966
Lizenz 987
ln 84
ln -s 87
loadkeys 375
locate 113
lockd 582
lockf 921
locking 923
Login 51, 271
    grafisch 248
LOGNAME 775
logout 547
logrotate 432
Lokale Mail lesen 631
Look and Feel 999
loopback 457, 463
lost+found 301
lp 179, 385
lpadmin 385
lpc 382
lpd 378, 380
    Netzwerkprotokoll 381
lpoptions 391
lpq 178, 378, 381
lpr 177, 378, 380
lprm 179, 378, 381, 382
LPRng 389
lpshut 385
lpstat 179, 385, 388
ls 64
lseek() 912
lsmod 320
lsof 255, 442
lsusb 321
ltrace 900

M

Mülleimer 117, 280
Mac OS X 991
    Desktop 755
Macintosh 610, 991
Mail
    Weiterleiten 646
mail 631
Mailingliste 647
mailq 645
Mailqueue 645
main() 905
major number 279, 280
make 355–357, 448, 868, 887, 904
    Makro 871
    Suffixregeln 872
    Ziele 872
Makefile 506
man 53
    Sektionen 54
Mandatory Locking 923
Marke 987
Mars 608
Masquerading 570
Master Boot Record 243, 326, 365
Maus 324
MBR 243, 326, 365, 999
MBR sichern 347
Medien kopieren 346
Mehrbenutzersystem 45
memory leak 902
Memory Mapped I/O 980
Message Queues 943
messages 429
Metazeichen 54
metric 470
MIME 999
MINIX 988
    Dateisystem 293
minor number 279, 280
Mirroring 287
MIT 999
mkdev (SCO) 592
mkdir 62, 75
mkdir() 928
mkfifo() 955
mkfs 292
mkisofs 313, 315, 316, 350
mknod 281
mkswap 294
Mobiltelefon 405
Modem 401
Module 449
more 118, 120
Motif 715, 719, 747, 999
mount 41, 286, 292, 295, 309, 584
mountd 582
MP3 198, 199
MP3-CDs brennen 206

Index

MPEG 207
mpg123 199
mqueue 645
MS-DOS-Disketten 310
msgctl() 945
msgget() 944
msgrcv() 945
msgsnd() 944
mt 334
mtime 42
MTU 526
MULTICS 985
Multiprocessing 929
Multisession 316
Multitasking 147, 435, 1000
Multithreading 929
Multiusermodus 248
mv 71
MySQL 620
   Administration 622
   Benutzerverwaltung 621
   Datensicherung 623
   Installation 620
   Perl 831
   Python 855

N

named 495, 497
Named Pipe 955
Namensauflösung 489
NAS 611
Nationale Besonderheiten 374
Nautilus 753
ncpfs 608
NDAS 611
ndiswrapper 487
NDMP 611
netatalk 610
NetBeans 883
netdate 612
netgroup 494
Netiquette 665
netstat 255, 525–527
Network File System 581
Network Information System 505
Netzadapter
   anzeigen 526
   konfigurieren 463
Netzgruppe 494

Netzwerk beobachten 528
Netzwerkdrucker 379
Netzwerkkarten 327
Netzwerkklasse 459
Netzwerkmaske 477, 481
Neutrino 209
newfs 292
newgrp 269
Newsgroups 663
   Administration 672
Newsreader
   Pan 666
NextStep 991
NFS 369, 581, 987, 1000
nfsd 582
nice 150
NIS 505, 589, 1000
NIS-Client starten 508
NIS-Server starten 507
nmbd 598
NNTP 677
nohup 547
Notebook 323
notlame 199
Notsysteme 215
Novell 608, 992
nslookup 503
NTFS 299
ntoh() 969
NTP 613
ntpdate 613
NVRAM 242

O

obsolete 989
OCR 402
od 128
ODBC
   Perl 831
Offene Dateien 441
oktal 1000
OLDPWD 774
open() 909
opendir() 926
OpenLDAP 509
OpenOffice.org 188
OSF 987, 1000
OSI-Referenzmodell 1000

P

Paging 294
Paketfilter 569
Palm 403
Pan 666
Panel
  CDE 744
  KDE 748
panic 445
Parallele Schnittstelle 377
Parameterverarbeitung 906
Partition 285, 290
  Belegung 303
  Bezeichnung 281
  Größe 290
  sichern 346
  Swap 291
  Windows 297
passwd 257, 259
passwd (Datenstruktur) 959
Passwort 257, 259
  unsicher 258
  verschlüsselt für SAMBA 600
Patente 1000
PATH 159, 216, 267, 774
pause() 953
pccardd 324
PCMCIA 323, 324
PDA 403
PDF 1001
PDP-11 986
Performance 1001
Perl 793
  ARGV 804
  Array 799
  Aufrufparameter 804
  Ausgabe 803
  Bedingungen 805
  CGI 813
  chomp 803
  Dateizugriffe 815
  Datenbank 831
  Eingabe 803
  for 808
  foreach 810
  Funktionen 814
  Hash 801
  if 806
  keys 810
  lokale Variablen 815
  my 797, 815
  MySQL 831
  ODBC 831
  PostgreSQL 831
  print 803
  Reguläre Ausdrücke 802
  Skalar 794
  sort 810
  split() 800
  strict 797
  suchen 806
  Tk 818
  UNIX 818
  until 811
  while 811
perror() 908
Personal Firewall 564
PGP 1001
PHP 700
PID 147, 151, 152
ping 467, 523
Pipe 89, 115, 118, 315, 343, 1001
  Programmierung 954
pipe() 954
pkgadd 357
PNG 196
Polling 384, 980, 1001
POP3 647
popen() 955
portmap 582
POSIX 161, 987, 1001
  Sperren 918
Postfix 658
PostgreSQL 624
  Benutzerverwaltung 626
  Datenbank anlegen 627
  Datensicherung 627
  Installation 625
  Perl 831
  Python 855
PostScript 377, 383, 1001
PPID 151
PPP 563
pr 180
Präfix 1001
Primary Server (DNS) 499
printenv 167
PRINTER 177
Priorität 150

profile 265
Programmabbruch 154
Programmierung
  Client-Server 963
  Socket 963
Prompt 1001
Protokolldateien
  paralleles Schreiben 910
Proxy 571, 1001
Prozess 147, 434, 928, 1001
  anzeigen 151
  Erneuerung 931
  Im Hintergrund starten 147
  Nacheinander starten 149
  Priorität 150
  terminieren 439
Prozessgruppe 933
Prozessstart 931
prstat 439
ps 148, 151, 435
PS1 159, 775
PS2 160, 775
pthread_create 948
pthread_exit 949
pthread_join 949
pty 280
putenv() 908
PWD 774
pwd 73
Python 833
  Ausnahmebehandlung 834
  Boolesche Variablen 843
  Boolesche Verknüpfung 842
  Dateienbehandlung 852
  Datenbank 854
  Dictionary 849
  elif 841
  else 841
  for-Schleife 843
  Funktionen 845
  Grafische Oberfläche 858
  Http-Zugriff 857
  if 841
  input() 834
  Klassen 850
  Liste 847
  Logische Operatoren 842
  MySQL 855
  Numerische Operatoren 835
  PostgreSQL 855

print 833
range() 843
raw_input() 834
read() 854
readline() 853
Referenz 851
Schleifen 843
seek() 854
Sequenz 847
String-Bibliothek 839
Tk 858
Tupel 848
Verzweigung 841
while-Schleife 844
Zeichenketten 838

Q

qmake 884
quota 305
  Gnadenfrist 306
  quotacheck 306
  quotaoff 306
  quotaon 306

R

RAID 286, 1001
  Hardware 288
  Linux 289
  Software 289
RAID 0 287
RAID 1 287
RAID 10 288
RAID 5 287
RAM 411
RAM-Disk 410, 1001
raw device 286
rc-Dateien 249
rcmd 553
rcp 549, 551
RCS 886
read
  Shellskript 789
read() 911
readdir() 926
Realer Benutzer 434
Reboot 248
reboot 255
Rechteweitergabe 213

recode 311
recv() 967
Red Hat 356, 990
Red Hat Package Manager 359
Register 277
Regulärer Ausdruck 138, 978, 1002
Reiser 303
rekursiv 68, 1002
Relativer Pfad 35
Relay 642
relayhost 660
Remote Procedure Call (RPC) 980
rename() 925
renice 151, 440
   top 439
Ressourcen 411, 718, 738
restore 335, 336
rexec 553
RFC 59, 1002
RFC 1179: Netzwerkdrucker
   (lpd) 390
RFC 1519: CIDR 481
rhosts 549
RISC 1002
Ritchie, Dennis 986
rlogin 549, 552
rlp (SCO) 388
rm 72, 217
rmdir 76
rmdir() 928
RMT
   Umgebungsvariable 337
rmt 337
Rockridge 311
root 47, 213, 1002
ROT13 126
route 470
routed 481
Routing 469
  dynamisch 480
  MS Windows 474
  statisch 470
  Tabelle 527
RPC 582
rpm 355, 356, 359
RS-232 1002
RS/6000 987
RSA-Authentifizierung 555
rsh 549, 553
rshd 337, 343, 552

Ruhezustand 325
Runlevel 246

S

S-ATA 284
sam 219, 232, 758
SAMBA 590
  Client 606
  Drucken 597
  Freigaben 596
  Linux 591
  SCO 592
  Solaris 591
  swat 604
  Verbindungsstatus 606
  verschlüsseltes Passwort 600
SAN Storage
  Area Network 611
sar 414
Satellit 562
Save to Disk S2D 326
Scannen 402
SCCS 885
Scheduler 435
Schriften unter X 735
SCO
  Administrationstools 238
  Bandlaufwerk 334
  BSD-Drucksystem installieren 388
  SAMBA 592
  Santa Cruz Operation Inc. 992
  tar 342
  ULIMIT 308
scp 553
screen 547
SCSI 315, 1002
  ID 282
  Terminierung 283
  Wide 283
SCSI-Festplatten 282
SD-UX 358
sed 130
select() 974
Semaphore 940
semctl() 941
semget() 940
semop() 940
send() 967
sendmail 642, 645

serielle Schnittstelle 280
Server 1002
Servlets 702
Session 934
setenv 157, 167
setgrent() 961
setpgid() 934
setpwent() 960
setsid() 934
SetUID-Bit 214
SGI 987
   XFS 303
Shadow Password 262
Shared Memory 935
Shell 43, 60, 161, 1002
Shell-Variablen 157
Shellskript 772
   Aufrufparameter 773
   case 781
   Ein- und Ausgabe 789
   export 791
   expr 775
   for 784
   Funktionen 786
   if 777
   let 776
   Programmierung 771
   Rückgabewert 780
   rc-Datei 251
   read 789
   Rechnen 775
   Schleife 782
   shift 783
   test 778
   Umgebungsvariablen 774
   Variablen 772
   while 782
Shift 1002
shift 783
shmat() 936
shmctl() 936
shmget() 935
showmount 585
shutdown 254
   per login 275
Sicherheit 48
Sicherheitsloch
   USB-Stick 323
Sicherheitsproblem 246
SIGCONT 441

SIGHUP 440, 547
SIGINT 154
SIGKILL 441
signal() 951
Signale 439, 951
   ignorieren 954
Signieren
   E-Mail 635
SIGSTOP 441
SIGTERM 441
SIGTSTP 154
Silicon Graphics Inc. 987
Single-User-Modus 241, 247, 256
SINIX
   tar 342
Sitzung 934
skel 267
slapd.conf 511
sleep() 974
SMB 590
smb.conf 593
smbclient 606
smbd 598
smbstatus 606
smit 233
SMTP 642, 1003
Snort 575
Socket 89, 1003
socket() 965
Socketprogrammierung 963
Software-Interrupt 43
Software-RAID 289
Softwarepackages 355
Solaris 990
   admintool 229
   Bandlaufwerk 334
   dump und restore 335
   Packages 356
   SAMBA 591
   Solaris Management Console 230
   UFS 302
Solaris Packages 357
Solaris/86
   Installation 370
sort 129
source 790
Spam 642
SPARCbook 323
special files 89
Speicherleck 901, 902

Speichermedien 39
Speicherverwaltung 417
Sperren 917
   Advisory 923
   Mandatory 923
   POSIX 918
Spiegelung 287
split 124
Spool 1003
sqid 573
SQL 615, 1003
   *Data Definition Language
     (DDL)* 616
   *Data Manipulation Language
     (DML)* 618
   Daten 618
   Index 617
   SELECT 618
   Tabelle 616
   View 617
squidguard 574
ssh 220, 553, 760
ssh-keygen 555
SSH-Tunnel 557
sshd_config 554
Stallmann, Richard M. 988
StarOffice 188, 730
Start eines Programms 932
startx 723
stat() 914
statd 582
Statusloser Server 678, 694, 973
stderr 116
stdin 115
stdout 115
strace 900
Streams 980
strerror() 908
Striping 287
stty 400
su 271, 669
su - 271
Subnetting 477
Subversion 893
suck 675
sudo 272, 275
sudoers 272
SUID 81
Sun 987
Superuser 1003

SUSE 363
   rc.config 253
   YaST 236
svn 893
Swap-Partition 291
   Größe 294
swapon 294
Swapping 293, 1003
   Datei 295
   Partition erzeugen 294
   Partition vs. Datei 294
   starten 294
swat 604
swinstall 358
Switch 1003
swlist (HP-UX) 358
swremove (HP-UX) 358
Symbolischer Link 253, 296
symlink() 924
sync 310, 442
Syntaktische Analyse 903
Syntax 1003
syslog 274, 420, 429
syslog() 956
syslog-ng 423
syslog.conf 421
System V 987
system() 932
Systemabschluss 254
Systemaufrufe 900, 905
Systemstart 241

T

tail 123, 429
Tanenbaum, Andrew S. 988, 989
tar 141, 296, 310, 339, 355, 356
   Besonderheiten SINIX und SCO 342
   per Netzwerk 343
Tastaturbelegung 375
TCP 493, 1003
tcp 493
TCP/IP 455, 986, 1003
tcpd 534
tcpdump 528
tee 118
telnet 220, 544
   Client 544
   Server 548
   Sitzung 545

TERM 398, 775
termcap 375, 398
Terminal 395, 1003
   anpassen 398, 399
   virtuell 544, 552
   Zurücksetzen 400
Terminalemulation 731
terminfo 399
   auslesen 400
   compiler 400
test 778
testparm 598
TeX 190
TFTP 544
tgz 143
Thin Client 767
Thompson, Ken 986
Thrashing 293
Thread 929, 947, 1003
Thunderbird 667
tic 400
TIFF 196
time to live 468
time() 958
tmpnam() 925
Tomcat 701
top 438
Torvalds, Linus 989
touch 83, 305
Touchpad 324
tr 125, 311
traceroute 528
Transaktion 1004
Transceiver 456
Treiber 277, 1004
Trojanisches Pferd 216
TTL 500
ttl 468
TTY 1004
Tuning 407
Twisted Pair 457

U

Ubuntu 363
UDP 494, 1004
udp 493
UFS 302
ufsdump 335
ufsrestore 335

Uhrzeit 182
ULIMIT
   SCO 308
ulimit 175, 265
umask 82, 266
umask() 917
Umbenennen 71
Umgebungsvariablen 157, 267, 774, 907
Umleitung der Ein- und Ausgabe 116
umount 286, 295, 300
UMTS 562
uname 419
UNICODE 374
UNICS 986
UNIX
   API 905
UnixWare 992
unlink() 924
unzip 145
updatedb 113
uptime 433
URL 1004
USB 320, 377, 1004
USB-Stick 322
usb_storage 321, 322
USER 775
User-ID
   effektiv 434
   real 434
User-ID-Bit 81
useradd 264
UTF-8 374
utmp 270

V

Variable 1004
Verbindung prüfen 467
Verschachtelung von Kommandos 119
Verschlüsseln 976
   E-Mail 635
Versionsfeststellung 419
Versionsverwaltung 884
Verteiltes Kompilieren 903
Verzeichnis 35, 73
   anlegen 75, 928
   auslesen 926
   erzeugen 75

löschen 76, 928
wechseln 73
Verzeichnisbaum 36
Verzeichnisfunktionen 926
Verzeichnisprototyp skel 267
Verzeichnistrenner 35
vi 92, 986
virtual device 280
Virtuelle Geräte 280
Virtueller Speicher 294
Virus 48
visudo 272
vmstat 413
VPN 1004
VXFS 302

W

wait() 932
WAN 1004
Wartbarkeit 48
Warteschlange 278
wc 129
Webmin 221
  Hardware 227
  Netzwerk 225
  Server 224
  System 222
Webserver 681
Wechselmedien 286
well known port 492, 493
WEP 484
whereis 114
which 114
while
  Python 844
who 255, 270
whodo 270
Wide-SCSI 283
Widget 718, 1004
Widget Set 715, 718
Wiederbeschreibbare CDs 316
Wildcard
  Fragezeichen 90
  rechteckige Klammern 91
  Stern 90
WinCVS 892
Window Manager 741
Windows 1005
Windows Mobile 404

Windows-Netz 590
Windows-Partition 297, 364
WinModem 327
WINS 595
Wireshark 529
WLAN 482, 1005
Workstation 713, 1005
WPA 484
write() 912
wtmp 270

X

X
  Bitmaps 738
  Farben 734
  Hintergrundbild 738
  Netzwerkverteilung 756
  Ressourcen 738
  Schriften 735
  Standardoptionen 729
  starten 721
X Konsortium 1005
X Toolbox Intrinsics 718
X Window System 44, 711
X-Bibliotheken 717
X-Client 717
X-Server 716, 762, 1005
  freigeben 757
X-Terminal 713, 716
X-Terminalbetrieb unter Linux 766
X/Open 988, 1005
Xaccess 764
xauth 761
xcalc 726
xclock 727
xdm 723, 763
xdm-kontrollierter X-Server 767
xedit 727
xeyes 727
xfd 736
XFS 303
xhost 757
xinetd 535
xinit 722, 723
XINU 988
xkill 734
Xlib 717, 718
xload 726
xlsfonts 735

xman 725
xpaint 727
xprop 739
xsane 402
Xservers 765
xsetroot 738
xterm 731
xwd 734

Y

yacc 902
YaST 236
Yellow Pages 506, 1005
ypbind 508
ypinit 507

yppasswd 508
ypserv 507

Z

Zeichensatzkonvertierung 311
Zeitabgleich 612
Zeitfunktionen 958
Zeitversetzte Kommandos 185
zgrep 145
zip 145
zless 145
Zombies 954, 973
Zonen 499
Zuteilung Festplattenplatz 305

Distributionsunabhängiges
Handbuch

Installation, Konfiguration,
Administration und Anwendung

Inkl. Multiboot-DVD

ca. 1100 S., 2. Auflage, mit 2 DVDs, 39,90 Euro
ISBN 978-3-8362-1090-4, Oktober 2007

Linux
www.galileocomputing.de

Johannes Plötner, Steffen Wendzel

Linux

Dieses umfassende Handbuch bietet Ihnen nahezu vollständiges Linux-Wissen: Vom Kernel und der Shell über die Administration des Systems bis hin zu Netzwerkkonfiguration, Sicherheitsthemen, BSD und Multimedia werden Sie nichts missen. Das Buch ist geeignet für Nutzer aller gängigen Linux-Distributionen. Die beiliegende Multiboot-DVD enthält eine große Auswahl an Linux-Systemen (openSUSE, Debian, Ubuntu u. v. m.).

>> www.galileocomputing.de/1579

Einführung, Praxis, Referenz

Bourne-, Korn- und Bourne-Again-Shell (Bash)

Inkl. grep, sed und awk

782 S., 2005, mit CD, 44,90 Euro
ISBN 3-89842-683-1

Shell-Programmierung

www.galileocomputing.de

Jürgen Wolf

Shell-Programmierung

Einführung, Praxis, Referenz

Von der Shellscript-Programmierung profitieren kann der einfache Linux-/UNIX-Anwender bis hin zum System-Administrator. Einfach jeder ambitionierte Linux-User. Dieses umfassende Handbuch bietet Ihnen einen detaillierten Einstieg, viele Praxisbeispiele und eine vollständige Referenz.
Aus dem Inhalt: Variablen, Parameter und Argumente, Kontrollstrukturen, Terminal Ein-/Ausgabe, Funkti-onen, Prozesses und Signale, Hinter den Kulissen, weitere Befehle, Fehlersuche, grep, sed und (n)awk (Reguläre Ausdrücke), Linux-/UNIX-Kommandoreferenz, Praxis & Rezepte, Shell-Kommandos (Referenz)

>> www.galileocomputing.de/1007

Einstieg, Praxis, Referenz

Buch-CD mit openbooks zu C und Unix (insg. 2000 Seiten!)

Umfangreiches Zusatzangebot im Web

1216 S., 2., aktualisierte und erweiterte Auflage 2006, mit CD, 49,90 Euro
ISBN 3-89842-749-8

Linux-UNIX-Programmierung

www.galileocomputing.de

Jürgen Wolf

Linux-UNIX-Programmierung

Das umfassende Handbuch

Dieses Buch bietet einen umfassenden Einblick in die Systemprogrammierung unter Linux und UNIX. Es ist für Leser mit Betriebssystem-Kenntnissen und C-Wissen geeignet.
Aus dem Inhalt: E/A-Funktionen, Attribute von Dateien und Verzeichnissen, Zugriff auf Systeminformationen, Prozesse und Dämonprozesse, Signale, Threads, Netzwerkprogrammierung, MySQL, Terminal E/A, Sicherheit, XWindow-Programmierung, Windowmanager, Devices, GTK+.
Neu in dieser 2., erweiterten Auflage: ein Kapitel zu System- und Benutzerdateien, ein stark erweitertes Thread-Kapitel und Ausführungen zu Dämonen, Zombies und Prozessen und zu UNIX-Domain-Sockets.

Aktuelle Bücher aus unserem Programm

AJAX
Asynchronous JavaScript and XML
550 S., CD, 34,90 €
ISBN 978-3-89842-857-6
www.galileocomputing.de/1172

Besser PHP programmieren
701 S., CD, 39,90 €
ISBN 978-3-89842-648-0
www.galileocomputing.de/1010

CSS-Layouts
414 S., CD, Referenzkarte, 29,90 €
ISBN 978-3-89842-837-8
www.galileocomputing.de/1325

CSS-Praxis
Mit farbiger CSS-Referenzkarte
530 S., 4. Aufl., CD, 34,90 €
ISBN 978-3-89842-765-4
www.galileocomputing.de/1173

Einstieg in C++
507 S., CD, 24,90 €
ISBN 978-3-8362-1072-0
www.galileocomputing.de/1547

Einstieg in Java 6
588 S., 3. Aufl., CD, 29,90 €
ISBN 978-3-89842-841-5
www.galileocomputing.de/1285

Einstieg in PHP 5 und MySQL 5
Einführung in die Webprogrammierung
546 S., 4. Aufl., CD, 24,90 €
ISBN 978-3-89842-854-5
www.galileocomputing.de/1173

Einstieg in TYPO3
Inkl. Einführung in TypoScript
520 S., 2. Aufl., CD, 24,90 €
ISBN 978-3-89842-836-1
www.galileocomputing.de/1229

JavaScript und AJAX
Das umfassende Handbuch
842 S., DVD, 39,90 €
ISBN 978-3-89842-859-0
www.galileocomputing.de/1349

Konzepte und Lösungen für Microsoft-Netzwerke
664 S., Mindmap-Poster, 59,90 €
ISBN 978-3-89842-663-3
www.galileocomputing.de/1030

Linux
Das umfassende Handbuch
1.100 S., mit 2 DVDs, 39,90 €
ISBN 978-3-8362-1090-4
www.galileocomputing.de/1579

Praxisbuch Objektorientierung
Von den Grundlagen zur Umsetzung
Beispiele in C++, Java, C# u.a.
609 S., 49,90 €
ISBN 978-3-89842-624-4
www.galileocomputing.de/966

Praxisbuch Web 2.0
Moderne Webseiten programmieren
698 S., 4c, 39,90 €
ISBN 978-3-8362-1087-4
www.galileocomputing.de/1451

Professionelles Webdesign mit (X)HTML und CSS
Standardkonformes Webdesign
400 S., 2. Aufl., 29,90 €
ISBN 978-3-8362-1104-8
www.galileocomputing.de/1389

Python
Grundlagen, Konzepte, Praxis
800 S., mit CD, 39,90 €
ISBN 978-3-8362-1110-9
www.galileocomputing.de/1626

Suchmaschinen-Optimierung für Webentwickler
472 S., 34,90 €
ISBN 978-3-8362-1061-4
www.galileocomputing.de/1519

TYPO3 4.0
Das Handbuch für Entwickler
808 S., mit CD, 44,90 €
ISBN 978-3-89842-812-5
www.galileocomputing.de/1230

UML 2.0
Das umfassende Handbuch
424 S., mit CD/Poster, 29,90 €
ISBN 978-3-89842-738-8
www.galileocomputing.de/1142

VBA mit Excel
Excel programmieren
720 S., CD, 39,90 €
ISBN 978-3-89842-489-9
www.galileocomputing.de/734

Visual C# 2005
Das umfassende Handbuch
1.320 S., mit 2 CDs, 59,90 €
ISBN 978-3-89842-586-5
www.galileocomputing.de/742

Webseiten programmieren und gestalten
HTML, CSS, JavaScript, PHP, Perl, MySQL, AJAX, Weblogs, Barrierefreiheit u.a.
1.132 S., mit DVD, 39,90 €
ISBN 978-3-89842-813-2
www.galileocomputing.de/1226

XHTML, HTML und CSS
Handbuch und Referenz
1.199 S., mit CD, 49,90 €
ISBN 978-3-89842-443-1
www.galileocomputing.de/669

Das vollständige Programm, ausführliche Informationen sowie Leseproben finden Sie auf unserer Website:

www.galileocomputing.de

Galileo Computing
Professionelle Bücher. Auch für Einsteiger.

Hat Ihnen dieses Buch gefallen?
Hat das Buch einen hohen Nutzwert?

Wir informieren Sie gern über alle
Neuerscheinungen von Galileo Computing.
Abonnieren Sie doch einfach unseren
monatlichen Newsletter:

www.galileocomputing.de

Professionelle Bücher. Auch für Einsteiger.